BiG 1 빅 폰트(Big Font)
BiG 2 빅 픽쳐(Big Picture)

21세기 지식 정보화 시대
대한민국의 IT 인재로 만드는 비결!

ITQ 정보기술자격
OA Master 2022
한글 2022(한글 2020 포함) · 파워포인트 2021 · 엑셀 2021

발 행 일 : 2025년 12월 08일(1판 1쇄)
I S B N : 978-89-5960-517-0(13000)
정   가 : 30,000원

집   필 : 렉스수험서팀
진   행 : 안영선
본문디자인 : 렉스편집팀

발 행 처 : (주)렉스미디어
발 행 인 : 안광준
주   소 : 경기도 파주시 정문로 588번길 24
홈페이지 : www.rexmedia.net

※ 이 책은 저작권법에 따라 보호를 받는 저작물이므로 무단 전재와 무단 복제를 금지하며,
   이 책 내용의 전부 또는 일부를 이용하려면 반드시 (주)렉스미디어의 서면동의를 받아야 합니다.

이 책의 차례

PART 00 ITQ 시험 안내 및 자료 사용 방법

이 책의 차례 ··· 02
ITQ 시험 안내 ··· 05
ITQ 자료 사용 방법 ··· 08

▪ 한글 2022 (한글 2020 포함)

PART 01 출제유형분석

Chapter 1·수험자 유의사항 및 답안 작성요령 ········ 1-02
Chapter 2·기능평가 Ⅰ - 스타일 ······················ 1-10
Chapter 3·기능평가 Ⅰ - 표 ··························· 1-22
Chapter 4·기능평가 Ⅰ - 차트 ························ 1-38
Chapter 5·기능평가 Ⅱ - 수식 ························ 1-56
Chapter 6·기능평가 Ⅱ - 도형 그리기 ·············· 1-66
Chapter 7·문서작성 능력평가 - Ⅰ ···················· 1-94
Chapter8·문서작성 능력평가 - Ⅱ ···················· 1-112

PART 02 실전모의고사

제01회 실전모의고사 ······································· 1-142
제02회 실전모의고사 ······································· 1-146
제03회 실전모의고사 ······································· 1-150
제04회 실전모의고사 ······································· 1-154
제05회 실전모의고사 ······································· 1-158
제06회 실전모의고사 ······································· 1-162
제07회 실전모의고사 ······································· 1-166

PART 03 최신기출문제

제01회 최신기출문제 ······································· 1-172
제02회 최신기출문제 ······································· 1-176
제03회 최신기출문제 ······································· 1-180

이 책의 차례

▪ 파워포인트 2021

PART 01 출제유형분석

Chapter 1·수험자 유의사항 및 답안 작성요령 ········ 2-02
Chapter 2·전체 구성 ········ 2-10
Chapter 3·표지 디자인 ········ 2-25
Chapter 4·목차 슬라이드 ········ 2-38
Chapter 5·텍스트/동영상 슬라이드 ········ 2-54
Chapter 6·표 슬라이드 ········ 2-68
Chapter 7·차트 슬라이드 ········ 2-84
Chapter8·도형 슬라이드 ········ 2-106

PART 02 실전모의고사

제01회 실전모의고사 ········ 2-142
제02회 실전모의고사 ········ 2-146
제03회 실전모의고사 ········ 2-150
제04회 실전모의고사 ········ 2-154
제05회 실전모의고사 ········ 2-158
제06회 실전모의고사 ········ 2-162
제07회 실전모의고사 ········ 2-166

PART 03 최신기출문제

제01회 최신기출문제 ········ 2-172
제02회 최신기출문제 ········ 2-176
제03회 최신기출문제 ········ 2-180

▪ 엑셀 2021

PART 01 출제유형분석

Chapter 1·수험자 유의사항 및 답안 작성요령 ········ 3-02
Chapter 2·표 서식 작성하기 ········ 3-14
Chapter 3·값 계산 ········ 3-42
Chapter 4·필터 및 서식 ········ 3-68
Chapter 5·목표값 찾기 ········ 3-80
Chapter 6·정렬 및 부분합 ········ 3-88
Chapter 7·피벗 테이블 ········ 3-100
Chapter8·그래프 ········ 3-112

PART 02 실전모의고사

제01회 실전모의고사 ········ 3-140
제02회 실전모의고사 ········ 3-144
제03회 실전모의고사 ········ 3-148
제04회 실전모의고사 ········ 3-152
제05회 실전모의고사 ········ 3-156
제06회 실전모의고사 ········ 3-160
제07회 실전모의고사 ········ 3-164

PART 03 최신기출문제

제01회 최신기출문제 ········ 3-172
제02회 최신기출문제 ········ 3-176
제03회 최신기출문제 ········ 3-180

ITQ 정보기술자격

OA Master 2022

PART 00

ITQ 시험 안내 및 자료 사용 방법

ITQ 시험 안내

ITQ 시험이란?
- 정보기술 능력 또는 정보기술 활용능력을 객관적으로 평가하는 시험입니다.
- 정보기술 관리 및 실무능력 수준을 지수화하고 등급화 시키는 국가 인증 시험입니다.
- 산업인력의 정보 경쟁력을 높이고 정보화를 촉진시키기 위한 목적의 국가공인자격을 말합니다.

공정성, 객관성, 신뢰성이 확보된 첨단 OA자격 시험
- 2002년 1월 11일 정보통신부(현 과학기술정보통신부) 공인을 획득한 국가공인자격 시험입니다.
- 1957년 산업발전법에 의거하여 설립된 한국생산성본부에서 시행합니다.

현장실무 위주의 시험
- 실무중심의 작업형문제로 출제되어 현장 활용도가 높습니다.
- 단체 구성원의 정례화된 목표 지향이 용이하며, 개인의 변별력을 확보할 수 있습니다.
- 특히 구성원의 업무 차별화에 따른 과목 선택이 가능합니다.

발전성과 활용성이 탁월
- 동일 시험과목에 응시가 가능하며, 취득한 성적별로 A·B·C등급을 부여하여 업그레이드 할 수 있습니다.
- 많은 공공기관, 대기업, 중소기업, 대학 등에서 정보기술자격 제도로 ITQ를 채택하여 활용하고 있습니다.

학습이 용이
- 8과목 중 1과목만 취득하여도 국가공인자격이 부여됩니다.
- 쉽고 자세한 학습용 교재가 다양하게 개발되어 있으며, 교육 커리큘럼이 우수합니다.

실기시험만으로 평가
- 필기시험이 없습니다.
- 실질적으로 업무에 필요한 실무 작업형의 문제로 실기시험만으로 평가하는 미래형 첨단 IT자격입니다.

시험 일정 및 검정 수수료
- 시험 일정 및 검정 수수료는 https://license.kpc.or.kr 홈페이지의 [접수/수험표 확인]에서 확인할 수 있습니다.

시험 시행처 안내
- 주관 : 한국생산성본부 ITQ센터(https://license.kpc.or.kr)
  서울 종로구 새문안로 5가길 32 생산성빌딩
- 전화 : 1577-9402(유료)

ITQ 시험 안내

ITQ 시험 과목 및 시험 프로그램

시험 과목	시험 프로그램	시험 방법	시험 시간
아래한글	한컴오피스 2022/2020 병행	실무 작업형 실기시험 하루에 3과목까지 응시가능	과목당 60분
한셀 한쇼	한컴오피스 2022 ※ 한셀/한쇼 과목은 2022버전으로만 운영		
MS 워드 한글 엑셀 한글 파워포인트 한글 액세스	MS 오피스 2021		
인터넷	내장브라우저 IE8:0 이상		

ITQ 시험 등급

ITQ 시험은 과목별로 500점 만점을 기준으로 A 등급부터 C 등급까지 등급별 자격을 부여합니다. 이 중 3과목 이상 A 등급을 취득하면 OA 마스터 자격을 부여하는데, 한두 과목에서 낮은 등급을 받았을 경우 다시 응시하여 A 등급으로 업그레이드하면 됩니다.

A 등급	B 등급	C 등급
400점~500점	300점~399점	200점~299점

※ OA 마스터 신청시 아래한글과 MS 워드는 같은 종목으로 인정됩니다.

ITQ 한글 2022 버전의 문항 및 배점

문항	배점	주요내용
1. 스타일	50점	한글/영문 텍스트 작성능력과 스타일 기능 사용 능력을 평가 ▶ 한글/영문 텍스트 작성, 스타일 이름, 글자 모양, 문단 모양
2. 표와 차트	100점	표를 작성하고 이를 이용해 간단한 차트를 작성할 수 있는 능력을 평가 ▶ 표 내용 작성, 정렬, 셀 배경색, 표 계산 기능, 캡션 기능, 차트 기능
3. 수식편집기	40점	수식편집기의 사용 능력을 평가 ▶ 수식편집기를 이용한 수식 작성
4. 그림/그리기	110점	다양한 기능을 통합한 문제로 그림/그리기, 책갈피 및 하이퍼링크[하이퍼텍스트] 등 문서작성시의 응용능력을 평가 ▶ 하이퍼링크[하이퍼텍스트], 그림 삽입 및 효과 지정, 그림 크기 설정 및 앞뒤 배치, 글맵시 작성, 도형에 문자열 입력하기
5. 문서작성능력	200점	문서작성을 위한 다양한 능력을 평가 ▶ 글꼴/머리말, 쪽 번호, 책갈피, 덧말 넣기, 문단 첫 글자 장식, 각주, 그림 삽입 및 자르기, 그림 편집, 들여 쓰기, 한자, 문자표, 문단 번호, 줄 간격, 표 작성, 그러데이션, 장평, 자간 등

ITQ 시험 안내

ITQ 파워포인트 2021 버전의 문항 및 배점

문항	배점	주요내용
전체 구성	60점	슬라이드 크기, 슬라이드 개수 및 순서, 슬라이드 번호, 그림 편집, 슬라이드 마스터 등 전체적인 구성 내용을 평가
1. 표지 디자인	40점	도형과 그림을 이용한 제목 슬라이드 작성 능력 평가 ▶ 도형에 그림 삽입 및 도형 효과, 워드아트, 로고 삽입(투명한 색 설정)
2. 목차 슬라이드	60점	목차에 따른 하이퍼링크와 도형, 그림 배치 능력을 평가 ▶ 도형 편집 및 효과, 하이퍼링크, 그림 편집
3. 텍스트/동영상 슬라이드	60점	텍스트 간의 조화로운 배치 능력을 평가 ▶ 텍스트 편집 / 목록 수준 조절 / 글머리 기호 / 내어쓰기, 동영상 삽입
4. 표 슬라이드	80점	파워포인트 내에서의 표 작성 능력 평가 ▶ 표 삽입 및 편집, 도형 편집 및 효과
5. 차트 슬라이드	100점	프리젠테이션을 위한 차트를 작성할 수 있는 종합 능력 평가 ▶ 차트 삽입 및 편집, 도형 편집 및 효과
6. 도형 슬라이드	100점	도형을 이용한 슬라이드 작성 능력 평가 ▶ 도형 및 스마트아트 이용 : 실무에 활용되는 다양한 도형 작성, 그룹화 / 애니메이션 효과

ITQ 엑셀 2021 버전의 문항 및 배점

작업 유형	문항	배점	주요 내용
제1작업	표 서식 작성 및 값 계산	100점 (표 서식 작성)	표 작성 능력과 조건에 따른 서식 변환 능력을 평가 ▶ 데이터 입력, 도형을 사용한 제목 작성, 셀 서식 등
		140점 (값 계산)	함수 사용 능력을 평가 ▶ 함수를 사용한 수식 작성, 조건부 서식
제2작업	필터/서식 목표값 찾기 (두 문항 출제)	80점	데이터 필터 능력, 표 서식 지정 능력, 목표값 찾기 능력을 평가 ▶ 고급필터, 표 서식, 목표값 찾기
제3작업	정렬 및 부분합/ 피벗 테이블 (한 문항 출제)	80점	데이터를 정렬하는 능력과 그룹별로 요약하는 능력, 필요한 필드를 추출하여 보기 쉬운 결과물로 만드는 능력을 평가 ▶ 정렬, 부분합, 피벗 테이블
제4작업	그래프	100점	데이터를 차트로 표현하는 능력을 평가 ▶ 차트 종류, 차트 위치, 차트 구성 요소 설정 등

ITQ 자료 사용 방법

1. 자료 다운로드 방법

① 웹 브라우저를 실행하여 렉스미디어(https://rexmedia.net) 홈페이지에 접속합니다. 그런다음, [컴퓨터 자격증 교재]를 클릭합니다.

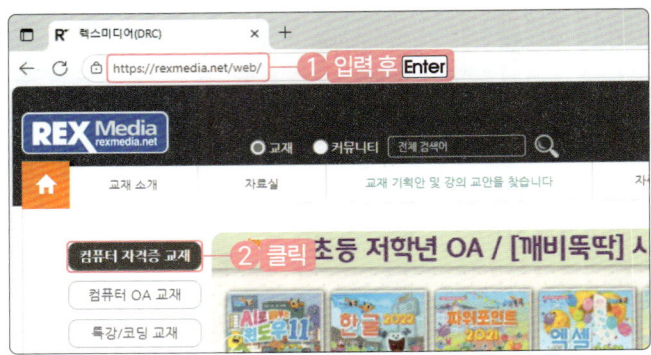

② [컴퓨터 자격증 교재]-[ITQ 자격증]-[26 (빅라플) ITQ OA Master 2022] 교재를 클릭합니다.

③ 교재 이미지 아래쪽에 [학습 자료]를 클릭합니다.

ITQ 자료 사용 방법

④ 자료실 페이지가 나타나면 [26 (빅라플) ITQ OA Master 2022 _ 학습자료]를 클릭합니다.

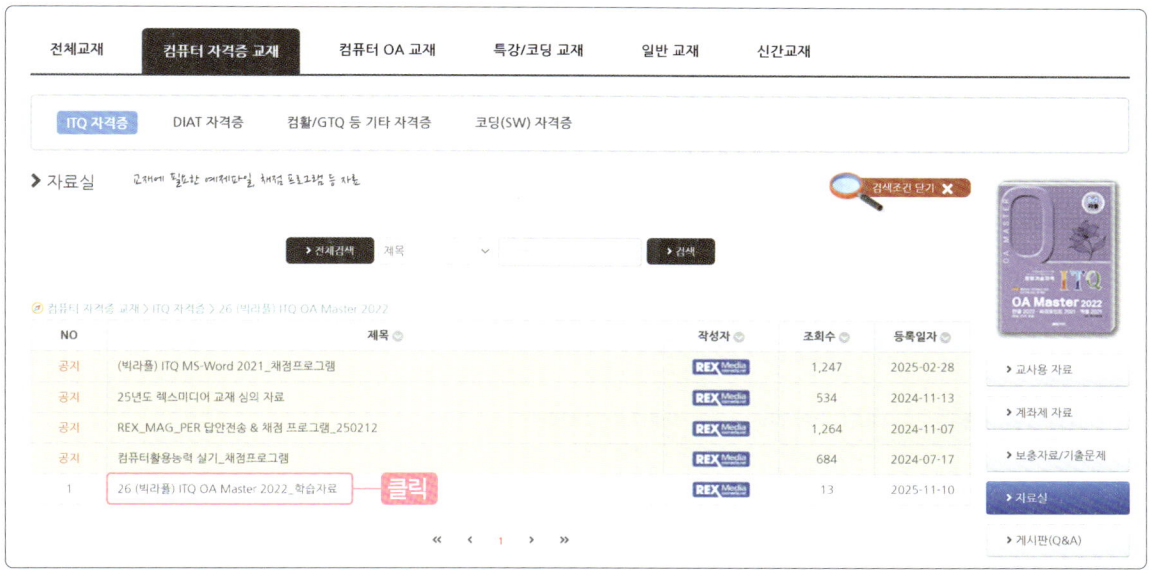

⑤ [26 (빅라플) ITQ ITQ OA Master 2022 _ 학습자료] 페이지가 나타나면 다운로드 를 클릭합니다.

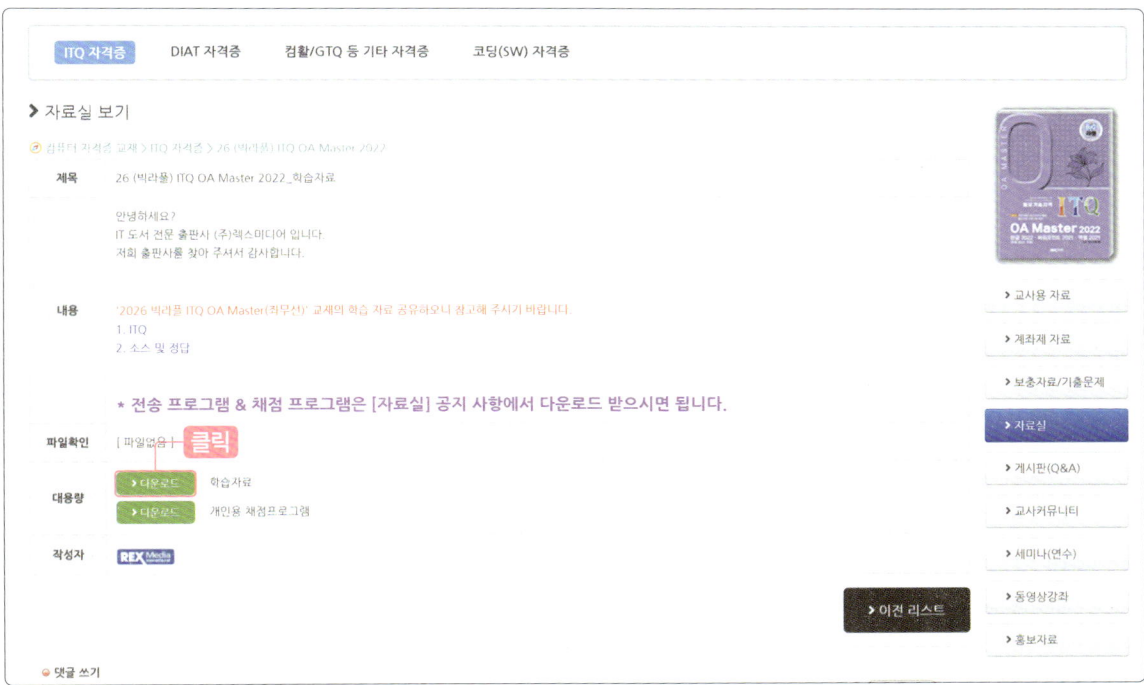

⑥ [다운로드] 폴더에 자료가 저장됩니다.

ITQ 자료 사용 방법

2. 렉스미디어의 코딩아지트에서 개발한 '온라인 답안 시스템'

❶ 온라인 답안 시스템

[MAG PER 개인용 채점 프로그램·답안전송] 프로그램은 수험자 연습용 답안 전송 프로그램이기 때문에 서버에서 제어가 되지 않는 개인용 버전입니다. 실제 시험 환경을 미리 확인하는 차원에서 테스트하시기 바랍니다.

※ 해당 '온라인 답안 시스템'은 변경된 ITQ 시험 버전에 맞추어 수정된 최신 버전의 프로그램입니다.

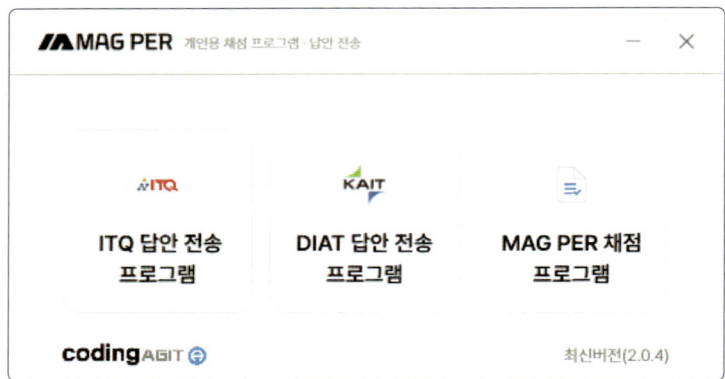

❷ [개인용 채점프로그램]의 ▶다운로드 를 클릭하여 다운로드한 후 [REX_MAG_PER_251010] 파일을 압축 해제합니다. 그런다음, [REX_MAG_PER_251010] 폴더에서 '개인용 채점 프로그램(MAG_Personal)_실행 파일'을 더블클릭하여 실행합니다.

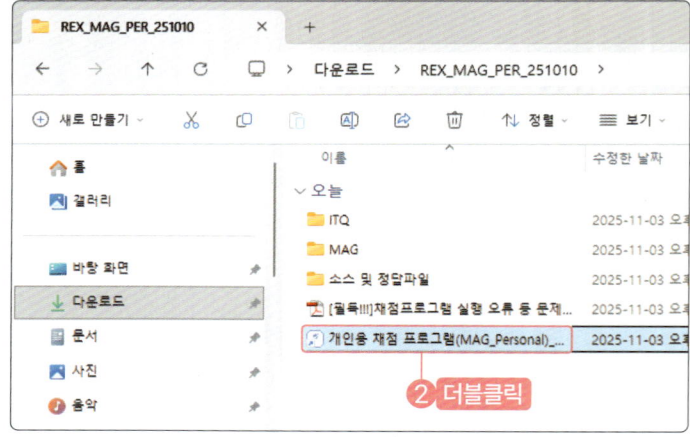

❸ <ITQ 답안 전송 프로그램> 단추를 클릭합니다.

ITQ 자료 사용 방법

④ '수험번호' 입력란에 임의대로 숫자 8자리를 입력한 후 〈조회〉 단추를 클릭합니다. 그런다음, '이 름' 입력란에 본인 이름을 입력합니다.

※ 시험장에서는 수험번호만 입력한 후 〈조회〉 단추를 클릭하면 수험자의 이름, 수험과목, 좌석번호 등이 자동으로 표시됩니다.

⑤ [수험과목]을 클릭한 다음 '아래한글'을 선택합니다. 그런다음, 〈확인〉 단추를 클릭합니다.

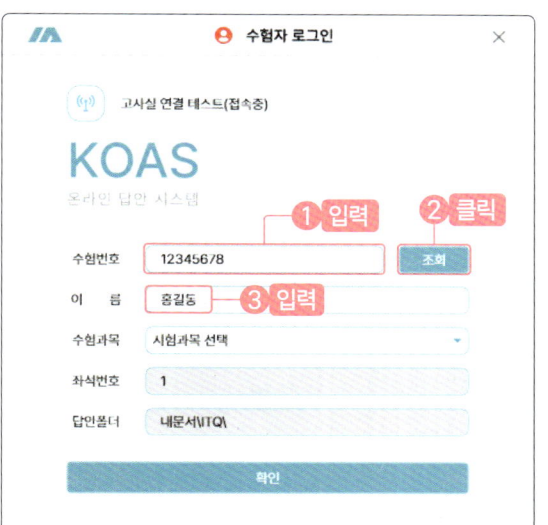 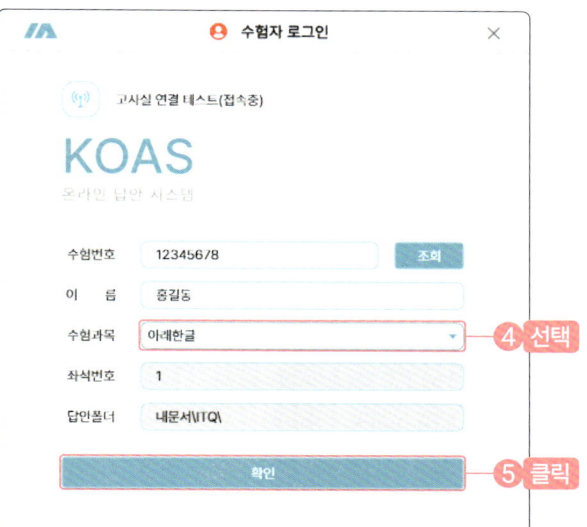

⑥ [유의사항] 대화상자가 나오게 되면 유의사항을 숙지한 후 '동의합니다.'를 체크한 다음 〈확인〉 단추를 클릭합니다.
※ 시험장에서는 감독위원이 〈시험시작〉 단추를 누르게 되면 화면이 바탕 화면으로 바뀌면서 시험이 시작됩니다.

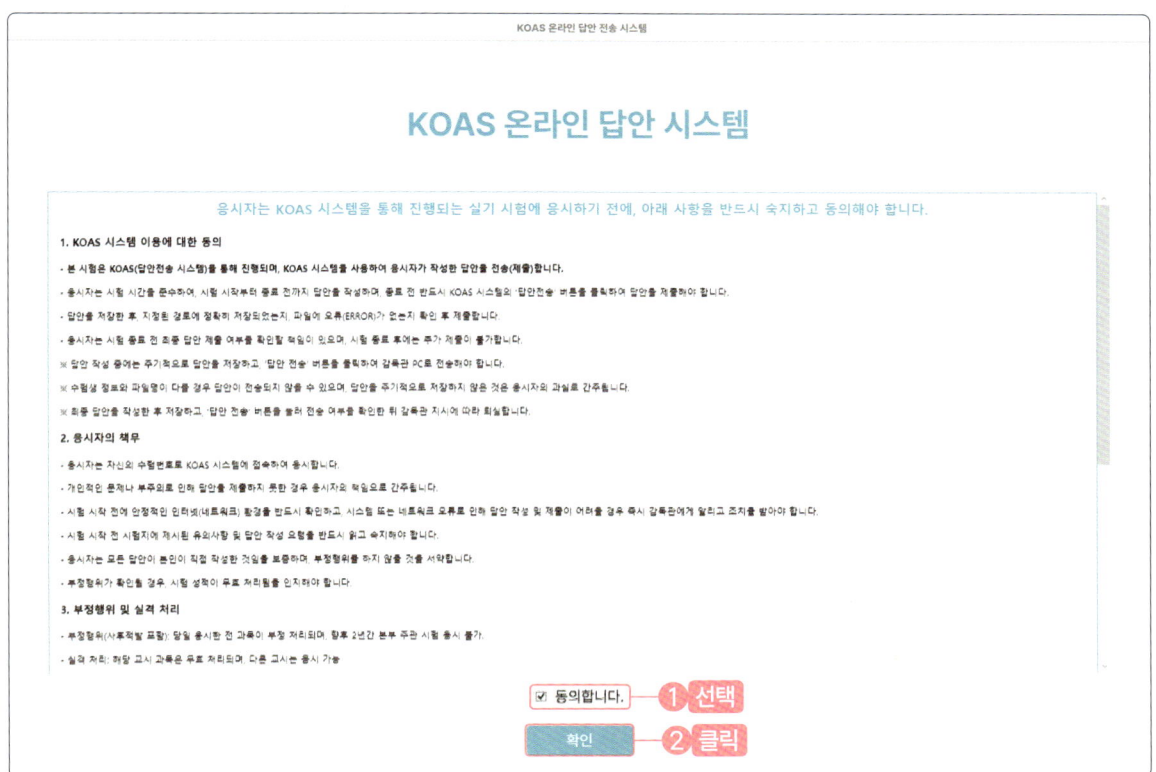

ITQ 자료 사용 방법

❼ 온라인 답안 시스템이 실행되면 모니터 오른쪽 상단에 답안 전송 프로그램이 나타납니다.

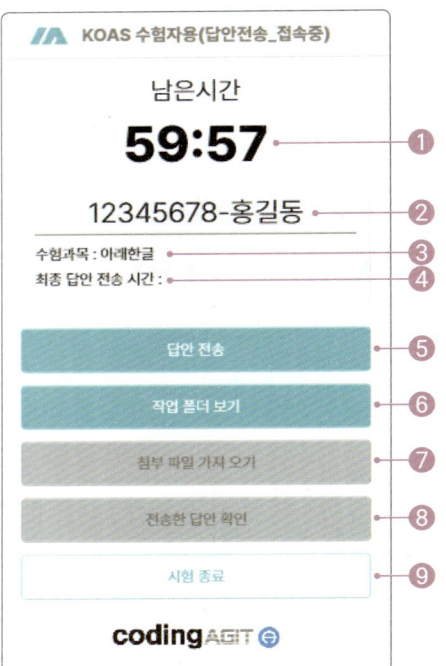

① 남은 시험 시간
② 답안 저장 파일명으로 '수험번호-수험자명'으로 구성
③ 사용자가 선택한 수험 과목
④ 답안을 마지막에 전송한 시간
⑤ 수험자가 작성한 답안을 감독위원 PC로 전송
⑥ 답안 작성시 필요한 그림의 폴더 보기
⑦ 답안 작성시 필요한 그림 파일 등을 감독위원 PC에서 수험자 PC로 가져오기
⑧ 수험자가 전송한 답안을 다시 불러옴
⑨ 시험 종료(비밀번호 : 0000)

❽ 답안 파일 이름은 수험자 자신의 '수험번호-성명(12345678-홍길동)' 형태로 「내 PC\문서\ITQ」 폴더에 저장합니다.

※ 간혹, 시험장에 따라 [내 PC] 폴더 안에 [문서] 폴더가 없을 수 있습니다. [문서] 폴더를 찾지 못할 때는 [라이브러리] 폴더 또는 [검색]-'문서'를 입력해서 찾는 방법도 있습니다.

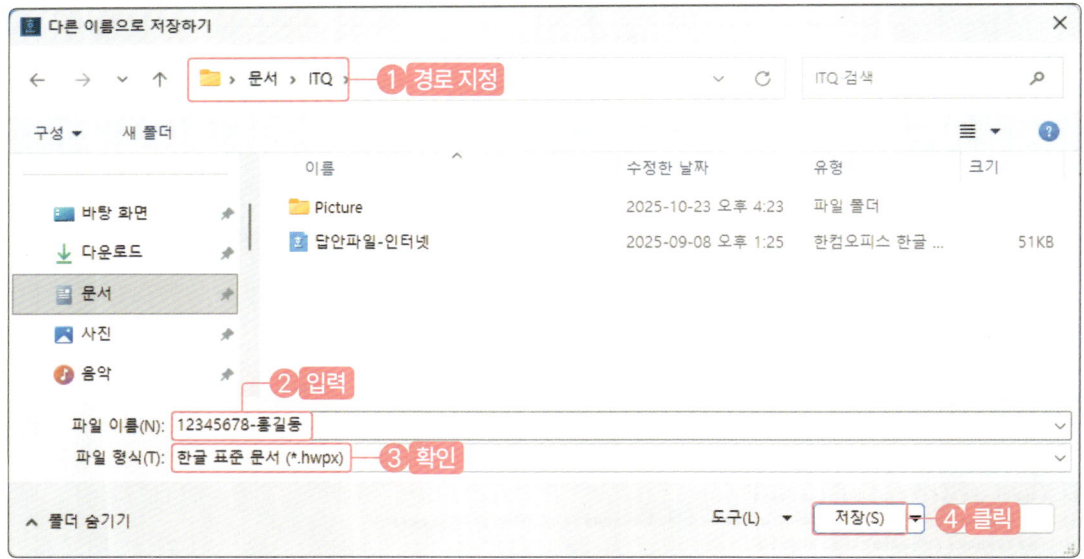

ITQ 자료 사용 방법

⑨ 답안 전송 프로그램에서〈답안 전송〉단추를 클릭합니다.

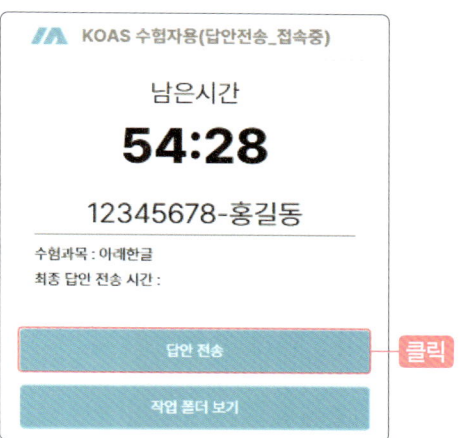

⑩ 전송할 답안 파일이 맞는지 확인(파일목록과 존재)한 후〈답안 전송〉단추를 클릭합니다. 그런다음, 메시지 창이 나오면〈확인〉단추를 클릭합니다.

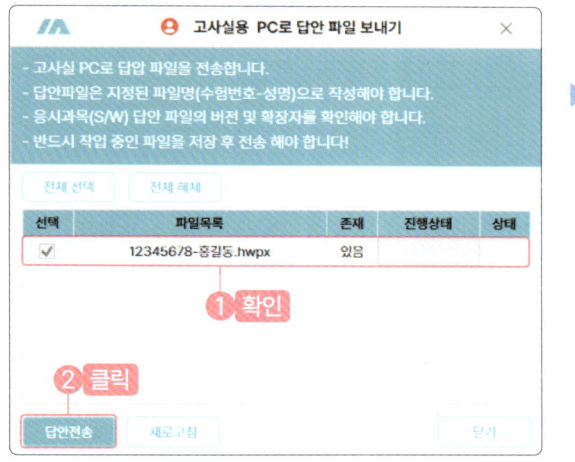

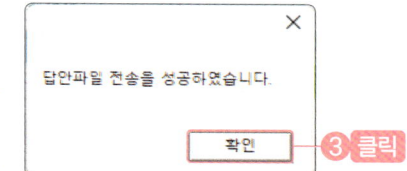

⑪ '상태' 항목이 '성공'인지 확인한 후〈닫기〉단추를 클릭합니다. 그런다음, 감독위원의 지시를 따릅니다.

※ 해당 '온라인 답안 시스템'은 개인이 연습할 수 있도록 만들어진 프로그램으로 실제 답안 파일이 전송되지는 않습니다.

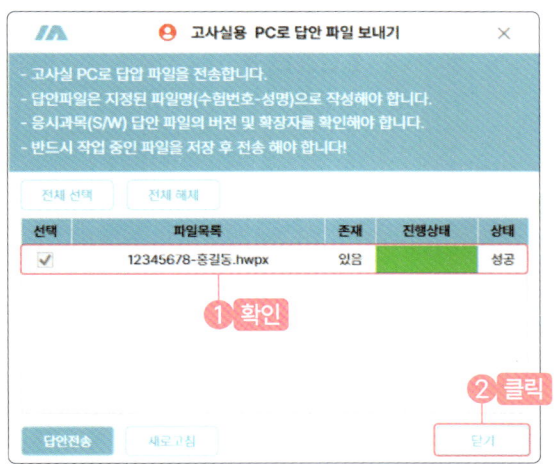

ITQ 자료 사용 방법

3. 렉스미디어의 코딩아지트에서 개발한 '개인용 채점 프로그램(MAG_Personal)'

① 자동 채점 프로그램은 작성한 답안 파일을 정답 파일과 비교하여 틀린 부분을 찾아주는 프로그램입니다. 프로그램 상의 한계로 100% 정확한 채점은 어렵기 때문에 참고용으로 사용하시기 바랍니다.

② [렉스미디어 홈페이지]-[자격증 교재]에서 해당 교재를 클릭하고 교재 이미지 오른쪽에 [개인용 채점프로그램]을 클릭합니다. 그런다음, [REX_MAG_PER_251010] 파일의 압축을 해제한 후 [REX_MAG_PER_251010] 폴더에서 '**개인용 채점 프로그램(MAG_Personal)_실행 파일**'을 **더블클릭**하여 실행합니다.

※ 채점 프로그램 폴더는 임의로 이름을 변경하거나 삭제하면 작동되지 않습니다.

③ <**MAG PER 채점 프로그램**> 단추를 클릭합니다.

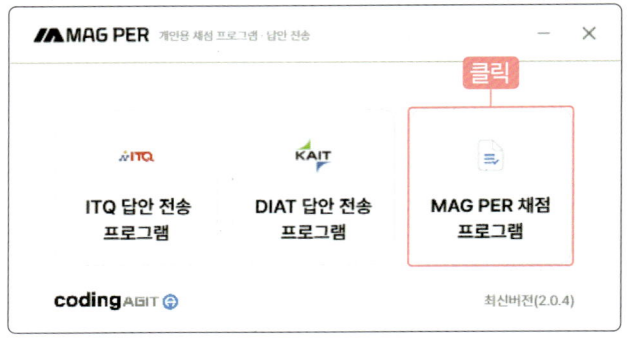

④ [MAG PER_개인용 채점프로그램]이 실행되면 채점하고자 하는 표지 아래 <**채점 시작**> 단추를 클릭합니다.

ITQ 자료 사용 방법

❺ [MAG PER _ 개인용 채점프로그램] 대화상자가 나오면 [정답 파일]에서 〈불러오기〉 단추를 클릭합니다. 그런다음, [열기] 대화상자가 나오면 채점에 사용할 정답 파일을 선택한 후 〈열기〉 단추를 클릭합니다.

❻ 정답 파일이 열리면 [수험 파일]에서 〈불러오기〉 단추를 클릭합니다. 그런다음, [열기] 대화상자가 나오면 정답 파일과 비교하여 채점할 학생 답안 파일을 선택한 후 〈열기〉 단추를 클릭한 다음 〈자동채점〉 단추를 클릭합니다.

ITQ 자료 사용 방법

❼ 채점이 완료되면 문제별 전체 점수에서 맞은 점수를 확인하실 수 있습니다. 각 기능별로 자세하게 틀린 부분을 확인 할 때는 문제별 오른쪽에 〈상세결과〉 단추를 클릭하여 [정답] 항목과 비교하여 틀린 부분을 다시 확인합니다.

▲ 상세결과 페이지

▲ 틀린 부분 확인

ITQ 정보기술자격

한글 2022

PART 01
출제유형분석

01 수험자 유의사항 및 답안 작성 요령

☑ 편집 용지 및 기본 글자 서식 지정하기 ☑ 문제 번호 입력 및 페이지 구분하기
☑ 답안 파일 저장하기

▶ 소스 파일 : 없음 ▶ 완성 파일 : Chapter 01₩Ch01_완성.hwpx

수험자 유의사항

- 수험자는 문제지를 받는 즉시 문제지와 **수험표상의 시험과목(프로그램)이 동일한지 반드시 확인**하여야 합니다.
- 파일명은 본인의 "수험번호-성명"으로 입력하여 답안폴더(내 PC₩문서₩ITQ)에 하나의 파일로 저장해야하며, 답안 문서 파일명이 "수험번호-성명"과 일치하지 않거나, 답안파일을 전송하지 않아 미제출로 처리될 경우 실격 처리합니다 (예:12345678-홍길동.hwpx).
- 답안 작성을 마치면 파일을 저장하고, '답안 전송' 버튼을 선택하여 감독위원 PC로 답안을 전송하십시오. 수험생 정보와 저장한 파일명이 다를 경우 전송되지 않으므로 주의하시기 바랍니다.
- 답안 작성 중에도 **주기적으로 저장하고, '답안 전송'**하여야 문제 발생을 줄일 수 있습니다. 작업한 내용을 저장하지 않고 전송할 경우 이전에 저장된 내용이 전송되오니 이점 유의하시기 바랍니다.
- 답안문서는 지정된 경로 외의 다른 보조기억장치에 저장하는 경우, 지정된 시험 시간 외에 작성된 파일을 활용할 경우, 기타 통신수단(이메일, 메신저, 네트워크 등)을 이용하여 타인에게 전달 또는 외부 반출하는 경우는 부정 처리합니다.
- 시험 중 부주의 또는 고의로 시스템을 파손한 경우는 수험자가 변상해야 하며, <수험자 유의사항>에 기재된 방법대로 이행하지 않아 생기는 불이익은 수험생 당사자의 책임임을 알려 드립니다.
- 문제의 조건은 한컴오피스 2022 버전으로 설정되어 있으니 유의하시기 바랍니다.
- 시험을 완료한 수험자는 답안파일이 전송되었는지 확인한 후 감독위원의 지시에 따라 문제지를 제출하고 퇴실합니다.

답안 작성요령

- **온라인 답안 작성 절차**
  수험자 등록 ⇒ 시험 시작 ⇒ 답안파일 저장 ⇒ 답안 전송 ⇒ 시험 종료
- **공통 부문**
  - 글꼴에 대한 기본설정은 함초롬바탕, 10포인트, 검정, 줄간격 160%, 양쪽정렬로 합니다.
  - 색상은 조건의 색을 적용하고 색의 구분이 안 될 경우에는 RGB 값을 적용하십시오.
    (빨강 255,0,0 / 파랑 0,0,255 / 노랑 255,255,0).
  - 각 문항에 주어진 ≪조건≫에 따라 작성하고 언급하지 않은 조건은 ≪출력형태≫와 같이 작성합니다.
  - 용지여백은 왼쪽·오른쪽 11mm, 위쪽·아래쪽·머리말·꼬리말 10mm, 제본 0mm로 합니다.
  - 그림 삽입 문제의 경우「내 PC₩문서₩ITQ₩Picture」폴더에서 지정된 파일을 선택하여 삽입하십시오.
  - 삽입한 그림은 반드시 문서에 포함하여 저장해야 합니다(미포함 시 감점 처리).
  - 각 항목은 지정된 페이지에 출력형태와 같이 정확히 작성하시기 바라며, 그렇지 않을 경우에 해당 항목은 0점 처리됩니다.
    ※ 페이지구분 : 1페이지 - 기능평가 I (문제번호 표시 : 1. 2.),
    　　　　　　 2페이지 - 기능평가 II (문제번호 표시 : 3. 4.),
    　　　　　　 3페이지 - 문서작성 능력평가
- **기능평가**
  - 문제와 ≪조건≫은 입력하지 않으며 문제번호와 답(≪출력형태≫)만 작성합니다.
  - 4번 문제는 묶기를 했을 경우 0점 처리됩니다.
- **문서작성 능력평가**
  - A4 용지(210mm×297mm) 1매 크기, 세로 서식 문서로 작성합니다.
  - ◯ 표시는 문서작성에 대한 지시사항이므로 작성하지 않습니다.

체크! 체크!

수험자 유의사항 및 답안 작성요령

■ **수험자 등록** : 수험번호를 입력한 후 수험 정보를 확인한 다음 감독위원의 지시사항에 따릅니다.
■ **(전체 구성) 페이지 설정** : 용지 종류(A4 용지(210×297mm)) 및 용지 여백(왼쪽·오른쪽 11mm, 위쪽·아래쪽·머리말·꼬리말 10mm, 제본 0mm)을 지정한 후 구역을 3개로 나눕니다.
■ **답안 저장 및 전송**
• 저장 위치(내 PC₩문서₩ITQ)를 선택한 후 파일명(수험번호-성명)으로 저장한 다음 감독위원 PC로 답안을 전송합니다.
• 저장 위치 및 파일명을 잘못 지정할 경우 답안 전송이 되지 않으니 꼭! 확인해야 합니다.

STEP 01 수험자 등록하기

1 시험이 시작되면 감독위원의 지시사항에 따라 바탕화면에서 **[KOAS 수험자용(🙂)] 아이콘을 더블클릭**합니다.

> 바탕화면에서 [KOAS 수험자용(🙂)] 아이콘이 보이지 않을 경우 [시작(⊞)]-[모두]-[KOAS 수험자용]을 클릭합니다.

2 [수험자 로그인] 대화상자가 나타나면 **수험번호를 입력**한 후 **[조회] 단추를 클릭**합니다. 그런다음 성 명, 수험과목, 좌석번호, 답안폴더 정보를 확인한 후 **[확인] 단추를 클릭**합니다.

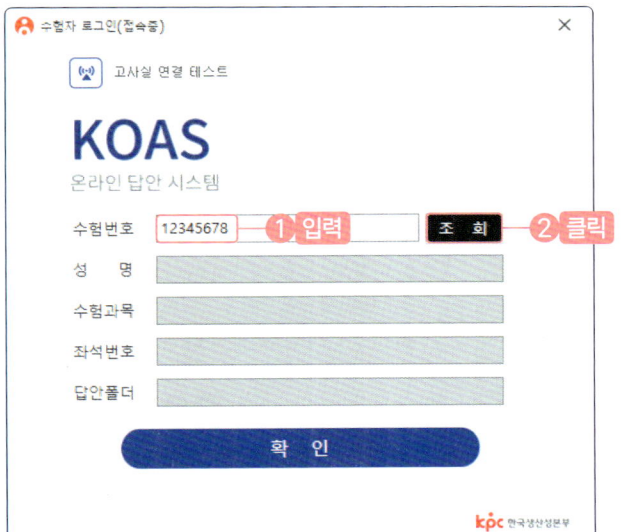
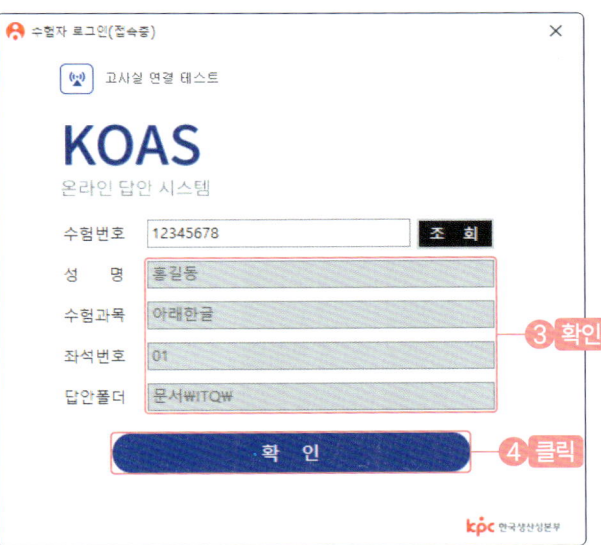

> [조회] 단추를 클릭한 후 수험자 정보가 나타나지 않으면 수험번호를 다시 입력합니다.
> 수험번호를 정확히 입력하였는데도 수험자 정보가 표시되지 않으면 감독위원에게 문의합니다.

3 [수험자 유의사항] 대화상자가 나타나면 **내용을 숙지**한 후 **[동의합니다.]를 선택(체크)**한 다음 **[확인] 단추를 클릭**합니다.

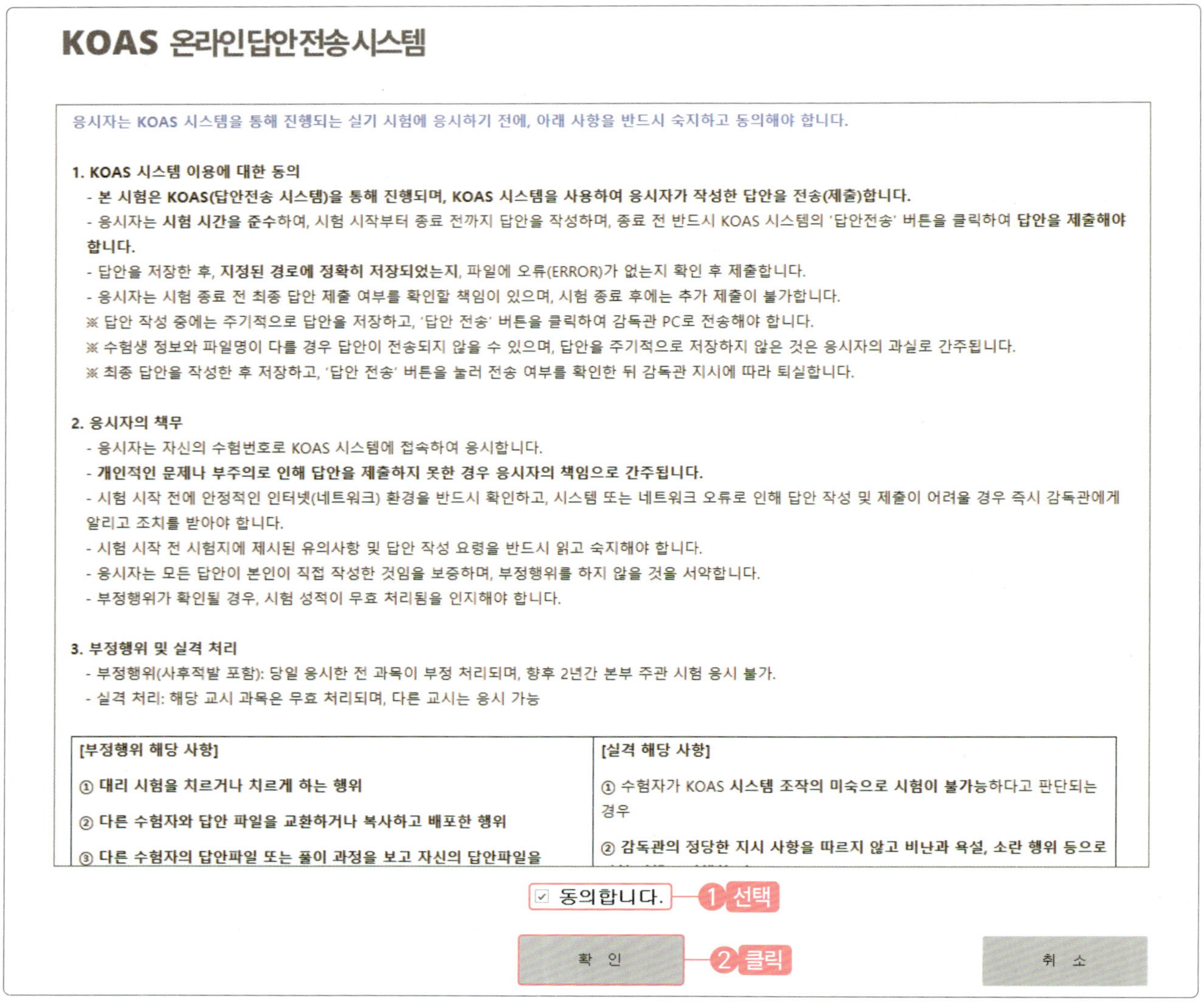

KOAS 온라인답안전송시스템
응시자는 KOAS 시스템을 통해 진행되는 실기 시험에 응시하기 전에, 아래 사항을 반드시 숙지하고 동의해야 합니다.
1. KOAS 시스템 이용에 대한 동의
- 본 시험은 KOAS(답안전송 시스템)을 통해 진행되며, KOAS 시스템을 사용하여 응시자가 작성한 답안을 전송(제출)합니다.
- 응시자는 시험 시간을 준수하여, 시험 시작부터 종료 전까지 답안을 작성하며, 종료 전 반드시 KOAS 시스템의 '답안전송' 버튼을 클릭하여 답안을 제출해야 합니다.
- 답안을 저장한 후, 지정된 경로에 정확히 저장되었는지, 파일에 오류(ERROR)가 없는지 확인 후 제출합니다.
- 응시자는 시험 종료 전 최종 답안 제출 여부를 확인할 책임이 있으며, 시험 종료 후에는 추가 제출이 불가합니다.
※ 답안 작성 중에는 주기적으로 답안을 저장하고, '답안 전송' 버튼을 클릭하여 감독관 PC로 전송해야 합니다.
※ 수험생 정보와 파일명이 다를 경우 답안이 전송되지 않을 수 있으며, 답안을 주기적으로 저장하지 않은 것은 응시자의 과실로 간주됩니다.
※ 최종 답안을 작성한 후 저장하고, '답안 전송' 버튼을 눌러 전송 여부를 확인한 뒤 감독관 지시에 따라 퇴실합니다.
2. 응시자의 책무
- 응시자는 자신의 수험번호로 KOAS 시스템에 접속하여 응시합니다.
- 개인적인 문제나 부주의로 인해 답안을 제출하지 못한 경우 응시자의 책임으로 간주됩니다.
- 시험 시작 전에 안정적인 인터넷(네트워크) 환경을 반드시 확인하고, 시스템 또는 네트워크 오류로 인해 답안 작성 및 제출이 어려울 경우 즉시 감독관에게 알리고 조치를 받아야 합니다.
- 시험 시작 전 시험지에 제시된 유의사항 및 답안 작성 요령을 반드시 읽고 숙지해야 합니다.
- 응시자는 모든 답안이 본인이 직접 작성한 것임을 보증하며, 부정행위를 하지 않을 것을 서약합니다.
- 부정행위가 확인될 경우, 시험 성적이 무효 처리됨을 인지해야 합니다.
3. 부정행위 및 실격 처리
- 부정행위(사후적발 포함): 당일 응시한 전 과목이 부정 처리되며, 향후 2년간 본부 주관 시험 응시 불가.
- 실격 처리: 해당 교시 과목은 무효 처리되며, 다른 교시는 응시 가능
[부정행위 해당 사항]
① 대리 시험을 치르거나 치르게 하는 행위
② 다른 수험자와 답안 파일을 교환하거나 복사하고 배포한 행위
③ 다른 수험자의 답안파일 또는 풀이 과정을 보고 자신의 답안파일을
[실격 해당 사항]
① 수험자가 KOAS 시스템 조작의 미숙으로 시험이 불가능하다고 판단되는 경우
② 감독관의 정당한 지시 사항을 따르지 않고 비난과 욕설, 소란 행위 등으로
동의합니다.
1 선택
확 인
2 클릭
취 소

4 컴퓨터가 잠금 상태가 되면 감독위원이 시험을 시작할 때까지 대기합니다.

5 시험이 시작되면 [KOAS 수험자용] 프로그램에서 남은 시간을 확인할 수 있습니다.

KOAS 수험자용(답안전송_접속중)
남은시간
59:56
확인
12345678-홍길동
수험과목: 아래한글
최종 답안전송 시간:
답안 전송
작업 폴더 보기
첨부파일 가져 오기
전송한 답안 확인
시험 종료

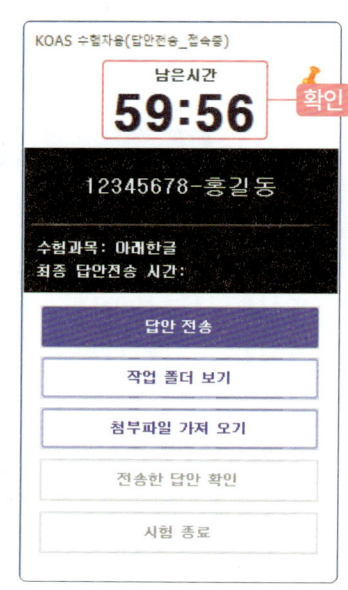

STEP 02 답안 작성 준비하기

《전체구성》
- 글꼴에 대한 기본설정은 함초롬바탕, 10포인트, 검정, 줄간격 160%, 양쪽정렬로 합니다.
- 용지여백은 왼쪽·오른쪽 11mm, 위쪽·아래쪽·머리말·꼬리말 10mm, 제본 0mm로 합니다.
- 각 항목은 지정된 페이지에 출력형태와 같이 정확히 작성하시기 바라며, 그렇지 않을 경우에 해당 항목은 0점 처리됩니다.
  ※ 페이지구분 : 1페이지 - 기능평가 I (문제번호 표시 : 1. 2.),
                   2페이지 - 기능평가 II (문제번호 표시 : 3. 4.),
                   3페이지 - 문서작성 능력평가

1 한글을 실행하기 위해 〔시작(■)〕을 클릭한 후 〔모두〕-〔한글 2022(■)〕를 클릭합니다.

2 〔문서 시작 도우미〕 대화상자가 나타나면 〔새 문서〕를 클릭합니다.

3 한글 화면이 나타나면 〔서식〕 도구 상자에서 **글꼴(함초롬바탕)**, **글자 크기(10)**, **글자 색(검정)**, **정렬 방식((양쪽 혼합(■)))**, **줄 간격(160)**을 확인합니다.

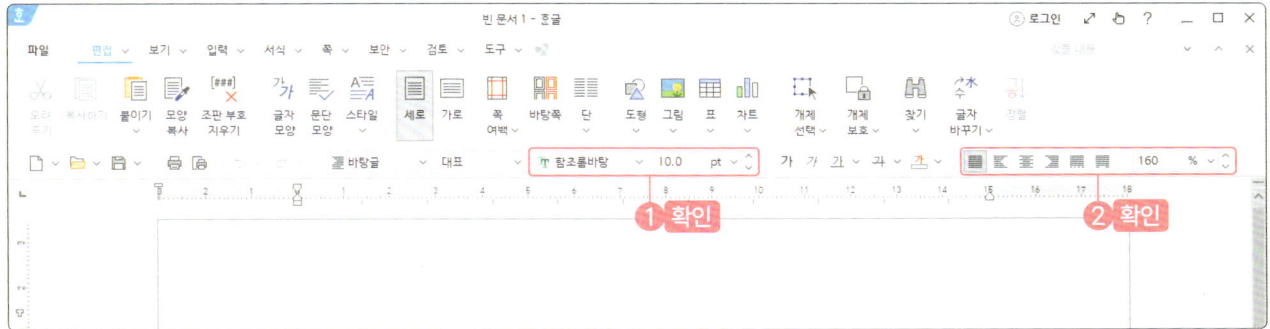

> 글자 색은 〔서식〕 도구 상자에서 〔글자 색(가)〕의 〔목록(∨)〕 단추를 클릭하면 확인할 수 있습니다.

4 편집 용지를 설정하기 위해 〔쪽〕 탭을 클릭한 후 〔편집 용지(■)〕를 클릭합니다.

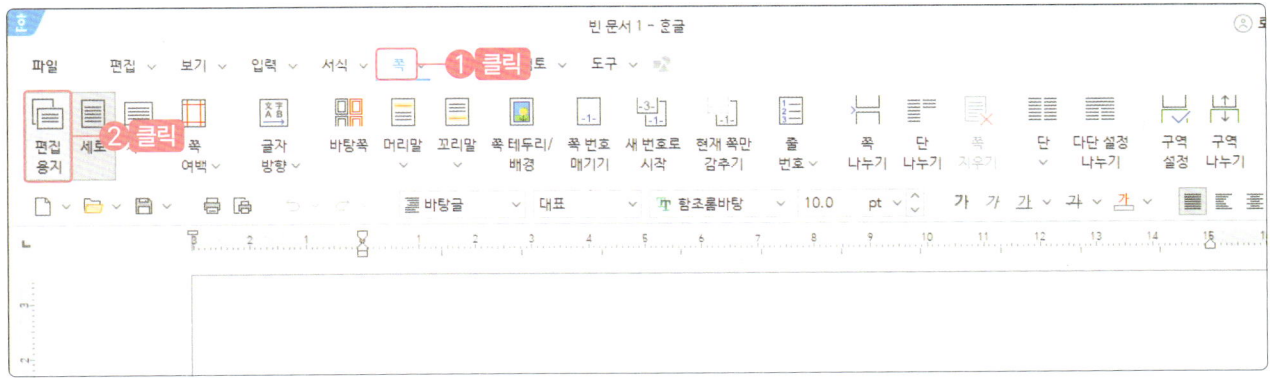

> 〔쪽〕 탭의 〔목록(∨)〕 단추를 클릭한 후 〔편집 용지〕를 클릭하거나 F7 을 눌러 편집 용지를 설정할 수도 있습니다.

5 (편집 용지) 대화상자가 나타나면 (기본) 탭에서 **용지 종류(A4(국배판) (210×297 mm)), 용지 방향 (세로), 제본(한쪽)**을 확인한 후 **왼쪽/오른쪽 용지 여백(11), 위쪽/아래쪽/머리말/꼬리말 용지 여백(10), 제본 용지 여백(0)**을 입력한 다음 (설정) 단추를 클릭합니다.

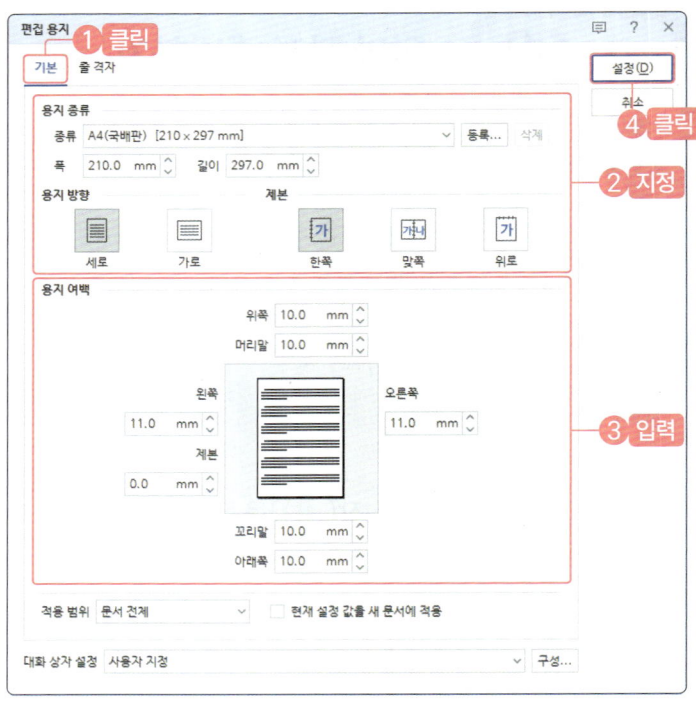

6 문서를 3페이지의 구역으로 나누기 위해 (쪽) 탭을 클릭한 후 **(구역 나누기())를 2번 클릭**합니다.

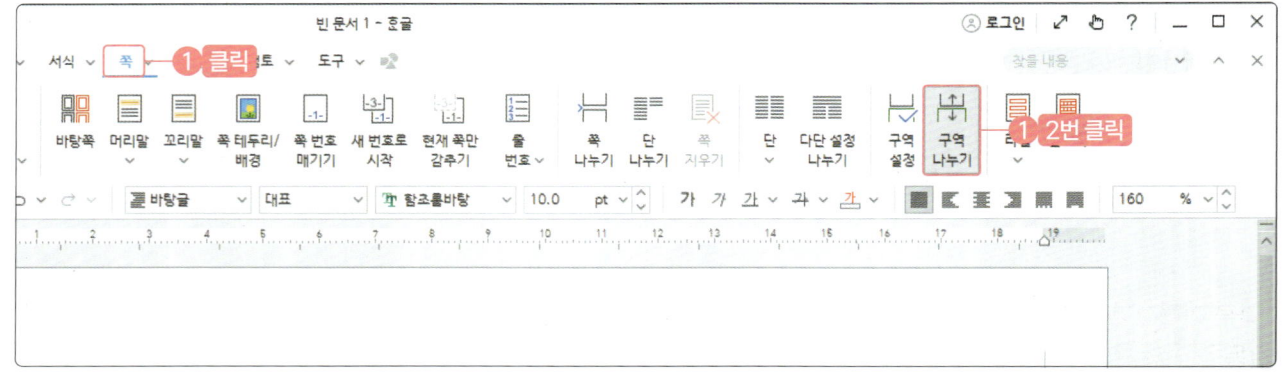

> **한가지 더!**
>
> **구역 나누기와 쪽 나누기**
>
> - **구역 나누기** : (쪽) 탭을 클릭한 후 (구역 나누기)를 클릭하거나 Alt + Shift + Enter 를 누르면 문서를 구역으로 나누어 구역마다 편집 용지나 개요 번호 모양 등을 다르게 지정할 수 있습니다. 문서를 구역으로 나누면 시험의 '문서작성 능력평가'에서 쪽 번호를 매길 경우, 이전 페이지에는 쪽 번호가 매겨지지 않습니다.
> - **쪽 나누기** : 한글에서는 내용이 1페이지를 넘어가면 자동으로 페이지가 나누어지지만 (쪽) 탭을 클릭한 후 (쪽 나누기)를 클릭하거나 Ctrl + Enter 를 누르면 내용이 1페이지를 넘어가지 않아도 강제로 페이지를 나눌 수 있습니다. 강제로 페이지를 나누면 시험의 '문서작성 능력평가'에서 쪽 번호를 매길 경우, 이전 페이지에도 쪽 번호가 매겨집니다.

7 문서가 3페이지의 구역으로 나누어집니다.

STEP 03 답안 저장하고 전송하기

> **수험자 유의사항**
> 파일명은 본인의 "수험번호-성명"으로 입력하여 답안폴더(내 PC\문서\ITQ)에 하나의 파일로 저장해야 하며, 답안 문서 파일명이 "수험번호-성명"과 일치하지 않거나, 답안파일을 전송하지 않아 미제출로 처리될 경우 실격 처리합니다 (예 : 12345678-홍길동.hwpx).

1 답안을 저장하기 위해 (파일) 탭을 클릭한 후 (저장하기)를 클릭합니다.

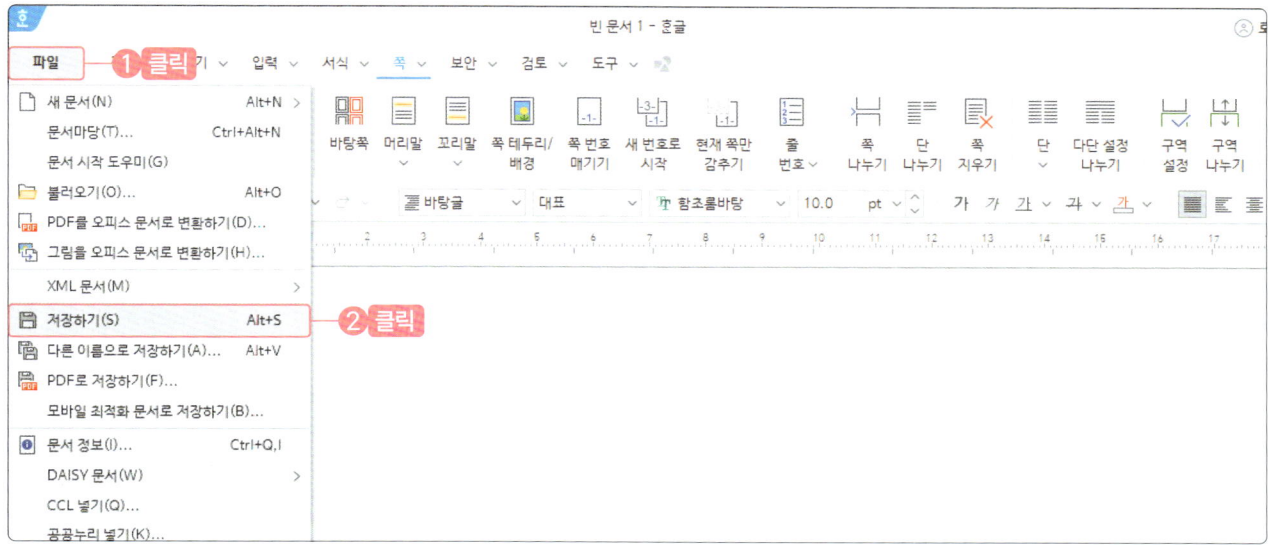

> (서식) 도구 상자에서 (저장하기(📄))를 클릭하거나 Alt + S 를 눌러 답안을 저장할 수도 있습니다.

2 (다른 이름으로 저장하기) 대화상자가 나타나면 **저장 위치(내 PC\문서\ITQ)를 선택**한 후 **파일 이름(12345678-홍길동)을 입력**한 다음 (저장) 단추를 클릭합니다.

- 시험에서는 본인의 수험번호와 성명을 조합하여 '수험번호-성명' 형식의 파일 이름을 입력합니다.
- 파일 형식은 (한글 표준 문서(.hwpx))를 선택합니다.

3 다음과 같이 답안이 저장됩니다.

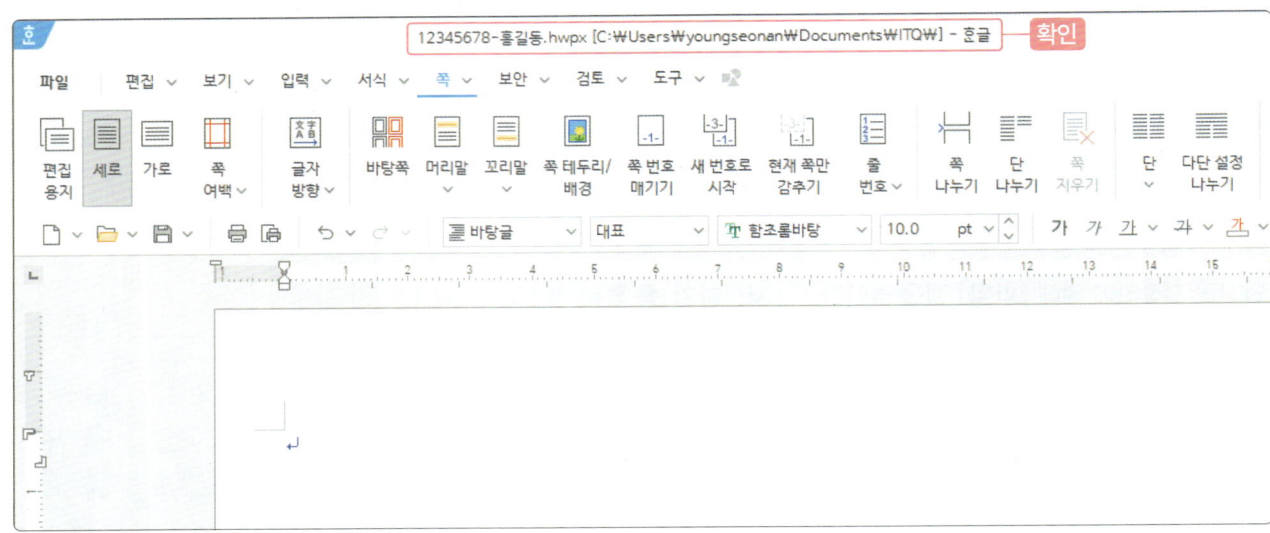

4 답안을 전송하기 위해 [KOAS 수험자용] 프로그램에서 **[답안 전송] 단추를 클릭**합니다.

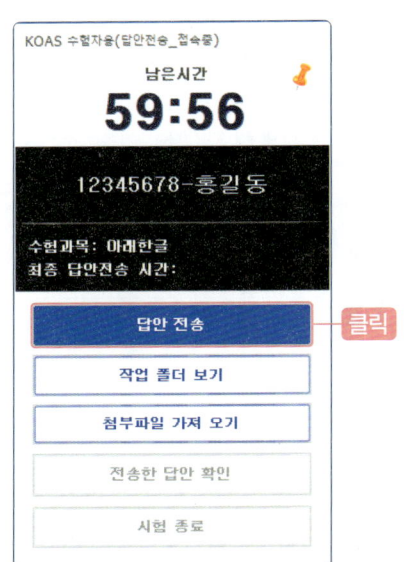

- 답안을 작성하는 도중에 주기적으로 [파일] 탭에서 [저장하기]를 클릭하거나 Alt + S 를 눌러 답안을 저장한 후 감독위원 PC로 전송해 두면 오류가 발생한 경우, 전송된 답안을 불러와서 복구할 수 있습니다. 전송된 답안은 [KOAS 수험자용] 프로그램에서 [답안 가져오기] 단추를 클릭하여 불러오므로 오류가 발생한 경우, 감독위원에게 문의합니다.
- [첨부파일 폴더 보기] 단추를 클릭하면 답안을 작성할 때 사용할 그림이 있는지 확인할 수 있습니다.

5 (고사실용 PC로 답안 파일 보내기) 대화상자가 나타나면 **파일 목록(12345678-홍길동.hwpx)과 존재(있음)**를 확인한 후 (답안전송) 단추를 클릭합니다.

6 답안이 전송되면 (상태)에 '성공'이 표시되는지 확인한 후 (닫기) 단추를 클릭합니다.

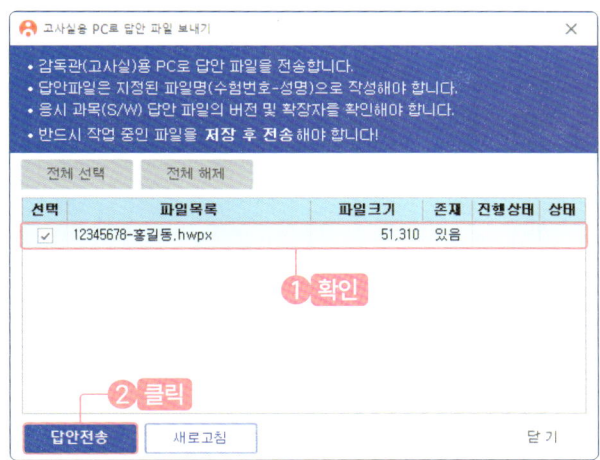 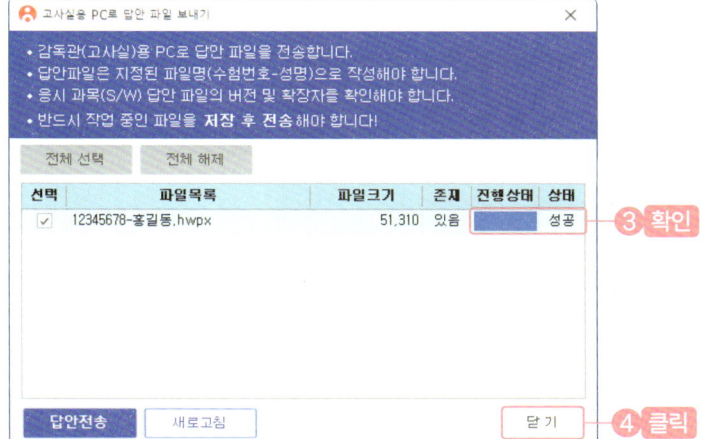

(존재)가 '없음'일 경우 파일 이름을 잘못 저장하거나 다른 위치에 저장한 경우입니다. 아래한글 2022의 (파일) 탭에서 (다른 이름으로 저장하기)를 클릭해 답안을 다시 저장한 후 (답안전송)을 다시 진행합니다.

7 (KOAS 수험자용) 프로그램에서 최종 답안전송 시간을 확인합니다.

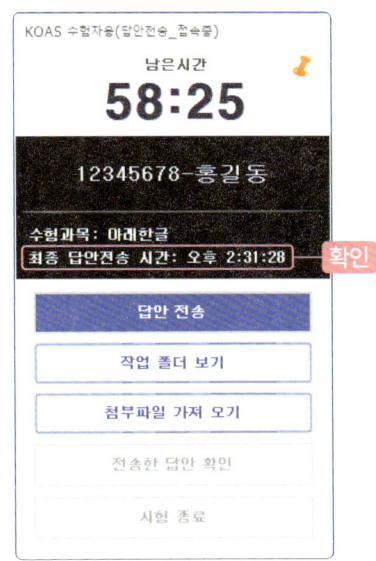

02 기능평가 Ⅰ - 스타일

☑ 문제 번호와 내용 입력하기   ☑ 새 스타일 만들고 적용하기

▶ 소스 파일 : Chapter 02₩Ch02.hwpx   ▶ 완성 파일 : Chapter 02₩Ch02_완성.hwpx

1. 다음의 《조건》에 따라 스타일 기능을 적용하여 《출력형태》와 같이 작성하시오. (50점)

조건

(1) 스타일 이름 - student
(2) 문단 모양 - 왼쪽 여백 : 15pt, 문단 아래 간격 : 10pt
(3) 글자 모양 - 글꼴 : 한글(굴림)/영문(돋움), 크기 : 10pt, 장평 : 95%, 자간 : 5%

출력 형태

International students are those students who chose to undertake all or part of their tertiary education in a country other than their own and move to that country for the purpose of studying.

유학생은 고등 교육 기관의 전부 또는 일부를 자국 이외의 국가에서 선택하여 공부 목적으로 해당 국가로 이주한 학생이다.

체크! 체크!

[기능평가 Ⅰ] 스타일

■ **문제 번호와 내용 입력하기**
- 문제 번호를 입력한 후 내용을 입력합니다.
  (답안을 작성하지 못한 경우에도 문제 번호는 입력합니다.)

■ **새 스타일 만들고 적용하기**
- 스타일을 추가하여 문단 모양과 글자 모양을 지정합니다.
  (장평, 자간을 먼저 지정한 후 한글 글꼴과 영문 글꼴을 지정합니다.)
- 오른쪽 끝 글자를 확인해서 오탈자를 체크합니다.

STEP 01 문제 번호와 내용 입력하기

> **답안 작성요령**
> ※ 페이지구분 : 1페이지 - 기능평가 Ⅰ (문제번호 표시 : 1. 2.),
> 2페이지 - 기능평가 Ⅱ (문제번호 표시 : 3. 4.),
> 3페이지 - 문서작성 능력평가

1 1페이지의 첫 번째 줄에 **문제 번호(1.)를 입력**한 후 Enter를 4번 누릅니다.

- 답안을 작성하지 못한 경우에도 문제 번호는 입력합니다.
- [보기] 탭을 클릭한 후 [조판 부호]를 선택([문단 부호]도 함께 선택됩니다)하면 Enter를 눌러 문단을 바꾼 곳(↵ 표시)과 SpaceBar를 눌러 사이 띄운 곳(∨표시)을 확인할 수 있고, [문단 부호]만 선택하면 Enter를 눌러 문단을 바꾼 곳만 확인할 수 있습니다. 문단은 Enter를 누른 곳에서부터 다음 Enter를 누른 곳까지입니다.

2 다음과 같이 **내용을 입력**합니다.

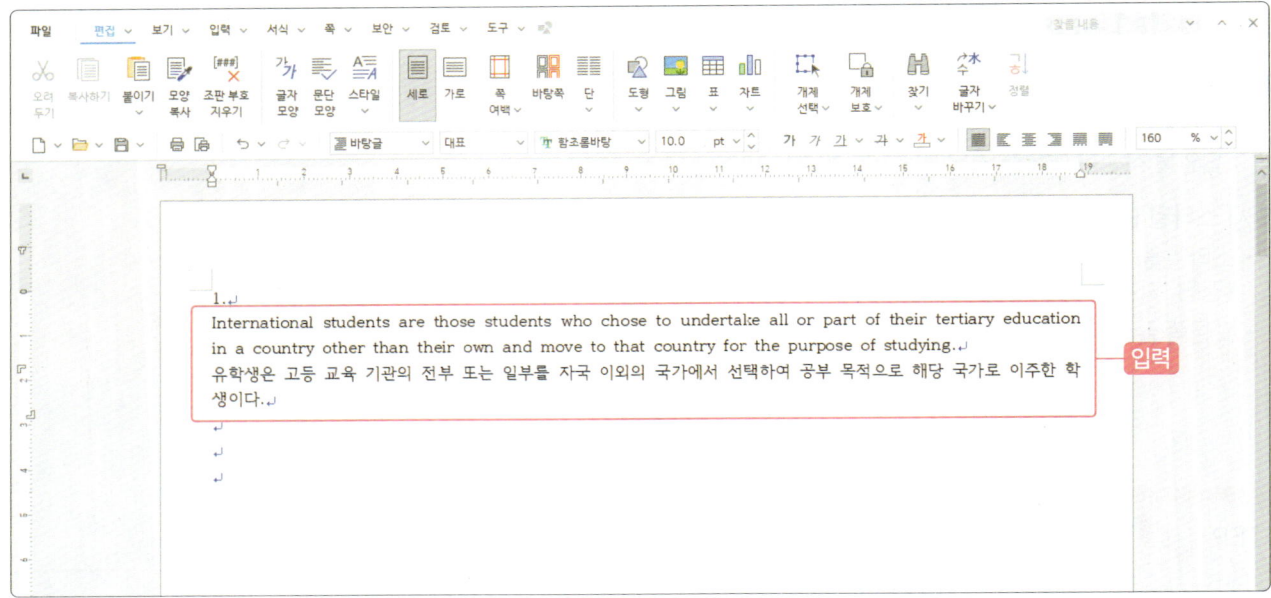

International students are those students who chose to undertake all or part of their tertiary education in a country other than their own and move to that country for the purpose of studying.
유학생은 고등 교육 기관의 전부 또는 일부를 자국 이외의 국가에서 선택하여 공부 목적으로 해당 국가로 이주한 학생이다.

한글에서는 내용이 1줄을 넘어가면 자동으로 줄이 바꾸어지므로 문단을 바꾸기 전에는 Enter 를 눌러 강제로 줄을 바꾸지 않습니다. 여기서는 'International students ~ purpose of studying.'를 입력한 후 Enter 를 눌러 줄을 바꾼 다음 '유학생은 고등 교육 ~ 이주한 학생이다.'를 입력합니다.

STEP 02 새 스타일 만들고 적용하기

《조건》
(1) 스타일 이름 - student
(2) 문단 모양 - 왼쪽 여백 : 15pt, 문단 아래 간격 : 10pt
(3) 글자 모양 - 글꼴 : 한글(굴림)/영문(돋움), 크기 : 10pt, 장평 : 95%, 자간 : 5%

1 입력한 내용을 블록으로 설정한 후 (서식) 탭을 클릭한 다음 (스타일 추가하기( ))를 클릭합니다.

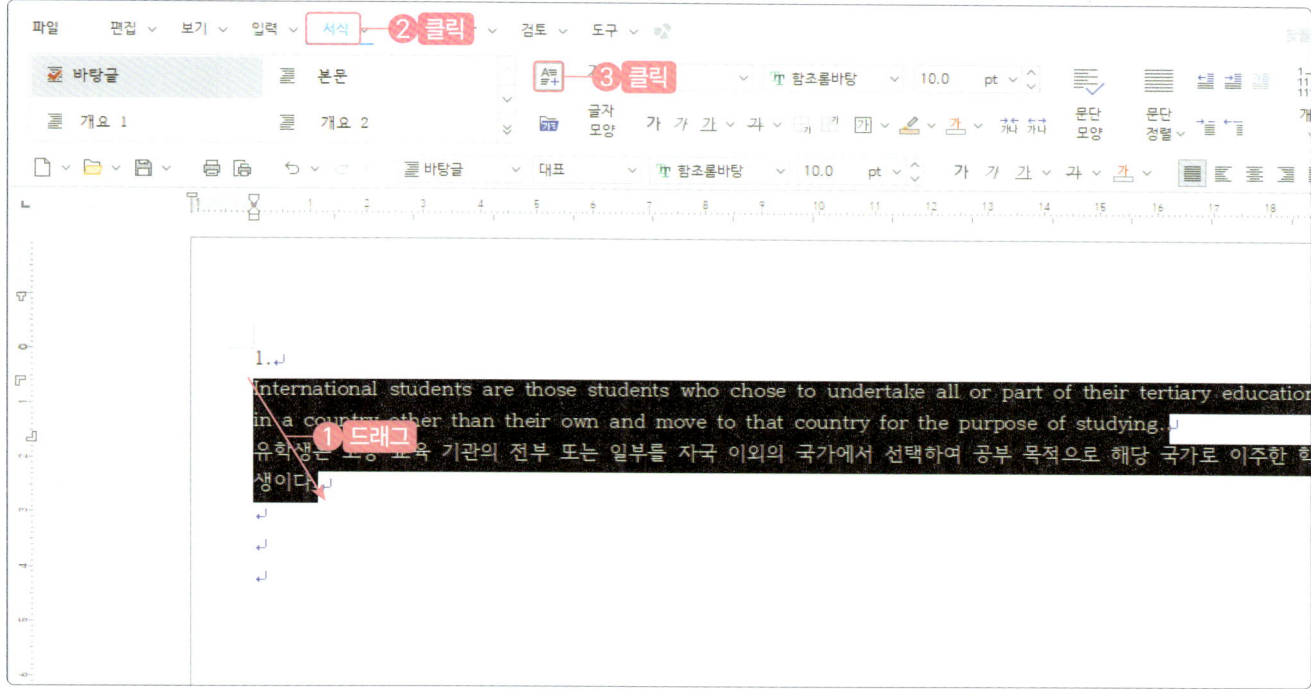

- 스타일은 (글자 모양)이나 (문단 모양) 등을 미리 지정하여 하나의 형식으로 만들어 놓은 것입니다. 스타일을 만들어 놓으면 글자 모양이나 문단 모양 등을 한 번에 지정할 수 있습니다.
- (서식) 탭의 (목록( )) 단추를 클릭한 후 (스타일)을 클릭하거나 F6을 눌러 새 스타일을 만들 수도 있습니다.
- 내용을 블록으로 설정하라는 것은 내용을 드래그하여 선택하라는 것입니다. 새 스타일을 만든 후 바로 새 스타일을 적용하기 위해 내용을 블록으로 설정한 것입니다.

2 (스타일 추가하기) 대화상자가 나타나면 **스타일 이름(student)**을 입력한 후 (문단 모양) 단추를 클릭합니다.

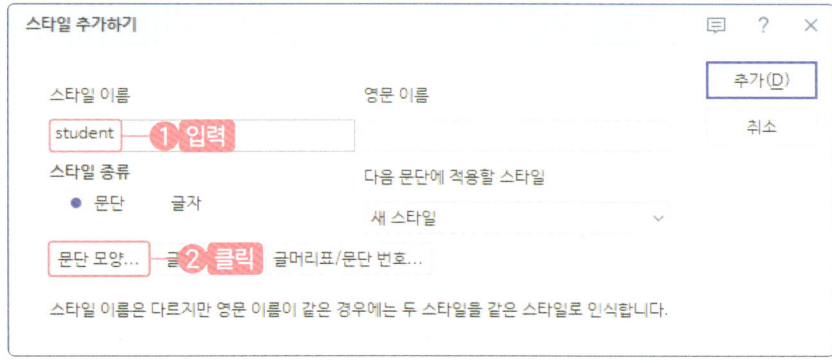

《조건》 (2) 문단 모양 - 왼쪽 여백 : 15pt, 문단 아래 간격 : 10pt

3 [문단 모양] 대화상자의 [기본] 탭이 나타나면 **왼쪽 여백(15)과 문단 아래 간격(10)을 입력**한 후 **[설정] 단추를 클릭**합니다.

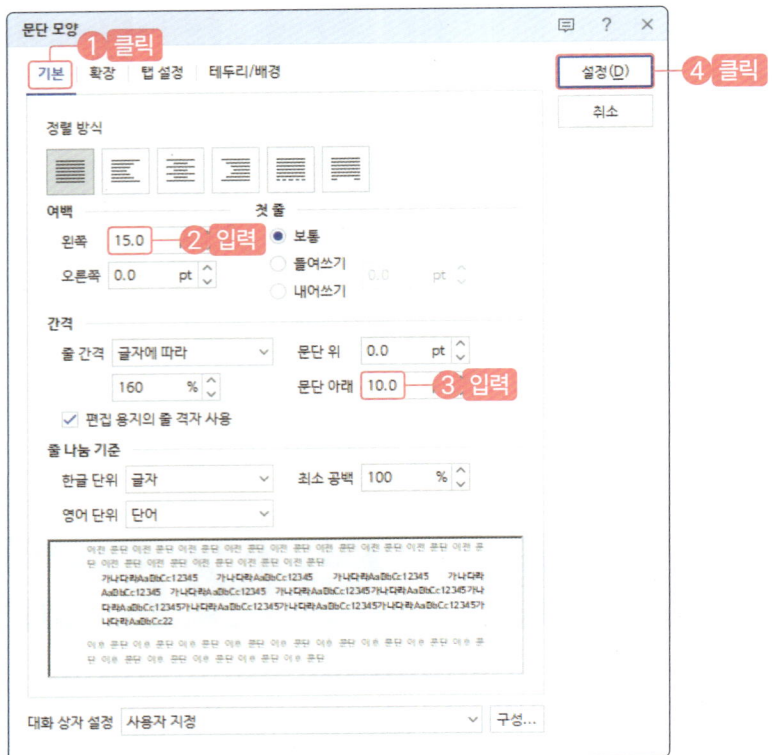

문단 위는 Enter 를 누른 곳의 위쪽을 말하고, 문단 아래는 Enter 를 누른 곳의 아래쪽을 말합니다.

4 [스타일 추가하기] 대화상자가 다시 나타나면 **[글자 모양] 단추를 클릭**합니다.

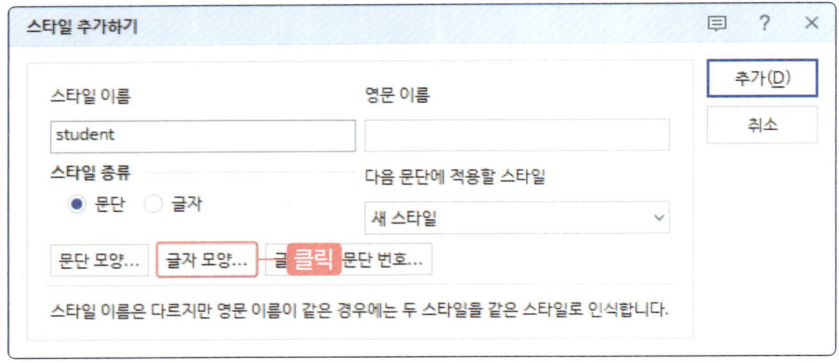

1-14 한글 2022 · 출제유형분석

《조건》 (3) 글자 모양 - 글꼴 : 한글(굴림)/영문(돋움), 크기 : 10pt, 장평 : 95%, 자간 : 5%

5 〔글자 모양〕 대화상자의 〔기본〕 탭이 나타나면 **장평(95)을 입력**한 후 **자간(5)을 입력**합니다.

장평은 글자의 세로에 대한 가로의 비율이고, 자간은 글자와 글자 사이의 간격입니다. 장평이 100%보다 작으면 글자의 가로 폭이 세로 폭보다 좁아지고, 100%보다 크면 글자의 가로 폭이 세로 폭보다 넓어집니다.

6 **언어(한글)와 글꼴(굴림)을 선택**합니다. 그런다음 **언어(영문)와 글꼴(돋움)을 선택**한 후 〔설정〕 단추를 클릭합니다.

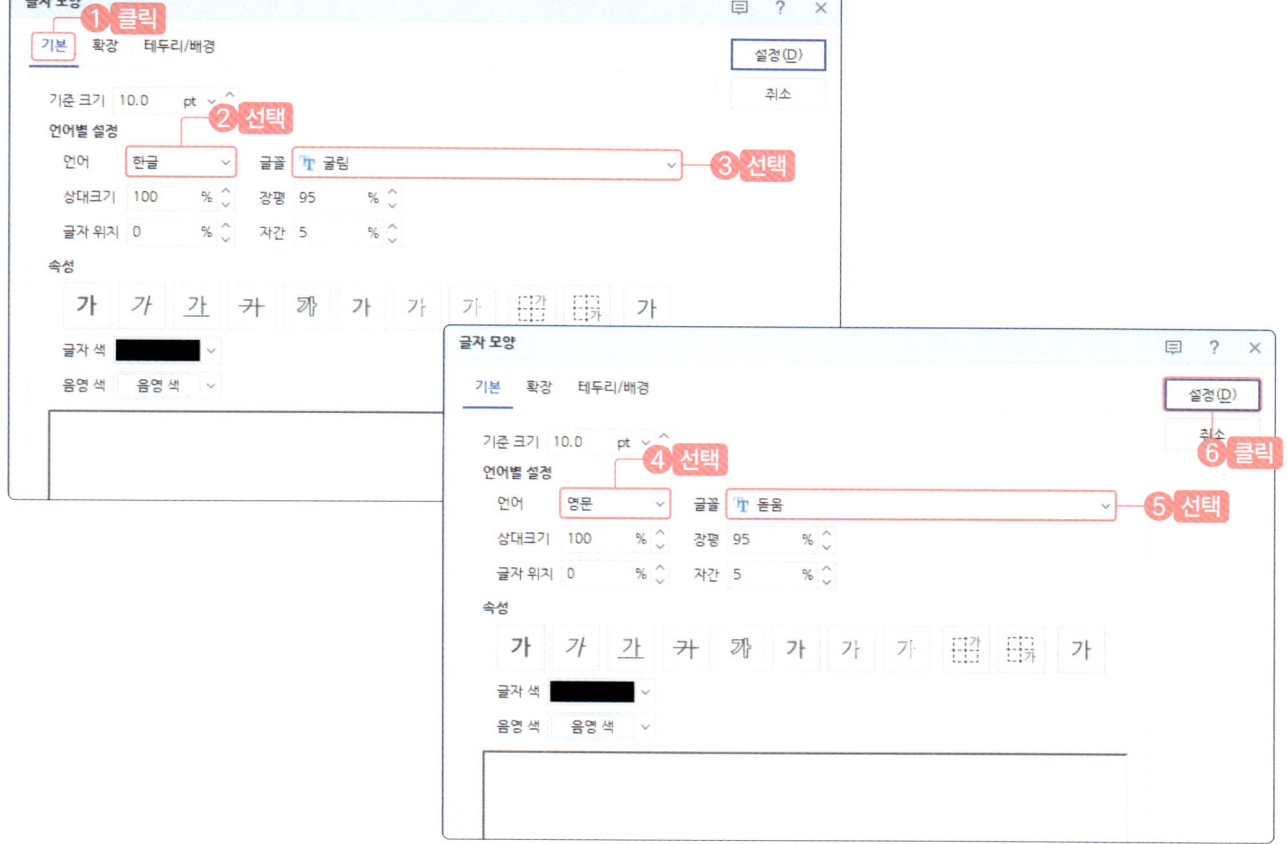

《조건》　(1) 스타일 이름 - student
　　　　(2) 문단 모양 - 왼쪽 여백 : 15pt, 문단 아래 간격 : 10pt
　　　　(3) 글자 모양 - 글꼴 : 한글(굴림)/영문(돋움), 크기 : 10pt, 장평 : 95%, 자간 : 5%

7 [스타일 추가하기] 대화상자가 다시 나타나면 [추가] 단추를 클릭합니다.

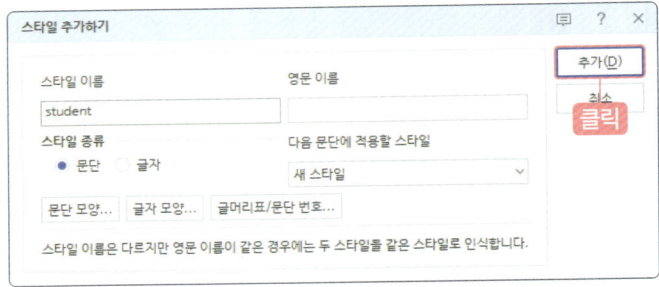

8 스타일이 추가되면 [서식] 탭에서 [student]를 클릭합니다.

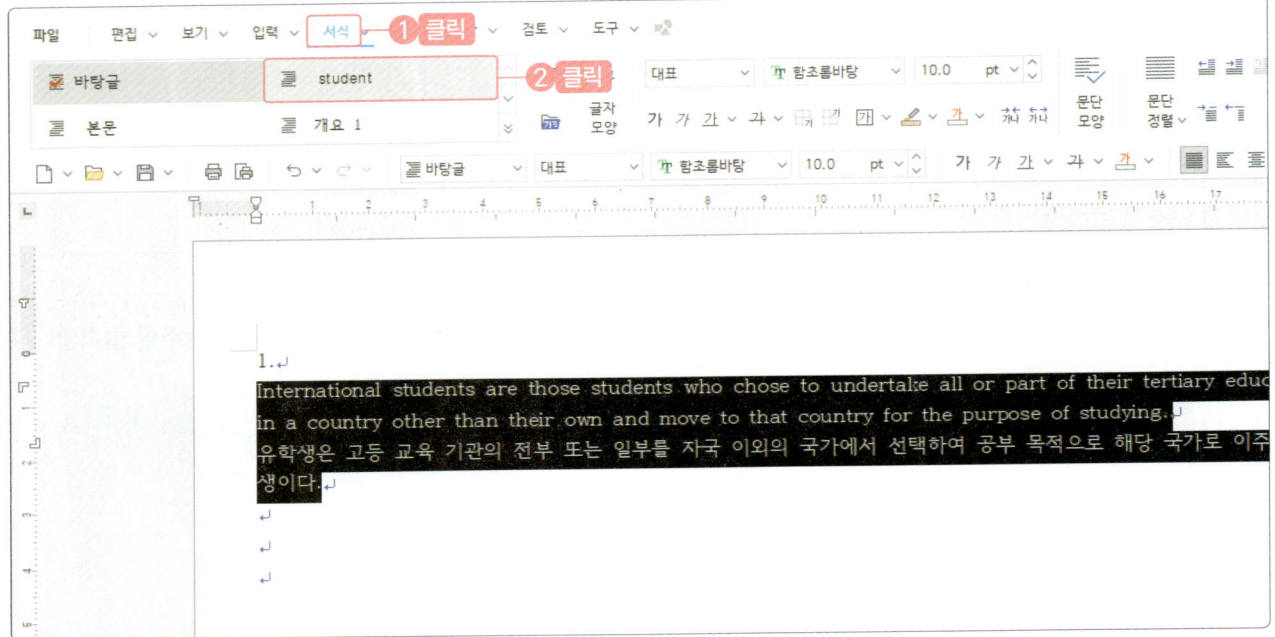

9 다음과 같이 스타일이 지정됩니다.

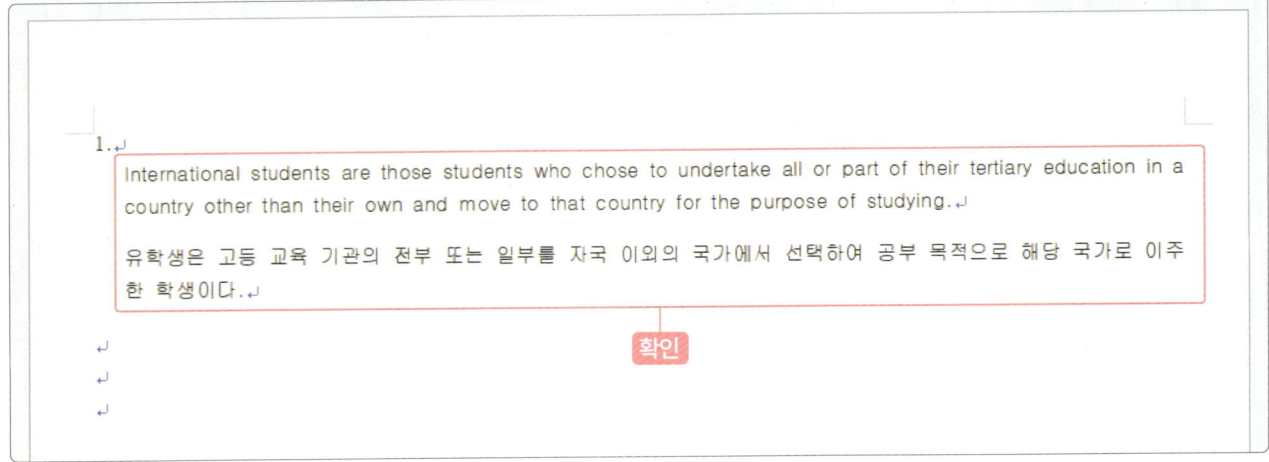

기능평가 Ⅰ - 스타일

유형 01

다음의 《조건》에 따라 스타일 기능을 적용하여 《출력형태》와 같이 작성하시오.　　(50점)

▶ 소스파일 : Chapter 02₩문제02-01.hwpx　　▶ 완성파일 : Chapter 02₩문제02-01_완성.hwpx

《조건》　(1) 스타일 이름 - divide
　　　　(2) 문단 모양 - 왼쪽 여백 : 10pt, 문단 아래 간격 : 10pt
　　　　(3) 글자 모양 - 글꼴 : 한글(굴림)/영문(돋움), 크기 : 10pt, 장평 : 105%, 자간 : -5%

《출력형태》

A digital divide is an economic and social inequality with regard to access to, use of, or impact of information and communication technologies.

정보격차는 교육, 소득 수준, 성별, 지역 등의 차이로 인해 정보에 대한 접근과 이용이 차별되고 그 결과 경제적, 사회적 불균형이 발생하는 현상이다.

유형 02

다음의 《조건》에 따라 스타일 기능을 적용하여 《출력형태》와 같이 작성하시오.　　(50점)

▶ 소스파일 : Chapter 02₩문제02-02.hwpx　　▶ 완성파일 : Chapter 02₩문제02-02_완성.hwpx

《조건》　(1) 스타일 이름 - virtual
　　　　(2) 문단 모양 - 첫 줄 들여쓰기 : 10pt, 문단 아래 간격 : 10pt
　　　　(3) 글자 모양 - 글꼴 : 한글(굴림)/영문(돋움), 크기 : 10pt, 장평 : 105%, 자간 : -5%

《출력형태》

　Virtual Reality(VR) is a computer-generated environment with scenes and objects that appear to be real, making the user feel they are immersed in their surroundings.

　가상현실을 통해 우리는 마치 우리가 주인공이 된 것처럼 비디오 게임에 몰입하고, 심장 수술을 수행하는 방법을 배우거나, 성능을 극대화하기 위해 스포츠 훈련의 품질을 향상할 수 있다.

유형 03

다음의 《조건》에 따라 스타일 기능을 적용하여 《출력형태》와 같이 작성하시오. (50점)

▶ 소스파일 : Chapter 02₩문제02-03.hwpx   ▶ 완성파일 : Chapter 02₩문제02-03_완성.hwpx

《조건》 (1) 스타일 이름 - construction
(2) 문단 모양 - 왼쪽 여백 : 15pt, 문단 아래 간격 : 10pt
(3) 글자 모양 - 글꼴 : 한글(굴림)/영문(돋움), 크기 : 10pt, 장평 : 95%, 자간 : 5%

《출력형태》

Construction technology refers to changing the natural environment and making structures in the natural environment for a more convenient and comfortable life for humans.

건설기술은 인간이 더욱더 편리하고 안락한 생활을 위하여 자연환경을 변화시키고, 그 자연환경에 구조물을 만드는 것을 말하며 수송 시스템, 산업 및 에너지 관련 프로젝트의 설계에 사용된다.

유형 04

다음의 《조건》에 따라 스타일 기능을 적용하여 《출력형태》와 같이 작성하시오. (50점)

▶ 소스파일 : Chapter 02₩문제02-04.hwpx   ▶ 완성파일 : Chapter 02₩문제02-04_완성.hwpx

《조건》 (1) 스타일 이름 - unification
(2) 문단 모양 - 왼쪽 여백 : 15pt, 문단 아래 간격 : 10pt
(3) 글자 모양 - 글꼴 : 한글(돋움)/영문(굴림), 크기 : 10pt, 장평 : 95%, 자간 : 5%

《출력형태》

In 1960s, public discussions on unification issues sprang up in various sectors in South Korean society and government felt the need set up a consistent unification policy.

1960년대 통일 문제에 대한 대중의 논의는 한국 사회의 여러 분야에서 시작되었고, 정부는 국민들의 말에 귀를 기울이고 일관된 통일 정책을 수립할 필요성을 느꼈다.

유형 05

다음의 《조건》에 따라 스타일 기능을 적용하여 《출력형태》와 같이 작성하시오. (50점)

▶ 소스파일 : Chapter 02₩문제02-05.hwpx   ▶ 완성파일 : Chapter 02₩문제02-05_완성.hwpx

《조건》 (1) 스타일 이름 - data
(2) 문단 모양 - 왼쪽 여백 : 15pt, 문단 아래 간격 : 10pt
(3) 글자 모양 - 글꼴 : 한글(돋움)/영문(굴림), 크기 : 10pt, 장평 : 95%, 자간 : 5%

《출력형태》

Data analytics has become an important technological factor in medical and public health in collecting and screening data for COVID-19 treatment research and clinical trials.

데이터 분석은 코로나19 치료 연구 및 임상 시험을 위한 데이터 수집과 선별에 있어 의료 및 공중 보건의 중요한 기술적 요소가 되었다.

유형 06

다음의 《조건》에 따라 스타일 기능을 적용하여 《출력형태》와 같이 작성하시오. (50점)

▶ 소스파일 : Chapter 02₩문제02-06.hwpx   ▶ 완성파일 : Chapter 02₩문제02-06_완성.hwpx

《조건》 (1) 스타일 이름 - copyright
(2) 문단 모양 - 왼쪽 여백 : 15pt, 문단 아래 간격 : 10pt
(3) 글자 모양 - 글꼴 : 한글(굴림)/영문(바탕), 크기 : 10pt, 장평 : 95%, 자간 : 5%

《출력형태》

Copyright enriches the life of people. For culture and arts of life and development of scientific journals toward intellectual life, the copyright protection is essential.

저작권자는 자신의 저작권이 침해되었을 경우 해당 저작물에 대한 복제 및 전송 중단 요청 민사상 손해배상 청구, 형사 고소를 할 수 있다.

유형 07

다음의 《조건》에 따라 스타일 기능을 적용하여 《출력형태》와 같이 작성하시오. (50점)

▶소스파일 : Chapter 02₩문제02-07.hwpx   ▶완성파일 : Chapter 02₩문제02-07_완성.hwpx

《조건》 (1) 스타일 이름 - goyang
(2) 문단 모양 - 왼쪽 여백 : 15pt, 문단 아래 간격 : 10pt
(3) 글자 모양 - 글꼴 : 한글(굴림)/영문(돋움), 크기 : 10pt, 장평 : 95%, 자간 : 5%

《출력형태》

Goyang international flower foundation has stepped forward to the center of world floriculture industry since 1997. Until now, we had 9 times of Goyang Autumn Flower Festival.

1997년에 처음 개최된 고양국제꽃박람회는 현재까지 총 370만 명에 이르는 관람객이 방문하여 국제박람회로 자리매김하고 있습니다.

유형 08

다음의 《조건》에 따라 스타일 기능을 적용하여 《출력형태》와 같이 작성하시오. (50점)

▶소스파일 : Chapter 02₩문제02-08.hwpx   ▶완성파일 : Chapter 02₩문제02-08_완성.hwpx

《조건》 (1) 스타일 이름 - metaverse
(2) 문단 모양 - 왼쪽 여백 : 15pt, 문단 아래 간격 : 10pt
(3) 글자 모양 - 글꼴 : 한글(돋움)/영문(굴림), 크기 : 10pt, 장평 : 95%, 자간 : -5%

《출력형태》

Due to the influence of COVID-19, the demand for non-face-to-face services has increased for "social distancing" has increased. Metaverse provides a platform for people to gather and work online.

코로나 19의 영향으로 비대면 서비스의 수요가 높아지고 '사회적 거리두기'를 위해 실내에 머무는 시간이 증가했다. 메타버스는 온라인에서 사람들이 모이고, 활동할 수 있는 플랫폼을 제공해주고 있다.

유형 09

다음의 《조건》에 따라 스타일 기능을 적용하여 《출력형태》와 같이 작성하시오. (50점)

▶ 소스파일 : Chapter 02₩문제02-09.hwpx   ▶ 완성파일 : Chapter 02₩문제02-09_완성.hwpx

《조건》 (1) 스타일 이름 - agriculture
(2) 문단 모양 - 왼쪽 여백 : 15pt, 문단 아래 간격 : 10pt
(3) 글자 모양 - 글꼴 : 한글(굴림)/영문(돋움), 크기 : 10pt, 장평 : 95%, 자간 : -5%

《출력형태》

The participation of urban residents in agricultural activities is spreading. Some of those activities are exemplified by growing vegetables or flowers in kitchen gardens or working on an educational farm.

도시지역에서 다양한 형태로 전개되는 농업은 신선하고 안전한 농산물을 공급하는 역할을 비롯하여, 체험이나 학습 기회를 제공하고 생물다양성을 유지하면서 이산화탄소를 저감하는 등의 역할이 높게 평가되고 있다.

유형 10

다음의 《조건》에 따라 스타일 기능을 적용하여 《출력형태》와 같이 작성하시오. (50점)

▶ 소스파일 : Chapter 02₩문제02-10.hwpx   ▶ 완성파일 : Chapter 02₩문제02-10_완성.hwpx

《조건》 (1) 스타일 이름 - climate
(2) 문단 모양 - 왼쪽 여백 : 10pt, 문단 아래 간격 : 10pt
(3) 글자 모양 - 글꼴 : 한글(굴림)/영문(돋움), 크기 : 10pt, 장평 : 105%, 자간 : -5%

《출력형태》

Climate change is one of the greatest challenges facing humanity. To address climate change, countries adopted the Paris Agreement to limit global temperature rise to well below 2 degrees Celsius.

온실효과란 태양으로부터 지구로 유입되었다가 대기 중 온실기체에 의해 다시 우주로 방출되는 열의 일부를 온실가스가 흡수하여 대기를 따뜻하게 유지시켜 지구가 마치 온실의 유리처럼 보온되는 것을 말한다.

03 기능평가 I - 표

- ☑ 문제 번호 입력하고 표 작성하기
- ☑ 셀 배경색과 셀 테두리 지정하기
- ☑ 평균 구하고 캡션 넣기

▶ 소스 파일 : Chapter 03₩Ch03.hwpx   ▶ 완성 파일 : Chapter 03₩Ch03_완성.hwpx

2. 다음의 《조건》에 따라 《출력형태》와 같이 표와 차트를 작성하시오. (100점)

조건

(1) 표 전체(표, 캡션) – 굴림, 10pt
(2) 정렬 – 문자 : 가운데 정렬, 숫자 : 오른쪽 정렬
(3) 셀 배경(면색) : 노랑
(4) 한글의 계산 기능을 이용하여 빈칸에 평균(소수점 두 자리)을 구하고, 캡션 기능 사용할 것
(5) 선 모양은 《출력형태》와 동일하게 처리할 것

출력 형태

연도별 유학생 현황(단위 : 백 명)

연도	2023년	2024년	2025년	2026년	평균
일본	29	27	28	40	
베트남	31	32	75	94	
미국	44	44	37	35	
중국	574	504	605	643	

> **체크! 체크!**
>
> **[기능평가 Ⅰ] 표**
>
> ■ **문제 번호 입력하고 표 작성하기**
> - 문제 번호를 입력한 후 표를 작성합니다.
>   (답안을 작성하지 못한 경우에도 문제 번호는 입력합니다.)
> - 표를 작성한 후 정렬을 지정합니다.
>
> ■ **셀 배경색과 셀 테두리 지정하기**
> - 색상 테마를 '오피스' 테마로 변경한 후 셀 배경색을 지정합니다.
> - 이중 실선 및 대각선 테두리를 지정합니다.
>
> ■ **평균 구하고 캡션 넣기**
> - 블록 계산식을 이용하여 합계 또는 평균을 구합니다.
> - 캡션을 삽입한 후 위치 및 정렬을 지정합니다.

STEP 01 　 문제 번호 입력하고 표 작성하기

《표 조건》　(1) 표 전체(표, 캡션) - 굴림, 10pt
　　　　　　(2) 정렬 - 문자 : 가운데 정렬, 숫자 : 오른쪽 정렬

1 문제 번호(2.)를 입력한 후 Enter를 4번 누릅니다.

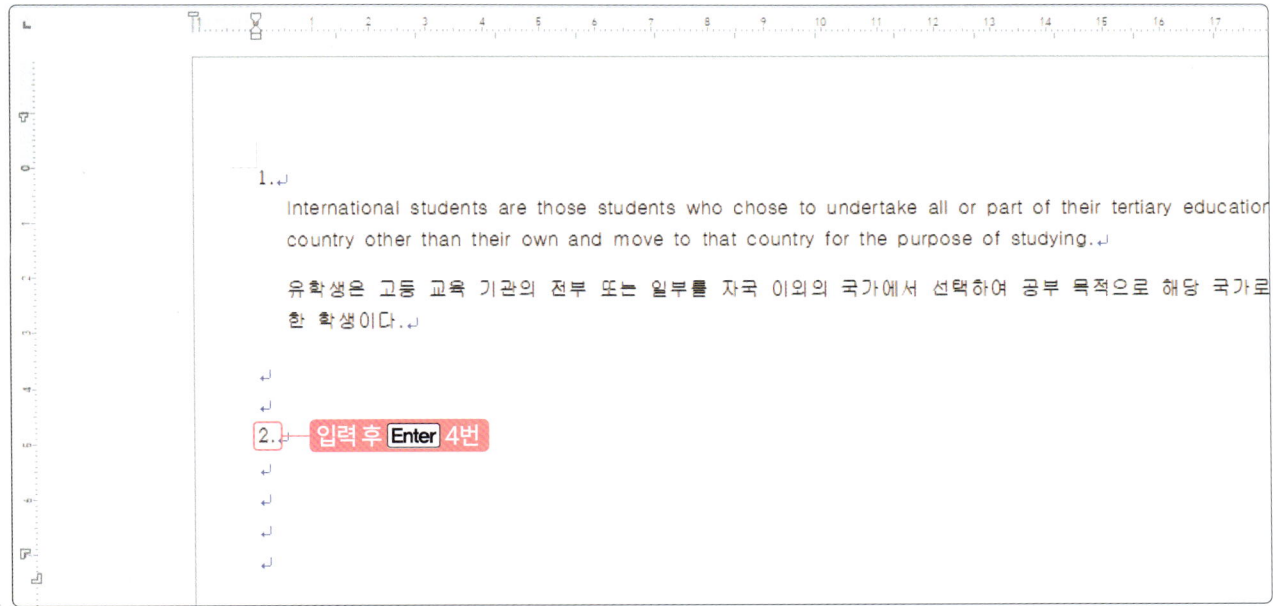

> - 답안을 작성하지 못한 경우에도 문제 번호는 입력합니다.
> - 파일 열기 : [파일] 탭-[불러오기]를 클릭한 후 [불러오기] 대화상자가 나타나면 찾는 위치(소스 파일₩Chapter 03)를 지정한 다음 파일(Ch03.hwpx)을 선택하고 [열기] 단추를 클릭합니다.

2. 문제 번호 아래 문단에 커서를 위치한 후 [입력] 탭을 클릭한 다음 [표(▦)]를 클릭합니다.

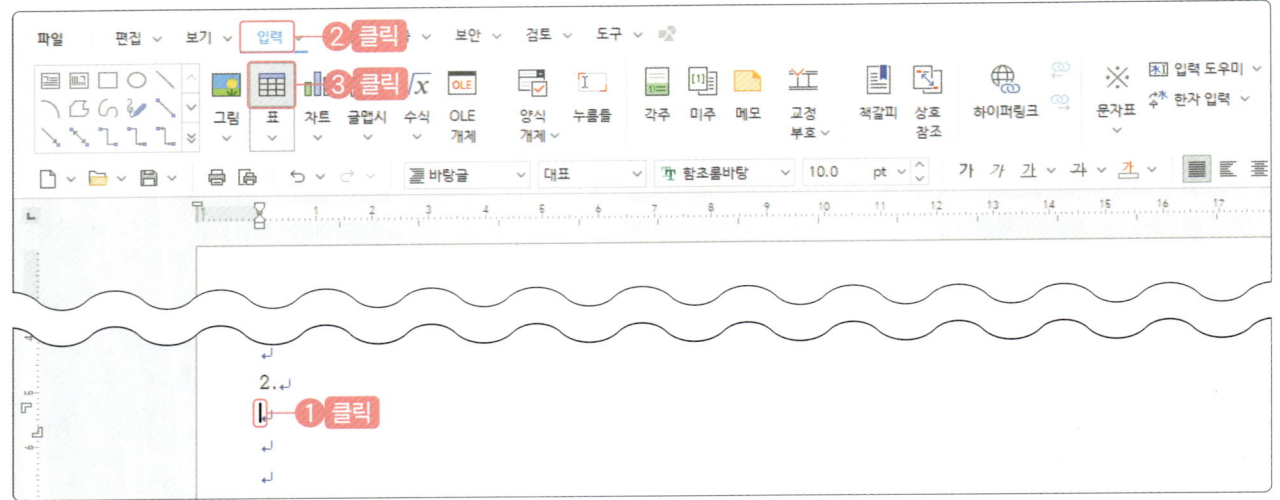

> [입력] 탭의 [목록(∨)] 단추를 클릭한 후 [표]-[표 만들기]를 클릭하거나 Ctrl + N, T를 눌러 표를 만들 수도 있습니다.

3. [표 만들기] 대화상자가 나타나면 **줄 개수(5)와 칸 개수 (6)를 입력**한 후 [글자처럼 취급]을 선택한 다음 [만들기]를 클릭합니다.

> [글자처럼 취급]을 선택하면 표를 하나의 글자처럼 취급합니다.

4. 표가 삽입되면 다음과 같이 **셀에 내용을 입력**합니다.

연도	2023년	2024년	2025년	2026년	평균
일본	29	27	28	40	
베트남	31	32	75	94	
미국	44	44	37	35	
중국	574	504	605	643	

한가지 더!

키보드를 사용하여 셀 블록으로 설정하기
- F5 한 번 : 커서를 둔 셀만 셀 블록으로 설정합니다.
- F5 두 번 + ←/→/↑/↓ : 커서를 둔 셀부터 왼쪽/오른쪽/위쪽/아래쪽으로 연속적인 셀을 셀 블록으로 설정합니다.
- F5 세 번 : 표 전체를 셀 블록으로 설정합니다.
- Shift + 클릭 : 커서를 둔 셀부터 Shift를 누른 상태에서 클릭한 셀까지 연속적인 셀을 셀 블록으로 설정합니다.
- Ctrl + 클릭 : Ctrl을 누른 상태에서 클릭한 비연속적인 셀을 셀 블록으로 설정합니다.

5 표 전체를 셀 블록으로 설정한 후 [서식] 도구 상자에서 **글꼴(굴림)**과 **글자 크기(10)**를 선택한 다음 **(가운데 정렬(≡))**을 클릭합니다.

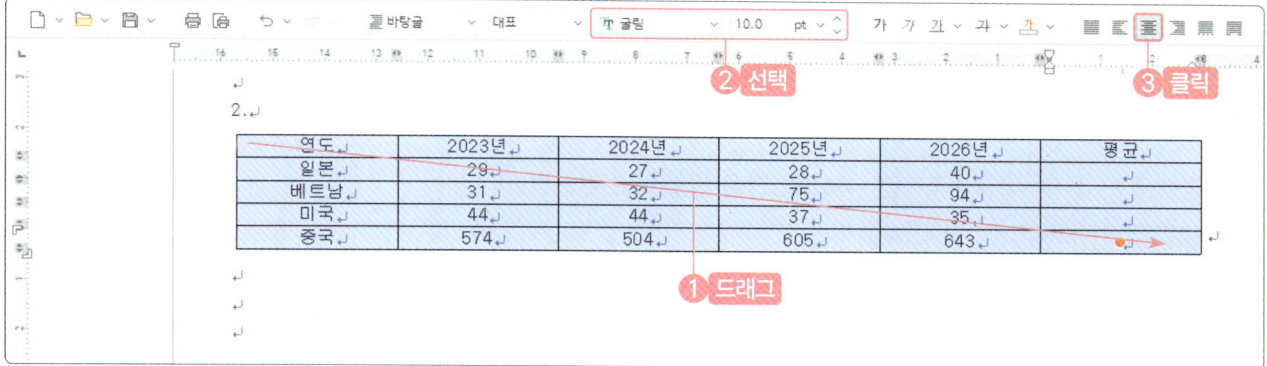

- 셀 블록으로 설정하라는 것은 셀을 드래그하여 선택하라는 것입니다. 셀 블록을 해제하려면 문서에서 빈 곳을 클릭하거나 Esc를 누르면 됩니다.
- 시험에서 《표 조건》을 보면 '(2) 정렬 – 문자 : 가운데 정렬, 숫자 : 오른쪽 정렬' 같이 명시되어 있습니다. 여기서는 표 전체를 셀 블록으로 설정하여 '가운데 정렬'을 지정한 후 숫자가 입력되어 있는 셀만 따로 셀 블록으로 설정하여 '오른쪽 정렬'을 지정합니다.

한가지 더!

글꼴 선택하기

'굴림', '돋움', '궁서' 글꼴을 선택하려면 [서식] 도구 상자에서 글꼴의 목록(▼) 단추를 클릭한 후 [모든 글꼴] 탭을 클릭한 다음 글꼴을 선택합니다.

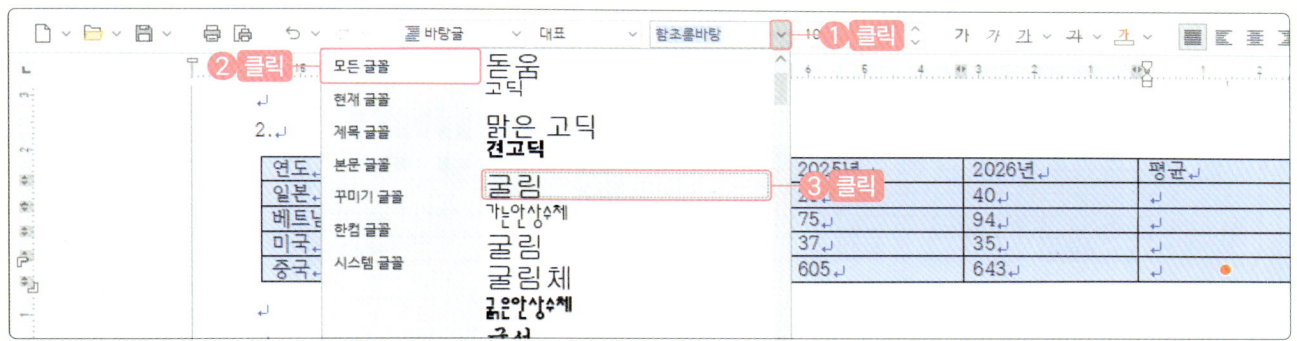

6 2줄 2칸~5줄 6칸을 셀 블록으로 설정한 후 [서식] 도구 상자에서 **(오른쪽 정렬(≡))**을 클릭합니다.

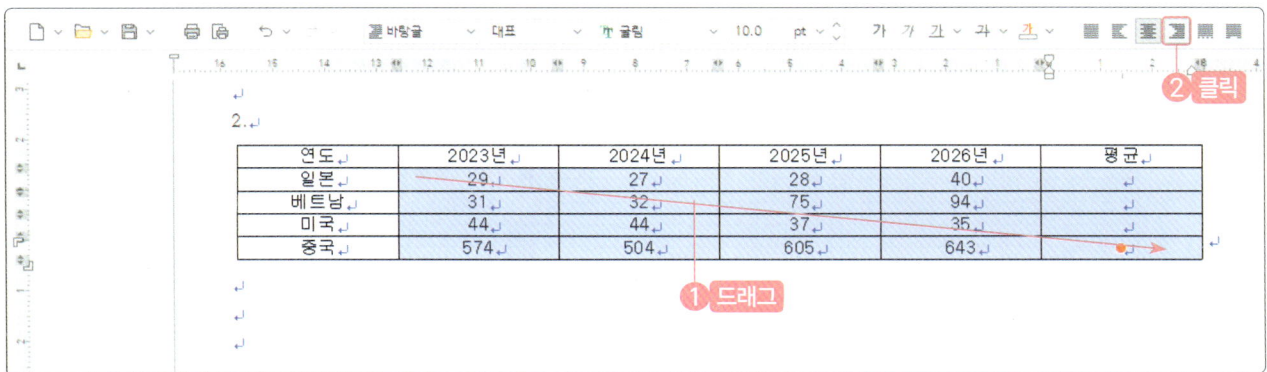

STEP 02 셀 배경색과 셀 테두리 지정하기

《표 조건》
(3) 셀 배경(면색) : 노랑
(5) 선 모양은 《출력형태》와 동일하게 처리할 것

1 셀 배경색을 지정하기 위해 **1줄 1칸 ~ 4줄 5칸**을 셀 블록으로 설정합니다.

2 [표 디자인( )] 정황 탭을 클릭한 후 [표 채우기]의 [목록( )] 단추를 클릭한 다음 [색상 테마( )]-[오피스]를 클릭하고 색상 테마가 변경되면 **(노랑(RGB : 255,255,0))**을 클릭합니다.

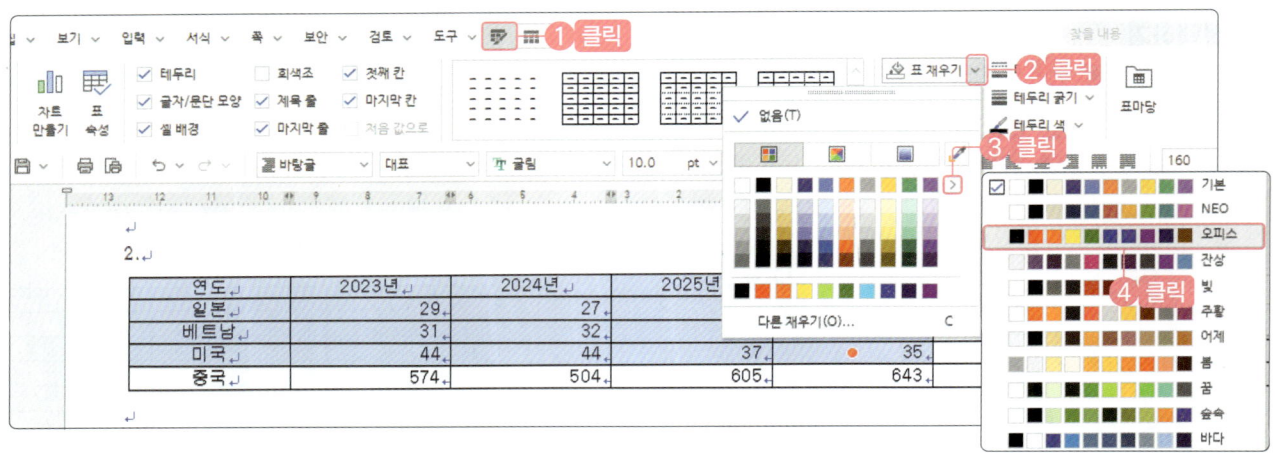

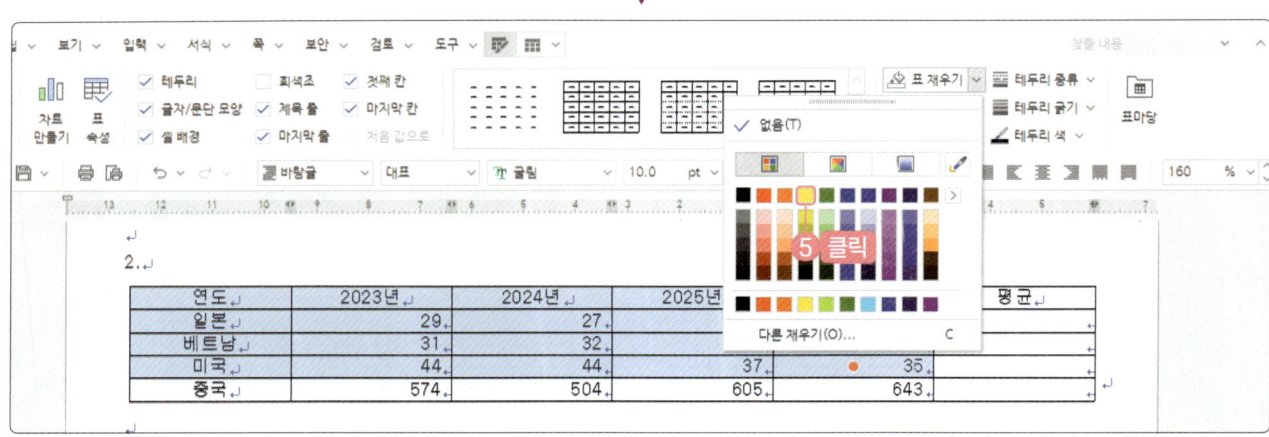

[색상 테마]가 '오피스'로 되어 있을 경우에는 [색상 테마]를 변경하지 않아도 됩니다.

3 셀 테두리를 지정하기 위해 **1줄 1칸 ~ 5줄 6칸을 셀 블록으로 설정**합니다.

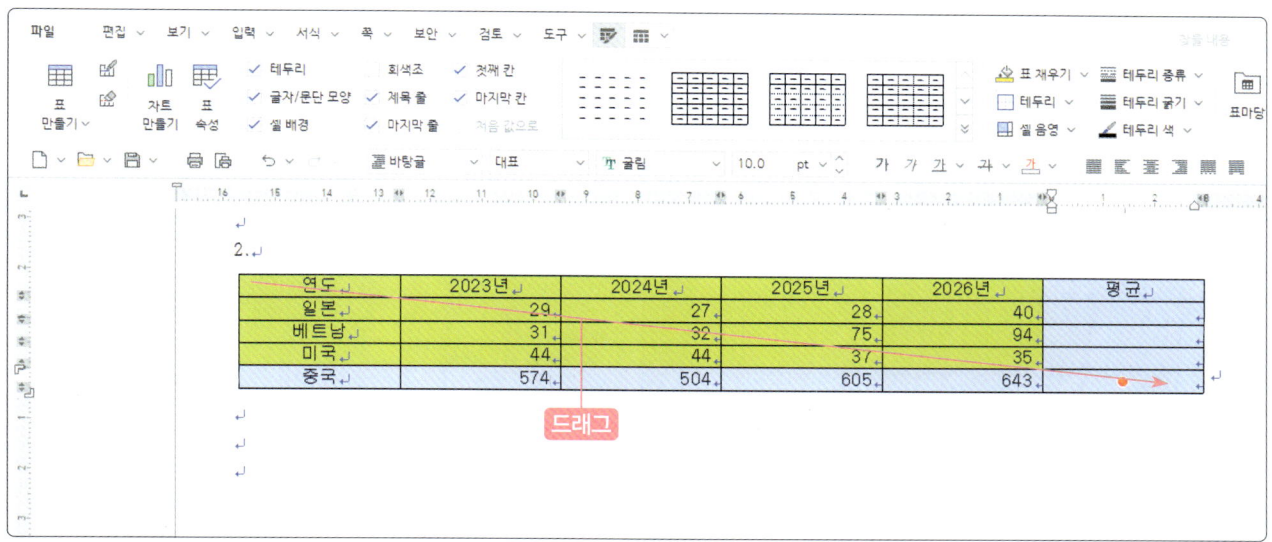

4 표 전체가 셀 블록으로 설정되면 **(표 레이아웃(▦)) 정황 탭의 (목록(⌄)) 단추를 클릭**한 후 **(셀 테두리/배경)-(각 셀마다 적용)을 클릭**합니다.

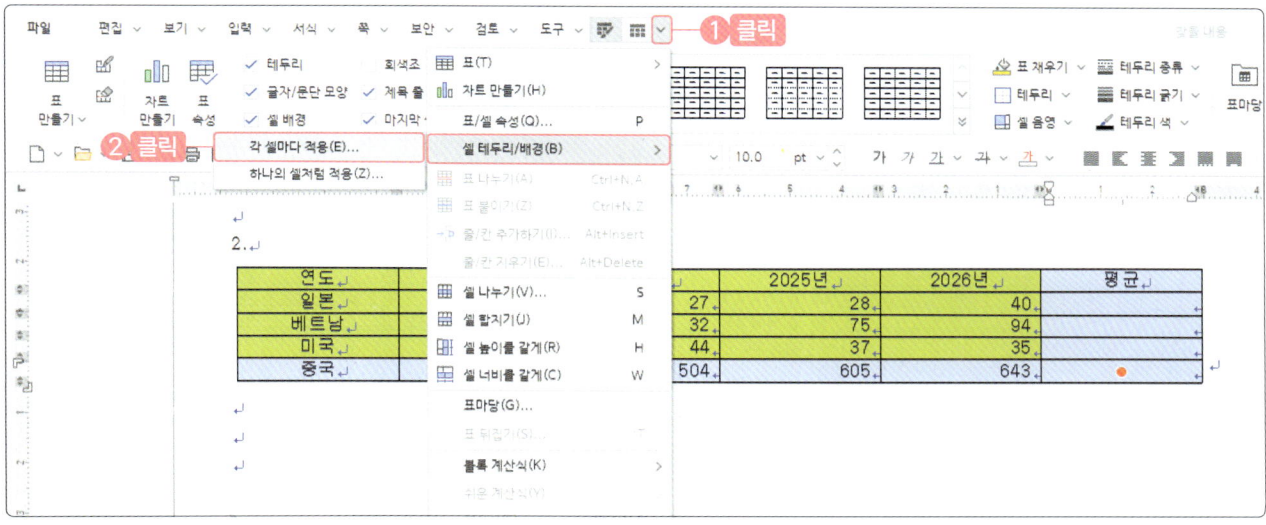

> 표 전체를 셀 블록으로 설정한 후 바로가기 메뉴에서 (셀 테두리/배경)-(각 셀마다 적용)을 클릭하여 셀 테두리를 지정할 수도 있습니다.

한가지 더!

각 셀마다 적용과 하나의 셀처럼 적용

다음과 같이 (각 셀마다 적용)을 선택하면 각 셀마다 셀 테두리나 셀 배경색 등을 지정하지만 (하나의 셀처럼 적용)을 선택하면 셀 블록으로 설정한 셀을 하나의 셀처럼 간주하여 셀 테두리나 셀 배경색 등을 지정합니다.

▲ (각 셀마다 적용)을 선택하여 대각선을 넣은 경우   ▲ (하나의 셀처럼 적용)을 선택하여 대각선을 넣은 경우

5 〔셀 테두리/배경〕 대화상자가 나타나면 〔테두리〕 탭에서 **테두리 종류(이중 실선(═))를 선택**한 후 **(바깥쪽(▫))을 클릭**한 다음 〔설정〕 단추를 클릭합니다.

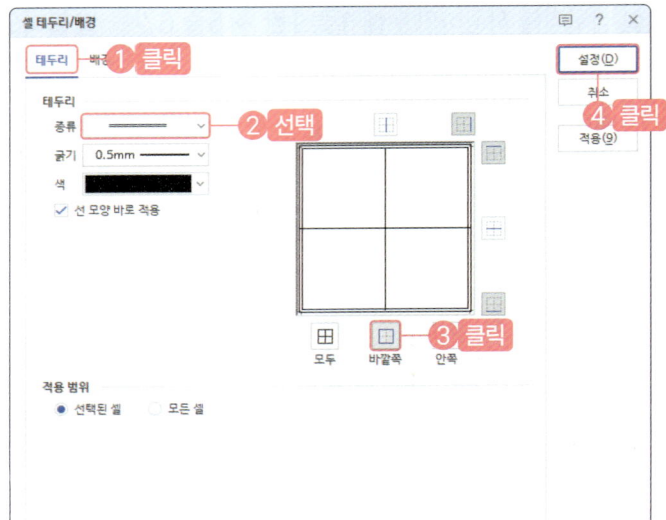

> 테두리 종류(이중 실선)를 선택하면 테두리 굵기가 자동으로 0.5mm가 지정됩니다.

6 1줄 1칸 ~ 1줄 6칸을 셀 블록으로 설정한 후 〔표 레이아웃(▦)〕 정황 탭의 〔목록(⌄)〕 단추를 클릭한 다음 〔셀 테두리/배경〕-〔각 셀마다 적용〕을 클릭합니다.

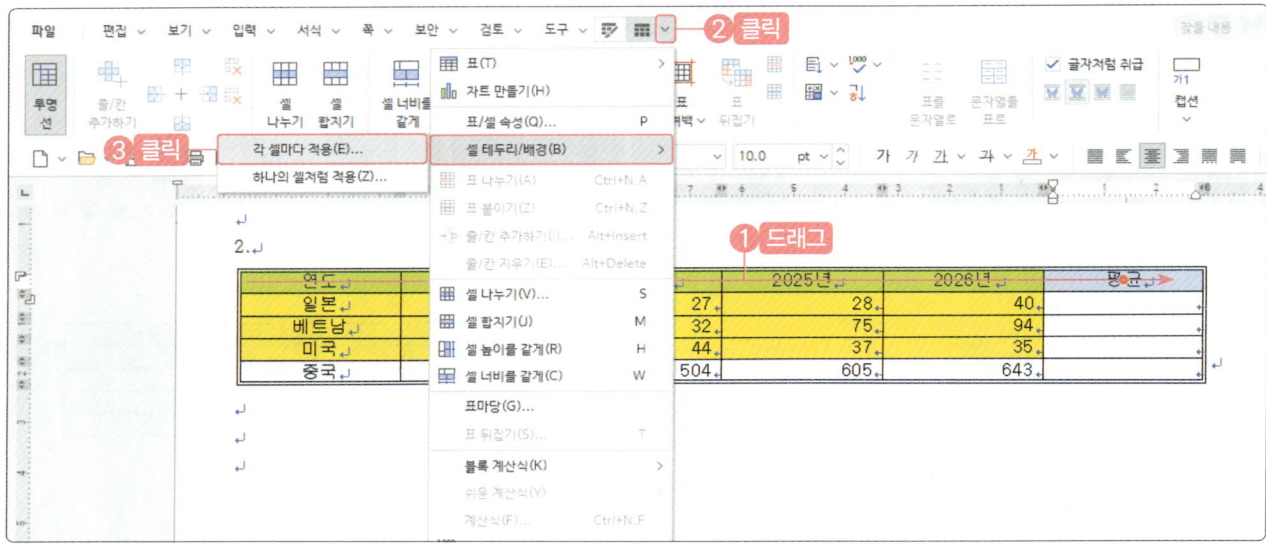

7 〔셀 테두리/배경〕 대화상자가 나타나면 〔테두리〕 탭에서 **테두리 종류(이중 실선(═))를 선택**한 후 **(아래쪽 테두리(▫))를 클릭**한 다음 〔설정〕 단추를 클릭합니다.

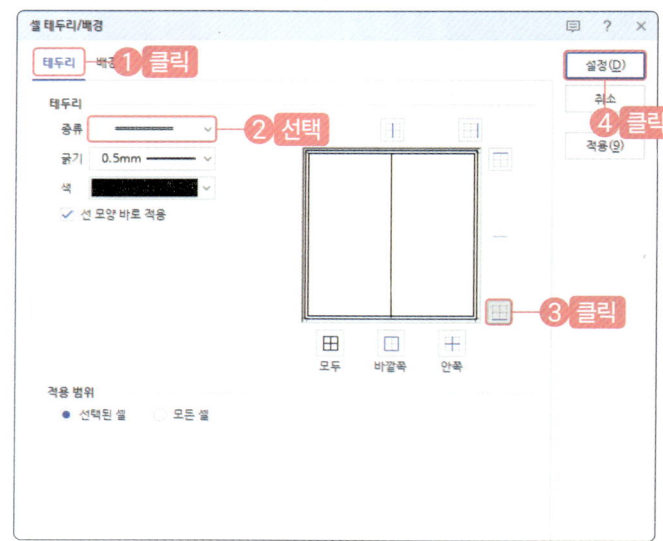

8 1줄 1칸 ~ 5줄 1칸을 셀 블록으로 설정한 후 [표 레이아웃( )] 정황 탭의 [목록( )] 단추를 클릭한 후 [셀 테두리/배경]-[각 셀마다 적용]을 클릭합니다.

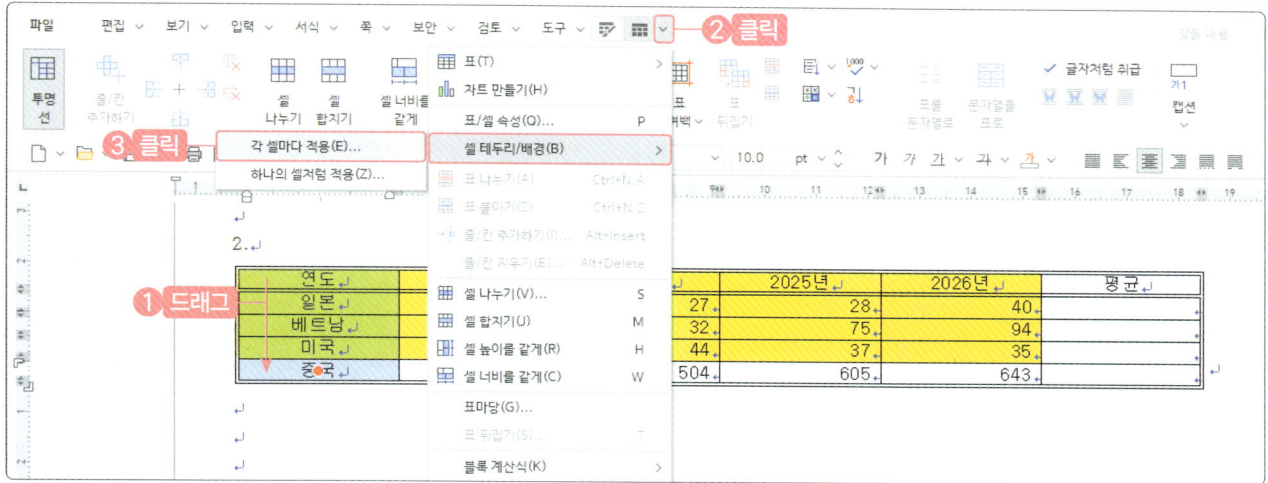

9 [셀 테두리/배경] 대화상자가 나타나면 [테두리] 탭에서 테두리 종류(이중 실선( ))를 선택한 후 [오른쪽 테두리( )]를 클릭한 다음 [설정] 단추를 클릭합니다.

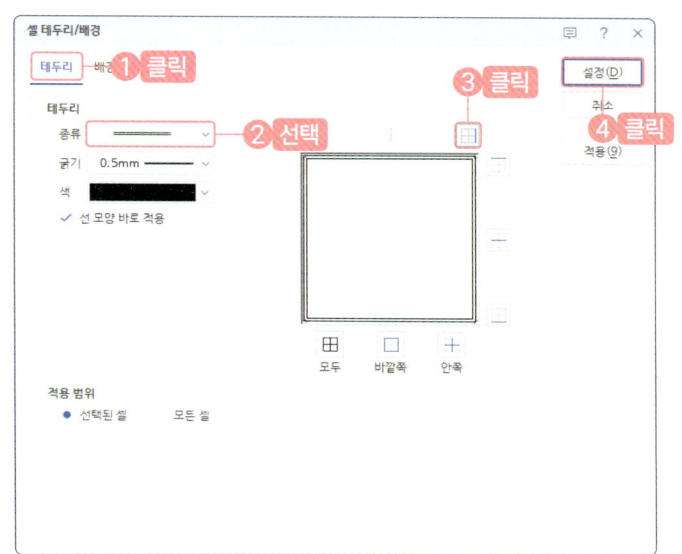

10 셀에 대각선을 넣기 위해 5줄 6칸을 선택한 후 [표 레이아웃( )] 정황 탭의 [목록( )] 단추를 클릭한 후 [셀 테두리/배경]-[각 셀마다 적용]을 클릭합니다.

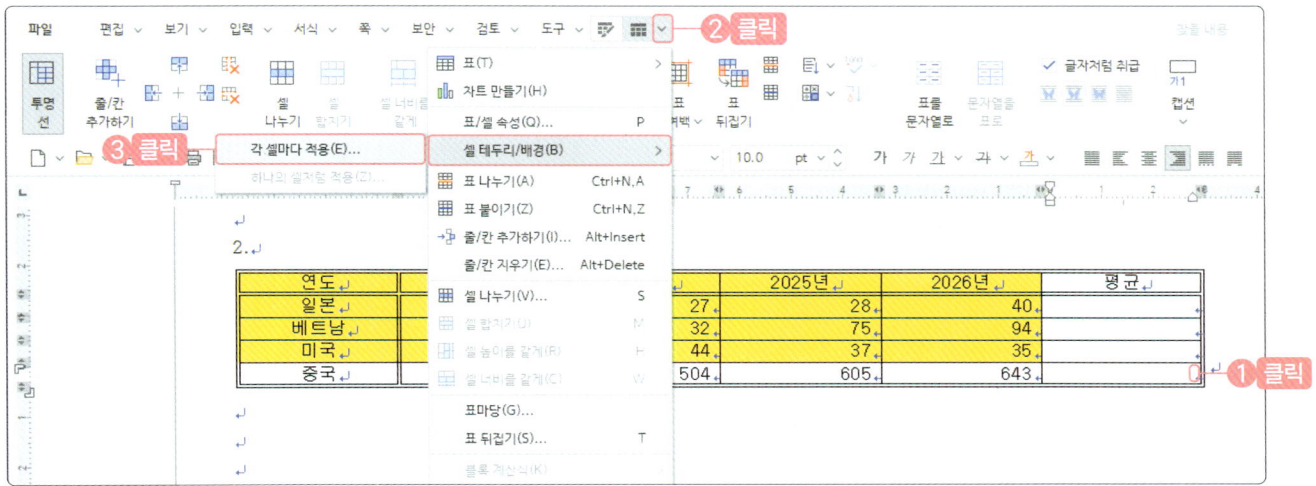

Chapter 03 · 기능평가 I - 표 **1-29**

11 (셀 테두리/배경) 대화상자가 나타나면 (대각선) 탭에서 **대각선 종류(실선)를 선택**한 후 ◨(1)과 ◪(A)를 **선택**한 다음 (설정) 단추를 클릭합니다.

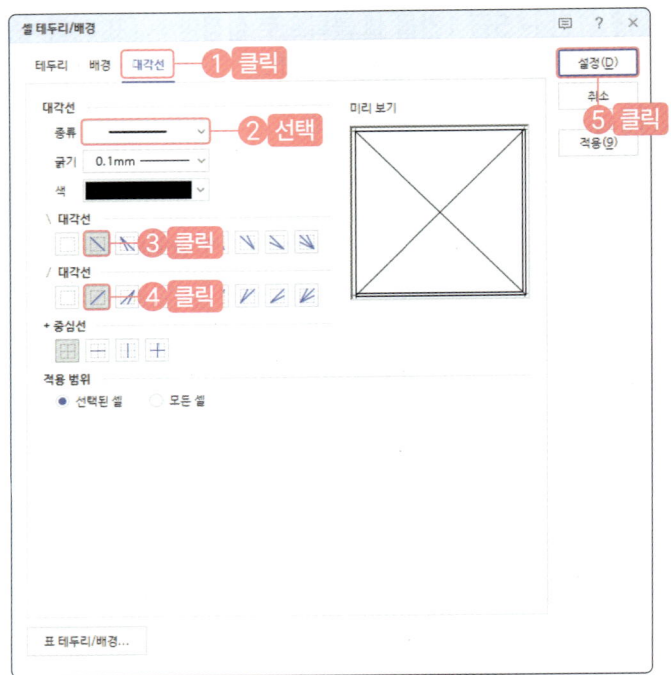

12 다음과 같이 5줄 6칸에 대각선이 지정됩니다.

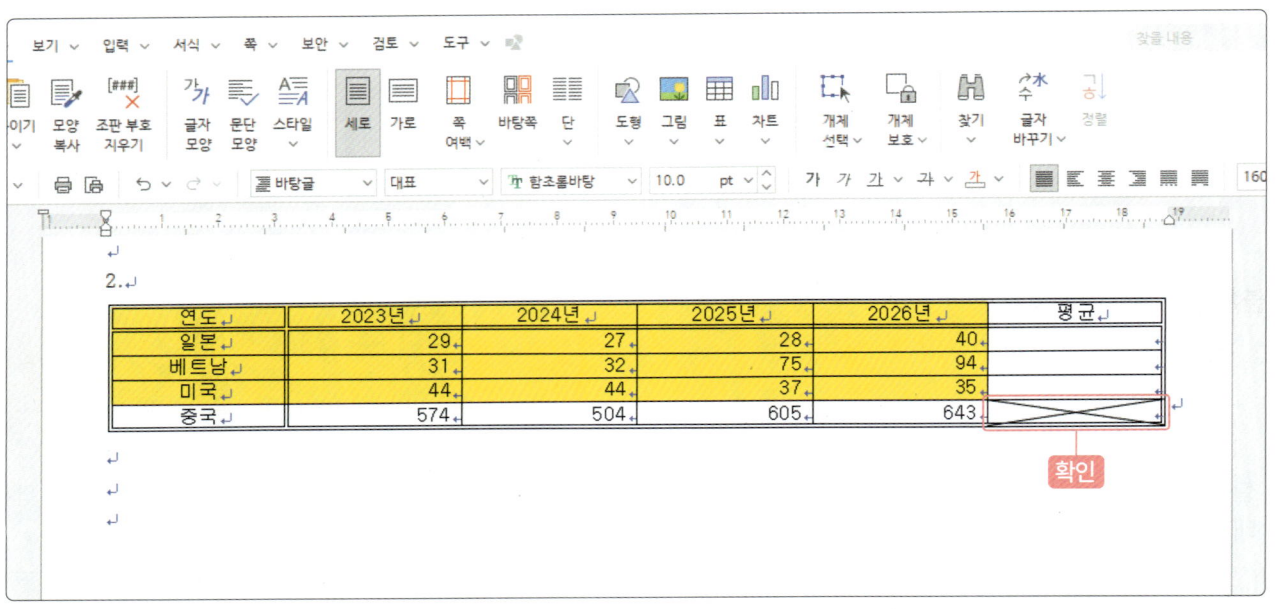

STEP 03 평균 구하고 캡션 넣기

《표 조건》 (1) 표 전체(표, 캡션) - 굴림, 10pt
(4) 한글의 계산 기능을 이용하여 빈칸에 평균(소수점 두 자리)을 구하고, 캡션 기능 사용할 것

1 평균을 계산하기 위해 2줄 2칸 ~ 4줄 6칸을 셀 블록으로 설정한 후 (표 레이아웃(▦)) 정황 탭을 클릭한 다음 (계산식(▦))을 클릭하고 (블록 평균)을 클릭합니다.

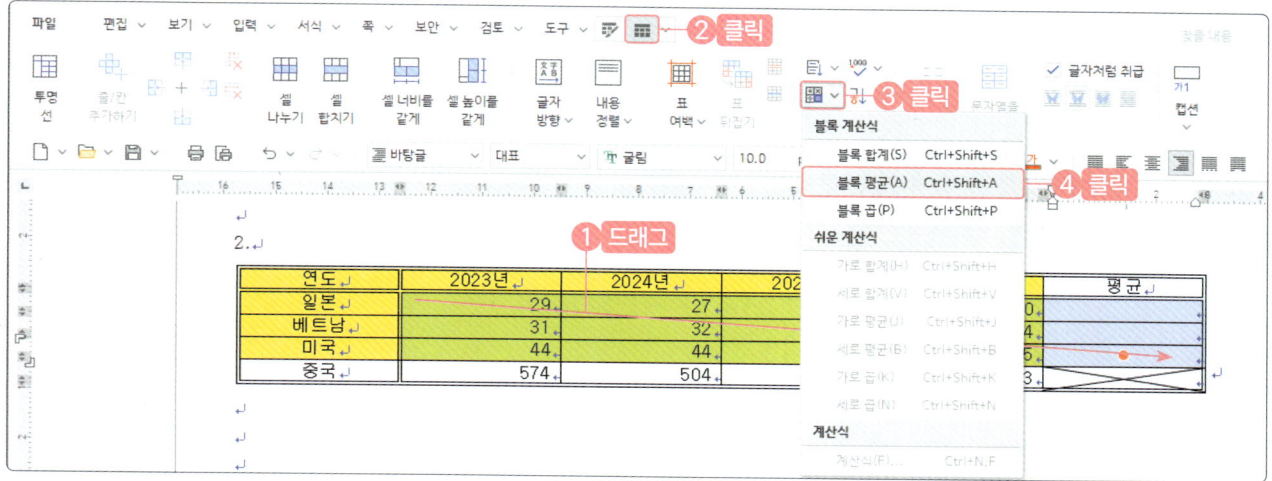

2줄 2칸 ~ 4줄 6칸을 셀 블록으로 설정한 후 바로가기 메뉴에서 (블록 계산식)-(블록 평균)을 클릭하여 평균을 구할 수도 있습니다.

한가지 더!

블록 평균 자릿수 변경하기

1. 평균 값을 클릭한 후 바로가기 메뉴에서 (계산식 고치기)를 클릭합니다.

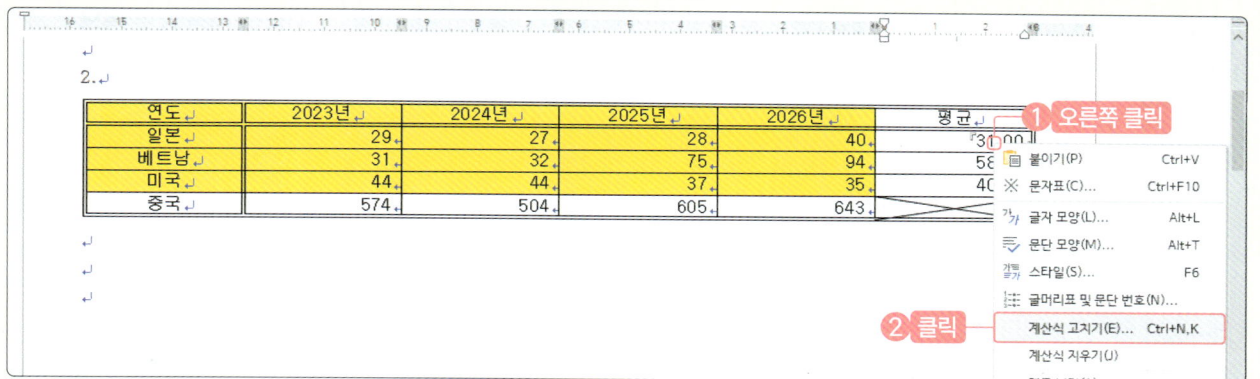

2. (계산식) 대화상자가 나타나면 형식(소수점 이하 두 자리)을 선택한 후 (설정) 단추를 클릭합니다.

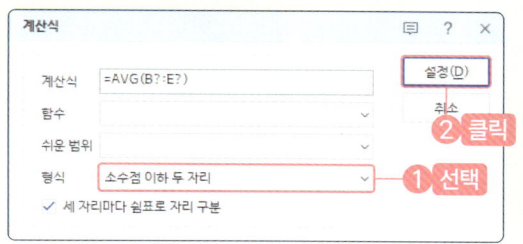

《표 조건》 (1) 표 전체(표, 캡션) - 굴림, 10pt
(4) 한글의 계산 기능을 이용하여 빈칸에 평균(소수점 두 자리)을 구하고, 캡션 기능 사용할 것

2 평균이 구해지면 캡션을 넣기 위해 **표를 선택**한 후 (**표 레이아웃(󰁙)**) 정황 탭을 클릭한 다음 (**캡션(󰁚)**)의 (**목록(󰁛)**) **단추를 클릭**하고 (**위**)를 클릭합니다.

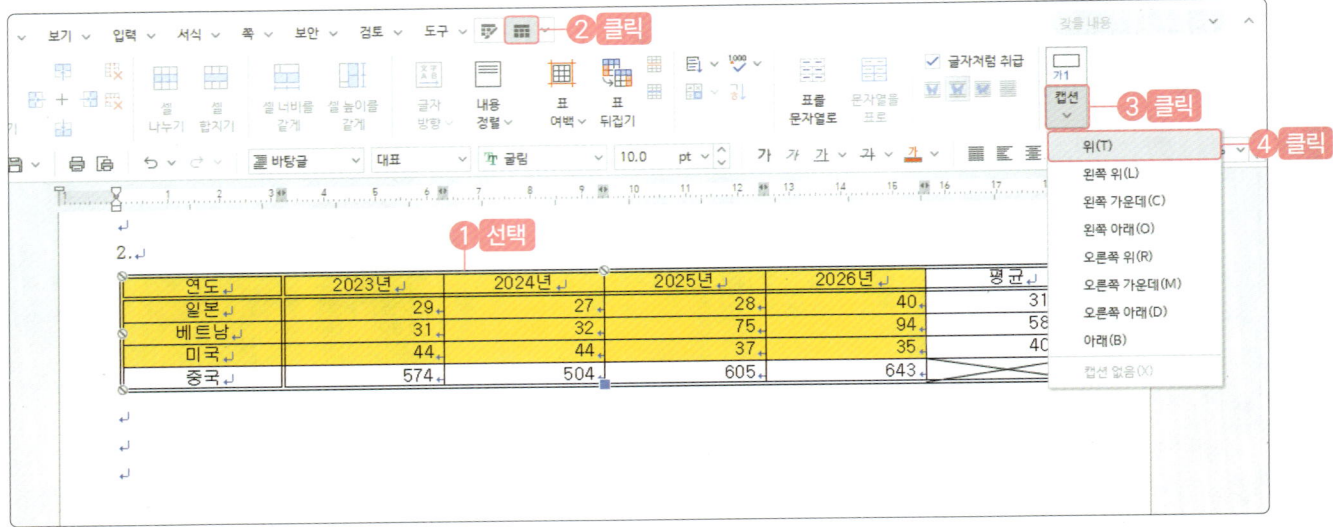

- 캡션은 표, 도형, 글상자 등에 붙이는 참조 번호나 간단한 설명 등을 말합니다.
- 표로 마우스 포인터를 가져가면 마우스 포인터가 󰁜 모양으로 변경되었을 때 클릭하면 표를 선택할 수 있고, 문서에서 빈 곳을 클릭하거나 Esc를 누르면 표를 선택해제할 수 있습니다.
- 표를 선택한 후 바로가기 메뉴에서 [캡션 넣기]를 클릭하여 캡션을 넣을 수도 있습니다.
- 표를 선택한 후 (표 레이아웃(󰁙)) 정황 탭을 클릭한 다음 (캡션(󰁚))의 (목록(󰁛)) 단추를 클릭하고 (캡션 없음)을 클릭하거나 바로 가기 메뉴에서 (캡션 없음)을 클릭하면 캡션을 지울 수 있습니다.

3 캡션이 넣어지면 다음과 같이 **캡션 내용(연도별 유학생 현황(단위 : 백 명))을 수정**한 후 **캡션 내용을 블록으로 설정**한 다음 (서식) 도구 상자에서 **글꼴(굴림)과 글자 크기(10)를 선택**하고 (**오른쪽 정렬(󰁝)**)을 클릭합니다.

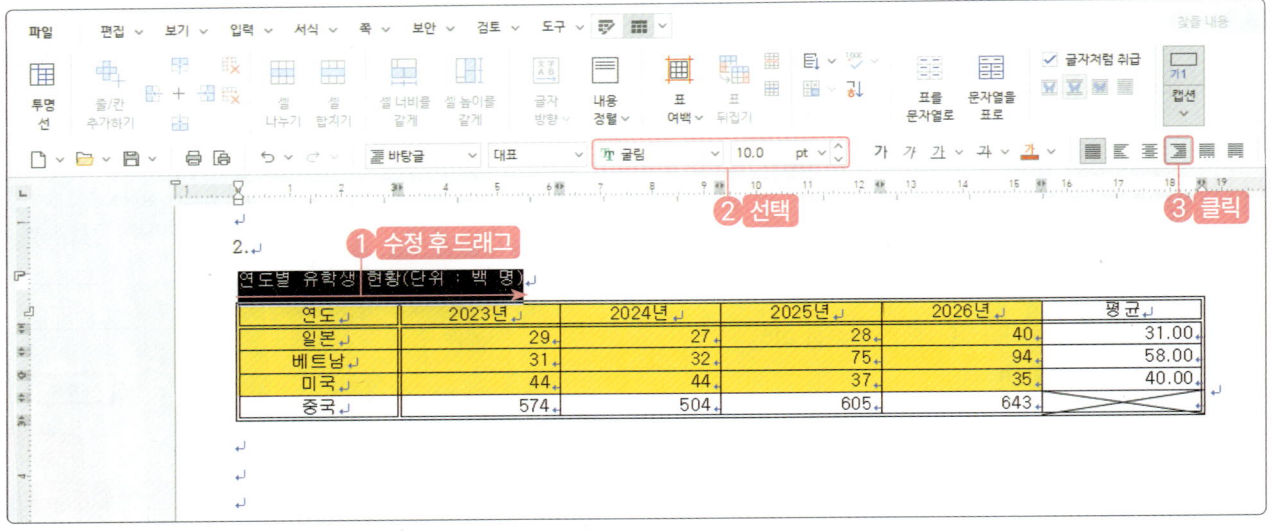

4 표 전체를 셀 블록으로 설정한 후 Ctrl을 누른 상태에서 ↓를 눌러 표의 크기를 조절합니다.

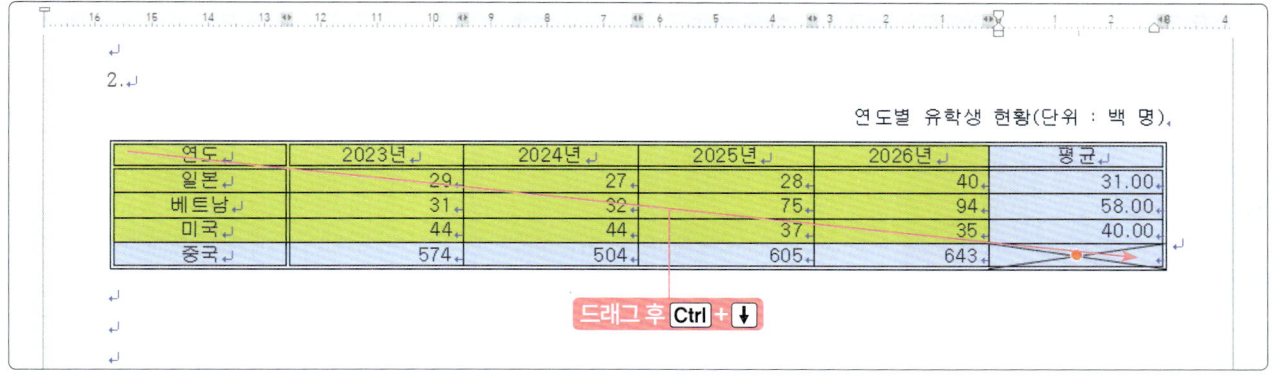

한가지 더!

키보드를 이용하여 셀 블록 설정하기

- Ctrl + ← : 셀 블록으로 설정한 모든 칸의 너비를 줄이면서 표의 너비를 줄입니다.

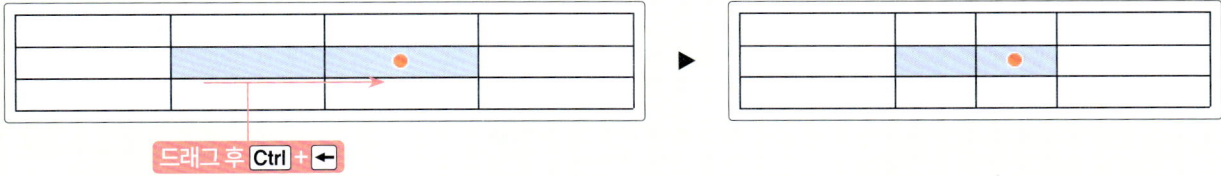

- Ctrl + → : 셀 블록으로 설정한 모든 칸의 너비를 늘이면서 표의 너비를 늘입니다.
- Ctrl + ↑ : 셀 블록으로 설정한 모든 줄의 높이를 줄이면서 표의 높이를 줄입니다.
- Ctrl + ↓ : 셀 블록으로 설정한 모든 줄의 높이를 늘이면서 표의 높이를 늘입니다.
- Alt + ← : 표의 크기는 변하지 않고 셀 블록으로 설정한 마지막 칸의 너비를 줄이면서 이웃한 오른쪽 칸의 너비를 늘입니다.
- Alt + → : 표의 크기는 변하지 않고 셀 블록으로 설정한 마지막 칸의 너비를 늘이면서 이웃한 오른쪽 칸의 너비를 줄입니다.
- Alt + ↑ : 표의 크기는 변하지 않고 셀 블록으로 설정한 마지막 줄의 높이를 줄이면서 이웃한 아래쪽 줄의 높이를 늘입니다.
- Alt + ↓ : 표의 크기는 변하지 않고 셀 블록으로 설정한 마지막 줄의 높이를 늘이면서 이웃한 아래쪽 줄의 높이를 줄입니다.
- Shift + ← : 표의 크기는 변하지 않고 셀 블록으로 설정한 마지막 셀의 너비를 줄이면서 이웃한 오른쪽 셀의 너비를 늘입니다.
- Shift + → : 표의 크기는 변하지 않고 셀 블록으로 설정한 마지막 셀의 너비를 늘이면서 이웃한 오른쪽 셀의 너비를 줄입니다.
- Shift + ↑ : 표의 크기는 변하지 않고 셀 블록으로 설정한 마지막 셀의 높이를 줄이면서 이웃한 아래쪽 셀의 높이를 늘입니다.
- Shift + ↓ : 표의 크기는 변하지 않고 셀 블록으로 설정한 마지막 셀의 높이를 늘이면서 이웃한 아래쪽 셀의 높이를 줄입니다.

기능평가 Ⅰ - 표

유형 01

다음의 《조건》에 따라 《출력형태》와 같이 표와 차트를 작성하시오. (100점)

▶ 소스파일 : Chapter 03₩문제03-01.hwpx   ▶ 완성파일 : Chapter 03₩문제03-01_완성.hwpx

《표 조건》
(1) 표 전체(표, 캡션) - 굴림, 10pt
(2) 정렬 - 문자 : 가운데 정렬, 숫자 : 오른쪽 정렬
(3) 셀 배경(면색) : 노랑
(4) 한글의 계산 기능을 이용하여 빈칸에 평균(소수점 두 자리)을 구하고, 캡션 기능 사용할 것
(5) 선 모양은 《출력형태》와 동일하게 처리할 것

《출력형태》

계층별 디지털 정보화 수준(단위 : %)

구분	2023년	2024년	2025년	2026년	평균
저소득층	86.8	87.8	95.1	95.7	
장애인	74.6	75.2	81.3	82.6	
농어민	69.8	70.6	77.3	79.9	
고령층	63.1	64.3	68.6	72.3	

유형 02

다음의 《조건》에 따라 《출력형태》와 같이 표와 차트를 작성하시오. (100점)

▶ 소스파일 : Chapter 03₩문제03-02.hwpx   ▶ 완성파일 : Chapter 03₩문제03-02_완성.hwpx

《표 조건》
(1) 표 전체(표, 캡션) - 굴림, 10pt
(2) 정렬 - 문자 : 가운데 정렬, 숫자 : 오른쪽 정렬
(3) 셀 배경(면색) : 노랑
(4) 한글의 계산 기능을 이용하여 빈칸에 합계를 구하고, 캡션 기능 사용할 것
(5) 선 모양은 《출력형태》와 동일하게 처리할 것

《출력형태》

연평균 가상증강현실산업 매출액(단위 : 억 원)

구분	2021년	2022년	2023년	2024년	2025년
가상현실	4,416	4,747	5,327	5,923	6,385
증강현실	2,670	2,889	3,235	3,539	3,805
홀로그램	431	481	552	557	574
합계					

유형 03

다음의 《조건》에 따라 《출력형태》와 같이 표와 차트를 작성하시오. (100점)

▶ 소스파일 : Chapter 03₩문제03-03.hwpx   ▶ 완성파일 : Chapter 03₩문제03-03_완성.hwpx

《표 조건》 (1) 표 전체(표, 캡션) - 돋움, 10pt
(2) 정렬 - 문자 : 가운데 정렬, 숫자 : 오른쪽 정렬
(3) 셀 배경(면색) : 노랑
(4) 한글의 계산 기능을 이용하여 빈칸에 합계를 구하고, 캡션 기능 사용할 것
(5) 선 모양은 《출력형태》와 동일하게 처리할 것

《출력형태》

건설기술산업대전 참관객 현황(단위 : 명)

연령	1일차	2일차	3일차	4일차	합계
20대	1,015	1,192	1,655	1,459	
30대	1,265	1,924	1,679	1,823	
40대	1,474	1,769	1,884	1,946	
50대 이상	897	1,035	1,142	1,305	

유형 04

다음의 《조건》에 따라 《출력형태》와 같이 표와 차트를 작성하시오. (100점)

▶ 소스파일 : Chapter 03₩문제03-04.hwpx   ▶ 완성파일 : Chapter 03₩문제03-04_완성.hwpx

《표 조건》 (1) 표 전체(표, 캡션) - 돋움, 10pt
(2) 정렬 - 문자 : 가운데 정렬, 숫자 : 오른쪽 정렬
(3) 셀 배경(면색) : 노랑
(4) 한글의 계산 기능을 이용하여 빈칸에 합계를 구하고, 캡션 기능 사용할 것
(5) 선 모양은 《출력형태》와 동일하게 처리할 것

《출력형태》

남북 주요도시 인구 현황(단위 : 천 명)

지역	서울	부산	평양	청진	합계
1970년	5,681	2,041	981	300	
2000년	10,072	3,732	2,771	593	
2010년	9,723	3,413	2,901	642	
2020년	9,630	3,392	2,940	650	

유형 05

다음의 《조건》에 따라 《출력형태》와 같이 표와 차트를 작성하시오. (100점)

▶ 소스파일 : Chapter 03₩문제03-05.hwpx   ▶ 완성파일 : Chapter 03₩문제03-05_완성.hwpx

《표 조건》
(1) 표 전체(표, 캡션) - 굴림, 10pt
(2) 정렬 - 문자 : 가운데 정렬, 숫자 : 오른쪽 정렬
(3) 셀 배경(면색) : 노랑
(4) 한글의 계산 기능을 이용하여 빈칸에 합계를 구하고, 캡션 기능 사용할 것
(5) 선 모양은 《출력형태》와 동일하게 처리할 것

《출력형태》

주요 국가의 데이터 시장규모(단위 : 10억 달러)

구분	2022년	2023년	2024년	2025년	합계
미국	16.60	21.20	24.70	30.62	
유럽	4.10	5.34	6.30	7.60	
영국	2.15	2.68	3.06	3.59	
프랑스	0.55	0.74	0.91	1.15	※

유형 06

다음의 《조건》에 따라 《출력형태》와 같이 표와 차트를 작성하시오. (100점)

▶ 소스파일 : Chapter 03₩문제03-06.hwpx   ▶ 완성파일 : Chapter 03₩문제03-06_완성.hwpx

《표 조건》
(1) 표 전체(표, 캡션) - 굴림, 10pt
(2) 정렬 - 문자 : 가운데 정렬, 숫자 : 오른쪽 정렬
(3) 셀 배경(면색) : 노랑
(4) 한글의 계산 기능을 이용하여 빈칸에 평균(소수점 두 자리)을 구하고, 캡션 기능 사용할 것
(5) 선 모양은 《출력형태》와 동일하게 처리할 것

《출력형태》

유형별 저작권 상담 현황(단위 : 백 건)

유형	2021년	2022년	2023년	2024년	평균
인터넷상담	8.7	1.7	1.7	4.1	
내방상담	8.2	11.2	7.4	0.8	
서신상담	0.7	0.8	1.2	1.1	
전화상담	430.7	426.4	434.9	429.4	※

유형 07

다음의 《조건》에 따라 《출력형태》와 같이 표와 차트를 작성하시오.　　（100점）

▶ 소스파일 : Chapter 03₩문제03-07.hwpx　　▶ 완성파일 : Chapter 03₩문제03-07_완성.hwpx

《표 조건》　(1) 표 전체(표, 캡션) - 돋움, 10pt
　　　　　(2) 정렬 - 문자 : 가운데 정렬, 숫자 : 오른쪽 정렬
　　　　　(3) 셀 배경(면색) : 노랑
　　　　　(4) 한글의 계산 기능을 이용하여 빈칸에 평균(소수점 두 자리)을 구하고, 캡션 기능 사용할 것
　　　　　(5) 선 모양은 《출력형태》와 동일하게 처리할 것

《출력형태》

박람회 개최 유발 효과(단위 : 십억 원)

구분	2021년	2022년	2023년	2024년	평균
수익사업	7.8	4.9	8.5	5.2	
집행액	7.6	6.3	7.3	5.1	
수출입상담액	23.7	33.1	40.9	40.1	
총생산유발액	44.2	69.1	114.1	211.3	

유형 08

다음의 《조건》에 따라 《출력형태》와 같이 표와 차트를 작성하시오.　　（100점）

▶ 소스파일 : Chapter 03₩문제03-08.hwpx　　▶ 완성파일 : Chapter 03₩문제03-08_완성.hwpx

《표 조건》　(1) 표 전체(표, 캡션) - 굴림, 10pt
　　　　　(2) 정렬 - 문자 : 가운데 정렬, 숫자 : 오른쪽 정렬
　　　　　(3) 셀 배경(면색) : 노랑
　　　　　(4) 한글의 계산 기능을 이용하여 빈칸에 합계를 구하고, 캡션 기능 사용할 것
　　　　　(5) 선 모양은 《출력형태》와 동일하게 처리할 것

《출력형태》

메타버스 관련 기술 시장 규모(단위 : 십억 달러)

구분	2020년	2025년	2030년	2040년	합계
가상현실	12	138	450	911	
증강현실	33	338	792	968	
혼합현실	14	228	498	866	
확장현실	23	78	360	870	

04 기능평가 I - 차트

- ☑ 차트 작성하기
- ☑ 차트 제목 지정하기
- ☑ 범례 지정하기
- ☑ 축 제목 지정하기
- ☑ 축 서식 지정하기

▶ 소스 파일 : Chapter 04₩Ch04.hwpx   ▶ 완성 파일 : Chapter 04₩Ch04_완성.hwpx

2. 다음의 《조건》에 따라 《출력형태》와 같이 표와 차트를 작성하시오. (100점)

연도별 유학생 현황(단위 : 백 명)

연도	2023년	2024년	2025년	2026년	평균
일본	29	27	28	40	
베트남	31	32	75	94	
미국	44	44	37	35	
중국	574	504	605	643	

차트 조건

(1) 차트 데이터는 표 내용에서 연도별 일본, 베트남, 미국의 값만 이용할 것
(2) 종류 - 〈묶은 세로 막대형〉으로 작업할 것
(3) 제목 - 글꼴 : 돋움, 진하게, 12pt,
      속성 : 채우기(밝은 색 : 하양), 테두리, 그림자(바깥쪽 : 대각선 오른쪽 아래)
(4) 제목 이외의 전체 글꼴 - 돋움, 보통, 10pt
(5) 축제목과 범례는 《출력형태》와 동일하게 처리할 것

출력 형태

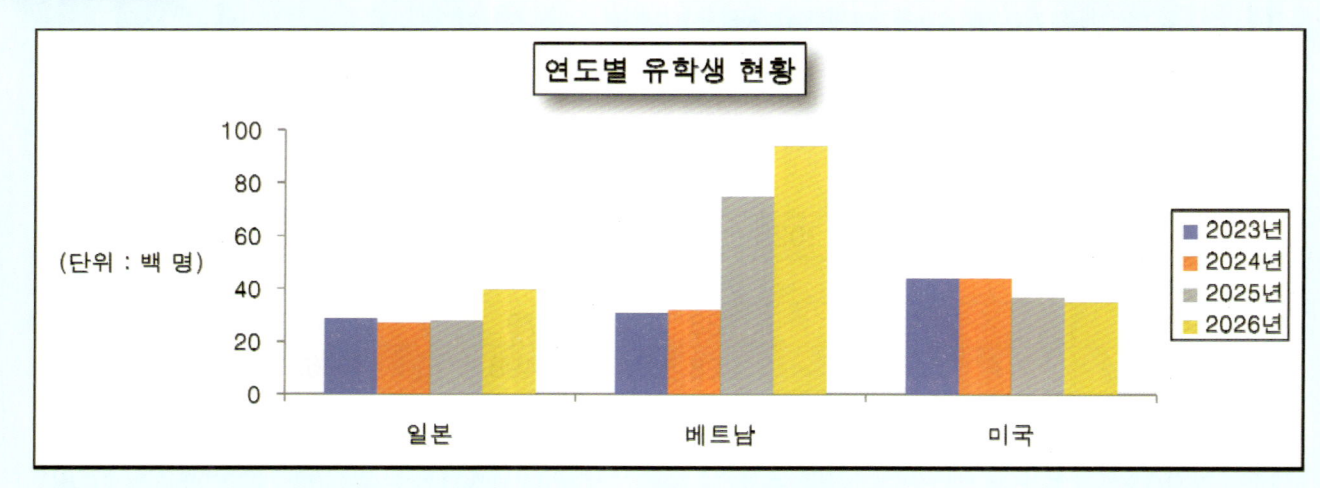

체크! 체크!

〔기능평가 Ⅰ〕 차트

■ 차트 작성하기
- 차트 범위 및 차트 종류를 선택합니다.
- 차트의 크기 및 위치를 이동합니다.
- 차트 구성 요소를 지정합니다.

■ 차트 제목, 범례, 축 제목, 축 서식 지정하기
- 차트 요소에 각각 속성을 지정합니다.
- 《출력형태》를 참고하여 차트를 작성합니다.

STEP 01 차트 작성하기

《차트 조건》 (1) 차트 데이터는 표 내용에서 연도별 일본, 베트남, 미국의 값만 이용할 것
(2) 종류 - <묶은 세로 막대형>으로 작업할 것

1 1줄1칸~4줄5칸을 블록으로 설정한 후 〔표 디자인(📊)〕 정황 탭에서 〔차트 만들기(📊)〕를 클릭합니다.

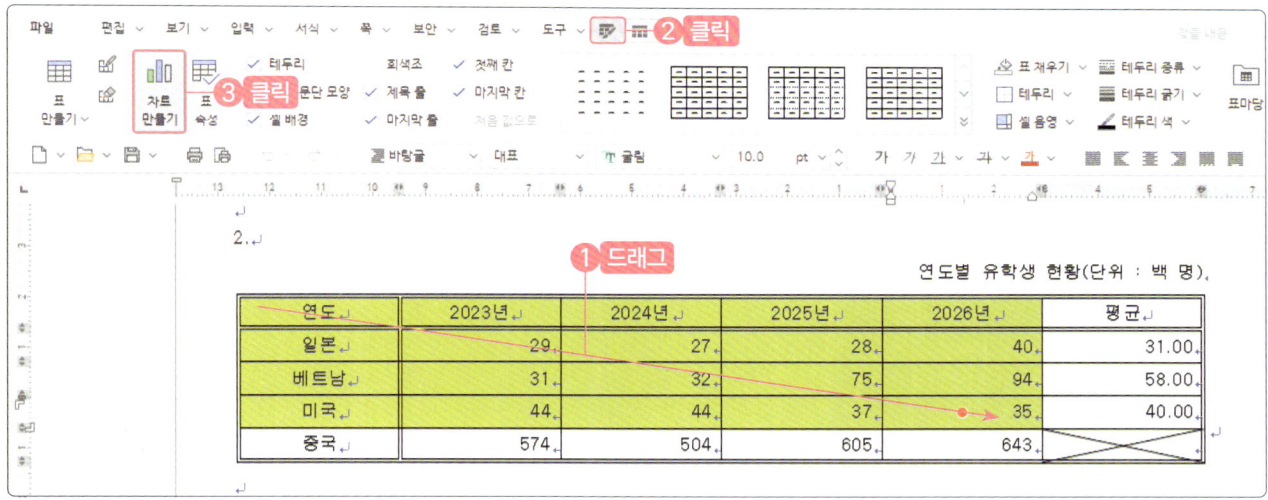

> 차트를 작성할 때 차트 데이터는 표 내용을 이용하여 작성합니다.

2 〔차트 데이터 편집〕 대화상자가 나타나면 〔닫기(✕)〕 단추를 클릭합니다.

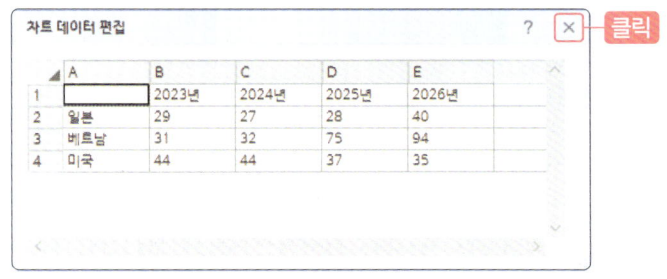

3 차트가 삽입되면 **크기 조절점을 드래그하여 크기를 조절**합니다.

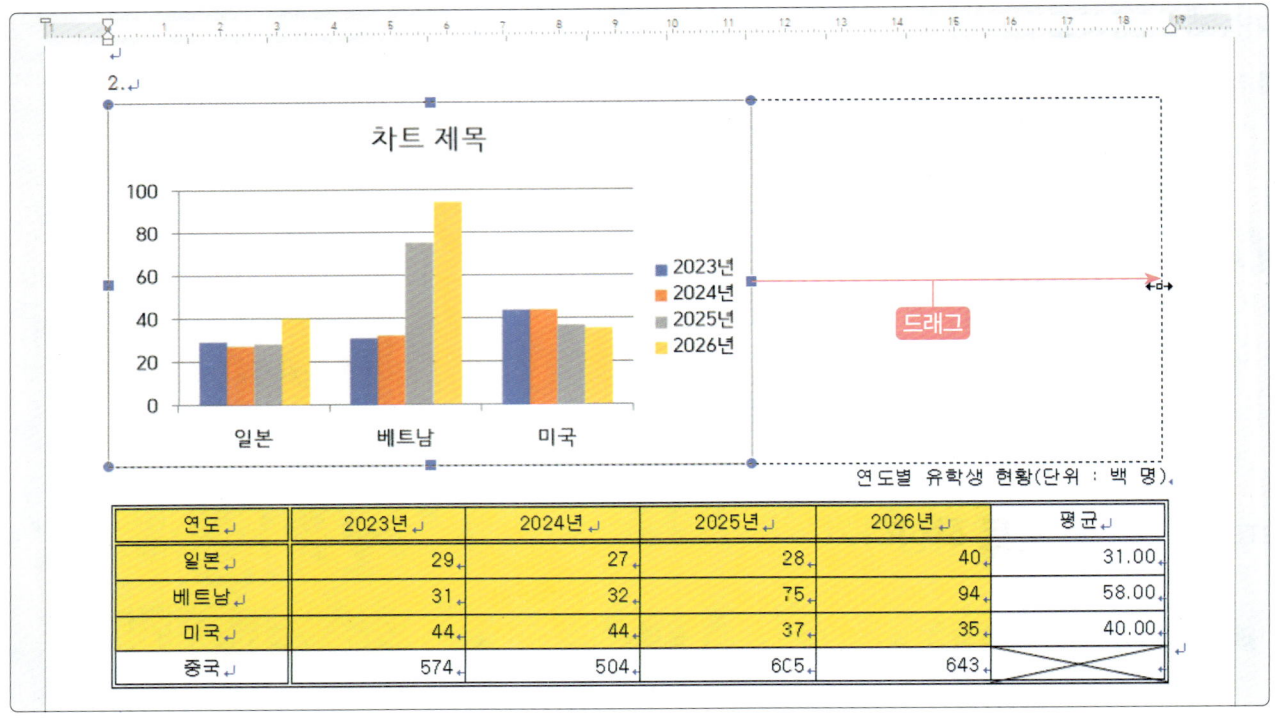

> 차트로 마우스 포인터를 가져가서 마우스 포인터가 모양으로 변경되었을 때 클릭하면 차트를 선택할 수 있고, 차트를 선택한 후 차트의 크기 조절점(■)을 드래그하면 차트의 크기를 조절할 수 있습니다.

4 차트의 크기가 조절되면 [차트 서식( )] 정황 탭에서 **(글자처럼 취급)을 선택**합니다.

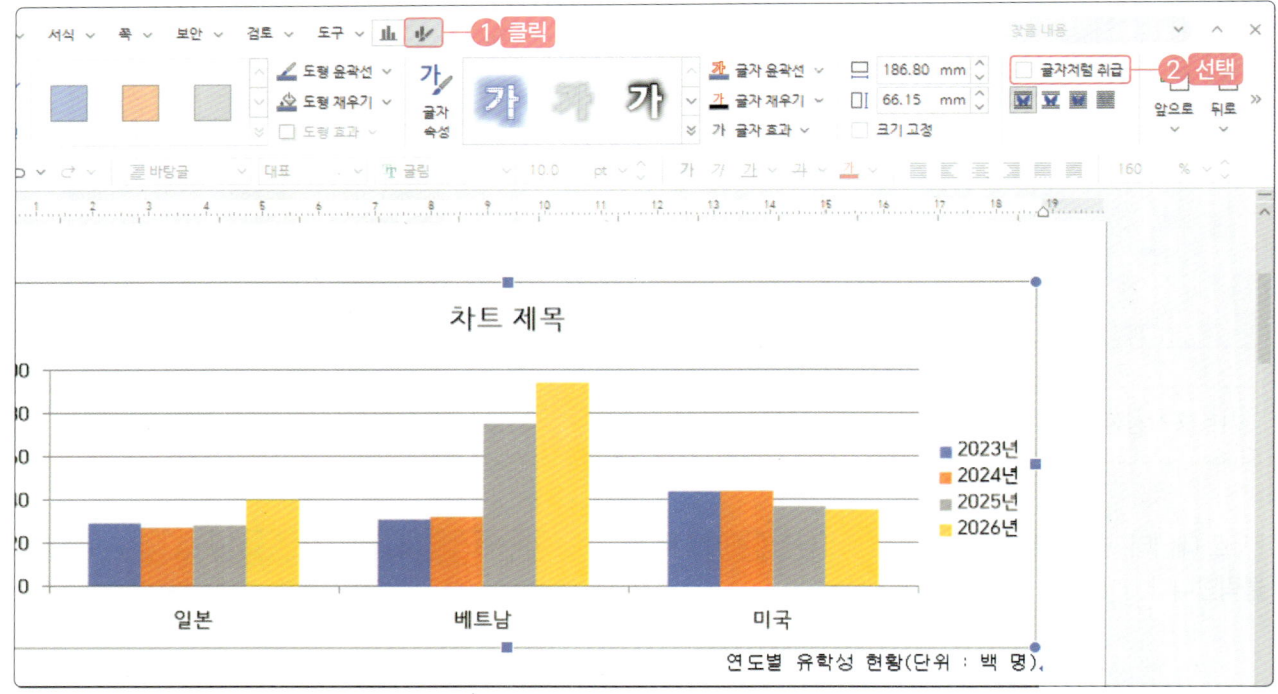

> (글자처럼 취급)을 선택하면 차트를 하나의 글자처럼 취급하여 정렬(왼쪽/가운데/으른쪽)을 할 수 있습니다.

5 차트를 선택한 후 아래로 드래그하여 차트 위치를 이동시킵니다.

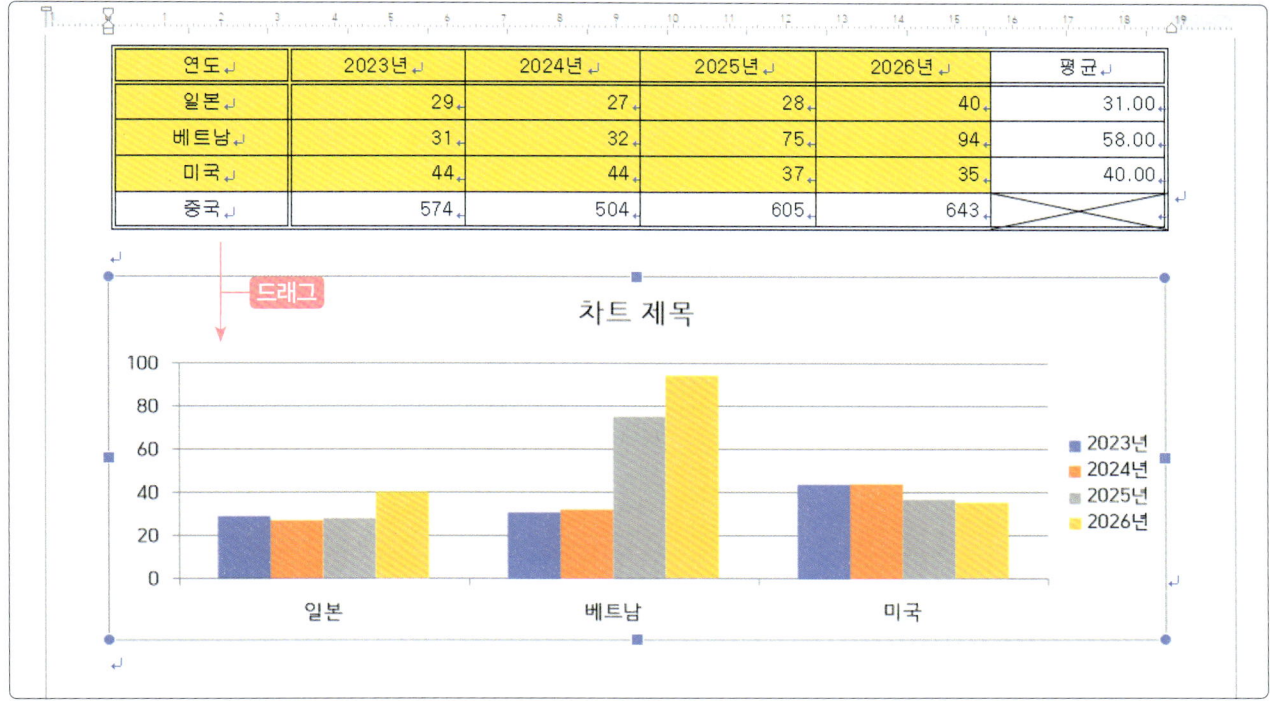

6 차트의 종류를 변경하기 위해 [차트 디자인(　)] 정황 탭을 클릭한 후 [차트 종류 변경]을 클릭한 다음 차트 종류를 선택합니다.

> 한글 2022는 [차트 마법사]가 없습니다. 차트를 선택한 후 [차트 디자인(　)] 정황 탭 및 [차트 서식(　)] 정황 탭에서 차트를 지정합니다.

7 축 제목을 추가하기 위해 [**차트 디자인(** 📊 **)**] 정황 탭을 클릭한 후 [**차트 구성 추가**]를 클릭한 다음 [축 제목]-[기본 세로]를 클릭합니다.

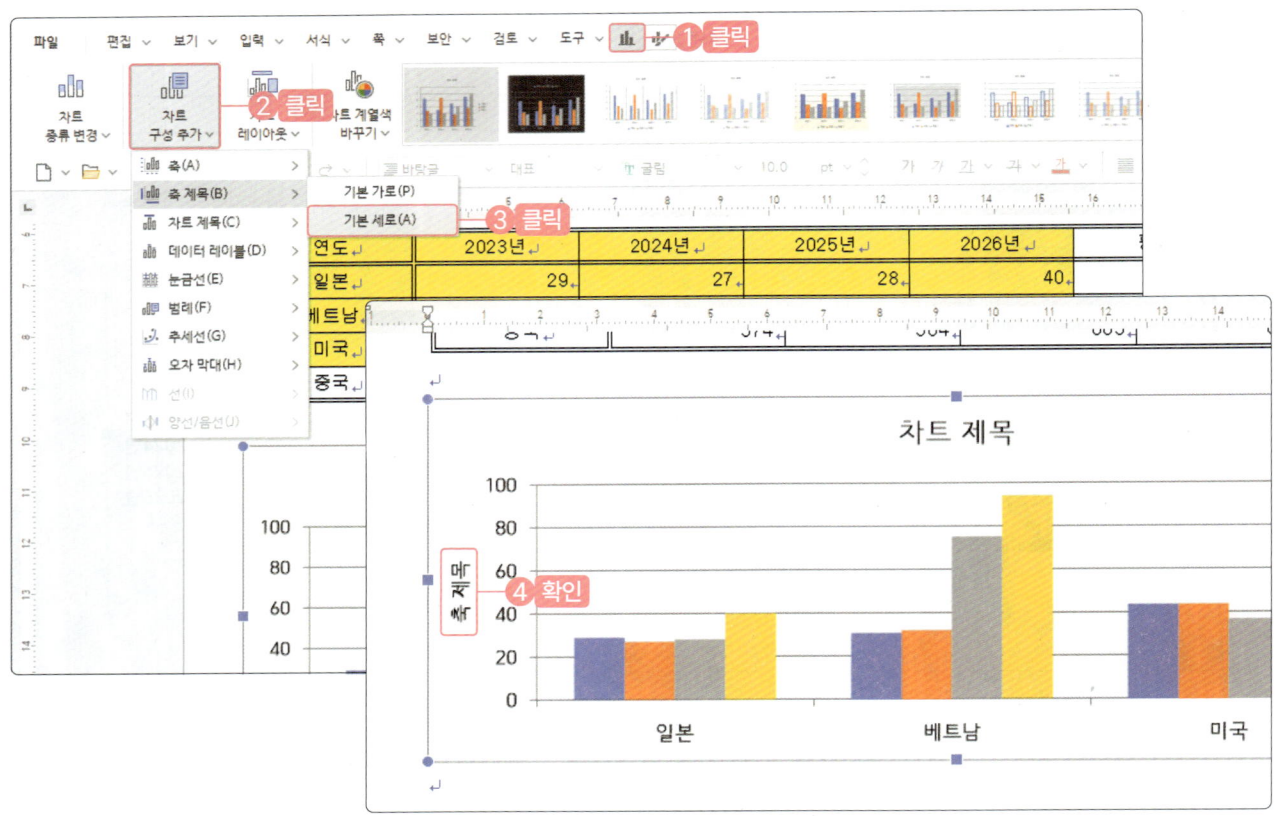

한가지 더!

차트의 구성

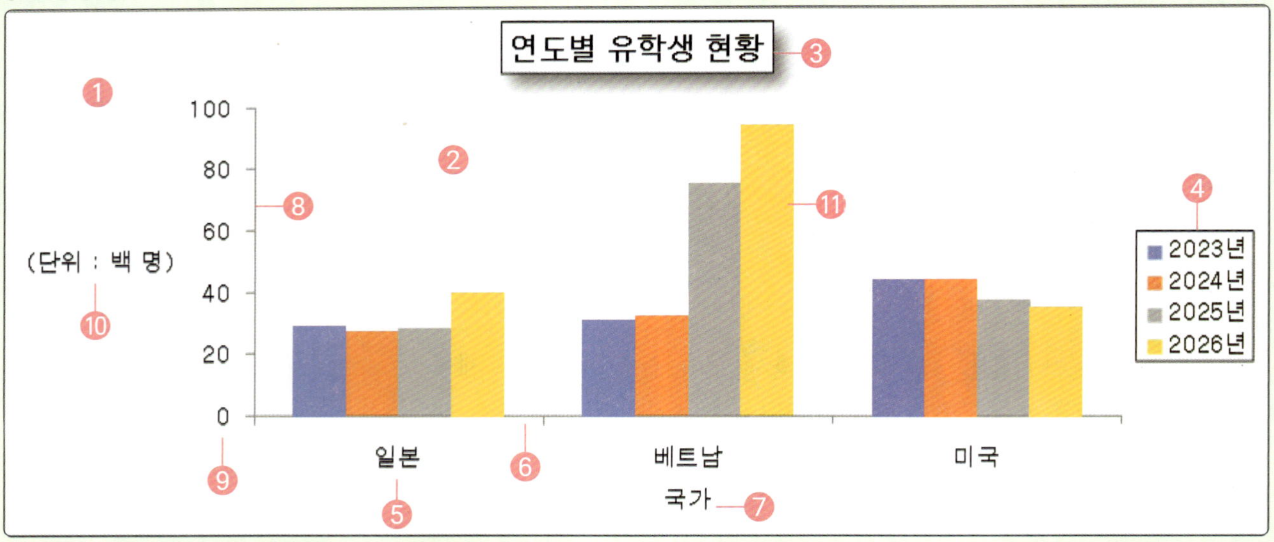

① 차트 배경 ② 영역 배경 ③ 차트 제목 ④ 범례
⑤ 가로 항목 축 이름표 ⑥ 가로 항목 축 ⑦ 가로 항목 축 제목 ⑧ 세로 값 축
⑨ 세로 값 축 이름표 ⑩ 세로 값 축 제목 ⑪ 계열

STEP 02 차트 제목 지정하기

《차트 조건》 (3) 제목 – 글꼴 : 돋움, 진하게, 12pt,
　　　　　　　　속성 : 채우기(밝은 색 : 하양), 테두리, 그림자(바깥쪽 : 대각선 오른쪽 아래)
　　　　　(4) 제목 이외의 전체 글꼴 – 돋움, 보통, 10pt
　　　　　(5) 축제목과 범례는 《출력형태》와 동일하게 처리할 것

1. 차트 제목을 편집하기 위해 **차트를 클릭**한 후 **차트 제목을 클릭**한 다음 바로가기 메뉴의 [제목 편집]을 클릭합니다.

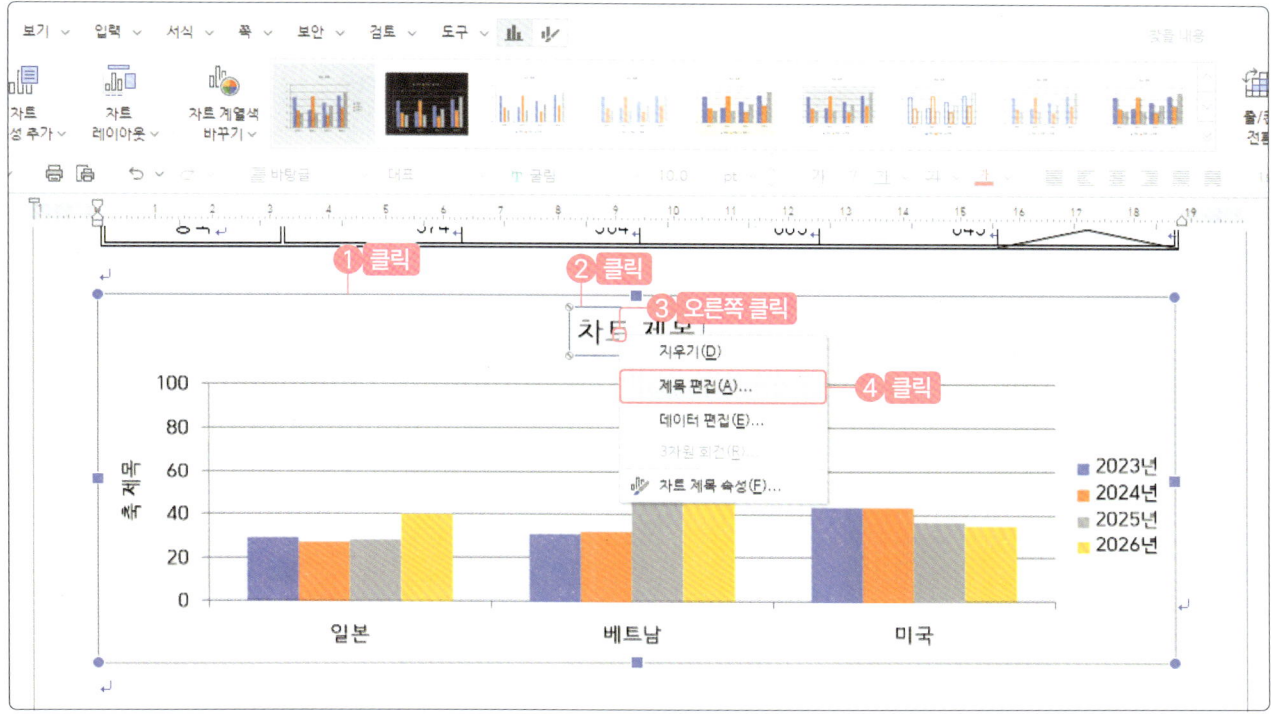

2. [차트 글자 모양] 대화상자가 나타나면 **글자 내용(연도별 유학생 현황)을 입력**한 후 **한글 글꼴(돋움)과 영어 글꼴(돋움)을 선택**한 다음 **(진하게(가))를 선택**하고 **크기(12)를 지정**합니다. 그런다음 [설정] 단추를 클릭합니다.

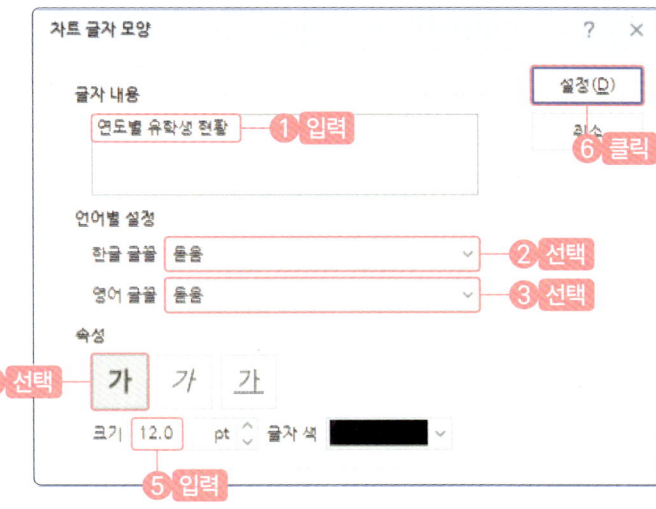

> 차트의 글꼴은 한글 글꼴과 영문 글꼴을 구분하여 지정할 수 있습니다. 시험에서는 한 가지 글꼴만 제시되어 있기 때문에 둘 다 같은 글꼴을 선택합니다.

3 차트 제목이 변경되면 차트 제목에서 바로가기 메뉴의 **(차트 제목 속성)**을 클릭합니다.

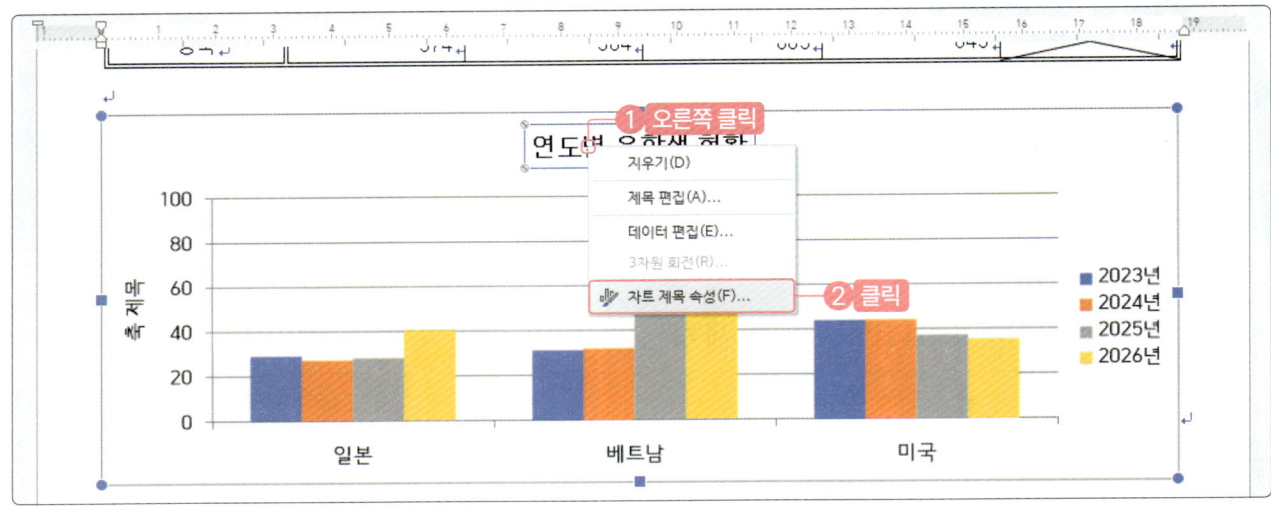

4 (개체 속성) 작업 창이 나타나면 (그리기 속성(✏️)) 탭을 클릭한 후 (채우기)-(밝은색(☐)), (선)-(어두운 색(■))을 클릭합니다.

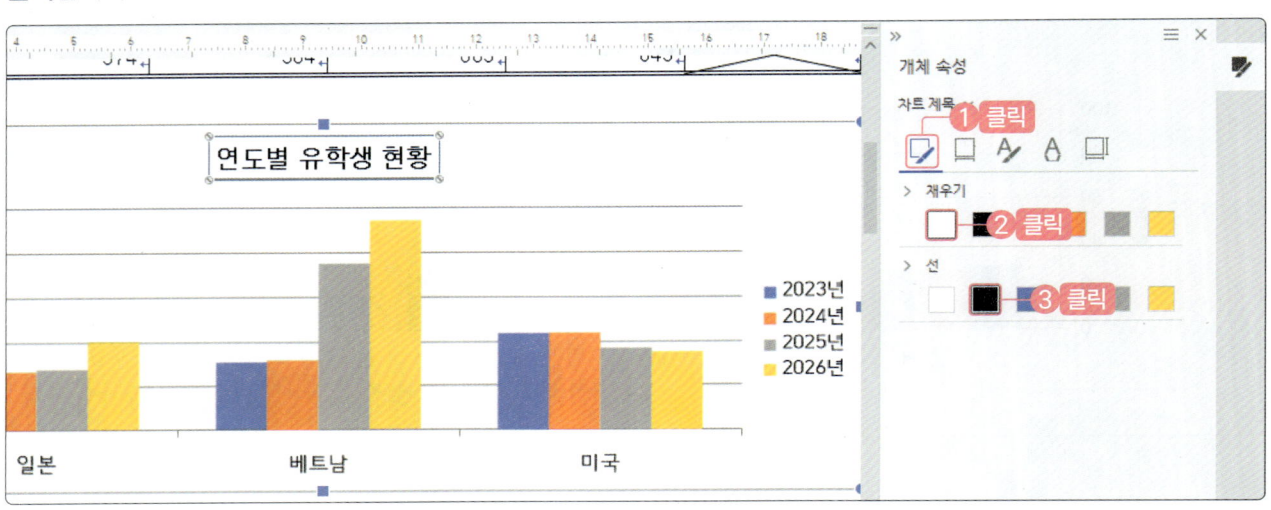

5 (효과(☐)) 탭을 클릭한 후 (그림자)의 (목록(☐ˇ)) 단추를 클릭한 다음 (대각선 오른쪽 아래(◼)))를 클릭합니다.

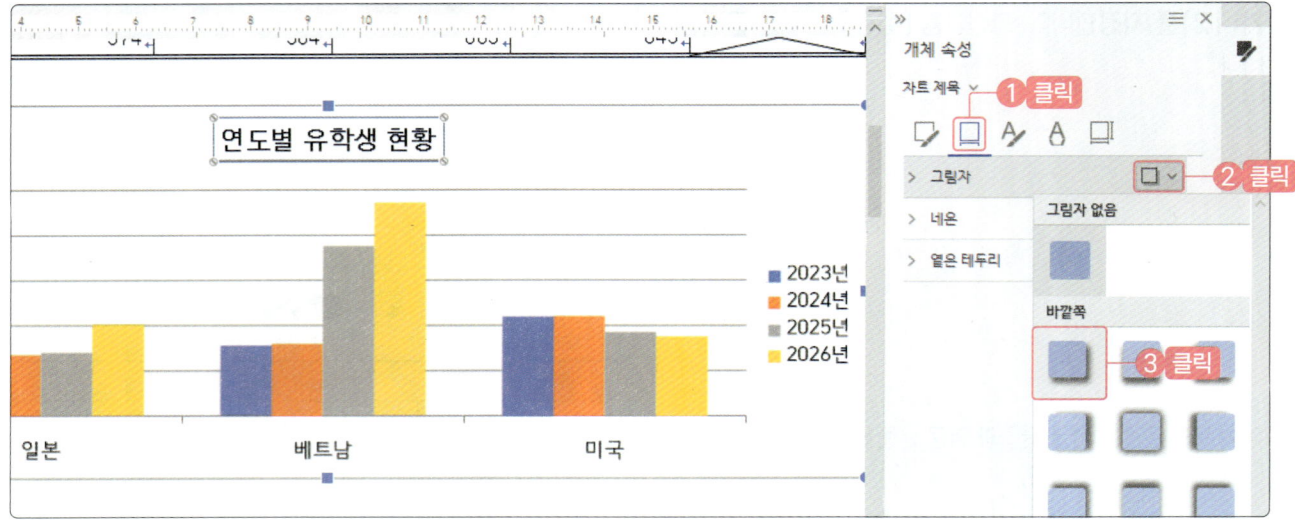

STEP 03 범례 지정하기

《차트 조건》 (4) 제목 이외의 전체 글꼴 - 돋움, 보통, 10pt
(5) 축제목과 범례는 《출력형태》와 동일하게 처리할 것

1 범례를 편집하기 위해 **(범례)를 클릭**한 후 바로가기 메뉴의 **(글자 모양 편집)을 클릭**합니다.

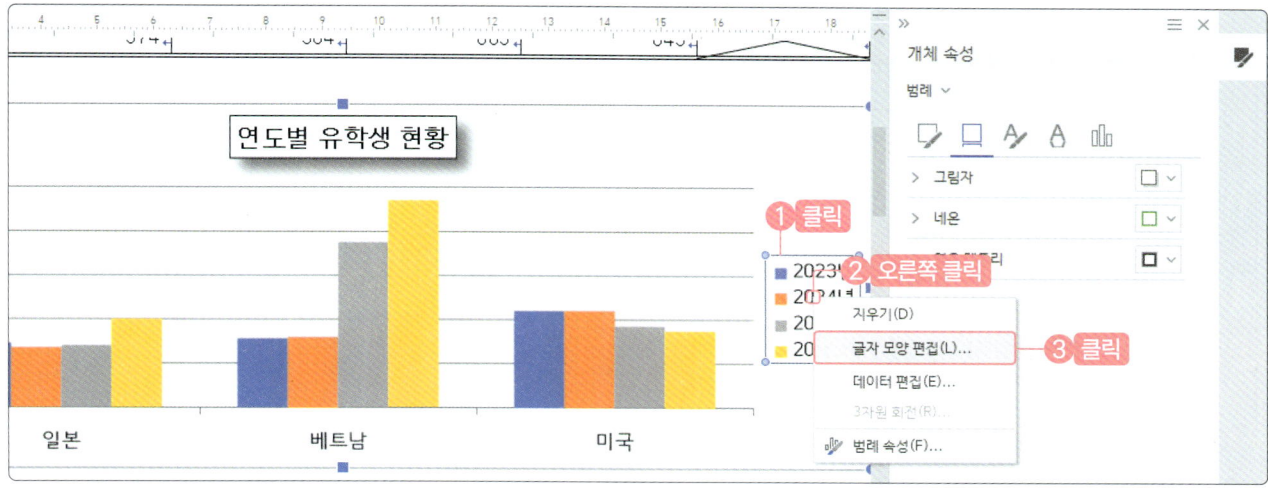

2 (차트 글자 모양) 대화상자가 나타나면 **한글 글꼴(돋움)과 영어 글꼴(돋움)을 선택**한 후 **크기(10)를 지정**한 다음 **(설정) 단추를 클릭**합니다.

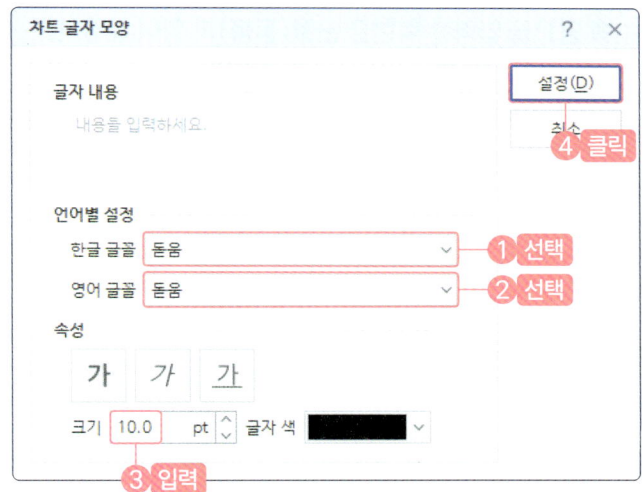

3 (개체 속성) 작업 창이 나타나면 **(그리기 속성(✎)) 탭을 클릭**한 후 **(선)-(어두운 색(■))을 클릭**합니다.

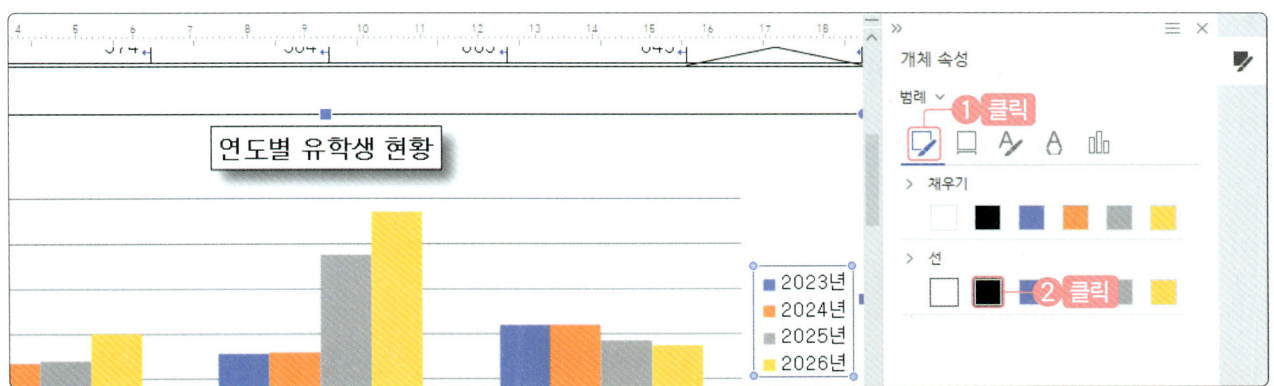

STEP 04 축 제목 지정하기

《차트 조건》 (4) 제목 이외의 전체 글꼴 – 돋움, 보통, 10pt
(5) 축제목과 범례는《출력형태》와 동일하게 처리할 것

1 축 제목을 편집하기 위해 (세로 값 축 제목)을 클릭한 후 바로가기 메뉴의 (제목 편집)을 클릭합니다.

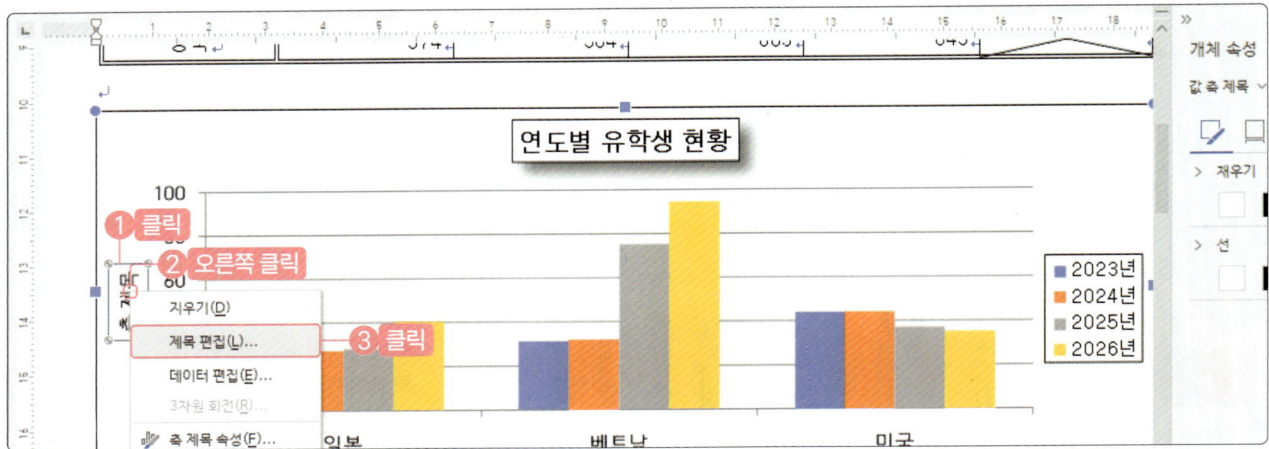

2 (차트 글자 모양) 대화상자가 나타나면 **글자 내용((단위 : 백 명))을 입력**한 후 **한글 글꼴(돋움)과 영어 글꼴(돋움)을 선택**한 다음 **크기(10)를 지정**하고 (설정) 단추를 클릭합니다.

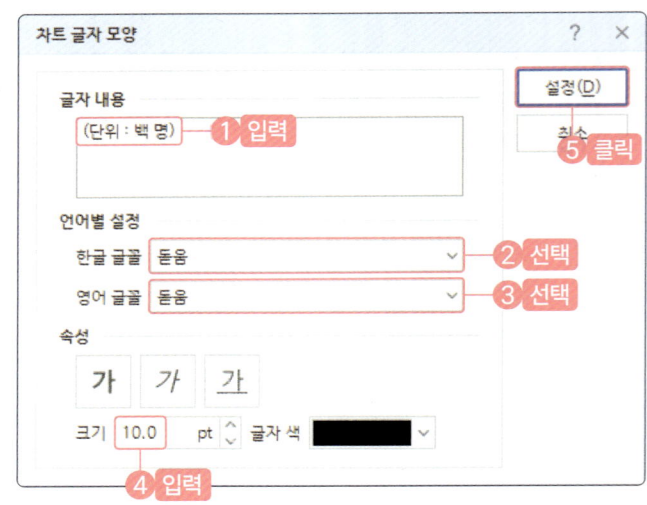

3 (개체 속성) 작업 창에서 (크기 및 속성(□)) 탭을 클릭한 후 (글상자)를 클릭한 다음 **글자 방향의 (목록(∨)) 단추를 클릭**하고 (가로)를 클릭합니다.

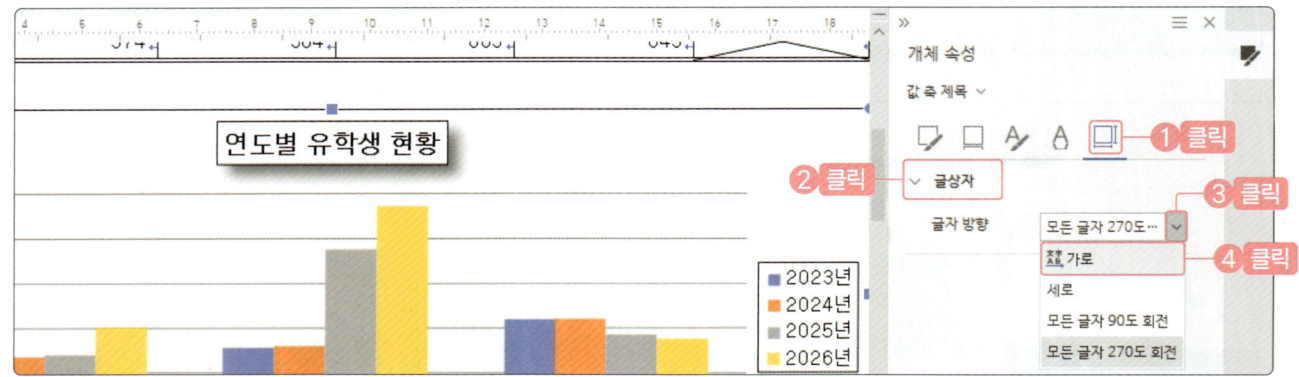

STEP 05 축 서식 지정하기

《차트 조건》 (4) 제목 이외의 전체 글꼴 – 돋움, 보통, 10pt
(5) 축제목과 범례는 《출력형태》와 동일하게 처리할 것

1 (가로 항목 축 이름표)를 클릭한 후 바로가기 메뉴의 (글자 모양 편집)을 클릭합니다.

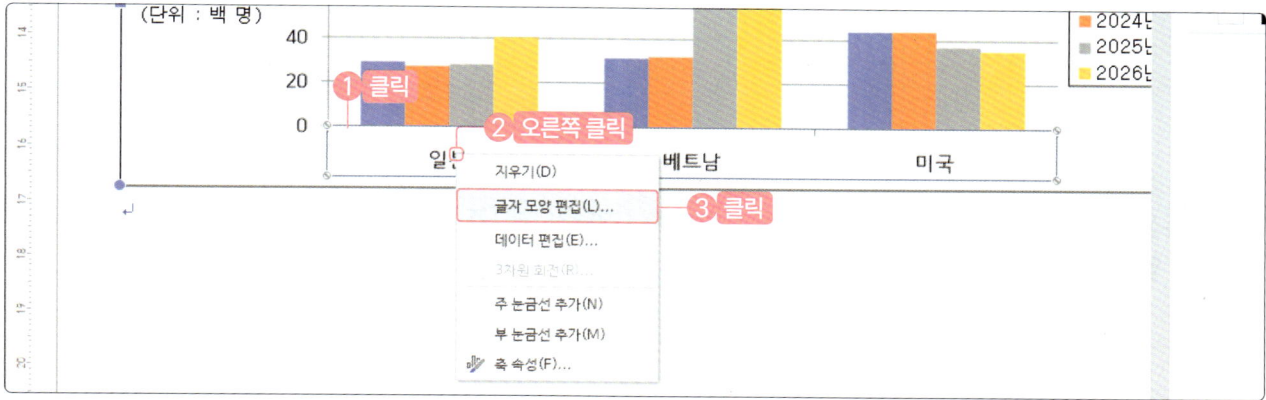

2 (차트 글자 모양) 대화상자가 나타나면 **한글 글꼴(돋움)과 영어 글꼴(돋움)을 선택**한 후 **크기(10)를 지정**한 다음 **(설정) 단추를 클릭**합니다.

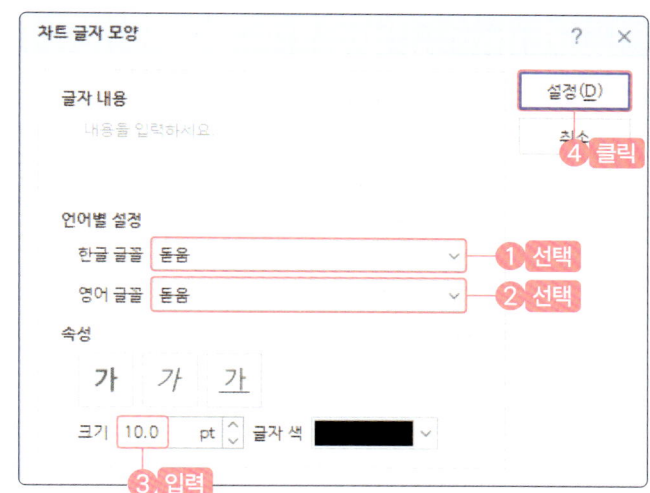

3 (세로 값 축 이름표)를 클릭한 후 바로가기 메뉴의 (글자 모양 편집)을 클릭합니다.

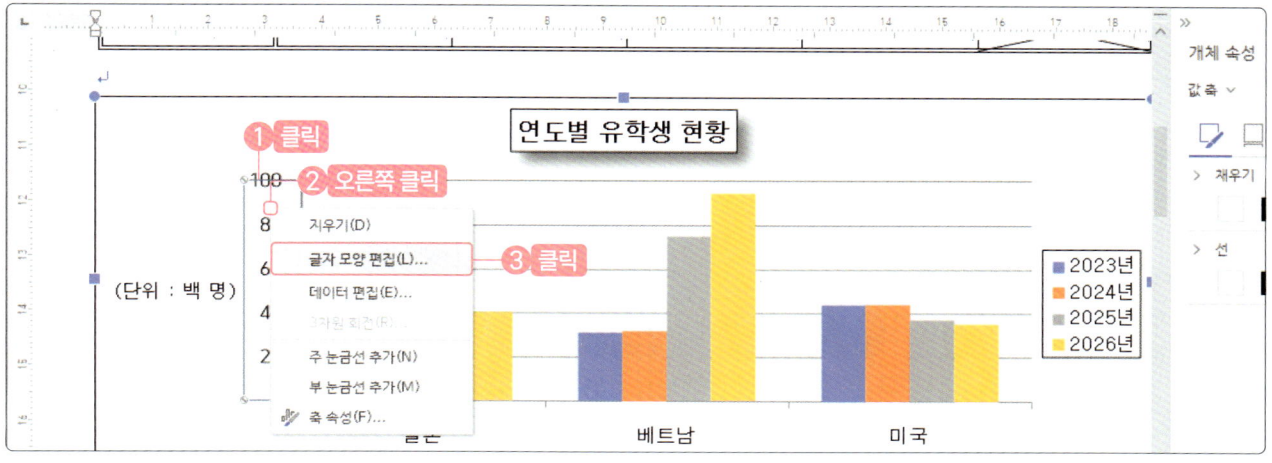

Chapter 04 · 기능평가 Ⅰ - 차트 **1-47**

4 〔차트 글자 모양〕 대화상자가 나타나면 **한글 글꼴(돋움)과 영어 글꼴(돋움)을 선택**한 후 **크기(10)를 지정**한 다음 〔설정〕 단추를 클릭합니다.

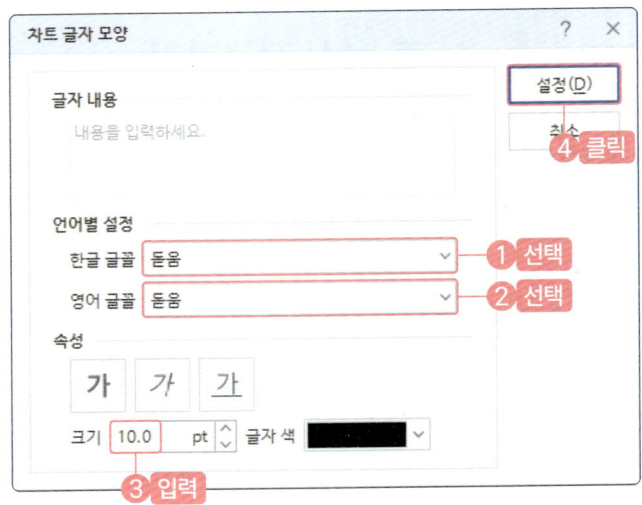

5 〔개체 속성〕 작업 창에서 〔축 속성( )〕 탭을 클릭한 후 〔최댓값〕과 〔주〕 단위를 선택한 다음 **최댓값(100)과 주 단위(20)를 입력**합니다.

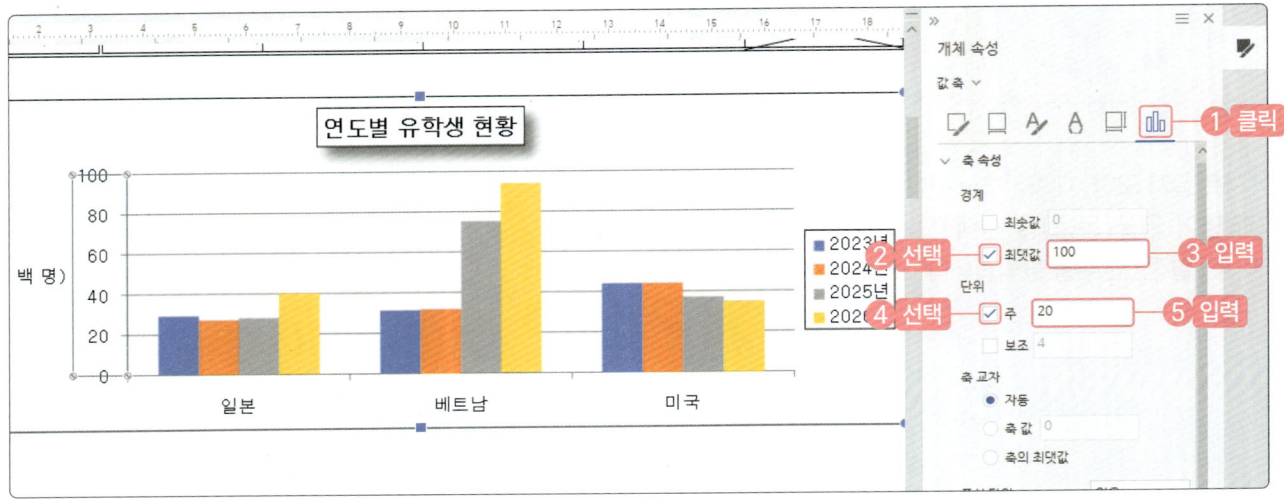

6 〔값 축 주 눈금선〕을 클릭한 후 〔개체 속성〕 작업창에서 〔그리기 속성( )〕 탭을 클릭한 다음 〔선〕을 클릭하고 〔없음〕을 선택합니다.

7 모든 작성이 완료되면 〔개체 속성〕 작업창에서 〔작업 창 닫기( )〕를 클릭합니다.

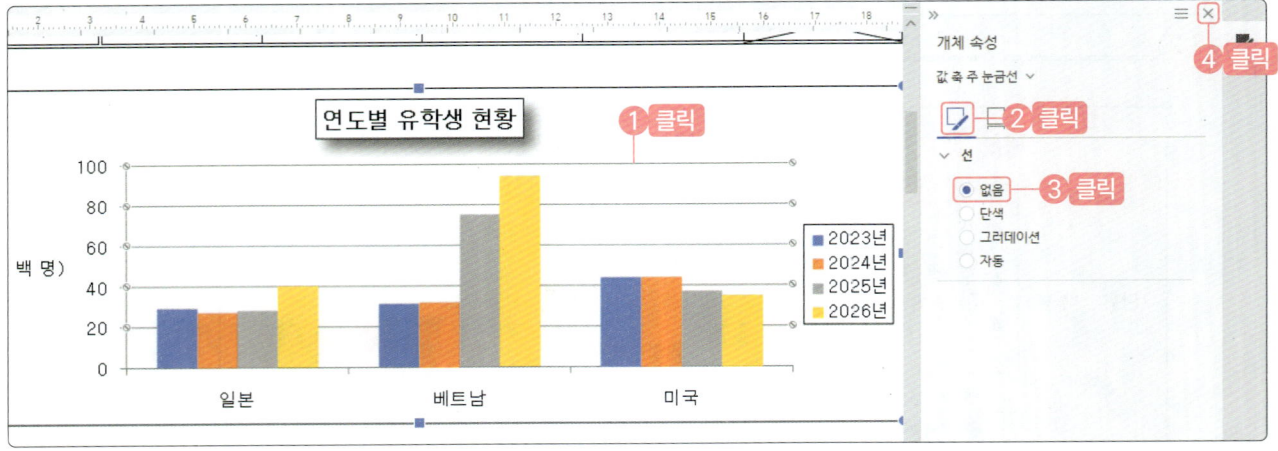

기능평가 Ⅰ - 차트

유형 01

다음의 《조건》에 따라 《출력형태》와 같이 표와 차트를 작성하시오. (100점)

▶ 소스파일 : Chapter 04₩문제04-01.hwpx   ▶ 완성파일 : Chapter 04₩문제04-01_완성.hwpx

《표 조건》
(1) 표 전체(표, 캡션) - 굴림, 10pt
(2) 정렬 - 문자 : 가운데 정렬, 숫자 : 오른쪽 정렬
(3) 셀 배경(면색) : 노랑
(4) 한글의 계산 기능을 이용하여 빈칸에 평균(소수점 두 자리)을 구하고, 캡션 기능 사용할 것
(5) 선 모양은 《출력형태》와 동일하게 처리할 것

《출력형태》

계층별 디지털 정보화 수준(단위 : %)

구분	2023년	2024년	2025년	2026년	평균
저소득층	86.8	87.8	95.1	95.7	
장애인	74.6	75.2	81.3	82.6	
농어민	69.8	70.6	77.3	79.9	
고령층	63.1	64.3	68.6	72.3	

《차트 조건》
(1) 차트 데이터는 표 내용에서 연도별 저소득층, 장애인, 농어민의 값만 이용할 것
(2) 종류 - 〈묶은 세로 막대형〉으로 작업할 것
(3) 제목 - 글꼴 : 궁서, 진하게, 12pt,
    속성 : 채우기(밝은 색 : 하양), 테두리, 그림자(바깥쪽 : 대각선 오른쪽 아래)
(4) 제목 이외의 전체 글꼴 - 궁서, 보통, 10pt
(5) 축제목과 범례는 《출력형태》와 동일하게 처리할 것

《출력형태》

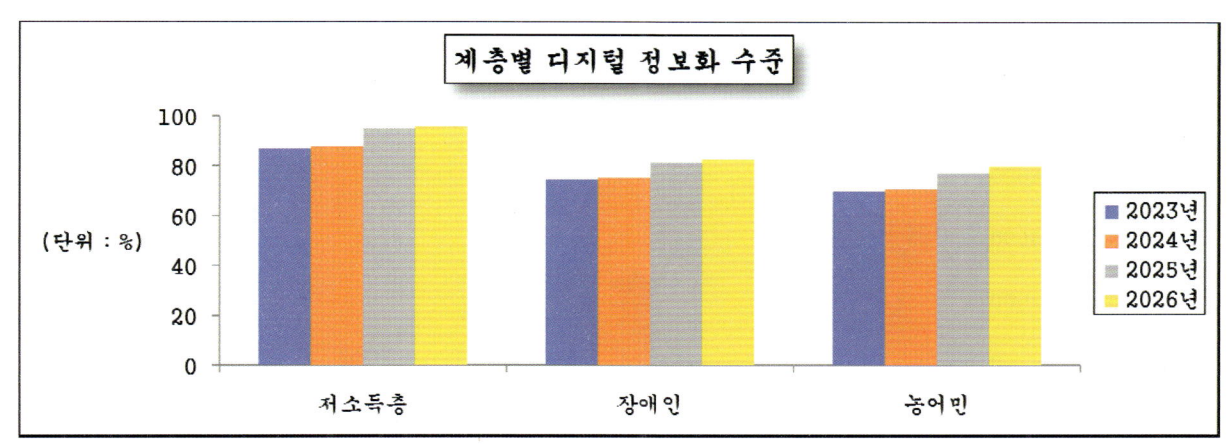

유형 02

다음의 《조건》에 따라 《출력형태》와 같이 표와 차트를 작성하시오. (100점)

▶ 소스파일 : Chapter 04₩문제04-02.hwpx   ▶ 완성파일 : Chapter 04₩문제04-02_완성.hwpx

《표 조건》
(1) 표 전체(표, 캡션) - 굴림, 10pt
(2) 정렬 - 문자 : 가운데 정렬, 숫자 : 오른쪽 정렬
(3) 셀 배경(면색) : 노랑
(4) 한글의 계산 기능을 이용하여 빈칸에 합계를 구하고, 캡션 기능 사용할 것
(5) 선 모양은 《출력형태》와 동일하게 처리할 것

《출력형태》

연평균 가상증강현실산업 매출액(단위 : 억 원)

구분	2021년	2022년	2023년	2024년	2025년
가상현실	4,416	4,747	5,327	5,923	6,385
증강현실	2,670	2,889	3,235	3,539	3,805
홀로그램	431	481	552	557	574
합계					

《차트 조건》
(1) 차트 데이터는 표 내용에서 구분별 2021년, 2022년, 2023년의 값만 이용할 것
(2) 종류 - 〈묶은 세로 막대형〉으로 작업할 것
(3) 제목 - 글꼴 : 궁서, 진하게, 12pt,
      속성 : 채우기(밝은 색 : 하양), 테두리, 그림자(바깥쪽 : 대각선 오른쪽 아래)
(4) 제목 이외의 전체 글꼴 - 궁서, 보통, 10pt
(5) 축제목과 범례는 《출력형태》와 동일하게 처리할 것

《출력형태》

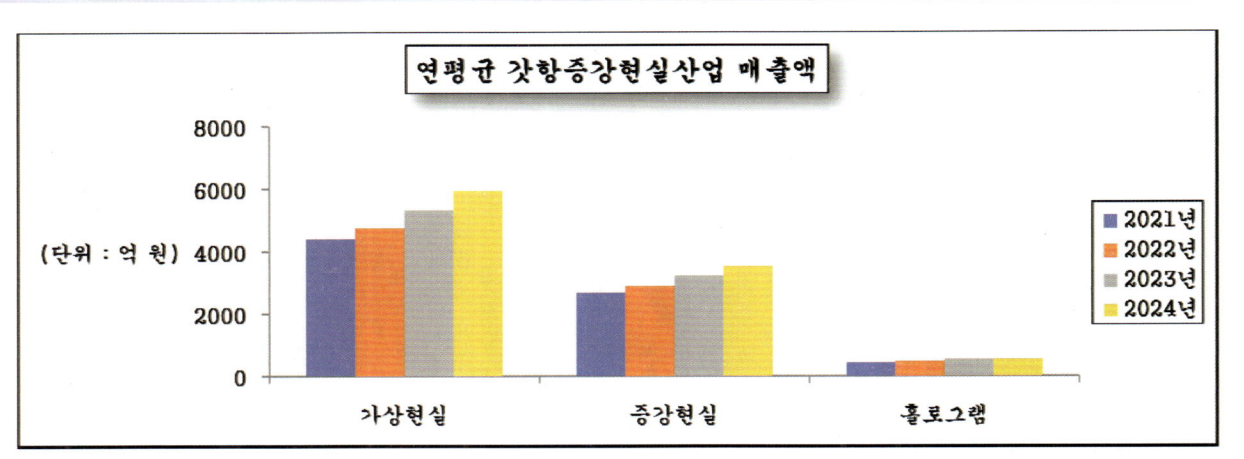

유형 03

다음의 《조건》에 따라 《출력형태》와 같이 표와 차트를 작성하시오. (100점)

▶ 소스파일 : Chapter 04₩문제04-03.hwpx　　▶ 완성파일 : Chapter 04₩문제04-03_완성.hwpx

《표 조건》
(1) 표 전체(표, 캡션) - 돋움, 10pt
(2) 정렬 - 문자 : 가운데 정렬, 숫자 : 오른쪽 정렬
(3) 셀 배경(면색) : 노랑
(4) 한글의 계산 기능을 이용하여 빈칸에 합계를 구하고, 캡션 기능 사용할 것
(5) 선 모양은 《출력형태》와 동일하게 처리할 것

《출력형태》

건설기술산업대전 참관객 현황(단위 : 명)

연령	1일차	2일차	3일차	4일차	합계
20대	1,015	1,192	1,655	1,459	
30대	1,265	1,924	1,679	1,823	
40대	1,474	1,769	1,884	1,946	
50대 이상	897	1,035	1,142	1,305	

《차트 조건》
(1) 차트 데이터는 표 내용에서 일자별 20대, 30대, 40대의 값만 이용할 것
(2) 종류 - 〈묶은 세로 막대형〉으로 작업할 것
(3) 제목 - 글꼴 : 굴림, 진하게, 12pt,
　　　　　속성 : 채우기(밝은 색 : 하양), 테두리, 그림자(바깥쪽 : 대각선 오른쪽 아래)
(4) 제목 이외의 전체 글꼴 - 굴림, 보통, 10pt
(5) 축제목과 범례는 《출력형태》와 동일하게 처리할 것

《출력형태》

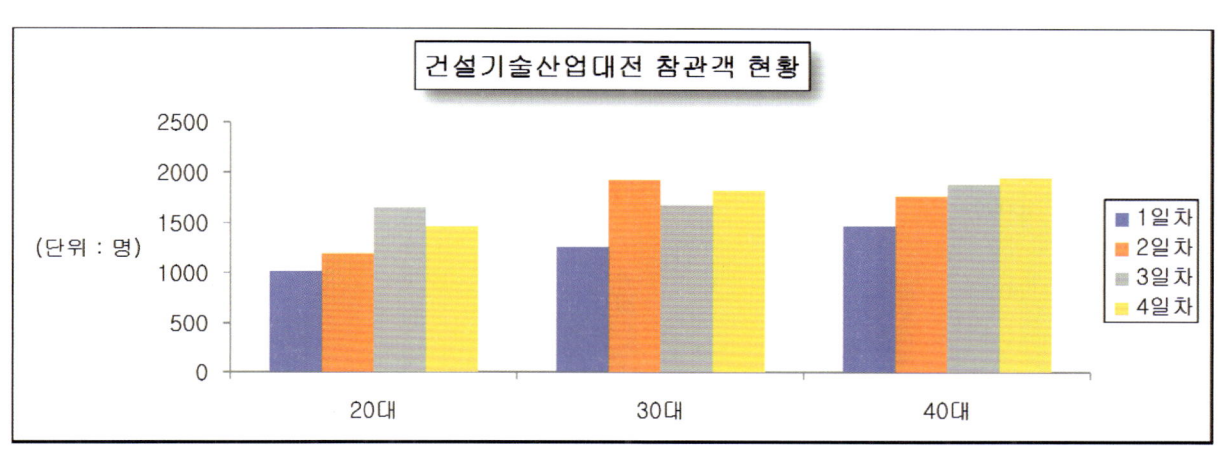

유형 04

다음의 《조건》에 따라 《출력형태》와 같이 표와 차트를 작성하시오. (100점)

▶ 소스파일 : Chapter 04₩문제04-04.hwpx   ▶ 완성파일 : Chapter 04₩문제04-04_완성.hwpx

《표 조건》
(1) 표 전체(표, 캡션) - 돋움, 10pt
(2) 정렬 - 문자 : 가운데 정렬, 숫자 : 오른쪽 정렬
(3) 셀 배경(면색) : 노랑
(4) 한글의 계산 기능을 이용하여 빈칸에 합계를 구하고, 캡션 기능 사용할 것
(5) 선 모양은 《출력형태》와 동일하게 처리할 것

《출력형태》

남북 주요도시 인구 현황(단위 : 천 명)

지역	서울	부산	평양	청진	합계
1970년	5,681	2,041	981	300	
2000년	10,072	3,732	2,771	593	
2010년	9,723	3,413	2,901	642	
2020년	9,630	3,392	2,940	650	

《차트 조건》
(1) 차트 데이터는 표 내용에서 지역별 1970년, 2000년, 2010년의 값만 이용할 것
(2) 종류 - 〈묶은 세로 막대형〉으로 작업할 것
(3) 제목 - 글꼴 : 굴림, 진하게, 12pt,
      속성 : 채우기(밝은 색 : 하양), 테두리, 그림자(바깥쪽 : 대각선 오른쪽 아래)
(4) 제목 이외의 전체 글꼴 - 굴림, 보통, 10pt
(5) 축제목과 범례는 《출력형태》와 동일하게 처리할 것

《출력형태》

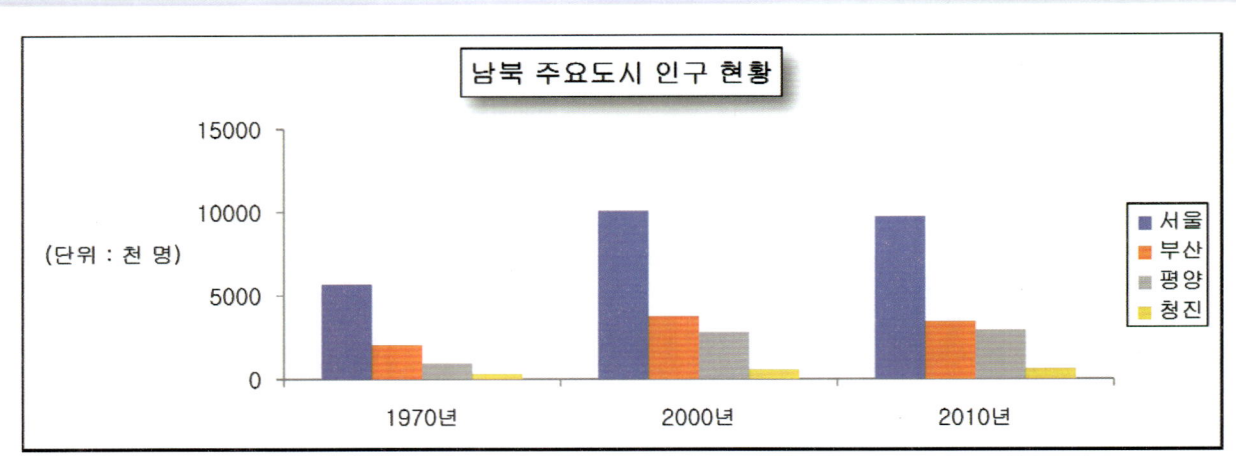

유형 05

다음의 《조건》에 따라 《출력형태》와 같이 표와 차트를 작성하시오. (100점)

▶ 소스파일 : Chapter 04₩문제04-05.hwpx   ▶ 완성파일 : Chapter 04₩문제04-05_완성.hwpx

《표 조건》
(1) 표 전체(표, 캡션) - 굴림, 10pt
(2) 정렬 - 문자 : 가운데 정렬, 숫자 : 오른쪽 정렬
(3) 셀 배경(면색) : 노랑
(4) 한글의 계산 기능을 이용하여 빈칸에 합계를 구하고, 캡션 기능 사용할 것
(5) 선 모양은 《출력형태》와 동일하게 처리할 것

《출력형태》

주요 국가의 데이터 시장규모(단위 : 10억 달러)

구분	2022년	2023년	2024년	2025년	합계
미국	16.60	21.20	24.70	30.62	
유럽	4.10	5.34	6.30	7.60	
영국	2.15	2.68	3.06	3.59	
프랑스	0.55	0.74	0.91	1.15	

《차트 조건》
(1) 차트 데이터는 표 내용에서 연도별 미국, 유럽, 영국의 값만 이용할 것
(2) 종류 - 〈묶은 세로 막대형〉으로 작업할 것
(3) 제목 - 글꼴 : 돋움, 진하게, 12pt,
   속성 : 채우기(밝은 색 : 하양), 테두리, 그림자(바깥쪽 : 대각선 오른쪽 아래)
(4) 제목 이외의 전체 글꼴 - 돋움, 보통, 10pt
(5) 축제목과 범례는 《출력형태》와 동일하게 처리할 것

《출력형태》

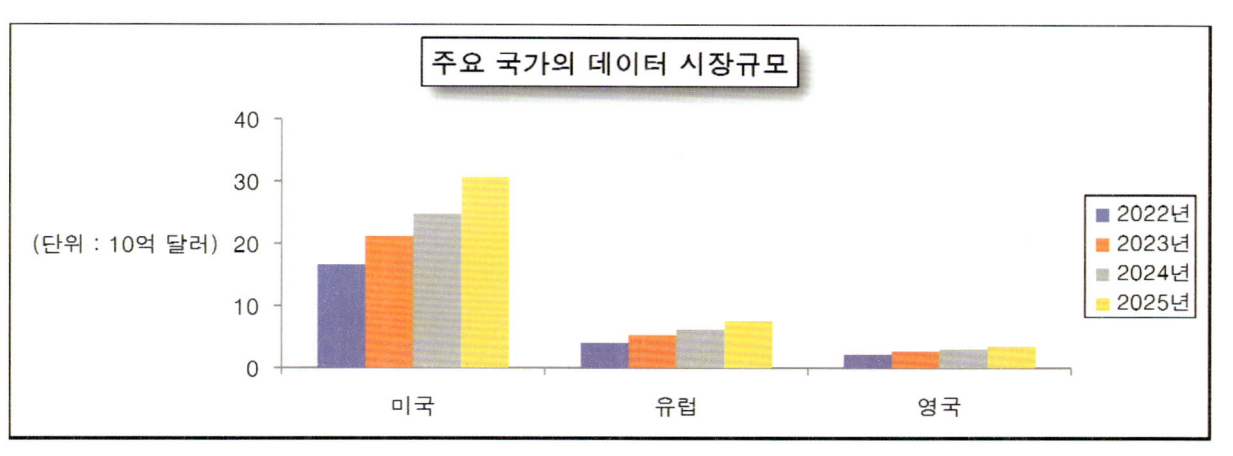

유형 06

다음의 《조건》에 따라 《출력형태》와 같이 표와 차트를 작성하시오. (100점)

▶ 소스파일 : Chapter 04₩문제04-06.hwpx   ▶ 완성파일 : Chapter 04₩문제04-06_완성.hwpx

《표 조건》
(1) 표 전체(표, 캡션) - 굴림, 10pt
(2) 정렬 - 문자 : 가운데 정렬, 숫자 : 오른쪽 정렬
(3) 셀 배경(면색) : 노랑
(4) 한글의 계산 기능을 이용하여 빈칸에 평균(소수점 두 자리)을 구하고, 캡션 기능 사용할 것
(5) 선 모양은 《출력형태》와 동일하게 처리할 것

《출력형태》

유형별 저작권 상담 현황(단위 : 백 건)

유형	2021년	2022년	2023년	2024년	평균
인터넷상담	8.7	1.7	1.7	4.1	
내방상담	8.2	11.2	7.4	0.8	
서신상담	0.7	0.8	1.2	1.1	
전화상담	430.7	426.4	434.9	429.4	

《차트 조건》
(1) 차트 데이터는 표 내용에서 연도별 인터넷상담, 내방상담, 서신상담의 값만 이용할 것
(2) 종류 - 〈묶은 세로 막대형〉으로 작업할 것
(3) 제목 - 글꼴 : 굴림, 진하게, 12pt,
       속성 : 채우기(밝은 색 : 하양), 테두리, 그림자(바깥쪽 : 대각선 오른쪽 아래)
(4) 제목 이외의 전체 글꼴 - 굴림, 보통, 10pt
(5) 축제목과 범례는 《출력형태》와 동일하게 처리할 것

《출력형태》

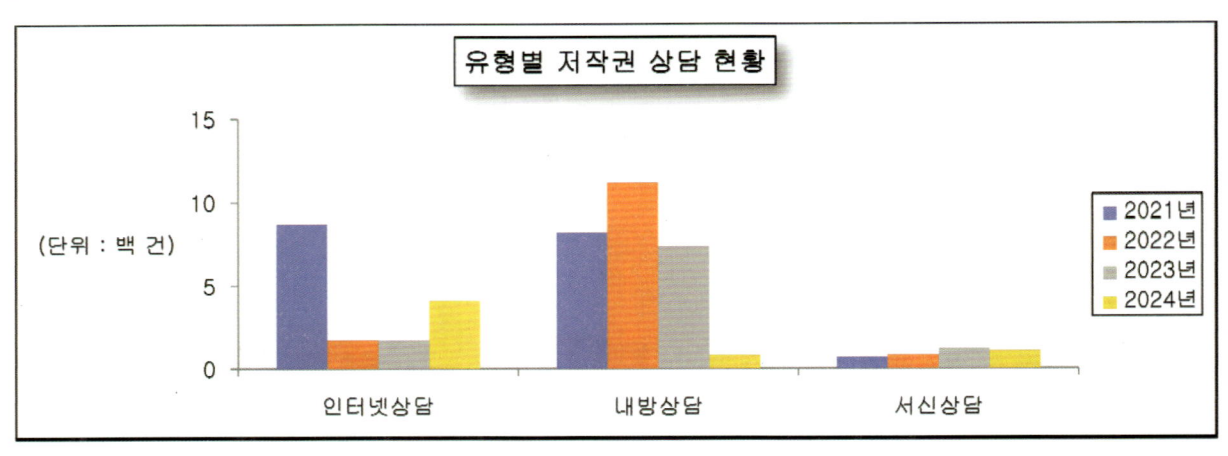

유형 07

다음의 《조건》에 따라 《출력형태》와 같이 표와 차트를 작성하시오. (100점)

▶ 소스파일 : Chapter 04₩문제04-07.hwpx   ▶ 완성파일 : Chapter 04₩문제04-07_완성.hwpx

《차트 조건》
(1) 차트 데이터는 표 내용에서 연도별 수익사업, 집행액, 수출입상담액의 값만 이용할 것
(2) 종류 - 〈묶은 세로 막대형〉으로 작업할 것
(3) 제목 – 글꼴 : 굴림, 진하게, 12pt,
       속성 : 채우기(밝은 색 : 하양), 테두리, 그림자(바깥쪽 : 대각선 오른쪽 아래)
(4) 제목 이외의 전체 글꼴 – 굴림, 보통, 10pt
(5) 축제목과 범례는 《출력형태》와 동일하게 처리할 것

《출력형태》

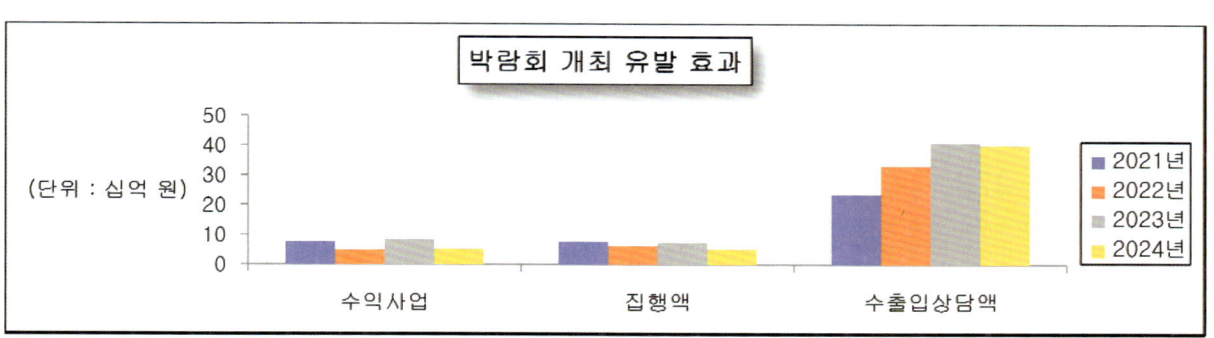

유형 08

다음의 《조건》에 따라 《출력형태》와 같이 표와 차트를 작성하시오. (100점)

▶ 소스파일 : Chapter 04₩문제04-08.hwpx   ▶ 완성파일 : Chapter 04₩문제04-08_완성.hwpx

《차트 조건》
(1) 차트 데이터는 표 내용에서 연도별 가상현실, 증강현실, 혼합현실의 값만 이용할 것
(2) 종류 - 〈묶은 세로 막대형〉으로 작업할 것
(3) 제목 – 글꼴 : 굴림, 진하게, 12pt,
       속성 : 채우기(밝은 색 : 하양), 테두리, 그림자(바깥쪽 : 대각선 오른쪽 아래)
(4) 제목 이외의 전체 글꼴 – 굴림, 보통, 10pt
(5) 축제목과 범례는 《출력형태》와 동일하게 처리할 것

《출력형태》

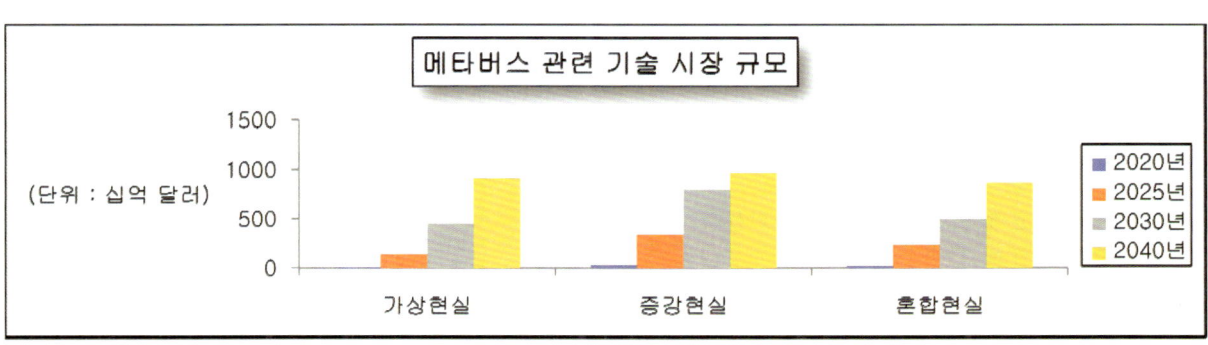

05 기능평가 Ⅱ - 수식

☑ 문제 번호 입력하고 첫 번째 수식 작성하기   ☑ 두 번째 수식 작성하기

▶ 소스 파일 : Chapter 05₩Ch05.hwpx   ▶ 완성 파일 : Chapter 05₩Ch05_완성.hwpx

3. 다음의 (1), (2)의 수식을 수식 편집기로 각각 입력하시오. (40점)

출력 형태

(1) $\dfrac{PV}{T} = \dfrac{1 \times 22.4}{273} \fallingdotseq 0.082$ (2) $\int_a^b A(x-a)(x-b)dx = -\dfrac{A}{6}(b-a)^3$

체크! 체크!

〔기능평가 Ⅱ〕수식

■ 문제 번호 입력하고 첫 번째, 두 번째 수식 작성하기
· 모든 수식은 〔수식 편집기〕 대화상자에서 작성해야 합니다.
· 수식 문제는 부분 점수가 없기 때문에 정확히 입력해야 합니다.
· 《출력형태》를 참고하여 수식을 작성합니다.

STEP 01 문제 번호 입력하고 첫 번째 수식 작성하기

《수식》 3. 다음의 (1), (2)의 수식을 수식 편집기로 각각 입력하시오.

(1) $\dfrac{PV}{T} = \dfrac{1 \times 22.4}{273} ≒ 0.082$

1 2페이지의 첫 번째 줄에 **문제 번호(3.)를 입력**한 후 Enter를 눌러 줄을 바꾼 다음 '(1)'을 입력합니다. 그런다음 Enter를 4번 누릅니다.

답안을 작성하지 못한 경우에도 문제 번호는 입력합니다.

2 '(1)' 뒤에 커서를 위치한 후 [입력] 탭을 클릭한 다음 [수식($\sqrt{x}$)]을 클릭합니다.

[입력] 탭의 [목록(∨)] 단추를 클릭한 후 [개체]-[수식]을 클릭하거나 Ctrl + N, M을 눌러 수식을 입력할 수도 있습니다.

〔수식 편집기〕 도구 상자

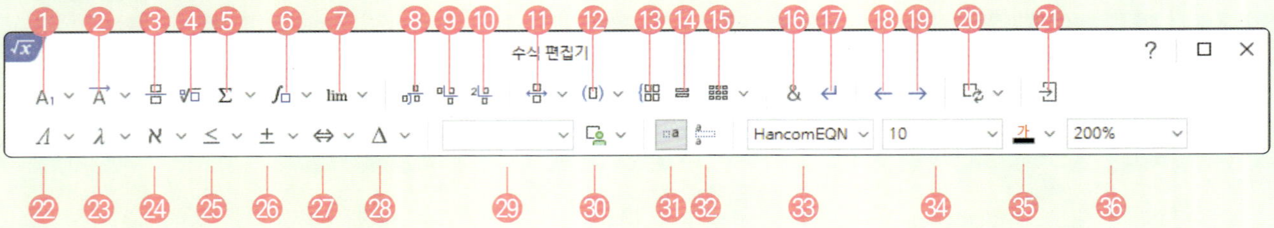

번호	기능	번호	기능	번호	기능	번호	기능
①	첨자	②	장식 기호	③	분수	④	근호
⑤	합	⑥	적분	⑦	극한	⑧	세로 나눗셈
⑨	최소공배수/최대공약수	⑩	2진수로 변환	⑪	상호 관계	⑫	괄호
⑬	경우	⑭	세로 쌓기	⑮	행렬	⑯	줄 맞춤
⑰	줄 바꿈	⑱	이전 항목	⑲	다음 항목	⑳	수식 형식 변경
㉑	넣기	㉒	그리스 대문자	㉓	그리스 소문자	㉔	그리스 기호
㉕	합, 집합 기호	㉖	연산, 논리 기호	㉗	화살표	㉘	기타 기호
㉙	명령어 입력	㉚	수식 매크로	㉛	글자 단위 영역	㉜	줄 단위 영역
㉝	글꼴	㉞	글자 크기	㉟	글자 색	㊱	화면 확대

3 〔수식 편집기〕 도구 상자에서 **(분수( ))를 클릭**합니다.

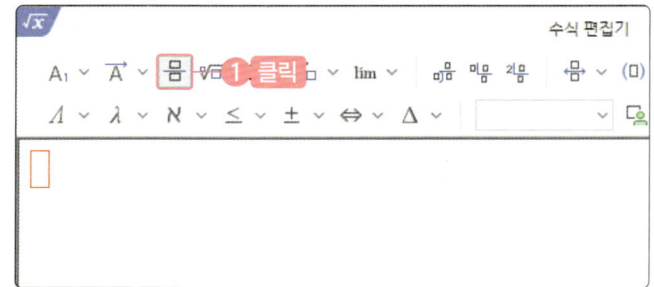

4 'PV'를 입력한 후 **(다음 항목( ))을 클릭**한 다음 'T'를 입력합니다. 그런다음 **(다음 항목( ))을 클릭**한 후 '='를 입력합니다.

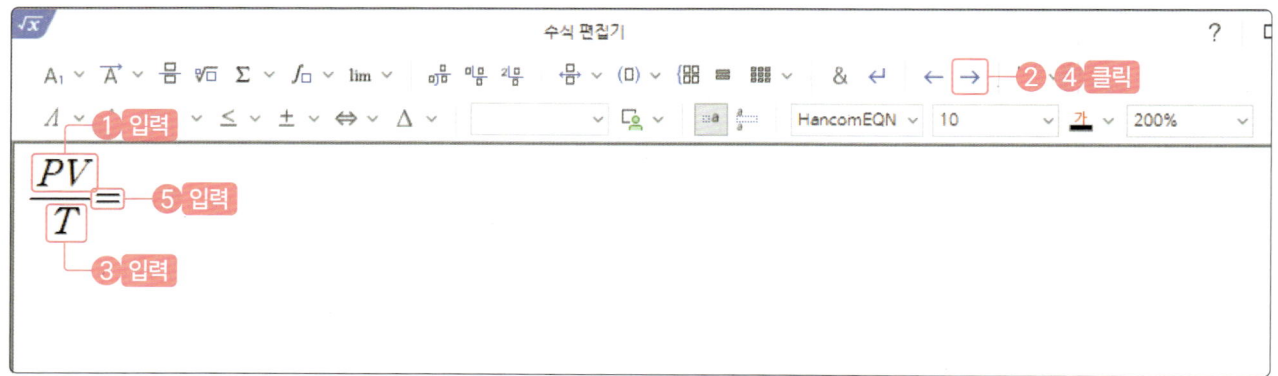

〔다음 항목( )〕을 클릭하거나 **Tab**을 눌러서 이동할 수 있습니다.

5 (분수(믐))를 클릭한 후 '1'을 입력합니다.

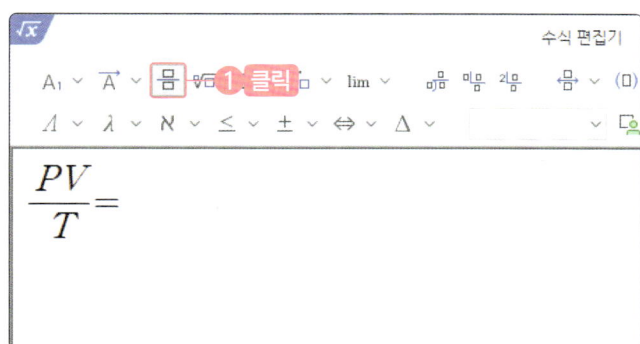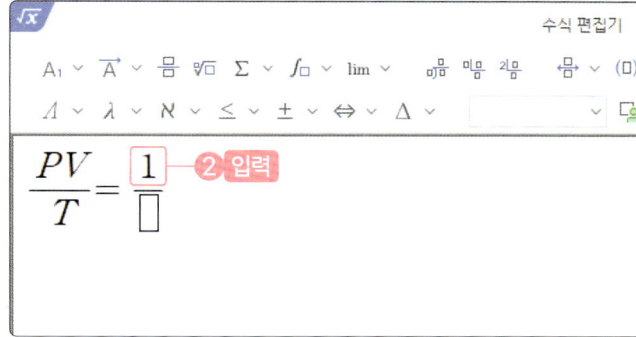

6 (연산, 논리 기호(±))를 클릭한 후 (TIMES(×))을 클릭합니다.

7 '22.4'를 입력한 후 (다음 항목(→))을 클릭한 다음 '273'을 입력합니다.

8 (다음 항목(→))을 클릭한 후 (연산, 논리 기호(±))를 클릭한 다음 (image(≑))을 클릭합니다.

9 '0.082'를 입력한 후 (넣기(↵))를 클릭합니다.

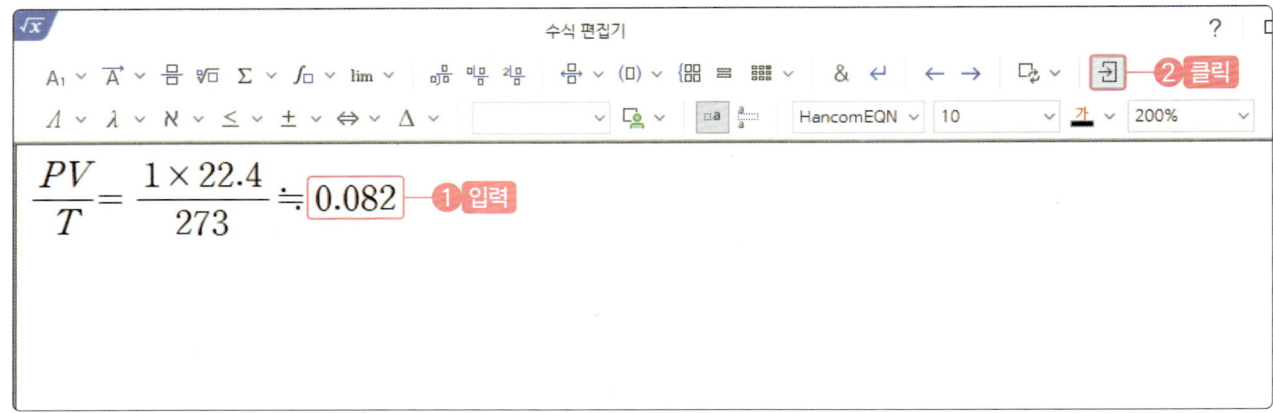

> Shift + Esc 를 눌러 문서에 수식을 넣을 수도 있습니다.

10 다음과 같이 문서에 첫 번째 수식이 넣어집니다.

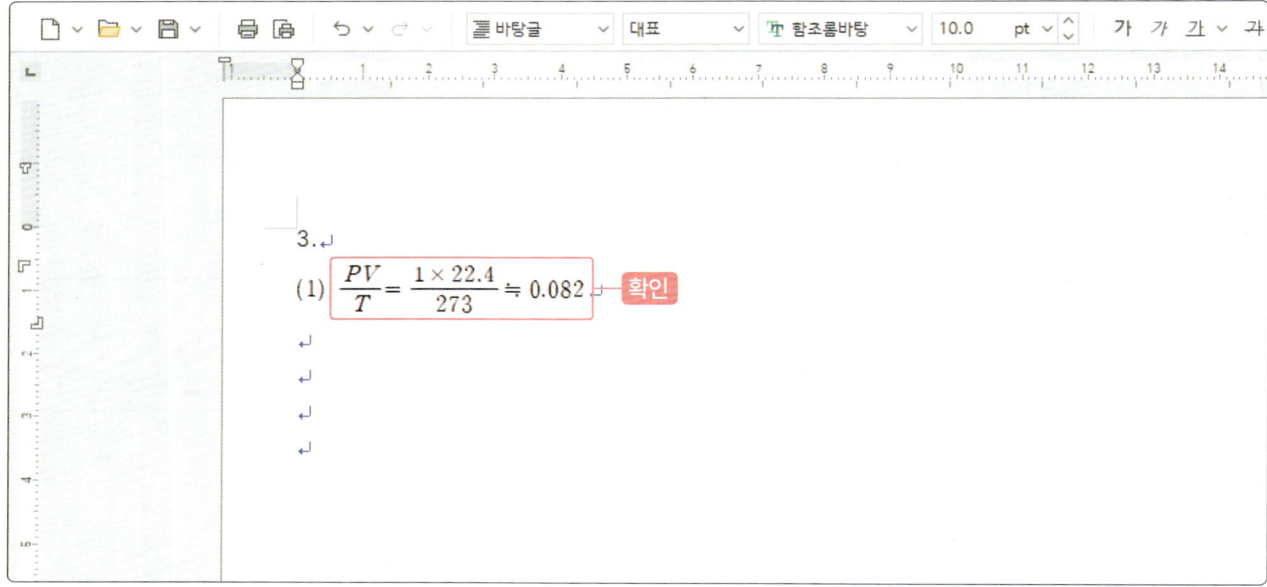

> 수식을 더블클릭하면 수식을 수정할 수 있습니다.

STEP 02 　두 번째 수식 작성하기

《수식》　3. 다음의 (1), (2)의 수식을 수식 편집기로 각각 입력하시오.

(2) $\int_a^b A(x-a)(x-b)dx = -\dfrac{A}{6}(b-a)^3$

1 첫 번째 수식 뒤에 커서를 둔 후 `Tab`을 3번 눌러 칸을 띄운 다음 '(2) '를 입력합니다. 그런다음 두 번째 수식을 입력하기 위해 [입력] 탭을 클릭한 후 [수식($\sqrt{x}$)]을 클릭합니다.

2 [수식 편집기] 도구 상자에서 [적분($\int_\square$)]를 클릭합니다. 그런다음 [int($\int$)]를 클릭합니다.

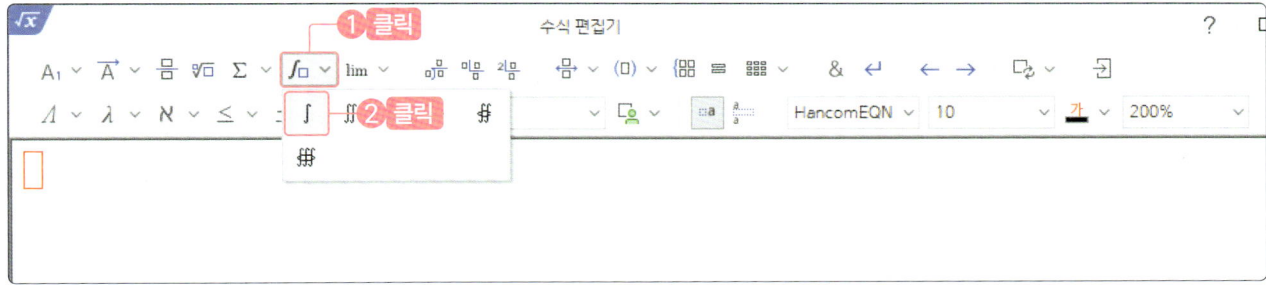

3 'a'를 입력한 후 [다음 항목(→)]을 클릭한 다음 'b'를 입력합니다. 그런다음 [다음 항목(→)]을 클릭한 후 'A(x-a)(x-b)dx=-'를 입력한 다음 [분수($\frac{\square}{\square}$)]를 클릭합니다.

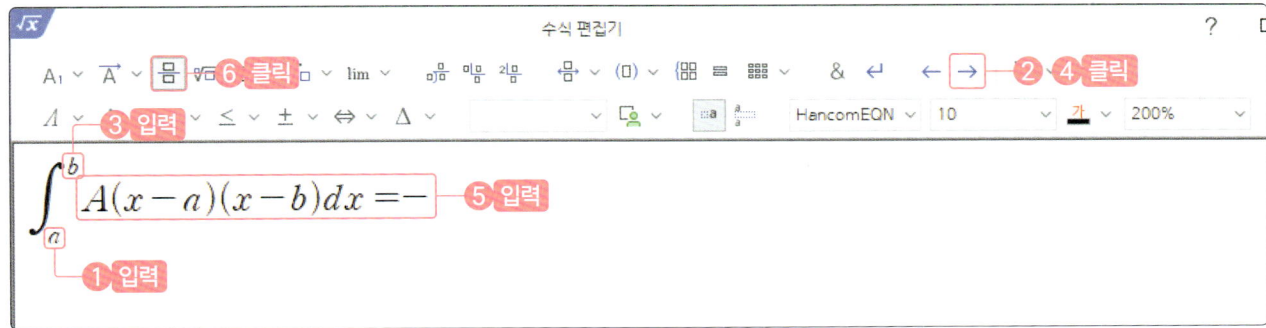

4 'A'를 입력한 후 (다음 항목(→))을 클릭한 다음 '6'을 입력합니다. 그런다음 (다음 항목(→))을 클릭한 후 '(b-a)'를 입력한 다음 (첨자(A₁))를 클릭하고 (위첨자(A¹))를 클릭합니다.

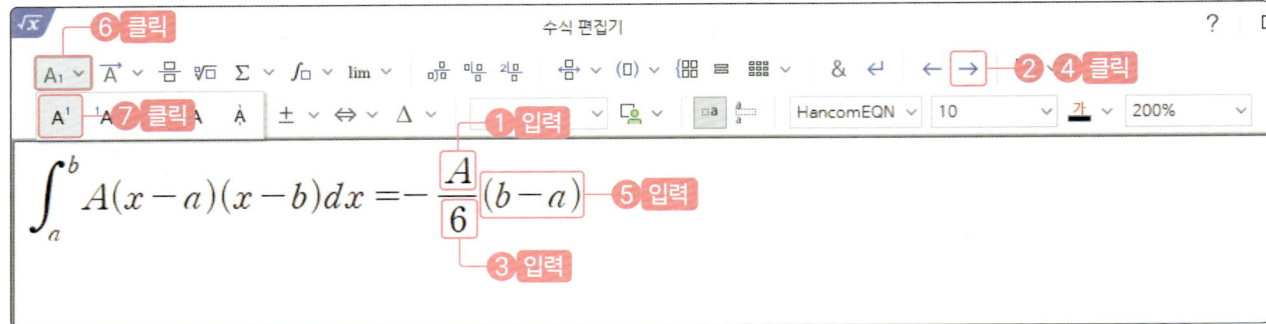

5 '3'을 입력한 후 (넣기)를 클릭합니다.

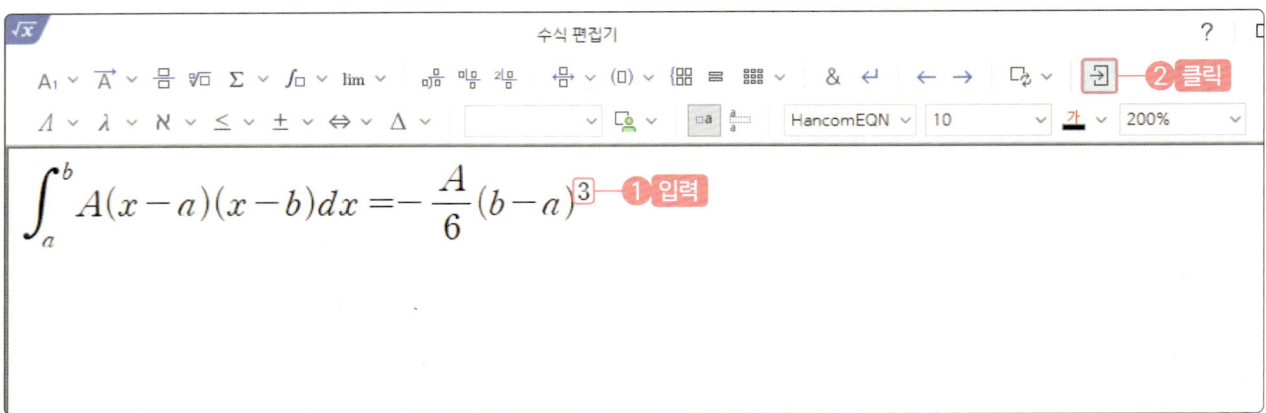

6 다음과 같이 문서에 두 번째 수식이 넣어집니다.

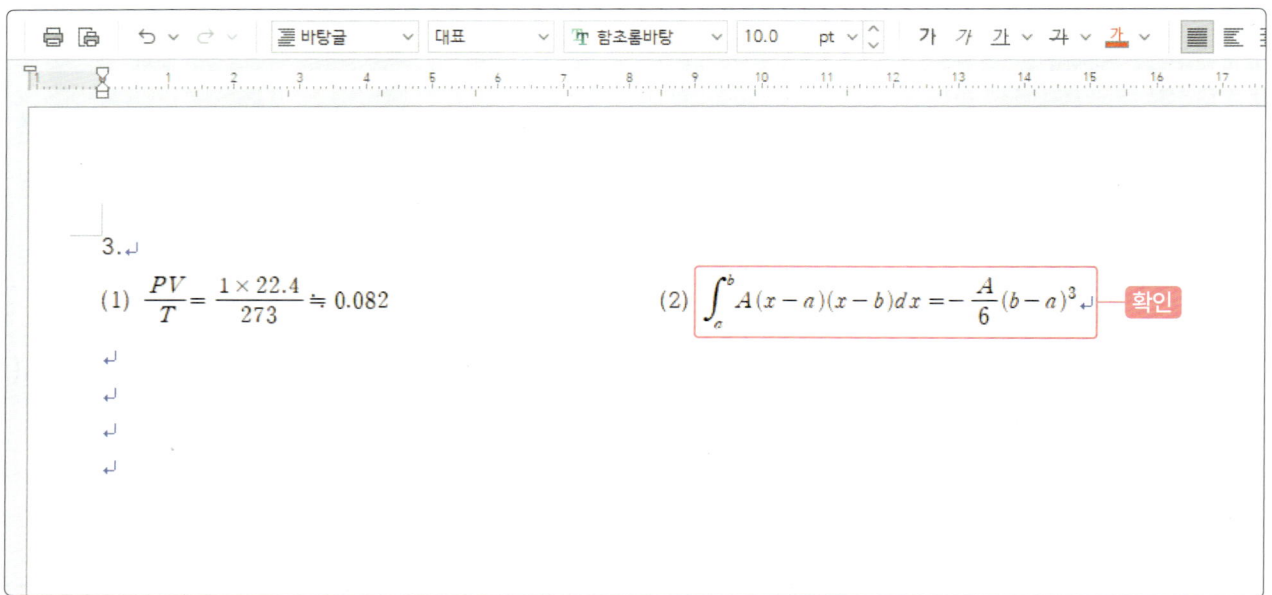

수식을 더블클릭하면 수식을 수정할 수 있습니다.

Chapter 05 기능평가 II - 수식

유형 01

다음의 (1), (2)의 수식을 수식 편집기로 각각 입력하시오. (40점)

▶ 소스파일 : Chapter 05₩문제05-01.hwpx   ▶ 완성파일 : Chapter 05₩문제05-01_완성.hwpx

《출력형태》

(1) $U_a - U_b = \dfrac{GmM}{a} - \dfrac{GmM}{b} = \dfrac{GmM}{2R}$

(2) $V = \dfrac{1}{R} \displaystyle\int_0^q q\,dq = \dfrac{1}{2}\dfrac{q^2}{R}$

유형 02

다음의 (1), (2)의 수식을 수식 편집기로 각각 입력하시오. (40점)

▶ 소스파일 : Chapter 05₩문제05-02.hwpx   ▶ 완성파일 : Chapter 05₩문제05-02_완성.hwpx

《출력형태》

(1) $\dfrac{F}{h_2} = t_2 k_1 \dfrac{t_1}{d} = 2 \times 10^{-7} \dfrac{t_1 t_2}{d}$

(2) $\displaystyle\int_a^b A(y-a)(y-b)\,dy = -\dfrac{A}{6}(b-a)^3$

유형 03

다음의 (1), (2)의 수식을 수식 편집기로 각각 입력하시오. (40점)

▶ 소스파일 : Chapter 05₩문제05-03.hwpx   ▶ 완성파일 : Chapter 05₩문제05-03_완성.hwpx

《출력형태》

(1) $\dfrac{k_x}{2h} \times (-2mk_x) = -\dfrac{mk^2}{h}$

(2) $\displaystyle\int_a^b x f(x)\,dx = \dfrac{1}{b-a}\displaystyle\int_a^b x\,dx = \dfrac{a+b}{2}$

유형 04

다음의 (1), (2)의 수식을 수식 편집기로 각각 입력하시오. (40점)

▶ 소스파일 : Chapter 05₩문제05-04.hwpx   ▶ 완성파일 : Chapter 05₩문제05-04_완성.hwpx

《출력형태》

(1) $E = \sqrt{\dfrac{GM}{R}}, \dfrac{R^3}{T^2} = \dfrac{GM}{4\pi^2}$

(2) $\displaystyle\int_0^1 (\sin x + \dfrac{x}{2})dx = \int_0^1 \dfrac{1+\sin x}{2}dx$

유형 05

다음의 (1), (2)의 수식을 수식 편집기로 각각 입력하시오. (40점)

▶ 소스파일 : Chapter 05₩문제05-05.hwpx   ▶ 완성파일 : Chapter 05₩문제05-05_완성.hwpx

《출력형태》

(1) $\vec{F} = -\dfrac{4\pi^2 m}{T^2} + \dfrac{m}{T^3}$

(2) $\overline{AB} = \sqrt{(x_2 - x_1)^2 + (y_2 - y_1)^2}$

유형 06

다음의 (1), (2)의 수식을 수식 편집기로 각각 입력하시오. (40점)

▶ 소스파일 : Chapter 05₩문제05-06.hwpx   ▶ 완성파일 : Chapter 05₩문제05-06_완성.hwpx

《출력형태》

(1) $\dfrac{h_1}{h_2} = (\sqrt{a})^{M_2 - M_1} \fallingdotseq 2.5^{M_2 - M_1}$

(2) $h = \sqrt{k^2 - r^2}, M = \dfrac{1}{3}\pi r^2 h$

유형 07

다음의 (1), (2)의 수식을 수식 편집기로 각각 입력하시오. (40점)

《출력형태》

(1) $\dfrac{V_2}{V_1} = \dfrac{0.9 \times 10^3}{1.0 \times 10^2} = 0.8$

(2) $\sqrt{a+b+2\sqrt{ab}} = \sqrt{a} + \sqrt{b}\,(a>0, b>0)$

유형 08

다음의 (1), (2)의 수식을 수식 편집기로 각각 입력하시오. (40점)

《출력형태》

(1) $T = \dfrac{b^2}{a} + 2\pi\sqrt{\dfrac{r^3}{GM}}$

(2) $a_n - b_n = n^2 \dfrac{h^2}{4\pi^2 Kme^2}$

유형 09

다음의 (1), (2)의 수식을 수식 편집기로 각각 입력하시오. (40점)

《출력형태》

(1) $\dfrac{1}{d} = \sqrt{n^2} = \sqrt{\dfrac{3kT}{m}}$

(2) $m_2 - m_1 = \dfrac{5}{2} \log \dfrac{h_1}{h_2}$

06 기능평가 Ⅱ- 도형 그리기

- ☑ 문제 번호 입력하고 배경 도형 작성하기
- ☑ 그림과 글맵시 삽입하고 편집하기
- ☑ 책갈피 삽입하고 하이퍼링크 지정하기
- ☑ 제목 글상자 작성하기
- ☑ 목차 도형 작성하기

▶ 소스 파일 : Chapter 06₩Ch06.hwpx   ▶ 완성 파일 : Chapter 06₩Ch06_완성.hwpx

4. 다음의 《조건》에 따라 《출력형태》와 같이 문서를 작성하시오. (110점)

차트 조건

(1) 그리기 도구를 이용하여 작성하고, 모든 도형(글맵시, 지정된 그림 포함)을 《출력형태》와 같이 작성하시오.
(2) 도형의 면색은 지시사항이 없으면 색 없음을 제외하고 서로 다르게 임의로 지정하시오.

출력 형태

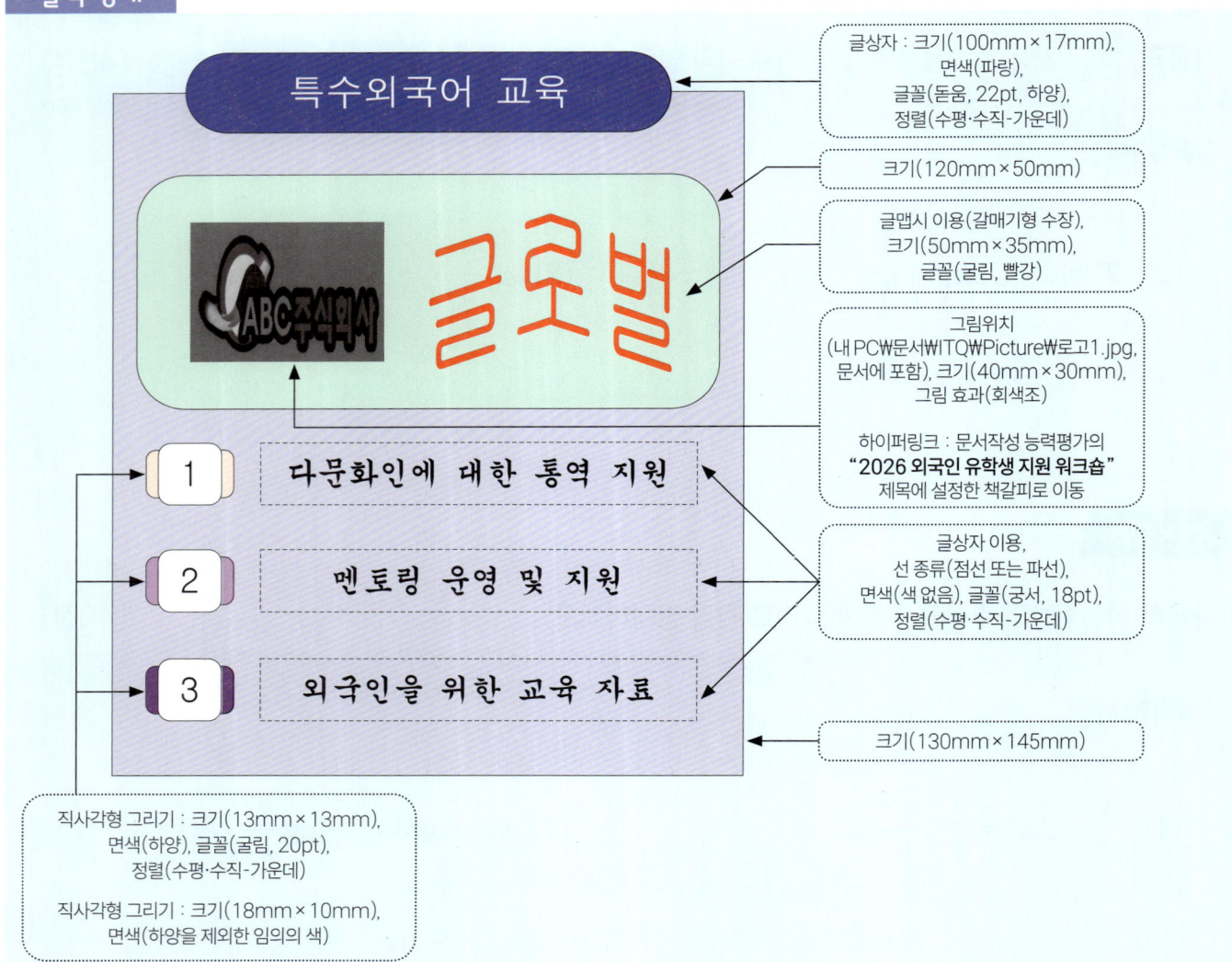

체크! 체크!

[기능평가 Ⅰ] 도형 그리기

■ **문제 번호 입력하고 배경 도형 작성하기**
  • 도형 모양은 직사각형의 테두리 선을 변경하여 반원 또는 둥근 모양으로 작성합니다.

■ **제목 글상자 작성하기**
  • 제목 글상자에 지시되어 있는 색상은 반드시 해당 색상으로 변경해서 작성합니다.

■ **그림과 글맵시 삽입하고 편집하기**
  • 그림과 글맵시는 지시되어 있는 크기 및 속성을 지정합니다.
  • 그림 또는 글맵시에 하이퍼링크를 지정합니다.

■ **목차 도형 작성하기**
  • 《출력형태》를 참고하여 도형을 작성합니다.

■ **책갈피 삽입하고 하이퍼링크 지정하기**
  • 3페이지에 책갈피를 삽입하고 그림 또는 글맵시에 하이퍼링크를 지정합니다.

STEP 01 문제 번호 입력하고 배경 도형 작성하기

《조건》 크기(130mm×145mm), 크기(120mm×50mm)

1 문제 번호(4.)를 입력한 후 [입력] 탭을 클릭한 다음 [직사각형(□)]을 클릭합니다.

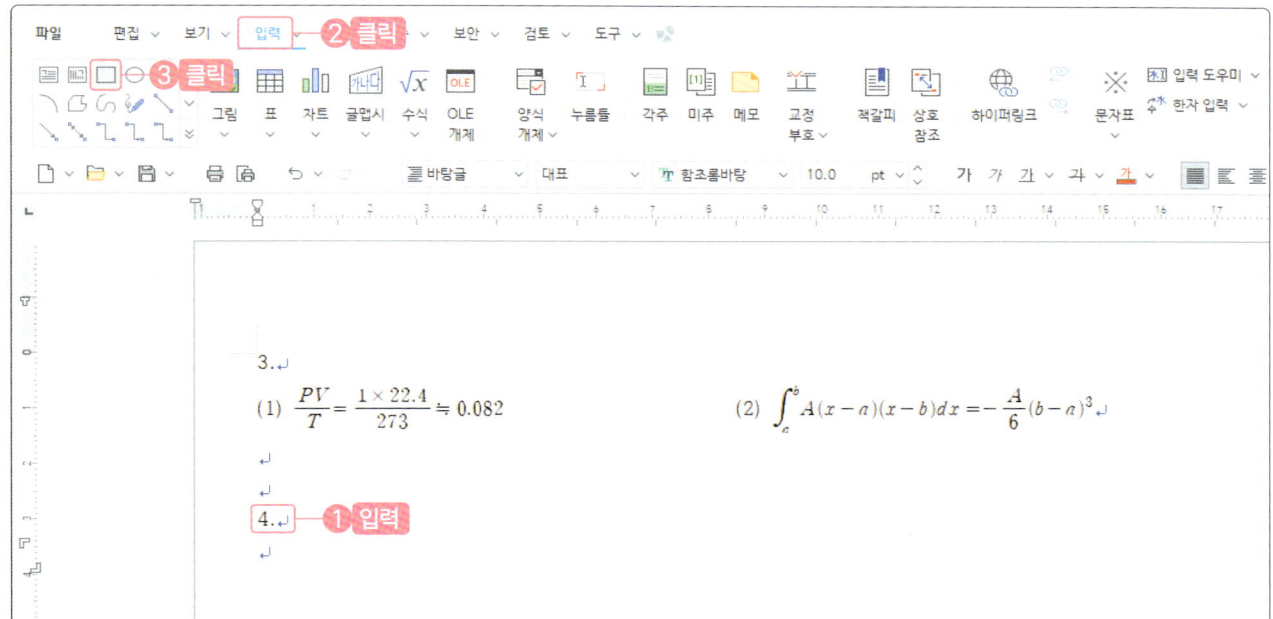

• 답안을 작성하지 못한 경우에도 문제 번호는 입력합니다.
• 도형, 글상자, 그림, 글맵시 등을 '개체'라고 합니다.

2 마우스 포인터가 + 모양으로 변경되면 **드래그하여 첫 번째 배경 도형을 삽입**합니다.

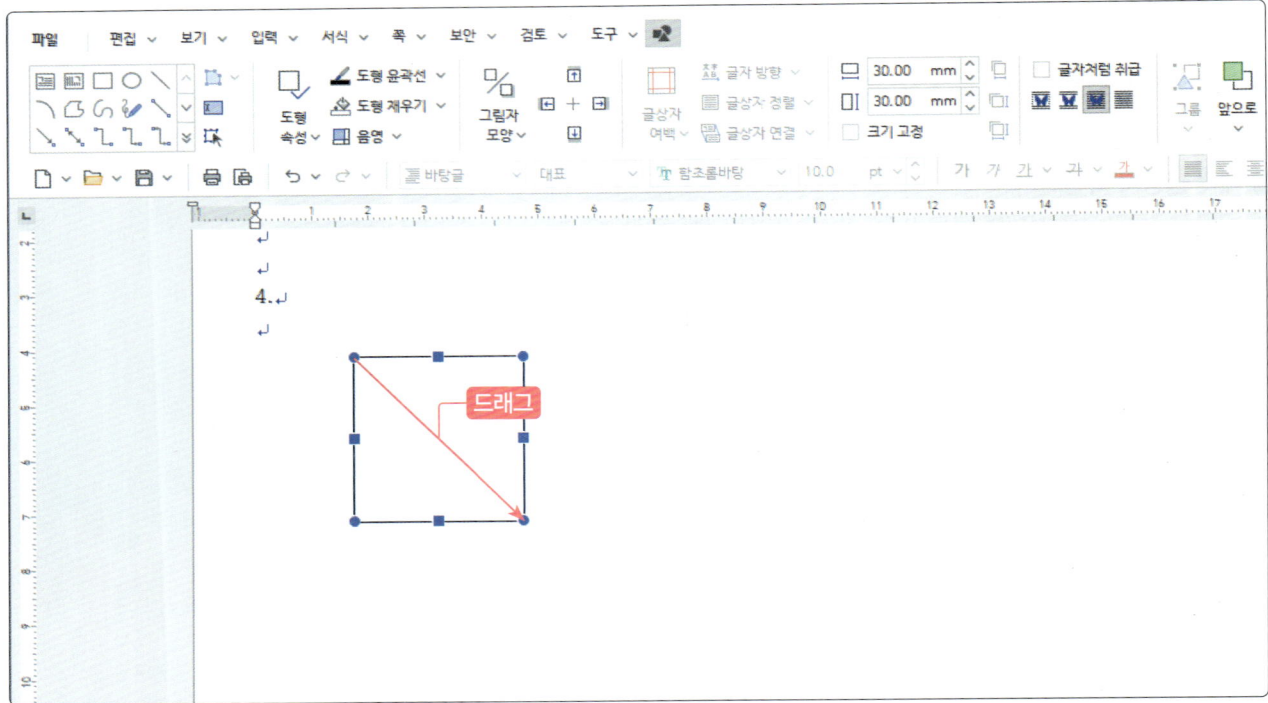

3 **도형을 선택**한 후 **바로가기 메뉴의 (개체 속성)을 클릭**합니다.

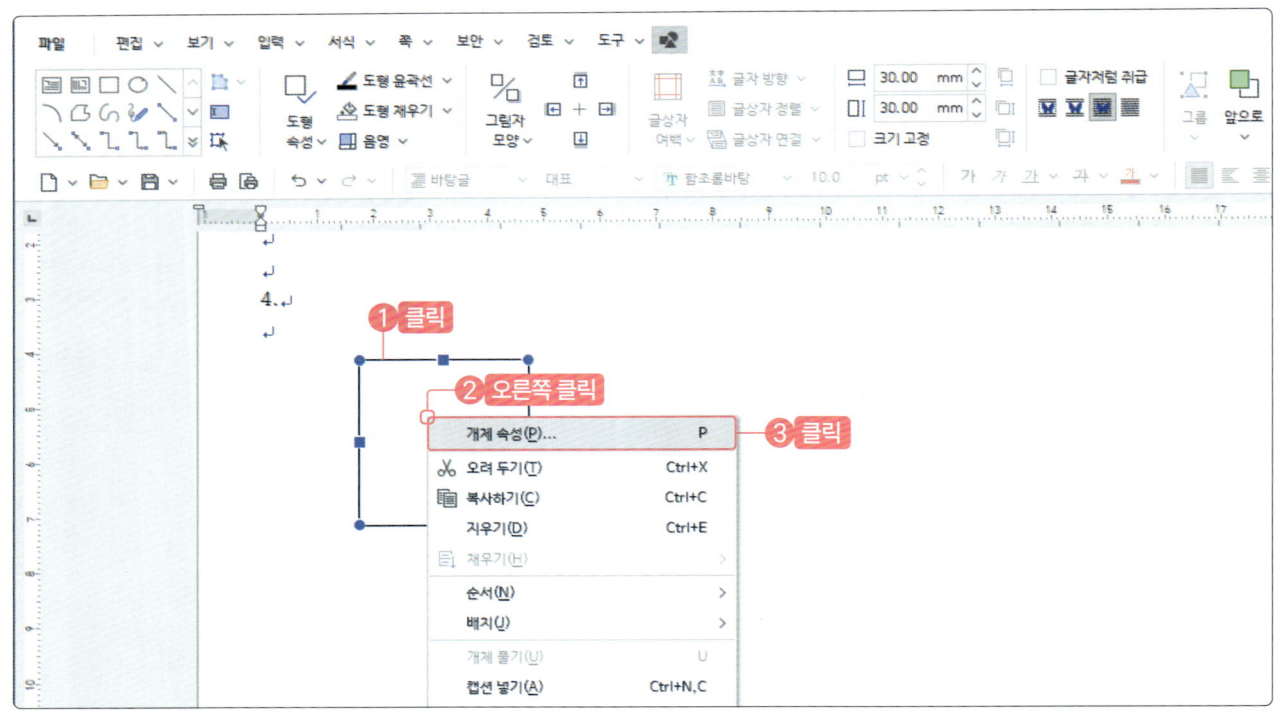

- 도형을 서로 겹치면 나중에 삽입한 도형이 먼저 삽입한 도형 위에 겹쳐집니다. 따라서 《출력형태》에서 아래에 있는 도형(첫 번째 배경 도형)을 먼저 삽입해야 《출력형태》와 같이 배경을 작성할 수 있습니다.
- 도형, 글상자의 크기는 도형, 글상자를 삽입한 후 지시사항에 명시되어 있는 크기로 조정할 것입니다. 따라서 도형, 글상자를 삽입할 때는 임의의 크기로 드래그하여 도형, 글상자를 삽입합니다.

한가지 더!

개체 선택하기
- 하나의 개체 선택 : 개체로 마우스 포인터를 가져가서 마우스 포인터가 모양으로 변경되었을 때 클릭합니다.
- 여러 개체 선택 : 개체를 선택한 후 [Shift]를 누른 상태에서 다른 개체를 선택합니다.

개체 선택 해제하기
- 문서에서 빈 곳을 클릭하거나 [Esc]를 누르면 개체를 선택 해제할 수 있습니다.

4 〔개체 속성〕 대화상자가 나타나면 〔기본〕 탭에서 **너비(130)와 높이(145)를 입력**한 후 〔**크기 고정**〕**을 선택**합니다. 그런 다음 〔**채우기**〕 **탭을 클릭**한 후 **면 색(임의의 색)을 선택**한 다음 〔**설정**〕 **단추를 클릭**합니다.

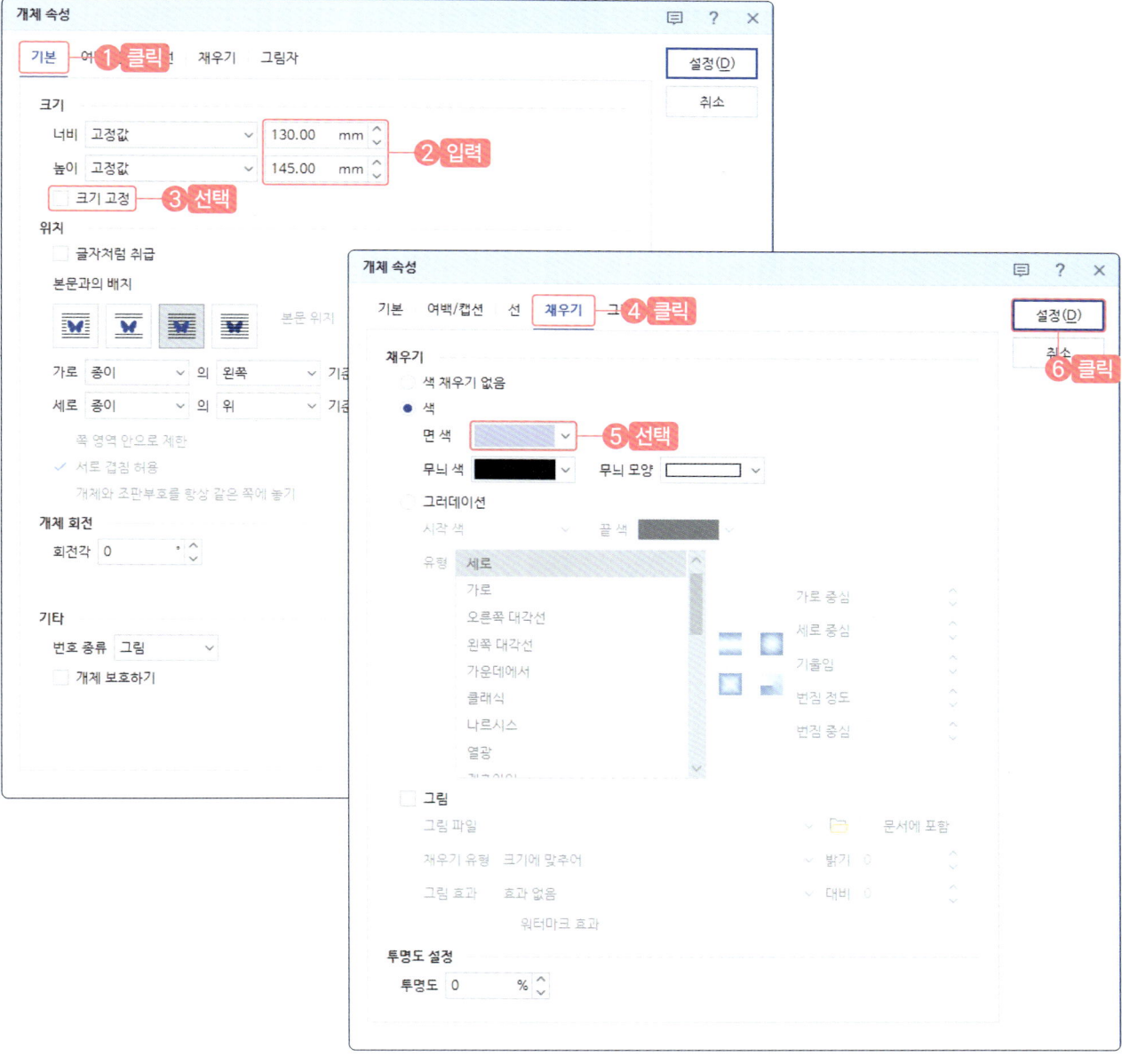

- 〔크기 고정〕을 선택하면 개체의 크기가 변경되는 것을 미연에 방지할 수 있습니다.
- 시험에서 지시사항에 면 색이 명시되어 있지 않으면 임의의 면 색으로 지정합니다.

5 두 번째 배경 도형을 삽입하기 위해 **[입력] 탭을 클릭**한 후 **[직사각형(□)]을 클릭**합니다. 그런다음 마우스 포인터가 + 모양으로 변경되면 **드래그하여 두 번째 배경 도형을 삽입**합니다.

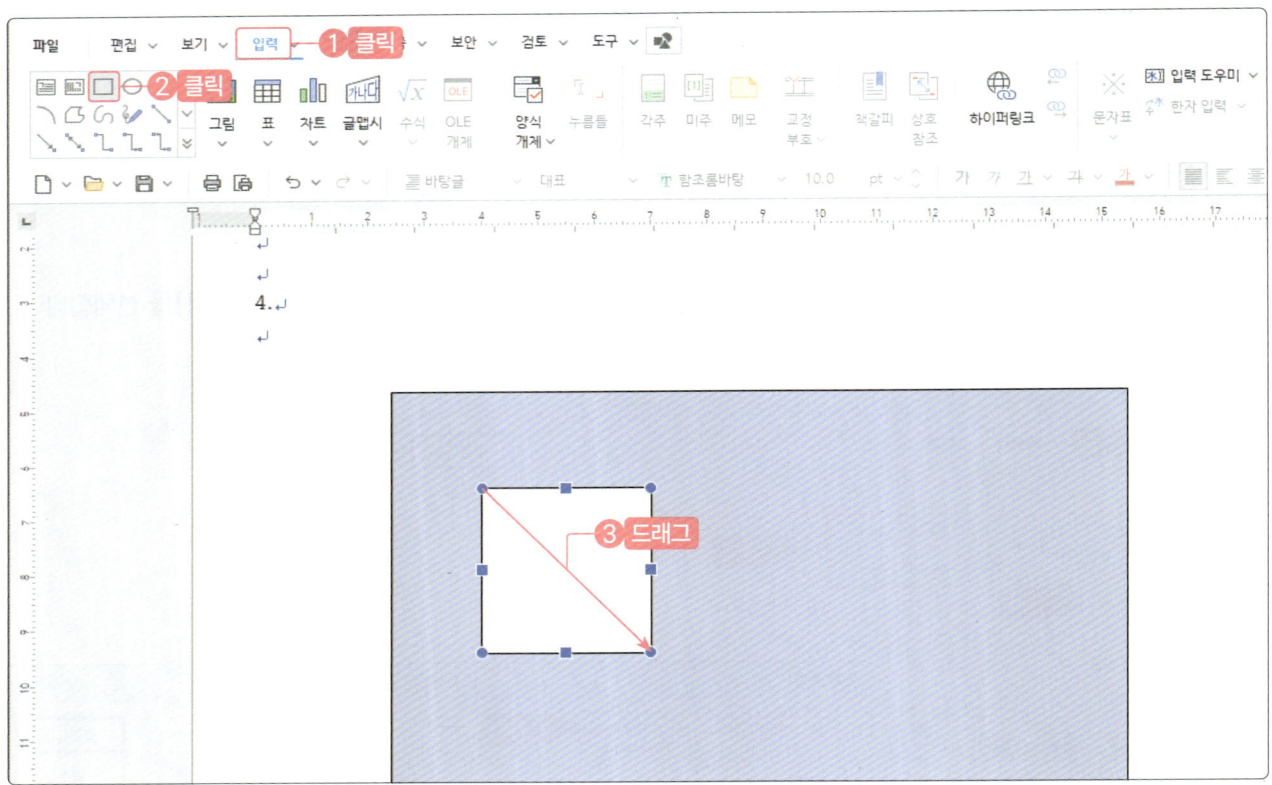

6 **도형을 선택**한 후 **바로가기 메뉴의 [개체 속성]을 클릭**합니다.

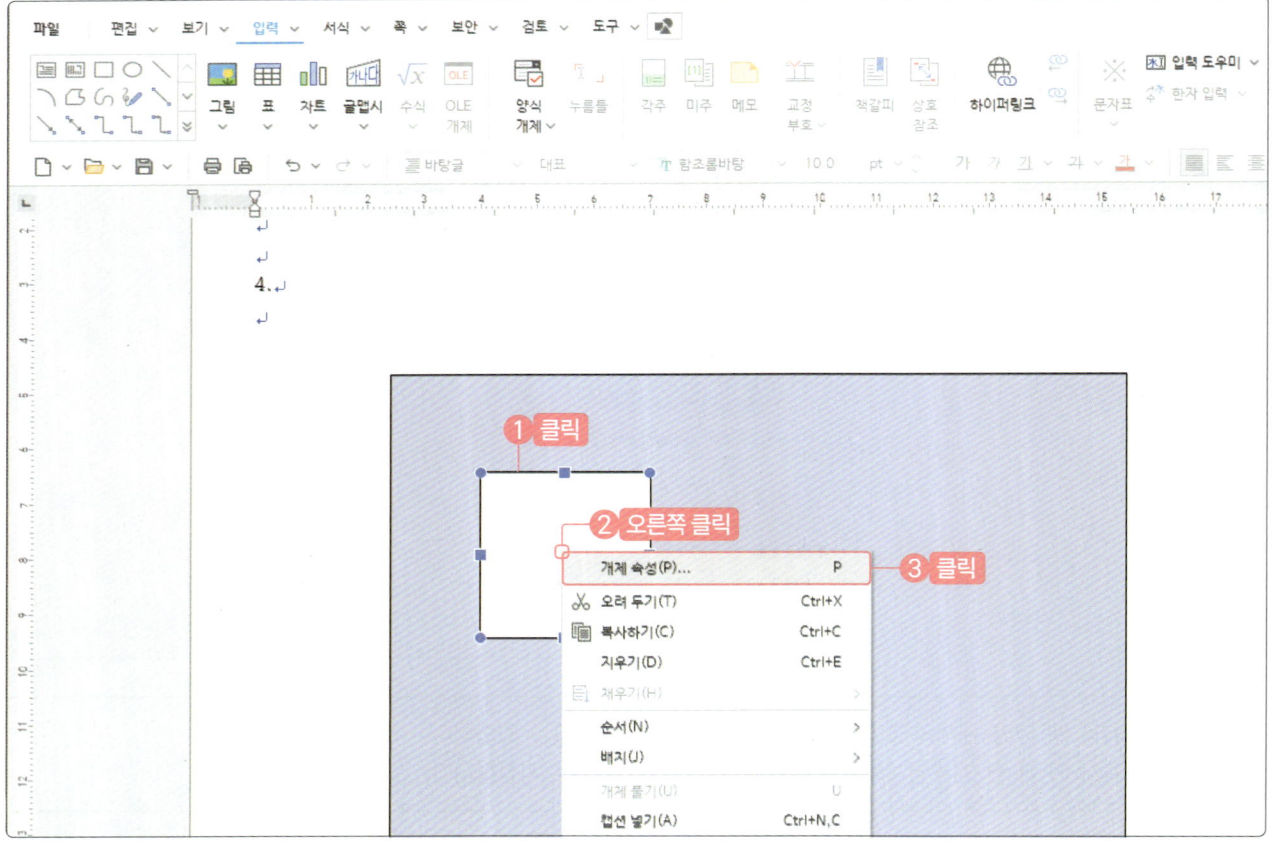

7 〔개체 속성〕 대화상자가 나타나면 〔기본〕 탭에서 **너비(120)와 높이(50)를 입력**한 후 **〔크기 고정〕을 선택**합니다. 그런다음 **〔선〕 탭을 클릭**한 후 **사각형 모서리 곡률(둥근 모양(▢))을 클릭**합니다.

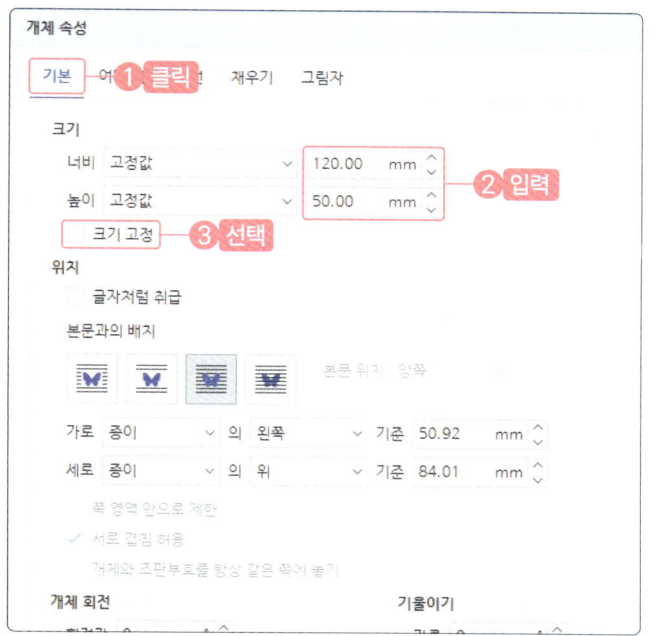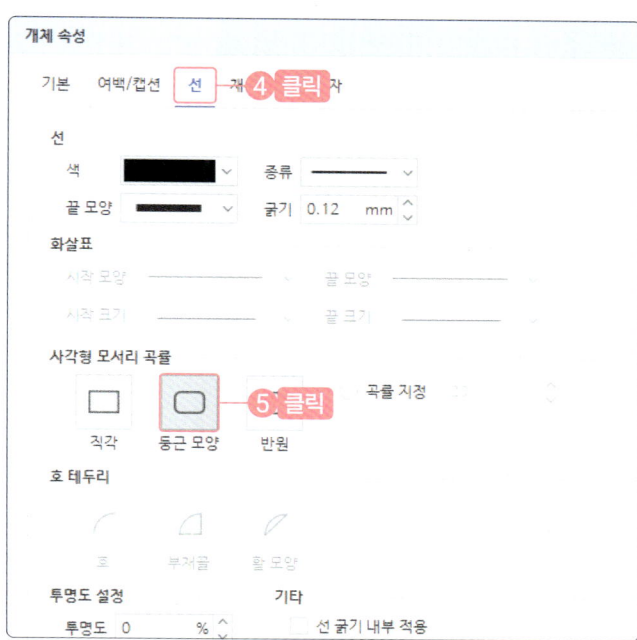

8 〔채우기〕 탭을 클릭한 후 **면 색(임의의 색)을 선택**한 다음 **〔설정〕 단추를 클릭**합니다.

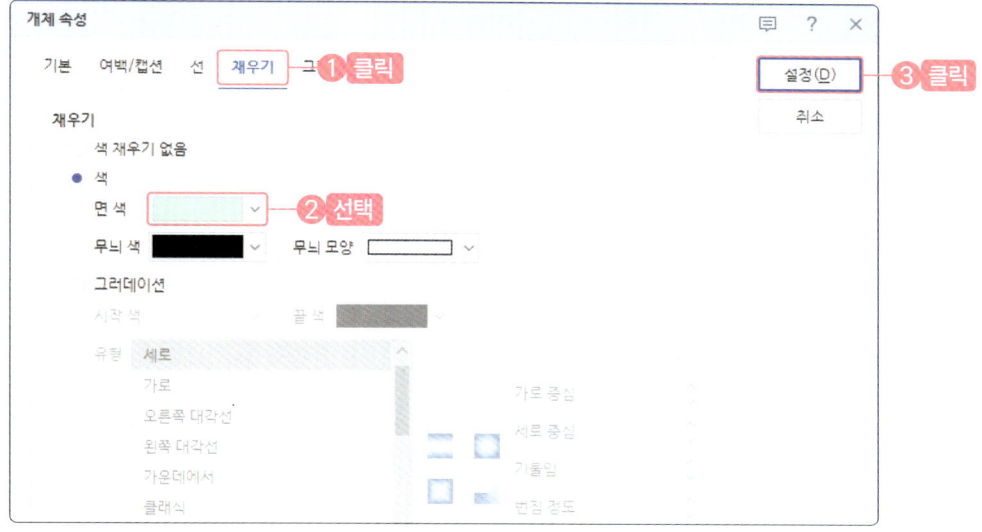

9 도형을 드래그하여 적당한 위치에 배치합니다.

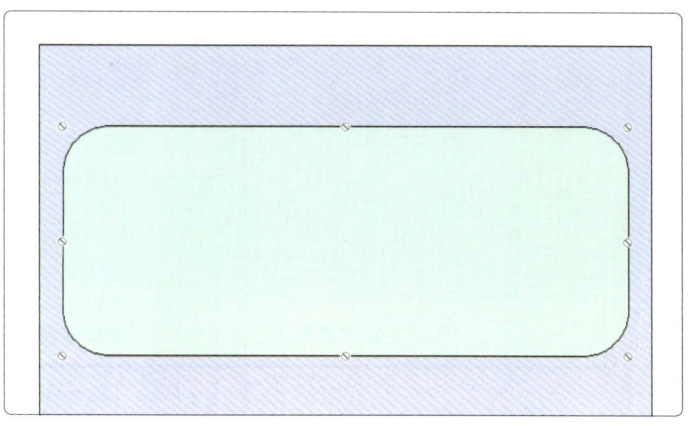

STEP 02 제목 글상자 작성하기

《조건》 글상자 : 크기(100mm×17mm), 면색(파랑), 글꼴(돋움, 22pt, 하양), 정렬(수평·수직-가운데)

1 제목 글상자를 작성하기 위해 [입력] 탭을 클릭한 후 [가로 글상자(▭)]를 클릭합니다. 그런다음 마우스 포인터가 + 모양으로 변경되면 다음과 같이 **드래그하여 가로 글상자를 삽입**합니다.

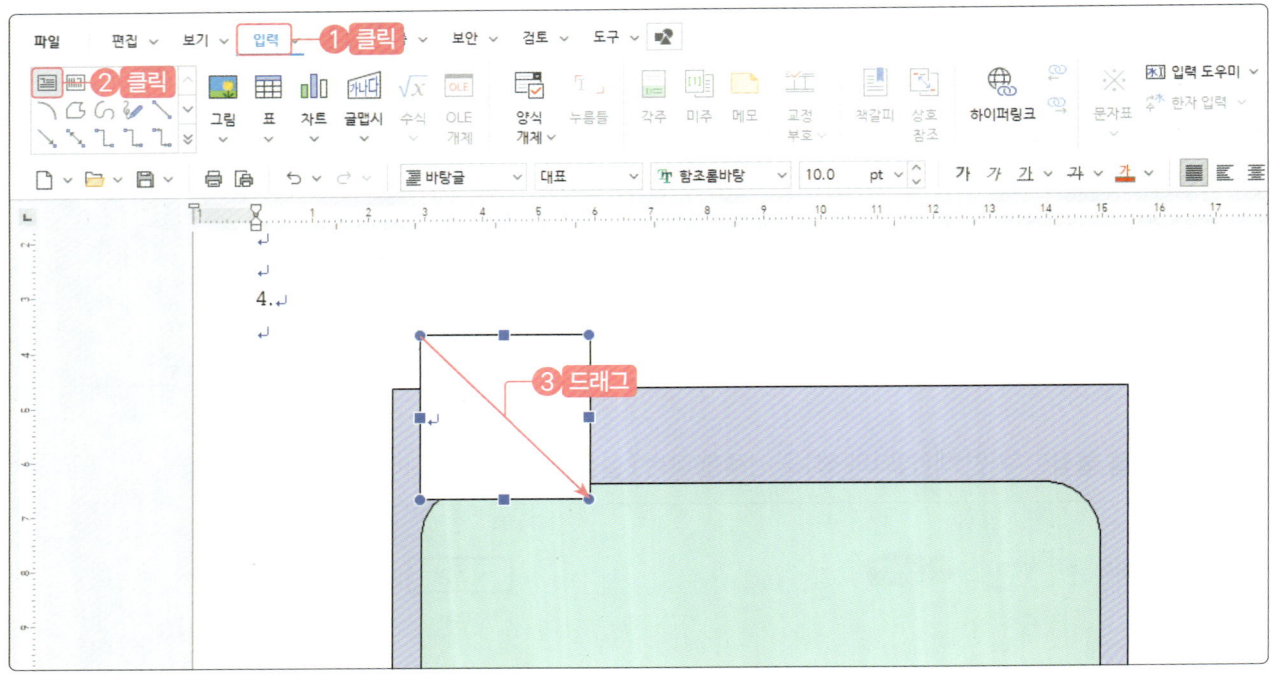

[입력] 탭의 [목록(⌄)]단추를 클릭한 후 [개체]-[글상자]를 클릭하거나 Ctrl+N,B를 눌러 글상자를 삽입할 수도 있습니다.

2 **글상자를 선택**한 후 바로가기 메뉴의 [개체 속성]을 클릭합니다.

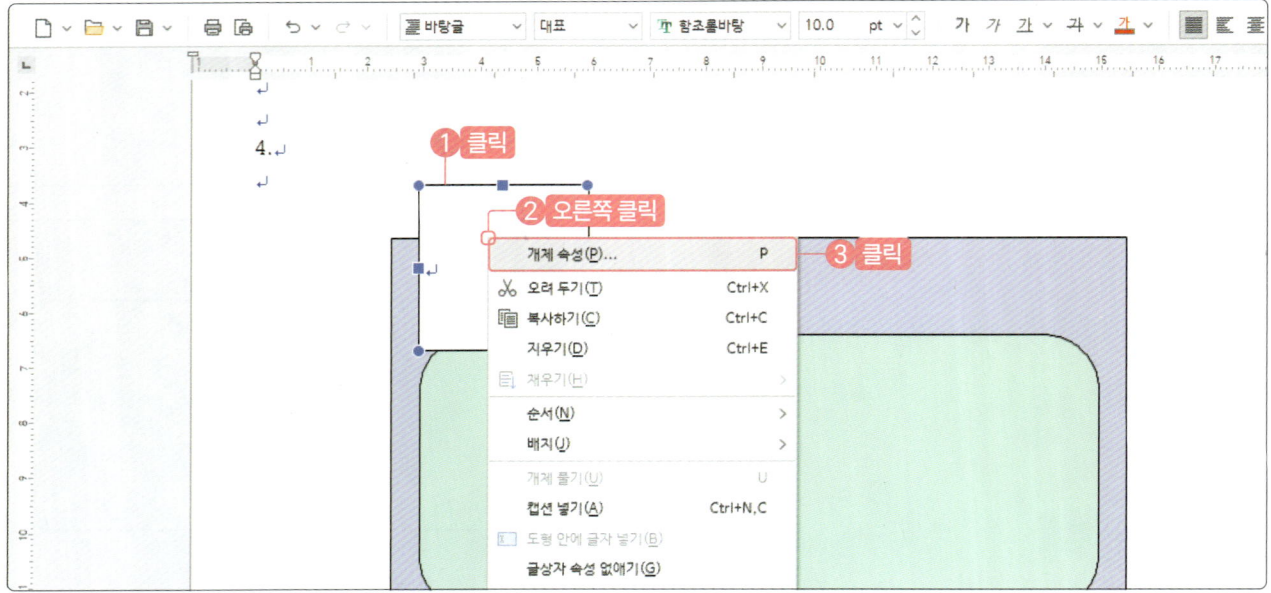

3 [개체 속성] 대화상자가 나타나면 [기본] 탭에서 **너비(100)와 높이(17)를 입력**한 후 **[크기 고정]을 선택**합니다.

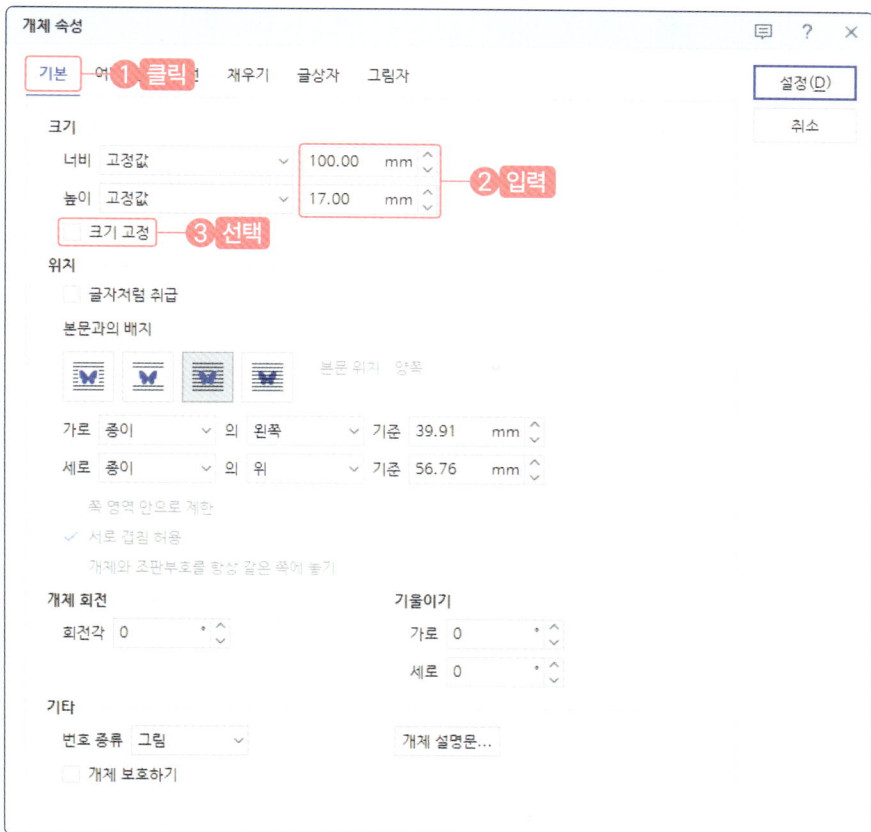

4 [선] 탭을 클릭한 후 **사각형 모서리 곡률(반원(○))을 클릭**합니다.

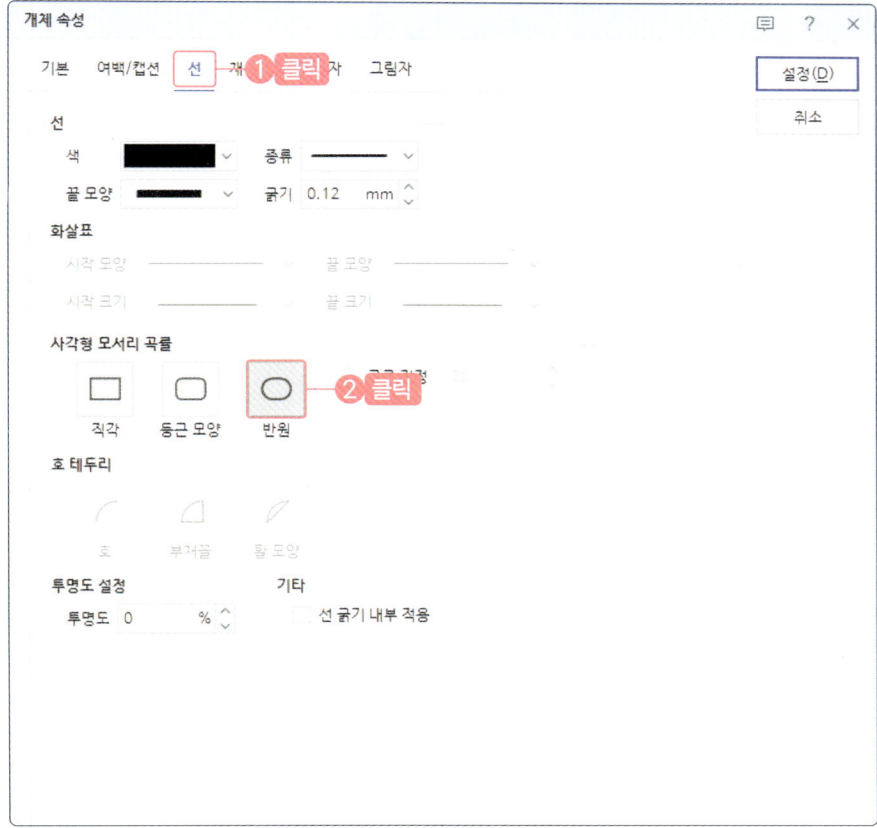

5 (채우기) 탭을 클릭한 후 (면 색)을 클릭한 다음 (파랑(RGB: 0,0,255))을 클릭하고 (설정) 단추를 클릭합니다.

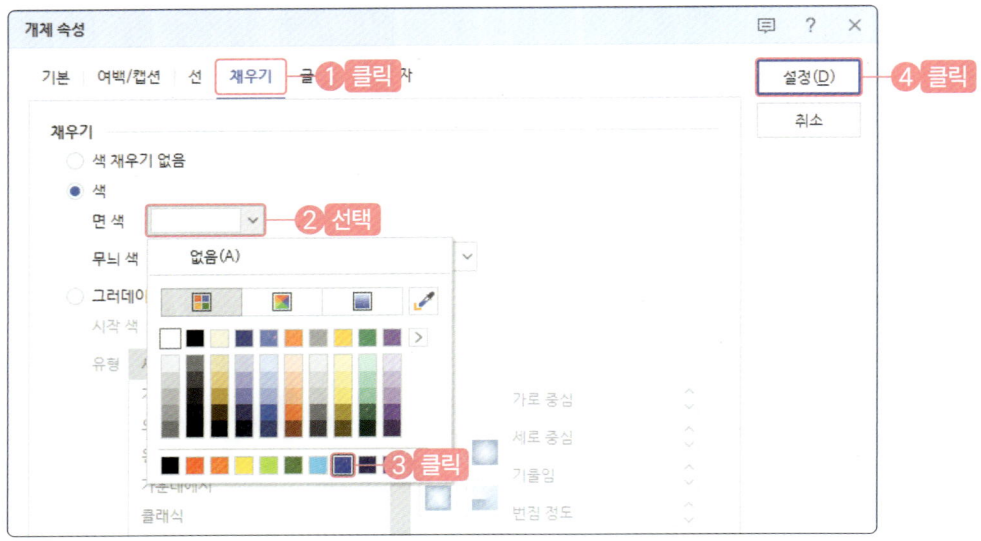

한가지 더!

(색상 테마) 변경하기

(채우기) 탭을 클릭한 후 (면 색)을 클릭한 다음 (색상 테마(>))-(오피스)를 클릭합니다. 그런다음 색상 테마가 변경되면 (파랑(RGB: 0,0,255))을 클릭한 후 (설정) 단추를 클릭합니다.

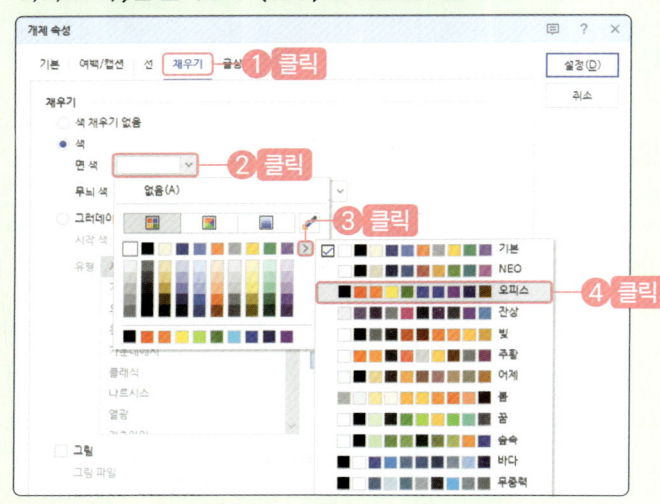 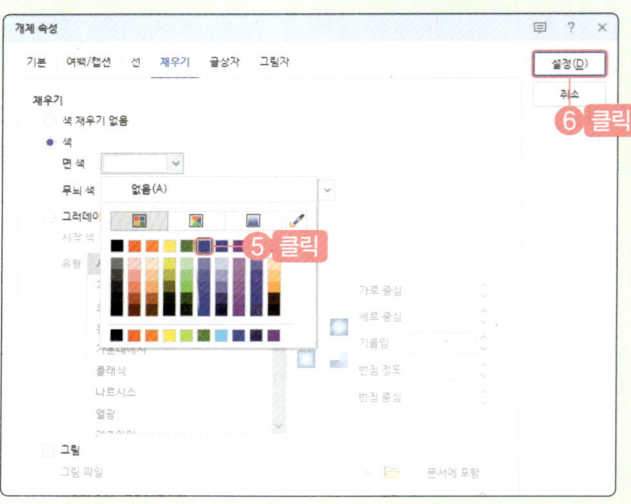

6 제목 글상자에 **내용(특수외국어 교육)을 입력**합니다.

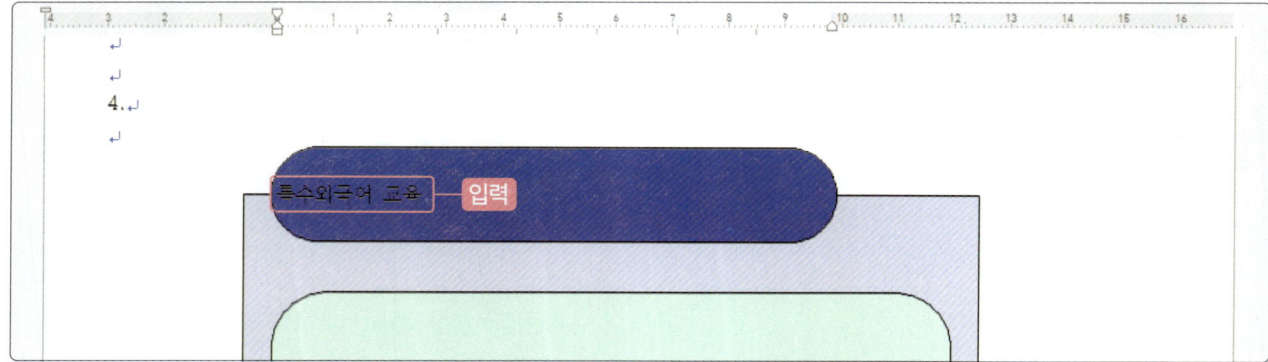

7 제목 글상자에 글자 모양과 문단 모양을 지정하기 위해 **제목 글상자를 선택**한 후 [서식] 도구 상자에서 **글꼴(돋움)과 글자 크기(22)를 선택**한 다음 **글자 색(하양(RGB: 255,255,255))을 선택**하고 **(가운데 정렬(≡))을 클릭**합니다.

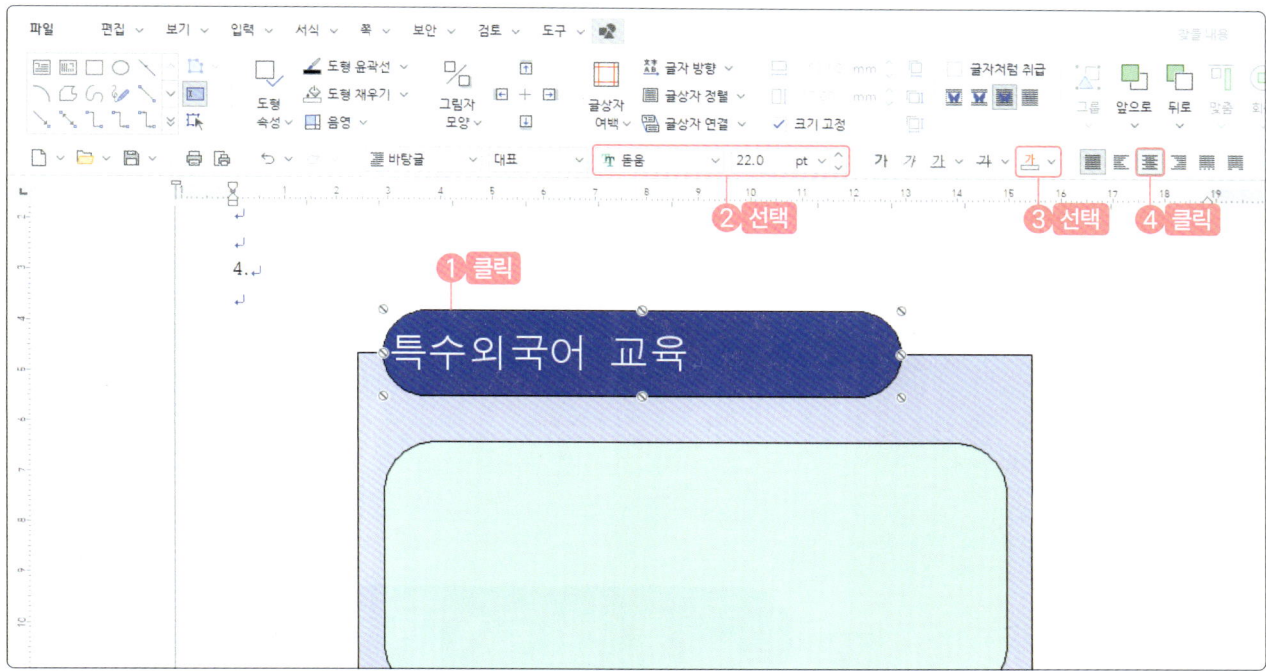

- 시험에서 지시사항에 '흰색'은 '하양(RGB: 255,255,255)'을 선택하면 됩니다. '하양(RGB: 255,255,255)'은 '기본' 색상 테마에 있습니다.
- 도형을 선택한 후 Delete 를 누르면 도형을 지울 수 있습니다.

8 제목 글상자가 가운데 위치하도록 **드래그하여 위치를 조절**합니다.

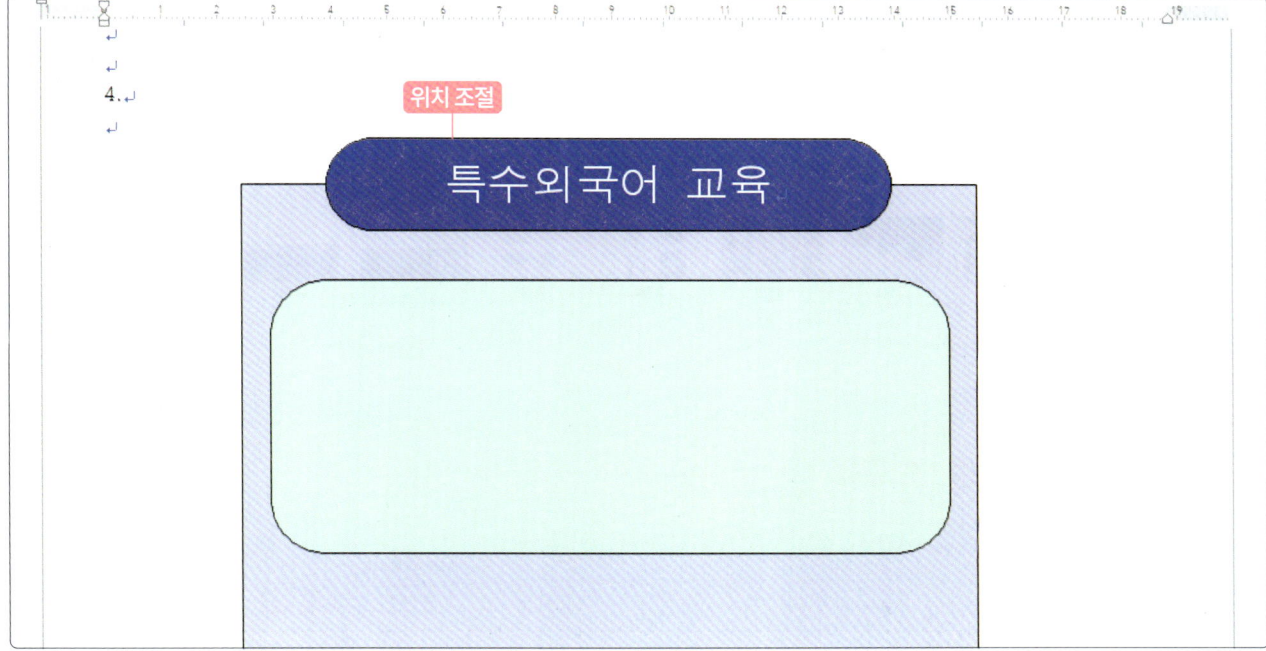

STEP 03 그림과 글맵시 삽입하고 편집하기

《조건》
- 그림위치(내 PC\문서\ITQ\Picture\로고1.jpg, 문서에 포함), 크기(40mm×30mm), 그림 효과(회색조)
- 글맵시 이용(갈매기형 수장), 크기(50mm×35mm), 글꼴(굴림, 빨강)

1 그림을 삽입하기 위해 [입력] 탭을 클릭한 후 [그림(🖼)]을 클릭합니다.

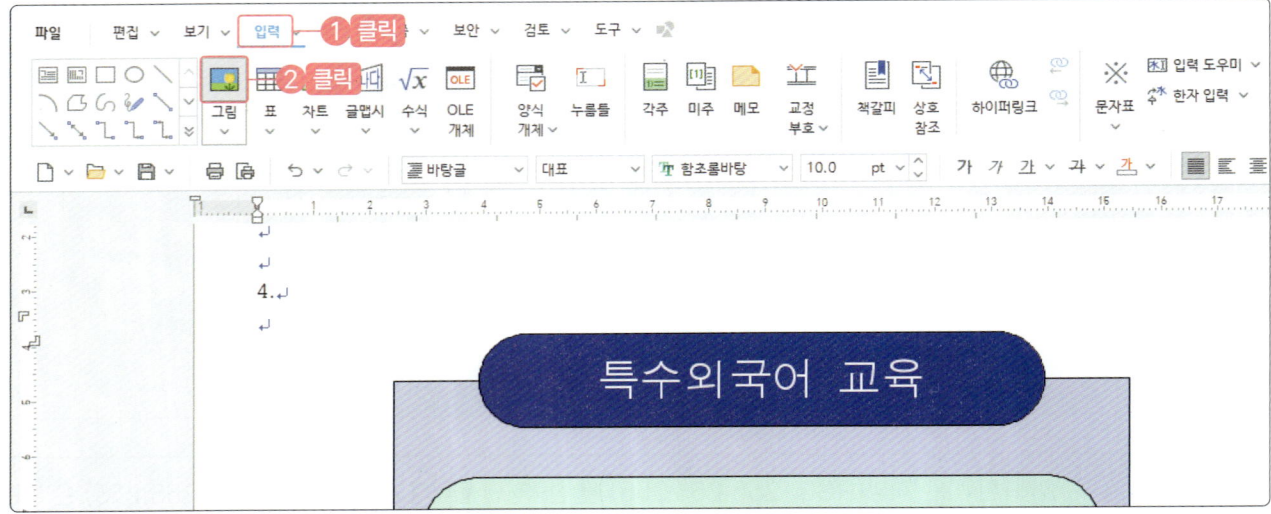

[입력] 탭의 [목록(▽)] 단추를 클릭한 후 [그림]-[그림]을 클릭하거나 Ctrl+N, I를 눌러 그림을 삽입할 수도 있습니다.

2 [그림 넣기] 대화상자가 나타나면 **찾는 위치(내 PC\문서\ITQ\Picture)를 지정**한 후 **그림(로고1)을 선택**한 다음 [문서에 포함]을 선택하고 [열기] 단추를 클릭합니다.

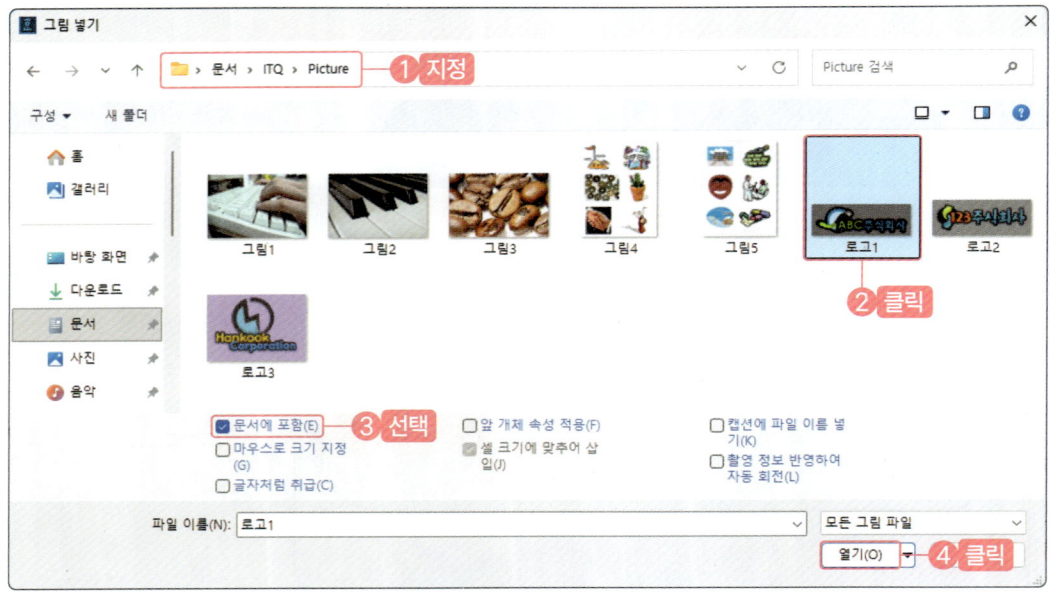

[글자처럼 취급]과 [마우스로 크기 지정]은 선택 해제합니다.

3 그림에 속성을 지정하기 위해 **그림을 선택**한 후 바로가기 메뉴의 **(개체 속성)을 클릭**합니다.

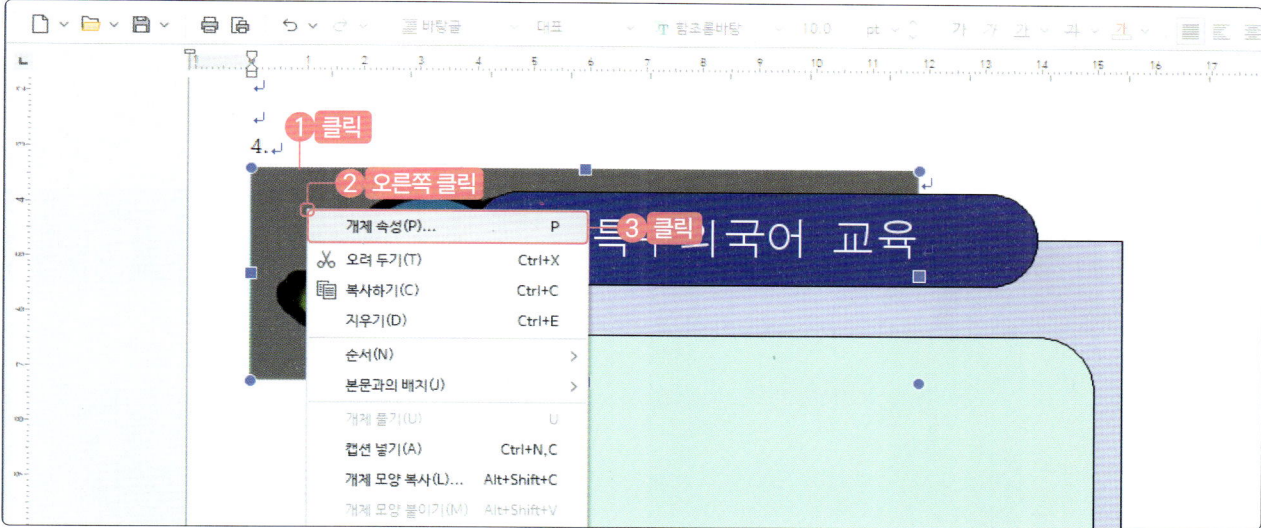

4 (개체 속성) 대화상자가 나타나면 (기본) 탭에서 **너비(40)와 높이(30)를 입력**한 후 (크기 고정)을 선택한 다음 **본문과의 배치(글 앞으로(■))를 선택**합니다. 그런다음 (그림) 탭을 클릭한 후 **그림 효과((회색조(■)))를 선택**한 다음 (설정) **단추를 클릭**합니다.

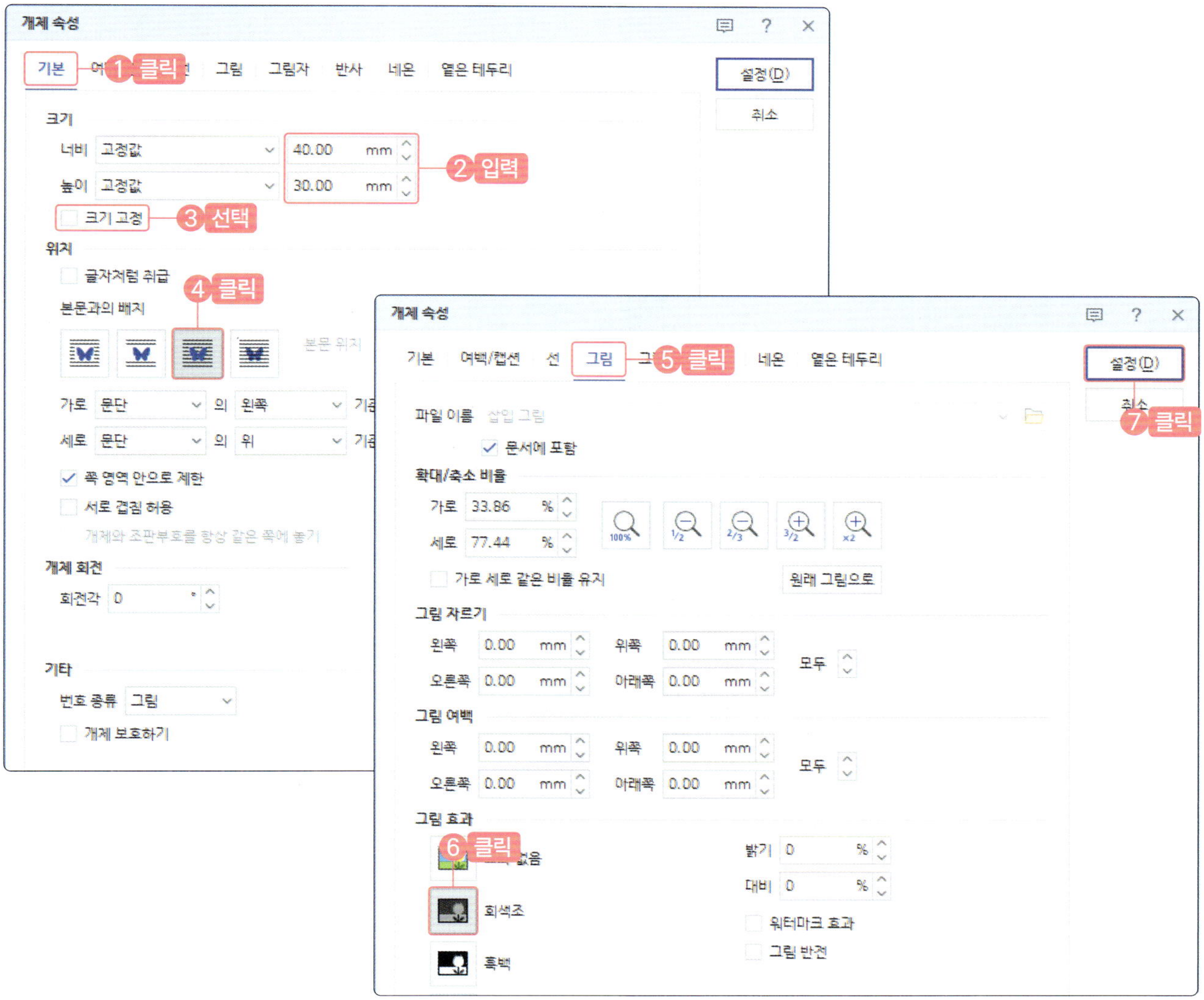

5 그림에 속성이 지정되면 **드래그하여 위치를 조절**합니다.

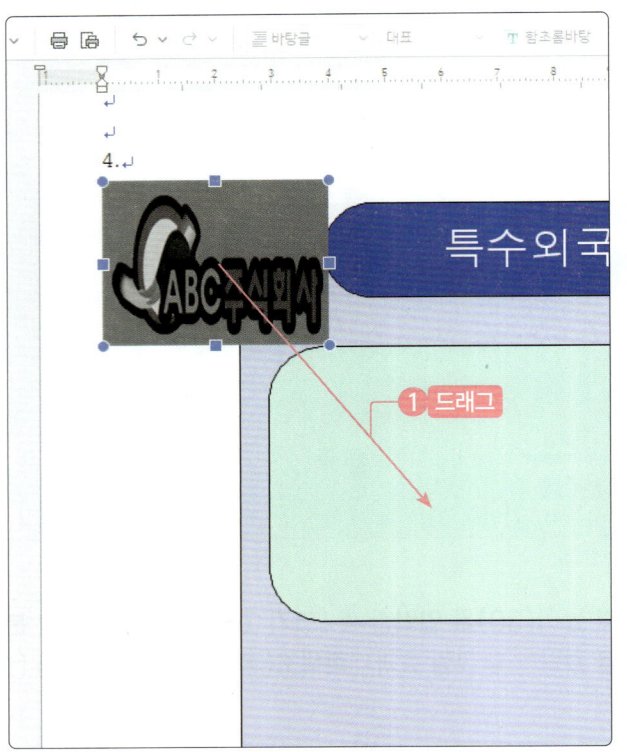 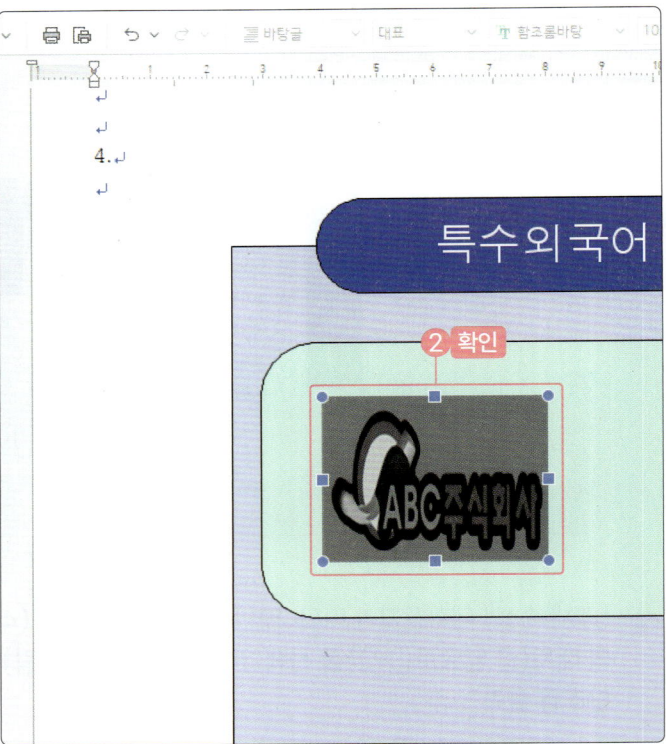

6 글맵시를 삽입하기 위해 [입력] 탭을 클릭한 후 [글맵시(가나다)]를 클릭합니다.

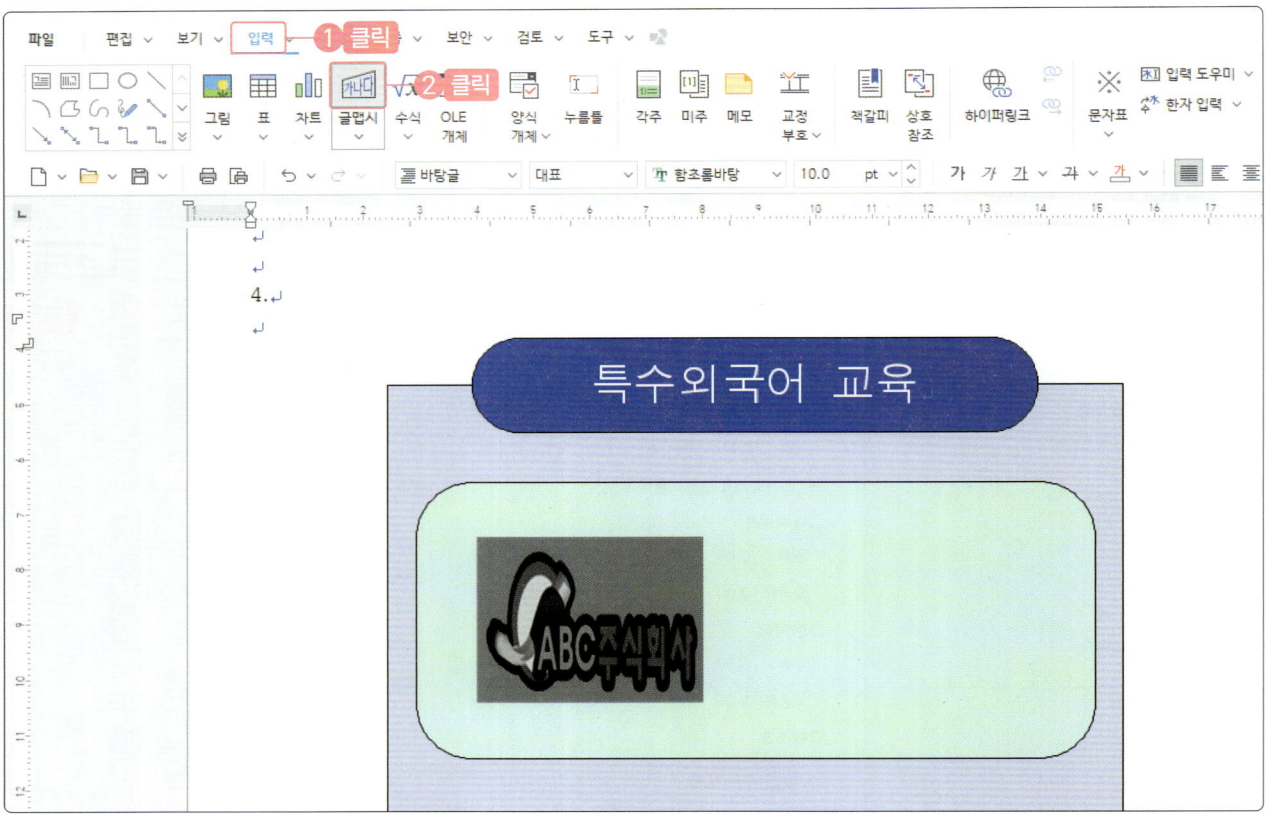

[입력] 탭의 [목록(∨)] 단추를 클릭한 후 [개체]-[글맵시]를 클릭하여 글맵시를 삽입할 수도 있습니다.

7 〔글맵시 만들기〕 대화상자가 나타나면 **내용(글로벌)을 입력**한 후 **글맵시 모양((갈매기형 수장(▲)))을 선택**한 다음 **글꼴(굴림)을 선택**하고 **〔설정〕 단추를 클릭**합니다.

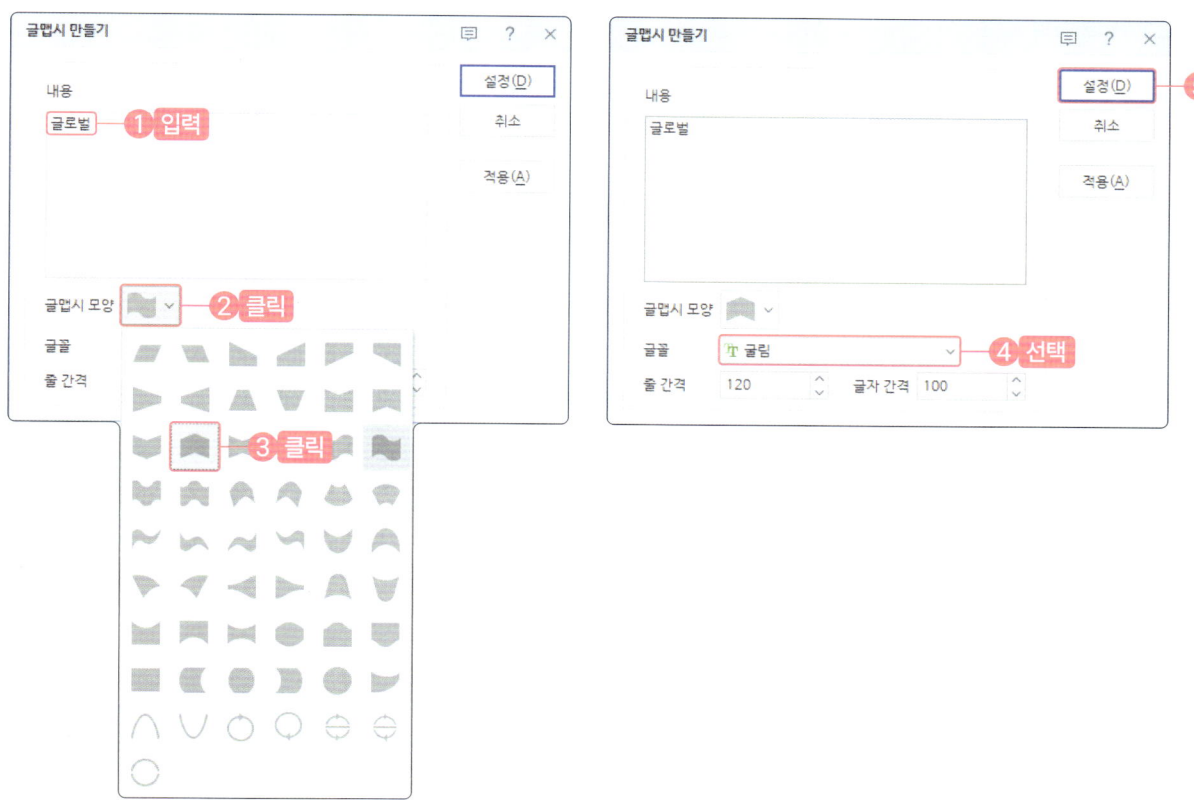

8 글맵시에 속성을 지정하기 위해 **글맵시를 선택**한 후 **바로가기 메뉴의 〔개체 속성〕을 클릭**합니다.

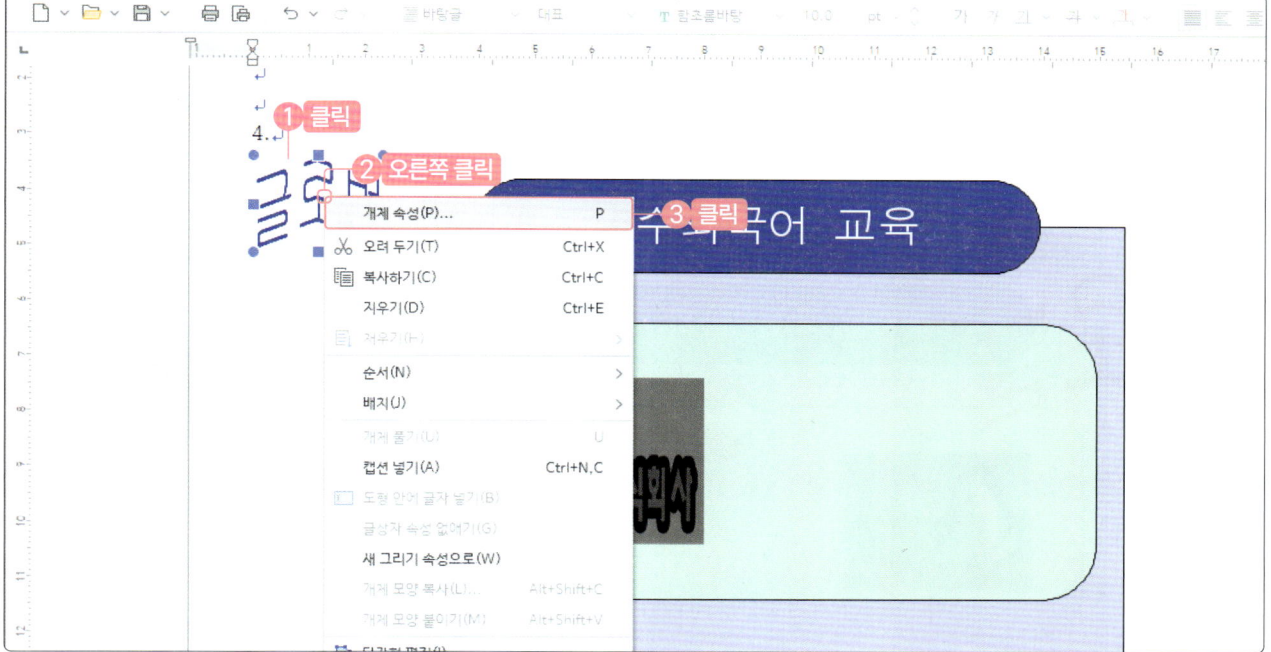

9 〔개체 속성〕 대화상자가 나타나면 〔기본〕 탭에서 **너비(50)와 높이(35)를 입력**한 후 〔크기 고정〕을 선택한 다음 **본문과의 배치(글 앞으로( ))를 선택**합니다. 그런다음 〔채우기〕 탭을 클릭한 후 **면 색(빨강(RGB : 255,0,0))을 클릭**한 후 〔설정〕 단추를 클릭합니다.

10 글맵시에 속성이 지정되면 **드래그하여 위치를 조절**합니다.

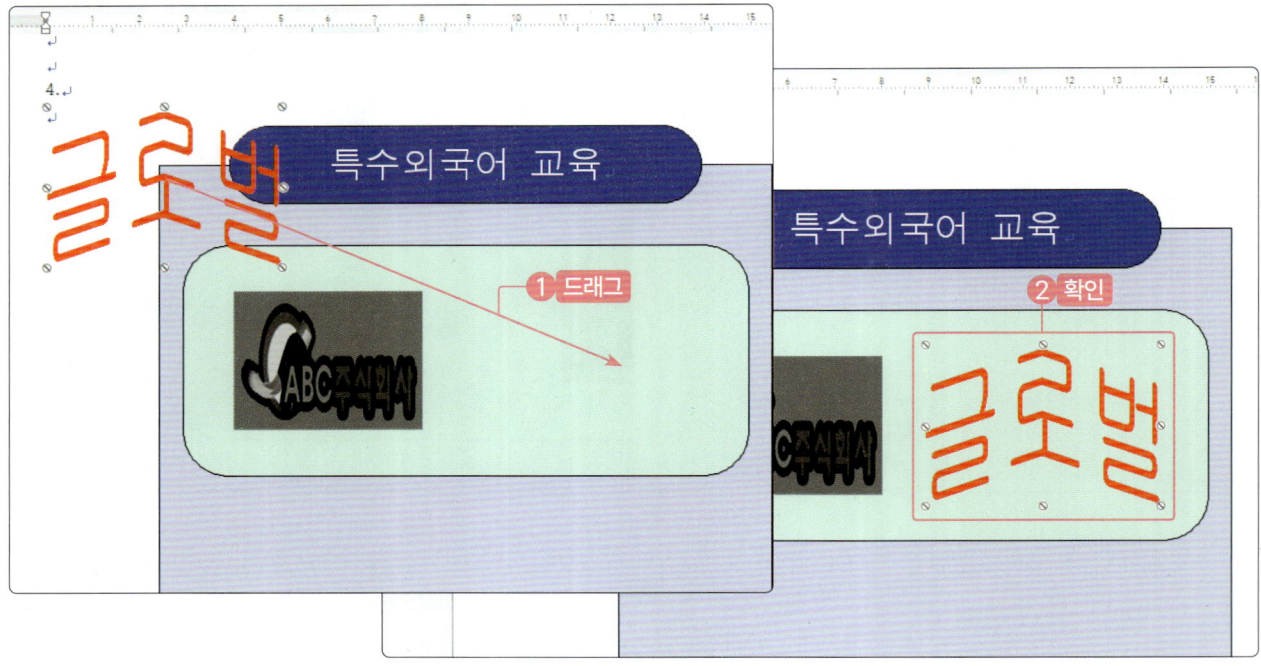

STEP 04 목차 도형 작성하기

《조건》
- 직사각형 그리기 : 크기(13mm×13mm), 면색(하양), 글꼴(굴림, 20pt), 정렬(수평.수직-가운데)
  직사각형 그리기 : 크기(18mm×10mm), 면색(하양을 제외한 임의의 색)
- 글상자 이용, 선 종류(점선 또는 파선), 면색(색 없음), 글꼴(궁서, 18pt), 정렬(수평.수직-가운데)

1 다음과 같이 **목차 '1'**을 작성합니다.

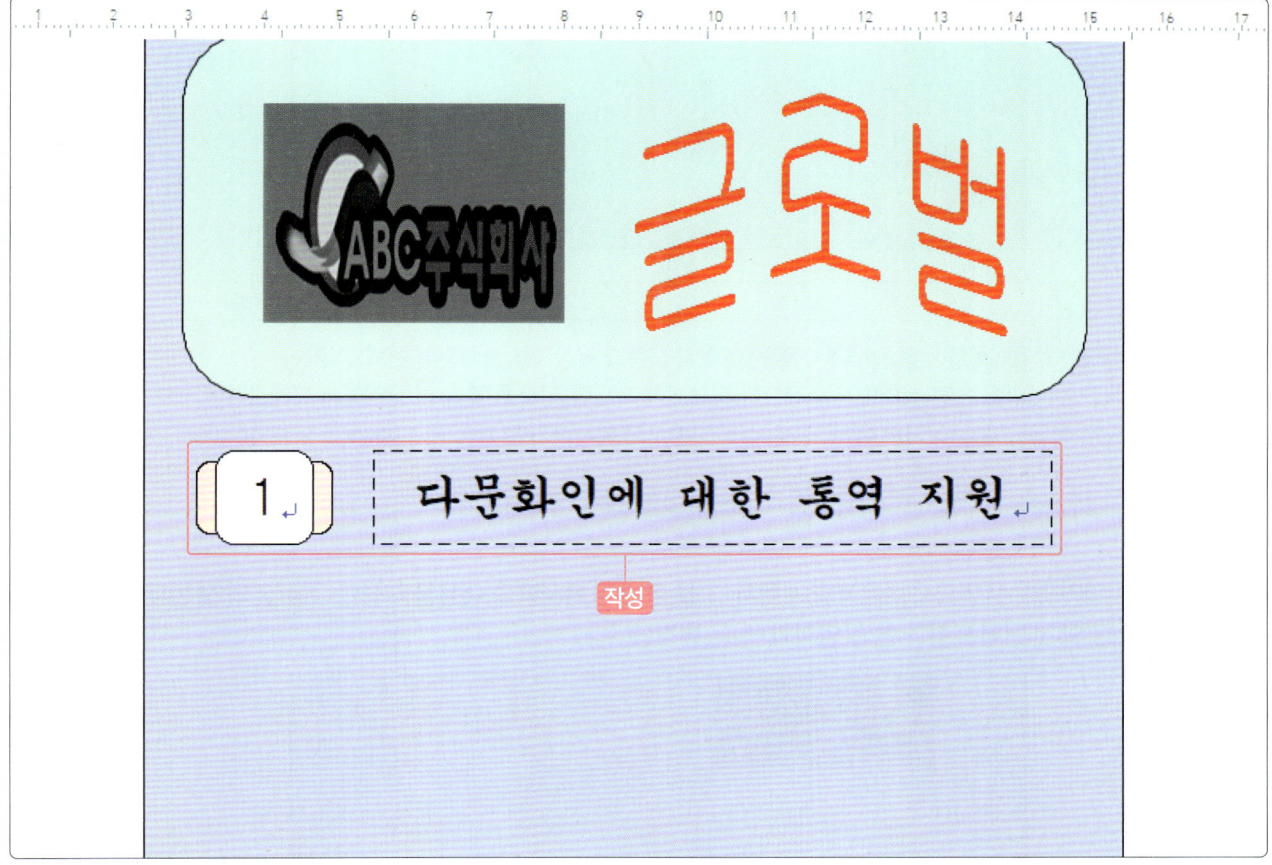

- **목차 '1'의 목차 도형 작성** : [입력] 탭에서 [직사각형(▢)]을 클릭한 후 드래그하여 목차 도형을 삽입 → 도형을 선택한 후 바로가기 메뉴의 [개체 속성]을 클릭 → [개체 속성] 대화상자의 [기본] 탭에서 너비(18)와 높이(10)를 입력한 후 [크기 고정]을 선택 → [선] 탭에서 사각형 모서리 곡률(둥근 모양(▢))을 선택 → [채우기] 탭에서 면 색(임의의 색)을 선택한 후 [설정] 단추를 클릭 → 도형 위치를 조정
- **목차 '1'의 첫 번째 글상자 작성** : [입력] 탭에서 [가로 글상자(▭)]를 클릭한 후 드래그하여 글상자를 삽입 → 글상자를 선택한 후 바로가기 메뉴의 [개체 속성]을 클릭 → [개체 속성] 대화상자의 [기본] 탭에서 너비(13)와 높이(13)를 입력한 후 [크기 고정]을 선택 → [선] 탭에서 사각형 모서리 곡률(둥근 모양(▢))을 선택 → [채우기] 탭에서 면 색(하양(RGB: 255,255,255))을 선택한 후 [설정] 단추를 클릭 → 글상자의 위치 조정 → 텍스트(1)를 입력한 후 드래그하여 블록 설정 → [서식] 도구 상자에서 글꼴(굴림)과 글자 크기(20)를 선택한 후 [가운데 정렬(▤)]을 클릭
- **목차 '1'의 두 번째 글상자 작성** : [입력] 탭에서 [가로 글상자(▭)]를 클릭한 후 드래그하여 글상자를 삽입 → 글상자를 선택한 후 바로가기 메뉴의 [개체 속성]을 클릭 → [선] 탭에서 선 종류(점선 또는 파선)를 선택 → [채우기] 탭에서 [채우기 없음]을 선택한 후 [설정] 단추를 클릭 → 글상자의 위치 조정 → 텍스트(다문화인에 대한 통역 지원)를 입력한 후 드래그하여 블록 설정 → [서식] 도구 상자에서 글꼴(궁서)과 글자 크기(18)를 선택한 후 [가운데 정렬(▤)]을 클릭

2 목차 '1'이 완성되면 **목차 도형을 모두 선택**한 후 Ctrl과 Shift를 누른 상태에서 드래그하여 목차 '1'을 복사합니다.

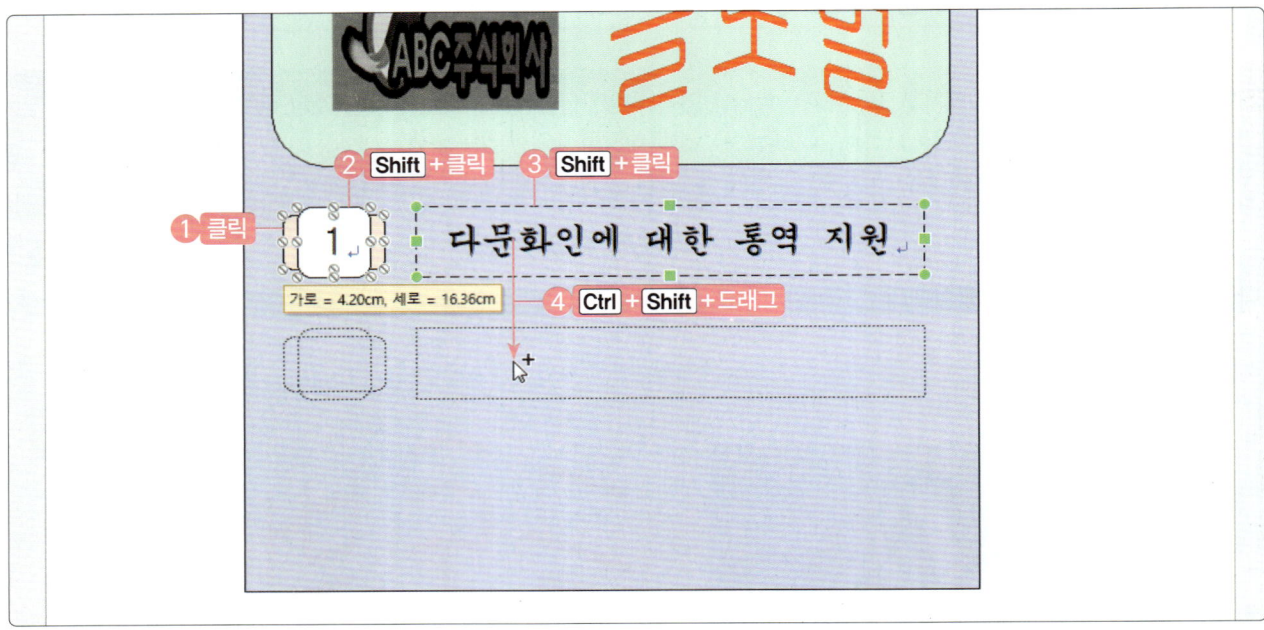

- 글상자를 선택한 후 Shift를 누른 상태에서 두 번째 목차 도형과 글상자를 클릭하여 선택합니다.
- 개체를 선택한 후 Ctrl을 눌러 상태에서 드래그하면 개체가 복사되고 Shift를 누른 상태에서 드래그하면 개체가 수평 방향이나 수직 방향으로 이동됩니다. 여기서 목차 '1'을 수직 방향으로 복사하기 위해 Ctrl과 Shift를 누른 상태에서 아래쪽으로 드래그 한 것입니다.

3 목차 '1'이 복사되면 같은 방법으로 다음과 같이 **목차 '1'을 한 개더 복사**한 후 **내용을 수정**한 다음 **'2'의 첫 번째 도형의 면색(임의의 색)과 목차 '3'의 첫 번째 도형의 면색(임의의 색)을 변경**합니다.

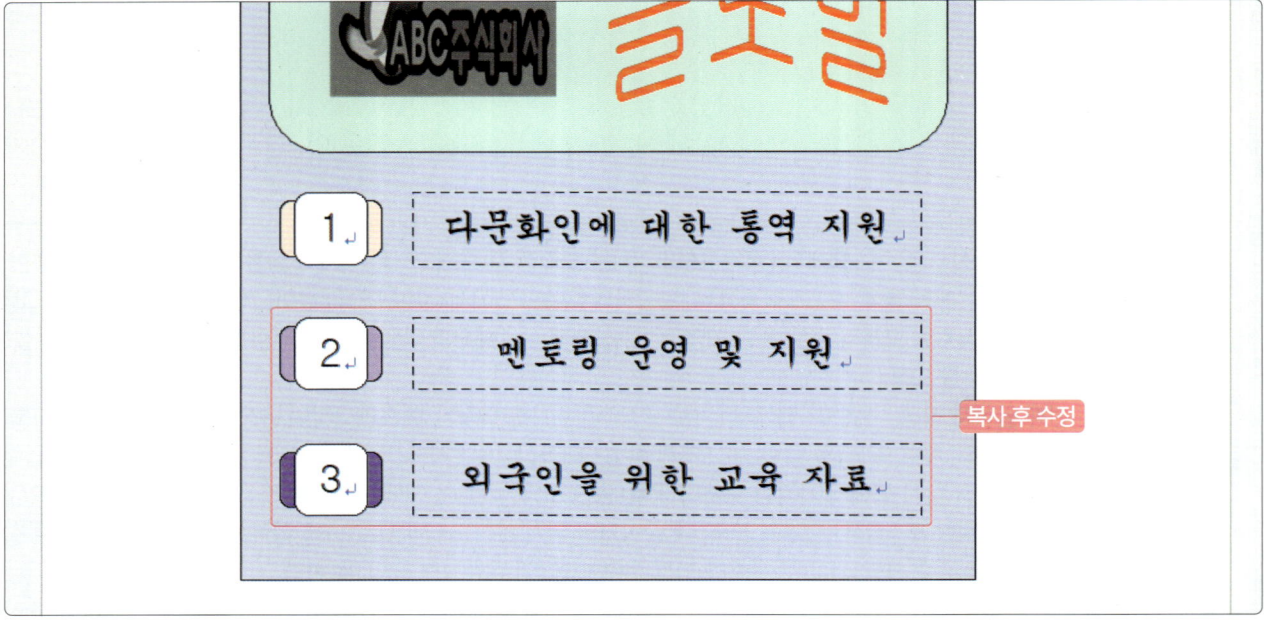

도형/글상자를 선택 해제한 후 글상자로 마우스 포인터를 가져가서 마우스 포인터가 I 모양으로 변경되었을 때 클릭하면 글상자에 입력한 내용을 수정할 수 있습니다.

STEP 05 책갈피 삽입하고 하이퍼링크 지정하기

《조건》
- 하이퍼링크 : 문서작성 능력평가의 "2026 외국인 유학생 지원 워크숍" 제목에 설정한 책갈피로 이동
- 책갈피 이름 : 유학

1 3페이지의 첫 번째 줄에 '문서작성 능력평가'의 **제목(2026 외국인 유학생 지원 워크숍)을 입력**한 후 '2026' 앞에 커서를 위치한 다음 **(입력) 탭을 클릭**하고 **(책갈피(■))를 클릭**합니다.

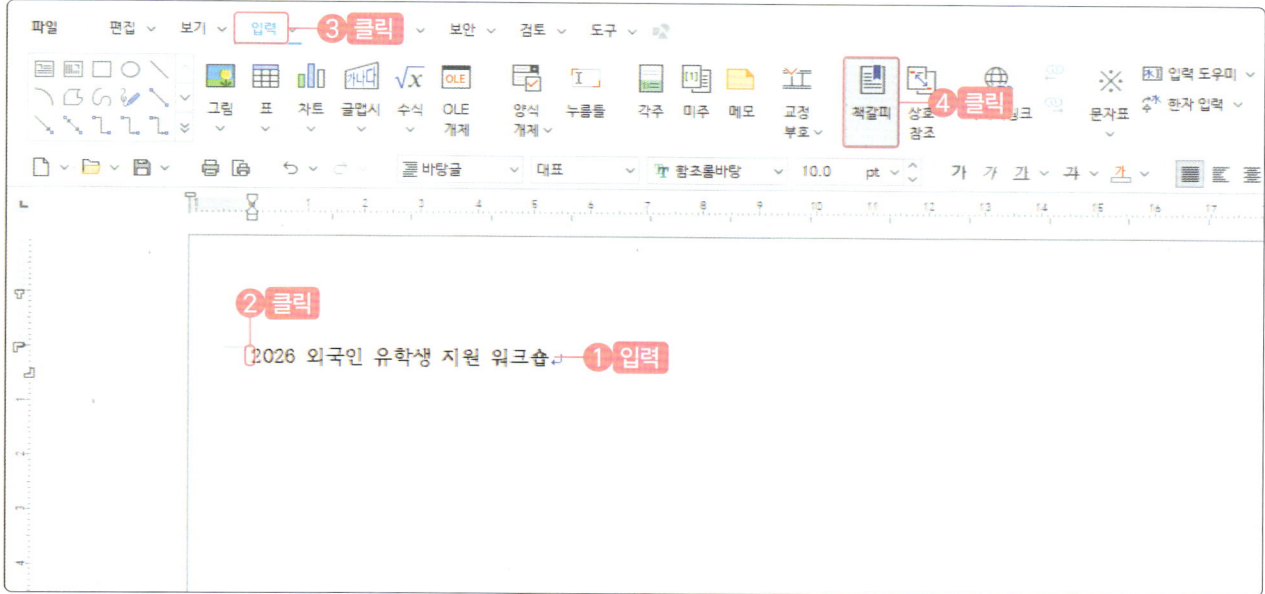

- 책갈피는 문서의 특정 위치에 표시해 두는 기능입니다. 책갈피를 삽입하면 손쉽게 문서의 특정 위치로 이동할 수 있습니다.
- (입력) 탭의 (목록(∨)) 단추를 클릭한 후 (책갈피(■))를 클릭하거나 Ctrl + K, B를 눌러 책갈피를 삽입할 수도 있습니다.

2 (책갈피) 대화상자가 나타나면 **책갈피 이름(유학)을 입력**한 후 **(넣기) 단추를 클릭**합니다.

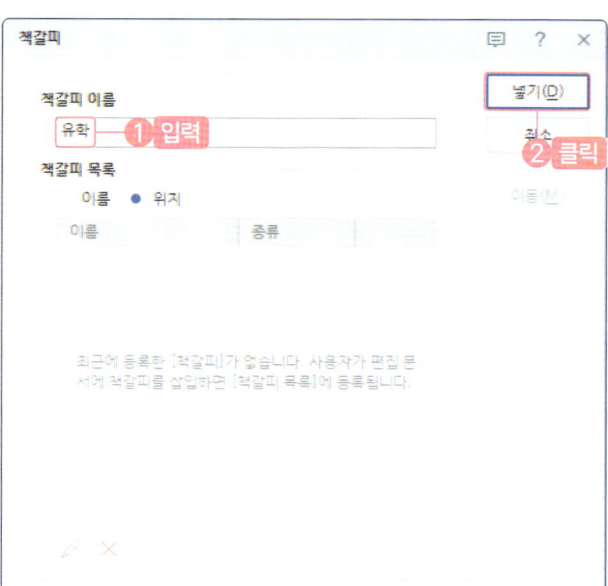

책갈피 이름은 시험의 '문서작성 능력평가'에서 확인할 수 있습니다. 여기서는 책갈피 이름으로 '유학'을 입력합니다.

Chapter 06 · 기능평가 II - 도형 그리기   **1-83**

3 책갈피가 삽입되면 그림에 하이퍼링크를 지정하기 위해 2페이지에서 **그림을 선택**한 후 **(입력) 탭을 클릭**한 다음 **(하이퍼링크(🌐))를 클릭**합니다.

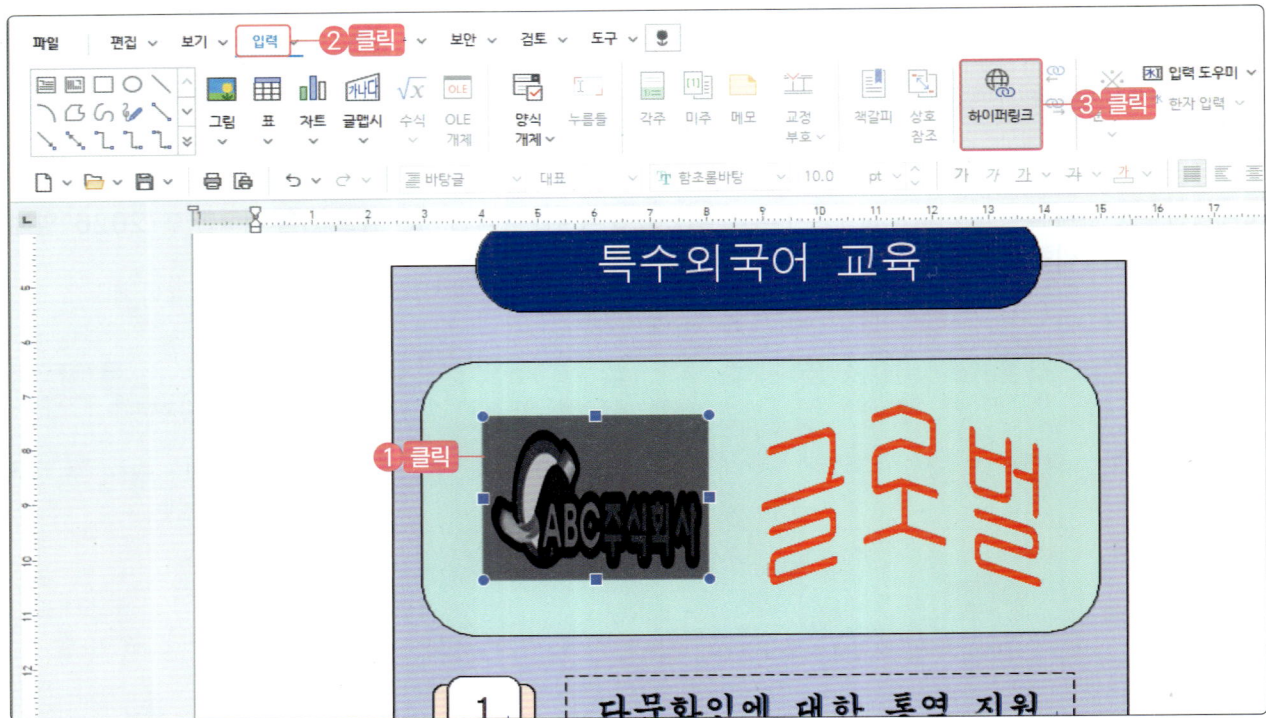

- 하이퍼링크는 문서의 내용에 문서의 특정 위치나 웹 페이지 등을 연결하여 손쉽게 문서의 특정 위치로 이동하거나 웹 페이지를 열 수 있는 기능입니다.
- (입력) 탭의 (목록(⌄)) 단추를 클릭한 후 (하이퍼링크)를 클릭하거나 Ctrl + K, H를 눌러 하이퍼링크를 삽입할 수도 있습니다.

4 (하이퍼링크) 대화상자가 나타나면 연결 대상의 **(흔글 문서) 탭을 클릭**한 후 **책갈피(유학)를 클릭**한 다음 **(넣기) 단추를 클릭**합니다.

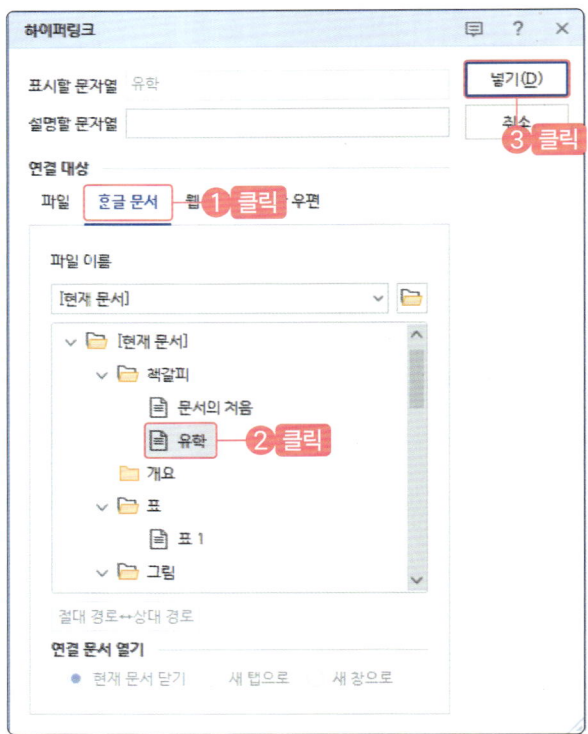

책갈피 이름은 시험의 '문서작성 능력평가'에서 확인할 수 있습니다. 여기서는 책갈피 이름으로 '유학'을 입력합니다.

5 하이퍼링크가 지정되면 **그림 선택을 해제**한 후 `Ctrl`를 누른 상태에서 마우스 포인터를 그림위로 가져가면 마우스 포인터 모양이 🖑 모양으로 변경되고, **그림을 클릭**하면 '문서작성 능력평가'의 제목으로 이동되는 것을 확인할 수 있습니다.

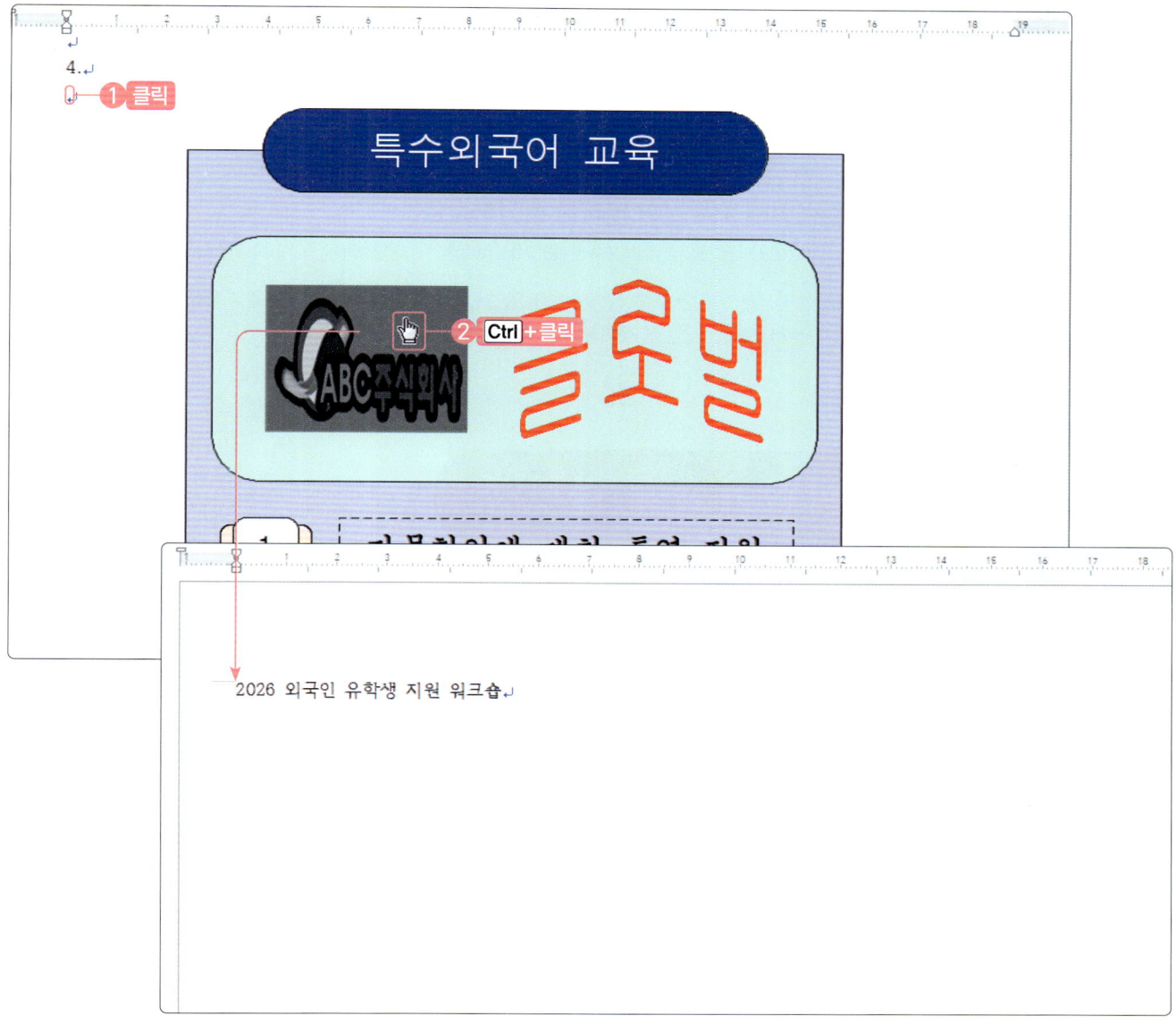

그림을 선택한 후 (입력) 탭에서 (하이퍼링크)를 클릭하면 하이퍼링크를 수정할 수 있습니다.

기능평가 Ⅱ - 도형 그리기

유형 01

다음의 《조건》에 따라 《출력형태》와 같이 문서를 작성하시오. (110점)

▶소스파일 : Chapter 06₩문제06-01.hwpx   ▶완성파일 : Chapter 06₩문제06-01_완성.hwpx

《조건》
(1) 그리기 도구를 이용하여 작성하고, 모든 도형(글맵시, 지정된 그림 포함)을 《출력형태》와 같이 작성하시오.
(2) 도형의 면색은 지시사항이 없으면 색 없음을 제외하고 서로 다르게 임의로 지정하시오.

《출력형태》

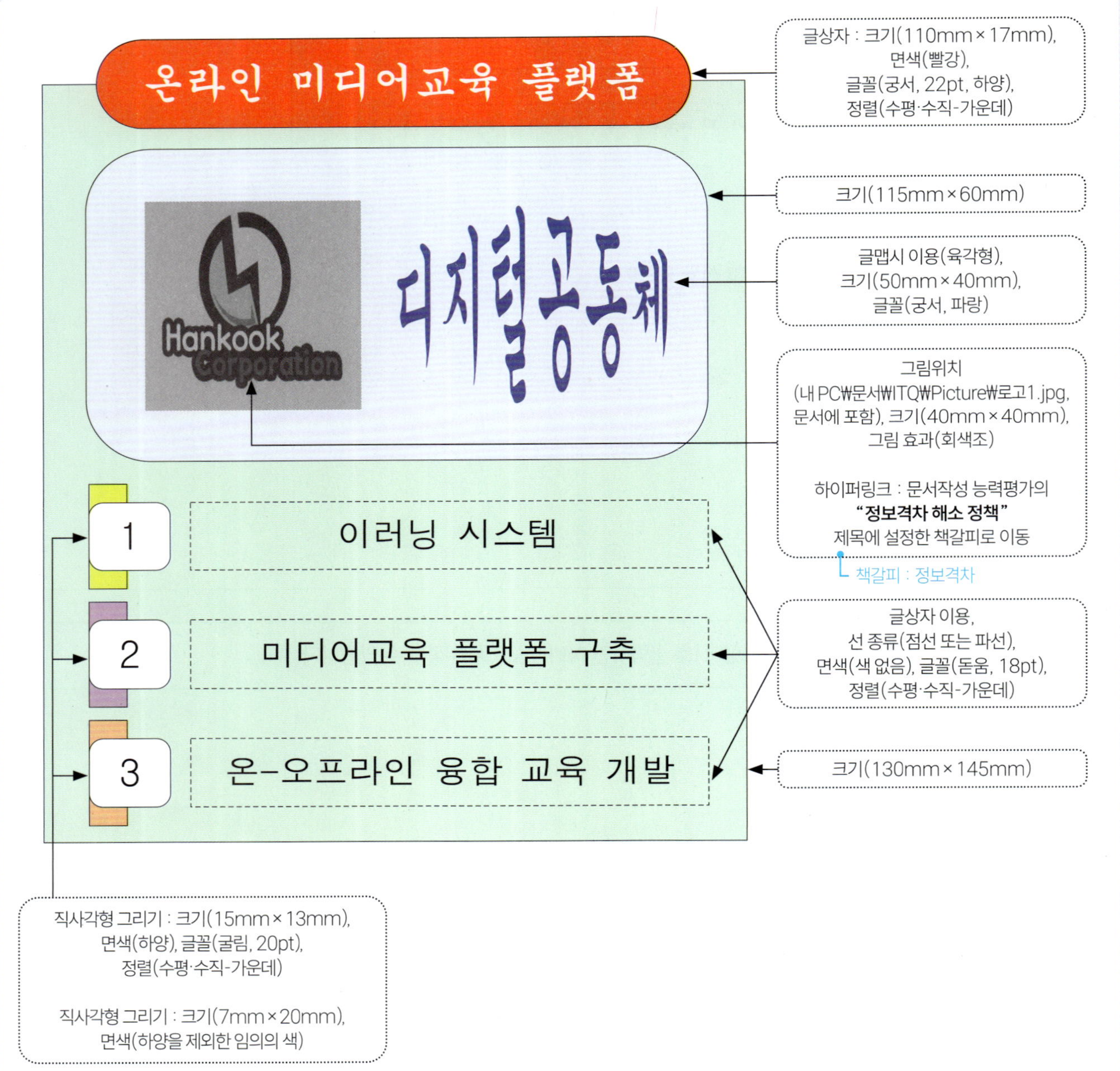

글상자 : 크기(110mm×17mm), 면색(빨강), 글꼴(궁서, 22pt, 하양), 정렬(수평·수직-가운데)

크기(115mm×60mm)

글맵시 이용(육각형), 크기(50mm×40mm), 글꼴(궁서, 파랑)

그림위치 (내 PC₩문서₩ITQ₩Picture₩로고1.jpg, 문서에 포함), 크기(40mm×40mm), 그림 효과(회색조)

하이퍼링크 : 문서작성 능력평가의 **"정보격차 해소 정책"** 제목에 설정한 책갈피로 이동

책갈피 : 정보격차

글상자 이용, 선 종류(점선 또는 파선), 면색(색 없음), 글꼴(돋움, 18pt), 정렬(수평·수직-가운데)

크기(130mm×145mm)

직사각형 그리기 : 크기(15mm×13mm), 면색(하양), 글꼴(굴림, 20pt), 정렬(수평·수직-가운데)

직사각형 그리기 : 크기(7mm×20mm), 면색(하양을 제외한 임의의 색)

유형 02

다음의 《조건》에 따라 《출력형태》와 같이 문서를 작성하시오. (110점)

▶ 소스파일 : Chapter 06₩문제06-02.hwpx   ▶ 완성파일 : Chapter 06₩문제06-02_완성.hwpx

《조건》 (1) 그리기 도구를 이용하여 작성하고, 모든 도형(글맵시, 지정된 그림 포함)을 《출력형태》와 같이 작성하시오.
(2) 도형의 면색은 지시사항이 없으면 색 없음을 제외하고 서로 다르게 임의로 지정하시오.

《출력형태》

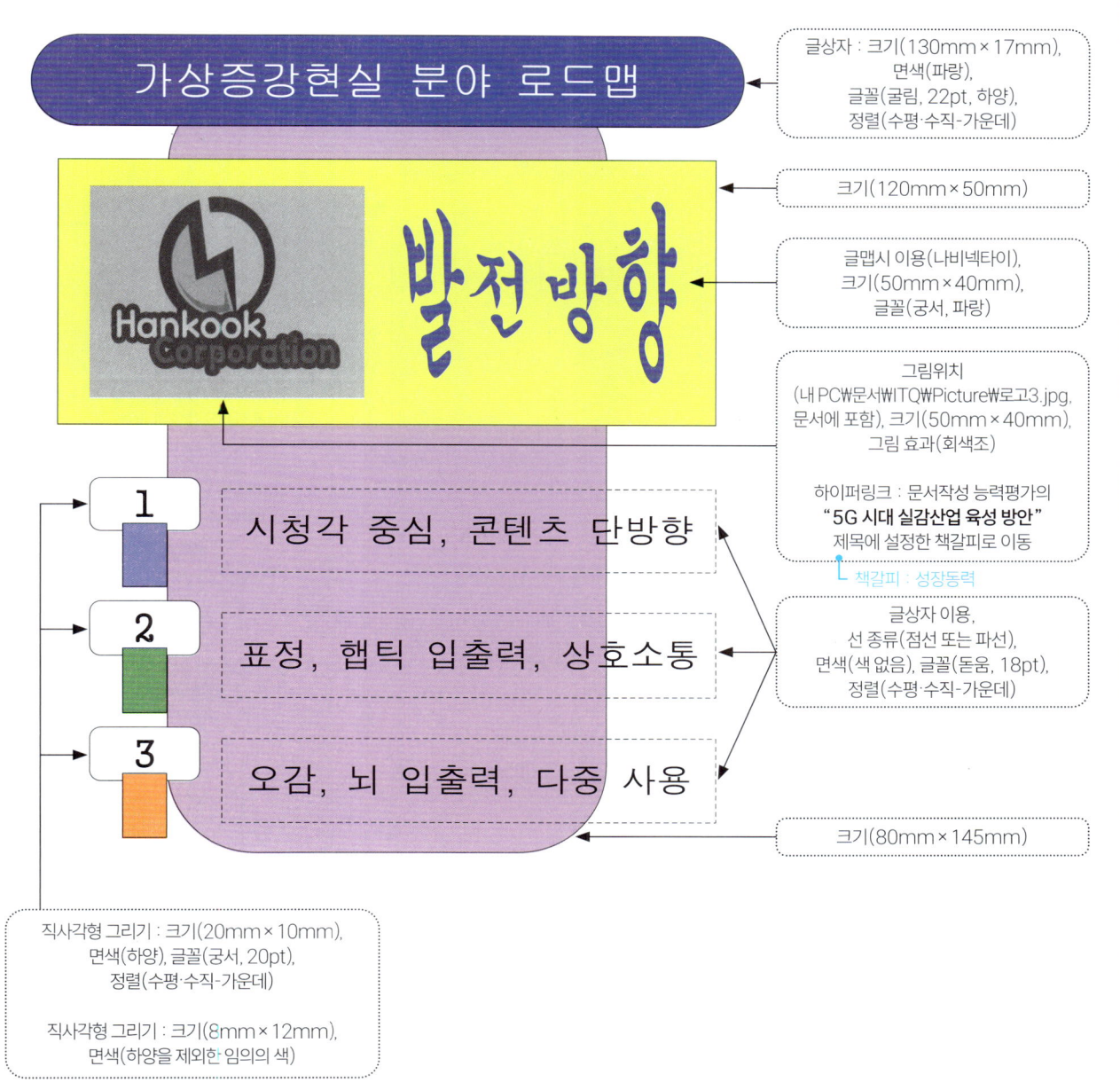

유형 03

다음의 《조건》에 따라 《출력형태》와 같이 문서를 작성하시오. (110점)

▶ 소스파일 : Chapter 06₩문제06-03.hwpx   ▶ 완성파일 : Chapter 06₩문제06-03_완성.hwpx

《조건》 (1) 그리기 도구를 이용하여 작성하고, 모든 도형(글맵시, 지정된 그림 포함)을 《출력형태》와 같이 작성하시오.
(2) 도형의 면색은 지시사항이 없으면 색 없음을 제외하고 서로 다르게 임의로 지정하시오.

《출력형태》

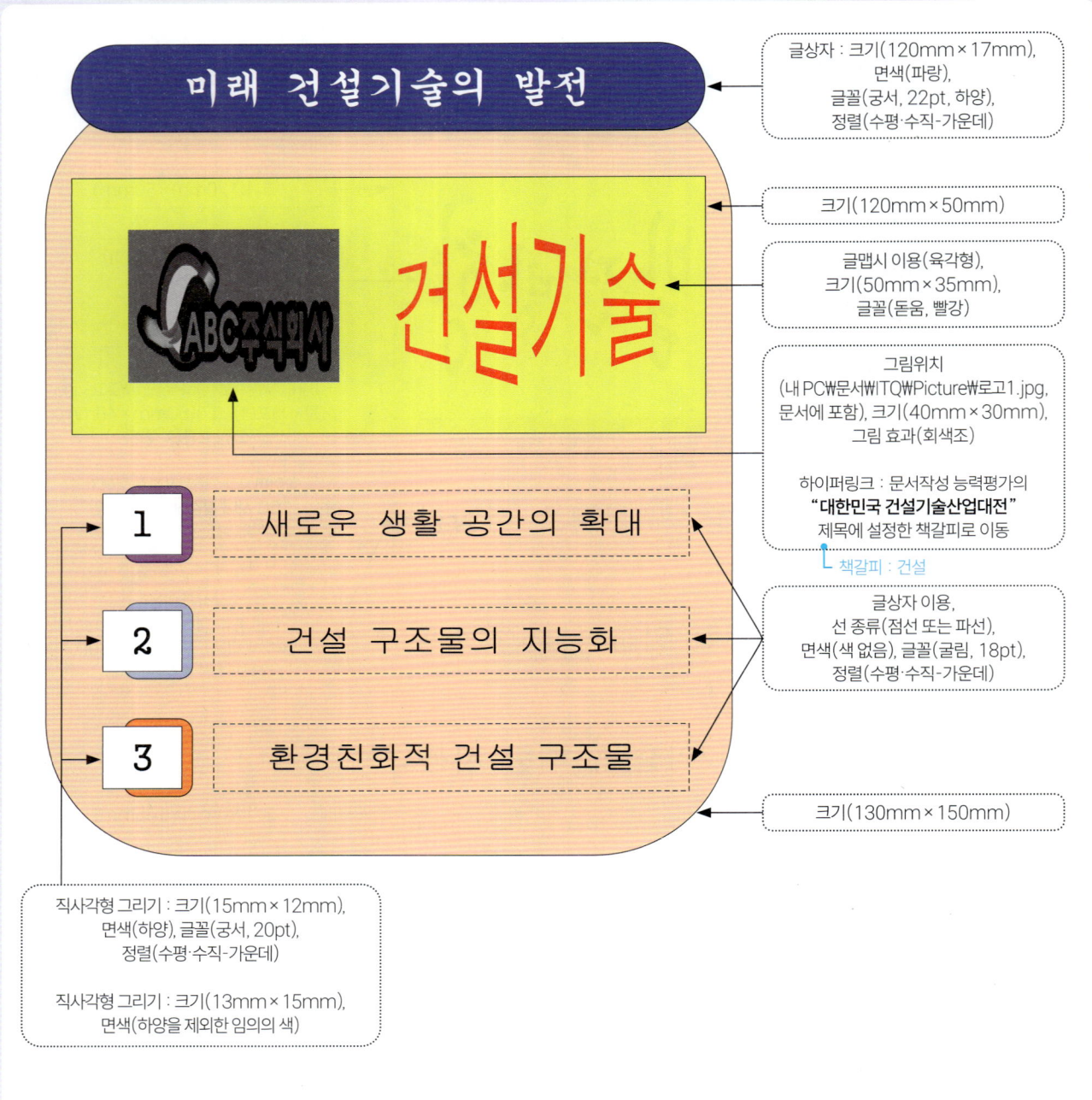

유형 04

다음의 《조건》에 따라 《출력형태》와 같이 문서를 작성하시오. (110점)

▶ 소스파일 : Chapter 06₩문제06-04.hwpx   ▶ 완성파일 : Chapter 06₩문제06-04_완성.hwpx

《조건》 (1) 그리기 도구를 이용하여 작성하고, 모든 도형(글맵시, 지정된 그림 포함)을 《출력형태》와 같이 작성하시오.
(2) 도형의 면색은 지시사항이 없으면 색 없음을 제외하고 서로 다르게 임의로 지정하시오.

《출력형태》

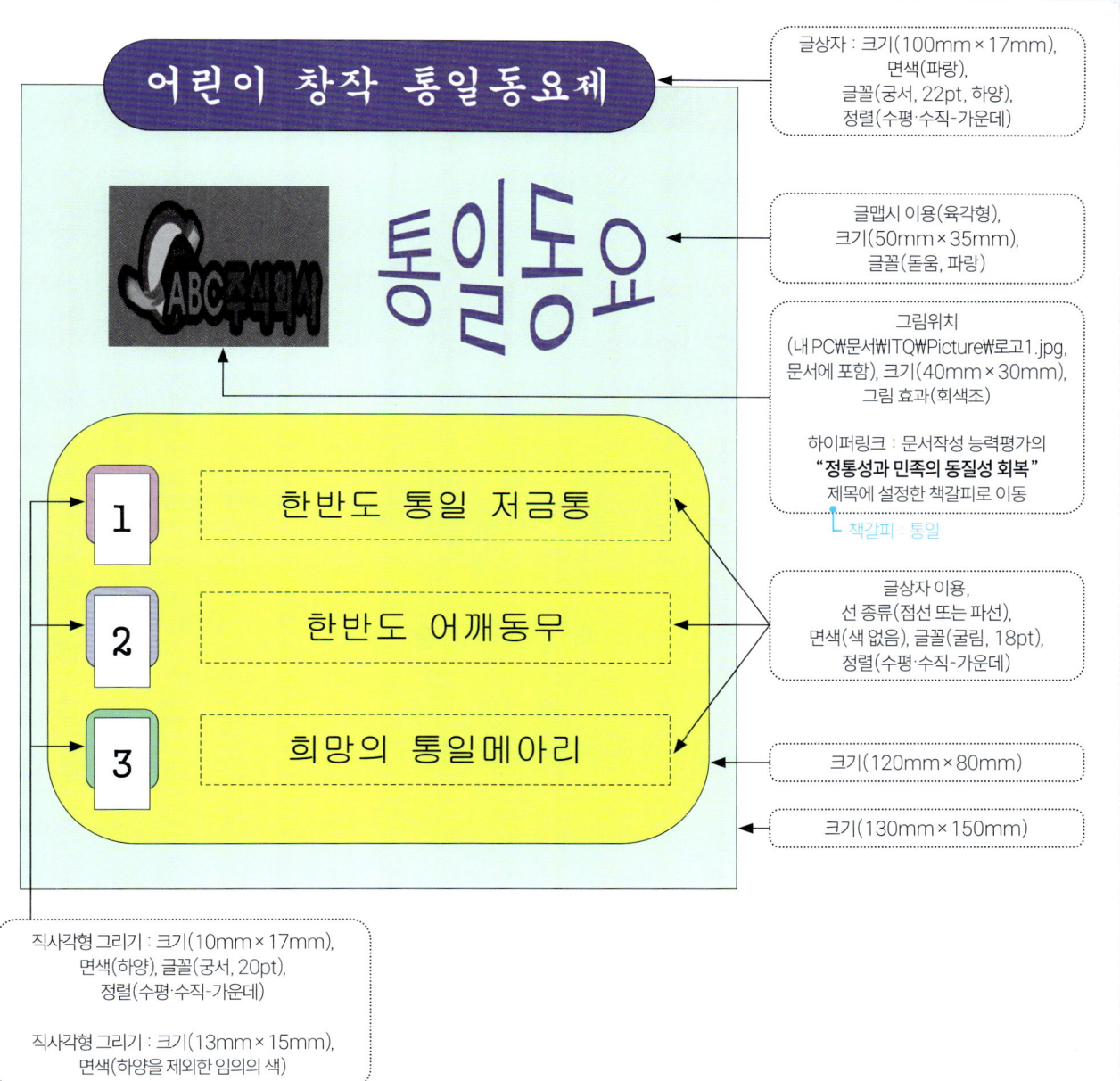

유형 05

다음의 《조건》에 따라 《출력형태》와 같이 문서를 작성하시오. (110점)

▶ 소스파일 : Chapter 06₩문제06-05.hwpx   ▶ 완성파일 : Chapter 06₩문제06-05_완성.hwpx

《조건》 (1) 그리기 도구를 이용하여 작성하고, 모든 도형(글맵시, 지정된 그림 포함)을 《출력형태》와 같이 작성하시오.
(2) 도형의 면색은 지시사항이 없으면 색 없음을 제외하고 서로 다르게 임의로 지정하시오.

《출력형태》

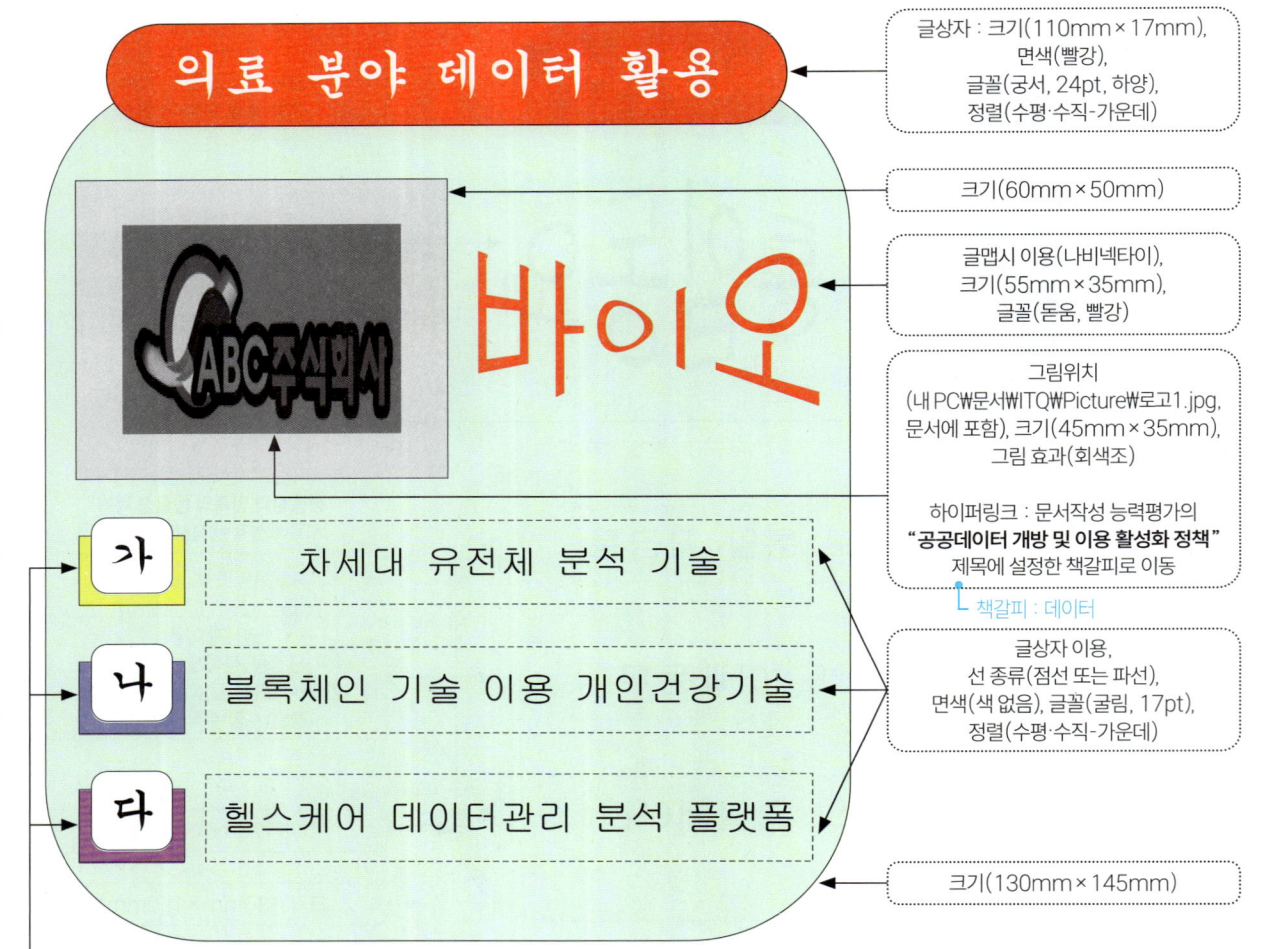

유형 06

다음의 《조건》에 따라 《출력형태》와 같이 문서를 작성하시오. (110점)

▶ 소스파일 : Chapter 06₩문제06-06.hwpx   ▶ 완성파일 : Chapter 06₩문제06-06_완성.hwpx

《조건》 (1) 그리기 도구를 이용하여 작성하고, 모든 도형(글맵시, 지정된 그림 포함)을 《출력형태》와 같이 작성하시오.
(2) 도형의 면색은 지시사항이 없으면 색 없음을 제외하고 서로 다르게 임의로 지정하시오.

《출력형태》

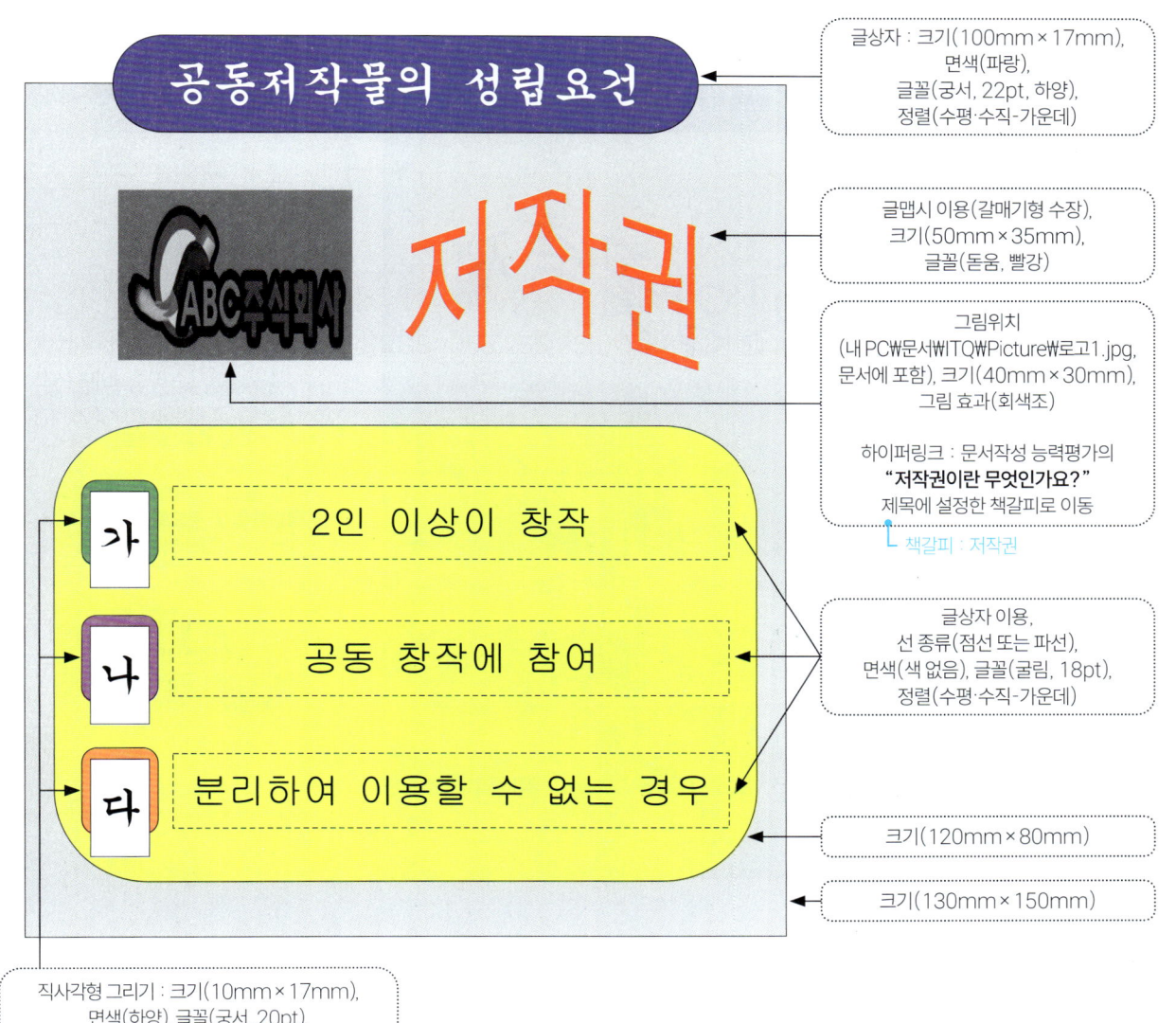

유형 07

다음의 《조건》에 따라 《출력형태》와 같이 문서를 작성하시오. (110점)

▶ 소스파일 : Chapter 06\문제06-07.hwpx   ▶ 완성파일 : Chapter 06\문제06-07_완성.hwpx

《조건》 (1) 그리기 도구를 이용하여 작성하고, 모든 도형(글맵시, 지정된 그림 포함)을 《출력형태》와 같이 작성하시오.
(2) 도형의 면색은 지시사항이 없으면 색 없음을 제외하고 서로 다르게 임의로 지정하시오.

《출력형태》

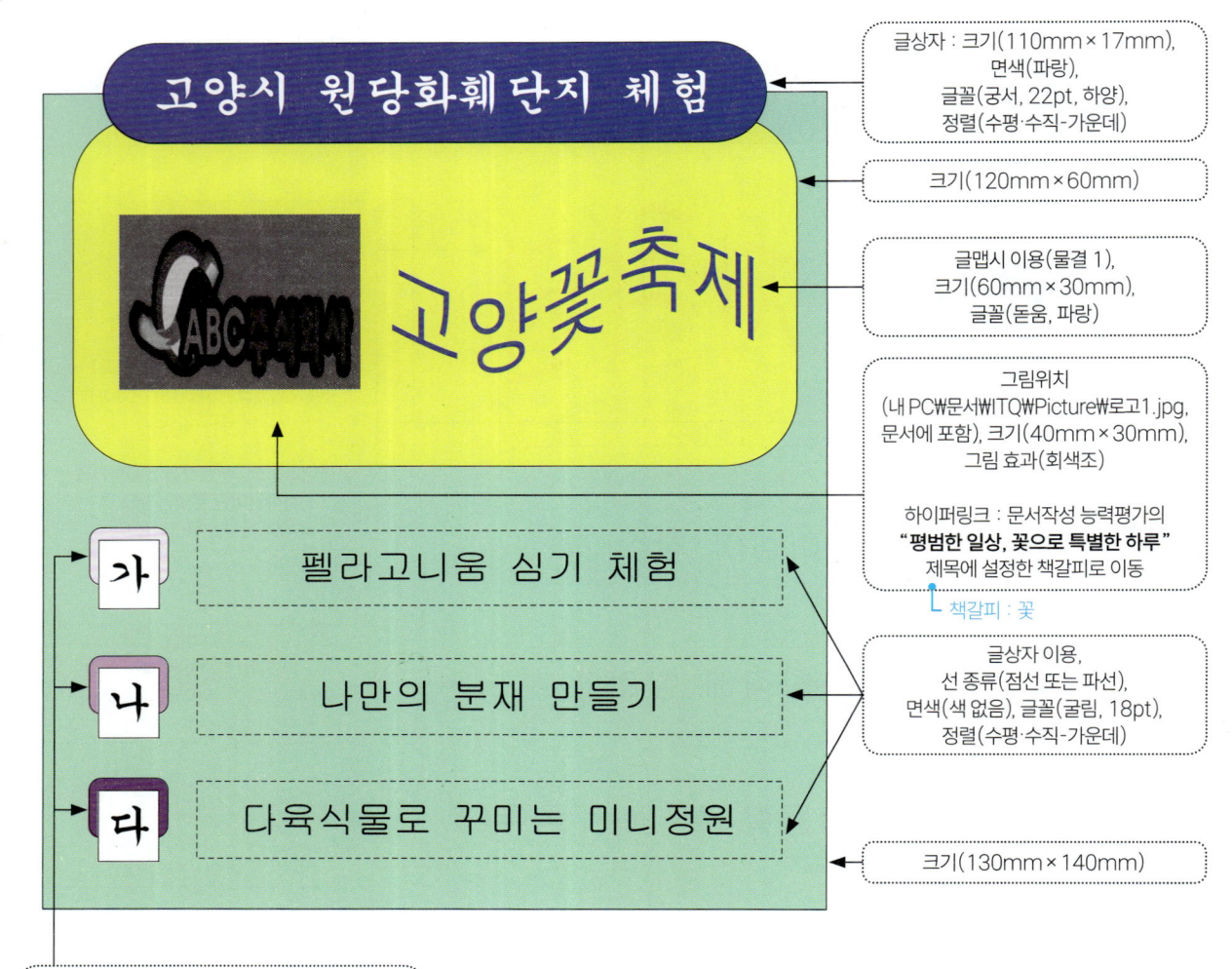

유형 08

다음의 《조건》에 따라 《출력형태》와 같이 문서를 작성하시오. (110점)

▶소스파일 : Chapter 06₩문제06-08.hwpx   ▶완성파일 : Chapter 06₩문제06-08_완성.hwpx

《조건》 (1) 그리기 도구를 이용하여 작성하고, 모든 도형(글맵시, 지정된 그림 포함)을 《출력형태》와 같이 작성하시오.
(2) 도형의 면색은 지시사항이 없으면 색 없음을 제외하고 서로 다르게 임의로 지정하시오.

《출력형태》

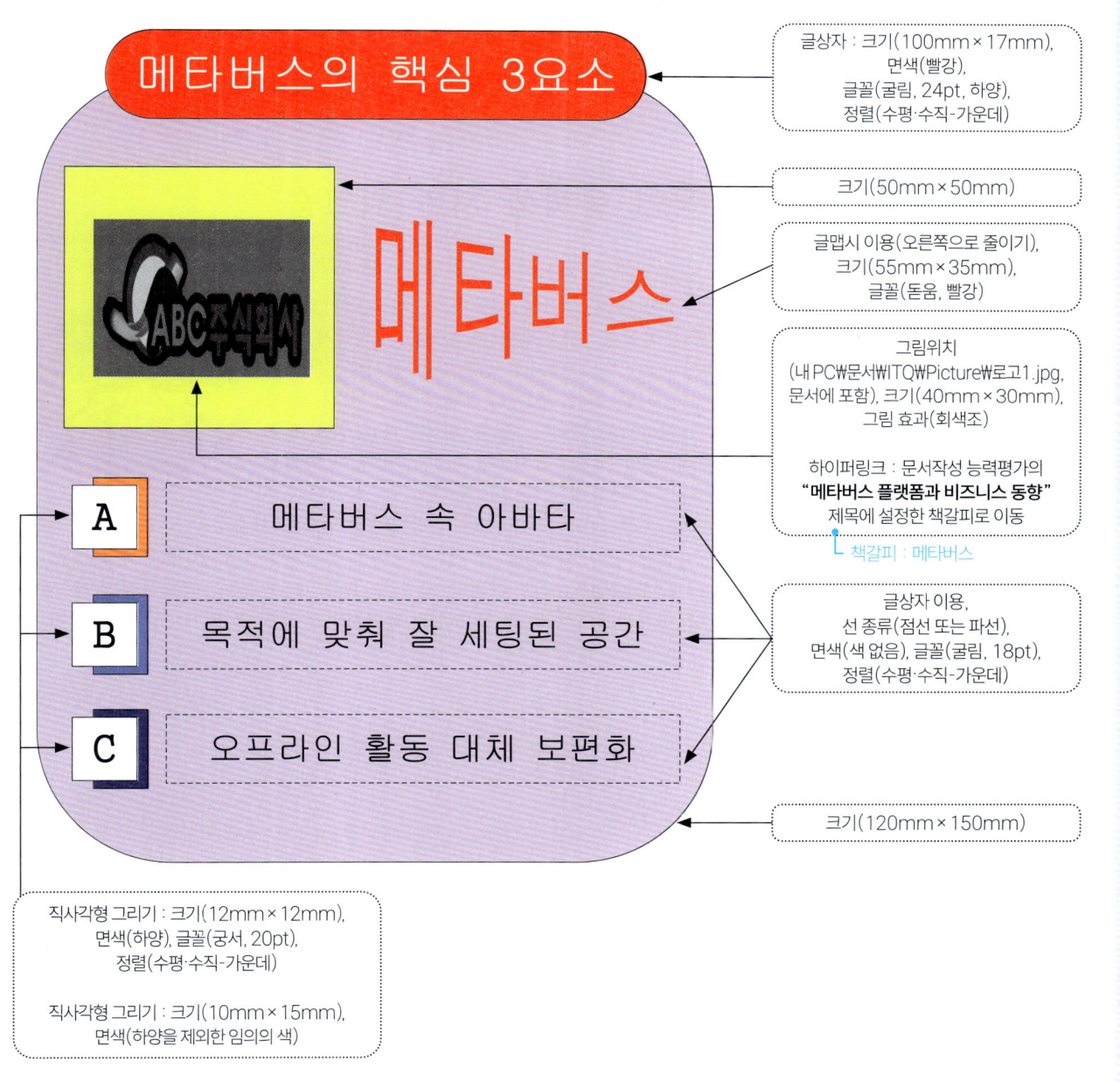

07 문서작성 능력평가 - Ⅰ

☑ 내용 입력하고 제목 작성하기   ☑ 머리말 삽입하기   ☑ 문단 첫 글자 장식하기
☑ 각주 삽입하기   ☑ 그림 삽입하기

▶ 소스 파일 : Chapter 07\Ch07.hwpx   ▶ 완성 파일 : Chapter 07\Ch07_완성.hwpx

출력 형태

글꼴 : 돋움, 18pt, 진하게, 가운데 정렬
책갈피 이름 : 유학
덧말 넣기

머리말 기능
돋움, 10pt, 오른쪽 정렬 → 해외 교류 확대

지원과 성장
2026 외국인 유학생 지원 워크숍

문단 첫 글자 장식 기능
글꼴 : 굴림, 면색 : 노랑

각주

그림위치(내 PC\문서\ITQ\Picture\그림4.jpg, 문서에 포함)
자르기 기능 이용, 크기(40mm×35mm), 바깥 여백 왼쪽 : 2mm

국립국제교육원은 저출산 고령화사회ⓐ, 학령인구 감소에 대응하고 국내 대학생들의 글로벌 역량을 강화하기 위하여 외국인 유학생 지원 강화 워크숍을 개최하기로 하였다. 특히, 국내에 체류하는 외국인 유학생이 14만 명 수준으로 급증함과 동시에 불법 체류 유학생도 1만 명이 초과됨에 따라 체계적인 지원 강화 부문과 더불어 취업 목적, 불법 체류 등 부작용에 대한 정책적 검토를 함께 진행하기로 했다. 그동안 외국인 유학생은 지속적으로 증가하였지만, 외국인 유학생의 한국어 능력 부족으로 대학 수업이 파행 운영되고 있으며 불법 체류와 불법 취업 등 부정적 효과도 심각하게 나타나고 있다.

특히 교육부는 국립국제교육원과 공동 주최를 통해 외국인 유학생이 불법적인 방법으로 체류하지 않고 본래의 목적인 학업에 전념할 수 있도록 적극적인 지원 방안을 함께 모색하기로 하였다. 이번 워크숍은 외국인 유학생의 현황 고찰(考察), 외국 유학생에 대한 국가별 정책 비교, 외국인 유학생 확대의 긍정 및 부정 효과 분석, 외국인 유학생 지원 강화 방안 등을 주요 주제로 선정하여 다양한 이해관계의 의견을 공유하여 세계시민교육에 대한 가치를 향유(享有)하는 뜻깊은 행사로 진행할 계획이다.

각주 구분선 : 5cm

ⓐ 총인구 중에 65세 이상의 인구가 차지하는 비율이 7% 이상인 사회를 말함

체크! 체크!

〔문서작성 능력평가 Ⅰ〕

■ **내용 입력하고 제목 작성하기**
- 내용은 오타없이 정확히 입력할 수 있도록 연습합니다.
- 제목에 〔글자 모양〕을 지정한 후 덧말을 작성합니다.

■ **머리말, 문단 첫 글자 장식, 각주, 그림 삽입하기**
- 머리말, 문단 첫 글자 장식, 각주, 그림을 삽입합니다.
- 오른쪽 끝 부분의 글자가 《출력형태》와 다를 경우에는 '글자 누락, 오타, 띄어쓰기' 등을 다시 한 번 확인해야 합니다.

STEP 01 내용 입력하고 제목 작성하기

《조건》 글꼴 : 돋움, 18pt, 진하게, 가운데 정렬, 책갈피 이름 : 유학, 덧말 넣기

1 3페이지의 제목 뒤에 커서를 둔 후 **Enter**를 2번 눌러 줄을 바꾼 다음 **내용을 입력**합니다.

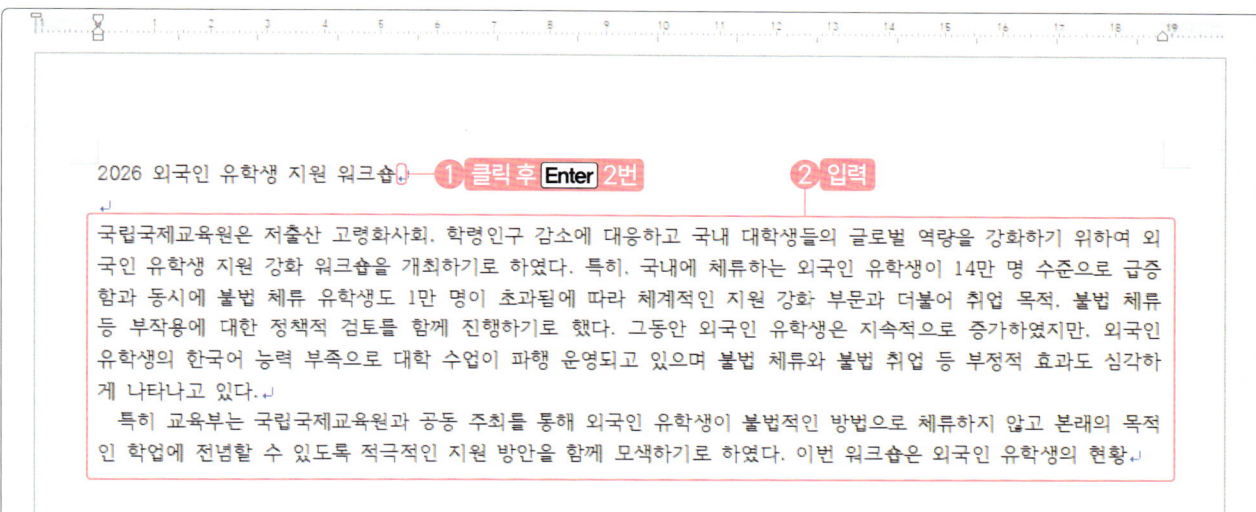

국립국제교육원은 저출산 고령화사회, 학령인구 감소에 대응하고 국내 대학생들의 글로벌 역량을 강화하기 위하여 외국인 유학생 지원 강화 워크숍을 개최하기로 하였다. 특히, 국내에 체류하는 외국인 유학생이 14만 명 수준으로 급증함과 동시에 불법 체류 유학생도 1만 명이 초과됨에 따라 체계적인 지원 강화 부문과 더불어 취업 목적, 불법 체류 등 부작용에 대한 정책적 검토를 함께 진행하기로 했다. 그동안 외국인 유학생은 지속적으로 증가하였지만, 외국인 유학생의 한국어 능력 부족으로 대학 수업이 파행 운영되고 있으며 불법 체류와 불법 취업 등 부정적 효과도 심각하게 나타나고 있다.
 특히 교육부는 국립국제교육원과 공동 주최를 통해 외국인 유학생이 불법적인 방법으로 체류하지 않고 본래의 목적인 학업에 전념할 수 있도록 적극적인 지원 방안을 함께 모색하기로 하였다. 이번 워크숍은 외국인 유학생의 현황

> 제목은 이미 '기능평가 Ⅱ'의 개체에서 작업하여 입력되어 있습니다.

2 한자를 입력하기 위해 '**고찰**'을 **입력**한 후 **(입력) 탭**을 **클릭**한 다음 **(한자 입력)**을 클릭합니다.

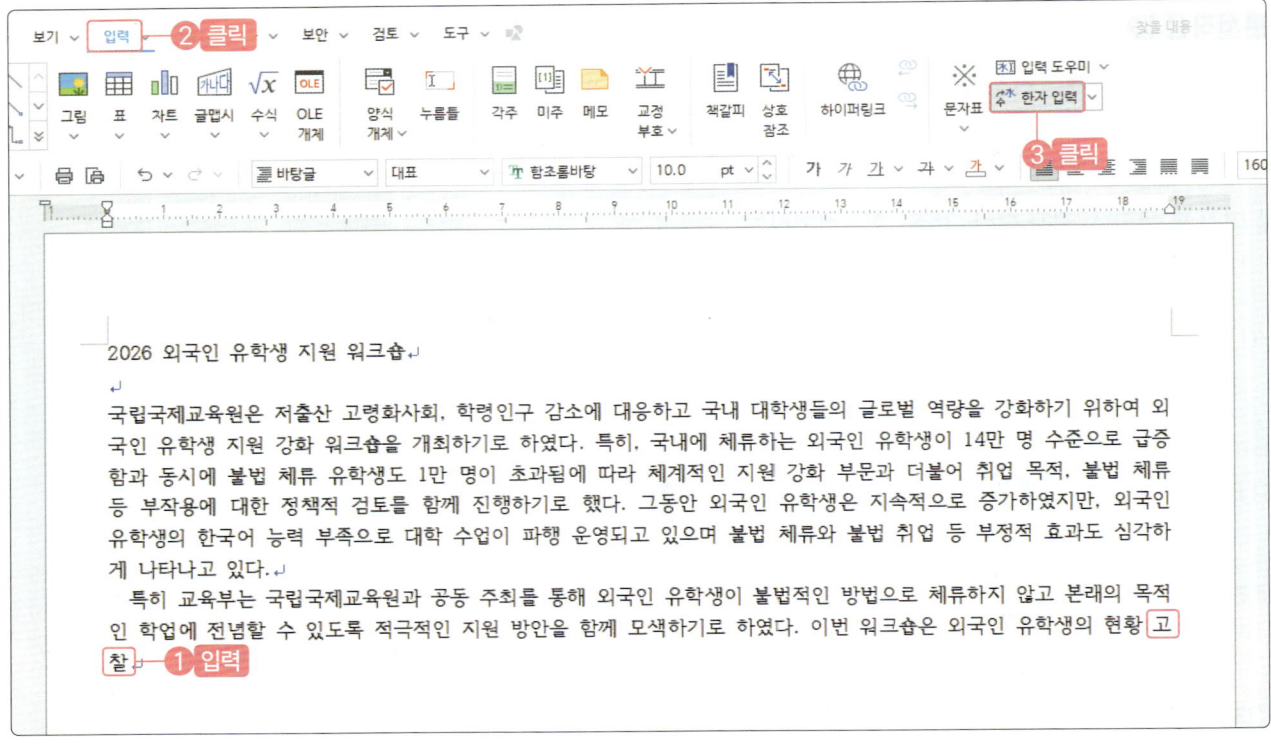

- 한자는 먼저 한글을 입력한 후 한글을 한자로 바꾸어서 입력합니다. 여기서는 '고찰'을 '고찰(考察)'로 바꾸어서 입력하기 위해 '고찰'을 입력한 후 (입력) 탭을 클릭한 다음 (한자 입력)을 클릭한 것입니다.
- '고찰'을 입력한 후 (입력) 탭의 (목록(▽)) 단추를 클릭한 다음 (한자 입력)-(한자로 바꾸기)를 클릭하거나 [한자](또는 [F9])를 눌러 한자를 입력할 수도 있습니다.

3 (한자로 바꾸기) 대화상자가 나타나면 **한자(考察)와 입력 형식(한글(漢字))을 선택**한 후 **(바꾸기) 단추를 클릭**합니다.

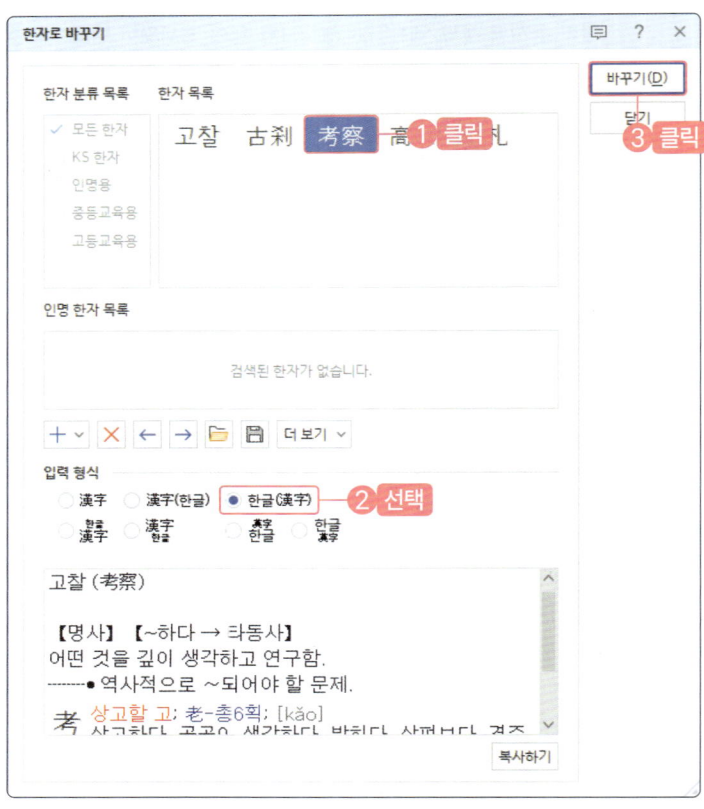

4 한자가 입력되면 같은 방법으로 **내용을 입력**합니다. 그런다음 **Enter**를 **2번** 누릅니다.

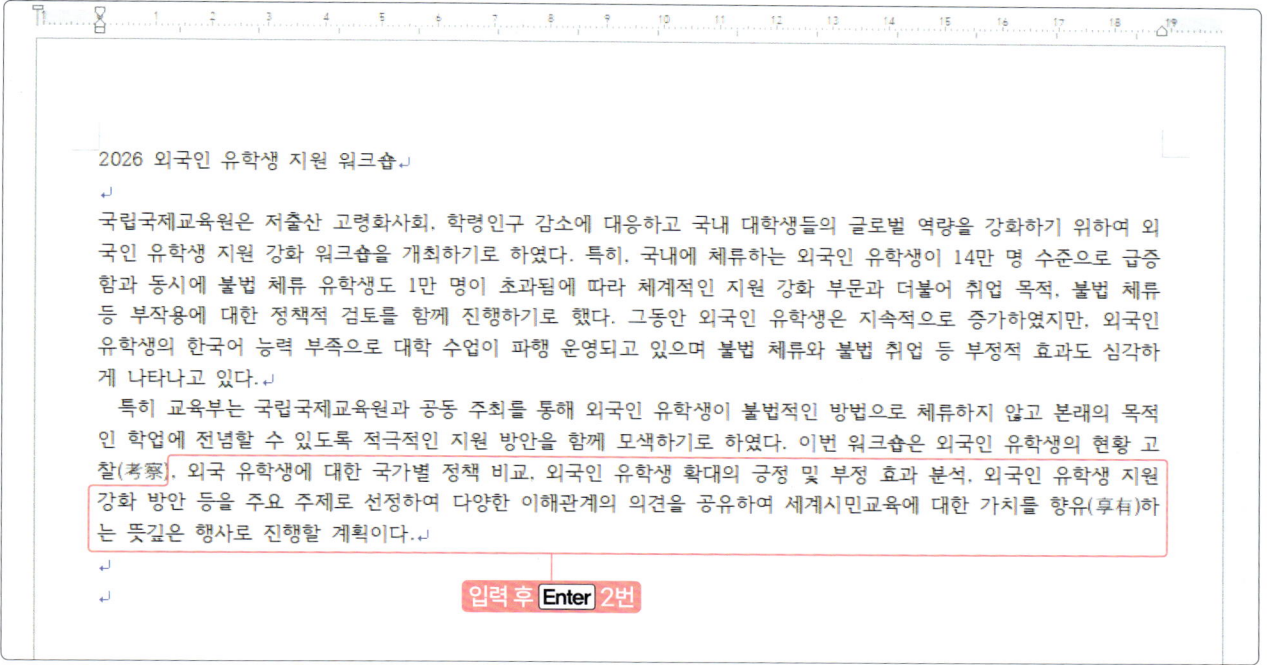

찰(考察), 외국 유학생에 대한 국가별 정책 비교, 외국인 유학생 확대의 긍정 및 부정 효과 분석, 외국인 유학생 지원 강화 방안 등을 주요 주제로 선정하여 다양한 이해관계의 의견을 공유하여 세계시민교육에 대한 가치를 향유(享有)하는 뜻깊은 행사로 진행할 계획이다.

5 제목을 작성하기 위해 **제목을 블록으로 설정**한 후 (서식) 도구 상자에서 **글꼴(돋움)과 글자 크기(18)**를 선택한 다음 (진하게(가))와 (가운데 정렬(≡))을 클릭합니다.

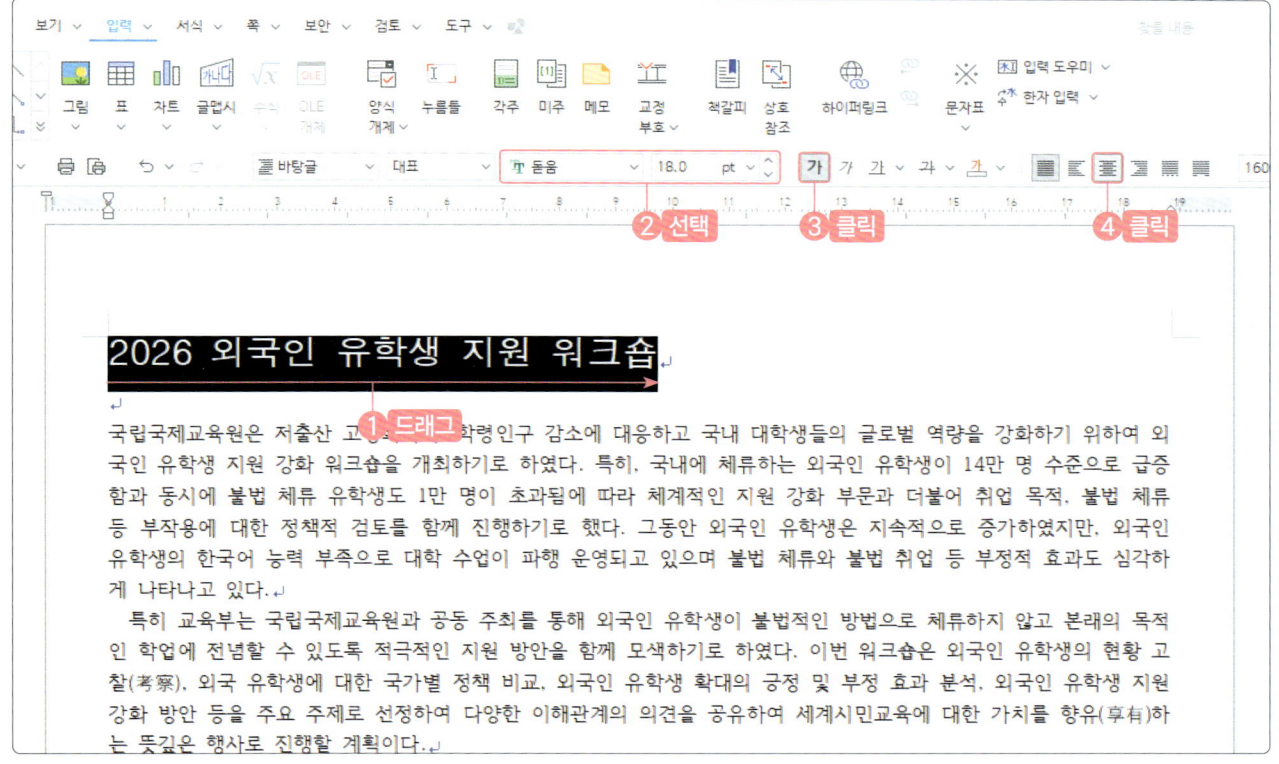

Chapter 07 · 문서작성 능력평가 - I **1-97**

6 덧말을 넣기 위해 블록이 설정된 상태에서 [입력] 탭의 (**목록(▽)**) **단추를 클릭**한 후 (**덧말 넣기**)을 클릭합니다.

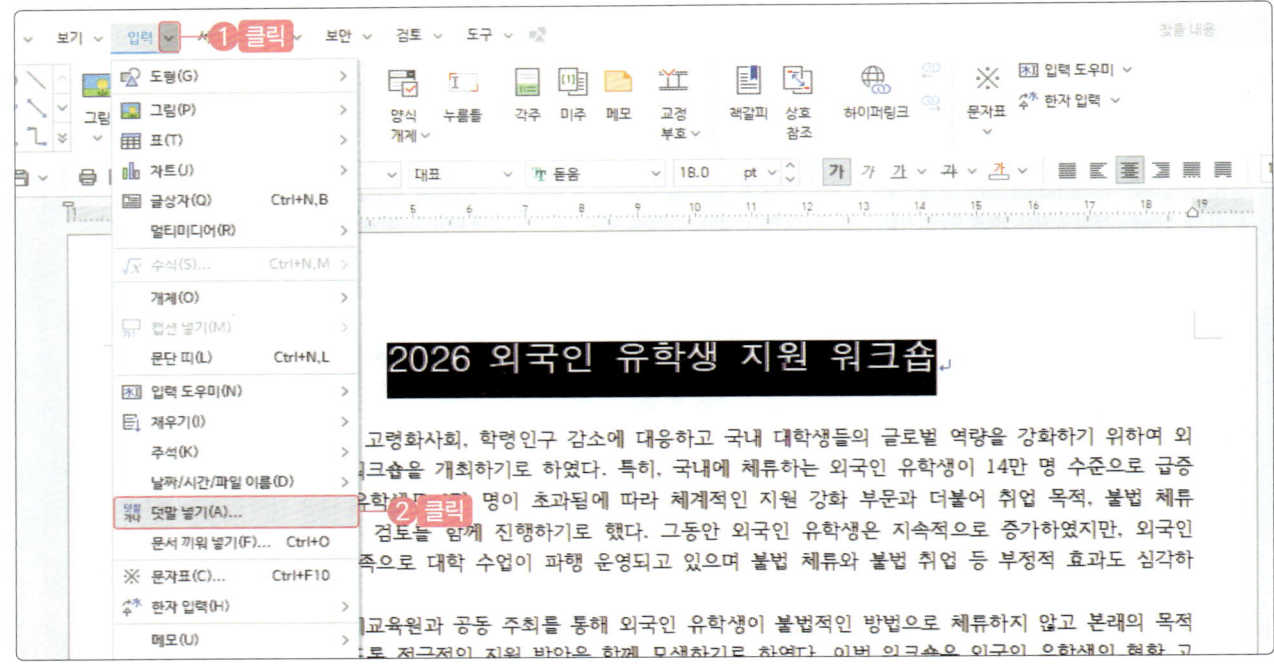

> 덧말은 내용의 위나 아래에 넣는 내용에 대한 보충 설명이나 참조 등을 말합니다.

7 [덧말 넣기] 대화상자가 나타나면 **덧말(지원과 성장)을 입력**한 후 **위치(위)를 선택**한 다음 (**넣기**) 단추를 클릭합니다.

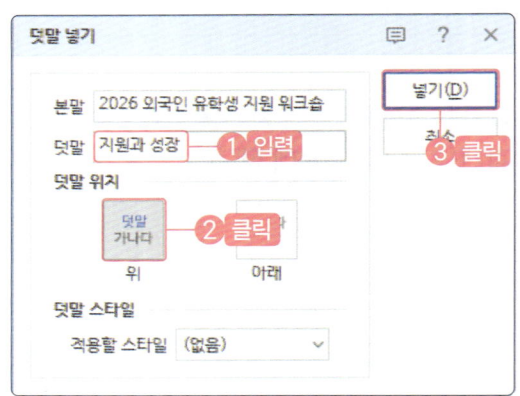

8 다음과 같이 덧말이 넣어집니다.

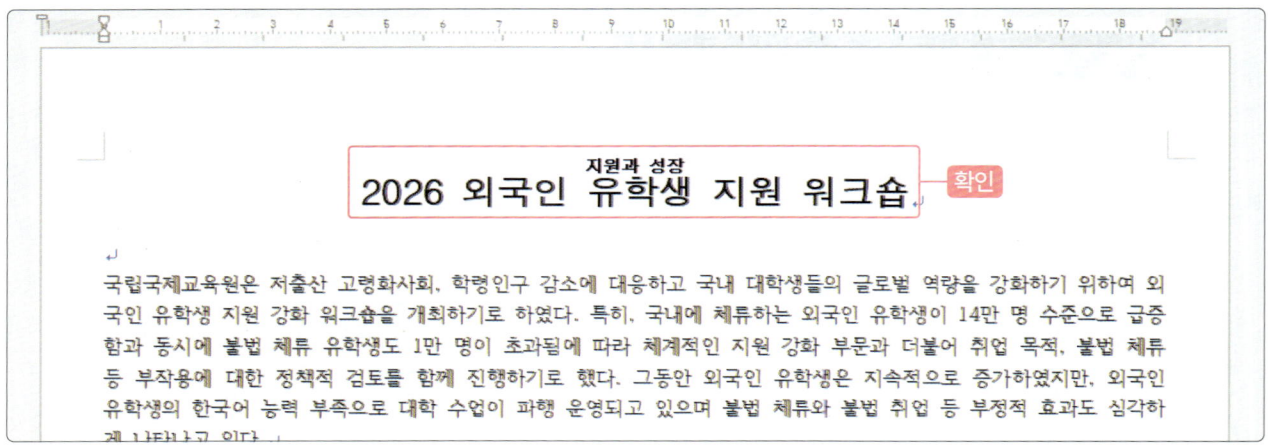

STEP 02 머리말 삽입하기

《조건》 머리말 기능, 돋움, 10pt, 오른쪽 정렬

1 머리말을 삽입하기 위해 **(쪽)** 탭을 클릭한 후 **(머리말( ))**을 클릭한 다음 **(위쪽)-(모양 없음)**을 클릭합니다.

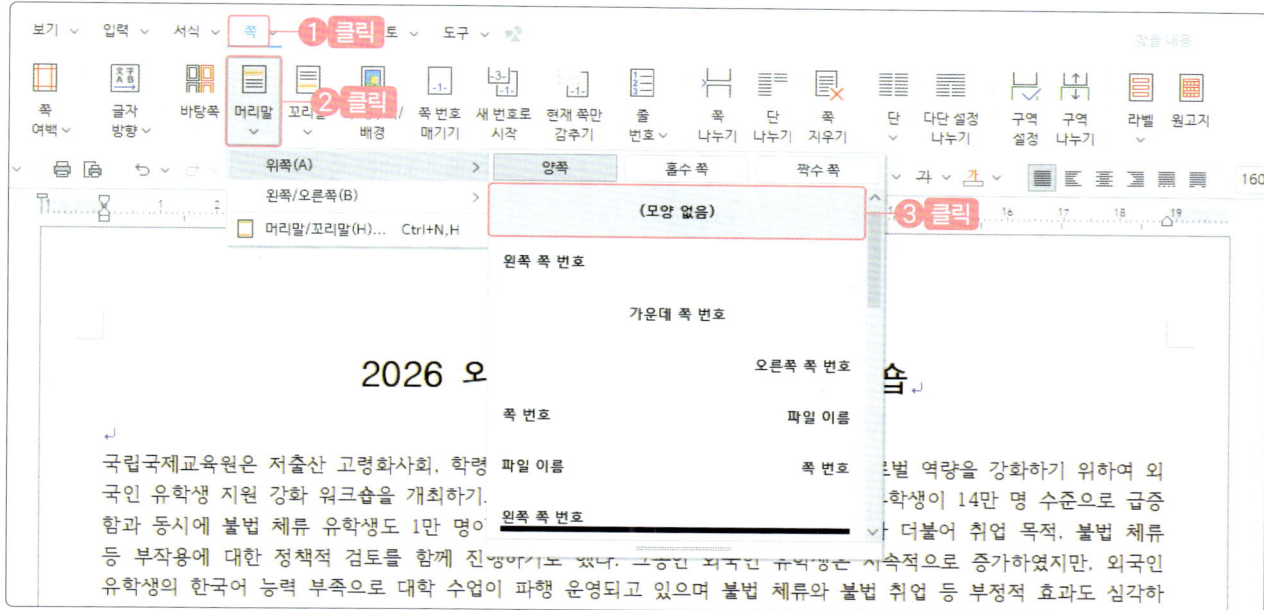

2 머리말 입력 화면이 나타나면 **머리말(해외 교류 확대)을 입력**한 후 **머리말을 블록으로 설정**한 다음 **(서식) 도구 상자**에서 **글꼴(돋움)과 글자 크기(10)를 선택**하고 **(오른쪽 정렬( ))을 클릭**합니다.

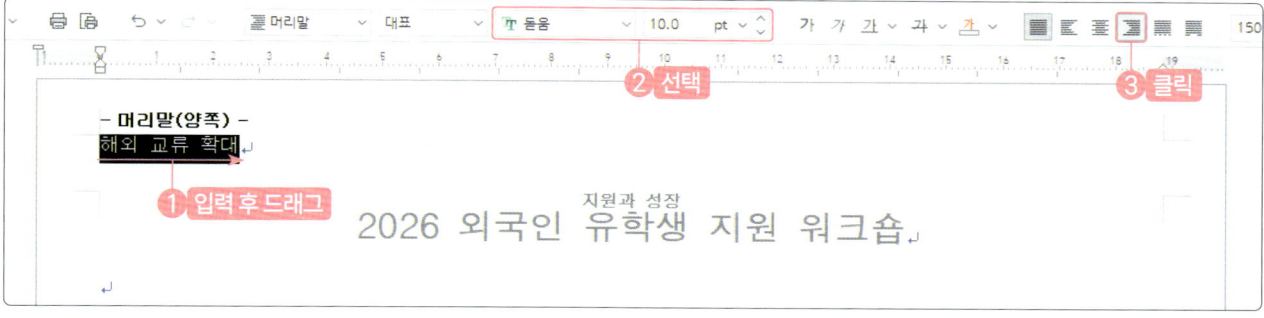

3 머리말 입력을 닫기 위해 **(머리말/꼬리말) 정황 탭**에서 **(닫기)를 클릭**합니다.

STEP 03 문단 첫 글자 장식하기

《조건》 문단 첫 글자 장식 기능, 글꼴 : 굴림, 면색 : 노랑

1 문단 첫 글자를 장식하기 위해 '국립국제교육원은' 앞에 커서를 둔 후 [서식] 탭을 클릭한 다음 [문단 첫 글자 장식(갬)]을 클릭합니다.

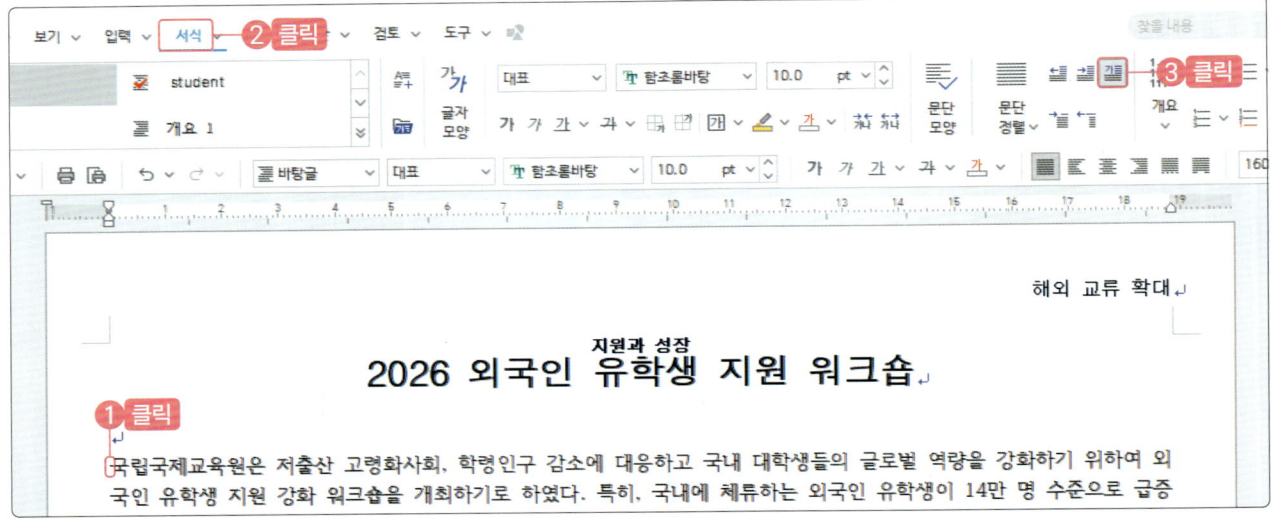

2 [문단 첫 글자 장식] 대화상자가 나타나면 모양(2줄(갬))을 클릭한 후 글꼴(굴림)과 면 색(노랑(RGB: 255,255,0))을 선택한 다음 [설정] 단추를 클릭합니다.

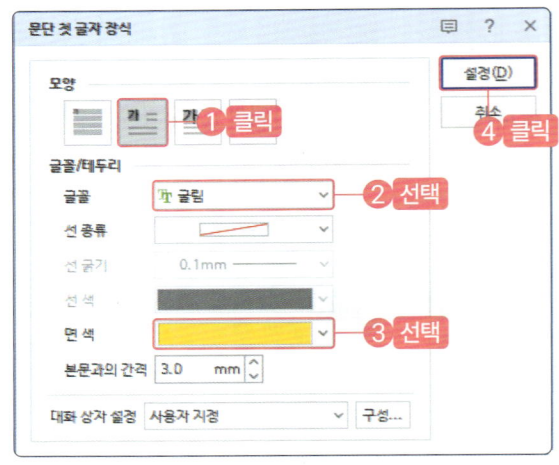

3 다음과 같이 문단 첫 글자 장식이 지정됩니다.

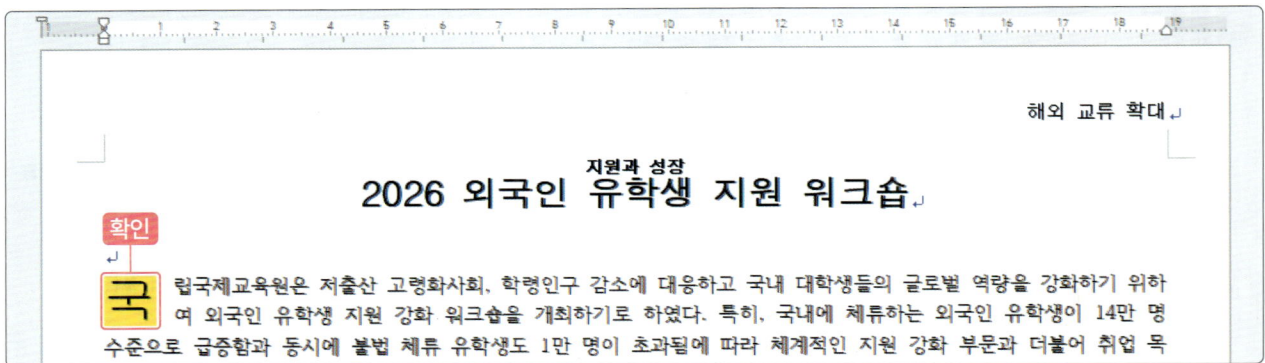

STEP 04 각주 삽입하기

《조건》 각주 구분선 : 5cm

1 각주를 삽입하기 위해 '고령화사회' 뒤에 커서를 둔 후 [입력] 탭을 클릭한 다음 [각주(📄)]를 클릭합니다.

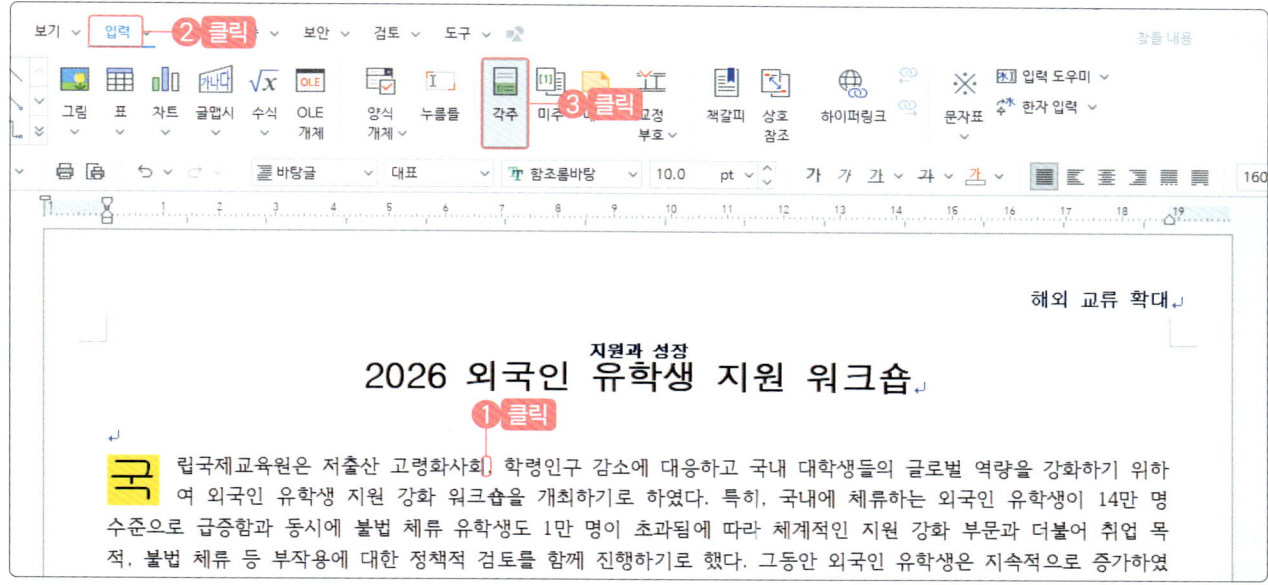

- 각주는 본문 내용에 대한 보충 설명이나 참조 등을 해당 페이지의 하단에 넣은 것을 말합니다.
- [입력] 탭의 [목록(⌵)] 단추를 클릭한 후 [주석]-[각주]를 클릭하거나 Ctrl + N , N 을 눌러 각주를 삽입할 수도 있습니다.

2 각주 입력 화면이 나타나면 [주석] 정황 탭에서 **[각주/미주 모양]**을 클릭합니다.

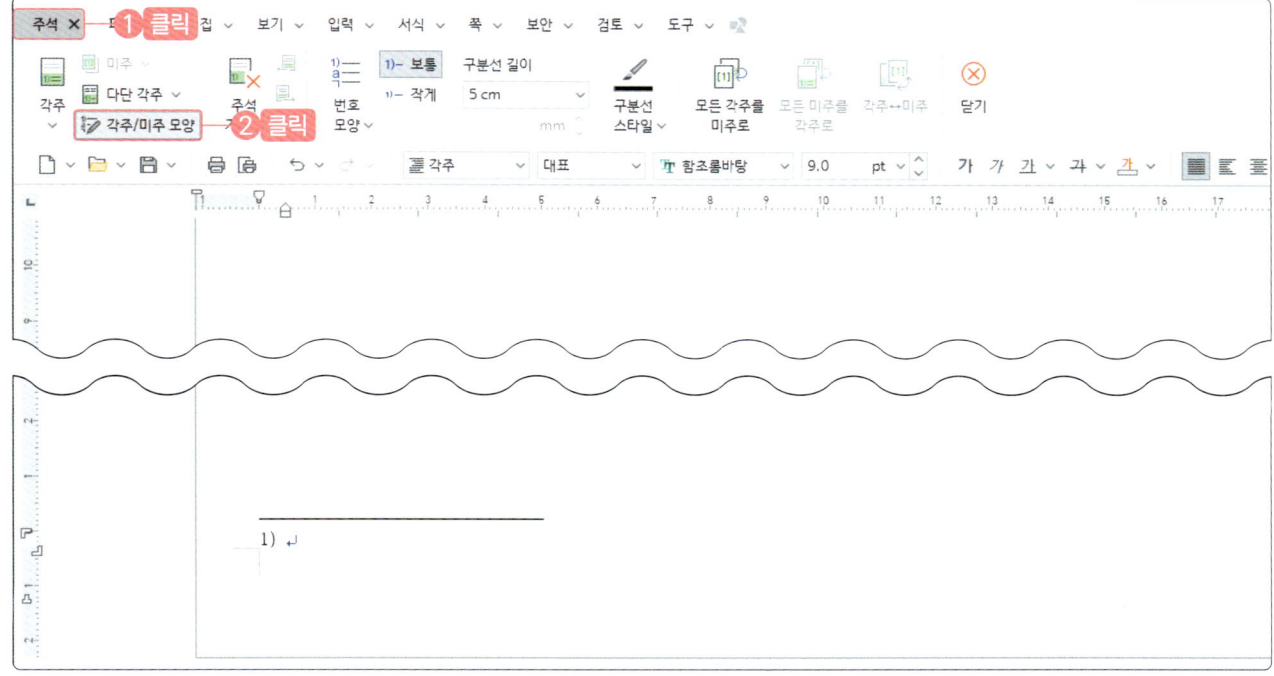

3 (주석 모양) 대화상자가 나타나면 **번호 모양**(Ⓐ,Ⓑ,Ⓒ)을 **선택**한 후 **구분선 길이**(5cm)를 확인한 다음 (설정) 단추를 클릭합니다.

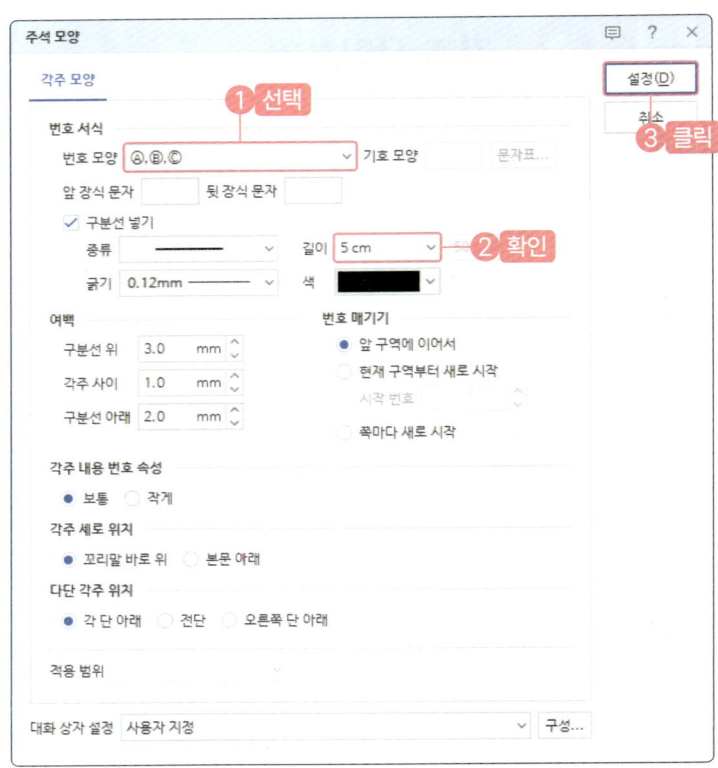

4 각주 번호 모양이 변경되면 다음과 같이 **각주 내용(총인구 중에 65세 이상의 인구가 차지하는 비율이 7% 이상인 사회를 말함)을 입력**합니다. 그런다음 각주 입력 화면을 닫기 위해 (주석) 정황 탭에서 (닫기)를 클릭합니다.

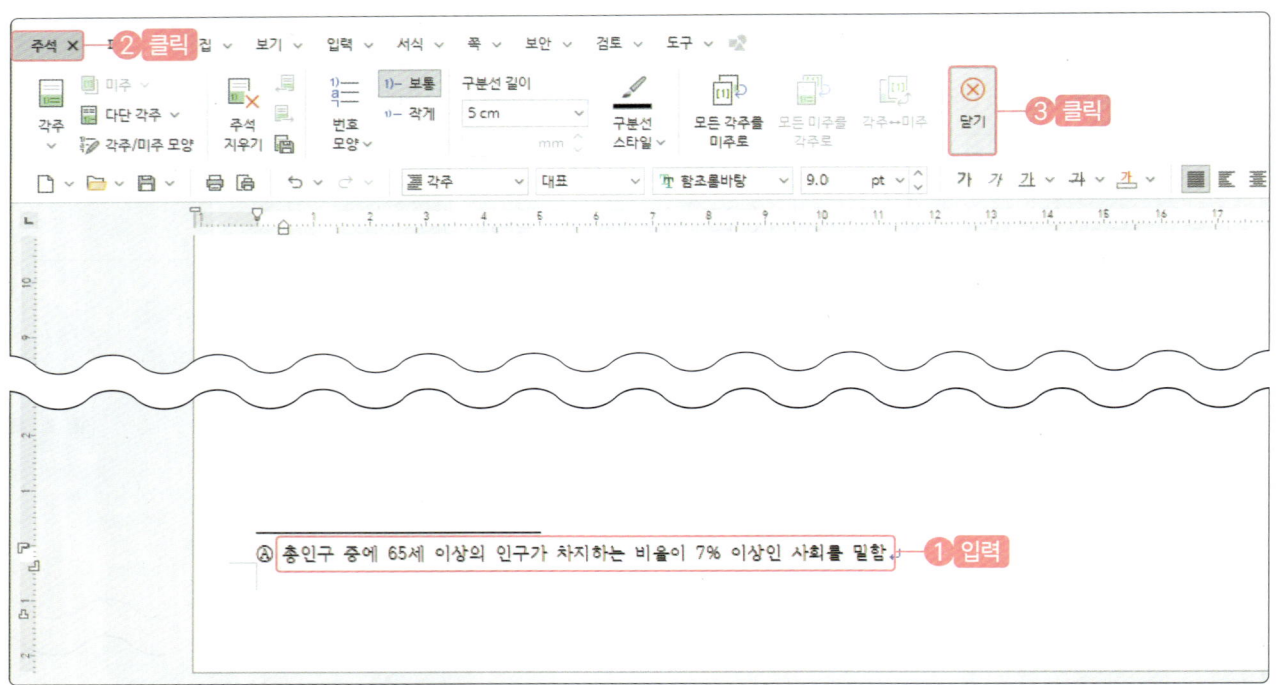

> Shift + Esc 를 눌러 각주 입력 화면을 닫을 수도 있습니다.

STEP 05 그림 삽입하기

《조건》 그림위치(내 PC\문서\ITQ\Picture\그림4.jpg, 문서에 포함)
자르기 기능 이용, 크기(40mm×35mm), 바깥 여백 왼쪽 : 2mm

1 그림을 삽입하기 위해 [입력] 탭을 클릭한 후 [그림(🖼)]을 클릭합니다.

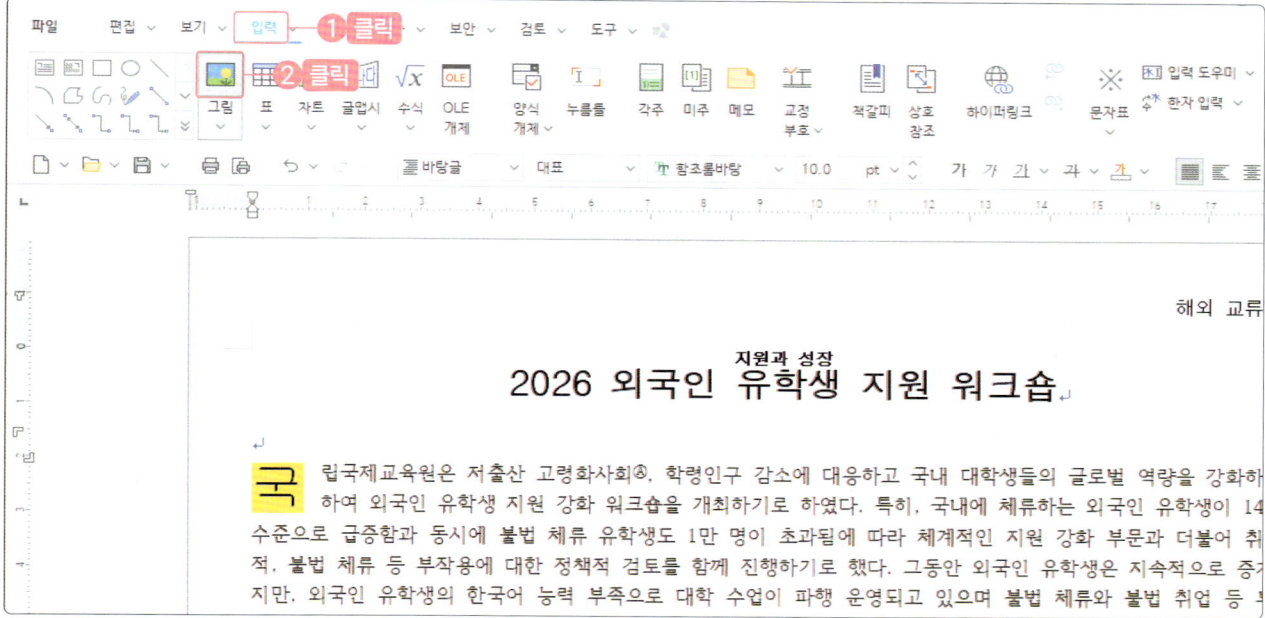

2 [그림 넣기] 대화상자가 나타나면 찾는 위치(내 PC\문서\ITQ\Picture)를 지정한 후 그림(그림4)을 선택한 다음 [문서에 포함]을 선택하고 [열기] 단추를 클릭합니다.

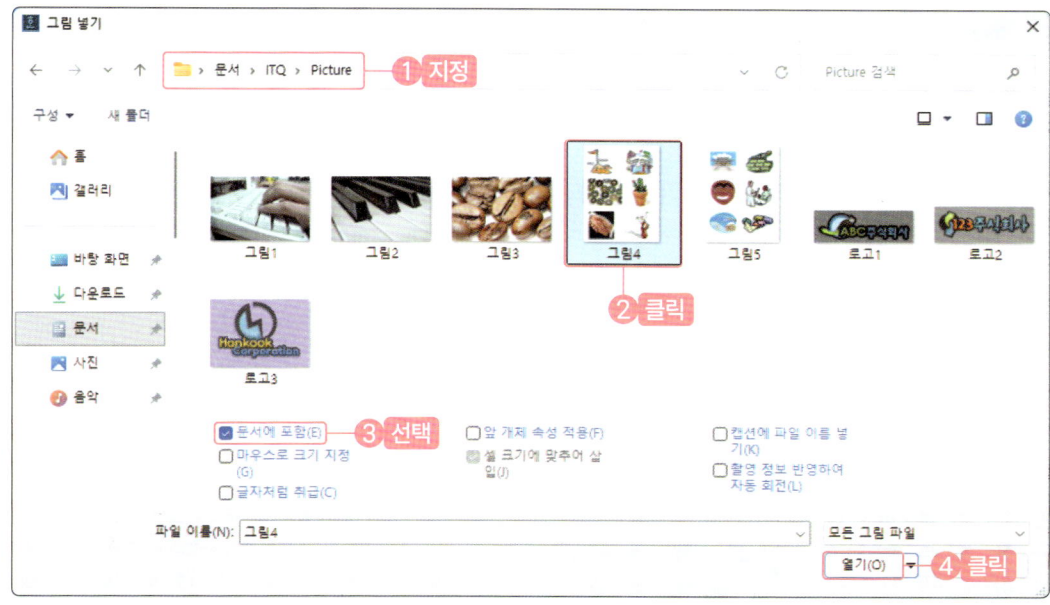

[글자처럼 취급]과 [마우스로 크기 지정]은 선택 해제합니다.

3 그림이 삽입되면 **그림을 선택**한 후 〔그림(🌷)〕 정황 탭에서 **(자르기(🖼))**를 클릭합니다. 그런다음 그림의 자르기 조정 핸들(┓)을 드래그하여 그림을 자릅니다.

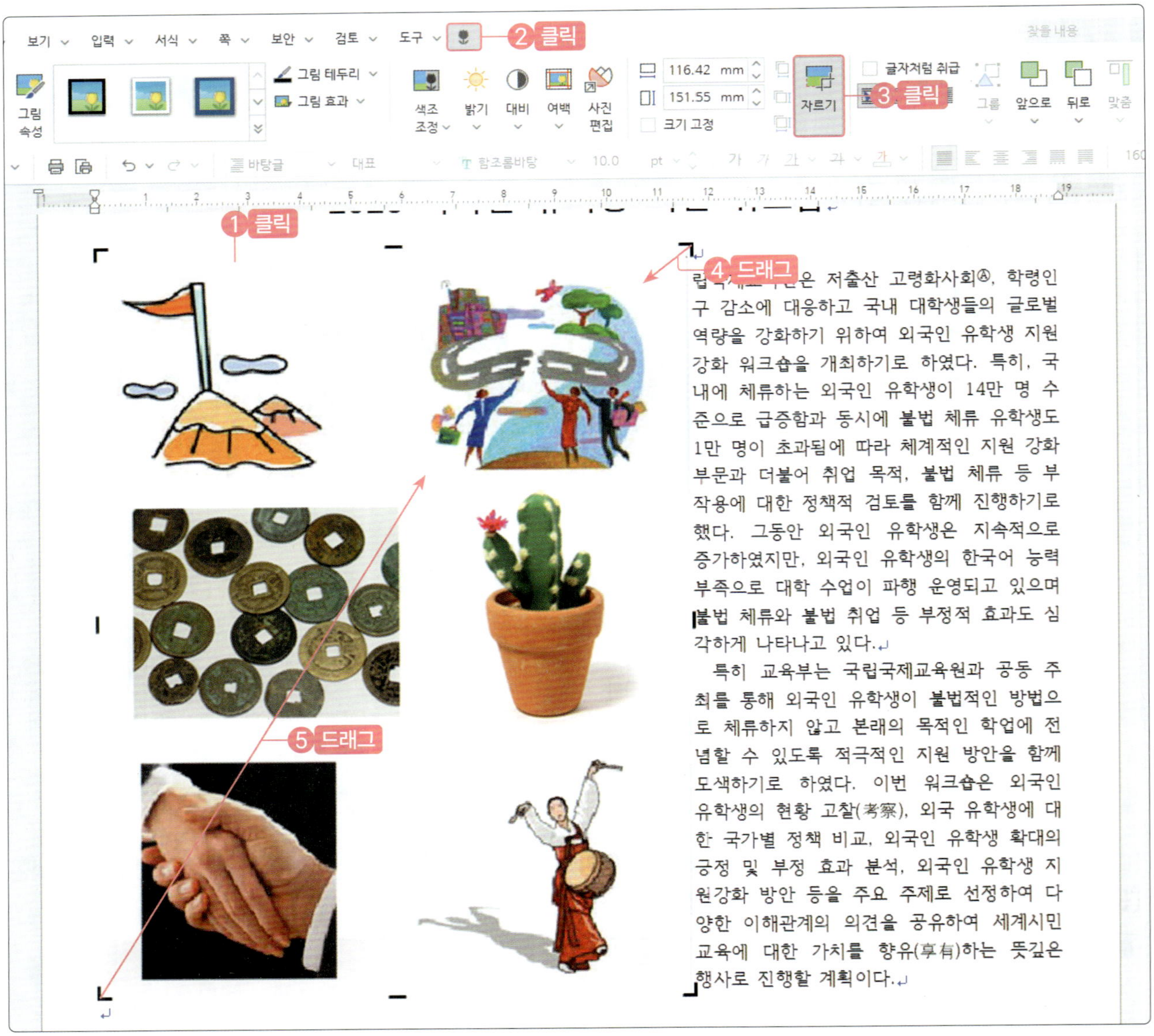

4 그림에 속성을 지정하기 위해 **그림을 선택**한 후 **바로가기 메뉴의 (개체 속성)**을 클릭합니다.

5 〔개체 속성〕 대화상자가 나타나면 〔기본〕 탭에서 **너비(40)와 높이(35)를 입력**한 후 〔**크기 고정**〕을 선택합니다. 그런다음 〔**여백/캡션**〕 탭을 클릭한 후 **바깥 여백(2)을 입력**한 다음 〔설정〕 단추를 클릭합니다.

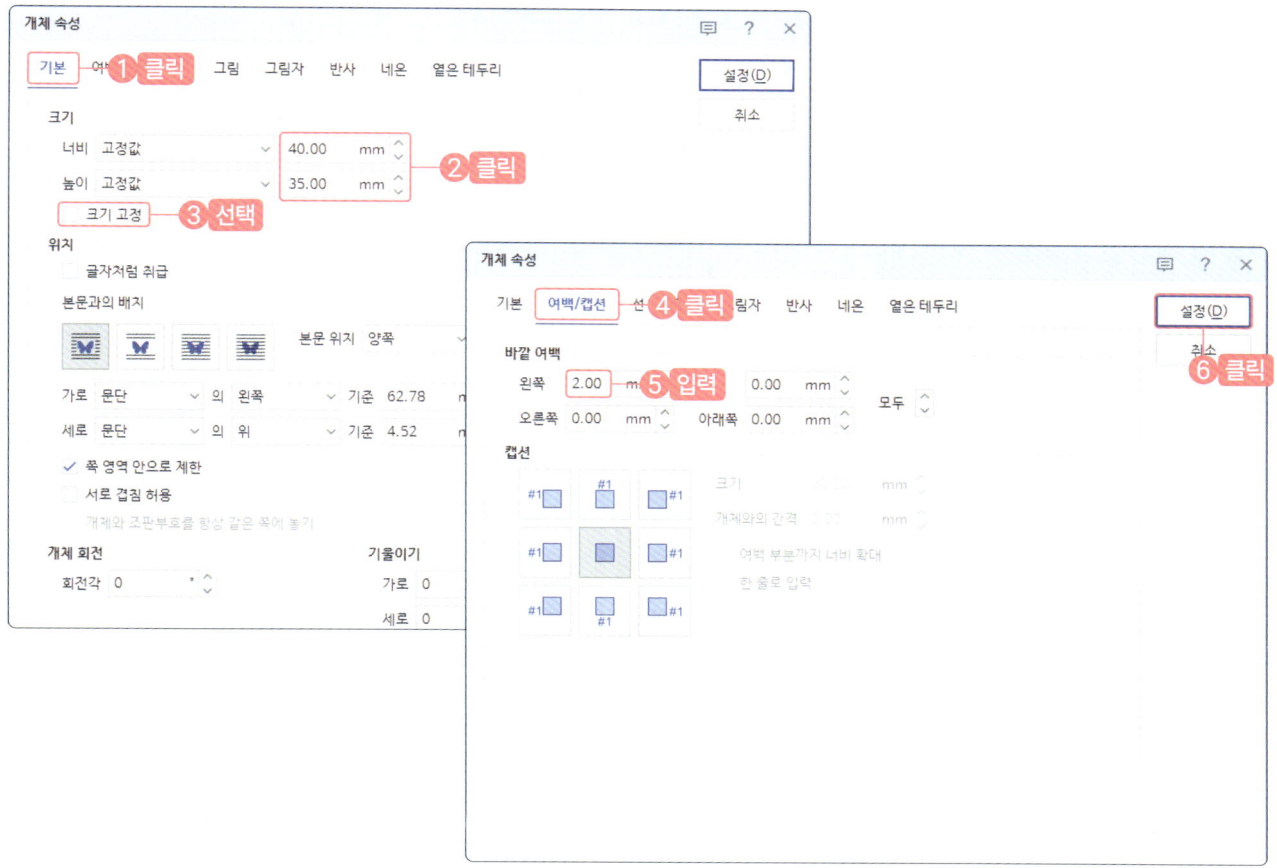

6 그림의 속성이 지정되면 다음과 같이 **그림의 위치를 조정**합니다.

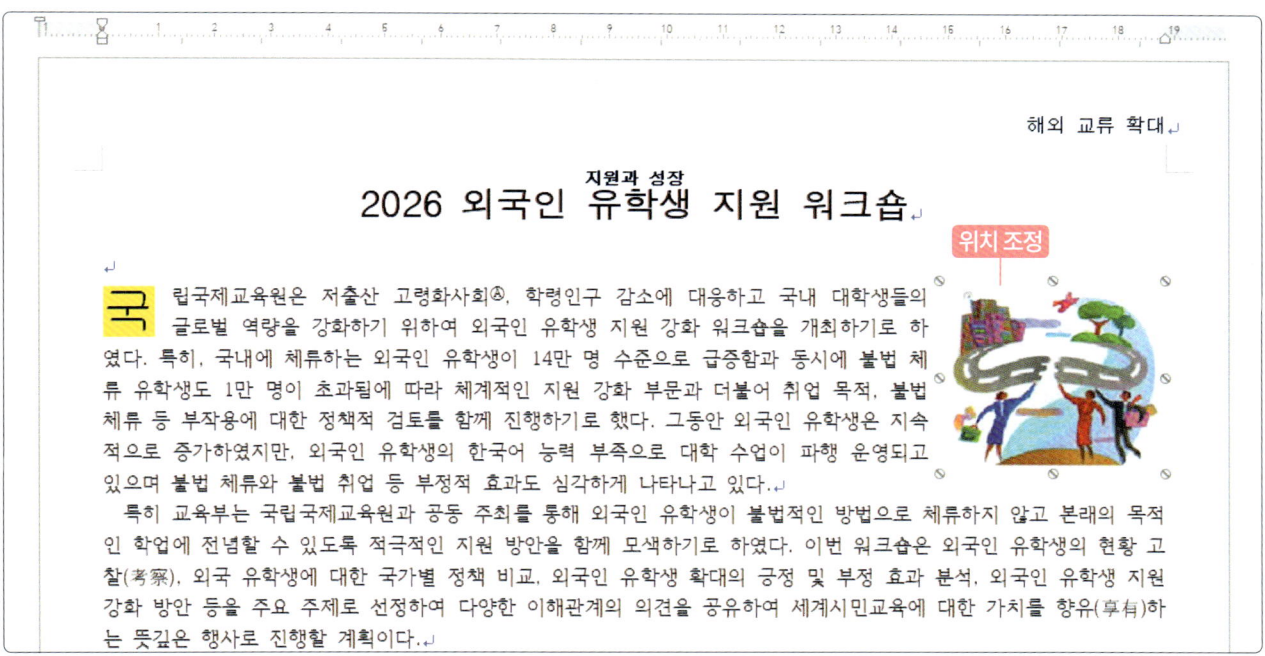

오른쪽 끝 부분의 글자가 《출력형태》와 다를 경우에는 '글자 누락, 오타, 띄어쓰기' 등을 다시 한 번 확인해야 합니다.

문서작성 능력평가 - I

유형 01

다음의 지시사항을 참고하여 《출력형태》와 같이 문서를 작성하시오. (200점)

▶ 소스파일 : Chapter 07₩문제07-01.hwpx ▶ 완성파일 : Chapter 07₩문제07-01_완성.hwpx

《출력형태》

글꼴 : 궁서, 18pt, 진하게, 가운데 정렬
책갈피 이름 : 정보격차
덧말 넣기

머리말 기능
굴림, 10pt, 오른쪽 정렬 → 정보화 수준

전 국민이 함께하는
정보격차 해소 정책

문단 첫 글자 장식 기능
글꼴 : 궁서, 면색 : 노랑

그림위치(내 PC₩문서₩ITQ₩Picture₩그림5.jpg, 문서에 포함)
자르기 기능 이용, 크기(40mm×35mm), 바깥 여백 왼쪽 : 2mm

정보사회가 진전될수록 정보에 대한 접근과 이용이 용이한 계층과 그렇지 못한 계층 간의 격차(隔差)가 발생하게 된다. 이렇게 발생하는 정보격차는 정보취약계층의 소득과 삶의 질 저하, 사회참여 기회 축소 및 계층 간 빈부격차 등을 심화시켜 사회통합에 지장을 초래하기 때문에 정보화가 진전될수록 정보격차 해소의 중요성은 점점 커지고 있다. 특히 정보에 대한 접근 부문은 정보격차 해소를 위한 우선적 과제로 사회적, 경제적, 지역적 차이에 관계없이 누구나 쉽게 정보에 접근 가능한 환경을 제공받는 것은 정보격차 해소를 위한 기본적 수단(手段)이다.

　정부는 급속히 발전하는 정보화 환경 속에서 신체적, 경제적, 지역적 여건 등에 의해 정보통신 제품 및 서비스의 접근이 어려운 장애인, 고령자, 저소득층, 농어민들의 평등한 정보접근 기회를 제공하고자 정보통신 보조기기를 개발하고 보급하는 한편, 사랑의 그린 PC를 보급하고 청각 및 언어 장애인을 위한 통신 중계 서비스를 제공하고 있다. 과학기술정보통신부와 한국지능정보사회진흥원에서는 소외계층의 PC, 인터넷 사용 능력 등 정보화 수준을 확인하기 위해 매년 장애인, 저소득층, 농어민, 장노년층 등을 대상으로 정보격차 실태조사ⓐ를 실시하고 있다.

각주

각주 구분선 : 5cm

ⓐ 정보격차 해소 정책의 연간 추진 성과를 측정 및 평가하고 효율적인 정책 추진을 위한 기초자료 제공

5G 시대 실감산업 육성 방안
(확장현실)

5G 상용화와 함께 비대면 시대에 접어들면서 VR, MR, AR을 포괄하는 XR(확장현실)에 대한 요구가 크게 증가(增加)하고 있다. 한국을 시작으로 38개국이 5G 상용화를 진행하면서 XR 시장이 성장할 것으로 전망된다. 특히 코로나 19로 인해 기업 경영과 개인 생활 영역에 제약이 생기면서 확장현실을 통해 활로를 찾고자 전 산업에 걸친 확장현실 도입이 이루어지고 있다. 이에 주요국들은 확장현실로 성장동력을 얻고자 정부가 주도해 프로젝트를 추진함으로써 실감산업 육성 지원에 들어갔으며, 애플, 구글, 페이스북을 비롯한 주요 기업은 확장현실에 대한 공격적인 투자를 통해 시장 선점에 노력을 기울이고 있다. 우리나라도 글로벌 확장현실ⓐ 선도를 위해 실감콘텐츠 활성화 전략을 수립(樹立)하고 실감산업 육성을 지원하였다.

한편, 협업 능력이 기업의 미래를 결정하는 중요 척도로 꼽히는 만큼 비대면 시대에서 기업들은 협업 효과를 잃지 않기 위해 많은 노력을 기울이고 있으며 그 중 하나가 확장현실에 기반한 협업인 실감협업이다. 이는 확장현실을 통해 풍부한 정보공유, 몰입감 높은 현장감, 자연스러운 상호작용으로 원격에서도 높은 협업 효과를 가져올 수 있다.

_____
ⓐ VR, MR, AR에 이르기까지 가상현실 기술 전체를 통틀어서 일컬음

유형 03

다음의 지시사항을 참고하여 《출력형태》와 같이 문서를 작성하시오. (200점)

▶ 소스파일 : Chapter 07₩문제07-03.hwpx   ▶ 완성파일 : Chapter 07₩문제07-03_완성.hwpx

《출력형태》

글꼴 : 돋움, 18pt, 진하게, 가운데 정렬
책갈피 이름 : 건설
덧말 넣기

머리말 기능
굴림, 10pt, 오른쪽 정렬 → 건설 네트워크

새로운 공간 개발
대한민국 건설기술산업대전

문단 첫 글자 장식 기능
글꼴 : 굴림, 면색 : 노랑

그림위치(내 PC₩문서₩ITQ₩Picture₩그림4.jpg, 문서에 포함)
자르기 기능 이용, 크기(40mm×40mm), 바깥 여백 왼쪽 : 2mm

대한민국 건설기술산업대전은 국내 최초 건설기술산업 전문 전시회(展示會)로 국내 건설기술의 최신 트렌드와 정보를 제공한다. 다양한 전문 세션으로 구성된 세미나가 개최됨과 동시에 도로, 철도, 항만 및 해안, 교량, 터널 등의 기술 품목, 토공, 도로, 콘크리트, 플랜트, 특수장비 등의 장비 품목, 구조재료, 철강재료, 도료, 방수 단열재 등의 자재 품목, 각종 해석 및 설계 프로그램, BIM, 3D 모델링, 통신, 제어솔루션 등의 시스템 품목을 아우르는 건설기술 산업 전 분야가 전시된다.

한국건설기술연구원 구조융합연구소, 성균관대학교 자기치유친환경콘크리트센터, 한국BIM학회, 한국비계기술원, 한국크레인협회 등의 기관에서 세미나에 참여하고 신기술&신공법 소개, 건설 산업에서 4차 산업혁명과 BIM, 가설구조물 안정성 확보 방안 등의 다양한 프로그램을 준비하여 국제표준지표, 기술연구결과, 최신 건설기술 동향(動向)에 대한 수준 높은 강의가 진행된다. 건설기술에 관심 많은 종사자 및 실수요자가 건설 산업 현황을 한 눈에 파악할 수 있으며, 비즈니스 네트워크 구축을 통해 B2B㉮ 상호간 긴밀한 협조체계가 이뤄질 예정이다.

각주

각주 구분선 : 5cm

㉮ 기업과 기업 사이에 이루어지는 전자상거래를 일컫는 경제 용어

유형 04

다음의 지시사항을 참고하여 《출력형태》와 같이 문서를 작성하시오. (200점)

▶ 소스파일 : Chapter 07₩문제07-04.hwpx   ▶ 완성파일 : Chapter 07₩문제07-04_완성.hwpx

《출력형태》

글꼴 : 돋움, 18pt, 진하게, 가운데 정렬
책갈피 이름 : 통일
덧말 넣기

머리말 기능
굴림, 10pt, 오른쪽 정렬 → 평화 통일

평화적 통일
정통성과 민족의 동질성 회복

문단 첫 글자 장식 기능
글꼴 : 굴림, 면색 : 노랑

각주

그림위치(내 PC₩문서₩ITQ₩Picture₩그림4.jpg, 문서에 포함)
자르기 기능 이용, 크기(40mm×40mm), 바깥 여백 왼쪽 : 2mm

통일은 남북한 국민이 한 민족㉠ 하나의 국민이라고 느끼고 남북한 단일체제 수립(樹立)을 넘어 한마음이 된 상태를 의미한다. 통일은 분단된 국토가 하나 되는 것은 물론 정치적으로 대립되었던 체제를 하나로 만드는 것이고, 경제적으로 서로 다른 제도를 하나로 거듭나게 하는 것이며, 남북 주민 사이에 내면화된 이질적인 문화를 하나로 다시 탄생시키는 것이다. 우리가 추구하는 통일은 인류 보편적 가치로 자리 잡은 자유민주주의와 시장경제를 바탕으로 구성원 모두의 자유와 인권이 보장되는 민족공동체의 건설이다.

통일은 분단으로 인해 굴절된 역사를 바로잡고, 민족공동체 건설을 통해 우리 민족의 총체적 역량을 극대화하기 위해 필요하다. 또한 통일은 분단에 따른 유형, 무형적인 비용을 소멸시키고 새로운 이득을 창출(創出)함으로 인해 국가와 사회뿐 아니라 개인에게도 삶의 질을 향상시킬 것이다. 개인적 차원에서 통일은 이산가족의 고통을 해소하고 남북 간에 자유롭게 오고 가며 살 수 있는 등의 다양한 선택의 기회를 부여하며 인간적인 삶을 보장할 것이다. 통일은 21세기 한민족의 새로운 비상과 선진일류국가로 도약하기 위한 수단으로써 필요하다.

각주 구분선 : 5cm

㉠ 언어와 문화상의 공통성에 기초하여 오랜 세월 역사적으로 형성된 사회 집단

유형 05

다음의 지시사항을 참고하여 《출력형태》와 같이 문서를 작성하시오. (200점)

▶ 소스파일 : Chapter 07₩문제07-05.hwpx ▶ 완성파일 : Chapter 07₩문제07-05_완성.hwpx

《출력형태》

글꼴 : 굴림, 18pt, 진하게, 가운데 정렬
책갈피 이름 : 데이터
덧말 넣기

머리말 기능
돋움, 10pt, 오른쪽 정렬 → 데이터 정책

디지털 뉴딜 정책
공공데이터 개방 및 이용 활성화 정책

그림위치(내 PC₩문서₩ITQ₩Picture₩그림4.jpg, 문서에 포함)
자르기 기능 이용, 크기(40mm×35mm), 바깥 여백 왼쪽 : 2mm

문단 첫 글자 장식 기능
글꼴 : 돋움, 면색 : 노랑

코로나19의 세계적 유행을 극복하는 과정에서 공공데이터 활용이 위기 대응에 기여하는 사례가 늘어남에 따라 데이터 경제 가속화를 가져오는데 공공데이터가 핵심으로 부상하게 되었다. 이에 코로나19로 인한 경제 위기를 극복하고 디지털 전환 시대에 세계 경제를 선도(先導)하기 위해 정부는 '한국판 뉴딜'의 한 축으로 '디지털 뉴딜' 정책을 발표했다. 과학기술정보통신부는 디지털 뉴딜 정책의 일환으로 데이터 수집, 가공, 활용 기반을 강화하여 데이터 경제와 인공지능 경제로 전환하기 위해 데이터 댐 프로젝트를 핵심 과제로 추진하고 있다. → 각주

인공지능 개발에 필수적인 인공지능 학습용 데이터를 누구나 편리한 시간과 장소에서 수집하고 가공하며 검증할 수 있도록 크라우드 소싱 방식①을 적용하여 170종 4억 8천만 건의 데이터를 개방(開放)했다. 데이터를 국민 누구나 손쉽게 찾아 활용할 수 있도록 분야별 빅데이터 플랫폼 및 센터를 구축하여 6개 플랫폼과 50개 센터를 운영하고 있다. 또한 여러 기관에 분산된 개인 데이터를 가치 있게 활용할 수 있도록 마이데이터 실증사업을 추진하고 정보 주체 중심의 데이터 활용 확산에 기여하고 있다.

각주 구분선 : 5cm

① 대중들의 참여로 해결책을 얻는 방법

유형 06

다음의 지시사항을 참고하여 《출력형태》와 같이 문서를 작성하시오. (200점)

▶ 소스파일 : Chapter 07₩문제07-06.hwpx   ▶ 완성파일 : Chapter 07₩문제07-06_완성.hwpx

《출력형태》

> 글꼴 : 굴림, 18pt, 진하게, 가운데 정렬
> 책갈피 이름 : 저작권
> 덧말 넣기

> 머리말 기능
> 돋움, 10pt, 오른쪽 정렬 → 보호되는 저작물

문화경제의 경쟁력
저작권이란 무엇인가요?

> 문단 첫 글자 장식 기능
> 글꼴 : 돋움, 면색 : 노랑

각주

> 그림위치(내 PC₩문서₩ITQ₩Picture₩그림4.jpg, 문서에 포함)
> 자르기 기능 이용, 크기(40mm×45mm), 바깥 여백 왼쪽 : 2mm

저작권이란 저작물을 창작한 사람 및 기타 권리자에게 저작권법이 인정하고 있는 배타적 권리를 말한다. 단, 저작권법ⓐ은 저작물의 이용을 도모(圖謀)하기 위해 창작자 및 기타 권리자에게 일정기간에 한하여 독점 배타적 권리를 인정하고 있으며, 공정한 이용을 위하여 일정한 저작권 제한 사유를 규정하고 있다. 저작권과 관련된 역할자는 저작물을 창작하고 이에 대해 권리를 가지는 저작권자와 이러한 저작물을 해석하고 전달하는 데 대하여 권리를 가지는 저작인접권자, 그리고 이러한 저작물이나 저작인접물을 소비하는 이용자가 있다. 이 이용자에는 이를 사용하거나 향유(享有)하는 소비적 이용자와 이를 활용하여 또 다른 창작을 꾀하는 생산적 이용자가 있는가 하면, 이를 매개하거나 다른 목적을 위하여 활용하는 도서관이나 학교와 같은 기관들도 있다.

저작물의 창작과 전달 그리고 그의 이용을 둘러싼 이들 각 역할자 사이의 관계는 기본적으로 저작권법 등의 법규와 이에 기초한 계약, 그리고 각종 사법제도에 의하여 규율된다. 저작물의 창작과 이용에 활용되는 기술과 각 역할자의 법의식 등 행동 윤리 역시 이들 간의 관계에 중대한 영향을 미친다.

> 각주 구분선 : 5cm

ⓐ 저작자의 권리와 이에 인접한 권리를 보호하기 위하여 만든 법률

08 문서작성 능력평가 - II

☑ 소제목 작성하기　☑ 문단 번호 모양 지정하기　☑ 표 제목 작성하기
☑ 표 작성하기　☑ 기관 이름 작성하기　☑ 페이지 번호 매기기

▶ 소스 파일 : Chapter 08₩Ch08.hwpx　▶ 완성 파일 : Chapter 08₩Ch08_완성.hwpx

출력 형태

있으며 불법 체류와 불법 취업 등 부정적 효과도 심각하게 나타나고 있다.
　특히 교육부는 국립국제교육원과 공동 주최를 통해 외국인 유학생이 불법적인 방법으로 체류하지 않고 본래의 목적인 학업에 전념할 수 있도록 적극적인 지원 방안을 함께 모색하기로 하였다. 이번 워크숍은 외국인 유학생의 현황 고찰(考察), 외국 유학생에 대한 국가별 정책 비교, 외국인 유학생 확대의 긍정 및 부정 효과 분석, 외국인 유학생 지원 강화 방안 등을 주요 주제로 선정하여 다양한 이해관계의 의견을 공유하여 세계시민교육에 대한 가치를 향유(享有)하는 뜻깊은 행사로 진행할 계획이다.

★ **한국유학종합시스템** 〔글꼴 : 궁서, 18pt, 하양 / 음영색 : 파랑〕

　A. 목적 및 대상
　　ⓐ 목적 : 유학관련 온라인 원스톱 서비스 제공
　　ⓑ 대상 : 외국인 유학생, 국내 고등교육기관 등
　B. 주요 기능
　　ⓐ 한국유학 및 대학 정보 검색
　　ⓑ 온라인 유학박람회 운영 및 해외유학박람회 홍보

〔문단 번호 기능 사용 / 1수준 : 20pt, 오른쪽 정렬, 2수준 : 30pt, 오른쪽 정렬, 줄 간격 : 180%〕

〔표 전체 글꼴 : 돋움, 10pt, 가운데 정렬 / 셀 배경(그러데이션) : 유형(가로), 시작색(하양), 끝색(노랑)〕

★ <u>한일 공동 유학생 교류사업</u> 〔글꼴 : 궁서, 18pt, 밑줄, 강조점〕

구분	박사 학위과정(일본)	학부 1년 과정(일본)	학부 단기 과정(한국)
분야	이공계	일본어, 일본문화	전 영역
규모	연 15명	연 25명	연 160명
기간	각 과정의 표준 수업 연한 기간	1년	개설한 프로그램 운영 기간
자격	석사 졸업(예정)자	2학년 이상 재학생	학부 정규과정 재학생
	한국 국적자, 일본 국적자(복수 국적자 지원 불가)		

〔글꼴 : 굴림, 24pt, 진하게, 장평 105%, 오른쪽 정렬〕

국립국제교육원

〔각주 구분선 : 5cm〕

────────────
ⓐ 총인구 중에 65세 이상의 인구가 차지하는 비율이 7% 이상인 사회를 말함

〔쪽 번호 매기기 5로 시작〕 → ⑥

체크! 체크!

〔문서작성 능력평가 Ⅱ〕

■ **소제목 작성하기**
  • 글꼴 및 글자 크기를 지정한 후 〔글자 모양〕 대화상자에서 음영색을 지정합니다.

■ **문단 번호 모양 지정하기**
  • 임의의 문단 번호를 선택한 후 〔사용자 정의〕를 이용하여 지시사항에 맞게 지정합니다.

■ **표 제목 및 표 작성하기**
  • 표 제목에 글꼴 및 글자 크기, 속성을 지정한 후 강조점을 지정합니다.
  • 표를 삽입한 후 내용을 입력한 다음 너비 및 셀 테두리를 지정합니다.

■ **기관 이름 작성하기**
  • 글꼴 및 글자 크기, 속성을 지정한 후 〔글자 모양〕 대화상자에서 장평을 지정합니다.

■ **페이지 번호 매기기**
  • 번호 위치, 번호 모양, 시작 번호를 지정합니다.
  • 《출력형태》를 참고하여 문서를 작성합니다.

STEP 01 소제목 작성하기

《조건》 글꼴 : 궁서, 18pt, 하양, 음영색 : 파랑

1 소제목 문단에 커서를 위치한 후 특수 문자를 입력하기 위해 〔**입력**〕 탭을 클릭한 다음 〔문자표〕를 클릭하고 〔문자표〕를 클릭합니다.

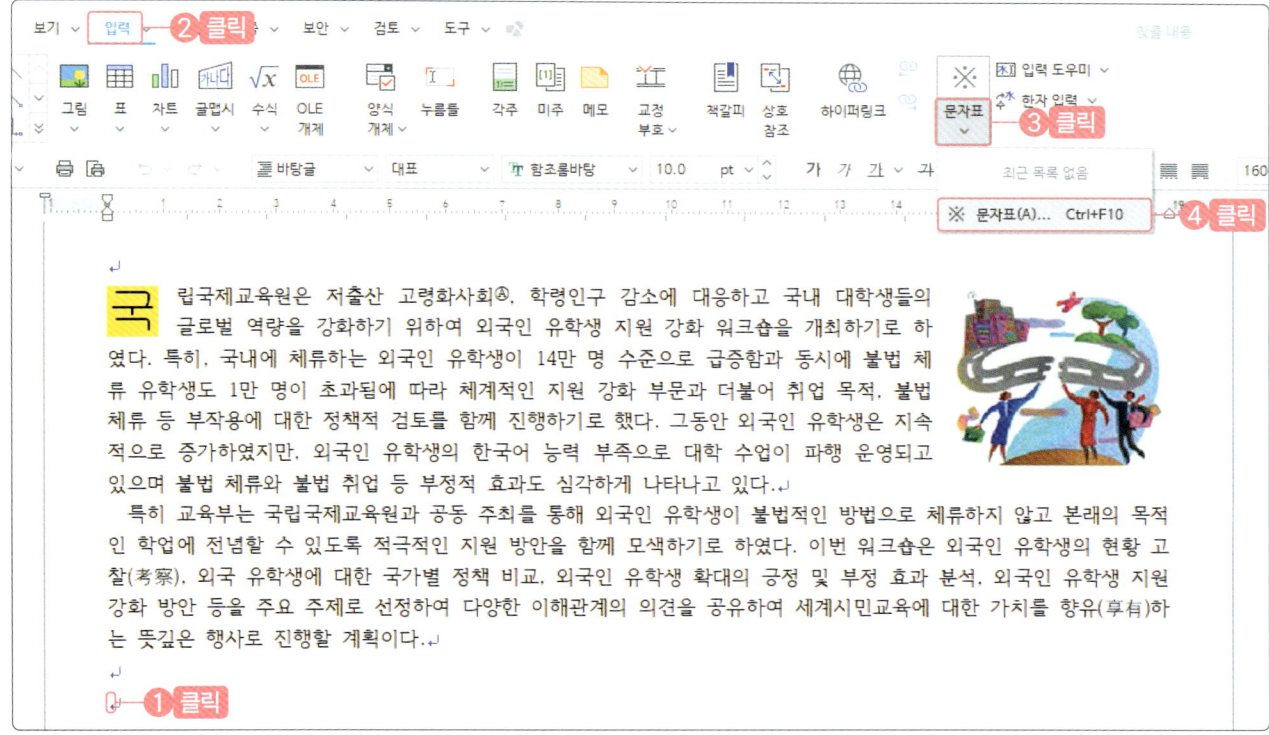

2 [문자표] 대화상자가 나타나면 [한글(HNC) 문자표] 탭을 클릭한 후 문자 영역(전각 기호(일반))을 선택한 다음 문자(★)를 선택하고 [넣기] 단추를 클릭합니다.

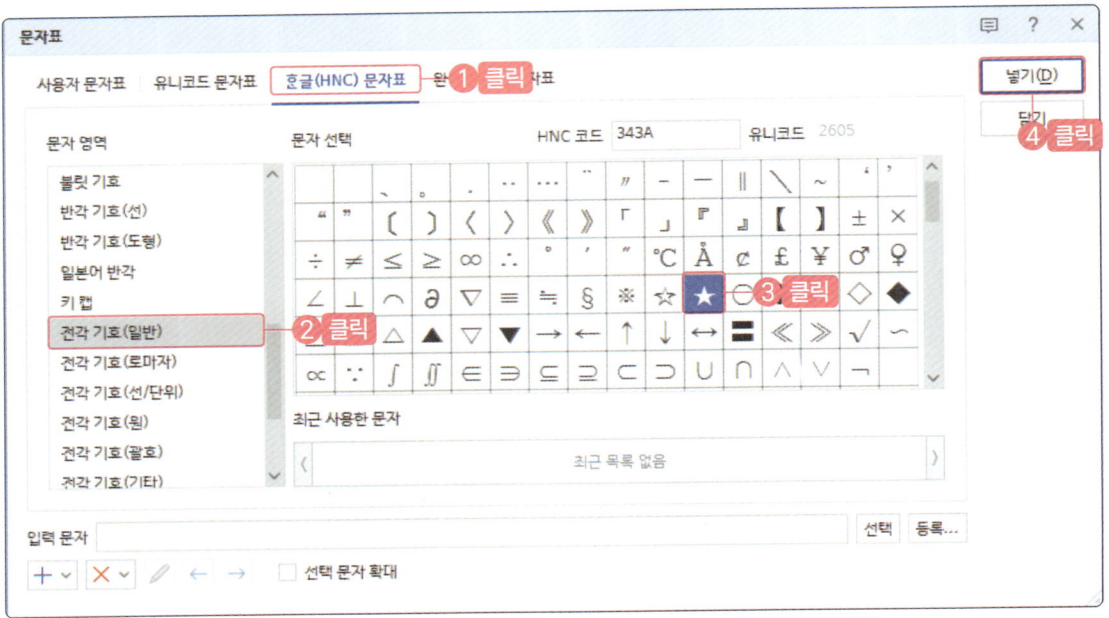

3 특수 문자가 삽입되면 **소제목과 내용을 입력**합니다.

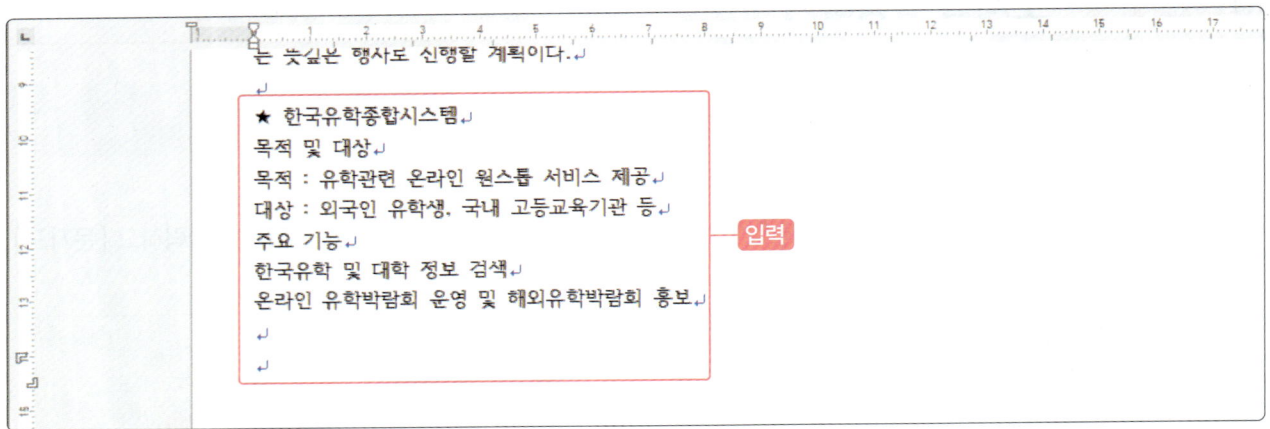

★ 한국유학종합시스템

목적 및 대상

목적 : 유학관련 온라인 원스톱 서비스 제공

대상 : 외국인 유학생, 국내 고등교육기관 등

주요 기능

한국유학 및 대학 정보 검색

온라인 유학박람회 운영 및 해외유학박람회 홍보

> 문단 번호 기능을 사용하므로 내용만 입력합니다.

4 소제목을 블록으로 설정한 후 [서식] 도구 상자에서 **글꼴(궁서)과 글자 크기(18)**를 선택합니다.

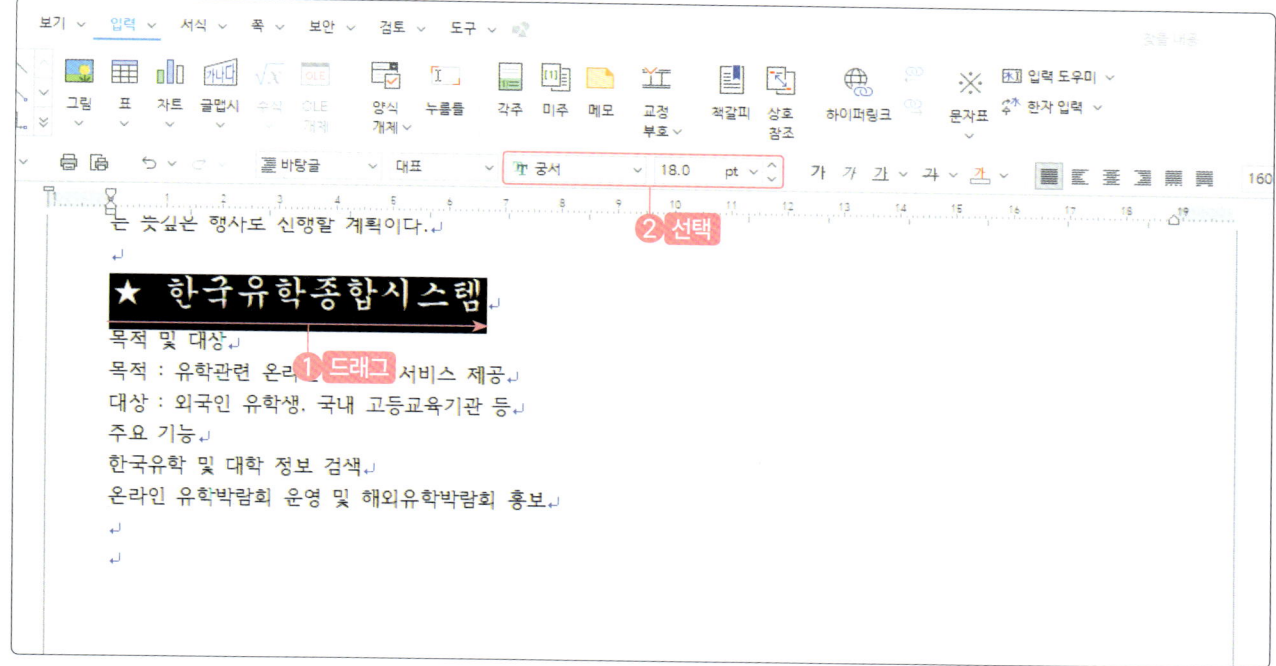

5 '한국유학종합시스템'을 블록으로 설정한 후 [서식] 탭을 클릭한 다음 [글자 모양(가)]을 클릭합니다.

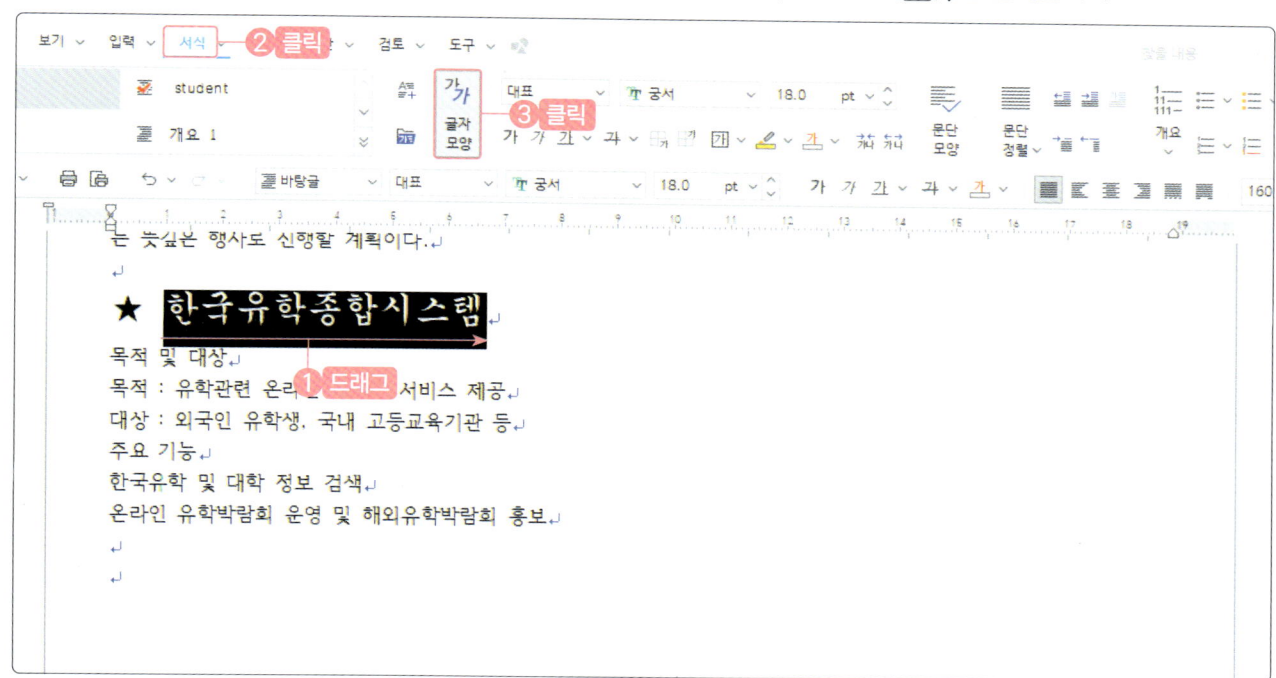

[서식] 탭의 [목록(⌵)] 단추를 클릭한 후 [글자 모양(가)]을 클릭하거나 **Alt**+**L**을 눌러 글자 모양을 지정할 수도 있습니다.

6 〔글자 모양〕 대화상자가 나타나면 〔기본〕 탭에서 **글자 색(하양(RGB: 255,255,255))과 음영 색(파랑(RGB: 0,0,255))을 선택**한 후 〔설정〕 단추를 클릭합니다.

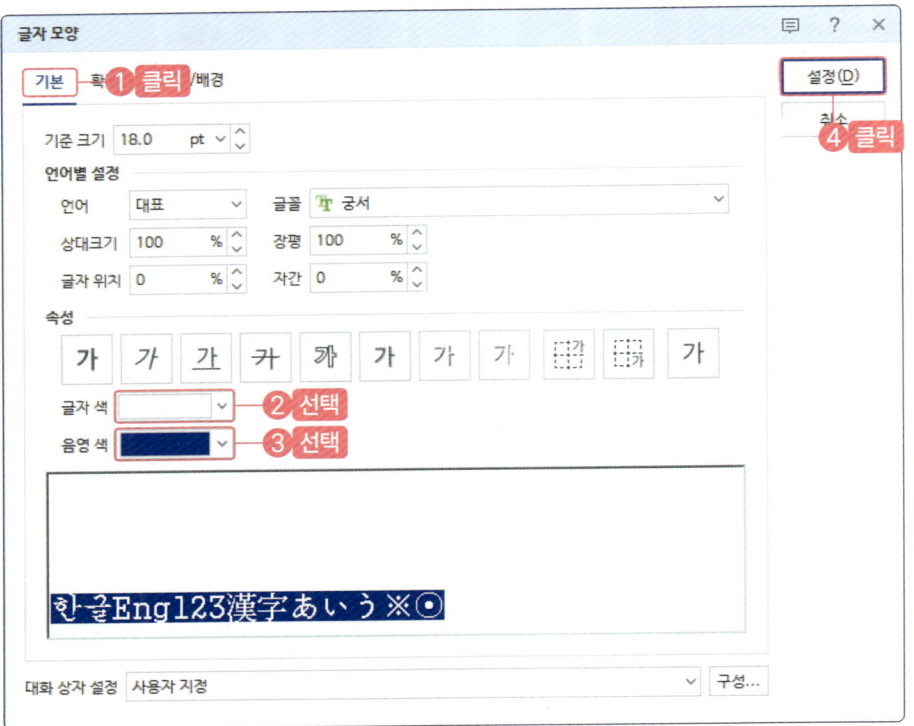

> 하양 색은 '기본' 색상 테마에 있고, 파랑은 '오피스' 색상 테마에 있습니다.

7 다음과 같이 소제목이 작성됩니다.

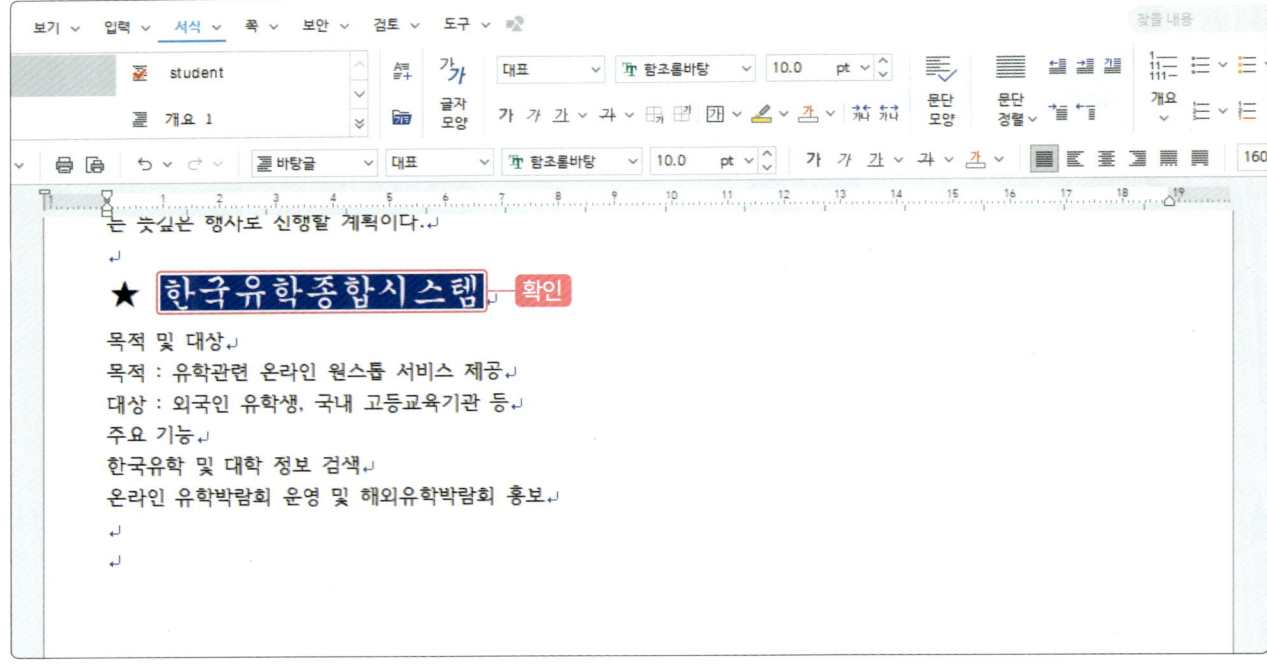

STEP 02 　문단 번호 모양 지정하기

《조건》
- 문단 번호 기능 사용
  1수준 : 20pt, 오른쪽정렬, 2수준 : 30pt, 오른쪽정렬, 줄 간격 : 180%

1 문단 번호를 지정하기 위해 '목적 및 대상 ~ 해외유학박람회 홍보'를 블록으로 설정한 후 [서식] 탭의 [목록(▽)]을 클릭한 다음 [문단 번호 모양]을 클릭합니다.

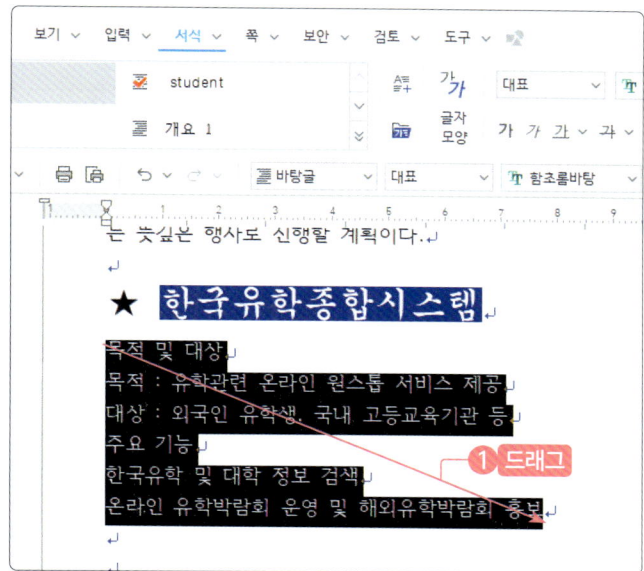
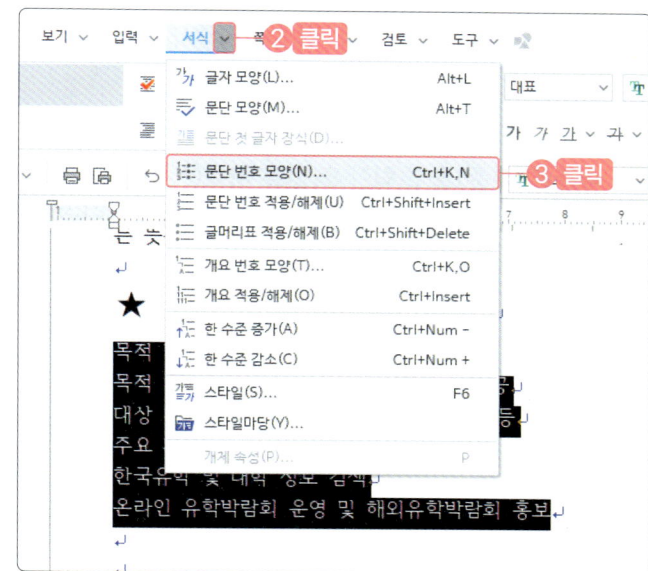

- 문단 번호는 문단 앞에 붙이는 번호를 말합니다.
- '목적 및 대상 ~ 해외유학박람회 홍보'를 블록으로 설정한 후 바로 가기 메뉴에서 [문단 번호 모양]을 클릭하거나 Ctrl + K , N 을 눌러 문단 번호를 지정할 수도 있습니다.
- 문단을 블록으로 설정한 후 [서식] 탭의 [목록(▽)] 단추를 클릭한 다음 [문단 번호 적용/해제]를 선택하거나 [서식] 탭에서 [문단 번호]를 선택하면 기본 문단 번호 모양(1. 가. 1) 가) (1) (가) ①)이 지정됩니다.

2 [글머리표 및 문단 번호] 대화상자가 나타나면 [문단 번호] 탭에서 **문단 번호 모양((1. 가. 1) 가)(▦))을 선택**한 후 [사용자 정의] 단추를 클릭합니다.

'없음(☐)'을 선택하면 문단 번호를 제거할 수 있습니다.

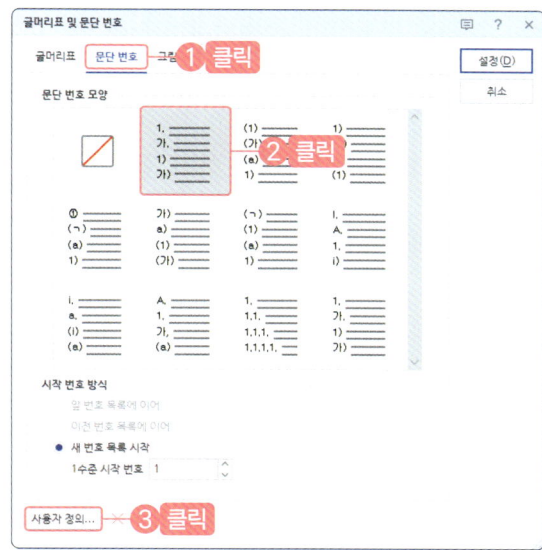

3 (문단 번호 사용자 정의 모양) 대화상자가 나타나면 **번호 모양(A,B,C)**을 선택한 후 **너비 조정(20)**을 입력한 다음 **정렬(오른쪽)**을 선택합니다.

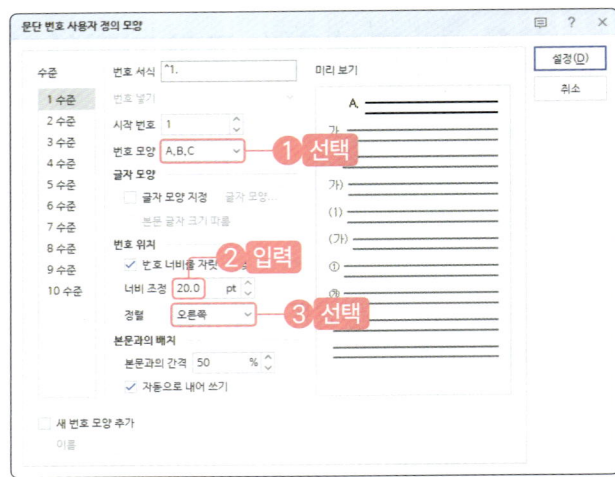

4 **수준(2 수준)**을 클릭한 후 **번호 서식(^2)**을 수정합니다. 그런다음 **번호 모양(ⓐ,ⓑ,ⓒ)**을 선택한 후 **너비 조정(30)**을 입력한 다음 **정렬(오른쪽)**을 선택하고 **(설정)** 단추를 클릭합니다.

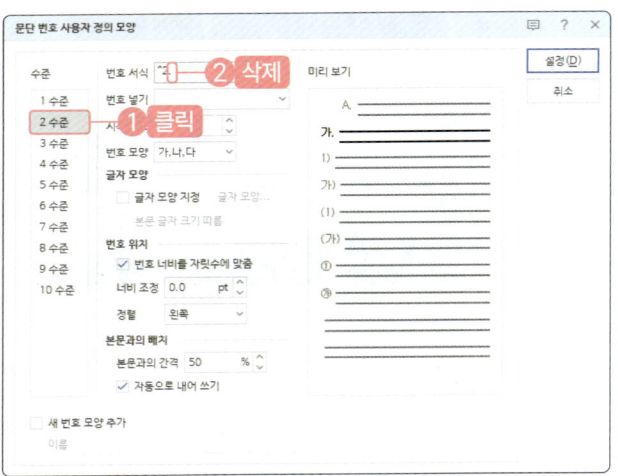 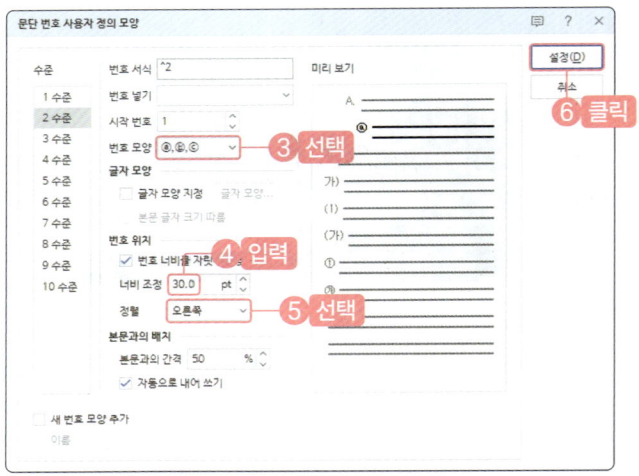

5 (글머리표 및 문단 번호) 대화상자가 다시 나타나면 **(설정)** 단추를 클릭합니다.

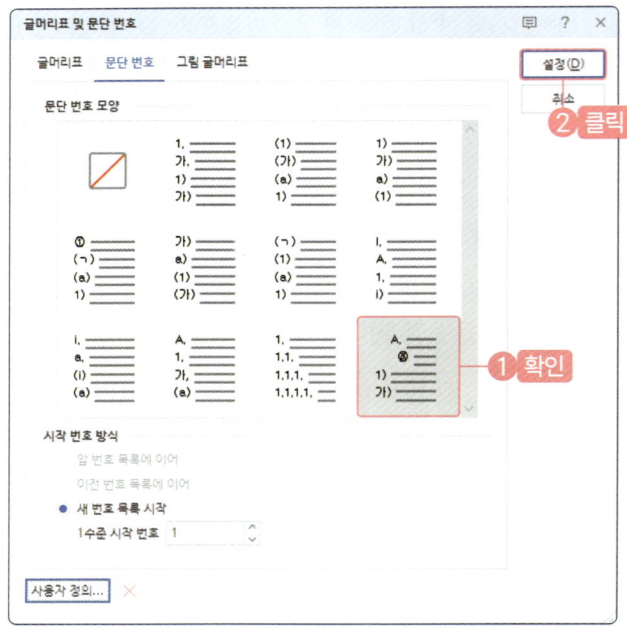

6 문단 번호를 지정하기 위해 '목적 : 유학관련 ~ 고등교육기관 등'을 블록으로 설정한 후 (서식) 탭의 (목록(⌵)) 단추를 클릭한 다음 (한 수준 감소)를 클릭합니다.

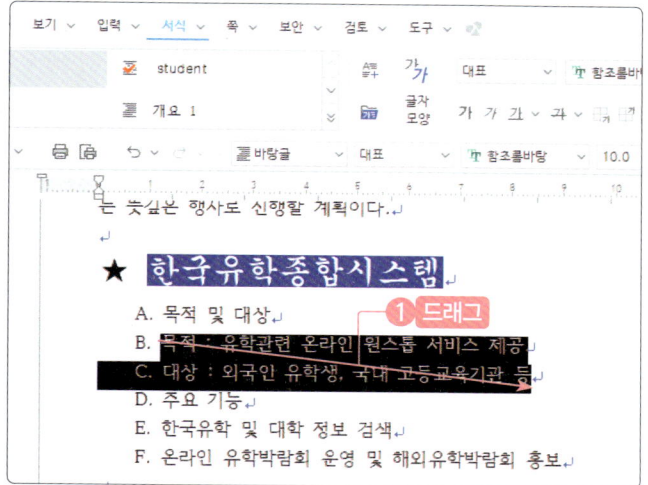
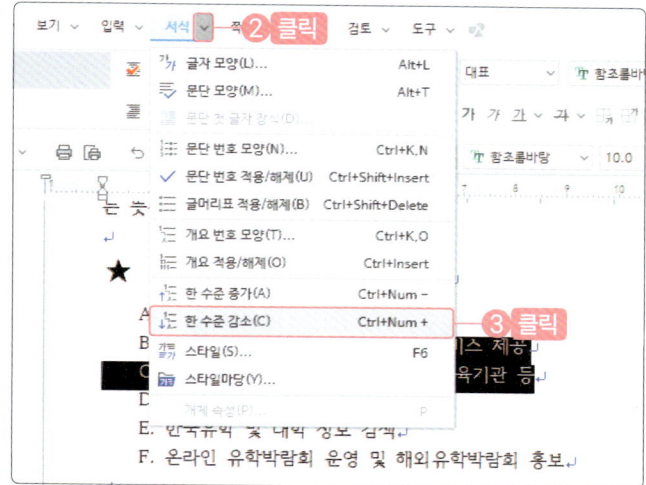

> 문단을 블록으로 설정한 후 (서식) 탭에서 (한 수준 감소())를 클릭하거나 Ctrl + + 를 눌러 (한 수준 감소)를 할 수도 있습니다.

7 같은 방법으로 '한국유학 및 ~ 해외유학박람회 홍보'를 블록으로 설정한 후 (서식) 탭의 (목록(⌵)) 단추를 클릭한 다음 (한 수준 감소)를 클릭합니다.

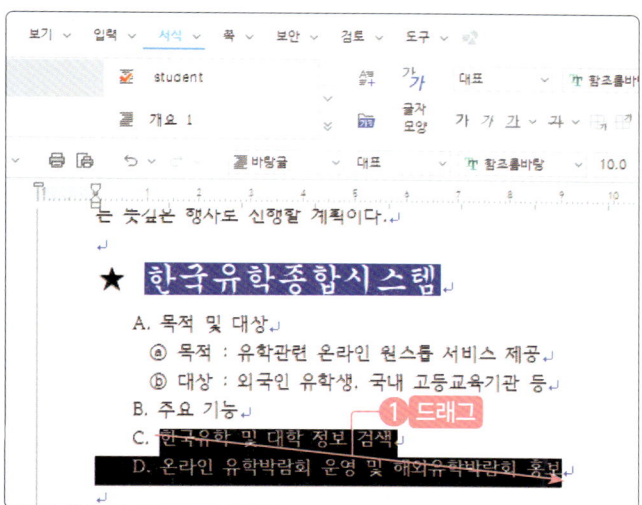
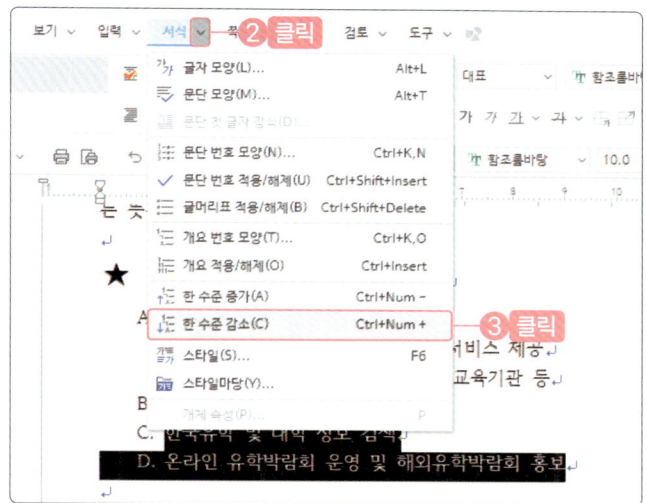

8 줄 간격을 지정하기 위해 '목적 및 대상 ~ 해외유학박람회 홍보'를 블록으로 설정한 후 (서식) 도구 상자에서 줄 간격의 (목록(⌵)) 단추를 클릭한 다음 (180%)를 클릭합니다.

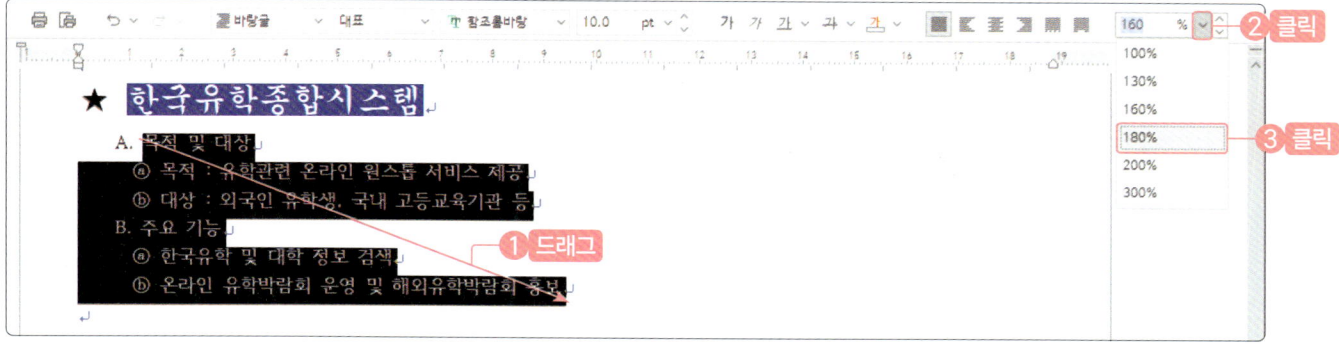

STEP 03　표 제목 작성하기

《조건》 글꼴 : 궁서, 18pt, 밑줄, 강조점

1 표 제목을 **입력**한 후 **블록으로 설정**한 다음 [서식] 도구 상자에서 **글꼴(궁서)과 글자 크기(18)를 선택**합니다.

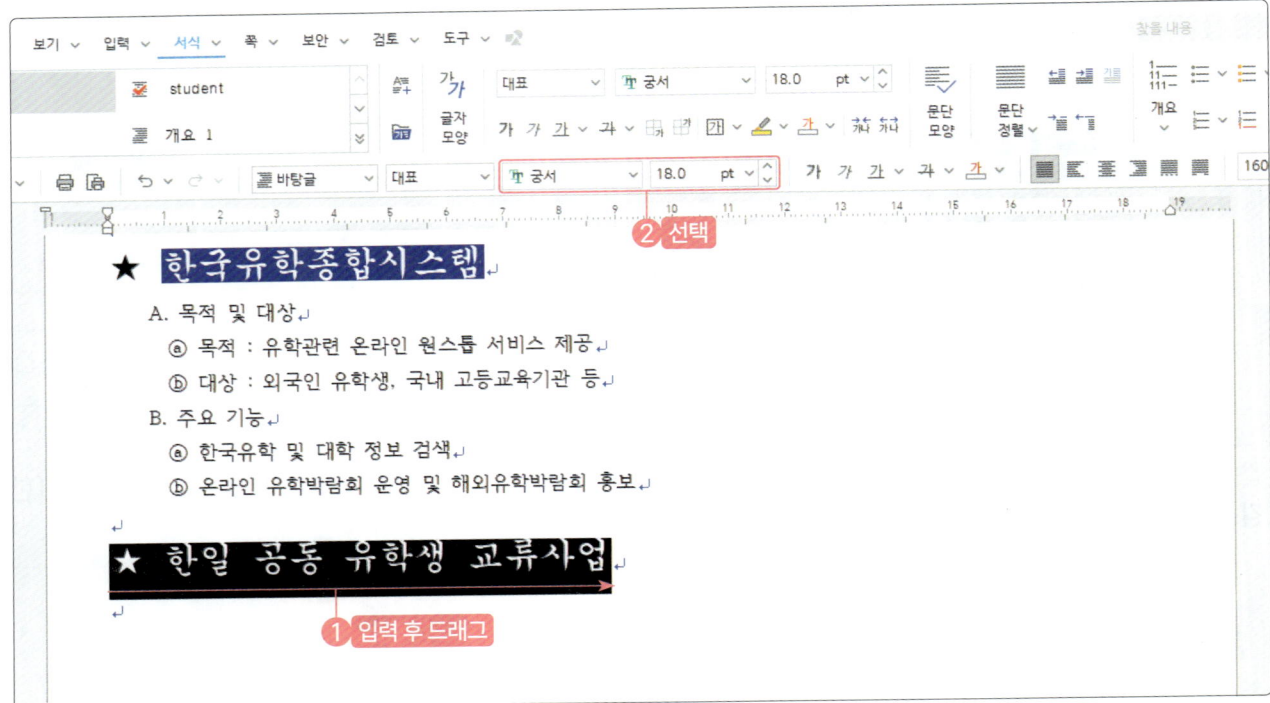

2 '한일 공동 유학생 교류사업'을 **블록으로 설정**한 후 [서식] 도구 상자에서 **(밑줄(가))을 선택**합니다.

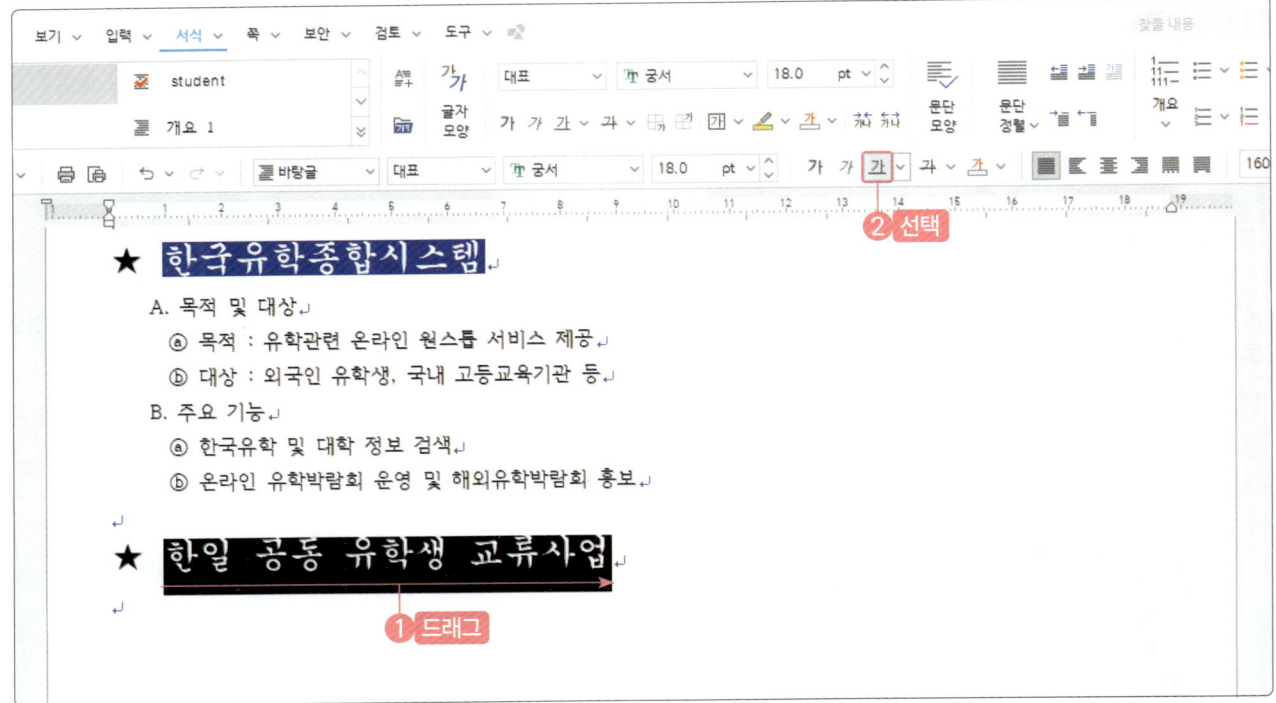

3 '한일'을 블록으로 설정한 후 **(서식) 탭을 클릭**한 다음 **(글자 모양( ))을 클릭**합니다.

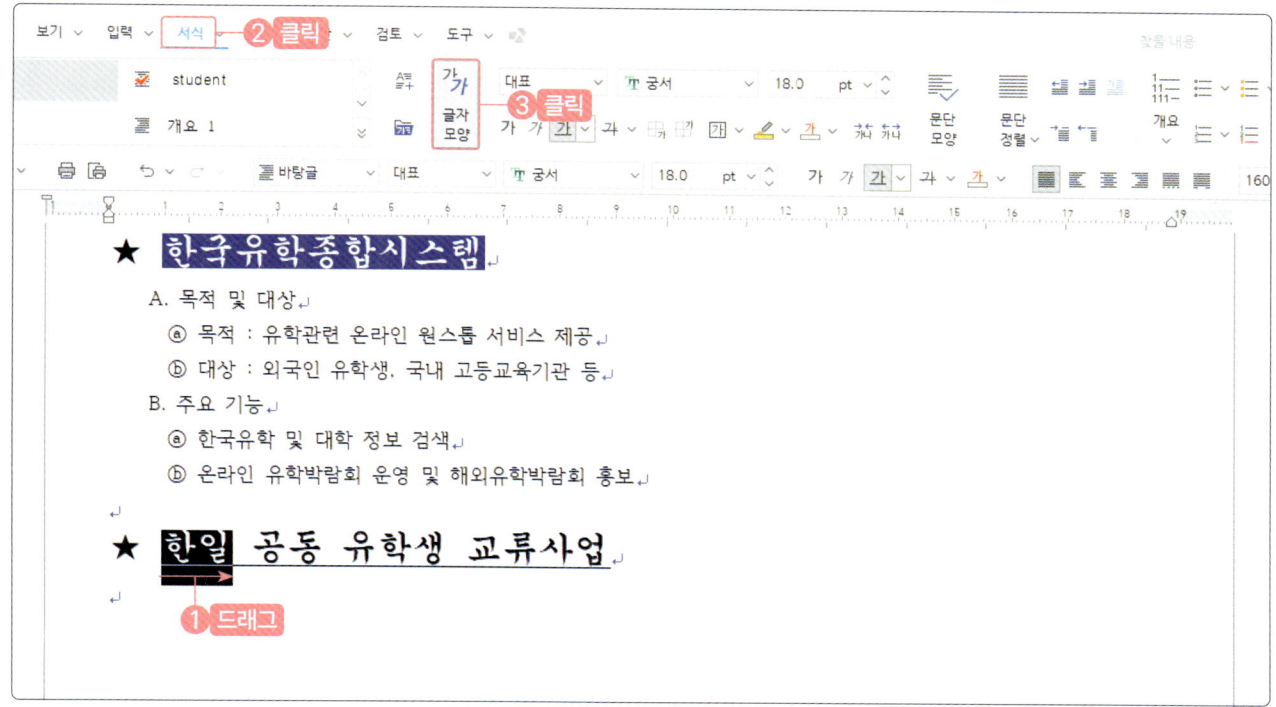

(서식) 탭의 (목록( )) 단추를 클릭한 후 (글자 모양( ))을 클릭하거나 Alt + L 을 눌러 글자 모양을 지정할 수도 있습니다.

4 (글자 모양) 대화상자가 나타나면 **(확장) 탭을 클릭**한 후 **강조점( )을 선택**한 다음 **(설정) 단추를 클릭**합니다.

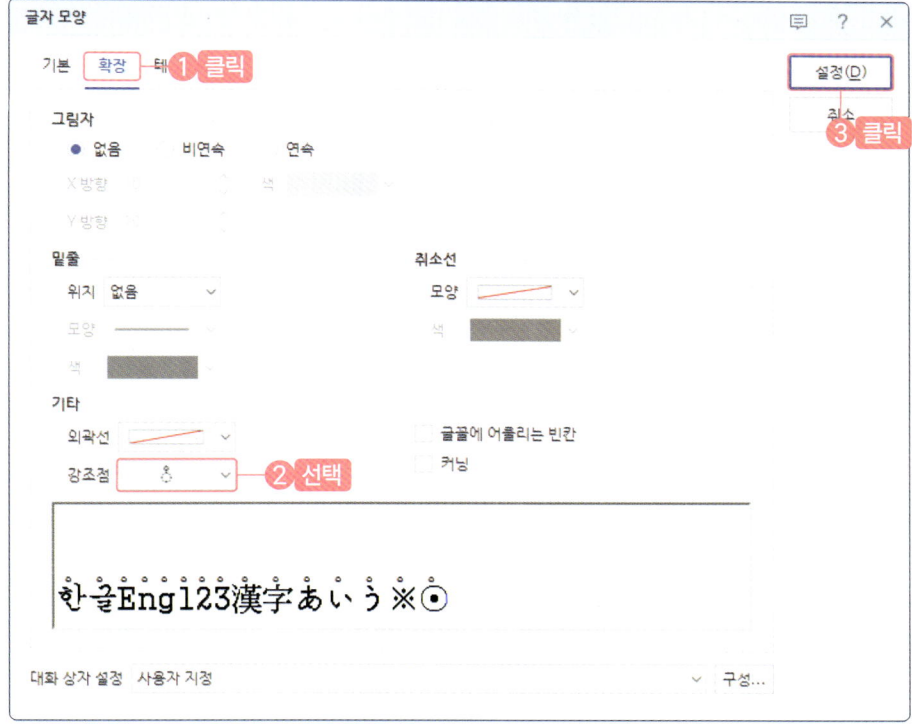

5 '유학생'을 블록으로 설정한 후 [서식] 탭을 클릭한 다음 [글자 모양(가)]을 클릭합니다.

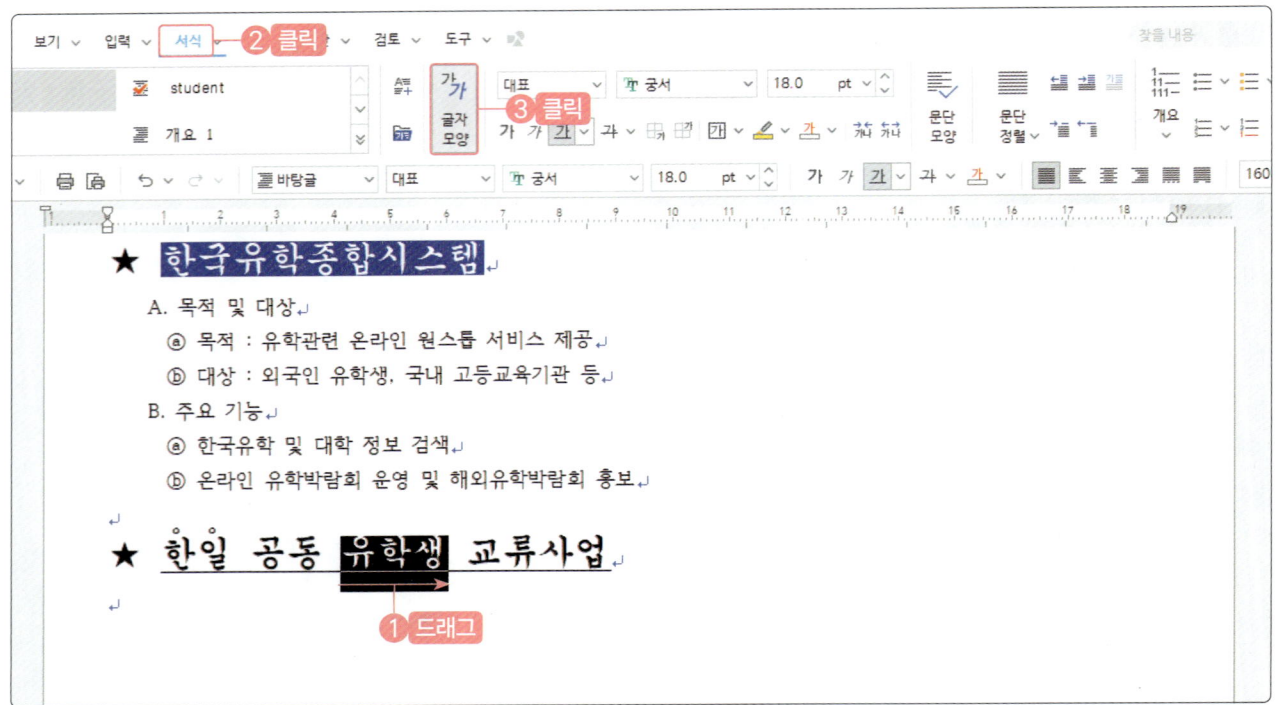

> [서식] 탭의 [목록(∨)] 단추를 클릭한 후 [글자 모양(가)]을 클릭하거나 Alt+L을 눌러 글자 모양을 지정할 수도 있습니다.

6 [글자 모양] 대화상자가 나타나면 [확장] 탭을 클릭한 후 강조점(⁚)을 선택한 다음 [설정] 단추를 클릭합니다.

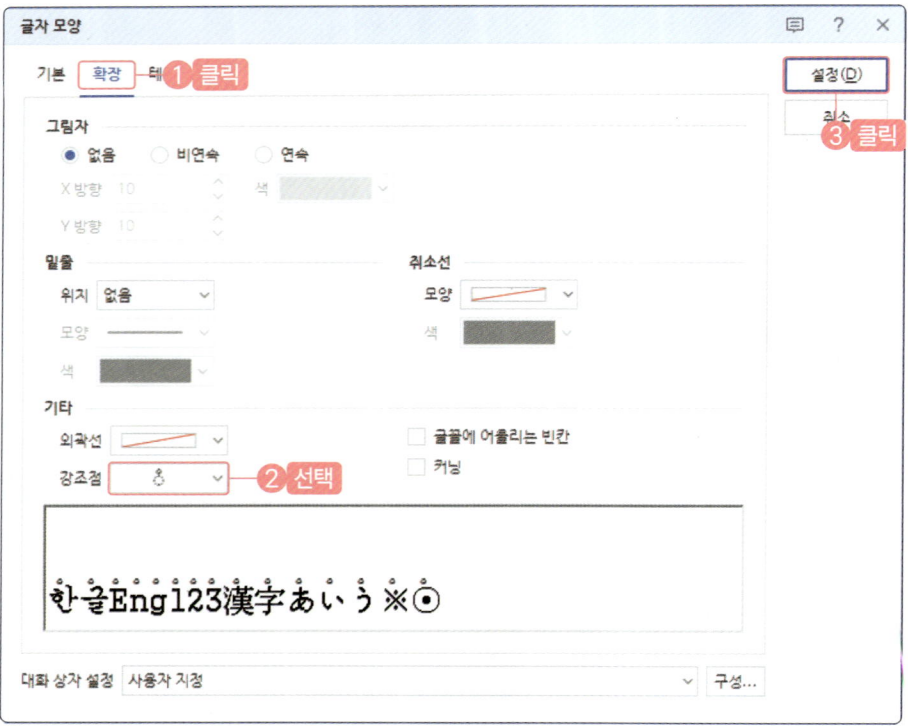

STEP 04 표 작성하기

《조건》 표 전체 글꼴 : 돋움, 10pt, 가운데 정렬,
셀 배경(그러데이션) : 유형(가로), 시작색(하양), 끝색(노랑)

1. 표를 삽입하기 위해 **표 제목 아래 문단을 클릭**한 후 (입력) 탭을 클릭한 다음 (표(▦))를 클릭합니다.

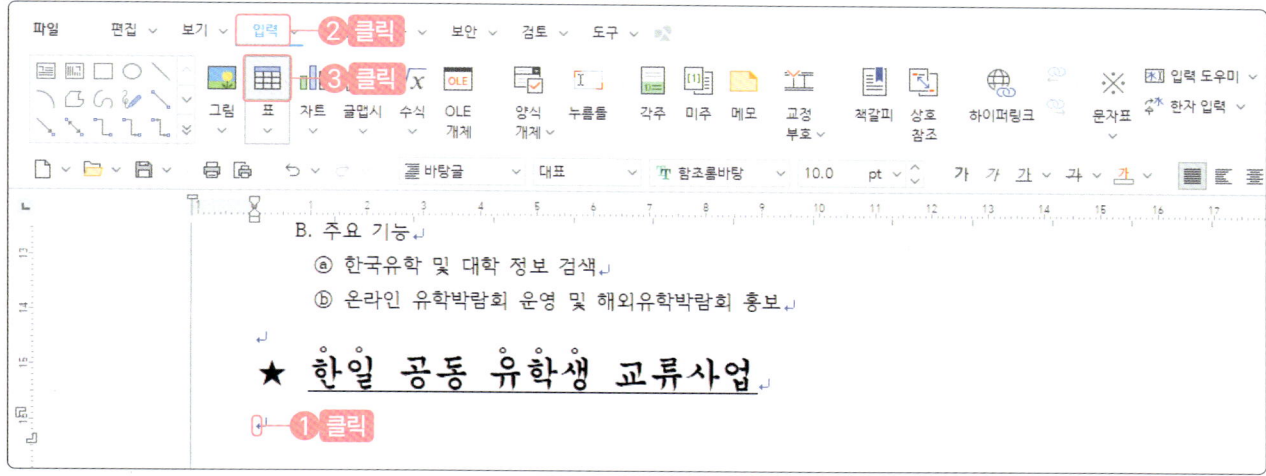

2. (표 만들기) 대화상자가 나타나면 **줄 개수(6)와 칸 개수(4)를 입력**한 후 (글자처럼 취급)을 선택한 다음 (만들기) 단추를 클릭합니다.

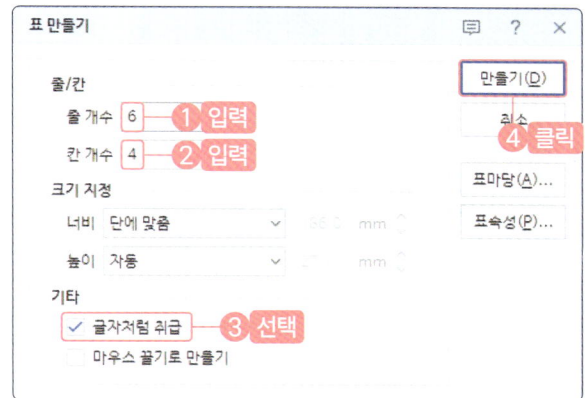

3. 표가 삽입되면 다음과 같이 **내용을 입력**합니다.

구분	박사 학위과정(일본)	학부 1년 과정(일본)	학부 단기 과정(한국)
분야	이공계	일본어, 일본문화	전 영역
규모	연 15명	연 25명	연 160명
기간	각 과정의 표준 수업 연한 기간	1년	개설한 프로그램 운영 기간
자격	석사 졸업(예정)자	2학년 이상 재학생	학부 정규과정 재학생
	한국 국적자, 일본 국적자 (복수 국적자 지원 불가)		

4 5줄 1칸 ~ 6줄 1칸을 드래그하여 셀 블록을 지정한 후 [표 레이아웃(▦)] 정황 탭에서 [셀 합치기(▦)]를 클릭합니다.

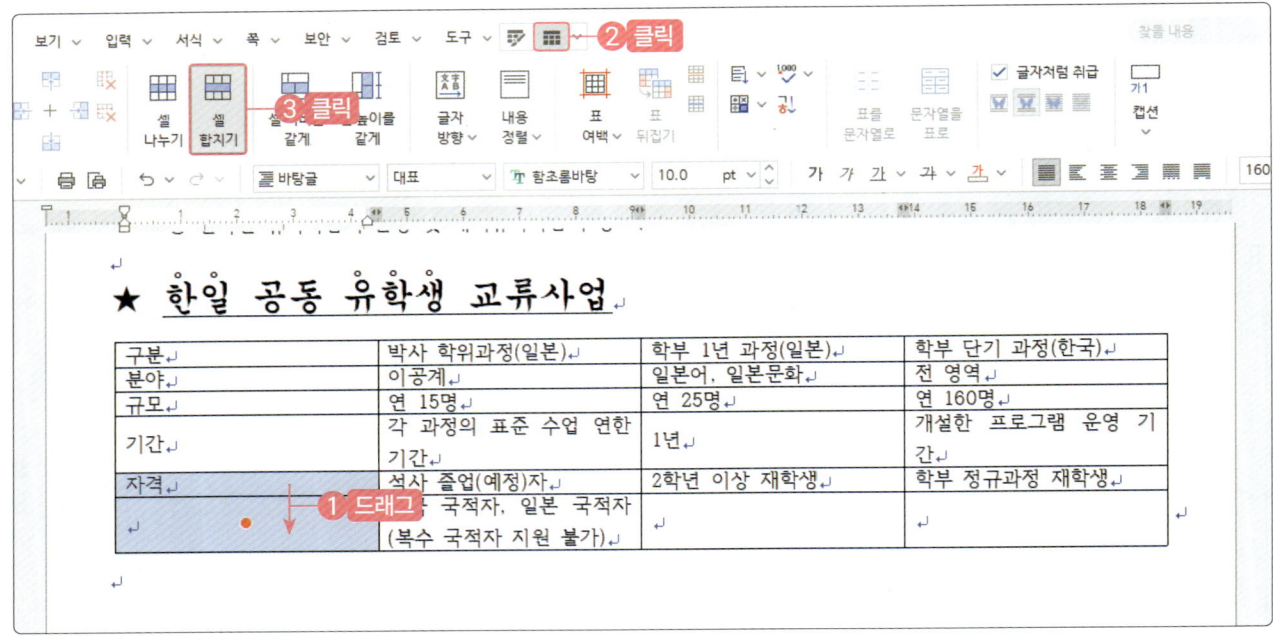

5 6줄 2칸 ~ 6줄 4칸을 드래그하여 셀 블록을 지정한 후 [표 레이아웃(▦)] 정황 탭에서 [셀 합치기(▦)]를 클릭합니다.

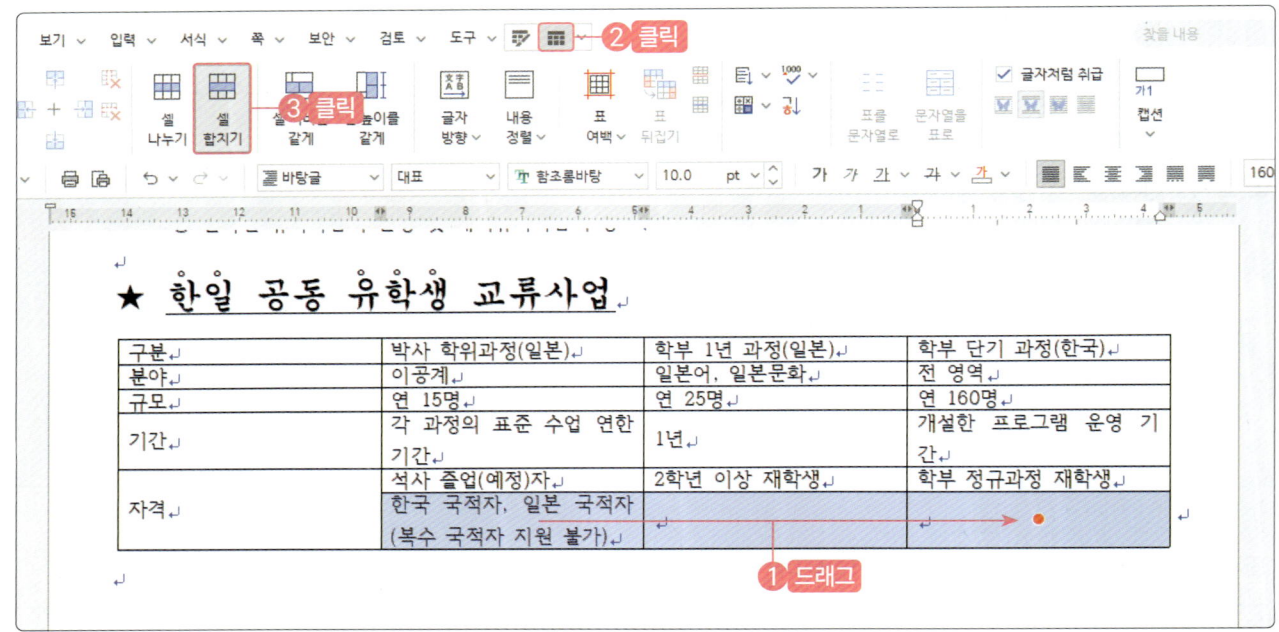

한가지 더!

셀 합치기(▦)와 셀 나누기(▦)

- **셀 합치기** : 셀 블록으로 설정한 두 개 이상의 셀을 합쳐서 하나의 셀로 만드는 것을 말합니다. 두 개 이상의 셀을 셀 블록으로 설정한 후 [표] 정황 탭에서 [셀 합치기(▦)]를 클릭하거나 M을 누르면 셀 합치기를 하여 하나의 셀로 만들 수 있습니다.
- **셀 나누기** : 커서를 둔 셀이나 셀 블록으로 설정한 셀을 나누어 두 개 이상의 셀로 만드는 것을 말합니다. 셀에 커서를 두거나 셀 블록으로 설정한 후 [표] 정황 탭에서 [셀 나누기(▦)]를 클릭하거나 S를 누르면 셀 나누기를 하여 두 개 이상의 셀로 만들 수 있습니다.

6 첫 번째 칸을 셀 블록으로 설정한 후 Alt + ←를 눌러 셀 너비를 조절합니다.

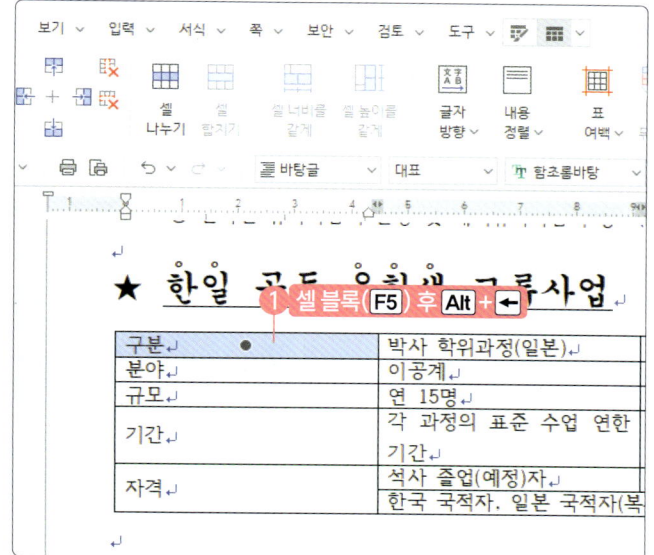 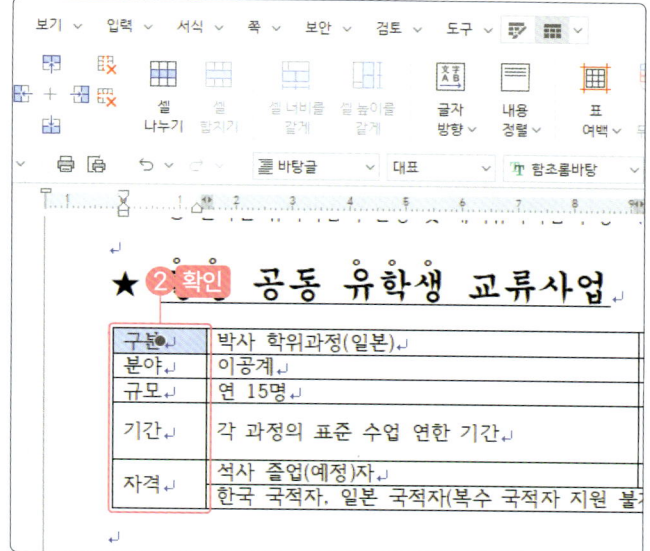

7 같은 방법으로 다음과 같이 **셀 너비를 조절**합니다.

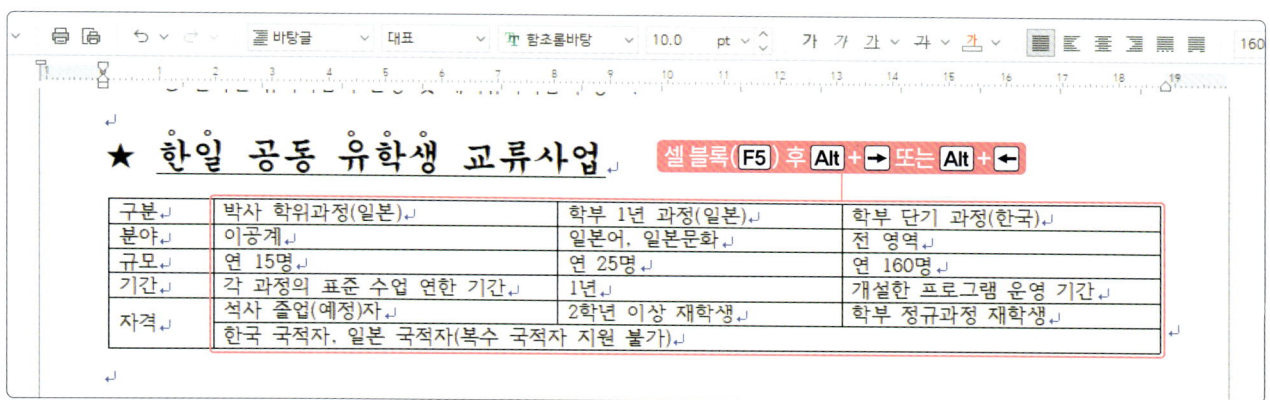

> 구분 셀을 블록으로 지정한 후 Alt + → 또는 Alt + ←를 눌러 셀 너비를 조절합니다.

8 같은 방법으로 Ctrl + ↓를 눌러 셀 높이를 조절합니다.

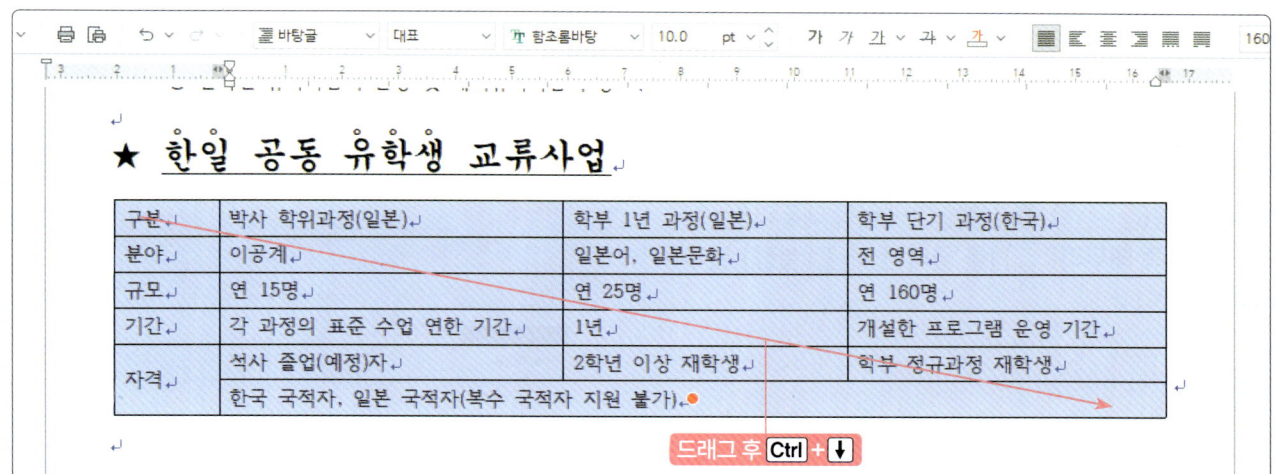

9 셀 블록이 설정된 상태에서 [서식] 도구 상자에서 **글꼴(돋움)과 글자 크기(10)를 선택**한 후 **[가운데 정렬(≡)]을 클릭**합니다.

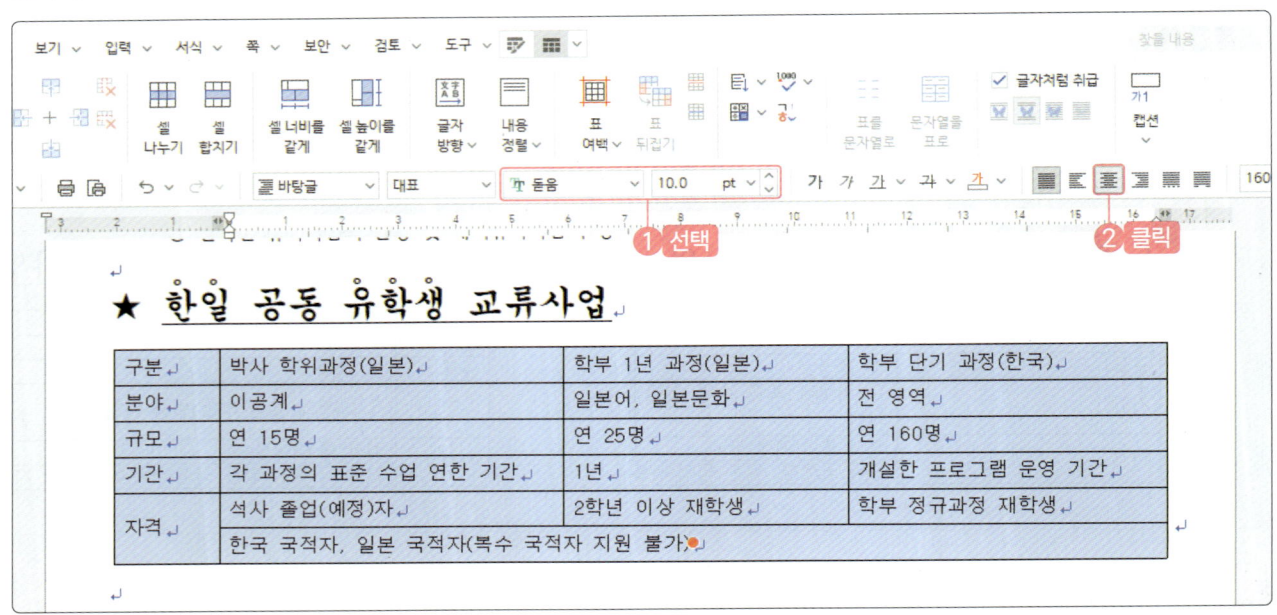

10 [표 레이아웃(▦)] 정황 탭의 **[목록(˅)]을 클릭**한 후 [셀 테두리/배경]-**[각 셀마다 적용]을 클릭**합니다.

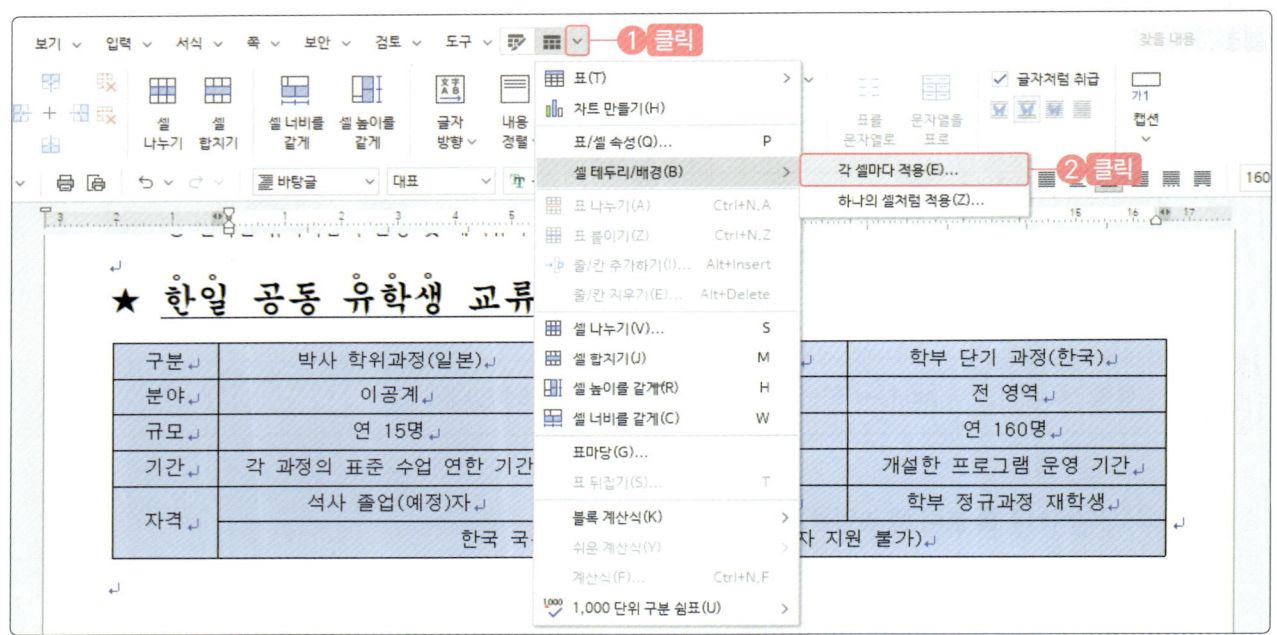

11 [셀 테두리/배경] 대화상자의 [테두리] 탭에서 **테두리 종류(없음(─────))를 선택**한 후 [왼쪽 테두리(▯)]와 [오른쪽 테두리(▮)]를 클릭한 다음 [설정] 단추를 클릭합니다.

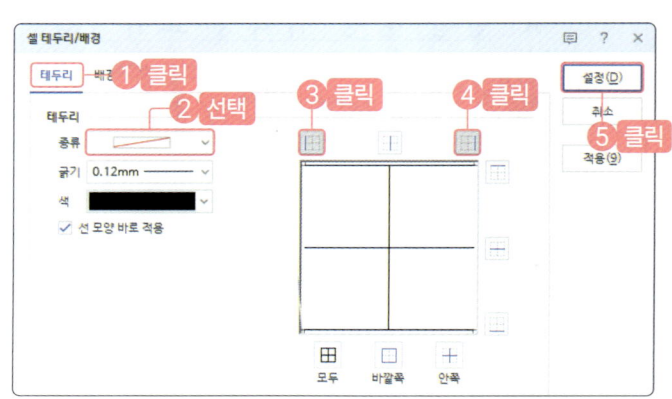

12 〔표 레이아웃(▦)〕 정황 탭의 **(목록(⌄))**을 클릭한 후 〔셀 테두리/배경〕-**(각 셀마다 적용)**을 클릭합니다.

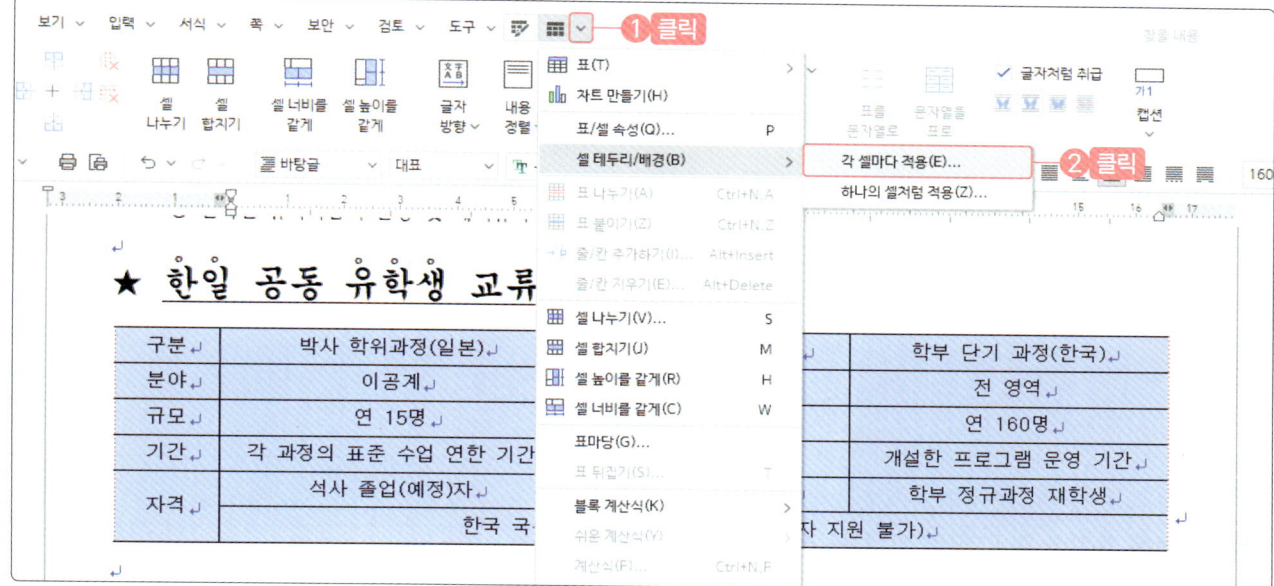

13 〔셀 테두리/배경〕 대화상자의 〔테두리〕 탭에서 **테두리 종류(이중 실선(═))**를 선택한 후 **(위쪽 테두리(▯))**와 **(아래쪽 테두리(▯))**를 클릭한 다음 〔설정〕 단추를 클릭합니다.

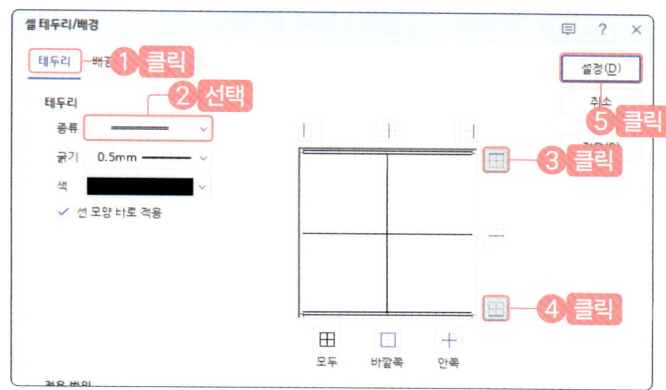

14 1줄 1칸 ~ 1줄 4칸을 셀 블록으로 설정한 후 〔표 레이아웃(▦)〕 정황 탭의 **(목록(⌄))**을 클릭한 다음 〔셀 테두리/배경〕-〔각 셀마다 적용〕을 클릭합니다.

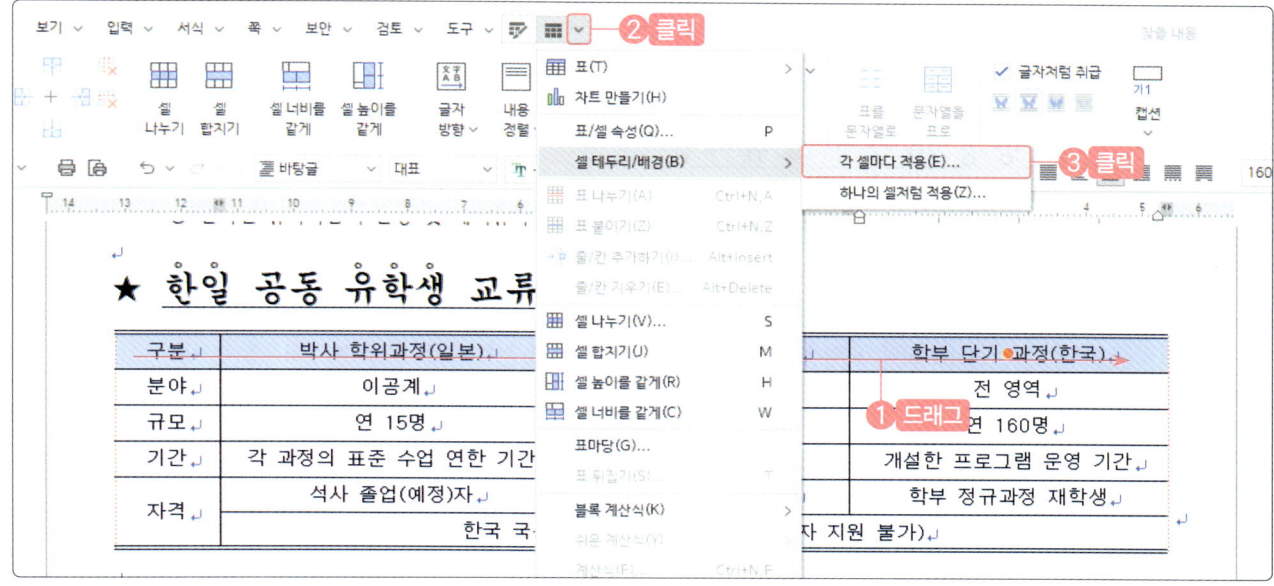

Chapter 08 · 문서작성 능력평가 - II   **1-127**

15 (셀 테두리/배경) 대화상자의 (테두리) 탭에서 **테두리 종류(이중 실선(═))를 선택**한 후 (아래쪽 테두리 (▥))를 클릭합니다.

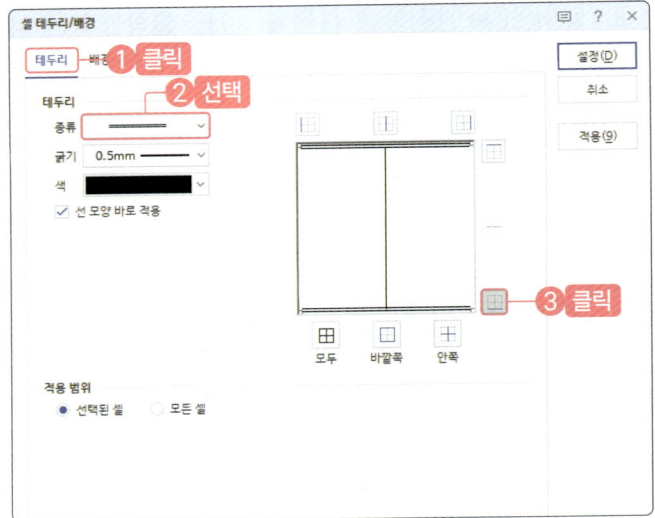

16 (배경) 탭을 클릭한 후 (그러데이션)을 선택한 다음 (시작 색(흰색(RGB: 255,255,255)))과 (끝 색 (노랑(RGB: 255,255,0)))을 선택한 다음 (유형 (가로))을 클릭한 후 (설정) 단추를 클릭합니다.

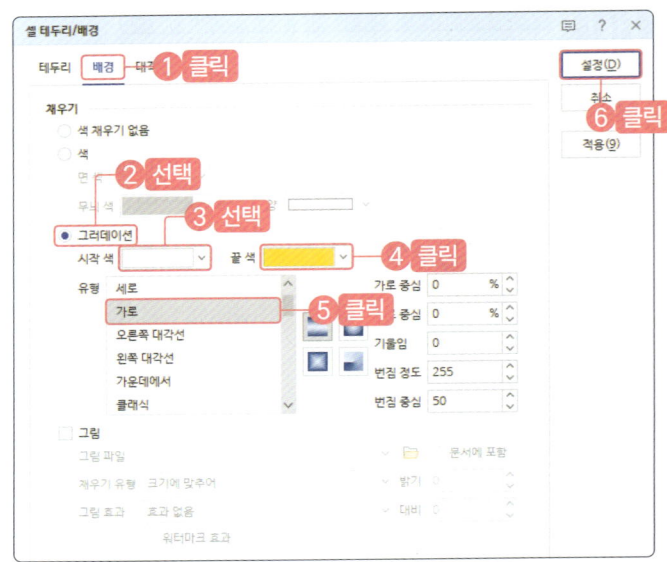

17 다음과 같이 표 작성이 완료됩니다.

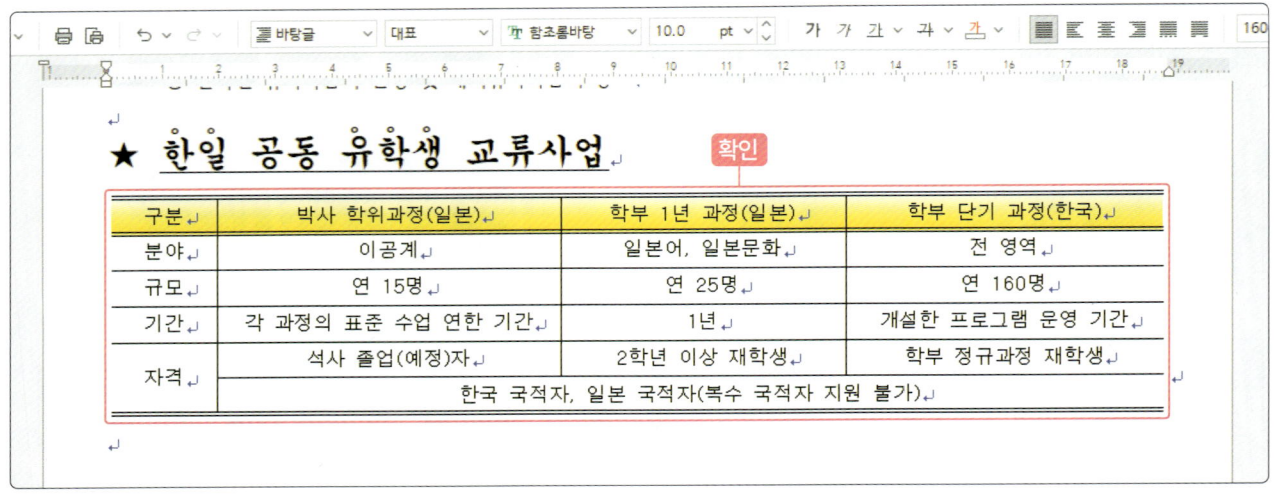

STEP 05 기관 이름 작성하기

《조건》 글꼴 : 굴림, 24pt, 진하게, 장평 105%, 오른쪽 정렬

1 기관 이름을 작성하기 위해 **기관 이름(국립국제교육원)을 입력**한 후 **블록으로 설정**한 다음 [서식] 도구 상자에서 **[오른쪽 정렬(≡)]을 클릭**하고 [서식] 탭을 클릭한 후 **[글자 모양(가)]을 클릭**합니다.

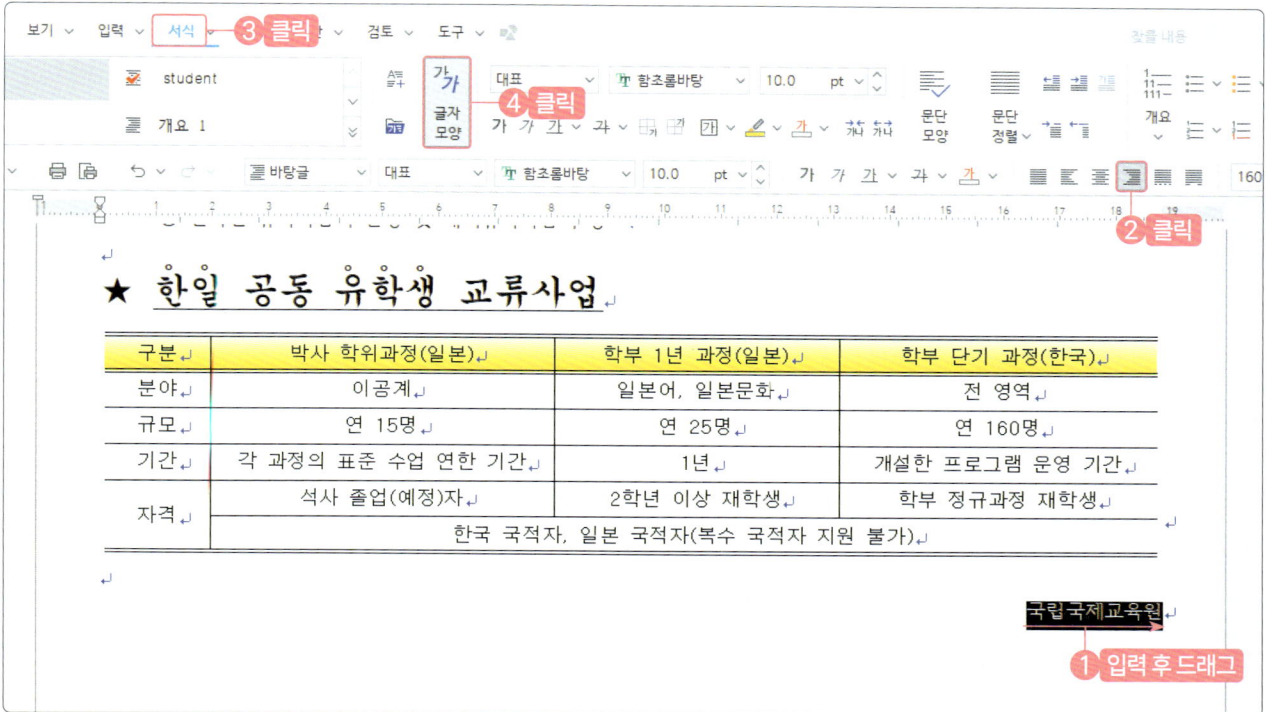

2 [글자 모양] 대화상자가 나타나면 [기본] 탭에서 **기준 크기(24)를 입력**한 후 **글꼴(굴림)을 선택**한 다음 **장평(105)을 입력**하고 **[진하게(가)]를 선택**한 후 [설정] 단추를 클릭합니다.

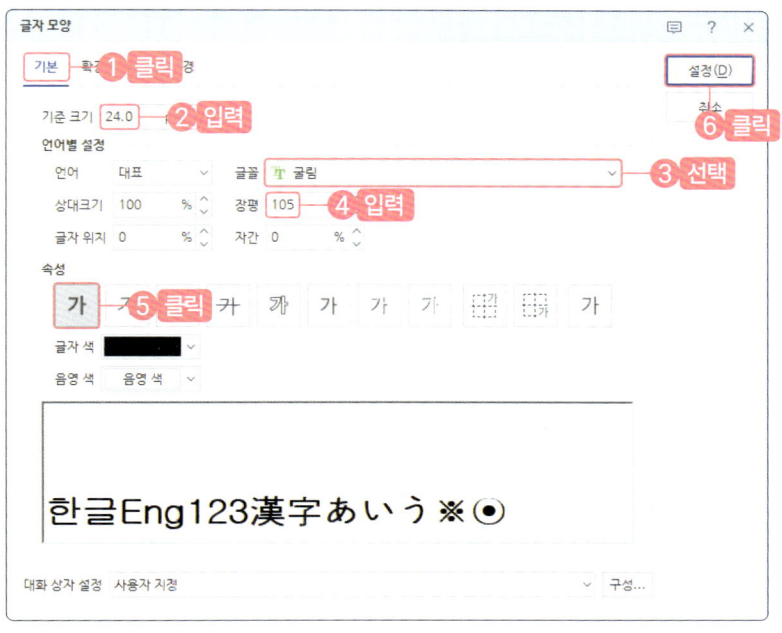

STEP 06 페이지 번호 매기기

《조건》 쪽 번호 매기기, 6으로 시작

1 쪽 번호를 매기기 위해 [쪽] 탭을 클릭한 후 [쪽 번호 매기기(□)]를 클릭합니다.

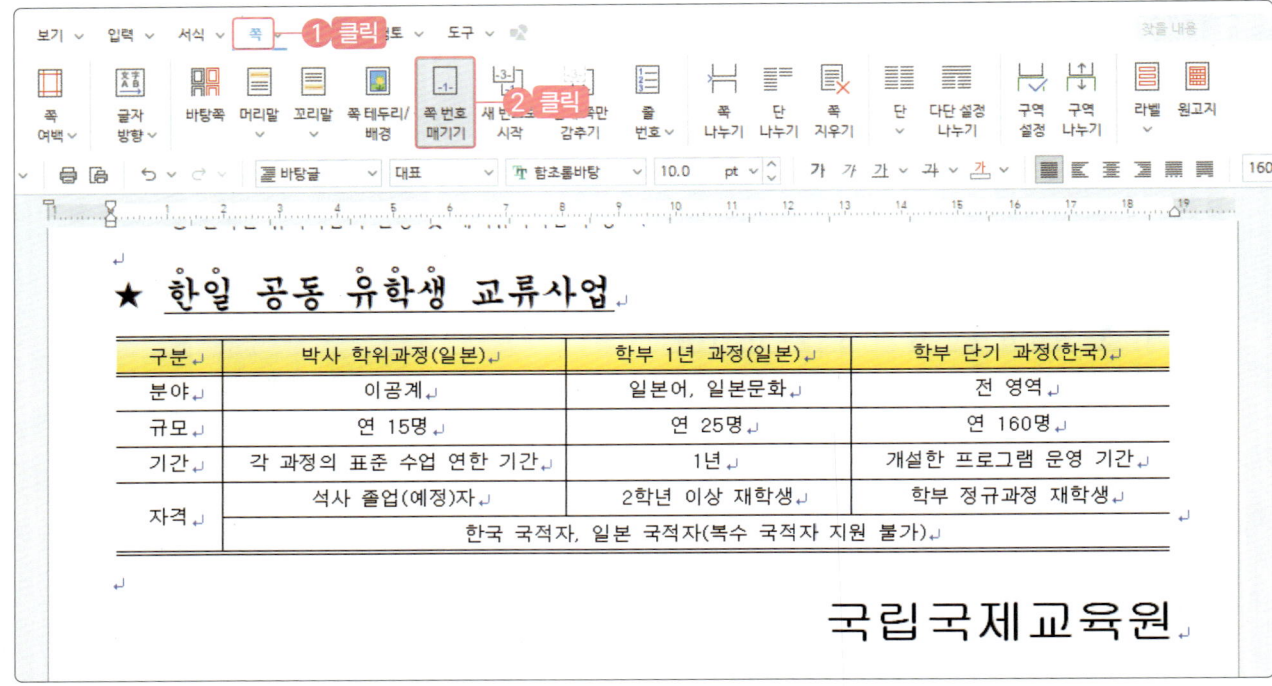

- 쪽 번호 매기기는 문서에 쪽 번호를 자동으로 매겨주는 기능입니다.
- [쪽] 탭의 [목록(▽)] 단추를 클릭한 후 [쪽 번호 매기기]를 클릭하거나 Ctrl + N , P 를 눌러 쪽 번호를 매길 수도 있습니다.

2 [쪽 번호 매기기] 대화상자가 나타나면 **번호 위치(오른쪽 아래)를 선택**한 후 **번호 모양(①,②,③)을 선택**한 다음 [줄표 넣기]를 선택 해제하고 시작 번호(6)를 입력한 후 [넣기] 단추를 클릭합니다.

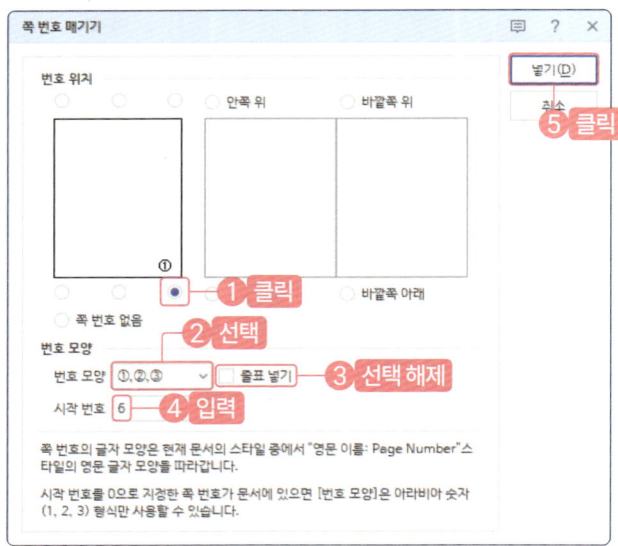

1-130 한글 2022 • 출제유형분석

3 다음과 같이 쪽 번호가 매겨집니다.

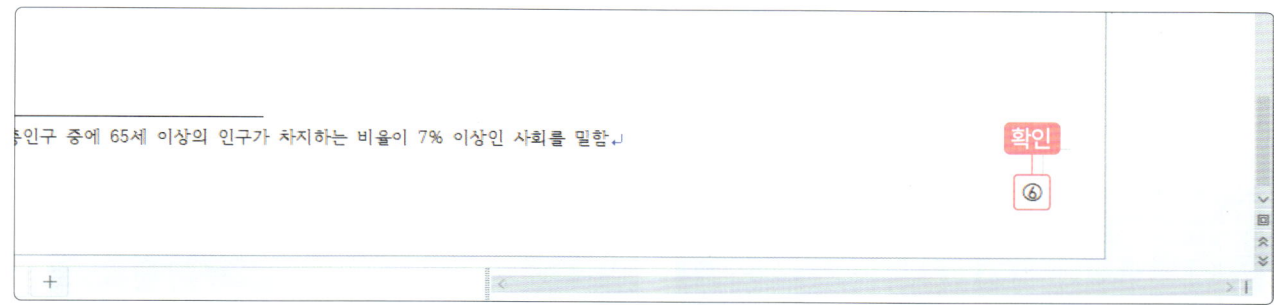

4 모든 작성이 완료되면 답안을 저장하기 위해 **(파일) 탭을 클릭**한 후 **(저장하기)를 클릭**합니다.

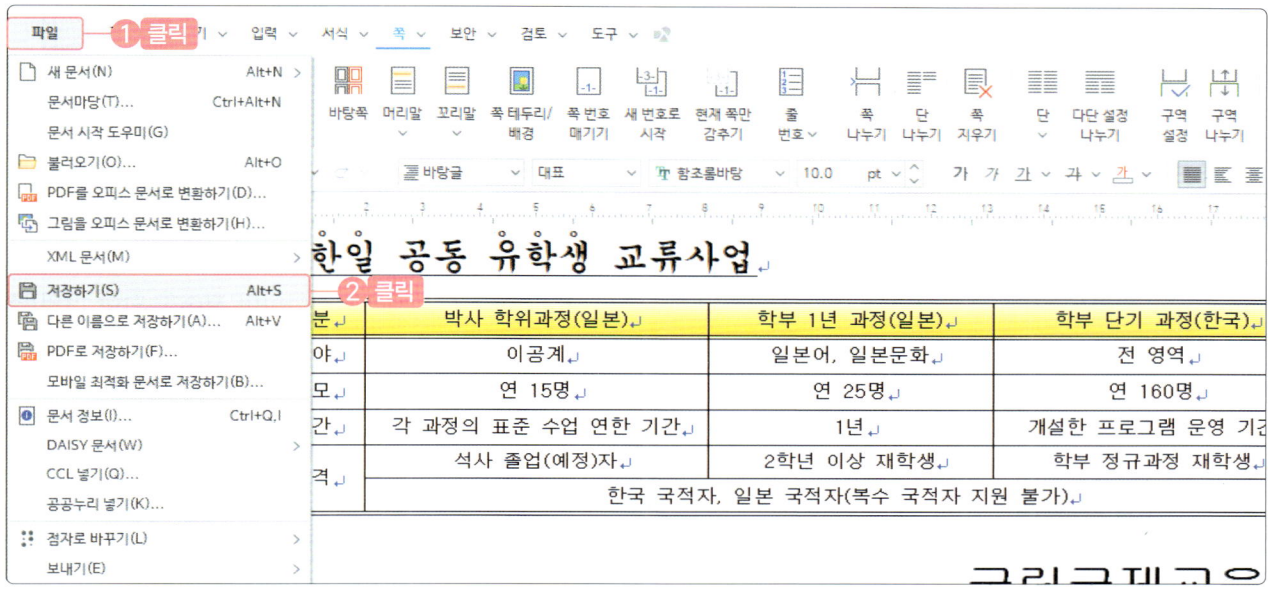

> (서식) 도구 상자에서 (저장하기(🖫))를 클릭하거나 Alt + S 를 눌러 답안을 저장할 수도 있습니다.

5 답안을 전송하기 위해 (KOAS 수험자용) 프로그램에서 **(답안 전송) 단추를 클릭**합니다.

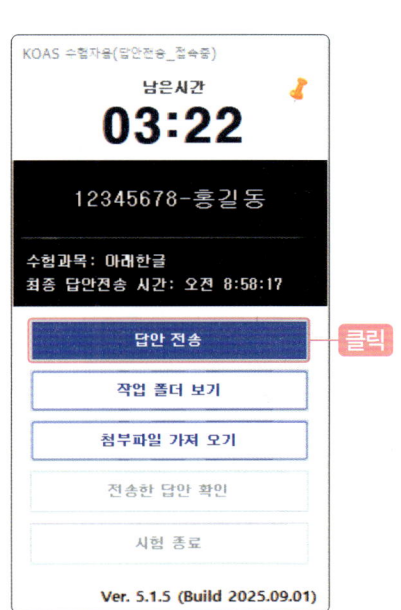

- 답안을 작성하는 도중에 주기적으로 (파일) 탭에서 (저장하기)를 클릭하거나 Alt + S 를 눌러 답안을 저장한 후 감독위원 PC로 전송해 두면 오류가 발생한 경우, 전송된 답안을 불러와서 복구할 수 있습니다. 전송된 답안은 (KOAS 수험자용) 프로그램에서 (답안 가져오기) 단추를 클릭하여 불러오므로 오류가 발생한 경우, 감독위원에게 문의합니다.
- (첨부파일 폴더 보기) 단추를 클릭하면 답안을 작성할 때 사용할 그림이 있는지 확인할 수 있습니다.

6 〔고사실용 PC로 답안 파일 보내기〕 대화상자가 나타나면 **파일 목록(12345678-홍길동.hwpx)과 존재(있음)**를 확인한 후 〔답안전송〕 단추를 클릭합니다.

7 답안이 전송되면 〔상태〕에 '성공'이 표시되는지 확인한 후 〔닫기〕 단추를 클릭합니다.

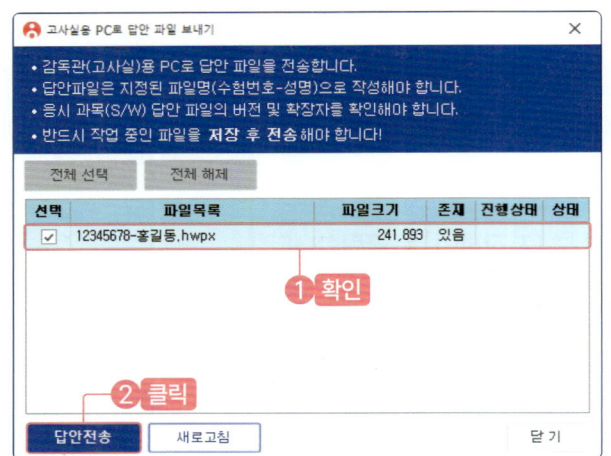 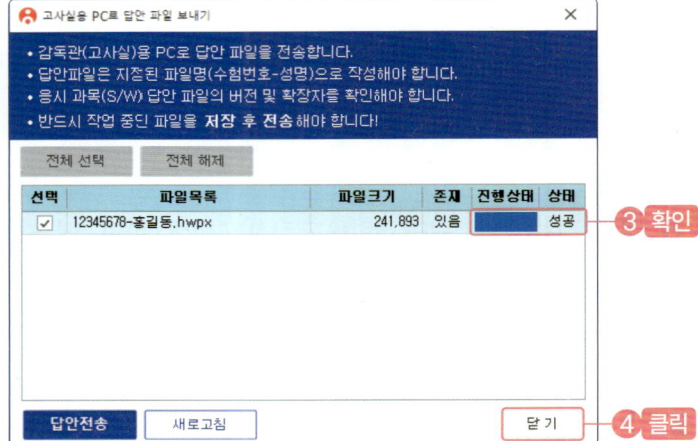

8 시험이 종료되면 〔KOAS 수험자용〕 프로그램에서 〔전송한 답안 확인〕을 클릭한 후 전송한 답안을 가져왔다는 알림창이 나타나면 〔확인〕 단추를 클릭합니다. 그런다음 파일 탐색기 창의 〔Answer〕 폴더가 나타나면 **전송한 답안 파일(수험번호-이름)**을 더블클릭하여 확인합니다.

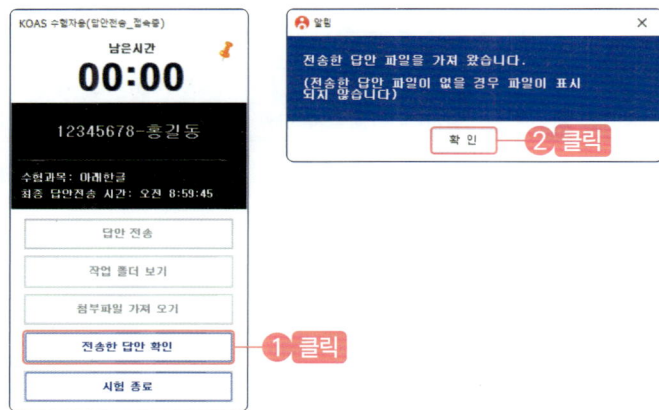 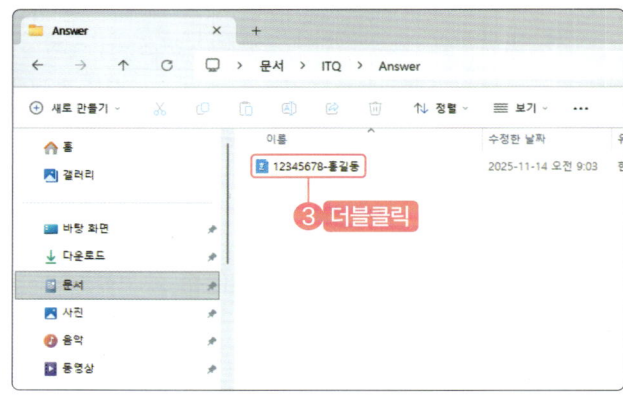

9 전송한 답안 파일이 이상이 없으면 〔시험 종료〕 단추를 클릭한 후 〔답안 파일 전송 최종 확인 동의〕 대화상자가 나타나면 〔동의 합니다〕를 선택한 다음 〔확인〕 단추를 클릭합니다.

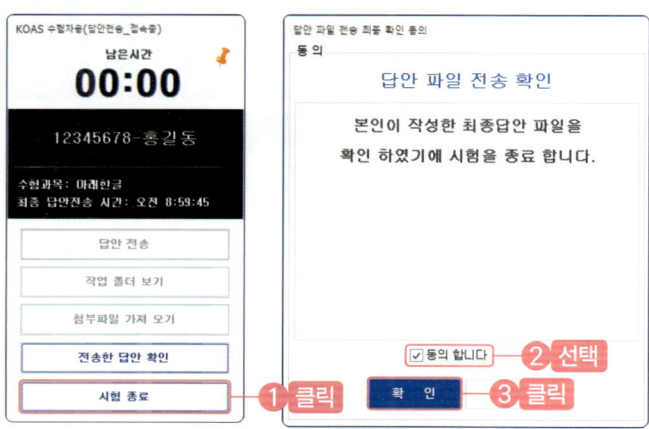

문서작성 능력평가 - II

유형 01

다음의 지시사항을 참고하여 《출력형태》와 같이 문서를 작성하시오. (200점)

▶ 소스파일 : Chapter 08₩문제08-01.hwpx   ▶ 완성파일 : Chapter 08₩문제08-01_완성.hwpx

《출력형태》

득과 삶의 질 저하, 사회참여 기회 축소 및 계층 간 빈부격차 등을 심화시켜 사회통합에 지장을 초래하기 때문에 정보화가 진전될수록 정보격차 해소의 중요성은 점점 커지고 있다. 특히 정보에 대한 접근 부문은 정보격차 해소를 위한 우선적 과제로 사회적, 경제적, 지역적 차이에 관계없이 누구나 쉽게 정보에 접근 가능한 환경을 제공받는 것은 정보격차 해소를 위한 기본적 수단(手段)이다.

정부는 급속히 발전하는 정보화 환경 속에서 신체적, 경제적, 지역적 여건 등에 의해 정보통신 제품 및 서비스의 접근이 어려운 장애인, 고령자, 저소득층, 농어민들의 평등한 정보접근 기회를 제공하고자 정보통신 보조기기를 개발하고 보급하는 한편, 사랑의 그린 PC를 보급하고 청각 및 언어 장애인을 위한 통신 중계 서비스를 제공하고 있다. 과학기술정보통신부와 한국지능정보사회진흥원에서는 소외계층의 PC, 인터넷 사용 능력 등 정보화 수준을 확인하기 위해 매년 장애인, 저소득층, 농어민, 장노년층 등을 대상으로 정보격차 실태조사ⓐ를 실시하고 있다.

♠ 정보격차지수 개요

A. 접근 수준
  ⓐ 필요시 PC 및 인터넷 접근 가능 정도
  ⓑ 정보이용 시설 접근 용이성, PC 보유 및 인터넷 접속 여부
B. 역량 수준
  ⓐ PC 기반 인터넷 기본 용도별 이용 능력 보유 정도
  ⓑ PC 환경설정, 워드, 정보검색, 이메일, 전자상거래 활용 능력

♠ 정보격차지수 및 구성 요소

지수	구성 요소	가중치	지수	구성 요소	가중치
접근지수	필요시 컴퓨터/인터넷 접근 가능성	0.6	양적 활용지수	이용 여부	0.7
	정보통신기기 보유 정도	0.2		이용 시간	0.3
	컴퓨터 기종 및 인터넷 접속 방식	0.2	질적 활용지수	일상생활 부문별 도움 정도	0.6
역량지수	컴퓨터/인터넷 이용 기본 능력	각 0.5		기본 용도별 이용 정도	0.4

한국인터넷진흥원

ⓐ 정보격차 해소 정책의 연간 추진 성과를 측정 및 평가하고 효율적인 정책 추진을 위한 기초자료 제공

유형 02

다음의 지시사항을 참고하여 《출력형태》와 같이 문서를 작성하시오. (200점)

▶ 소스파일 : Chapter 08₩문제08-02.hwpx   ▶ 완성파일 : Chapter 08₩문제08-02_완성.hwpx

《출력형태》

5G 상용화와 함께 비대면 시대에 접어들면서 VR, MR, AR을 포괄하는 XR(확장현실)에 대한 요구가 크게 증가(增加)하고 있다. 한국을 시작으로 38개국이 5G 상용화를 진행하면서 XR 시장이 성장할 것으로 전망된다. 특히 코로나 19로 인해 기업 경영과 개인 생활 영역에 제약이 생기면서 확장현실을 통해 활로를 찾고자 전 산업에 걸친 확장현실 도입이 이루어지고 있다. 이에 주요국들은 확장현실로 성장동력을 얻고자 정부가 주도해 프로젝트를 추진함으로써 실감산업 육성 지원에 들어갔으며, 애플, 구글, 페이스북을 비롯한 주요 기업은 확장현실에 대한 공격적인 투자를 통해 시장 선점에 노력을 기울이고 있다. 우리나라도 글로벌 확장현실ⓐ 선도를 위해 실감콘텐츠 활성화 전략을 수립(樹立)하고 실감산업 육성을 지원하였다.

한편, 협업 능력이 기업의 미래를 결정하는 중요 척도로 꼽히는 만큼 비대면 시대에서 기업들은 협업 효과를 잃지 않기 위해 많은 노력을 기울이고 있으며 그 중 하나가 확장현실에 기반한 협업인 실감협업이다. 이는 확장현실을 통해 풍부한 정보공유, 몰입감 높은 현장감, 자연스러운 상호작용으로 원격에서도 높은 협업 효과를 가져올 수 있다.

♣ XR을 활용한 회복 및 치유 효과

글꼴 : 굴림, 18pt, 하양
음영색 : 빨강

① 육체적 활용 사례
  (ㄱ) 효과 : 목표 의식을 함양함으로써 치료 동기를 부여
  (ㄴ) 활용 사례 : 헬스케어, 홈트레이닝, 재활훈련
② 사회적 활용 사례
  (ㄱ) 효과 : 자연스러운 상호작용과 사용자 간의 깊은 연결성 제공
  (ㄴ) 활용 사례 : 소셜 VR, 그룹 치료

문단 번호 기능 사용
1수준 : 20pt, 오른쪽 정렬,
2수준 : 30pt, 오른쪽 정렬,
줄 간격 : 180%

표 전체 글꼴 : 돋움, 10pt, 가운데 정렬
셀 배경(그러데이션) : 유형(가로),
시작색(노랑), 끝색(하양)

♣ 실감콘텐츠산업 활성화 전략

글꼴 : 굴림, 18pt, 밑줄, 강조점

비전	세계 최초 5G 상용화를 기반으로 2025년 실감콘텐츠 선도국가 도약		
전략 목표	콘텐츠 생산액	전문기업 수	수출액
	20조 원	100개	5조 원
중점 추진과제	신수요 창출	기술, 인프라 고도화	산업성장 지원
	공공서비스에 XR 적용	글로벌 선도기술 확보	전문기업 육성
	산업분야에 XR 적용	제작인프라 고도화	글로벌 진출 지원

글꼴 : 궁서, 24pt, 진하게
장평 105%, 오른쪽 정렬

→ **소프트웨어정책연구소**

각주 구분선 : 5cm

ⓐ VR, MR, AR에 이르기까지 가상현실 기술 전체를 통틀어서 일컬음

쪽 번호 매기기
6으로 시작 → ⑥

유형 03

다음의 지시사항을 참고하여 《출력형태》와 같이 문서를 작성하시오. (200점)

▶ 소스파일 : Chapter 08₩문제08-03.hwpx   ▶ 완성파일 : Chapter 08₩문제08-03_완성.hwpx

《출력형태》

대한민국 건설기술산업대전은 국내 최초 건설기술산업 전문 전시회(展示會)로 국내 건설기술의 최신 트렌드와 정보를 제공한다. 다양한 전문 세션으로 구성된 세미나가 개최됨과 동시에 도로, 철도, 항만 및 해안, 교량, 터널 등의 기술 품목, 토공, 도로, 콘크리트, 플랜트, 특수장비 등의 장비 품목, 구조재료, 철강재료, 도료, 방수 단열재 등의 자재 품목, 각종 해석 및 설계 프로그램, BIM, 3D 모델링, 통신, 제어솔루션 등의 시스템 품목을 아우르는 건설기술 산업 전 분야가 전시된다.

한국건설기술연구원 구조융합연구소, 성균관대학교 자기치유친환경콘크리트센터, 한국BIM학회, 한국비계기술원, 한국크레인협회 등의 기관에서 세미나에 참여하고 신기술&신공법 소개, 건설 산업에서 4차 산업혁명과 BIM, 가설구조물 안정성 확보 방안 등의 다양한 프로그램을 준비하여 국제표준지표, 기술연구결과, 최신 건설기술 동향(動向)에 대한 수준 높은 강의가 진행된다. 건설기술에 관심 많은 종사자 및 실수요자가 건설 산업 현황을 한 눈에 파악할 수 있으며, 비즈니스 네트워크 구축을 통해 B2B㉮ 상호간 긴밀한 협조체계가 이뤄질 예정이다.

♣ **대한민국 건설기술산업대전 개요**

가. 기간 및 장소
① 기간 : 2026년 12월 14일(월) - 17일(목)
② 장소 : 일산 킨텍스 제2전시장
나. 부대행사
① 컨퍼런스 : 최신 산업 트렌드, 글로벌 건설시장 사례 등
② 기술설명회 : 참가 기업 신기술공법, 제품 설명회

♣ *주요 세미나 프로그램 일정*

구분	장소	프로그램	비고
1일차	3층 그랜드볼룸	에너지 절약기술을 적용한 제로 에너지 하우스	잔여 좌석은 선착순 현장접수 마감
	302호 세미나실	4차 산업혁명과 디지털 건설 산업의 미래	
2일차	3층 그랜드볼룸	친환경 콘크리트, 스마트 건설재료 포럼	
	302호 세미나실	스마트 건설기술 사례	
	304호 세미나실	모듈러 공동주택의 실증사례 보고	

→ **건설기술산업대전사무국**

㉮ 기업과 기업 사이에 이루어지는 전자상거래를 일컫는 경제 용어

유형 04

다음의 지시사항을 참고하여 《출력형태》와 같이 문서를 작성하시오. (200점)

▶ 소스파일 : Chapter 08₩문제08-04.hwpx　　▶ 완성파일 : Chapter 08₩문제08-04_완성.hwpx

《출력형태》

통일은 남북한 국민이 한 민족㉠ 하나의 국민이라고 느끼고 남북한 단일체제 수립(樹立)을 넘어 한마음이 된 상태를 의미한다. 통일은 분단된 국토가 하나 되는 것은 물론 정치적으로 대립되었던 체제를 하나로 만드는 것이고, 경제적으로 서로 다른 제도를 하나로 거듭나게 하는 것이며, 남북 주민 사이에 내면화된 이질적인 문화를 하나로 다시 탄생시키는 것이다. 우리가 추구하는 통일은 인류 보편적 가치로 자리 잡은 자유민주주의와 시장경제를 바탕으로 구성원 모두의 자유와 인권이 보장되는 민족공동체의 건설이다.

통일은 분단으로 인해 굴절된 역사를 바로잡고, 민족공동체 건설을 통해 우리 민족의 총체적 역량을 극대화하기 위해 필요하다. 또한 통일은 분단에 따른 유형, 무형적인 비용을 소멸시키고 새로운 이득을 창출(創出)함으로 인해 국가와 사회뿐 아니라 개인에게도 삶의 질을 향상시킬 것이다. 개인적 차원에서 통일은 이산가족의 고통을 해소하고 남북 간에 자유롭게 오그 가며 살 수 있는 등의 다양한 선택의 기회를 부여하며 인간적인 삶을 보장할 것이다. 통일은 21세기 한민족의 새로운 비상과 선진일류국가로 도약하기 위한 수단으로써 필요하다.

♠ 통일교육의 내용

- I. 통일 문제
  - A. 통일의 의의와 필요성, 남북관계의 전개
  - B. 국제질서와 한반도 통일, 통일의 비전과 과제
- II. 북한 이해
  - A. 북한을 보는 시각, 북한 변화 전망 등
  - B. 북한 분야별 실상(정치, 외교, 군사, 경제, 교육, 문화, 예술)

♠ *지역별 통일관 현황*

지역	위치	운영주체	휴관
서울	서울 구로구 궁동 35번지	서서울생활과학고등학교	매주 일요일, 공휴일
오두산	경기 파주시 통일전망대 내	민간위탁	매주 월요일
광주	광주 서구 화정2동	통일교육위원광주협의회	매주 월요일, 토요일
부산	부산 부산진구 자유회관 내	한국자유총연맹	연중무휴
기타 지역 현황		경남, 고성, 대전, 양구, 인천, 제주	

국립통일교육원

㉠ 언어와 문화상의 공통성에 기초하여 오랜 세월 역사적으로 형성된 사회 집단

유형 05

다음의 지시사항을 참고하여 《출력형태》와 같이 문서를 작성하시오. (200점)

▶ 소스파일 : Chapter 08₩문제08-05.hwpx   ▶ 완성파일 : Chapter 08₩문제08-05_완성.hwpx

《출력형태》

코로나19의 세계적 유행을 극복하는 과정에서 공공데이터 활용이 위기 대응에 기여하는 사례가 늘어남에 따라 데이터 경제 가속화를 가져오는데 공공데이터가 핵심으로 부상하게 되었다. 이에 코로나19로 인한 경제 위기를 극복하고 디지털 전환 시대에 세계 경제를 선도(先導)하기 위해 정부는 '한국판 뉴딜'의 한 축으로 '디지털 뉴딜' 정책을 발표했다. 과학기술정보통신부는 디지털 뉴딜 정책의 일환으로 데이터 수집, 가공, 활용 기반을 강화하여 데이터 경제와 인공지능 경제로 전환하기 위해 데이터 댐 프로젝트를 핵심 과제로 추진하고 있다.

인공지능 개발에 필수적인 인공지능 학습용 데이터를 누구나 편리한 시간과 장소에서 수집하고 가공하며 검증할 수 있도록 크라우드 소싱 방식①을 적용하여 170종 4억 8천만 건의 데이터를 개방(開放)했다. 데이터를 국민 누구나 손쉽게 찾아 활용할 수 있도록 분야별 빅데이터 플랫폼 및 센터를 구축하여 6개 플랫폼과 50개 센터를 운영하고 있다. 또한 여러 기관에 분산된 개인 데이터를 가치 있게 활용할 수 있도록 마이데이터 실증사업을 추진하고 정보 주체 중심의 데이터 활용 확산에 기여하고 있다.

♣ 디지털 뉴딜 및 빅데이터 관련 정책

- 글꼴 : 돋움, 18pt, 하양
- 음영색 : 파랑

I. 그린산업 분야 에너지효율 과제
  A. 전력수요관리를 위한 아파트 스마트 전력량계 보급
  B. 노후건물 에너지 빅데이터 시스템 구축
II. 일반행정 분야 스마트정부 과제
  A. 공공데이터 개방 및 이용 활성화 지원
  B. 행정기관 정보통신 이용환경 고도화

문단 번호 기능 사용
1수준 : 20pt, 오른쪽 정렬,
2수준 : 30pt, 오른쪽 정렬,
줄 간격 : 180%

표 전체 글꼴 : 굴림, 10pt, 가운데 정렬
셀 배경(그러데이션) : 유형(가로),
시작색(하양), 끝색(노랑)

♣ *디지털 정보기술 분야 경쟁력 지수*

글꼴 : 돋움, 18pt, 기울임, 강조점

순위	ICT 수용 능력	유연한 근무방식	디지털 기술	디지털 법적 프레임워크
1	대한민국	네덜란드	핀란드	미국
2	아랍에미리트	뉴질랜드	스웨덴	룩셈부르크
3	홍콩	스위스	에스토니아	싱가포르
4	스웨덴	에스토니아	아이슬란드	아랍에미리트
5	일본	미국		말레이시아

글꼴 : 궁서, 24pt, 진하게
장평 95%, 오른쪽 정렬

→ **한국지능정보사회진흥원**

각주 구분선 : 5cm

① 대중들의 참여로 해결책을 얻는 방법

쪽 번호 매기기
4로 시작 → iv

유형 06

다음의 지시사항을 참고하여 《출력형태》와 같이 문서를 작성하시오. (200점)

▶ 소스파일 : Chapter 08₩문제08-06.hwpx   ▶ 완성파일 : Chapter 08₩문제08-06_완성.hwpx

《출력형태》

저작권이란 저작물을 창작한 사람 및 기타 권리자에게 저작권법이 인정하고 있는 배타적 권리를 말한다. 단, 저작권법ⓐ은 저작물의 이용을 도모(圖謀)하기 위해 창작자 및 기타 권리자에게 일정기간에 한하여 독점 배타적 권리를 인정하고 있으며, 공정한 이용을 위하여 일정한 저작권 제한 사유를 규정하고 있다. 저작권과 관련된 역할자는 저작물을 창작하고 이에 대해 권리를 가지는 저작권자와 이러한 저작물을 해석하고 전달하는 데 대하여 권리를 가지는 저작인접권자, 그리고 이러한 저작물이나 저작인접물을 소비하는 이용자가 있다. 이 이용자에는 이를 사용하거나 향유(享有)하는 소비적 이용자와 이를 활용하여 또 다른 창작을 꾀하는 생산적 이용자가 있는가 하면, 이를 매개하거나 다른 목적을 위하여 활용하는 도서관이나 학교와 같은 기관들도 있다.

저작물의 창작과 전달 그리고 그의 이용을 둘러싼 이들 각 역할자 사이의 관계는 기본적으로 저작권법 등의 법규와 이에 기초한 계약, 그리고 각종 사법제도에 의하여 규율된다. 저작물의 창작과 이용에 활용되는 기술과 각 역할자의 법의식 등 행동 윤리 역시 이들 간의 관계에 중대한 영향을 미친다.

♠ 저작권 교육

  I. 오프라인
    A. 저작권 강사가 현장을 방문하여 저작권 교육
    B. 저작권 및 문화콘텐츠 산업종사자의 직능 수준별 교육과정 운영
  II. 온라인
    C. 전국 어디서나 언제든지 학습할 수 있도록 학습관리시스템 운영
    D. 기관별 자체 LMS 또는 온라인 학습방 등에 탑재하여 원격교육

♠ 지식재산권과 저작재산권의 구성

	지식재산권		저작재산권		
저작권	저작, 저작인접, 데이터베이스	복제	유형적	복제권, 2차적저작물작성권	
			무형적	공연권	
산업재산권	특허, 실용신안, 산업디자인, 상표	전달	유형적	배포권, 전시권	
기타	반도체 설계, 초상, 영업비밀보호 등		무형적	공중송신권(방송, 전송 등)	

한국저작권위원회

―――――――――――
ⓐ 저작자의 권리와 이에 인접한 권리를 보호하기 위하여 만든 법률

ITQ 정보기술자격
한글 2022

PART 02
실전모의고사

자주 틀리는 항목을 알면 A등급은 내 손안에...

자주 틀리는 항목 & 팁

| 수험자 유의사항 |

- 답안은 '내 PC\문서\ITQ' 폴더에 본인의 수험번호와 성명을 조합하여 '수험번호-성명' 형식의 파일 이름으로 저장합니다.
- 위치- 파일 이름을 잘못 저장하여 답안을 저장한 경우에는 (파일) 탭에서 (다른 이름으로 저장하기)를 클릭하거나 Alt + V 를 눌러 (다른 이름으로 저장하기) 대화상자가 나타나면 답안을 다시 저장한 후 잘못 저장한 답안을 삭제합니다.

| 답안 작성요령 |

- (서식) 도구 상자에서 글꼴(함초롬바탕), 글자 크기(10), 글자 색(검정), 정렬 방식(양쪽 정렬(≡)), 줄 간격(160)을 확인합니다.

- (편집 용지) 대화상자의 (기본) 탭에서 용지 종류(A4(국배판) [210×297 mm], 용지 방향(세로), 제본(한쪽)을 확인한 후 왼쪽/오른쪽 용지 여백(11), 위쪽/아래쪽/머리말/꼬리말 용지 여백(10), 제본 용지 여백(0)을 지정하여 편집 용지를 설정합니다.

- (쪽) 탭에서 (구역 나누기(냄))를 두 번 클릭하거나 Alt + Shift + Enter 를 두 번 눌러 문서를 3페이지의 구역으로 나눕니다.

| 기능평가 Ⅰ |

- 문서를 작성할 때 내용이 1줄을 넘어가면 자동으로 다음 줄에 입력되므로 Enter 를 눌러 강제로 줄을 바꾸지 않습니다.
- 내용에 스타일이 적용되면 줄의 맨 왼쪽 글자와 오른쪽 글자가 《출력형태》와 같은지 확인합니다.
- 줄의 맨 왼쪽 글자와 오른쪽 글자가 《출력형태》와 다를 경우에는 답안 작성 요령에 따라 편집 용지를 설정하였는지, 내용에 오타가 있는지, 《조건》과 같이 스타일을 지정하였는지 확인합니다.

- 표 전체를 셀 블록으로 설정한 후 (서식) 도구 상자에서 (가운데 정렬(≡))을 클릭한 다음 숫자가 입력되어 있는 셀만 다시 셀 블록으로 설정하고 (오른쪽 정렬(≡))을 클릭합니다.

- (표 레이아웃(▦)) 탭에서 (계산식(▦))을 클릭한 후 (블록 합계) (또는 (블록 평균))을 클릭하여 합계(또는 평균)를 구합니다.

- 지시사항에 명시되어 있는 색상이 셀 배경색 목록에 없으면 색상 테마를 확인합니다.

- 방향은 《출력형태》를 보고 지정해야 합니다.

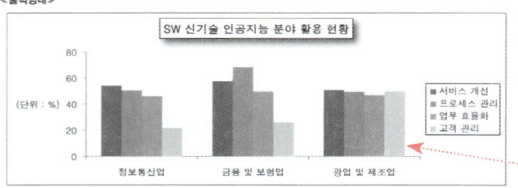

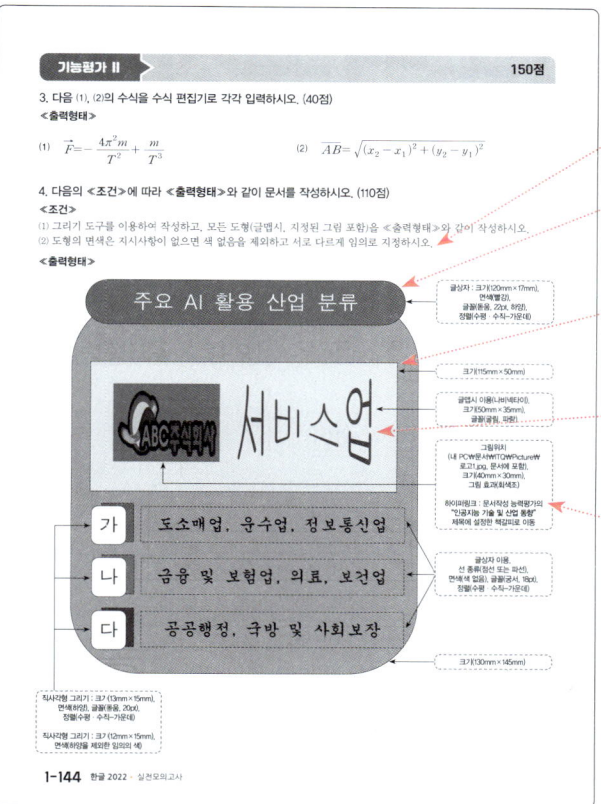

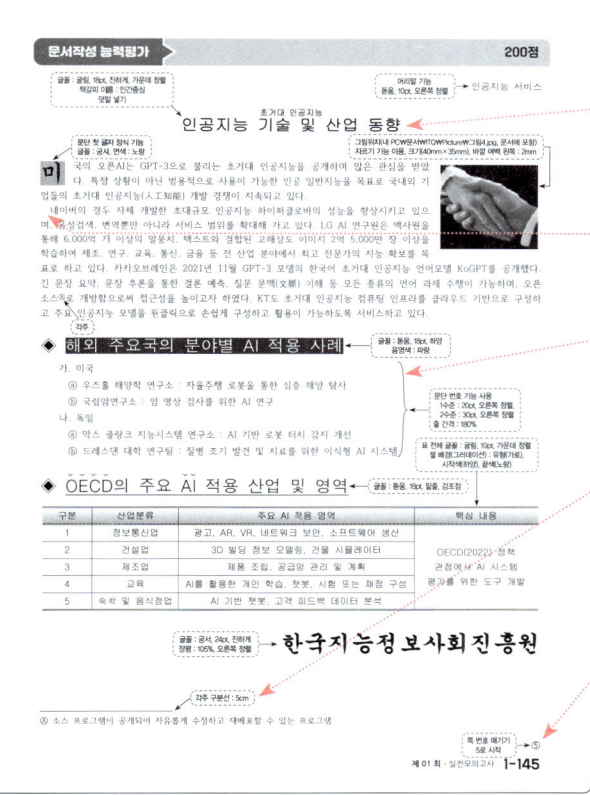

기능평가 II

- 지시사항에 면 색이 명시되어 있지 않으면 임의의 색으로 지정합니다.

- 사각형 모서리 곡률은 《출력형태》를 보고 지정해야 합니다.

- 개체를 서로 겹치면 나중에 삽입한 개체가 먼저 삽입한 개체 위에 겹쳐집니다. 따라서 《출력형태》에서 아래에 있는 도형을 먼저 삽입해야 《출력형태》와 같이 작성할 수 있습니다.

- 글맵시는 지시사항의 모양으로 작성합니다.

- 그림이나 글맵시에 하이퍼링크를 지정하는 문제는 문서작성 능력평가의 책갈피와 연결해야 하므로, 3페이지의 제목 및 책갈피를 작성한 후 하이퍼링크를 지정합니다.
- 책갈피 이름은 시험지의 '문서작성 능력평가'에서 확인할 수 있습니다.

문서작성 능력평가

3페이지 첫 번째 줄에 문서작성 능력평가의 제목을 입력한 후 제목 앞에 커서를 위치시킨 다음 [입력] 탭에서 [책갈피(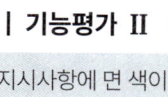)]를 클릭하여 작성합니다.

- SpaceBar 를 두 번 눌러 두 칸을 띄우고 입력합니다.

- 문단 번호는 입력하지 않고 문단 번호 기능을 사용하여 작성합니다.

- 각주 구분선의 기본 길이는 '5cm'입니다. 구분선 길이가 다를 경우에만 지정합니다.

- [줄표 넣기]의 선택 및 선택 해제는 《출력형태》를 보고 지정해야 합니다.

제01회 ITQ 실전모의고사

과목	코드	문제유형	시험시간	수험번호	성명
아래한글	1111	A	60분		

한컴 오피스

· 수험자 유의사항 ·

- 수험자는 문제지를 받는 즉시 문제지와 **수험표상의 시험과목(프로그램)이 동일한지 반드시 확인**하여야 합니다.
- 파일명은 본인의 "수험번호-성명"으로 입력하여 답안폴더(내 PC₩문서₩ITQ)에 하나의 파일로 저장해야하며, 답안파일을 전송하지 않아 미제출로 처리될 경우 실격 처리합니다(예:12345678-홍길동.hwpx).
- 답안 작성을 마치면 파일을 저장하고, '답안 전송' 버튼을 선택하여 감독위원 PC로 답안을 전송하십시오. 수험생 정보와 저장한 파일명이 다를 경우 전송되지 않으므로 주의하시기 바랍니다.
- 답안 작성 중에도 **주기적으로 저장하고, '답안 전송'**하여야 문제 발생을 줄일 수 있습니다. 작업한 내용을 저장하지 않고 전송할 경우 이전에 저장된 내용이 전송되오니 이점 유의하시기 바랍니다.
- 답안문서는 지정된 경로 외의 다른 보조기억장치에 저장하는 경우, 지정된 시험 시간 외에 작성된 파일을 활용할 경우, 기타 통신수단(이메일, 메신저, 네트워크 등)을 이용하여 타인에게 전달 또는 외부 반출하는 경우는 부정 처리합니다.
- 시험 중 부주의 또는 고의로 시스템을 파손한 경우는 수험자가 변상해야 하며, 〈수험자 유의사항〉에 기재된 방법대로 이행하지 않아 생기는 불이익은 수험생 당사자의 책임임을 알려 드립니다.
- 문제의 조건은 한컴오피스 2022 / 2020 버전으로 설정되어 있으니 유의하시기 바랍니다.
- 시험을 완료한 수험자는 답안파일이 전송되었는지 확인한 후 감독위원의 지시에 따라 문제지를 제출하고 퇴실합니다.

· 답안 작성요령 ·

- 온라인 답안 작성 절차
  수험자 등록 ⇒ 시험 시작 ⇒ 답안파일 저장 ⇒ 답안 전송 ⇒ 시험 종료
- 공통 부문
  - 글꼴에 대한 기본설정은 함초롬바탕, 10포인트, 검정, 줄간격 160%, 양쪽정렬로 합니다.
  - 색상은 조건의 색을 적용하고 색의 구분이 안 될 경우에는 RGB 값을 적용하십시오.
    (빨강 255, 0, 0 / 파랑 0, 0, 255 / 노랑 255, 255, 0).
  - 각 문항에 주어진 《조건》에 따라 작성하고 언급하지 않은 조건은 《출력형태》와 같이 작성합니다.
  - 용지여백은 왼쪽·오른쪽 11mm, 위쪽·아래쪽·머리말·꼬리말 10mm, 제본 0mm로 합니다.
  - 그림 삽입 문제의 경우 「내 PC₩문서₩ITQ₩Picture」 폴더에서 지정된 파일을 선택하여 삽입하십시오.
  - 삽입한 그림은 반드시 문서에 포함하여 저장해야 합니다(미포함 시 감점 처리).
  - 각 항목은 지정된 페이지에 출력형태와 같이 정확히 작성하시기 바라며, 그렇지 않을 경우에 해당 항목은 0점 처리됩니다.
    ※ 페이지구분 : 1페이지 - 기능평가 I (문제번호 표시 : 1. 2.),
    　　　　　　 2페이지 - 기능평가II(문제번호 표시 : 3. 4.),
    　　　　　　 3페이지 - 문서작성 능력평가
- 기능평가
  - 문제와 《조건》은 입력하지 않으며 문제번호와 답(《출력형태》)만 작성합니다.
  - 4번 문제는 묶기를 했을 경우 0점 처리됩니다.
- 문서작성 능력평가
  - A4 용지(210mm×297mm) 1매 크기, 세로 서식 문서로 작성합니다.
  - _____ 표시는 문서작성에 대한 지시사항이므로 작성하지 않습니다.

kpc 한국생산성본부

기능평가 I

1. 다음의 ≪조건≫에 따라 스타일 기능을 적용하여 ≪출력형태≫와 같이 작성하시오. (50점)

≪조건≫ (1) 스타일 이름 - intelligence
(2) 문단 모양 - 왼쪽 여백 : 15pt, 문단 아래 간격 : 10pt
(3) 글자 모양 - 글꼴 : 한글(돋움)/영문(굴림), 크기 : 10pt, 장평 : 95%, 자간 : 5%

≪출력형태≫

Current artificial intelligence is considered as life and culture, beyond the industry. Discussing life in the future will be impossible without mentioning artificial intelligence.

현재의 인공지능은 산업을 넘어 삶과 문화로 여겨지고 있다. 미래의 삶에 대한 논의는 인공지능에 대한 언급 없이는 불가능할 것이다.

2. 다음의 ≪조건≫에 따라 ≪출력형태≫와 같이 표와 차트를 작성하시오. (100점)

≪표 조건≫ (1) 표 전체(표, 캡션) - 굴림, 10pt
(2) 정렬 - 문자 : 가운데 정렬, 숫자 : 오른쪽 정렬
(3) 셀 배경(면색) : 노랑
(4) 한글의 계산 기능을 이용하여 빈칸에 합계를 구하고, 캡션 기능 사용할 것
(5) 선 모양은 ≪출력형태≫와 동일하게 처리할 것

≪출력형태≫

SW 신기술 인공지능 분야 활용 현황(단위 : %)

산업분류	서비스 개선	프로세스 관리	업무 효율화	고객 관리	합계
정보통신업	54.2	50.2	45.8	21.5	
금융 및 보험업	57.5	68.3	49.5	26.0	
광업 및 제조업	50.6	49.3	46.8	49.7	
건설업	79.9	94.1	20.1	4.8	

≪차트 조건≫ (1) 차트 데이터는 표 내용에서 분야별 정보통신업, 금융 및 보험업, 광업 및 제조업의 값만 이용할 것
(2) 종류 - 〈묶은 세로 막대형〉으로 작업할 것
(3) 제목 - 글꼴 : 돋움, 진하게, 12pt,
속성 : 채우기(밝은 색 : 하양), 테두리, 그림자(바깥쪽 : 대각선 오른쪽 아래)
(4) 제목 이외의 전체 글꼴 - 돋움, 보통, 10pt
(5) 축제목과 범례는 ≪출력형태≫와 동일하게 처리할 것

≪출력형태≫

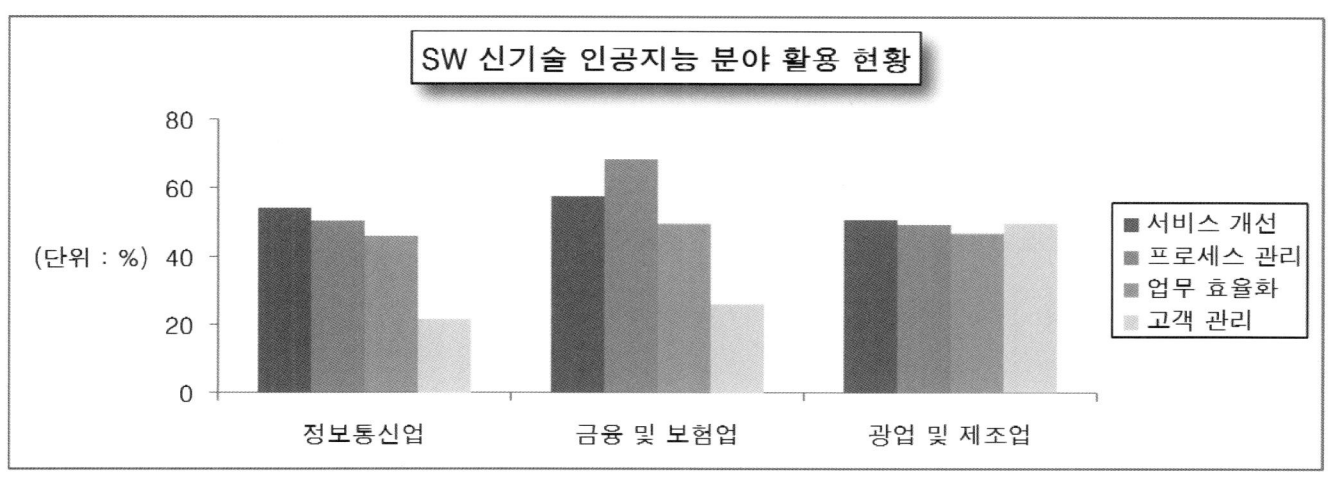

기능평가 II 150점

3. 다음 (1), (2)의 수식을 수식 편집기로 각각 입력하시오. (40점)

≪출력형태≫

(1) $\vec{F} = -\dfrac{4\pi^2 m}{T^2} + \dfrac{m}{T^3}$

(2) $\overline{AB} = \sqrt{(x_2 - x_1)^2 + (y_2 - y_1)^2}$

4. 다음의 ≪조건≫에 따라 ≪출력형태≫와 같이 문서를 작성하시오. (110점)

≪조건≫
(1) 그리기 도구를 이용하여 작성하고, 모든 도형(글맵시, 지정된 그림 포함)을 ≪출력형태≫와 같이 작성하시오.
(2) 도형의 면색은 지시사항이 없으면 색 없음을 제외하고 서로 다르게 임의로 지정하시오.

≪출력형태≫

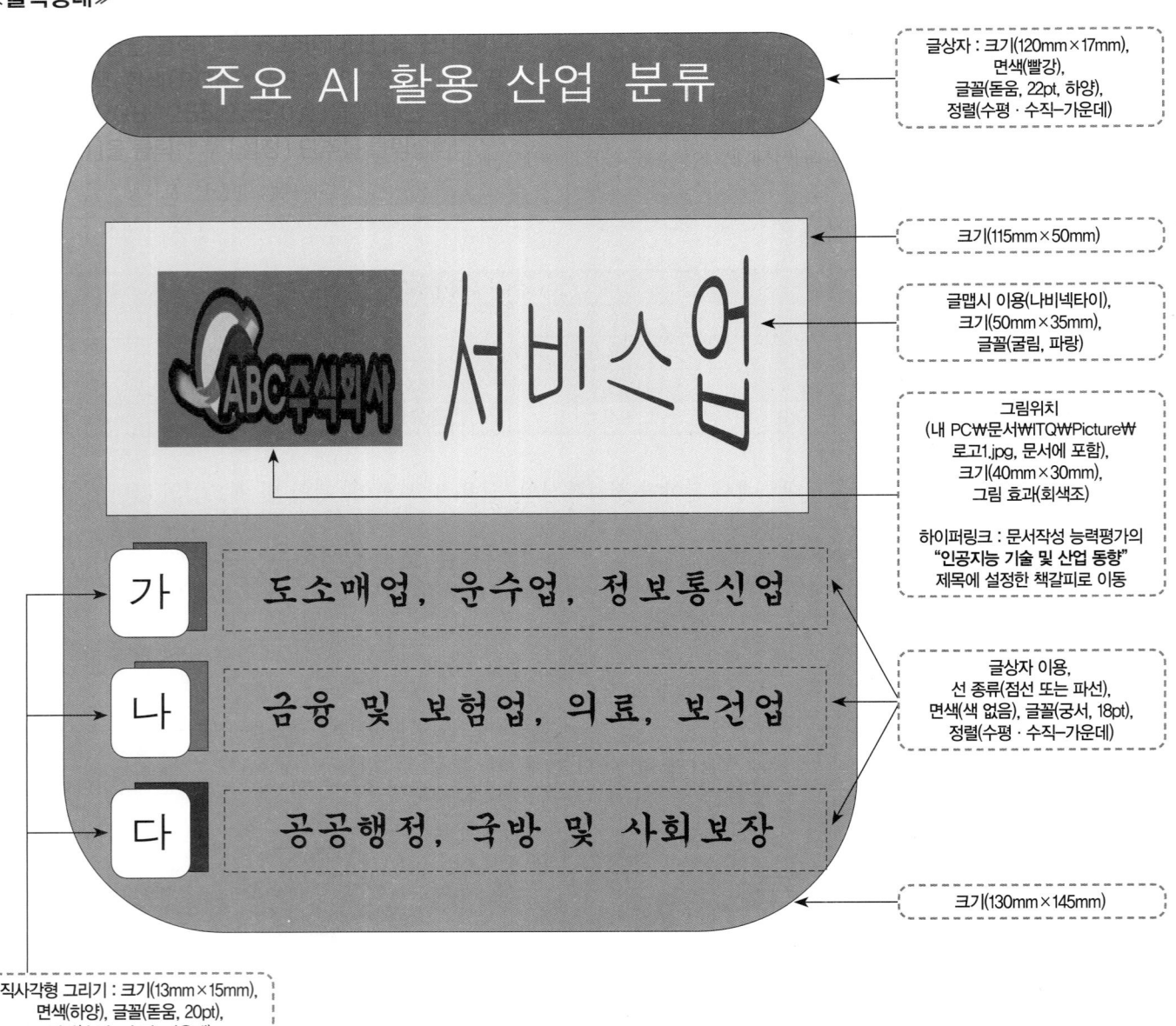

인공지능 서비스

인공지능 기술 및 산업 동향

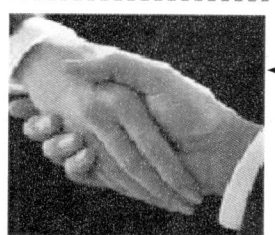

미국의 오픈AI는 GPT-3으로 불리는 초거대 인공지능을 공개하며 많은 관심을 받았다. 특정 상황이 아닌 범용적으로 사용이 가능한 인공 일반지능을 목표로 국내외 기업들의 초거대 인공지능(人工知能) 개발 경쟁이 지속되고 있다.

네이버의 경우 자체 개발한 초대규모 인공지능 하이퍼클로바의 성능을 향상시키고 있으며, 음성검색, 번역뿐만 아니라 서비스 범위를 확대해 가고 있다. LG AI 연구원은 엑사원을 통해 6,000억 개 이상의 말뭉치, 텍스트와 결합된 고해상도 이미지 2억 5,000만 장 이상을 학습하여 제조, 연구, 교육, 통신, 금융 등 전 산업 분야에서 최고 전문가의 지능 확보를 목표로 하고 있다. 카카오브레인은 2021년 11월 GPT-3 모델의 한국어 초거대 인공지능 언어모델 KoGPT를 공개했다. 긴 문장 요약, 문장 추론을 통한 결론 예측, 질문 문맥(文脈) 이해 등 모든 종류의 언어 과제 수행이 가능하며, 오픈소스ⓐ로 개방함으로써 접근성을 높이고자 하였다. KT도 초거대 인공지능 컴퓨팅 인프라를 클라우드 기반으로 구성하고 주요 인공지능 모델을 원클릭으로 손쉽게 구성하고 활용이 가능하도록 서비스하고 있다.

◆ 해외 주요국의 분야별 AI 적용 사례

가. 미국
  ⓐ 우즈홀 해양학 연구소 : 자율주행 로봇을 통한 심층 해양 탐사
  ⓑ 국립암연구소 : 암 영상 검사를 위한 AI 연구
나. 독일
  ⓐ 막스 플랑크 지능시스템 연구소 : AI 기반 로봇 터치 감지 개선
  ⓑ 드레스덴 대학 연구팀 : 질병 조기 발견 및 치료를 위한 이식형 AI 시스템

◆ OECD의 주요 AI 적용 산업 및 영역

구분	산업분류	주요 AI 적용 영역	핵심 내용
1	정보통신업	광고, AR, VR, 네트워크 보안, 소프트웨어 생산	
2	건설업	3D 빌딩 정보 모델링, 건물 시뮬레이터	OECD(2022) 정책 관점에서 AI 시스템 평가를 위한 도구 개발
3	제조업	제품 조립, 공급망 관리 및 계획	
4	교육	AI를 활용한 개인 학습, 챗봇, 시험 또는 채점 구성	
5	숙박 및 음식점업	AI 기반 챗봇, 고객 피드백 데이터 분석	

한국지능정보사회진흥원

ⓐ 소스 프로그램이 공개되어 자유롭게 수정하고 재배포할 수 있는 프로그램

제 02 회 ITQ 실전모의고사

과목	코드	문제유형	시험시간	수험번호	성명
아래한글	1111	B	60분		

한컴 오피스

• 수험자 유의사항 •

- 수험자는 문제지를 받는 즉시 문제지와 **수험표상의 시험과목(프로그램)이 동일한지 반드시 확인**하여야 합니다.
- 파일명은 본인의 "수험번호-성명"으로 입력하여 답안폴더(내 PC₩문서₩ITQ)에 하나의 파일로 저장해야하며, 답안파일을 전송하지 않아 미제출로 처리될 경우 실격 처리합니다(예:12345678-홍길동.hwpx).
- 답안 작성을 마치면 파일을 저장하고, '답안 전송' 버튼을 선택하여 감독위원 PC로 답안을 전송하십시오. 수험생 정보와 저장한 파일명이 다를 경우 전송되지 않으므로 주의하시기 바랍니다.
- 답안 작성 중에도 **주기적으로 저장하고, '답안 전송'**하여야 문제 발생을 줄일 수 있습니다. 작업한 내용을 저장하지 않고 전송할 경우 이전에 저장된 내용이 전송되오니 이점 유의하시기 바랍니다.
- 답안문서는 지정된 경로 외의 다른 보조기억장치에 저장하는 경우, 지정된 시험 시간 외에 작성된 파일을 활용할 경우, 기타 통신수단(이메일, 메신저, 네트워크 등)을 이용하여 타인에게 전달 또는 외부 반출하는 경우는 부정 처리합니다.
- 시험 중 부주의 또는 고의로 시스템을 파손한 경우는 수험자가 변상해야 하며, 〈수험자 유의사항〉에 기재된 방법대로 이행하지 않아 생기는 불이익은 수험생 당사자의 책임임을 알려 드립니다.
- 문제의 조건은 한컴오피스 2022 / 2020 버전으로 설정되어 있으니 유의하시기 바랍니다.
- 시험을 완료한 수험자는 답안파일이 전송되었는지 확인한 후 감독위원의 지시에 따라 문제지를 제출하고 퇴실합니다.

• 답안 작성요령 •

- 온라인 답안 작성 절차
  수험자 등록 ⇒ 시험 시작 ⇒ 답안파일 저장 ⇒ 답안 전송 ⇒ 시험 종료
- 공통 부문
  • 글꼴에 대한 기본설정은 함초롬바탕, 10포인트, 검정, 줄간격 160%, 양쪽정렬로 합니다.
  • 색상은 조건의 색을 적용하고 색의 구분이 안 될 경우에는 RGB 값을 적용하십시오.
    (빨강 255, 0, 0 / 파랑 0, 0, 255 / 노랑 255, 255, 0).
  • 각 문항에 주어진 《조건》에 따라 작성하고 언급하지 않은 조건은 《출력형태》와 같이 작성합니다.
  • 용지여백은 왼쪽·오른쪽 11mm, 위쪽·아래쪽·머리말·꼬리말 10mm, 제본 0mm로 합니다.
  • 그림 삽입 문제의 경우「내 PC₩문서₩ITQ₩Picture」폴더에서 지정된 파일을 선택하여 삽입하십시오.
  • 삽입한 그림은 반드시 문서에 포함하여 저장해야 합니다(미포함 시 감점 처리).
  • 각 항목은 지정된 페이지에 출력형태와 같이 정확히 작성하시기 바라며, 그렇지 않을 경우에 해당 항목은 0점 처리됩니다.
    ※ 페이지구분 : 1페이지 - 기능평가 I (문제번호 표시 : 1. 2.),
                  2페이지 - 기능평가 II (문제번호 표시 : 3. 4.),
                  3페이지 - 문서작성 능력평가
- 기능평가
  • 문제와 《조건》은 입력하지 않으며 문제번호와 답(《출력형태》)만 작성합니다.
  • 4번 문제는 묶기를 했을 경우 0점 처리됩니다.
- 문서작성 능력평가
  • A4 용지(210mm×297mm) 1매 크기, 세로 서식 문서로 작성합니다.
  • ┊┈┈┈┈┈┊ 표시는 문서작성에 대한 지시사항이므로 작성하지 않습니다.

kpc 한국생산성본부

기능평가 I (150점)

1. 다음의 ≪조건≫에 따라 스타일 기능을 적용하여 ≪출력형태≫와 같이 작성하시오. (50점)

≪조건≫ (1) 스타일 이름 – platform
(2) 문단 모양 – 왼쪽 여백 : 15pt, 문단 아래 간격 : 10pt
(3) 글자 모양 – 글꼴 : 한글(굴림)/영문(돋움), 크기 : 10pt, 장평 : 95%, 자간 : 5%

≪출력형태≫

Online PACK is the business Online platform for the makers, suppliers and specialists in packaging, cosmetic, pharmaceutical, bio industries from all over the world.

온라인 국제포장기자재전-국제제약 화장품위크는 전 세계의 포장, 화장품, 제약, 바이오산업의 제조업체, 공급업체와 전문가를 위한 비즈니스 온라인 플랫폼이다.

2. 다음의 ≪조건≫에 따라 ≪출력형태≫와 같이 표와 차트를 작성하시오. (100점)

≪표 조건≫ (1) 표 전체(표, 캡션) – 돋움, 10pt
(2) 정렬 – 문자 : 가운데 정렬, 숫자 : 오른쪽 정렬
(3) 셀 배경(면색) : 노랑
(4) 한글의 계산 기능을 이용하여 빈칸에 합계를 구하고, 캡션 기능 사용할 것
(5) 선 모양은 ≪출력형태≫와 동일하게 처리할 것

≪출력형태≫

국제물류산업대전 관람객 현황(단위 : 천 명)

구분	10회	11회	12회	13회	합계
1일차	7.4	8.1	7.9	8.5	
2일차	12.2	13.7	12.8	13.1	
3일차	10.1	10.5	11.2	11.9	
4일차	4.8	5.2	5.7	6.2	

≪차트 조건≫ (1) 차트 데이터는 표 내용에서 횟수별 1일차, 2일차, 3일차의 값만 이용할 것
(2) 종류 – 〈묶은 세로 막대형〉으로 작업할 것
(3) 제목 – 글꼴 : 굴림, 진하게, 12pt,
속성 : 채우기(밝은 색 : 하양), 테두리, 그림자(바깥쪽 : 대각선 오른쪽 아래)
(4) 제목 이외의 전체 글꼴 – 굴림, 보통, 10pt
(5) 축제목과 범례는 ≪출력형태≫와 동일하게 처리할 것

≪출력형태≫

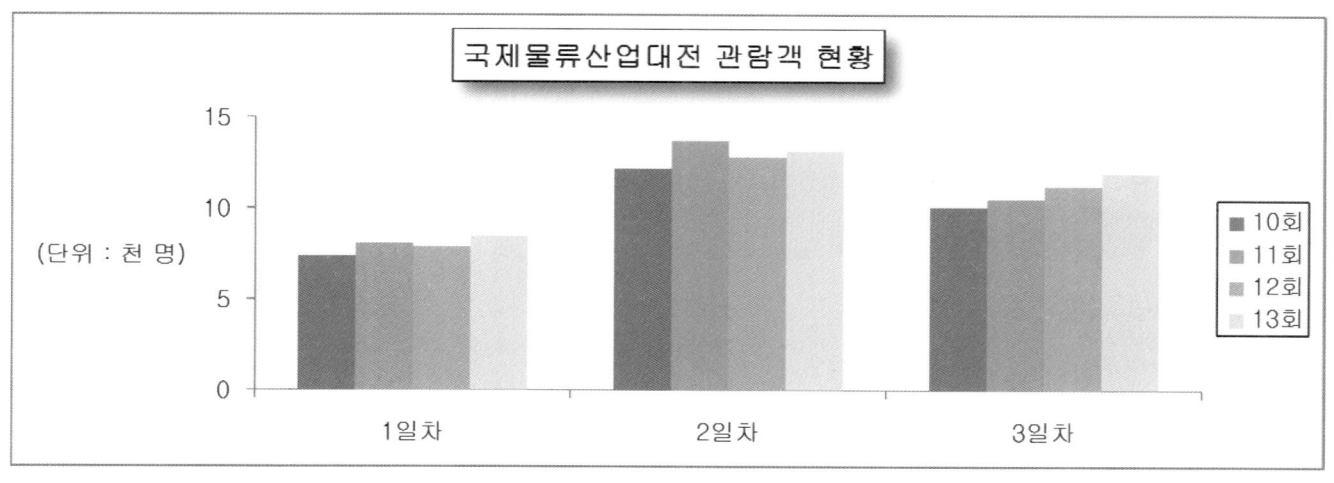

기능평가 II   150점

3. 다음 (1), (2)의 수식을 수식 편집기로 각각 입력하시오. (40점)

≪출력형태≫

(1) $Q = \lim\limits_{\Delta t \to 0} \dfrac{\Delta s}{\Delta t} = \dfrac{d^2 s}{dt^2} + 1$

(2) $\int_a^b x f(x) dx = \dfrac{1}{b-a} \int_a^b x dx = \dfrac{a+b}{2}$

4. 다음의 ≪조건≫에 따라 ≪출력형태≫와 같이 문서를 작성하시오. (110점)

≪조건≫
(1) 그리기 도구를 이용하여 작성하고, 모든 도형(글맵시, 지정된 그림 포함)을 ≪출력형태≫와 같이 작성하시오.
(2) 도형의 면색은 지시사항이 없으면 색 없음을 제외하고 서로 다르게 임의로 지정하시오.

≪출력형태≫

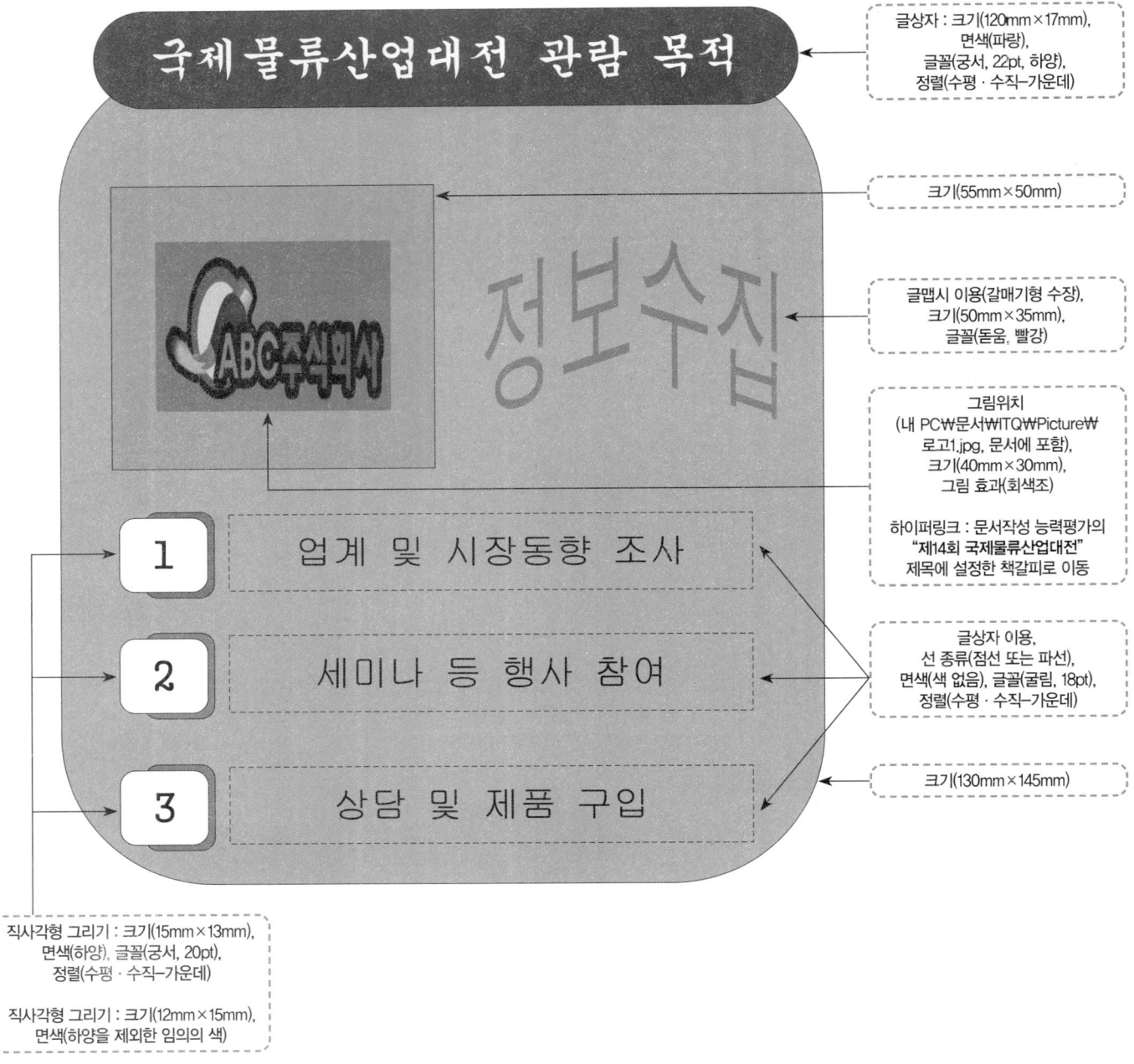

미래 물류 기술

제14회 국제물류산업대전

국제물류산업대전은 한국통합물류협회가 주최하고 국토교통부가 후원하는 운송, 서비스, 보관, 물류설비 분야를 아우르는 국내 최대 규모의 물류 전시회이다. 국제물류산업대전에서는 물류 IT, 물류 자동화 시스템, 유통 솔루션 및 기기, 콜드체인 솔루션 등 산업의 디지털 전환(轉換)을 이끌어가고 있는 국내외 기업들이 참가하여 제품 및 솔루션을 전시하고 물류산업의 트렌드를 한눈에 살펴볼 수 있는 자리이다.

이번 전시회에서는 물류 서비스 및 물류 스타트업㉮ 전용관을 통해 분야별 물류 전문가와의 만남의 장을 마련하고 글로벌 경쟁력을 갖춘 국내 화주(貨主) 및 물류기업의 해외 진출 지원을 위한 해외 투자 환경 정보 제공과 글로벌 네트워크 확보 기회를 제공한다. 별도로 마련된 국토교통 연구개발 홍보관과 스타트업관에서는 국가 물류 연구개발 사업에 관한 내용을 확인하고 물류 분야 창업 기업들을 만나볼 수 있으며, 전시회 방문 기업을 대상으로 스마트물류센터 인증제도 관련 설명회와 상담도 진행한다. 스마트물류센터 인증제도는 인공지능 기반 화물 처리와 물류센터 자동화 등 스마트 물류 기술을 활용하는 물류시설에 투자비의 일부를 지원하는 제도이다.

♣ 제14회 국제물류산업대전 개요

가. 기간 및 장소
　① 기간 : 2024. 4. 23 - 26. 4일간
　② 장소 : 킨텍스 제2전시장
나. 주최 및 후원
　① 주최 : 한국통합물류협회, 산업전문전시회
　② 후원 : 국토교통부, 경기도

♣ 물류 분야 및 콜드체인 분야 세미나

분야	일자	발표 주제	장소
물류 분야	2024. 4. 23	물류 분야 글로벌 환경 세미나	제2전시장 205호
	2024. 4. 24	물류산업 변화, 물류 기술 혁신과 안전	제2전시장 212호
		다채널 물류센터의 도전과 미래지향적 자동화 솔루션	제2전시장 210호
	2024. 4. 25	모빌리티 혁신	제2전시장 212호
콜드체인 분야	2024. 4. 26	콜드체인 고도화를 위한 신기술 세미나	

국제물류산업대전사무국

㉮ 혁신적인 기술 또는 아이디어를 가진 신생 창업 기업들을 의미

제 03 회 ITQ 실전모의고사

과목	코드	문제유형	시험시간	수험번호	성명
아래한글	1111	C	60분		

한컴 오피스

· 수험자 유의사항 ·

- 수험자는 문제지를 받는 즉시 문제지와 **수험표상의 시험과목(프로그램)이 동일한지 반드시 확인**하여야 합니다.
- 파일명은 본인의 "수험번호-성명"으로 입력하여 답안폴더(내 PC\문서\ITQ)에 하나의 파일로 저장해야 하며, 답안파일을 전송하지 않아 미제출로 처리될 경우 실격 처리합니다(예:12345678-홍길동.hwpx).
- 답안 작성을 마치면 파일을 저장하고, '답안 전송' 버튼을 선택하여 감독위원 PC로 답안을 전송하십시오. 수험생 정보와 저장한 파일명이 다를 경우 전송되지 않으므로 주의하시기 바랍니다.
- 답안 작성 중에도 **주기적으로 저장하고, '답안 전송'**하여야 문제 발생을 줄일 수 있습니다. 작업한 내용을 저장하지 않고 전송할 경우 이전에 저장된 내용이 전송되오니 이점 유의하시기 바랍니다.
- 답안문서는 지정된 경로 외의 다른 보조기억장치에 저장하는 경우, 지정된 시험 시간 외에 작성된 파일을 활용할 경우, 기타 통신수단(이메일, 메신저, 네트워크 등)을 이용하여 타인에게 전달 또는 외부 반출하는 경우는 부정 처리합니다.
- 시험 중 부주의 또는 고의로 시스템을 파손한 경우는 수험자가 변상해야 하며, 〈수험자 유의사항〉에 기재된 방법대로 이행하지 않아 생기는 불이익은 수험생 당사자의 책임임을 알려 드립니다.
- 문제의 조건은 한컴오피스 2022 / 2020 버전으로 설정되어 있으니 유의하시기 바랍니다.
- 시험을 완료한 수험자는 답안파일이 전송되었는지 확인한 후 감독위원의 지시에 따라 문제지를 제출하고 퇴실합니다.

· 답안 작성요령 ·

- 온라인 답안 작성 절차
  수험자 등록 ⇒ 시험 시작 ⇒ 답안파일 저장 ⇒ 답안 전송 ⇒ 시험 종료
- 공통 부문
  - 글꼴에 대한 기본설정은 함초롬바탕, 10포인트, 검정, 줄간격 160%, 양쪽정렬로 합니다.
  - 색상은 조건의 색을 적용하고 색의 구분이 안 될 경우에는 RGB 값을 적용하십시오.
    (빨강 255, 0, 0 / 파랑 0, 0, 255 / 노랑 255, 255, 0).
  - 각 문항에 주어진 ≪조건≫에 따라 작성하고 언급하지 않은 조건은 ≪출력형태≫와 같이 작성합니다.
  - 용지여백은 왼쪽·오른쪽 11mm, 위쪽·아래쪽·머리말·꼬리말 10mm, 제본 0mm로 합니다.
  - 그림 삽입 문제의 경우 「내 PC\문서\ITQ\Picture」 폴더에서 지정된 파일을 선택하여 삽입하십시오.
  - 삽입한 그림은 반드시 문서에 포함하여 저장해야 합니다(미포함 시 감점 처리).
  - 각 항목은 지정된 페이지에 출력형태와 같이 정확히 작성하시기 바라며, 그렇지 않을 경우에 해당 항목은 0점 처리됩니다.
    ※ 페이지구분 : 1페이지 - 기능평가Ⅰ(문제번호 표시 : 1. 2.),
       2페이지 - 기능평가Ⅱ(문제번호 표시 : 3. 4.),
       3페이지 - 문서작성 능력평가
- 기능평가
  - 문제와 ≪조건≫은 입력하지 않으며 문제번호와 답(≪출력형태≫)만 작성합니다.
  - 4번 문제는 묶기를 했을 경우 0점 처리됩니다.
- 문서작성 능력평가
  - A4 용지(210mm×297mm) 1매 크기, 세로 서식 문서로 작성합니다.
  - 표시는 문서작성에 대한 지시사항이므로 작성하지 않습니다.

kpc 한국생산성본부

기능평가 I — 150점

1. 다음의 ≪조건≫에 따라 스타일 기능을 적용하여 ≪출력형태≫와 같이 작성하시오. (50점)

≪조건≫
(1) 스타일 이름 – exhibition
(2) 문단 모양 – 왼쪽 여백 : 15pt, 문단 아래 간격 : 10pt
(3) 글자 모양 – 글꼴 : 한글(돋움)/영문(굴림), 크기 : 10pt, 장평 : 95%, 자간 : 5%

≪출력형태≫

Home table deco fair is an exhibition that the greatest number of industry professionals in the field of home living get together providing a wide range of business opportunities with a nationwide networking.

홈테이블데코페어는 리빙 분야의 관계자들이 가장 많이 모이는 전시회이자 전국적인 네트워킹을 갖춘 리빙 전시회로서 광범위한 비즈니스 기회를 제공한다.

2. 다음의 ≪조건≫에 따라 ≪출력형태≫와 같이 표와 차트를 작성하시오. (100점)

≪표 조건≫
(1) 표 전체(표, 캡션) – 굴림, 10pt
(2) 정렬 – 문자 : 가운데 정렬, 숫자 : 오른쪽 정렬
(3) 셀 배경(면색) : 노랑
(4) 한글의 계산 기능을 이용하여 빈칸에 평균(소수점 두 자리)을 구하고, 캡션 기능 사용할 것
(5) 선 모양은 ≪출력형태≫와 동일하게 처리할 것

≪출력형태≫

지역별 홈테이블데코페어 방문 목적(단위 : %)

방문 목적	부산	수원	대구	서울	평균
시장 및 제품조사	49.2	41.5	39.6	57.8	
인테리어 산업조사	27.2	27.4	29.9	23.4	
제품거래	16.8	19.8	14.2	19.2	
신규거래처 발굴	15.3	13.8	11.6	12.7	

≪차트 조건≫
(1) 차트 데이터는 표 내용에서 지역별 시장 및 제품조사, 인테리어 산업조사, 제품거래의 값만 이용할 것
(2) 종류 – 〈묶은 세로 막대형〉으로 작업할 것
(3) 제목 – 글꼴 : 돋움, 진하게, 12pt,
    속성 : 채우기(밝은 색 : 하양), 테두리, 그림자(바깥쪽 : 대각선 오른쪽 아래)
(4) 제목 이외의 전체 글꼴 – 돋움, 보통, 10pt
(5) 축제목과 범례는 ≪출력형태≫와 동일하게 처리할 것

≪출력형태≫

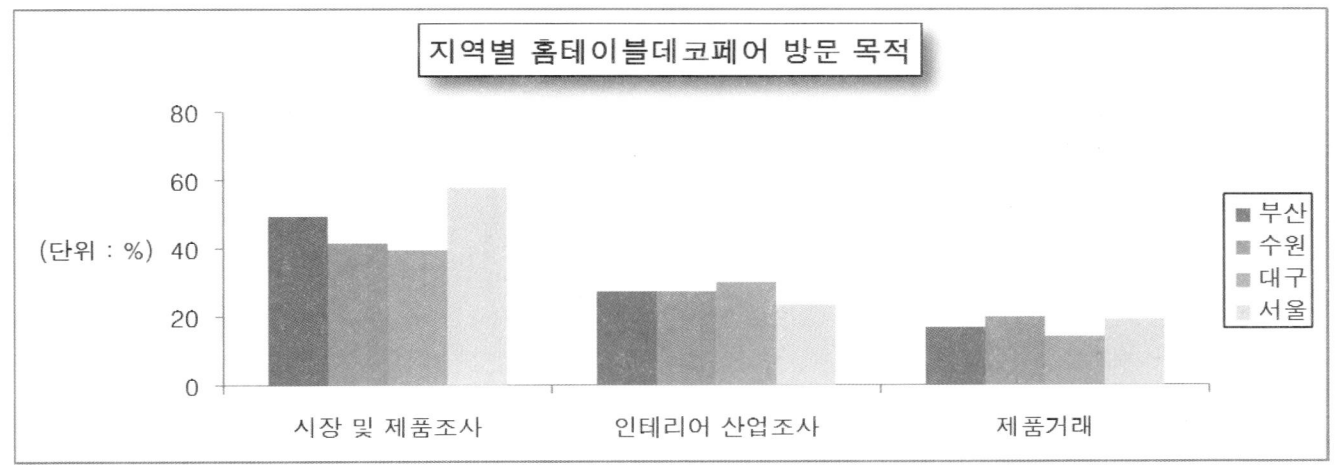

기능평가 II 150점

3. 다음 (1), (2)의 수식을 수식 편집기로 각각 입력하시오. (40점)

≪출력형태≫

(1) $\dfrac{V_2}{V_1} = \dfrac{0.90 \times 10^3}{1.0 \times 10^3} = 0.80$

(2) $\sqrt{a+b+2\sqrt{ab}} = \sqrt{a} + \sqrt{b}\,(a>0, b>0)$

4. 다음의 ≪조건≫에 따라 ≪출력형태≫와 같이 문서를 작성하시오. (110점)

≪조건≫
(1) 그리기 도구를 이용하여 작성하고, 모든 도형(글맵시, 지정된 그림 포함)을 ≪출력형태≫와 같이 작성하시오.
(2) 도형의 면색은 지시사항이 없으면 색 없음을 제외하고 서로 다르게 임의로 지정하시오.

≪출력형태≫

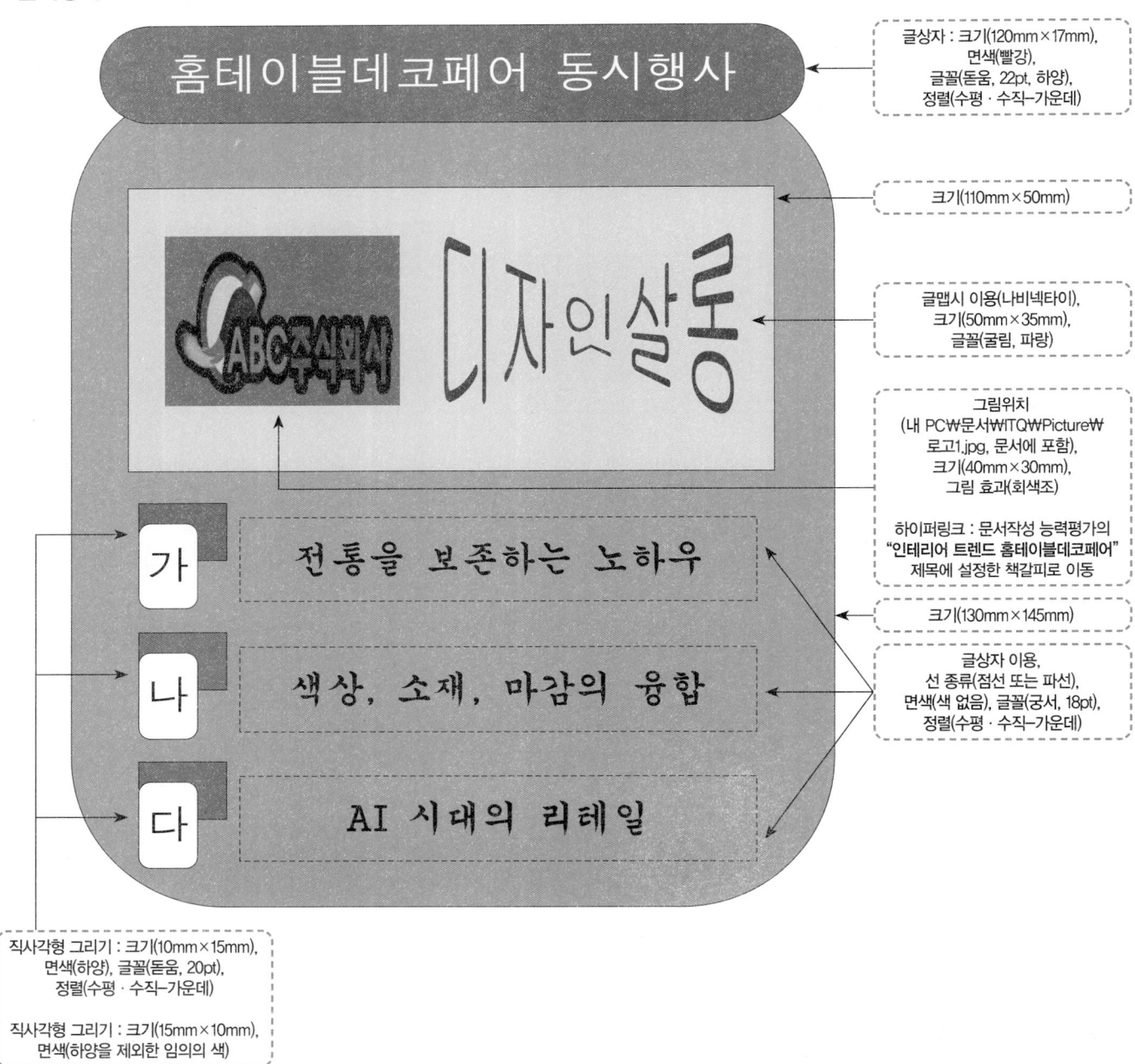

리빙 문화

인테리어 트렌드 홈테이블데코페어
(홈스타일링 플랫폼)

홈테이블데코페어는 인테리어 트렌드ⓐ와 감각적인 리빙 브랜드를 한 곳에서 소개하는 프리미엄 홈스타일링 전시회이다. 2019년에는 서울, 부산, 대구, 제주 4개의 도시에서 약 20만 명의 참관객들이 홈테이블데코페어를 방문하는 성과를 이루며 리빙 업계의 발전을 이끌어가는 비즈니스 전시회로 자리매김하고 있다. 2020년에는 수원 홈테이블데코페어를 새롭게 론칭하여 더욱 더 다양한 관람객이 방문할 기회를 제공한다. 관람객과 바이어 그리고 참가업체 모두를 만족시키는 홈테이블데코페어에서는 다양한 분야의 바이어들과 참관객들에게 브랜드를 알리고 전국적인 범위의 네트워크를 구축하는 장이 마련된다.

리빙 인테리어 시장에서도 독창적이며 트렌디한 작품을 찾는 소비자들은 예술(藝術), 디자인, 리빙, 공예의 경계를 무너뜨리기를 원한다. 이런 변화의 중심에 있는 공예는 테이블에서 공간(空間) 전체로 이동하여 공간에 예술성을 불어넣고자 한다. 홈테이블데코페어는 이러한 키친, 다이닝, 수면 공간의 변화를 주도하고 제안하고 있다. 또한 이번 페어에서는 기후 이상 변화와 감염병의 확산으로 친환경을 넘어 지구환경의 지속가능성을 추구하는 기획관도 운영된다.

♥ 2024 서울 홈테이블데코페어

가) 장소 및 일정
  a) 장소 : 서울 코엑스 A, B홀
  b) 일정 : 2024. 2. 8(목)-11(일)
나) 관람시간 및 동시개최
  a) 관람시간 : 목/금(10:00-18:00), 토/일(10:00-19:00)
  b) 동시개최 : 경기도자페어, 디자인 살롱

♥ 주요 컨퍼런스 프로그램 안내

구분	주제	시간	강연자	내용
1일차	글로벌 디자인 트렌드	11:00 - 11:50	사빈 마르셀리스	소재 탐구와 산업 연계를 통한 새로운 비전
		12:00 - 12:50	폴 코넷	건축과 디자인의 현재
		17:00 - 17:50	톰 딕슨	글로벌 브랜드의 구축 과정
2일차	라이프스타일, 인테리어 트렌드	10:30 - 11:30	이현주	2023/2024 트렌드 스트림
		15:00 - 15:50	이정민	2024 리테일 트렌드

홈테이블데코페어사무국

ⓐ 사상이나 행동 또는 어떤 현상에서 나타나는 일정한 방향

제04회 ITQ 실전모의고사

과목	코드	문제유형	시험시간	수험번호	성명
아래한글	1111	A	60분		

한컴 오피스

· 수험자 유의사항 ·

- 수험자는 문제지를 받는 즉시 문제지와 **수험표상의 시험과목(프로그램)이 동일한지 반드시 확인**하여야 합니다.
- 파일명은 본인의 "수험번호-성명"으로 입력하여 답안폴더(내 PC₩문서₩ITQ)에 하나의 파일로 저장해야하며, 답안파일을 전송하지 않아 미제출로 처리될 경우 실격 처리합니다(예:12345678-홍길동.hwpx).
- 답안 작성을 마치면 파일을 저장하고, '답안 전송' 버튼을 선택하여 감독위원 PC로 답안을 전송하십시오. 수험생 정보와 저장한 파일명이 다를 경우 전송되지 않으므로 주의하시기 바랍니다.
- 답안 작성 중에도 **주기적으로 저장하고, '답안 전송'**하여야 문제 발생을 줄일 수 있습니다. 작업한 내용을 저장하지 않고 전송할 경우 이전에 저장된 내용이 전송되오니 이점 유의하시기 바랍니다.
- 답안문서는 지정된 경로 외의 다른 보조기억장치에 저장하는 경우, 지정된 시험 시간 외에 작성된 파일을 활용할 경우, 기타 통신수단(이메일, 메신저, 네트워크 등)을 이용하여 타인에게 전달 또는 외부 반출하는 경우는 부정 처리합니다.
- 시험 중 부주의 또는 고의로 시스템을 파손한 경우는 수험자가 변상해야 하며, 〈수험자 유의사항〉에 기재된 방법대로 이행하지 않아 생기는 불이익은 수험생 당사자의 책임임을 알려 드립니다.
- 문제의 조건은 한컴오피스 2022 / 2020 버전으로 설정되어 있으니 유의하시기 바랍니다.
- 시험을 완료한 수험자는 답안파일이 전송되었는지 확인한 후 감독위원의 지시에 따라 문제지를 제출하고 퇴실합니다.

· 답안 작성요령 ·

- 온라인 답안 작성 절차
  수험자 등록 ⇒ 시험 시작 ⇒ 답안파일 저장 ⇒ 답안 전송 ⇒ 시험 종료
- 공통 부문
  - 글꼴에 대한 기본설정은 함초롬바탕, 10포인트, 검정, 줄간격 160%, 양쪽정렬로 합니다.
  - 색상은 조건의 색을 적용하고 색의 구분이 안 될 경우에는 RGB 값을 적용하십시오.
    (빨강 255, 0, 0 / 파랑 0, 0, 255 / 노랑 255, 255, 0).
  - 각 문항에 주어진 ≪조건≫에 따라 작성하고 언급하지 않은 조건은 ≪출력형태≫와 같이 작성합니다.
  - 용지여백은 왼쪽·오른쪽 11㎜, 위쪽·아래쪽·머리말·꼬리말 10㎜, 제본 0㎜로 합니다.
  - 그림 삽입 문제의 경우 「내 PC₩문서₩ITQ₩Picture」 폴더에서 지정된 파일을 선택하여 삽입하십시오.
  - 삽입한 그림은 반드시 문서에 포함하여 저장해야 합니다(미포함 시 감점 처리).
  - 각 항목은 지정된 페이지에 출력형태와 같이 정확히 작성하시기 바라며, 그렇지 않을 경우에 해당 항목은 0점 처리됩니다.
    ※ 페이지구분 : 1페이지 - 기능평가Ⅰ(문제번호 표시 : 1. 2.),
    　　　　　　　2페이지 - 기능평가Ⅱ(문제번호 표시 : 3. 4.),
    　　　　　　　3페이지 - 문서작성 능력평가
- 기능평가
  - 문제와 ≪조건≫은 입력하지 않으며 문제번호와 답(≪출력형태≫)만 작성합니다.
  - 4번 문제는 묶기를 했을 경우 0점 처리됩니다.
- 문서작성 능력평가
  - A4 용지(210㎜×297㎜) 1매 크기, 세로 서식 문서로 작성합니다.
  - ⟨⋯⋯⋯⋯⟩ 표시는 문서작성에 대한 지시사항이므로 작성하지 않습니다.

kpc 한국생산성본부

기능평가 I 150점

1. 다음의 ≪조건≫에 따라 스타일 기능을 적용하여 ≪출력형태≫와 같이 작성하시오. (50점)

≪조건≫ (1) 스타일 이름 - expo
(2) 문단 모양 - 왼쪽 여백 : 15pt, 문단 아래 간격 : 10pt
(3) 글자 모양 - 글꼴 : 한글(굴림)/영문(돋움), 크기 : 10pt, 장평 : 95%, 자간 : 5%

≪출력형태≫

K-SAFETY EXPO 2024 is the largest market place of safety industry in Korea to introduce advanced technologies in safety industry of Korea to public.

대한민국 안전산업박람회는 우리나라의 선진안전산업을 선보이고 국내외 공공 바이어와 민간 바이어가 한자리에 모이는 국내 최대의 안전산업 마켓 플레이스이다.

2. 다음의 ≪조건≫에 따라 ≪출력형태≫와 같이 표와 차트를 작성하시오. (100점)

≪표 조건≫ (1) 표 전체(표, 캡션) - 돋움, 10pt
(2) 정렬 - 문자 : 가운데 정렬, 숫자 : 오른쪽 정렬
(3) 셀 배경(면색) : 노랑
(4) 한글의 계산 기능을 이용하여 빈칸에 합계를 구하고, 캡션 기능 사용할 것
(5) 선 모양은 ≪출력형태≫와 동일하게 처리할 것

≪출력형태≫

연도별 안전산업박람회 참관객(단위 : 천 명)

구분	2020년	2021년	2022년	2023년	합계
20대	5.6	7.5	8.4	15.4	
30대	7.3	13.6	12.2	14.8	
40대	14.5	12.8	14.6	16.4	
50대 이상	6.2	7.4	9.2	11.7	

≪차트 조건≫ (1) 차트 데이터는 표 내용에서 연도별 20대, 30대, 40대의 값만 이용할 것
(2) 종류 - 〈표식이 있는 꺾은선형〉으로 작업할 것
(3) 제목 - 글꼴 : 굴림, 진하게, 12pt,
속성 : 채우기(밝은 색 : 하양), 테두리, 그림자(바깥쪽 : 대각선 오른쪽 아래)
(4) 제목 이외의 전체 글꼴 - 굴림, 보통, 10pt
(5) 축제목과 범례는 ≪출력형태≫와 동일하게 처리할 것

≪출력형태≫

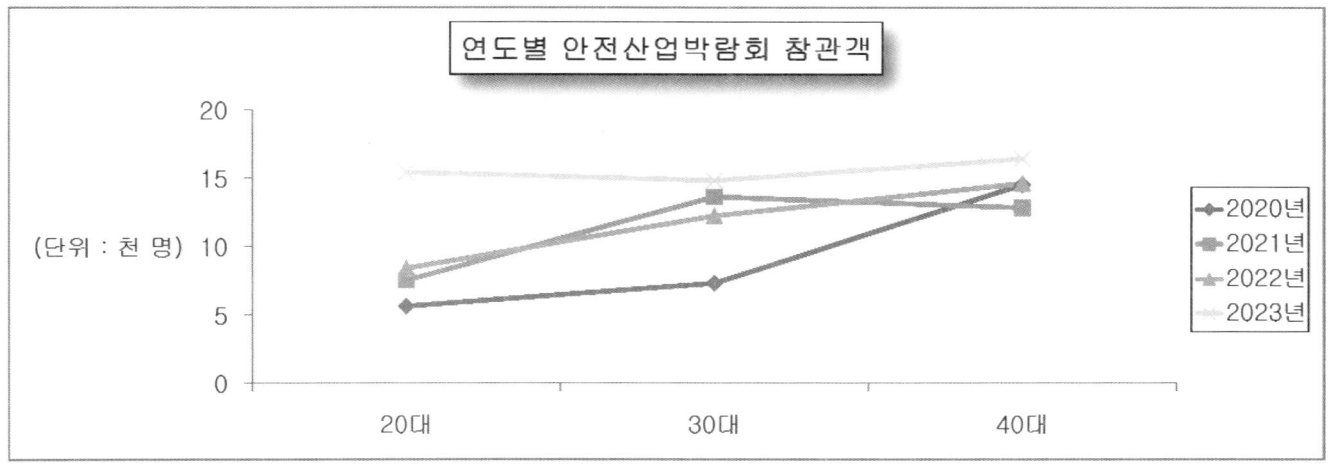

기능평가 II (150점)

3. 다음 (1), (2)의 수식을 수식 편집기로 각각 입력하시오. (40점)

≪출력형태≫

(1) $\int_a^b A(x-a)(x-b)dx = -\dfrac{A}{6}(b-a)^3$

(2) $A^3 + \sqrt{\dfrac{gL}{2\pi}} = \dfrac{gT}{2\pi}$

4. 다음의 ≪조건≫에 따라 ≪출력형태≫와 같이 문서를 작성하시오. (110점)

≪조건≫
(1) 그리기 도구를 이용하여 작성하고, 모든 도형(글맵시, 지정된 그림 포함)을 ≪출력형태≫와 같이 작성하시오.
(2) 도형의 면색은 지시사항이 없으면 색 없음을 제외하고 서로 다르게 임의로 지정하시오.

≪출력형태≫

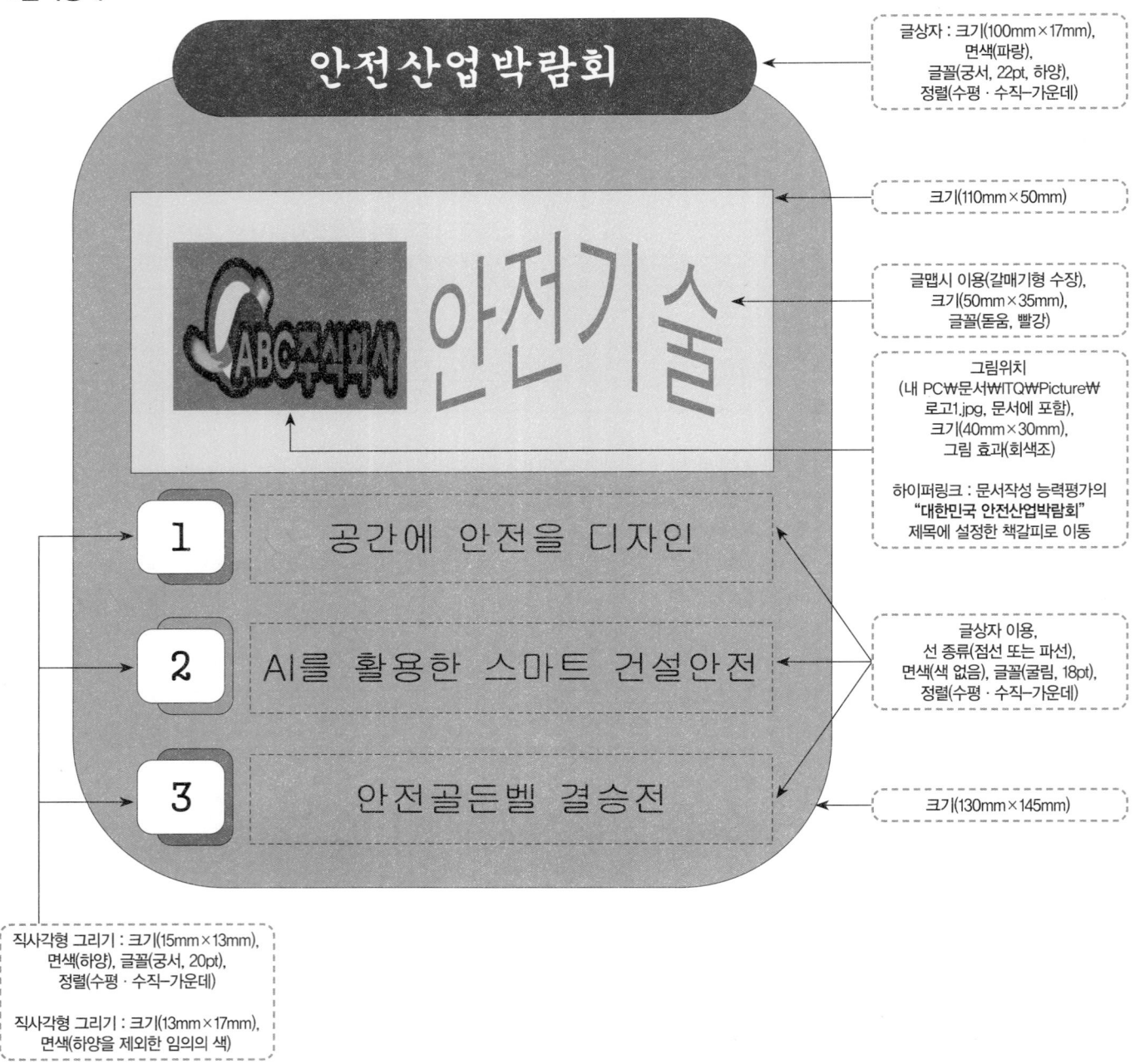

대한민국 안전산업박람회

4차 산업혁명이 세계적인 흐름으로 이어지면서 안전산업 분야에도 태풍, 지진 등의 자연재해 예측(豫測)부터 화재, 추락 등의 산업 안전사고 대비까지 이전에는 없었던 새로운 방향의 기술이 등장해 접목되고 있다. 4차 산업혁명 기술을 접목한 첨단 안전제품들을 한자리에서 볼 수 있는 대한민국 안전산업박람회는 안전관련 정부부처, 지자체, 공공기관이 참여하여 범정부적으로 추진되는 국내 최대 규모의 안전산업 종합박람회로 부처별 안전관련 사업 정책, R&D, 콘퍼런스 등을 연계하여 전시회를 개최한다.

첨단기술을 활용한 혁신(革新) 안전제품을 선보이며 사회 전반의 안전에 대한 경각심을 고취하고 안전관련 기업의 판로를 지원하는 대한민국 안전산업박람회는 로봇, 무인기, 생체인식, 인공지능, 사물인터넷 등의 다양한 신기술이 접목된 제품이 선보여지는 혁신성장관과 방재, 산업, 생활, 교통, 치안 등 분야별 안전제품을 볼 수 있는 안전제품관으로 나뉘어 진행된다. 또한 안전산업 관련 기관 및 기업들의 수출상담회를 통해 양질의 해외 바이어를 만날 수 있는 비즈니스존과 VR㉮, AR 등을 활용한 지진체험, 항공기 안전체험 등을 할 수 있는 안전체험마을 등을 부대행사로 운영한다.

♥ 대한민국 안전산업박람회 개요

가. 기간 및 장소
　① 기간 : 2024. 1. 8 - 1. 11. 4일간
　② 장소 : 킨텍스 제1전시장
나. 주최 및 프로그램
　① 주최 : 행정안전부, 산업통상자원부, 경기도
　② 프로그램 : 전시, 컨퍼런스, 안전체험마을 등

♥ 국민안전체험관 체험안내

안전체험	세부코너	체험인원	체험연령
산악안전	바위타기-흔들다리건너기-계곡횡단하기	20명	초등생 이상
호우안전	침수공간탈출-침수계단탈출-침수차량탈출-수난구조체험		
지진안전	지진VR-지진붕괴대피-72시간생존		
응급안전	영유아 심폐소생술 및 기도폐쇄처치, 생활응급처치	30명	미취학 아동
키즈안전	지진대피-가정 내 안전사고-화재 대피-119신고-차량안전		

안전산업박람회사무국

㉮ 현실이 아닌데도 실제처럼 생각하고 보이게 하는 가상현실

제 05 회 ITQ 실전모의고사

과목	코드	문제유형	시험시간	수험번호	성명
아래한글	1111	B	60분		

한컴 오피스

· 수험자 유의사항 ·

- 수험자는 문제지를 받는 즉시 문제지와 **수험표상의 시험과목(프로그램)이 동일한지 반드시 확인**하여야 합니다.
- 파일명은 본인의 "수험번호-성명"으로 입력하여 답안폴더(내 PC\문서\ITQ)에 하나의 파일로 저장해야하며, 답안파일을 전송하지 않아 미제출로 처리될 경우 실격 처리합니다(예:12345678-홍길동.hwpx).
- 답안 작성을 마치면 파일을 저장하고, '답안 전송' 버튼을 선택하여 감독위원 PC로 답안을 전송하십시오. 수험생 정보와 저장한 파일명이 다를 경우 전송되지 않으므로 주의하시기 바랍니다.
- 답안 작성 중에도 **주기적으로 저장하고, '답안 전송'**하여야 문제 발생을 줄일 수 있습니다. 작업한 내용을 저장하지 않고 전송할 경우 이전에 저장된 내용이 전송되오니 이점 유의하시기 바랍니다.
- 답안문서는 지정된 경로 외의 다른 보조기억장치에 저장하는 경우, 지정된 시험 시간 외에 작성된 파일을 활용할 경우, 기타 통신수단(이메일, 메신저, 네트워크 등)을 이용하여 타인에게 전달 또는 외부 반출하는 경우는 부정 처리합니다.
- 시험 중 부주의 또는 고의로 시스템을 파손한 경우는 수험자가 변상해야 하며, 〈수험자 유의사항〉에 기재된 방법대로 이행하지 않아 생기는 불이익은 수험생 당사자의 책임임을 알려 드립니다.
- 문제의 조건은 한컴오피스 2022 / 2020 버전으로 설정되어 있으니 유의하시기 바랍니다.
- 시험을 완료한 수험자는 답안파일이 전송되었는지 확인한 후 감독위원의 지시에 따라 문제지를 제출하고 퇴실합니다.

· 답안 작성요령 ·

- 온라인 답안 작성 절차
  수험자 등록 ⇒ 시험 시작 ⇒ 답안파일 저장 ⇒ 답안 전송 ⇒ 시험 종료
- 공통 부문
  • 글꼴에 대한 기본설정은 함초롬바탕, 10포인트, 검정, 줄간격 160%, 양쪽정렬로 합니다.
  • 색상은 조건의 색을 적용하고 색의 구분이 안 될 경우에는 RGB 값을 적용하십시오.
    (빨강 255, 0, 0 / 파랑 0, 0, 255 / 노랑 255, 255, 0).
  • 각 문항에 주어진 ≪조건≫에 따라 작성하고 언급하지 않은 조건은 ≪출력형태≫와 같이 작성합니다.
  • 용지여백은 왼쪽·오른쪽 11mm, 위쪽·아래쪽·머리말·꼬리말 10mm, 제본 0mm로 합니다.
  • 그림 삽입 문제의 경우「내 PC\문서\ITQ\Picture」폴더에서 지정된 파일을 선택하여 삽입하십시오.
  • 삽입한 그림은 반드시 문서에 포함하여 저장해야 합니다(미포함 시 감점 처리).
  • 각 항목은 지정된 페이지에 출력형태와 같이 정확히 작성하시기 바라며, 그렇지 않을 경우에 해당 항목은 0점 처리됩니다.
    ※ 페이지구분 : 1페이지 - 기능평가 I (문제번호 표시 : 1. 2.),
                   2페이지 - 기능평가 II (문제번호 표시 : 3. 4.),
                   3페이지 - 문서작성 능력평가
- 기능평가
  • 문제와 ≪조건≫은 입력하지 않으며 문제번호와 답(≪출력형태≫)만 작성합니다.
  • 4번 문제는 묶기를 했을 경우 0점 처리됩니다.
- 문서작성 능력평가
  • A4 용지(210mm×297mm) 1매 크기, 세로 서식 문서로 작성합니다.
  • ┌┈┈┈┈┈┐ 표시는 문서작성에 대한 지시사항이므로 작성하지 않습니다.

kpc 한국생산성본부

기능평가 I 150점

1. 다음의 ≪조건≫에 따라 스타일 기능을 적용하여 ≪출력형태≫와 같이 작성하시오. (50점)

≪조건≫ (1) 스타일 이름 - education
(2) 문단 모양 - 첫 줄 들여쓰기 : 15pt, 문단 아래 간격 : 10pt
(3) 글자 모양 - 글꼴 : 한글(돋움)/영문(굴림), 크기 : 10pt, 장평 : 95%, 자간 : 5%

≪출력형태≫

Lifelong education is the "ongoing, voluntary, and self-motivated" pursuit of knowledge and this is being recognized by traditional schools.

평생교육은 개인 또는 직업적인 이유를 위해 "지속적, 자발적, 자기 동기부여"로 지식을 추구하는 것으로, 학교에서도 인정받고 있으며 국가는 평생교육을 진흥하고 있다.

2. 다음의 ≪조건≫에 따라 ≪출력형태≫와 같이 표와 차트를 작성하시오. (100점)

≪표 조건≫ (1) 표 전체(표, 캡션) - 굴림, 10pt
(2) 정렬 - 문자 : 가운데 정렬, 숫자 : 오른쪽 정렬
(3) 셀 배경(면색) : 노랑
(4) 한글의 계산 기능을 이용하여 빈칸에 평균(소수점 두 자리)을 구하고, 캡션 기능 사용할 것
(5) 선 모양은 ≪출력형태≫와 동일하게 처리할 것

≪출력형태≫

지역별 학급당 학생수(단위 : 명)

구분	유치원	초등학교	중학교	고등학교	평균
부산	17	21	24	20	
대구	19	21	23	22	
인천	17	21	25	22	
광주	17	20	23	23	

≪차트 조건≫ (1) 차트 데이터는 표 내용에서 구분별 부산, 대구, 인천의 값만 이용할 것
(2) 종류 - 〈묶은 가로 막대형〉으로 작업할 것
(3) 제목 - 글꼴 : 돋움, 진하게, 12pt,
속성 : 채우기(밝은 색 : 하양), 테두리, 그림자(바깥쪽 : 대각선 오른쪽 아래)
(4) 제목 이외의 전체 글꼴 - 돋움, 보통, 10pt
(5) 축제목과 범례는 ≪출력형태≫와 동일하게 처리할 것

≪출력형태≫

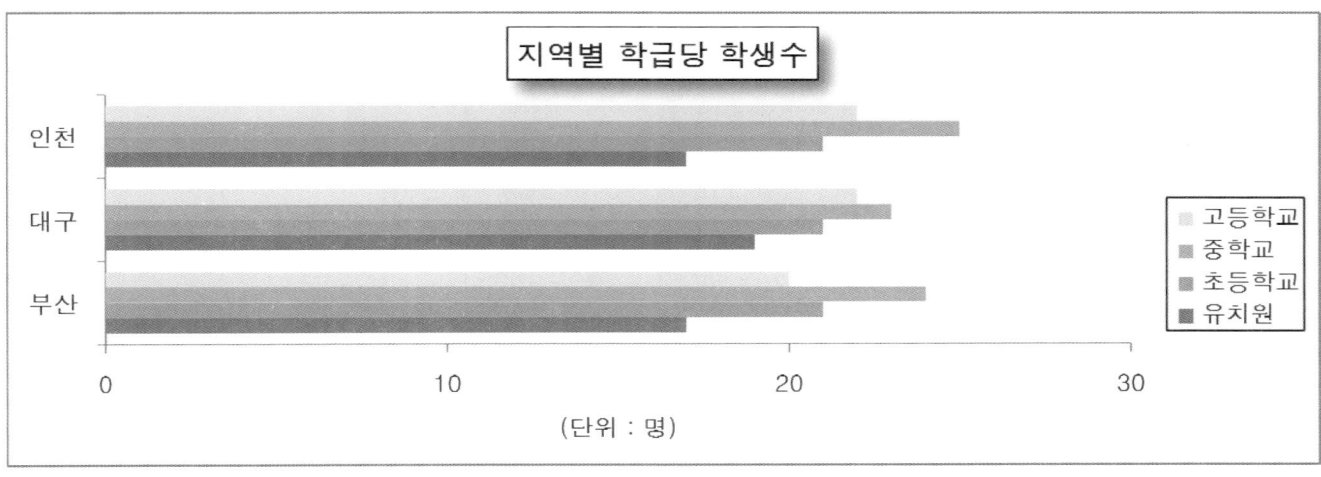

기능평가 II   150점

3. 다음 (1), (2)의 수식을 수식 편집기로 각각 입력하시오. (40점)

≪출력형태≫

(1) $\dfrac{h_1}{h_2} = (\sqrt{a})^{M_2 - M_1} \fallingdotseq 2.5^{M_2 - M_1}$

(2) $h = \sqrt{k^2 - r^2}, M = \dfrac{1}{3}\pi r^2 h$

4. 다음의 ≪조건≫에 따라 ≪출력형태≫와 같이 문서를 작성하시오. (110점)

≪조건≫

(1) 그리기 도구를 이용하여 작성하고, 모든 도형(글맵시, 지정된 그림 포함)을 ≪출력형태≫와 같이 작성하시오.
(2) 도형의 면색은 지시사항이 없으면 색 없음을 제외하고 서로 다르게 임의로 지정하시오.

≪출력형태≫

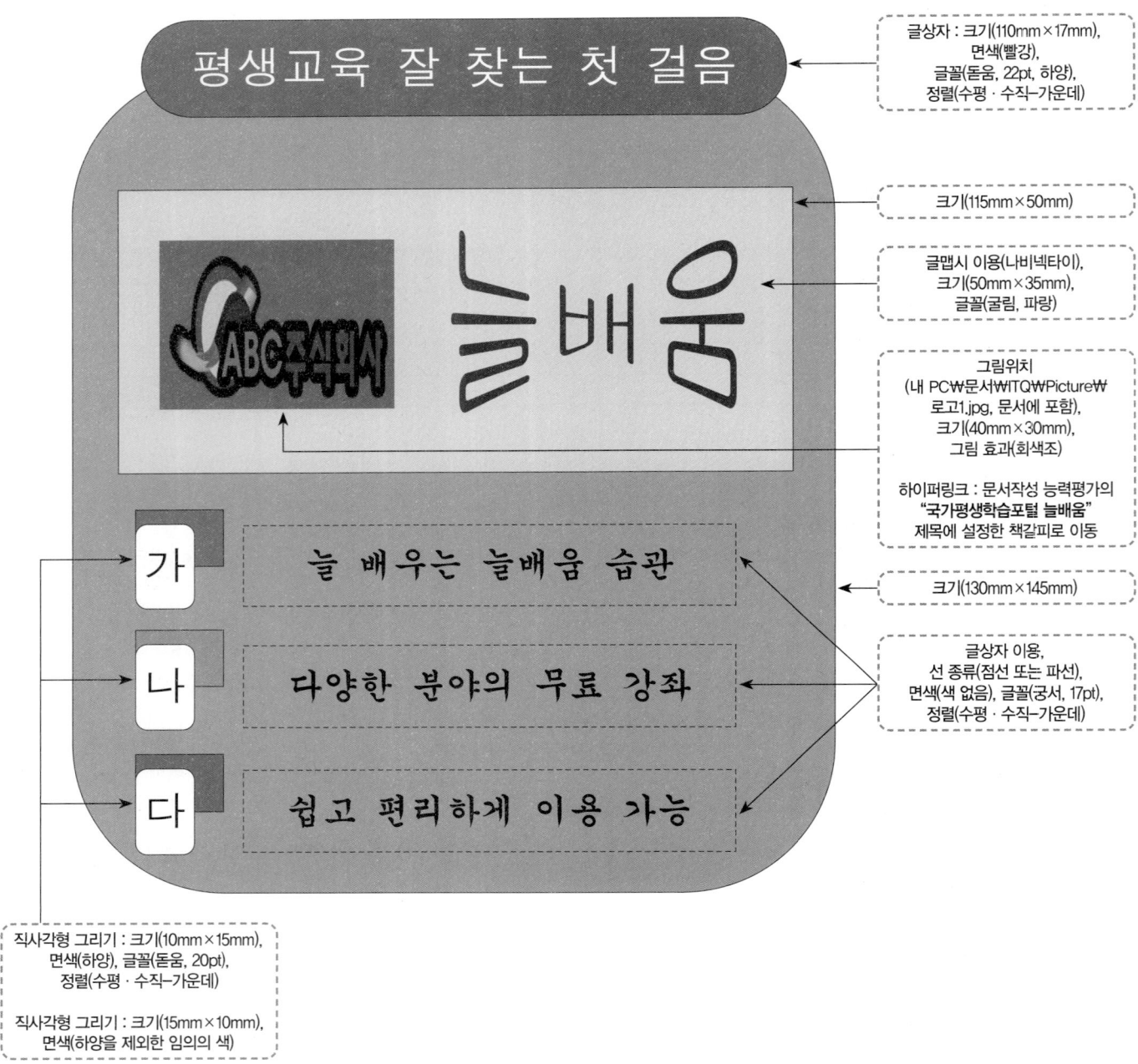

배움으로 여는 미래
국가평생학습포털 늘배움

미래 한국의 연령별 인구분포도는 절벽 형상이다. 절벽 형상의 인구분포는 이미 일부 군지역에서는 선명하게 드러난다. 지역적으로 학령인구 감소가 뚜렷했던 30여 년 전 대응책은 학교 통폐합이었다. 2018년 기준 면 소재 초등학교 수는 1,552개교로 면당 1.3개 초등학교가 있는 셈인데, 더 이상 학교를 줄일 수 없는 한계 상황에 직면(直面)하였다. 양질의 학습권 보장의 관점에서 필요한 학교 운영 체제의 변화 등 문제에 대한 관점과 접근 방식의 근본적인 검토가 필요하다. 인구감소로 거주지로서 의미를 상실하고 있는 지역은 농촌으로 분류되는 지역에 집중되어 있다는 점도 간과(看過)할 수 없다.

학생 수가 급감하는 시기에 지역을 기반으로 공공성을 강화한 유연하고 개방적인 평생학습체제를 수립하는 기회로 삼아야 할 것이다. 이제는 제4차 산업혁명, 초연결사회, 인구절벽의 시대 격변기를 맞아 교육 현실을 혁신적으로 바꿔 나가는 시대적 과제를 해결해야 한다. 한국교육개발원Ⓐ은 교육에 대한 국가적 책임을 다하고, 공유성장을 통해 미래 교육을 선도하는 교육 정책 연구의 핵심 기관이 되도록 차별적 연구 역량을 강화하도록 할 것이다.

♣ 국가평생학습포털 개요

A. 추진배경
 1. 시간적 지리적 제약으로 참여하는데 어려운 불편함 해소
 2. 평생학습 정보의 개방, 공유, 평생학습 원스톱 서비스 지원
B. 중점과제
 1. 포털, 모바일 등을 활용하여 평생학습 활성화 기반 마련
 2. 평생학습 빅데이터 데이터베이스(DB) 구축

♣ 방송통신학교 입학설명회 일정

시간	2월 8일	2월 9일	2월 10일	장소
09:00-10:00	등록 및 일정 안내	평생교육론	방송통신 수업 연구	대강당
10:20-12:00	방송통신고 입학 안내	이러닝 교수학습 방법	협동 수업 워크숍	
12:00-13:00	중식			
13:00-16:00	방송통신대 입학 안내	방송통신 수업의 실제	내용 정리 및 폐회	종합강의동

한국교육개발원

───────

Ⓐ 1972년 정부 출연금으로 설립한 교육 연구 기관으로 평생교육을 담당

제 06 회 ITQ 실전모의고사

과목	코드	문제유형	시험시간	수험번호	성명
아래한글	1111	C	60분		

한컴 오피스

· 수험자 유의사항 ·

- 수험자는 문제지를 받는 즉시 문제지와 **수험표상의 시험과목(프로그램)이 동일한지 반드시 확인**하여야 합니다.
- 파일명은 본인의 "수험번호-성명"으로 입력하여 답안폴더(내 PC\문서\ITQ)에 하나의 파일로 저장해야하며, 답안파일을 전송하지 않아 미제출로 처리될 경우 실격 처리합니다(예:12345678-홍길동.hwpx).
- 답안 작성을 마치면 파일을 저장하고, '답안 전송' 버튼을 선택하여 감독위원 PC로 답안을 전송하십시오. 수험생 정보와 저장한 파일명이 다를 경우 전송되지 않으므로 주의하시기 바랍니다.
- 답안 작성 중에도 **주기적으로 저장하고, '답안 전송'**하여야 문제 발생을 줄일 수 있습니다. 작업한 내용을 저장하지 않고 전송할 경우 이전에 저장된 내용이 전송되오니 이점 유의하시기 바랍니다.
- 답안문서는 지정된 경로 외의 다른 보조기억장치에 저장하는 경우, 지정된 시험 시간 외에 작성된 파일을 활용할 경우, 기타 통신수단(이메일, 메신저, 네트워크 등)을 이용하여 타인에게 전달 또는 외부 반출하는 경우는 부정 처리합니다.
- 시험 중 부주의 또는 고의로 시스템을 파손한 경우는 수험자가 변상해야 하며, 〈수험자 유의사항〉에 기재된 방법대로 이행하지 않아 생기는 불이익은 수험생 당사자의 책임임을 알려 드립니다.
- 문제의 조건은 한컴오피스 2022 / 2020 버전으로 설정되어 있으니 유의하시기 바랍니다.
- 시험을 완료한 수험자는 답안파일이 전송되었는지 확인한 후 감독위원의 지시에 따라 문제지를 제출하고 퇴실합니다.

· 답안 작성요령 ·

- 온라인 답안 작성 절차
  수험자 등록 ⇒ 시험 시작 ⇒ 답안파일 저장 ⇒ 답안 전송 ⇒ 시험 종료
- 공통 부문
  - 글꼴에 대한 기본설정은 함초롬바탕, 10포인트, 검정, 줄간격 160%, 양쪽정렬로 합니다.
  - 색상은 조건의 색을 적용하고 색의 구분이 안 될 경우에는 RGB 값을 적용하십시오.
    (빨강 255, 0, 0 / 파랑 0, 0, 255 / 노랑 255, 255, 0).
  - 각 문항에 주어진 《조건》에 따라 작성하고 언급하지 않은 조건은 《출력형태》와 같이 작성합니다.
  - 용지여백은 왼쪽·오른쪽 11㎜, 위쪽·아래쪽·머리말·꼬리말 10㎜, 제본 0㎜로 합니다.
  - 그림 삽입 문제의 경우 「내 PC\문서\ITQ\Picture」 폴더에서 지정된 파일을 선택하여 삽입하십시오.
  - 삽입한 그림은 반드시 문서에 포함하여 저장해야 합니다(미포함 시 감점 처리).
  - 각 항목은 지정된 페이지에 출력형태와 같이 정확히 작성하시기 바라며, 그렇지 않을 경우에 해당 항목은 0점 처리됩니다.
    ※ 페이지구분 : 1페이지 - 기능평가 I (문제번호 표시 : 1. 2.),
    　　　　　　　　2페이지 - 기능평가 II(문제번호 표시 : 3. 4.),
    　　　　　　　　3페이지 - 문서작성 능력평가
- 기능평가
  - 문제와 《조건》은 입력하지 않으며 문제번호와 답(《출력형태》)만 작성합니다.
  - 4번 문제는 묶기를 했을 경우 0점 처리됩니다.
- 문서작성 능력평가
  - A4 용지(210㎜×297㎜) 1매 크기, 세로 서식 문서로 작성합니다.
  - ( ) 표시는 문서작성에 대한 지시사항이므로 작성하지 않습니다.

kpc 한국생산성본부

기능평가 I 150점

1. 다음의 ≪조건≫에 따라 스타일 기능을 적용하여 ≪출력형태≫와 같이 작성하시오. (50점)

≪조건≫ (1) 스타일 이름 – tourism
(2) 문단 모양 – 왼쪽 여백 : 15pt, 문단 아래 간격 : 10pt
(3) 글자 모양 – 글꼴 : 한글(굴림)/영문(돋움), 크기 : 10pt, 장평 : 95%, 자간 : 5%

≪출력형태≫

Korea is a country visited by many travelers every year. With a long history of culture and tradition, this country has a lot to offer travelers.

관광자원은 자연과 인간의 상호작용의 결과로 개발을 통해서 관광대상이 된다. 개발 방법을 구체적으로 분류하면 교통수단의 건설, 숙박 시설의 건설, 제반 부대시설의 건설, 홍보 및 광고 등이 있다.

2. 다음의 ≪조건≫에 따라 ≪출력형태≫와 같이 표와 차트를 작성하시오. (100점)

≪표 조건≫ (1) 표 전체(표, 캡션) – 돋움, 10pt
(2) 정렬 – 문자 : 가운데 정렬, 숫자 : 오른쪽 정렬
(3) 셀 배경(면색) : 노랑
(4) 한글의 계산 기능을 이용하여 빈칸에 합계를 구하고, 캡션 기능 사용할 것
(5) 선 모양은 ≪출력형태≫와 동일하게 처리할 것

≪출력형태≫

외래 관광객 현황(단위 : 천 명)

구분	2018년	2019년	2020년	2021년	합계
프랑스	89.4	90.9	41.7	48.4	
그리스	30.1	31.3	7.4	14.7	
이탈리아	61.6	64.5	25.2	26.9	
스위스	11.7	11.8	3.7	4.4	

≪차트 조건≫ (1) 차트 데이터는 표 내용에서 연도별 프랑스, 그리스, 이탈리아의 값만 이용할 것
(2) 종류 – 〈묶은 세로 막대형〉으로 작업할 것
(3) 제목 – 글꼴 : 굴림, 진하게, 12pt,
    속성 : 채우기(밝은 색 : 하양), 테두리, 그림자(바깥쪽 : 대각선 오른쪽 아래)
(4) 제목 이외의 전체 글꼴 – 굴림, 보통, 10pt
(5) 축제목과 범례는 ≪출력형태≫와 동일하게 처리할 것

≪출력형태≫

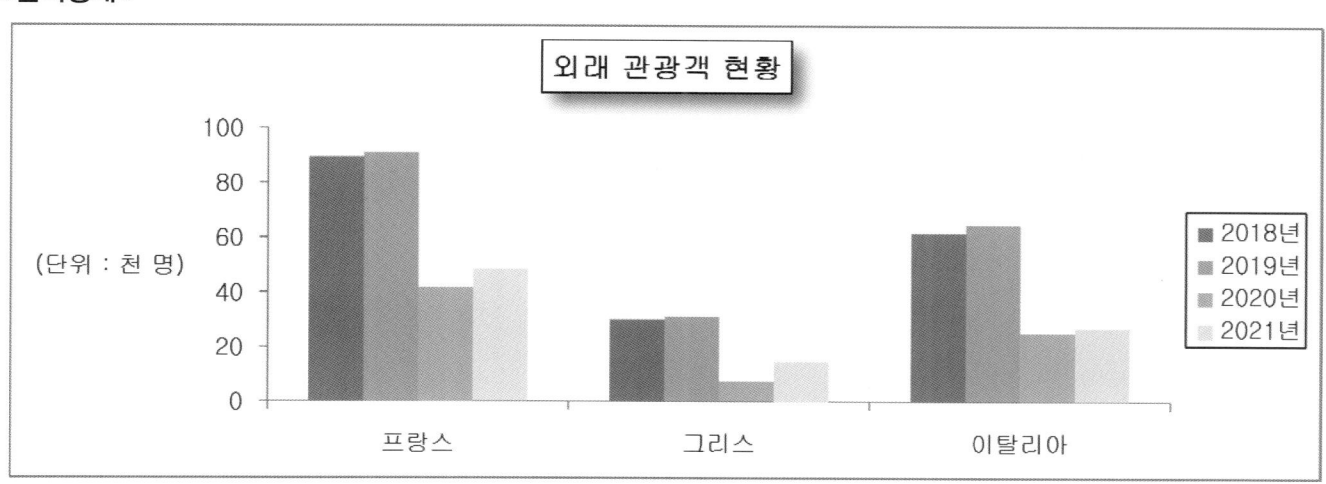

기능평가 II

150점

3. 다음 (1), (2)의 수식을 수식 편집기로 각각 입력하시오. (40점)

≪출력형태≫

(1) $h = \sqrt{k^2 - r^2}, M = \frac{1}{3}\pi r^2 h$

(2) $m = \frac{\Delta P}{K_a} = \frac{\Delta t_b}{K_b} = \frac{\Delta t_f}{K_f}$

4. 다음의 ≪조건≫에 따라 ≪출력형태≫와 같이 문서를 작성하시오. (110점)

≪조건≫
(1) 그리기 도구를 이용하여 작성하고, 모든 도형(글맵시, 지정된 그림 포함)을 ≪출력형태≫와 같이 작성하시오.
(2) 도형의 면색은 지시사항이 없으면 색 없음을 제외하고 서로 다르게 임의로 지정하시오.

≪출력형태≫

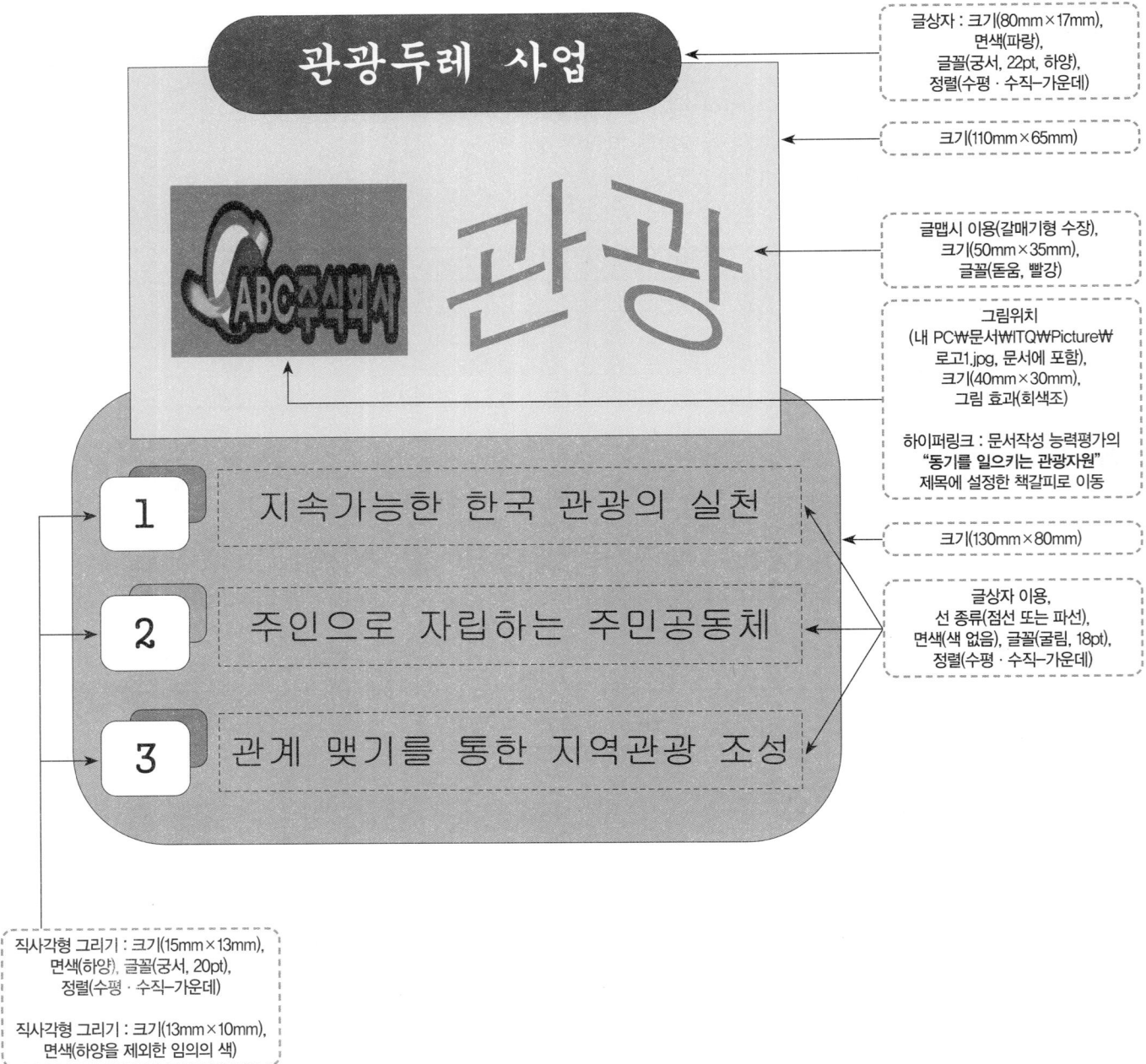

동기를 일으키는 관광자원

관광자원은 본래 그 자체로서 관광가치를 지니고 있으나 개발(開發)이라는 인공적 수단을 거쳐 보다 유용한 관광대상이 된다. 선진국들은 이미 오래전부터 지역 축제 등을 통해 관광객을 유치하여 지역 소득에 기여함은 물론 고용 효과까지 창출하고 있다. 우리나라도 그동안의 경제 성장과 국민의 소득 증가에 따른 일반 대중의 관광수요를 충족시키는 한편 1980년대에 들어와서 국제 관광지로서의 위상 확립과 외래 관광객의 증가에 대비하여 관광자원 사업을 적극 추진해 왔다.

관광자원 개발 사업은 현재 외래 관광객의 수용 시설이 서울을 비롯한 대도시에 편중되면서 빚어지는 불균형을 시정하는 한편 관광시설을 전국적으로 균형 있게 분산(分散)시켜 관광대상지를 확장하고 관광객의 체재 기간을 연장시켜 소비를 높이는 데 그 목적을 두고 있다. 이에 따른 균형 있는 국토의 개발과 주민 소득의 증대, 고용의 확대, 자연 및 문화재의 보전이라는 파급 효과도 기대할 수 있다. 정부는 국제 수준의 관광시설 확보와 함께 수려한 자연과 반만년의 역사를 배경으로 한 고유문화㉮의 보호라는 양면성을 조화시키면서 국토 개발 계획, 문화재 보존 계획 등과 상충되지 않는 방향으로 본 사업을 추진하고 있다.

★ 관광자원 분류의 필요성

가. 분류 작업의 필요성
  ① 각각의 연구들을 단순하게 취급할 수 있도록 도움 제공
  ② 분류에 따른 속성의 이해를 명확하게 함
나. 관광자원 분류의 목적
  ① 관광자원의 역할과 가치를 평가
  ② 관광자원의 합리적 이용, 관리, 보호를 위한 기초자료

★ 관광자원의 2분류 체계

1분류	2분류	이용시기
문화	인물	출생지, 생가, 유배지, 기념비, 묘, 문학비, 영정, 문학/영화/드라마 배경지, 기타
	축조물	누(정), 서원, 향교, 사찰, 궁궐, 성곽, 탑, 불상, 고궁, 고가옥, 사당, 칠성각
자연 및 생태환경	동/식물	희귀종, 자생지, 조류서식지, 번식지, 철새도래지, 방품림, 기타
	자연경관	산, 강, 폭포, 고개, 동굴, 화석지, 갯벌, 분화구, 8경, 오름 등

한국관광공사

㉮ 어떠한 나라나 민족이 본래 가지고 있는 독특한 문화

제 07 회 ITQ 실전모의고사

과목	코드	문제유형	시험시간	수험번호	성명
아래한글	1111	A	60분		

한컴 오피스

· 수험자 유의사항 ·

- 수험자는 문제지를 받는 즉시 문제지와 **수험표상의 시험과목(프로그램)이 동일한지 반드시 확인**하여야 합니다.
- 파일명은 본인의 "수험번호-성명"으로 입력하여 답안폴더(내 PC\문서\ITQ)에 하나의 파일로 저장해야하며, 답안파일을 전송하지 않아 미제출로 처리될 경우 실격 처리합니다(예:12345678-홍길동.hwpx).
- 답안 작성을 마치면 파일을 저장하고, '답안 전송' 버튼을 선택하여 감독위원 PC로 답안을 전송하십시오. 수험생 정보와 저장한 파일명이 다를 경우 전송되지 않으므로 주의하시기 바랍니다.
- 답안 작성 중에도 **주기적으로 저장하고, '답안 전송'**하여야 문제 발생을 줄일 수 있습니다. 작업한 내용을 저장하지 않고 전송할 경우 이전에 저장된 내용이 전송되오니 이점 유의하시기 바랍니다.
- 답안문서는 지정된 경로 외의 다른 보조기억장치에 저장하는 경우, 지정된 시험 시간 외에 작성된 파일을 활용할 경우, 기타 통신수단(이메일, 메신저, 네트워크 등)을 이용하여 타인에게 전달 또는 외부 반출하는 경우는 부정 처리합니다.
- 시험 중 부주의 또는 고의로 시스템을 파손한 경우는 수험자가 변상해야 하며, 〈수험자 유의사항〉에 기재된 방법대로 이행하지 않아 생기는 불이익은 수험생 당사자의 책임임을 알려 드립니다.
- 문제의 조건은 한컴오피스 2022 / 2020 버전으로 설정되어 있으니 유의하시기 바랍니다.
- 시험을 완료한 수험자는 답안파일이 전송되었는지 확인한 후 감독위원의 지시에 따라 문제지를 제출하고 퇴실합니다.

· 답안 작성요령 ·

- 온라인 답안 작성 절차
  수험자 등록 ⇒ 시험 시작 ⇒ 답안파일 저장 ⇒ 답안 전송 ⇒ 시험 종료
- 공통 부문
  - 글꼴에 대한 기본설정은 함초롬바탕, 10포인트, 검정, 줄간격 160%, 양쪽정렬로 합니다.
  - 색상은 조건의 색을 적용하고 색의 구분이 안 될 경우에는 RGB 값을 적용하십시오.
    (빨강 255, 0, 0 / 파랑 0, 0, 255 / 노랑 255, 255, 0).
  - 각 문항에 주어진 ≪조건≫에 따라 작성하고 언급하지 않은 조건은 ≪출력형태≫와 같이 작성합니다.
  - 용지여백은 왼쪽·오른쪽 11mm, 위쪽·아래쪽·머리말·꼬리말 10mm, 제본 0mm로 합니다.
  - 그림 삽입 문제의 경우「내 PC\문서\ITQ\Picture」폴더에서 지정된 파일을 선택하여 삽입하십시오.
  - 삽입한 그림은 반드시 문서에 포함하여 저장해야 합니다(미포함 시 감점 처리).
  - 각 항목은 지정된 페이지에 출력형태와 같이 정확히 작성하시기 바라며, 그렇지 않을 경우에 해당 항목은 0점 처리됩니다.
    ※ 페이지구분 : 1페이지 - 기능평가Ⅰ(문제번호 표시 : 1. 2.),
        2페이지 - 기능평가Ⅱ(문제번호 표시 : 3. 4.),
        3페이지 - 문서작성 능력평가
- 기능평가
  - 문제와 ≪조건≫은 입력하지 않으며 문제번호와 답(≪출력형태≫)만 작성합니다.
  - 4번 문제는 묶기를 했을 경우 0점 처리됩니다.
- 문서작성 능력평가
  - A4 용지(210mm×297mm) 1매 크기, 세로 서식 문서로 작성합니다.
  - ⌐ ¬ 표시는 문서작성에 대한 지시사항이므로 작성하지 않습니다.

kpc 한국생산성본부

기능평가 I 150점

1. 다음의 ≪조건≫에 따라 스타일 기능을 적용하여 ≪출력형태≫와 같이 작성하시오. (50점)

≪조건≫ (1) 스타일 이름 – ict
(2) 문단 모양 – 왼쪽 여백 : 10pt, 문단 아래 간격 : 10pt
(3) 글자 모양 – 글꼴 : 한글(궁서)/영문(돋움), 크기 : 10pt, 장평 : 95%, 자간 : –5%

≪출력형태≫

Companies are using ICT technology as a key tool for digital transformation, and the demand for SW manpower is rapidly increasing not only in ICT companies but also in general companies.

기업은 ICT 기술을 활용하는 수준을 넘어서 디지털 전환의 핵심 도구로 활용하고 있으며, 이에 따른 SW 인력의 수요는 ICT 기업뿐만 아니라 일반 기업에서도 급증하고 있다.

2. 다음의 ≪조건≫에 따라 ≪출력형태≫와 같이 표와 차트를 작성하시오. (100점)

≪표 조건≫ (1) 표 전체(표, 캡션) – 돋움, 10pt
(2) 정렬 – 문자 : 가운데 정렬, 숫자 : 오른쪽 정렬
(3) 셀 배경(면색) : 노랑
(4) 한글의 계산 기능을 이용하여 빈칸에 합계를 구하고, 캡션 기능 사용할 것
(5) 선 모양은 ≪출력형태≫와 동일하게 처리할 것

≪출력형태≫

2020-2024 디지털 신기술 인력 수요 전망(단위 : 천 명)

구분	인공지능	빅데이터	5G	IoT	클라우드
고급	18.1	16.3	19.9	10.3	1.9
중급	20.6	28.8	22.5	7.5	13.2
초급	6.3	11.7	3.7	2.2	2.2
합계					

≪차트 조건≫ (1) 차트 데이터는 표 내용에서 구분별 인공지능, 빅데이터, 5G, IoT의 값만 이용할 것
(2) 종류 – 〈묶은 세로 막대형〉으로 작업할 것
(3) 제목 – 글꼴 : 굴림, 진하게, 12pt,
속성 : 채우기(밝은 색 : 하양), 테두리, 그림자(바깥쪽 : 대각선 오른쪽 아래)
(4) 제목 이외의 전체 글꼴 – 굴림, 보통, 10pt
(5) 축제목과 범례는 ≪출력형태≫와 동일하게 처리할 것

≪출력형태≫

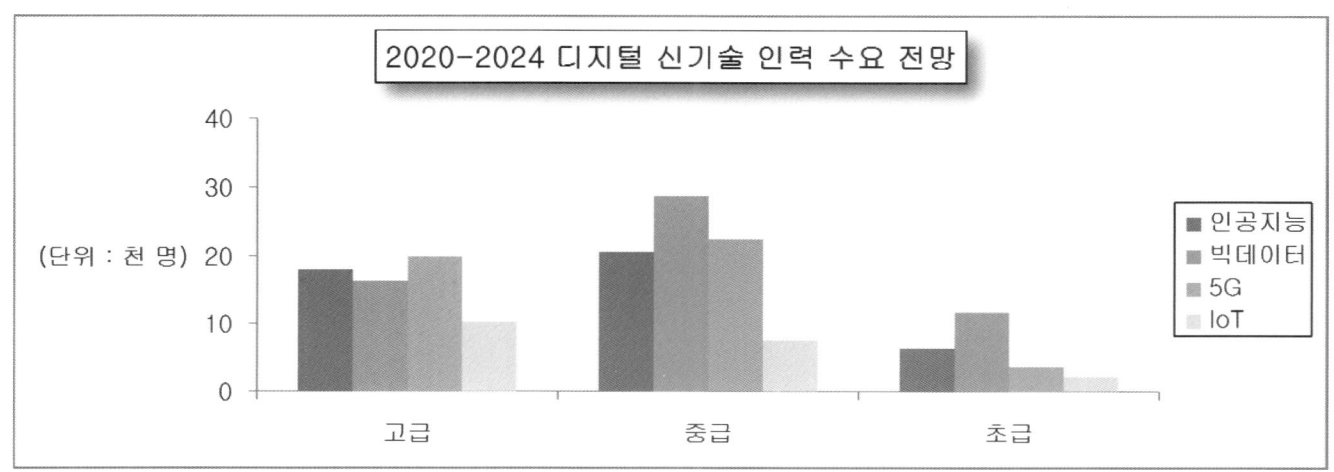

기능평가 II   150점

3. 다음 (1), (2)의 수식을 수식 편집기로 각각 입력하시오. (40점)

≪출력형태≫

(1) $Q = \lim\limits_{\Delta t \to 0} \dfrac{\Delta s}{\Delta t} = \dfrac{d^2 s}{dt^2} + 1$

(2) $\int_a^b x f(x) dx = \dfrac{1}{b-a} \int_a^b x dx = \dfrac{a+b}{2}$

4. 다음의 ≪조건≫에 따라 ≪출력형태≫와 같이 문서를 작성하시오. (110점)

≪조건≫
(1) 그리기 도구를 이용하여 작성하고, 모든 도형(글맵시, 지정된 그림 포함)을 ≪출력형태≫와 같이 작성하시오.
(2) 도형의 면색은 지시사항이 없으면 색 없음을 제외하고 서로 다르게 임의로 지정하시오.

≪출력형태≫

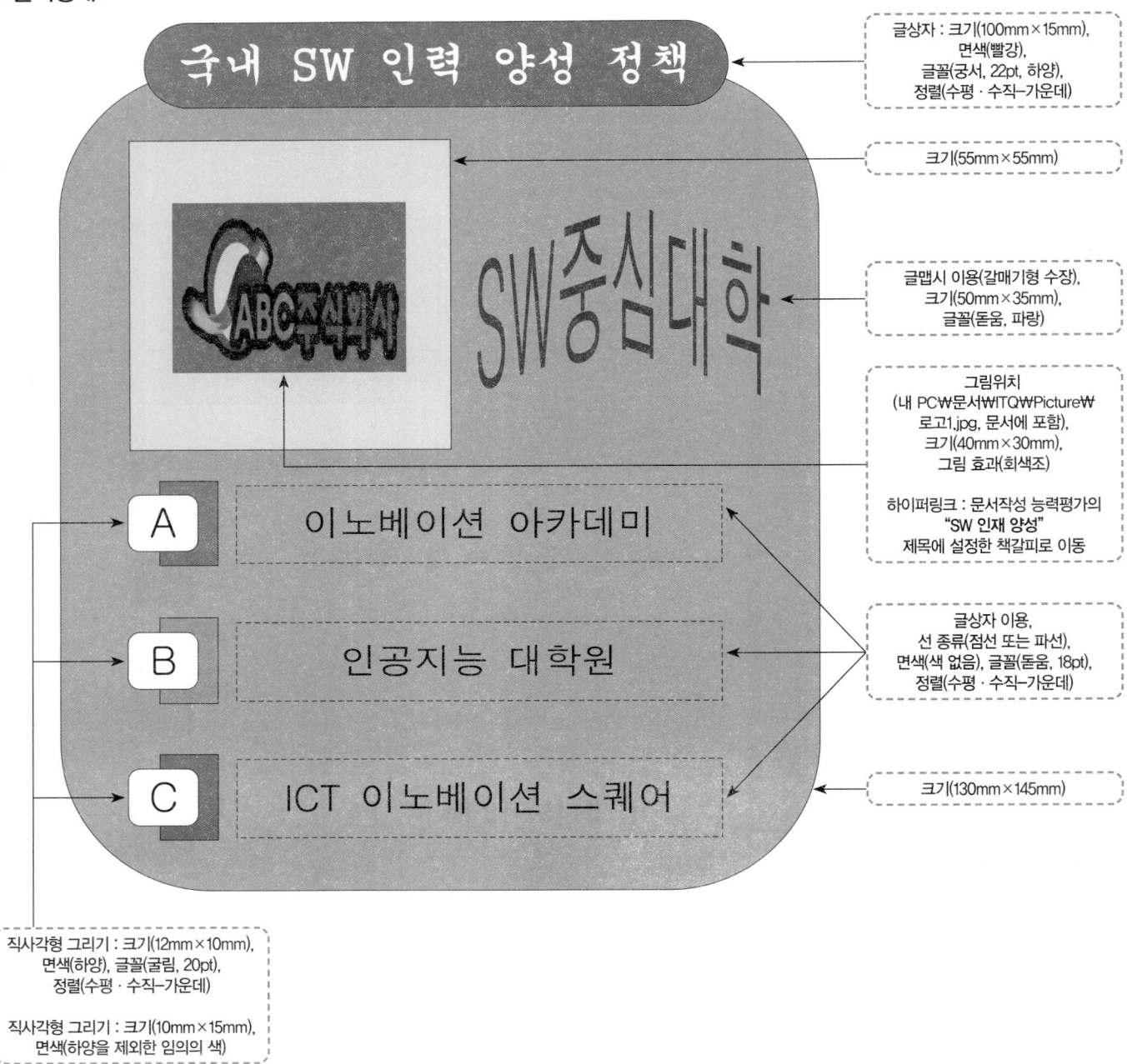

디지털 역량 강화
SW 인재 양성

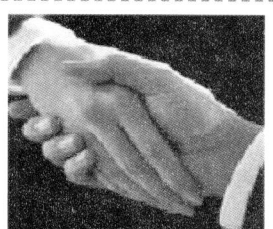

최근 디지털 대전환이 가속화되는 가운데 정부는 SW 인재 양성을 위해 국가 차원의 정책을 마련하고 있다. 2021년 3월에 발표된 빅3+인공지능 인재 양성 방안은 미래차, 바이오 헬스, 시스템 반도체 등 빅3와 인공지능 인재 양성을 위해 인재 양성 제도 개선을 주요 내용으로 담고 있다. 혁신공유대학 사업을 신설하여 정규 교육과정에서의 학과, 학교 간 진입 장벽을 낮추고 범부처 인재 양성을 통합 관리하는 사업 틀을 구축(構築)하여 인재 양성을 효과적으로 지원하고 있다. 또한 디지털 전환 가속화로 인해 늘고 있는 SW 인재 수요를 충족시키기 위한 단기 및 중장기 인재 양성 대책도 마련하였다.

2021년 6월에 발표한 민관 협력 기반의 소프트웨어 인재 양성 대책에 따라 단기적으로는 기업 주도의 단기 훈련 과정을 확대하여 당장 필요한 인재 2만 1천 명을 2022년 상반기까지 양성하여 중소, 벤처기업ⓐ의 인재난 해소(解消)를 지원했다. 중장기적으로는 SW 전공자 양성을 위해 SW 중심 대학을 확대하고, 전문 인재 양성을 위한 기업과 대학 간 협력모델을 구축하여 4년간 6만 8천 명을 양성한다. 이를 통해 최근 폭증하고 있는 SW 인재 수급난을 해소하고 청년들에게 양질의 일자리 제공을 확대하고 있다.

■ 국내외 SW 인재 양성 정책

  I. 국내 SW 인재 양성 정책
    a) 이노베이션 아카데미(비정규 교육과정) 개설 및 운영
    b) 이노베이션 스퀘어 전국 4개 권역에 확대 및 설치
  II. 국외 SW 인재 양성 정책
    a) 미국 : 5개년 교육 전략 계획 수립
    b) 유럽 : 2030 디지털 나침반 발표

■ SW 중심대학 트랙별 지원 내용

지원유형	일반 트랙	특화형 트랙
선정규모	7개교 내외	2개교 내외
지원금액	대학당 연 20억 원 내외(1년 차 9.5억)	대학당 연 10억 원 내외(1년 차 4.75억)
지원기간	최장 8년(4+2+2년)	최장 6년(4+2년)
	기존 대학 선정 시 6년(4+2년)	
신청요건	SW학과 100명 이상 정원 유지	재학생 1만 명 미만 중, 소규모 대학
	SW학과 대학원 과정 설치 및 운영	

한국지능정보사회진흥원

ⓐ 고도의 전문 지식과 새로운 기술을 가지고 창조적, 모험적 경영을 전개하는 중소기업

MEMO

ITQ 정보기술자격

한글 2022

PART 03
최신기출문제

제01회 정보기술자격(ITQ) 시험

과목	코드	문제유형	시험시간	수험번호	성명
아래한글	1111	A	60분		

한컴 오피스

· 수험자 유의사항 ·

- 수험자는 문제지를 받는 즉시 문제지와 **수험표상의 시험과목(프로그램)이 동일한지 반드시 확인**하여야 합니다.
- 파일명은 본인의 "수험번호-성명"으로 입력하여 답안폴더(내 PC₩문서₩ITQ)에 하나의 파일로 저장해야하며, 답안파일을 전송하지 않아 미제출로 처리될 경우 실격 처리합니다(예:12345678-홍길동.hwpx).
- 답안 작성을 마치면 파일을 저장하고, '답안 전송' 버튼을 선택하여 감독위원 PC로 답안을 전송하십시오. 수험생 정보와 저장한 파일명이 다를 경우 전송되지 않으므로 주의하시기 바랍니다.
- 답안 작성 중에도 **주기적으로 저장하고, '답안 전송'**하여야 문제 발생을 줄일 수 있습니다. 작업한 내용을 저장하지 않고 전송할 경우 이전에 저장된 내용이 전송되오니 이점 유의하시기 바랍니다.
- 답안문서는 지정된 경로 외의 다른 보조기억장치에 저장하는 경우, 지정된 시험 시간 외에 작성된 파일을 활용할 경우, 기타 통신수단(이메일, 메신저, 네트워크 등)을 이용하여 타인에게 전달 또는 외부 반출하는 경우는 부정 처리합니다.
- 시험 중 부주의 또는 고의로 시스템을 파손한 경우는 수험자가 변상해야 하며, 〈수험자 유의사항〉에 기재된 방법대로 이행하지 않아 생기는 불이익은 수험생 당사자의 책임임을 알려 드립니다.
- 문제의 조건은 한컴오피스 2022 / 2020 버전으로 설정되어 있으니 유의하시기 바랍니다.
- 시험을 완료한 수험자는 답안파일이 전송되었는지 확인한 후 감독위원의 지시에 따라 문제지를 제출하고 퇴실합니다.

· 답안 작성요령 ·

- 온라인 답안 작성 절차
  수험자 등록 ⇒ 시험 시작 ⇒ 답안파일 저장 ⇒ 답안 전송 ⇒ 시험 종료
- 공통 부문
  - 글꼴에 대한 기본설정은 함초롬바탕, 10포인트, 검정, 줄간격 160%, 양쪽정렬로 합니다.
  - 색상은 조건의 색을 적용하고 색의 구분이 안 될 경우에는 RGB 값을 적용하십시오.
    (빨강 255, 0, 0 / 파랑 0, 0, 255 / 노랑 255, 255, 0).
  - 각 문항에 주어진 ≪조건≫에 따라 작성하고 언급하지 않은 조건은 ≪출력형태≫와 같이 작성합니다.
  - 용지여백은 왼쪽·오른쪽 11㎜, 위쪽·아래쪽·머리말·꼬리말 10㎜, 제본 0㎜로 합니다.
  - 그림 삽입 문제의 경우 「내 PC₩문서₩ITQ₩Picture」 폴더에서 지정된 파일을 선택하여 삽입하십시오.
  - 삽입한 그림은 반드시 문서에 포함하여 저장해야 합니다(미포함 시 감점 처리).
  - 각 항목은 지정된 페이지에 출력형태와 같이 정확히 작성하시기 바라며, 그렇지 않을 경우에 해당 항목은 0점 처리됩니다.
    ※ 페이지구분 : 1페이지 - 기능평가 I (문제번호 표시 : 1. 2.),
    　　　　　　　 2페이지 - 기능평가 II(문제번호 표시 : 3. 4.),
    　　　　　　　 3페이지 - 문서작성 능력평가
- 기능평가
  - 문제와 ≪조건≫은 입력하지 않으며 문제번호와 답(≪출력형태≫)만 작성합니다.
  - 4번 문제는 묶기를 했을 경우 0점 처리됩니다.
- 문서작성 능력평가
  - A4 용지(210㎜×297㎜) 1매 크기, 세로 서식 문서로 작성합니다.
  - ⌞⋯⋯⋯⋯⌟ 표시는 문서작성에 대한 지시사항이므로 작성하지 않습니다.

kpc 한국생산성본부

기능평가 I

150점

1. 다음의 《조건》에 따라 스타일 기능을 적용하여 《출력형태》와 같이 작성하시오. (50점)

《조건》 (1) 스타일 이름 – semantic
(2) 문단 모양 – 왼쪽 여백 : 15pt, 문단 아래 간격 : 10pt
(3) 글자 모양 – 글꼴 : 한글(궁서)/영문(돋움), 크기 : 10pt, 장평 : 95%, 자간 : 5%

《출력형태》

Semantic Network Analysis is a technique that analyzes semantic relations between words, and can identify how specific topics or concepts are connected within a document.

시멘틱 네트워크 분석은 단어들 간의 의미적 관계를 분석하는 기법으로, 특정 주제나 개념이 문서 내에서 어떻게 연결되어 있는지를 시각적으로 표현하여 주요 개념과 관계를 파악할 수 있다.

2. 다음의 《조건》에 따라 《출력형태》와 같이 표와 차트를 작성하시오. (100점)

《표 조건》 (1) 표 전체(표, 캡션) – 돋움, 10pt
(2) 정렬 – 문자 : 가운데 정렬, 숫자 : 오른쪽 정렬
(3) 셀 배경(면색) : 노랑
(4) 한글의 계산 기능을 이용하여 빈칸에 합계를 구하고, 캡션 기능 사용할 것
(5) 선 모양은 《출력형태》와 동일하게 처리할 것

《출력형태》

시민력 연구 인터뷰 분석 자료 현황(단위 : 개)

구분	대화 건수	대화내용 수	영상 건수	녹취록 수	합계
사회복지학계	30	59	11	19	
지방자치단체	12	24	3	9	
사회적기업	56	115	19	37	
NPO센터장	13	26	6	7	

《차트 조건》 (1) 차트 데이터는 표 내용에서 구분별 사회복지학계, 지방자치단체, 사회적기업의 값만 이용할 것
(2) 종류 – 〈묶은 세로 막대형〉으로 작업할 것
(3) 제목 – 글꼴 : 굴림, 진하게, 12pt,
속성 : 채우기(밝은 색 : 하양), 테두리, 그림자(바깥쪽 : 대각선 오른쪽 아래)
(4) 제목 이외의 전체 글꼴 – 굴림, 보통, 10pt
(5) 축제목과 범례는 《출력형태》와 동일하게 처리할 것

《출력형태》

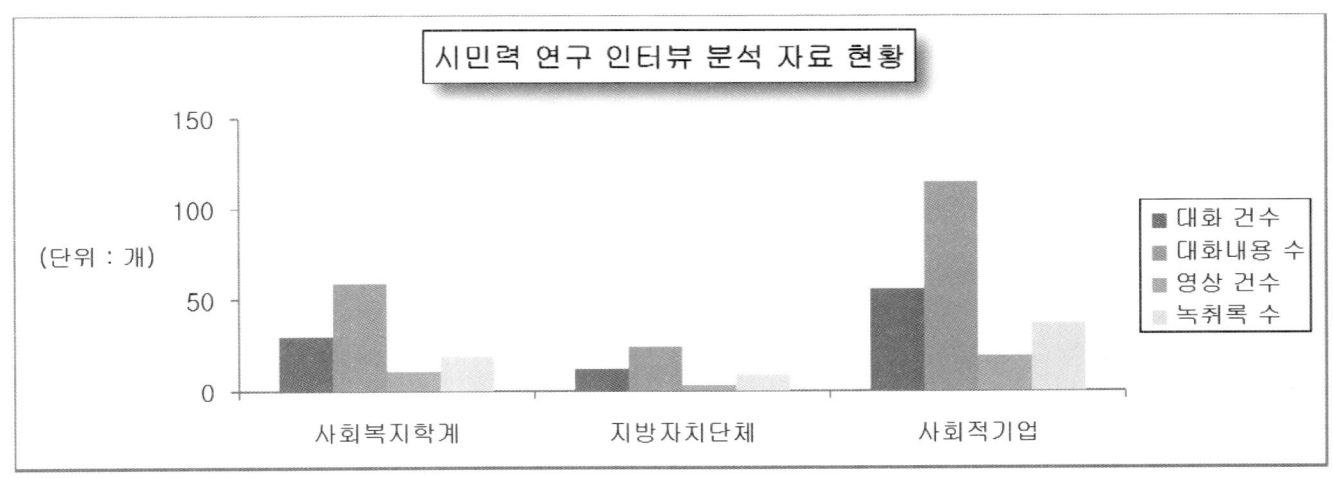

기능평가 II   150점

3. 다음 (1), (2)의 수식을 수식 편집기로 각각 입력하시오. (40점)

≪출력형태≫

(1) $\dfrac{x}{\sqrt{a}-\sqrt{b}} = \dfrac{x\sqrt{a}+x\sqrt{b}}{a-b}$

(2) $K = \dfrac{a(1+r)(1+r)^n - 1}{r}$

4. 다음의 ≪조건≫에 따라 ≪출력형태≫와 같이 문서를 작성하시오. (110점)

≪조건≫

(1) 그리기 도구를 이용하여 작성하고, 모든 도형(글맵시, 지정된 그림 포함)을 ≪출력형태≫와 같이 작성하시오.
(2) 도형의 면색은 지시사항이 없으면 색 없음을 제외하고 서로 다르게 임의로 지정하시오.

≪출력형태≫

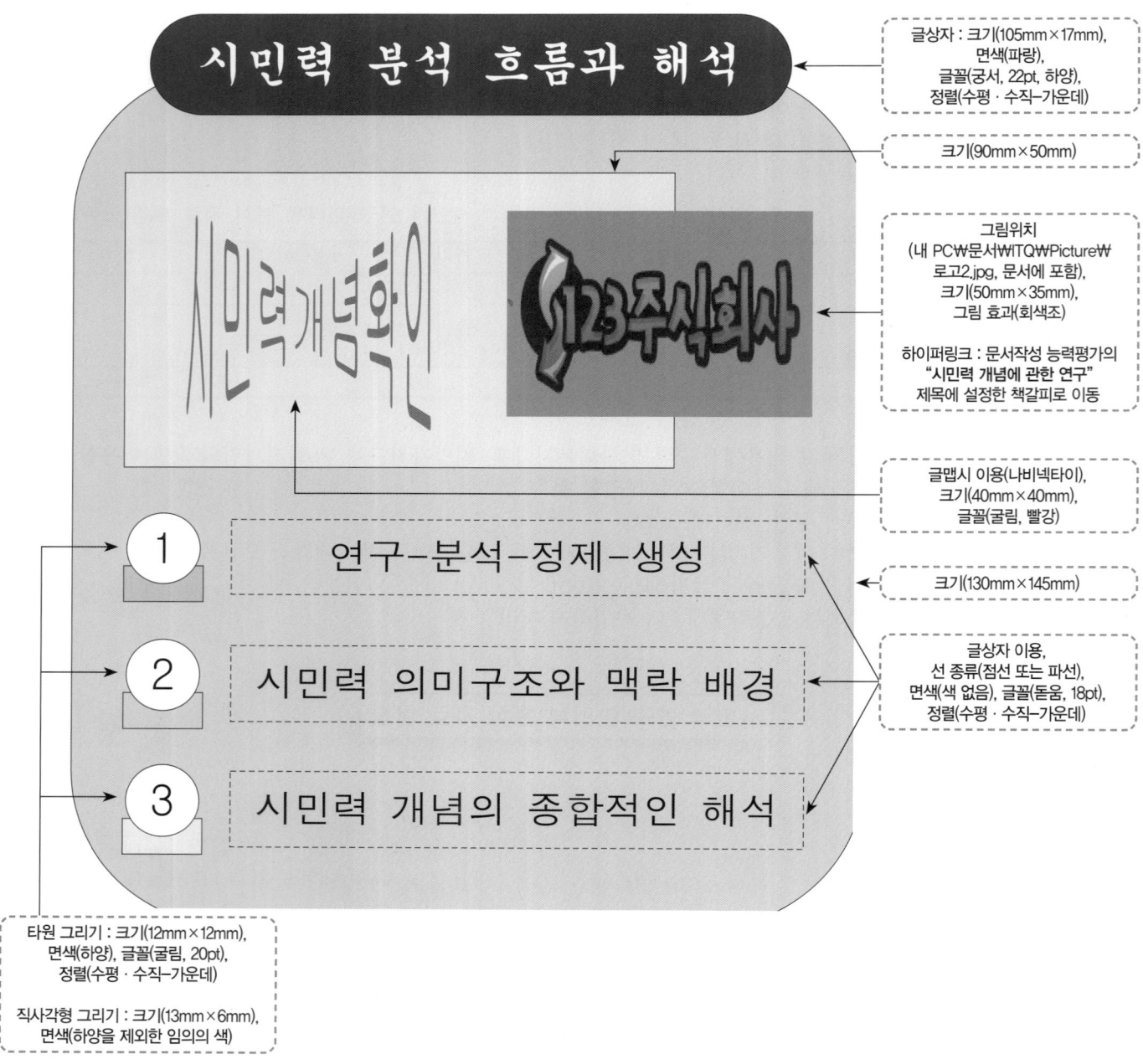

시멘틱 네트워크

시민력 개념에 관한 연구
텍스트마이닝 방법 중심으로

시민사회와 평생교육, 사회복지 등의 분야에서 강조되고 있는 시민력의 개념적 의미를 파악했다는 점에서 학술적 의의가 있으나 일본의 시민력 연구 동향을 확인하지 못한 한계점을 가진다. 시민력①은 'social civic power'로 번역(飜譯)되는데 해당 용어에 대한 연구는 거의 없다. 시민력의 태동은 일본의 싱크탱크에서 언급하였던 것으로 확인된다. 따라서 시민력에 대한 일본 연구의 동향을 확인할 필요가 있음에도 일본어로 작성된 논문을 검색하여 확인하지 못한 점은 이 연구의 한계(限界)로 지적된다. 그리고 시민력에 대한 후속 연구로 시민력과 관련된 경험적인 연구가 추후 필요할 것으로 판단된다. 시민의 참여 필요성은 앞선 개념 논의에서도 확인하였듯이, 우리나라 법적 체계로 지지받고 있다. 시민력이 발현되는 중요한 전제 조건 중의 하나는 시민이 직접 참여하는 것이다.

참여의 수준과 범위는 다양하다. 시민의 참여가 이루어질 때 시민력이 발현되지만 시민참여가 없는 경우 시민력은 나타나지 않는다. 따라서 경험적으로 시민참여가 이루어지고 시민력이 확인되는 곳에서 어떠한 현상들이 변화되고 나타나는지 연구할 필요가 있다.

■ 시민력 인식의 의식구조

1. 시민 개인의 동기 및 사회적 환경
    ① 개인 동기 : 현장과 일상에 집중된 자발적 시민행동
    ② 사회적 환경 : 시민 당사자들의 공정성 인식
2. 시민행동에 대한 상호 균형 및 집단 견제
    ① 상호 균형 : 상호 협력을 통해 권력 형성하고 균형 실현
    ② 집단 견제 : 집단 조직하여 견제를 위한 실천적 역량 확보

■ 시민력 인식의 맥락적 해석

접근형태	주요단어	인식의 맥락	맥락해석	중심지표
일상적	숙의, 네트워크, 시스템	시민력이 추구하는 가치관	공정한 민주적 형태의 숙의 달성과 시민 활동	평균 95% 내외
시민활동	민주주의, 일상, 협력			
	시민운동, 역량, 실천	시민 개인의 역량	실천 시민운동의 역량과 의식 필요	81% 수준
조직적	노동조합, 활동가, 정책	조직화 된 시민	조직화되어 권력 형성 및 정책 참여	88% 수준

한국NGO센터

---

① 시민의 힘, 일본의 싱크탱크 처음 사용, 최근 시민사회와 평생교육, 사회복지계 등에서 사용

제 02 회 정보기술자격(ITQ) 시험

과목	코드	문제유형	시험시간	수험번호	성명
아래한글	1111	B	60분		

한컴 오피스

· 수험자 유의사항 ·

- 수험자는 문제지를 받는 즉시 문제지와 **수험표상의 시험과목(프로그램)이 동일한지 반드시 확인**하여야 합니다.
- 파일명은 본인의 "수험번호-성명"으로 입력하여 답안폴더(내 PC\문서\ITQ)에 하나의 파일로 저장해야하며, 답안파일을 전송하지 않아 미제출로 처리될 경우 실격 처리합니다(예:12345678-홍길동.hwpx).
- 답안 작성을 마치면 파일을 저장하고, '답안 전송' 버튼을 선택하여 감독위원 PC로 답안을 전송하십시오. 수험생 정보와 저장한 파일명이 다를 경우 전송되지 않으므로 주의하시기 바랍니다.
- 답안 작성 중에도 **주기적으로 저장하고, '답안 전송'**하여야 문제 발생을 줄일 수 있습니다. 작업한 내용을 저장하지 않고 전송할 경우 이전에 저장된 내용이 전송되오니 이점 유의하시기 바랍니다.
- 답안문서는 지정된 경로 외의 다른 보조기억장치에 저장하는 경우, 지정된 시험 시간 외에 작성된 파일을 활용할 경우, 기타 통신수단(이메일, 메신저, 네트워크 등)을 이용하여 타인에게 전달 또는 외부 반출하는 경우는 부정 처리합니다.
- 시험 중 부주의 또는 고의로 시스템을 파손한 경우는 수험자가 변상해야 하며, 〈수험자 유의사항〉에 기재된 방법대로 이행하지 않아 생기는 불이익은 수험생 당사자의 책임임을 알려 드립니다.
- 문제의 조건은 한컴오피스 2022 / 2020 버전으로 설정되어 있으니 유의하시기 바랍니다.
- 시험을 완료한 수험자는 답안파일이 전송되었는지 확인한 후 감독위원의 지시에 따라 문제지를 제출하고 퇴실합니다.

· 답안 작성요령 ·

- 온라인 답안 작성 절차
  수험자 등록 ⇒ 시험 시작 ⇒ 답안파일 저장 ⇒ 답안 전송 ⇒ 시험 종료
- 공통 부문
  - 글꼴에 대한 기본설정은 함초롬바탕, 10포인트, 검정, 줄간격 160%, 양쪽정렬로 합니다.
  - 색상은 조건의 색을 적용하고 색의 구분이 안 될 경우에는 RGB 값을 적용하십시오.
    (빨강 255, 0, 0 / 파랑 0, 0, 255 / 노랑 255, 255, 0).
  - 각 문항에 주어진 ≪조건≫에 따라 작성하고 언급하지 않은 조건은 ≪출력형태≫와 같이 작성합니다.
  - 용지여백은 왼쪽·오른쪽 11mm, 위쪽·아래쪽·머리말·꼬리말 10mm, 제본 0mm로 합니다.
  - 그림 삽입 문제의 경우 「내 PC\문서\ITQ\Picture」 폴더에서 지정된 파일을 선택하여 삽입하십시오.
  - 삽입한 그림은 반드시 문서에 포함하여 저장해야 합니다(미포함 시 감점 처리).
  - 각 항목은 지정된 페이지에 출력형태와 같이 정확히 작성하시기 바라며, 그렇지 않을 경우에 해당 항목은 0점 처리됩니다.
    ※ 페이지구분 : 1페이지 - 기능평가 I (문제번호 표시 : 1. 2.),
    　　　　　　　 2페이지 - 기능평가 II(문제번호 표시 : 3. 4.),
    　　　　　　　 3페이지 - 문서작성 능력평가
- 기능평가
  - 문제와 ≪조건≫은 입력하지 않으며 문제번호와 답(≪출력형태≫)만 작성합니다.
  - 4번 문제는 묶기를 했을 경우 0점 처리됩니다.
- 문서작성 능력평가
  - A4 용지(210mm×297mm) 1매 크기, 세로 서식 문서로 작성합니다.
  - ⬚⬚⬚⬚⬚⬚⬚⬚ 표시는 문서작성에 대한 지시사항이므로 작성하지 않습니다.

kpc 한국생산성본부

기능평가 I 150점

1. 다음의 ≪조건≫에 따라 스타일 기능을 적용하여 ≪출력형태≫와 같이 작성하시오. (50점)

≪조건≫ (1) 스타일 이름 – manhwa
(2) 문단 모양 – 왼쪽 여백 : 15pt, 문단 아래 간격 : 10pt
(3) 글자 모양 – 글꼴 : 한글(궁서)/영문(돋움), 크기 : 10pt, 장평 : 95%, 자간 : 5%

≪출력형태≫

Korea Manhwa Museum opened in 2001. All collections are open to the public by various exhibitions. Museum also runs variety of experiential activities related Manhwa.

디지털 미디어 시대에서 만화는 웹툰으로 탈바꿈했고, 이제 웹툰은 만화라는 어머니를 삼켜버린 절대적 용어가 되었다고 해도 과언이 아니다.

2. 다음의 ≪조건≫에 따라 ≪출력형태≫와 같이 표와 차트를 작성하시오. (100점)

≪표 조건≫ (1) 표 전체(표, 캡션) – 돋움, 10pt
(2) 정렬 – 문자 : 가운데 정렬, 숫자 : 오른쪽 정렬
(3) 셀 배경(면색) : 노랑
(4) 한글의 계산 기능을 이용하여 빈칸에 합계를 구하고, 캡션 기능 사용할 것
(5) 선 모양은 ≪출력형태≫와 동일하게 처리할 것

≪출력형태≫

만화산업 지역별 사업체 수(단위 : 개)

지역	만화 출판업	온라인 제작	만화책 임대업	만화 도소매업	합계
인천	10	29	33	90	
광주	5	34	13	84	
대전	5	9	19	104	
전북	4	16	17	118	

≪차트 조건≫ (1) 차트 데이터는 표 내용에서 구분별 인천, 광주, 대전의 값만 이용할 것
(2) 종류 – 〈묶은 세로 막대형〉으로 작업할 것
(3) 제목 – 글꼴 : 굴림, 진하게, 12pt,
속성 : 채우기(밝은 색 : 하양), 테두리, 그림자(바깥쪽 : 대각선 오른쪽 아래)
(4) 제목 이외의 전체 글꼴 – 굴림, 보통, 10pt
(5) 축제목과 범례는 ≪출력형태≫와 동일하게 처리할 것

≪출력형태≫

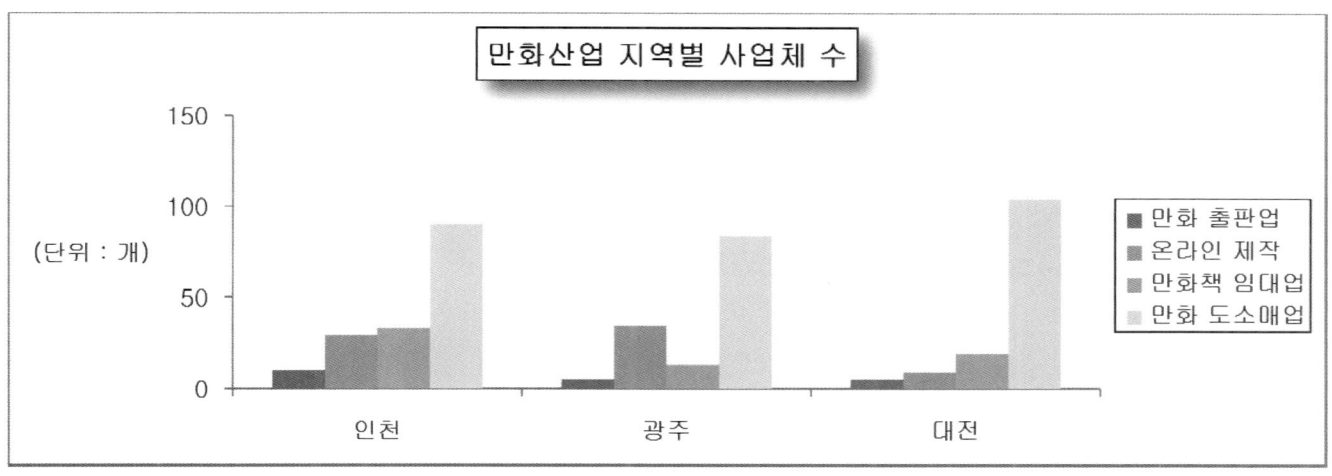

기능평가 II 150점

3. 다음 (1), (2)의 수식을 수식 편집기로 각각 입력하시오. (40점)

≪출력형태≫

(1) $\dfrac{b}{\sqrt{a^2+b^2}} = \dfrac{2\tan\theta}{1+\tan^2\theta}$

(2) $A^3 + \sqrt{\dfrac{gL}{2\pi}} = \dfrac{gT}{2\pi}$

4. 다음의 ≪조건≫에 따라 ≪출력형태≫와 같이 문서를 작성하시오. (110점)

≪조건≫

(1) 그리기 도구를 이용하여 작성하고, 모든 도형(글맵시, 지정된 그림 포함)을 ≪출력형태≫와 같이 작성하시오.
(2) 도형의 면색은 지시사항이 없으면 색 없음을 제외하고 서로 다르게 임의로 지정하시오.

≪출력형태≫

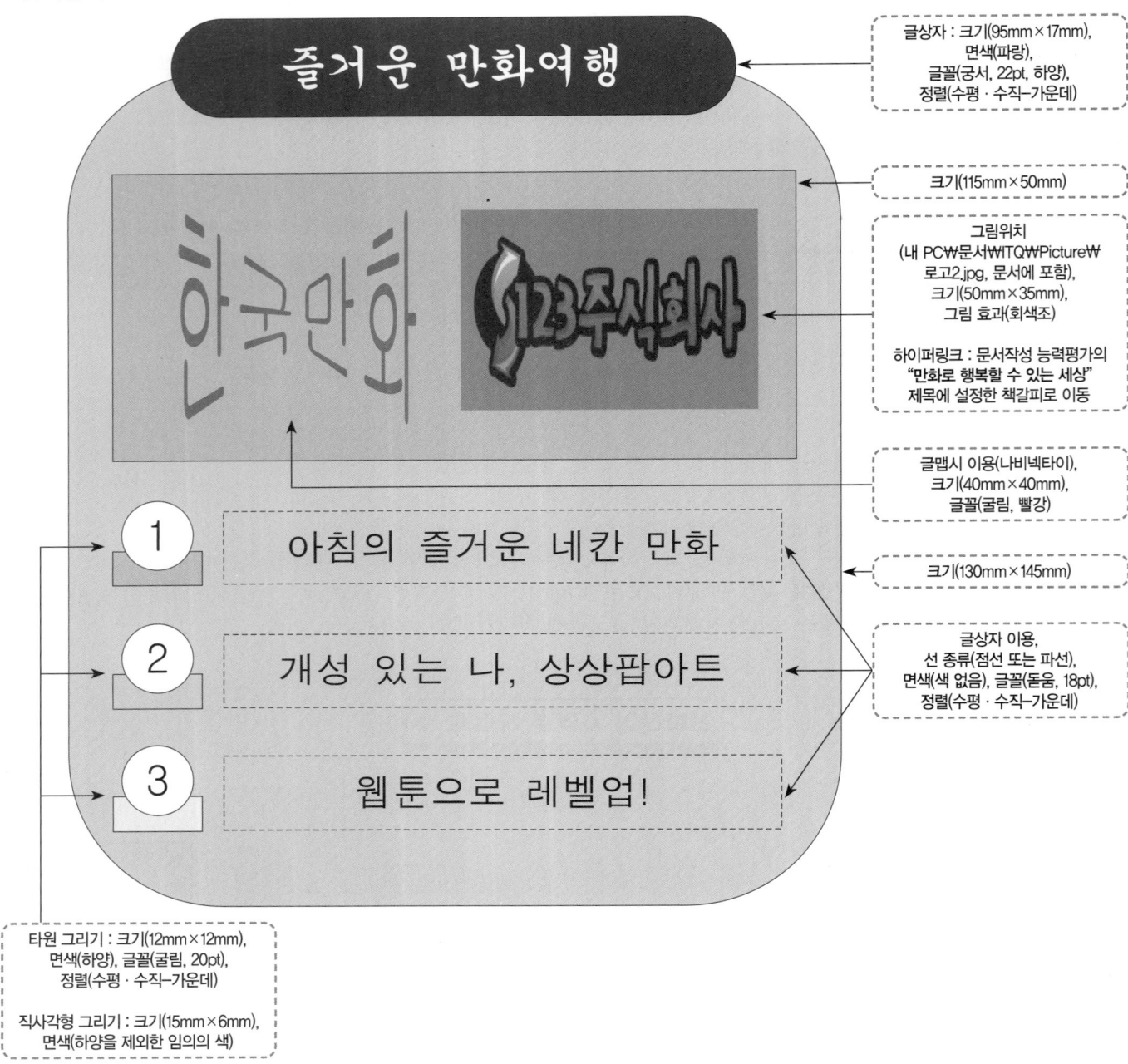

만화로 행복할 수 있는 세상

만화백과사전에서 모리스 혼은 "그 안에 완성된 하나의 생각을 하는 그림은 어떤 것이라도 만화라 불릴 수 있다."고 말했다. 만화는 인간이 지닌 원초적인 창조력을 바탕으로 세상의 모든 이야기를 담아내는 매체다. 만화는 한 칸으로 세상을 풍자(諷刺)하기도 하고 여러 페이지를 통해 세상에 존재하지 않는 세계를 만들기도 한다. 만화는 아주 간단한 선만으로 완성되기도 하고 세밀한 선과 복잡한 채색이 동원(動員)되기도 한다.

이런 만화는 놀랍게도 작가 1인의 창의적 힘에 기대고 있는 매체이다. 만화는 근대 이후 주로 자국의 출판시스템을 기반으로 발전했다. 그런데 21세기를 맞이해 격렬한 변화와 마주하게 되었다. 만화는 디지털 미디어로 확장되었고 종이 미디어 시대와 비교해 더 자유롭게 국경을 넘나들기 시작했다. 또한 만화는 영화, 드라마, 게임, 애니메이션, 광고, 캐릭터 등 다양한 미디어로 확산, 활용되고 있다. 만화산업을 둘러싼 지형은 예전의 단순한 관계에 비해 더 복잡해졌고 참여하는 사람들도 많아졌다. 만화ⓐ는 급변하는 미디어 환경과 진화하는 융복합콘텐츠 시대에서 끊임없이 변화와 혁신을 거듭하며 당당하게 글로벌 한류의 중심에 서 있다.

★ 만화역사 생생체험

1. 교육 내용 및 일정
   ① 교육 내용 : 만화가를 직접 만나고 나만의 문화재 만화 그리기
   ② 교육 일정 : 7월 19일(토), 7월 26일(토) 14:00 - 16:00
2. 참가 대상 및 교육 장소
   ① 참가 대상 : 초등학생, 중학생, 고등학생
   ② 교육 장소 : 한국만화박물관 2층 체험교육실

★ 국제만화가대회 역대 개최지

개최연도	시기	개최지	주제
2013년	11월	홍콩 완차이	만화창작의 새로운 방향
2014년		대만 가오슝	세계 각국 만화가의 디지털 창작 현황
2015년	10월	한국 대전	내 목소리
2018년	6월	대만 신베이시	디지털만화의 발전과 미래
2019년	11월-12월	일본 기타큐슈	만화 아카이브 - 만화의 보존과 전승

한국만화영상진흥원

ⓐ 이야기 따위를 간결하고 익살스럽게 그린 그림으로 대화를 삽입하여 나타냄

제 03 회 정보기술자격(ITQ) 시험

과목	코드	문제유형	시험시간	수험번호	성명
아래한글	1111	C	60분		

한컴 오피스

• 수험자 유의사항 •

- 수험자는 문제지를 받는 즉시 문제지와 **수험표상의 시험과목(프로그램)이 동일한지 반드시 확인**하여야 합니다.
- 파일명은 본인의 "수험번호-성명"으로 입력하여 답안폴더(내 PC\문서\ITQ)에 하나의 파일로 저장해야하며, 답안파일을 전송하지 않아 미제출로 처리될 경우 실격 처리합니다(예:12345678-홍길동.hwpx).
- 답안 작성을 마치면 파일을 저장하고, '답안 전송' 버튼을 선택하여 감독위원 PC로 답안을 전송하십시오. 수험생 정보와 저장한 파일명이 다를 경우 전송되지 않으므로 주의하시기 바랍니다.
- 답안 작성 중에도 **주기적으로 저장하고, '답안 전송'**하여야 문제 발생을 줄일 수 있습니다. 작업한 내용을 저장하지 않고 전송할 경우 이전에 저장된 내용이 전송되오니 이점 유의하시기 바랍니다.
- 답안문서는 지정된 경로 외의 다른 보조기억장치에 저장하는 경우, 지정된 시험 시간 외에 작성된 파일을 활용할 경우, 기타 통신수단(이메일, 메신저, 네트워크 등)을 이용하여 타인에게 전달 또는 외부 반출하는 경우는 부정 처리합니다.
- 시험 중 부주의 또는 고의로 시스템을 파손한 경우는 수험자가 변상해야 하며, 〈수험자 유의사항〉에 기재된 방법대로 이행하지 않아 생기는 불이익은 수험생 당사자의 책임임을 알려 드립니다.
- 문제의 조건은 한컴오피스 2022 / 2020 버전으로 설정되어 있으니 유의하시기 바랍니다.
- 시험을 완료한 수험자는 답안파일이 전송되었는지 확인한 후 감독위원의 지시에 따라 문제지를 제출하고 퇴실합니다.

• 답안 작성요령 •

- 온라인 답안 작성 절차
  수험자 등록 ⇒ 시험 시작 ⇒ 답안파일 저장 ⇒ 답안 전송 ⇒ 시험 종료
- 공통 부문
  • 글꼴에 대한 기본설정은 함초롬바탕, 10포인트, 검정, 줄간격 160%, 양쪽정렬로 합니다.
  • 색상은 조건의 색을 적용하고 색의 구분이 안 될 경우에는 RGB 값을 적용하십시오.
    (빨강 255, 0, 0 / 파랑 0, 0, 255 / 노랑 255, 255, 0).
  • 각 문항에 주어진 《조건》에 따라 작성하고 언급하지 않은 조건은 《출력형태》와 같이 작성합니다.
  • 용지여백은 왼쪽·오른쪽 11mm, 위쪽·아래쪽·머리말·꼬리말 10mm, 제본 0mm로 합니다.
  • 그림 삽입 문제의 경우 「내 PC\문서\ITQ\Picture」 폴더에서 지정된 파일을 선택하여 삽입하십시오.
  • 삽입한 그림은 반드시 문서에 포함하여 저장해야 합니다(미포함 시 감점 처리).
  • 각 항목은 지정된 페이지에 출력형태와 같이 정확히 작성하시기 바라며, 그렇지 않을 경우에 해당 항목은 0점 처리됩니다.
    ※ 페이지구분 : 1페이지 - 기능평가Ⅰ(문제번호 표시 : 1. 2.),
    　　　　　　　 2페이지 - 기능평가Ⅱ(문제번호 표시 : 3. 4.),
    　　　　　　　 3페이지 - 문서작성 능력평가
- 기능평가
  • 문제와 《조건》은 입력하지 않으며 문제번호와 답(《출력형태》)만 작성합니다.
  • 4번 문제는 묶기를 했을 경우 0점 처리됩니다.
- 문서작성 능력평가
  • A4 용지(210mm×297mm) 1매 크기, 세로 서식 문서로 작성합니다.
  • ( ) 표시는 문서작성에 대한 지시사항이므로 작성하지 않습니다.

kpc 한국생산성본부

기능평가 I 150점

1. 다음의 ≪조건≫에 따라 스타일 기능을 적용하여 ≪출력형태≫와 같이 작성하시오. (50점)

≪조건≫ (1) 스타일 이름 – womensday
(2) 문단 모양 – 왼쪽 여백 : 15pt, 문단 아래 간격 : 10pt
(3) 글자 모양 – 글꼴 : 한글(돋움)/영문(궁서), 크기 : 10pt, 장평 : 95%, 자간 : 5%

≪출력형태≫

It began on March 8, 1908, when women workers in the United States protested demanding better working conditions and suffrage.

1908년 3월 8일 미국 여성 노동자들이 근로여건 개선과 참정권 등을 요구하면서 시위를 벌인 것에서 시작됐다. 이후 유엔은 1975년을 '세계 여성의 해'로 지정하고 3월 8일을 '세계 여성의 날'로 공식화했다.

2. 다음의 ≪조건≫에 따라 ≪출력형태≫와 같이 표와 차트를 작성하시오. (100점)

≪표 조건≫ (1) 표 전체(표, 캡션) – 돋움, 10pt
(2) 정렬 – 문자 : 가운데 정렬, 숫자 : 오른쪽 정렬
(3) 셀 배경(면색) : 노랑
(4) 한글의 계산 기능을 이용하여 빈칸에 평균(소수점 두 자리)을 구하고, 캡션 기능 사용할 것
(5) 선 모양은 ≪출력형태≫와 동일하게 처리할 것

≪출력형태≫

지역별 경력단절여성 현황(단위 : 천 명)

지역	2021년	2022년	2023년	2024년	평균
부산	78	80	84	71	
대구	77	69	69	66	
인천	75	81	78	81	
광주	45	45	35	33	

≪차트 조건≫ (1) 차트 데이터는 표 내용에서 연도별 부산, 대구, 인천의 값만 이용할 것
(2) 종류 – 〈묶은 세로 막대형〉으로 작업할 것
(3) 제목 – 글꼴 : 굴림, 진하게, 12pt,
속성 : 채우기(밝은 색 : 하양), 테두리, 그림자(바깥쪽 : 대각선 오른쪽 아래)
(4) 제목 이외의 전체 글꼴 – 굴림, 보통, 10pt
(5) 축제목과 범례는 ≪출력형태≫와 동일하게 처리할 것

≪출력형태≫

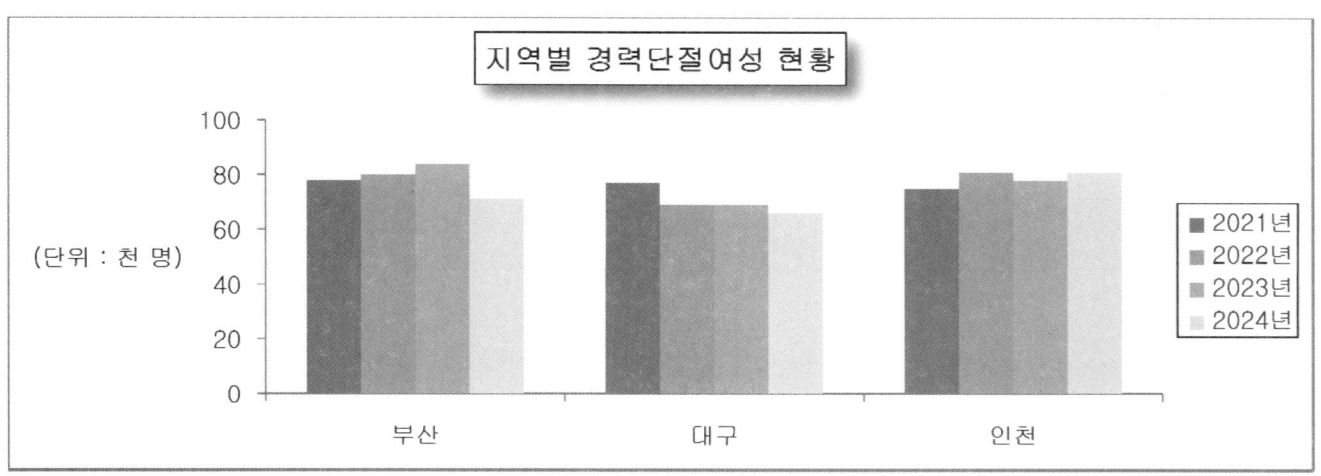

기능평가 II

150점

3. 다음 (1), (2)의 수식을 수식 편집기로 각각 입력하시오. (40점)

≪출력형태≫

(1) $g = \dfrac{GM}{R^2} = \dfrac{6.67 \times 10^{-11} \times 6.0 \times 10^{24}}{(6.4 \times 10^7)^2}$

(2) $f(x) = \dfrac{\dfrac{x}{2} - \sqrt{5} + 2}{\sqrt{1-x^2}}$

4. 다음의 ≪조건≫에 따라 ≪출력형태≫와 같이 문서를 작성하시오. (110점)

≪조건≫

(1) 그리기 도구를 이용하여 작성하고, 모든 도형(글맵시, 지정된 그림 포함)을 ≪출력형태≫와 같이 작성하시오.
(2) 도형의 면색은 지시사항이 없으면 색 없음을 제외하고 서로 다르게 임의로 지정하시오.

≪출력형태≫

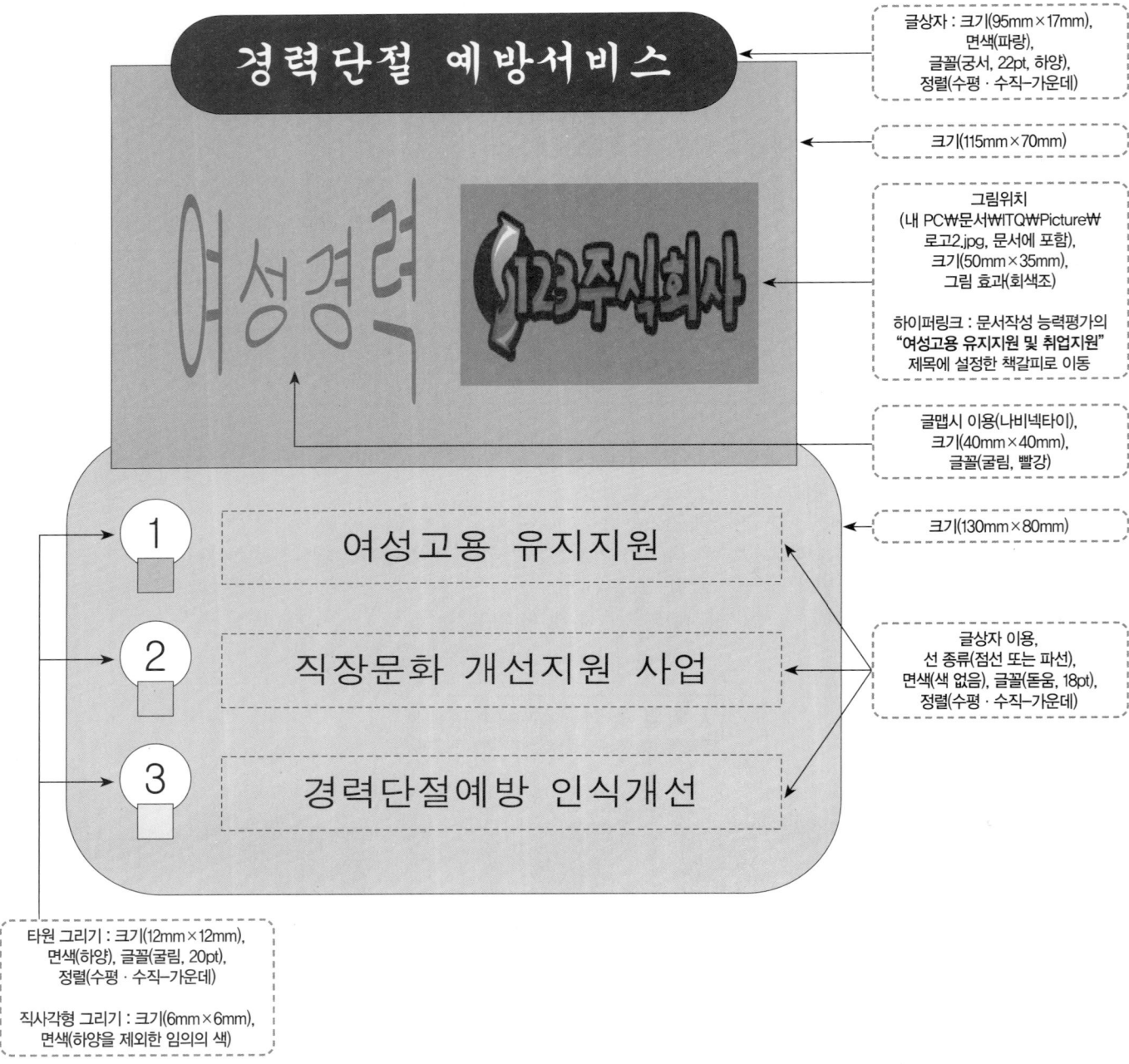

여성고용 유지지원 및 취업지원

여성가족부는 여성들이 경력단절 없이 지속적인 경제활동을 할 수 있도록 여성새로일하기센터(이하 '새일센터')를 중심으로 경력단절예방 서비스와 창업지원을 강화한다. 2009년부터 시작된 새일센터는 전국 158개소로, 경력단절여성ⓐ에게 맞춤형 취업상담 및 정보 제공, 직업 교육훈련, 취업연계, 사후관리 등을 지원(支援)하며 경력단절여성의 역량 강화와 고용 증가 등 긍정적인 효과가 있는 것으로 평가된다.

경력단절예방 사업은 재직 여성이 지속적으로 일할 수 있도록 상담 및 경력개발 자문 등 역량 개발을 지원하고, 기업에게는 직장문화 개선을 위한 교육과 근로 상담, 여성화장실, 수유실 등 근로 환경을 지원한다. 또한 30-40대 경력단절여성에게 맞춤형 취업을 지원하는 경력이음 사례관리서비스 운영기관을 20개소로 확대(擴大)하고, 취약계층과 지역일자리 특성과 상황에 맞는 지역특성화 통합사례관리 방식을 신규 도입한다. 취업 뿐 아니라 창업 분야에서도 여성들의 진출이 활성화될 수 있도록 창업상담사를 확대 배치하여 창업 지원금, 창업 공간 등을 연계 지원한다.

★ 주요 사업

1. 직업상담
   ① 직업진로 지도와 취업알선 서비스
   ② 집단 상담 프로그램 운영
2. 교육 및 취업연계
   ① 전문훈련기관 등과 협력을 통한 직업교육훈련 과정 운영
   ② 인턴십 지원 및 취업지원 서비스

★ <u>경력단절여성 취업지원 사업내용</u>

구분		내용	비고
고용노동부	집단상담 프로그램	경력단절여성 및 결혼이민여성 대상 집단상담프로그램 운영	
여성 가족부	직업교육훈련	각 새일센터에서 5-6개 직업훈련과정 운영	159개 새일센터
	인턴연계	인턴 1인당 460만원 한도 지원(기업 400만원, 인턴 60만원)	
	취/창업지원	취·창업 동아리 운영, 컨설팅 지원	
	경력단절예방지원	경력단절 예방 특강, 취업자 직장적응 교육, 노무상담	

여성새로일하기센터

ⓐ 기혼 여성 중 결혼, 임신, 출산 등으로 직장을 그만둬 비취업 상태에 있는 여성

MEMO

ITQ 정보기술자격
파워포인트 2021

PART 01
출제유형분석

01 수험자 유의사항 및 답안 작성 요령

☑ 수험자 등록하기　　　　　　☑ 답안 작성 준비하기
☑ 답안 저장하고 전송하기

▶ 소스 파일 : 없음　▶ 완성 파일 : Chapter 01\Ch01_완성.pptx

수험자 유의사항

- 수험자는 문제지를 받는 즉시 문제지와 **수험표상의 시험과목(프로그램)이 동일한지 반드시 확인**하여야 합니다.
- 파일명은 본인의 "수험번호-성명"으로 입력하여 답안 폴더(내 PC\문서\ITQ)에 하나의 파일로 저장해야하며, 답안 문서 파일명이 "수험번호-성명"과 일치하지 않거나, 답안 파일을 전송하지 않아 미제출로 처리될 경우 실격 처리합니다 (예:12345678-홍길동.pptx).
- 답안 작성을 마치면 파일을 저장하고, '답안 전송' 버튼을 선택하여 감독위원 PC로 답안을 전송하십시오. 수험생 정보와 저장한 파일명이 다를 경우 전송되지 않으므로 주의하시기 바랍니다.
- 답안 작성 중에도 **주기적으로 저장하고, '답안 전송'**하여야 문제 발생을 줄일 수 있습니다. 작업한 내용을 저장하지 않고 전송할 경우 이전에 저장된 내용이 전송되오니 이점 유의하시기 바랍니다.
- 답안 문서는 지정된 경로 외의 다른 보조기억장치에 저장하는 경우, 지정된 시험 시간 외에 작성된 파일을 활용할 경우, 기타 통신수단(이메일, 메신저, 네트워크 등)을 이용하여 타인에게 전달 또는 외부 반출하는 경우는 부정 처리합니다.
- 시험 중 부주의 또는 고의로 시스템을 파손한 경우는 수험자가 변상해야 하며, 〈수험자 유의사항〉에 기재된 방법대로 이행하지 않아 생기는 불이익은 수험생 당사자의 책임임을 알려 드립니다.
- 문제의 조건은 MS오피스 2021 버전으로 설정되어 있으니 유의하시기 바랍니다.
- 시험을 완료한 수험자는 답안파일이 전송되었는지 확인한 후 감독위원의 지시에 따라 문제지를 제출하고 퇴실합니다.

답안 작성요령

- 온라인 답안 작성 절차
  수험자 등록 ⇒ 시험 시작 ⇒ 답안파일 저장 ⇒ 답안 전송 ⇒ 시험 종료
- 슬라이드의 크기는 A4 Paper로 설정하여 작성합니다.
- 슬라이드의 총 개수는 6개로 구성되어 있으며 슬라이드 1부터 순서대로 작업하고 반드시 문제와 세부 조건대로 합니다.
- 별도의 지시사항이 없는 경우 출력형태를 참조하여 글꼴색은 검정 또는 흰색으로 작성하고, 기타사항은 전체적인 균형을 고려하여 작성합니다.
- 슬라이드 도형 및 개체에 출력형태와 다른 스타일(그림자, 외곽선 등)을 적용했을 경우 감점처리 됩니다.
- 슬라이드 번호를 작성합니다(슬라이드 1에는 생략).
- 2~6번 슬라이드 제목 도형과 하단 로고는 슬라이드 마스터를 이용하여 출력형태와 동일하게 작성합니다 (슬라이드 1에는 생략).
- 문제와 세부조건, 세부조건 번호 ◌(점선원)는 입력하지 않습니다.
- 각 개체의 위치는 오른쪽의 슬라이드와 동일하게 구성합니다.
- 그림 삽입 문제의 경우 반드시「내 PC\문서\ITQ\Picture」폴더에서 정확한 파일을 선택하여 삽입 하십시오.
- 각 슬라이드를 각각의 파일로 작업해서 저장할 경우 실격 처리됩니다.

체크! 체크!

수험자 유의사항 및 답안 작성요령

■ **수험자 등록** : 수험번호를 입력한 후 수험 정보를 확인한 다음 감독위원의 지시사항에 따릅니다.

■ **(전체 구성) 페이지 설정**
- 슬라이드 크기는 'A4 용지(210×297mm)'로 지정하며 슬라이드는 총 6개를 작성합니다.

■ **답안 저장 및 전송**
- 저장 위치(내 PC₩문서₩ITQ)를 선택한 후 파일명(수험번호-성명)으로 저장한 다음 감독위원 PC로 답안을 전송합니다.
- 저장 위치 및 파일명을 잘못 지정할 경우 답안 전송이 되지 않으니 꼭! 확인해야 합니다.

STEP 01 수험자 등록하기

1 시험이 시작되면 감독위원의 지시사항에 따라 바탕화면에서 **(KOAS 수험자용( ))** 아이콘을 **더블클릭**합니다.

> 바탕화면에서 (KOAS 수험자용( )) 아이콘이 보이지 않을 경우 (시작( ))-(모두)-(KOAS 수험자용)을 클릭합니다.

2 **(수험자 로그인)** 대화상자가 나타나면 **수험번호를 입력**한 후 **(조회) 단추를 클릭**합니다. 그런다음 성 명, 수험과목, 좌석번호, 답안폴더 정보를 확인한 후 **(확인) 단추를 클릭**합니다.

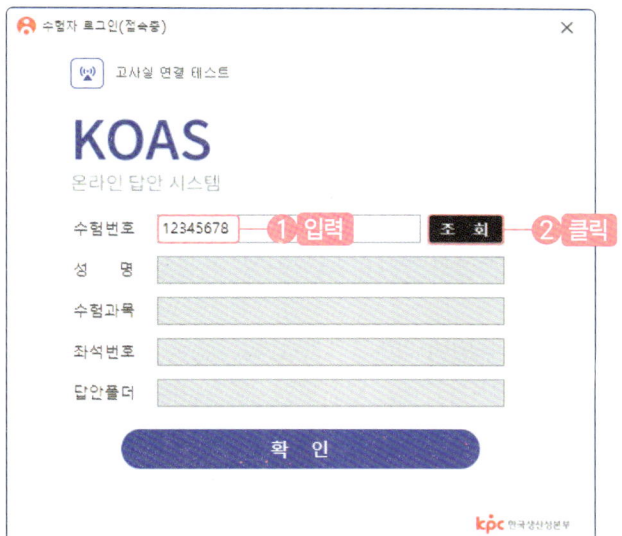 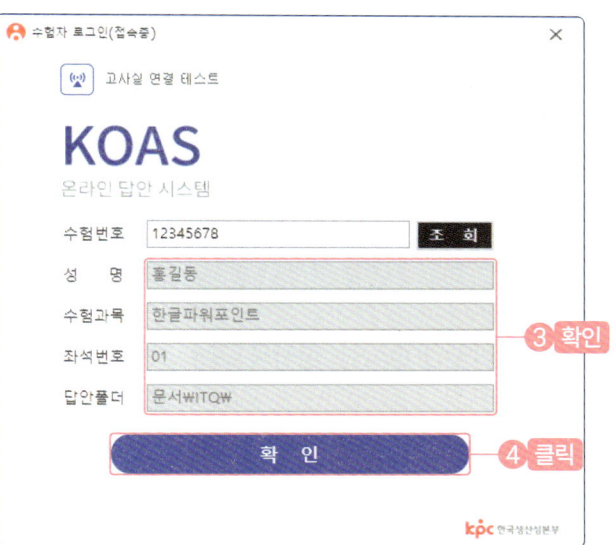

> (조회) 단추를 클릭한 후 수험자 정보가 나타나지 않으면 수험번호를 다시 입력합니다.
> 수험번호를 정확히 입력하였는데도 수험자 정보가 표시되지 않으면 감독위원에게 문의합니다.

3 (수험자 유의사항) 대화상자가 나타나면 **내용을 숙지**한 후 **(동의합니다.)를 선택(체크)**한 다음 **(확인) 단추를 클릭**합니다.

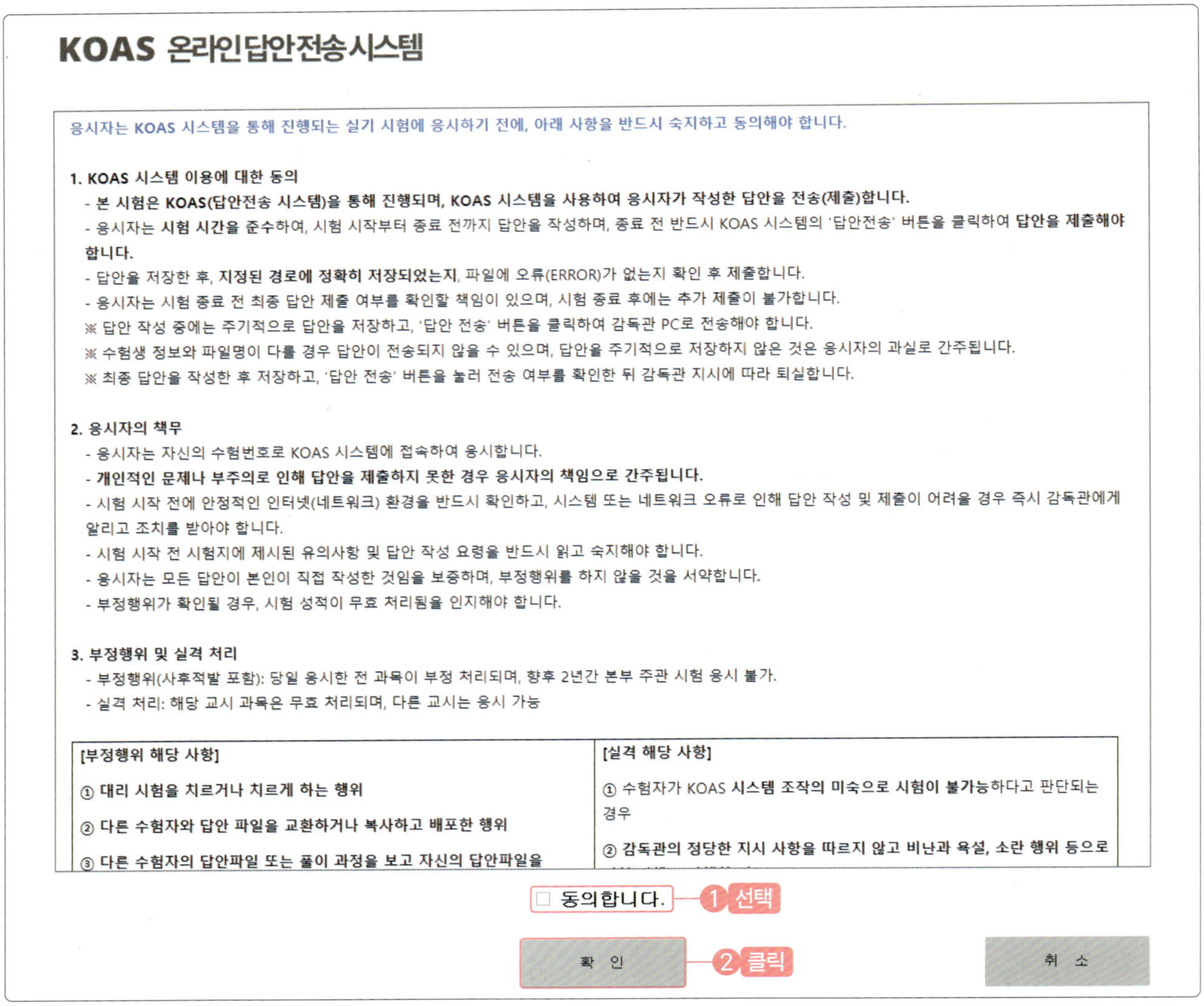

KOAS 온라인답안전송시스템
응시자는 KOAS 시스템을 통해 진행되는 실기 시험에 응시하기 전에, 아래 사항을 반드시 숙지하고 동의해야 합니다.
1. KOAS 시스템 이용에 대한 동의
- 본 시험은 KOAS(답안전송 시스템)을 통해 진행되며, KOAS 시스템을 사용하여 응시자가 작성한 답안을 전송(제출)합니다.
- 응시자는 시험 시간을 준수하여, 시험 시작부터 종료 전까지 답안을 작성하며, 종료 전 반드시 KOAS 시스템의 '답안전송' 버튼을 클릭하여 답안을 제출해야 합니다.
- 답안을 저장한 후, 지정된 경로에 정확히 저장되었는지, 파일에 오류(ERROR)가 없는지 확인 후 제출합니다.
- 응시자는 시험 종료 전 최종 답안 제출 여부를 확인할 책임이 있으며, 시험 종료 후에는 추가 제출이 불가합니다.
※ 답안 작성 중에는 주기적으로 답안을 저장하고, '답안 전송' 버튼을 클릭하여 감독관 PC로 전송해야 합니다.
※ 수험생 정보와 파일명이 다를 경우 답안이 전송되지 않을 수 있으며, 답안을 주기적으로 저장하지 않은 것은 응시자의 과실로 간주됩니다.
※ 최종 답안을 작성한 후 저장하고, '답안 전송' 버튼을 눌러 전송 여부를 확인한 뒤 감독관 지시에 따라 퇴실합니다.
2. 응시자의 책무
- 응시자는 자신의 수험번호로 KOAS 시스템에 접속하여 응시합니다.
- 개인적인 문제나 부주의로 인해 답안을 제출하지 못한 경우 응시자의 책임으로 간주됩니다.
- 시험 시작 전에 안정적인 인터넷(네트워크) 환경을 반드시 확인하고, 시스템 또는 네트워크 오류로 인해 답안 작성 및 제출이 어려울 경우 즉시 감독관에게 알리고 조치를 받아야 합니다.
- 시험 시작 전 시험지에 제시된 유의사항 및 답안 작성 요령을 반드시 읽고 숙지해야 합니다.
- 응시자는 모든 답안이 본인이 직접 작성한 것임을 보증하며, 부정행위를 하지 않을 것을 서약합니다.
- 부정행위가 확인될 경우, 시험 성적이 무효 처리됨을 인지해야 합니다.
3. 부정행위 및 실격 처리
- 부정행위(사후적발 포함): 당일 응시한 전 과목이 부정 처리되며, 향후 2년간 본부 주관 시험 응시 불가.
- 실격 처리: 해당 교시 과목은 무효 처리되며, 다른 교시는 응시 가능
[부정행위 해당 사항]
① 대리 시험을 치르거나 치르게 하는 행위
② 다른 수험자와 답안 파일을 교환하거나 복사하고 배포한 행위
③ 다른 수험자의 답안파일 또는 풀이 과정을 보고 자신의 답안파일을
[실격 해당 사항]
① 수험자가 KOAS 시스템 조작의 미숙으로 시험이 불가능하다고 판단되는 경우
② 감독관의 정당한 지시 사항을 따르지 않고 비난과 욕설, 소란 행위 등으로
동의합니다.
1 선택
확 인
2 클릭
취 소

4 컴퓨터가 잠금 상태가 되면 감독위원이 시험을 시작할 때까지 대기합니다.

5 시험이 시작되면 (KOAS 수험자용) 프로그램에서 남은 시간을 확인할 수 있습니다.

KOAS 수험자용(답안전송_접속중)
남은시간
59:56
확인
12345678-홍길동
수험과목: 한글파워포인트
최종 답안전송 시간:
답안 전송
작업 폴더 보기
첨부파일 가져 오기
전송한 답안 확인
시험 종료

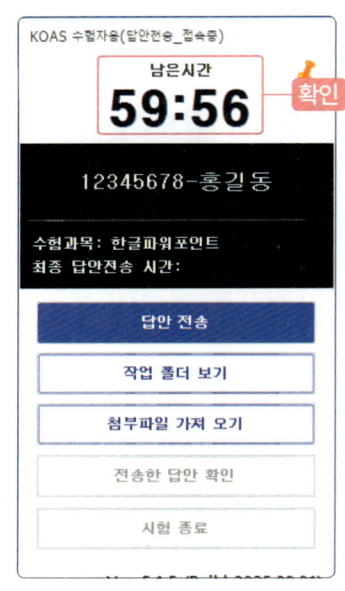

STEP 02 답안 작성 준비하기

《전체구성》 (1) 슬라이드 크기 및 순서 : 크기를 A4 용지로 설정하고 슬라이드 순서에 맞게 작성한다.

1. 파워포인트를 실행하기 위해 [시작(⊞)]을 클릭한 후 [모두]-[파워포인트 2021(●)]을 클릭합니다.

2. 파워포인트 시작 화면이 나타나면 [새 프레젠테이션]을 클릭합니다.

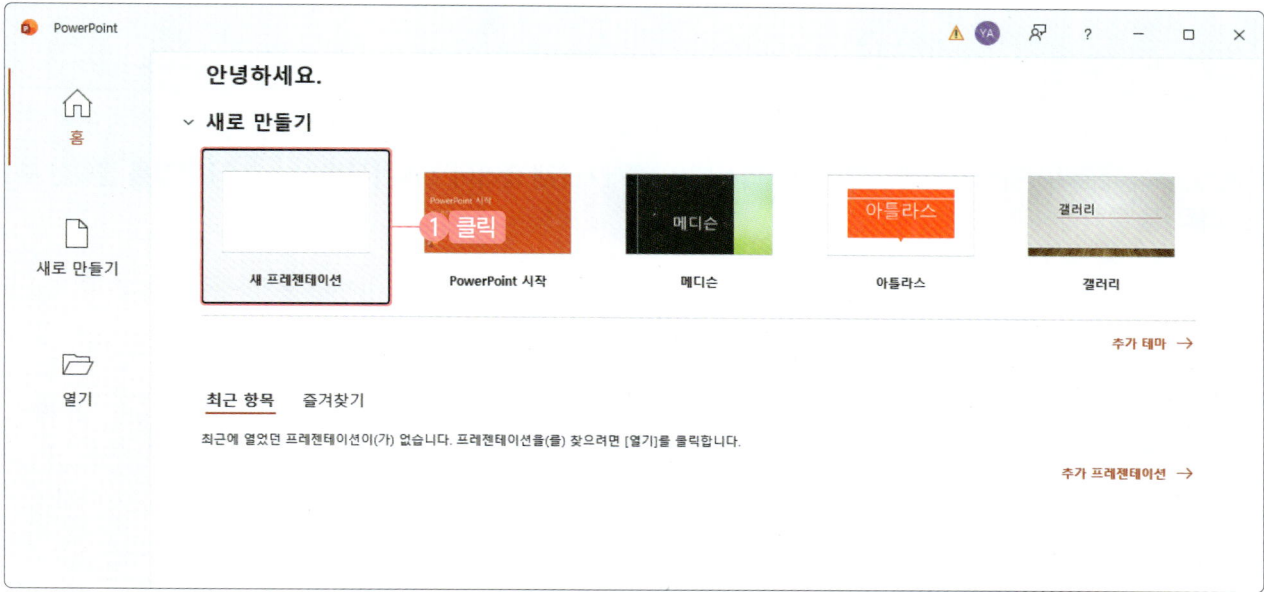

3. 파워포인트 화면이 나타나면 슬라이드 크기를 지정하기 위해 [디자인] 탭을 클릭한 후 [슬라이드 크기]-[사용자 지정 슬라이드 크기]를 클릭합니다.

4 〔슬라이드 크기〕 대화상자가 나타나면 **슬라이드 크기(A4 용지(210×297mm))**를 선택한 후 〔확인〕 단추를 클릭합니다. 그런다음 〔Microsoft PowerPoint〕 대화상자가 나타나면 〔**맞춤 확인**〕을 클릭합니다.

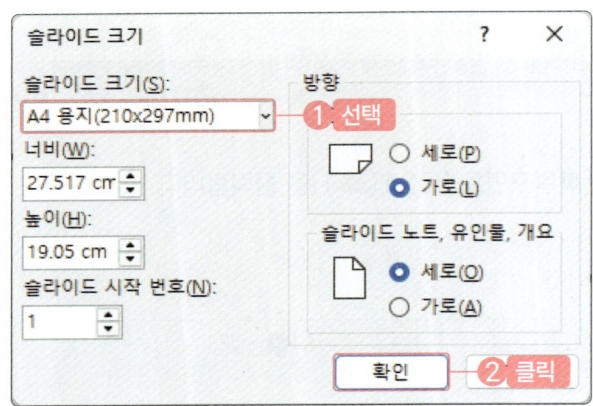
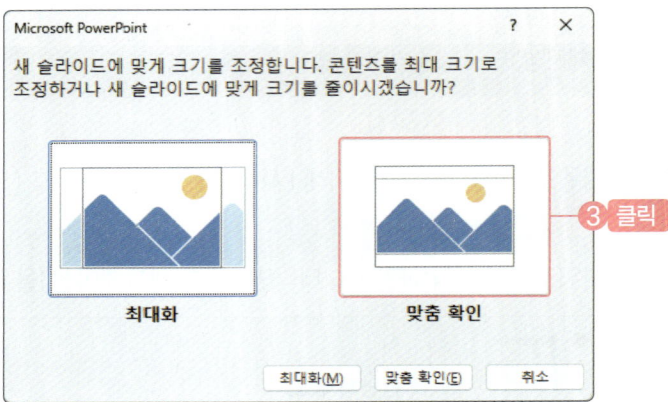

5 새로운 슬라이드를 삽입하기 위해 〔홈〕 탭-〔슬라이드〕 그룹에서 〔**새 슬라이드**〕의 〔목록( )〕 단추를 클릭한 후 〔**제목 및 내용**〕을 클릭합니다.

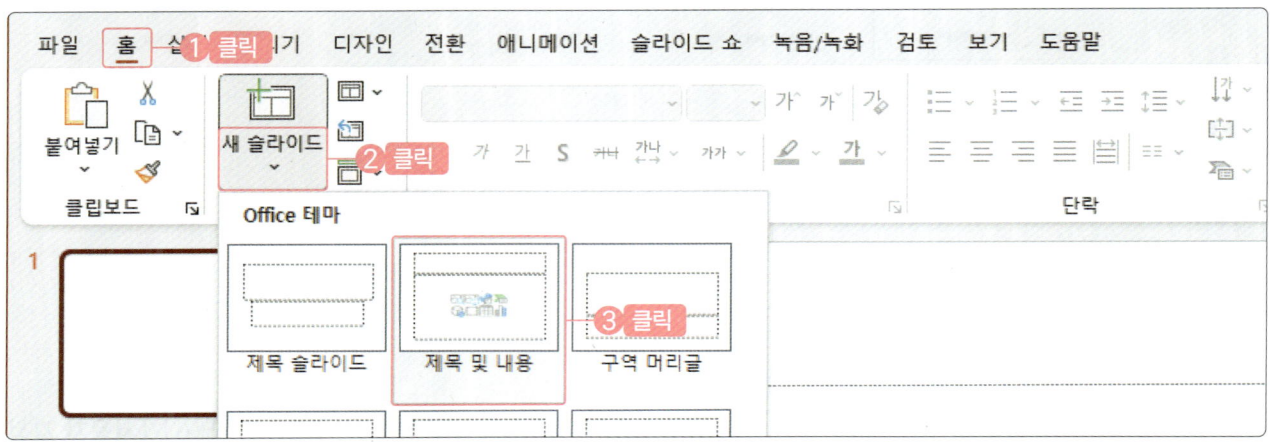

6 같은 방법으로 다음과 같이 모두 **6개의 슬라이드를 작성**합니다.

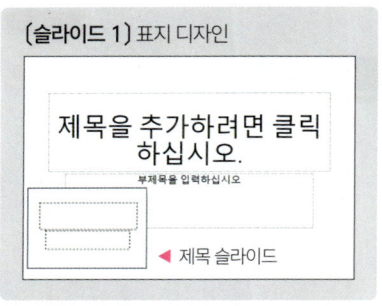
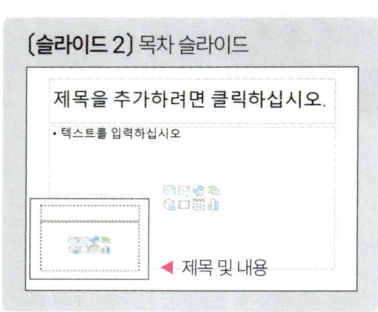
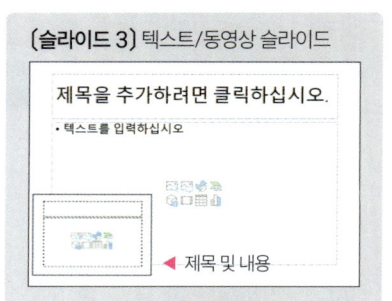
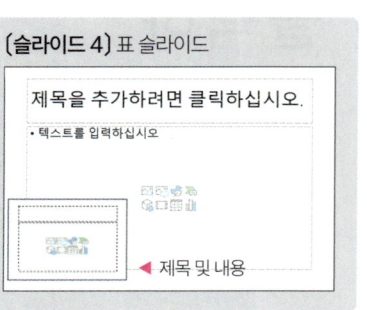
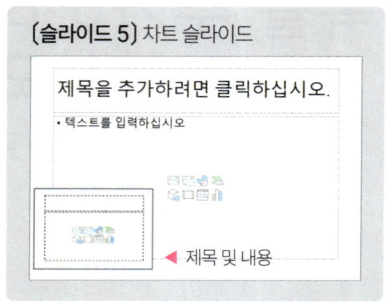

STEP 03 답안 저장하고 전송하기

수험자 유의사항
파일명은 본인의 "수험번호-성명"으로 입력하여 답안폴더(내 PC₩문서₩ITQ)에 하나의 파일로 저장해야하며, 답안 문서 파일명이 "수험번호-성명"과 일치하지 않거나, 답안파일을 전송하지 않아 미제출로 처리될 경우 실격 처리합니다 (예: 12345678-홍길동.pptx).

1 답안을 저장하기 위해 (파일) 탭을 클릭한 후 (다른 이름으로 저장) 탭을 클릭한 다음 (찾아보기)를 클릭합니다.

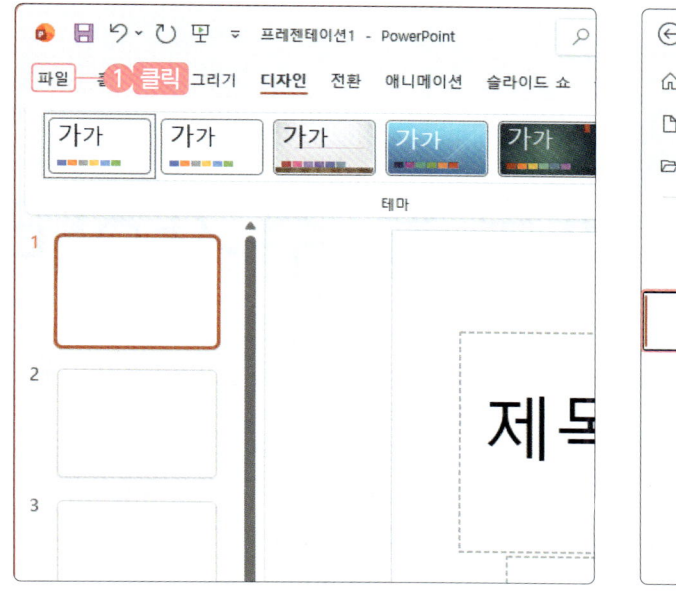
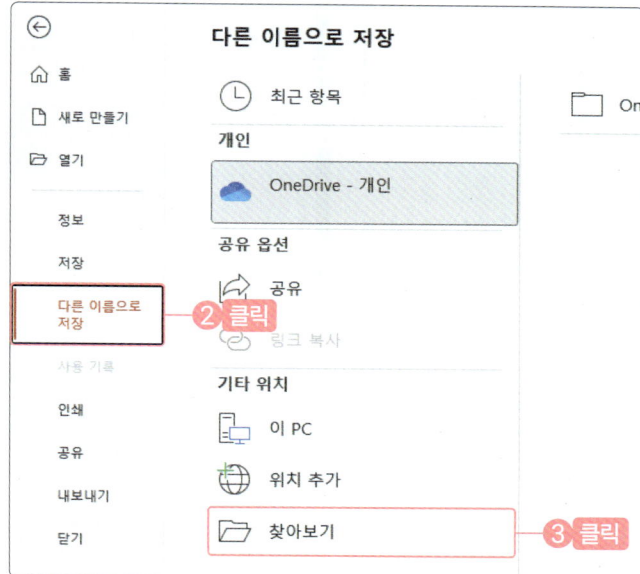

> 빠른 실행 도구 모음에서 (저장(🖫))을 클릭하거나 Ctrl + S 를 눌러 답안을 저장할 수도 있습니다.

2 (다른 이름으로 저장) 대화상자가 나타나면 **저장 위치(내 PC₩문서₩ITQ)를 지정**한 후 **파일 이름(12345678-홍길동)을 입력**한 다음 (저장) 단추를 클릭합니다.

> 시험에서는 본인의 수험번호와 성명을 조합하여 '수험번호-성명' 형식의 파일 이름을 입력합니다.

3 다음과 같이 답안이 저장됩니다.

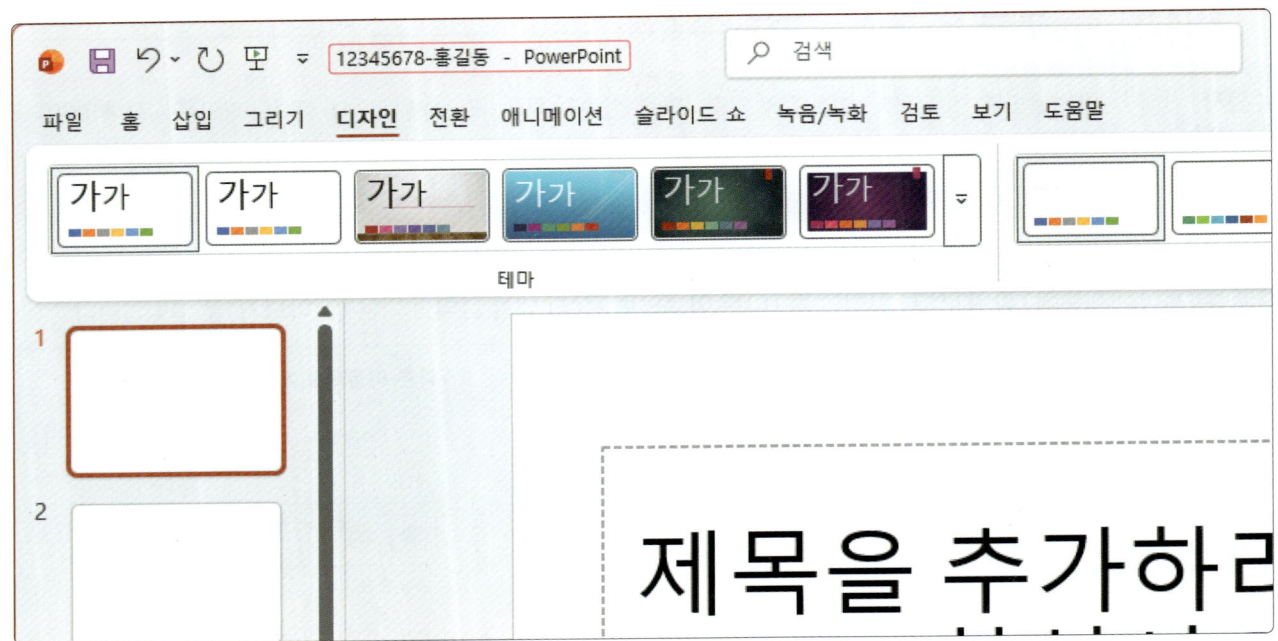

> 시험에서 위치나 파일 이름을 잘못 지정하여 답안을 저장한 경우에는 (파일) 탭에서 (다른 이름으로 저장)을 클릭해 답안을 다시 저장한 후 잘못 저장한 답안을 삭제합니다.

4 답안을 전송하기 위해 (KOAS 수험자용) 프로그램에서 **(답안 전송) 단추를 클릭**합니다.

> - 답안을 작성하는 도중에 주기적으로 (파일) 탭에서 (저장)을 클릭하거나 Ctrl+S를 눌러 답안을 저장한 후 감독위원 PC로 전송해 두면 오류가 발생한 경우, 전송된 답안을 불러와서 복구할 수 있습니다. 전송된 답안은 KOAS 수험자용 프로그램에서 (답안 가져오기) 단추를 클릭하여 불러오므로 오류가 발생한 경우, 감독위원에게 문의합니다.
> - (첨부파일 폴더 보기) 단추를 클릭하면 답안을 작성할 때 사용할 그림이 있는지 확인할 수 있습니다.

5 〔고사실용 PC로 답안 파일 보내기〕 대화상자가 나타나면 **파일 목록(12345678-홍길동.pptx)과 존재(있음)**를 확인한 후 〔**답안전송**〕 단추를 **클릭**합니다.

6 답안이 전송되면 〔상태〕에 '성공'이 표시되는지 확인한 후 〔닫기〕 단추를 **클릭**합니다.

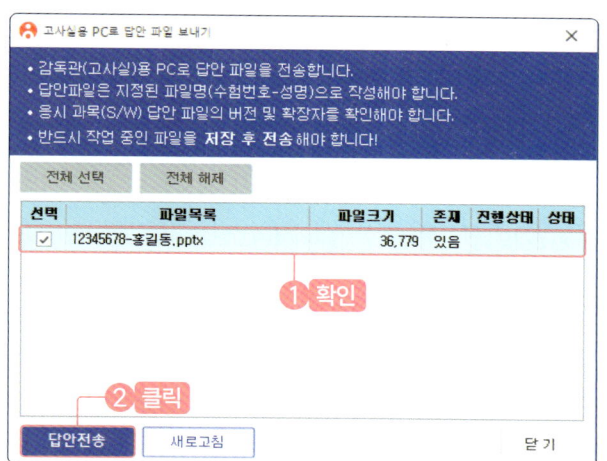
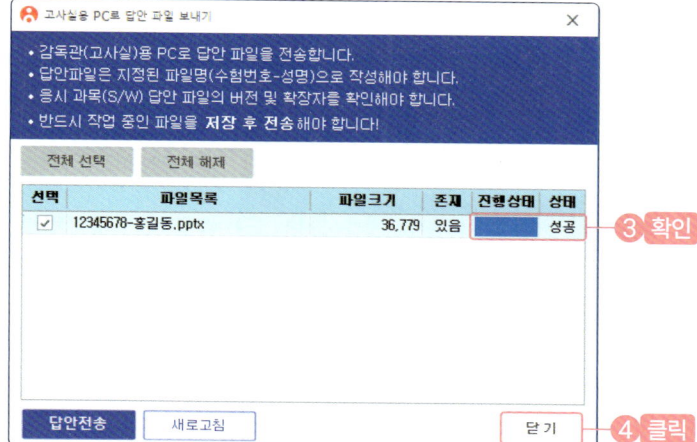

〔존재〕가 '없음'일 경우 파일 이름을 잘못 저장하거나 다른 위치에 저장한 경우입니다. 파워포인트 2021의 〔파일〕 탭에서 〔다른 이름으로 저장하기〕를 클릭해 답안을 다시 저장한 후 〔답안전송〕을 다시 진행합니다.

7 〔KOAS 수험자용〕 프로그램에서 최종 답안전송 시간을 확인합니다.

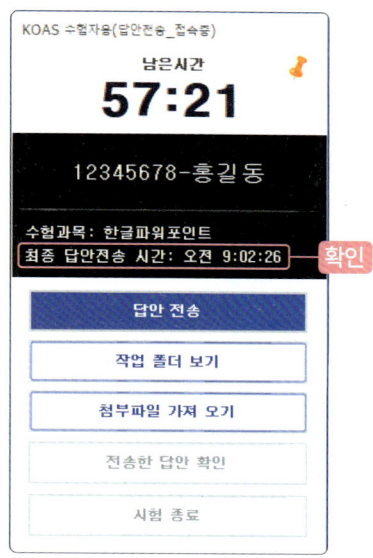

전체 구성

- ☑ 슬라이드 마스터에 제목 도형 작성하기
- ☑ 로고 그림 삽입하기
- ☑ 텍스트 상자의 글꼴 서식 지정하기
- ☑ 슬라이드 번호 삽입하기

▶ 소스 파일 : Chapter 02₩Ch02.pptx   ▶ 완성 파일 : Chapter 02₩Ch02_완성.pptx

[전체 구성]

(1) 슬라이드 크기 및 순서 : 크기를 A4 용지로 설정하고 슬라이드 순서에 맞게 작성한다.
(2) 슬라이드 마스터 : 2~6슬라이드의 제목, 하단 로고, 슬라이드 번호는 슬라이드 마스터를 이용하여 작성한다.
　　- 제목 글꼴(돋움, 40pt, 흰색), 가운데 맞춤, 도형(선 없음)
　　- 하단 로고(「내 PC₩문서₩ITQ₩Picture₩로고2.jpg」, 배경(회색) 투명색으로 설정)

완성파일 미리보기

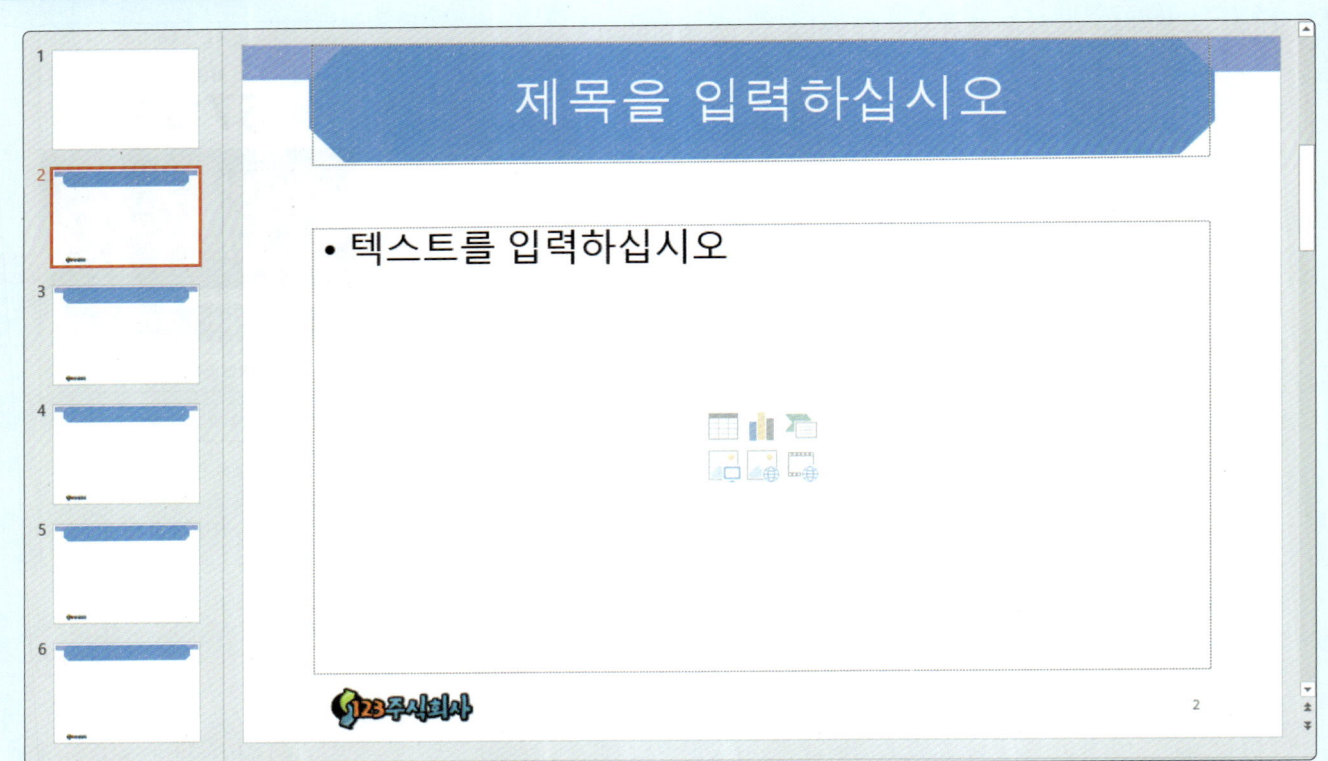

체크! 체크!

(전체 구성) 슬라이드 마스터

■ **제목 도형**
- 슬라이드 마스터에서 세 번째 슬라이드 마스터 (제목 및 내용 레이아웃: 슬라이드 2-6에서 사용)을 선택합니다.
- 제목 도형은 《출력형태》를 참고하여 작성하며, 도형 채우기는 임의의 색을 지정하고 도형 윤곽선은 (윤곽선 없음)을 선택합니다.
- 제목 텍스트 상자의 정렬(왼쪽 맞춤, 가운데 맞춤, 오른쪽 맞춤)을 확인하고 지정합니다.

■ **로고 그림 삽입**
- 그림은 '내 PC₩문서₩ITQ₩Picture' 폴더에 있는 그림을 삽입합니다.
- 그림의 회색 배경을 투명색으로 지정합니다.

■ **슬라이드 번호 삽입**
- 슬라이드 번호를 선택한 후 '제목 슬라이드에는 표시 안 함'을 체크합니다.

STEP 01 슬라이드 마스터에 제목 도형 작성하기

《전체구성》 (2) 슬라이드 마스터 : 2~6슬라이드의 제목, 하단 로고, 슬라이드 번호는 슬라이드 마스터를 이용하여 작성한다.
    - 도형(선 없음)

1 슬라이드 마스터를 작성하기 위해 [보기] 탭-[마스터 보기] 그룹에서 **[슬라이드 마스터(▭)]를 클릭**합니다.

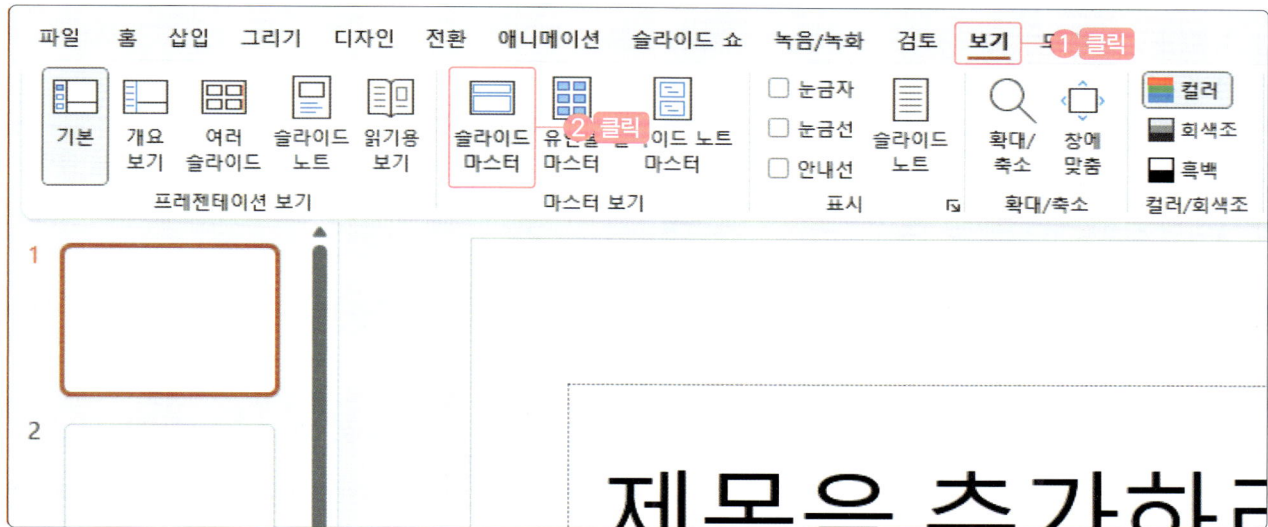

> 슬라이드 마스터를 사용하면 색, 글꼴, 제목, 로고 및 기타 스타일에 일관성을 더하고 프레젠테이션의 형태를 통합할 수 있습니다.

> **파일 열기**
> [파일] 탭-[열기]-[찾아보기]를 클릭한 후 [열기] 대화상자가 나타나면 찾는 위치(소스 및 정답₩소스파일₩실전문제유형₩Chapter 02)를 지정한 다음 파일(Ch02.pptx)을 선택하고 [열기] 단추를 클릭합니다.

2 슬라이드 마스터 편집 화면이 나타나면 세 번째 슬라이드 마스터 **(제목 및 내용 레이아웃: 슬라이드 2-6에서 사용)**을 선택합니다.

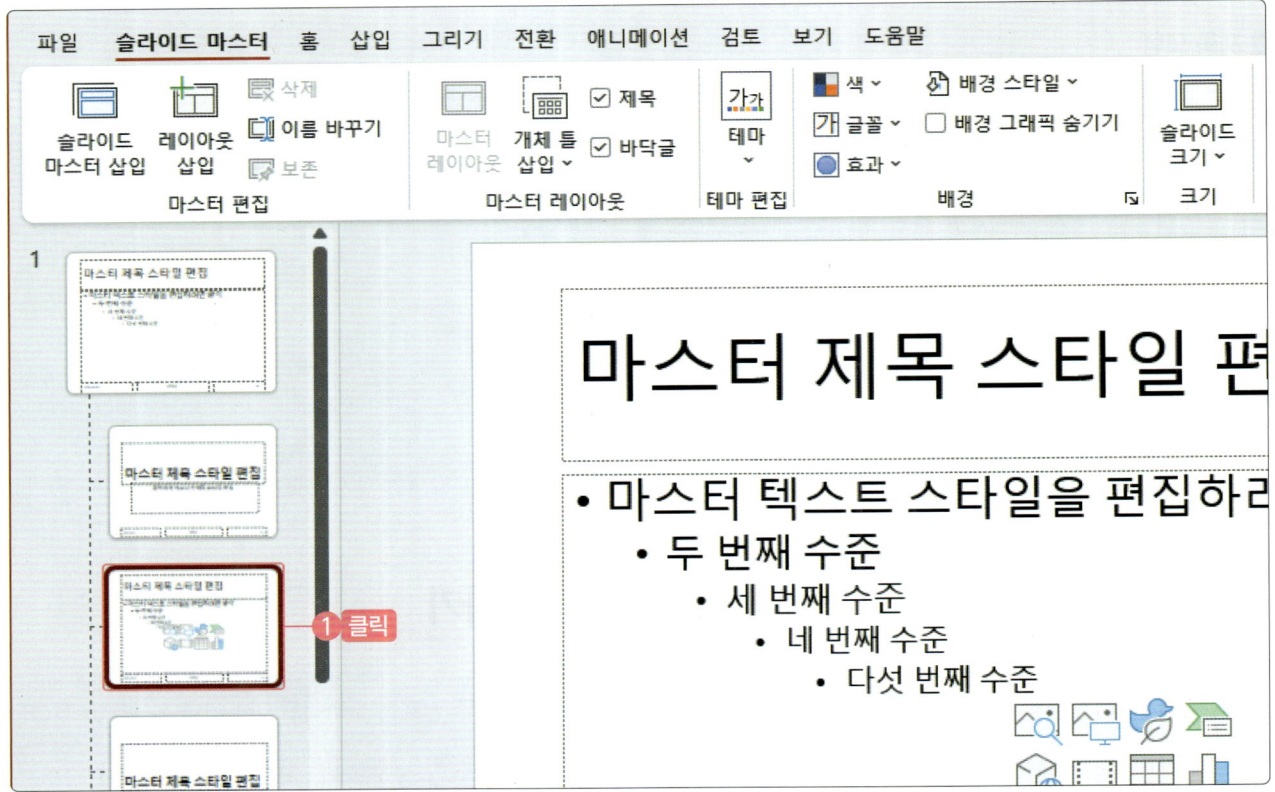

> 슬라이드 마스터 작성은 지정된 레이아웃이 있는 것은 아닙니다. 그러나 ITQ 시험에서 [슬라이드 1]에는 도형, 로고, 페이지 번호를 지정하지 않기 때문에 슬라이드 마스터를 실행한 후 세 번째 슬라이드([제목 및 내용 레이아웃: 슬라이드 2-6에서 사용])에 지정하는 것이 편리합니다.

3 제목 도형을 작성하기 위해 [삽입] 탭-[일러스트레이션] 그룹에서 **(도형(□))을 클릭**한 후 **(직사각형(□))을 클릭**합니다.

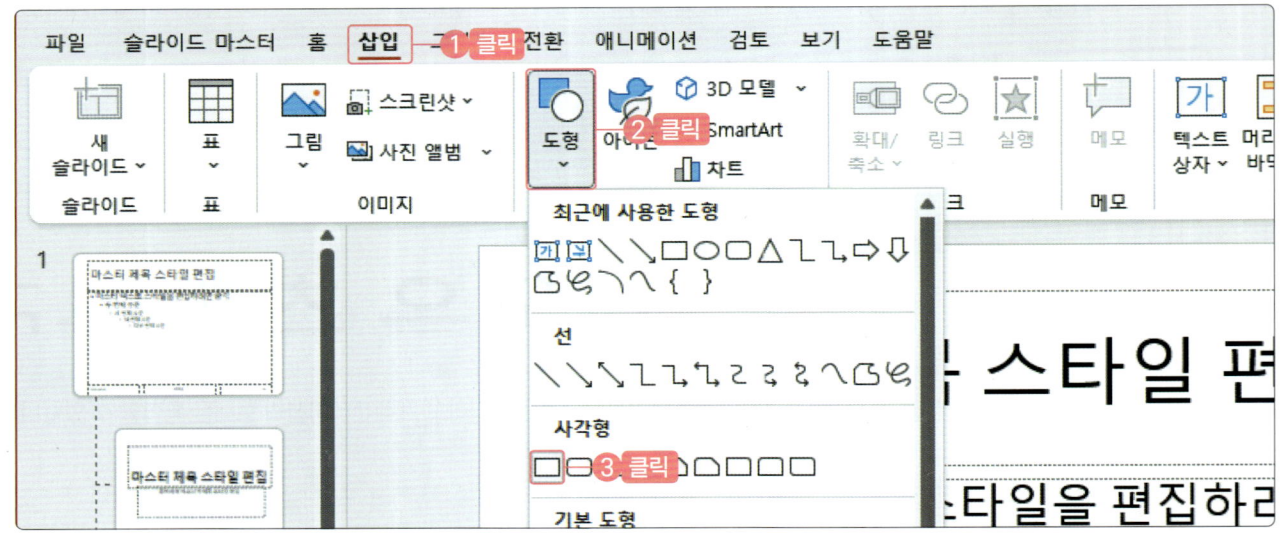

> 슬라이드 마스터의 도형은 문제지의 [슬라이드 2]를 참고하여 작성합니다.

4 마우스 포인터 모양이 + 모양으로 변경되면 **드래그하여 도형을 작성**합니다.

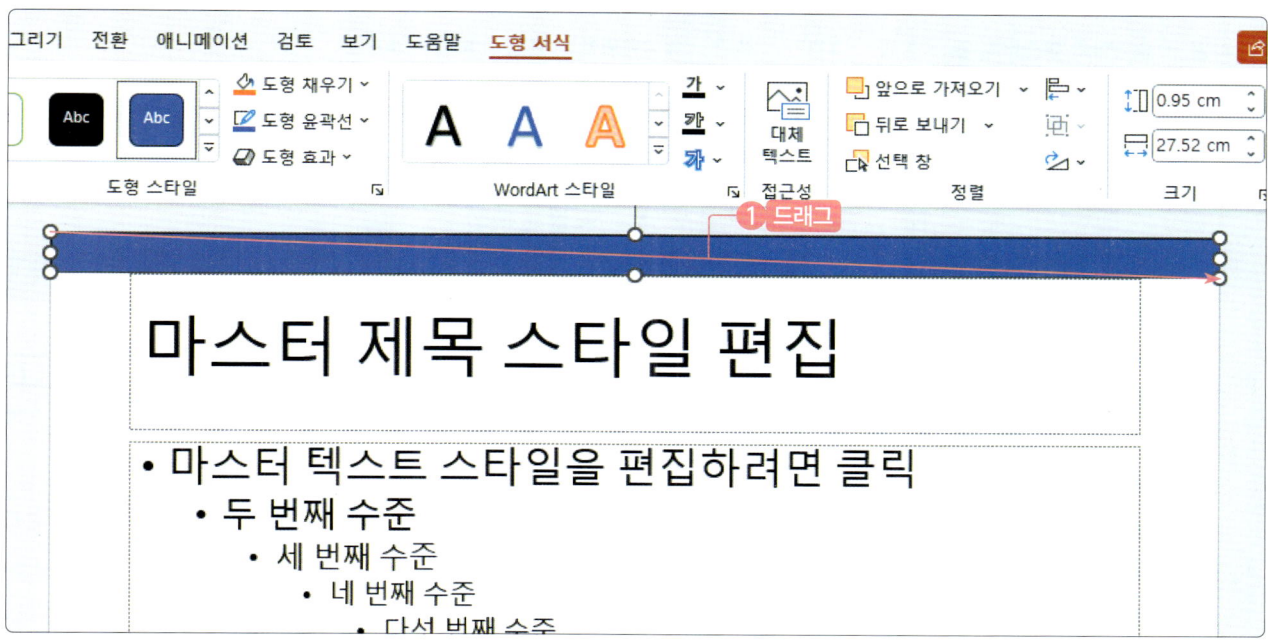

도형의 크기와 위치는 문제지의 《출력형태》를 보고 수험자가 판단하여 작성합니다.

5 도형이 삽입되면 [도형 서식] 정황 탭-[도형 스타일] 그룹에서 **[도형 윤곽선]의 [목록(⏷)] 단추를 클릭**한 후 **[윤곽선 없음]을 클릭**합니다.

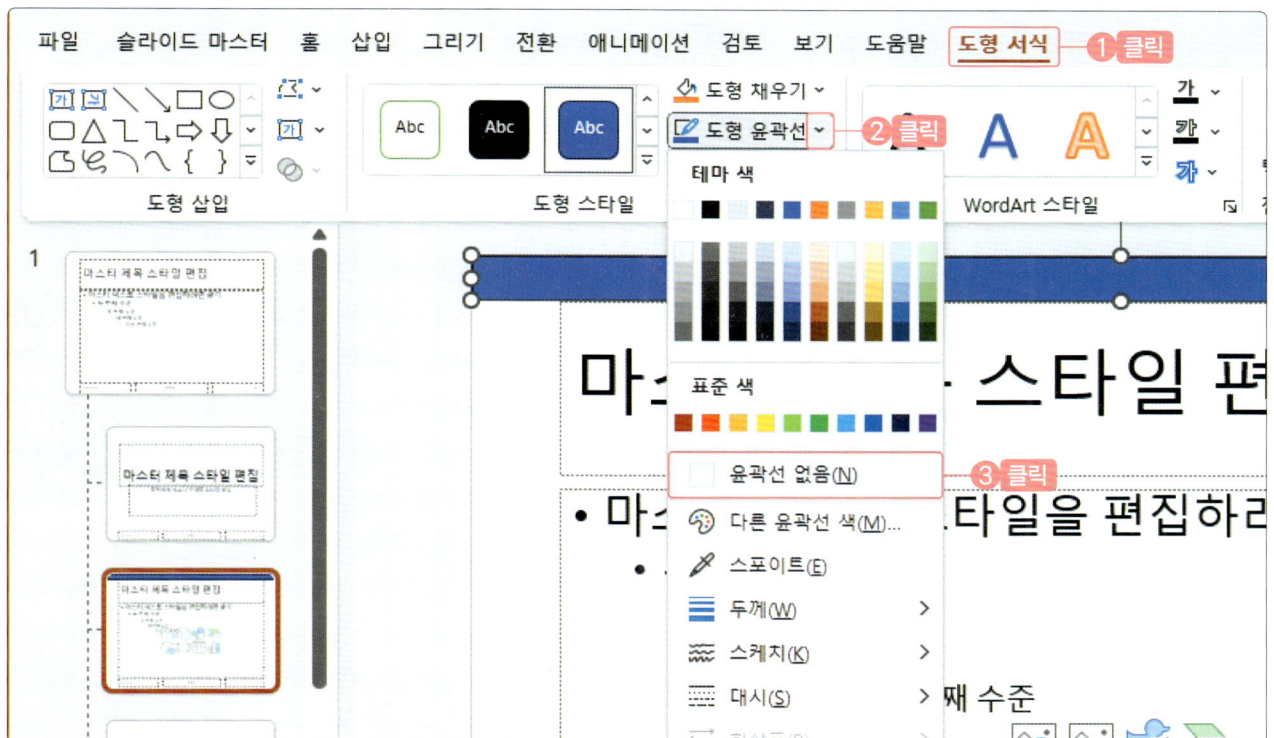

〈조건〉의 '도형(선 없음)'은 [도형 윤곽선]의 [목록(⏷)] 단추를 클릭한 후 [윤곽선 없음]을 지정하는 문제입니다.

6 [도형 서식] 정황 탭-[도형 스타일] 그룹에서 **[도형 채우기]**의 **[목록(▼)]) 단추를 클릭**한 후 **임의의 색을 지정**합니다.

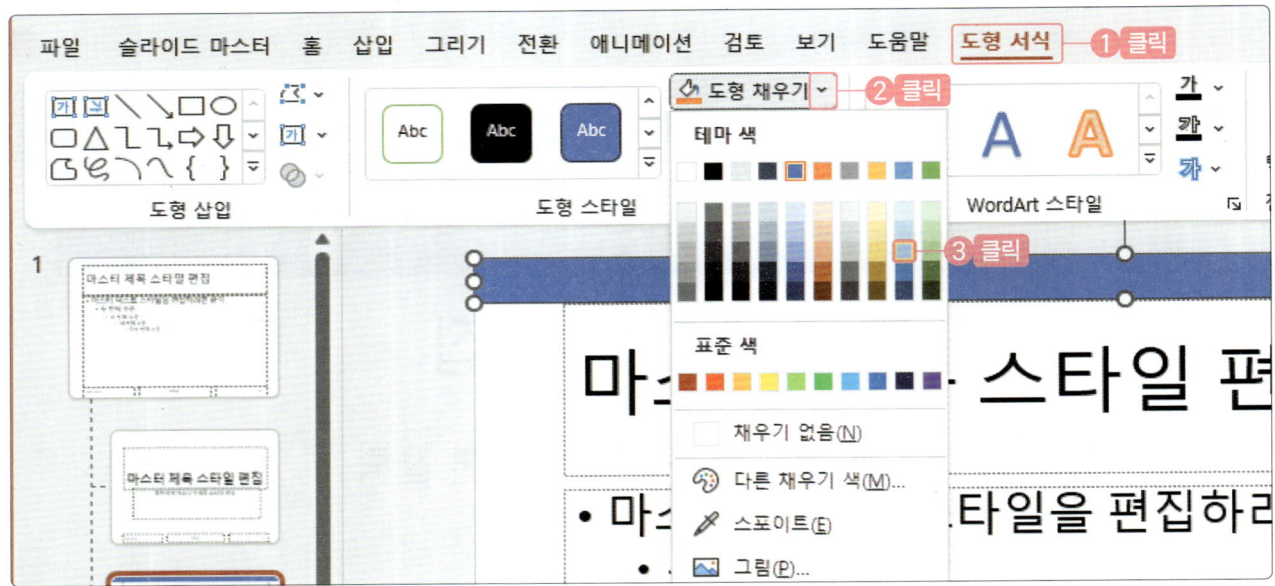

채우기 색은 수험자가 임의의 색을 지정하며 채우기 색을 변경하지 않아도 감점되지 않습니다.

7 슬라이드 마스터 편집 화면이 나타나면 [삽입] 탭-[일러스트레이션] 그룹에서 **[도형(▼)]을 클릭**한 후 **[팔각형(⬣)])을 클릭**합니다.

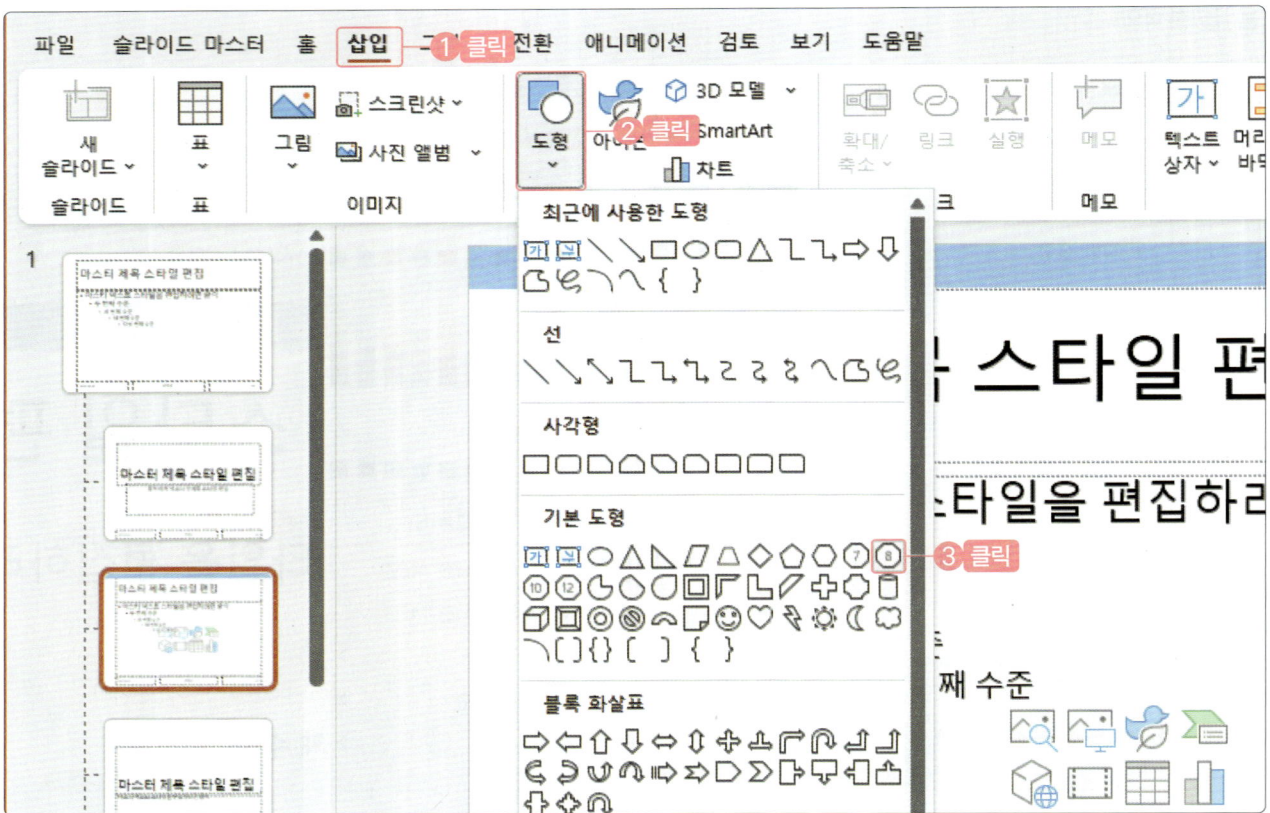

슬라이드 마스터의 도형은 문제지의 [슬라이드 2]를 참고하여 작성합니다.

8 마우스 포인터 모양이 + 모양으로 변경되면 **드래그하여 도형을 작성**합니다.

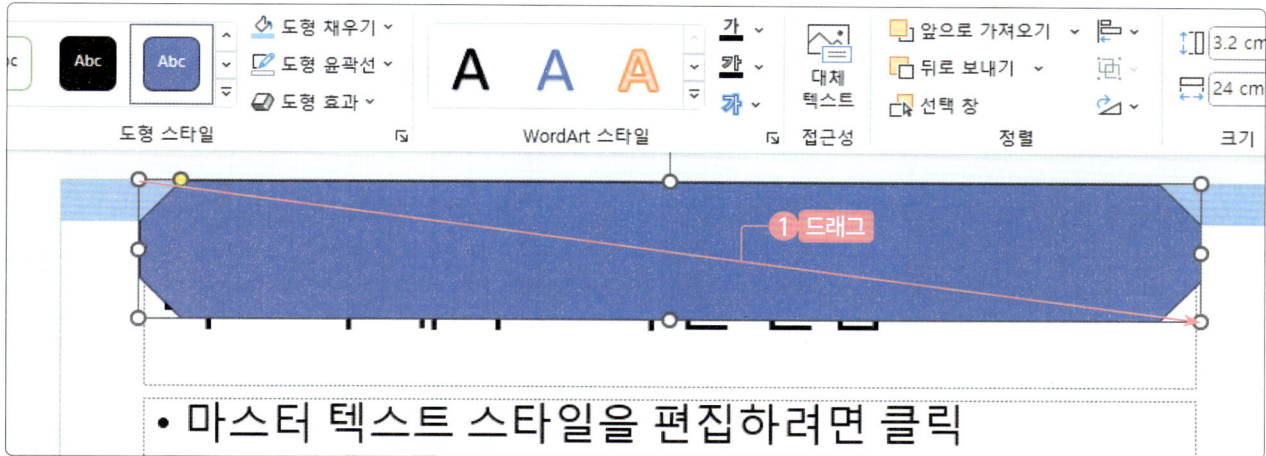

〔직사각형(▢)〕 도형과 〔팔각형(⬙)〕 도형의 순서가 변경된 경우 바로가기 메뉴의 〔맨 앞으로 가져오기〕 또는 〔맨 뒤로 보내기〕를 이용하여 순서를 변경합니다.

9 도형이 삽입되면 〔도형 서식〕 정황 탭-〔도형 스타일〕 그룹에서 **(도형 윤곽선)의 (목록(▾)) 단추를 클릭**한 후 **(윤곽선 없음)을 클릭**합니다.

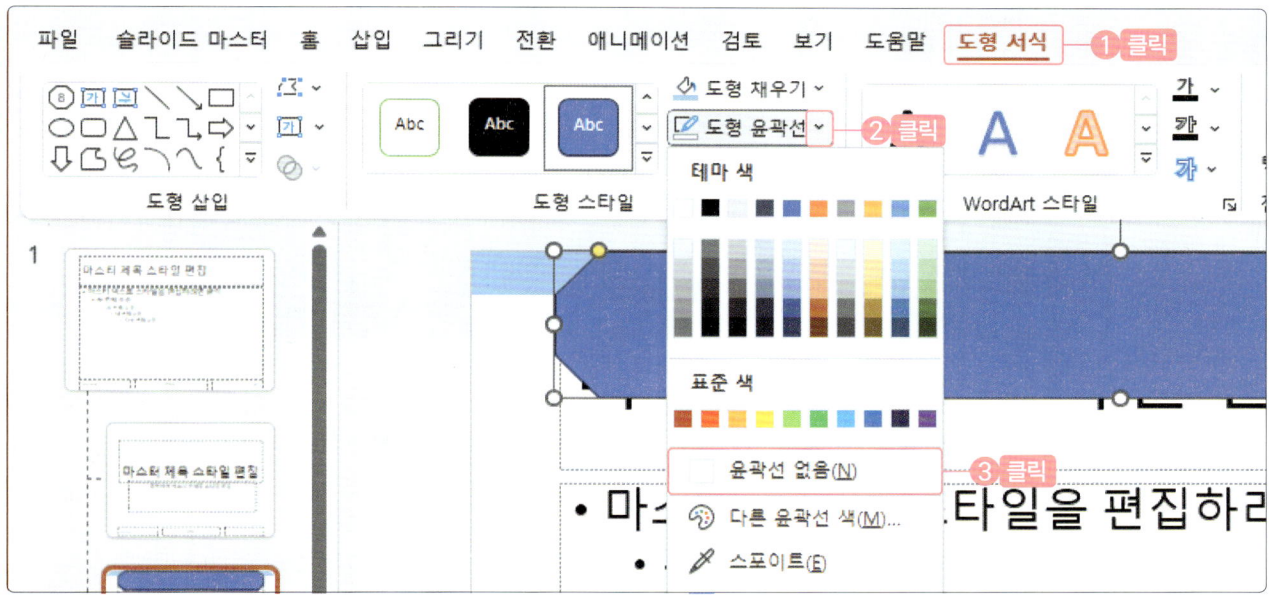

10 〔도형 서식〕 정황 탭-〔도형 스타일〕 그룹에서 **(도형 채우기)의 (목록(▾)) 단추를 클릭**한 후 **임의의 색을 지정**합니다.

STEP 02 텍스트 상자의 글꼴 서식 지정하기

《조건》 제목 글꼴(돋움, 40pt, 흰색), 가운데 맞춤

1 **제목 개체틀을 선택**한 후 바로가기 메뉴의 [맨 앞으로 가져오기]-(맨 앞으로 가져오기)를 클릭합니다.

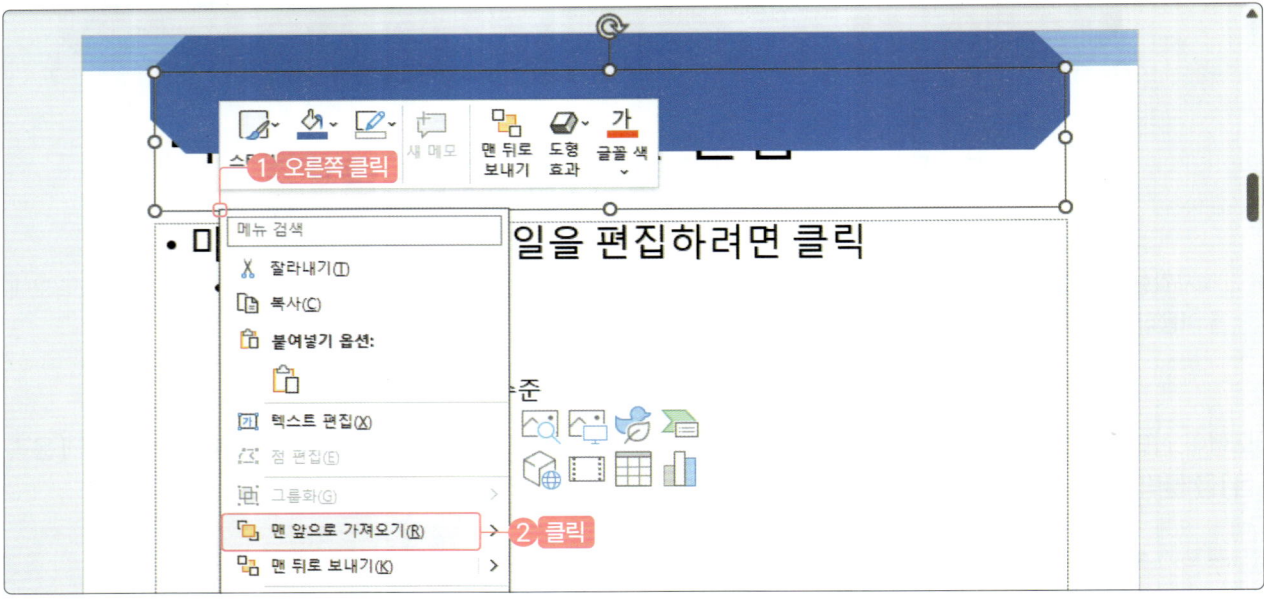

2 다음과 같이 **제목 개체틀의 크기 및 위치를 조절**합니다.

3 [홈] 탭-[글꼴] 그룹에서 **글꼴(돋움)**과 **글꼴 크기(40), 글꼴 색(흰색, 배경 1)**을 선택한 후 (가운데 맞춤(≡))을 클릭합니다.

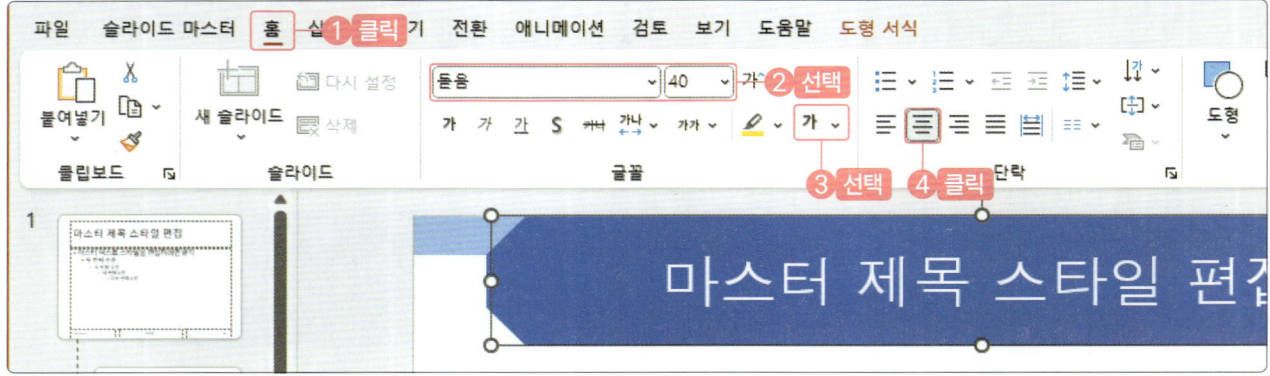

제목 텍스트 상자의 정렬(왼쪽 맞춤, 가운데 맞춤, 오른쪽 맞춤)을 확인합니다.

STEP 03 로고 그림 삽입하기

《조건》 하단 로고(「내 PC\문서\ITQ\Picture\로고2.jpg」, 배경(회색) 투명색으로 설정)

1 그림을 삽입하기 위해 [삽입] 탭-[이미지] 그룹에서 (그림)을 클릭한 후 (이 디바이스...)를 클릭합니다.

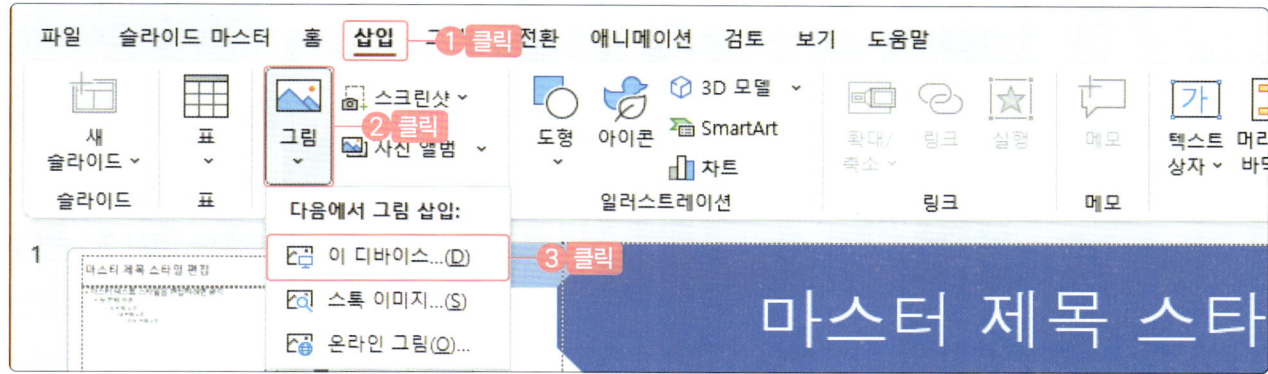

2 [그림 삽입] 대화상자가 나타나면 위치(내 PC\문서\ITQ\Picture)를 지정한 후 파일(로고2.jpg)을 클릭한 다음 (삽입)을 클릭합니다.

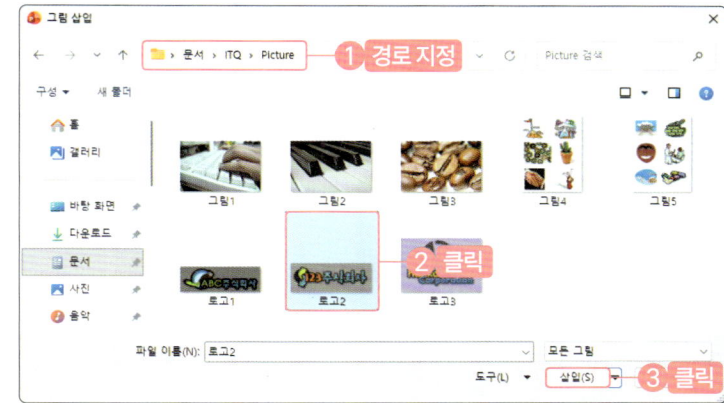

3 삽입된 그림을 드래그하여 위치를 이동한 후 크기를 조절합니다.

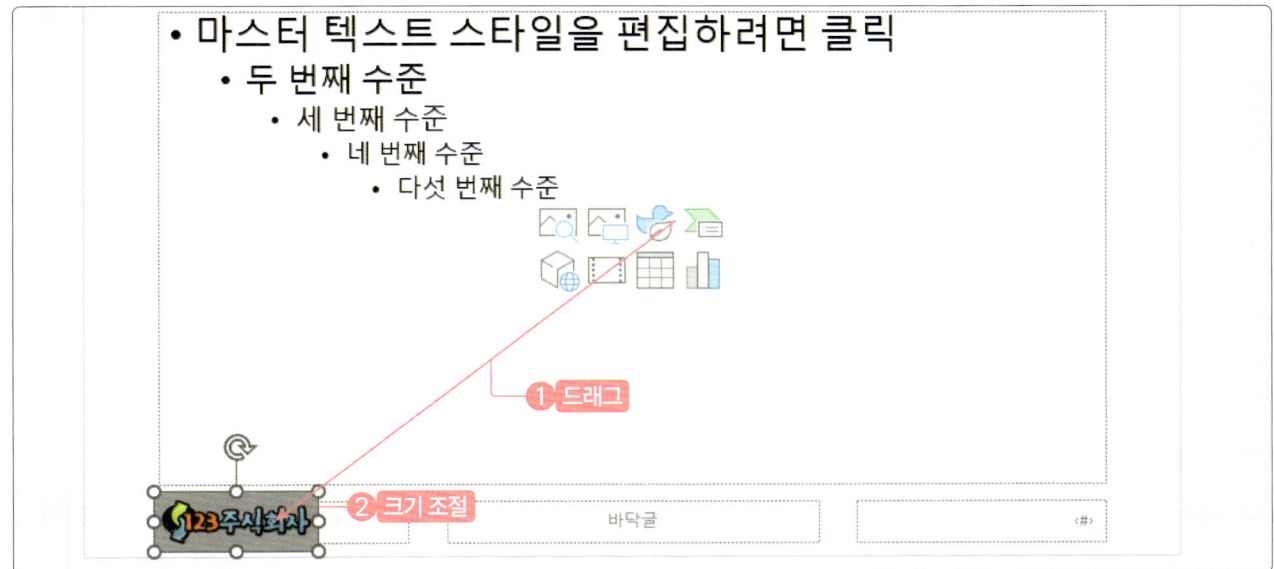

4 〔그림 서식〕 정황 탭-〔조정〕 그룹에서 **(색)을 클릭**한 후 **(투명한 색 설정)을 클릭**합니다.

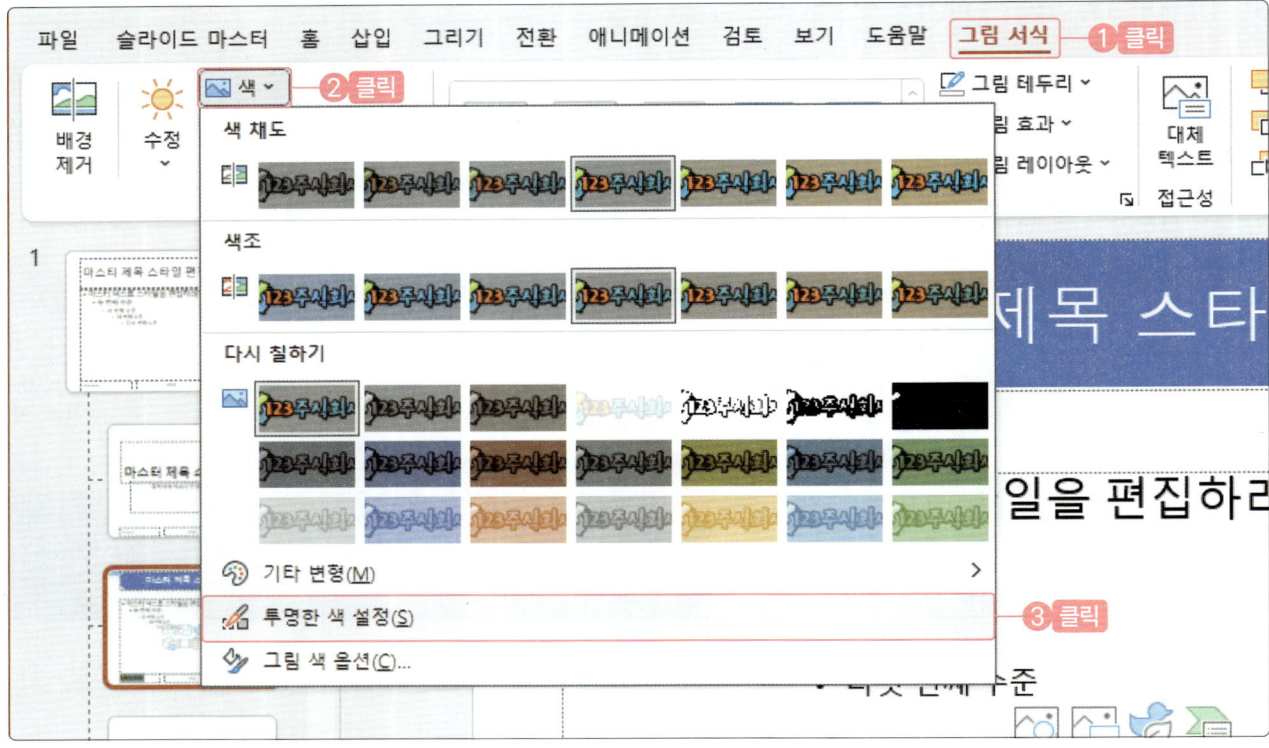

5 마우스 포인터 모양이 모양으로 변경되면 **그림의 회색 부분을 클릭**하여 배경을 투명하게 수정합니다.

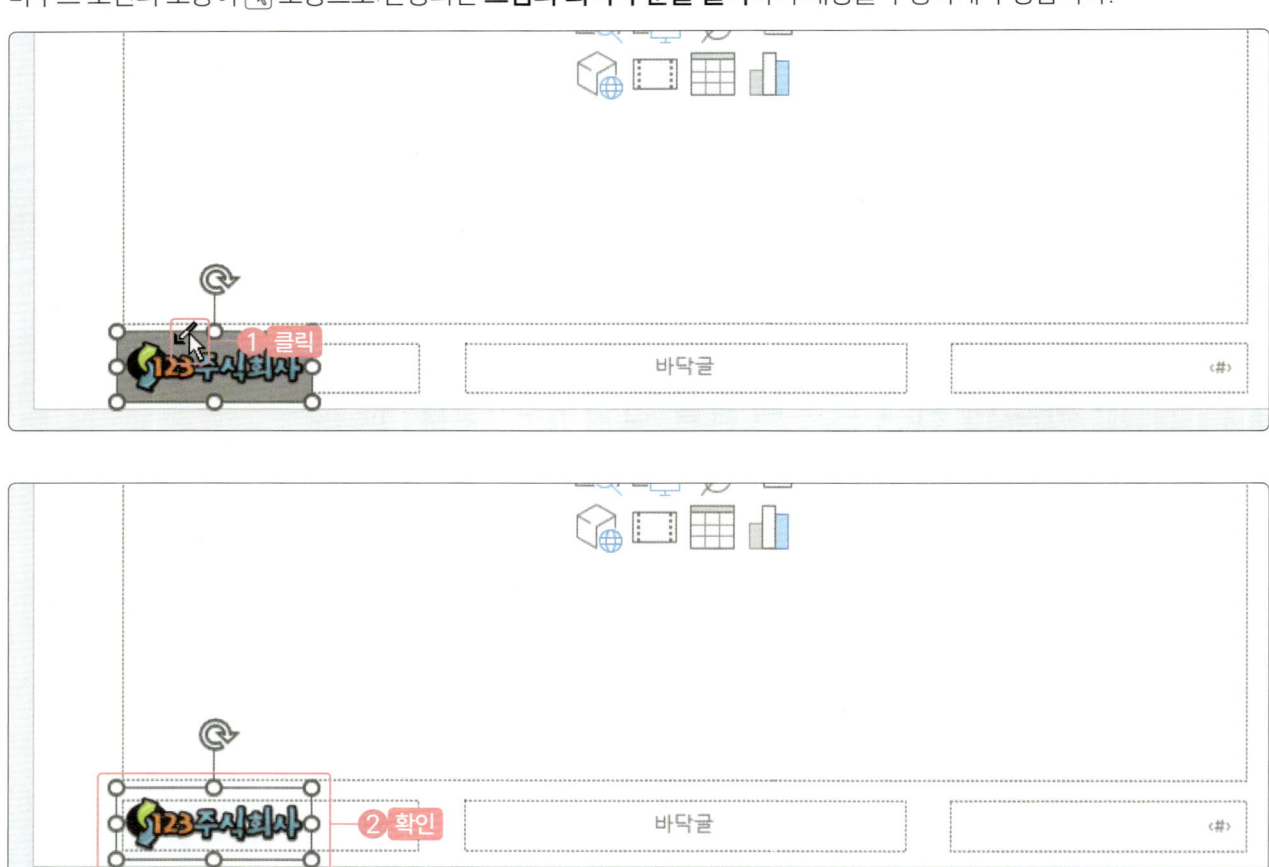

STEP 04 슬라이드 번호 삽입하기

《전체구성》 (2) 슬라이드 마스터 : 2~6슬라이드의 제목, 하단 로고, 슬라이드 번호는 슬라이드 마스터를 이용하여 작성한다.

1 슬라이드 편집 화면이 다시 나타나면 [삽입] 탭-[텍스트] 그룹에서 **(머리글/바닥글(📄))**을 클릭합니다.

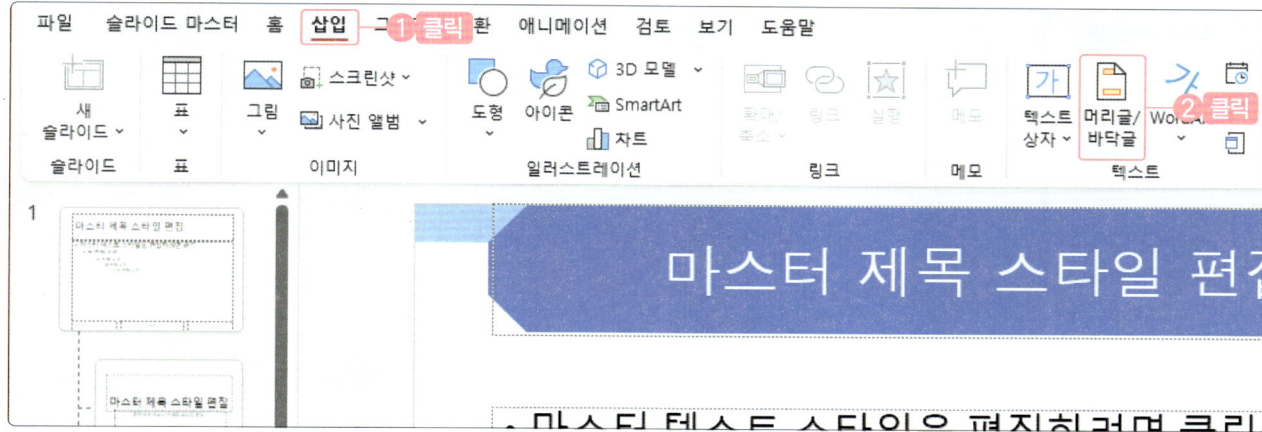

2 [머리글/바닥글] 대화상자가 나타나면 [슬라이드] 탭에서 [슬라이드 번호]를 체크(∨)한 후 [제목 슬라이드에는 표시 안 함]을 체크(∨)한 다음 [모두 적용] 단추를 클릭합니다.

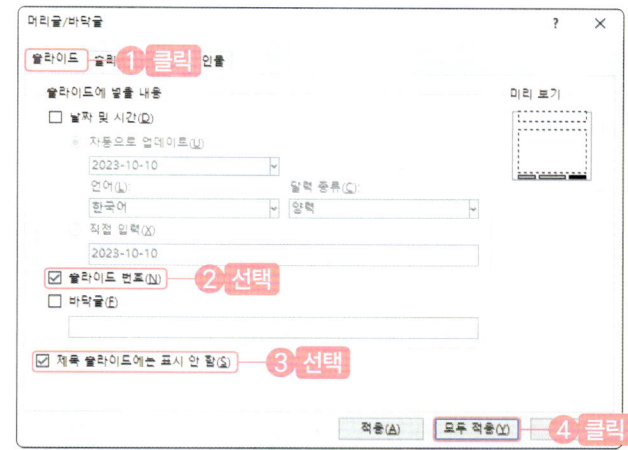

> [제목 슬라이드에는 표시 안 함]을 선택하지 않으면 제목 슬라이드에도 슬라이드 번호가 표시됩니다.

3 슬라이드 마스터 작성이 완료되면 [슬라이드 마스터] 탭-[닫기] 그룹에서 **(마스터 보기 닫기)**를 클릭합니다.

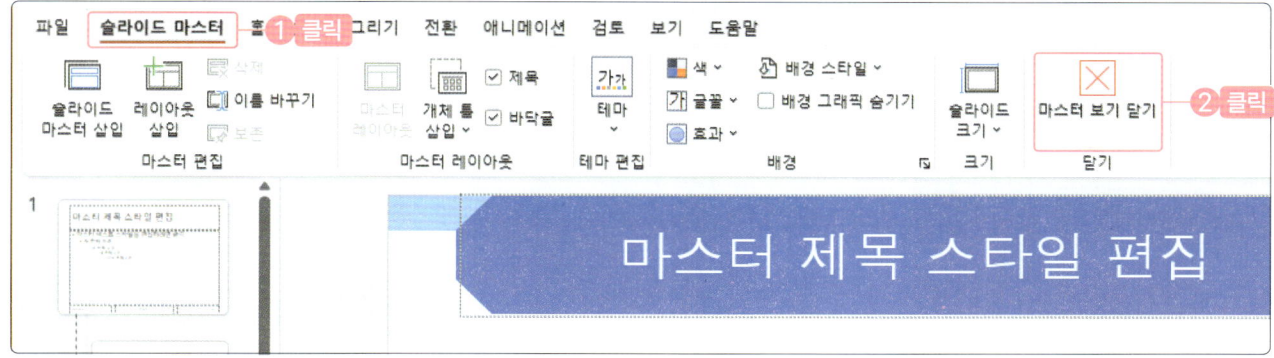

4 다음과 같이 [슬라이드 2] ~ [슬라이드 6]에 슬라이드 번호가 삽입됩니다.

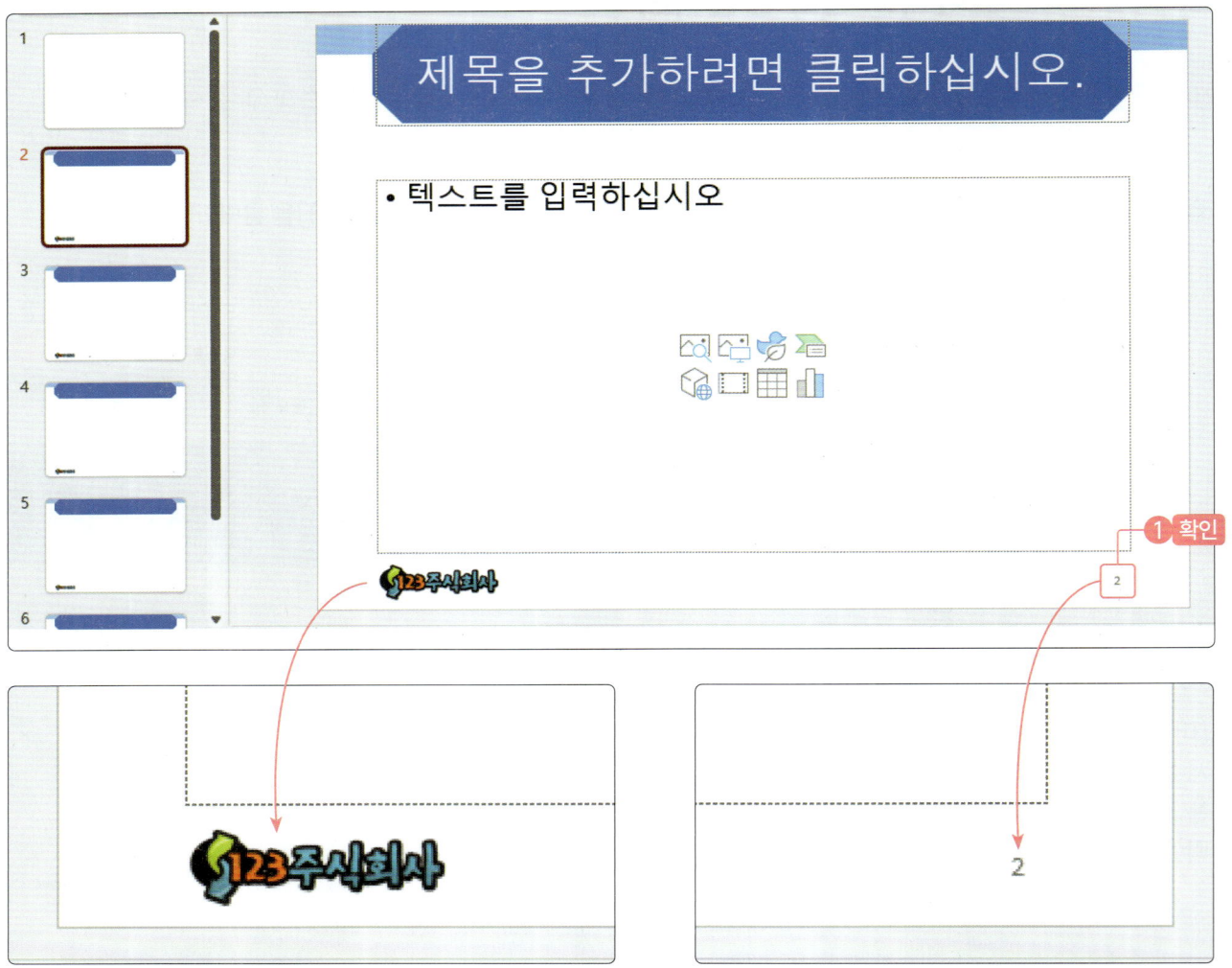

슬라이드 마스터를 지정해도 페이지 번호가 나오지 않을 경우
페이지 번호가 나오지 않을 경우 [머리글/바닥글] 대화상자에서 [슬라이드 번호]와 [제목 슬라이드에는 표시 안 함] 항목에 체크(∨)해야 합니다. 만약, 문제지와 페이지 번호 모양을 다르게 적용하여 수정해야 할 경우에는 [머리글/바닥글] 대화상자에서 [슬라이드 번호] 항목에 체크를 해제하여 [모두 적용]한 후 다시 [슬라이드 번호] 항목에 체크(∨)를 표시하여 [모두 적용]을 클릭합니다.
※ 이전에 적용했던 페이지 번호를 제거한 후 다시 적용하기 위한 반복 과정입니다.

슬라이드 번호(쪽 번호)는 서식 지정
슬라이드의 번호, 글꼴, 크기, 색상은 채점 대상이 아니기 때문에 기본값으로 사용해도 무관합니다.

전체 구성

유형 01

다음 지시사항 및 세부조건을 참고하여 출력형태에 알맞게 작성하시오.

▶ 소스파일 : Chapter 02₩문제02-01.pptx   ▶ 완성파일 : Chapter 02₩문제02-01_완성.pptx

《전체구성》

　(2) 슬라이드 마스터 : 2~6슬라이드의 제목, 하단 로고, 슬라이드 번호는 슬라이드 마스터를 이용하여 작성한다.
　　　- 제목 글꼴(돋움, 40pt, 흰색), 가운데 맞춤, 도형(선 없음)
　　　- 하단 로고(「내 PC₩문서₩ITQ₩Picture₩로고3.jpg」, 배경(연보라) 투명색으로 설정)

《출력형태》

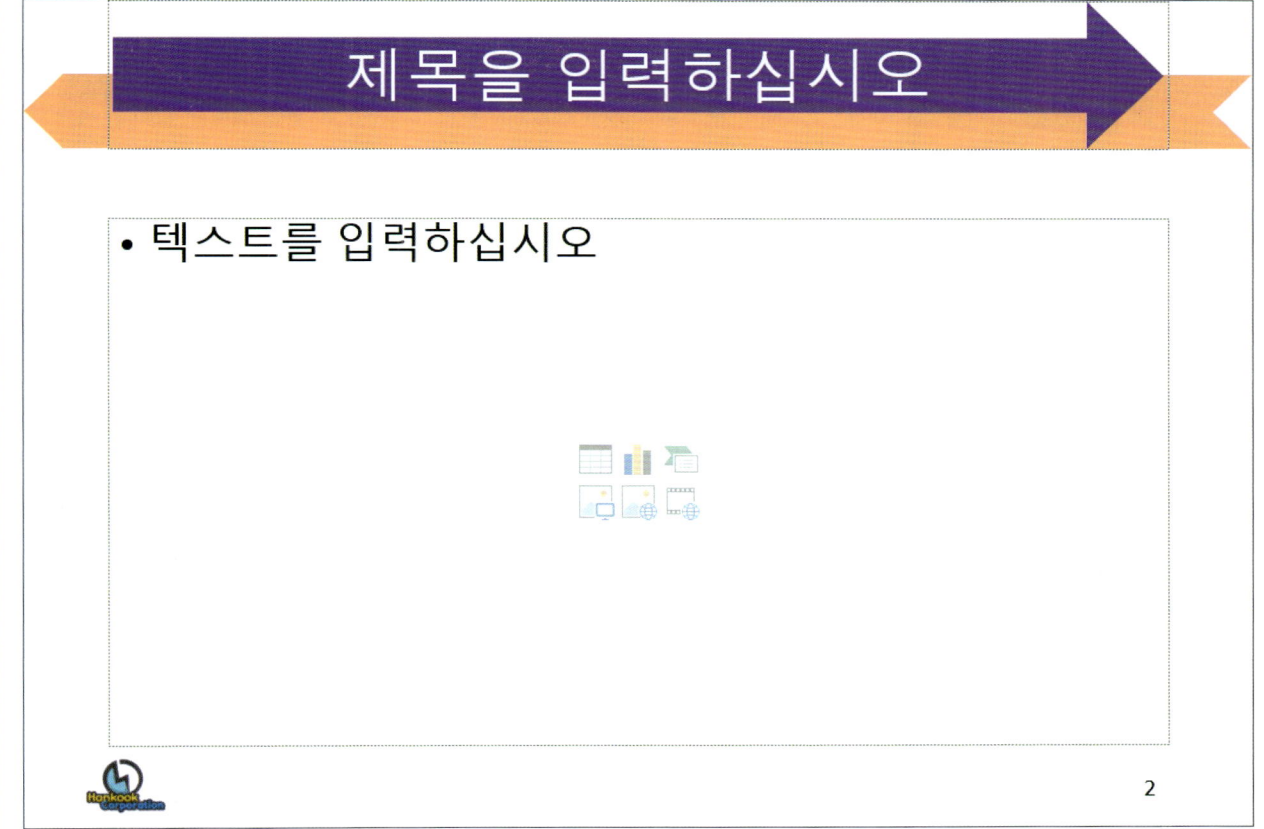

유형 02

다음 지시사항 및 세부조건을 참고하여 출력형태에 알맞게 작성하시오.

▶ 소스파일 : Chapter 02₩문제02-02.pptx　　▶ 완성파일 : Chapter 02₩문제02-02_완성.pptx

(2) 슬라이드 마스터 : 2~6슬라이드의 제목, 하단 로고, 슬라이드 번호는 슬라이드 마스터를 이용하여 작성한다.

- 제목 글꼴(돋움, 40pt, 흰색), 가운데 맞춤, 도형(선 없음)
- 하단 로고(「내 PC₩문서₩ITQ₩Picture₩로고2.jpg」, 배경(회색) 투명색으로 설정)

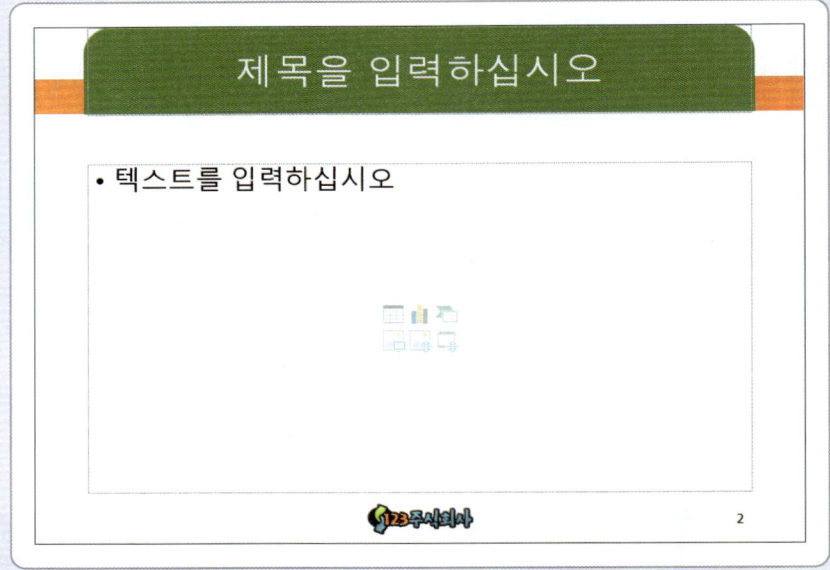

유형 03

다음 지시사항 및 세부조건을 참고하여 출력형태에 알맞게 작성하시오.

▶ 소스파일 : Chapter 02₩문제02-03.pptx　　▶ 완성파일 : Chapter 02₩문제02-03_완성.pptx

(2) 슬라이드 마스터 : 2~6슬라이드의 제목, 하단 로고, 슬라이드 번호는 슬라이드 마스터를 이용하여 작성한다.

- 제목 글꼴(돋움, 40pt, 흰색), 가운데 맞춤, 도형(선 없음)
- 하단 로고(「내 PC₩문서₩ITQ₩Picture₩로고1.jpg」, 배경(회색) 투명색으로 설정)

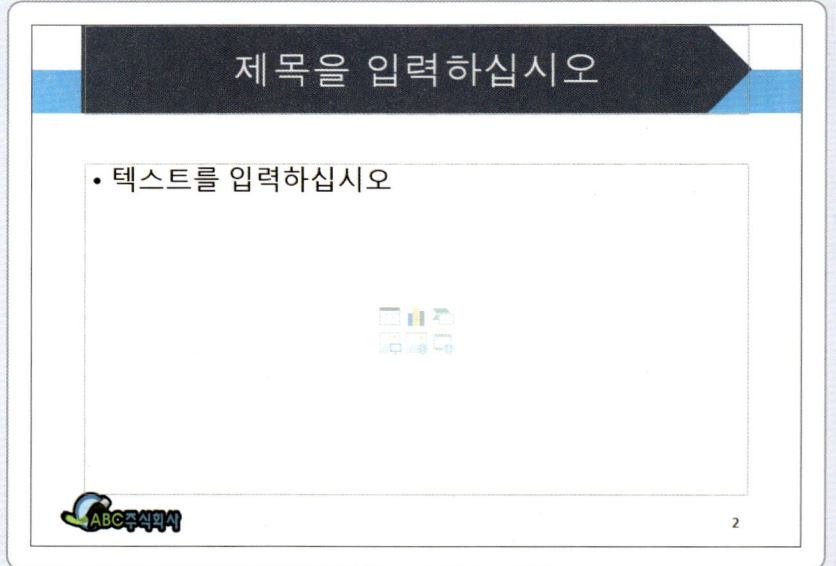

유형 04

다음 지시사항 및 세부조건을 참고하여 출력형태에 알맞게 작성하시오.

▶ 소스파일 : Chapter 02₩문제02-04.pptx   ▶ 완성파일 : Chapter 02₩문제02-04_완성.pptx

(2) 슬라이드 마스터 : 2~6슬라이드의 제목, 하단 로고, 슬라이드 번호는 슬라이드 마스터를 이용하여 작성한다.

- 제목 글꼴(돋움, 40pt, 흰색), 가운데 맞춤, 도형(선 없음)
- 하단 로고(「내 PC₩문서₩ITQ₩Picture₩로고1.jpg」, 배경(회색) 투명색으로 설정)

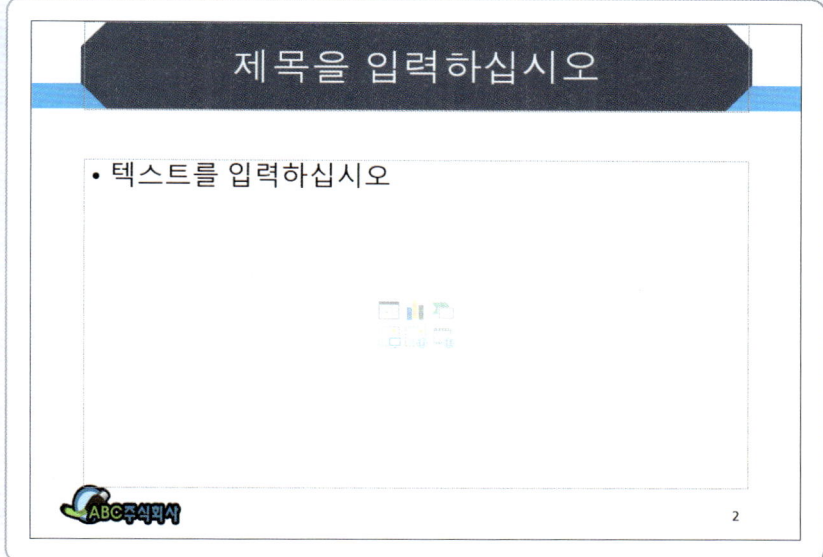

유형 05

다음 지시사항 및 세부조건을 참고하여 출력형태에 알맞게 작성하시오.

▶ 소스파일 : Chapter 02₩문제02-05.pptx   ▶ 완성파일 : Chapter 02₩문제02-05_완성.pptx

(2) 슬라이드 마스터 : 2~6슬라이드의 제목, 하단 로고, 슬라이드 번호는 슬라이드 마스터를 이용하여 작성한다.

- 제목 글꼴(돋움, 40pt, 흰색), 가운데 맞춤, 도형(선 없음)
- 하단 로고(「내 PC₩문서₩ITQ₩Picture₩로고1.jpg」, 배경(회색) 투명색으로 설정)

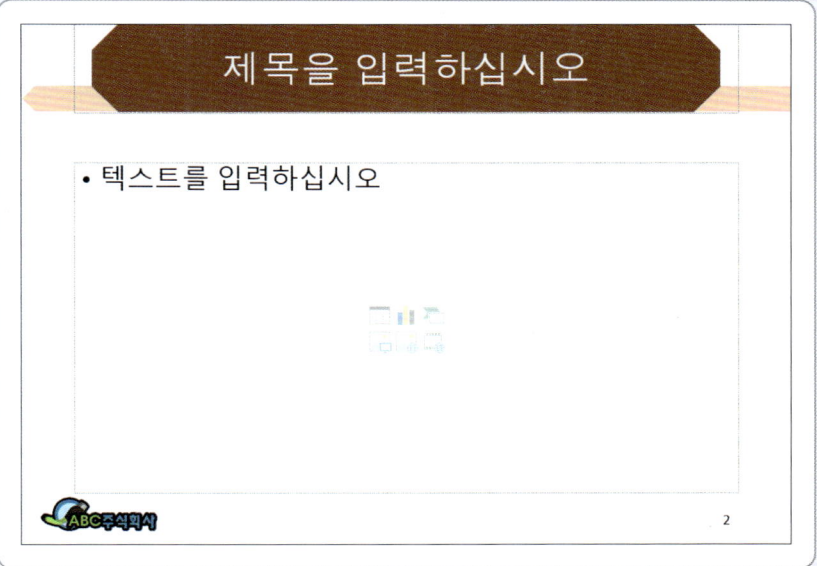

유형 06

다음 지시사항 및 세부조건을 참고하여 출력형태에 알맞게 작성하시오.

▶ 소스파일 : Chapter 02₩문제02-06.pptx　　▶ 완성파일 : Chapter 02₩문제02-06_완성.pptx

(2) 슬라이드 마스터 : 2~6슬라이드의 제목, 하단 로고, 슬라이드 번호는 슬라이드 마스터를 이용하여 작성한다.

- 제목 글꼴(돋움, 40pt, 흰색), 가운데 맞춤, 도형(선 없음)
- 하단 로고(「내 PC₩문서₩ITQ₩Picture₩로고2.jpg」, 배경(회색) 투명색으로 설정)

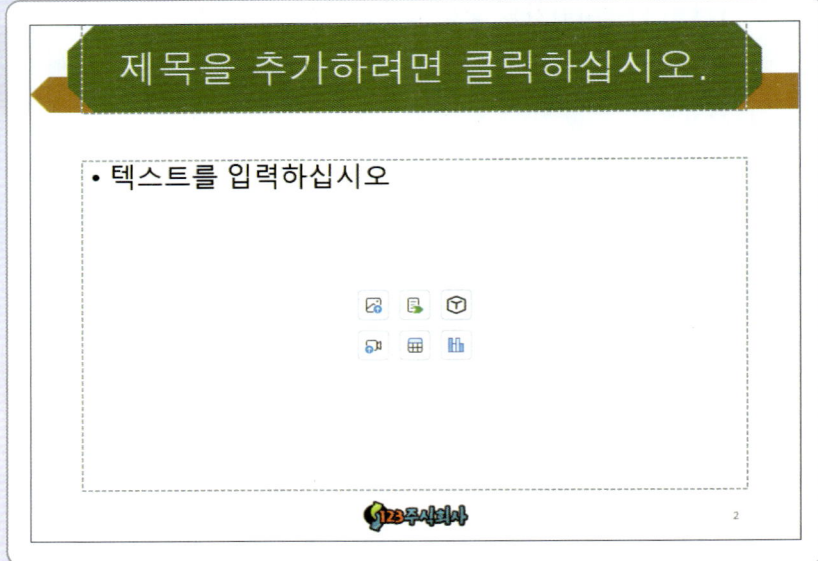

유형 07

다음 지시사항 및 세부조건을 참고하여 출력형태에 알맞게 작성하시오.

▶ 소스파일 : Chapter 02₩문제02-07.pptx　　▶ 완성파일 : Chapter 02₩문제02-07_완성.pptx

(2) 슬라이드 마스터 : 2~6슬라이드의 제목, 하단 로고, 슬라이드 번호는 슬라이드 마스터를 이용하여 작성한다.

- 제목 글꼴(돋움, 40pt, 흰색), 가운데 맞춤, 도형(선 없음)
- 하단 로고(「내 PC₩문서₩ITQ₩Picture₩로고2.jpg」, 배경(회색) 투명색으로 설정)

03 표지 디자인

- ☑ 도형 작성하기
- ☑ 워드아트(WordArt) 작성하기
- ☑ 도형에 효과 지정하기
- ☑ 그림 삽입하기

▶ 소스 파일 : Chapter 03₩Ch03.pptx   ▶ 완성 파일 : Chapter 03₩Ch03_완성.pptx

[슬라이드 1] 《표지 디자인》 (40점)
(1) 표지 디자인 : 도형, 워드아트 및 그림을 이용하여 작성한다.

[세부 조건]

① 도형 편집
- 도형에 그림 채우기 : 「내 PC₩문서₩ITQ₩Picture₩그림1.jpg」, 투명도 50%
- 도형 효과 : (부드러운 가장자리 5포인트)

② 워드아트 삽입
- 변환 : 삼각형, 위로
- 글꼴 : 돋움, 굵게
- 텍스트 반사 : 근접 반사, 터치

③ 그림 삽입
- 「내 PC₩문서₩ITQ₩Picture₩로고2.jpg」
- 배경(회색) 투명색으로 설정

완성파일 미리보기

체크! 체크!

[슬라이드 1] 《표지 디자인》

■ **제목 도형**
- 도형은 《출력형태》를 참고하여 작성합니다.
- 도형 효과를 지정하기 때문에 채우기 색 및 도형 윤곽선을 지정하지 않습니다.

■ **도형에 그림 삽입**
- 그림은 '내 PC₩문서₩ITQ₩Picture' 폴더에 있는 그림을 삽입합니다.
- 도형은 회전하고 그림은 회전하지 않게 하려면 [그림 서식] 작업 창의 [채우기] 탭에서 [도형과 함께 회전]을 선택 해제합니다.

■ **워드아트(WordArt) 작성**
- 워드아트 모양은 '채우기 - 검정, 텍스트 1, 그림자'를 선택한 후 변경합니다.

■ **그림 삽입**
- 그림은 '내 PC₩문서₩ITQ₩Picture' 폴더에 있는 그림을 삽입하고 회색 배경을 투명색으로 지정합니다.

STEP 01 도형 작성하기

1 1번 슬라이드를 클릭한 후 표지 슬라이드에 표시된 제목 및 부제목 개체틀을 삭제하기 위해 Ctrl+A를 눌러 모두 선택한 다음 Delete를 눌러 삭제합니다.

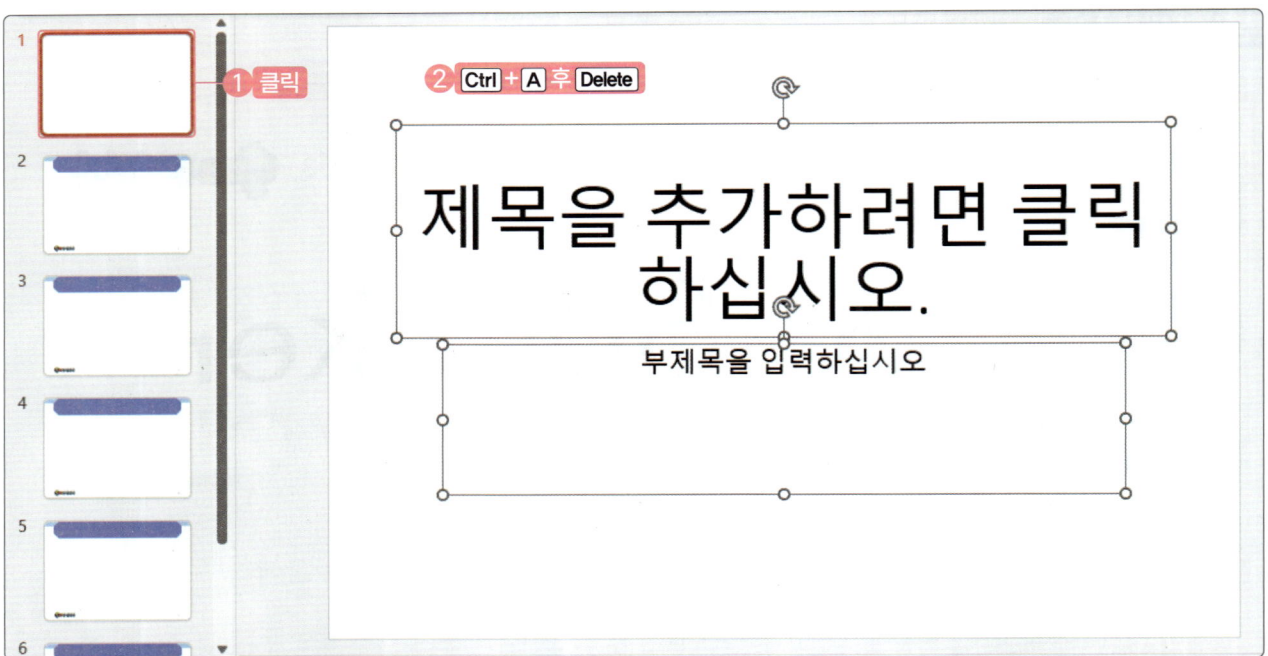

> **파일 열기**
> [파일] 탭-[열기]-[찾아보기]를 클릭한 후 [열기] 대화상자가 나타나면 찾는 위치(Part 01₩Chapter 03)를 지정한 다음 파일(Ch03.pptx)을 선택하고 [열기] 단추를 클릭합니다.

2 〔삽입〕 탭-〔일러스트레이션〕 그룹에서 [도형(🔘)]을 클릭한 다음 [팔각형(⬡)]을 클릭합니다.

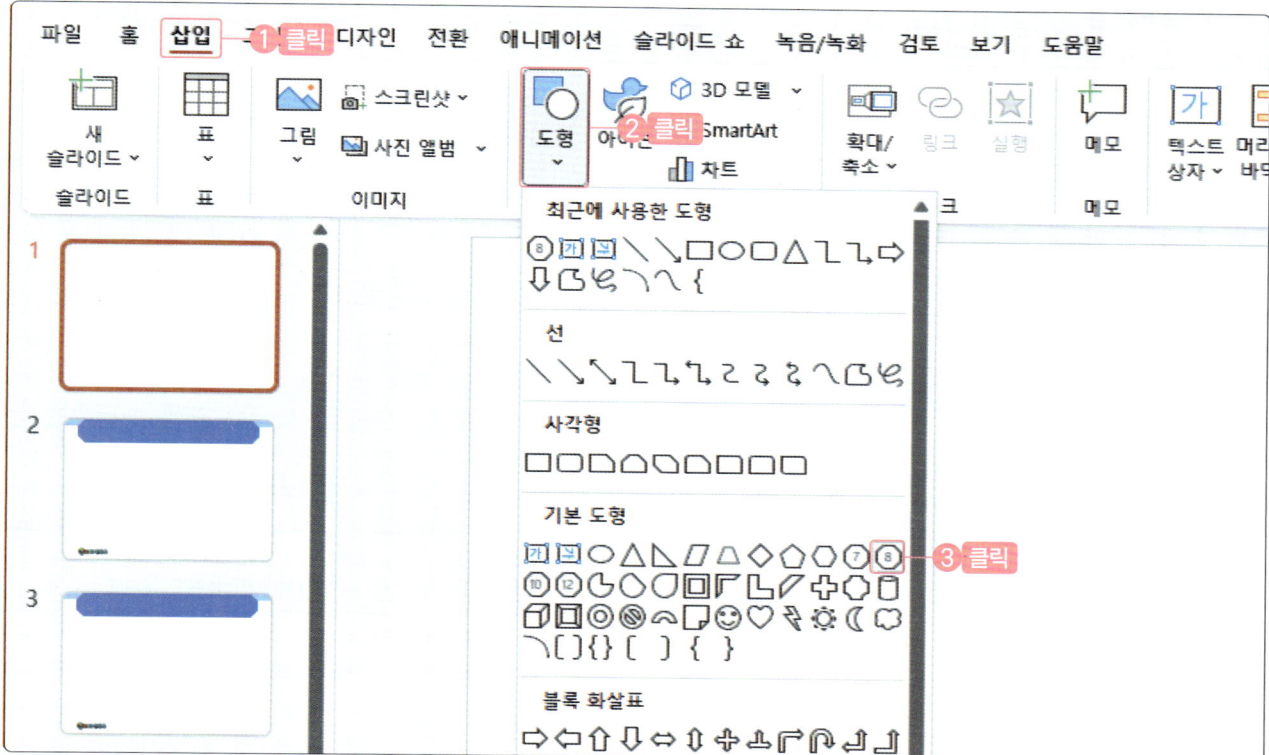

3 마우스 포인터 모양이 + 모양으로 변경되면 **드래그하여 도형을 작성**합니다.

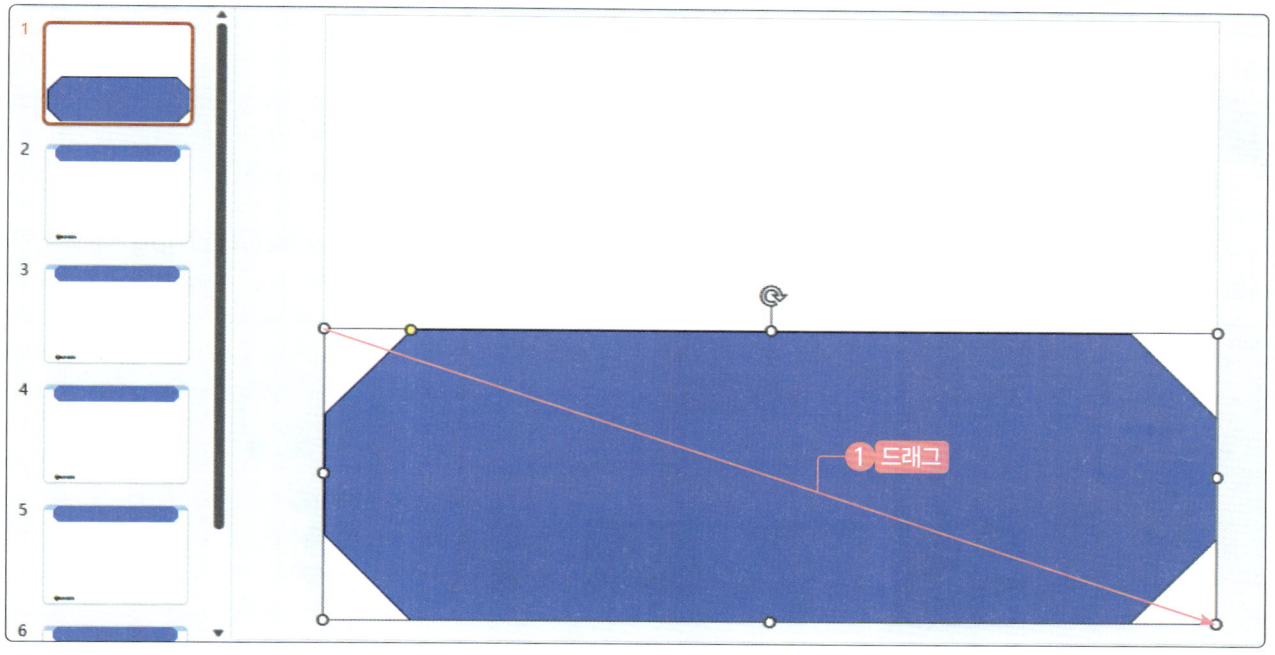

> 도형의 크기는 수험자가 《출력형태》를 참고하여 작성합니다.

STEP 02 도형 효과 지정하기

《조건》 ① 도형 편집
- 도형에 그림 채우기 : 「내 PC\문서\ITQ\Picture\그림1.jpg」, 투명도 50%
- 도형 효과 : (부드러운 가장자리 5포인트)

1 [도형 서식] 정황 탭-[도형 스타일] 그룹에서 [도형 채우기]의 [목록(˅)] 단추를 클릭한 후 [그림]을 클릭합니다.

2 [그림 삽입] 화면이 나타나면 [파일에서]를 클릭합니다.

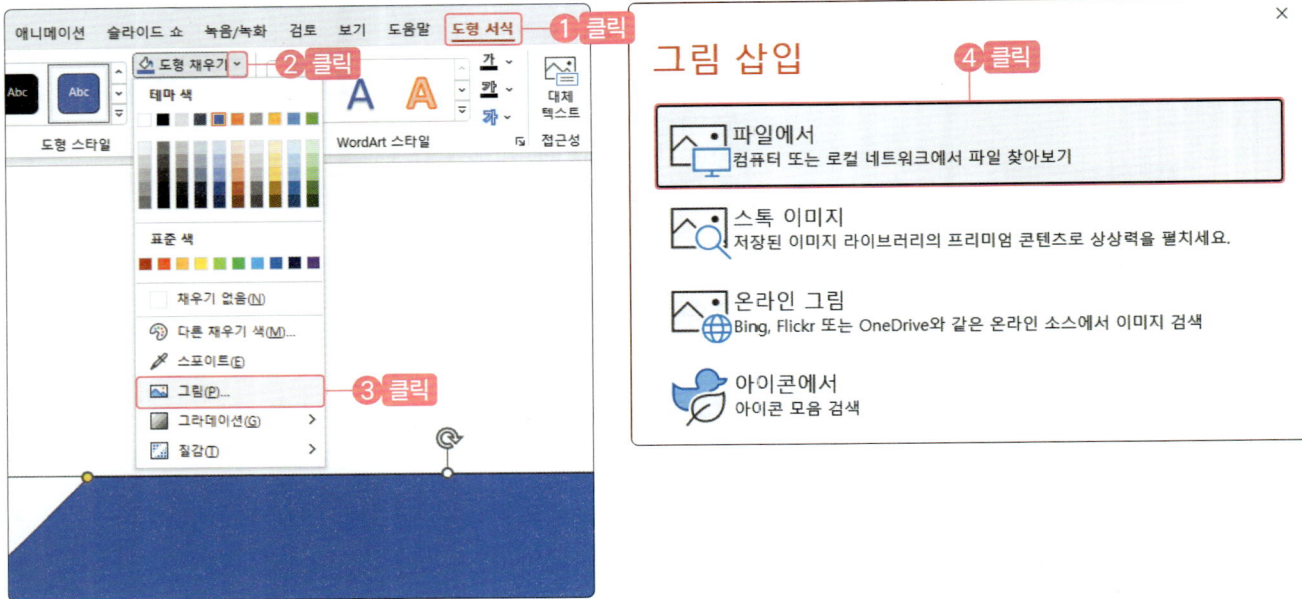

3 [그림 삽입] 대화상자가 나타나면 위치(내 PC\문서\ITQ\Picture)를 지정한 후 파일(그림1.jpg)을 클릭한 다음 [삽입] 단추를 클릭합니다.

4 도형에 그림이 삽입되면 (도형 서식) 정황 탭-(도형 스타일) 그룹의 (도형 서식(🗔))을 클릭합니다.

5 (그림 서식) 작업 창이 나타나면 (채우기 및 선(◇))을 클릭한 후 (채우기)를 클릭한 다음 투명도(50)를 입력하고 (닫기(✕))를 클릭합니다.

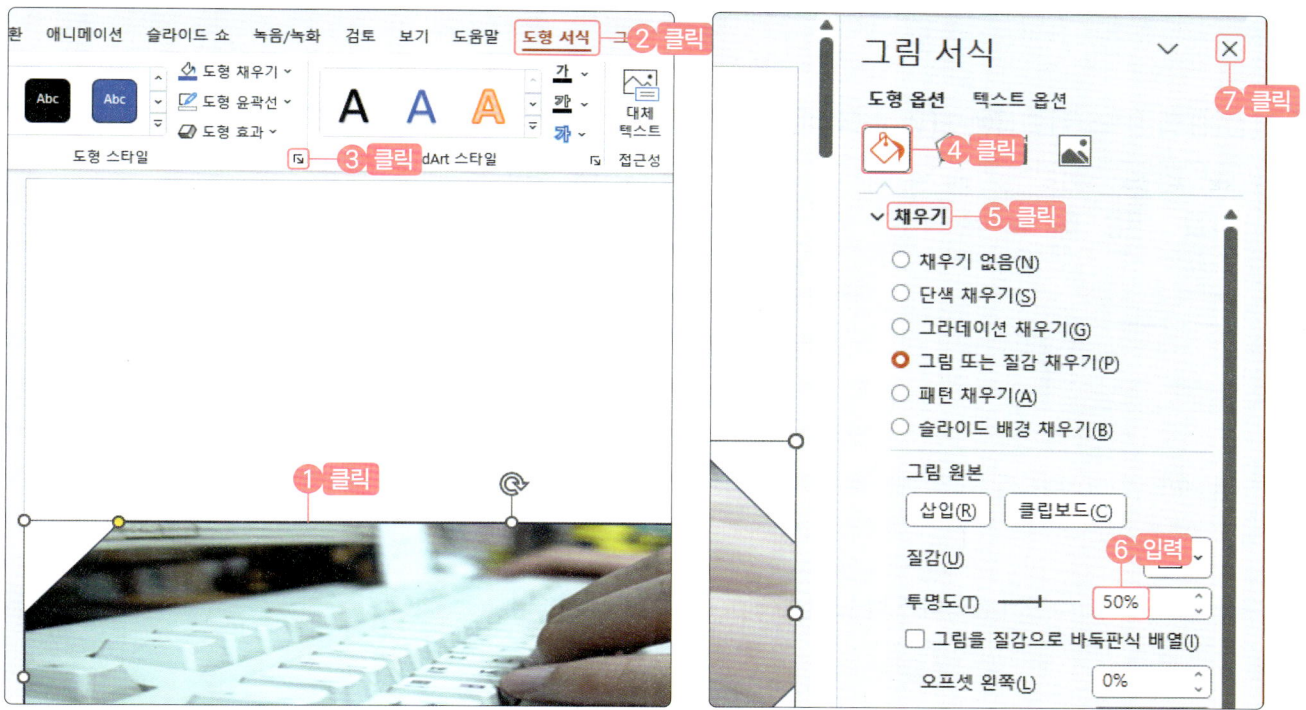

> 도형을 선택한 후 바로가기 메뉴의 (그림 서식)을 클릭해도 됩니다.

6 (도형 서식) 정황 탭-(도형 스타일) 그룹에서 (도형 효과)를 클릭한 후 (부드러운 가장자리)-(5 포인트)를 클릭합니다.

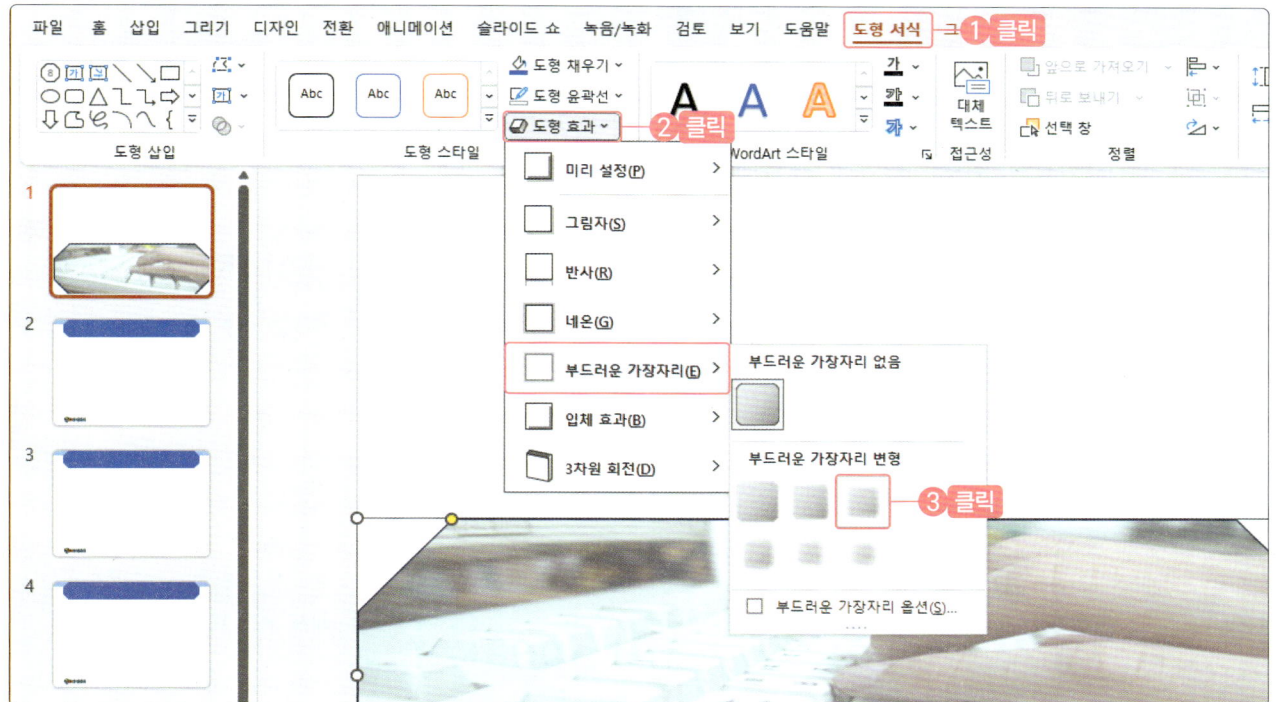

Chapter 03 · 표지 디자인 **2-29**

STEP 03 워드아트(WordArt) 작성하기

《조건》 ② 워드아트 삽입
- 변환 : 삼각형, 위로
- 글꼴 : 돋움, 굵게
- 텍스트 반사 : 근접 반사, 터치

1. [삽입] 탭-[텍스트] 그룹에서 (WordArt( ))를 클릭한 후 (채우기 - 검정, 텍스트 색 1, 그림자(A))를 클릭합니다.

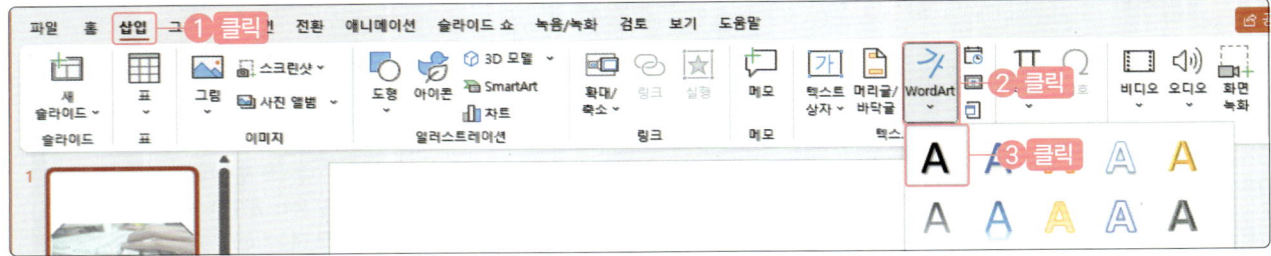

워드아트(WordArt)를 삽입할 때는 효과가 거의 없는 첫 번째 워드아트(채우기 - 검정, 텍스트 색 1, 그림자)를 선택합니다.

2. 워드아트(WordArt)가 삽입되면 **텍스트(AI Speaker)를 입력**합니다.

- 워드아트(WordArt)를 삽입한 후 바로 내용을 입력하면 이전 내용(필요한 내용을 적으십시오.)이 삭제되면서 내용이 입력됩니다.
- 블록 지정이 해제되었을 경우에는 텍스트를 드래그하여 블록으로 설정한 후 다시 입력합니다.

3. **워드아트(WordArt) 상자를 선택**한 후 [도형 서식] 정황 탭-[WordArt 스타일] 그룹에서 (**텍스트 효과**( ))를 클릭한 다음 [변환]-(**삼각형: 위로**(abcde))를 클릭합니다.

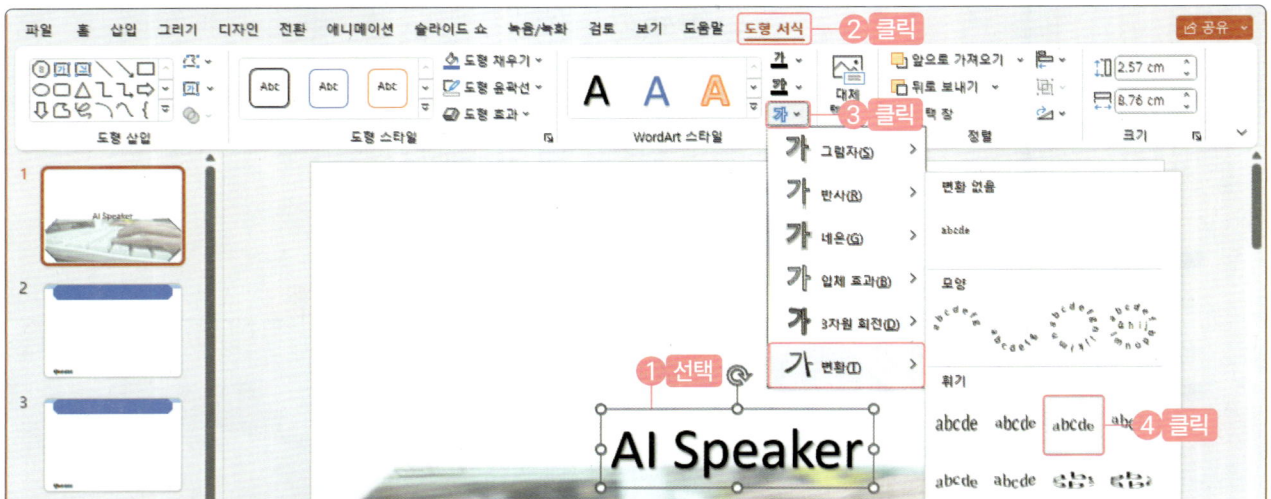

4 [홈] 탭-[글꼴] 그룹에서 **글꼴(돋움)**을 선택한 후 **(굵게(가))**를 선택한 다음 **(텍스트 그림자(S))**를 선택 해제합니다.

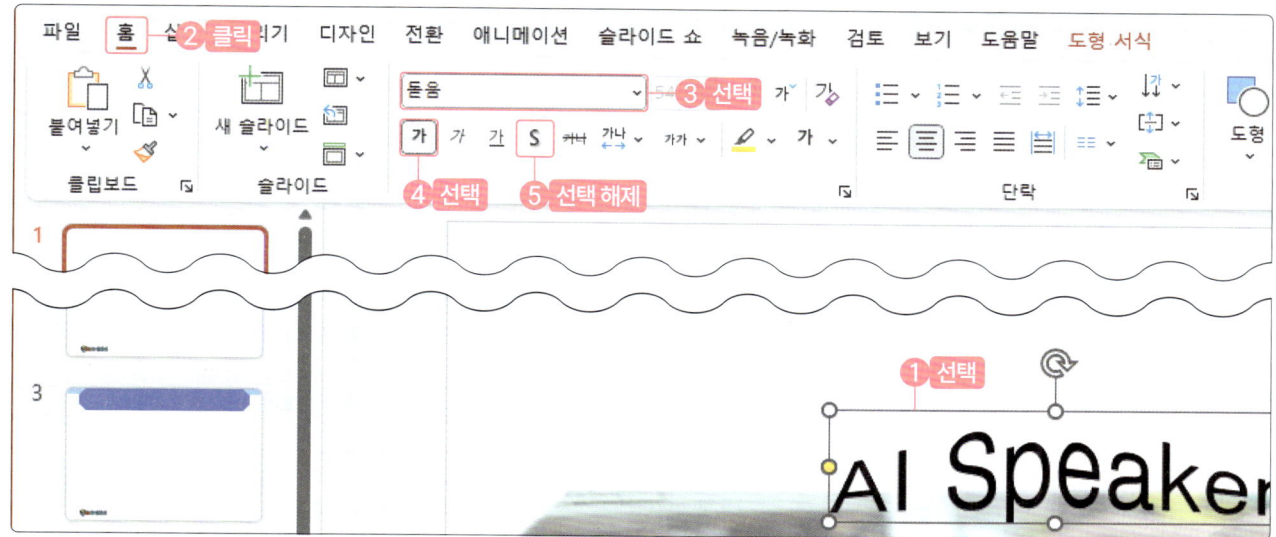

> 워드아트(WordArt)의 글꼴은 '돋움'과 '굵게'를 지정하라는 문제의 세부 조건에 따라 '텍스트 그림자'는 지정을 해제합니다.

5 [도형 서식] 정황 탭-[WordArt 스타일] 그룹에서 **(텍스트 효과(가))**를 클릭한 후 [반사]-**(근접 반사, 터치( ))**를 클릭합니다.

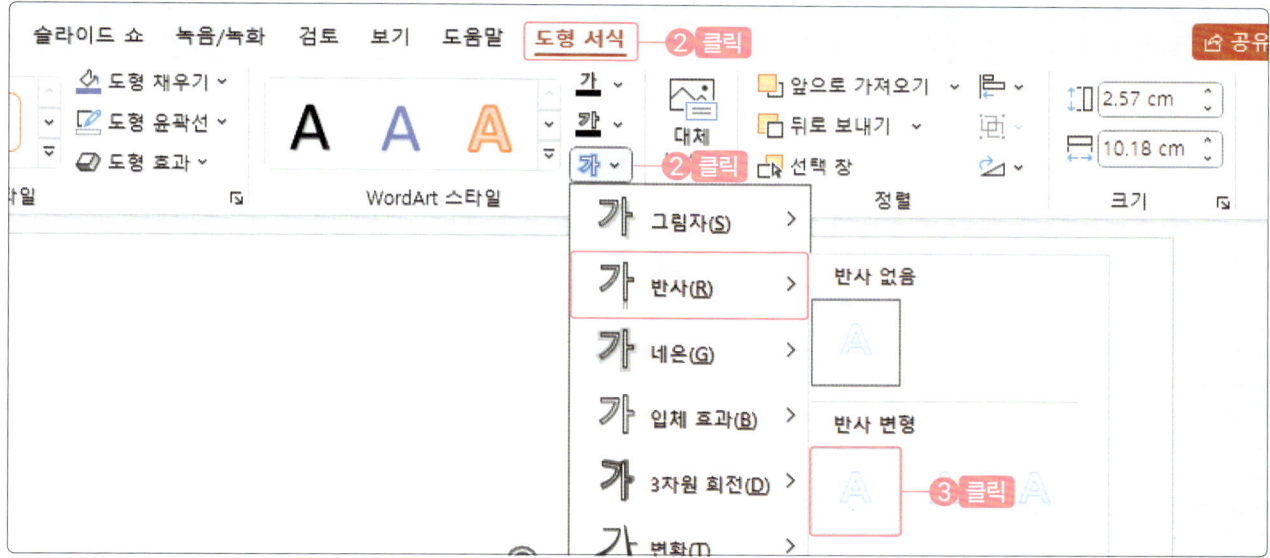

6 워드아트(WordArt) 텍스트 상자의 **크기 및 위치를 조절**합니다.

> 워드아트(WordArt)의 크기 조절점(○)을 드래그하여 크기를 조절합니다.

Chapter 03 · 표지 디자인 **2-31**

STEP 04 도형 작성하기

《조건》 ③ 그림 삽입
- 「내 PC₩문서₩ITQ₩Picture₩로고2.jpg」
- 배경(회색) 투명색으로 설정

1 [삽입] 탭-[이미지] 그룹에서 (그림(🖼))을 클릭한 후 [이 디바이스...]를 클릭합니다. 그런다음 [그림 삽입] 대화상자가 나타나면 **위치**(내 PC₩문서₩ITQ₩Picture)를 지정한 후 **파일**(로고2.jpg)을 클릭한 다음 [삽입] 단추를 클릭합니다.

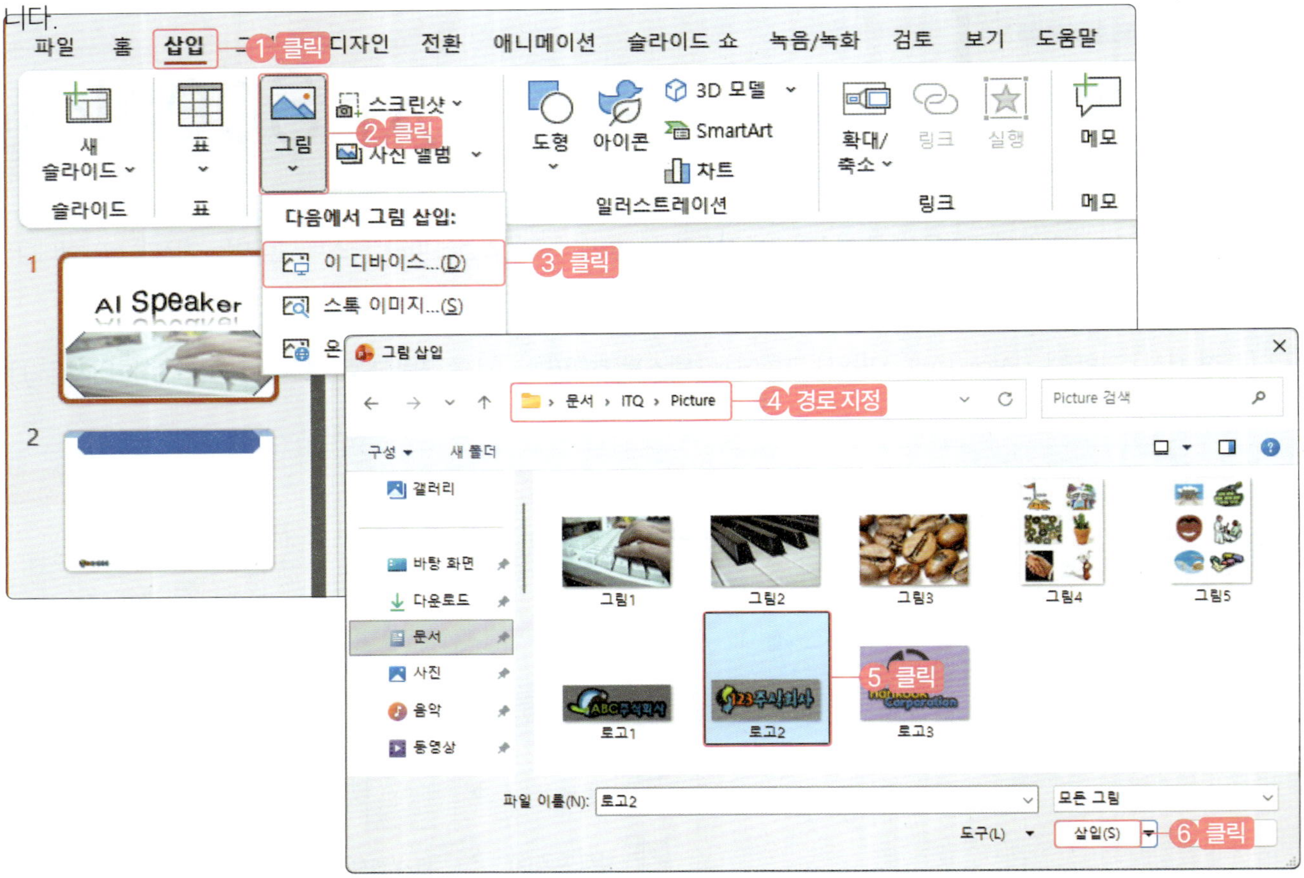

2 삽입된 그림을 드래그하여 **위치를 이동**한 후 **크기를 조절**합니다.

3 [그림 서식] 정황 탭-[조정] 그룹에서 [색]을 클릭한 후 [투명한 색 설정]을 클릭합니다.

4 마우스 포인터 모양이 모양으로 변경되면 **그림의 회색 부분을 클릭**하여 배경을 투명하게 수정합니다.

5 표지 디자인 슬라이드 작성이 완료되면 빠른 실행 도구 모음에서 [**저장**(🖫)]을 클릭합니다.

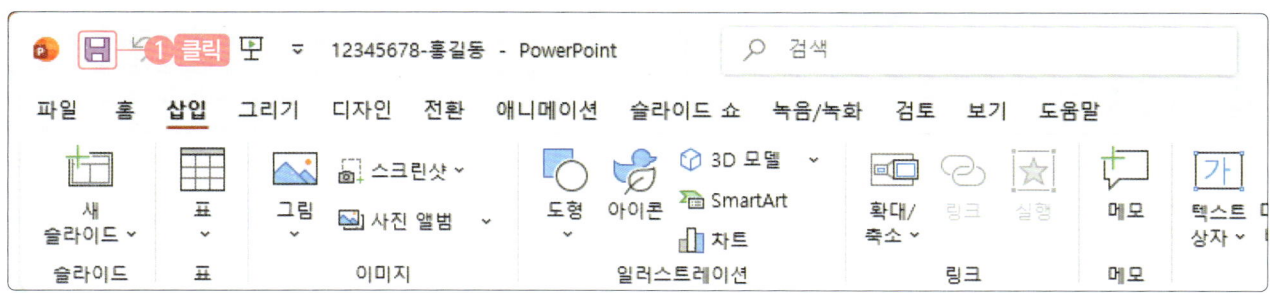

[파일] 탭-[저장]을 클릭하거나 Ctrl + S 를 눌러 답안을 저장할 수도 있습니다.

Chapter 03 · 표지 디자인 **2-33**

Chapter 03 실전 문제유형 — 표지 디자인

유형 01

다음 지시사항 및 세부조건을 참고하여 출력형태에 알맞게 작성하시오.

▶ 소스파일 : Chapter 03₩문제03-01.pptx   ▶ 완성파일 : Chapter 03₩문제03-01_완성.pptx

(1) 표지 디자인 : 도형, 워드아트 및 그림을 이용하여 작성한다.

《세부조건》

① 도형 편집
- 도형에 그림 채우기 : 「내 PC₩문서₩ITQ₩Picture₩그림3.jpg」, 투명도 50%
- 도형 효과 : (부드러운 가장자리 5포인트)

② 워드아트 삽입
- 변환 : 중지
- 글꼴 : 맑은 고딕, 굵게
- 텍스트 반사 : 근접 반사, 터치

③ 그림 삽입
- 「내 PC₩문서₩ITQ₩Picture₩로고3.jpg」
- 배경(연보라) 투명색으로 설정

《출력형태》

유형 02

다음 지시사항 및 세부조건을 참고하여 출력형태에 알맞게 작성하시오.

▶ 소스파일 : Chapter 03₩문제03-02.pptx   ▶ 완성파일 : Chapter 03₩문제03-02_완성.pptx

(1) 표지 디자인 : 도형, 워드아트 및 그림을 이용하여 작성한다.

세부조건

① 도형 편집
- 도형에 그림 채우기 :
  「내 PC₩문서₩ITQ₩Picture₩그림3.jpg」,
  투명도 50%
- 도형 효과 :
  부드러운 가장자리 5포인트

② 워드아트 삽입
- 변환 : 물결, 위로
- 글꼴 : 돋움, 굵게
- 텍스트 반사 : 근접 반사, 4pt 오프셋

③ 그림 삽입
- 「내 PC₩문서₩ITQ₩Picture₩로고2.jpg」
- 배경(회색) 투명색으로 설정

유형 03

다음 지시사항 및 세부조건을 참고하여 출력형태에 알맞게 작성하시오.

▶ 소스파일 : Chapter 03₩문제03-03.pptx   ▶ 완성파일 : Chapter 03₩문제03-03_완성.pptx

(1) 표지 디자인 : 도형, 워드아트 및 그림을 이용하여 작성한다.

세부조건

① 도형 편집
- 도형에 그림 채우기 :
  「내 PC₩문서₩ITQ₩Picture₩그림1.jpg」,
  투명도 50%
- 도형 효과 :
  부드러운 가장자리 5포인트

② 워드아트 삽입
- 변환 : 삼각형, 위로
- 글꼴 : 궁서, 굵게
- 텍스트 반사 : 근접 반사, 터치

③ 그림 삽입
- 「내 PC₩문서₩ITQ₩Picture₩로고1.jpg」
- 배경(회색) 투명색으로 설정

실전문제유형

유형 04

다음 지시사항 및 세부조건을 참고하여 출력형태에 알맞게 작성하시오.

▶ 소스파일 : Chapter 03₩문제03-04.pptx   ▶ 완성파일 : Chapter 03₩문제03-04_완성.pptx

(1) 표지 디자인 : 도형, 워드아트 및 그림을 이용하여 작성한다.

세부조건

① 도형 편집
 - 도형에 그림 채우기 :
  「내PC₩문서₩ITQ₩Picture₩그림1.jpg」,
  투명도 50%
 - 도형 효과 :
  부드러운 가장자리 5포인트

② 워드아트 삽입
 - 변환 : 기울기, 위로
 - 글꼴 : 궁서, 굵게
 - 텍스트 반사 : 1/2 반사, 터치

③ 그림 삽입
 - 「내PC₩문서₩ITQ₩Picture₩로고1.jpg」
 - 배경(회색) 투명색으로 설정

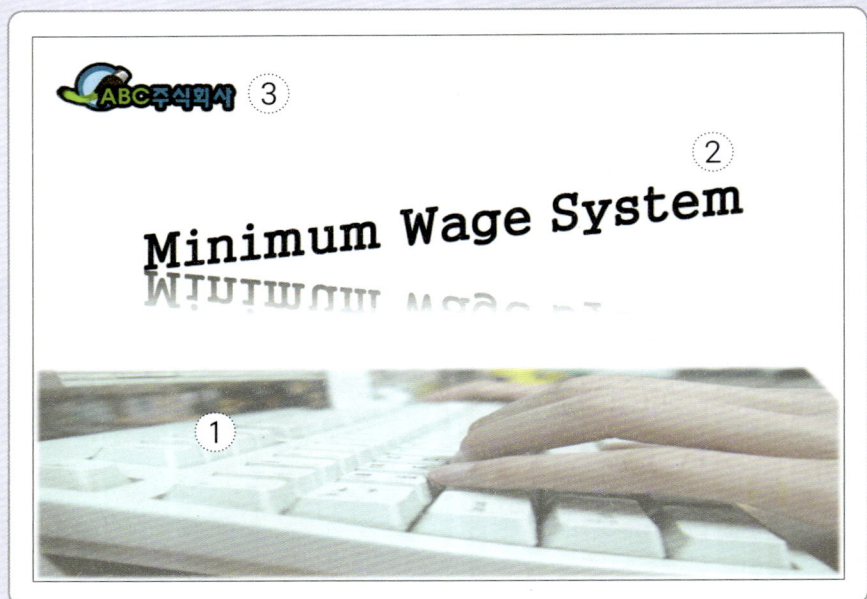

유형 05

다음 지시사항 및 세부조건을 참고하여 출력형태에 알맞게 작성하시오.

▶ 소스파일 : Chapter 03₩문제03-05.pptx   ▶ 완성파일 : Chapter 03₩문제03-05_완성.pptx

(1) 표지 디자인 : 도형, 워드아트 및 그림을 이용하여 작성한다.

세부조건

① 도형 편집
 - 도형에 그림 채우기 :
  「내PC₩문서₩ITQ₩Picture₩그림2.jpg」,
  투명도 50%
 - 도형 효과 :
  부드러운 가장자리 5포인트

② 워드아트 삽입
 - 변환 : 삼각형, 위로
 - 글꼴 : 돋움, 굵게
 - 텍스트 반사 : 근접 반사, 터치

③ 그림 삽입
 - 「내PC₩문서₩ITQ₩Picture₩로고1.jpg」
 - 배경(회색) 투명색으로 설정

유형 06

다음 지시사항 및 세부조건을 참고하여 출력형태에 알맞게 작성하시오.

▶ 소스파일 : Chapter 03₩문제03-06.pptx   ▶ 완성파일 : Chapter 03₩문제03-06_완성.pptx

(1) 표지 디자인 : 도형, 워드아트 및 그림을 이용하여 작성한다.

세부조건

① 도형 편집
 - 도형에 그림 채우기 :
  「내PC₩문서₩ITQ₩Picture₩그림2.jpg」,
  투명도 50%
 - 도형 효과 :
  부드러운 가장자리 5포인트

② 워드아트 삽입
 - 변환 : 물결, 위로
 - 글꼴 : 돋움, 굵게
 - 텍스트 반사 : 전체 반사, 터치

③ 그림 삽입
 - 「내PC₩문서₩ITQ₩Picture₩로고2.jpg」
 - 배경(회색) 투명색으로 설정

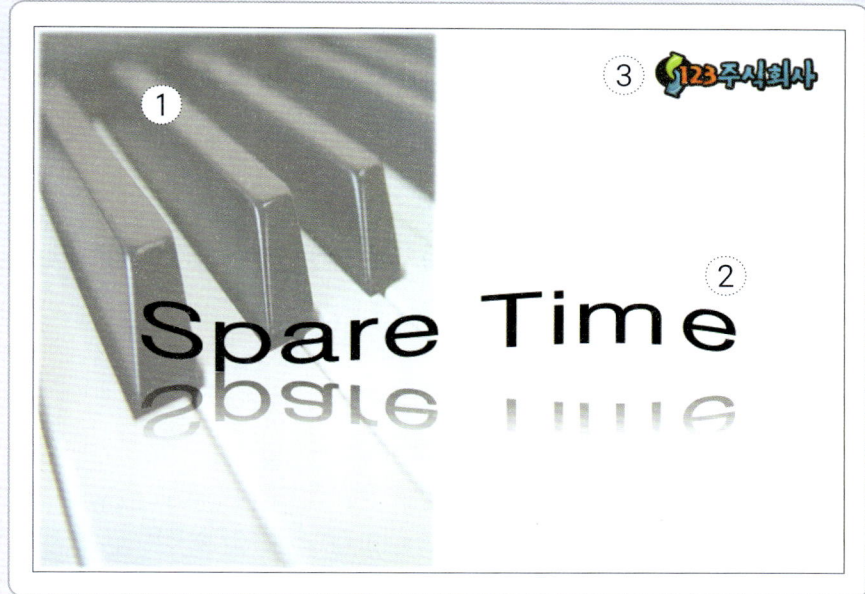

유형 07

다음 지시사항 및 세부조건을 참고하여 출력형태에 알맞게 작성하시오.

▶ 소스파일 : Chapter 03₩문제03-07.pptx   ▶ 완성파일 : Chapter 03₩문제03-07_완성.pptx

(1) 표지 디자인 : 도형, 워드아트 및 그림을 이용하여 작성한다.

세부조건

① 도형 편집
 - 도형에 그림 채우기 :
  「내PC₩문서₩ITQ₩Picture₩그림2.jpg」,
  투명도 50%
 - 도형 효과 :
  부드러운 가장자리 5포인트

② 워드아트 삽입
 - 변환 : 물결, 위로
 - 글꼴 : 돋움, 굵게
 - 텍스트 반사 : 전체 반사, 터치

③ 그림 삽입
 - 「내PC₩문서₩ITQ₩Picture₩로고2.jpg」
 - 배경(회색) 투명색으로 설정

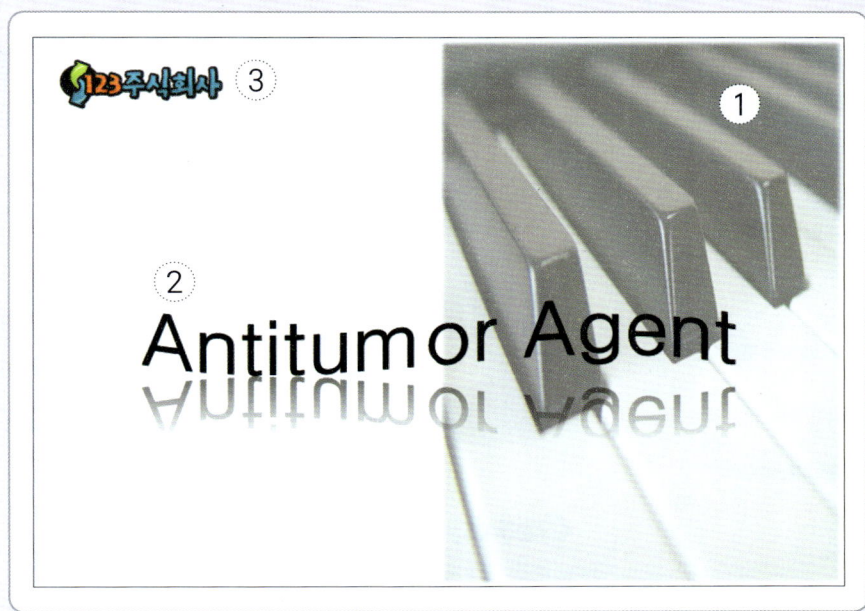

04 목차 슬라이드

- ☑ 목차 도형 작성하기
- ☑ 하이퍼링크 지정하기
- ☑ 텍스트 입력하기
- ☑ 그림 삽입하기

▶ 소스 파일 : Chapter 04\Ch04.pptx   ▶ 완성 파일 : Chapter 04\Ch04_완성.pptx

[슬라이드 2] 《목차 슬라이드》 (60점)
(1) 출력형태와 같이 도형을 이용하여 목차를 작성한다(글꼴 : 굴림, 24pt).
(2) 도형 : 선 없음

[세부 조건]

① 텍스트에 하이퍼링크 적용
  → '슬라이드 6'

② 그림 삽입
  - 「내 PC\문서\ITQ\Picture\로고5.jpg」
  - 자르기 기능 이용

[완성파일 미리보기]

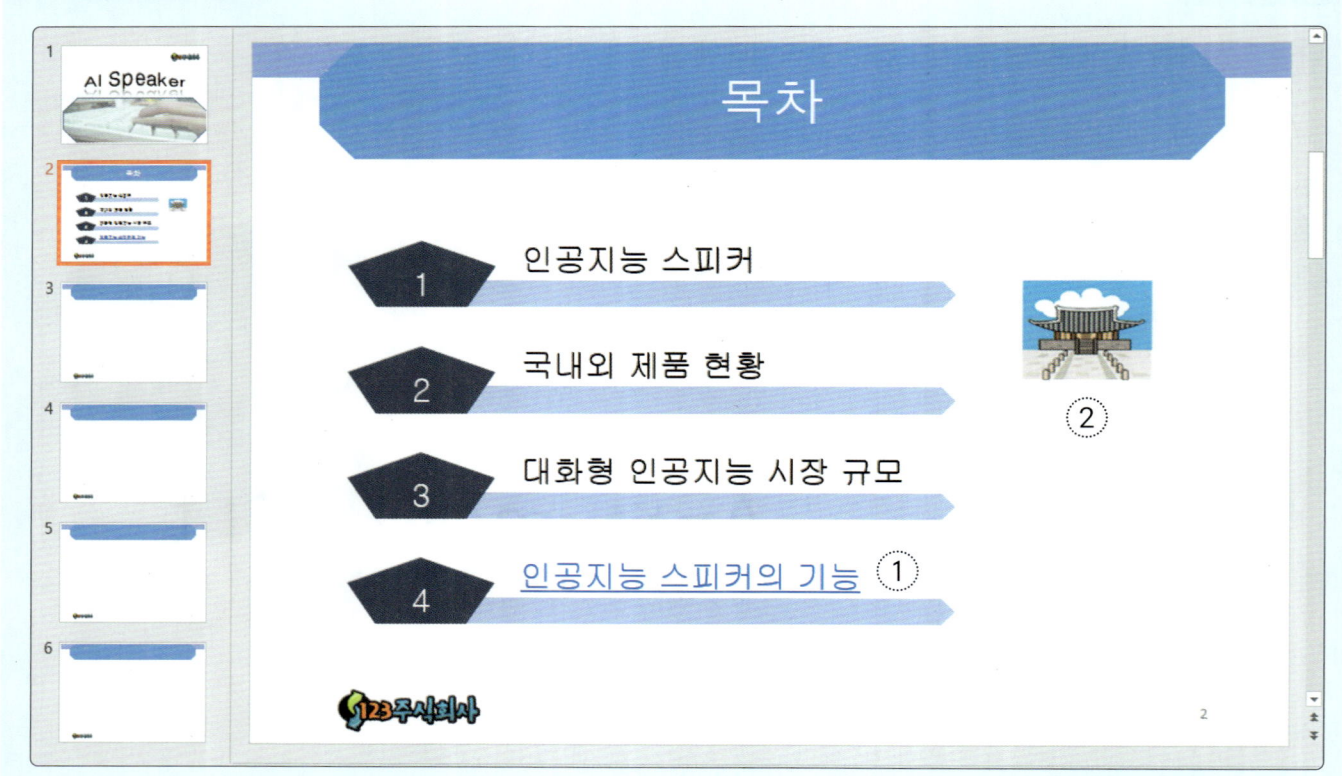

체크! 체크!

(슬라이드 2) 《목차 슬라이드》

■ **목차 도형 작성**
- 도형은 《출력형태》를 참고하여 작성합니다.
- 도형 채우기 색은 '임의의 색'을 지정하고 도형 윤곽선은 '윤곽선 없음'을 지정합니다.

■ **텍스트 입력**
- 도형에 숫자를 입력하고 텍스트 상자를 삽입한 후 내용을 입력합니다.
- 도형과 텍스트 상자를 선택한 후 글꼴과 정렬을 지정합니다.
- 도형과 텍스트 상자를 복사한 후 텍스트를 수정합니다.

■ **하이퍼링크 지정하기**
- 하이퍼링크를 지정할 텍스트를 드래그하여 블록 설정한 후 하이퍼링크를 지정합니다.

■ **그림 삽입**
- 그림은 '내 PC₩문서₩ITQ₩Picture' 폴더에 있는 그림을 삽입하고 (자르기(◱))를 이용하여 그림을 자른 후 위치 및 크기를 조절합니다.

STEP 01 목차 도형 작성하기

《조건》 (1) 출력형태와 같이 도형을 이용하여 목차를 작성한다.
(2) 도형 : 선 없음

1 2번 슬라이드를 **클릭**한 후 **제목(목차)을 입력**한 다음 **내용 개체 틀을 클릭**하고 Delete 를 눌러 삭제합니다.

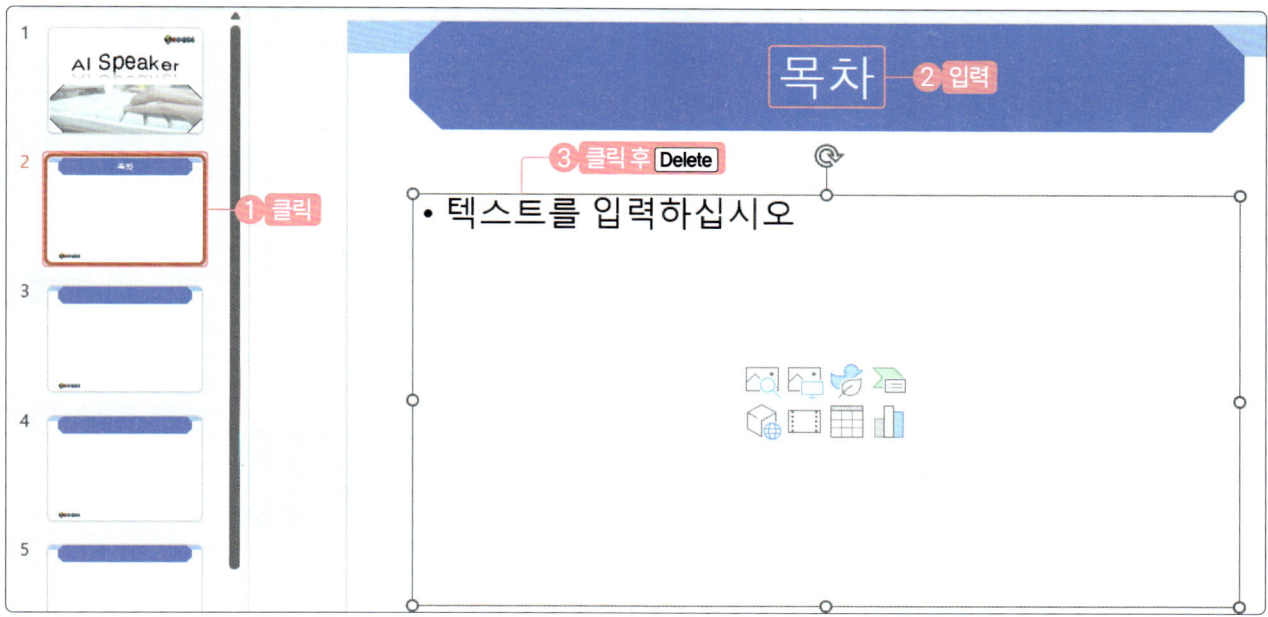

> 슬라이드 마스터에서 작성한 제목 도형의 글꼴 속성(돋움, 40pt, 흰색)이 다를 경우 슬라이드 마스터에서 수정합니다.

2 〔삽입〕 탭-〔일러스트레이션〕 그룹에서 〔도형(🔽)〕을 클릭한 후 〔화살표: 오각형(▷)〕을 클릭합니다.

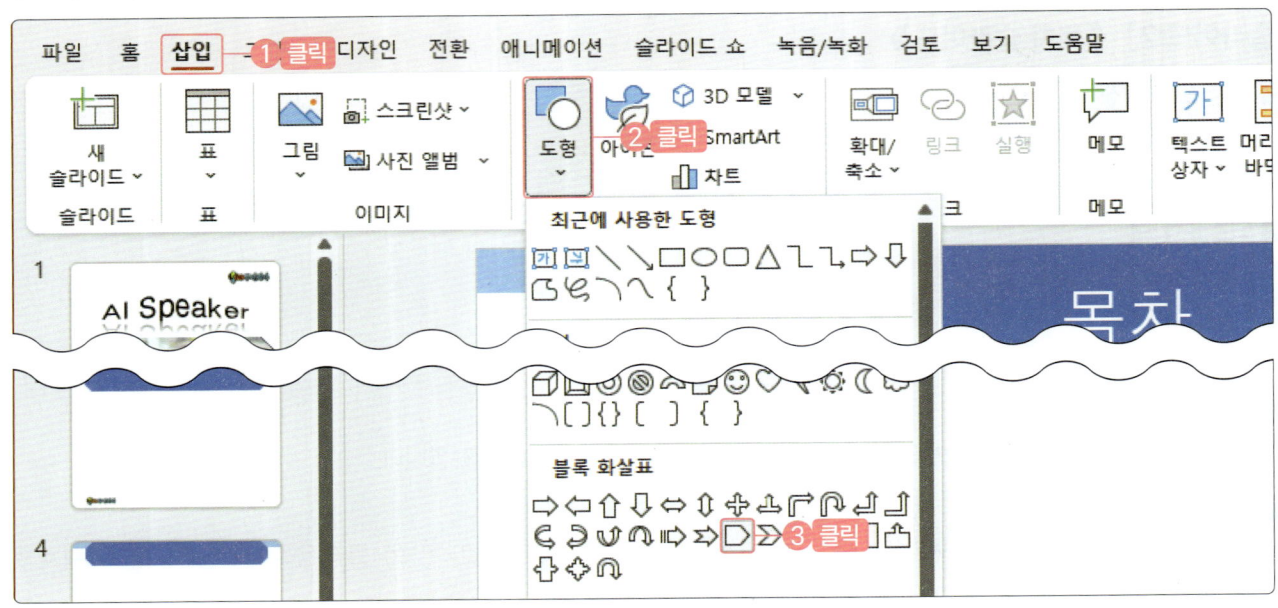

3 마우스 포인터 모양이 + 모양으로 변경되면 **드래그하여 도형을 작성**합니다.

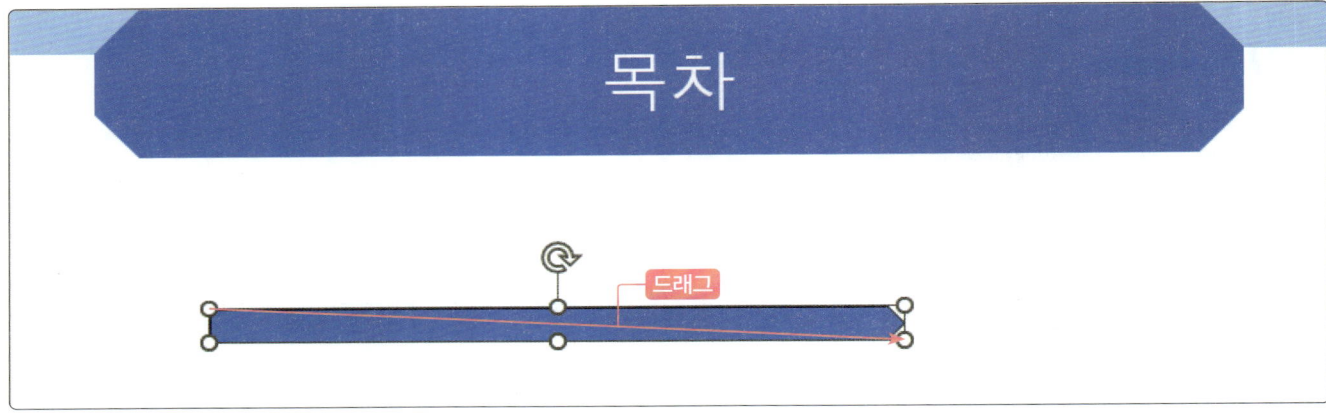

한가지 더!

개체 회전하기

도형 모양을 좌우 대칭할 경우 〔도형 서식〕 정황 탭-〔정렬〕 그룹에서 〔개체 회전(🔄)〕을 클릭한 후 〔좌우 대칭〕을 클릭합니다.

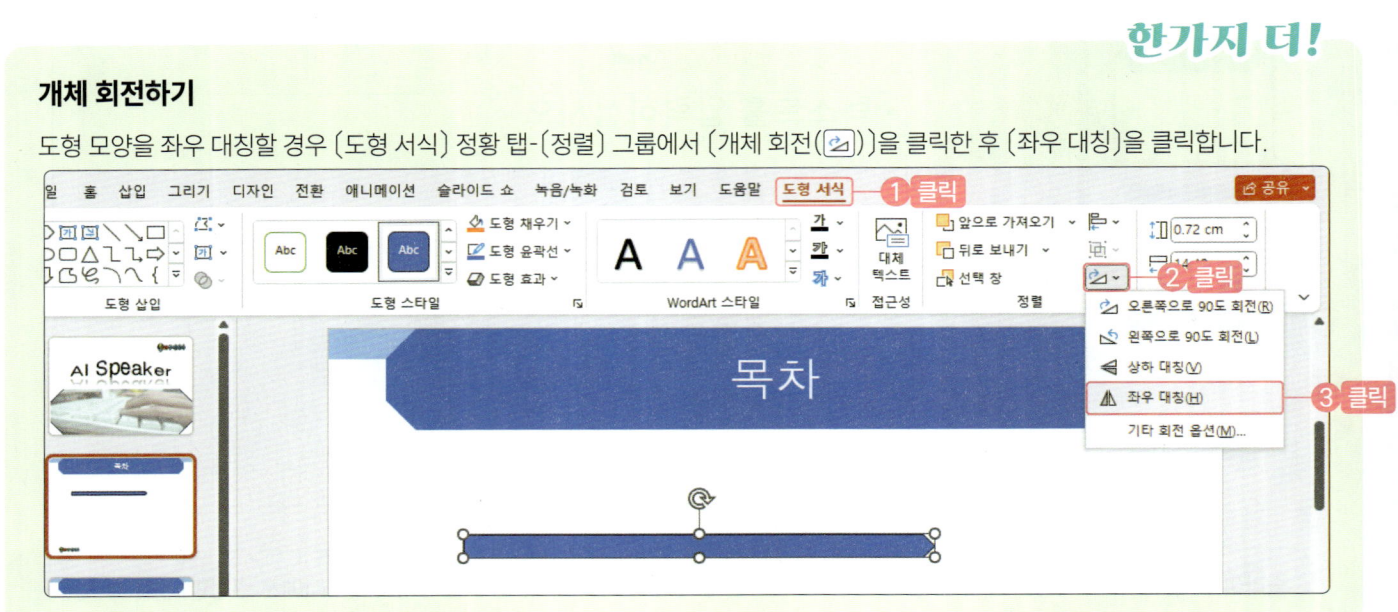

4 도형이 삽입되면 [도형 서식] 정황 탭-[도형 스타일] 그룹에서 **[도형 윤곽선]**의 **[목록(▼)]** 단추를 클릭한 후 **[윤곽선 없음]**을 클릭합니다.

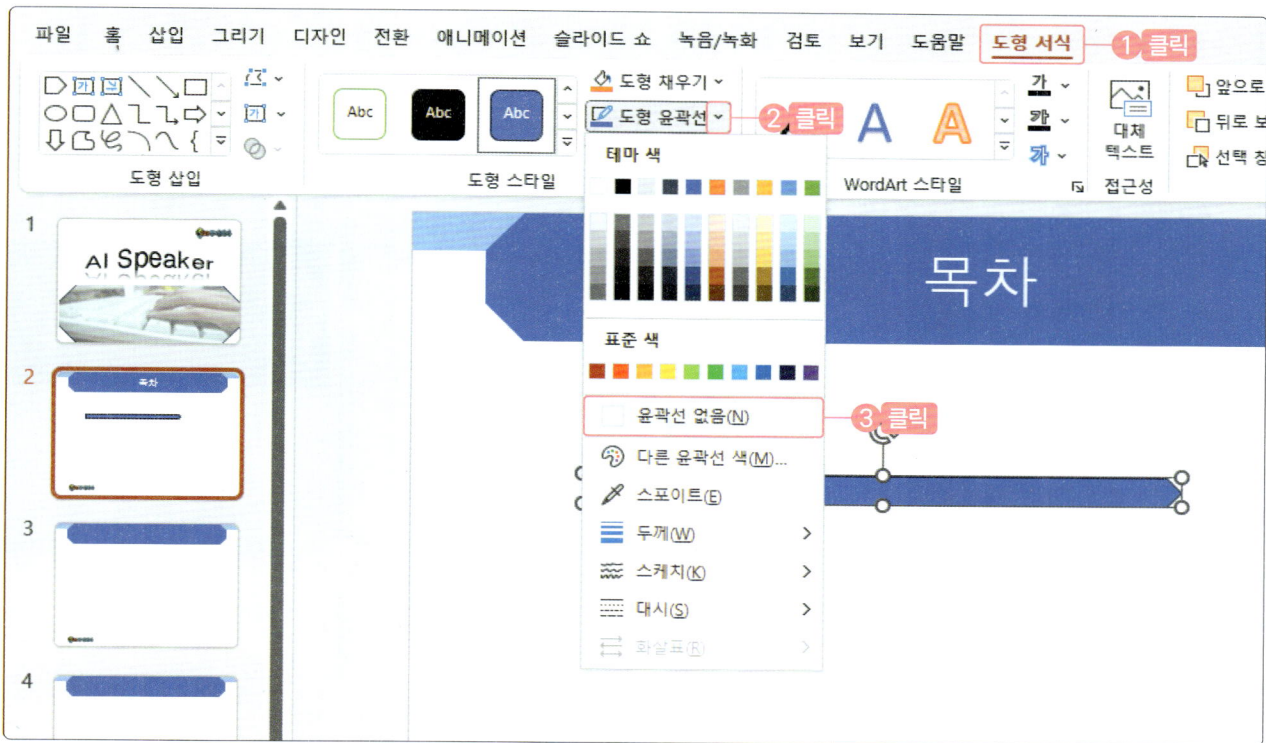

5 [도형 서식] 정황 탭-[도형 스타일] 그룹에서 **[도형 채우기]**의 **[목록(▼)]** 단추를 클릭한 후 **임의의 색을 지정**합니다.

> 채우기 색은 수험자가 임의의 색을 지정하며 채우기 색을 변경하지 않아도 감점되지 않습니다.

6 슬라이드 마스터 편집 화면이 나타나면 [삽입] 탭-[일러스트레이션] 그룹에서 **[도형(⬚)]을 클릭**한 후 **[오각형(⬠)]을 클릭**합니다.

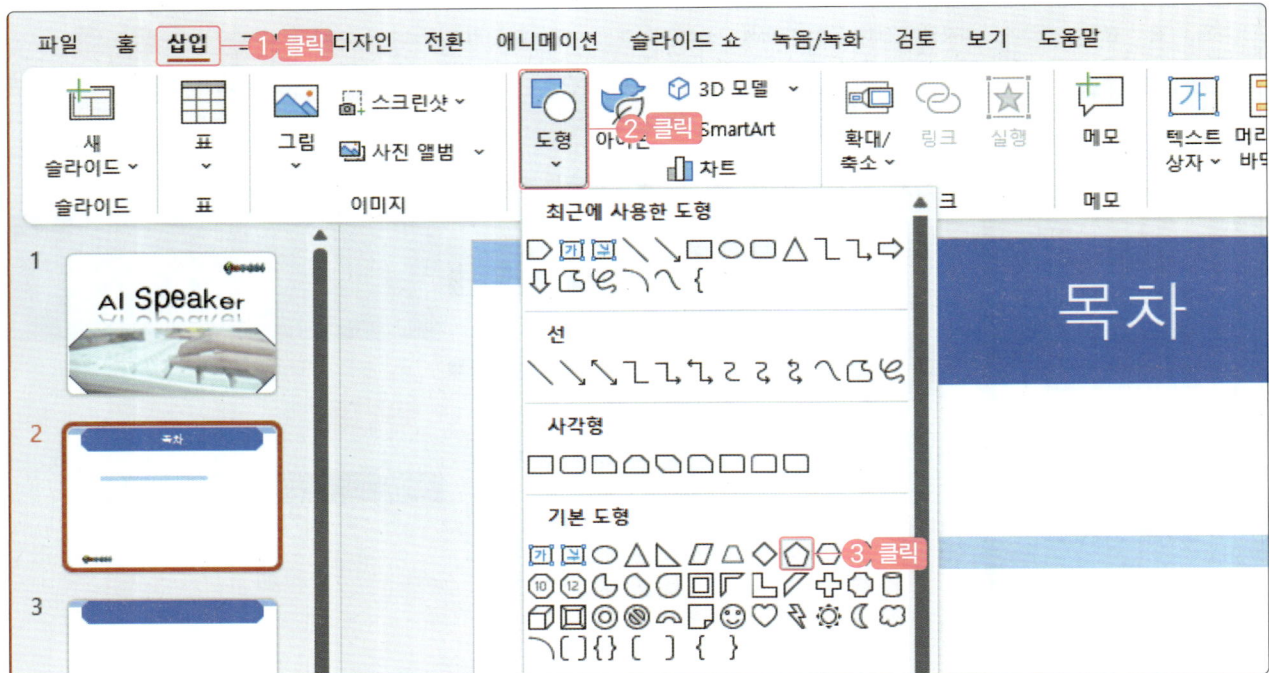

7 마우스 포인터 모양이 + 모양으로 변경되면 **드래그하여 도형을 작성**합니다.

8 도형이 삽입되면 [도형 서식] 정황 탭-[도형 스타일] 그룹에서 **[도형 윤곽선]**의 [목록(⌄)] 단추를 클릭한 후 **[윤곽선 없음]**을 클릭합니다.

9 [도형 서식] 정황 탭-[도형 스타일] 그룹에서 **[도형 채우기]를 클릭**한 후 **임의의 색을 지정**합니다.

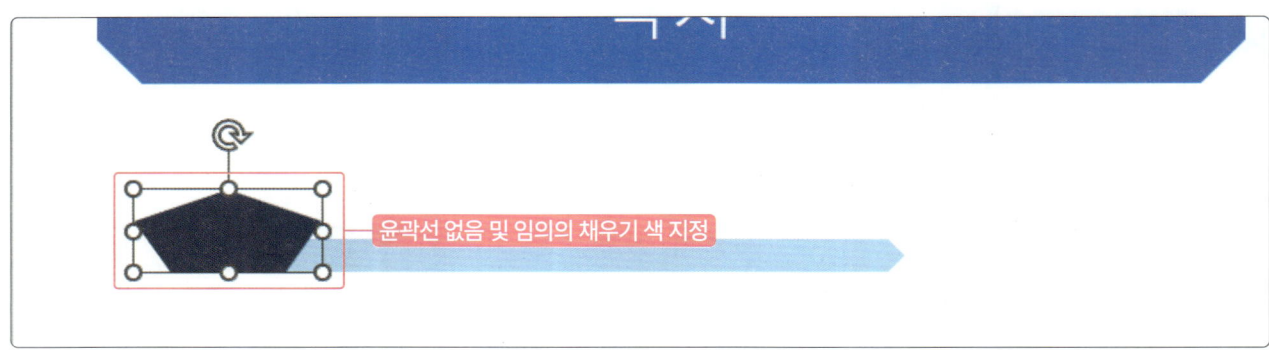

STEP 02 텍스트 입력하기

《조건》 (1) 출력형태와 같이 도형을 이용하여 목차를 작성한다(글꼴 : 굴림, 24pt).

1 도형에 숫자를 입력한 후 도형을 선택한 다음 [홈] 탭-[글꼴] 그룹에서 **글꼴(굴림)**과 **글꼴 크기(24)**를 선택합니다.

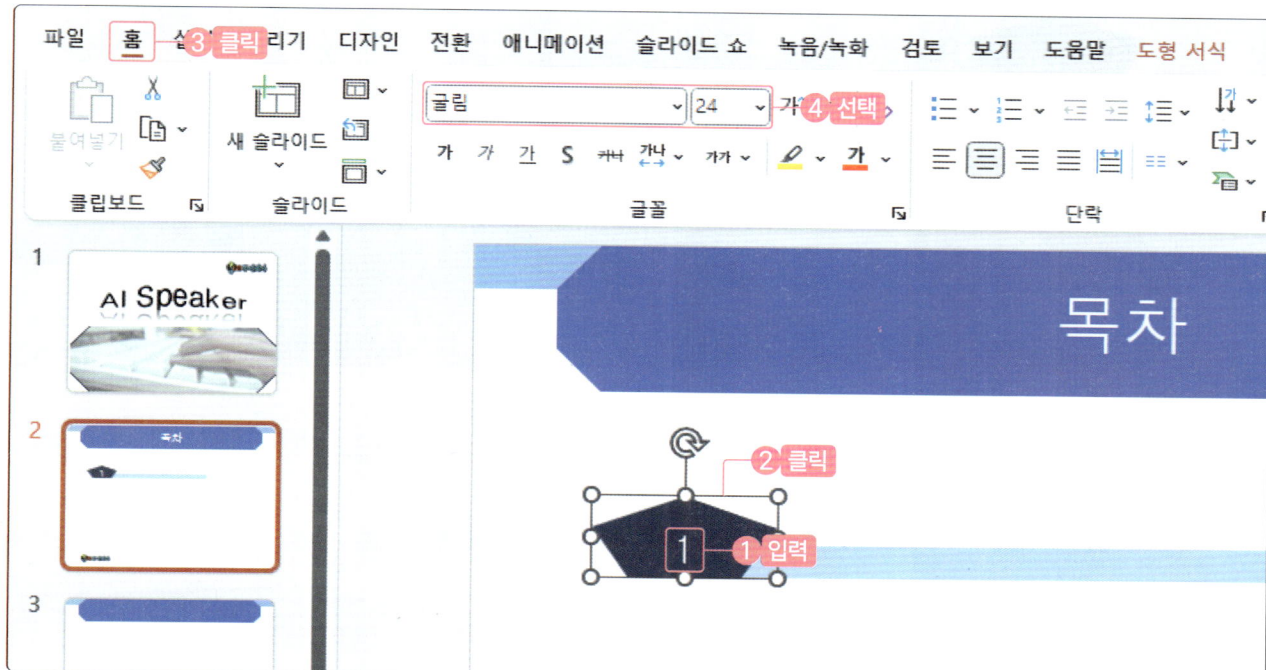

한가지 더!

한글 자음 특수문자

자음	특수문자
ㄱ	공백 !',./:;?^_`|
ㄴ	"()[]{}'`"" ()〈〉《》「」『』
ㄷ	+-<=>±×÷≠≤≥∞∴
ㄹ	$%₩F′″℃Å¢£¥¤℉
ㅁ	#&*@§※☆★○●◎◇◆
ㅂ	─│┌┐┘└├┬┤┴┼━┃
ㅅ	㉠㉡㉢㉣㉤㉥㉦㉧㉨㉩㉪㉫㉬㉭

자음	특수문자
ㅇ	ⓐⓑⓒⓓⓔⓕⓖⓗⓘⓙⓚⓛⓜ
ㅈ	0 1 2 3 4 ⅰⅱⅲⅳ ⅠⅡⅢⅣ
ㅊ	½⅓⅔¼¾ ⅛⅜⅝⅞ ¹²³⁴ⁿ
ㅋ	ㄱㄲㄳㄴㄵㄶㄷㄸㄹㄺㄻㄼ
ㅌ	ㄽㄾㄿㅀㅁㅂㅃㅄㅅㅆㅇㅈ
ㅍ	ABCDEFGHIJKLMNOPQ
ㅎ	ΑΒΓΔΕΖΗΘΙΚΛΜΝ

2 [삽입] 탭-[텍스트] 그룹에서 **(텍스트 상자(가))**를 클릭합니다.

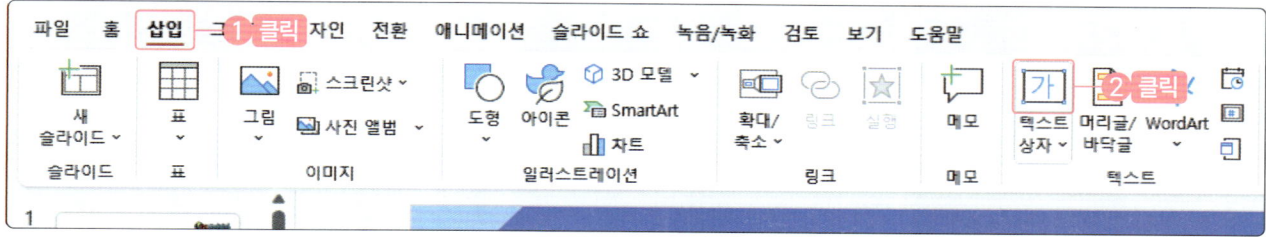

3 마우스 포인터 모양이 ↧ 모양으로 변경되면 드래그하여 **텍스트 상자를 삽입**한 후 '**인공지능 스피커**'를 **입력**합니다.

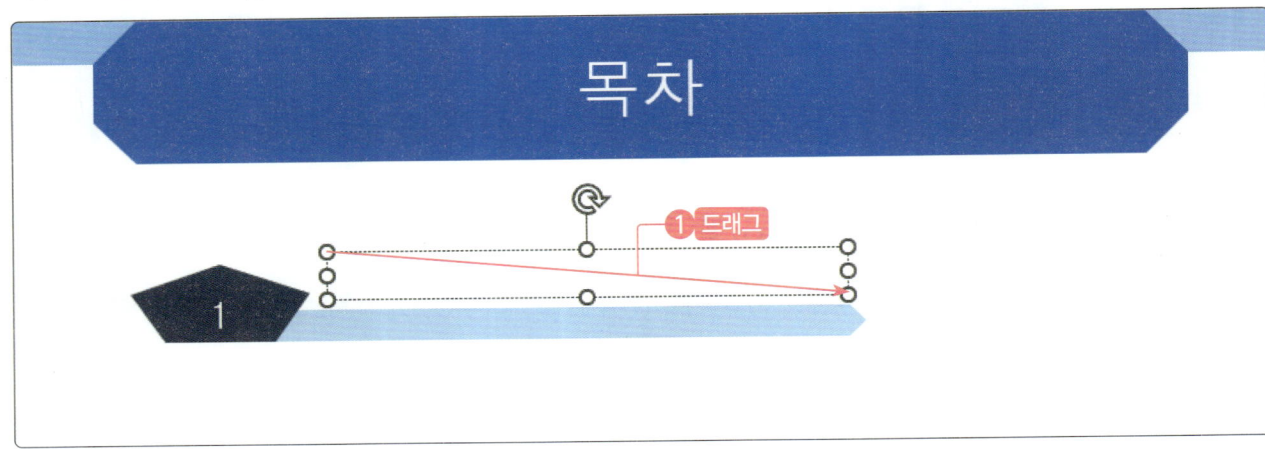

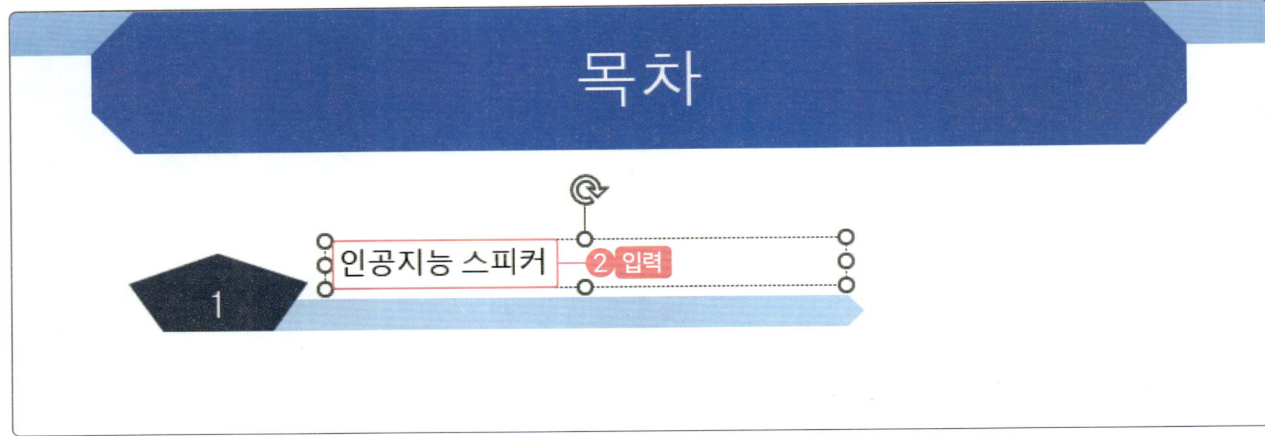

4 텍스트를 드래그하여 블록으로 설정한 후 [홈] 탭-[글꼴] 그룹에서 **글꼴(굴림), 글꼴 크기(24)를 선택**합니다.

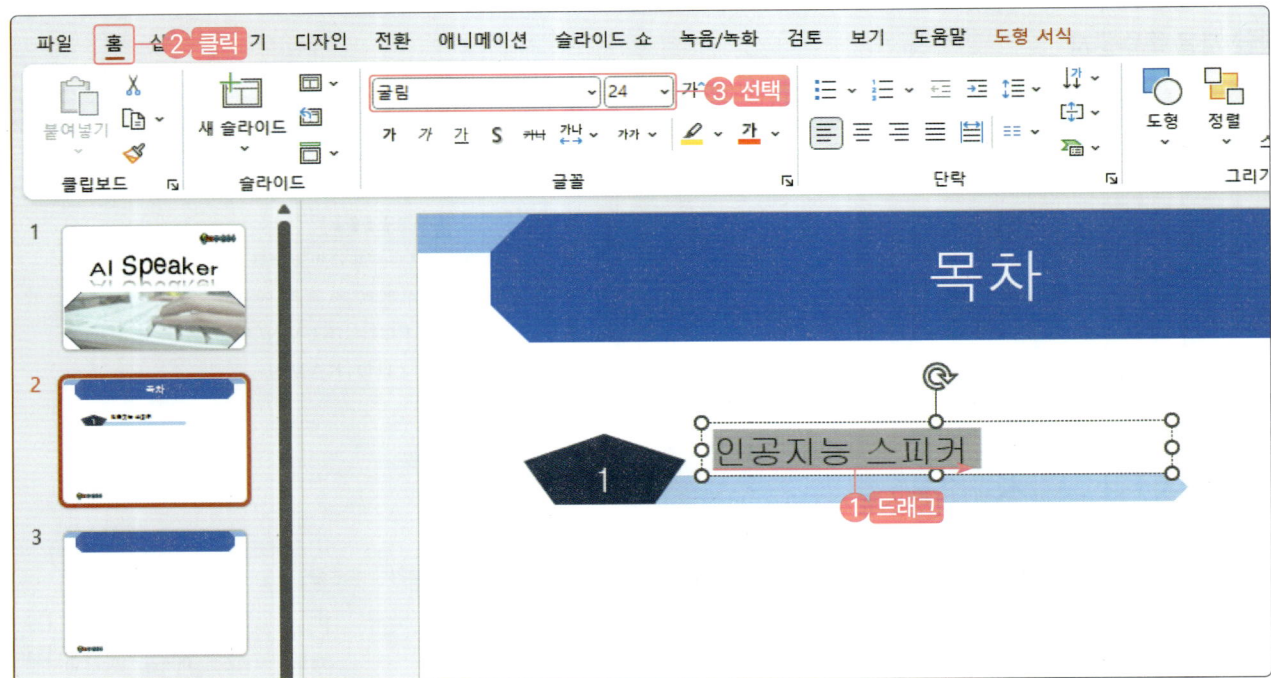

5 목차 도형을 드래그하여 선택한 후 Ctrl + Shift 를 누른 상태에서 드래그하여 도형을 복사합니다.

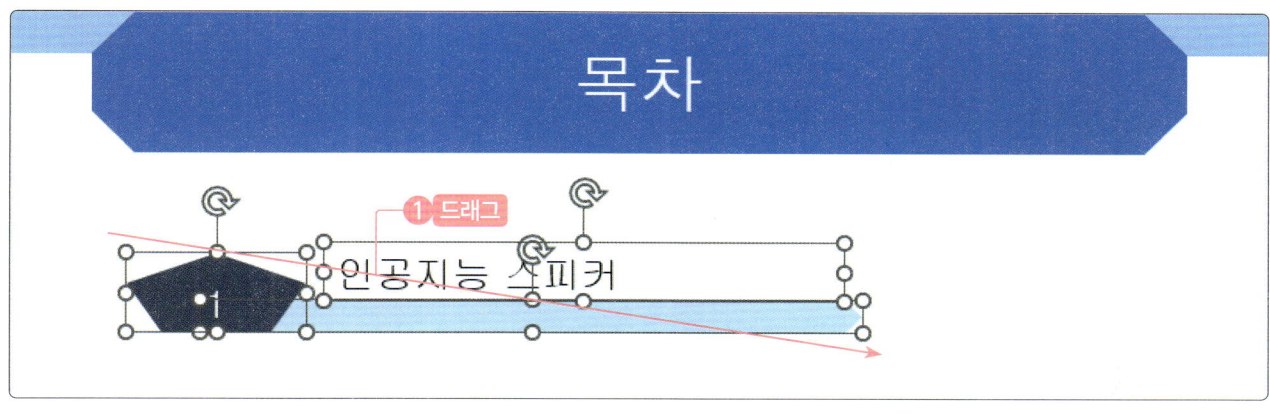

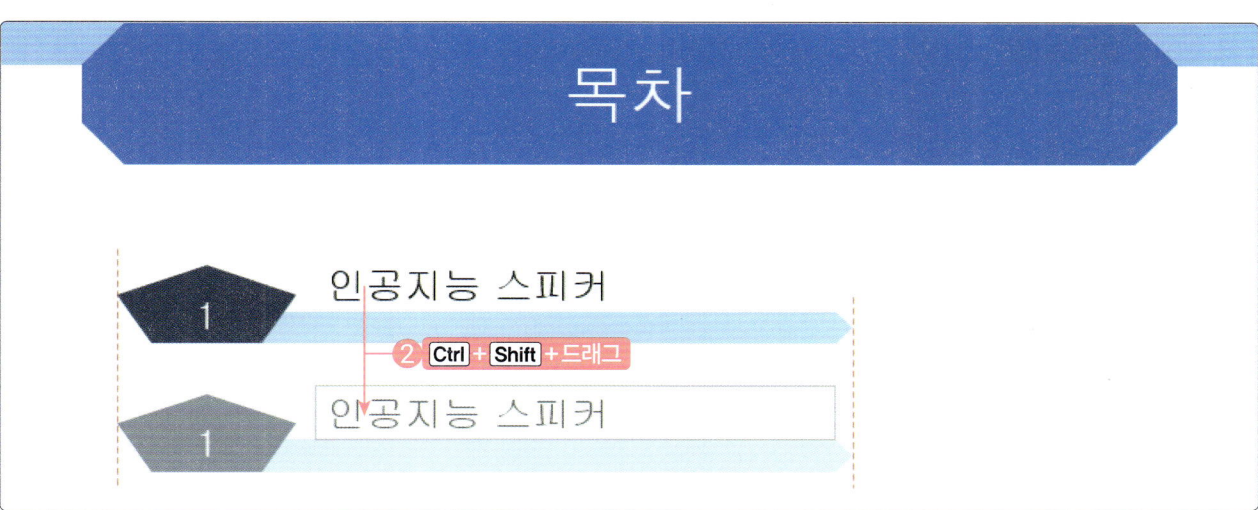

6 목차 도형이 복사되면 **내용을 수정**합니다.

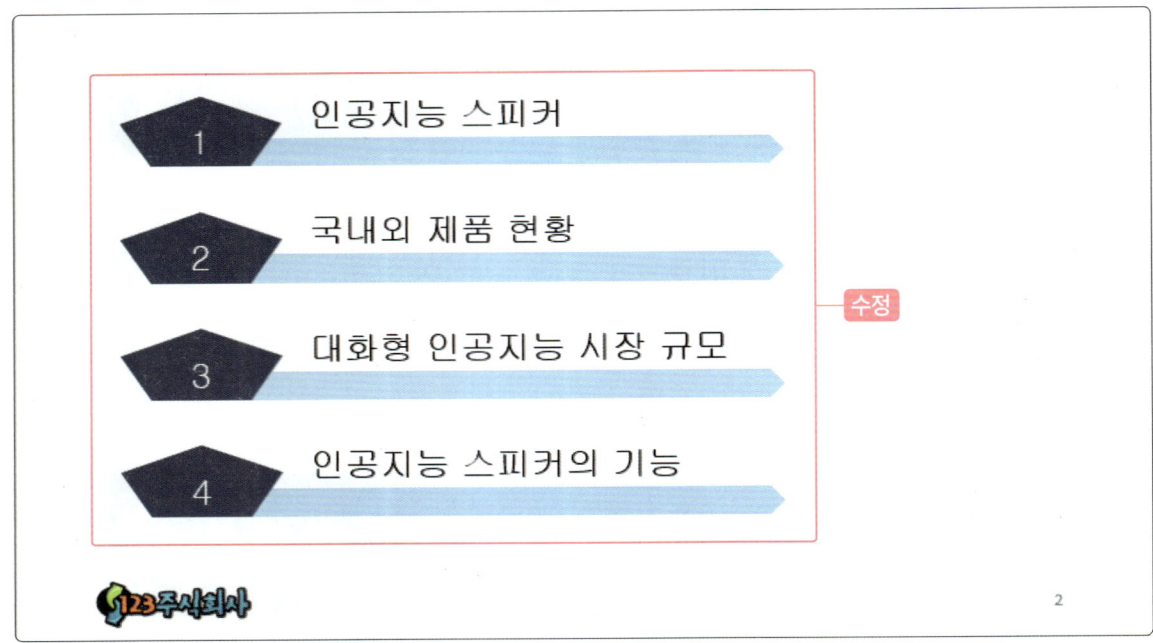

한가지 더!

도형 복제하기

도형 복제는 복사(Ctrl+C)한 후 붙여넣기(Ctrl+V) 보다 훨씬 편리한 기능으로 도형을 복제(Ctrl+D)한 다음 위치를 조정하고 다시 복제(Ctrl+D)하면 따로 정렬하지 않아도 쉽게 도형을 배치할 수 있습니다.

도형 복제 방법

도형을 선택한 후 복제(Ctrl+D)한 다음 위치를 조절하고 다시 복제(Ctrl+D)하면 동일한 간격으로 복제가 이루어집니다.

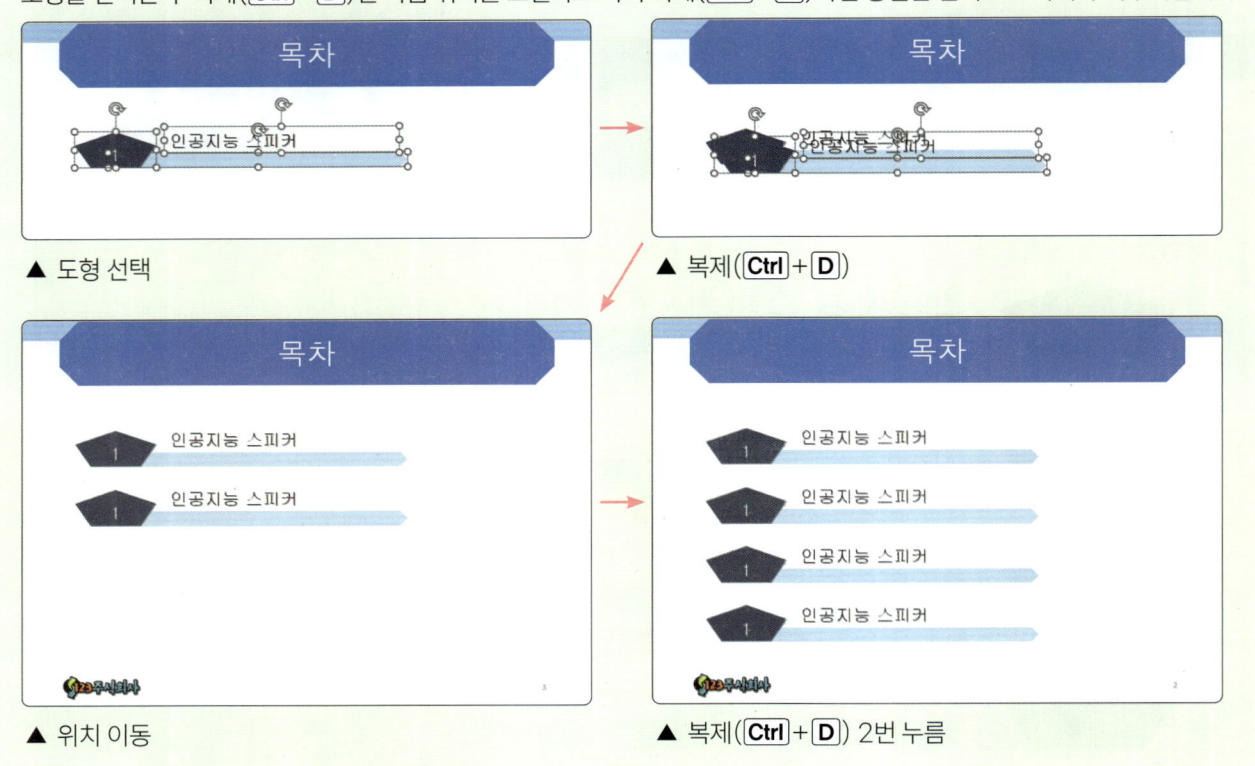

STEP 03 하이퍼링크 지정하기

《조건》 ① 텍스트에 하이퍼링크 적용
→ '슬라이드 6'

1 텍스트를 드래그하여 블록으로 설정한 후 (삽입) 탭-(링크) 그룹에서 (링크( ))를 클릭합니다.

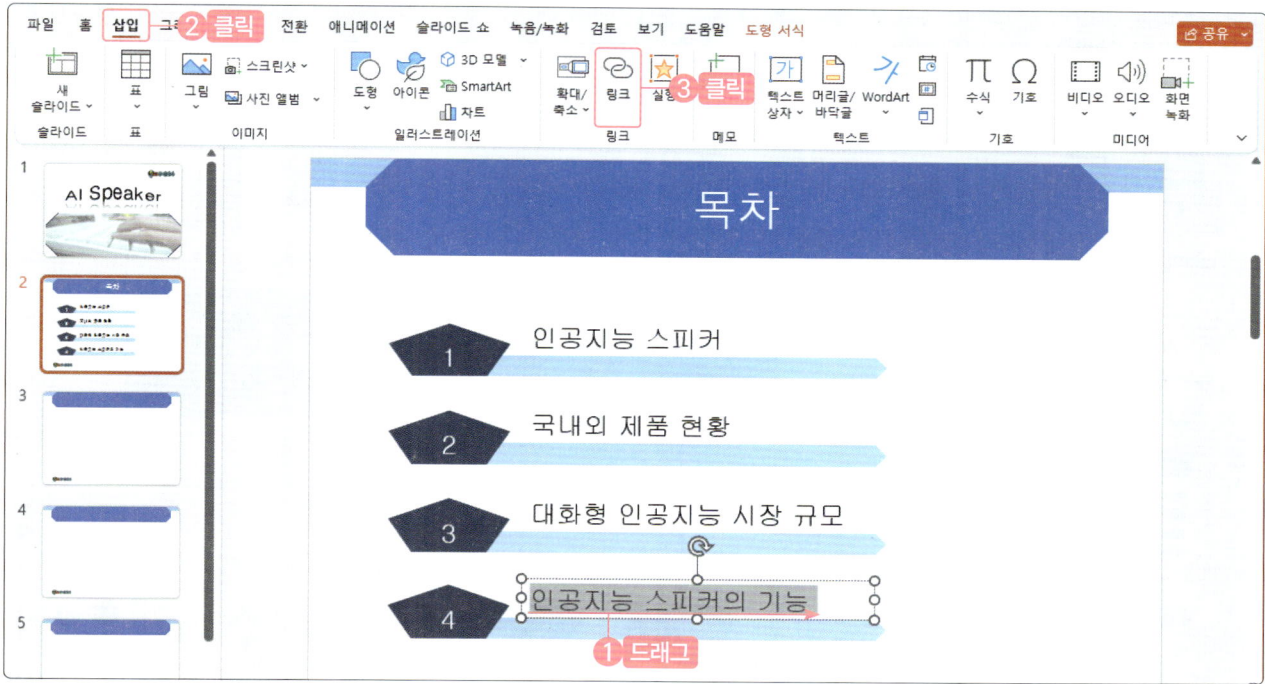

- 하이퍼링크는 도형이 아닌 텍스트에 지정합니다.
- 텍스트를 드래그하여 블록으로 설정한 후 바로가기 메뉴의 (하이퍼링크)를 클릭해도 됩니다.

2 (하이퍼링크 삽입) 대화상자가 나타나면 **연결 대상 (현재 문서)을 클릭**한 후 **이 문서에서 위치(6. 슬라이드 6)를 클릭**한 다음 (확인) 단추를 클릭합니다.

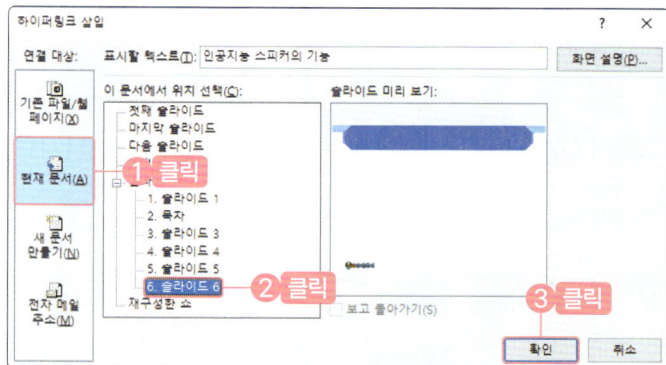

6개의 슬라이드를 미리 만들지 않으면 하이퍼링크를 적용할 수 없으므로 반드시 6개의 슬라이드를 미리 작성해 두어야 합니다.

3 블록으로 설정한 텍스트에 하이퍼링크가 적용되면 파란색 글꼴 색과 밑줄이 표시됩니다.

하이퍼링크를 제거하기 위해서는 하이퍼링크가 적용된 텍스트에서 바로가기 메뉴의 (하이퍼링크 제거)를 클릭하면 하이퍼링크를 제거할 수 있습니다.

STEP 04 그림 삽입하기

《조건》 ② 그림 삽입
- 「내 PC\문서\ITQ\Picture\로고5.jpg」
- 자르기 기능 이용

1 〔삽입〕 탭-〔이미지〕 그룹에서 (**그림**(🖼))을 클릭한 후 (**이 디바이스...**)를 클릭합니다. 그런다음 〔그림 삽입〕 대화상자가 나타나면 **위치(내 PC\문서\ITQ\Picture)**를 지정한 후 **파일(그림5.jpg)**을 클릭한 다음 〔**삽입**〕 단추를 클릭합니다.

2 그림이 삽입되면 〔그림 서식〕 정황 탭-〔크기〕 그룹에서 (**자르기**(⌶))를 클릭합니다.

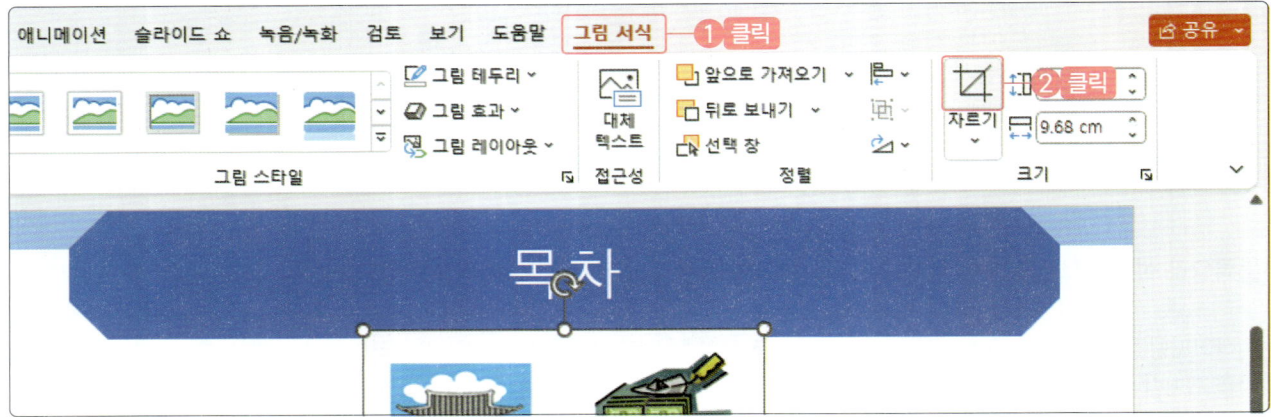

3 그림 모서리의 모양이 ⌐ 모양으로 변경되면 **그림의 모서리 부분을 드래그하여 자를 부분을 지정한 후** Esc **를 눌러 자르기 기능**을 해제합니다.

4 **그림을 드래그하여 위치를 이동**합니다.

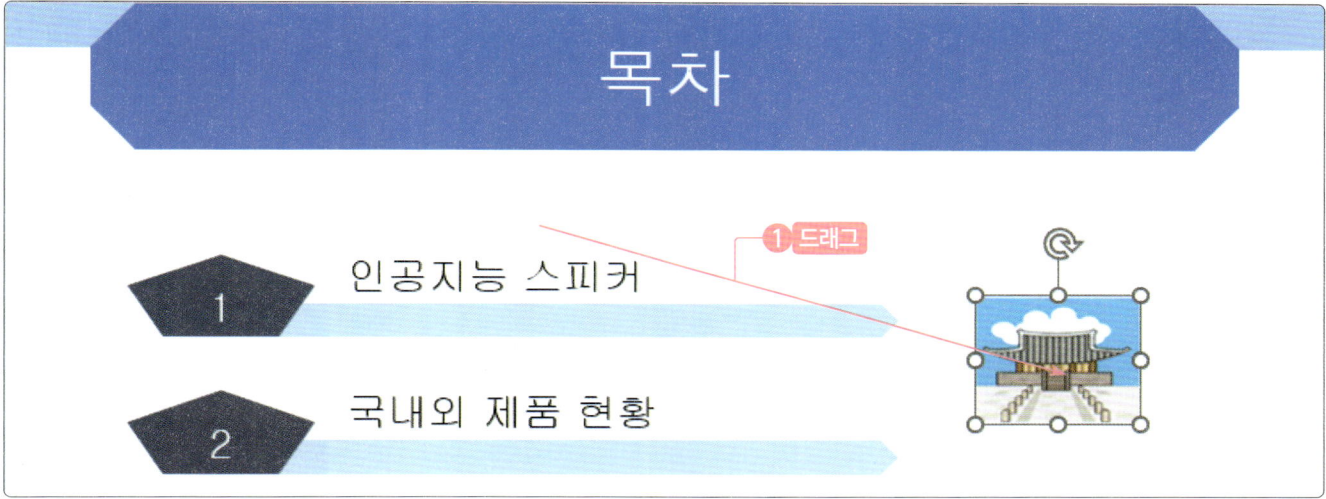

5 목차 슬라이드 작성이 완료되면 빠른 실행 도구 모음에서 **(저장(🖫))을 클릭**합니다.

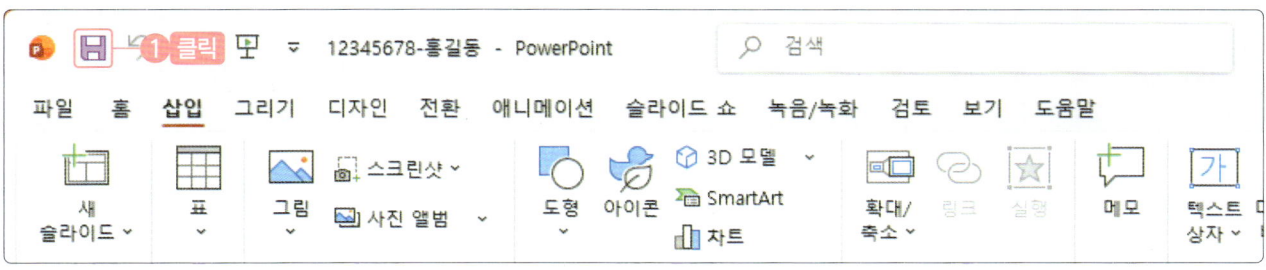

[파일] 탭-[저장]을 클릭하거나 Ctrl + S 를 눌러 답안을 저장할 수도 있습니다.

목차 슬라이드

유형 01

다음 지시사항 및 세부조건을 참고하여 출력형태에 알맞게 작성하시오.

▶ 소스파일 : Chapter 04₩문제04-01.pptx　　▶ 완성파일 : Chapter 04₩문제04-01_완성.pptx

(1) 출력형태와 같이 도형을 이용하여 목차를 작성한다(글꼴 : 돋움, 24pt).
(2) 도형 : 선 없음

《세부조건》

① 텍스트에 하이퍼링크 적용
　　→ '슬라이드 5'

② 그림 삽입
　- 내 PC₩문서₩ITQ₩Picture₩그림4.jpg,
　- 자르기 기능 이용

《출력형태》

유형 02

다음 지시사항 및 세부조건을 참고하여 출력형태에 알맞게 작성하시오.

▶ 소스파일 : Chapter 04₩문제04-02.pptx   ▶ 완성파일 : Chapter 04₩문제04-02_완성.pptx

(1) 출력형태와 같이 도형을 이용하여 목차를 작성한다(글꼴 : 굴림, 24pt).
(2) 도형 : 선 없음

세부조건

① 텍스트에 하이퍼링크 적용
  → '슬라이드 6'

② 그림 삽입
  -「내PC₩문서₩ITQ₩Picture₩그림4.jpg」
  - 자르기 기능 이용

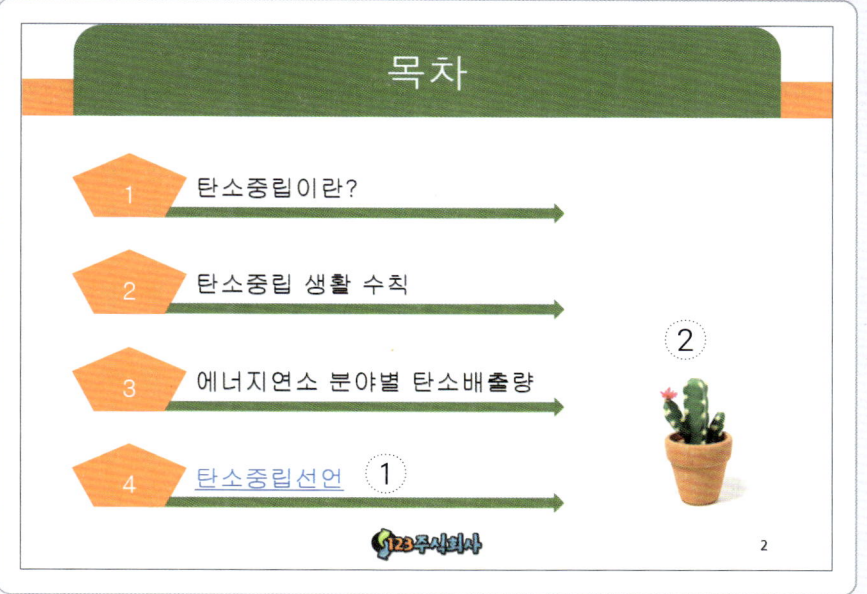

유형 03

다음 지시사항 및 세부조건을 참고하여 출력형태에 알맞게 작성하시오.

▶ 소스파일 : Chapter 04₩문제04-03.pptx   ▶ 완성파일 : Chapter 04₩문제04-03_완성.pptx

(1) 출력형태와 같이 도형을 이용하여 목차를 작성한다(글꼴 : 돋움, 24pt).
(2) 도형 : 선 없음

세부조건

① 텍스트에 하이퍼링크 적용
  → '슬라이드 5'

② 그림 삽입
  -「내PC₩문서₩ITQ₩Picture₩그림4.jpg」
  - 자르기 기능 이용

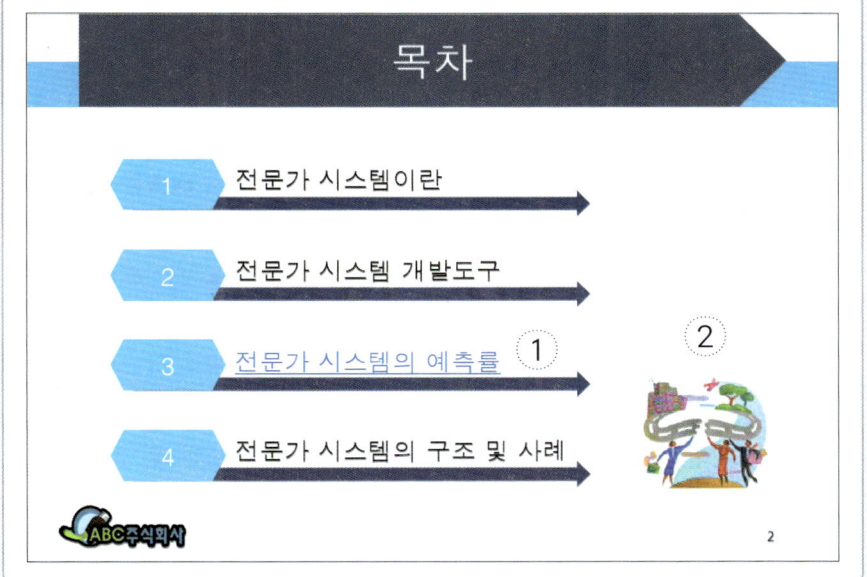

유형 04

다음 지시사항 및 세부조건을 참고하여 출력형태에 알맞게 작성하시오.

▶ 소스파일 : Chapter 04₩문제04-04.pptx   ▶ 완성파일 : Chapter 04₩문제04-04_완성.pptx

(1) 출력형태와 같이 도형을 이용하여 목차를 작성한다(글꼴 : 돋움, 24pt).
(2) 도형 : 선 없음

세부조건

① 텍스트에 하이퍼링크 적용
   → '슬라이드 5'

② 그림 삽입
   - 「내 PC₩문서₩ITQ₩Picture₩그림4.jpg」
   - 자르기 기능 이용

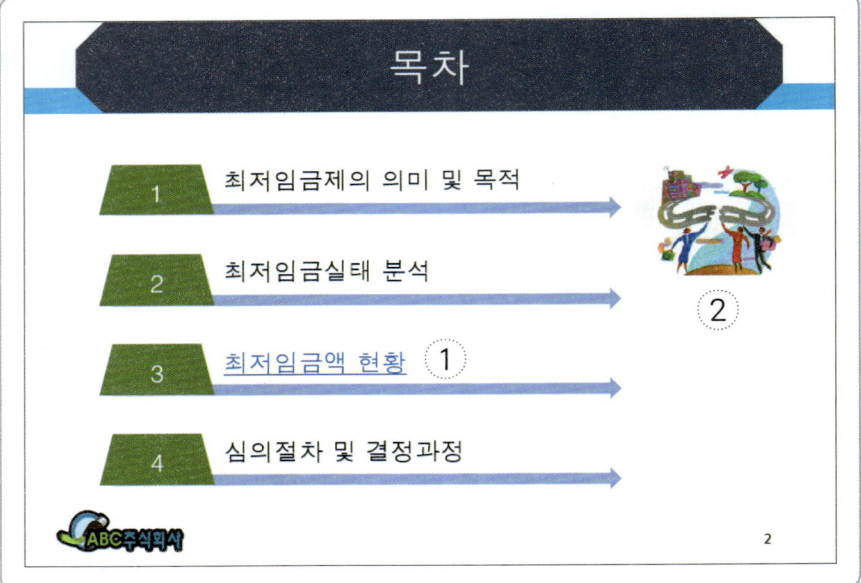

유형 05

다음 지시사항 및 세부조건을 참고하여 출력형태에 알맞게 작성하시오.

▶ 소스파일 : Chapter 04₩문제04-05.pptx   ▶ 완성파일 : Chapter 04₩문제04-05_완성.pptx

(1) 출력형태와 같이 도형을 이용하여 목차를 작성한다(글꼴 : 굴림, 24pt).
(2) 도형 : 선 없음

세부조건

① 텍스트에 하이퍼링크 적용
   → '슬라이드 6'

② 그림 삽입
   - 「내 PC₩문서₩ITQ₩Picture₩그림4.jpg」
   - 자르기 기능 이용

유형 06

다음 지시사항 및 세부조건을 참고하여 출력형태에 알맞게 작성하시오.

▶ 소스파일 : Chapter 04₩문제04-06.pptx   ▶ 완성파일 : Chapter 04₩문제04-06_완성.pptx

(1) 출력형태와 같이 도형을 이용하여 목차를 작성한다(글꼴 : 굴림, 24pt).
(2) 도형 : 선 없음

세부조건

① 텍스트에 하이퍼링크 적용
   → '슬라이드 4'

② 그림 삽입
   - 「내PC₩문서₩ITQ₩Picture₩그림4.jpg」
   - 자르기 기능 이용

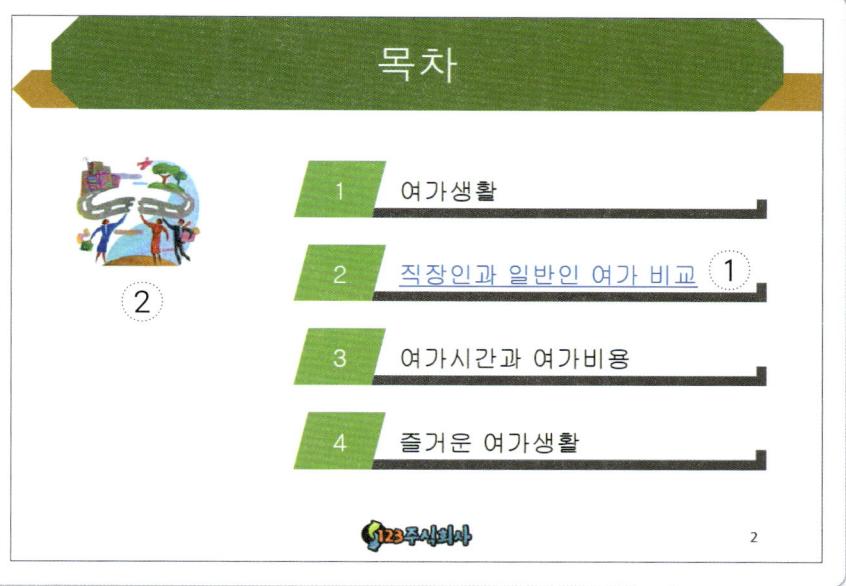

유형 07

다음 지시사항 및 세부조건을 참고하여 출력형태에 알맞게 작성하시오.

▶ 소스파일 : Chapter 04₩문제04-07.pptx   ▶ 완성파일 : Chapter 04₩문제04-07_완성.pptx

(1) 출력형태와 같이 도형을 이용하여 목차를 작성한다(글꼴 : 굴림, 24pt).
(2) 도형 : 선 없음

세부조건

① 텍스트에 하이퍼링크 적용
   → '슬라이드 4'

② 그림 삽입
   - 「내PC₩문서₩ITQ₩Picture₩그림4.jpg」
   - 자르기 기능 이용

05 텍스트/동영상 슬라이드

☑ 텍스트 입력 및 글머리 기호 지정하기　　☑ 단락 서식 지정하기
☑ 동영상 삽입하기

▶ 소스 파일 : Chapter 05₩Ch05.pptx　　▶ 완성 파일 : Chapter 05₩Ch05_완성.pptx

[슬라이드 3]　《텍스트/동영상 슬라이드》　　　　　　　　　　　　　　　　(60점)
(1) 텍스트 작성 : 글머리 기호 사용(➤, ✓)
　　➤문단(굴림, 24pt, 굵게, 줄간격 : 1.5줄), ✓문단(굴림, 20pt, 줄간격 : 1.5줄)

[세부 조건]

① 동영상 삽입 :
　- 「내 PC₩문서₩ITQ₩Picture₩동영상.wmv」
　- 자동실행, 반복재생 설정

출력 형태

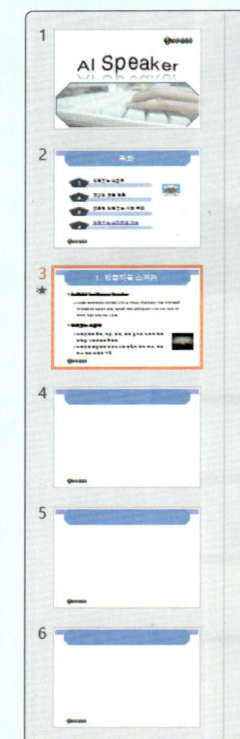

1. 인공지능 스피커

➤ **Artificial Intelligence Speaker**
　✓ Voice command device with a virtual secretary that provides interactive action and hands free activation with the help of more than one hot word

➤ **인공지능 스피커**
　✓ 인공지능은 학습, 추리, 적응, 논증 따위의 기능을 갖춘 컴퓨터 시스템으로 활용됨
　✓ 인공지능 스피커는 음성인식을 통하여 음악 감상, 정보 검색 등의 기능을 수행

①

체크! 체크!

(슬라이드 3) 《텍스트/동영상 슬라이드》

■ **텍스트 입력 및 글머리 기호 지정**
  • 텍스트(한글 또는 영문)를 입력합니다.
  • 첫 번째 단락과 나머지 단락의 목록 수준 및 글머리 기호를 지정합니다.

■ **단락 서식 지정하기**
  • 첫 번째 단락과 나머지 단락을 각각 드래그하여 블록 설정한 후 글꼴 서식을 지정합니다.
  • 텍스트 전체를 드래그하여 블록으로 설정한 후 줄 간격을 지정합니다.
  • 텍스트 상자의 크기를 조절한 후 복사한 다음 텍스트를 수정합니다.

■ **동영상 삽입하기**
  • 동영상은 '내 PC₩문서₩ITQ₩Picture' 폴더에 있는 동영상을 삽입하고 (자동실행)과 (반복재생)을 지정합니다.

STEP 01 텍스트 입력 및 글머리 기호 지정하기

《조건》　(1) 텍스트 작성 : 글머리 기호 사용(▶, ✓)

1 3번 슬라이드를 클릭한 후 제목(1. 인공지능 스피커)을 입력합니다.

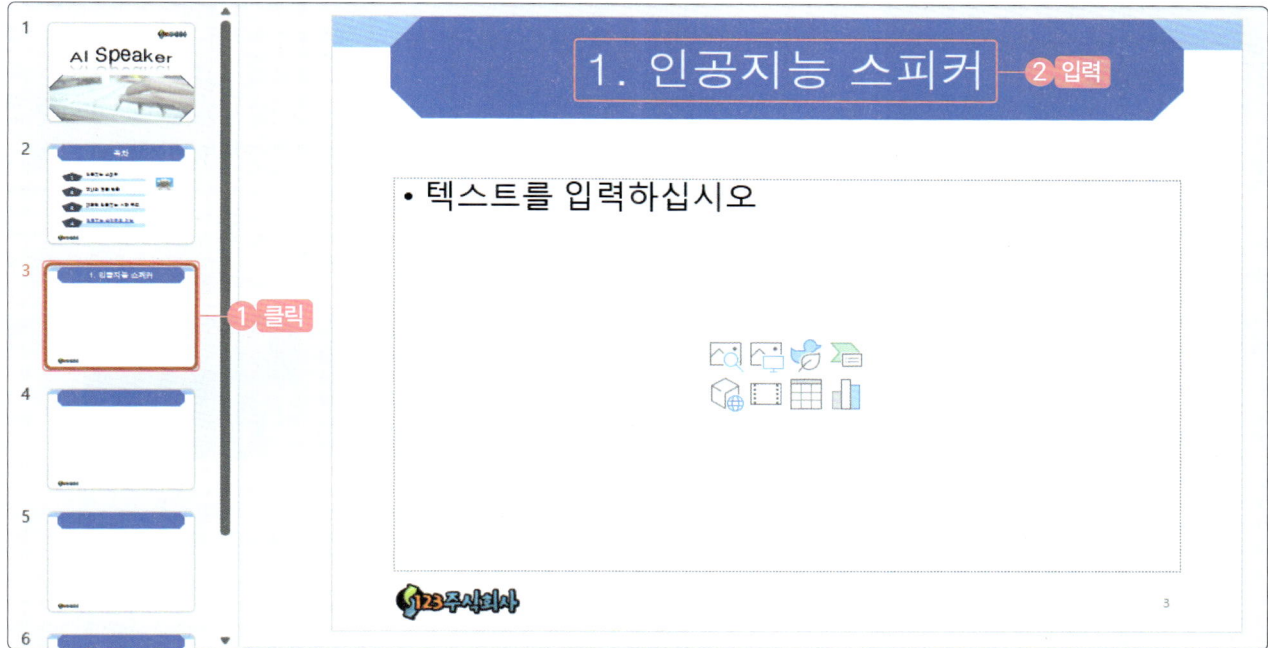

2. **텍스트 상자를 선택**한 후 바로가기 메뉴의 **(도형 서식)**을 **클릭**합니다. 그런다음 (도형 서식) 작업 창이 나타나면 **(텍스트 옵션)**을 **클릭**한 후 **(텍스트 상자(圖))**를 **클릭**한 다음 **(자동 맞춤 안 함)**을 **선택**하고 **(닫기(✕))**를 **클릭**합니다.

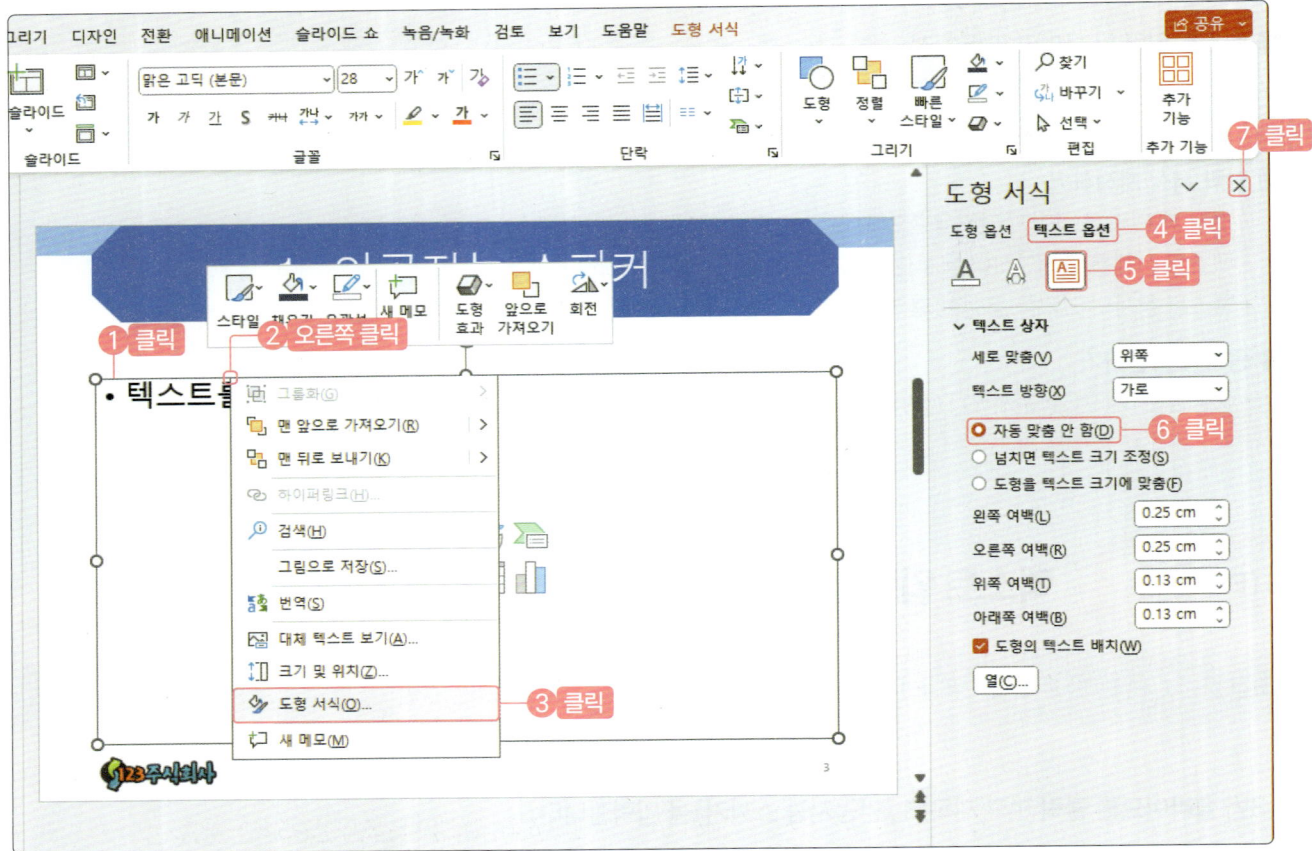

> **자동 맞춤 안 함**
> 텍스트 상자 안에 내용을 입력할 때 텍스트 상자의 크기에 비해 글자 수가 많아 글자가 넘치게 되면 임의로 글꼴 크기 및 줄 간격이 자동으로 조절됩니다. (자동 맞춤 안 함)을 선택하면, 텍스트 상자의 크기와 상관없이 글꼴 크기 및 줄 간격이 고정됩니다.

3. **텍스트 상자를 클릭**한 후 "**Artificial Intelligence Speaker**"를 **입력**합니다.

> **텍스트 빨간 밑줄(맞춤법 검사)**
> 텍스트를 입력할 때 텍스트 아래쪽에 빨간색 밑줄이 생기는 이유는 오탈자 및 맞춤법에 맞지 않을 때 표시됩니다. 빨간색 밑줄이 표시되면 《출력형태》를 확인한 후 텍스트를 입력하고 빨간색 밑줄이 생기더라도 오탈자가 없다면 채점과 무관합니다.

4 Enter를 눌러 줄 바꿈을 한 후 Tab을 눌러 글머리 기호 수준을 한 단계 내린 다음 텍스트를 입력합니다.

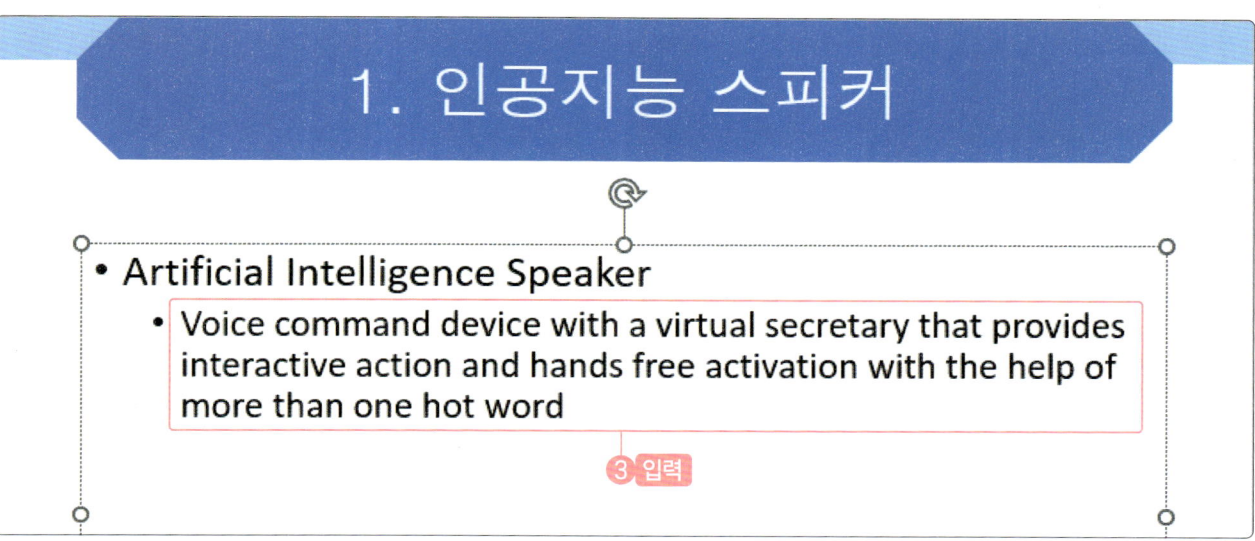

- 목록 수준 늘림 : (홈) 탭-(단락) 그룹에서 (목록 수준 늘림(⊞)) 또는 Tab
- 목록 수준 줄임 : (홈) 탭-(단락) 그룹에서 (목록 수준 줄임(⊞)) 또는 Shift + Tab

5 글머리 기호를 변경하기 위해 **첫 번째 단락에 커서를 위치**한 후 [홈] 탭-[단락] 그룹에서 [글머리 기호]의 [목록(▼)] 단추를 클릭한 다음 [화살표 글머리 기호(➤)]를 클릭합니다.

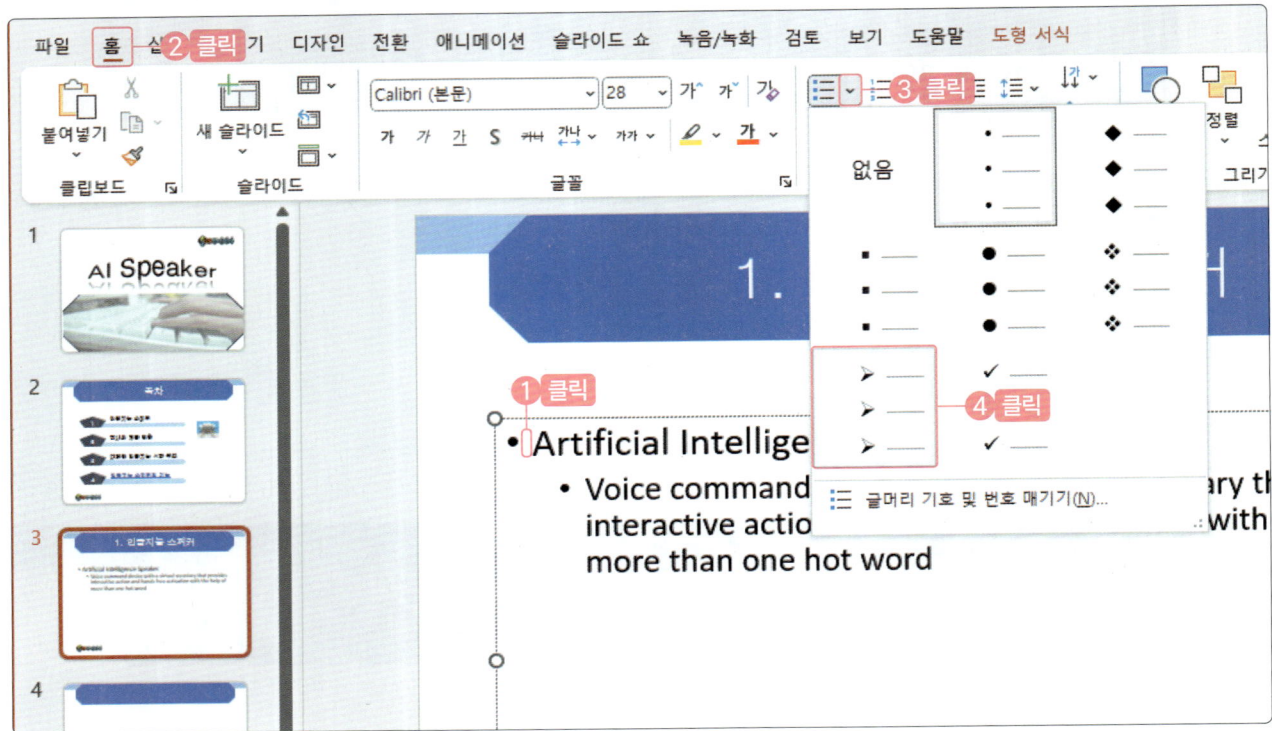

6 두 번째 단락에 커서를 위치한 후 [홈] 탭-[단락] 그룹에서 [글머리 기호]의 [목록(▼)] 단추를 클릭한 다음 [대조표 글머리 기호(✓)]를 클릭합니다.

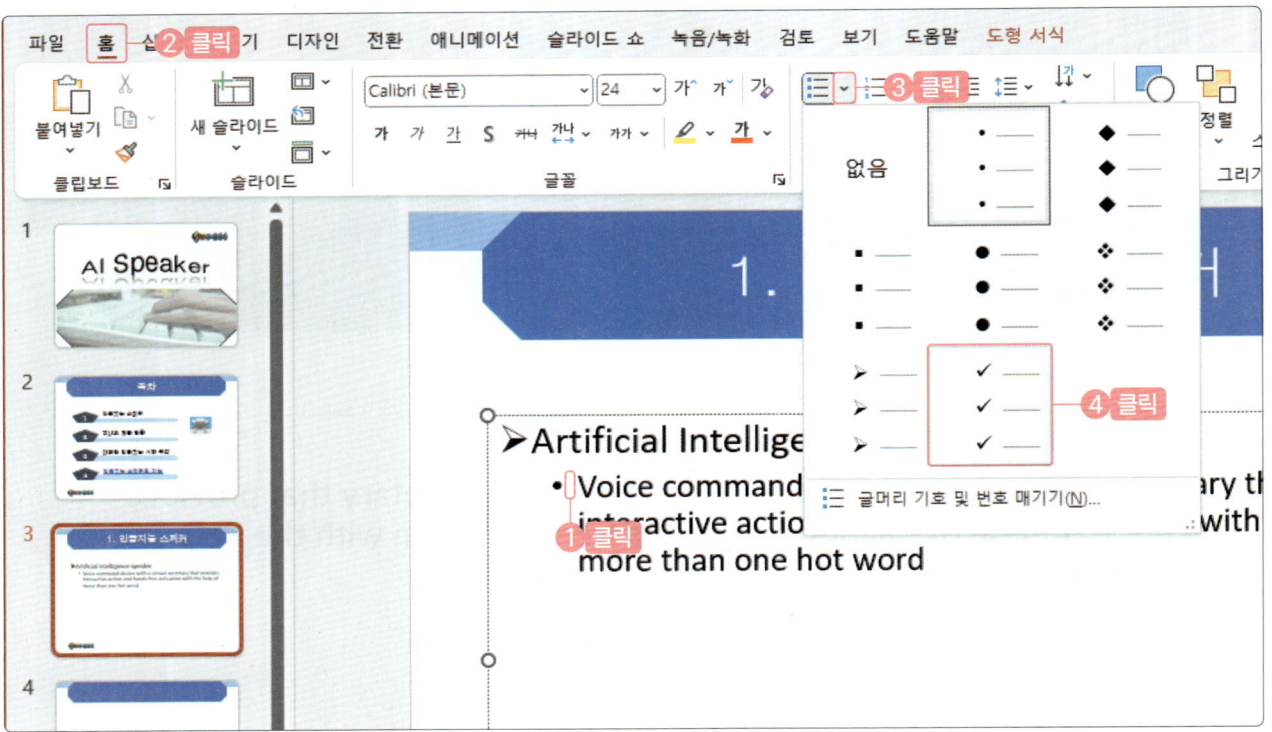

> 단락이 2개 이상일 경우 드래그하여 블록으로 설정한 후 글머리 기호를 지정합니다.

STEP 02 단락 서식 지정하기

《조건》 ▶ 문단(굴림, 24pt, 굵게, 줄간격 : 1.5줄), ✓ 문단(굴림, 20pt, 줄간격 : 1.5줄)

1 첫 번째 단락을 드래그하여 블록으로 설정한 후 [홈] 탭-[글꼴] 그룹에서 **글꼴(굴림)**과 **글꼴 크기(24)**, **[굵게(가)]**를 선택합니다.

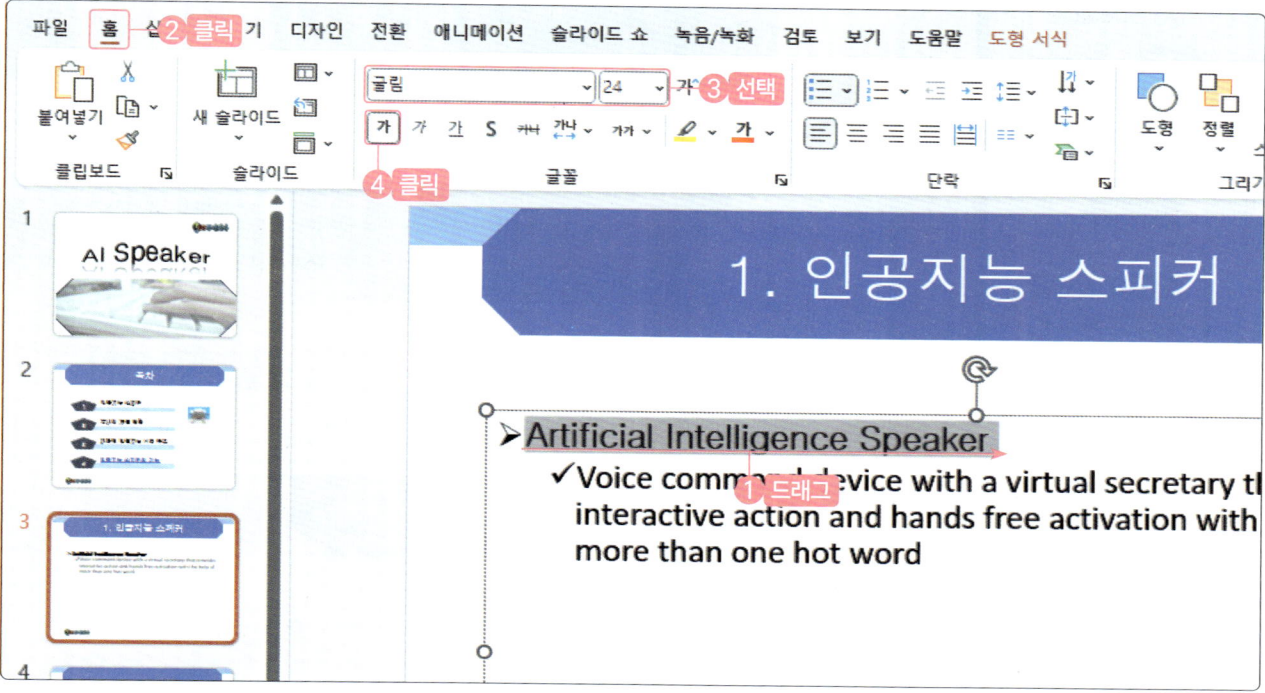

2 두 번째 단락을 드래그하여 블록으로 설정한 후 [홈] 탭-[글꼴] 그룹에서 **글꼴(굴림)**과 **글꼴 크기(20)**를 선택합니다.

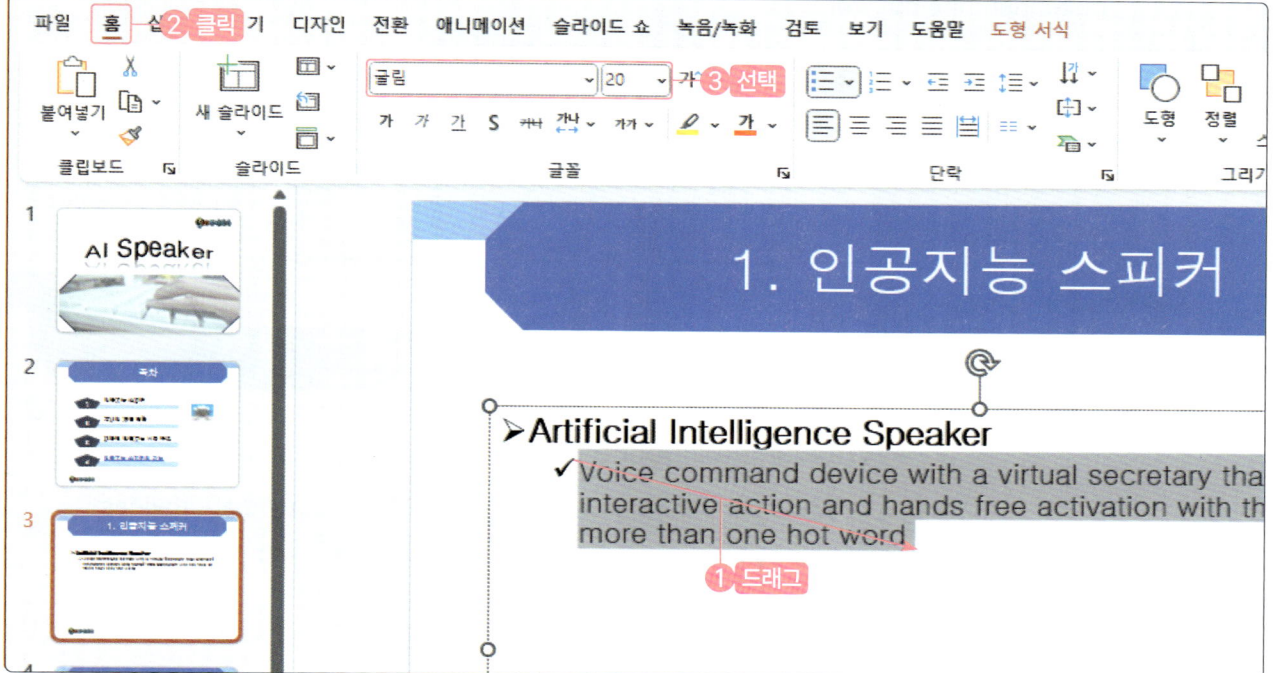

3 텍스트 전체를 드래그하여 블록으로 설정한 후 [홈] 탭-[단락] 그룹에서 [줄 간격(≡)]을 클릭한 다음 [1.5]를 클릭합니다.

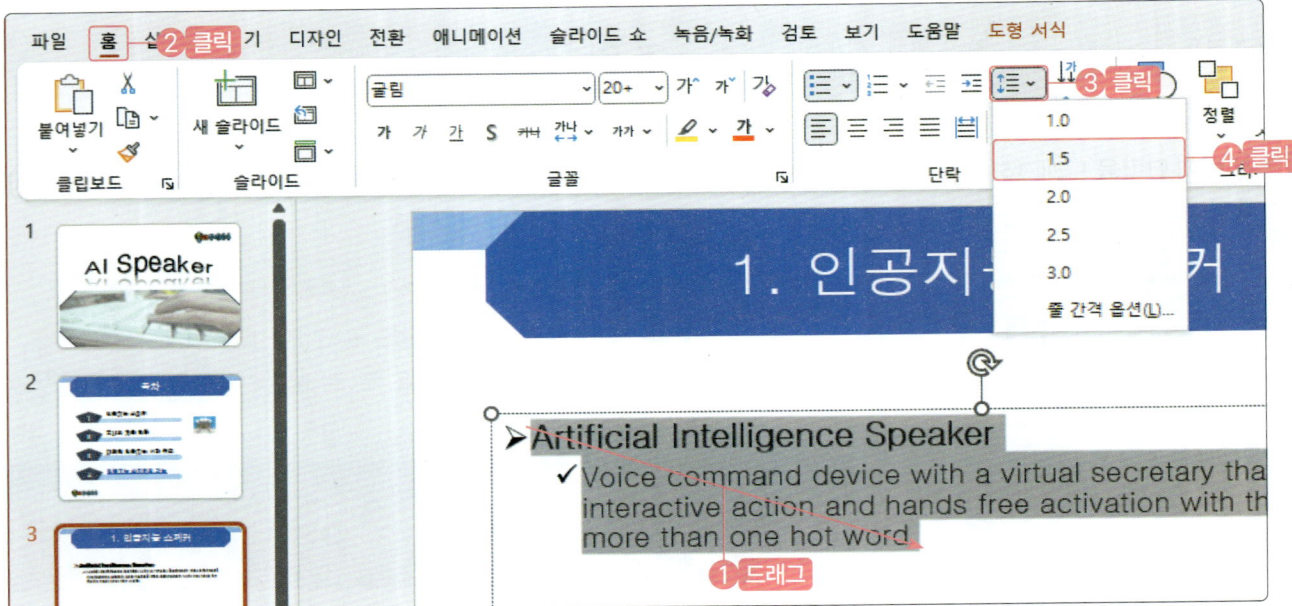

4 텍스트 상자를 선택한 후 크기 조절점을 드래그하여 **크기 및 위치를 조절**합니다.

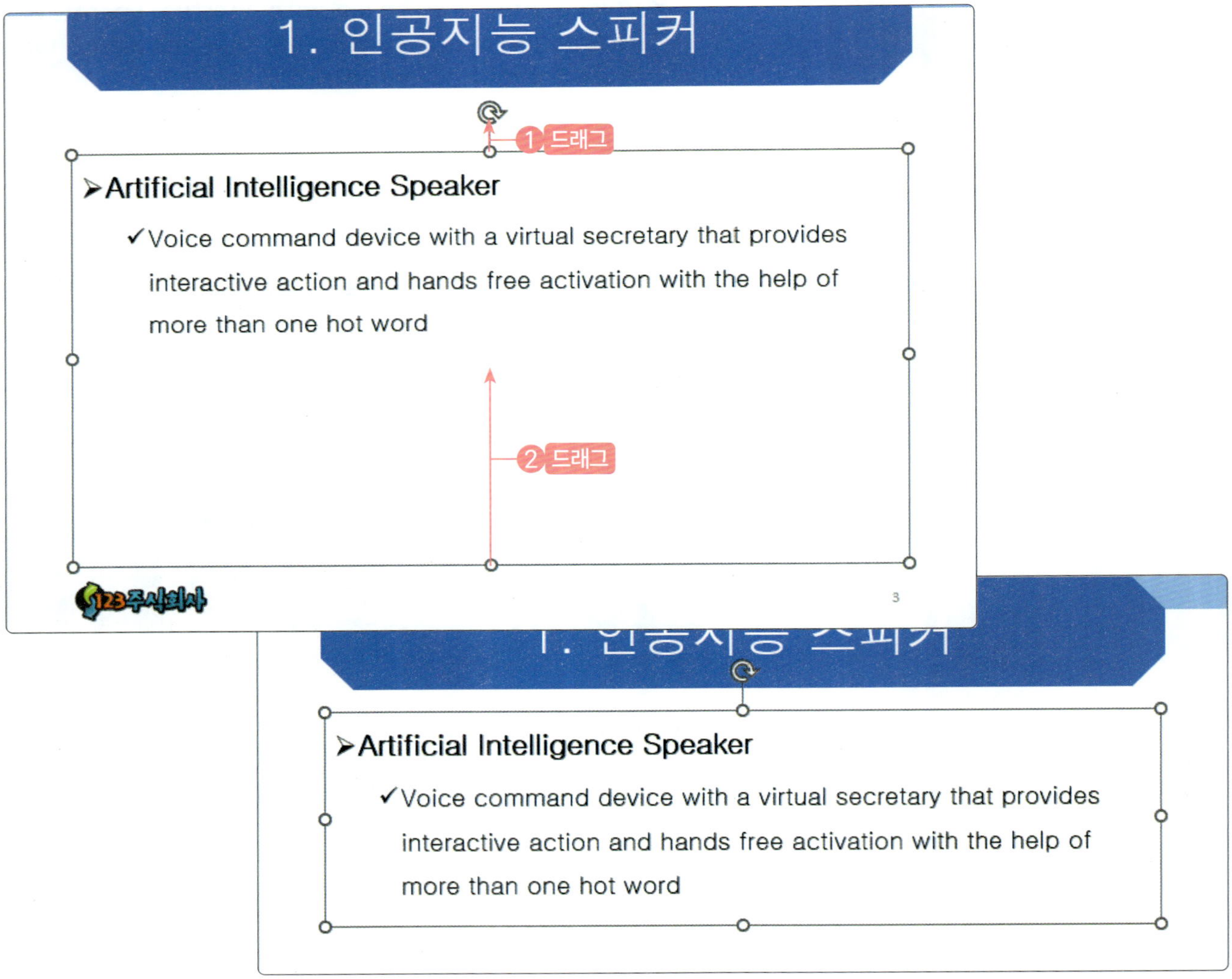

5 텍스트 상자를 Ctrl + Shift 를 누른 상태에서 아래로 드래그하여 복사합니다.

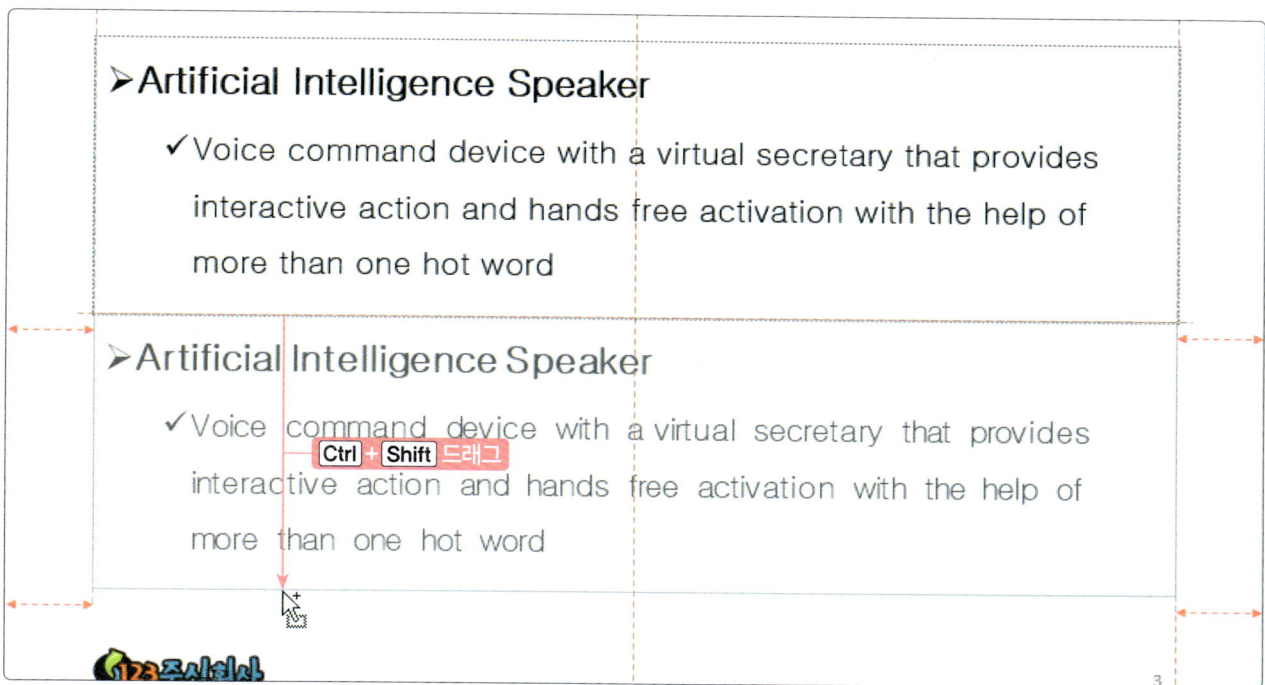

6 텍스트 상자가 복사되면 **텍스트를 수정**합니다.

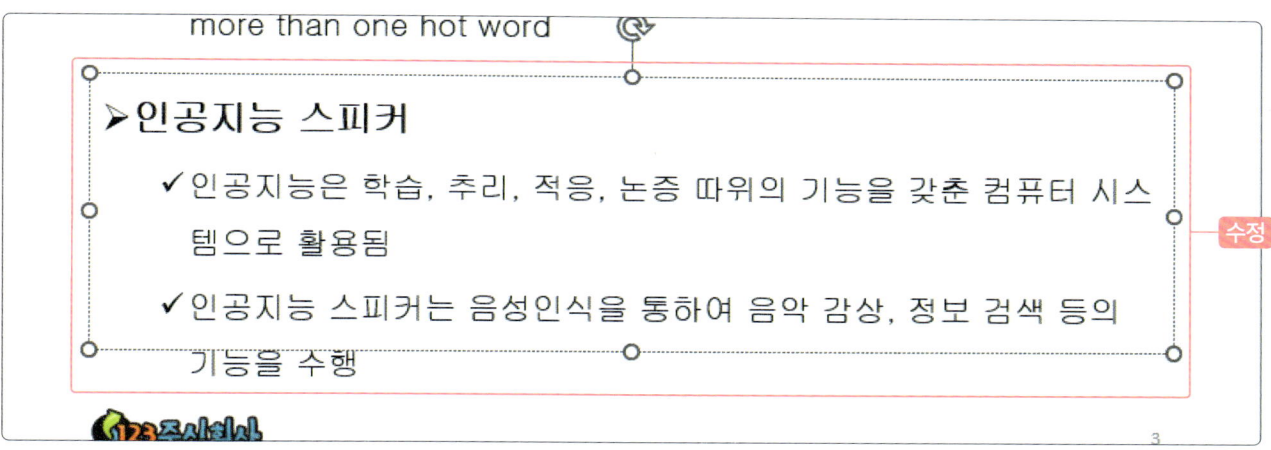

7 텍스트 상자의 크기 조절점을 드래그하여 크기를 조절합니다.

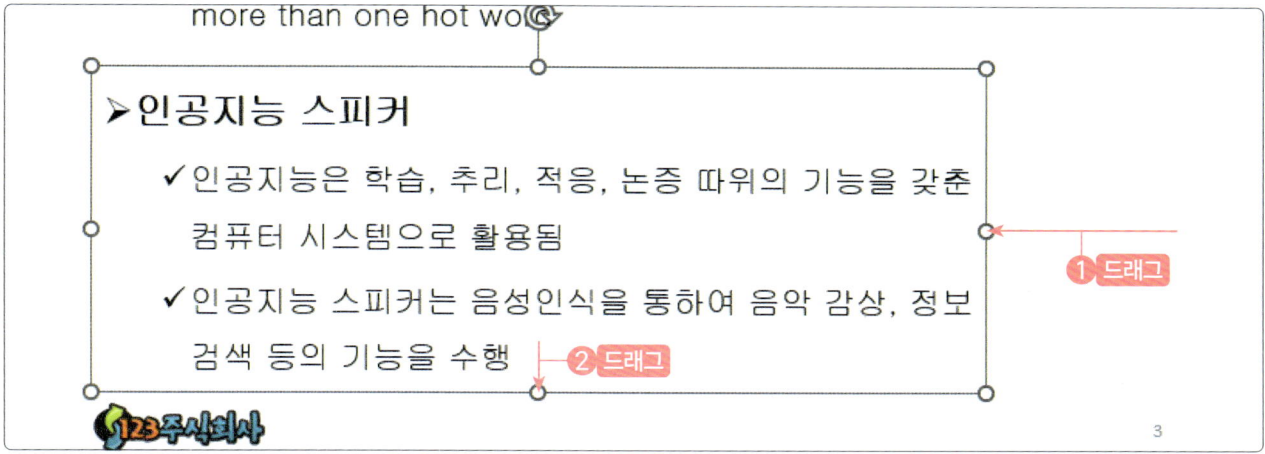

8 [홈] 탭-[단락] 그룹에서 [도형 서식(⌐)]을 클릭합니다.

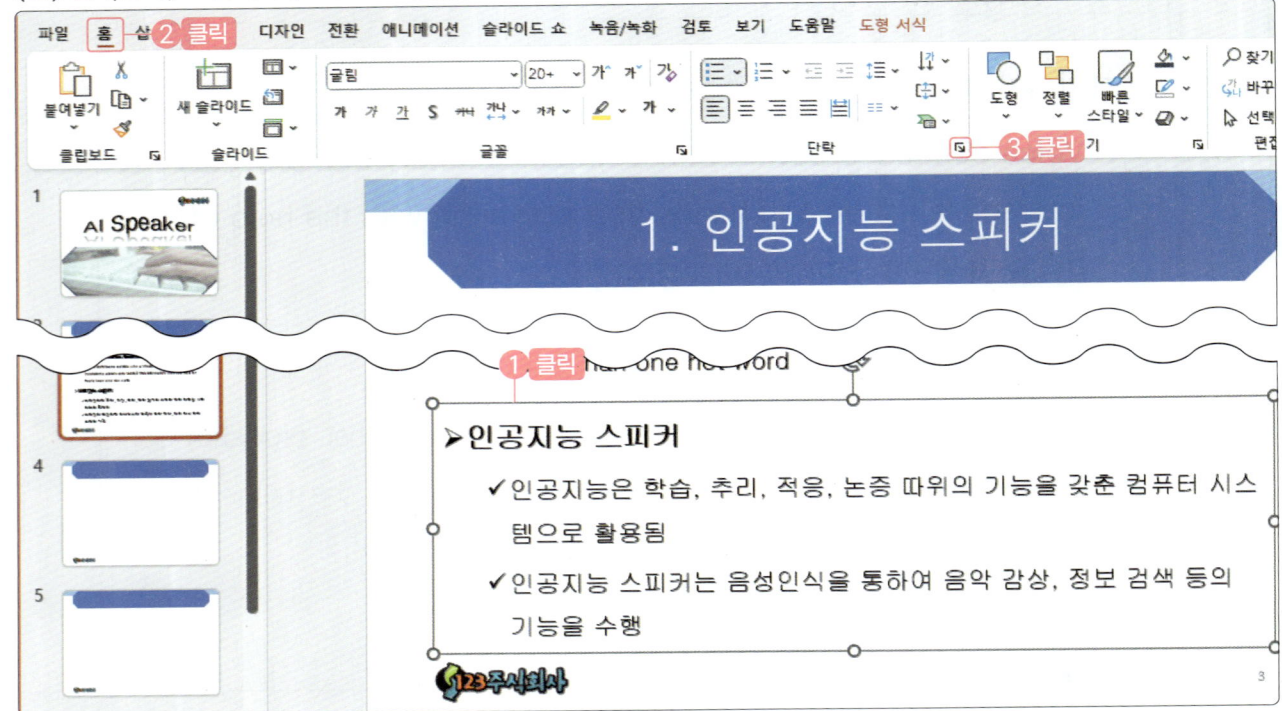

9 [단락] 대화상자가 나타나면 [한글 입력 체계] 탭을 클릭한 후 [한글 단어 잘림 허용]을 선택 해제한 다음 [확인] 단추를 클릭합니다.

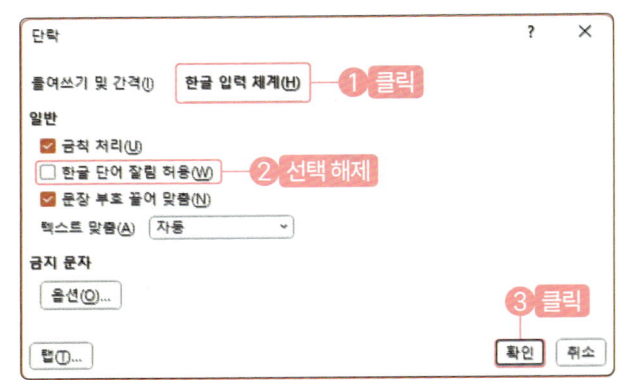

10 오른쪽 단어가 잘리지 않고 다음 줄에 표시됩니다.

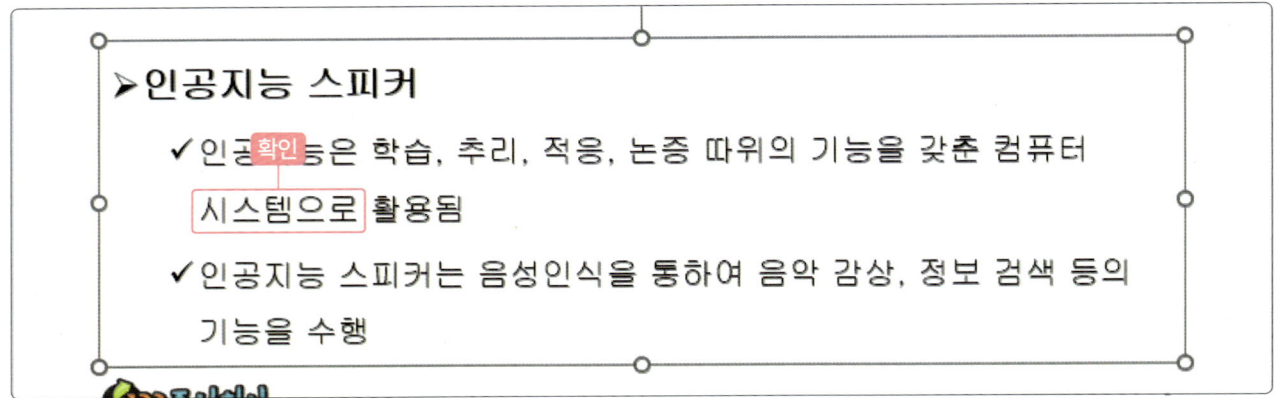

한글을 입력할 때 오른쪽 끝 글자가 《출력형태》 처럼 맞춰지지 않을 경우에는 줄을 바꿀 단어 뒤에서 Shift + Enter 를 눌러 강제로 맞출 수도 있습니다.

STEP 03 　동영상 삽입하기

《조건》　① 동영상 삽입 :
　　　　　- 「내 PC₩문서₩ITQ₩Picture₩동영상.wmv」
　　　　　- 자동실행, 반복재생 설정

1 〔삽입〕 탭-〔미디어〕 그룹에서 **(비디오)**를 클릭한 후 **(이 디바이스...)**를 클릭합니다.

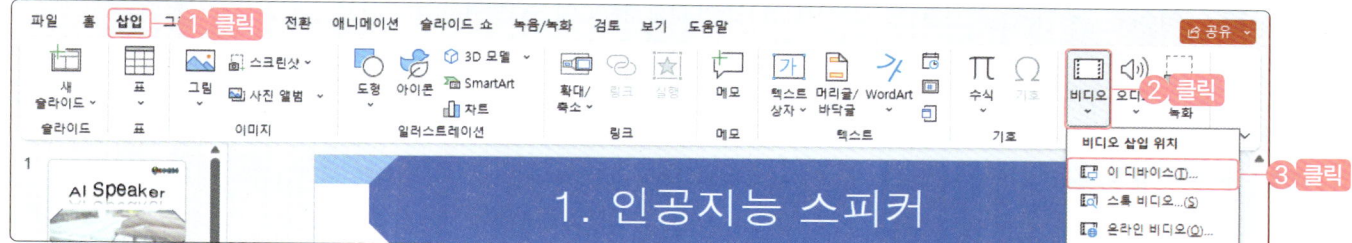

2 〔비디오 삽입〕 대화상자가 나타나면 **위치(내 PC₩문서 ₩ITQ₩Picture)**를 지정한 후 **파일(동영상.wmv)**을 클릭한 다음 〔삽입〕 단추를 클릭합니다.

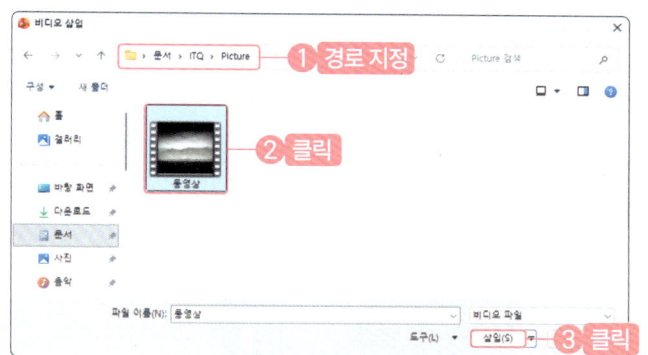

3 동영상이 삽입되면 **위치 및 크기를 조절**한 후 〔재생〕 정황 탭-〔비디오 옵션〕 그룹에서 **(자동 실행)**을 선택한 다음 **(반복 재생)**을 선택합니다.

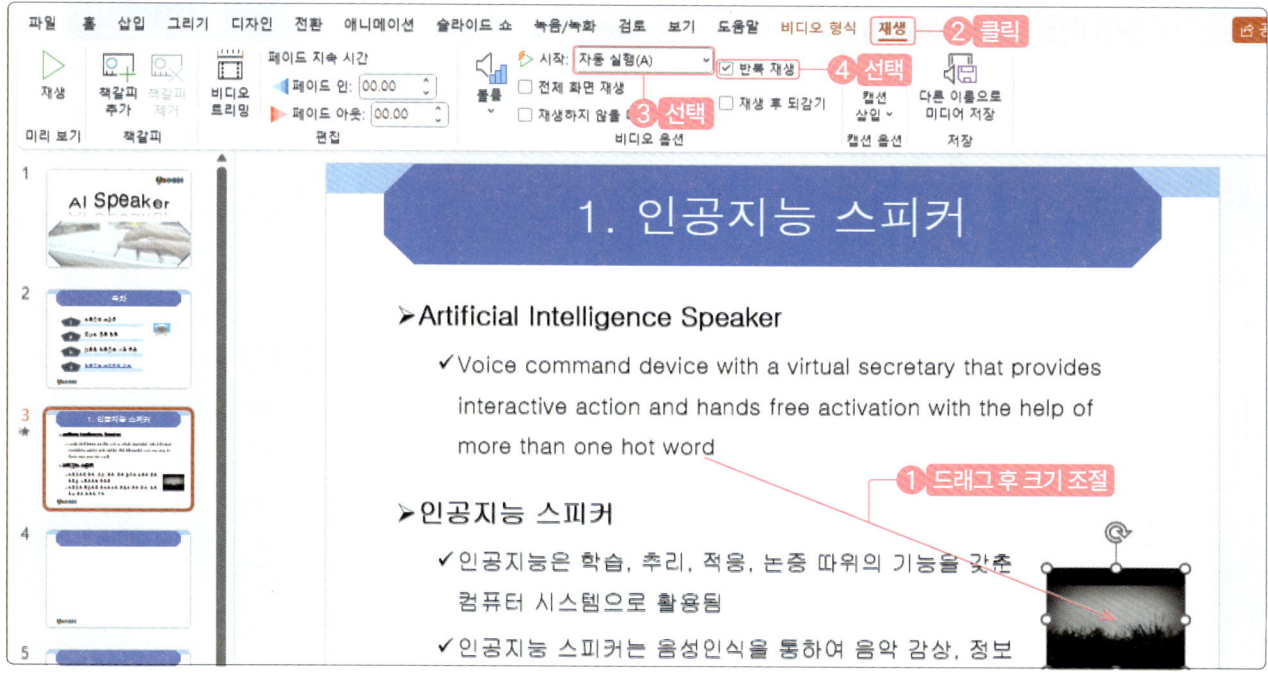

Chapter 05 텍스트/동영상 슬라이드

유형 01

다음 지시사항 및 세부조건을 참고하여 출력형태에 알맞게 작성하시오.

▶ 소스파일 : Chapter 05₩문제05-01.pptx   ▶ 완성파일 : Chapter 05₩문제05-01_완성.pptx

(1) 텍스트 작성 : 글머리 기호 사용(▶, ✓)
    ▶문단(굴림, 24pt, 굵게, 줄간격 : 1.5줄), ✓문단(굴림, 20pt, 줄간격 : 1.5줄)

《세부조건》

① 동영상 삽입 :
  - 내 PC₩문서₩ITQ₩Picture₩동영상.wmv
  - 자동실행, 반복재생 설정

《출력형태》

1. 직지란 무엇인가

▶Jikji
  ✓ UNESCO confirmed Jikji as the world's oldest metalloid type and includes it in memory of the world
  ✓ This was published 78 years prior to Gutenberg's bible

▶직지심체요절
  ✓ 세계에서 가장 오래된 금속활자로 인쇄한 책으로 세계기록문화유산에 등재되어 있으며 구텐베르크 금속활자보다 78년 앞선 우리 문화유산

①

유형 02

다음 지시사항 및 세부조건을 참고하여 출력형태에 알맞게 작성하시오.

▶ 소스파일 : Chapter 05₩문제05-02.pptx   ▶ 완성파일 : Chapter 05₩문제05-02_완성.pptx

(1) 텍스트 작성 : 글머리 기호 사용(❖, ■)
❖문단(굴림, 24pt, 굵게, 줄간격 : 1.5줄), ■문단(굴림, 20pt, 줄간격 : 1.5줄)

세부조건

① 동영상 삽입 :
- 내PC₩문서₩ITQ₩Picture₩동영상.wmv
- 자동실행, 반복재생 설정

1. 탄소중립이란?

❖Carbon neutrality
- Carbon neutrality is a state of net-zero carbon dioxide emissions
- Carbon sinks are any systems that absorb more carbon than they emit, such as forests, soils and oceans

❖탄소중립 기본방향
- 태양광, 풍력, 수력 등 탄소 배출이 없는 에너지원이 에너지 공급 시스템의 중심이 되어야 하며 원료의 재사용, 제품의 지속가능성을 높이는 순환형 경제구조로 전환

유형 03

다음 지시사항 및 세부조건을 참고하여 출력형태에 알맞게 작성하시오.

▶ 소스파일 : Chapter 05₩문제05-03.pptx   ▶ 완성파일 : Chapter 05₩문제05-03_완성.pptx

(1) 텍스트 작성 : 글머리 기호 사용(◆, ➢)
◆문단(굴림, 24pt, 굵게, 줄간격 : 1.5줄), ➢문단(굴림, 20pt, 줄간격 : 1.5줄)

세부조건

① 동영상 삽입 :
- 내PC₩문서₩ITQ₩Picture₩동영상.wmv
- 자동실행, 반복재생 설정

1. 전문가 시스템이란

◆Expert System
- ➢An expert system also known as a knowledge based system, is a computer program that contains some of the subject-specific knowledge of one or more human experts

◆전문가 시스템이란
- ➢전문가와 같은 지적능력을 갖는 소프트웨어 체계
- ➢전문가를 찾아가지 않더라도 쉽고 저렴한 가격으로 원하는 서비스를 시간제약없이 제공 받을 수 있음

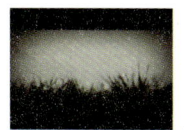

유형 04

다음 지시사항 및 세부조건을 참고하여 출력형태에 알맞게 작성하시오.

▶ 소스파일 : Chapter 05₩문제05-04.pptx ▶ 완성파일 : Chapter 05₩문제05-04_완성.pptx

(1) 텍스트 작성 : 글머리 기호 사용(◆, ➢)
◆문단(굴림, 24pt, 굵게, 줄간격 : 1.5줄), ➢문단(굴림, 20pt, 줄간격 : 1.5줄)

세부조건

① 동영상 삽입 :
- 내PC₩문서₩ITQ₩Picture₩동영상.wmv
- 자동실행, 반복재생 설정

1. 최저임금제의 의미 및 목적

◆ Minimum wage systems
  ➢ The minimum wage system is a wage system that determines wages as part of a social policy by setting up a certain amount of wages and legally banning wages

◆ 최저임금제도의 목적
  ➢ 근로자에 대하여 임금의 최저수준을 보장함으로서 임금 격차가 완화되어 근로자의 생활안정과 소득분배 개선
  ➢ 공정한 경쟁을 촉진하고 경영합리화를 기함

3

유형 05

다음 지시사항 및 세부조건을 참고하여 출력형태에 알맞게 작성하시오.

▶ 소스파일 : Chapter 05₩문제05-05.pptx ▶ 완성파일 : Chapter 05₩문제05-05_완성.pptx

(1) 텍스트 작성 : 글머리 기호 사용(◆, ➢)
◆문단(굴림, 24pt, 굵게, 줄간격 : 1.5줄), ➢문단(굴림, 20pt, 줄간격 : 1.5줄)

세부조건

① 동영상 삽입 :
- 내PC₩문서₩ITQ₩Picture₩동영상.wmv
- 자동실행, 반복재생 설정

1. 탄소 배출량 측정 기준 범위

◆ Scope 3
  ➢ Classified into Scope 1, Scope 2, and Scope 3 according to the measurement range of carbon emitted by a company

◆ 스코프 3
  ➢ 스코프 1 : 탄소 배출 성격과 측정 범위에 따라 생산단계에서 직접 배출
  ➢ 스코프 2 : 동력을 만드는 과정에서 간접 배출
  ➢ 스코프 3 : 물류 및 제품 사용과 폐기과정에서 외부 배출

3

유형 06

다음 지시사항 및 세부조건을 참고하여 출력형태에 알맞게 작성하시오.

▶ 소스파일 : Chapter 05₩문제05-06.pptx   ▶ 완성파일 : Chapter 05₩문제05-06_완성.pptx

(1) 텍스트 작성 : 글머리 기호 사용(❖, ✓)
❖ 문단(굴림, 24pt, 굵게, 줄간격 : 1.5줄), ✓ 문단(굴림, 20pt, 줄간격 : 1.5줄)

세부조건

① 동영상 삽입 :
- 내PC₩문서₩ITQ₩Picture₩동영상.wmv
- 자동실행, 반복재생 설정

1. 여가생활

❖ Spare time
  ✓ This is time spent away from work and education, as well as necessary activities such as eating and sleeping

❖ 여가생활
  ✓ 개인의 선택권이 보장되는 시간적 활동
  ✓ 직업상의 일이나 집안일, 이동, 교육 등의 의무시간과 수면, 식사 등의 필수시간에서 자유로운 선택적인 시간을 보내는 생활

유형 07

다음 지시사항 및 세부조건을 참고하여 출력형태에 알맞게 작성하시오.

▶ 소스파일 : Chapter 05₩문제05-07.pptx   ▶ 완성파일 : Chapter 05₩문제05-07_완성.pptx

(1) 텍스트 작성 : 글머리 기호 사용(❖, ✓)
❖ 문단(굴림, 24pt, 굵게, 줄간격 : 1.5줄), ✓ 문단(굴림, 20pt, 줄간격 : 1.5줄)

세부조건

① 동영상 삽입 :
- 내PC₩문서₩ITQ₩Picture₩동영상.wmv
- 자동실행, 반복재생 설정

1. 화학요법과 항암제

❖ About the Chemotherapy
  ✓ Chemotherapy may be given with a curative intent, or it may aim to prolong life or to reduce symptoms

❖ 항암제
  ✓ 암세포의 분열을 억제하여 악성종양을 치료하기 위한 약제의 총칭
  ✓ 골수기능저하, 구토, 설사 및 변비, 식욕감퇴, 탈모증 등의 여러가지 부작용이 나타날 수 있음

06 표 슬라이드

- ☑ 표 작성하기
- ☑ 상단 도형 작성하기
- ☑ 표 스타일 지정하기
- ☑ 좌측 도형 작성하기

▶ 소스 파일 : Chapter 06₩Ch06.pptx   ▶ 완성 파일 : Chapter 06₩Ch06_완성.pptx

[슬라이드 4] 《표 슬라이드》 (80점)
(1) 도형과 표 작성 기능을 이용하여 슬라이드를 작성한다(글꼴 : 돋움, 18pt).

[세부 조건]

① 상단 도형 :
2개 도형의 조합으로 작성

② 좌측 도형 :
그라데이션 효과(선형 아래쪽)

③ 표 스타일
테마 스타일 1 - 강조 5

[출력 형태]

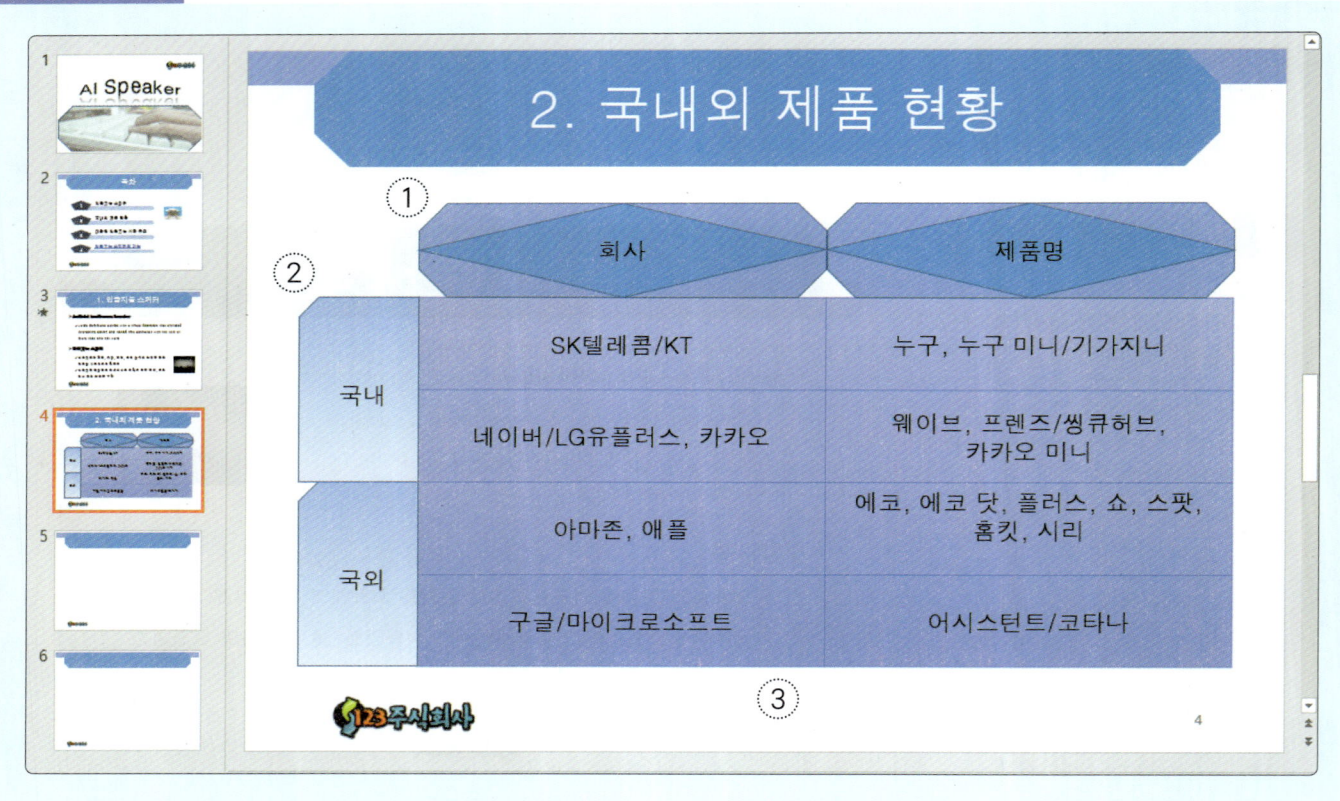

> **체크! 체크!**
>
> **(슬라이드 4) 《표 슬라이드》**
>
> ■ **표 작성하기**
> - 열 개수(칸 수)와 행 개수(줄 수)를 입력하여 표를 삽입합니다.
> - 표 및 셀 크기를 조절한 후 텍스트를 입력합니다.
>
> ■ **표 스타일 지정하기**
> - 표를 선택한 후 (표 도구) 정황 탭-(디자인) 탭-(표 스타일) 그룹에서 (자세히(▼))를 클릭한 다음 '테마 스타일'을 지정합니다.
> - (머리글 행)과 (줄무늬 행)을 선택 해제합니다.
> - 글꼴 서식 및 단락 서식을 지정합니다.
>
> ■ **상단 도형 작성하기**
> - 상단 2개 도형은 《출력형태》를 참고하여 작성하며, 도형 채우기는 임의의 색을 지정합니다.
> - 상단 도형에 텍스트를 입력한 후 글꼴 서식을 지정한 다음 복사합니다.
>
> ■ **그림 삽입**
> - 좌측 도형은 《출력형태》를 참고하여 작성하며, 도형 채우기는 임의의 색을 지정합니다.
> - 좌측 도형에 그라데이션 효과를 지정한 후 도형을 복사합니다.
> - 좌측 도형에 텍스트를 입력한 후 글꼴 서식을 지정합니다.

STEP 01 표 작성하기

1 4번 슬라이드를 클릭한 후 제목(2. 국내외 제품 현황)을 입력합니다.

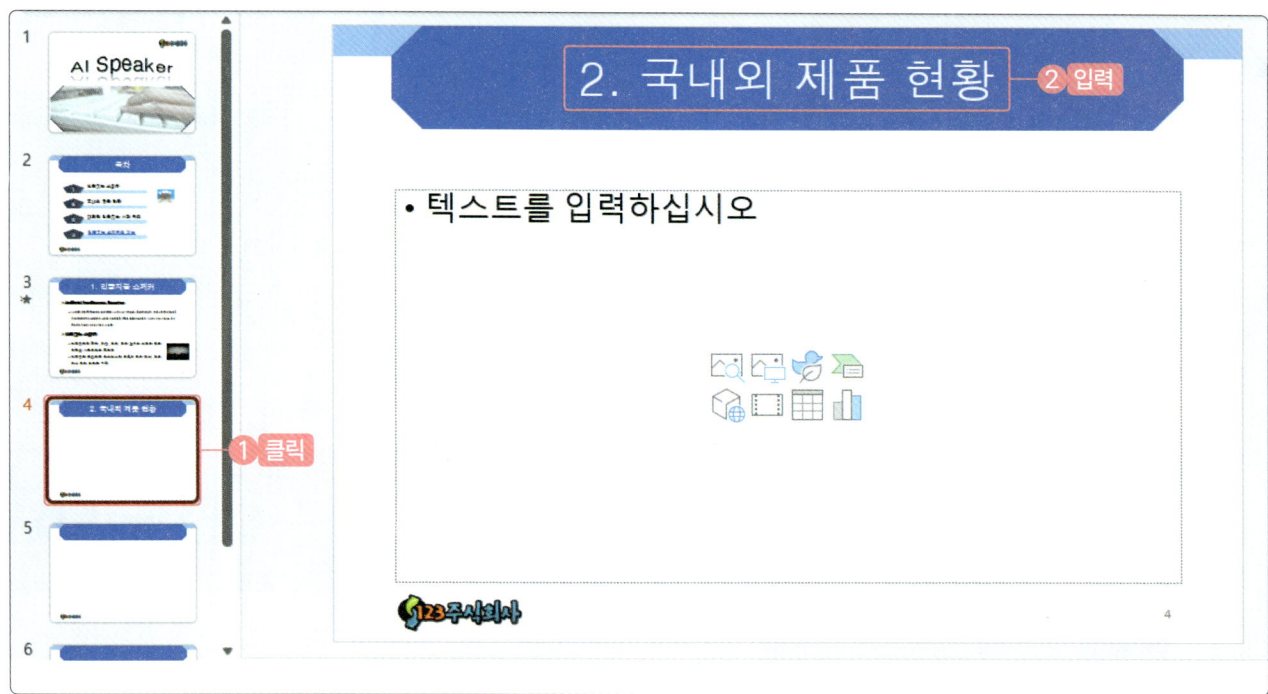

2 텍스트 상자의 (표 삽입(▦)) 아이콘을 클릭합니다.

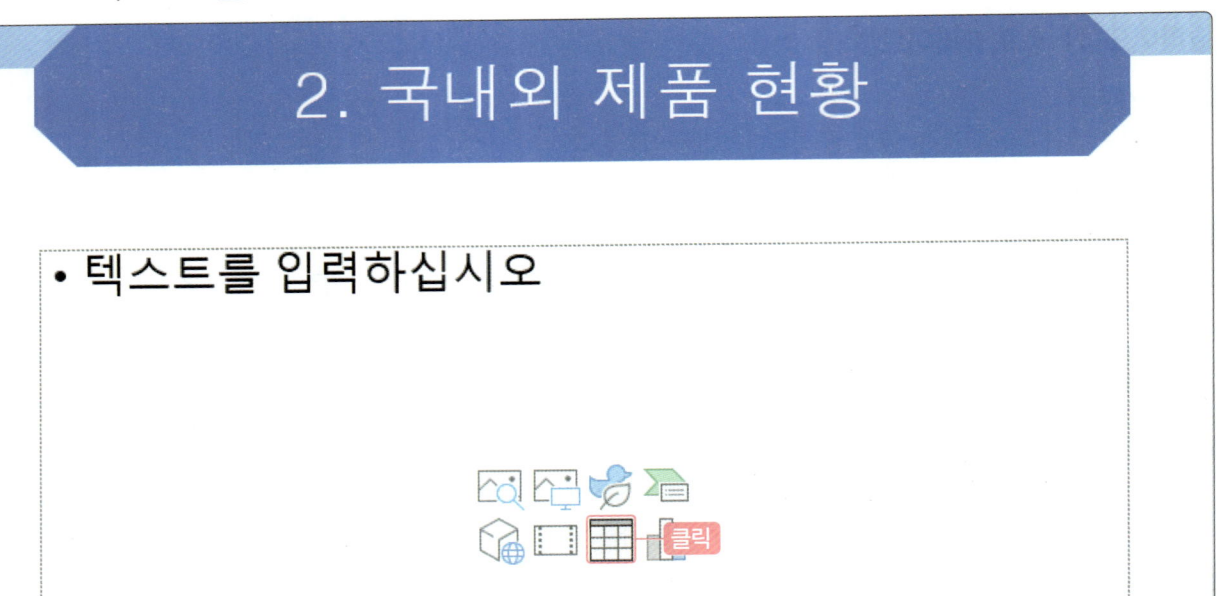

3 (표 삽입) 대화상자가 나타나면 **열 개수(2)와 행 개수(4)를 입력**한 다음 **(확인) 단추를 클릭**합니다.

- 열 개수 : 칸 개수
- 행 개수 : 줄 개수

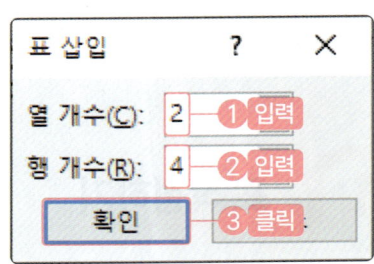

한가지 더!

표 작성하기

❶ 텍스트 상자의 (표 삽입(▦))를 클릭한 후 (표 삽입) 대화상자가 나타나면 열 개수와 행 개수를 입력한 다음 (확인) 단추를 클릭합니다.
❷ (삽입) 탭-(표) 그룹에서 (표)를 클릭한 후 열 개수와 행 개수 만큼 드래그하여 표를 작성합니다.

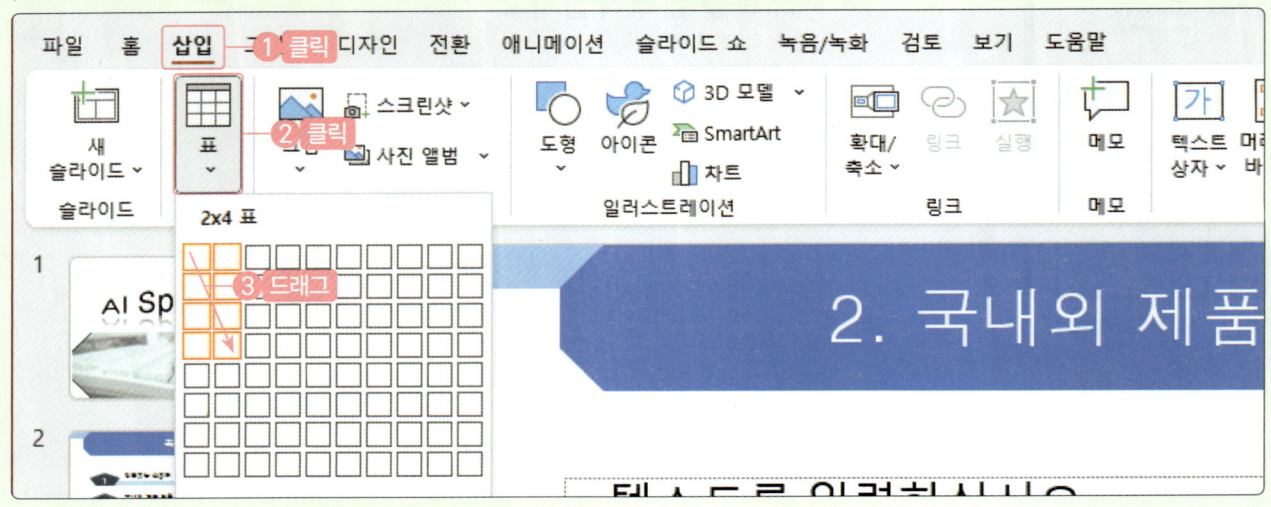

4 표가 삽입되면 **위치를 조절**한 후 **크기 조절점을 드래그하여 크기를 조절**합니다.

5 다음과 같이 **표의 각 셀에 내용을 입력**합니다.

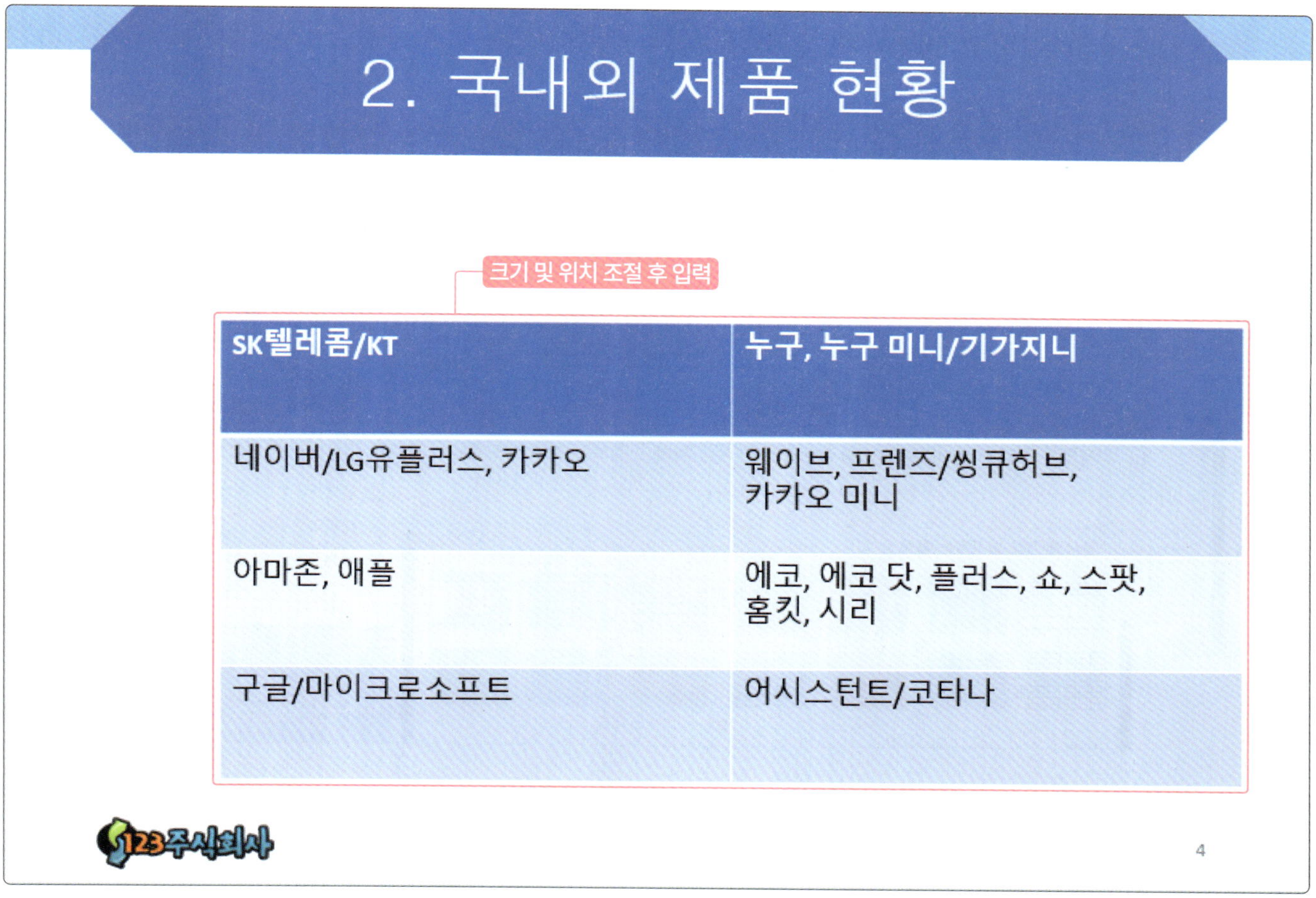

2. 국내외 제품 현황
크기 및 위치 조절 후 입력
SK텔레콤/KT
누구, 누구 미니/기가지니
네이버/LG유플러스, 카카오
웨이브, 프렌즈/씽큐허브, 카카오 미니
아마존, 애플
에코, 에코 닷, 플러스, 쇼, 스팟, 홈킷, 시리
구글/마이크로소프트
어시스턴트/코타나
123주식회사
4

《출력형태》를 참고하여 내용을 입력하며, 줄 간격은 지정하지 않습니다.

한가지 더!

표 크기 조절 / 셀 너비 조절 / 셀 높이 조절

- 표 크기 조절 : 크기 조절점을 드래그합니다.
- 셀 너비 조절 : 표 안의 세로 경계선을 드래그합니다.
- 셀 높이 조절 : 표 안의 가로 경계선을 드래그합니다.

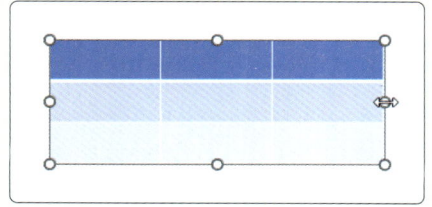

▲ 표 크기 조절

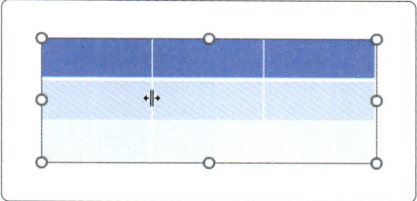

▲ 셀 너비 조절

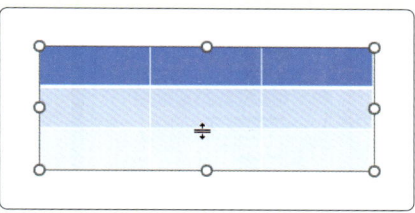

▲ 셀 높이 조절

STEP 02 표 스타일 지정하기

《조건》 (1) 도형과 표 작성 기능을 이용하여 슬라이드를 작성한다(글꼴 : 돋움, 18pt).
③ 표 스타일 : 테마 스타일 1 - 강조 5

1 **표를 선택**한 후 [테이블 디자인] 정황 탭-[표 스타일] 그룹에서 **(자세히( ))**를 클릭한 다음 **[테마 스타일 1 - 강조 5( ])**을 클릭합니다.

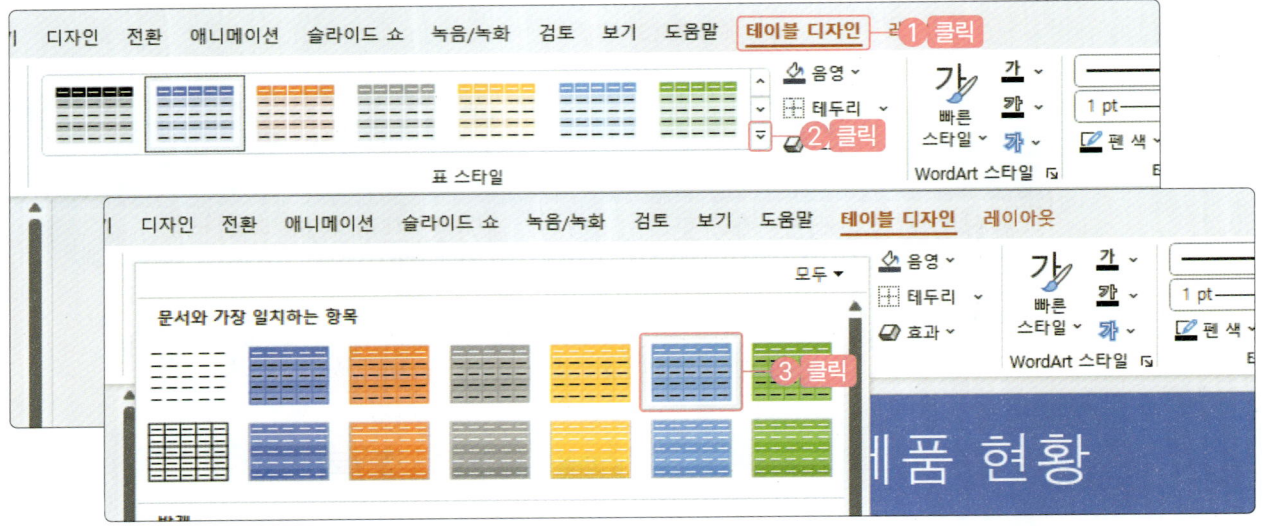

2 [테이블 디자인] 정황 탭-[표 스타일 옵션] 그룹에서 **(머리글 행)과 (줄무늬 행)을 선택 해제**합니다.

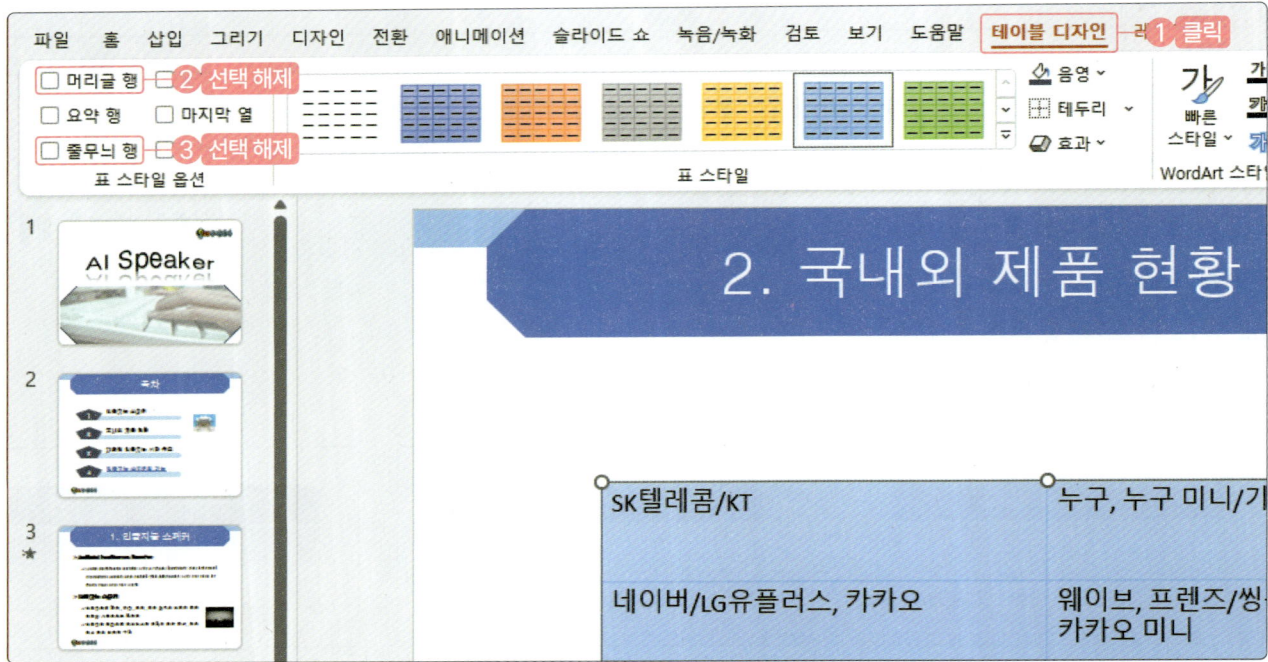

· **머리글 행** : 표의 머리글 행을 설정하거나 해제합니다. 머리글 행은 표의 첫 행 서식을 특별하게 지정합니다.
· **줄무늬 행** : 짝수 행과 홀수 행의 서식이 서로 다른 줄무늬 행을 표시합니다.

3 [홈] 탭-[글꼴] 그룹에서 **글꼴(돋움)과 글꼴 크기(18)를 선택**합니다.

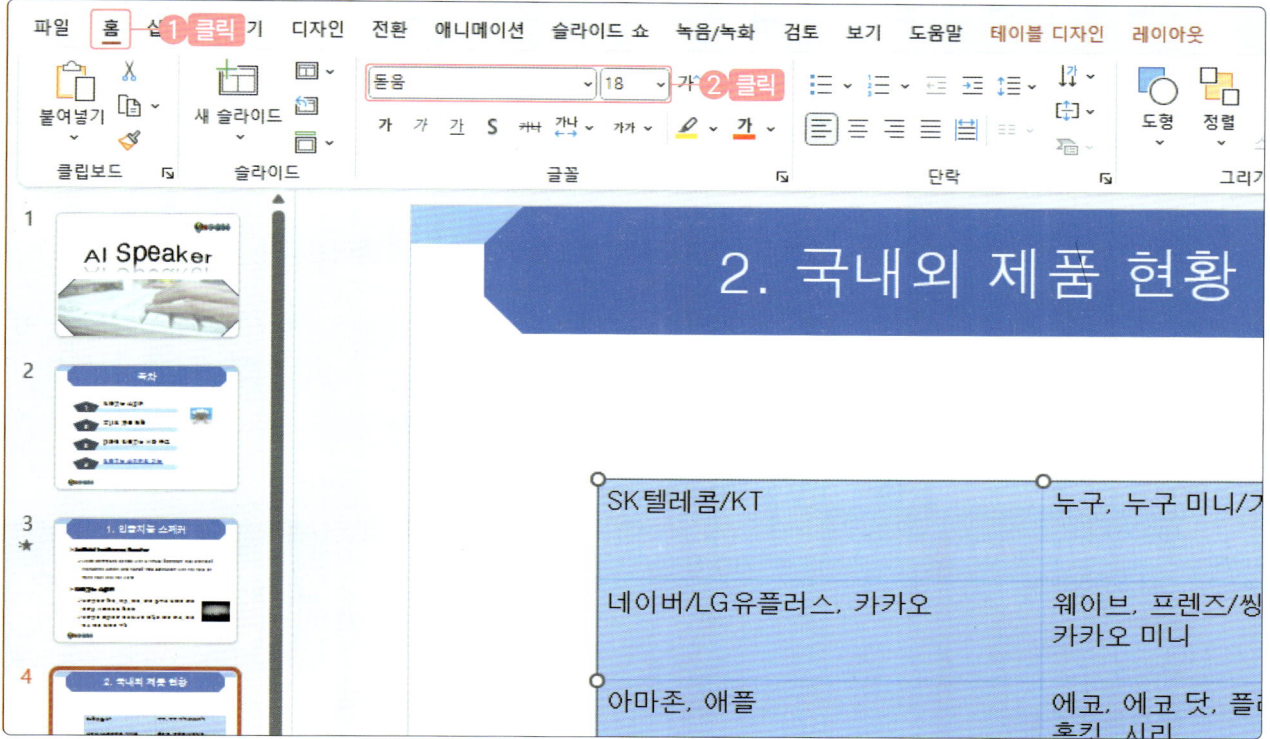

> 글꼴과 글꼴 크기를 지정한 후 표 내용의 오른쪽 끝이 출력형태와 다를 경우 Enter 를 눌러 맞춰줍니다.

4 [홈] 탭-[단락] 그룹에서 **[가운데 맞춤(≡)]을 선택**한 후 **[텍스트 맞춤(⊞)]을 클릭**한 다음 **[중간]을 클릭**합니다.

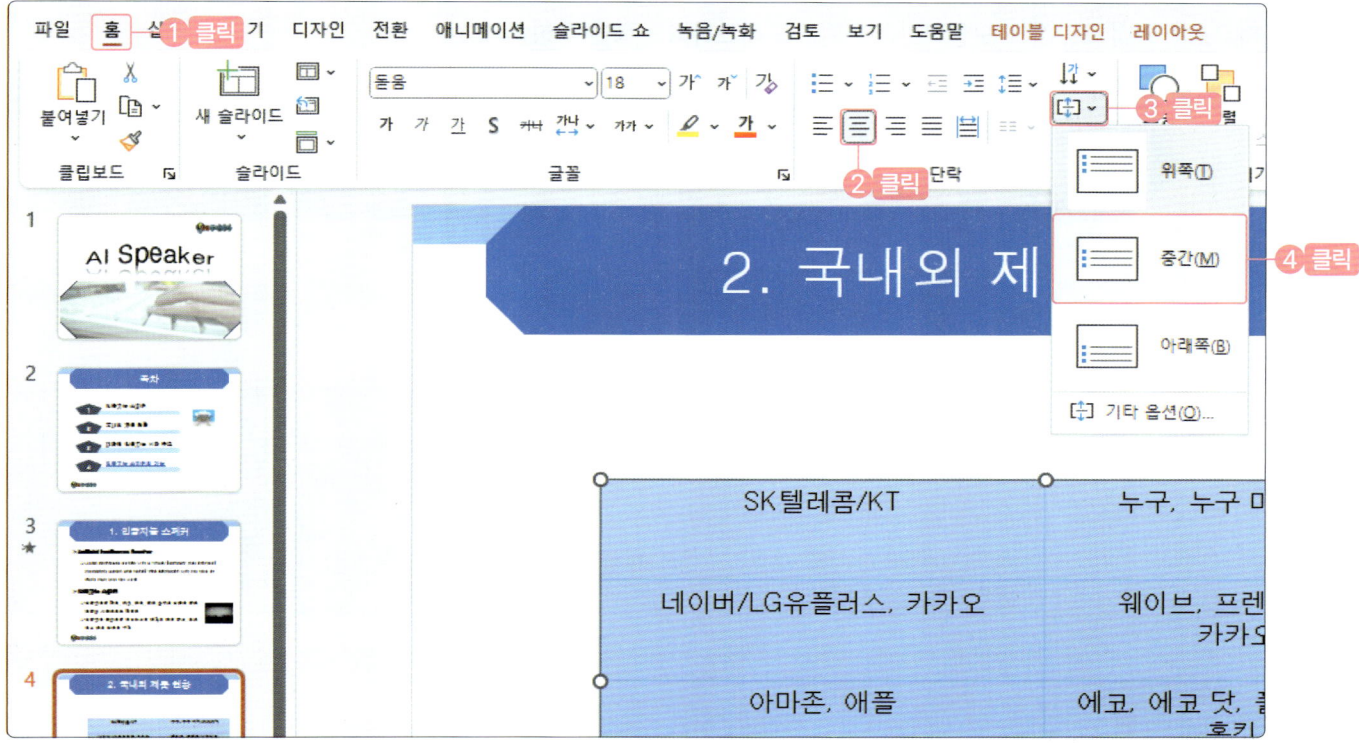

STEP 03   상단 도형 작성하기

《조건》 (1) 도형과 표 작성 기능을 이용하여 슬라이드를 작성한다(글꼴 : 돋움, 18pt).
① 상단 도형 : 2개 도형의 조합으로 작성

1 [삽입] 탭-[일러스트레이션] 그룹에서 **[도형(📷)]**을 클릭한 후 **[팔각형(⬢)]**을 클릭합니다.

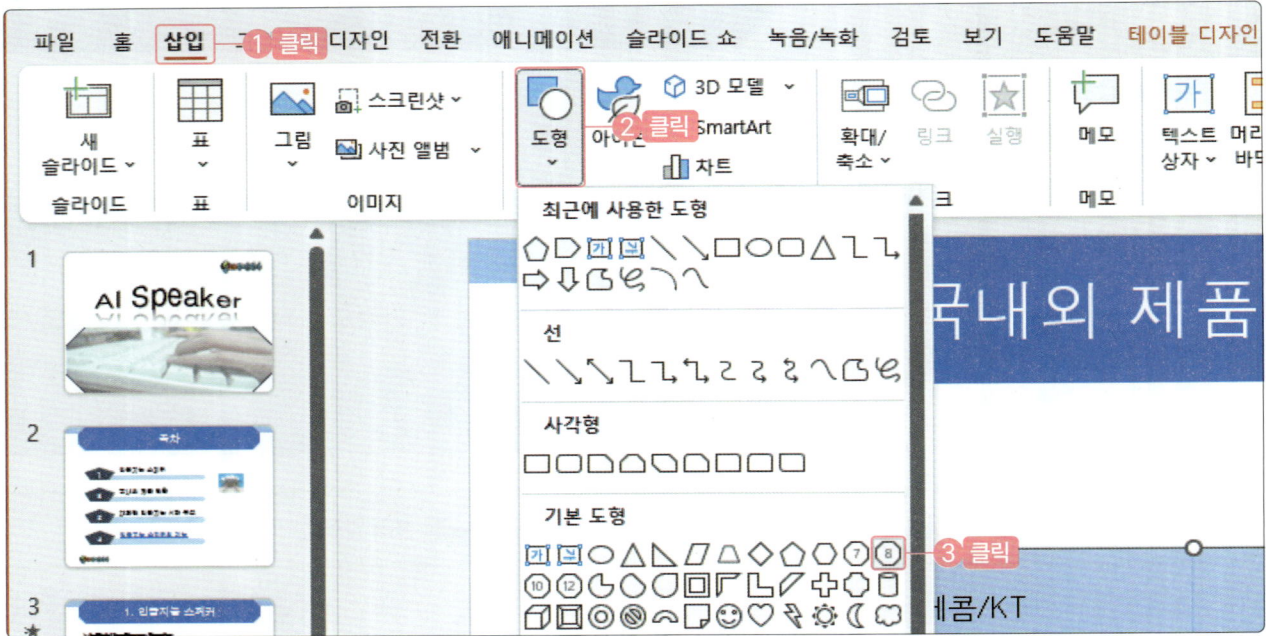

2 마우스 포인터 모양이 + 모양으로 변경되면 **드래그하여 도형을 작성**합니다.

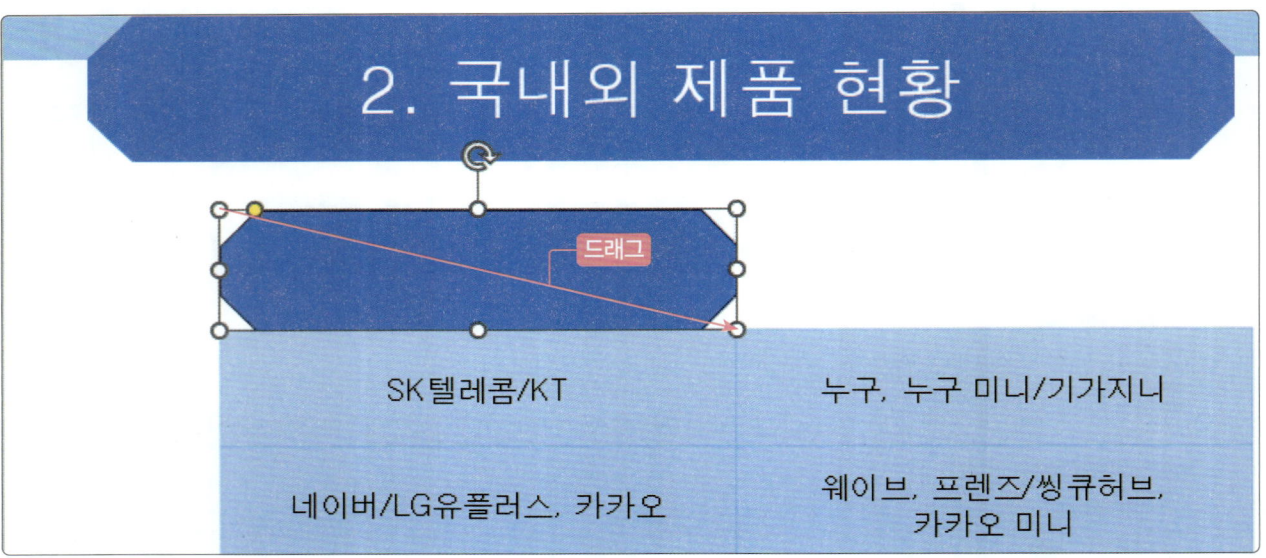

도형 크기 조절
- **Alt+드래그** : Alt를 누른 상태에서 크기 조절점(○)을 드래그하면 크기를 세밀하게 조절할 수 있습니다.
- **Ctrl+드래그** : Ctrl를 누른 상태에서 크기 조절점(○)을 드래그하면 좌우 크기가 같이 조절됩니다.

3 〔도형 서식〕 정황 탭-〔도형 스타일〕 그룹에서 **(도형 채우기)**의 **(목록(▼))** 단추를 클릭한 후 **임의의 색을 지정**합니다.

> 채우기 색은 수험자가 임의의 색을 지정하며 채우기 색을 변경하지 않아도 감점되지 않습니다.

4 〔삽입〕 탭-〔일러스트레이션〕 그룹에서 **(도형(🔘))**을 클릭한 후 **(다이아몬드(◇))**을 클릭합니다.

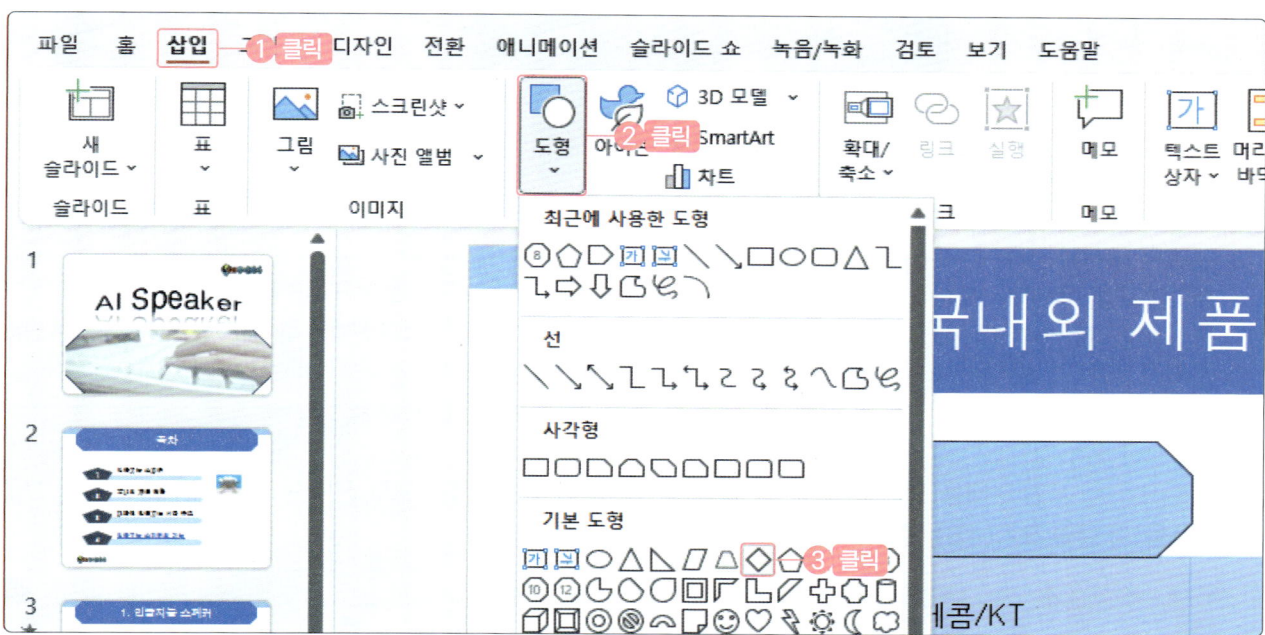

5 마우스 포인터 모양이 + 모양으로 변경되면 **드래그하여 도형을 작성**합니다.

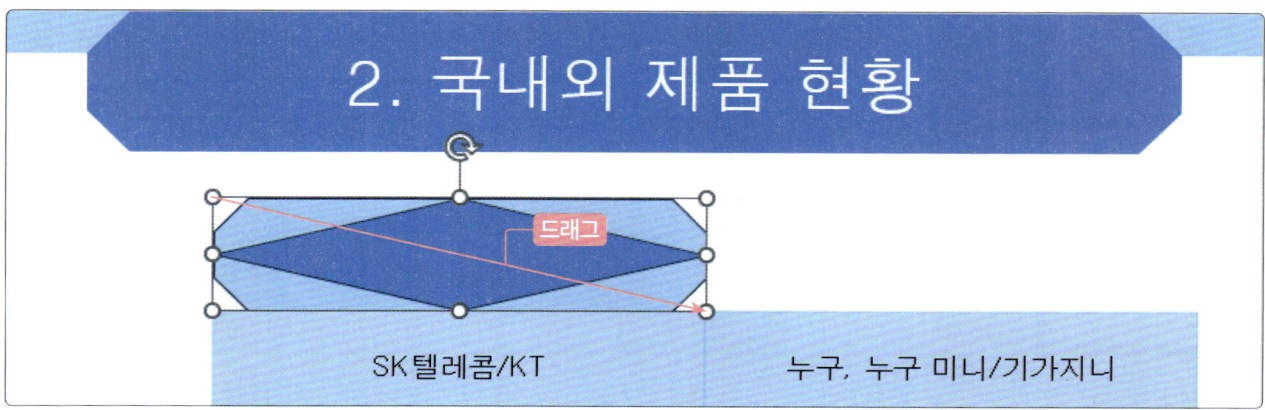

6 [도형 서식] 정황 탭-[도형 스타일] 그룹에서 [도형 채우기]를 클릭한 후 **임의의 색을 지정**합니다.

7 **상단 도형을 드래그하여 선택**한 후 Ctrl과 Shift를 누른 상태에서 드래그하여 **도형을 복사**합니다.

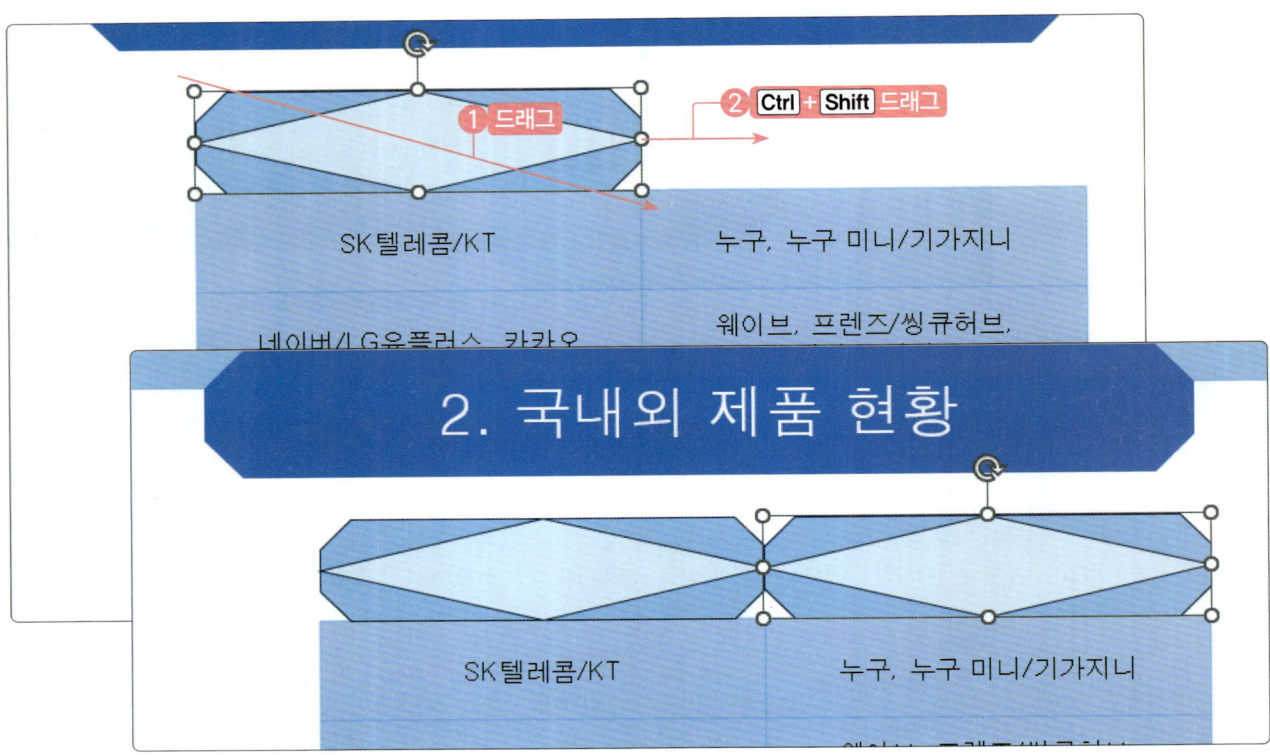

- **하나의 도형 선택하기** : 도형에 마우스 포인트를 가져가 마우스 포인터가 모양으로 변경되면 클릭합니다.
- **여러개의 도형 선택하기** : 도형 보다 넓게 범위를 지정하여 도형을 선택하거나 도형을 선택한 후 Ctrl이나 Shift를 누른 상태에서 다른 도형들을 선택합니다.

8 다이아몬드(◇) 도형에 **내용(회사, 제품명)을 입력**한 후 **다이아몬드 도형을 모두 선택**한 다음 [홈] 탭-[글꼴] 그룹에서 **글꼴(돋움)과 글꼴 크기(18), 글꼴 색(검정, 텍스트 1)을 선택**합니다.

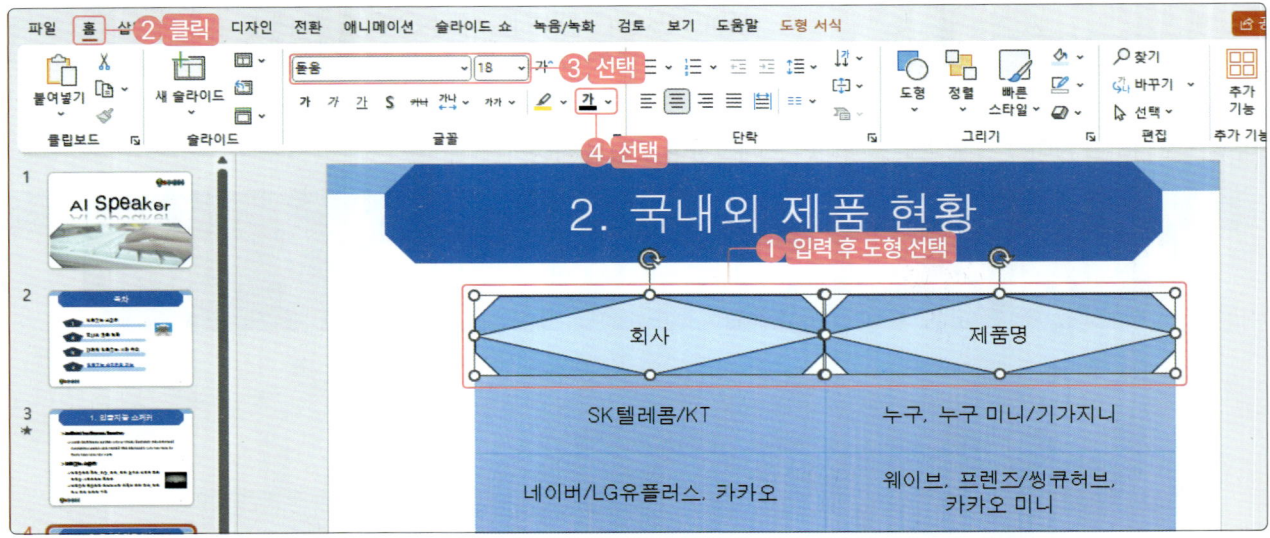

2-76 파워포인트 2021 · 출제유형분석

STEP 04 좌측 도형 작성하기

《조건》 (1) 도형과 표 작성 기능을 이용하여 슬라이드를 작성한다(글꼴 : 돋움, 18pt).
　　　　② 좌측 도형 : 그라데이션 효과(선형 아래쪽)

1 〔삽입〕 탭-〔일러스트레이션〕 그룹에서 〔도형( )〕을 클릭한 후 〔사각형 : 잘린 한쪽 모서리( )〕을 클릭합니다.

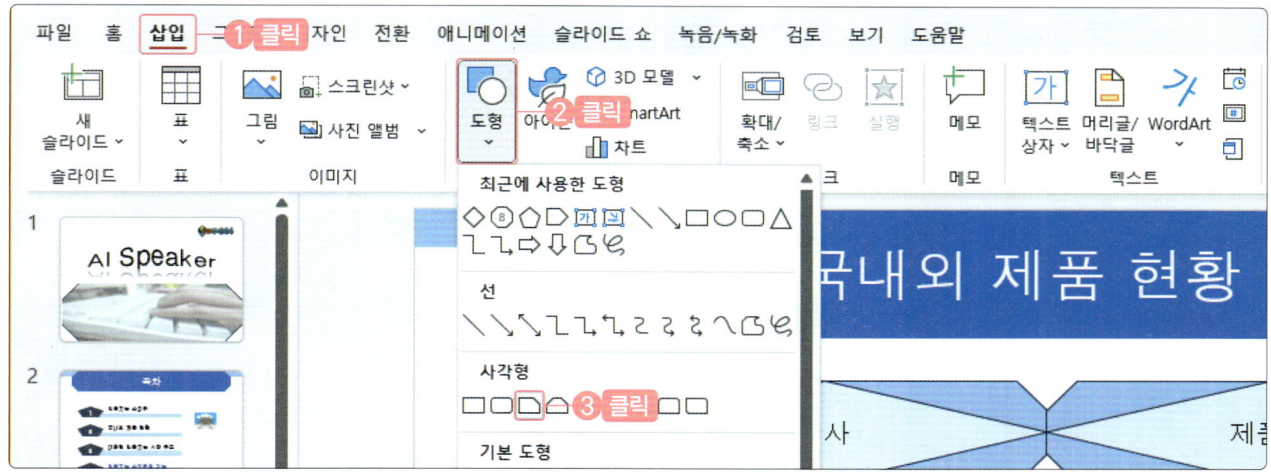

2 마우스 포인터 모양이 + 모양으로 변경되면 **드래그하여 도형을 작성**합니다.

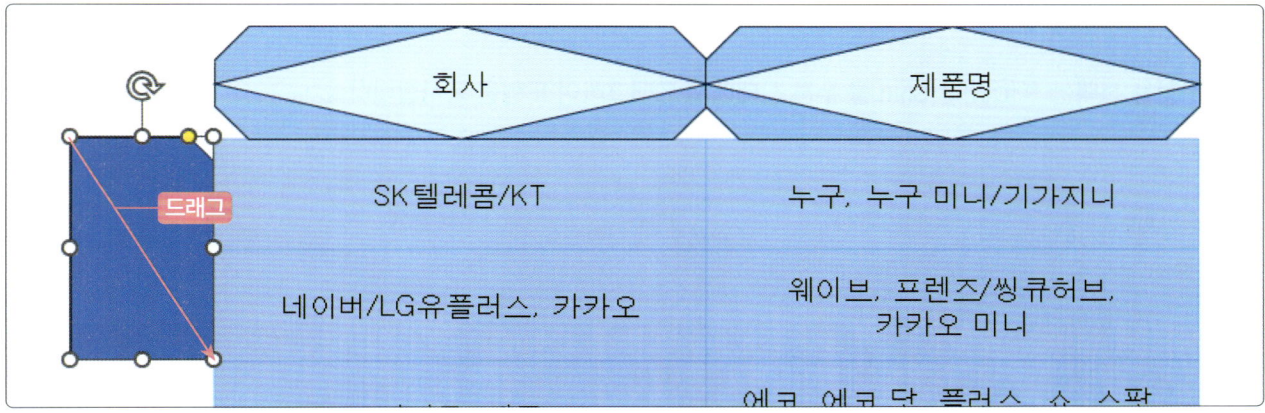

3 〔도형 서식〕 정황 탭-〔정렬〕 그룹에서 〔회전( )〕을 클릭한 후 〔좌우 대칭〕을 클릭합니다.

4 〔도형 서식〕 정황 탭-〔도형 스타일〕 그룹에서 **(도형 채우기)**를 클릭한 후 **임의의 색을 지정**합니다.

5 〔도형 서식〕 정황 탭-〔도형 스타일〕 그룹에서 **(도형 채우기)**의 **(목록( ))** 단추를 클릭한 후 〔그라데이션〕-**(선형 아래쪽 ( ))**을 클릭합니다.

6 **좌측 도형을 선택**한 후 Ctrl과 Shift를 누른 상태에서 **드래그하여 도형을 복사**합니다.

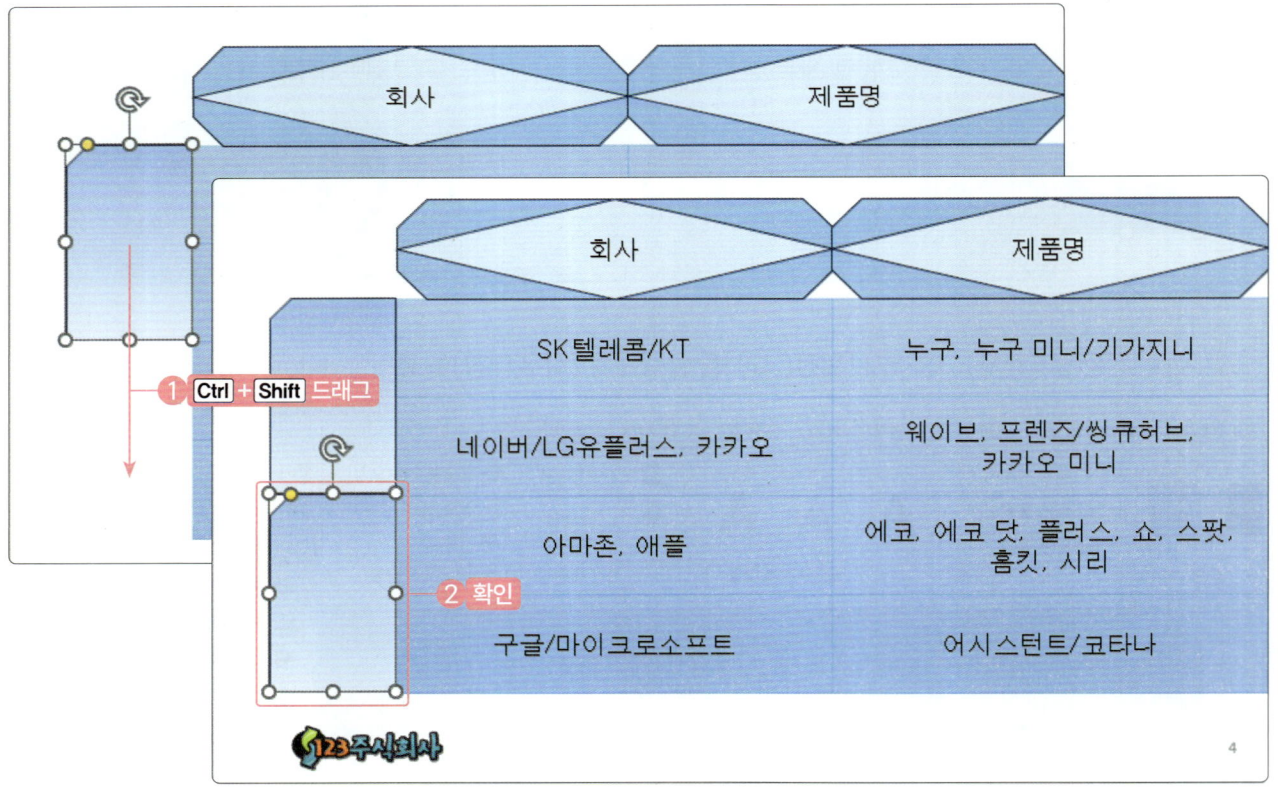

7 〔사각형: 잘린 한쪽 모서리(▢)〕 도형에 **내용(국내, 국외)을 입력**합니다.

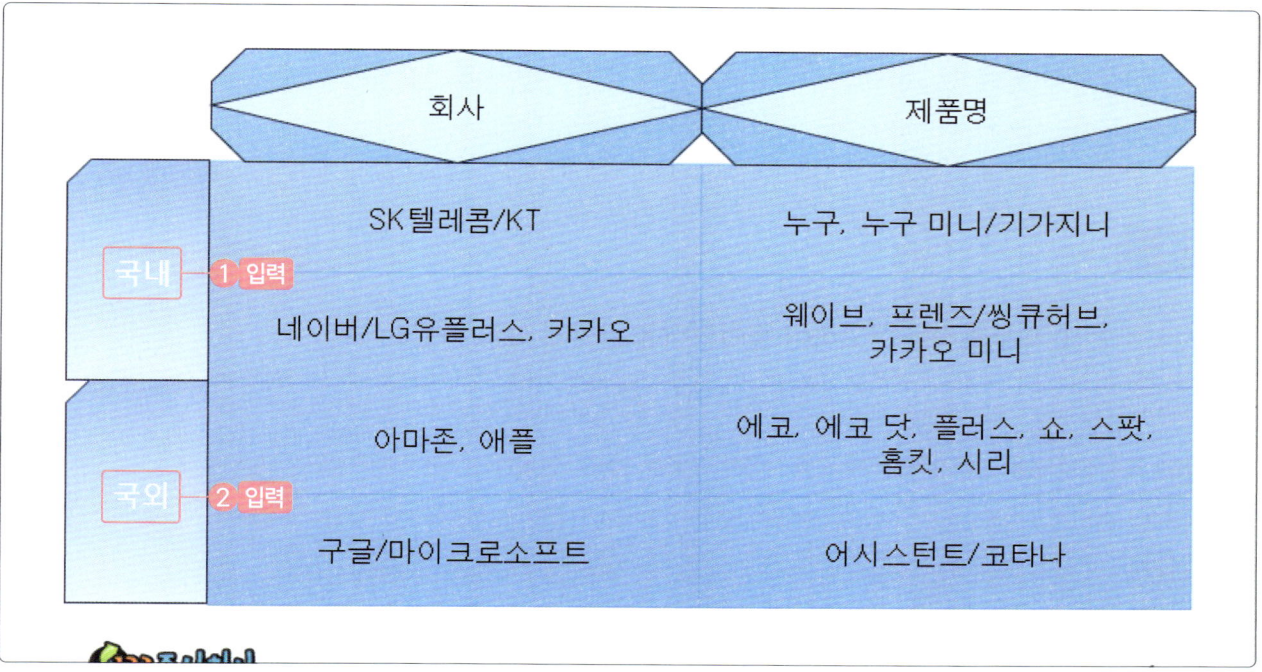

8 〔사각형: 잘린 한쪽 모서리(▢)〕 도형을 모두 **선택**한 후 〔홈〕 탭-〔글꼴〕 그룹에서 **글꼴(돋움)과 글꼴 크기(18), 글꼴 색(검정, 텍스트 1)을 선택**합니다.

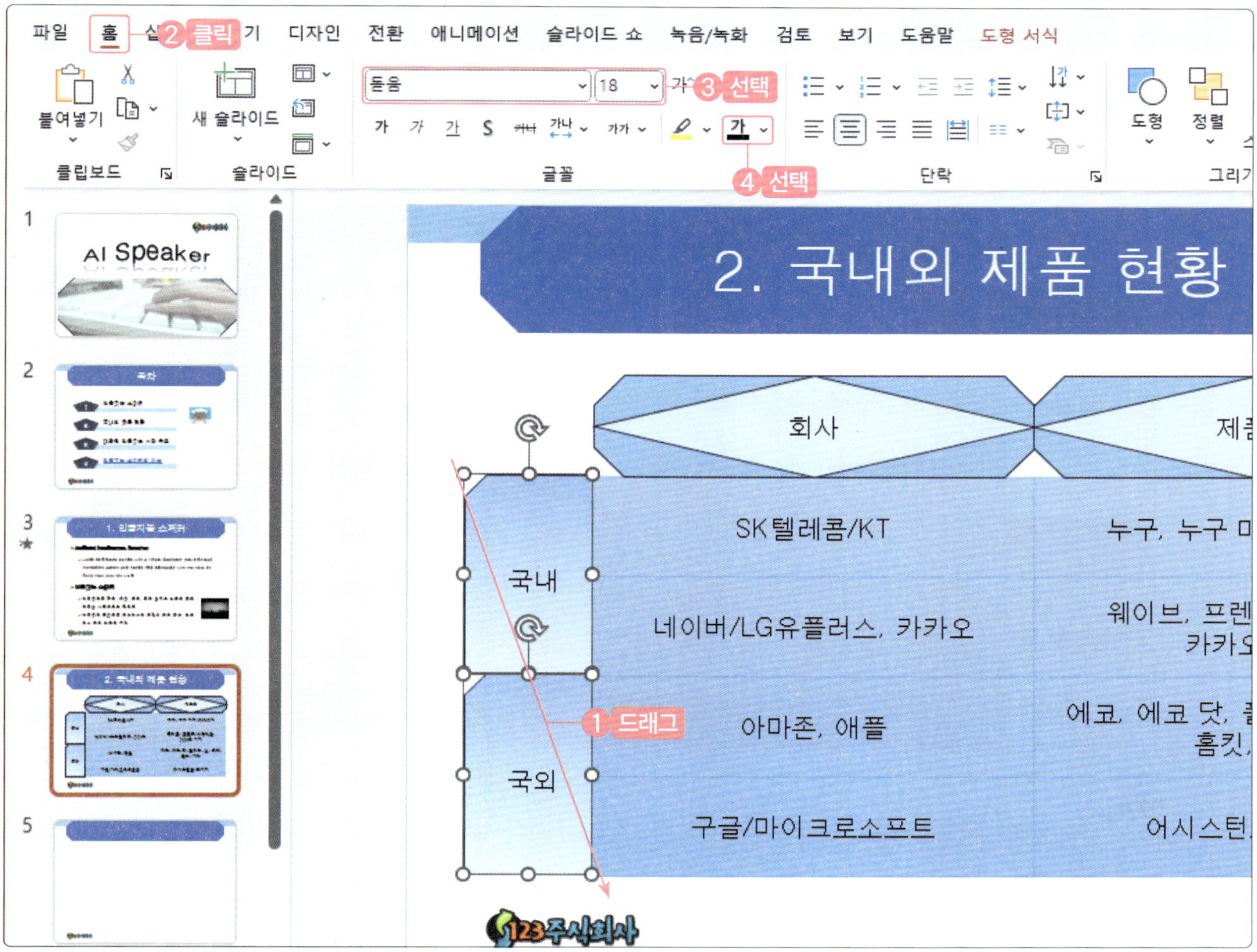

Chapter 06 표 슬라이드

유형 01

다음 지시사항 및 세부조건을 참고하여 출력형태에 알맞게 작성하시오.

▶ 소스파일 : Chapter 06₩문제06-01.pptx   ▶ 완성파일 : Chapter 06₩문제06-01_완성.pptx

(1) 도형과 표 작성 기능을 이용하여 슬라이드를 작성한다(글꼴 : 굴림, 18pt).

《 세부조건 》

① 상단 도형 :
   2개 도형의 조합으로 작성

② 좌측 도형 :
   그라데이션 효과(선형 아래쪽)

③ 테이블 디자인 :
   테마 스타일 1 - 강조 2

《 출력형태 》

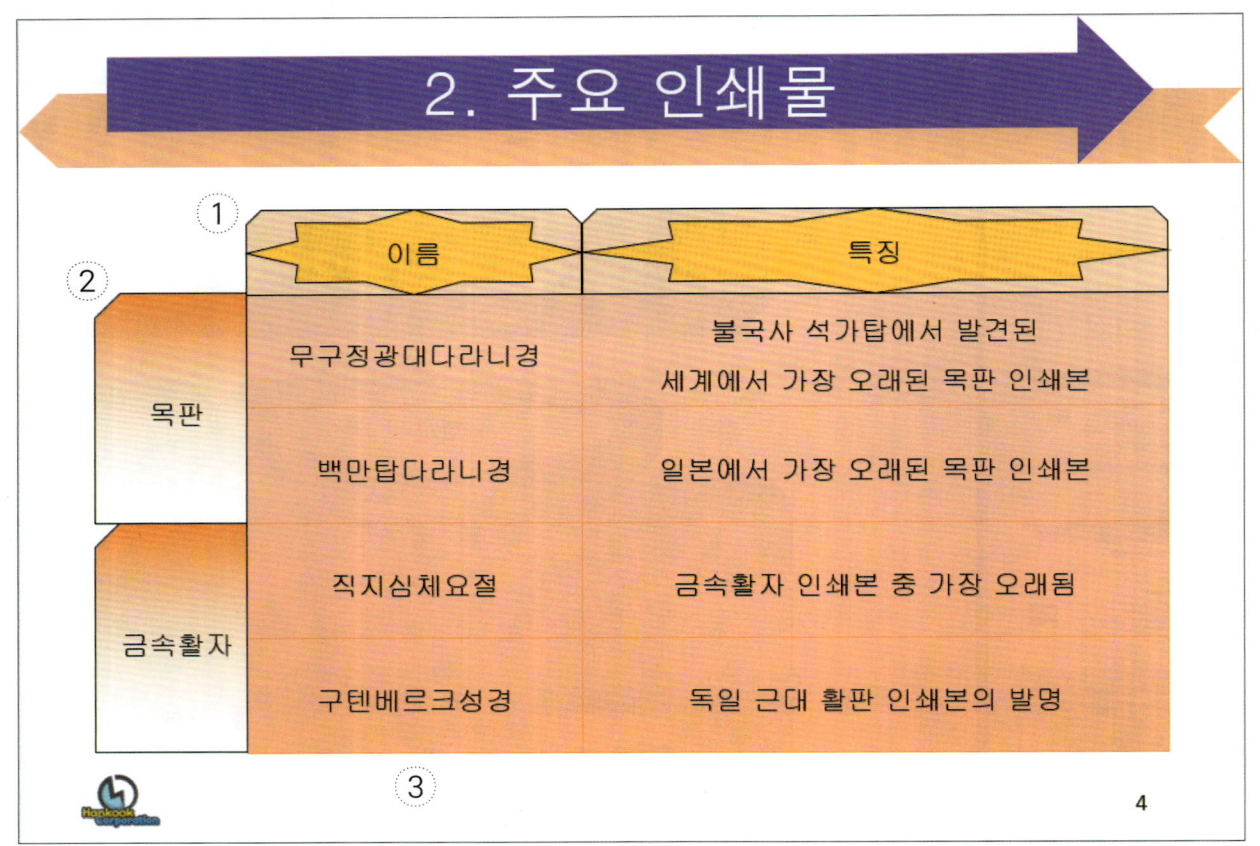

유형 02

다음 지시사항 및 세부조건을 참고하여 출력형태에 알맞게 작성하시오.

▶ 소스파일 : Chapter 06₩문제06-02.pptx   ▶ 완성파일 : Chapter 06₩문제06-02_완성.pptx

(1) 도형과 표 작성 기능을 이용하여 슬라이드를 작성한다(글꼴 : 돋움, 18pt).

세부조건

① 상단 도형 :
   2개 도형의 조합으로 작성

② 좌측 도형 :
   그라데이션 효과(선형 아래쪽)

③ 테이블 디자인
   테마 스타일 1 - 강조 2

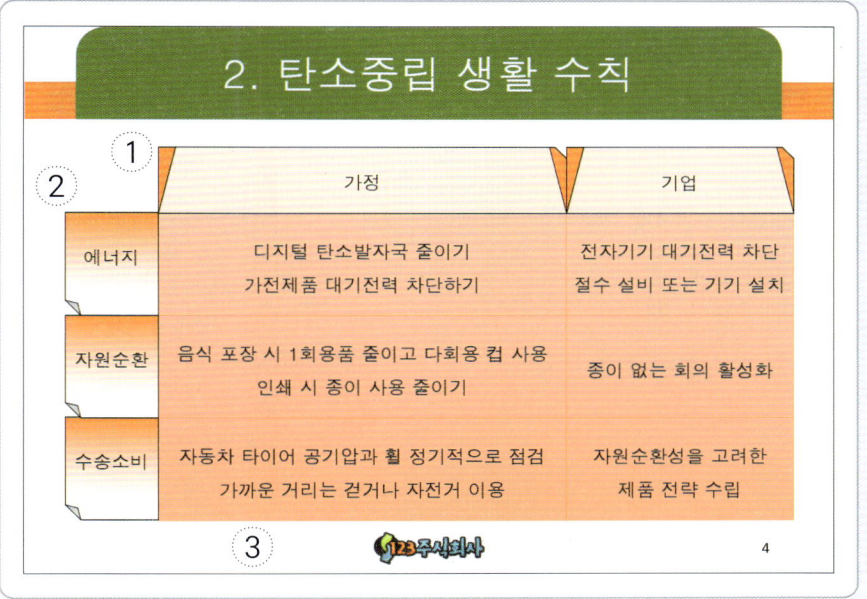

유형 03

다음 지시사항 및 세부조건을 참고하여 출력형태에 알맞게 작성하시오.

▶ 소스파일 : Chapter 06₩문제06-03.pptx   ▶ 완성파일 : Chapter 06₩문제06-03_완성.pptx

(1) 도형과 표 작성 기능을 이용하여 슬라이드를 작성한다(글꼴 : 돋움, 18pt).

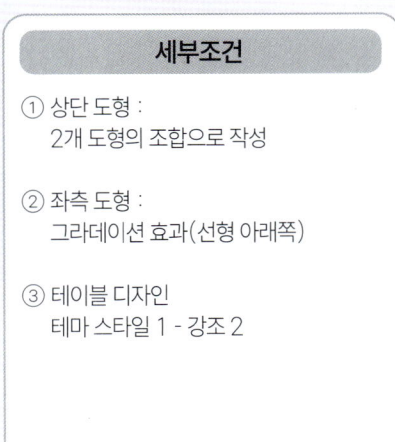

세부조건

① 상단 도형 :
   2개 도형의 조합으로 작성

② 좌측 도형 :
   그라데이션 효과(선형 아래쪽)

③ 테이블 디자인
   테마 스타일 1 - 강조 2

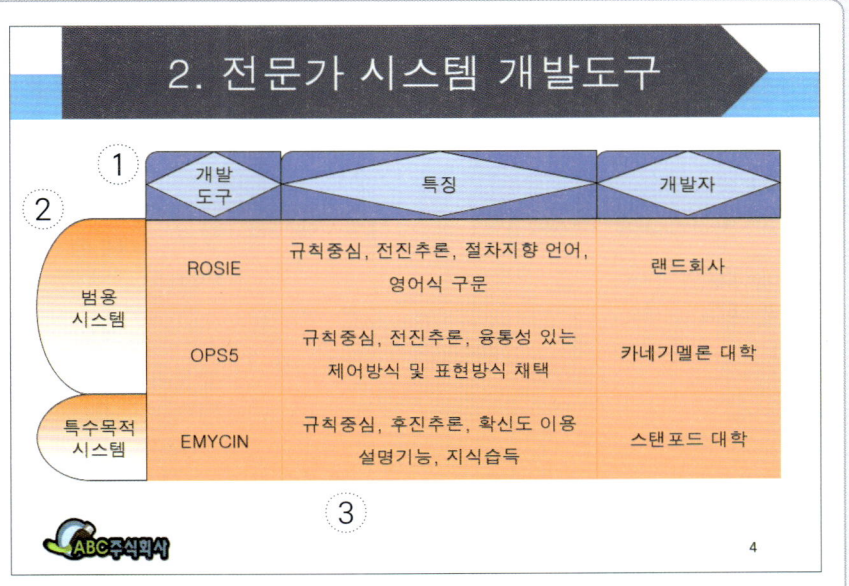

유형 04

다음 지시사항 및 세부조건을 참고하여 출력형태에 알맞게 작성하시오.

▶ 소스파일 : Chapter 06₩문제06-04.pptx   ▶ 완성파일 : Chapter 06₩문제06-04_완성.pptx

(1) 도형과 표 작성 기능을 이용하여 슬라이드를 작성한다(글꼴 : 돋움, 18pt).

세부조건

① 상단 도형 :
   2개 도형의 조합으로 작성

② 좌측 도형 :
   그라데이션 효과(선형 아래쪽)

③ 테이블 디자인
   테마 스타일 1 - 강조 2

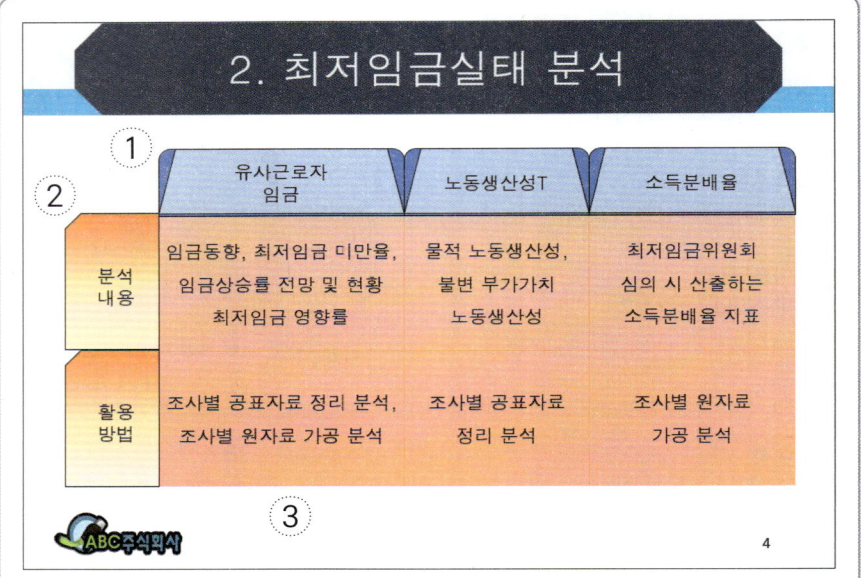

유형 05

다음 지시사항 및 세부조건을 참고하여 출력형태에 알맞게 작성하시오.

▶ 소스파일 : Chapter 06₩문제06-05.pptx   ▶ 완성파일 : Chapter 06₩문제06-05_완성.pptx

(1) 도형과 표 작성 기능을 이용하여 슬라이드를 작성한다(글꼴 : 돋움, 18pt).

세부조건

① 상단 도형 :
   2개 도형의 조합으로 작성

② 좌측 도형 :
   그라데이션 효과(선형 아래쪽)

③ 테이블 디자인
   테마 스타일 1 - 강조 2

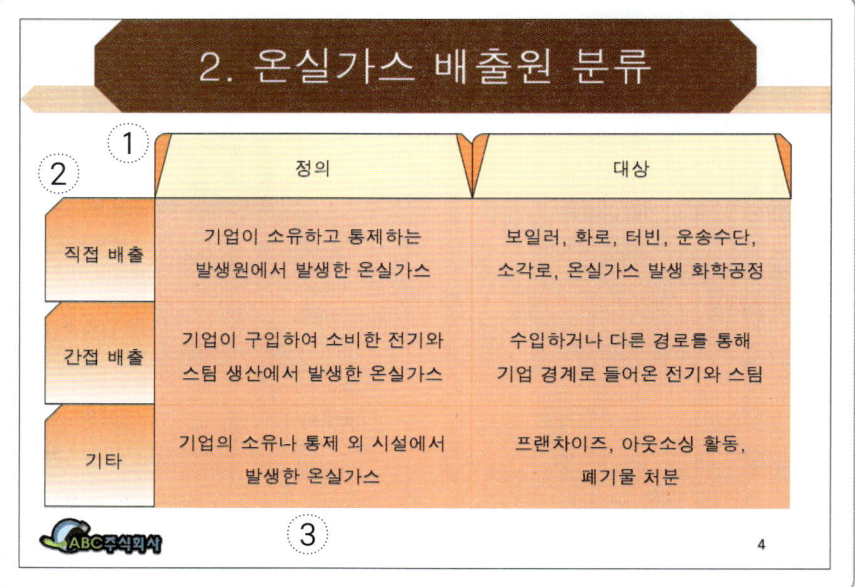

유형 06

다음 지시사항 및 세부조건을 참고하여 출력형태에 알맞게 작성하시오.

▶ 소스파일 : Chapter 06₩문제06-06.pptx   ▶ 완성파일 : Chapter 06₩문제06-06_완성.pptx

(1) 도형과 표 작성 기능을 이용하여 슬라이드를 작성한다(글꼴 : 돋움, 18pt).

세부조건

① 상단 도형 :
   2개 도형의 조합으로 작성

② 좌측 도형 :
   그라데이션 효과(선형 아래쪽)

③ 테이블 디자인
   테마 스타일 1 - 강조 6

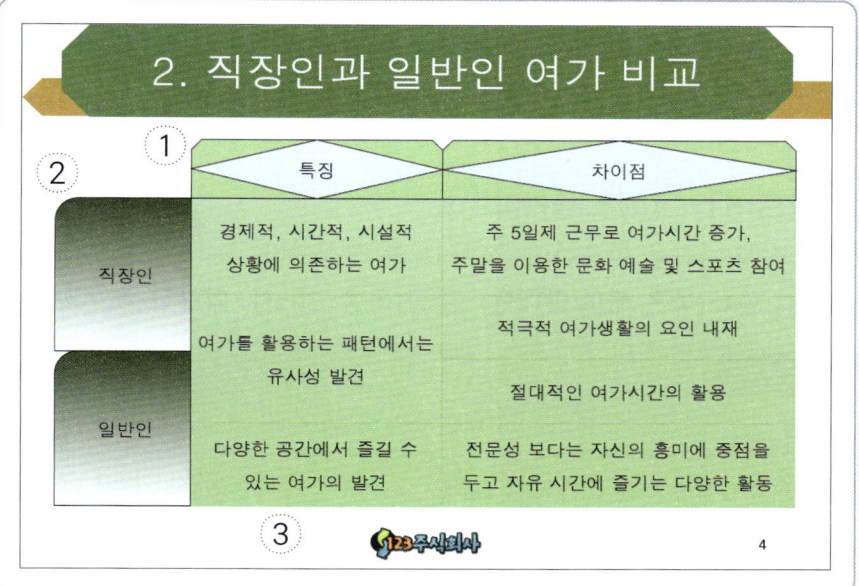

유형 07

다음 지시사항 및 세부조건을 참고하여 출력형태에 알맞게 작성하시오.

▶ 소스파일 : Chapter 06₩문제06-07.pptx   ▶ 완성파일 : Chapter 06₩문제06-07_완성.pptx

(1) 도형과 표 작성 기능을 이용하여 슬라이드를 작성한다(글꼴 : 돋움, 18pt).

세부조건

① 상단 도형 :
   2개 도형의 조합으로 작성

② 좌측 도형 :
   그라데이션 효과(선형 아래쪽)

③ 테이블 디자인
   테마 스타일 1 - 강조 5

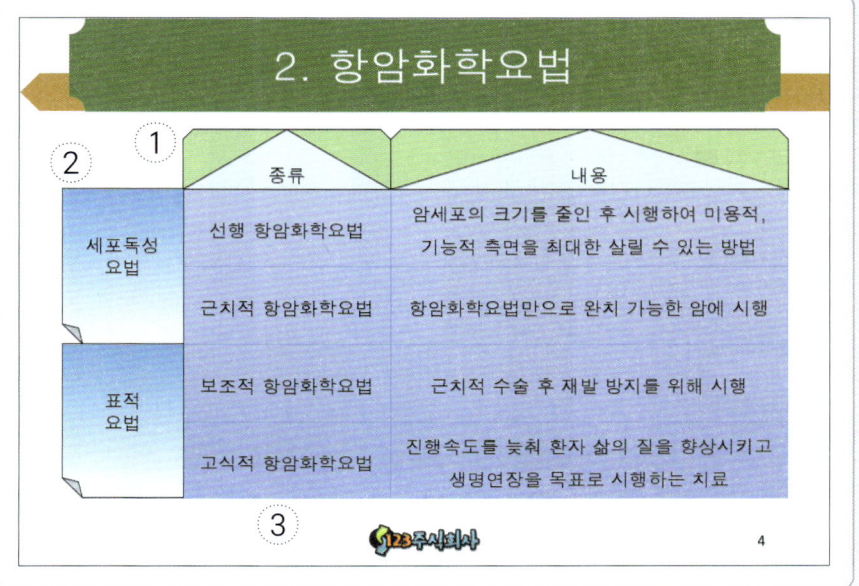

07 차트 슬라이드

- ☑ 차트 작성하기
- ☑ 차트 글꼴 및 색상 지정하기
- ☑ 도형 작성하기
- ☑ 차트 레이아웃 지정하기
- ☑ 차트 축 서식 지정하기

▶ 소스 파일 : Chapter 07₩Ch07.pptx   ▶ 완성 파일 : Chapter 07₩Ch07_완성.pptx

[슬라이드 5] 《 차트 슬라이드 》 (100점)

(1) 차트 작성 기능을 이용하여 슬라이드를 작성한다.
(2) 차트 : 종류(묶은 세로 막대형), 글꼴(돋움, 16pt), 외곽선

[세부 조건]

※ 차트 설명
- 차트제목 : 궁서, 24pt, 굵게, 채우기(흰색), 테두리, 그림자(오프셋 왼쪽)
- 차트영역 : 채우기(노랑)
  그림영역 : 채우기(흰색)
- 데이터 서식 : 2024년 계열을 표식이 있는 꺾은선형으로 변경 후 보조축으로 지정
- 값 표시 : 아시아의 2024년 계열만

① 도형 삽입
  - 스타일 : 미세효과 - 파랑, 강조 1
  - 글꼴 : 굴림, 18pt

출력 형태

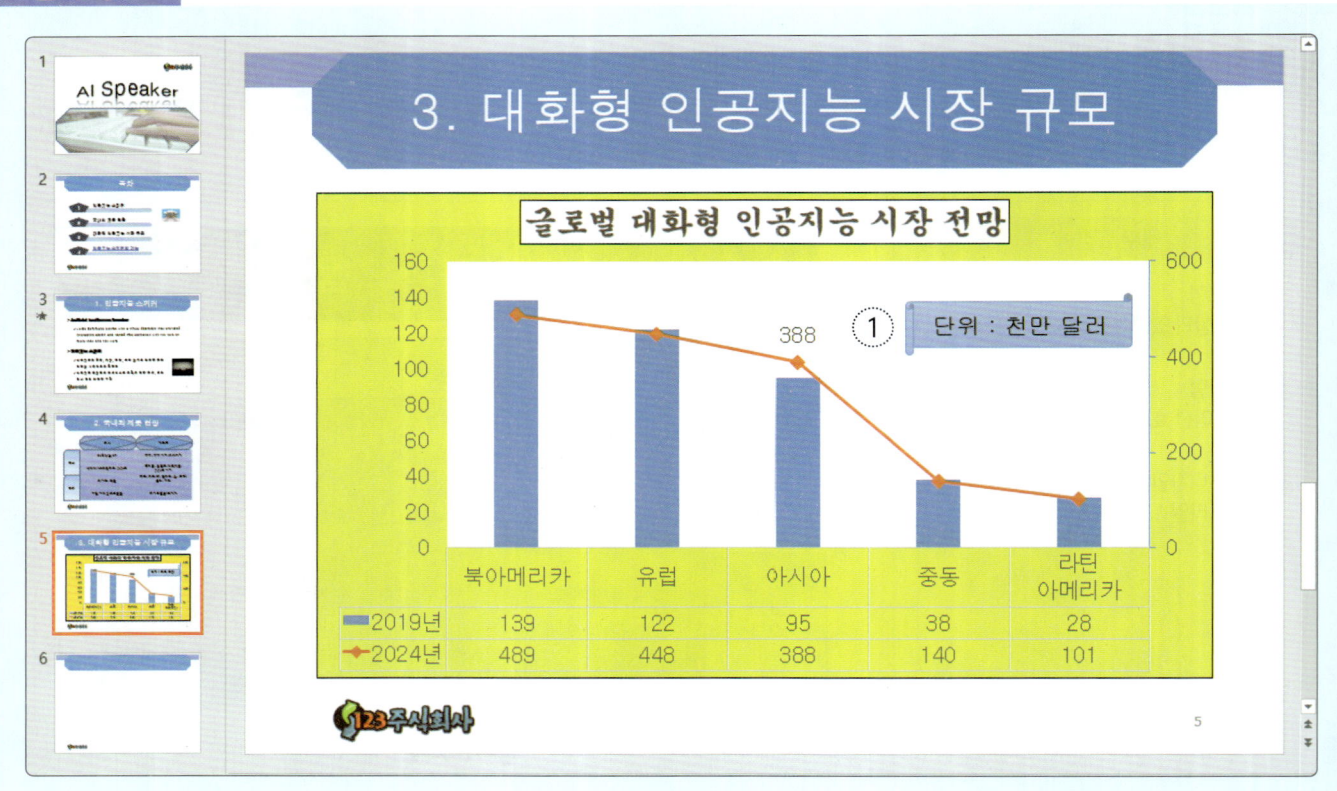

> **체크! 체크!**
>
> **(슬라이드 5) 《차트 슬라이드》**
>
> ■ **차트 작성하기**
> - 차트 종류를 선택한 후 데이터를 입력합니다.
>
> ■ **차트 레이아웃 지정하기**
> - 차트 제목을 입력합니다.
> - 차트 요소 추가를 이용하여 차트 레이아웃을 지정합니다.
>
> ■ **차트 글꼴 및 색상 지정하기**
> - 차트 글꼴 및 차트 서식을 지정합니다.
> - 차트 제목에 글꼴 서식 및 채우기 색, 도형 윤곽선, 도형 효과를 지정합니다.
> - 차트영역과 그림영역에 채우기 색을 지정한 후 도형 윤곽선을 지정합니다.
>
> ■ **차트 축 서식 지정하기**
> - 축 서식을 이용하여 최대, 최소를 지정한 후 주 단위와 보조 단위를 지정합니다.
> - 눈금의 위치를 지정합니다.
>
> ■ **도형 작성하기**
> - 도형은 《출력형태》를 참고하여 작성하며, 도형 스타일을 지정합니다.
> - 도형에 텍스트를 입력한 후 글꼴 서식을 지정합니다.

STEP 01 차트 작성하기

《조건》 (1) 차트 작성 기능을 이용하여 슬라이드를 작성한다.
(2) 차트 : 종류(묶은 세로 막대형)
■ 데이터 서식 : 2024년 계열을 표식이 있는 꺾은선형으로 변경 후 보조축으로 지정

1 5번 슬라이드를 클릭한 후 제목(3. 대화형 인공지능 시장 규모)을 입력합니다. 그런다음 텍스트 상자의 (차트 삽입(📊)) 아이콘을 클릭합니다.

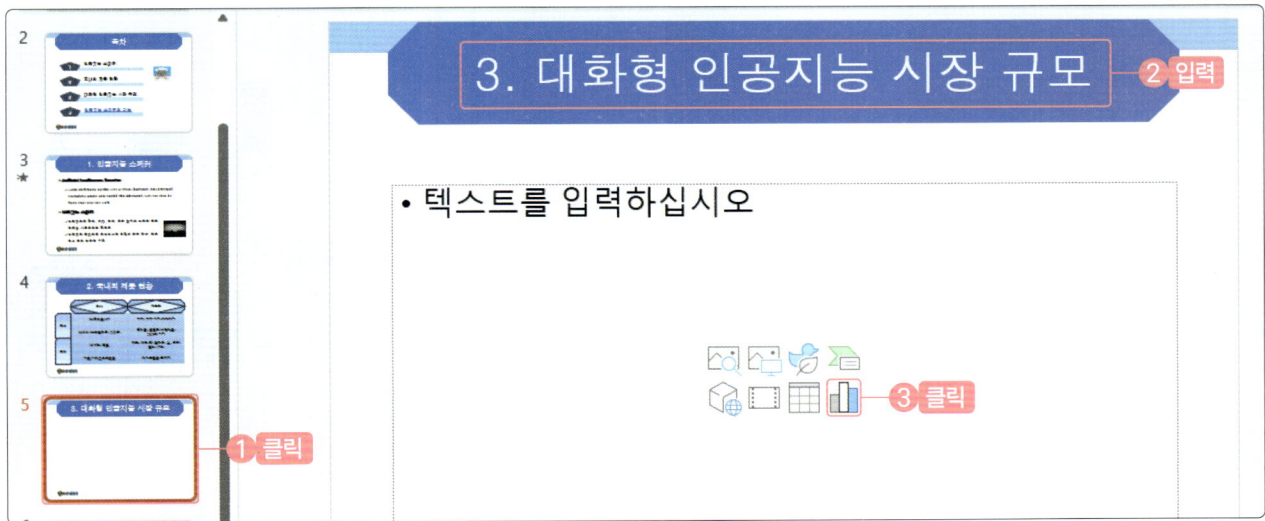

2 〔차트 삽입〕 대화상자가 나타나면 [모든 차트]-[혼합]을 클릭한 후 [사용자 지정 조합(📊)]을 클릭합니다. 그런다음 **계열2의 [목록(⌄)] 단추를 클릭**한 후 [표식이 있는 꺾은선형(📈)]을 클릭합니다.

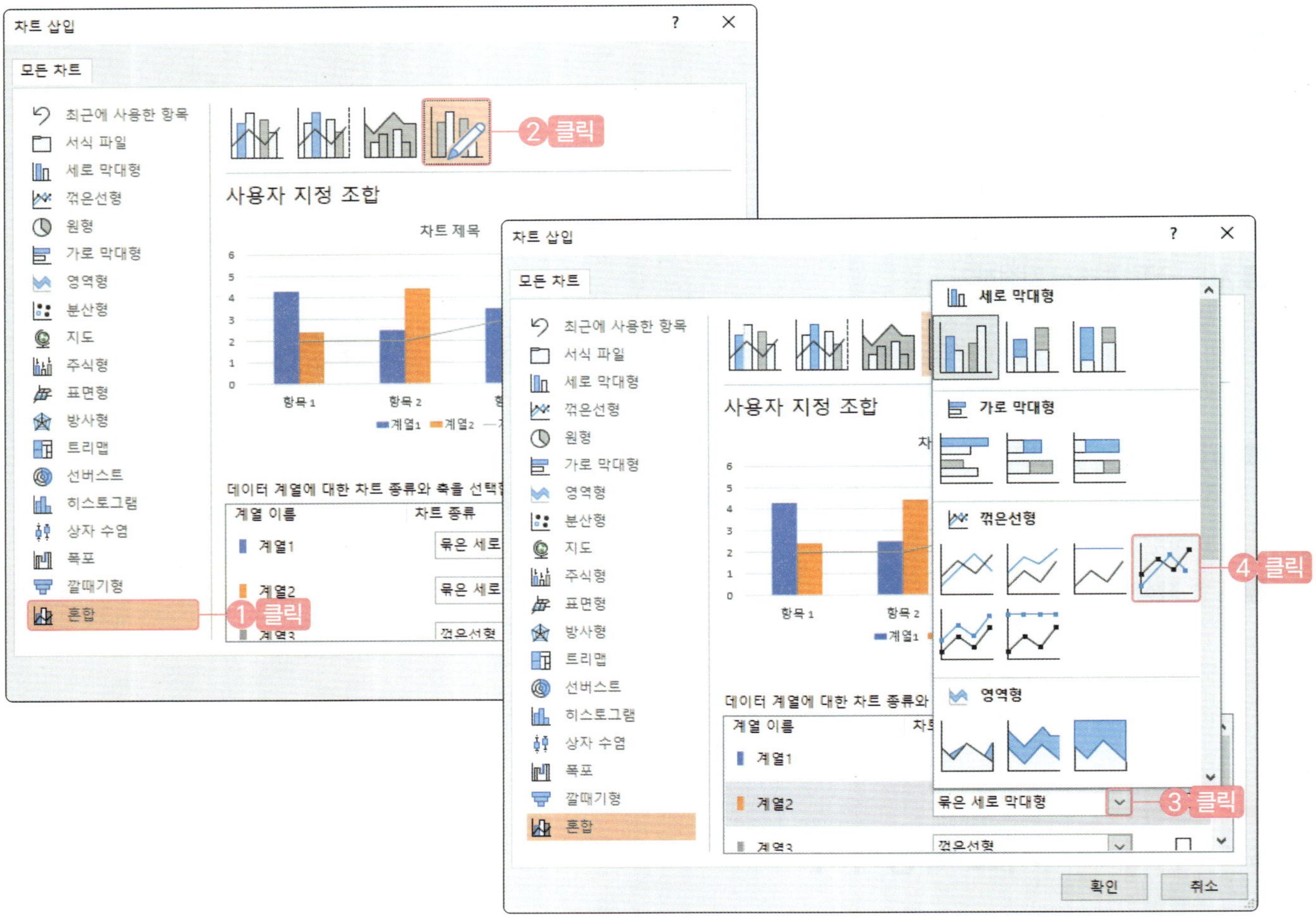

3 **계열2의 보조 축을 선택**한 후 [확인] 단추를 클릭합니다.

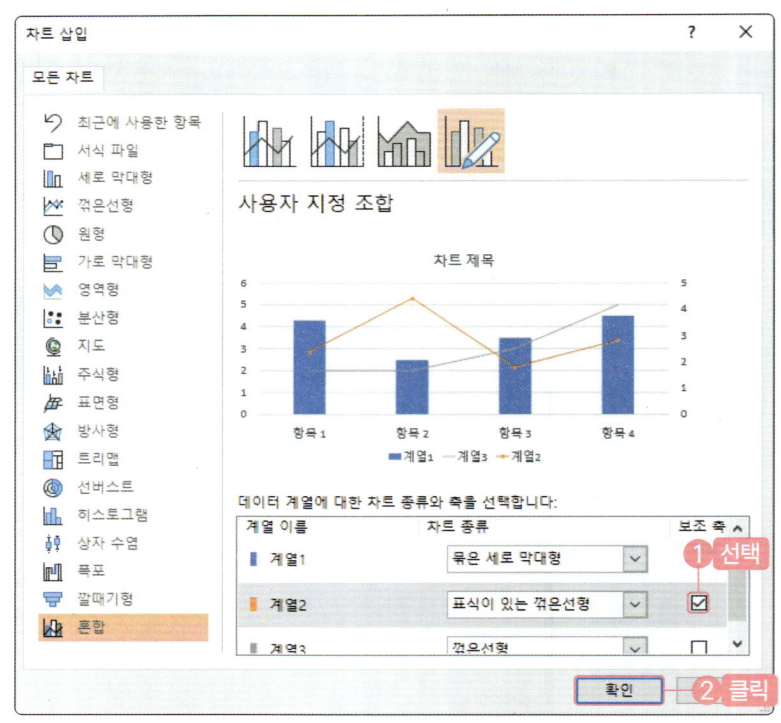

4 (Microsoft PowerPoint의 차트) 프로그램이 실행되면 **4~5행을 드래그하여 선택**합니다.

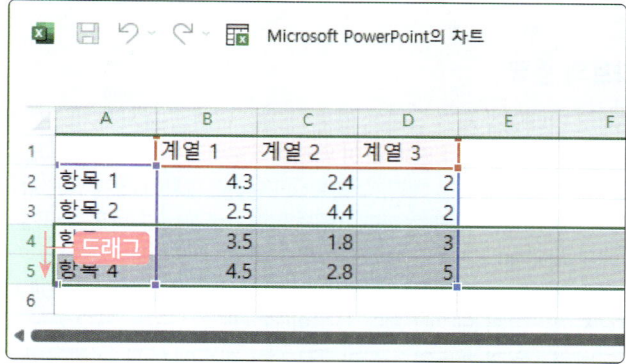

5 4~5행이 선택되면 **바로가기 메뉴의 (삭제)를 클릭**합니다.

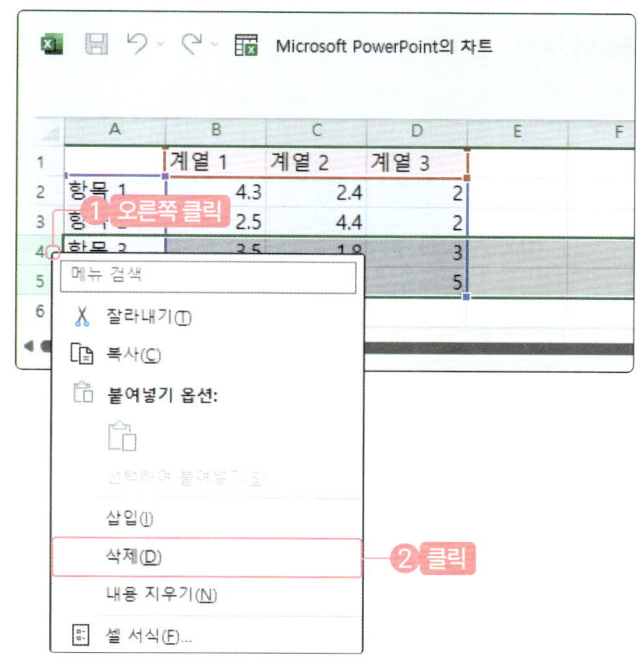

6 다음과 같이 **데이터를 입력**합니다.

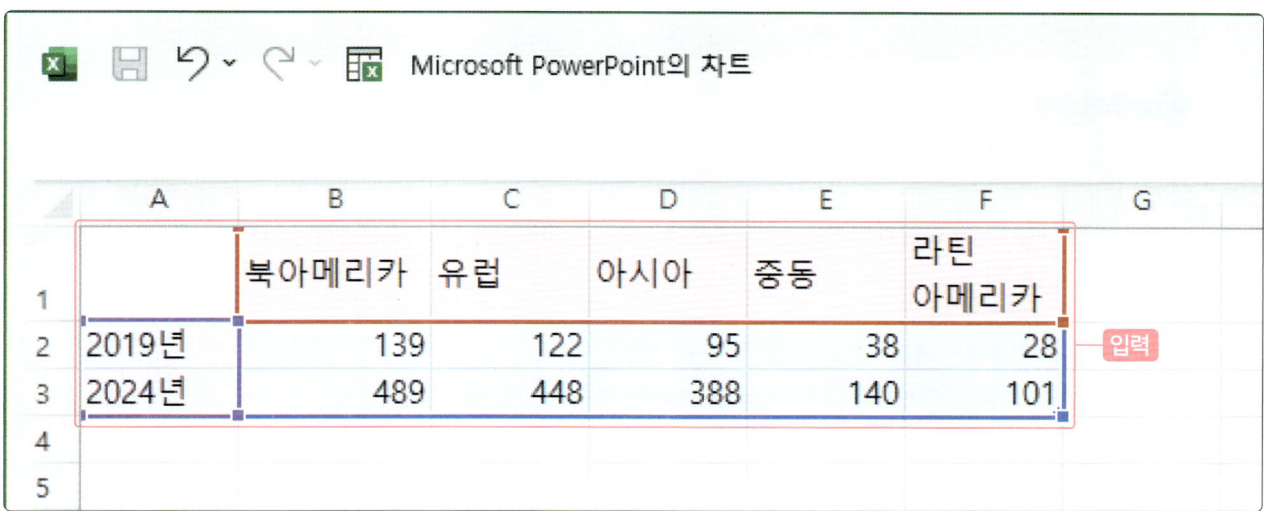

> F1셀에서 '라틴'을 입력한 후 Alt + Enter 를 눌러 줄 바꿈한 다음 '아메리카'를 입력합니다.

차트의 종류

- **세로 막대형** : 시간 경과에 따른 데이터 변화를 표시하거나 항목을 비교하는 경우에 사용합니다.
- **꺾은선형** : 분기나 월과 같이 일정한 기간 동안의 데이터 추세를 표시하는 경우에 사용합니다.
- **원형** : 전체 항목에 대한 각 항목의 비율을 표시하는 경우에 사용합니다.
- **가로 막대형** : 시간 경과에 따른 데이터 변화보다 항목을 비교하는 경우에 주로 사용합니다. 항목 이름이 길거나 값이 기간인 경우에도 사용합니다.
- **영역형** : 시간 경과에 따른 데이터 변화량을 강조하는 경우에 사용합니다.
- **분산형** : 여러 데이터 계열 사이의 관계를 표시하는 경우에 사용합니다.
- **도넛형** : 원형 차트와 마찬가지로 전체 항목에 대한 각 항목의 비율을 표시하는 경우에 사용합니다.

차트의 구성

차트는 차트 영역, 그림 영역, 차트 제목, 범례 등으로 구성되어 있습니다.

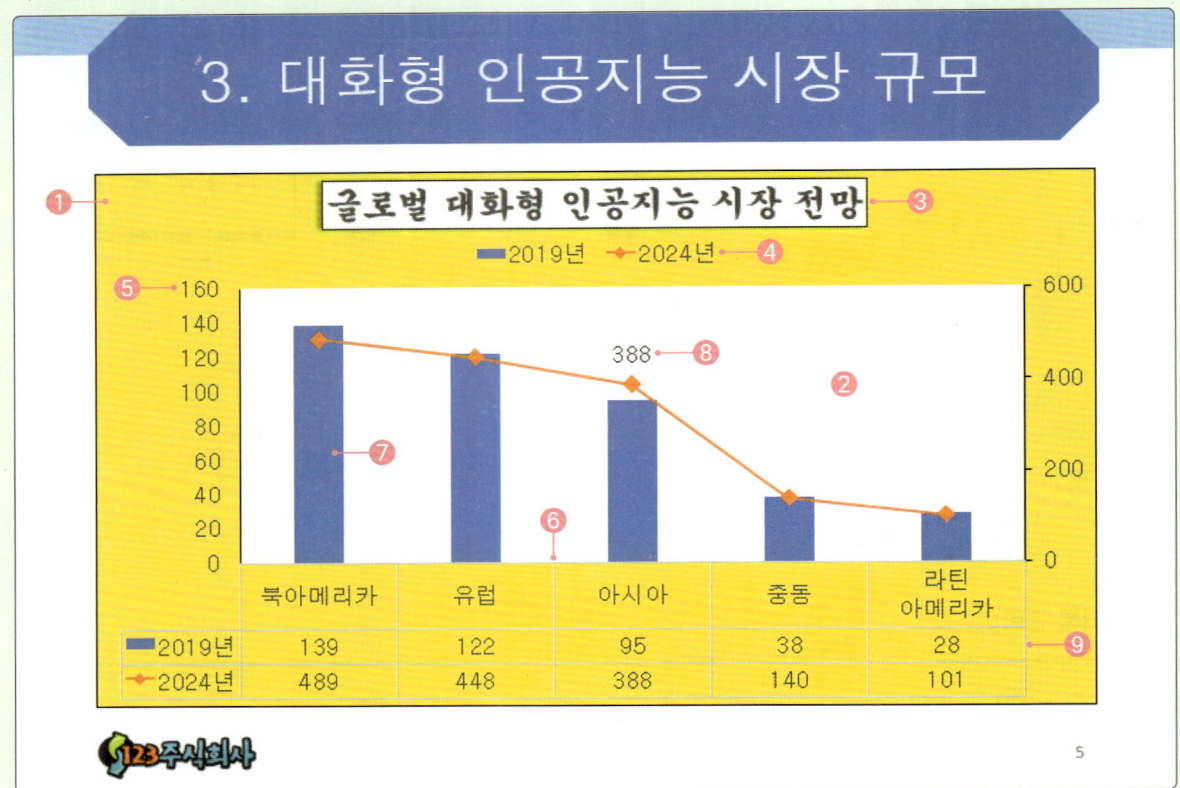

① **차트 영역** : 모든 차트 요소를 포함한 차트 전체 입니다. 차트 요소는 차트 영역, 그림 영역, 차트 제목, 범례 등을 말합니다.
② **그림 영역** : 2차원 차트에서는 데이터 계열을 포함한 축으로 둘러싸인 영역이며 3차원 차트에서는 세로 축, 세로 축 제목, 가로 축, 가로 축 제목을 포함합니다.
③ **차트 제목** : 차트의 제목입니다.
④ **범례** : 데이터 계열을 구분하는 색과 이름을 표시하는 곳입니다.
⑤ **세로 축** : 데이터 계열의 값을 표시하는 축입니다. '기본 세로 축'이라고도 합니다.
⑥ **가로 축** : 데이터 계열의 이름을 표시하는 축입니다.
⑦ **데이터 계열** : 관련 데이터 요소의 집합으로 수치 데이터를 나타내는 가로 막대, 세로 막대, 꺾은선 등을 말합니다. '계열'이라고도 합니다.
⑧ **데이터 레이블** : 데이터 요소의 데이터 계열 이름, 항목 이름, 값을 표시합니다.
⑨ **데이터 표** : 차트 데이터를 표시합니다.

STEP 02 차트 레이아웃 지정하기

《조건》 ■ 값 표시 : 아시아의 2024년 계열만

1. **파워포인트 프로그램을 선택**한 후 [차트 디자인] 정황 탭-[데이터] 그룹에서 **[행/열 전환(🔲)]을 클릭**합니다.

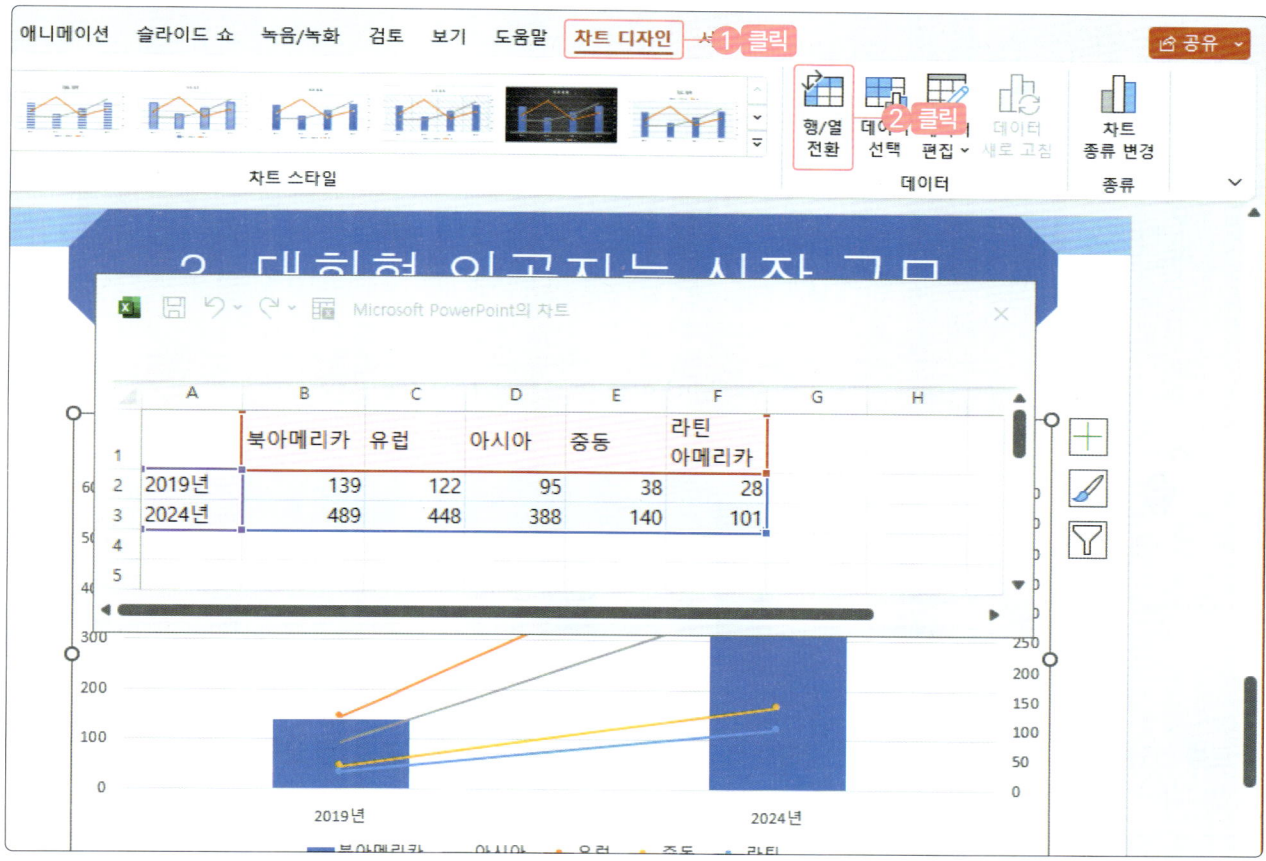

- Microsoft PowerPoint의 차트 프로그램을 종료하면 [행/열 전환]이 비활성화되어 사용할 수 없습니다.
- Microsoft PowerPoint의 차트 프로그램을 종료한 경우 [차트 디자인] 정황 탭-[데이터] 그룹에서 [데이터 편집]을 클릭하여 Microsoft PowerPoint의 차트 프로그램을 실행합니다.

2. 차트의 행/열이 전환되면 **[닫기]를 눌러** Microsoft PowerPoint의 차트 프로그램을 닫습니다.

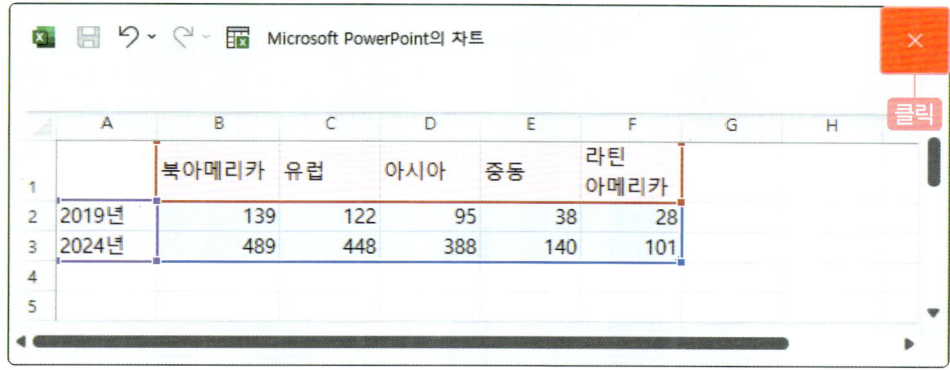

3 차트 제목을 드래그하여 블록으로 설정한 후 **차트 제목(글로벌 대화형 인공지능 시장 전망)을 입력**합니다.

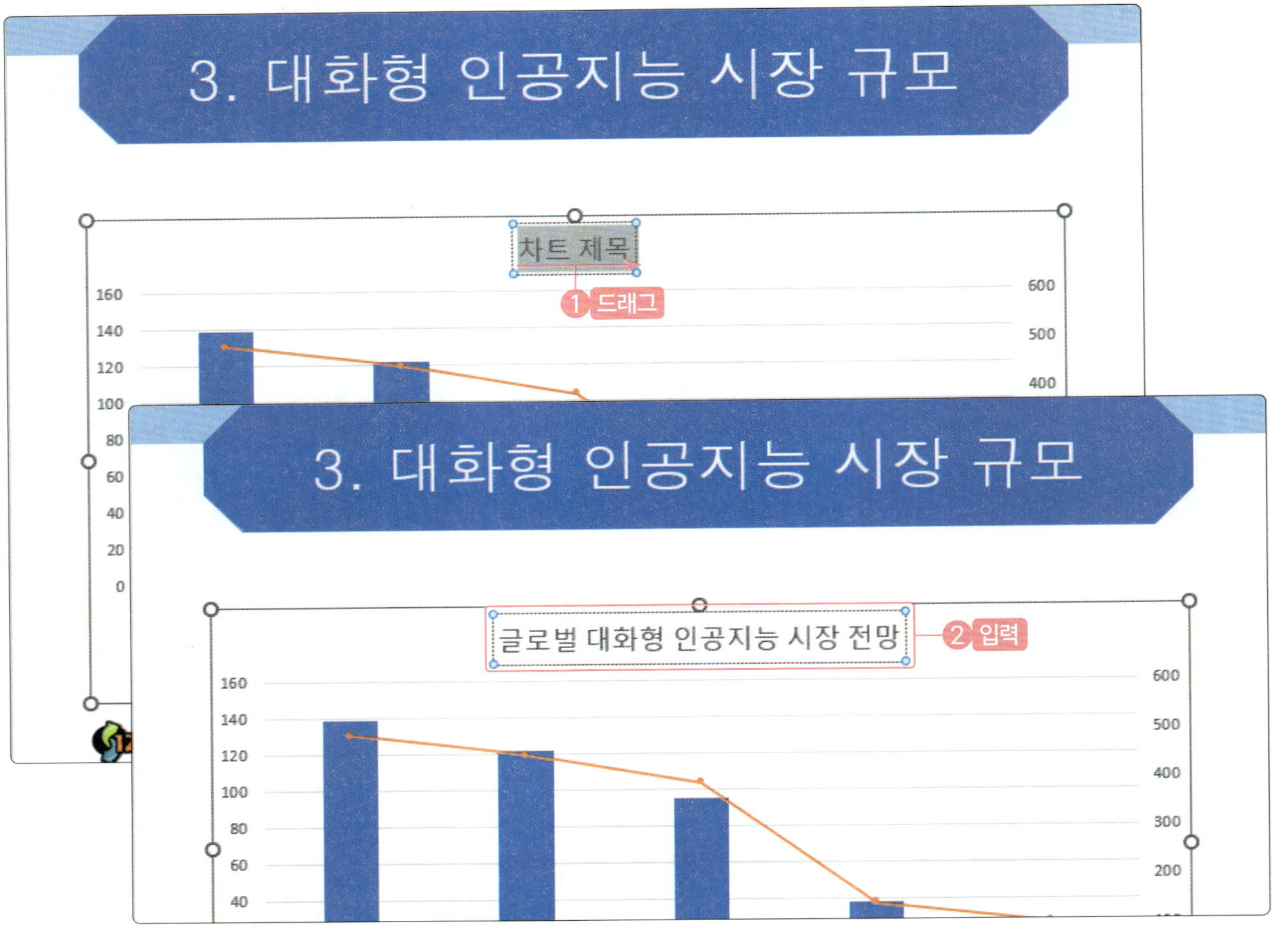

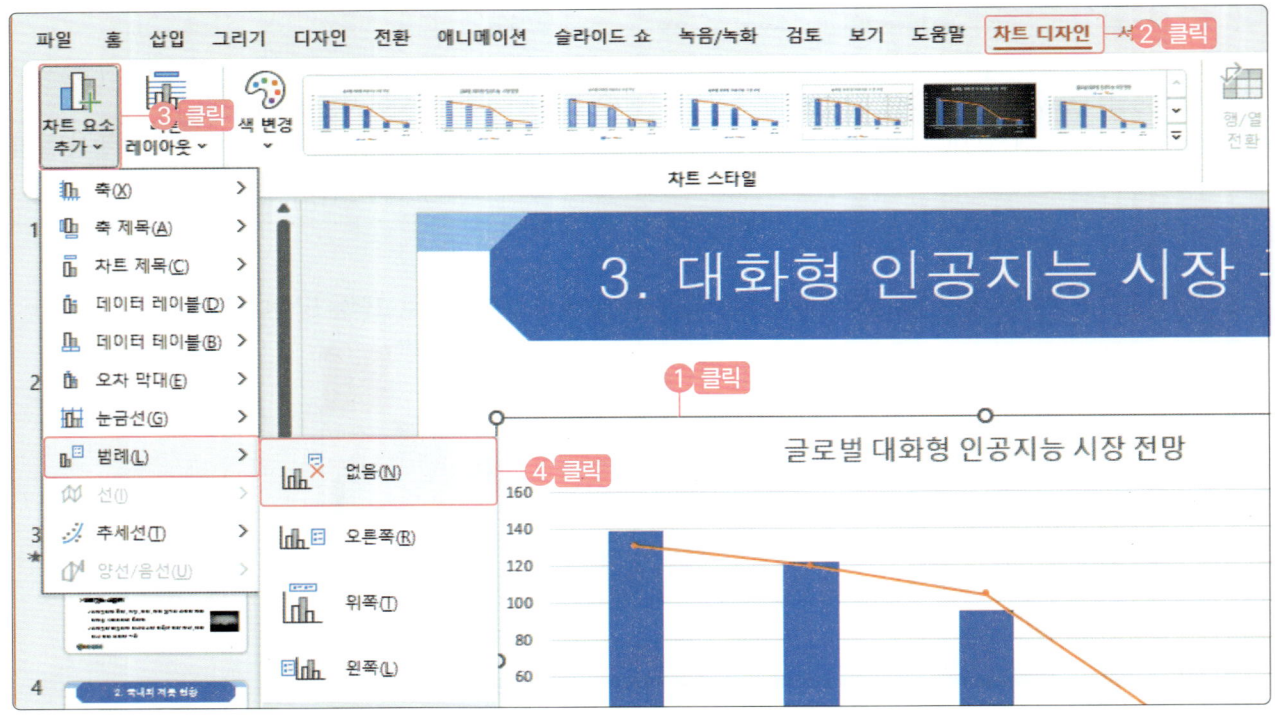

4 **차트를 선택**한 후 [차트 디자인] 정황 탭-[차트 레이아웃] 그룹에서 **[차트 요소 추가]를 클릭**한 다음 [범례]-**[없음]을 클릭**합니다.

5 [차트 디자인] 정황 탭-[차트 레이아웃] 그룹에서 **(차트 요소 추가)**를 클릭한 후 [데이터 테이블]-**(범례 표지 포함)**을 클릭합니다.

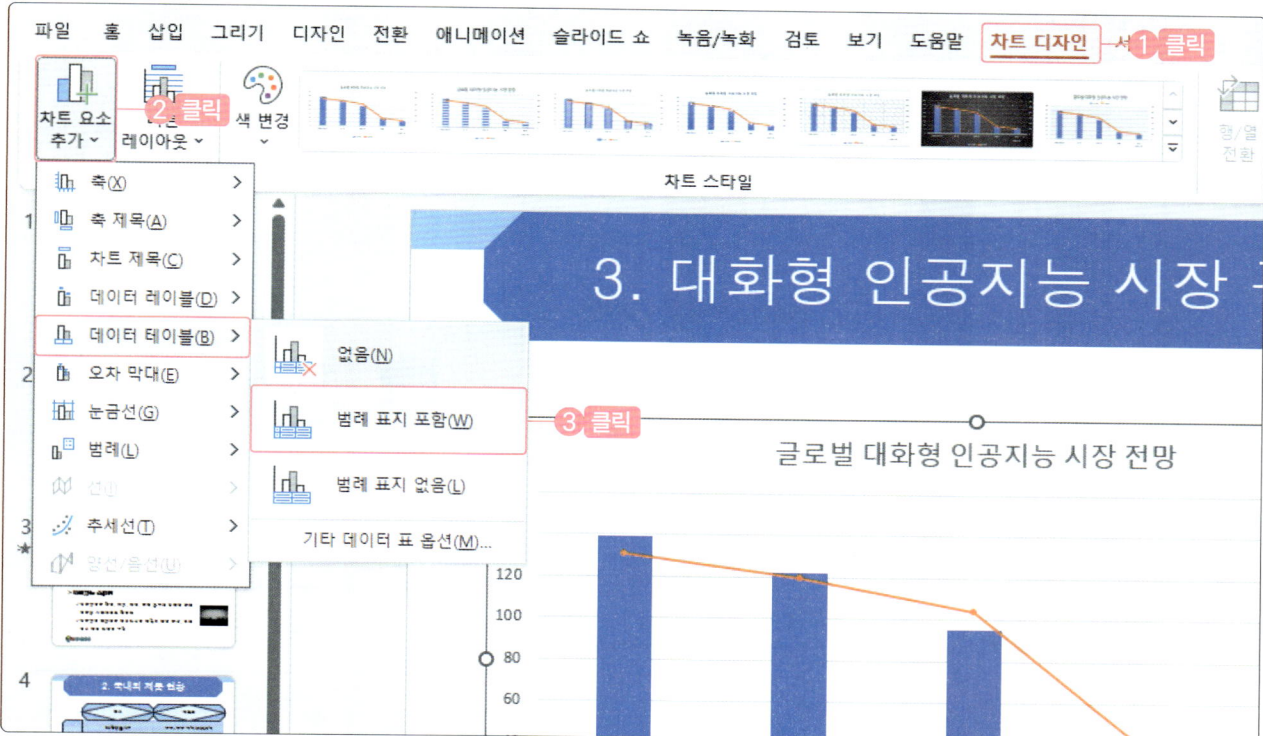

6 [차트 디자인] 정황 탭-[차트 레이아웃] 그룹에서 **(차트 요소 추가)**를 클릭한 후 [눈금선]-**(기본 주 가로)**를 클릭하여 **선택 해제**합니다.

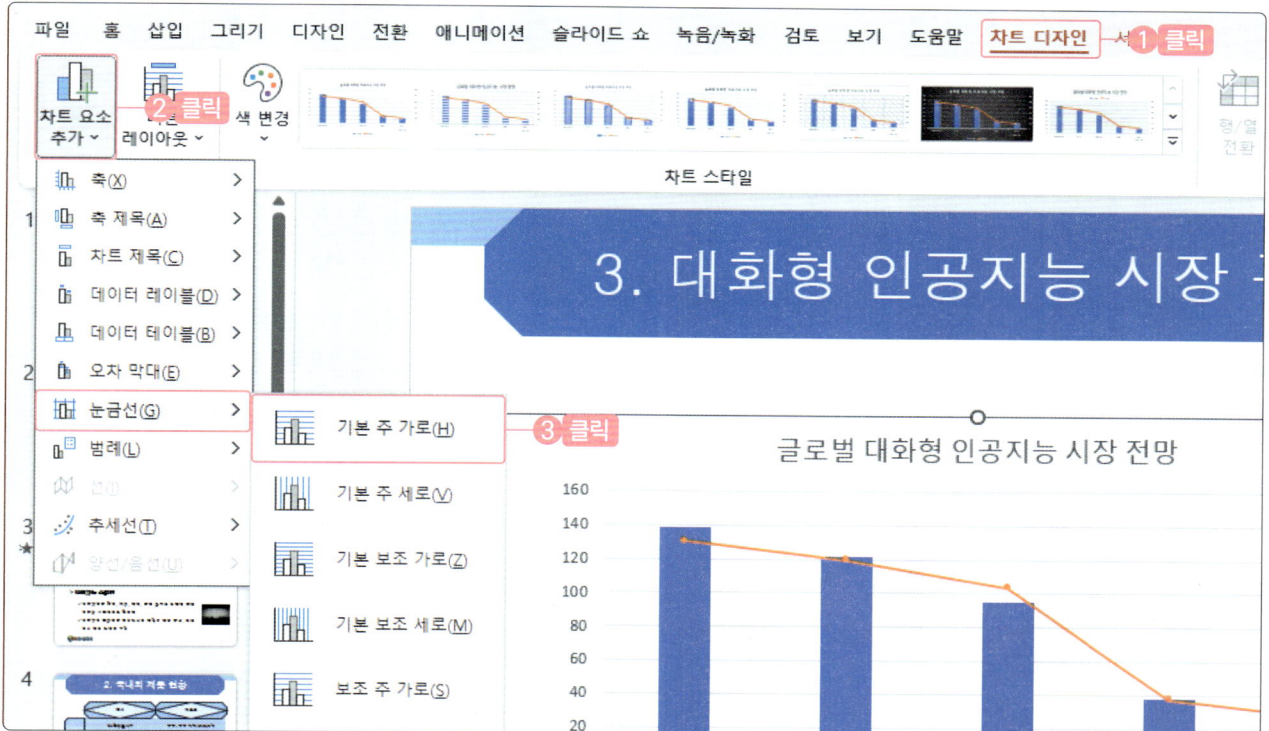

> 지정된 속성을 한번 더 선택하면 속성이 해제됩니다.

7 표식이 있는 꺾은선형 차트를 선택한 후 바로가기 메뉴의 [데이터 계열 서식]을 클릭합니다.

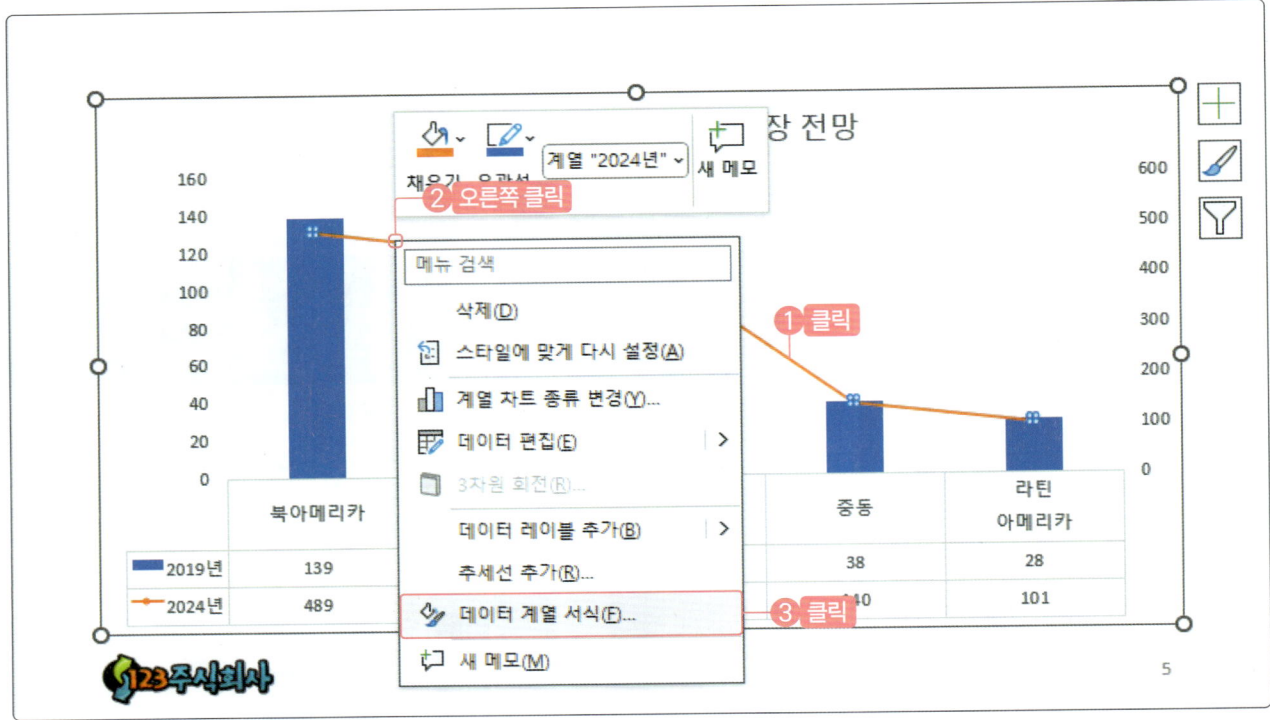

8 [데이터 계열 서식] 작업 창이 나타나면 [채우기 및 선(🪣)]을 클릭한 후 [표식]을 클릭한 다음 [표식 옵션]을 클릭하고 [기본 제공]을 클릭한 후 [형식(◆)]을 선택한 다음 크기(12)를 지정합니다. 그런다음 [닫기(✕)]를 클릭합니다.

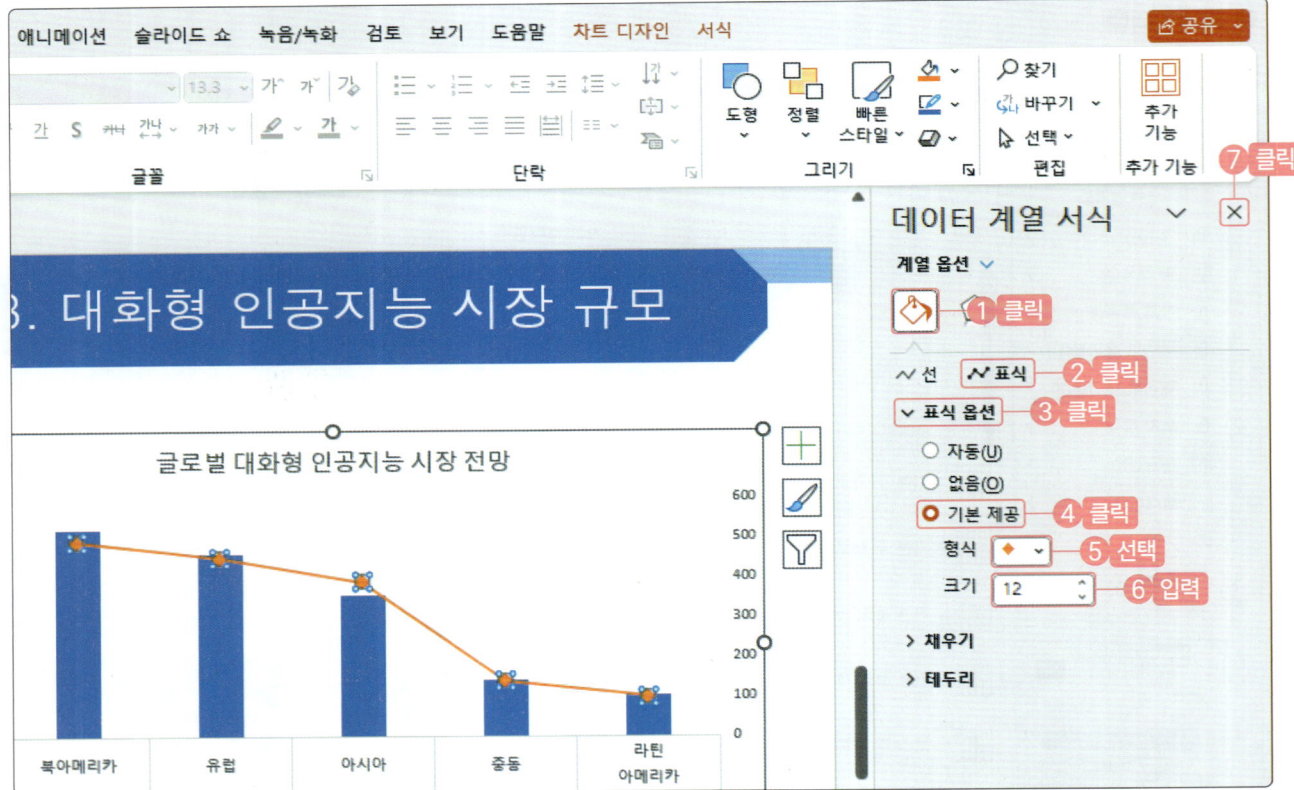

표식의 크기는 임의의 크기를 지정합니다.

9 데이터 레이블을 지정하기 위해 '2024년' 계열을 클릭한 후 다시 '아시아의 2024년' 계열을 클릭합니다.

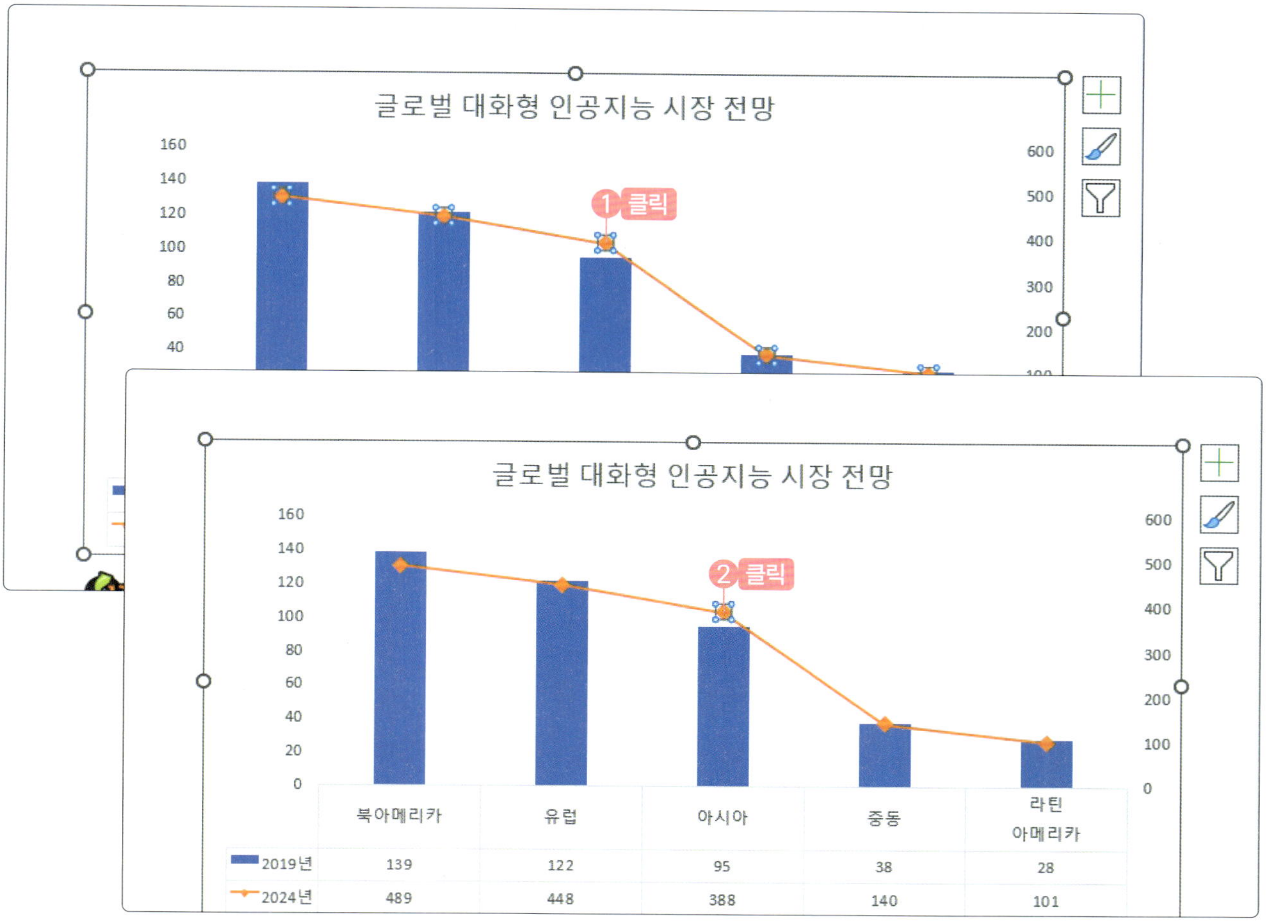

10 '아시아의 2024년' 계열만 선택된 상태에서 (차트 디자인) 정황 탭-(차트 레이아웃) 그룹에서 **(차트 요소 추가)**를 클릭한 후 (데이터 레이블)-**(위쪽)**을 클릭합니다.

데이터 레이블

- 시험 유형에 따라 차트에 데이터 레이블 값이 표시되는 위치(가운데, 왼쪽, 오른쪽, 위쪽 등)가 다양하게 출제되기 때문에 《출력형태》를 참고하여 작성합니다.
- 데이터 레이블이 특정 계열이 아닌 전체 계열에 값을 표시하는 문제도 출제됩니다. 이 경우에는 해당 계열을 한 번만 클릭한 후 전체 계열이 선택되었을 때 데이터 레이블을 작성합니다.

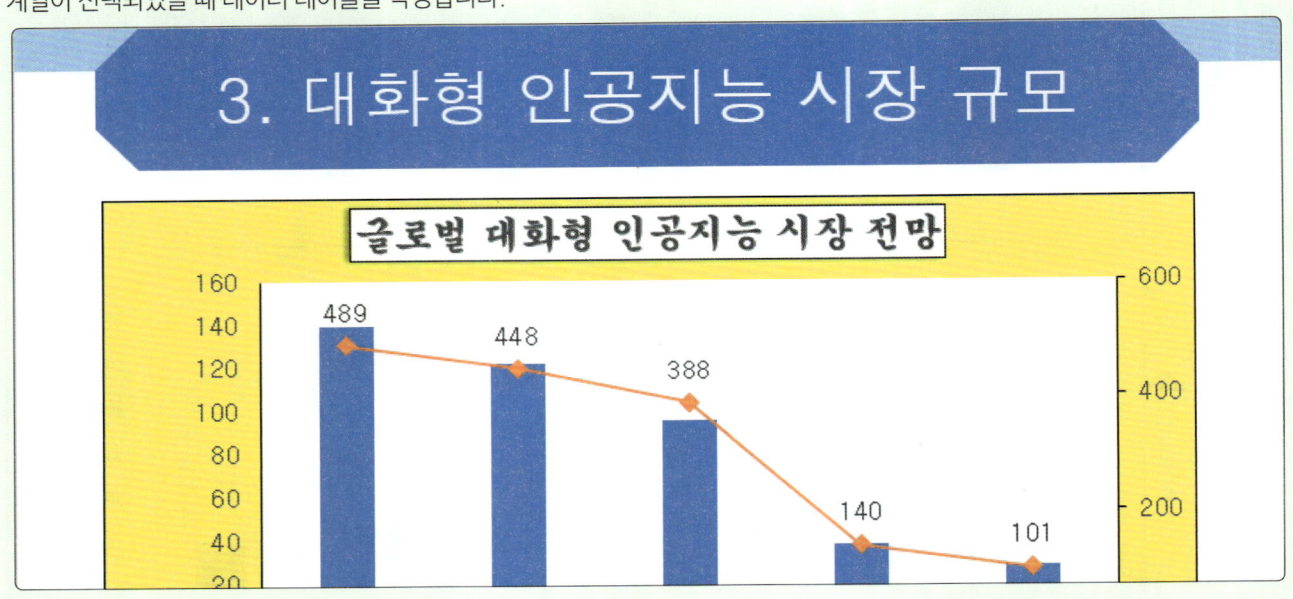

11 다음과 같이 차트의 **크기 조절점을 드래그하여 크기를** 조절합니다.

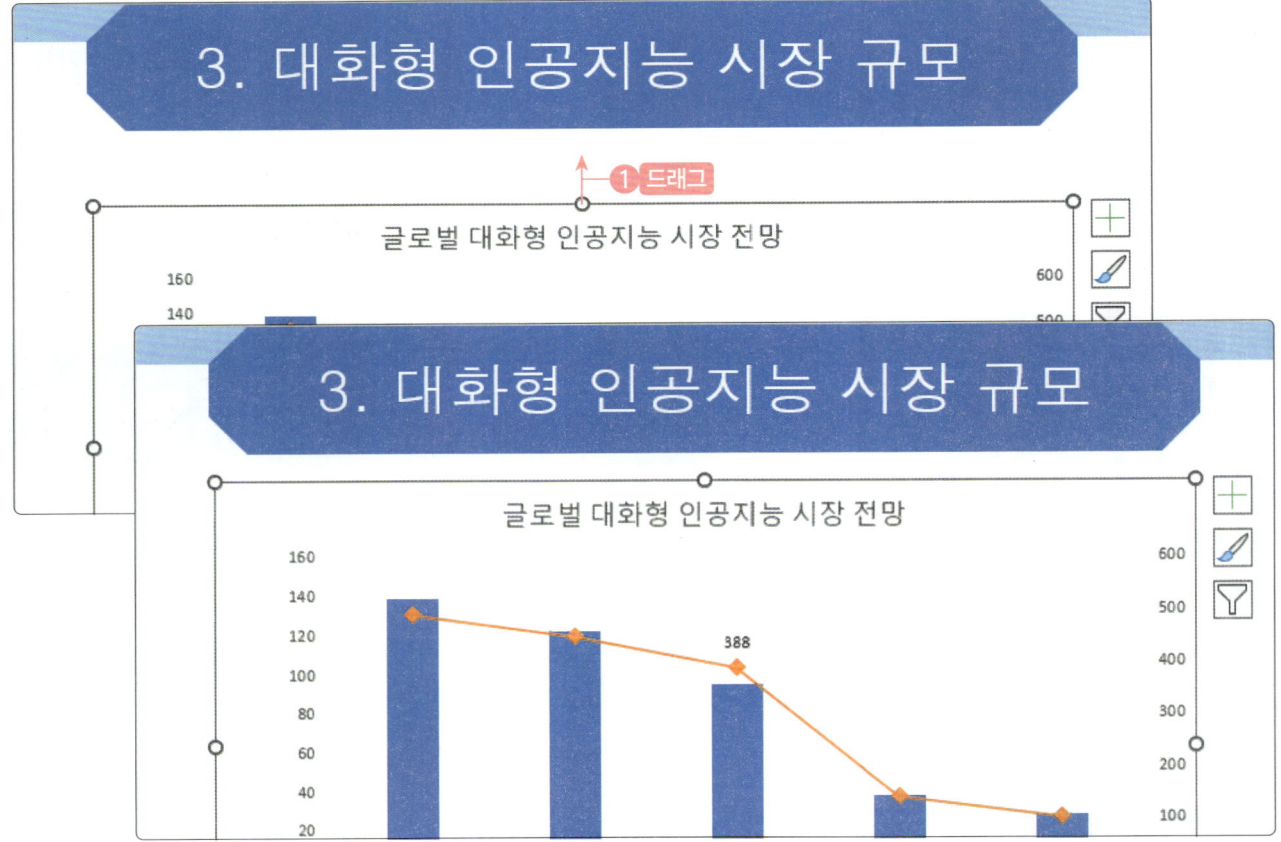

STEP 03 차트 글꼴 및 색상 지정하기

《조건》 (2) 차트 : 종류(묶은 세로 막대형), 글꼴(돋움, 16pt), 외곽선
■ 차트 제목 : 궁서, 24pt, 굵게, 채우기(흰색), 테두리, 그림자(오프셋 왼쪽)
■ 차트 영역 : 채우기(노랑), 그림 영역 : 채우기(흰색)

1 차트를 선택한 후 [홈] 탭-[글꼴] 그룹에서 **글꼴(돋움)**과 **글꼴 크기(16)를 선택**합니다.

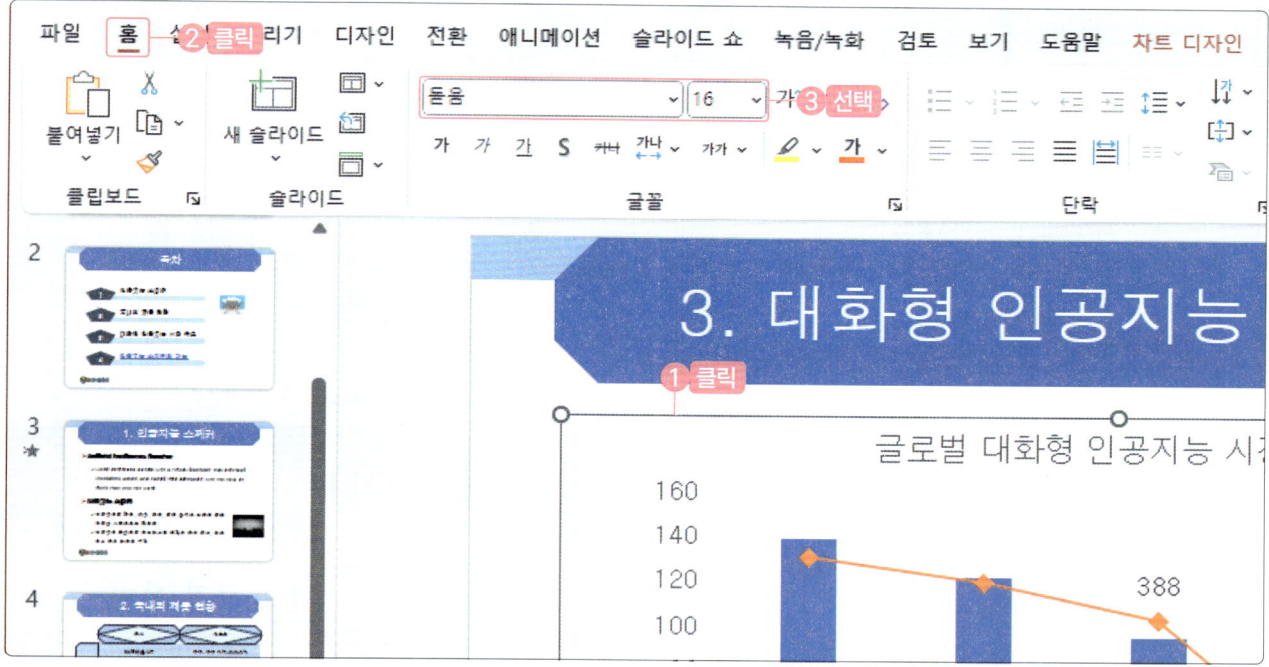

2 차트 제목을 선택한 후 [홈] 탭-[글꼴] 그룹에서 **글꼴(궁서)**과 **글꼴 크기(24), [굵게(가)])를 선택**합니다.

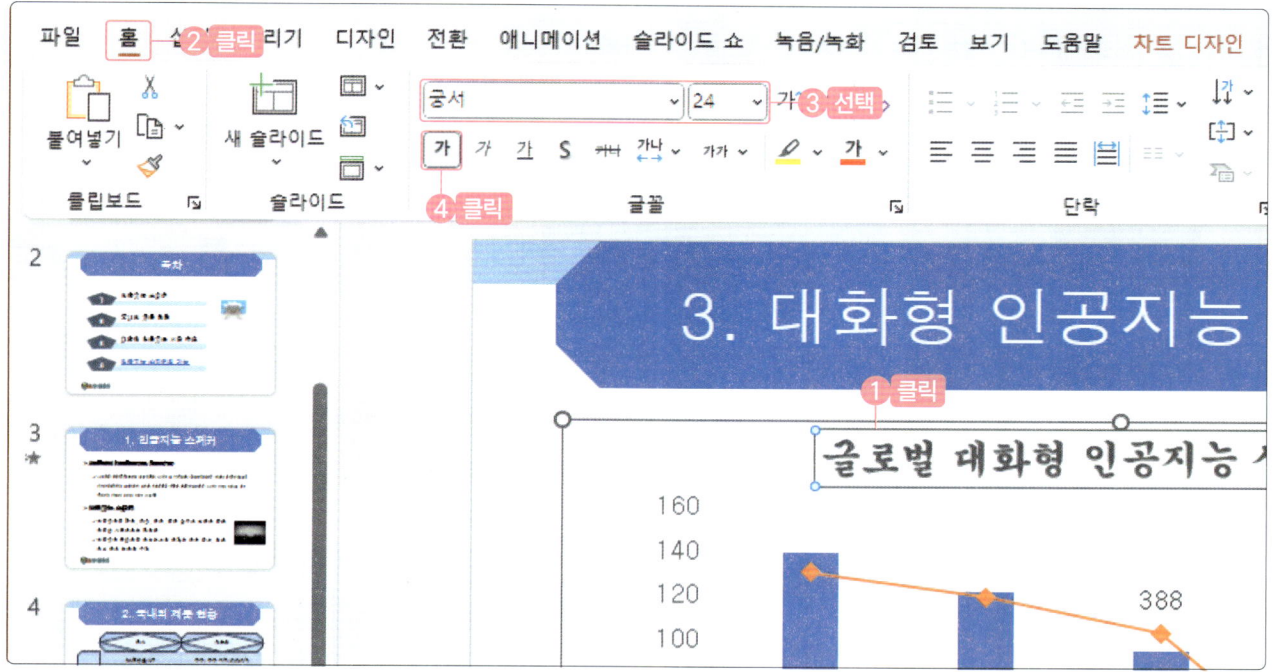

3 [서식] 정황 탭-[도형 스타일] 그룹에서 [도형 채우기]의 [목록(▼)] 단추를 클릭한 후 [흰색, 배경 1]을 클릭합니다.

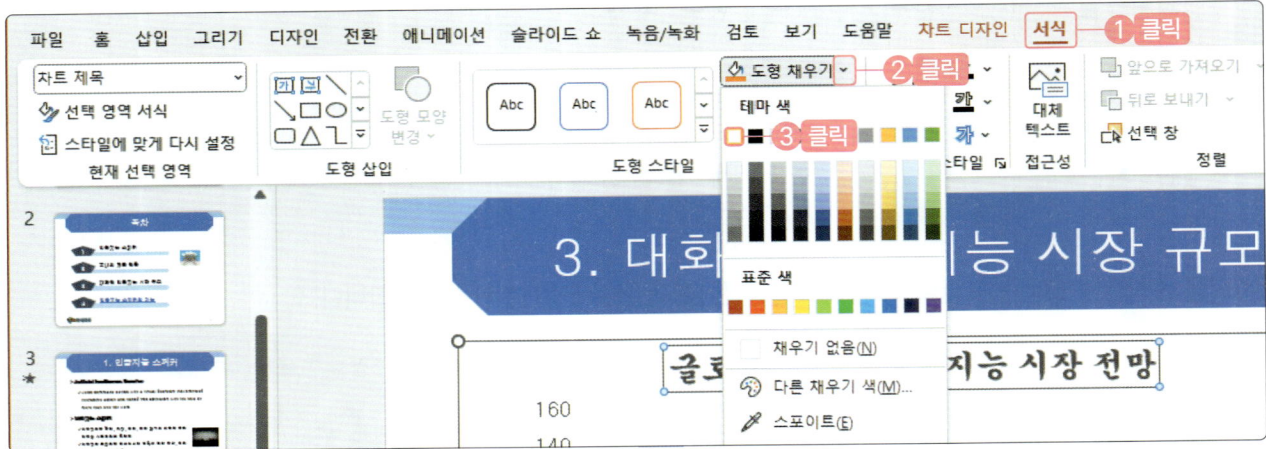

4 [서식] 정황 탭-[도형 스타일] 그룹에서 [도형 윤곽선]의 [목록(▼)] 단추를 클릭한 후 [검정, 텍스트 1]을 클릭합니다.

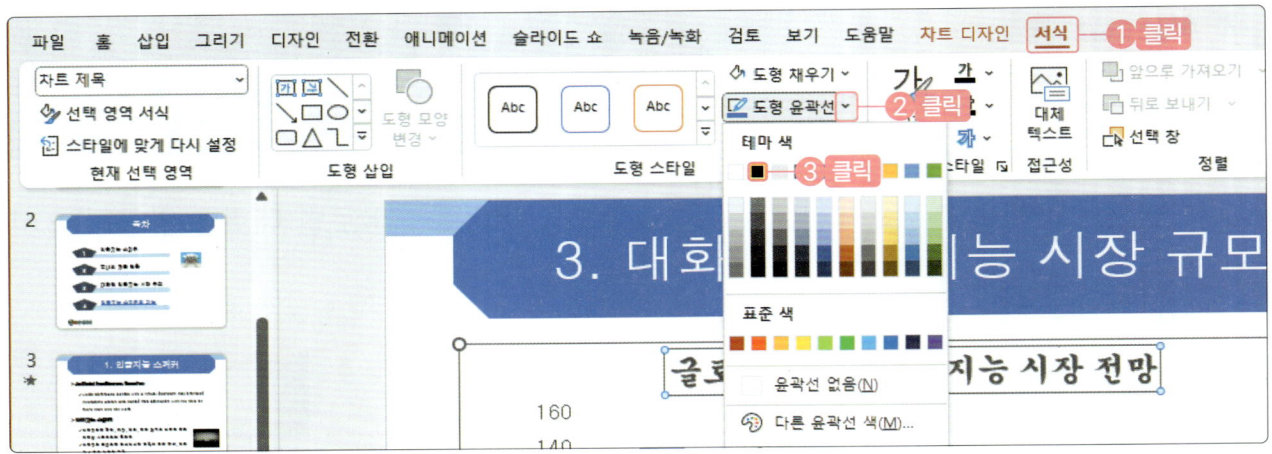

5 [서식] 정황 탭-[도형 스타일] 그룹에서 [도형 효과]를 클릭한 후 [그림자]-[오프셋: 왼쪽(▢)]을 클릭합니다.

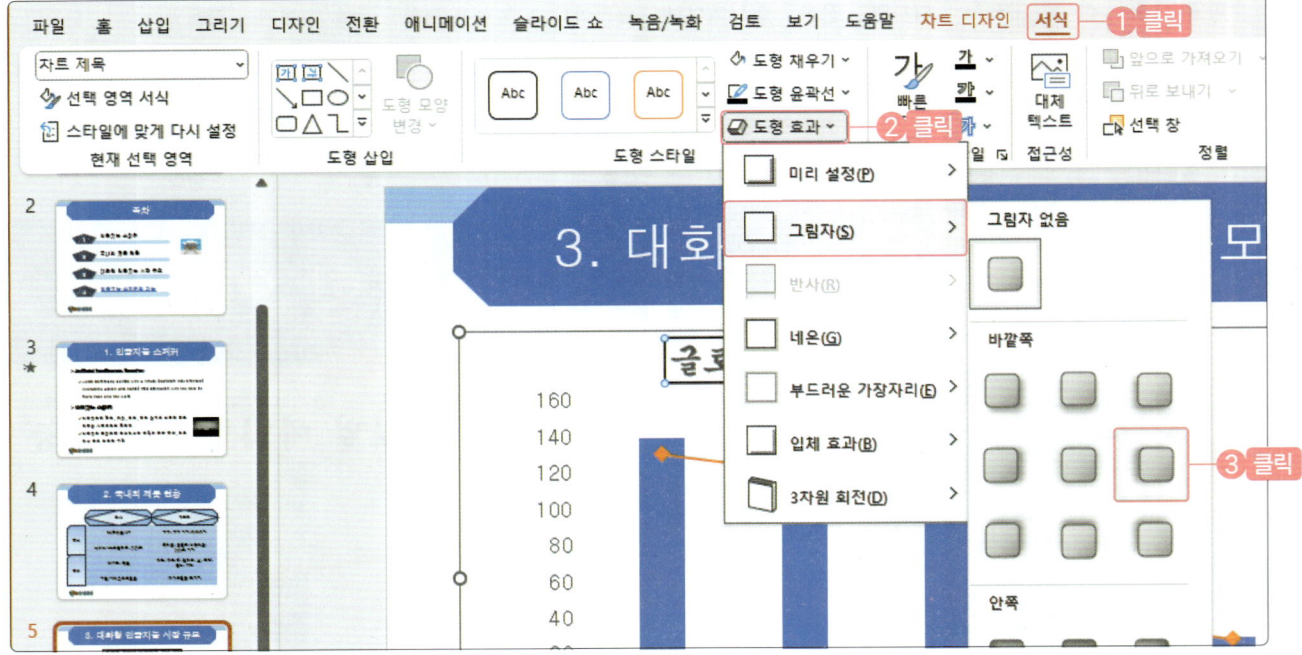

6 **차트를 선택**한 후 [서식] 정황 탭-[도형 스타일] 그룹에서 [도형 채우기]의 [목록(▾)] 단추를 클릭한 다음 [노랑]을 클릭합니다.

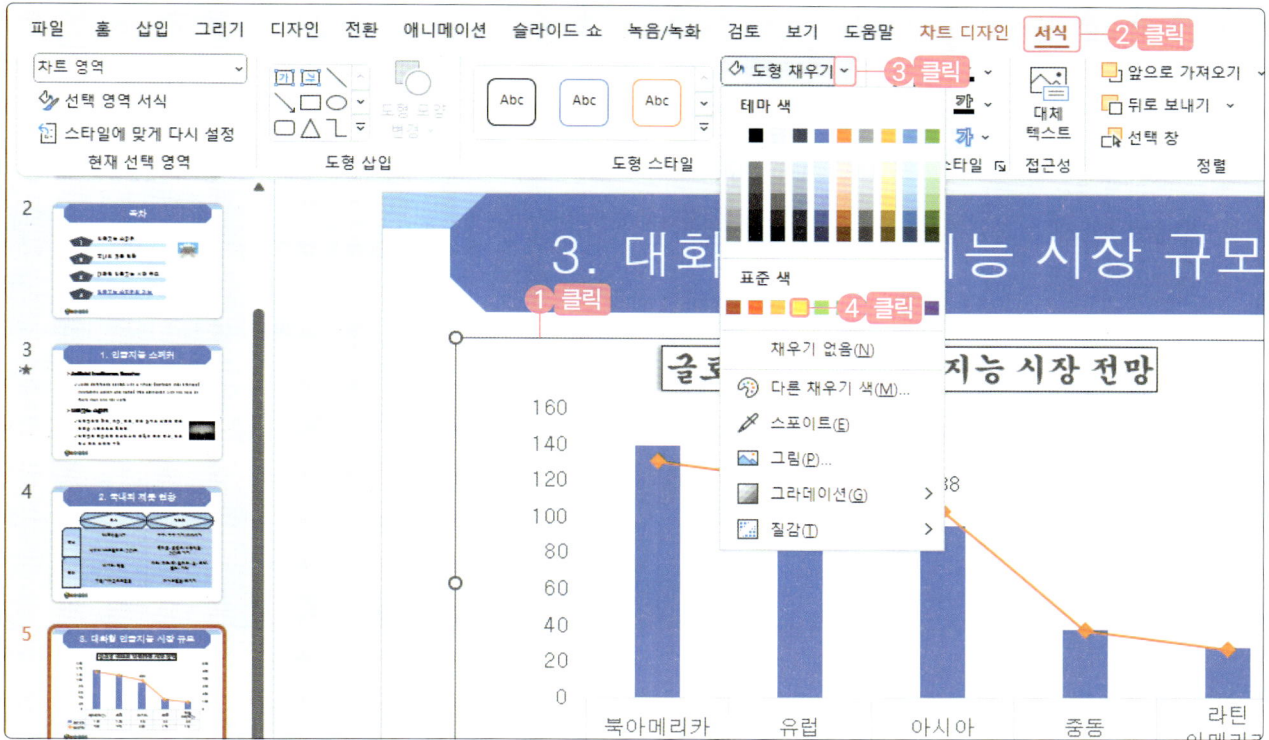

> 차트 영역에 채우기 색을 지정한 후 차트 제목에도 '노랑' 채우기 색이 지정되면 차트 제목을 선택한 다음 다시 도형 채우기(흰색, 배경 1)를 지정합니다.

7 [서식] 정황 탭-[도형 스타일] 그룹에서 [도형 윤곽선]의 [목록(▾)] 단추를 클릭한 후 [검정, 텍스트 1]을 클릭합니다.

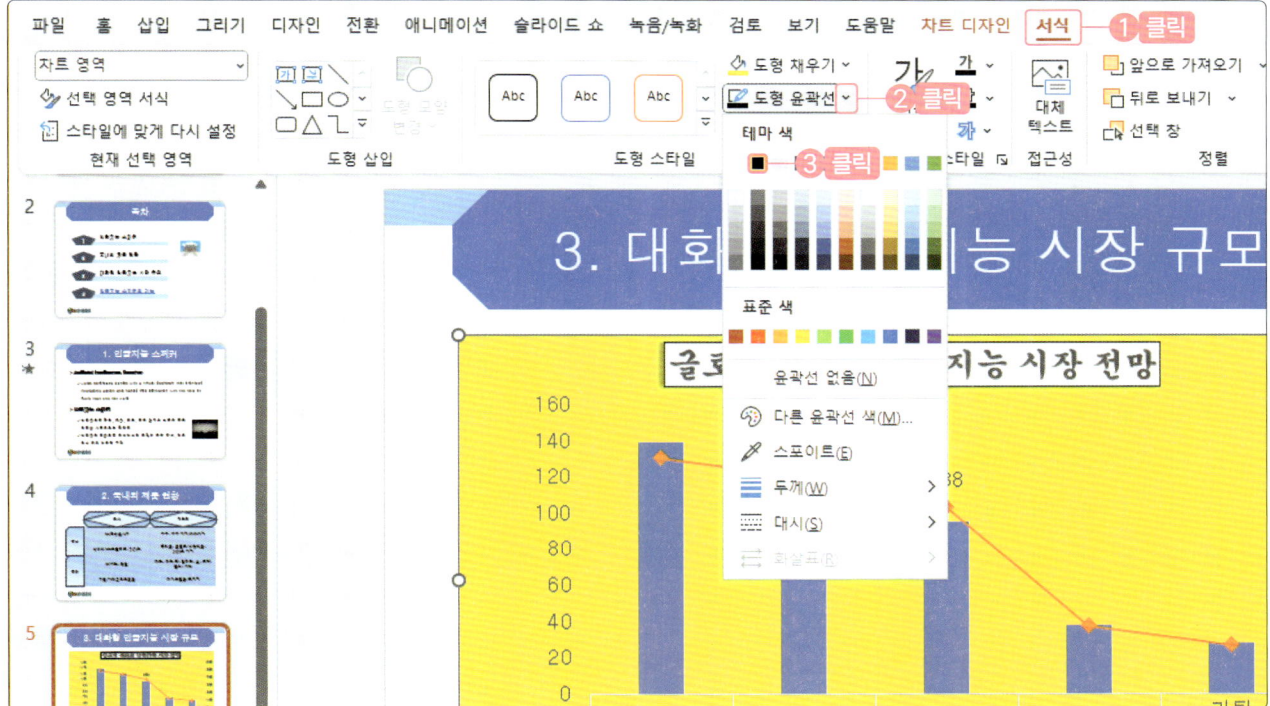

8 그림 영역을 선택한 후 (서식) 정황 탭-(도형 스타일) 그룹에서 (도형 채우기)의 (목록(▼)) 단추를 클릭한 다음 (흰색, 배경 1)을 클릭합니다.

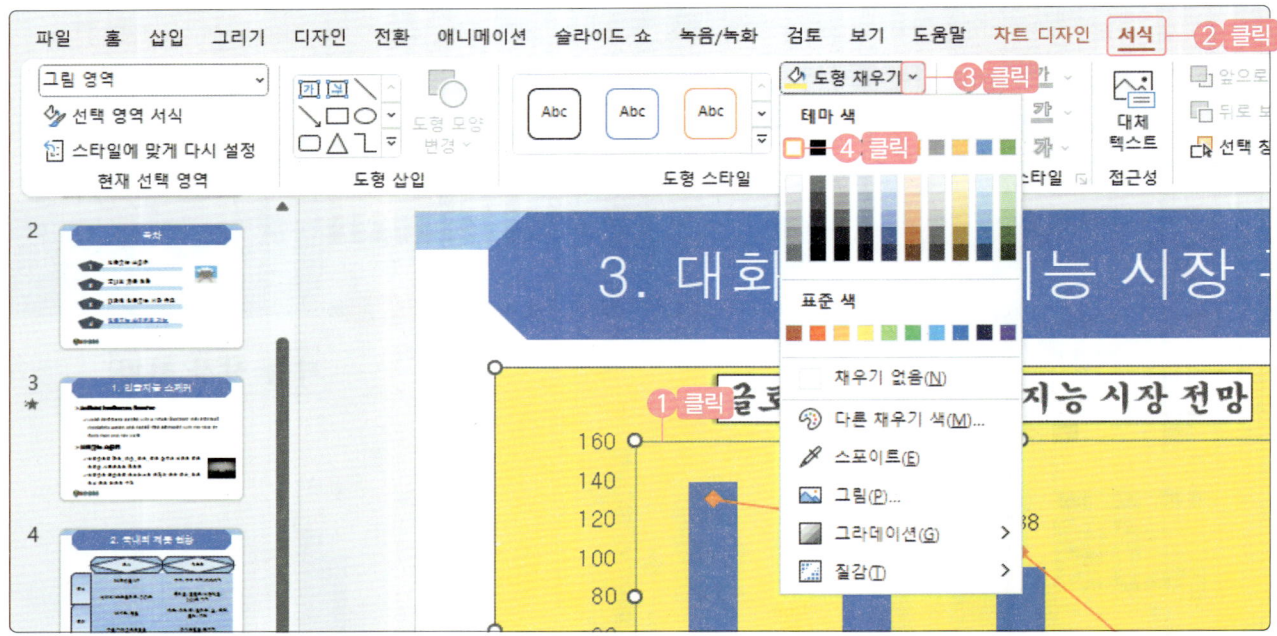

STEP 04 차트 축 서식 지정하기

1 (세로 (값) 축)을 클릭한 후 바로가기 메뉴의 (축 서식)을 클릭합니다.

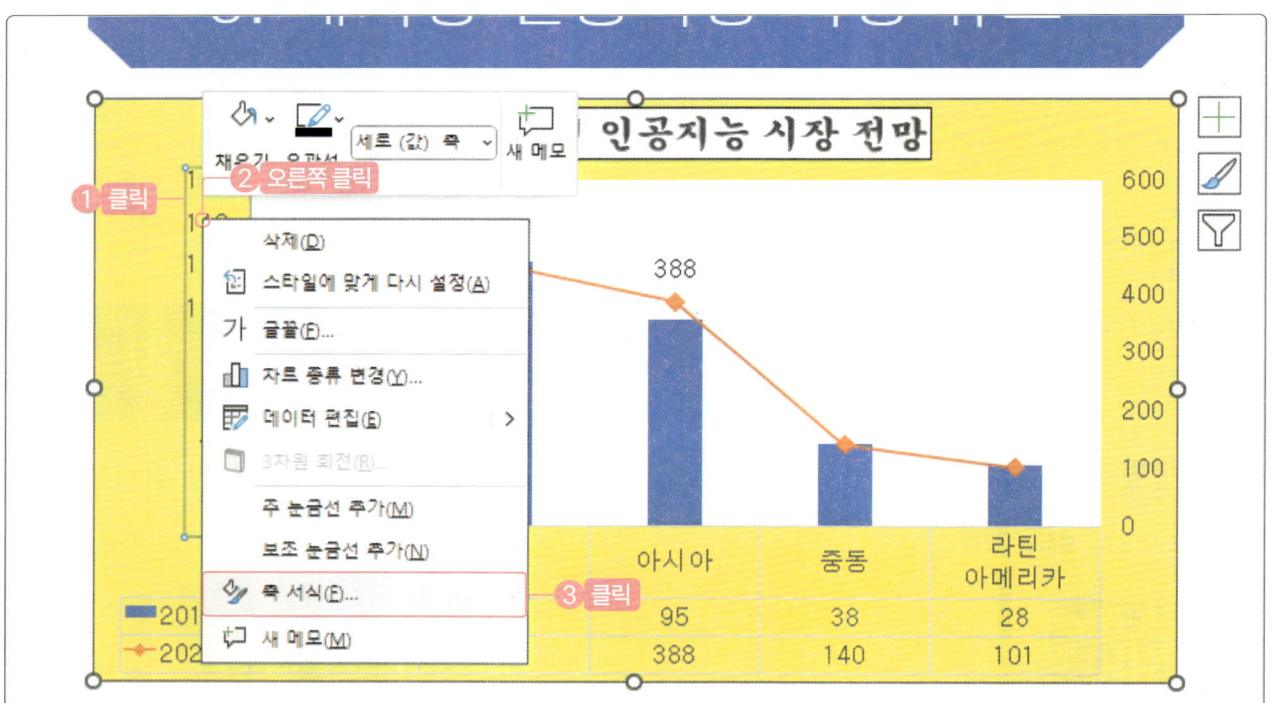

(세로 (값) 축)과 (보조 세로 (값) 축)은 세부 지시사항이 없으므로 수험자가 《출력형태》를 보고 판단하여 지정합니다.

2 〔축 서식〕 작업 창이 나타나면 〔축 옵션〕 탭에서 **(채우기 및 선(⬥))을 클릭**한 후 〔선〕을 클릭한 다음 〔실선〕을 클릭하고 **(색(검정, 텍스트 1))을 선택**합니다.

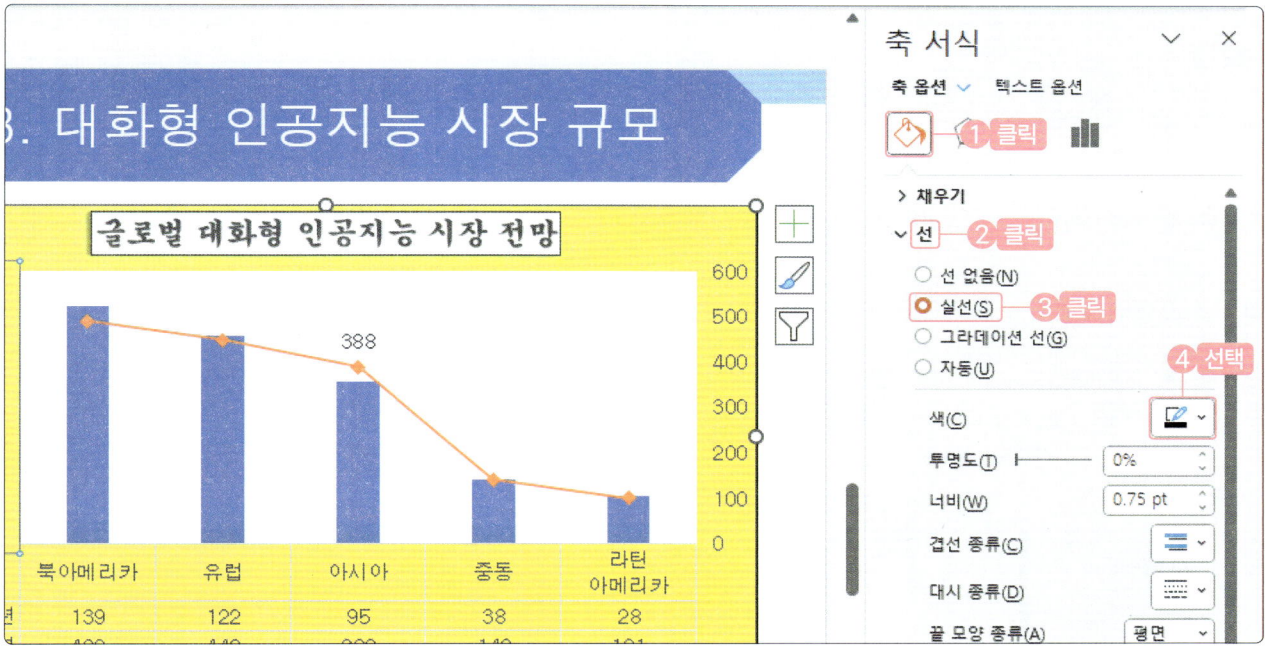

3 〔보조 세로 (값) 축〕을 클릭한 후 〔축 옵션(📊)〕을 클릭한 다음 〔축 옵션〕 탭에서 **최대값(600)과 단위(200)를 입력**합니다. 그런다음 〔눈금〕 탭을 클릭한 후 〔눈금〕 설정 화면이 나타나면 **주 눈금(바깥쪽)을 선택**한 다음 〔닫기(✕)〕를 클릭합니다.

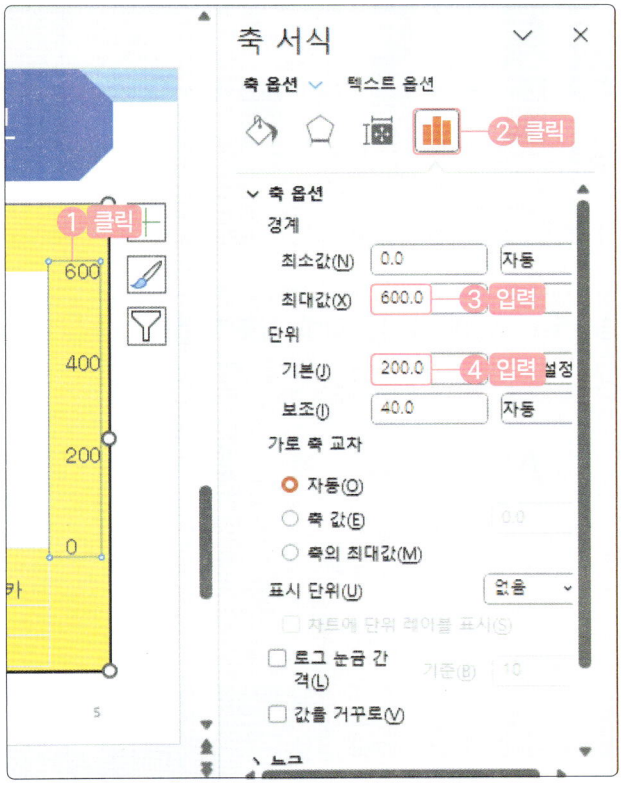
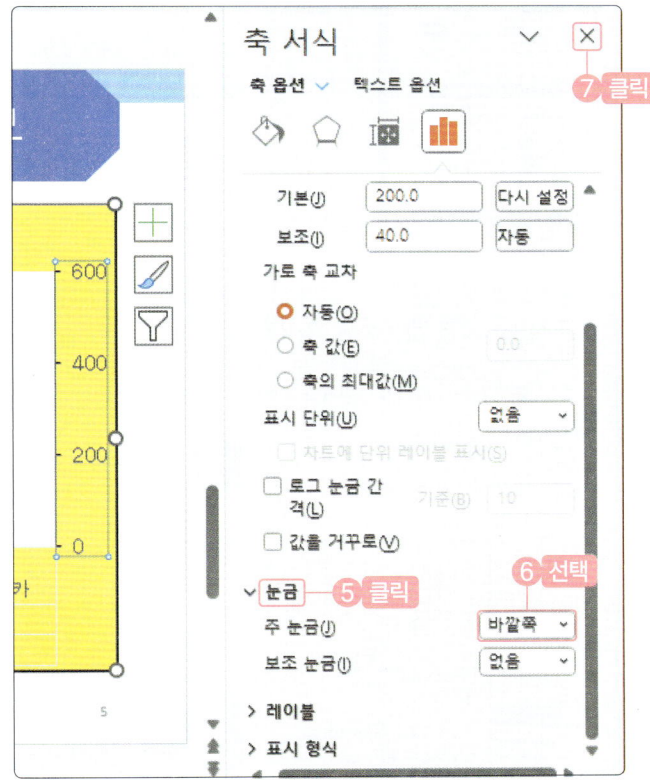

> 눈금이 표시되지 않을 경우 〔없음〕을 선택한 후 다시 〔바깥쪽〕을 선택합니다.

STEP 05 도형 작성하기

《조건》　① 도형 삽입
　　　　　- 스타일 : 미세 효과 - 파랑, 강조 1　　　　- 글꼴 : 굴림, 18pt

1 〔삽입〕 탭-〔일러스트레이션〕 그룹에서 **(도형( ))을 클릭**한 후 **(두루마리 모양: 가로로 말림( ))을 클릭**합니다.

2 마우스 포인터 모양이 + 모양으로 변경되면 **드래그하여 도형을 작성**합니다.

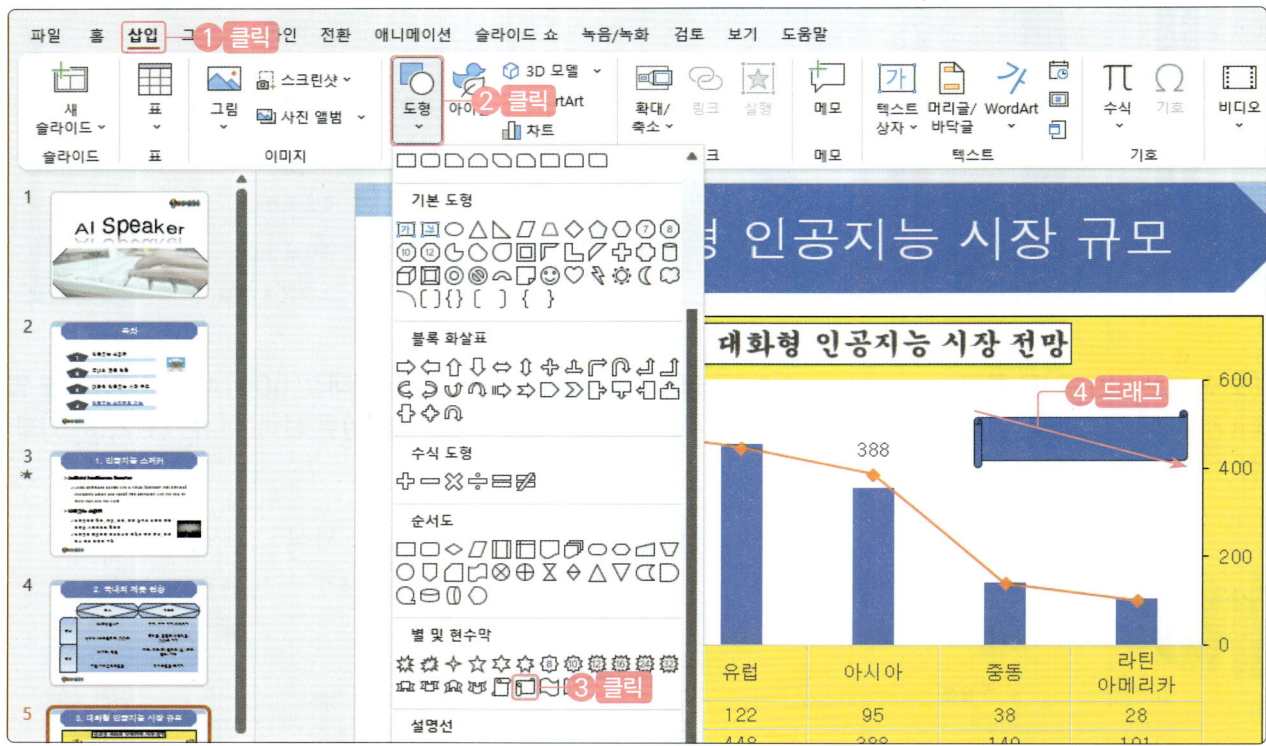

3 〔도형 서식〕 정황 탭-〔도형 스타일〕 그룹에서 **(자세히( ))를 클릭**한 후 **(미세효과 - 파랑, 강조 1( ))을 클릭**합니다.

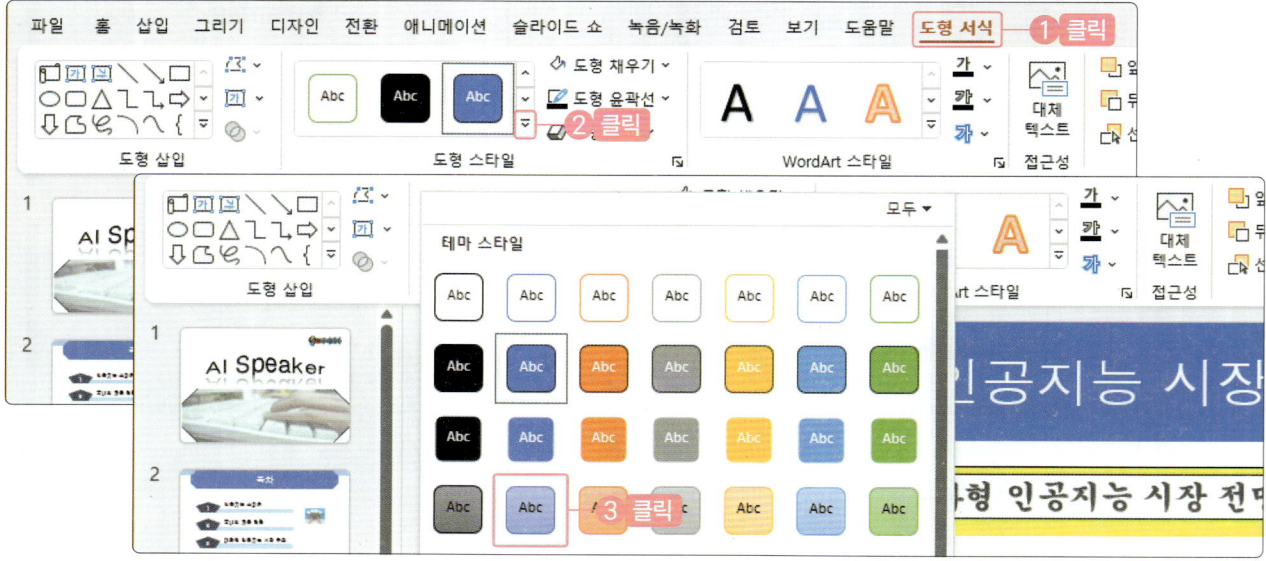

4 도형에 "**단위 : 천만 달러**"를 **입력**합니다.

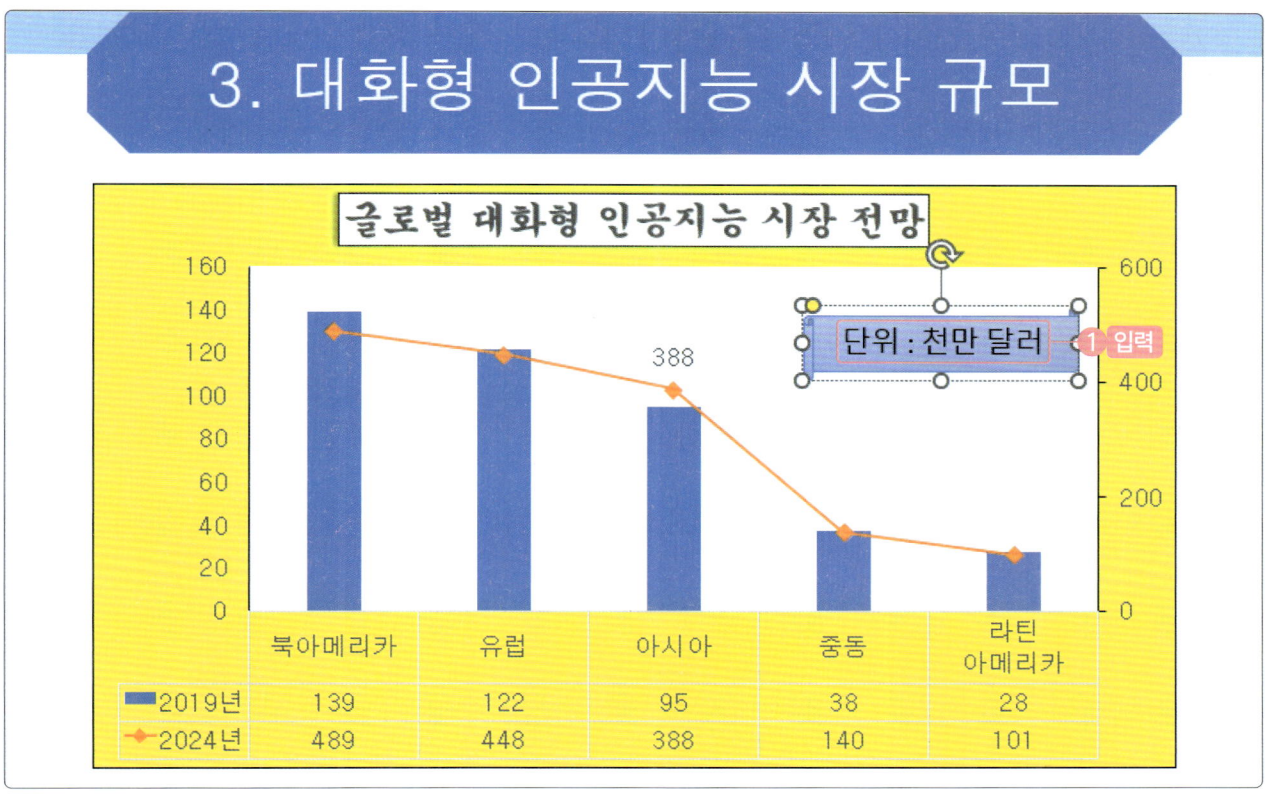

5 **텍스트를 드래그하여 블록으로 설정**한 다음 [홈] 탭-[글꼴] 그룹에서 **글꼴(굴림)과 글꼴 크기(18)**를 선택합니다.

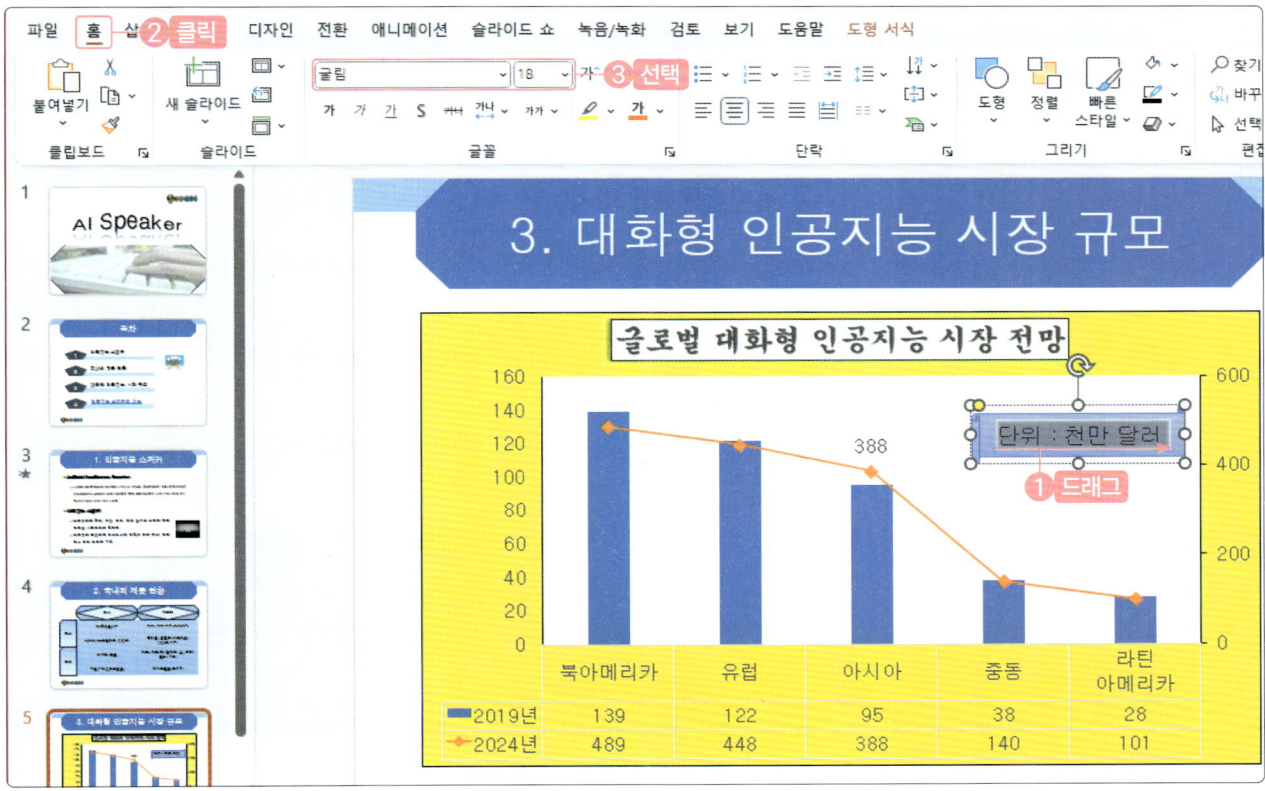

차트 슬라이드

유형 01

다음 지시사항 및 세부조건을 참고하여 출력형태에 알맞게 작성하시오.

▶ 소스파일 : Chapter 07₩문제07-01.pptx　　▶ 완성파일 : Chapter 07₩문제07-01_완성.pptx

(1) 차트 작성 기능을 이용하여 슬라이드를 작성한다.
(2) 차트 : 종류(묶은 세로 막대형), 글꼴(돋움, 16pt) 외곽선

《 세부조건 》

※ 차트 설명

- 차트제목 : 궁서, 24pt, 굵게, 채우기(흰색), 테두리, 그림자(오프셋 아래쪽)
- 차트영역 : 채우기(노랑)
  그림영역 : 채우기(흰색)
- 데이터 서식 : 문화유산 계열을 표식이 있는 꺾은선형으로 변경 후 보조축으로 지정
- 값 표시 : 중국의 자연유산 계열만

① 도형 삽입
  - 스타일 : 미세효과 - 파랑, 강조 1
  - 글꼴 : 굴림, 18pt

《 출력형태 》

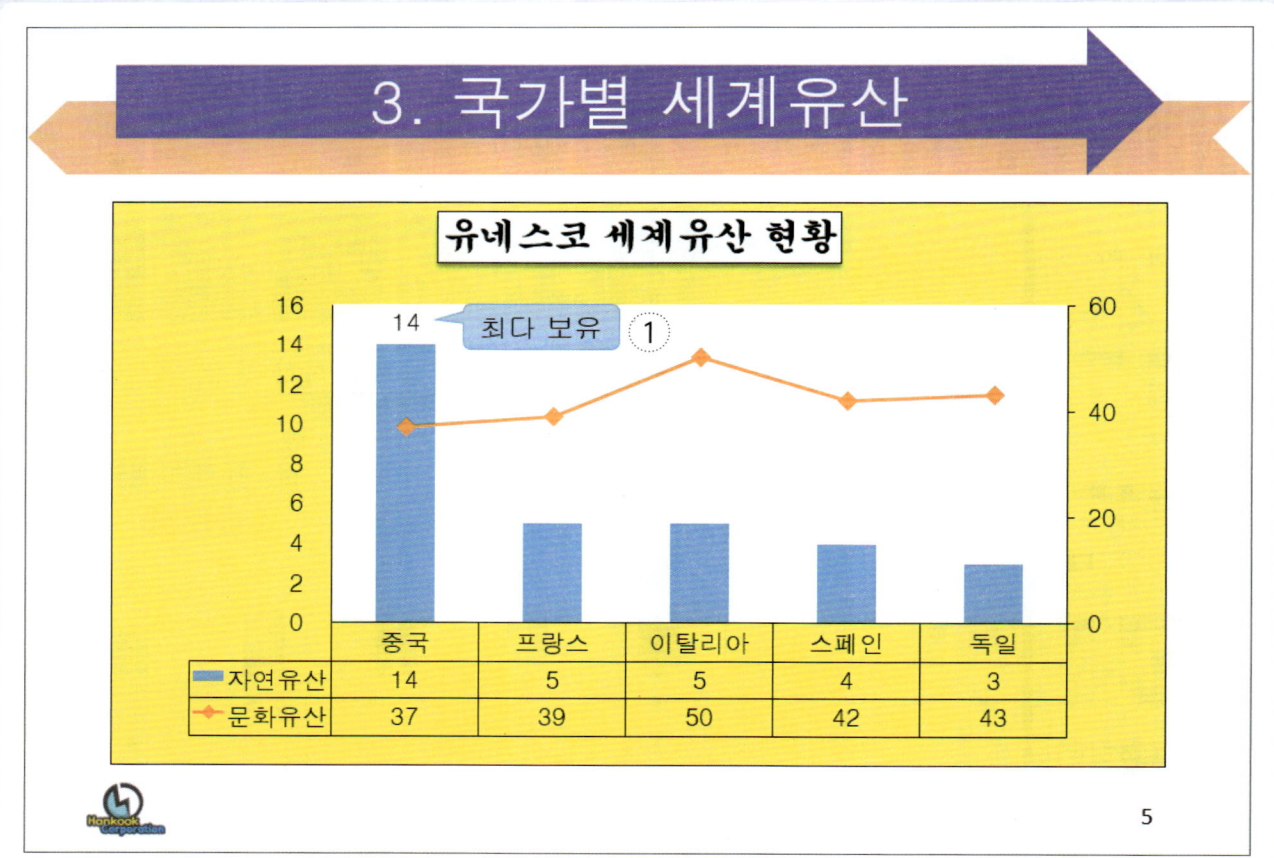

유형 02

다음 지시사항 및 세부조건을 참고하여 출력형태에 알맞게 작성하시오.

▶ 소스파일 : Chapter 07₩문제07-02.pptx   ▶ 완성파일 : Chapter 07₩문제07-02_완성.pptx

(1) 차트 작성 기능을 이용하여 슬라이드를 작성한다.
(2) 차트 : 종류(묶은 세로 막대형), 글꼴(돋움, 16pt) 외곽선

세부조건

※ 차트 설명
- 차트제목 : 궁서, 24pt, 굵게, 채우기(흰색), 테두리, 그림자(오프셋 오른쪽)
- 차트영역 : 채우기(노랑) 그림영역 : 채우기(흰색)
- 데이터 서식 : 비OECD국가 계열을 표식이 있는 꺾은선형으로 변경 후 보조축으로 지정
- 값 표시 : 기타의 비OECD국가 계열만

① 도형 삽입
 - 스타일 : 미세효과 – 파랑, 강조1
 - 글꼴 : 굴림, 18pt

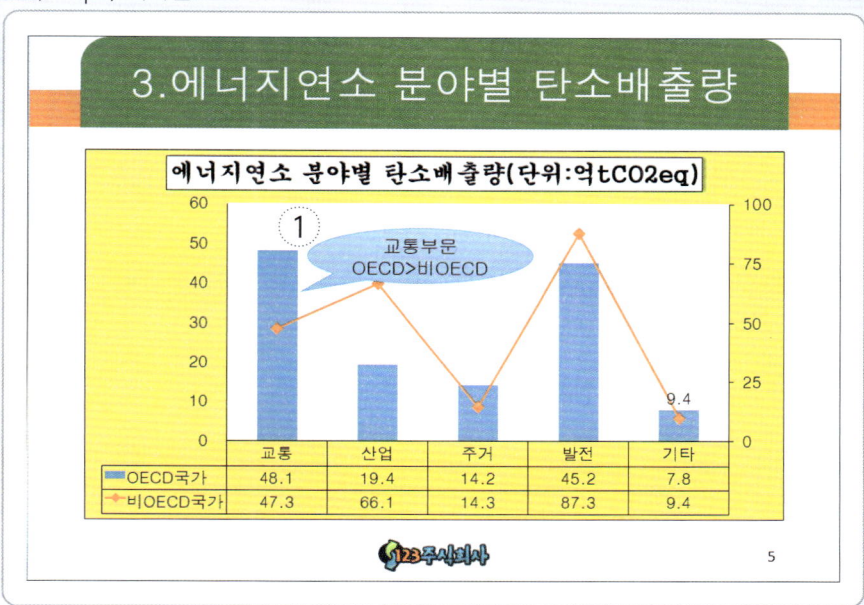

유형 03

다음 지시사항 및 세부조건을 참고하여 출력형태에 알맞게 작성하시오.

▶ 소스파일 : Chapter 07₩문제07-03.pptx   ▶ 완성파일 : Chapter 07₩문제07-03_완성.pptx

(1) 차트 작성 기능을 이용하여 슬라이드를 작성한다.
(2) 차트 : 종류(묶은 세로 막대형), 글꼴(돋움, 16pt) 외곽선

세부조건

※ 차트 설명
- 차트제목 : 궁서, 24pt, 굵게, 채우기(흰색), 테두리, 그림자(오프셋 왼쪽)
- 차트영역 : 채우기(노랑) 그림영역 : 채우기(흰색)
- 데이터 서식 : 회귀분석 계열을 표식이 있는 꺾은선형으로 변경 후 보조축으로 지정
- 값 표시 : 4회의 신경망 계열만

① 도형 삽입
 - 스타일 : 미세효과 – 파랑, 강조1
 - 글꼴 : 굴림, 18pt

유형 04

다음 지시사항 및 세부조건을 참고하여 출력형태에 알맞게 작성하시오.

▶ 소스파일 : Chapter 07₩문제07-04.pptx   ▶ 완성파일 : Chapter 07₩문제07-04_완성.pptx

(1) 차트 작성 기능을 이용하여 슬라이드를 작성한다.
(2) 차트 : 종류(묶은 세로 막대형), 글꼴(돋움, 16pt) 외곽선

세부조건

※ 차트 설명
- 차트제목 : 궁서, 24pt, 굵게, 채우기(흰색), 테두리, 그림자(오프셋 왼쪽)
- 차트영역 : 채우기(노랑) 그림영역 : 채우기(흰색)
- 데이터 서식 : 인상율 계열을 표식이 있는 꺾은선형으로 변경 후 보조축으로 지정
- 값 표시 : 2025년의 최저임금 계열만

① 도형 삽입
- 스타일 : 미세효과 – 파랑, 강조1
- 글꼴 : 굴림, 18pt

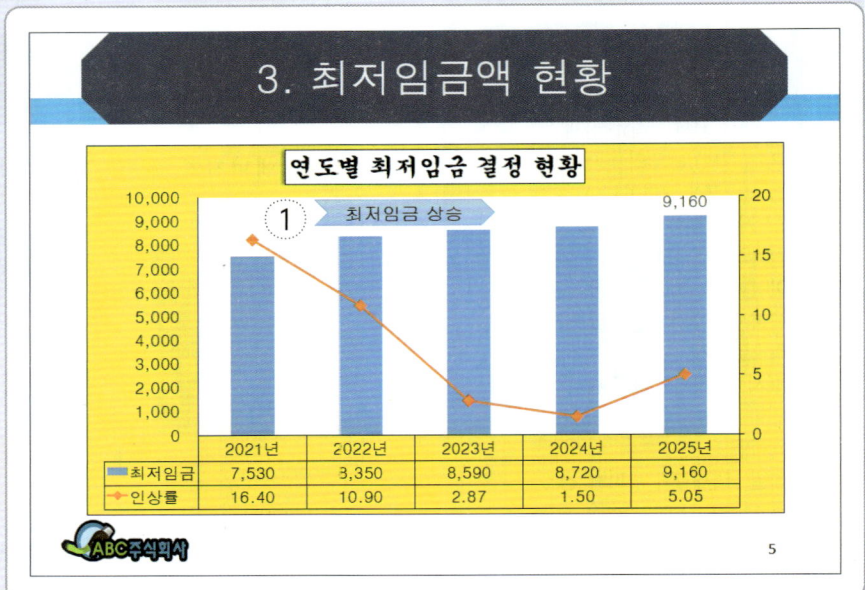

유형 05

다음 지시사항 및 세부조건을 참고하여 출력형태에 알맞게 작성하시오.

▶ 소스파일 : Chapter 07₩문제07-05.pptx   ▶ 완성파일 : Chapter 07₩문제07-05_완성.pptx

(1) 차트 작성 기능을 이용하여 슬라이드를 작성한다.
(2) 차트 : 종류(묶은 세로 막대형), 글꼴(돋움, 16pt) 외곽선

세부조건

※ 차트 설명
- 차트제목 : 궁서, 24pt, 굵게, 채우기(흰색), 테두리, 그림자(오프셋 아래쪽)
- 차트영역 : 채우기(노랑) 그림영역 : 채우기(흰색)
- 데이터 서식 : 조립/폐차 계열을 표식이 있는 꺾은선형으로 변경 후 보조축으로 지정
- 값 표시 : 수소전기차의 연료생산 계열만

① 도형 삽입
- 스타일 : 미세효과 – 파랑, 강조1
- 글꼴 : 굴림, 18pt

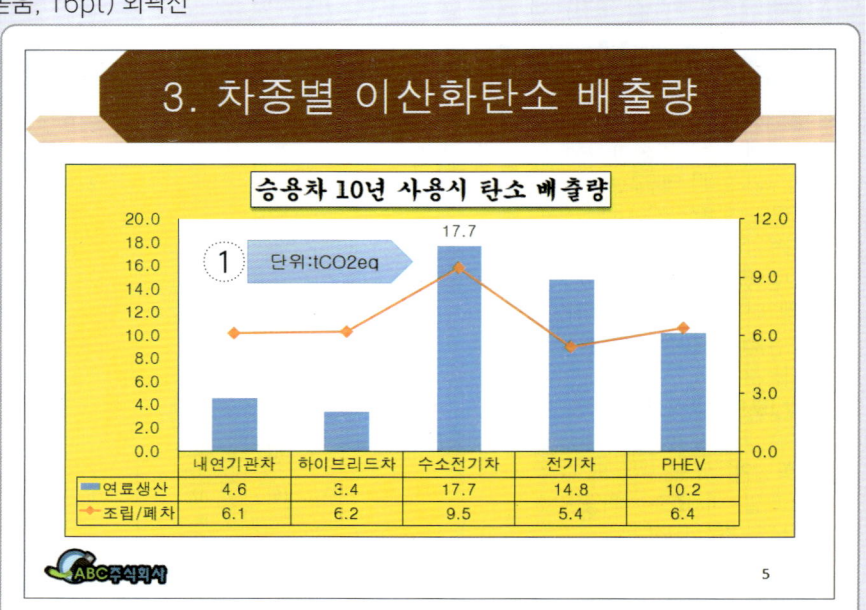

유형 06

다음 지시사항 및 세부조건을 참고하여 출력형태에 알맞게 작성하시오.

▶ 소스파일 : Chapter 07₩문제07-06.pptx   ▶ 완성파일 : Chapter 07₩문제07-06_완성.pptx

(1) 차트 작성 기능을 이용하여 슬라이드를 작성한다.
(2) 차트 : 종류(묶은 세로 막대형), 글꼴(돋움, 16pt) 외곽선

세부조건

※ 차트 설명
- 차트제목 : 궁서, 24pt, 굵게, 채우기(흰색), 테두리, 그림자(오프셋 왼쪽)
- 차트영역 : 채우기(노랑) 그림영역 : 채우기(흰색)
- 데이터 서식 : 여가비용(월평균) 계열을 표식이 있는 꺾은선형으로 변경 후 보조축으로 지정
- 값 표시 : 2020년의 여가시간(휴일평균) 계열만

① 도형 삽입
- 스타일 : 미세효과 – 파랑, 강조1
- 글꼴 : 굴림, 18pt

유형 07

다음 지시사항 및 세부조건을 참고하여 출력형태에 알맞게 작성하시오.

▶ 소스파일 : Chapter 07₩문제07-07.pptx   ▶ 완성파일 : Chapter 07₩문제07-07_완성.pptx

(1) 차트 작성 기능을 이용하여 슬라이드를 작성한다.
(2) 차트 : 종류(묶은 세로 막대형), 글꼴(돋움, 16pt) 외곽선

세부조건

※ 차트 설명
- 차트제목 : 궁서, 24pt, 굵게, 채우기(흰색), 테두리, 그림자(오프셋 왼쪽)
- 차트영역 : 채우기(노랑) 그림영역 : 채우기(흰색)
- 데이터 서식 : 조발생률(명/10만명) 계열을 표식이 있는 꺾은선형으로 변경 후 보조축으로 지정
- 값 표시 : 2026년의 발생자 수(만명) 계열만

① 도형 삽입
- 스타일 : 미세효과 – 파랑, 강조1
- 글꼴 : 굴림, 18pt

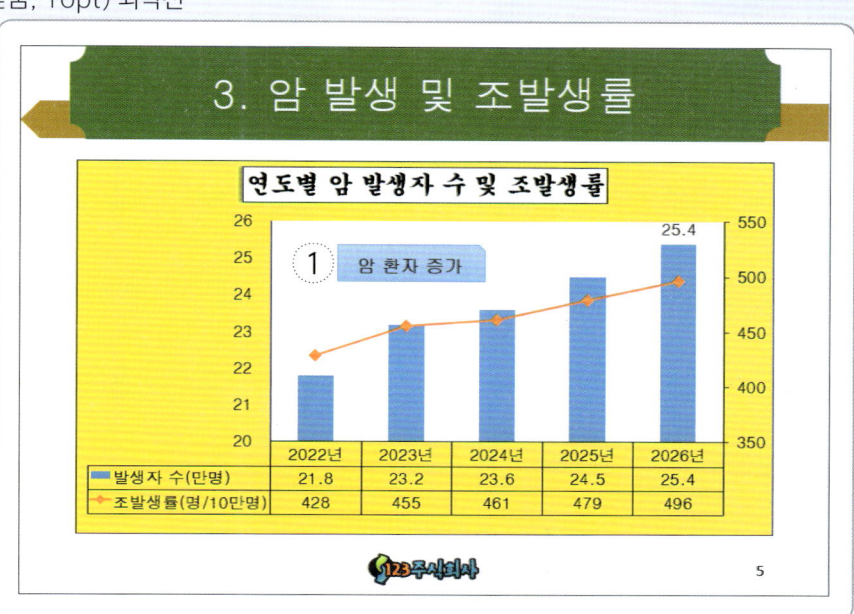

08 도형 슬라이드

- ☑ 왼쪽 배경 도형 작성하기
- ☑ 오른쪽 도형 작성하기
- ☑ 스마트아트(SmartArt) 작성하기
- ☑ 왼쪽 도형 작성하기
- ☑ 텍스트 상자 삽입하기
- ☑ 애니메이션 지정하기

▶ 소스 파일 : Chapter 08\Ch08.pptx   ▶ 완성 파일 : Chapter 08\Ch08_완성.pptx

[슬라이드 6]   《 도형 슬라이드 》   (100점)
(1) 슬라이드와 같이 도형 및 스마트아트를 배치한다(글꼴 : 굴림, 18pt)
(2) 애니메이션 순서 : ① ⇒ ②

[세부 조건]

① **도형 및 스마트아트 편집**
 - 스마트아트 디자인 : 3차원 만화, 3차원 경사
 - 그룹화 후 애니메이션 효과 : 닦아내기(위에서)

② **도형 편집**
 - 그룹화 후 애니메이션 효과 : 바운드

출력 형태

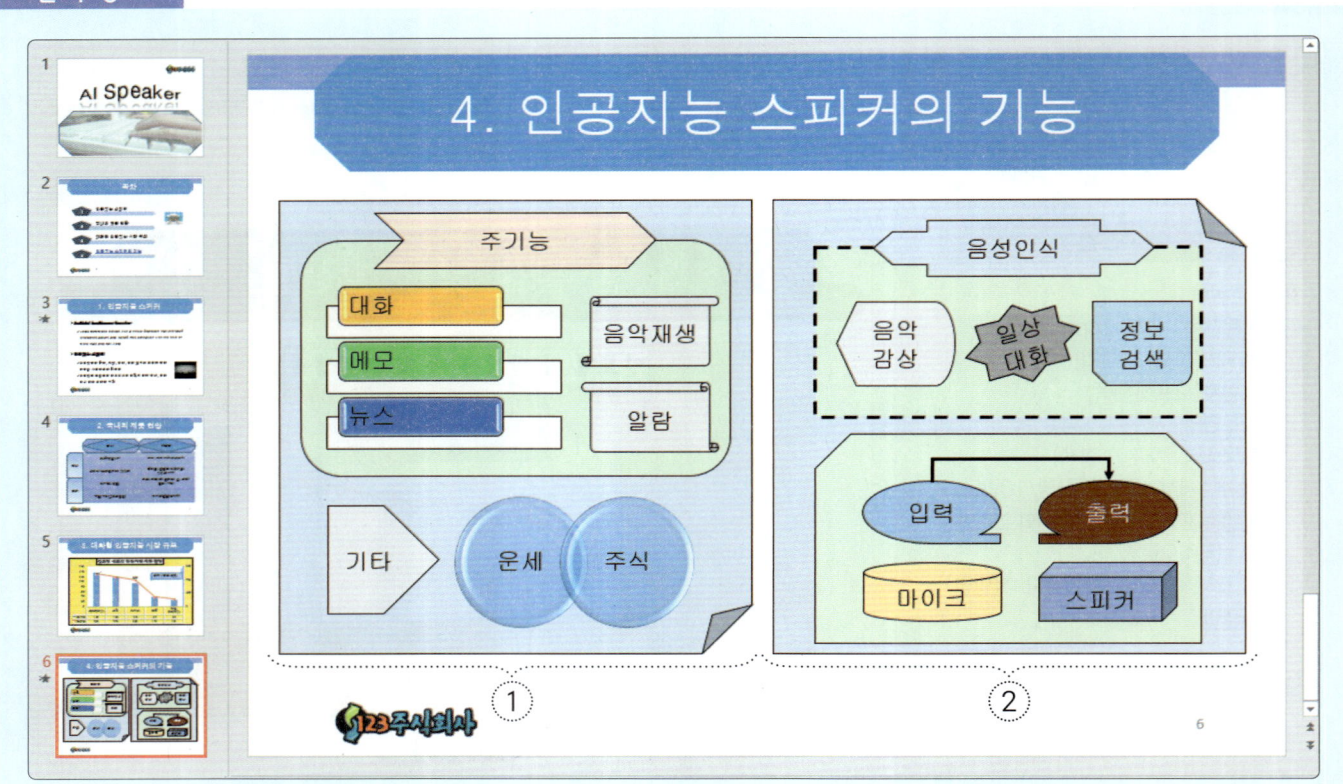

체크! 체크!

〔슬라이드 6〕《도형 슬라이드》

■ **왼쪽 배경 도형 작성하기**
- 도형은 《출력형태》를 참고하여 작성한 후 채우기 색과 도형 윤곽선을 지정합니다.
- 도형에 글꼴 서식을 지정한 후 (기본 도형으로 설정)을 설정합니다.

■ **왼쪽/오른쪽 도형 작성하기**
- 도형은 《출력형태》를 참고하여 작성한 후 채우기 색을 지정한 다음 텍스트를 입력합니다.

■ **텍스트 상자 입력하기**
- 도형에 텍스트를 입력 및 텍스트 방향을 지정합니다.
- 도형을 회전한 경우 텍스트도 같이 회전되므로 이럴 경우 텍스트 상자를 이용하여 텍스트를 입력합니다.

■ **스마트아트(SmartArt) 작성하기**
- 스마트아트(SmartArt)를 삽입한 후 색 변경 및 SmartArt 스타일을 지정합니다.
- 스마트아트(SmartArt)에 글꼴 서식을 지정한 후 크기 및 위치를 지정합니다.

■ **애니메이션 지정하기**
- 애니메이션 순서에 맞게 도형을 그룹화 한 후 애니메이션을 지정합니다.

STEP 01 왼쪽 배경 도형 작성하기

《조건》 (1) 슬라이드와 같이 도형 및 스마트아트를 배치한다(글꼴 : 굴림, 18pt).

1. 6번 슬라이드를 클릭한 후 제목(4. 인공지능 스피커의 기능)을 입력한 다음 텍스트 상자를 선택하고 Delete 를 눌러 삭제합니다.

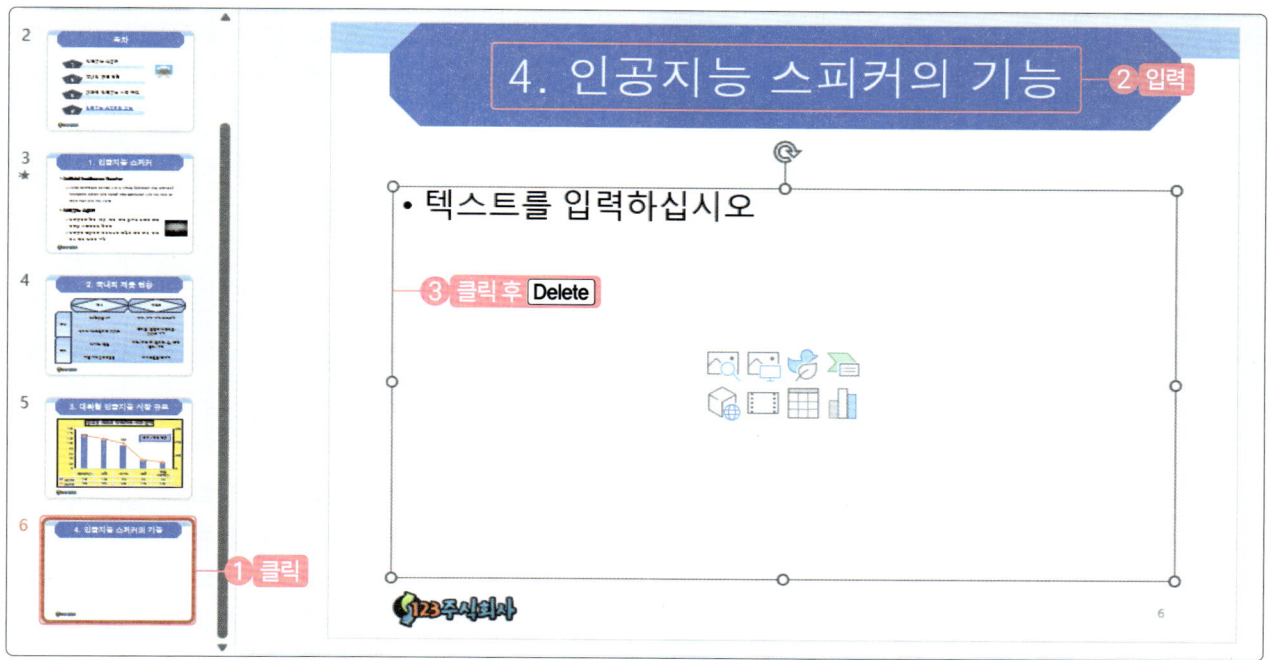

2 〔삽입〕 탭-〔일러스트레이션〕 그룹에서 〔도형(🔘)〕을 클릭한 후 〔사각형 : 모서리가 접힌 도형(🔲)〕을 클릭합니다.

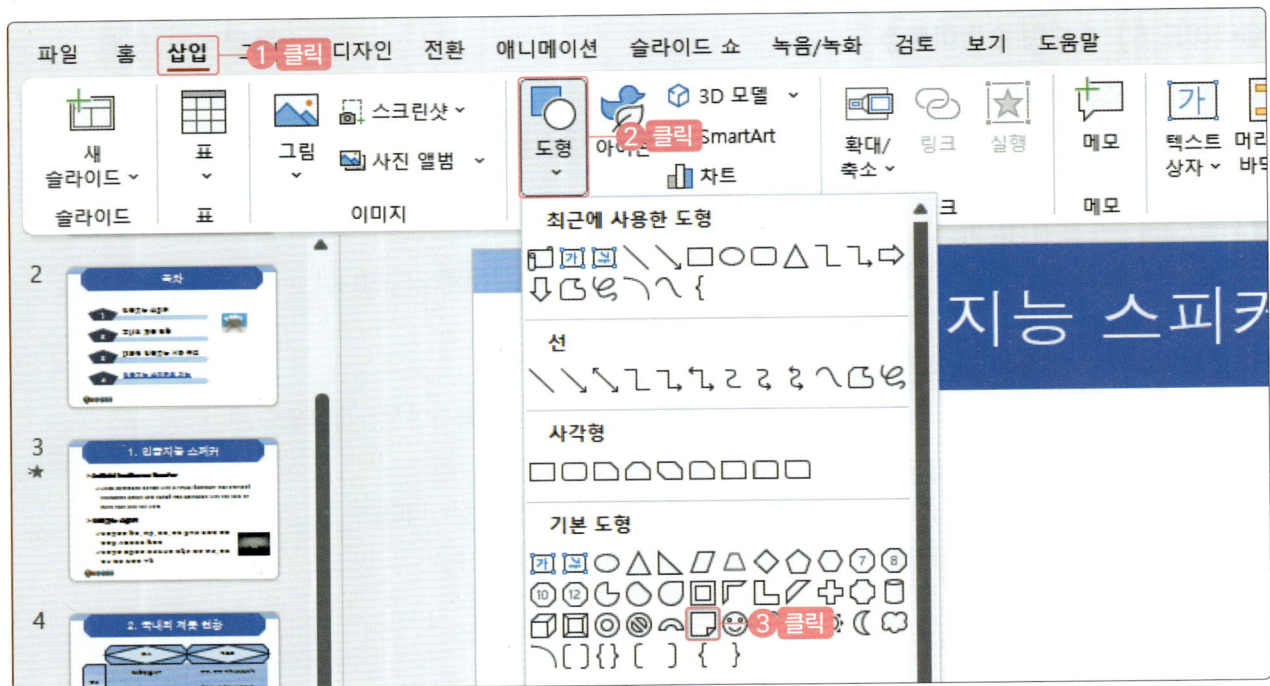

도형 작성은 배경 도형을 먼저 작성합니다.

3 마우스 포인터 모양이 + 모양으로 변경되면 **드래그하여 도형을 작성**합니다.

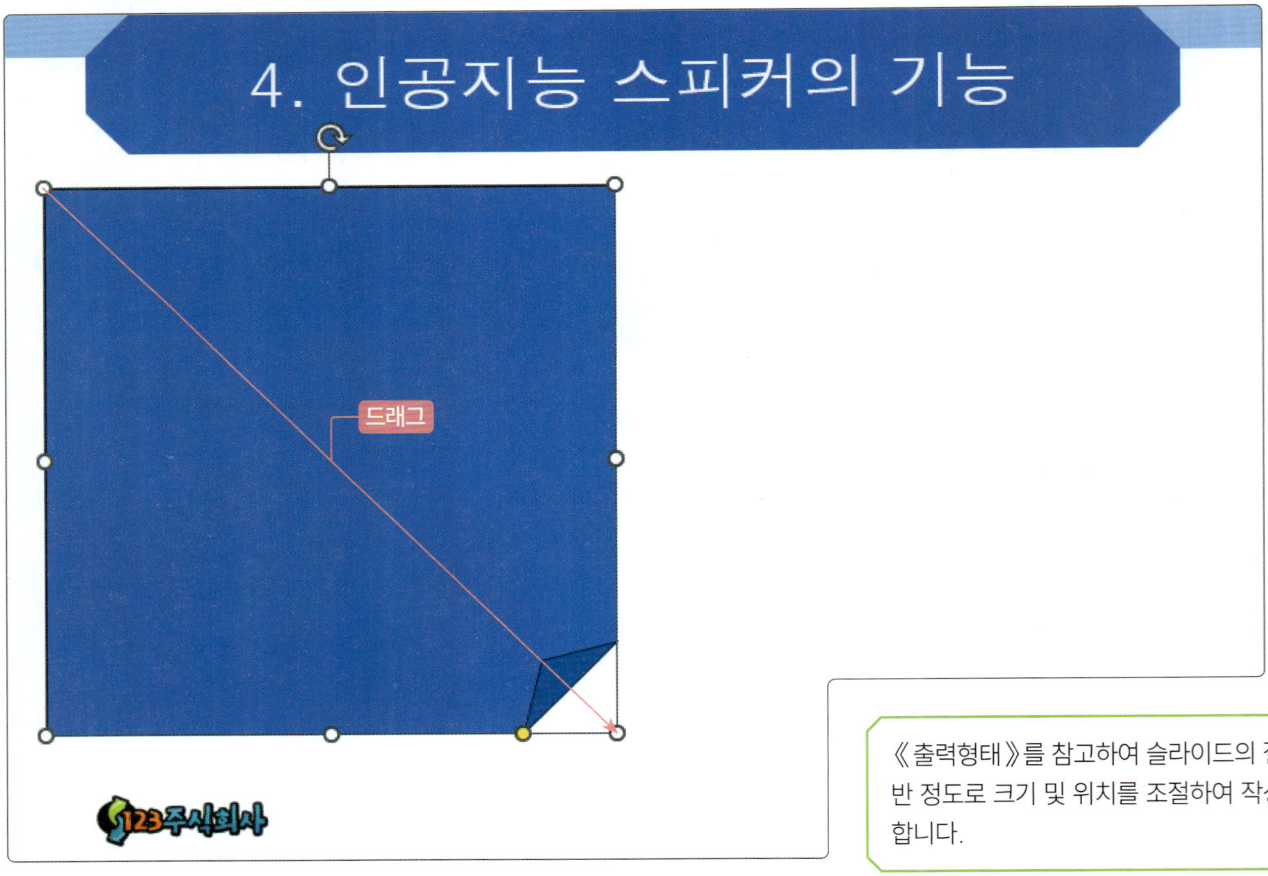

《출력형태》를 참고하여 슬라이드의 절반 정도로 크기 및 위치를 조절하여 작성합니다.

4 모양 조절점(○)을 드래그하여 도형 모양을 변경합니다.

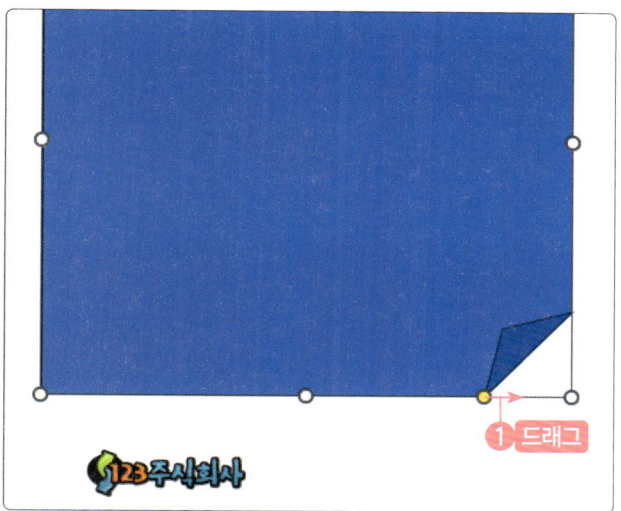
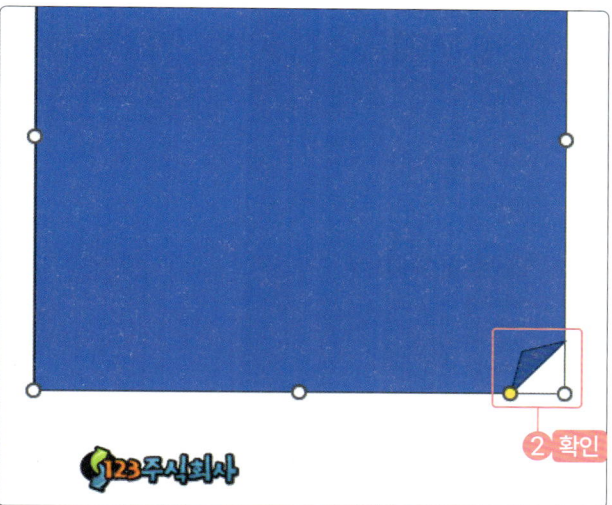

5 (도형 서식) 정황 탭-(도형 스타일) 그룹에서 (도형 채우기)의 (목록(▼)) 단추를 클릭한 후 임의의 색을 지정합니다.

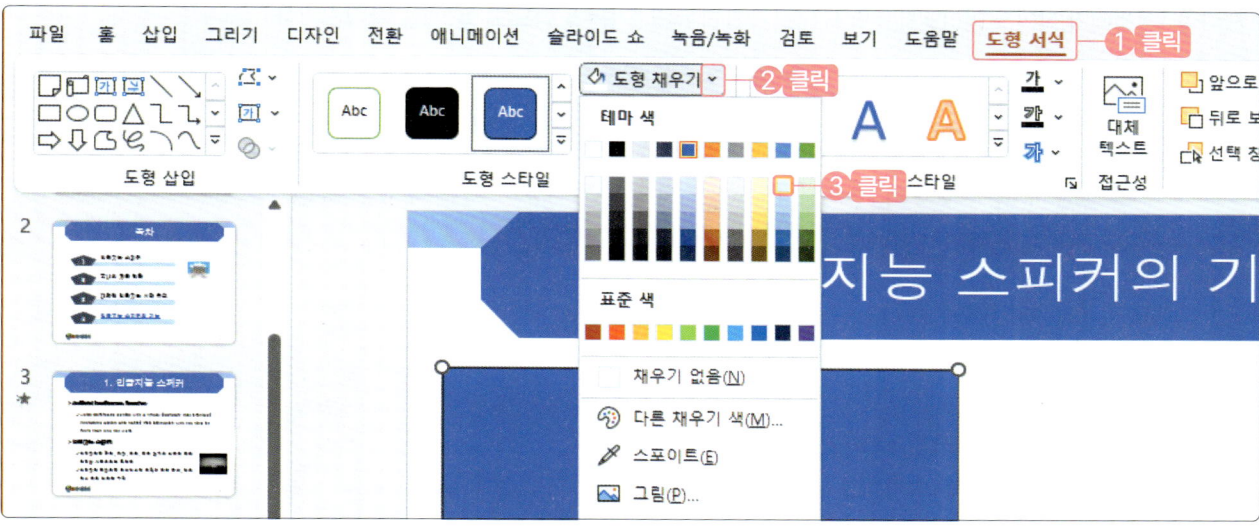

6 (도형 서식) 정황 탭-(도형 스타일) 그룹에서 (도형 윤곽선)의 (목록(▼)) 단추를 클릭한 후 (검정, 텍스트 1)을 클릭합니다.

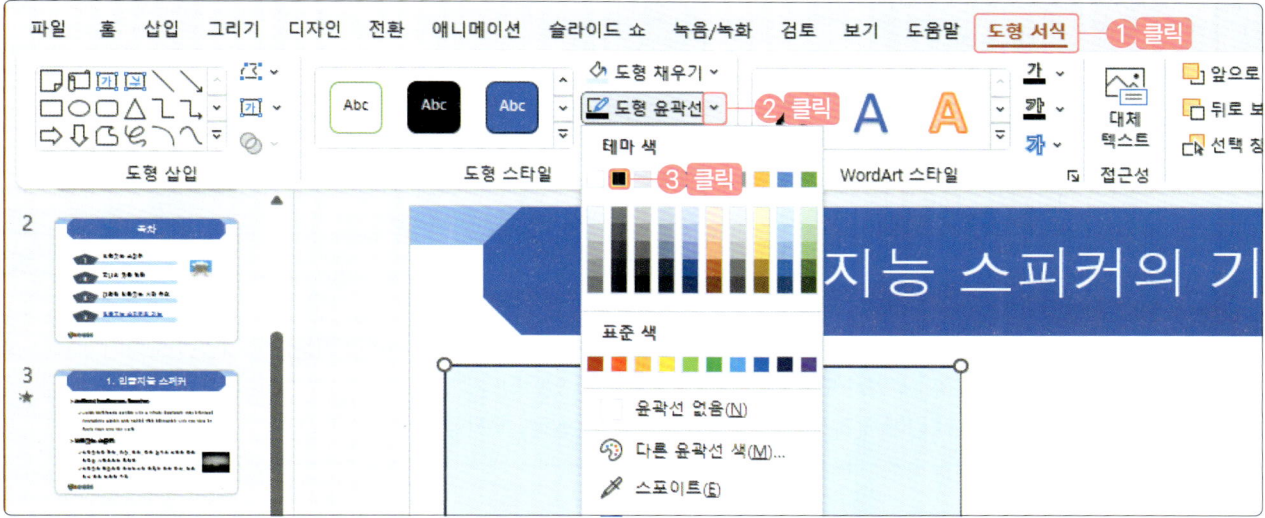

7 (홈) 탭-(글꼴) 그룹에서 **글꼴(굴림)과 글꼴 크기(18)를 선택**한 후 **글꼴 색(검정, 텍스트 1)**을 선택합니다.

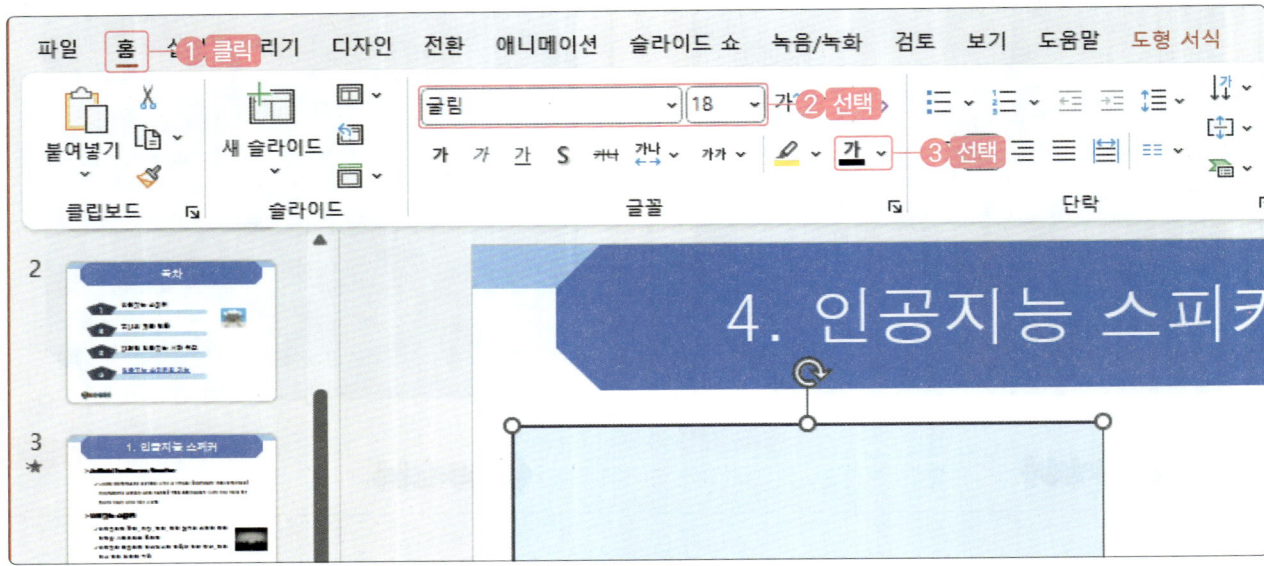

8 (사각형: 모서리가 접힌 도형(□)) 위에서 바로가기 메뉴의 **(기본 도형으로 설정)**을 클릭합니다.

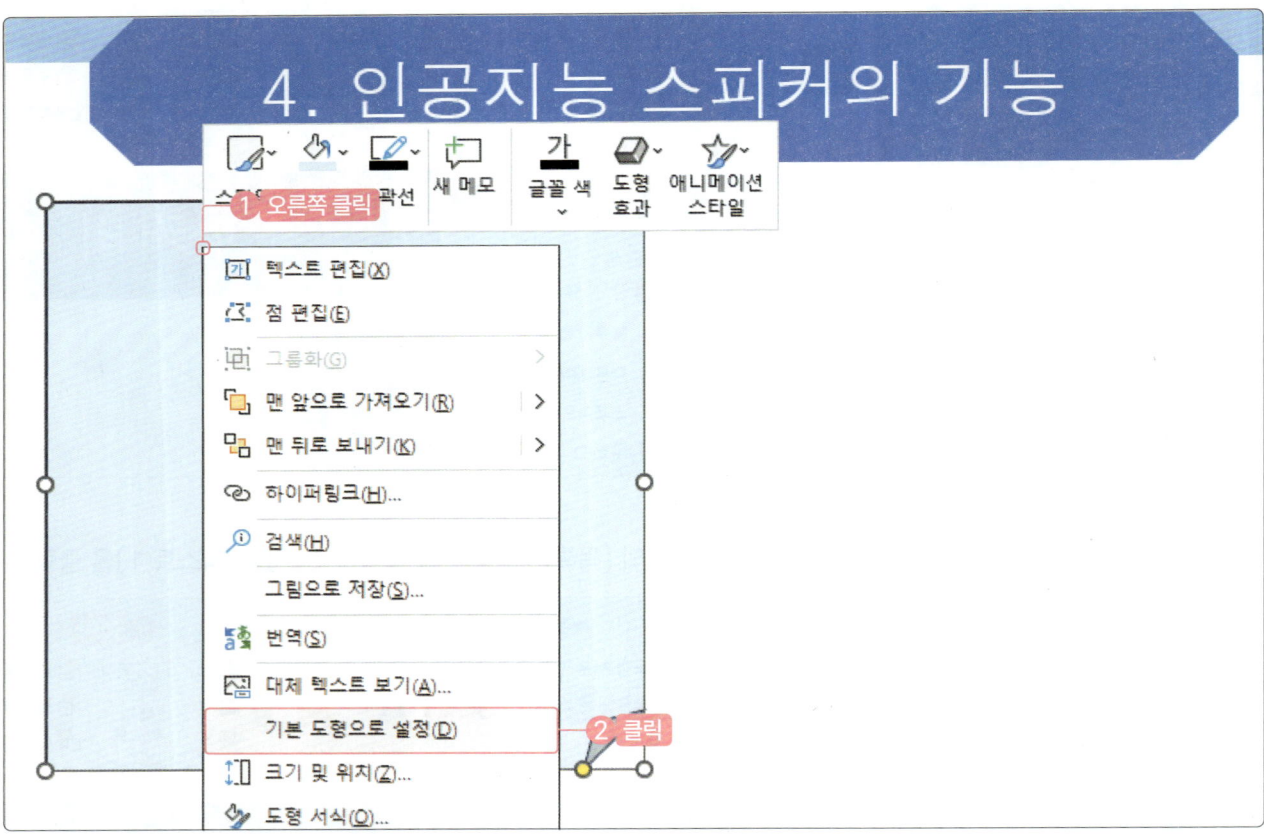

> **기본 도형으로 설정**
> - (기본 도형으로 설정)은 새로 삽입하려는 도형들의 서식을 한 번에 지정할 수 있는 편리한 기능으로 다양한 도형에 동일한 글꼴 서식을 요구하는 (슬라이드 6) 작업시 도형 작성 시간을 단축할 수 있습니다.
> - 도형 윤곽선과 글꼴 서식을 조건에 맞게 변경한 후 (기본 도형으로 설정)을 지정합니다.

STEP 02 왼쪽 도형 작성하기

《조건》 (1) 슬라이드와 같이 도형 및 스마트아트를 배치한다(글꼴 : 굴림, 18pt).

1 [삽입] 탭-[일러스트레이션] 그룹에서 [도형(⬚)]을 클릭한 후 [사각형: 둥근 모서리(⬚)]를 클릭합니다.

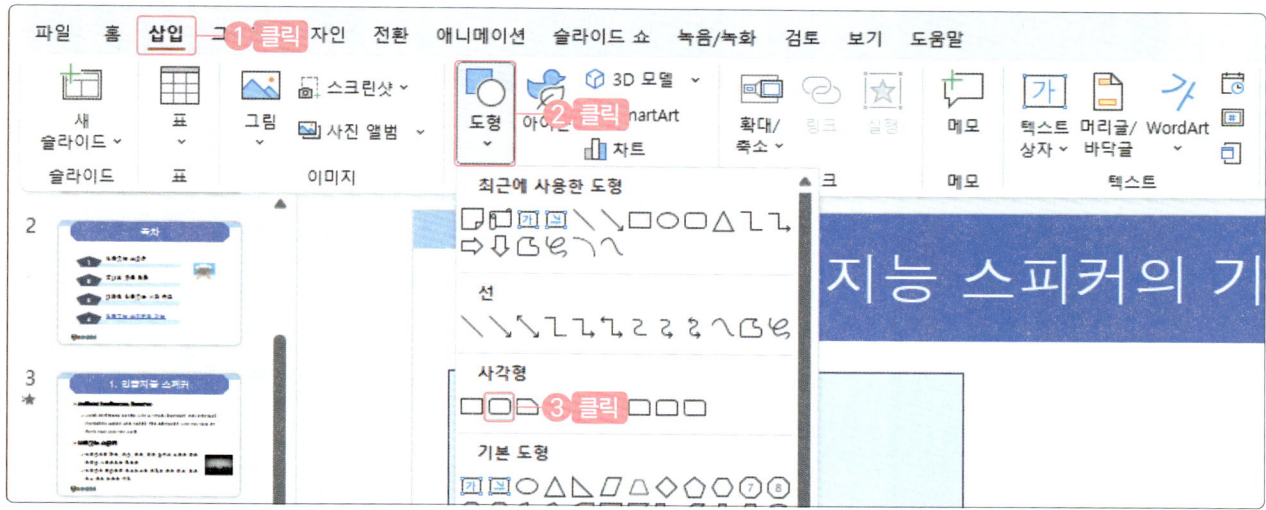

2 마우스 포인터 모양이 + 모양으로 변경되면 **드래그하여 도형을 작성**합니다.

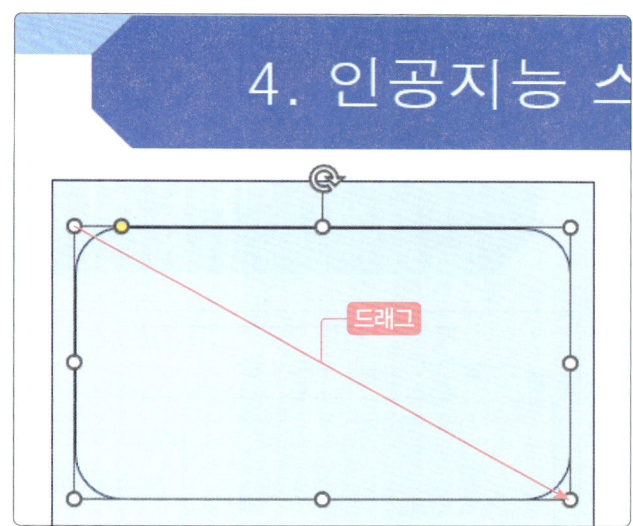

3 [도형 서식] 정황 탭-[도형 스타일] 그룹에서 [도형 채우기]의 [목록(⬚)] 단추를 클릭한 후 **임의의 색을 지정**합니다.

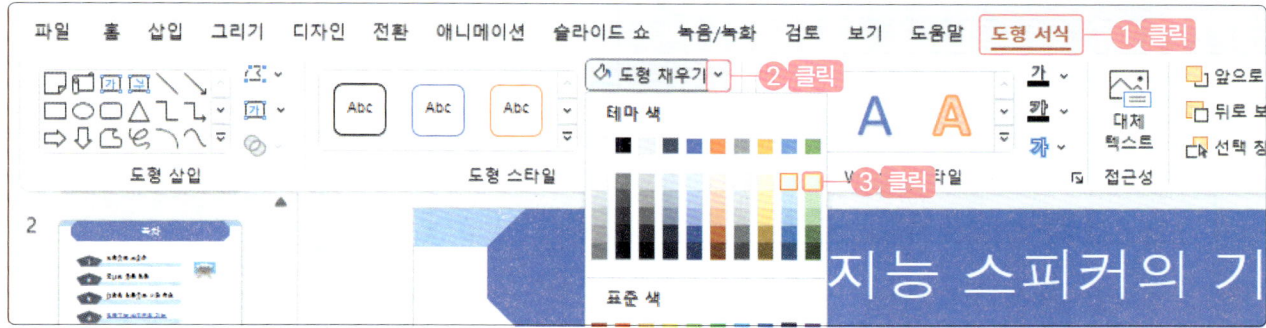

4 [삽입] 탭-[일러스트레이션] 그룹에서 (도형(🔲))을 클릭한 후 (화살표: 갈매기형 수장(▷))을 클릭합니다. 그런다음 마우스 포인터 모양이 + 모양으로 변경되면 **드래그하여 도형을 작성**합니다.

5 [도형 서식] 정황 탭-[도형 스타일] 그룹에서 (**도형 채우기**)를 클릭한 후 **임의의 색을 지정**한 다음 **텍스트(주기능)를 입력**합니다.

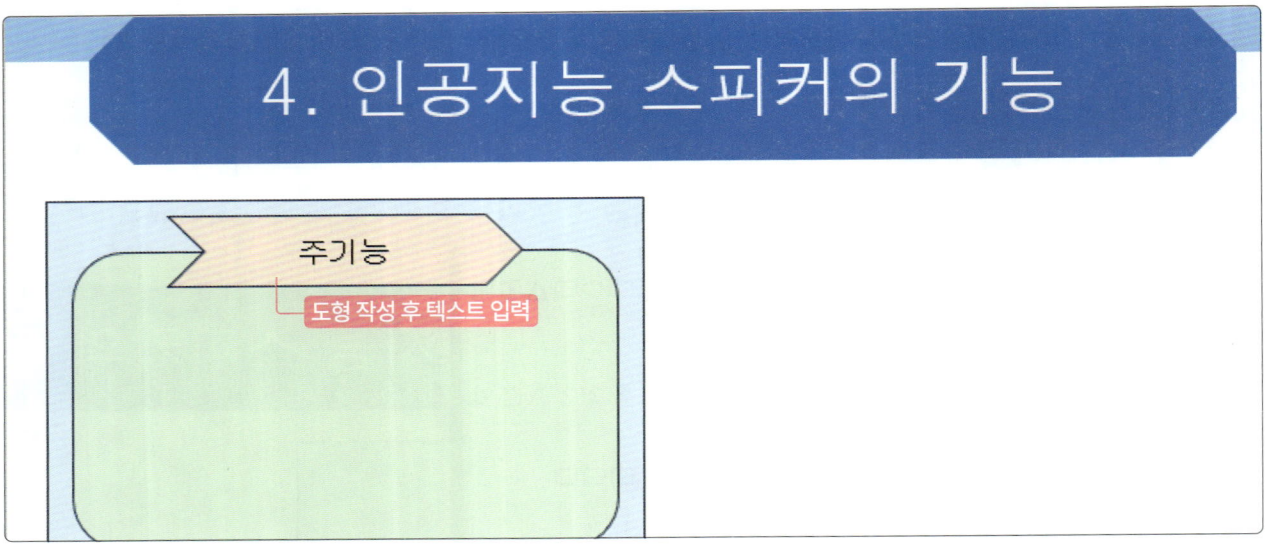

- 도형은 (기본 도형으로 설정)된 글꼴 및 글꼴 크기, 글꼴 색등이 적용되어 별도로 변경하지 않아도 됩니다.
- 단, (기본 도형으로 설정)을 하지 않은 경우 [홈] 탭-[글꼴] 그룹에서 글꼴 및 글꼴 크기, 글꼴 색을 지정해줘야 합니다.

6 같은 방법으로 **도형을 작성**합니다.

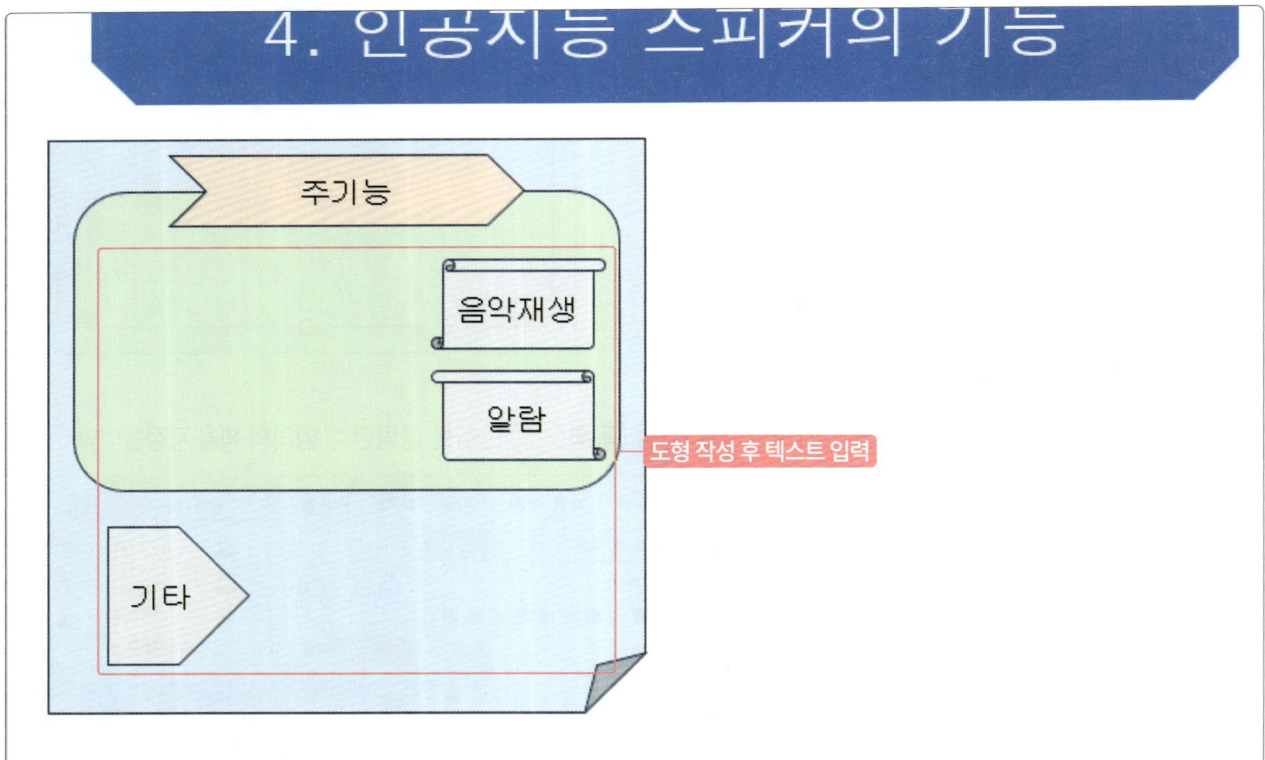

STEP 03 오른쪽 도형 작성하기

《조건》 (1) 슬라이드와 같이 도형 및 스마트아트를 배치한다.

1 왼쪽 배경 도형을 선택한 후 Ctrl + Shift 를 누른 상태에서 오른쪽으로 드래그하여 배경 도형을 복사합니다.

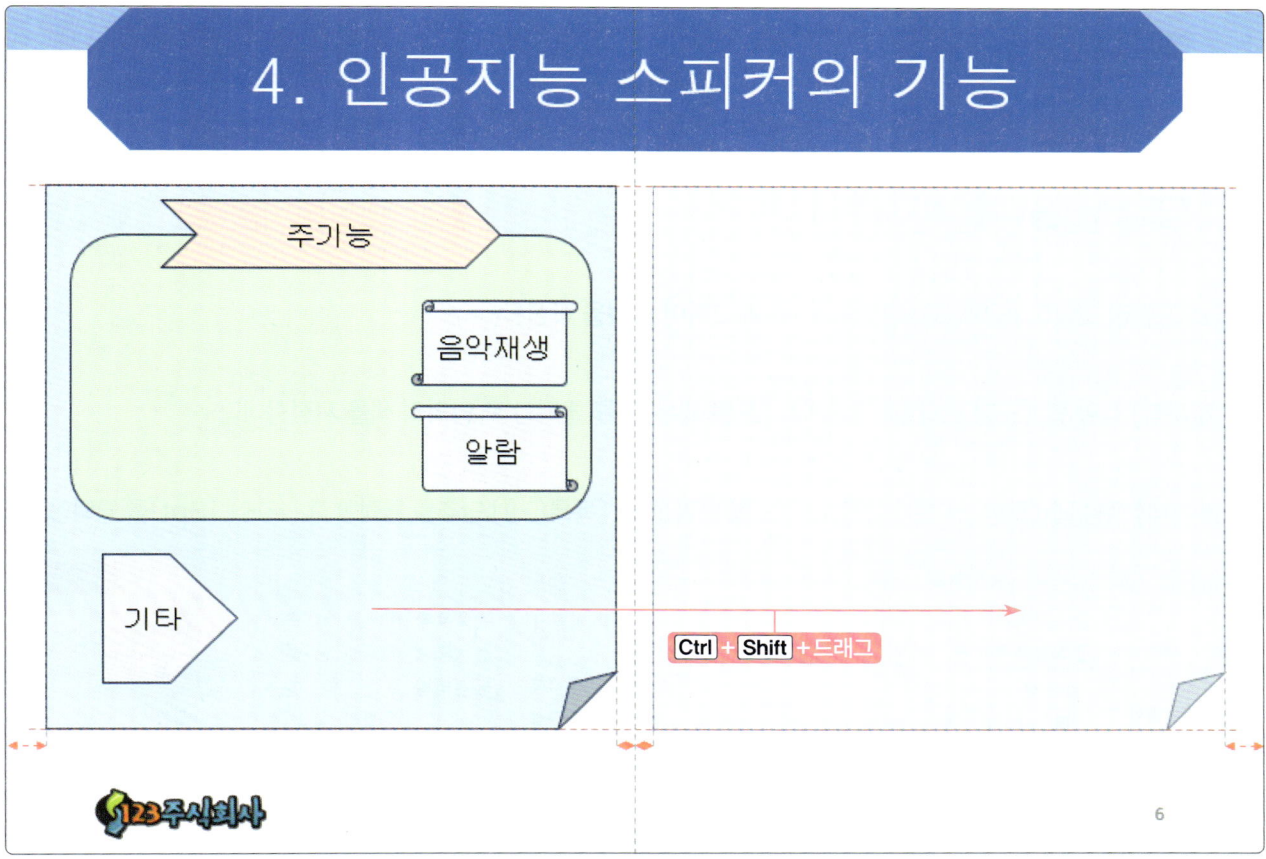

2 배경 도형이 복사되면 (도형 서식) 정황 탭-(정렬) 그룹에서 (회전())을 클릭한 후 (상하 대칭())을 클릭합니다.

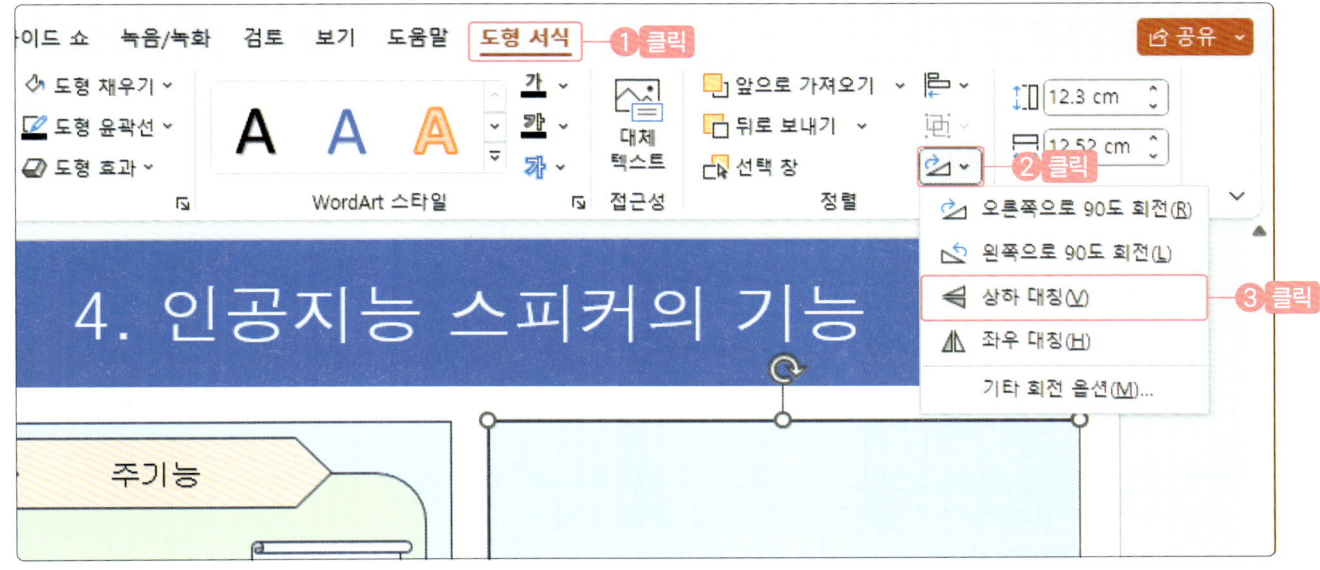

3 (삽입) 탭-(일러스트레이션) 그룹에서 **(도형(⬚))을 클릭**한 후 **(직사각형(□))을 클릭**합니다.

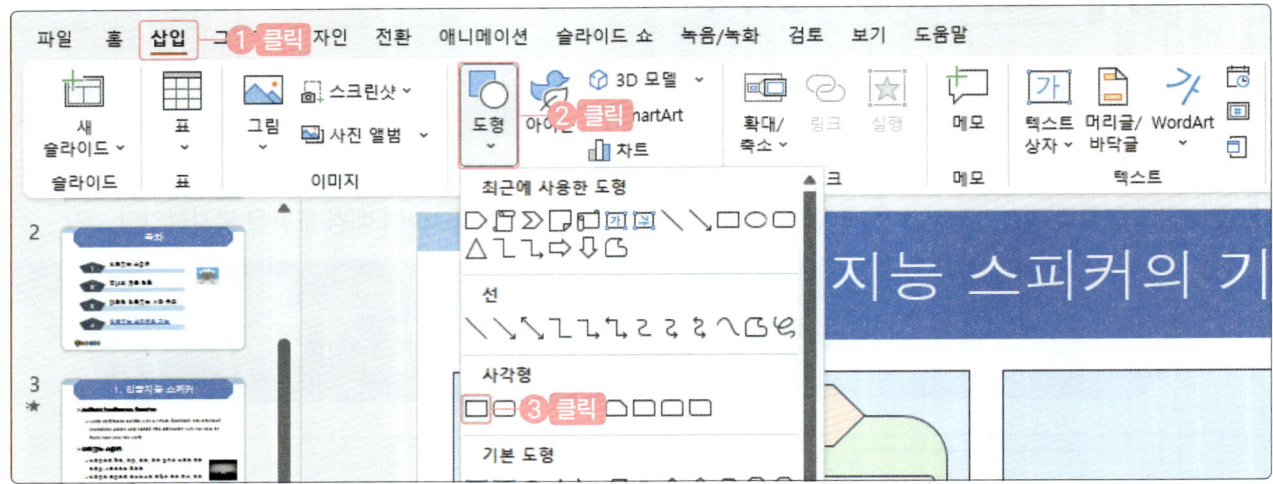

4 마우스 포인터 모양이 + 모양으로 변경되면 **드래그하여 도형을 작성**합니다.

5 (도형 서식) 정황 탭-(도형 스타일) 그룹에서 **(도형 채우기)를 클릭**한 후 **임의의 색을 지정**합니다.

6 (도형 서식) 정황 탭-(도형 스타일) 그룹에서 **(도형 윤곽선)의 (목록(▼)) 단추를 클릭**한 후 (두께)-(3pt)를 클릭합니다.

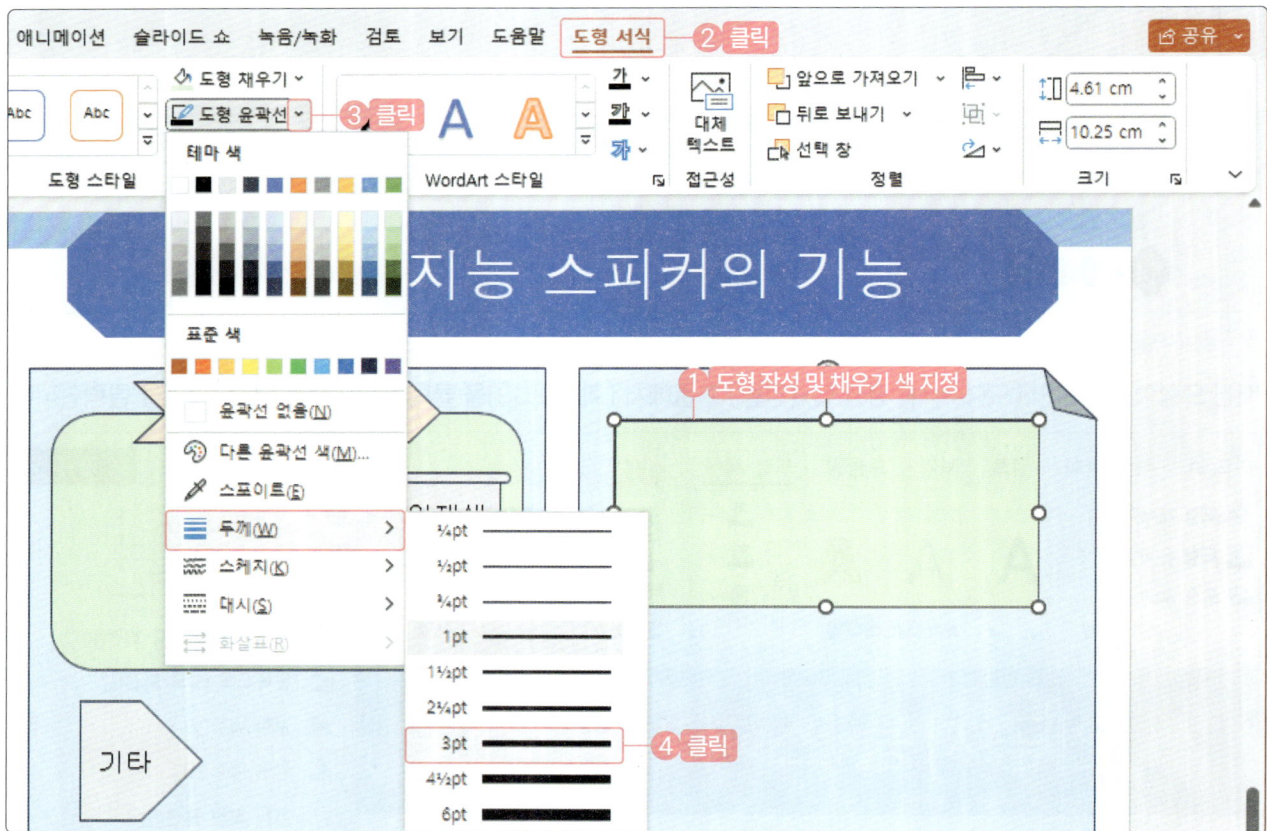

- 도형 윤곽선의 두께는 문제지 조건에 없기 때문에 《출력형태》를 참고하여 임의의 두께를 지정합니다.
- 얇은 선은 '1pt', 두꺼운 선은 '2¼pt' 또는 '3pt'로 지정하면 됩니다.

7 〔도형 서식〕 정황 탭-〔도형 스타일〕 그룹에서 (**도형 윤곽선**)의 (**목록(⌄**)) 단추를 클릭한 후 〔대시〕-(**파선(━ ━ ━ ━)**)을 클릭합니다.

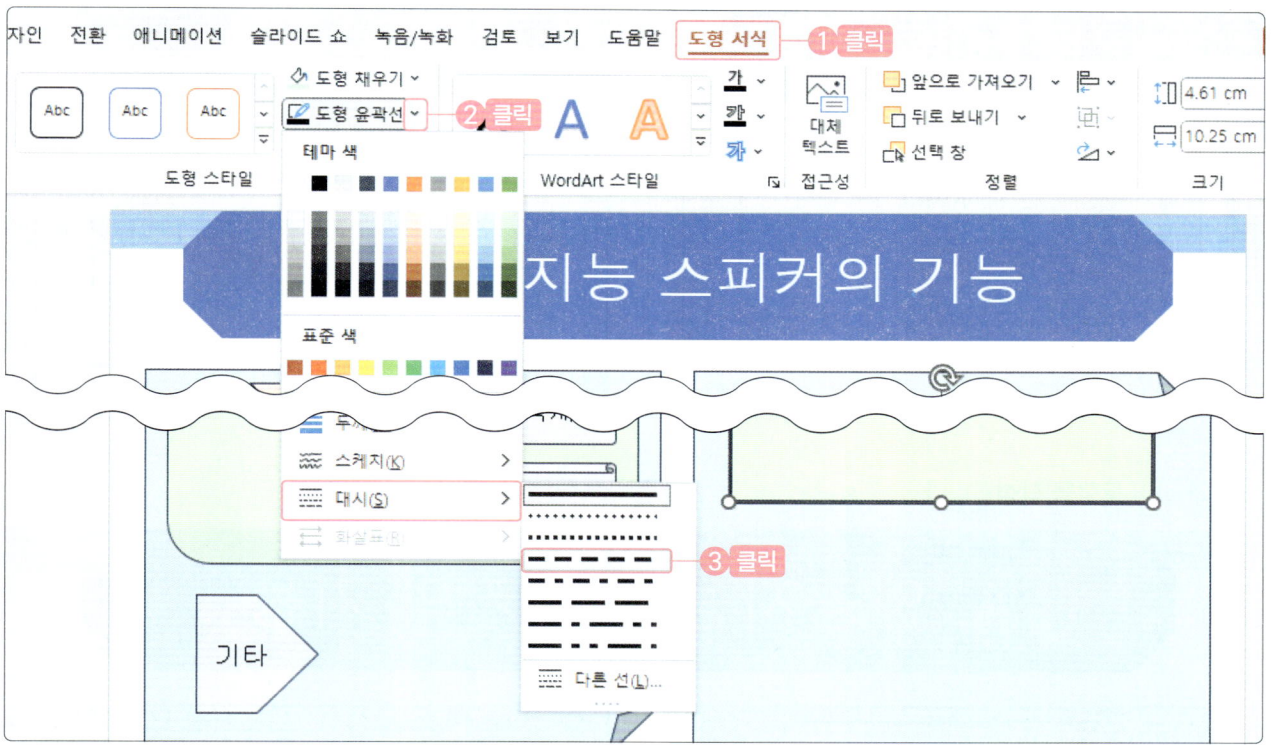

8 〔삽입〕 탭-〔일러스트레이션〕 그룹에서 (**도형(⬭)**)을 클릭한 후 (**설명선: 왼쪽/오른쪽 화살표(⬧)**)를 클릭합니다.

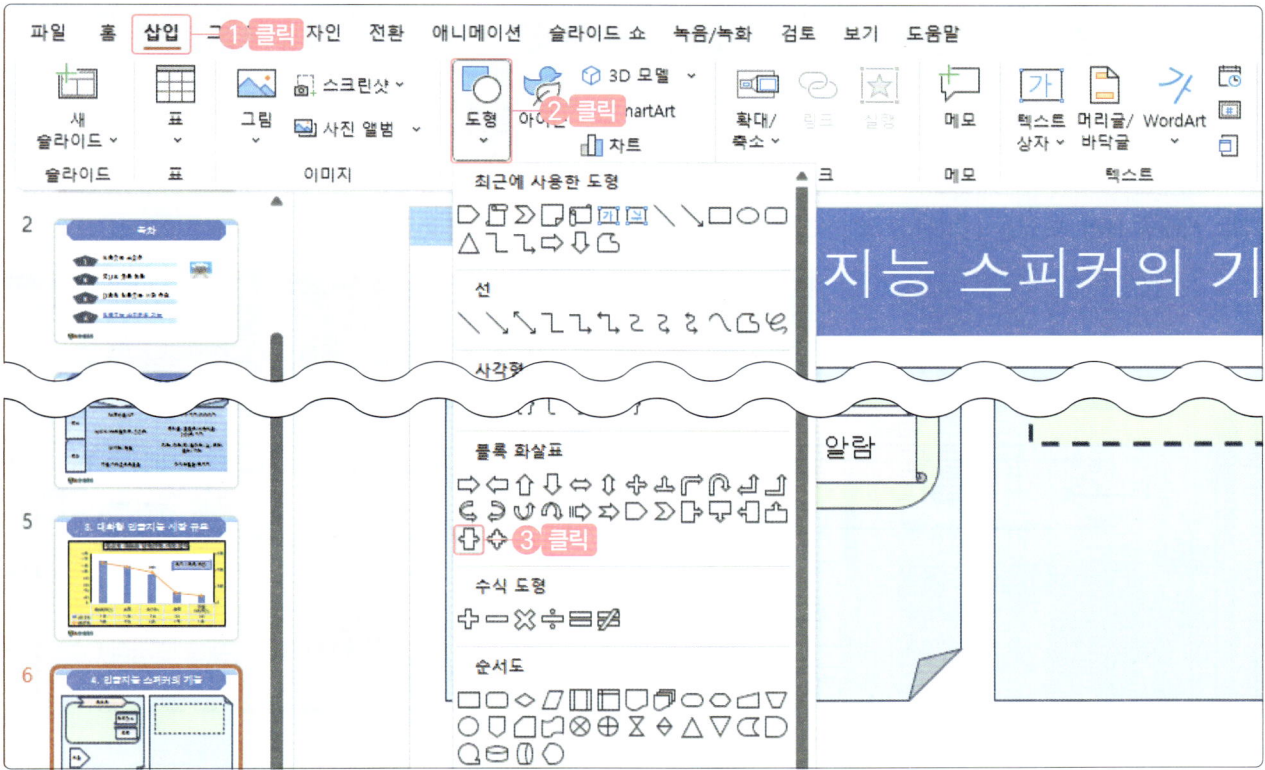

9 마우스 포인터 모양이 + 모양으로 변경되면 **드래그하여 도형을 작성**합니다.

10 모양 조절점(○)을 드래그하여 **도형 모양을 변경**합니다.

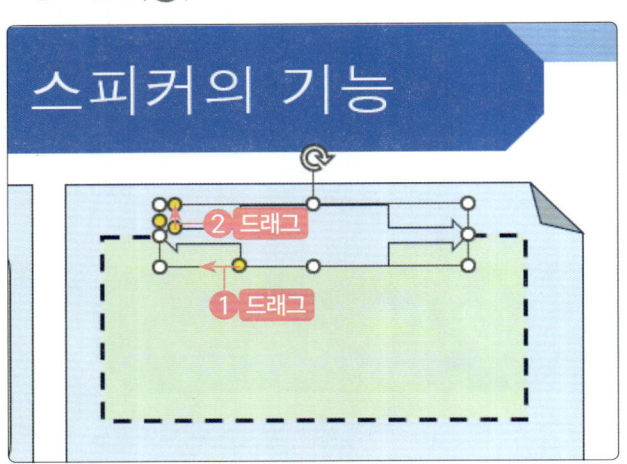
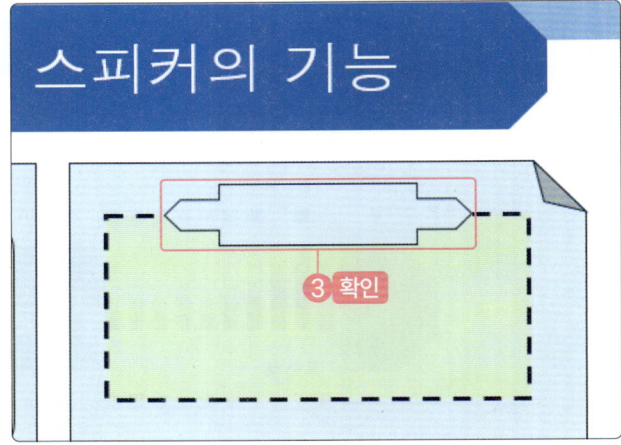

11 다음과 같이 **도형을 작성**합니다.

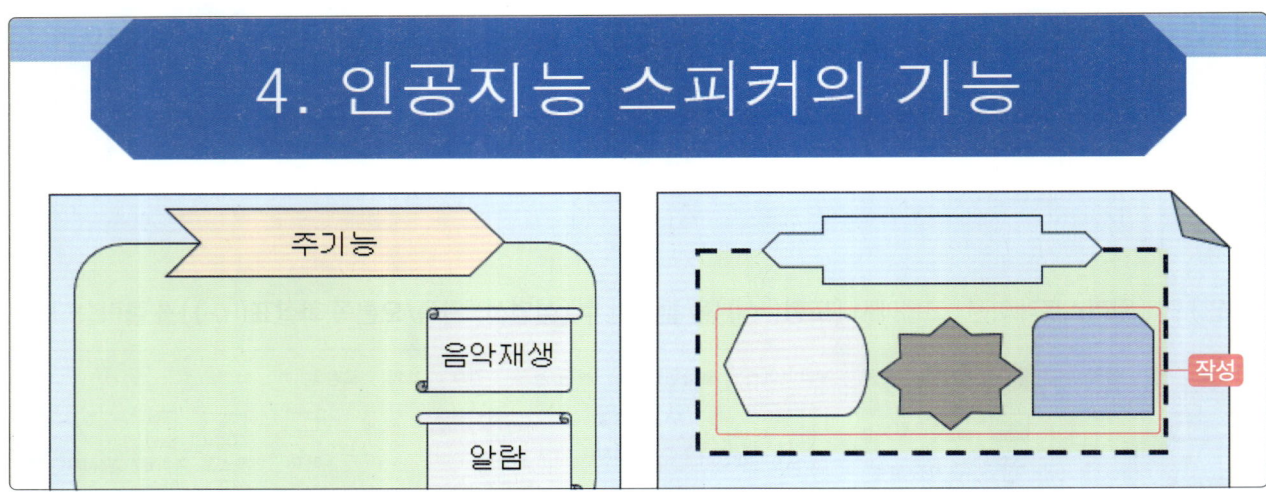

12 '별: 꼭짓점 8개' 도형을 선택한 후 회전 조절점(↻)을 드래그하여 **도형을 회전**합니다.

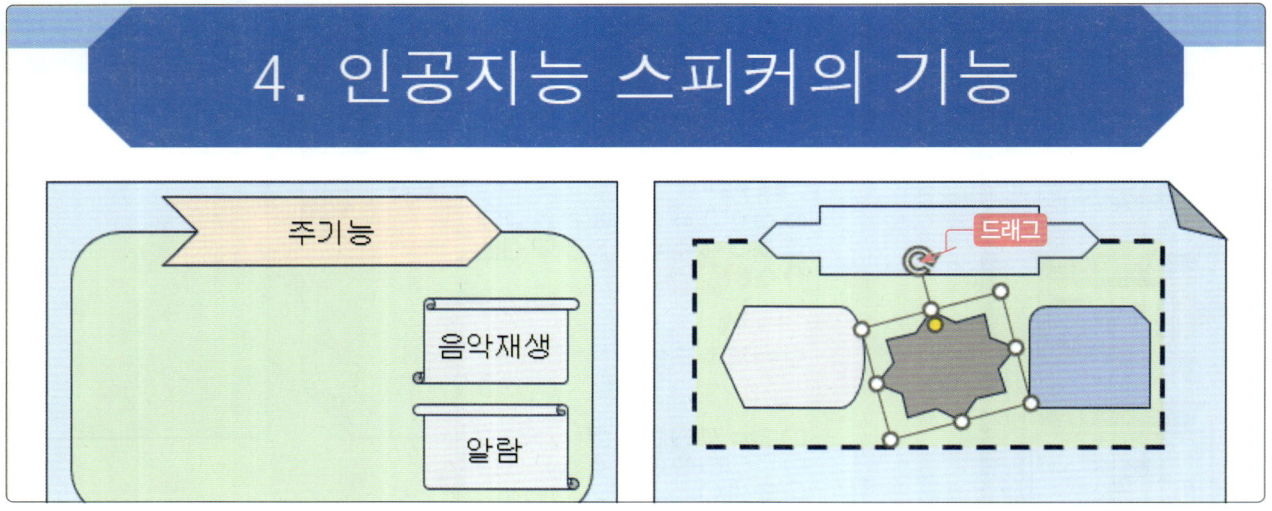

Shift 를 누르고 드래그하면 15°씩 회전합니다.

13 같은 방법으로 '사각형: 위쪽 모서리의 한쪽은 둥글고 다른 한쪽은 잘림' 도형을 선택한 후 회전 조절점(⟳)을 드래그하여 도형을 회전합니다.

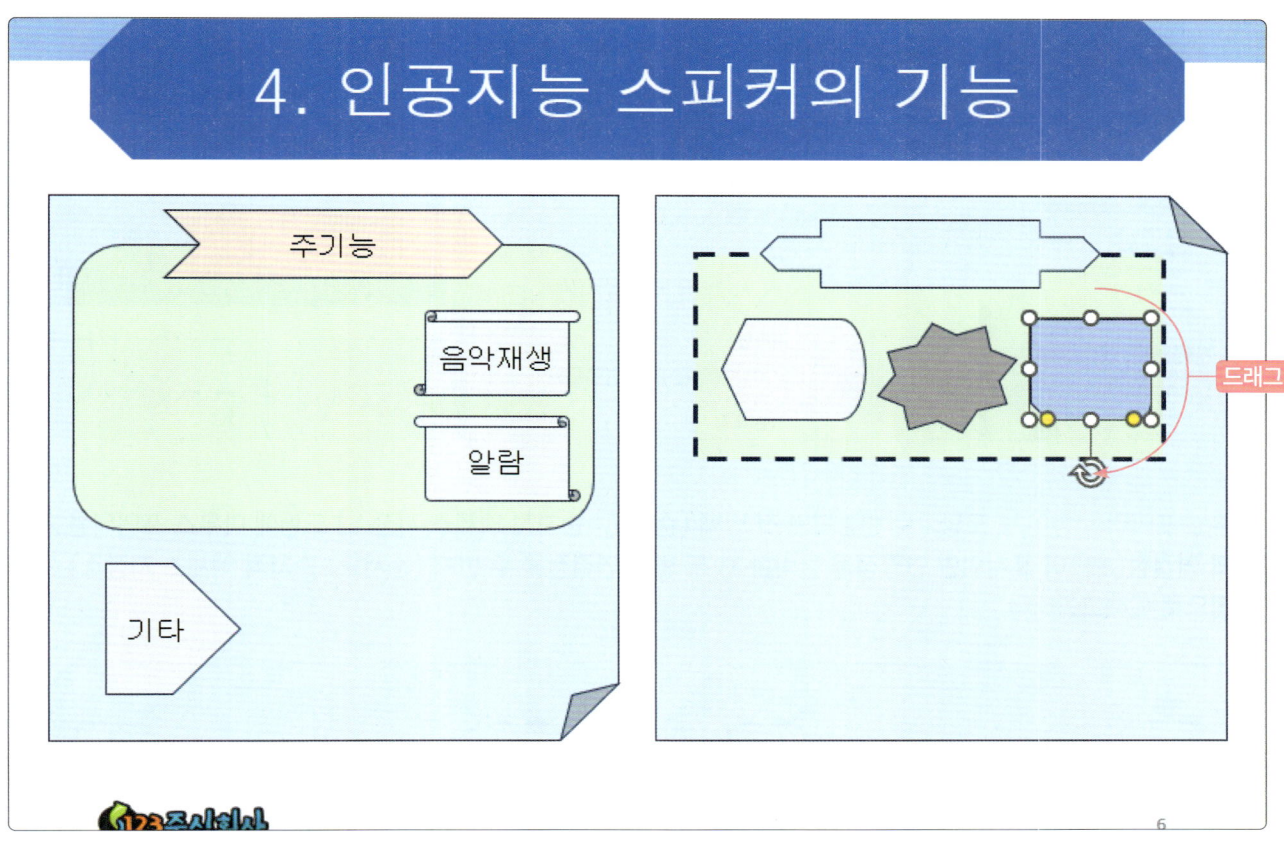

14 같은 방법으로 **나머지 도형을 작성**합니다.

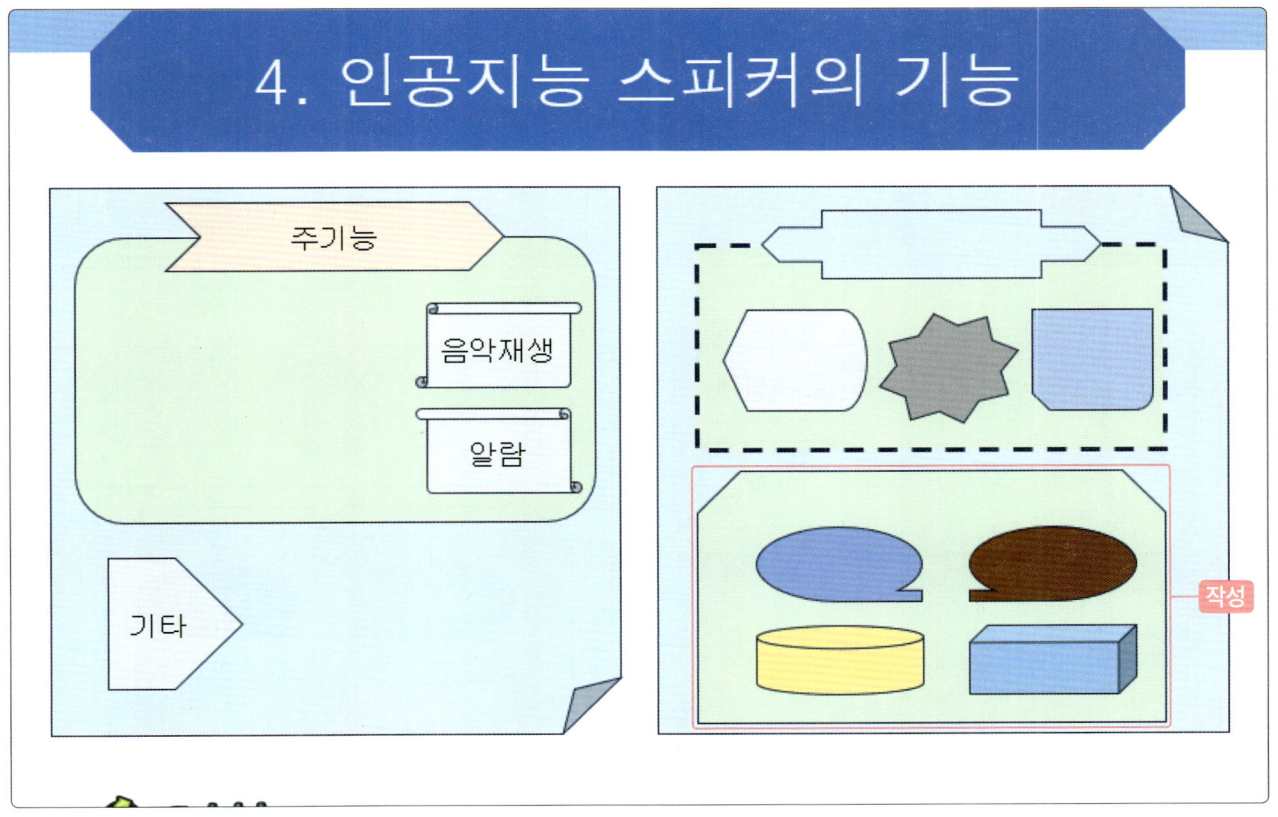

15 [삽입] 탭-[일러스트레이션] 그룹에서 [도형(⬚)]을 클릭한 후 [연결선: 꺾인 화살표(⬚)]를 클릭합니다.

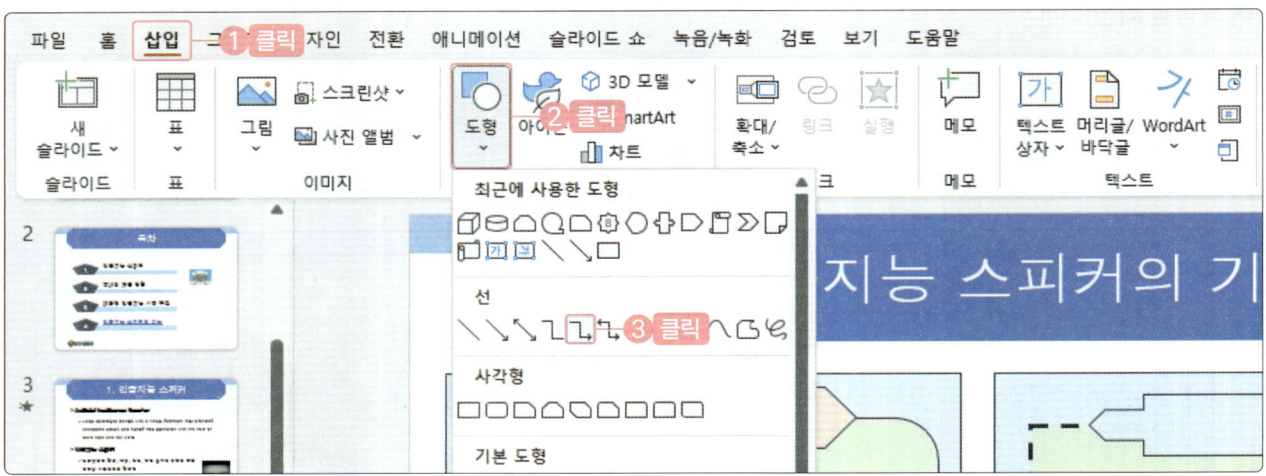

16 마우스 포인터 모양이 + 모양으로 변경되면 **첫 번째 [순서도: 순차적 액세스 저장소] 도형에 마우스 포인터를 가져가 도형의 연결점(●)이 표시되면 연결점을 클릭**한 후 두 번째 연결점을 두 번째 [순서도: 순차적 액세스 저장소] 도형의 연결점으로 드래그합니다.

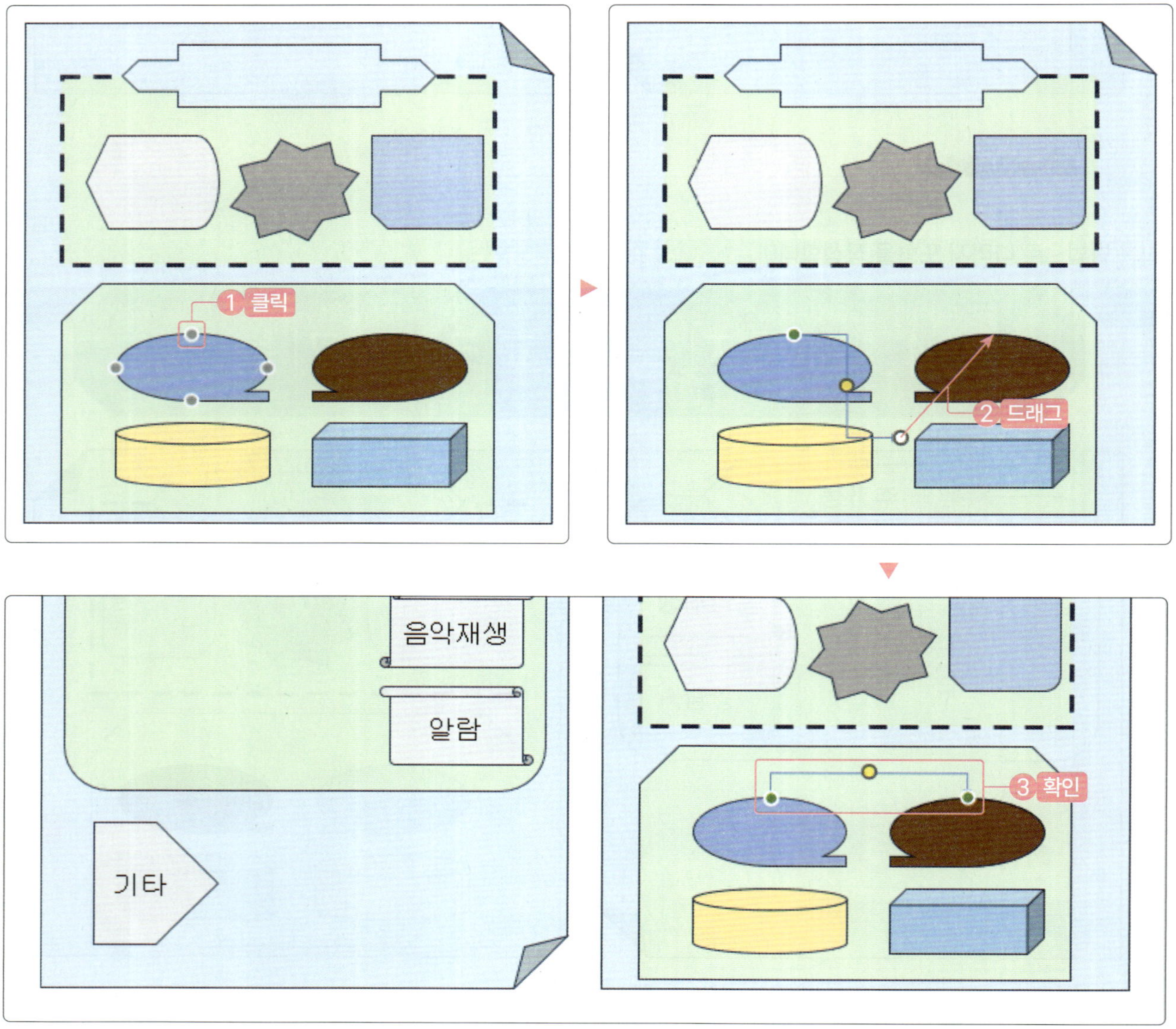

17 〔도형 서식〕 정황 탭-〔도형 스타일〕 그룹에서 **〔도형 윤곽선〕의 〔목록(▼)〕 단추를 클릭**한 후 〔검정, 텍스트 1〕을 클릭합니다.

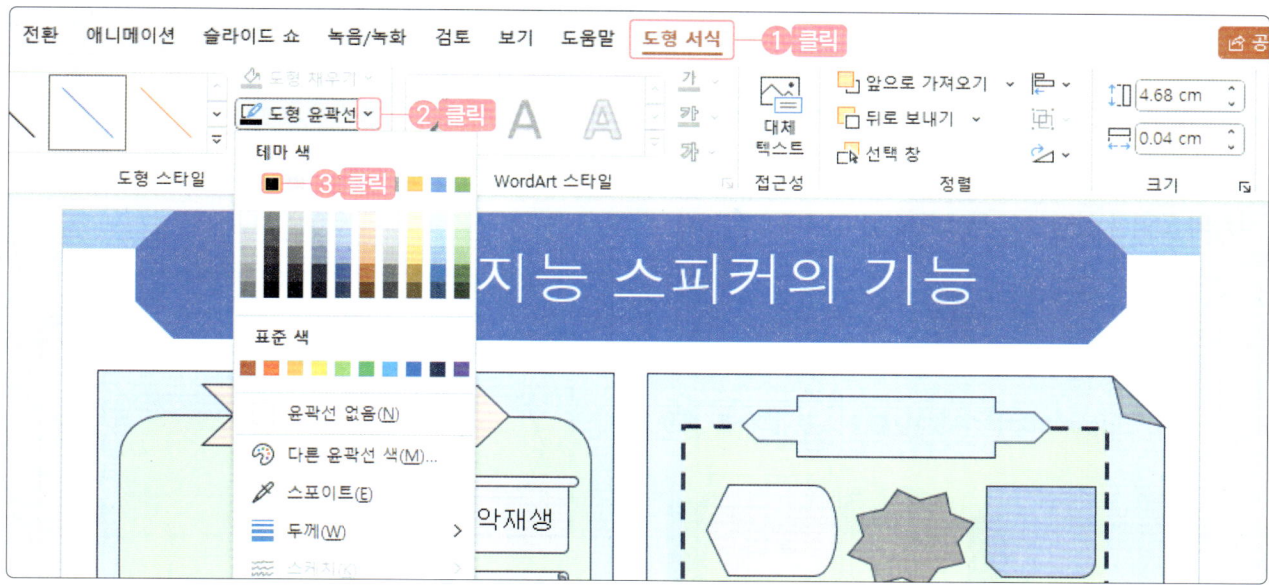

18 〔도형 서식〕 정황 탭-〔도형 스타일〕 그룹에서 **〔도형 윤곽선〕의 〔목록(▼)〕 단추를 클릭**한 후 〔두께〕-**〔2¼pt〕**를 클릭합니다.

- 도형 윤곽선의 두께는 문제지 조건에 없기 때문에 《출력형태》를 참고하여 임의의 두께를 지정합니다.
- 얇은 선은 '1pt', 두꺼운 선은 '2¼pt' 또는 '3pt'로 지정하면 됩니다.

STEP 04 텍스트 상자 삽입하기

《조건》 (1) 슬라이드와 같이 도형 및 스마트아트를 배치한다(글꼴 : 굴림, 18pt).

1 각각의 도형을 선택한 후 텍스트를 입력합니다.

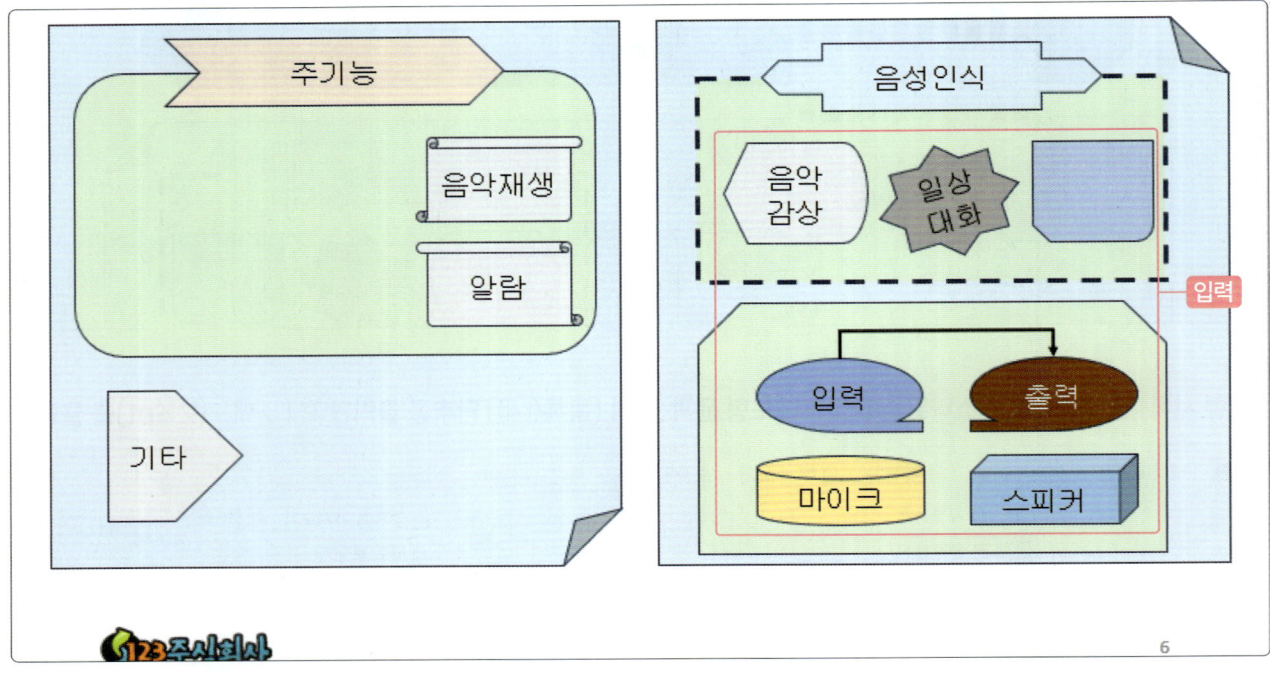

'출력' 텍스트를 입력한 후 드래그하여 블록으로 설정한 후 [홈] 탭-[글꼴] 그룹에서 글꼴 색(흰색, 배경 1)을 선택합니다.

2 [삽입] 탭-[텍스트] 그룹에서 **텍스트 상자(가)**를 클릭합니다.

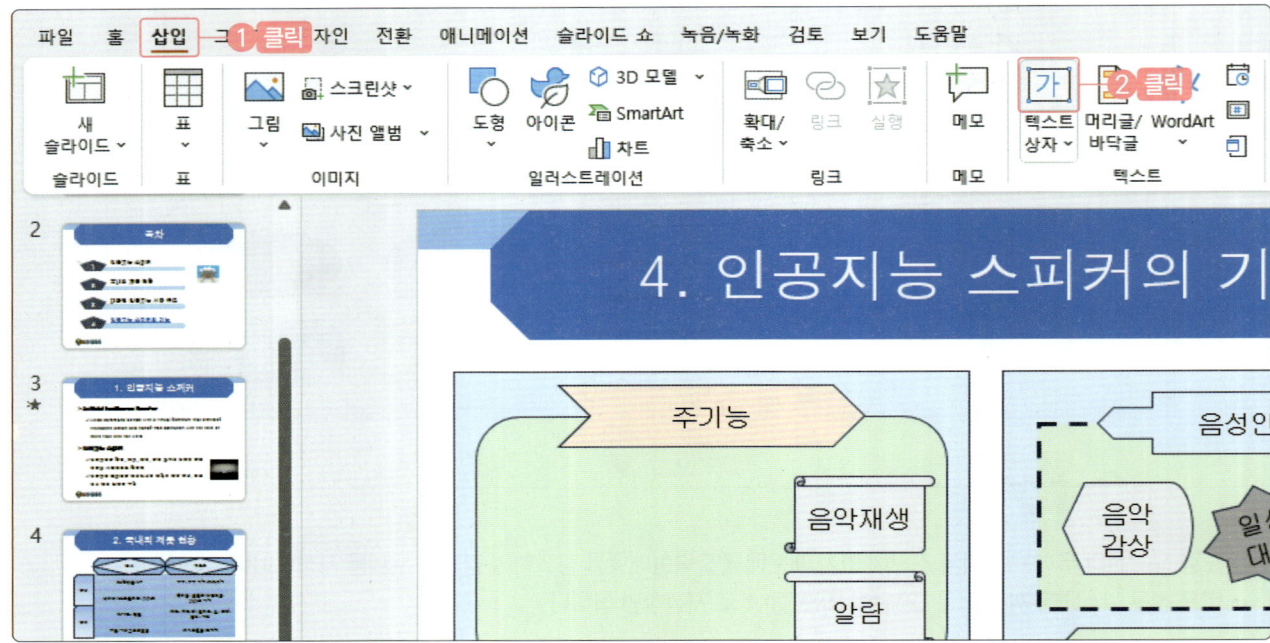

3 텍스트 상자를 작성하기 위해 **빈 공간을 클릭**한 후 **텍스트를 입력**합니다.

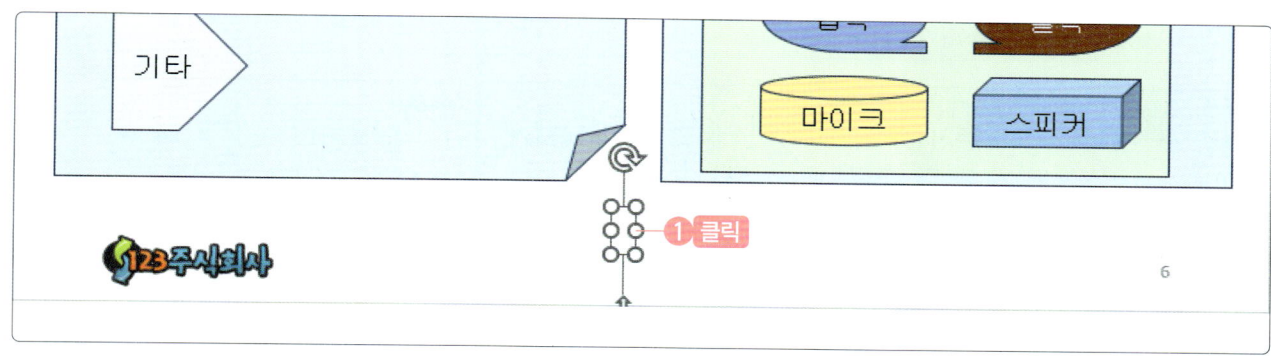

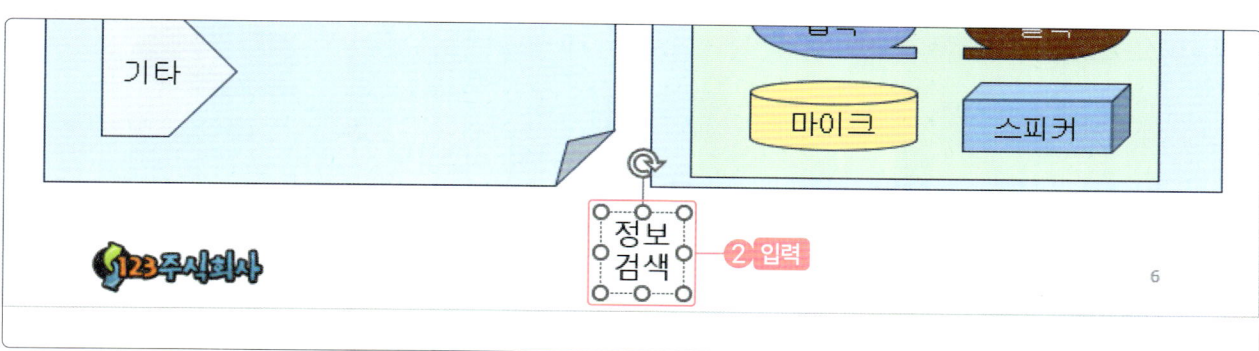

'텍스트 상자(가)'를 선택한 상태에서 도형을 클릭하면 도형에 텍스트 입력 모드가 됩니다. 그렇기 때문에 빈 공간을 클릭한 후 텍스트 상자를 작성합니다.

4 **텍스트를 드래그하여 블록으로 설정**한 후 [홈] 탭-[글꼴] 그룹에서 **글꼴(굴림)과 글꼴 크기(18)를 선택**합니다.

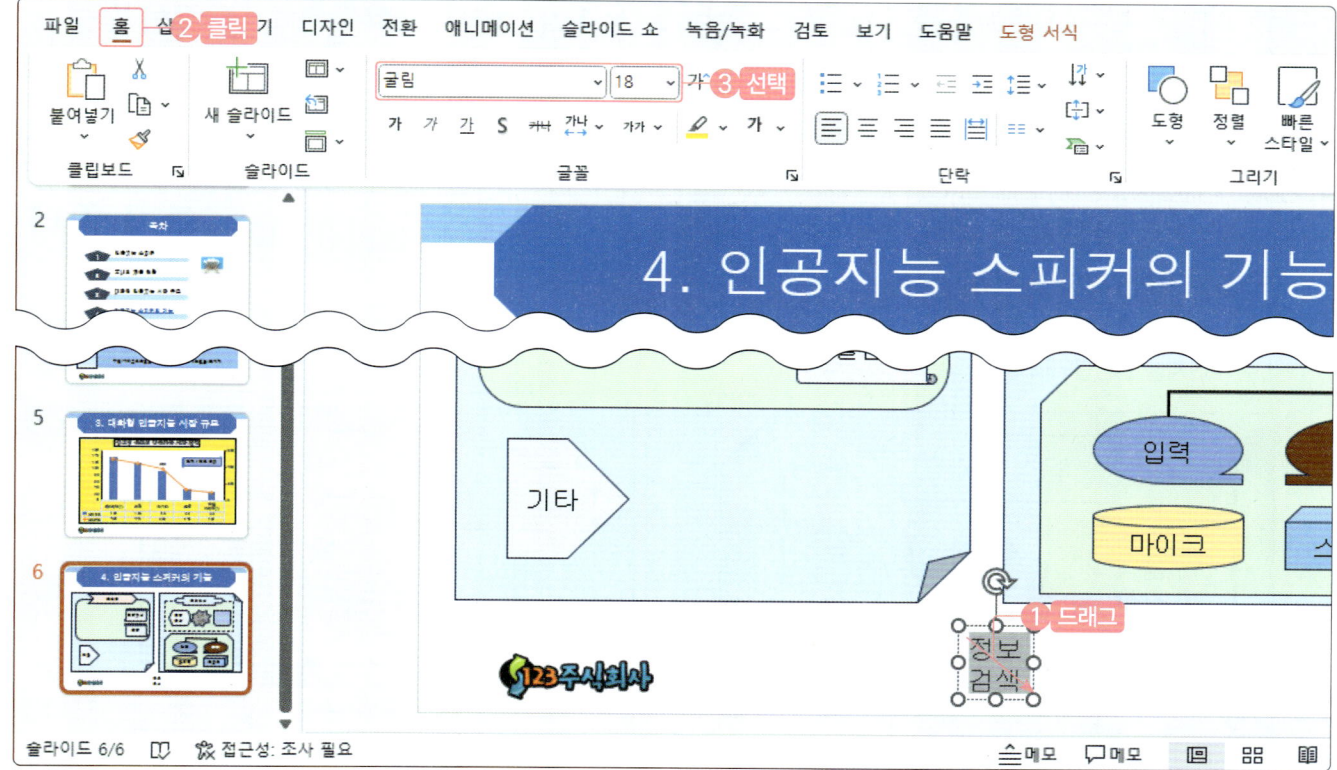

5 텍스트 상자를 '사각형: 위쪽 모서리의 한쪽은 둥글고 다른 한쪽은 잘림( )' 도형 위로 드래그하여 텍스트 상자를 배치합니다.

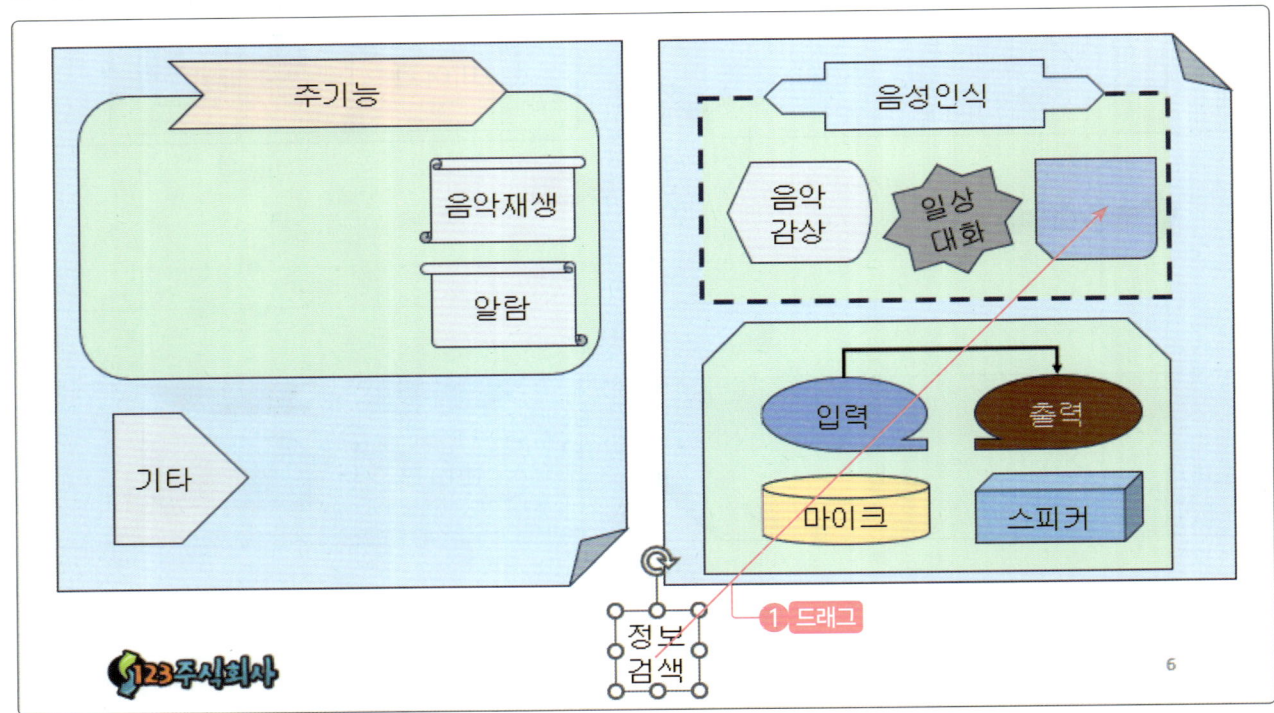

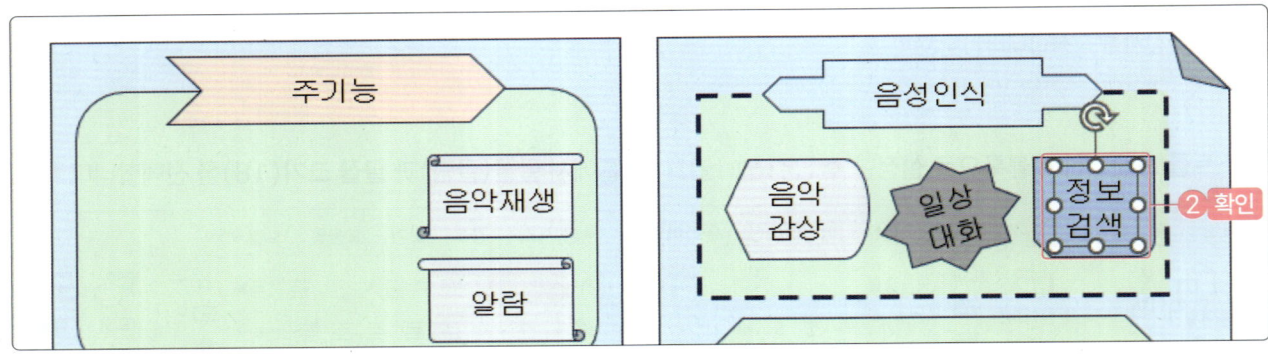

텍스트 상자를 삽입하는 이유

회전한 도형에 글자를 입력하면 도형과 함께 글자가 회전됩니다. 이럴 경우 텍스트 상자를 이용하여 글자를 입력한 후 《출력형태》와 같이 위치를 변경합니다.

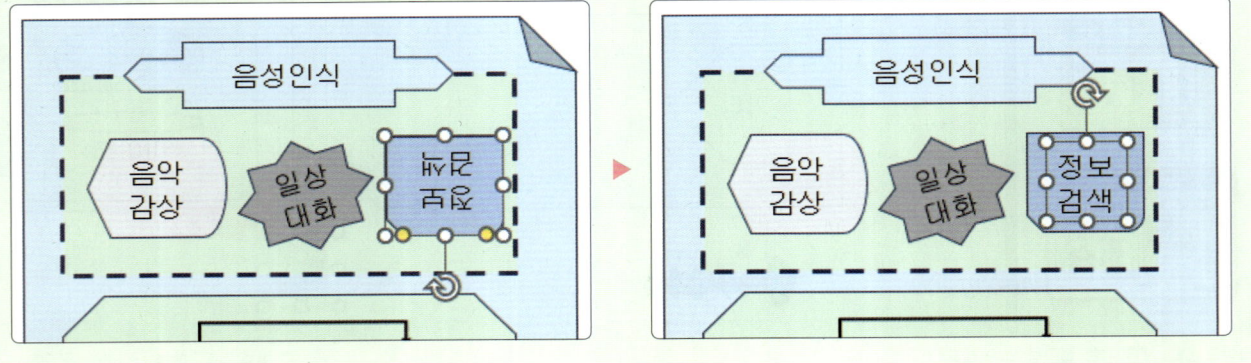

한가지 더!

텍스트 방향 변경하기

도형 또는 텍스트 상자에서 텍스트를 읽는 방향을 변경할 수 있습니다. 즉, 텍스트를 가로, 세로, 스택형으로 쓰거나 원하는 방향으로 회전합니다.

다음과 같이 도형과 텍스트가 같이 회전된 경우 (홈) 탭-(단락) 그룹에서 (텍스트 방향( ))을 클릭한 후 (모든 텍스트 270도 회전)을 클릭합니다.

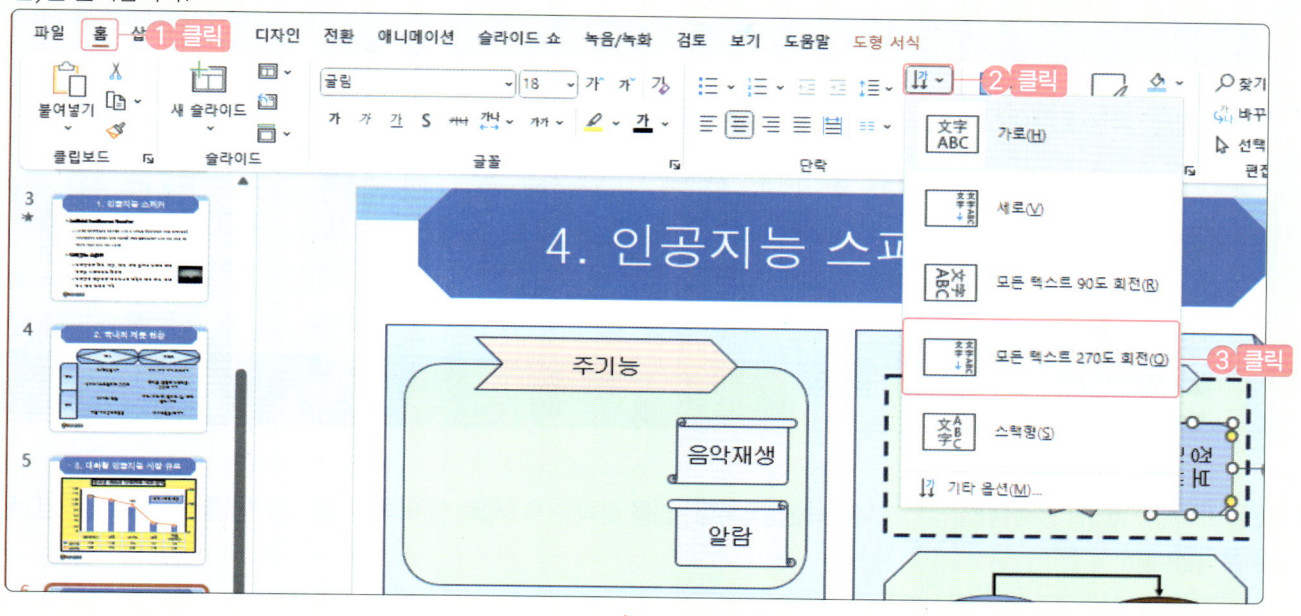

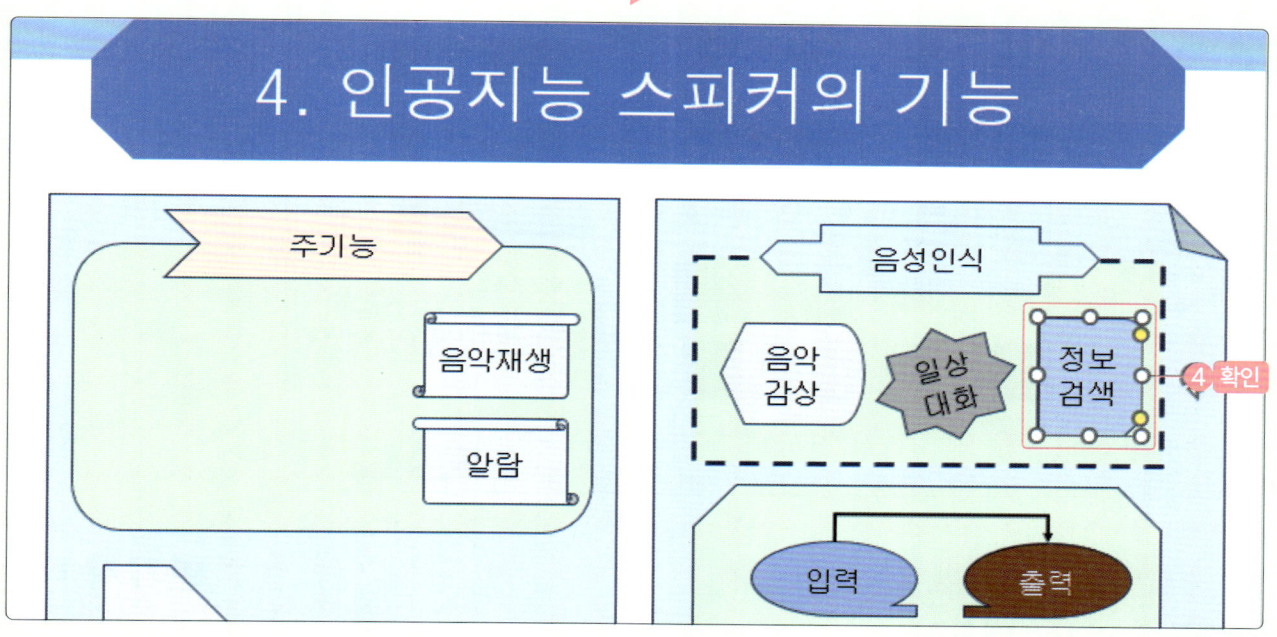

텍스트 방향 알아보기

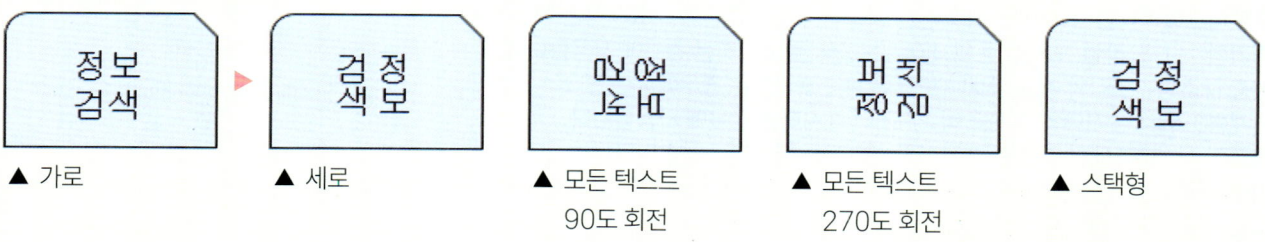

▲ 가로　　▲ 세로　　▲ 모든 텍스트 90도 회전　　▲ 모든 텍스트 270도 회전　　▲ 스택형

STEP 05 스마트아트(SmartArt) 작성하기

《조건》　(1) 슬라이드와 같이 도형 및 스마트아트를 배치한다(글꼴 : 굴림, 18pt).
　　　　　① 도형 및 스마트아트 편집
　　　　　　- 스마트아트 디자인 : 3차원 만화, 3차원 경사

1 〔삽입〕 탭-〔일러스트레이션〕 그룹에서 〔SmartArt(	)〕를 클릭합니다.

2 〔SmartArt 그래픽 선택〕 대화상자가 나타나면 〔목록형〕 탭을 클릭한 후 〔세로 상자 목록형(	)〕을 클릭한 다음 〔확인〕 단추를 클릭합니다.

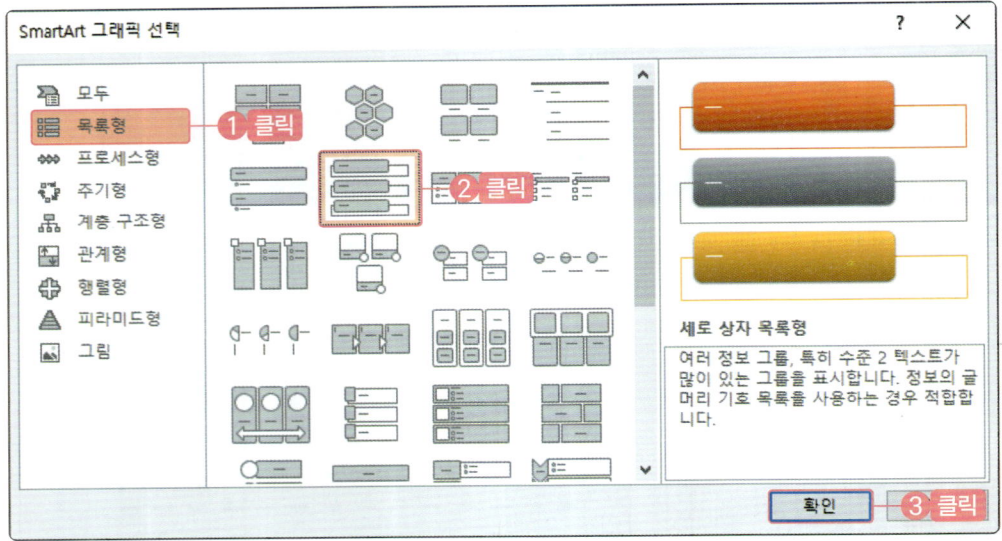

한가지 더!

스마트아트(SmartArt)의 종류

- **목록형** : 비순차적이거나 그룹화된 블록 정보를 표시하는 경우에 사용합니다.
- **프로세스형** : 작업, 프로세스 등의 진행 방향이나 순차적 단계를 표시하는 경우에 사용합니다.
- **주기형** : 단계, 작업, 이벤트 등의 이어지는 순서를 표시하는 경우에 사용합니다.
- **계층 구조형** : 조직의 계층 정보나 보고 관계를 표시하는 경우에 사용합니다.
- **관계형** : 두 내용 사이의 관계를 비교하거나 표시하는 경우에 사용합니다.
- **행렬형** : 전체에 대한 각 부분의 관계를 표시하는 경우에 사용합니다.
- **피라미드형** : 가장 큰 구성 요소가 맨 위나 맨 아래에 있는 비례 관계를 표시하는 경우에 사용합니다.
- **그림** : 그림과 그림의 내용을 표시하는 경우에 사용합니다.

3 스마트아트(SmartArt)의 **도형을 클릭**하여 **내용(대화, 메모, 뉴스)을 입력**합니다.

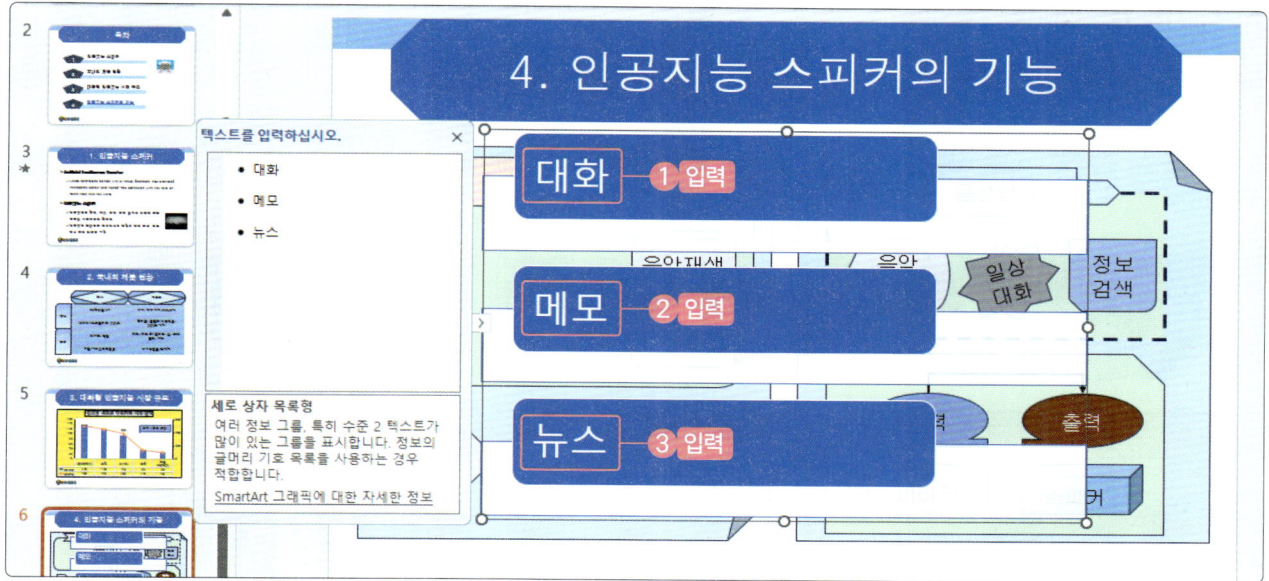

한가지 더!

스마트아트(SmartArt) 텍스트 창 입력하기

스마트아트(SmartArt)에 텍스트를 입력하는 방법은 왼쪽 텍스트 창을 이용하여 입력하는 방법과 오른쪽에 표시된 스마트아트(SmartArt) 개체를 직접 클릭하여 입력하는 방법이 있습니다. 만약, 텍스트 창이 표시되지 않을 경우 왼쪽에 표시된 텍스트 창 화살표([<])를 클릭하면 표시되며, 텍스트 입력란의 (닫기([X]))를 클릭하면 숨길 수 있습니다.

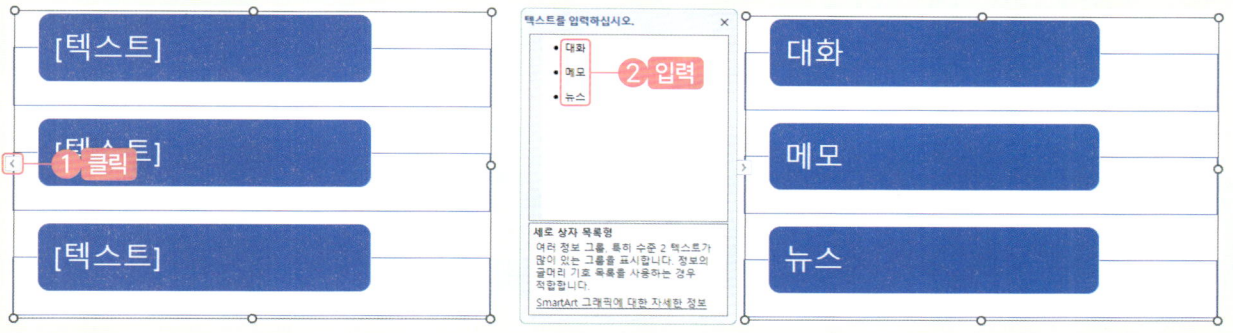

4 크기 조절점을 드래그하여 **크기를 조절**한 후 **위치를 이동**합니다.

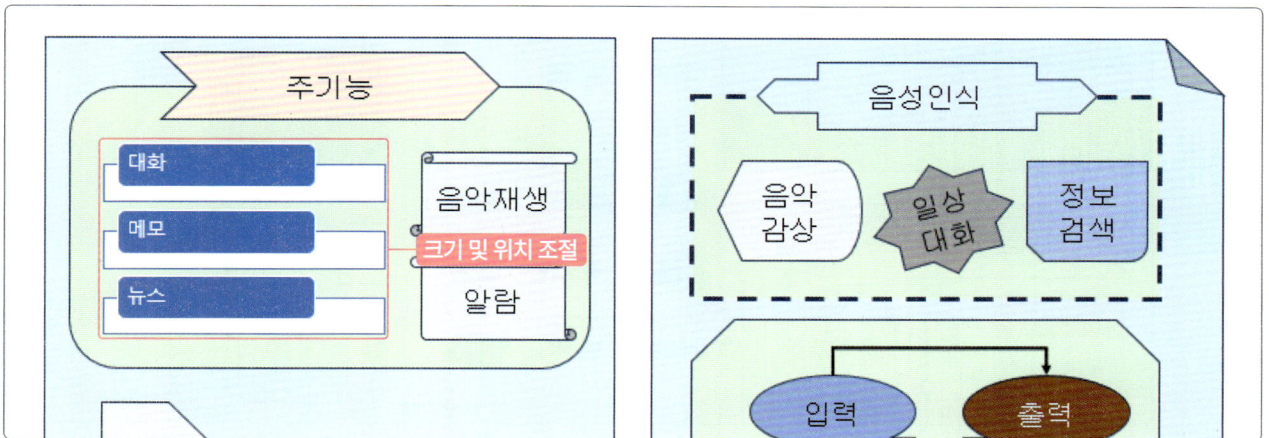

5 [SmartArt 디자인] 정황 탭-[SmartArt 스타일] 그룹에서 **[색 변경]**을 클릭한 후 **[색상형 범위 - 강조색 4 또는 5(▦)]**를 클릭합니다.

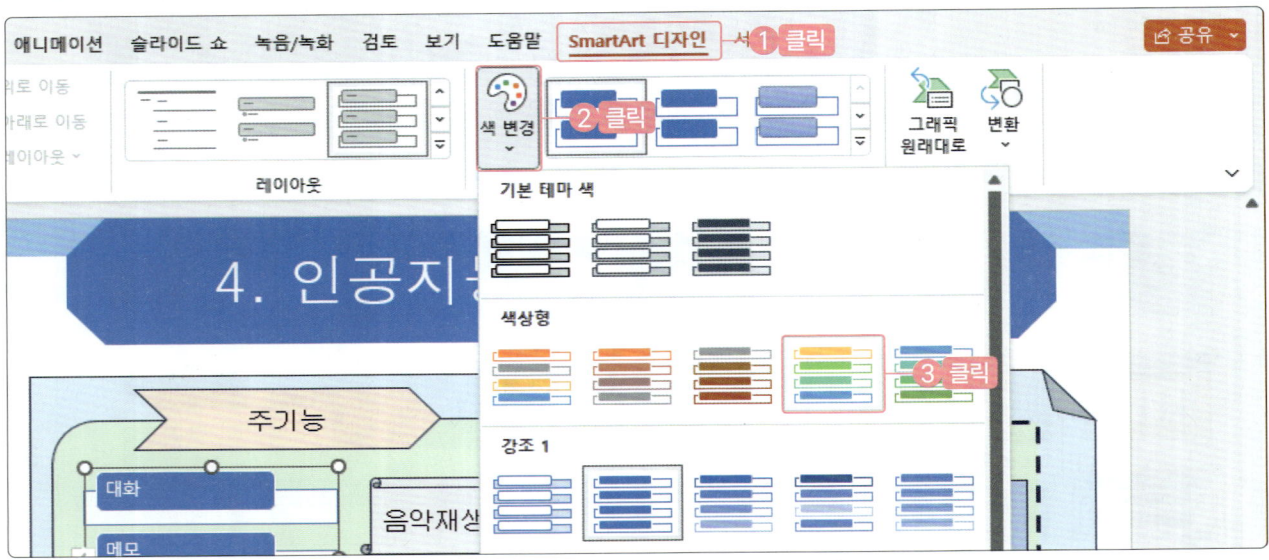

> 스마트아트(SmartArt)의 색 변경은 임의의 색을 지정합니다.

6 [SmartArt 디자인] 정황 탭-[SmartArt 스타일] 그룹에서 **[자세히(▾)]**를 클릭한 후 **[만화(▦)]**를 클릭합니다.

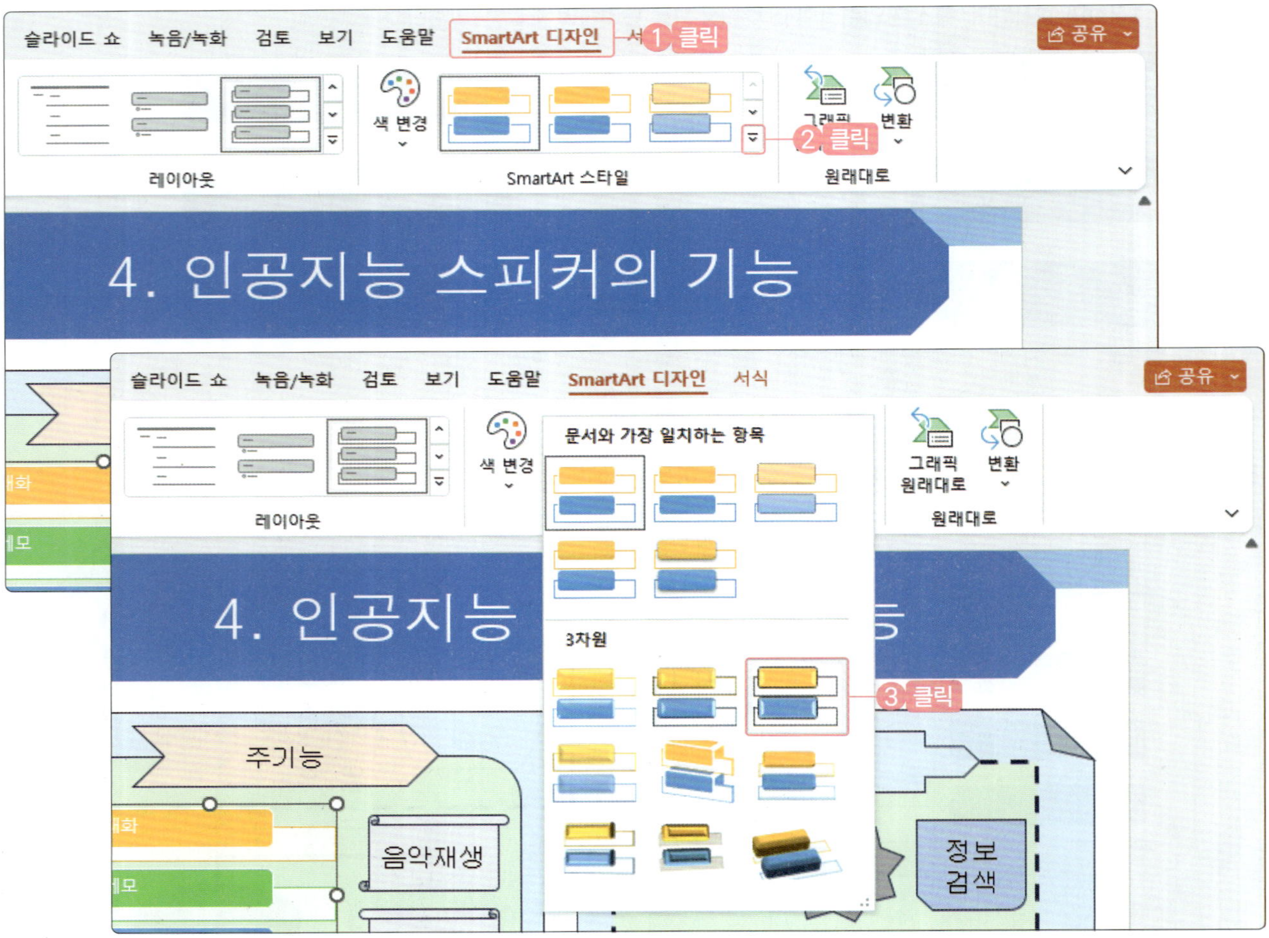

7 〔홈〕 탭-〔글꼴〕 그룹에서 **글꼴(굴림)과 글꼴 크기(18), 글꼴 색(검정, 텍스트 1)을 선택**합니다.

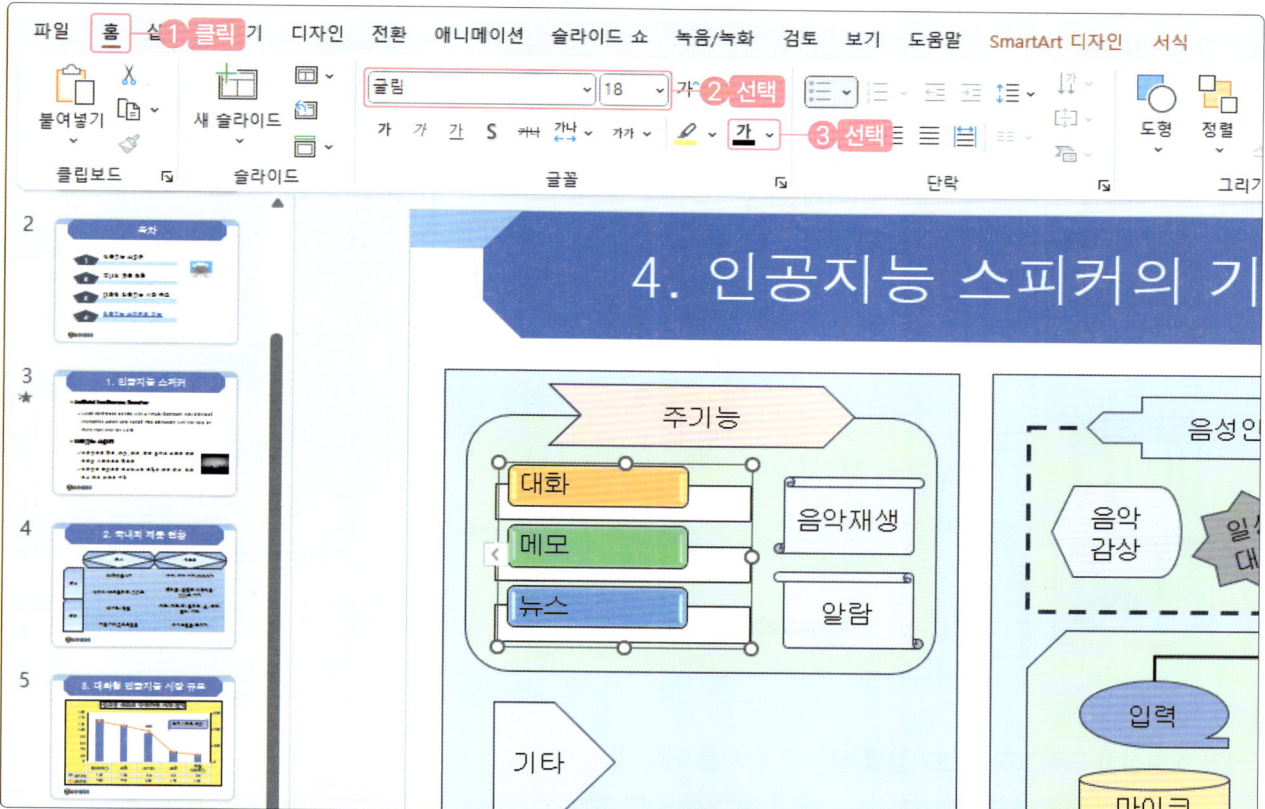

8 두 번째 스마트아트(SmartArt)를 작성하기 위해 〔삽입〕 탭-〔일러스트레이션〕 그룹에서 **(SmartArt( ))를 클릭**합니다.

9 〔SmartArt 그래픽 선택〕 대화상자가 나타나면 **(관계형)을 클릭**한 후 **(선형 벤형( ))을 클릭**한 다음 **(확인) 단추를 클릭**합니다.

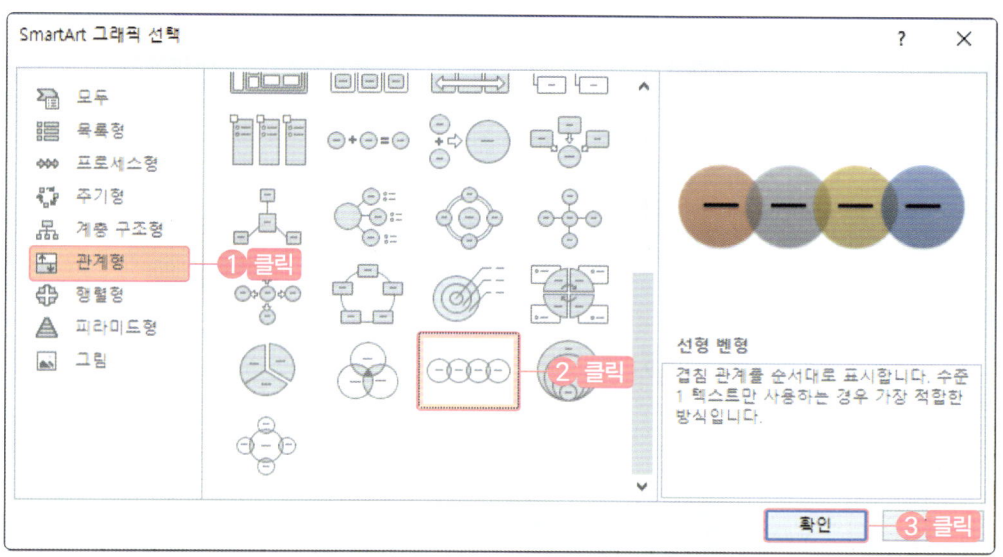

Chapter 08 · 도형 슬라이드 **2-127**

10 스마트아트의 텍스트 입력 창에서 '운세'와 '주식'을 입력한 후 Delete 를 눌러 나머지 도형을 삭제합니다.

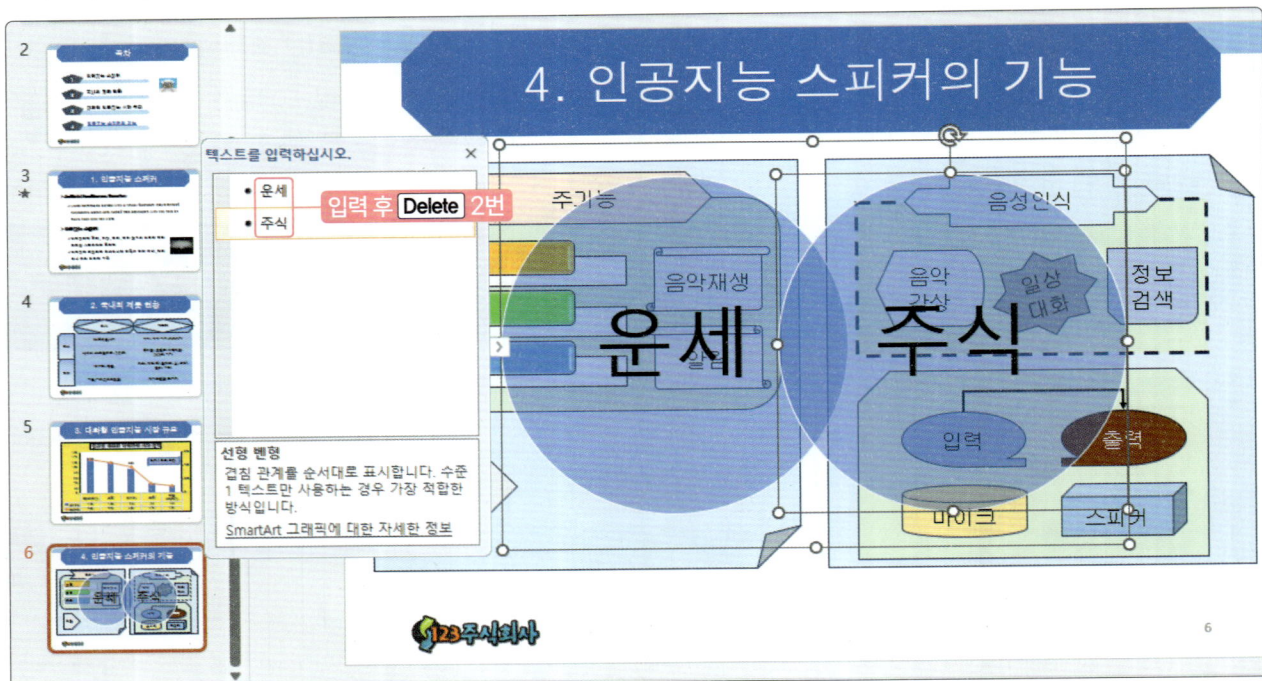

11 크기 조절점을 드래그하여 크기를 조절한 후 위치를 이동합니다.

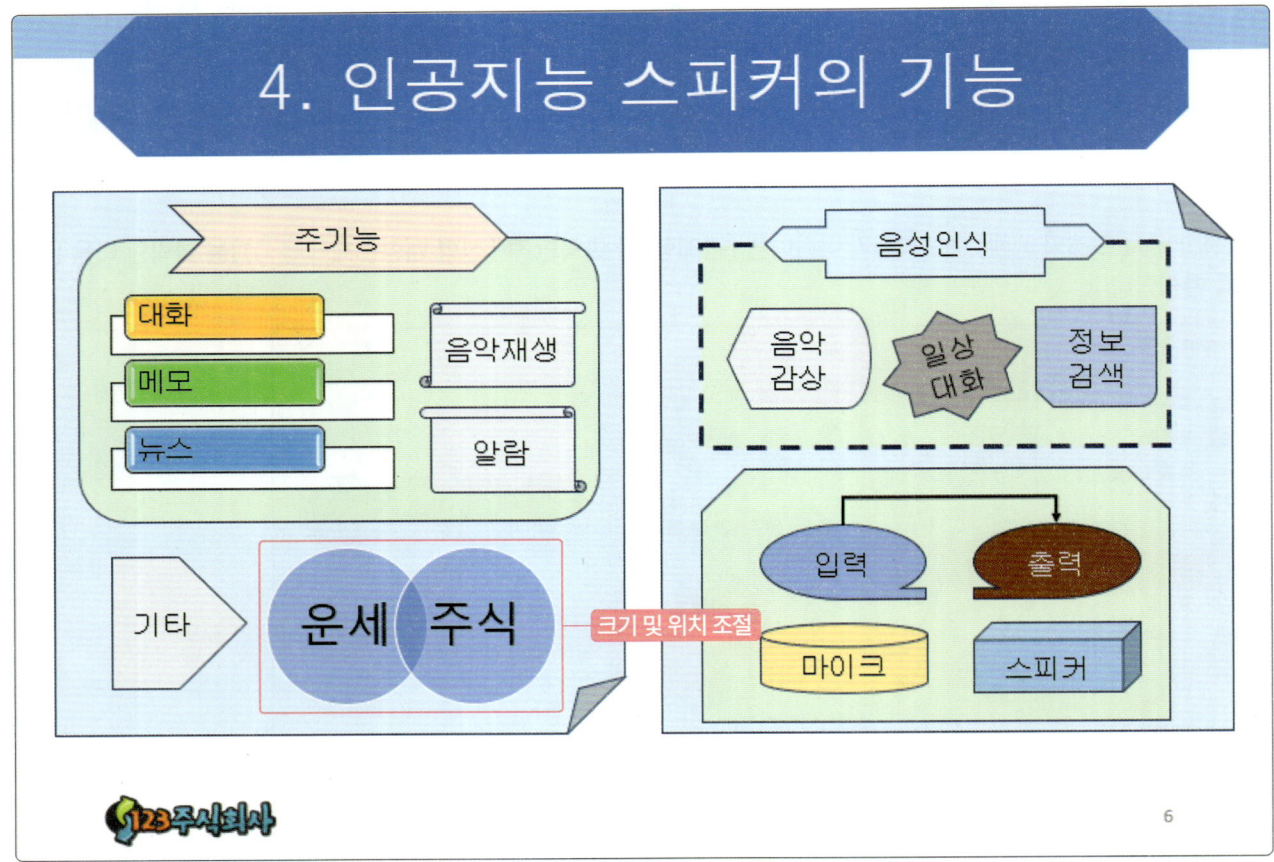

12 〔SmartArt 디자인〕 정황 탭-〔SmartArt 스타일〕 그룹에서 **자세히( )**를 클릭한 후 **(경사( ))**를 클릭합니다.

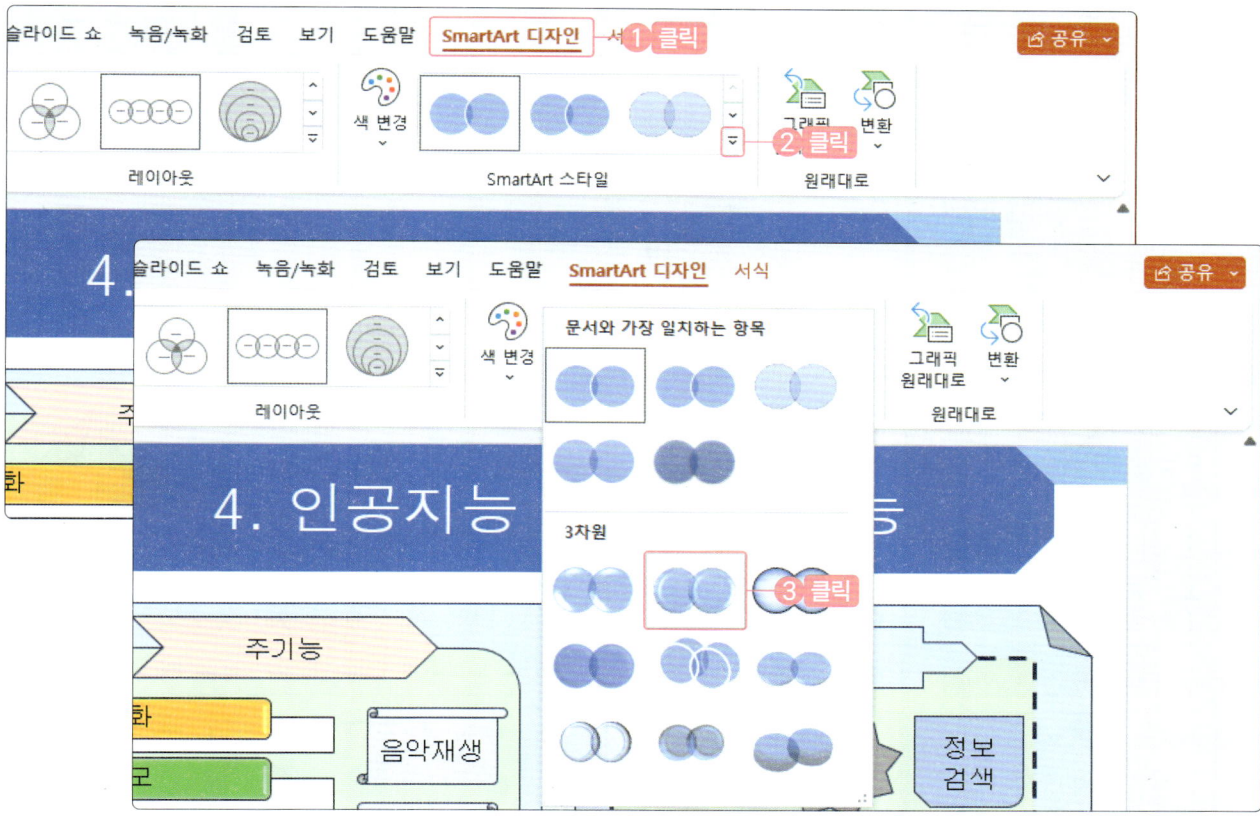

13 〔홈〕 탭-〔글꼴〕 그룹에서 **글꼴(굴림)과 글꼴 크기(18)**를 선택합니다.

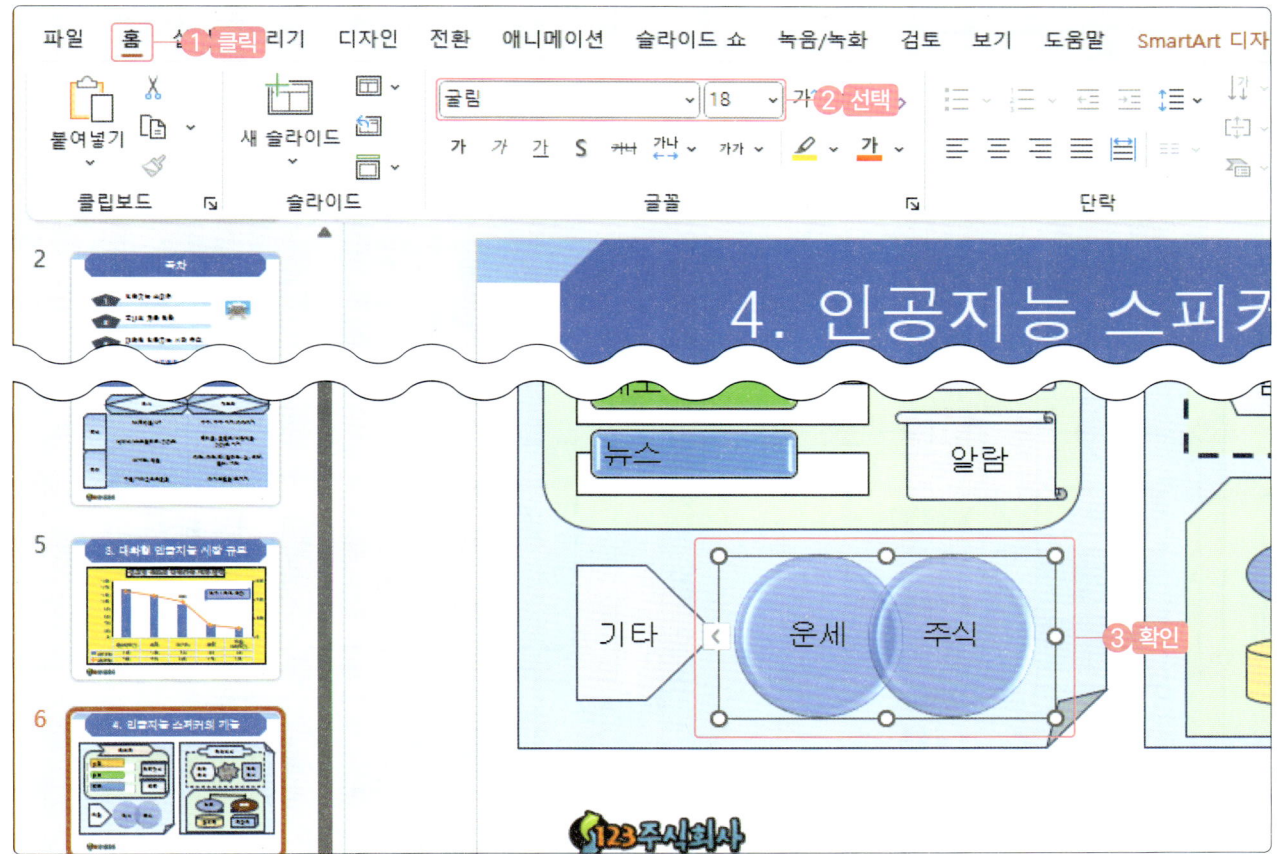

STEP 06 애니메이션 지정하기

《조건》 (2) 애니메이션 순서 : ① ⇒ ②
　　　　① 도형 및 스마트아트 편집
　　　　　- 그룹화 후 애니메이션 효과 :
　　　　　　닦아내기(위에서)
　　　　② 도형 편집
　　　　　- 그룹화 후 애니메이션 효과 :
　　　　　　바운드

1 왼쪽 도형 부분을 드래그하여 도형을 선택합니다.

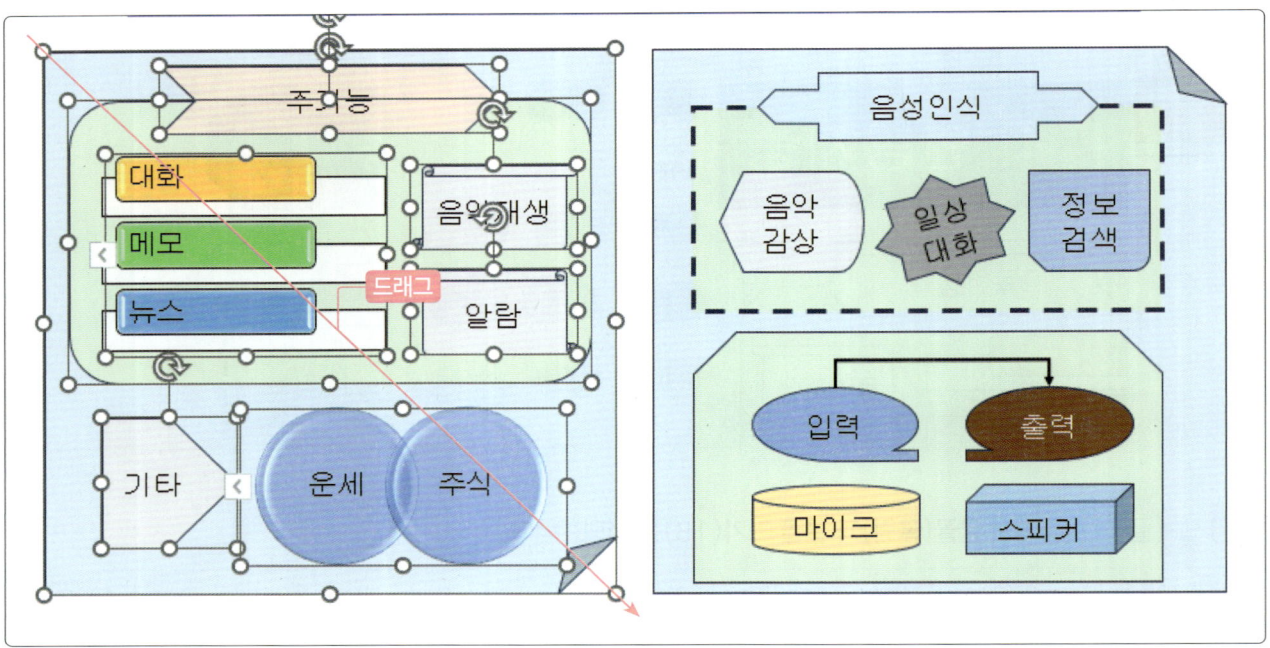

2 도형이 선택되면 도형 위에서 바로가기 메뉴의 [그룹화]-**[그룹]**을 클릭합니다.

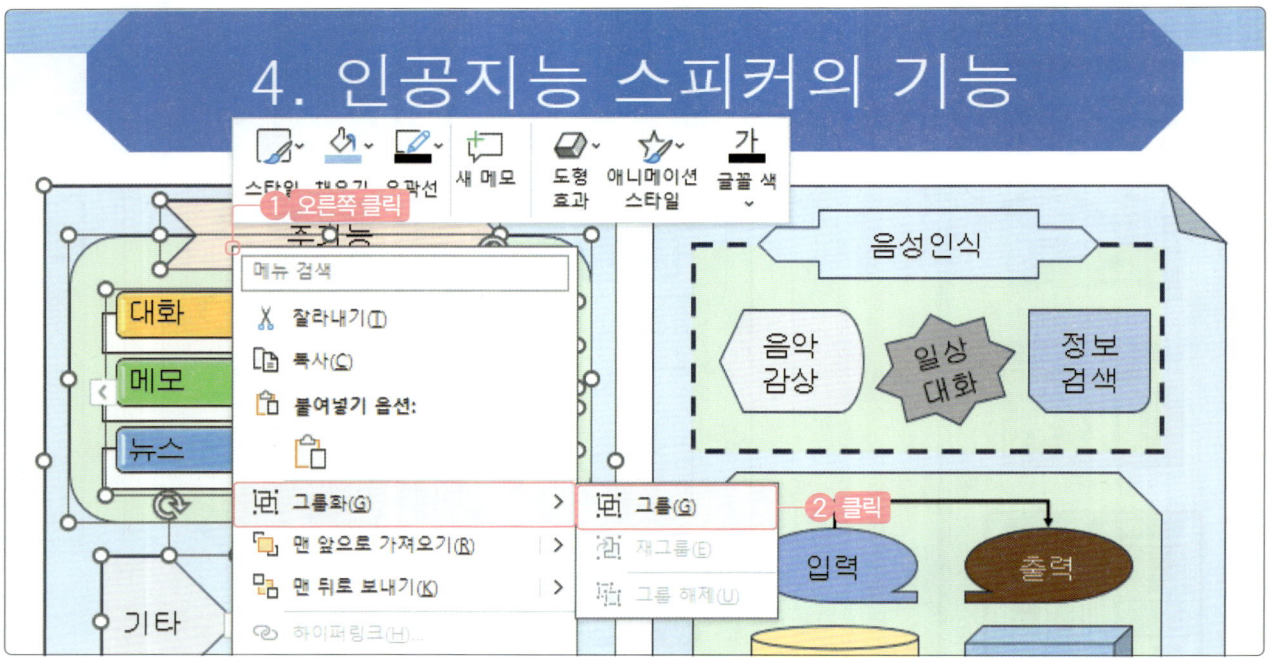

한가지 더!

도형과 스마트아트(SmartArt)가 그룹화되지 않는 현상

도형과 스마트아트(SmartArt)를 선택한 후 바로가기 메뉴의 (그룹화)가 비활성화 되는 경우가 있습니다. 이런 경우는 스마트아트(SmartArt)를 작성할 때 슬라이드에서 (SmartArt 그래픽 삽입(🖼)]을 클릭하여 작성할 때 발생합니다.

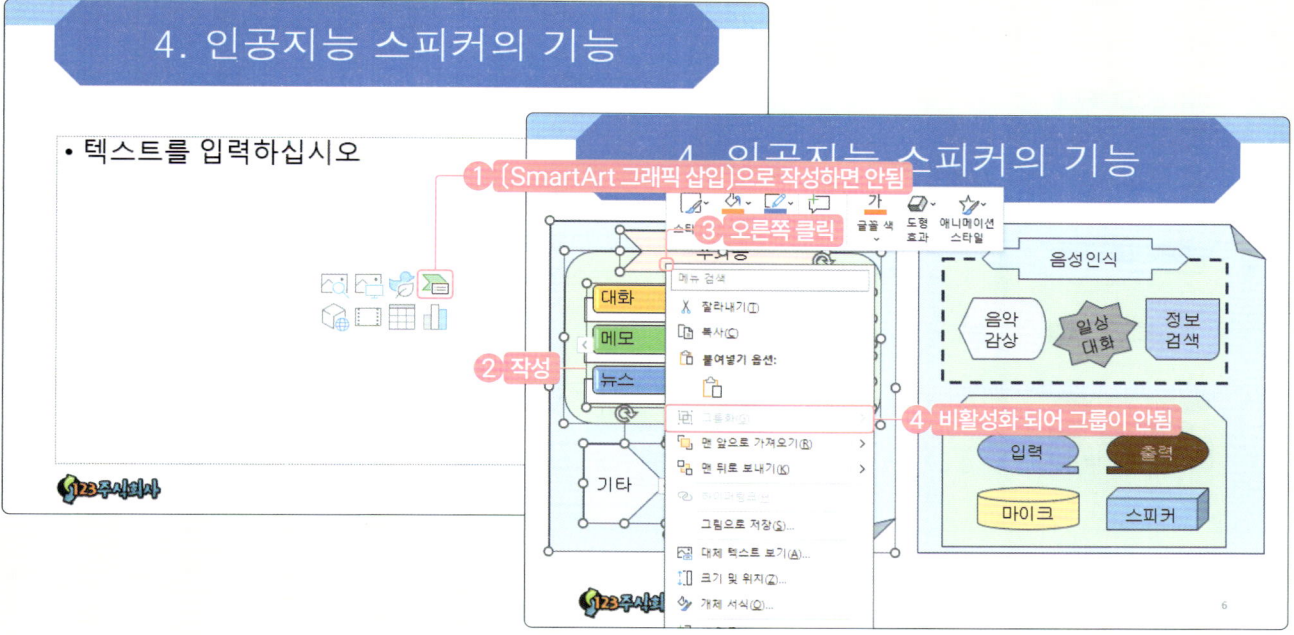

※ 스마트아트(SmartArt)를 삭제한 후 (삽입) 탭-(일러스트레이션) 그룹에서 (SmartArt(🖼))를 클릭하여 다시 작성합니다.

3 그룹이 지정되면 (애니메이션) 탭-(애니메이션) 그룹에서 **(자세히(▽))를 클릭**한 후 **(닦아내기(⭐))를 클릭**합니다.

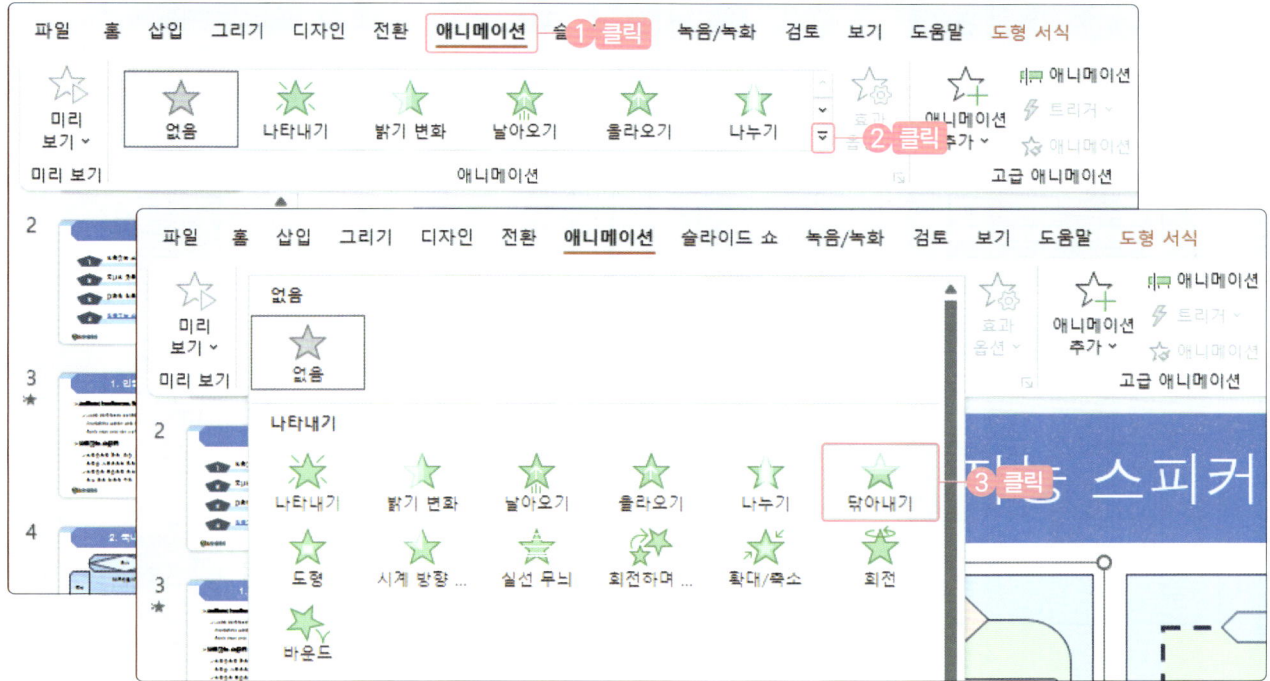

4 [애니메이션] 탭-[애니메이션] 그룹에서 [효과 옵션]을 클릭한 후 [위에서]를 클릭합니다.

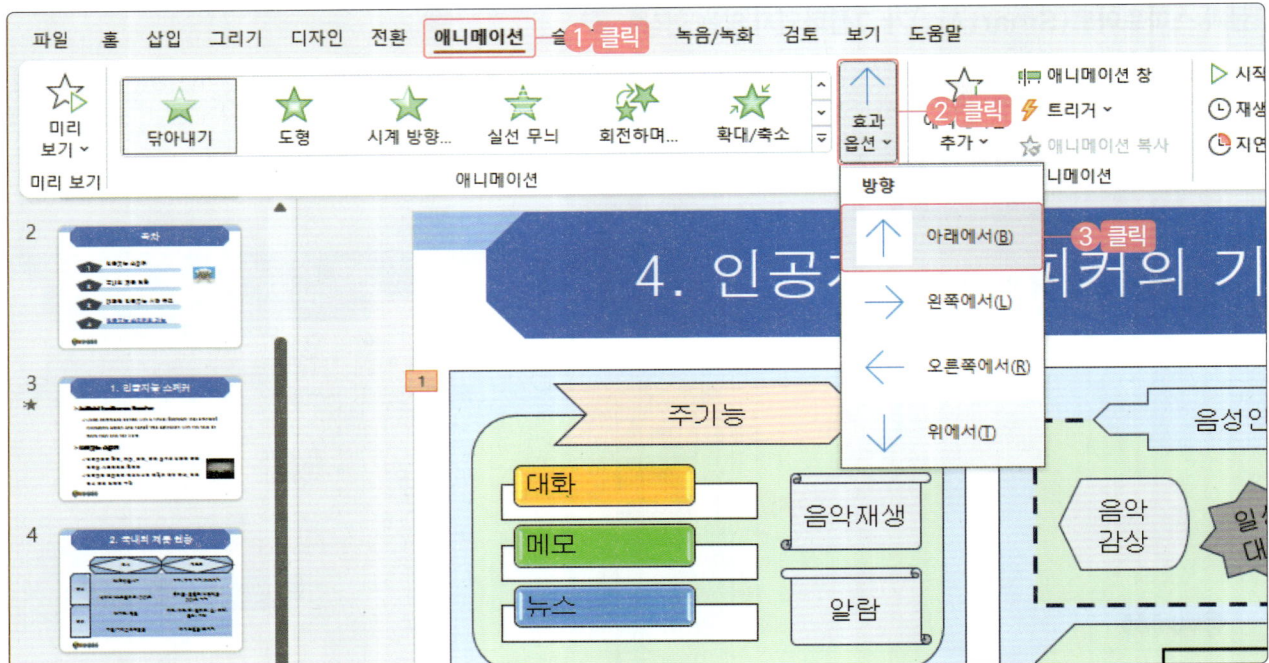

5 오른쪽 도형 부분을 드래그하여 도형을 선택합니다.

6 도형이 선택되면 도형 위에서 바로가기 메뉴의 [그룹화]-[그룹]을 클릭합니다.

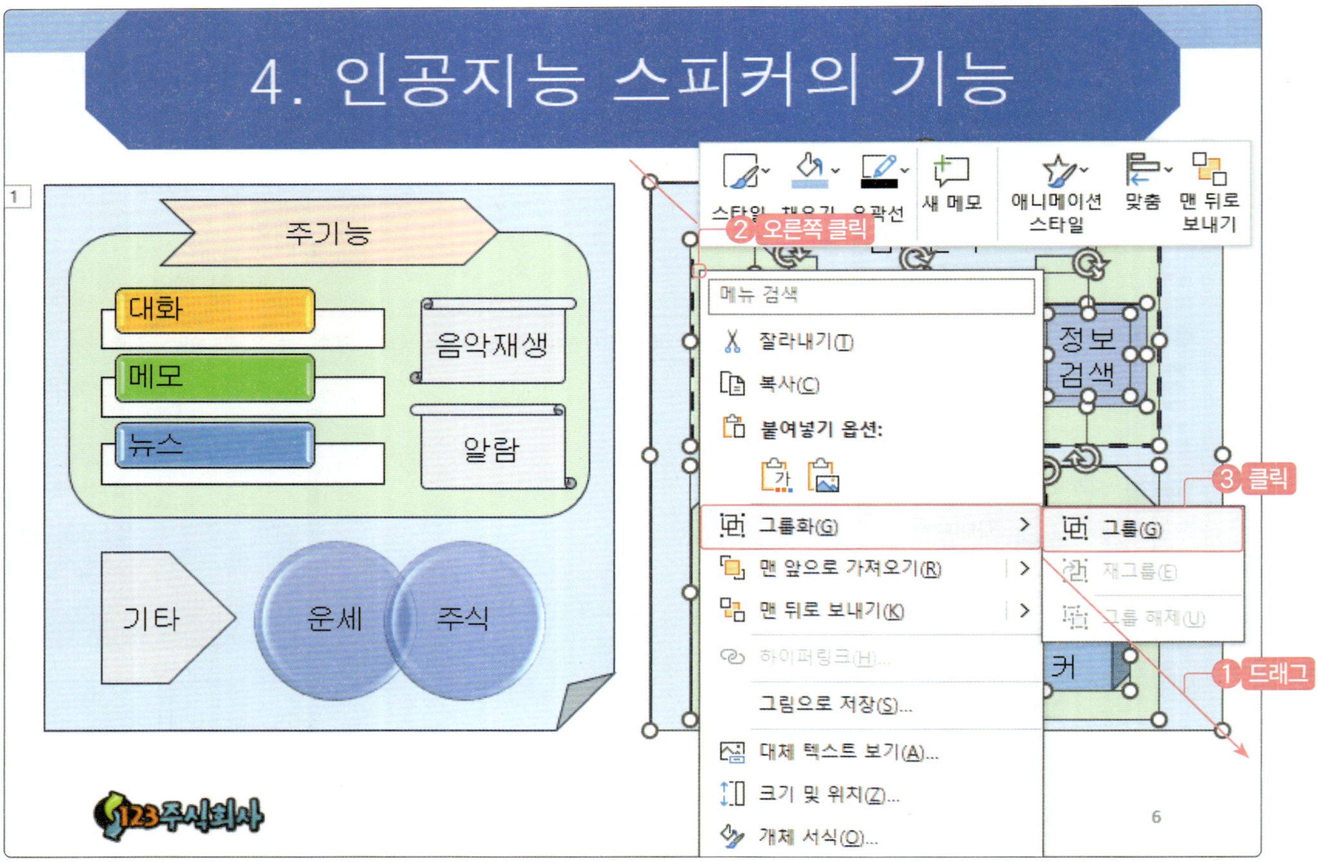

7 그룹이 지정되면 (애니메이션) 탭-(애니메이션) 그룹에서 (자세히( ))를 클릭한 후 (바운드( ))를 클릭합니다.

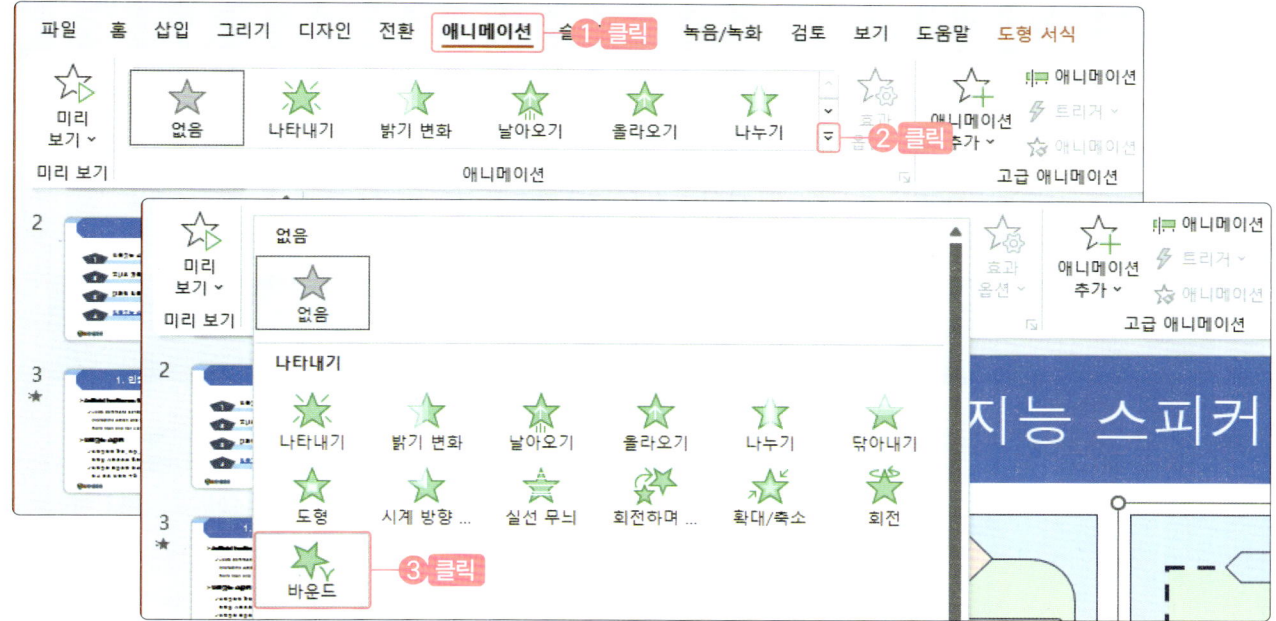

한가지 더!

추가 나타내기 효과

애니메이션 효과가 목록에 표시되지 않는 경우 (추가 나타내기 효과)를 클릭한 후 (나타내기 효과 변경) 대화상자가 나타나면 애니메이션 효과를 선택한 다음 (확인)을 클릭합니다.

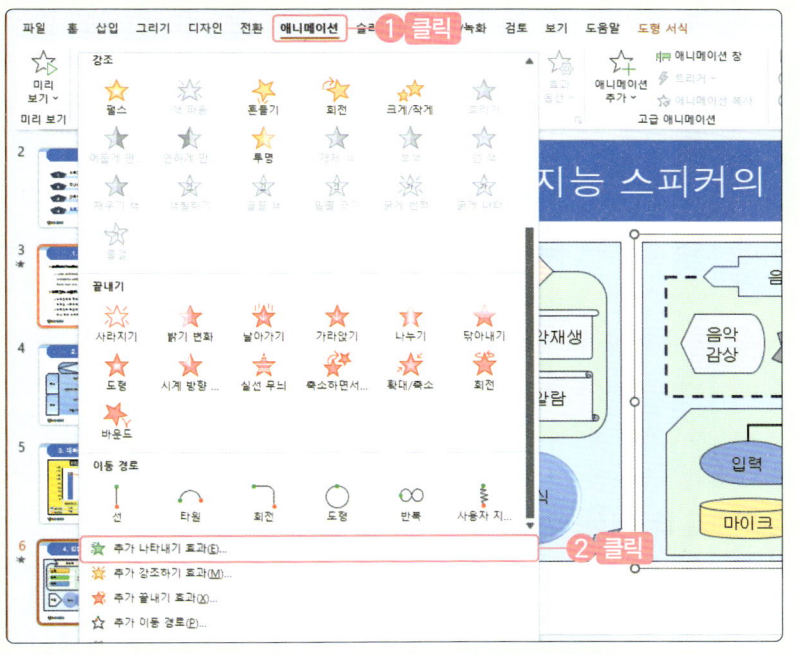

8 모든 슬라이드 작성이 완료되면 빠른 실행 도구 모음에서 (저장( ))을 클릭합니다.

> (파일) 탭-(저장)을 클릭하거나 Ctrl+S를 눌러 답안을 저장할 수도 있습니다.

9 답안을 전송하기 위해 [KOAS 수험자용] 프로그램에서 **[답안 전송]** 단추를 클릭합니다.

10 [고사실용 PC로 답안 파일 보내기] 대화상자가 나타나면 **파일 목록(12345678-홍길동.pptx)과 존재(있음)**를 확인한 후 **[답안전송]** 단추를 클릭합니다.

11 답안이 전송되면 **[상태]**에 '**성공**'이 표시되는지 확인한 후 **[닫기]** 단추를 클릭합니다.

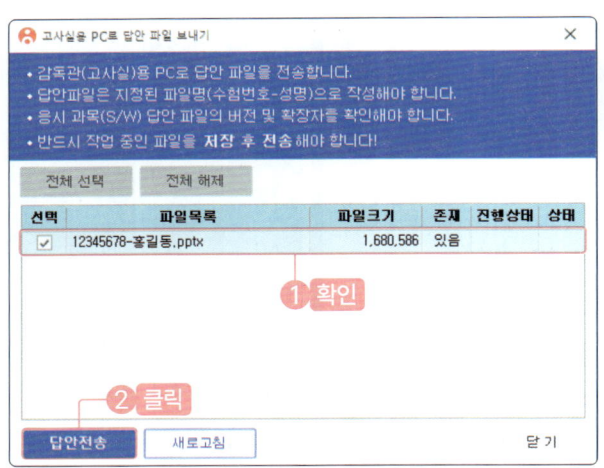
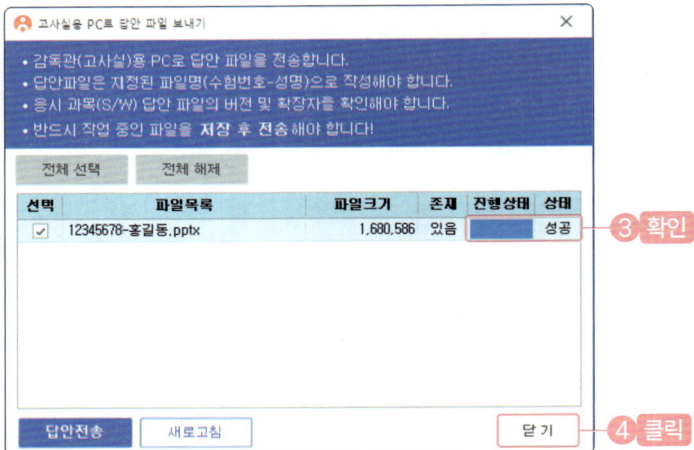

12 시험이 종료되면 [KOAS 수험자용] 프로그램에서 **[전송한 답안 확인]**을 클릭한 후 전송한 답안을 가져왔다는 알림창이 나타나면 **[확인]** 단추를 클릭합니다. 그런다음 파일 탐색기 창의 [Answer] 폴더가 나타나면 **전송한 답안 파일(수험번호-이름)**을 더블클릭하여 확인합니다.

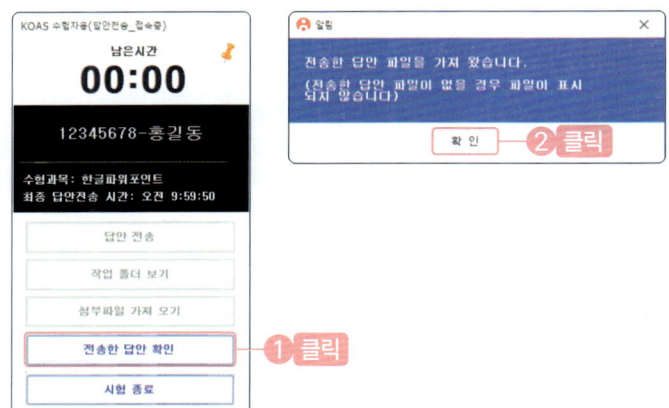
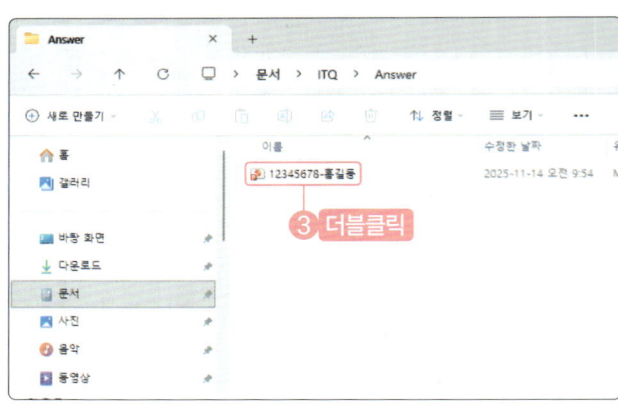

13 전송한 답안 파일이 이상이 없으면 **[시험 종료]** 단추를 클릭한 후 [답안 파일 전송 최종 확인 동의] 대화상자가 나타나면 **[동의 합니다]**를 선택한 다음 **[확인]** 단추를 클릭합니다.

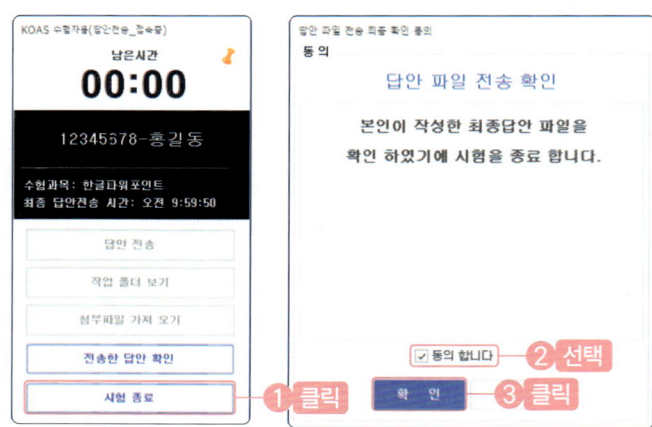

도형 슬라이드

유형 01

다음 지시사항 및 세부조건을 참고하여 출력형태에 알맞게 작성하시오.

▶ 소스파일 : Chapter 08₩문제08-01.pptx   ▶ 완성파일 : Chapter 08₩문제08-01_완성.pptx

(1) 슬라이드와 같이 도형 및 스마트아트를 배치한다(글꼴 : 굴림, 18pt).
(2) 애니메이션 순서 : ① ⇒ ②

《 세부조건 》

① 도형 삽입
 - 스마트아트 디자인 : 3차원 만화, 3차원 벽돌
 - 그룹화 후 애니메이션 효과 : 실선 무늬(세로)

② 도형 편집
 - 그룹화 후 애니메이션 효과 : 바운드

《 출력형태 》

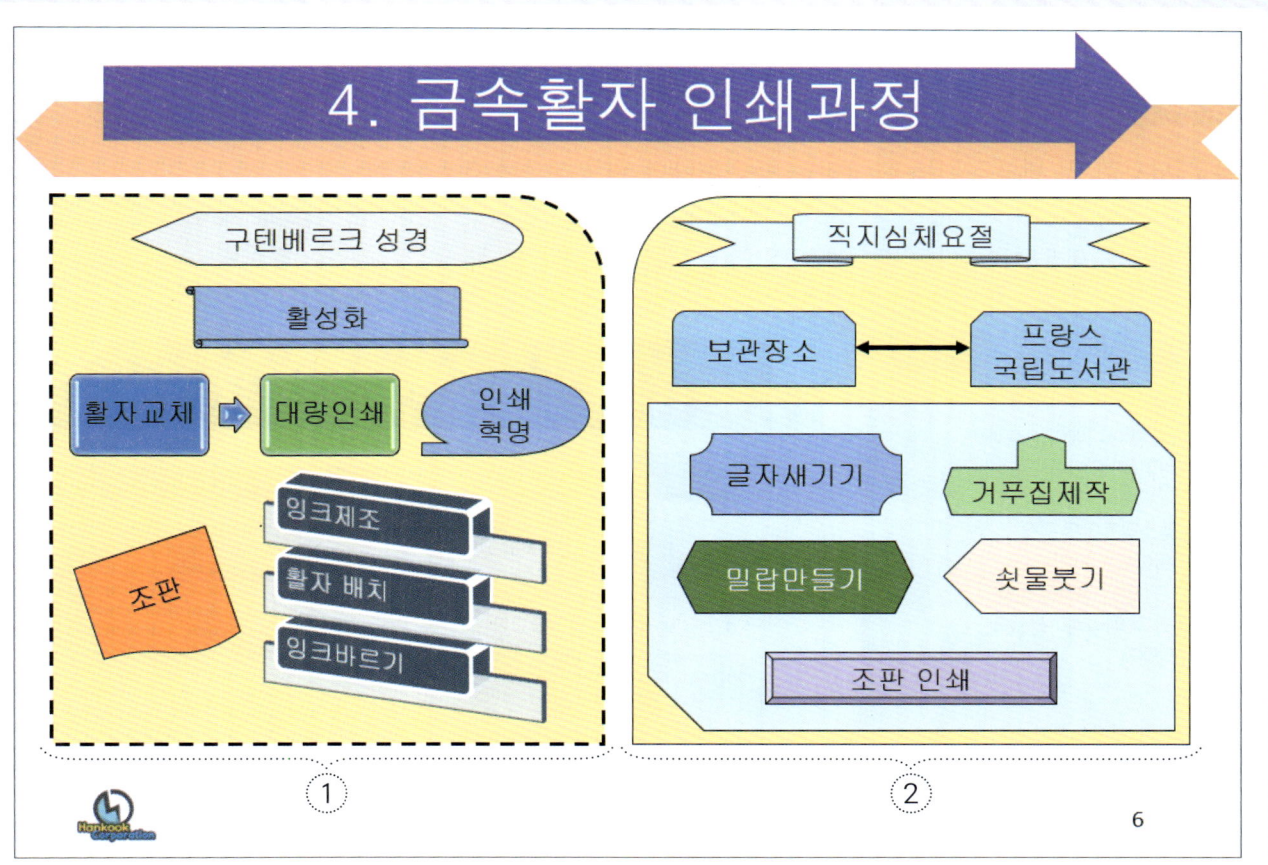

유형 02

다음 지시사항 및 세부조건을 참고하여 출력형태에 알맞게 작성하시오.

▶ 소스파일 : Chapter 08₩문제08-02.pptx   ▶ 완성파일 : Chapter 08₩문제08-02_완성.pptx

(1) 슬라이드와 같이 도형 및 스마트아트를 배치한다(글꼴 : 굴림, 18pt).
(2) 애니메이션 순서 : ① ⇒ ②

세부조건

① 도형 및 스마트아트 편집
 - 스마트아트 디자인
  : 강한 효과, 3차원 경사
 - 그룹화 후 애니메이션 효과
  : 닦아내기(위에서)

② 도형 편집
 - 그룹화 후 애니메이션 효과
  : 바운드

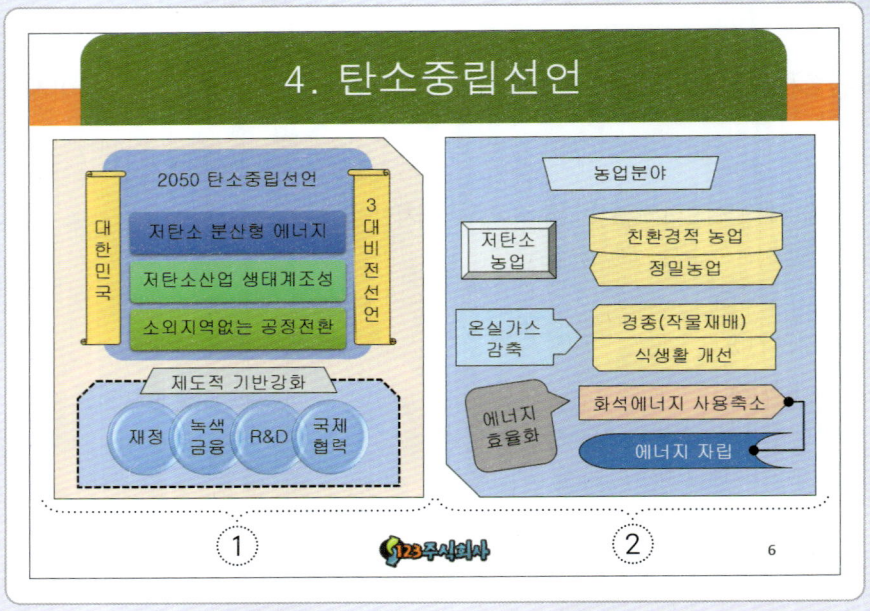

유형 03

다음 지시사항 및 세부조건을 참고하여 출력형태에 알맞게 작성하시오.

▶ 소스파일 : Chapter 08₩문제08-03.pptx   ▶ 완성파일 : Chapter 08₩문제08-03_완성.pptx

(1) 슬라이드와 같이 도형 및 스마트아트를 배치한다(글꼴 : 굴림, 18pt).
(2) 애니메이션 순서 : ① ⇒ ②

세부조건

① 도형 편집
 - 그룹화 후 애니메이션 효과
  : 나누기(가로 안쪽으로)

② 도형 및 스마트아트 편집
 - 스마트아트 디자인
  : 3차원 만원, 3차원 경사
 - 그룹화 후 애니메이션 효과
  : 나타내기

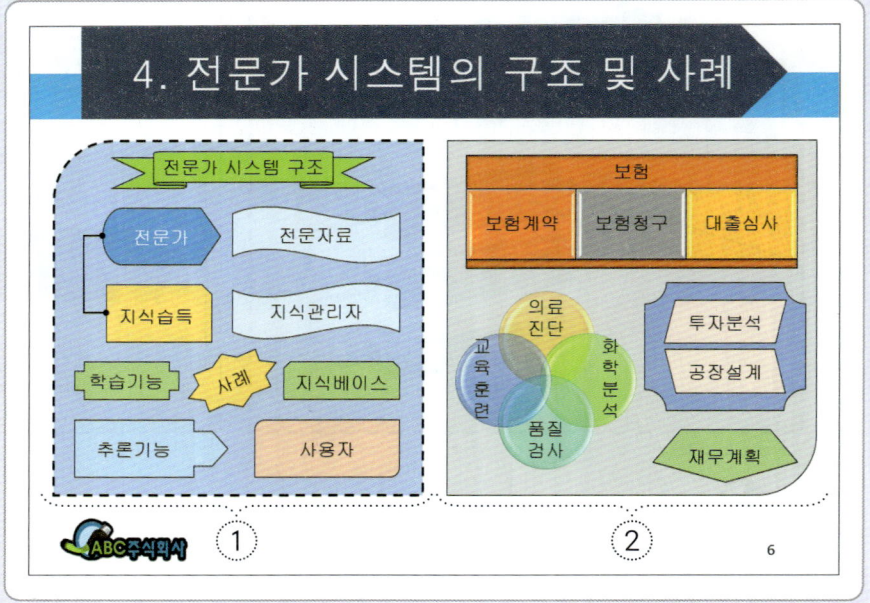

유형 04

다음 지시사항 및 세부조건을 참고하여 출력형태에 알맞게 작성하시오.

▶ 소스파일 : Chapter 08₩문제08-04.pptx   ▶ 완성파일 : Chapter 08₩문제08-04_완성.pptx

(1) 슬라이드와 같이 도형 및 스마트아트를 배치한다(글꼴 : 굴림, 18pt).
(2) 애니메이션 순서 : ① ⇒ ②

세부조건

① 도형 및 스마트아트 편집
 - 스마트아트 디자인
  : 3차원 만화, 3차원 경사
 - 그룹화 후 애니메이션 효과
  : 나누기(가로 안쪽으로)

② 도형 편집
 - 그룹화 후 애니메이션 효과
  : 나타내기

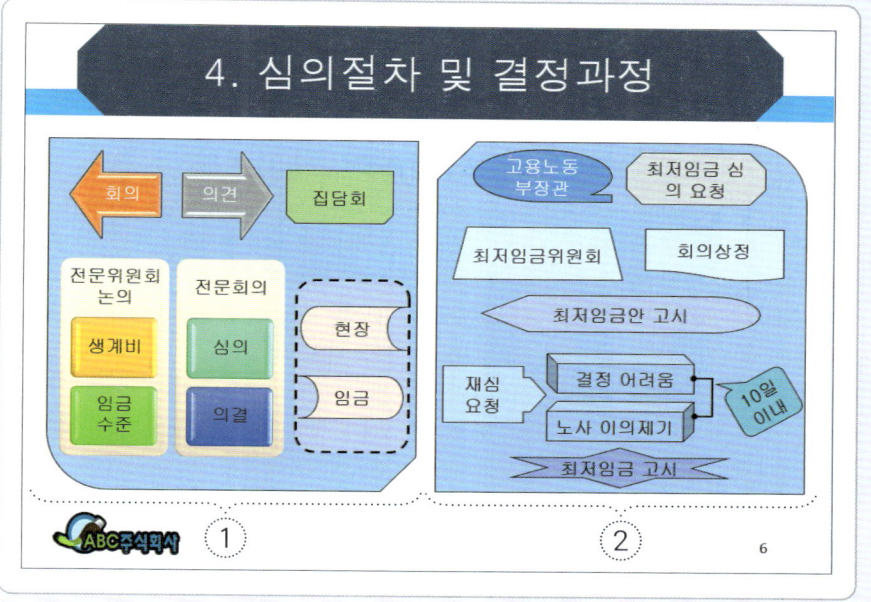

유형 05

다음 지시사항 및 세부조건을 참고하여 출력형태에 알맞게 작성하시오.

▶ 소스파일 : Chapter 08₩문제08-05.pptx   ▶ 완성파일 : Chapter 08₩문제08-05_완성.pptx

(1) 슬라이드와 같이 도형 및 스마트아트를 배치한다(글꼴 : 굴림, 18pt).
(2) 애니메이션 순서 : ① ⇒ ②

세부조건

① 도형 및 스마트아트 편집
 - 스마트아트 디자인
  : 3차원 경사, 3차원 만화
 - 그룹화 후 애니메이션 효과
  : 날아오기(왼쪽에서)

② 도형 편집
 - 그룹화 후 애니메이션 효과
  : 바운드

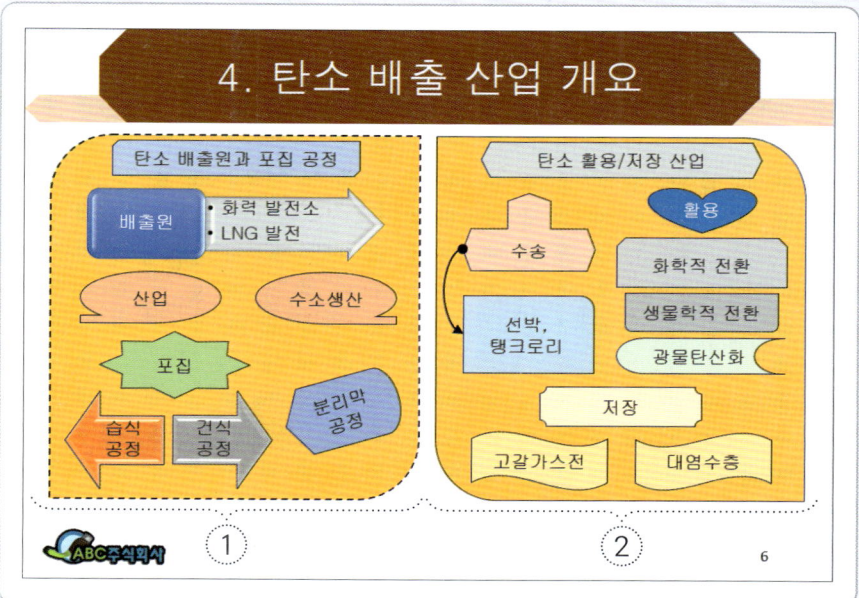

유형 06

다음 지시사항 및 세부조건을 참고하여 출력형태에 알맞게 작성하시오.

▶ 소스파일 : Chapter 08₩문제08-06.pptx   ▶ 완성파일 : Chapter 08₩문제08-06_완성.pptx

(1) 슬라이드와 같이 도형 및 스마트아트를 배치한다(글꼴 : 굴림, 18pt).
(2) 애니메이션 순서 : ① ⇒ ②

세부조건

① 도형 및 스마트아트 편집
 - 스마트아트 디자인
  : 3차원 만화, 3차원 경사
 - 그룹화 후 애니메이션 효과
  : 바운드

② 도형 편집
 - 그룹화 후 애니메이션 효과
  : 실선 무늬(세로)

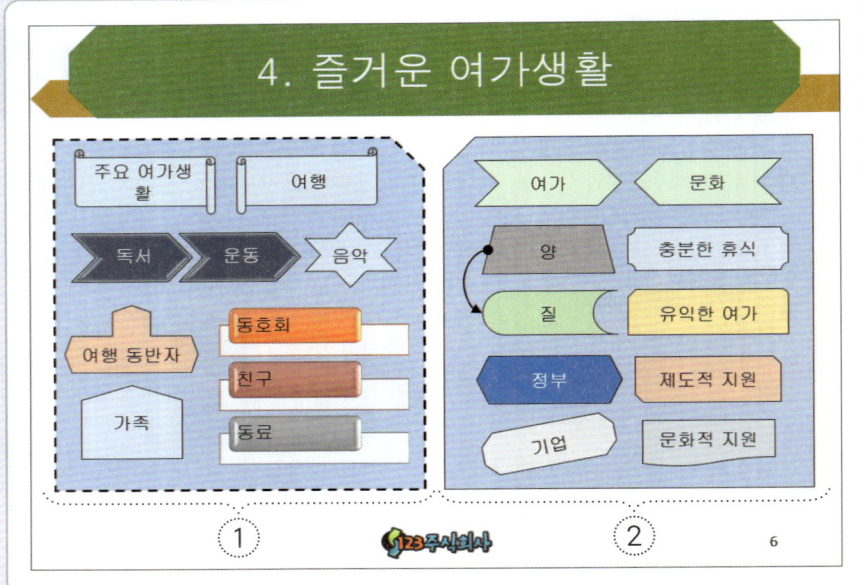

유형 07

다음 지시사항 및 세부조건을 참고하여 출력형태에 알맞게 작성하시오.

▶ 소스파일 : Chapter 08₩문제08-07.pptx   ▶ 완성파일 : Chapter 08₩문제08-07_완성.pptx

(1) 슬라이드와 같이 도형 및 스마트아트를 배치한다(글꼴 : 굴림, 18pt).
(2) 애니메이션 순서 : ① ⇒ ②

세부조건

① 도형 및 스마트아트 편집
 - 스마트아트 디자인
  : 3차원 만화, 3차원 경사
 - 그룹화 후 애니메이션 효과
  : 바운드

② 도형 편집
 - 그룹화 후 애니메이션 효과
  : 실선 무늬(세로)

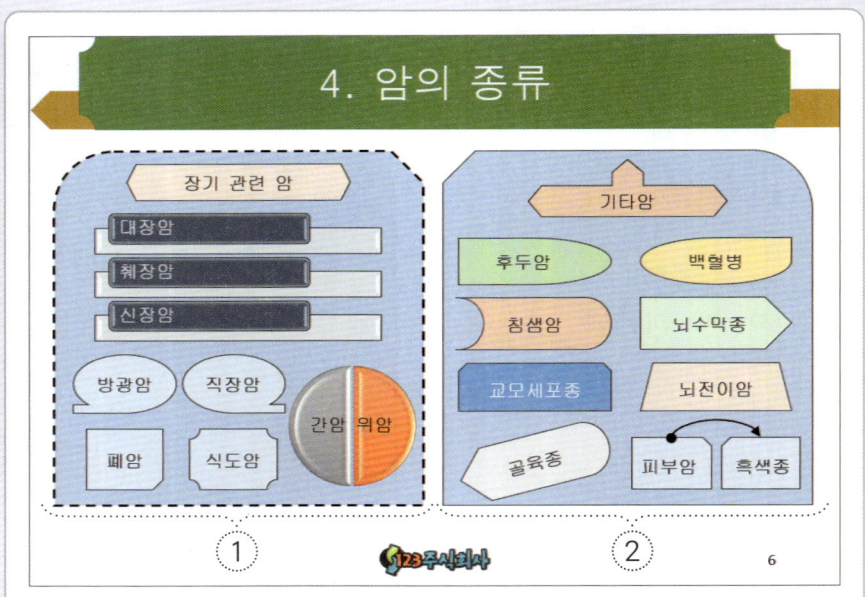

ITQ 정보기술자격
파워포인트 2021

PART 02
실전모의고사

자주 틀리는 항목을 알면 A등급은 내 손안에...

자주 틀리는 항목 & 팁

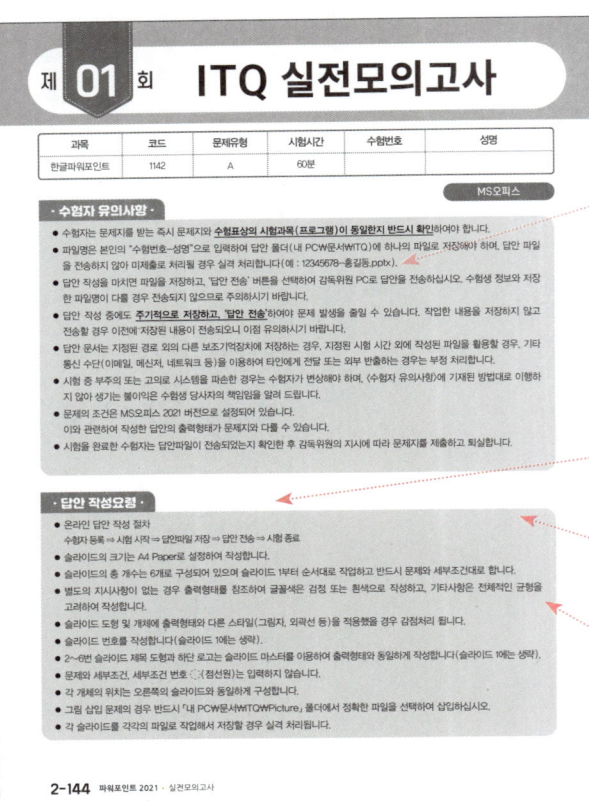

| 수험자 유의사항 |

- 답안은 '내 PC₩문서₩ITQ' 폴더에 본인의 수험번호와 성명을 조합하여 '수험번호-성명' 형식의 파일 이름으로 저장합니다.
- 위치나 파일 이름을 잘못 저장하여 답안을 저장한 경우에는 [파일] 탭에서 [다른 이름으로 저장]를 클릭하거나 F12 를 눌러 [다른 이름으로 저장] 대화상자가 나타나면 답안을 다시 저장한 후 잘못 저장한 답안을 삭제합니다.

| 답안 작성요령 |

- [디자인] 탭-[사용자 지정] 그룹에서 [슬라이드 크기]-[사용자 지정 슬라이드 크기]를 클릭한 후 [슬라이드 크기] 대화상자가 나타나면 슬라이드 크기(A4 용지(210×297 mm))를 선택합니다.
- 슬라이드는 총 6개를 미리 만들고, 슬라이드 번호에 맞게 작성합니다.
- 2~6번 슬라이드 제목 도형과 하단 로고는 슬라이드 마스터에서 작성합니다. [보기] 탭-[마스터 보기] 그룹에서 [슬라이드 마스터]를 클릭하여 작성합니다.

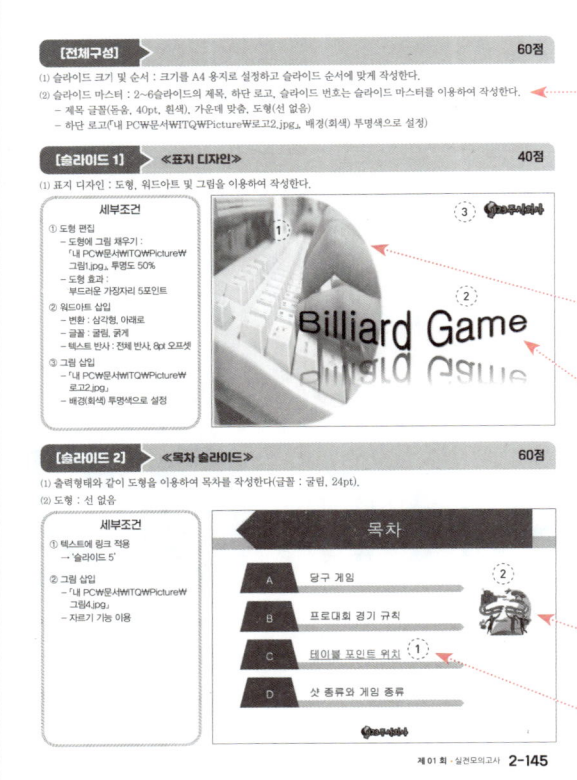

| 전체구성 |

- 2번 슬라이드의 《출력형태》를 참고하여 슬라이드 마스터에서 도형 및 텍스트 상자를 작성합니다.
- 그림을 삽입한 후 [그림 서식] 정황 탭-[조정] 그룹에서 [색]-[투명한 색 설정]을 클릭한 다음 그림의 회색 부분을 클릭하여 투명한 색으로 설정합니다.

| 슬라이드 1 |

- 도형을 작성한 후 도형에 그림을 삽입한 다음 도형 효과로 부드러운 가장자리를 지정하기 때문에 도형의 '윤곽선 없음'을 지정하지 않아도 됩니다.
- 워드아트를 삽입한 후 [도형 서식] 정황 탭-[WordArt 스타일] 그룹에서 [텍스트 효과]-[변환]을 클릭한 후 지시사항의 모양으로 변경해야 워드아트 크기 및 모양 조절점을 지정할 수 있습니다.

| 슬라이드 2 |

- 그림을 삽입한 후 《출력형태》를 참고하여 그림을 자릅니다.
- 슬라이드 6개를 미리 만들어놔야 하이퍼링크를 지정할 수 있습니다.

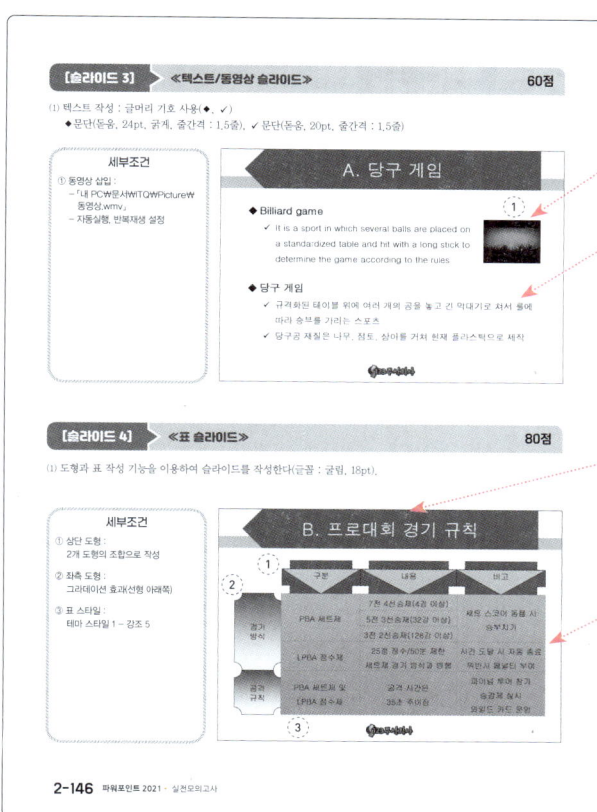

| 슬라이드 3 |

- 동영상을 삽입한 후 '자동 실행'과 '반복 재생'을 설정합니다.

- 텍스트 상자의 글머리 기호 및 글꼴, 글꼴 크기 등을 지정한 후 복사하여 사용합니다.

| 슬라이드 4 |

- 상단 도형의 첫 번째 도형을 작성한 후 복사한 다음 텍스트를 수정합니다.

- 표를 삽입한 후 [테이블 디자인] 탭-[표 스타일 옵션] 그룹에서 '머리글 행', '줄무늬 행'의 선택을 해제한 후 [표 스타일] 그룹에서 스타일을 지정합니다.

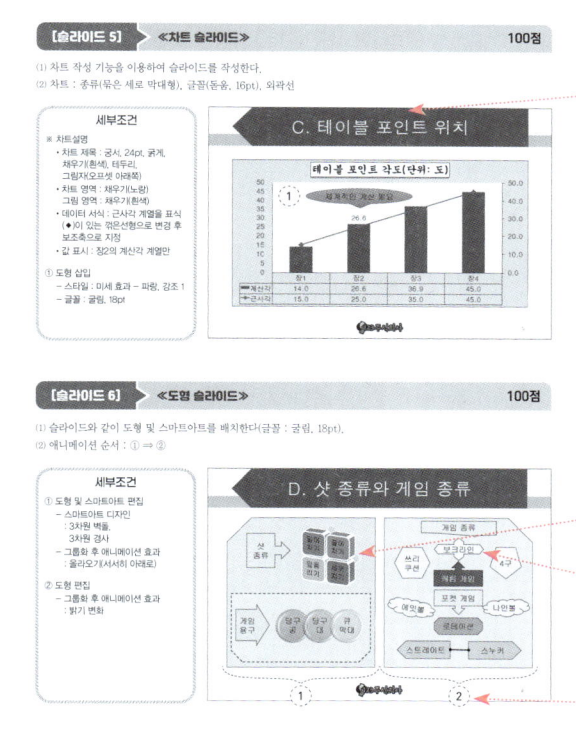

| 슬라이드 5 |

- 차트는 묶은 세로 막대형과 표식이 있는 꺾은선형 차트를 혼합하여 작성합니다.

- 데이터 레이블을 지정하고하는 계열을 천천히 두 번 클릭하여 특정 계열만 선택한 후 [차트 디자인] 탭-[차트 레이아웃] 그룹에서 [차트 요소 추가]-[데이터 레이블]-위치를 선택합니다.

- 보조축의 값은 《출력형태》를 참고하여 지정합니다.

| 슬라이드 6 |

- 스마트 아트 작성 방법을 숙지합니다(그룹 지정이 안될 수 있음).

- 모양 조절점을 조절하여 도형을 작성하는 방법을 익힙니다.
교재 170페이지를 참고하세요.

- 애니메이션 순서를 확인한 후 ①번부터 지정합니다.

제 01 회 ITQ 실전모의고사

과목	코드	문제유형	시험시간	수험번호	성명
한글파워포인트	1142	A	60분		

MS오피스

• 수험자 유의사항 •

- 수험자는 문제지를 받는 즉시 문제지와 **수험표상의 시험과목(프로그램)이 동일한지 반드시 확인**하여야 합니다.
- 파일명은 본인의 "수험번호-성명"으로 입력하여 답안 폴더(내 PC₩문서₩ITQ)에 하나의 파일로 저장해야 하며, 답안 파일을 전송하지 않아 미제출로 처리될 경우 실격 처리합니다(예 : 12345678-홍길동.pptx).
- 답안 작성을 마치면 파일을 저장하고, '답안 전송' 버튼을 선택하여 감독위원 PC로 답안을 전송하십시오. 수험생 정보와 저장한 파일명이 다를 경우 전송되지 않으므로 주의하시기 바랍니다.
- 답안 작성 중에도 **주기적으로 저장하고, '답안 전송'**하여야 문제 발생을 줄일 수 있습니다. 작업한 내용을 저장하지 않고 전송할 경우 이전에 저장된 내용이 전송되오니 이점 유의하시기 바랍니다.
- 답안 문서는 지정된 경로 외의 다른 보조기억장치에 저장하는 경우, 지정된 시험 시간 외에 작성된 파일을 활용할 경우, 기타 통신 수단(이메일, 메신저, 네트워크 등)을 이용하여 타인에게 전달 또는 외부 반출하는 경우는 부정 처리합니다.
- 시험 중 부주의 또는 고의로 시스템을 파손한 경우는 수험자가 변상해야 하며, 〈수험자 유의사항〉에 기재된 방법대로 이행하지 않아 생기는 불이익은 수험생 당사자의 책임임을 알려 드립니다.
- 문제의 조건은 MS오피스 2021 버전으로 설정되어 있습니다.
  이와 관련하여 작성한 답안의 출력형태가 문제지와 다를 수 있습니다.
- 시험을 완료한 수험자는 답안파일이 전송되었는지 확인한 후 감독위원의 지시에 따라 문제지를 제출하고 퇴실합니다.

• 답안 작성요령 •

- 온라인 답안 작성 절차
  수험자 등록 ⇒ 시험 시작 ⇒ 답안파일 저장 ⇒ 답안 전송 ⇒ 시험 종료
- 슬라이드의 크기는 A4 Paper로 설정하여 작성합니다.
- 슬라이드의 총 개수는 6개로 구성되어 있으며 슬라이드 1부터 순서대로 작업하고 반드시 문제와 세부조건대로 합니다.
- 별도의 지시사항이 없는 경우 출력형태를 참조하여 글꼴색은 검정 또는 흰색으로 작성하고, 기타사항은 전체적인 균형을 고려하여 작성합니다.
- 슬라이드 도형 및 개체에 출력형태와 다른 스타일(그림자, 외곽선 등)을 적용했을 경우 감점처리 됩니다.
- 슬라이드 번호를 작성합니다(슬라이드 1에는 생략).
- 2~6번 슬라이드 제목 도형과 하단 로고는 슬라이드 마스터를 이용하여 출력형태와 동일하게 작성합니다(슬라이드 1에는 생략).
- 문제와 세부조건, 세부조건 번호 ⓘ(점선원)는 입력하지 않습니다.
- 각 개체의 위치는 오른쪽의 슬라이드와 동일하게 구성합니다.
- 그림 삽입 문제의 경우 반드시 「내 PC₩문서₩ITQ₩Picture」 폴더에서 정확한 파일을 선택하여 삽입하십시오.
- 각 슬라이드를 각각의 파일로 작업해서 저장할 경우 실격 처리됩니다.

[전체구성]   60점

(1) 슬라이드 크기 및 순서 : 크기를 A4 용지로 설정하고 슬라이드 순서에 맞게 작성한다.
(2) 슬라이드 마스터 : 2~6슬라이드의 제목, 하단 로고, 슬라이드 번호는 슬라이드 마스터를 이용하여 작성한다.
  - 제목 글꼴(돋움, 40pt, 흰색), 가운데 맞춤, 도형(선 없음)
  - 하단 로고(「내 PC₩문서₩ITQ₩Picture₩로고2.jpg」, 배경(회색) 투명색으로 설정)

[슬라이드 1] ≪표지 디자인≫   40점

(1) 표지 디자인 : 도형, 워드아트 및 그림을 이용하여 작성한다.

세부조건

① 도형 편집
  - 도형에 그림 채우기 :
    「내 PC₩문서₩ITQ₩Picture₩그림1.jpg」, 투명도 50%
  - 도형 효과 :
    부드러운 가장자리 5포인트
② 워드아트 삽입
  - 변환 : 삼각형, 아래로
  - 글꼴 : 굴림, 굵게
  - 텍스트 반사 : 전체 반사, 8pt 오프셋
③ 그림 삽입
  - 「내 PC₩문서₩ITQ₩Picture₩로고2.jpg」
  - 배경(회색) 투명색으로 설정

[슬라이드 2] ≪목차 슬라이드≫   60점

(1) 출력형태와 같이 도형을 이용하여 목차를 작성한다(글꼴 : 굴림, 24pt).
(2) 도형 : 선 없음

세부조건

① 텍스트에 링크 적용
  → '슬라이드 5'
② 그림 삽입
  - 「내 PC₩문서₩ITQ₩Picture₩그림4.jpg」
  - 자르기 기능 이용

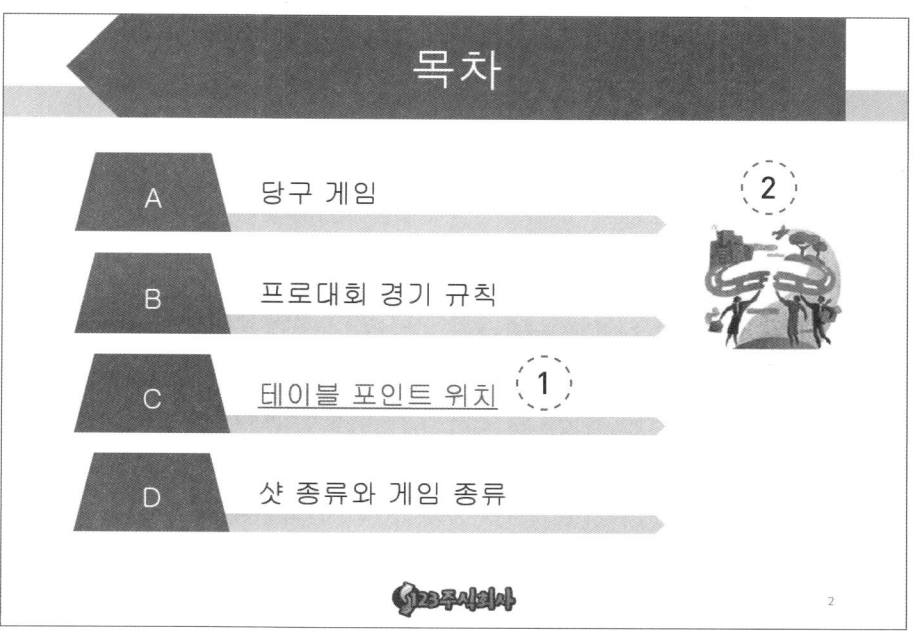

[슬라이드 3] ≪텍스트/동영상 슬라이드≫ 60점

(1) 텍스트 작성 : 글머리 기호 사용(◆, ✓)
    ◆문단(돋움, 24pt, 굵게, 줄간격 : 1.5줄), ✓문단(돋움, 20pt, 줄간격 : 1.5줄)

세부조건

① 동영상 삽입 :
  - 「내 PC₩문서₩ITQ₩Picture₩동영상.wmv」
  - 자동실행, 반복재생 설정

A. 당구 게임

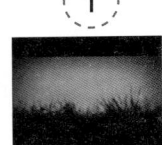

◆ Billiard game
  ✓ It is a sport in which several balls are placed on a standardized table and hit with a long stick to determine the game according to the rules

◆ 당구 게임
  ✓ 규격화된 테이블 위에 여러 개의 공을 놓고 긴 막대기로 쳐서 룰에 따라 승부를 가리는 스포츠
  ✓ 당구공 재질은 나무, 점토, 상아를 거쳐 현재 플라스틱으로 제작

[슬라이드 4] ≪표 슬라이드≫ 80점

(1) 도형과 표 작성 기능을 이용하여 슬라이드를 작성한다(글꼴 : 굴림, 18pt).

세부조건

① 상단 도형 :
   2개 도형의 조합으로 작성

② 좌측 도형 :
   그라데이션 효과(선형 아래쪽)

③ 표 스타일 :
   테마 스타일 1 – 강조 5

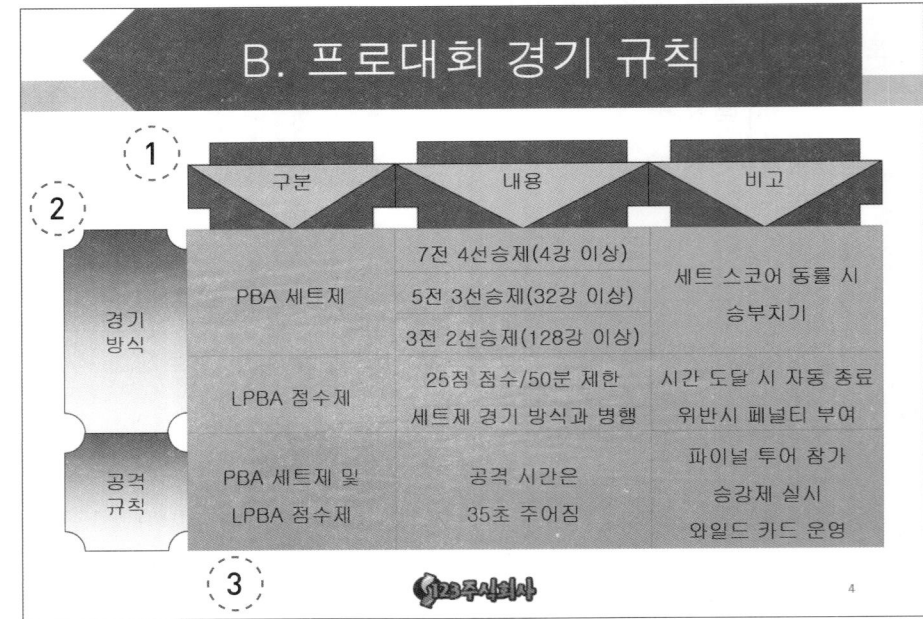

[슬라이드 5] ≪차트 슬라이드≫ 100점

(1) 차트 작성 기능을 이용하여 슬라이드를 작성한다.
(2) 차트 : 종류(묶은 세로 막대형), 글꼴(돋움, 16pt), 외곽선

세부조건

※ 차트설명
- 차트 제목 : 궁서, 24pt, 굵게, 채우기(흰색), 테두리, 그림자(오프셋 아래쪽)
- 차트 영역 : 채우기(노랑)
  그림 영역 : 채우기(흰색)
- 데이터 서식 : 근사각 계열을 표식(◆)이 있는 꺾은선형으로 변경 후 보조축으로 지정
- 값 표시 : 장2의 계산각 계열만

① 도형 삽입
  - 스타일 : 미세 효과 – 파랑, 강조 1
  - 글꼴 : 굴림, 18pt

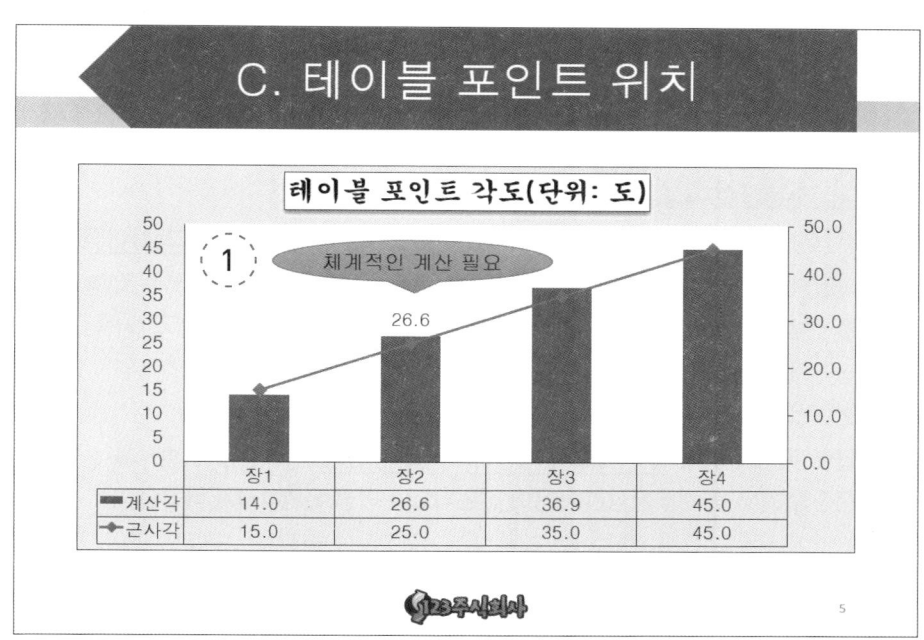

[슬라이드 6] ≪도형 슬라이드≫ 100점

(1) 슬라이드와 같이 도형 및 스마트아트를 배치한다(글꼴 : 굴림, 18pt).
(2) 애니메이션 순서 : ① ⇒ ②

세부조건

① 도형 및 스마트아트 편집
  - 스마트아트 디자인
    : 3차원 벽돌,
      3차원 경사
  - 그룹화 후 애니메이션 효과
    : 올라오기(서서히 아래로)

② 도형 편집
  - 그룹화 후 애니메이션 효과
    : 밝기 변화

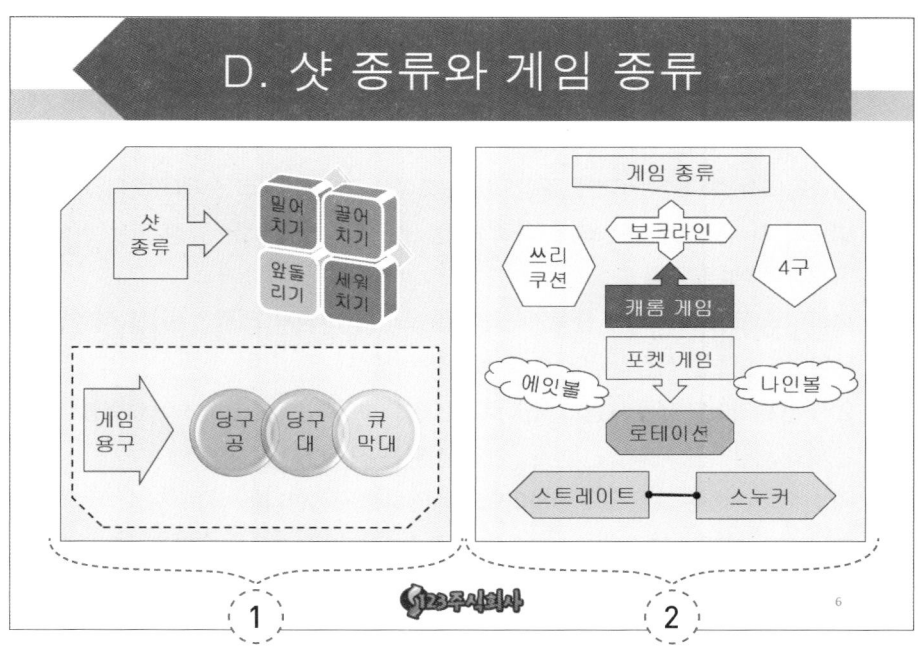

제 02 회 ITQ 실전모의고사

과목	코드	문제유형	시험시간	수험번호	성명
한글파워포인트	1142	B	60분		

MS오피스

· 수험자 유의사항 ·

- 수험자는 문제지를 받는 즉시 문제지와 **수험표상의 시험과목(프로그램)이 동일한지 반드시 확인**하여야 합니다.
- 파일명은 본인의 "수험번호-성명"으로 입력하여 답안 폴더(내 PC₩문서₩ITQ)에 하나의 파일로 저장해야 하며, 답안 파일을 전송하지 않아 미제출로 처리될 경우 실격 처리합니다(예 : 12345678-홍길동.pptx).
- 답안 작성을 마치면 파일을 저장하고, '답안 전송' 버튼을 선택하여 감독위원 PC로 답안을 전송하십시오. 수험생 정보와 저장한 파일명이 다를 경우 전송되지 않으므로 주의하시기 바랍니다.
- 답안 작성 중에도 **주기적으로 저장하고, '답안 전송'**하여야 문제 발생을 줄일 수 있습니다. 작업한 내용을 저장하지 않고 전송할 경우 이전에 저장된 내용이 전송되오니 이점 유의하시기 바랍니다.
- 답안 문서는 지정된 경로 외의 다른 보조기억장치에 저장하는 경우, 지정된 시험 시간 외에 작성된 파일을 활용할 경우, 기타 통신 수단(이메일, 메신저, 네트워크 등)을 이용하여 타인에게 전달 또는 외부 반출하는 경우는 부정 처리합니다.
- 시험 중 부주의 또는 고의로 시스템을 파손한 경우는 수험자가 변상해야 하며, 〈수험자 유의사항〉에 기재된 방법대로 이행하지 않아 생기는 불이익은 수험생 당사자의 책임임을 알려 드립니다.
- 문제의 조건은 MS오피스 2021 버전으로 설정되어 있습니다.
  이와 관련하여 작성한 답안의 출력형태가 문제지와 다를 수 있습니다.
- 시험을 완료한 수험자는 답안파일이 전송되었는지 확인한 후 감독위원의 지시에 따라 문제지를 제출하고 퇴실합니다.

· 답안 작성요령 ·

- 온라인 답안 작성 절차
  수험자 등록 ⇒ 시험 시작 ⇒ 답안파일 저장 ⇒ 답안 전송 ⇒ 시험 종료
- 슬라이드의 크기는 A4 Paper로 설정하여 작성합니다.
- 슬라이드의 총 개수는 6개로 구성되어 있으며 슬라이드 1부터 순서대로 작업하고 반드시 문제와 세부조건대로 합니다.
- 별도의 지시사항이 없는 경우 출력형태를 참조하여 글꼴색은 검정 또는 흰색으로 작성하고, 기타사항은 전체적인 균형을 고려하여 작성합니다.
- 슬라이드 도형 및 개체에 출력형태와 다른 스타일(그림자, 외곽선 등)을 적용했을 경우 감점처리 됩니다.
- 슬라이드 번호를 작성합니다(슬라이드 1에는 생략).
- 2~6번 슬라이드 제목 도형과 하단 로고는 슬라이드 마스터를 이용하여 출력형태와 동일하게 작성합니다(슬라이드 1에는 생략).
- 문제와 세부조건, 세부조건 번호 ○(점선원)는 입력하지 않습니다.
- 각 개체의 위치는 오른쪽의 슬라이드와 동일하게 구성합니다.
- 그림 삽입 문제의 경우 반드시 「내 PC₩문서₩ITQ₩Picture」 폴더에서 정확한 파일을 선택하여 삽입하십시오.
- 각 슬라이드를 각각의 파일로 작업해서 저장할 경우 실격 처리됩니다.

[전체구성]   60점

(1) 슬라이드 크기 및 순서 : 크기를 A4 용지로 설정하고 슬라이드 순서에 맞게 작성한다.
(2) 슬라이드 마스터 : 2~6슬라이드의 제목, 하단 로고, 슬라이드 번호는 슬라이드 마스터를 이용하여 작성한다.
- 제목 글꼴(돋움, 40pt, 흰색), 가운데 맞춤, 도형(선 없음)
- 하단 로고(「내 PC\문서\ITQ\Picture\로고1.jpg」, 배경(회색) 투명색으로 설정)

[슬라이드 1] ≪표지 디자인≫   40점

(1) 표지 디자인 : 도형, 워드아트 및 그림을 이용하여 작성한다.

세부조건

① 도형 편집
- 도형에 그림 채우기 :
  「내 PC\문서\ITQ\Picture\
  그림2.jpg」, 투명도 50%
- 도형 효과 :
  부드러운 가장자리 5포인트

② 워드아트 삽입
- 변환 : 갈매기형 수장, 위로
- 글꼴 : 돋움, 굵게
- 텍스트 반사 : 근접 반사, 4pt 오프셋

③ 그림 삽입
- 「내 PC\문서\ITQ\Picture\
  로고1.jpg」
- 배경(회색) 투명색으로 설정

[슬라이드 2] ≪목차 슬라이드≫   60점

(1) 출력형태와 같이 도형을 이용하여 목차를 작성한다(글꼴 : 굴림, 24pt).
(2) 도형 : 선 없음

세부조건

① 텍스트에 링크 적용
  → '슬라이드 6'

② 그림 삽입
- 「내 PC\문서\ITQ\Picture\
  그림4.jpg」
- 자르기 기능 이용

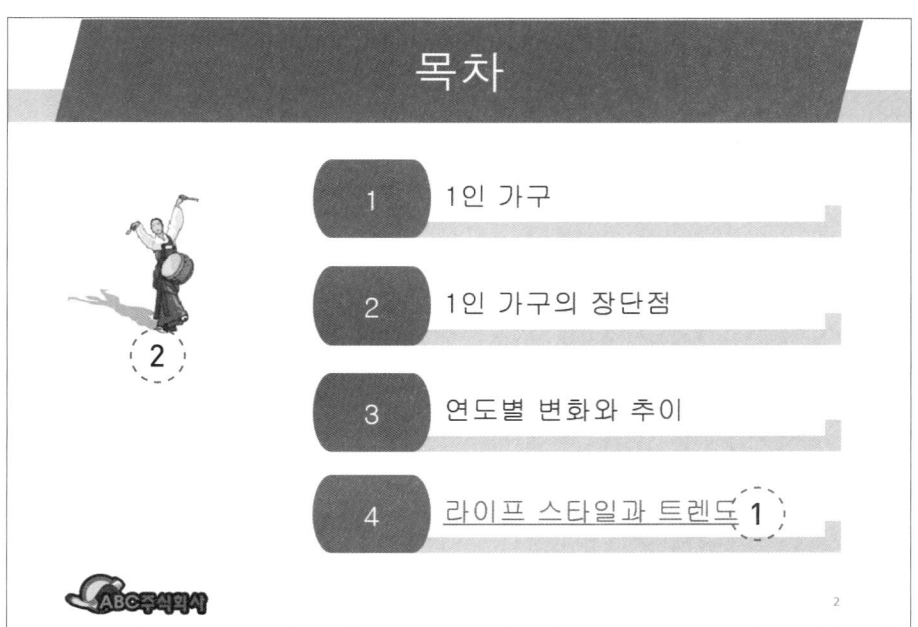

[슬라이드 3] ≪텍스트/동영상 슬라이드≫   60점

(1) 텍스트 작성 : 글머리 기호 사용(❖, ➤)
  ❖문단(굴림, 24pt, 굵게, 줄간격 : 1.5줄), ➤문단(굴림, 20pt, 줄간격 : 1.5줄)

세부조건

① 동영상 삽입 :
  - 「내 PC₩문서₩ITQ₩Picture₩ 동영상.wmv」
  - 자동실행, 반복재생 설정

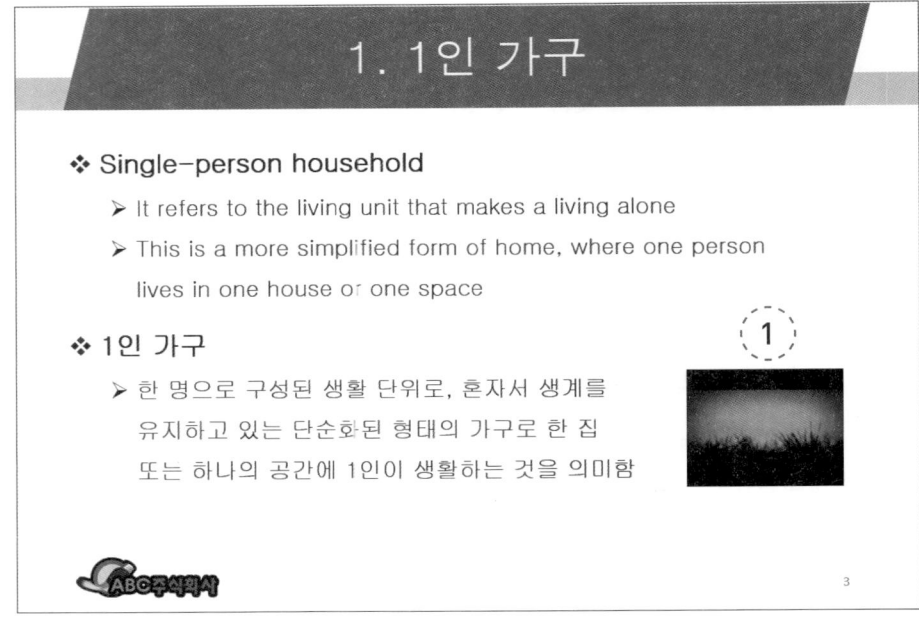

[슬라이드 4] ≪표 슬라이드≫   80점

(1) 도형과 표 작성 기능을 이용하여 슬라이드를 작성한다(글꼴 : 돋움, 18pt).

세부조건

① 상단 도형 :
  2개 도형의 조합으로 작성

② 좌측 도형 :
  그라데이션 효과(선형 아래쪽)

③ 표 스타일 :
  테마 스타일 1 - 강조 5

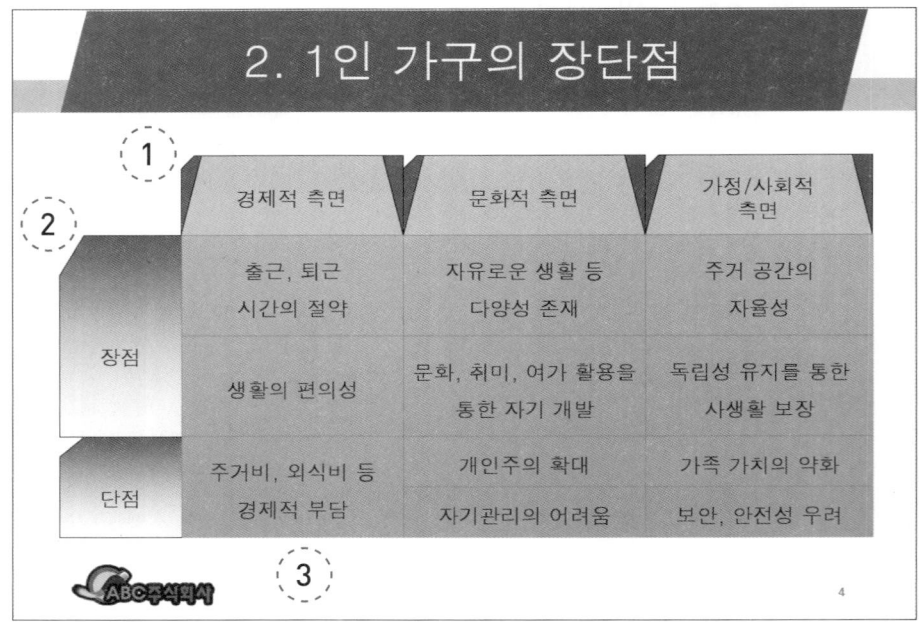

[슬라이드 5] ≪차트 슬라이드≫   100점

(1) 차트 작성 기능을 이용하여 슬라이드를 작성한다.
(2) 차트 : 종류(묶은 세로 막대형), 글꼴(돋움, 16pt), 외곽선

세부조건

※ 차트설명
- 차트 제목 : 궁서, 24pt, 굵게, 채우기(흰색), 테두리, 그림자(오프셋 아래쪽)
- 차트 영역 : 채우기(노랑) 그림 영역 : 채우기(흰색)
- 데이터 서식 : 1인 가구비율 계열을 표식(◆)이 있는 꺾은선형으로 변경 후 보조축으로 지정
- 값 표시 : 2021년의 1인 가구수 계열만

① 도형 삽입
 - 스타일 : 미세 효과 – 파랑, 강조 1
 - 글꼴 : 굴림, 18pt

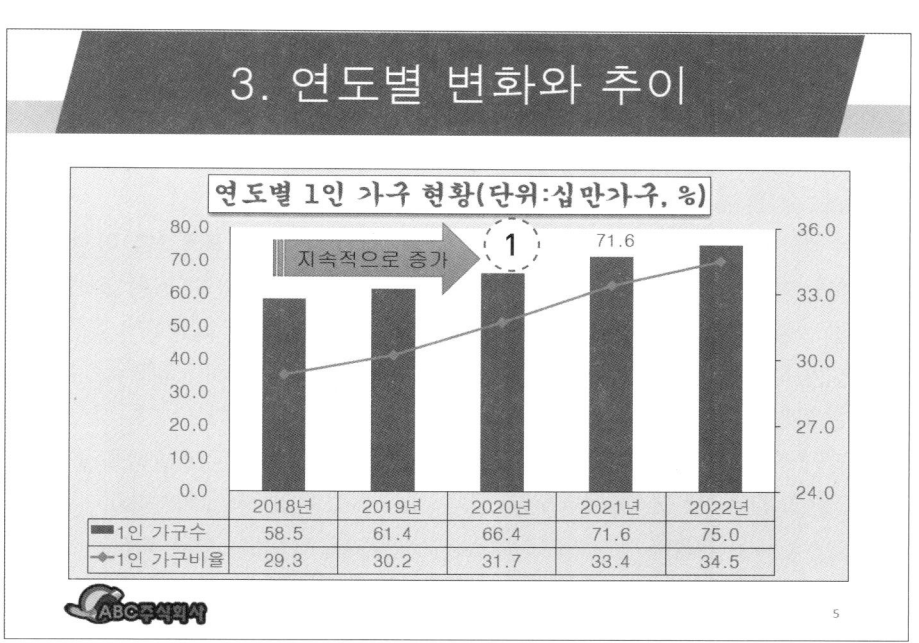

[슬라이드 6] ≪도형 슬라이드≫   100점

(1) 슬라이드와 같이 도형 및 스마트아트를 배치한다(글꼴 : 굴림, 18pt).
(2) 애니메이션 순서 : ① ⇒ ②

세부조건

① 도형 편집
 - 그룹화 후 애니메이션 효과
   : 나누기(가로 바깥쪽으로)

② 도형 및 스마트아트 편집
 - 스마트아트 디자인
   : 3차원 만화, 3차원 벽돌
 - 그룹화 후 애니메이션 효과
   : 바운드

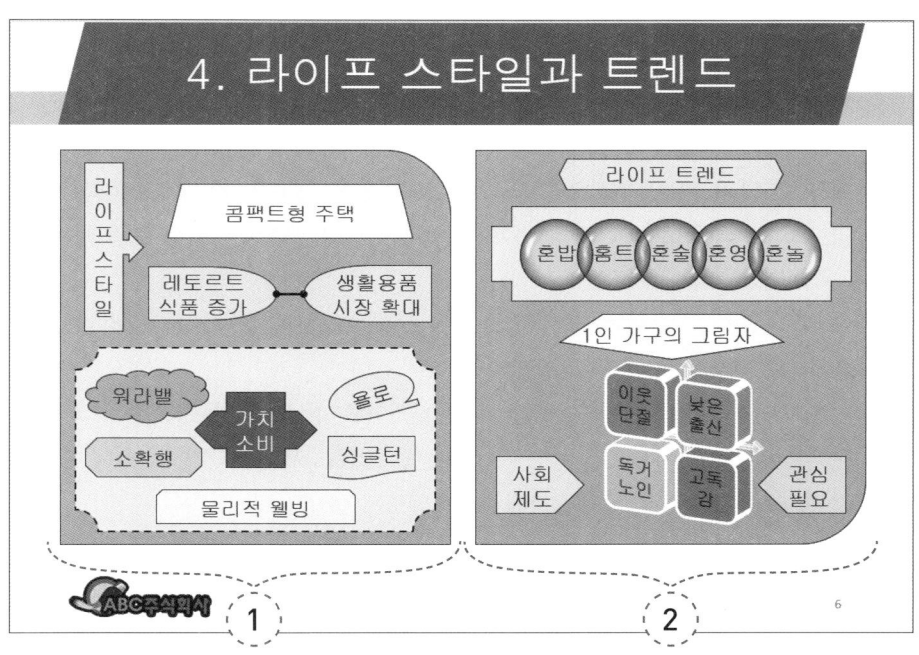

제 03 회 ITQ 실전모의고사

과목	코드	문제유형	시험시간	수험번호	성명
한글파워포인트	1142	C	60분		

MS오피스

• 수험자 유의사항 •

- 수험자는 문제지를 받는 즉시 문제지와 **수험표상의 시험과목(프로그램)이 동일한지 반드시 확인**하여야 합니다.
- 파일명은 본인의 "수험번호-성명"으로 입력하여 답안 폴더(내 PC\문서\ITQ)에 하나의 파일로 저장해야 하며, 답안 파일을 전송하지 않아 미제출로 처리될 경우 실격 처리합니다(예 : 12345678-홍길동.pptx).
- 답안 작성을 마치면 파일을 저장하고, '답안 전송' 버튼을 선택하여 감독위원 PC로 답안을 전송하십시오. 수험생 정보와 저장한 파일명이 다를 경우 전송되지 않으므로 주의하시기 바랍니다.
- 답안 작성 중에도 **주기적으로 저장하고, '답안 전송'**하여야 문제 발생을 줄일 수 있습니다. 작업한 내용을 저장하지 않고 전송할 경우 이전에 저장된 내용이 전송되오니 이점 유의하시기 바랍니다.
- 답안 문서는 지정된 경로 외의 다른 보조기억장치에 저장하는 경우, 지정된 시험 시간 외에 작성된 파일을 활용할 경우, 기타 통신 수단(이메일, 메신저, 네트워크 등)을 이용하여 타인에게 전달 또는 외부 반출하는 경우는 부정 처리합니다.
- 시험 중 부주의 또는 고의로 시스템을 파손한 경우는 수험자가 변상해야 하며, 〈수험자 유의사항〉에 기재된 방법대로 이행하지 않아 생기는 불이익은 수험생 당사자의 책임임을 알려 드립니다.
- 문제의 조건은 MS오피스 2021 버전으로 설정되어 있습니다.
  이와 관련하여 작성한 답안의 출력형태가 문제지와 다를 수 있습니다.
- 시험을 완료한 수험자는 답안파일이 전송되었는지 확인한 후 감독위원의 지시에 따라 문제지를 제출하고 퇴실합니다.

• 답안 작성요령 •

- 온라인 답안 작성 절차
  수험자 등록 ⇒ 시험 시작 ⇒ 답안파일 저장 ⇒ 답안 전송 ⇒ 시험 종료
- 슬라이드의 크기는 A4 Paper로 설정하여 작성합니다.
- 슬라이드의 총 개수는 6개로 구성되어 있으며 슬라이드 1부터 순서대로 작업하고 반드시 문제와 세부조건대로 합니다.
- 별도의 지시사항이 없는 경우 출력형태를 참조하여 글꼴색은 검정 또는 흰색으로 작성하고, 기타사항은 전체적인 균형을 고려하여 작성합니다.
- 슬라이드 도형 및 개체에 출력형태와 다른 스타일(그림자, 외곽선 등)을 적용했을 경우 감점처리 됩니다.
- 슬라이드 번호를 작성합니다(슬라이드 1에는 생략).
- 2~6번 슬라이드 제목 도형과 하단 로고는 슬라이드 마스터를 이용하여 출력형태와 동일하게 작성합니다(슬라이드 1에는 생략).
- 문제와 세부조건, 세부조건 번호 ◌(점선원)는 입력하지 않습니다.
- 각 개체의 위치는 오른쪽의 슬라이드와 동일하게 구성합니다.
- 그림 삽입 문제의 경우 반드시 「내 PC\문서\ITQ\Picture」 폴더에서 정확한 파일을 선택하여 삽입하십시오.
- 각 슬라이드를 각각의 파일로 작업해서 저장할 경우 실격 처리됩니다.

[전체구성] 60점

(1) 슬라이드 크기 및 순서 : 크기를 A4 용지로 설정하고 슬라이드 순서에 맞게 작성한다.
(2) 슬라이드 마스터 : 2~6슬라이드의 제목, 하단 로고, 슬라이드 번호는 슬라이드 마스터를 이용하여 작성한다.
  - 제목 글꼴(돋움, 40pt, 흰색), 가운데 맞춤, 도형(선 없음)
  - 하단 로고(「내 PC\문서\ITQ\Picture\로고2.jpg」, 배경(회색) 투명색으로 설정)

[슬라이드 1] ≪표지 디자인≫ 40점

(1) 표지 디자인 : 도형, 워드아트 및 그림을 이용하여 작성한다.

세부조건

① 도형 편집
  - 도형에 그림 채우기 :
    「내 PC\문서\ITQ\Picture\그림1.jpg」, 투명도 50%
  - 도형 효과 :
    부드러운 가장자리 5포인트

② 워드아트 삽입
  - 변환 : 삼각형, 아래로
  - 글꼴 : 굴림, 굵게
  - 텍스트 반사 : 전체 반사, 8pt 오프셋

③ 그림 삽입
  -「내 PC\문서\ITQ\Picture\로고2.jpg」
  - 배경(회색) 투명색으로 설정

[슬라이드 2] ≪목차 슬라이드≫ 60점

(1) 출력형태와 같이 도형을 이용하여 목차를 작성한다(글꼴 : 굴림, 24pt).
(2) 도형 : 선 없음

세부조건

① 텍스트에 링크 적용
  → '슬라이드 5'

② 그림 삽입
  -「내 PC\문서\ITQ\Picture\그림4.jpg」
  - 자르기 기능 이용

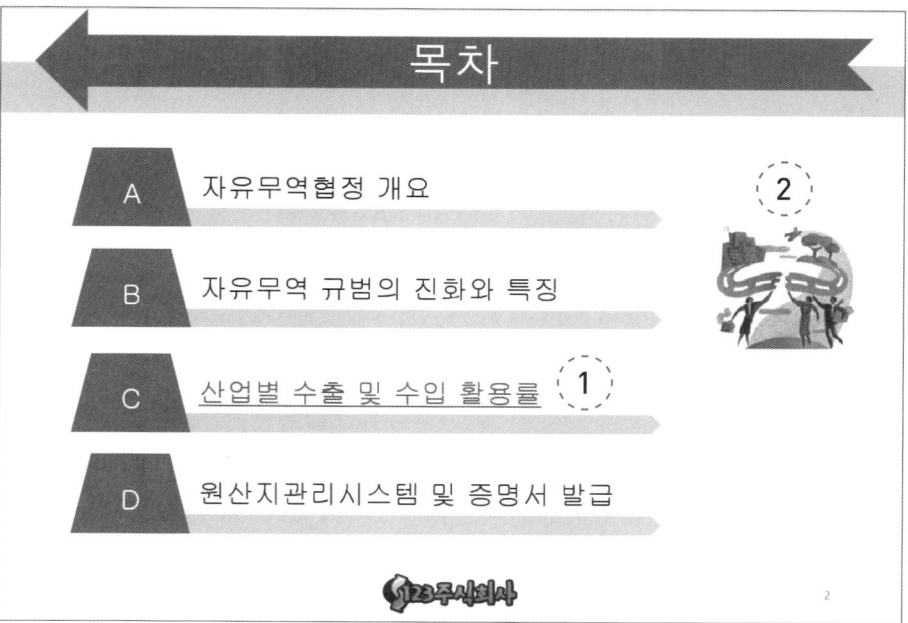

[슬라이드 3] ≪텍스트/동영상 슬라이드≫ 60점

(1) 텍스트 작성 : 글머리 기호 사용(◆, ✓)
◆문단(돋움, 24pt, 굵게, 줄간격 : 1.5줄), ✓문단(돋움, 20pt, 줄간격 : 1.5줄)

세부조건
① 동영상 삽입 :
- 「내 PC\문서\ITQ\Picture\ 동영상.wmv」
- 자동실행, 반복재생 설정

A. 자유무역협정 개요

◆ Effect and necessity
✓ Because foreign good quality goods can be bought cheaply and tariff is low, imported goods are cheap, so foreign goods can be purchased easily

◆ 자유무역협정
✓ 특정 국가 간의 상호 무역 증진을 위해 물자나 서비스 이동을 자유화 시키는 협정
✓ 국가 간의 제반 무역장벽을 완화하거나 철폐하여 무역자유화를 실현하기 위해 체결하는 특혜무역협정

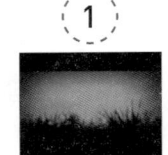

[슬라이드 4] ≪표 슬라이드≫ 80점

(1) 도형과 표 작성 기능을 이용하여 슬라이드를 작성한다(글꼴 : 굴림, 18pt).

세부조건
① 상단 도형 :
2개 도형의 조합으로 작성
② 좌측 도형 :
그라데이션 효과(선형 아래쪽)
③ 표 스타일 :
테마 스타일 1 - 강조 5

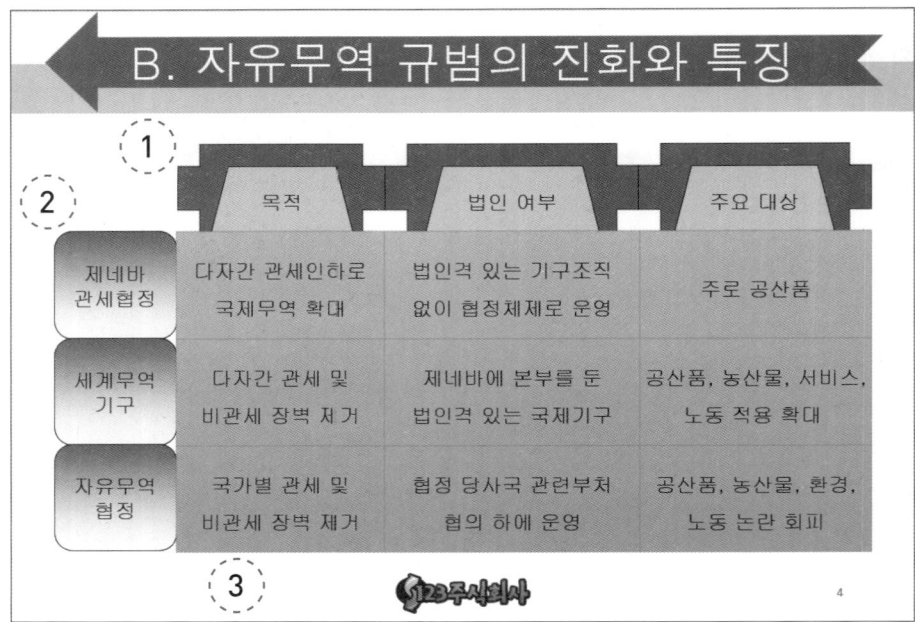

[슬라이드 5] ≪차트 슬라이드≫ 100점

(1) 차트 작성 기능을 이용하여 슬라이드를 작성한다.
(2) 차트 : 종류(묶은 세로 막대형), 글꼴(돋움, 16pt), 외곽선

세부조건

※ 차트설명
- 차트 제목 : 궁서, 24pt, 굵게, 채우기(흰색), 테두리, 그림자(오프셋 아래쪽)
- 차트 영역 : 채우기(노랑) 그림 영역 : 채우기(흰색)
- 데이터 서식 : 수입 계열을 표식(◆)이 있는 꺾은선형으로 변경 후 보조축으로 지정
- 값 표시 : 기계류의 수출 계열만

① 도형 삽입
- 스타일 : 미세 효과 – 파랑, 강조 1
- 글꼴 : 굴림, 18pt

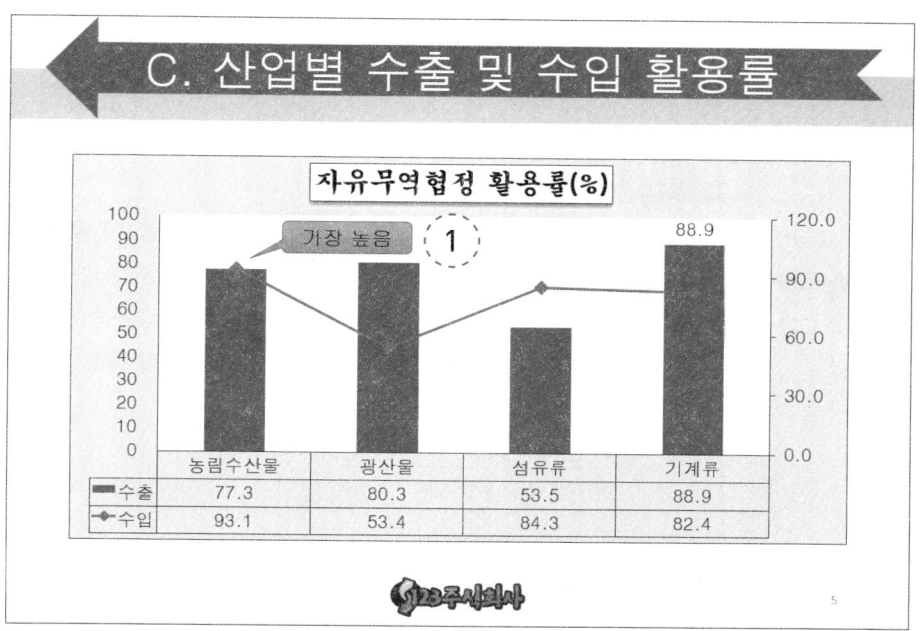

[슬라이드 6] ≪도형 슬라이드≫ 100점

(1) 슬라이드와 같이 도형 및 스마트아트를 배치한다(글꼴 : 굴림, 18pt).
(2) 애니메이션 순서 : ① ⇒ ②

세부조건

① 도형 및 스마트아트 편집
- 스마트아트 디자인
  : 3차원 벽돌, 3차원 경사
- 그룹화 후 애니메이션 효과
  : 올라오기(서서히 아래로)

② 도형 편집
- 그룹화 후 애니메이션 효과
  : 밝기 변화

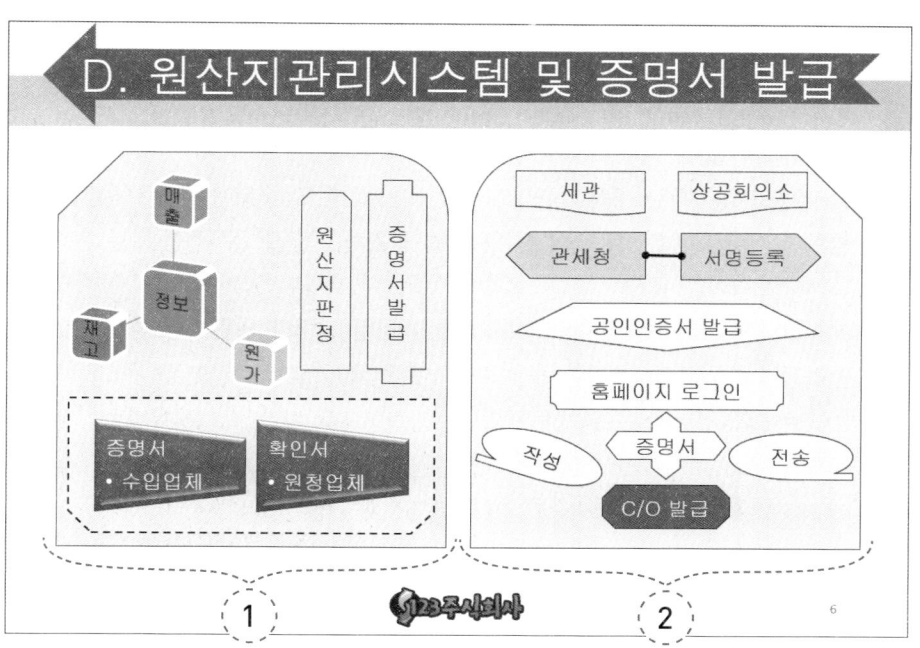

제 04 회 ITQ 실전모의고사

과목	코드	문제유형	시험시간	수험번호	성명
한글파워포인트	1142	D	60분		

MS오피스

· 수험자 유의사항 ·

- 수험자는 문제지를 받는 즉시 문제지와 **수험표상의 시험과목(프로그램)이 동일한지 반드시 확인**하여야 합니다.
- 파일명은 본인의 "수험번호-성명"으로 입력하여 답안 폴더(내 PC\문서\ITQ)에 하나의 파일로 저장해야 하며, 답안 파일을 전송하지 않아 미제출로 처리될 경우 실격 처리합니다(예 : 12345678-홍길동.pptx).
- 답안 작성을 마치면 파일을 저장하고, '답안 전송' 버튼을 선택하여 감독위원 PC로 답안을 전송하십시오. 수험생 정보와 저장한 파일명이 다를 경우 전송되지 않으므로 주의하시기 바랍니다.
- 답안 작성 중에도 **주기적으로 저장하고, '답안 전송'**하여야 문제 발생을 줄일 수 있습니다. 작업한 내용을 저장하지 않고 전송할 경우 이전에 저장된 내용이 전송되오니 이점 유의하시기 바랍니다.
- 답안 문서는 지정된 경로 외의 다른 보조기억장치에 저장하는 경우, 지정된 시험 시간 외에 작성된 파일을 활용할 경우, 기타 통신 수단(이메일, 메신저, 네트워크 등)을 이용하여 타인에게 전달 또는 외부 반출하는 경우는 부정 처리합니다.
- 시험 중 부주의 또는 고의로 시스템을 파손한 경우는 수험자가 변상해야 하며, 〈수험자 유의사항〉에 기재된 방법대로 이행하지 않아 생기는 불이익은 수험생 당사자의 책임임을 알려 드립니다.
- 문제의 조건은 MS오피스 2021 버전으로 설정되어 있습니다.
  이와 관련하여 작성한 답안의 출력형태가 문제지와 다를 수 있습니다.
- 시험을 완료한 수험자는 답안파일이 전송되었는지 확인한 후 감독위원의 지시에 따라 문제지를 제출하고 퇴실합니다.

· 답안 작성요령 ·

- 온라인 답안 작성 절차
  수험자 등록 ⇒ 시험 시작 ⇒ 답안파일 저장 ⇒ 답안 전송 ⇒ 시험 종료
- 슬라이드의 크기는 A4 Paper로 설정하여 작성합니다.
- 슬라이드의 총 개수는 6개로 구성되어 있으며 슬라이드 1부터 순서대로 작업하고 반드시 문제와 세부조건대로 합니다.
- 별도의 지시사항이 없는 경우 출력형태를 참조하여 글꼴색은 검정 또는 흰색으로 작성하고, 기타사항은 전체적인 균형을 고려하여 작성합니다.
- 슬라이드 도형 및 개체에 출력형태와 다른 스타일(그림자, 외곽선 등)을 적용했을 경우 감점처리 됩니다.
- 슬라이드 번호를 작성합니다(슬라이드 1에는 생략).
- 2~6번 슬라이드 제목 도형과 하단 로고는 슬라이드 마스터를 이용하여 출력형태와 동일하게 작성합니다(슬라이드 1에는 생략).
- 문제와 세부조건, 세부조건 번호 ◌(점선원)는 입력하지 않습니다.
- 각 개체의 위치는 오른쪽의 슬라이드와 동일하게 구성합니다.
- 그림 삽입 문제의 경우 반드시 「내 PC\문서\ITQ\Picture」 폴더에서 정확한 파일을 선택하여 삽입하십시오.
- 각 슬라이드를 각각의 파일로 작업해서 저장할 경우 실격 처리됩니다.

[전체구성] 60점

(1) 슬라이드 크기 및 순서 : 크기를 A4 용지로 설정하고 슬라이드 순서에 맞게 작성한다.
(2) 슬라이드 마스터 : 2~6슬라이드의 제목, 하단 로고, 슬라이드 번호는 슬라이드 마스터를 이용하여 작성한다.
  - 제목 글꼴(돋움, 40pt, 흰색), 가운데 맞춤, 도형(선 없음)
  - 하단 로고(「내 PC₩문서₩ITQ₩Picture₩로고1.jpg」, 배경(회색) 투명색으로 설정)

[슬라이드 1] ≪표지 디자인≫ 40점

(1) 표지 디자인 : 도형, 워드아트 및 그림을 이용하여 작성한다.

세부조건

① 도형 편집
  - 도형에 그림 채우기 :
    「내 PC₩문서₩ITQ₩Picture₩
    그림2.jpg」, 투명도 50%
  - 도형 효과 :
    부드러운 가장자리 5포인트
② 워드아트 삽입
  - 변환 : 갈매기형 수장, 위로
  - 글꼴 : 돋움, 굵게
  - 텍스트 반사 : 근접 반사, 4pt 오프셋
③ 그림 삽입
  - 「내 PC₩문서₩ITQ₩Picture₩
    로고1.jpg」
  - 배경(회색) 투명색으로 설정

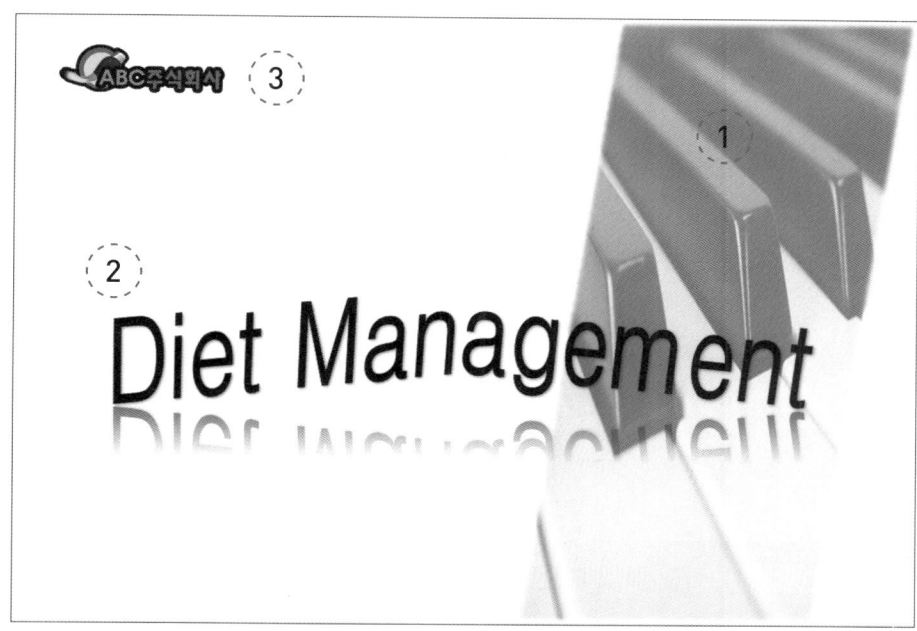

[슬라이드 2] ≪목차 슬라이드≫ 60점

(1) 출력형태와 같이 도형을 이용하여 목차를 작성한다(글꼴 : 굴림, 24pt).
(2) 도형 : 선 없음

세부조건

① 텍스트에 링크 적용
  → '슬라이드 6'
② 그림 삽입
  - 「내 PC₩문서₩ITQ₩Picture₩
    그림4.jpg」
  - 자르기 기능 이용

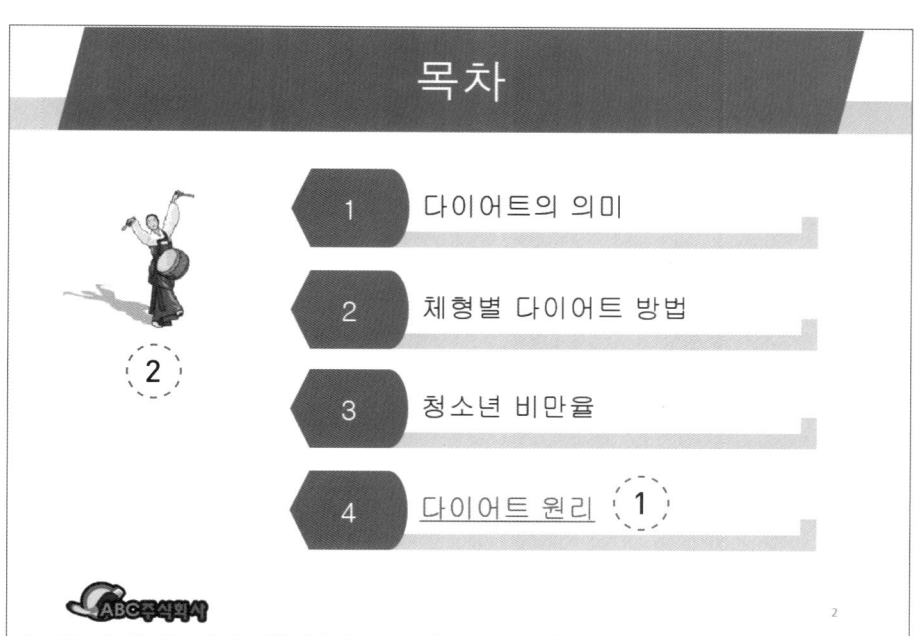

[슬라이드 3] ≪텍스트/동영상 슬라이드≫ 60점

(1) 텍스트 작성 : 글머리 기호 사용(❖, ➤)
  ❖ 문단(굴림, 24pt, 굵게, 줄간격 : 1.5줄), ➤문단(굴림, 20pt, 줄간격 : 1.5줄)

세부조건
① 동영상 삽입 :
  - 「내 PC₩문서₩ITQ₩Picture₩동영상.wmv」
  - 자동실행, 반복재생 설정

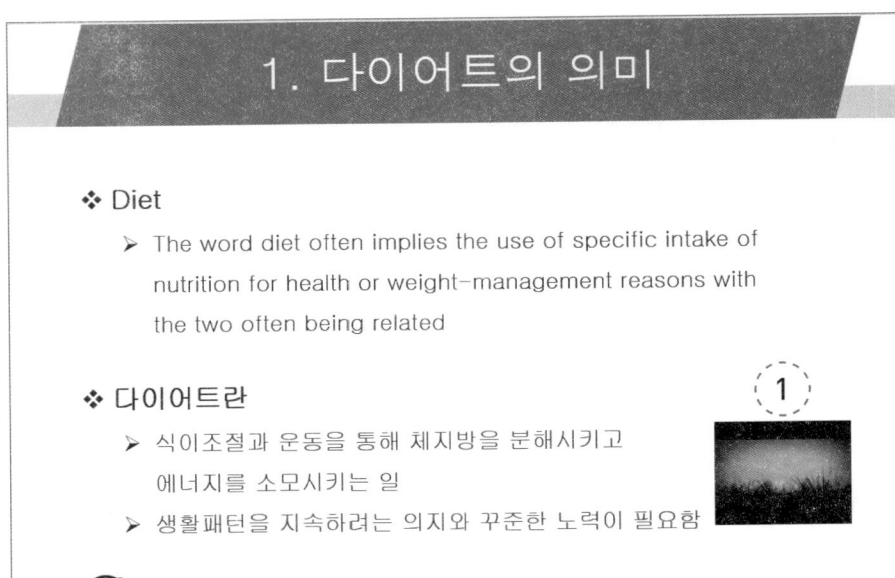

[슬라이드 4] ≪표 슬라이드≫ 80점

(1) 도형과 표 작성 기능을 이용하여 슬라이드를 작성한다(글꼴 : 돋움, 18pt).

세부조건
① 상단 도형 :
  2개 도형의 조합으로 작성
② 좌측 도형 :
  그라데이션 효과(선형 아래쪽)
③ 표 스타일 :
  테마 스타일 1 - 강조 5

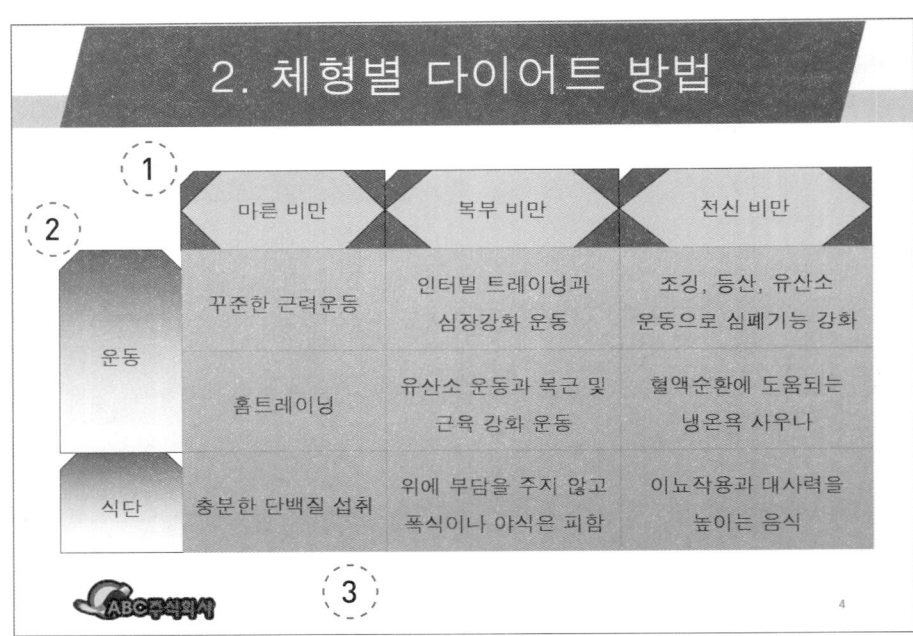

[슬라이드 5] ≪차트 슬라이드≫ 100점

(1) 차트 작성 기능을 이용하여 슬라이드를 작성한다.
(2) 차트 : 종류(묶은 세로 막대형), 글꼴(돋움, 16pt), 외곽선

세부조건

※ 차트설명
- 차트 제목 : 궁서, 24pt, 굵게, 채우기(흰색), 테두리, 그림자(오프셋 아래쪽)
- 차트 영역 : 채우기(노랑) 그림 영역 : 채우기(흰색)
- 데이터 서식 : 여학생 계열을 표식 (◆)이 있는 꺾은선형으로 변경 후 보조축으로 지정
- 값 표시 : 인천의 남학생 계열만

① 도형 삽입
 - 스타일 : 미세 효과 – 파랑, 강조 1
 - 글꼴 : 굴림, 18pt

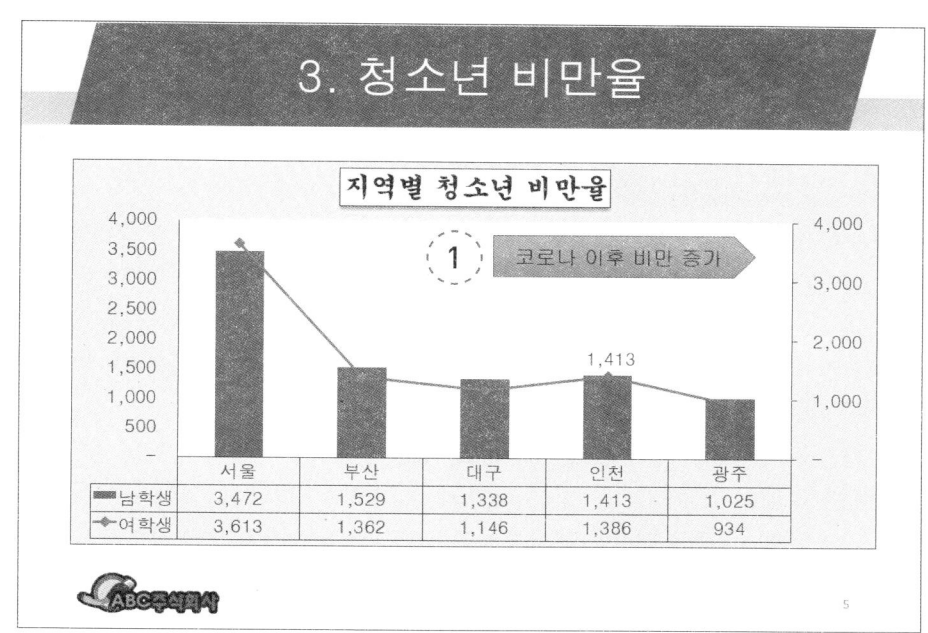

[슬라이드 6] ≪도형 슬라이드≫ 100점

(1) 슬라이드와 같이 도형 및 스마트아트를 배치한다(글꼴 : 굴림, 18pt).
(2) 애니메이션 순서 : ① ⇒ ②

세부조건

① 도형 편집
 - 그룹화 후 애니메이션 효과
  : 나누기(가로 바깥쪽으로)

② 도형 및 스마트아트 편집
 - 스마트아트 디자인
  : 3차원 만화, 3차원 경사
 - 그룹화 후 애니메이션 효과
  : 바운드

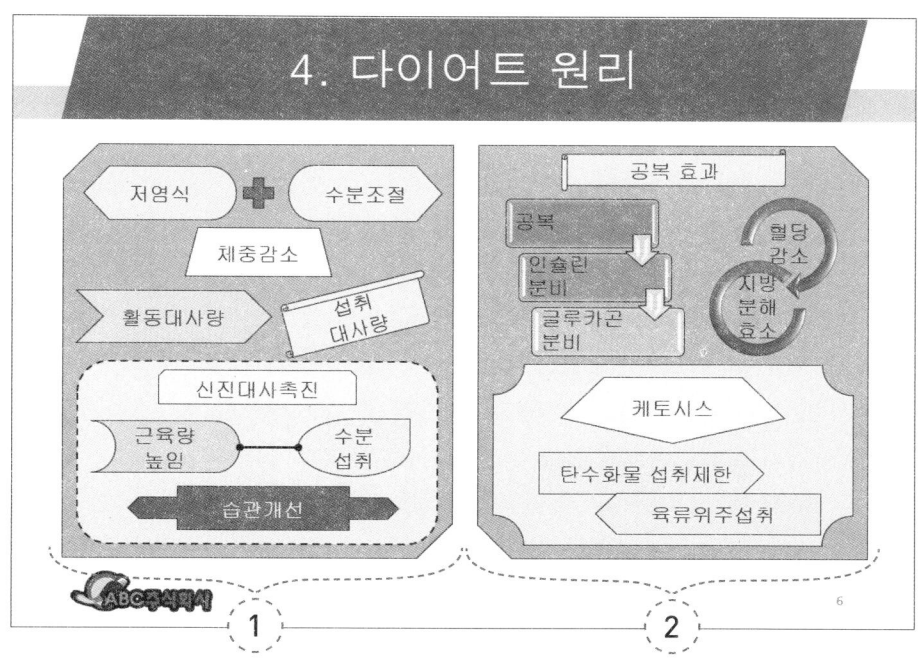

제 05 회 ITQ 실전모의고사

과목	코드	문제유형	시험시간	수험번호	성명
한글파워포인트	1142	A	60분		

MS오피스

수험자 유의사항

- 수험자는 문제지를 받는 즉시 문제지와 **수험표상의 시험과목(프로그램)이 동일한지 반드시 확인**하여야 합니다.
- 파일명은 본인의 "수험번호-성명"으로 입력하여 답안 폴더(내 PC\문서\ITQ)에 하나의 파일로 저장해야 하며, 답안 파일을 전송하지 않아 미제출로 처리될 경우 실격 처리합니다(예 : 12345678-홍길동.pptx).
- 답안 작성을 마치면 파일을 저장하고, '답안 전송' 버튼을 선택하여 감독위원 PC로 답안을 전송하십시오. 수험생 정보와 저장한 파일명이 다를 경우 전송되지 않으므로 주의하시기 바랍니다.
- 답안 작성 중에도 **주기적으로 저장하고, '답안 전송'**하여야 문제 발생을 줄일 수 있습니다. 작업한 내용을 저장하지 않고 전송할 경우 이전에 저장된 내용이 전송되오니 이점 유의하시기 바랍니다.
- 답안 문서는 지정된 경로 외의 다른 보조기억장치에 저장하는 경우, 지정된 시험 시간 외에 작성된 파일을 활용할 경우, 기타 통신 수단(이메일, 메신저, 네트워크 등)을 이용하여 타인에게 전달 또는 외부 반출하는 경우는 부정 처리합니다.
- 시험 중 부주의 또는 고의로 시스템을 파손한 경우는 수험자가 변상해야 하며, 〈수험자 유의사항〉에 기재된 방법대로 이행하지 않아 생기는 불이익은 수험생 당사자의 책임임을 알려 드립니다.
- 문제의 조건은 MS오피스 2021 버전으로 설정되어 있습니다.
  이와 관련하여 작성한 답안의 출력형태가 문제지와 다를 수 있습니다.
- 시험을 완료한 수험자는 답안파일이 전송되었는지 확인한 후 감독위원의 지시에 따라 문제지를 제출하고 퇴실합니다.

답안 작성요령

- 온라인 답안 작성 절차
  수험자 등록 ⇒ 시험 시작 ⇒ 답안파일 저장 ⇒ 답안 전송 ⇒ 시험 종료
- 슬라이드의 크기는 A4 Paper로 설정하여 작성합니다.
- 슬라이드의 총 개수는 6개로 구성되어 있으며 슬라이드 1부터 순서대로 작업하고 반드시 문제와 세부조건대로 합니다.
- 별도의 지시사항이 없는 경우 출력형태를 참조하여 글꼴색은 검정 또는 흰색으로 작성하고, 기타사항은 전체적인 균형을 고려하여 작성합니다.
- 슬라이드 도형 및 개체에 출력형태와 다른 스타일(그림자, 외곽선 등)을 적용했을 경우 감점처리 됩니다.
- 슬라이드 번호를 작성합니다(슬라이드 1에는 생략).
- 2~6번 슬라이드 제목 도형과 하단 로고는 슬라이드 마스터를 이용하여 출력형태와 동일하게 작성합니다(슬라이드 1에는 생략).
- 문제와 세부조건, 세부조건 번호 ◯(점선원)는 입력하지 않습니다.
- 각 개체의 위치는 오른쪽의 슬라이드와 동일하게 구성합니다.
- 그림 삽입 문제의 경우 반드시 「내 PC\문서\ITQ\Picture」 폴더에서 정확한 파일을 선택하여 삽입하십시오.
- 각 슬라이드를 각각의 파일로 작업해서 저장할 경우 실격 처리됩니다.

[전체구성] 60점

(1) 슬라이드 크기 및 순서 : 크기를 A4 용지로 설정하고 슬라이드 순서에 맞게 작성한다.
(2) 슬라이드 마스터 : 2~6슬라이드의 제목, 하단 로고, 슬라이드 번호는 슬라이드 마스터를 이용하여 작성한다.
 - 제목 글꼴(돋움, 40pt, 흰색), 가운데 맞춤, 도형(선 없음)
 - 하단 로고(「내 PC\문서\ITQ\Picture\로고2.jpg」, 배경(회색) 투명색으로 설정)

[슬라이드 1] ≪표지 디자인≫ 40점

(1) 표지 디자인 : 도형, 워드아트 및 그림을 이용하여 작성한다.

세부조건

① 도형 편집
 - 도형에 그림 채우기 :
 「내 PC\문서\ITQ\Picture\
 그림1.jpg」, 투명도 50%
 - 도형 효과 :
 부드러운 가장자리 5포인트

② 워드아트 삽입
 - 변환 : 삼각형, 아래로
 - 글꼴 : 굴림, 굵게
 - 텍스트 반사 : 전체 반사, 8pt 오프셋

③ 그림 삽입
 -「내 PC\문서\ITQ\Picture\
 로고2.jpg」
 - 배경(회색) 투명색으로 설정

[슬라이드 2] ≪목차 슬라이드≫ 60점

(1) 출력형태와 같이 도형을 이용하여 목차를 작성한다(글꼴 : 굴림, 24pt).
(2) 도형 : 선 없음

세부조건

① 텍스트에 링크 적용
 → '슬라이드 5'

② 그림 삽입
 -「내 PC\문서\ITQ\Picture\
 그림4.jpg」
 - 자르기 기능 이용

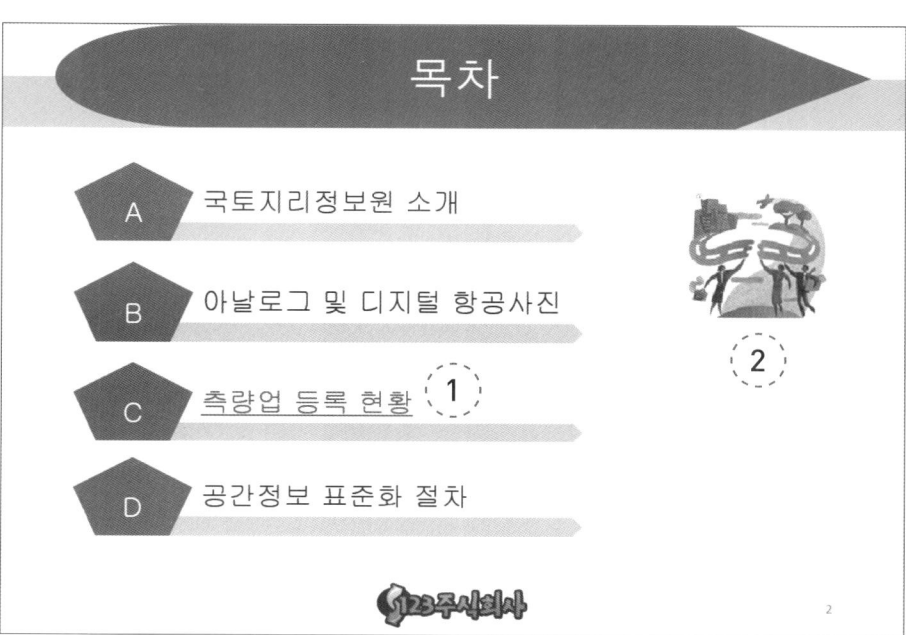

[슬라이드 3] ≪텍스트/동영상 슬라이드≫   60점

(1) 텍스트 작성 : 글머리 기호 사용(◆, ✓)
  ◆문단(돋움, 24pt, 굵게, 줄간격 : 1.5줄), ✓문단(돋움, 20pt, 줄간격 : 1.5줄)

세부조건
① 동영상 삽입 :
 - 「내 PC₩문서₩ITQ₩Picture₩동영상.wmv」
 - 자동실행, 반복재생 설정

A. 국토지리정보원 소개

◆ About NGII
  ✓ Under our slogan, "Homeland love in our mind, geospatial information in daily life", we are devoting our sincere effort to make contribution to enhancing national prestige in the international society

◆ 국토지리정보원
  ✓ 국가기본도를 지속적으로 혁신하고 신속하게 제공
  ✓ 자율주행차, 스마트시티 등 미래의 성장 동력에 필요한 차세대 공간정보를 구축하며 4차 산업혁명 주도

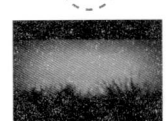

[슬라이드 4] ≪표 슬라이드≫   80점

(1) 도형과 표 작성 기능을 이용하여 슬라이드를 작성한다(글꼴 : 굴림, 18pt).

세부조건
① 상단 도형 :
  2개 도형의 조합으로 작성
② 좌측 도형 :
  그라데이션 효과(선형 아래쪽)
③ 표 스타일 :
  테마 스타일 1 - 강조 5

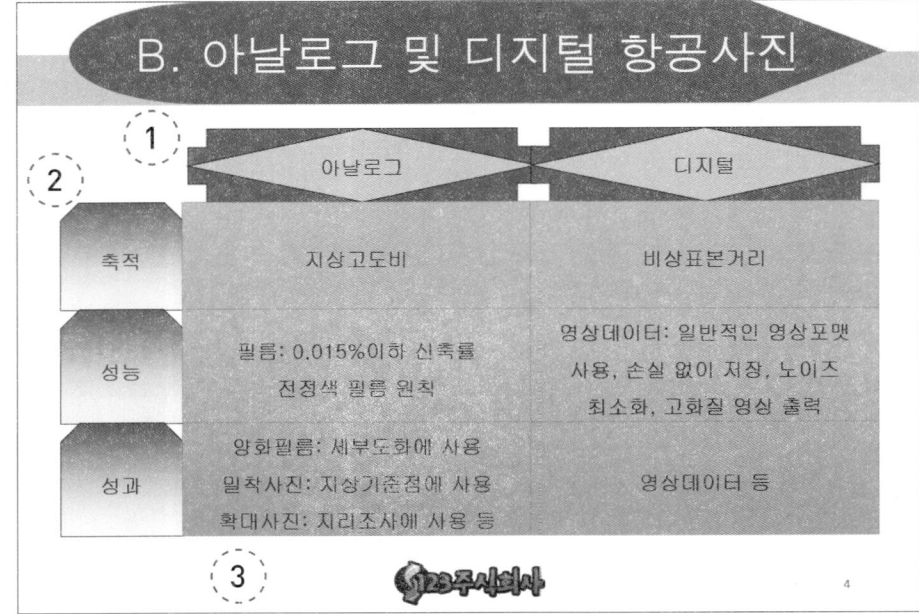

[슬라이드 5] ≪차트 슬라이드≫ 100점

(1) 차트 작성 기능을 이용하여 슬라이드를 작성한다.
(2) 차트 : 종류(묶은 세로 막대형), 글꼴(돋움, 16pt), 외곽선

세부조건

※ 차트설명
- 차트 제목 : 궁서, 24pt, 굵게, 채우기(흰색), 테두리, 그림자(오프셋 아래쪽)
- 차트 영역 : 채우기(노랑)
  그림 영역 : 채우기(흰색)
- 데이터 서식 : 업종수 계열을 표식(◆)이 있는 꺾은선형으로 변경 후 보조축으로 지정
- 값 표시 : 2023년 업체수 계열만

① 도형 삽입
 - 스타일 : 미세 효과 – 파랑, 강조 1
 - 글꼴 : 굴림, 18pt

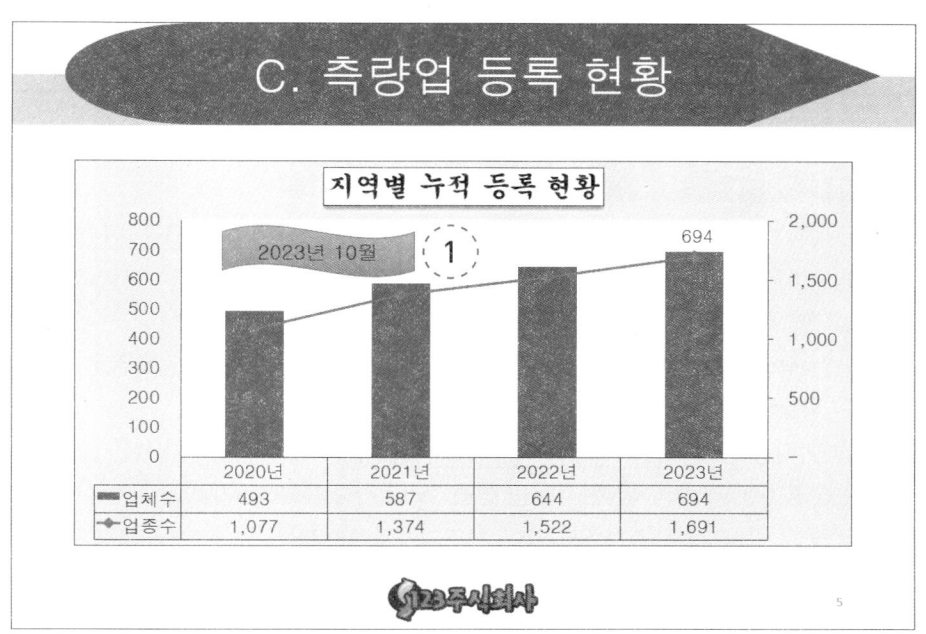

[슬라이드 6] ≪도형 슬라이드≫ 100점

(1) 슬라이드와 같이 도형 및 스마트아트를 배치한다(글꼴 : 굴림, 18pt).
(2) 애니메이션 순서 : ① ⇒ ②

세부조건

① 도형 및 스마트아트 편집
 - 스마트아트 디자인
   : 3차원 만화,
     3차원 경사
 - 그룹화 후 애니메이션 효과
   : 올라오기(서서히 아래로)

② 도형 편집
 - 그룹화 후 애니메이션 효과
   : 밝기 변화

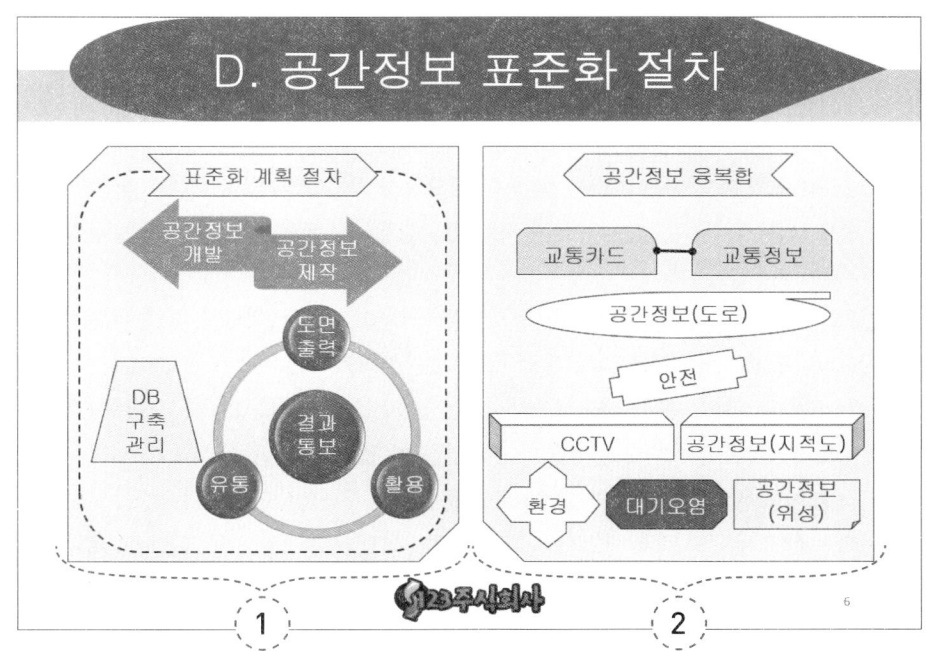

제 06 회 ITQ 실전모의고사

과목	코드	문제유형	시험시간	수험번호	성명
한글파워포인트	1142	B	60분		

MS오피스

· 수험자 유의사항 ·

- 수험자는 문제지를 받는 즉시 문제지와 **수험표상의 시험과목(프로그램)이 동일한지 반드시 확인**하여야 합니다.
- 파일명은 본인의 "수험번호-성명"으로 입력하여 답안 폴더(내 PC\문서\ITQ)에 하나의 파일로 저장해야 하며, 답안 파일을 전송하지 않아 미제출로 처리될 경우 실격 처리합니다(예 : 12345678-홍길동.pptx).
- 답안 작성을 마치면 파일을 저장하고, '답안 전송' 버튼을 선택하여 감독위원 PC로 답안을 전송하십시오. 수험생 정보와 저장한 파일명이 다를 경우 전송되지 않으므로 주의하시기 바랍니다.
- 답안 작성 중에도 **주기적으로 저장하고, '답안 전송'**하여야 문제 발생을 줄일 수 있습니다. 작업한 내용을 저장하지 않고 전송할 경우 이전에 저장된 내용이 전송되오니 이점 유의하시기 바랍니다.
- 답안 문서는 지정된 경로 외의 다른 보조기억장치에 저장하는 경우, 지정된 시험 시간 외에 작성된 파일을 활용할 경우, 기타 통신 수단(이메일, 메신저, 네트워크 등)을 이용하여 타인에게 전달 또는 외부 반출하는 경우는 부정 처리합니다.
- 시험 중 부주의 또는 고의로 시스템을 파손한 경우는 수험자가 변상해야 하며, 〈수험자 유의사항〉에 기재된 방법대로 이행하지 않아 생기는 불이익은 수험생 당사자의 책임임을 알려 드립니다.
- 문제의 조건은 MS오피스 2021 버전으로 설정되어 있습니다.
  이와 관련하여 작성한 답안의 출력형태가 문제지와 다를 수 있습니다.
- 시험을 완료한 수험자는 답안파일이 전송되었는지 확인한 후 감독위원의 지시에 따라 문제지를 제출하고 퇴실합니다.

· 답안 작성요령 ·

- 온라인 답안 작성 절차
  수험자 등록 ⇒ 시험 시작 ⇒ 답안파일 저장 ⇒ 답안 전송 ⇒ 시험 종료
- 슬라이드의 크기는 A4 Paper로 설정하여 작성합니다.
- 슬라이드의 총 개수는 6개로 구성되어 있으며 슬라이드 1부터 순서대로 작업하고 반드시 문제와 세부조건대로 합니다.
- 별도의 지시사항이 없는 경우 출력형태를 참조하여 글꼴색은 검정 또는 흰색으로 작성하고, 기타사항은 전체적인 균형을 고려하여 작성합니다.
- 슬라이드 도형 및 개체에 출력형태와 다른 스타일(그림자, 외곽선 등)을 적용했을 경우 감점처리 됩니다.
- 슬라이드 번호를 작성합니다(슬라이드 1에는 생략).
- 2~6번 슬라이드 제목 도형과 하단 로고는 슬라이드 마스터를 이용하여 출력형태와 동일하게 작성합니다(슬라이드 1에는 생략).
- 문제와 세부조건, 세부조건 번호 ◌(점선원)는 입력하지 않습니다.
- 각 개체의 위치는 오른쪽의 슬라이드와 동일하게 구성합니다.
- 그림 삽입 문제의 경우 반드시 「내 PC\문서\ITQ\Picture」 폴더에서 정확한 파일을 선택하여 삽입하십시오.
- 각 슬라이드를 각각의 파일로 작업해서 저장할 경우 실격 처리됩니다.

[전체구성] — 60점

(1) 슬라이드 크기 및 순서 : 크기를 A4 용지로 설정하고 슬라이드 순서에 맞게 작성한다.
(2) 슬라이드 마스터 : 2~6슬라이드의 제목, 하단 로고, 슬라이드 번호는 슬라이드 마스터를 이용하여 작성한다.
 - 제목 글꼴(돋움, 40pt, 흰색), 가운데 맞춤, 도형(선 없음)
 - 하단 로고(「내 PC₩문서₩ITQ₩Picture₩로고1.jpg」, 배경(회색) 투명색으로 설정)

[슬라이드 1] ≪표지 디자인≫ — 40점

(1) 표지 디자인 : 도형, 워드아트 및 그림을 이용하여 작성한다.

세부조건

① 도형 편집
 - 도형에 그림 채우기 :
   「내 PC₩문서₩ITQ₩Picture₩그림2.jpg」, 투명도 50%
 - 도형 효과 :
   부드러운 가장자리 5포인트

② 워드아트 삽입
 - 변환 : 갈매기형 수장, 위로
 - 글꼴 : 돋움, 굵게
 - 텍스트 반사 : 근접 반사, 4pt 오프셋

③ 그림 삽입
 - 「내 PC₩문서₩ITQ₩Picture₩로고1.jpg」
 - 배경(회색) 투명색으로 설정

[슬라이드 2] ≪목차 슬라이드≫ — 60점

(1) 출력형태와 같이 도형을 이용하여 목차를 작성한다(글꼴 : 굴림, 24pt).
(2) 도형 : 선 없음

세부조건

① 텍스트에 링크 적용
 → '슬라이드 6'

② 그림 삽입
 - 「내 PC₩문서₩ITQ₩Picture₩그림4.jpg」
 - 자르기 기능 이용

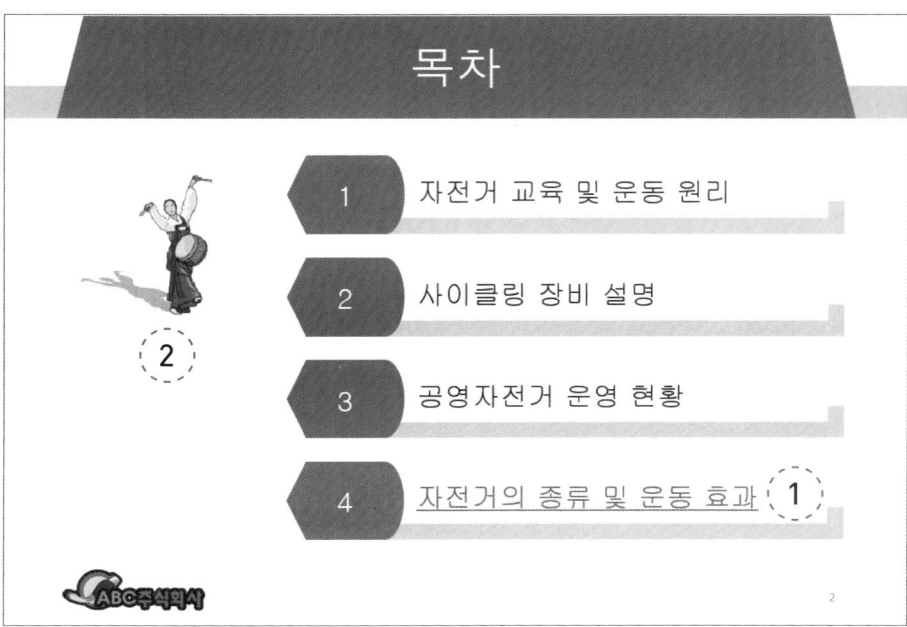

[슬라이드 3] ≪텍스트/동영상 슬라이드≫ 60점

(1) 텍스트 작성 : 글머리 기호 사용(❖, ➢)
   ❖문단(굴림, 24pt, 굵게, 줄간격 : 1.5줄), ➢문단(굴림, 20pt, 줄간격 : 1.5줄)

세부조건
① 동영상 삽입 :
  - 「내 PC₩문서₩ITQ₩Picture₩동영상.wmv」
  - 자동실행, 반복재생 설정

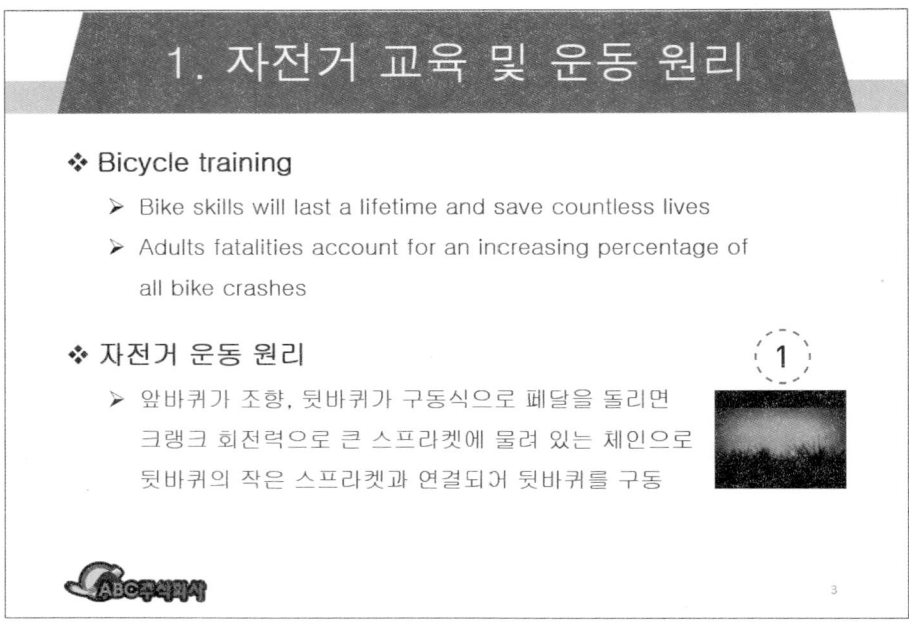

[슬라이드 4] ≪표 슬라이드≫ 80점

(1) 도형과 표 작성 기능을 이용하여 슬라이드를 작성한다(글꼴 : 돋움, 18pt).

세부조건
① 상단 도형 :
   2개 도형의 조합으로 작성
② 좌측 도형 :
   그라데이션 효과(선형 아래쪽)
③ 표 스타일 :
   테마 스타일 1 - 강조 5

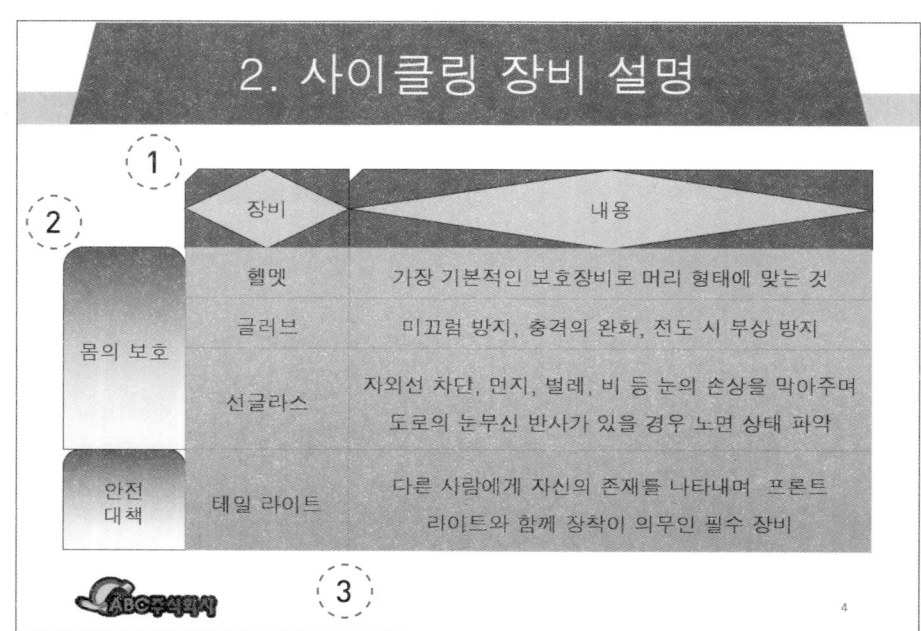

[슬라이드 5] ≪차트 슬라이드≫ 100점

(1) 차트 작성 기능을 이용하여 슬라이드를 작성한다.
(2) 차트 : 종류(묶은 세로 막대형), 글꼴(돋움, 16pt), 외곽선

세부조건

※ 차트설명
- 차트 제목 : 궁서, 24pt, 굵게,
  채우기(흰색), 테두리,
  그림자(오프셋 아래쪽)
- 차트 영역 : 채우기(노랑)
  그림 영역 : 채우기(흰색)
- 데이터 서식 : 2022년 계열을 표식
  (◆)이 있는 꺾은선형으로 변경 후
  보조축으로 지정
- 값 표시 : 부천시의 2021년 계열만
① 도형 삽입
  - 스타일 : 미세 효과 – 파랑, 강조 1
  - 글꼴 : 굴림, 18pt

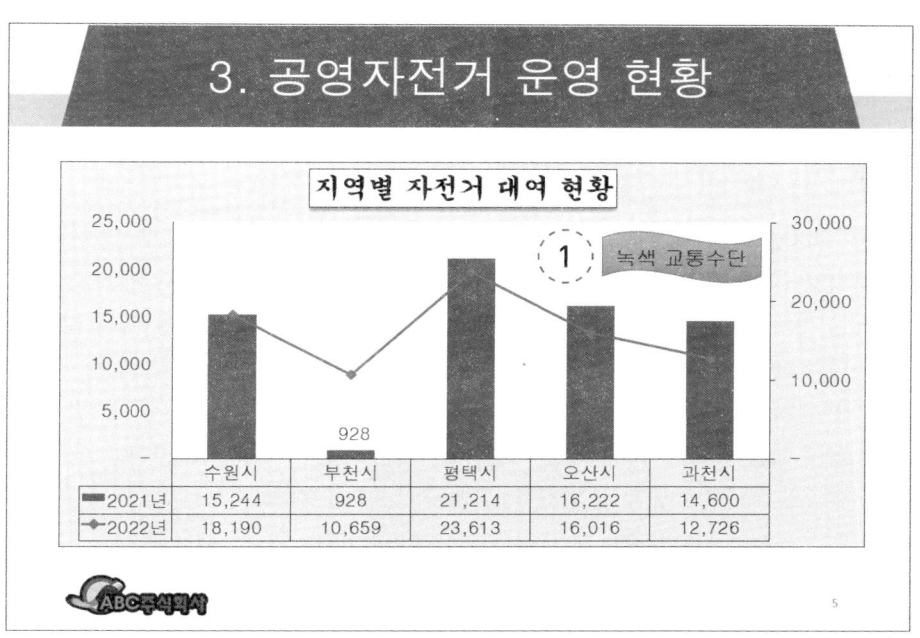

[슬라이드 6] ≪도형 슬라이드≫ 100점

(1) 슬라이드와 같이 도형 및 스마트아트를 배치한다(글꼴 : 굴림, 18pt).
(2) 애니메이션 순서 : ① ⇒ ②

세부조건

① 도형 편집
  - 그룹화 후 애니메이션 효과
    : 나누기(가로 바깥쪽으로)

② 도형 및 스마트아트 편집
  - 스마트아트 디자인
    : 3차원 만화,
    3차원 광택 처리
  - 그룹화 후 애니메이션 효과
    : 바운드

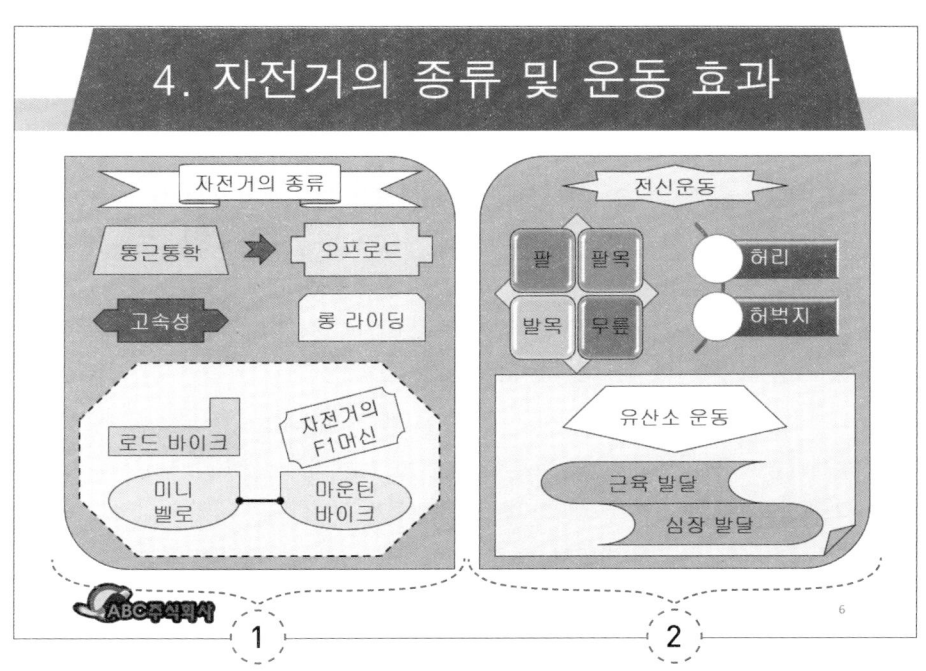

제 07 회 ITQ 실전모의고사

과목	코드	문제유형	시험시간	수험번호	성명
한글파워포인트	1142	C	60분		

MS오피스

• 수험자 유의사항 •

- 수험자는 문제지를 받는 즉시 문제지와 **수험표상의 시험과목(프로그램)이 동일한지 반드시 확인**하여야 합니다.
- 파일명은 본인의 "수험번호-성명"으로 입력하여 답안 폴더(내 PC₩문서₩ITQ)에 하나의 파일로 저장해야 하며, 답안 파일을 전송하지 않아 미제출로 처리될 경우 실격 처리합니다(예 : 12345678-홍길동.pptx).
- 답안 작성을 마치면 파일을 저장하고, '답안 전송' 버튼을 선택하여 감독위원 PC로 답안을 전송하십시오. 수험생 정보와 저장한 파일명이 다를 경우 전송되지 않으므로 주의하시기 바랍니다.
- 답안 작성 중에도 **주기적으로 저장하고, '답안 전송'**하여야 문제 발생을 줄일 수 있습니다. 작업한 내용을 저장하지 않고 전송할 경우 이전에 저장된 내용이 전송되오니 이점 유의하시기 바랍니다.
- 답안 문서는 지정된 경로 외의 다른 보조기억장치에 저장하는 경우, 지정된 시험 시간 외에 작성된 파일을 활용할 경우, 기타 통신 수단(이메일, 메신저, 네트워크 등)을 이용하여 타인에게 전달 또는 외부 반출하는 경우는 부정 처리합니다.
- 시험 중 부주의 또는 고의로 시스템을 파손한 경우는 수험자가 변상해야 하며, 〈수험자 유의사항〉에 기재된 방법대로 이행하지 않아 생기는 불이익은 수험생 당사자의 책임임을 알려 드립니다.
- 문제의 조건은 MS오피스 2021 버전으로 설정되어 있습니다.
  이와 관련하여 작성한 답안의 출력형태가 문제지와 다를 수 있습니다.
- 시험을 완료한 수험자는 답안파일이 전송되었는지 확인한 후 감독위원의 지시에 따라 문제지를 제출하고 퇴실합니다.

• 답안 작성요령 •

- 온라인 답안 작성 절차
  수험자 등록 ⇒ 시험 시작 ⇒ 답안파일 저장 ⇒ 답안 전송 ⇒ 시험 종료
- 슬라이드의 크기는 A4 Paper로 설정하여 작성합니다.
- 슬라이드의 총 개수는 6개로 구성되어 있으며 슬라이드 1부터 순서대로 작업하고 반드시 문제와 세부조건대로 합니다.
- 별도의 지시사항이 없는 경우 출력형태를 참조하여 글꼴색은 검정 또는 흰색으로 작성하고, 기타사항은 전체적인 균형을 고려하여 작성합니다.
- 슬라이드 도형 및 개체에 출력형태와 다른 스타일(그림자, 외곽선 등)을 적용했을 경우 감점처리 됩니다.
- 슬라이드 번호를 작성합니다(슬라이드 1에는 생략).
- 2~6번 슬라이드 제목 도형과 하단 로고는 슬라이드 마스터를 이용하여 출력형태와 동일하게 작성합니다(슬라이드 1에는 생략).
- 문제와 세부조건, 세부조건 번호 ۞(점선원)는 입력하지 않습니다.
- 각 개체의 위치는 오른쪽의 슬라이드와 동일하게 구성합니다.
- 그림 삽입 문제의 경우 반드시 「내 PC₩문서₩ITQ₩Picture」 폴더에서 정확한 파일을 선택하여 삽입하십시오.
- 각 슬라이드를 각각의 파일로 작업해서 저장할 경우 실격 처리됩니다.

[전체구성] 60점

(1) 슬라이드 크기 및 순서 : 크기를 A4 용지로 설정하고 슬라이드 순서에 맞게 작성한다.
(2) 슬라이드 마스터 : 2~6슬라이드의 제목, 하단 로고, 슬라이드 번호는 슬라이드 마스터를 이용하여 작성한다.
  - 제목 글꼴(돋움, 40pt, 흰색), 가운데 맞춤, 도형(선 없음)
  - 하단 로고(「내 PC₩문서₩ITQ₩Picture₩로고2.jpg」, 배경(회색) 투명색으로 설정)

[슬라이드 1] ≪표지 디자인≫ 40점

(1) 표지 디자인 : 도형, 워드아트 및 그림을 이용하여 작성한다.

세부조건

① 도형 편집
  - 도형에 그림 채우기 :
    「내 PC₩문서₩ITQ₩Picture₩그림1.jpg」, 투명도 50%
  - 도형 효과 :
    부드러운 가장자리 5포인트

② 워드아트 삽입
  - 변환 : 물결, 아래로
  - 글꼴 : 돋움, 굵게
  - 텍스트 반사 : 근접 반사, 4pt 오프셋

③ 그림 삽입
  - 「내 PC₩문서₩ITQ₩Picture₩로고2.jpg」
  - 배경(회색) 투명색으로 설정

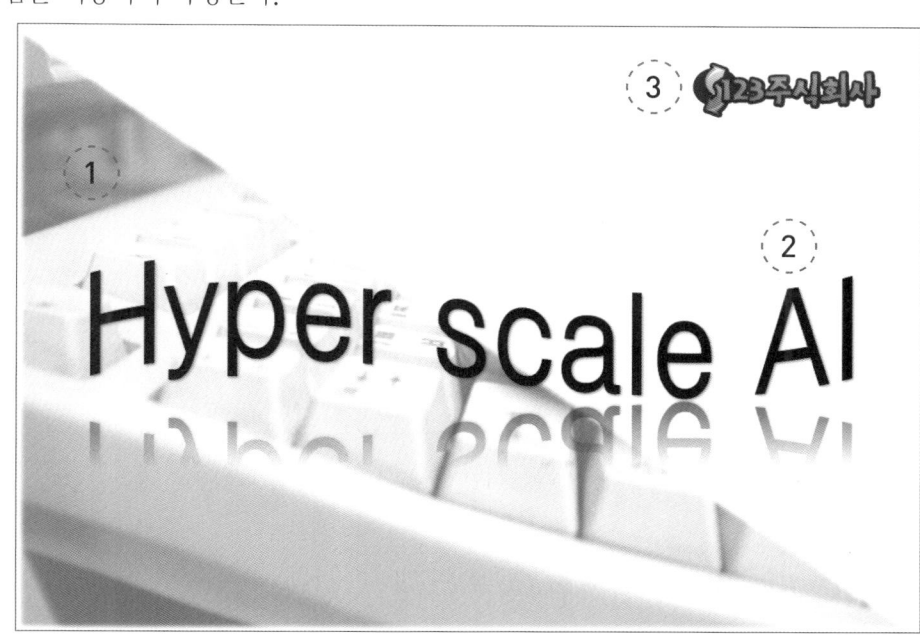

[슬라이드 2] ≪목차 슬라이드≫ 60점

(1) 출력형태와 같이 도형을 이용하여 목차를 작성한다(글꼴 : 굴림, 24pt).
(2) 도형 : 선 없음

세부조건

① 텍스트에 링크 적용
  → '슬라이드 6'

② 그림 삽입
  - 「내 PC₩문서₩ITQ₩Picture₩그림5.jpg」
  - 자르기 기능 이용

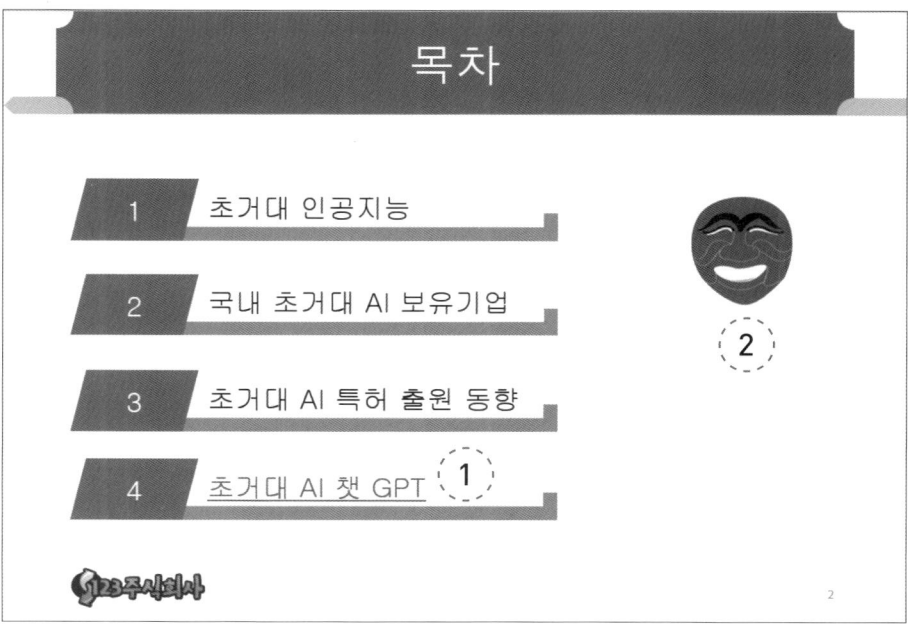

[슬라이드 3] ≪텍스트/동영상 슬라이드≫   60점

(1) 텍스트 작성 : 글머리 기호 사용(❖, ■)
　　❖ 문단(굴림, 24pt, 굵게, 줄간격 : 1.5줄), ■ 문단(굴림, 20pt, 줄간격 : 1.5줄)

세부조건
① 동영상 삽입 :
　-「내 PC\문서\ITQ\Picture\동영상.wmv」
　- 자동실행, 반복재생 설정

1. 초거대 인공지능

❖ Hyper scale AI
　■ Artificial intelligence comparable to the human brain structure that thinks, learns, judges, and acts comprehensively and autonomously

❖ 초거대 인공지능
　■ 초거대 인공지능은 데이터 분석과 학습을 넘어 인간의 뇌처럼 스스로 추론할 수 있음
　■ 방대한 데이터와 파라미터(매개변수)를 활용하여 창작이 가능한 인공지능 모델을 의미

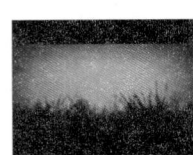

[슬라이드 4] ≪표 슬라이드≫   80점

(1) 도형과 표 작성 기능을 이용하여 슬라이드를 작성한다(글꼴 : 궁서, 18pt).

세부조건
① 상단 도형 :
　2개 도형의 조합으로 작성
② 좌측 도형 :
　그라데이션 효과(선형 아래쪽)
③ 표 스타일 :
　테마 스타일 1 - 강조 5

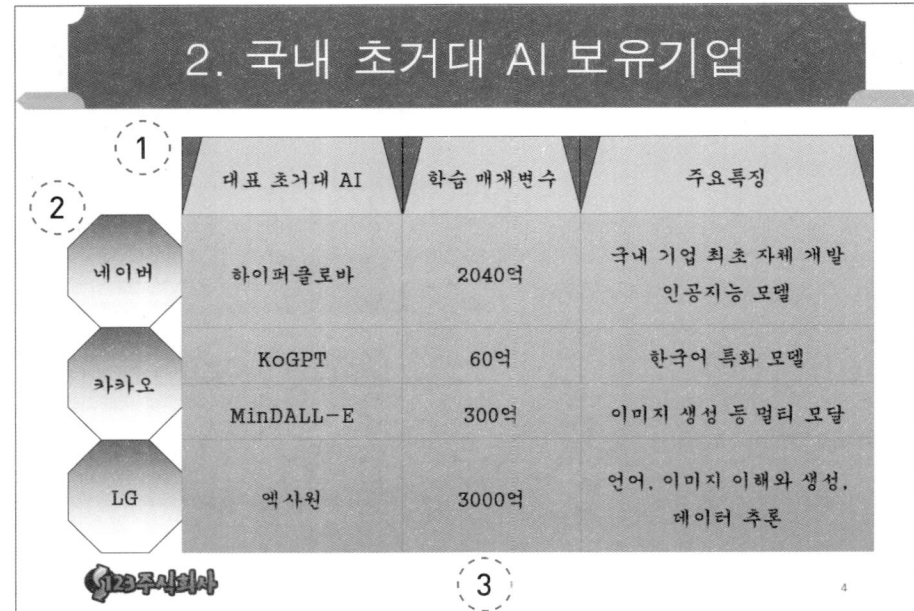

[슬라이드 5] ≪차트 슬라이드≫ 100점

(1) 차트 작성 기능을 이용하여 슬라이드를 작성한다.
(2) 차트 : 종류(묶은 세로 막대형), 글꼴(돋움, 16pt), 외곽선

세부조건

※ 차트설명
- 차트 제목 : 궁서, 24pt, 굵게, 채우기(흰색), 테두리, 그림자(오프셋 오른쪽)
- 차트 영역 : 채우기(노랑)
  그림 영역 : 채우기(흰색)
- 데이터 서식 : 한국 계열을 표식(◆)이 있는 꺾은선형으로 변경 후 보조 축으로 지정
- 값 표시 : 2020년의 전체 계열만

① 도형 삽입
  - 스타일 : 미세 효과 - 파랑, 강조 1
  - 글꼴 : 굴림, 18pt

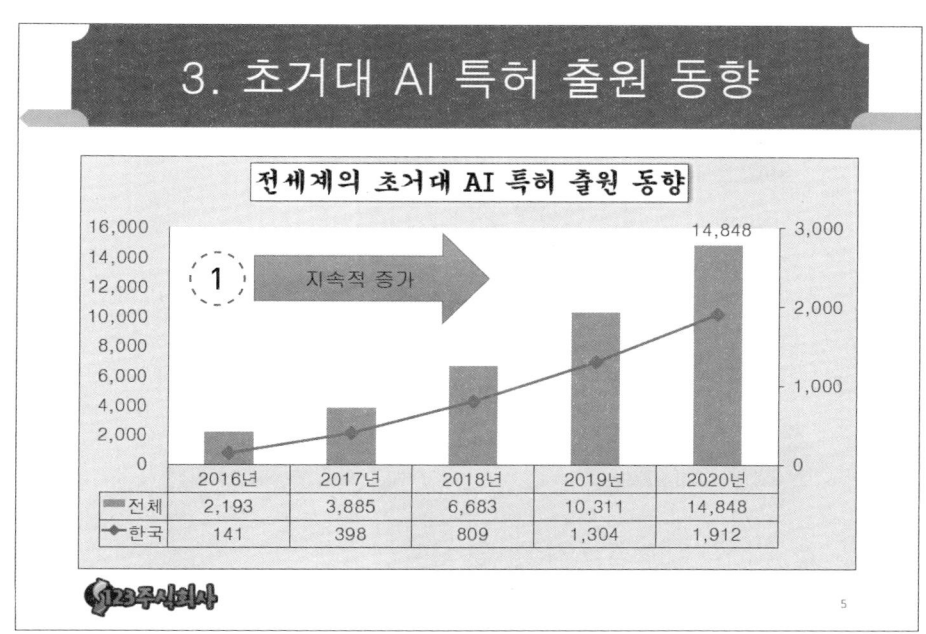

[슬라이드 6] ≪도형 슬라이드≫ 100점

(1) 슬라이드와 같이 도형 및 스마트아트를 배치한다(글꼴 : 굴림, 18pt).
(2) 애니메이션 순서 : ① ⇒ ②

세부조건

① 도형 및 스마트아트 편집
  - 스마트아트 디자인
    : 3차원 만화, 강한 효과
  - 그룹화 후 애니메이션 효과
    : 닦아내기(위에서)

② 도형 편집
  - 그룹화 후 애니메이션 효과
    : 바운드

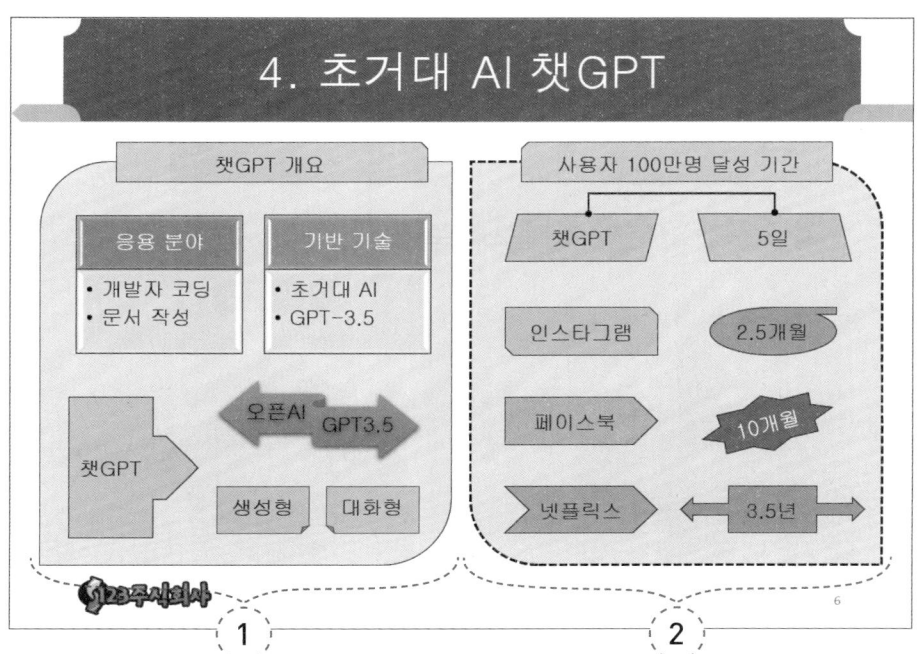

도형 모양 조절점 변경하기

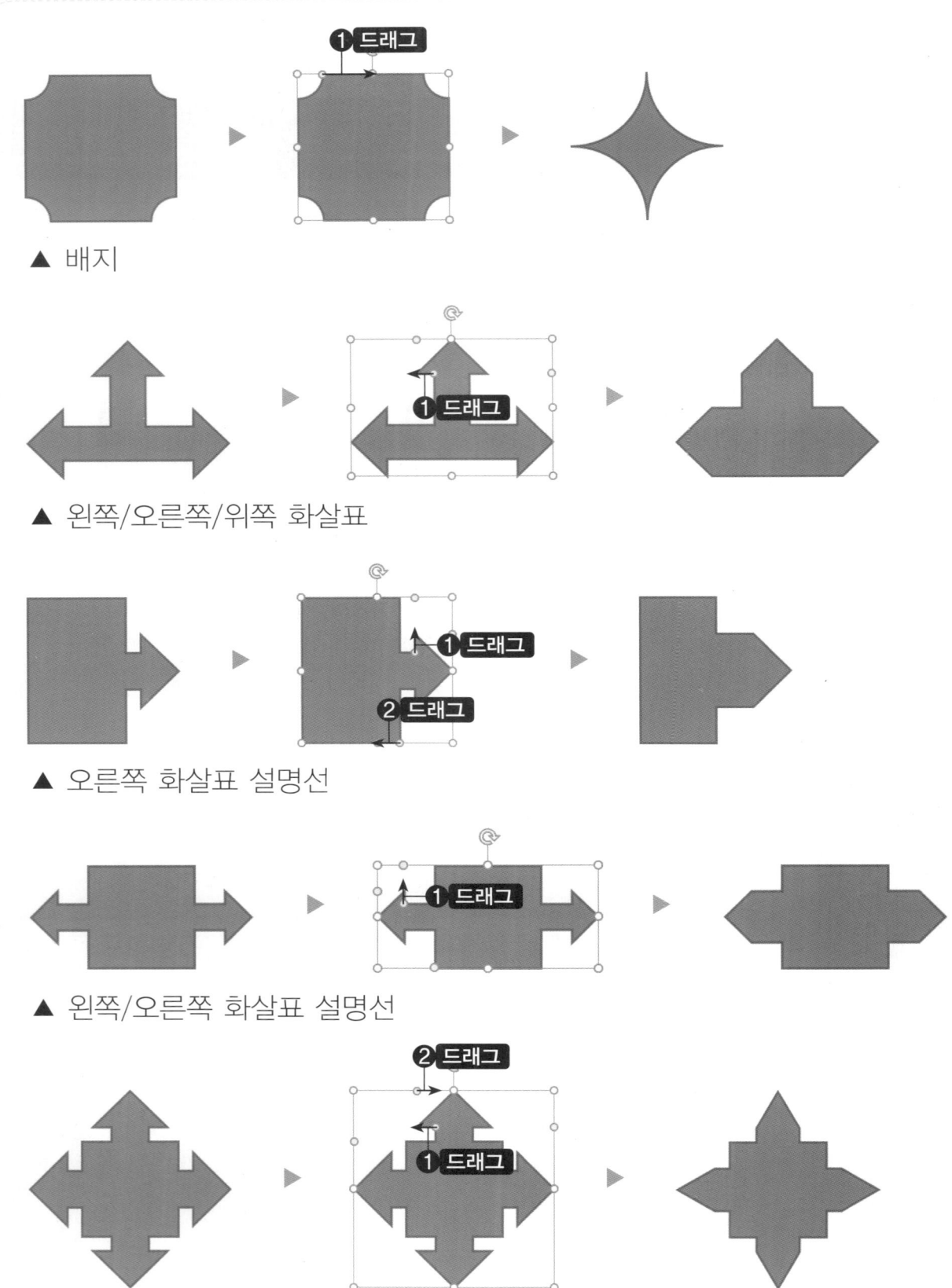

▲ 배지

▲ 왼쪽/오른쪽/위쪽 화살표

▲ 오른쪽 화살표 설명선

▲ 왼쪽/오른쪽 화살표 설명선

▲ 왼쪽/오른쪽/위쪽/아래쪽 화살표 설명선

ITQ 정보기술자격

파워포인트 2021

PART 03
최신기출문제

제 01 회 정보기술자격(ITQ) 시험

과목	코드	문제유형	시험시간	수험번호	성명
한글파워포인트	1142	A	60분		

MS오피스

· 수험자 유의사항 ·

- 수험자는 문제지를 받는 즉시 문제지와 **수험표상의 시험과목(프로그램)이 동일한지 반드시 확인**하여야 합니다.
- 파일명은 본인의 "수험번호-성명"으로 입력하여 답안 폴더(내 PC\문서\ITQ)에 하나의 파일로 저장해야 하며, 답안 파일을 전송하지 않아 미제출로 처리될 경우 실격 처리합니다(예 : 12345678-홍길동.pptx).
- 답안 작성을 마치면 파일을 저장하고, '답안 전송' 버튼을 선택하여 감독위원 PC로 답안을 전송하십시오. 수험생 정보와 저장한 파일명이 다를 경우 전송되지 않으므로 주의하시기 바랍니다.
- 답안 작성 중에도 **주기적으로 저장하고, '답안 전송'**하여야 문제 발생을 줄일 수 있습니다. 작업한 내용을 저장하지 않고 전송할 경우 이전에 저장된 내용이 전송되오니 이점 유의하시기 바랍니다.
- 답안 문서는 지정된 경로 외의 다른 보조기억장치에 저장하는 경우, 지정된 시험 시간 외에 작성된 파일을 활용할 경우, 기타 통신 수단(이메일, 메신저, 네트워크 등)을 이용하여 타인에게 전달 또는 외부 반출하는 경우는 부정 처리합니다.
- 시험 중 부주의 또는 고의로 시스템을 파손한 경우는 수험자가 변상해야 하며, 〈수험자 유의사항〉에 기재된 방법대로 이행하지 않아 생기는 불이익은 수험생 당사자의 책임임을 알려 드립니다.
- 문제의 조건은 MS오피스 2021 버전으로 설정되어 있습니다.
  이와 관련하여 작성한 답안의 출력형태가 문제지와 다를 수 있습니다.
- 시험을 완료한 수험자는 답안파일이 전송되었는지 확인한 후 감독위원의 지시에 따라 문제지를 제출하고 퇴실합니다.

· 답안 작성요령 ·

- 온라인 답안 작성 절차
  수험자 등록 ⇒ 시험 시작 ⇒ 답안파일 저장 ⇒ 답안 전송 ⇒ 시험 종료
- 슬라이드의 크기는 A4 Paper로 설정하여 작성합니다.
- 슬라이드의 총 개수는 6개로 구성되어 있으며 슬라이드 1부터 순서대로 작업하고 반드시 문제와 세부조건대로 합니다.
- 별도의 지시사항이 없는 경우 출력형태를 참조하여 글꼴색은 검정 또는 흰색으로 작성하고, 기타사항은 전체적인 균형을 고려하여 작성합니다.
- 슬라이드 도형 및 개체에 출력형태와 다른 스타일(그림자, 외곽선 등)을 적용했을 경우 감점처리 됩니다.
- 슬라이드 번호를 작성합니다(슬라이드 1에는 생략).
- 2~6번 슬라이드 제목 도형과 하단 로고는 슬라이드 마스터를 이용하여 출력형태와 동일하게 작성합니다(슬라이드 1에는 생략).
- 문제와 세부조건, 세부조건 번호 ○(점선원)는 입력하지 않습니다.
- 각 개체의 위치는 오른쪽의 슬라이드와 동일하게 구성합니다.
- 그림 삽입 문제의 경우 반드시 「내 PC\문서\ITQ\Picture」 폴더에서 정확한 파일을 선택하여 삽입하십시오.
- 각 슬라이드를 각각의 파일로 작업해서 저장할 경우 실격 처리됩니다.

kpc 한국생산성본부

[전체구성] 60점

(1) 슬라이드 크기 및 순서 : 크기를 A4 용지로 설정하고 슬라이드 순서에 맞게 작성한다.
(2) 슬라이드 마스터 : 2~6슬라이드의 제목, 하단 로고, 슬라이드 번호는 슬라이드 마스터를 이용하여 작성한다.
　- 제목 글꼴(굴림, 40pt, 흰색), 가운데 맞춤, 도형(선 없음)
　- 하단 로고(「내 PC\문서\ITQ\Picture\로고1.jpg」, 배경(회색) 투명색으로 설정)

[슬라이드 1] 《표지 디자인》 40점

(1) 표지 디자인 : 도형, 워드아트 및 그림을 이용하여 작성한다.

세부조건
① 도형 편집
　- 도형에 그림 채우기 :
　　「내 PC\문서\ITQ\Picture\
　　그림1.jpg」, 투명도 50%
　- 도형 효과 :
　　부드러운 가장자리 5포인트
② 워드아트 삽입
　- 변환 : 삼각형, 위로
　- 글꼴 : 돋움, 굵게
　- 텍스트 반사 : 근접 반사, 터치
③ 그림 삽입
　-「내 PC\문서\ITQ\Picture\
　　로고1.jpg」
　- 배경(회색) 투명색으로 설정

[슬라이드 2] 《목차 슬라이드》 60점

(1) 출력형태와 같이 도형을 이용하여 목차를 작성한다(글꼴 : 돋움, 24pt).
(2) 도형 : 선 없음

세부조건
① 텍스트에 링크 적용
　→ '슬라이드 6'
② 그림 삽입
　-「내 PC\문서\ITQ\Picture\
　　그림4.jpg」
　- 자르기 기능 이용

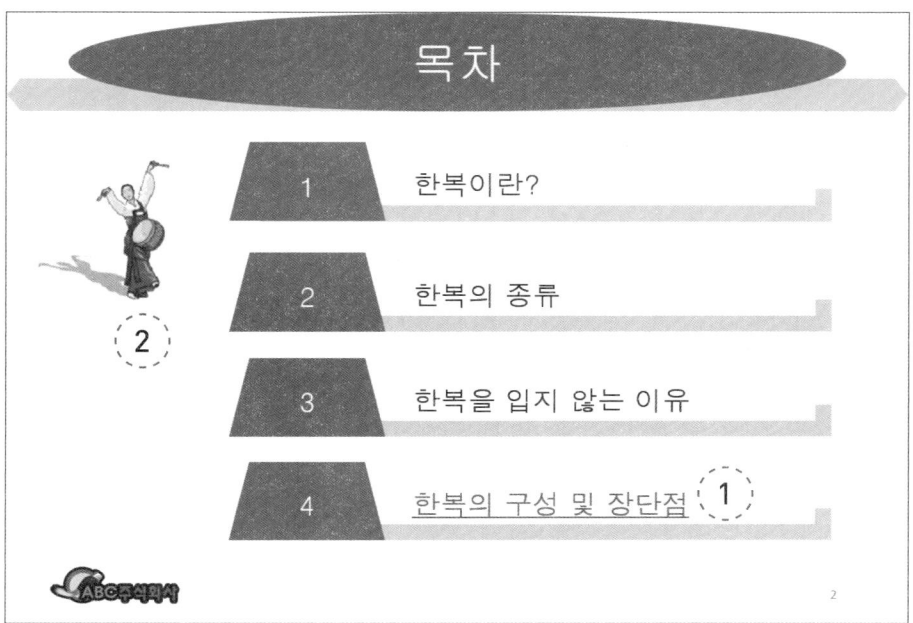

[슬라이드 3] ≪텍스트/동영상 슬라이드≫   60점

(1) 텍스트 작성 : 글머리 기호 사용(❖, ✓)
   ❖ 문단(굴림, 24pt, 굵게, 줄간격 : 1.5줄), ✓문단(굴림, 20pt, 줄간격 : 1.5줄)

세부조건

① 동영상 삽입 :
  - 「내 PC₩문서₩ITQ₩Picture₩동영상.wmv」
  - 자동실행, 반복재생 설정

1. 한복이란?

❖ Hanbok
  ✓ Hanbok is a traditional Korean costume and has color combination
  ✓ The dress curves make the beauty stand out and are popular with foreigners

❖ 한복이란?
  ✓ 우리나라 전통 의상으로 색상의 조화가 아름다운 옷
  ✓ 한복의 곡선은 그 고유의 아름다움을 더욱 돋보이게 하며, 외국인에게도 인기가 많음

[슬라이드 4] ≪표 슬라이드≫   80점

(1) 도형과 표 작성 기능을 이용하여 슬라이드를 작성한다(글꼴 : 돋움, 18pt).

세부조건

① 상단 도형 :
  2개 도형의 조합으로 작성

② 좌측 도형 :
  그라데이션 효과(선형 아래쪽)

③ 표 스타일 :
  테마 스타일 1 – 강조 5

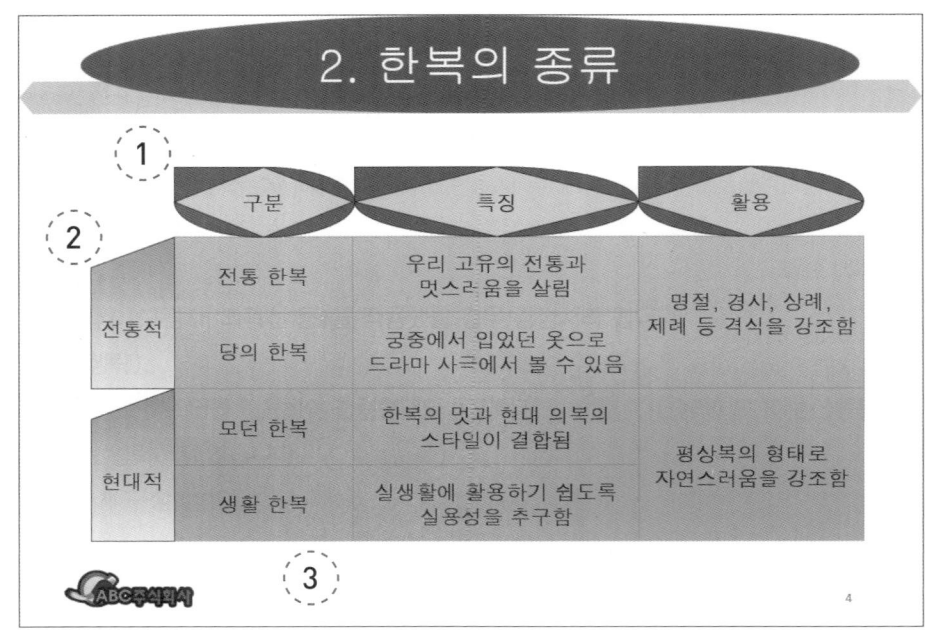

[슬라이드 5] ≪차트 슬라이드≫   100점

(1) 차트 작성 기능을 이용하여 슬라이드를 작성한다.
(2) 차트 : 종류(묶은 세로 막대형), 글꼴(굴림, 16pt), 외곽선

세부조건
※ 차트설명
- 차트 제목 : 궁서, 24pt, 굵게, 채우기(흰색), 테두리, 그림자(오프셋 오른쪽)
- 차트 영역 : 채우기(노랑)
  그림 영역 : 채우기(흰색)
- 데이터 서식 : 여성 계열을 표식(◆)이 있는 꺾은선형으로 변경 후 보조축으로 지정
- 값 표시 : 활동의 불편성의 여성 계열만
① 도형 삽입
 - 스타일 : 미세 효과 - 파랑, 강조 1
 - 글꼴 : 돋움, 18pt

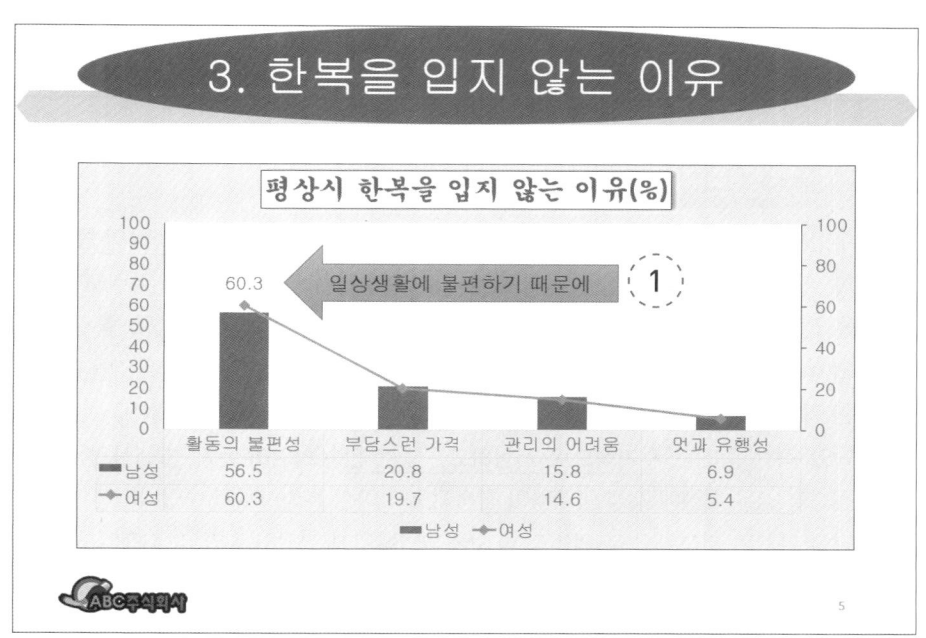

[슬라이드 6] ≪도형 슬라이드≫   100점

(1) 슬라이드와 같이 도형 및 스마트아트를 배치한다(글꼴 : 돋움, 18pt).
(2) 애니메이션 순서 : ① ⇒ ②

세부조건
① 도형 및 스마트아트 편집
 - 스마트아트 디자인
   : 3차원 벽돌, 3차원 만화
 - 그룹화 후 애니메이션 효과
   : 올라오기(서서히 아래로)
② 도형 편집
 - 그룹화 후 애니메이션 효과
   : 회전

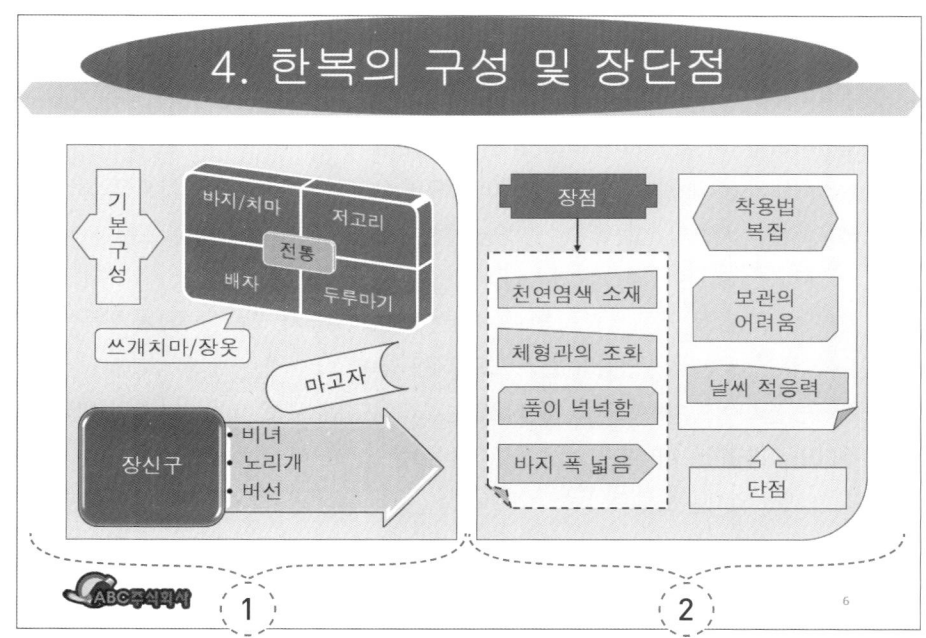

제 02 회 정보기술자격(ITQ) 시험

과목	코드	문제유형	시험시간	수험번호	성명
한글파워포인트	1142	B	60분		

MS오피스

• 수험자 유의사항 •

- 수험자는 문제지를 받는 즉시 문제지와 **수험표상의 시험과목(프로그램)이 동일한지 반드시 확인**하여야 합니다.
- 파일명은 본인의 "수험번호-성명"으로 입력하여 답안 폴더(내 PC\문서\ITQ)에 하나의 파일로 저장해야 하며, 답안 파일을 전송하지 않아 미제출로 처리될 경우 실격 처리합니다(예 : 12345678-홍길동.pptx).
- 답안 작성을 마치면 파일을 저장하고, '답안 전송' 버튼을 선택하여 감독위원 PC로 답안을 전송하십시오. 수험생 정보와 저장한 파일명이 다를 경우 전송되지 않으므로 주의하시기 바랍니다.
- 답안 작성 중에도 **주기적으로 저장하고, '답안 전송'**하여야 문제 발생을 줄일 수 있습니다. 작업한 내용을 저장하지 않고 전송할 경우 이전에 저장된 내용이 전송되오니 이점 유의하시기 바랍니다.
- 답안 문서는 지정된 경로 외의 다른 보조기억장치에 저장하는 경우, 지정된 시험 시간 외에 작성된 파일을 활용할 경우, 기타 통신 수단(이메일, 메신저, 네트워크 등)을 이용하여 타인에게 전달 또는 외부 반출하는 경우는 부정 처리합니다.
- 시험 중 부주의 또는 고의로 시스템을 파손한 경우는 수험자가 변상해야 하며, 〈수험자 유의사항〉에 기재된 방법대로 이행하지 않아 생기는 불이익은 수험생 당사자의 책임임을 알려 드립니다.
- 문제의 조건은 MS오피스 2021 버전으로 설정되어 있습니다.
  이와 관련하여 작성한 답안의 출력형태가 문제지와 다를 수 있습니다.
- 시험을 완료한 수험자는 답안파일이 전송되었는지 확인한 후 감독위원의 지시에 따라 문제지를 제출하고 퇴실합니다.

• 답안 작성요령 •

- 온라인 답안 작성 절차
  수험자 등록 ⇒ 시험 시작 ⇒ 답안파일 저장 ⇒ 답안 전송 ⇒ 시험 종료
- 슬라이드의 크기는 A4 Paper로 설정하여 작성합니다.
- 슬라이드의 총 개수는 6개로 구성되어 있으며 슬라이드 1부터 순서대로 작업하고 반드시 문제와 세부조건대로 합니다.
- 별도의 지시사항이 없는 경우 출력형태를 참조하여 글꼴색은 검정 또는 흰색으로 작성하고, 기타사항은 전체적인 균형을 고려하여 작성합니다.
- 슬라이드 도형 및 개체에 출력형태와 다른 스타일(그림자, 외곽선 등)을 적용했을 경우 감점처리 됩니다.
- 슬라이드 번호를 작성합니다(슬라이드 1에는 생략).
- 2~6번 슬라이드 제목 도형과 하단 로고는 슬라이드 마스터를 이용하여 출력형태와 동일하게 작성합니다(슬라이드 1에는 생략).
- 문제와 세부조건, 세부조건 번호 ※(점선원)는 입력하지 않습니다.
- 각 개체의 위치는 오른쪽의 슬라이드와 동일하게 구성합니다.
- 그림 삽입 문제의 경우 반드시 「내 PC\문서\ITQ\Picture」 폴더에서 정확한 파일을 선택하여 삽입하십시오.
- 각 슬라이드를 각각의 파일로 작업해서 저장할 경우 실격 처리됩니다.

kpc 한국생산성본부

[전체구성] 60점

(1) 슬라이드 크기 및 순서 : 크기를 A4 용지로 설정하고 슬라이드 순서에 맞게 작성한다.
(2) 슬라이드 마스터 : 2~6슬라이드의 제목, 하단 로고, 슬라이드 번호는 슬라이드 마스터를 이용하여 작성한다.
 - 제목 글꼴(굴림, 40pt, 흰색), 가운데 맞춤, 도형(선 없음)
 - 하단 로고(「내 PC₩문서₩ITQ₩Picture₩로고1.jpg」, 배경(회색) 투명색으로 설정)

[슬라이드 1] 《표지 디자인》 40점

(1) 표지 디자인 : 도형, 워드아트 및 그림을 이용하여 작성한다.

세부조건
① 도형 편집
 - 도형에 그림 채우기 :
  「내 PC₩문서₩ITQ₩Picture₩그림1.jpg」, 투명도 50%
 - 도형 효과 :
  부드러운 가장자리 5포인트
② 워드아트 삽입
 - 변환 : 삼각형, 위로
 - 글꼴 : 돋움, 굵게
 - 텍스트 반사 : 근접 반사, 터치
③ 그림 삽입
 - 「내 PC₩문서₩ITQ₩Picture₩로고1.jpg」
 - 배경(회색) 투명색으로 설정

[슬라이드 2] 《목차 슬라이드》 60점

(1) 출력형태와 같이 도형을 이용하여 목차를 작성한다(글꼴 : 돋움, 24pt).
(2) 도형 : 선 없음

세부조건
① 텍스트에 링크 적용
 → '슬라이드 6'
② 그림 삽입
 - 「내 PC₩문서₩ITQ₩Picture₩그림4.jpg」
 - 자르기 기능 이용

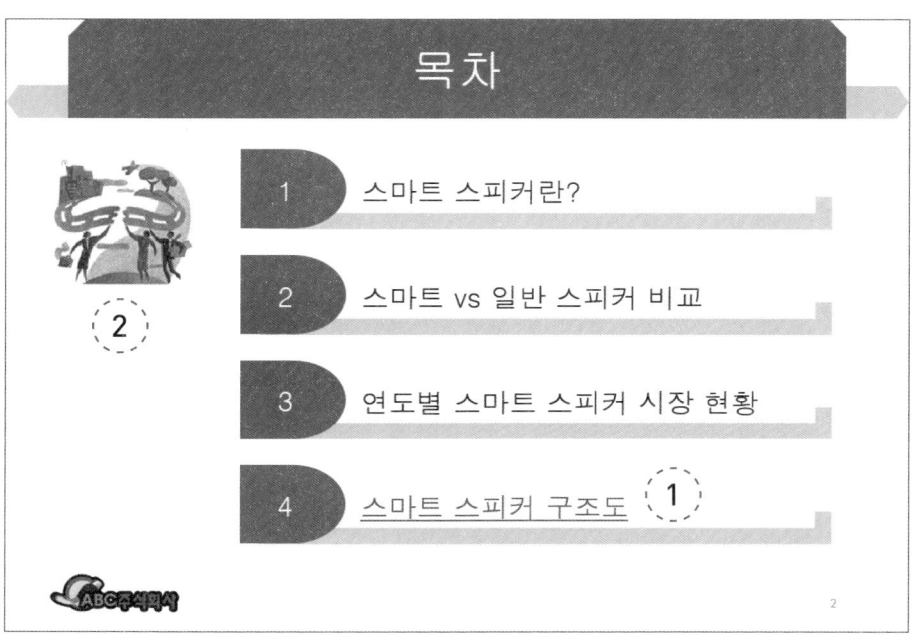

[슬라이드 3]   ≪텍스트/동영상 슬라이드≫   60점

(1) 텍스트 작성 : 글머리 기호 사용(❖, ✓)
　　❖ 문단(굴림, 24pt, 굵게, 줄간격 : 1.5줄), ✓ 문단(굴림, 20pt, 줄간격 : 1.5줄)

세부조건

① 동영상 삽입 :
　- 「내 PC₩문서₩ITQ₩Picture₩동영상.wmv」
　- 자동실행, 반복재생 설정

[슬라이드 4]   ≪표 슬라이드≫   80점

(1) 도형과 표 작성 기능을 이용하여 슬라이드를 작성한다(글꼴 : 돋움, 18pt).

세부조건

① 상단 도형 :
　2개 도형의 조합으로 작성

② 좌측 도형 :
　그라데이션 효과(선형 아래쪽)

③ 표 스타일 :
　테마 스타일 1 – 강조 5

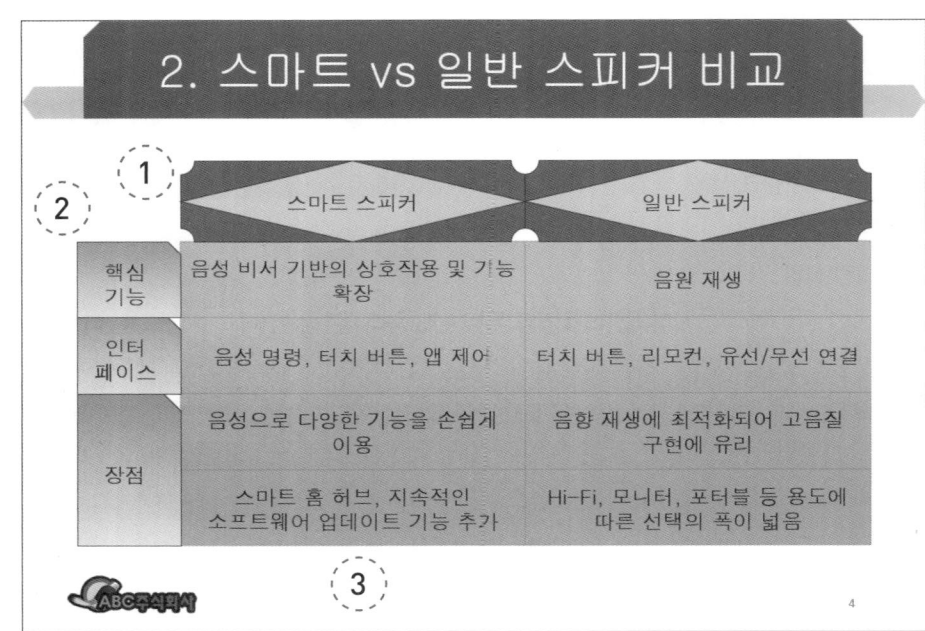

[슬라이드 5]   ≪차트 슬라이드≫   100점

(1) 차트 작성 기능을 이용하여 슬라이드를 작성한다.
(2) 차트 : 종류(묶은 세로 막대형), 글꼴(굴림, 16pt), 외곽선

세부조건

※ 차트설명
- 차트 제목 : 궁서, 24pt, 굵게, 채우기(흰색), 테두리, 그림자(오프셋 오른쪽)
- 차트 영역 : 채우기(노랑)
  그림 영역 : 채우기(흰색)
- 데이터 서식 : 유럽 계열을 표식(◆)이 있는 꺾은선형으로 변경 후 보조축으로 지정
- 값 표시 : 2025년의 북미 계열만
① 도형 삽입
  - 스타일 : 미세 효과 – 파랑, 강조 1
  - 글꼴 : 돋움, 18pt

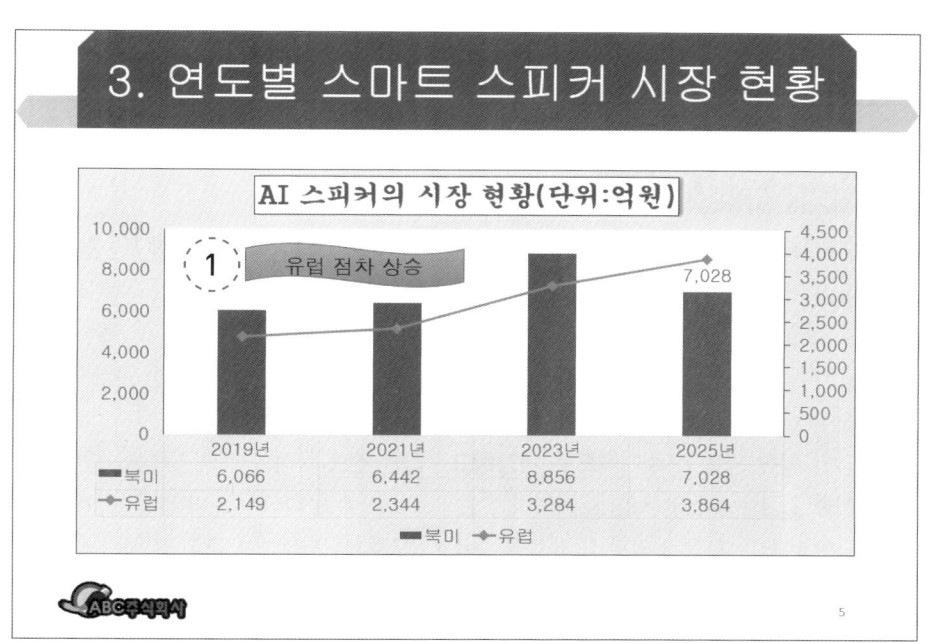

[슬라이드 6]   ≪도형 슬라이드≫   100점

(1) 슬라이드와 같이 도형 및 스마트아트를 배치한다(글꼴 : 돋움, 18pt).
(2) 애니메이션 순서 : ① ⇒ ②

세부조건

① 도형 및 스마트아트 편집
  - 스마트아트 디자인
    : 3차원 만화,
    3차원 벽돌
  - 그룹화 후 애니메이션 효과
    : 올라오기(서서히 아래로)
② 도형 편집
  - 그룹화 후 애니메이션 효과
    : 회전

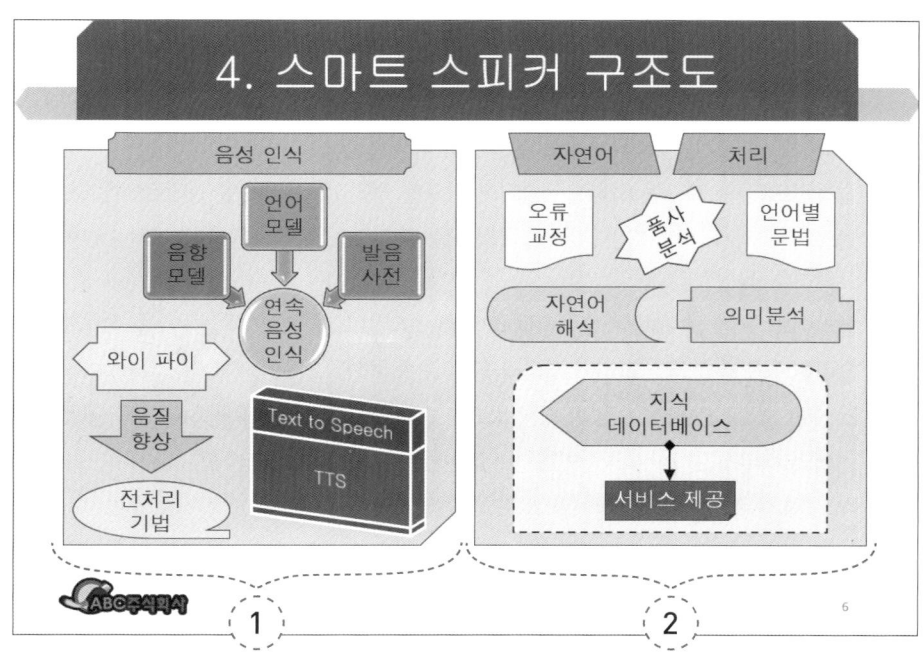

제 03 회 정보기술자격(ITQ) 시험

과목	코드	문제유형	시험시간	수험번호	성명
한글파워포인트	1142	C	60분		

MS오피스

· 수험자 유의사항 ·

- 수험자는 문제지를 받는 즉시 문제지와 **수험표상의 시험과목(프로그램)이 동일한지 반드시 확인**하여야 합니다.
- 파일명은 본인의 "수험번호-성명"으로 입력하여 답안 폴더(내 PC\문서\ITQ)에 하나의 파일로 저장해야 하며, 답안 파일을 전송하지 않아 미제출로 처리될 경우 실격 처리합니다(예 : 12345678-홍길동.pptx).
- 답안 작성을 마치면 파일을 저장하고, '답안 전송' 버튼을 선택하여 감독위원 PC로 답안을 전송하십시오. 수험생 정보와 저장한 파일명이 다를 경우 전송되지 않으므로 주의하시기 바랍니다.
- 답안 작성 중에도 **주기적으로 저장하고, '답안 전송'**하여야 문제 발생을 줄일 수 있습니다. 작업한 내용을 저장하지 않고 전송할 경우 이전에 저장된 내용이 전송되오니 이점 유의하시기 바랍니다.
- 답안 문서는 지정된 경로 외의 다른 보조기억장치에 저장하는 경우, 지정된 시험 시간 외에 작성된 파일을 활용할 경우, 기타 통신 수단(이메일, 메신저, 네트워크 등)을 이용하여 타인에게 전달 또는 외부 반출하는 경우는 부정 처리합니다.
- 시험 중 부주의 또는 고의로 시스템을 파손한 경우는 수험자가 변상해야 하며, 〈수험자 우의사항〉에 기재된 방법대로 이행하지 않아 생기는 불이익은 수험생 당사자의 책임임을 알려 드립니다.
- 문제의 조건은 MS오피스 2021 버전으로 설정되어 있습니다.
  이와 관련하여 작성한 답안의 출력형태가 문제지와 다를 수 있습니다.
- 시험을 완료한 수험자는 답안파일이 전송되었는지 확인한 후 감독위원의 지시에 따라 문제지를 제출하고 퇴실합니다.

· 답안 작성요령 ·

- 온라인 답안 작성 절차
  수험자 등록 ⇒ 시험 시작 ⇒ 답안파일 저장 ⇒ 답안 전송 ⇒ 시험 종료
- 슬라이드의 크기는 A4 Paper로 설정하여 작성합니다.
- 슬라이드의 총 개수는 6개로 구성되어 있으며 슬라이드 1부터 순서대로 작업하고 반드시 문제와 세부조건대로 합니다.
- 별도의 지시사항이 없는 경우 출력형태를 참조하여 글꼴색은 검정 또는 흰색으로 작성하고, 기타사항은 전체적인 균형을 고려하여 작성합니다.
- 슬라이드 도형 및 개체에 출력형태와 다른 스타일(그림자, 외곽선 등)을 적용했을 경우 감점처리 됩니다.
- 슬라이드 번호를 작성합니다(슬라이드 1에는 생략).
- 2~6번 슬라이드 제목 도형과 하단 로고는 슬라이드 마스터를 이용하여 출력형태와 동일하게 작성합니다(슬라이드 1에는 생략).
- 문제와 세부조건, 세부조건 번호 ◌(점선원)는 입력하지 않습니다.
- 각 개체의 위치는 오른쪽의 슬라이드와 동일하게 구성합니다.
- 그림 삽입 문제의 경우 반드시 「내 PC\문서\ITQ\Picture」 폴더에서 정확한 파일을 선택하여 삽입하십시오.
- 각 슬라이드를 각각의 파일로 작업해서 저장할 경우 실격 처리됩니다.

kpc 한국생산성본부

[전체구성]   60점

(1) 슬라이드 크기 및 순서 : 크기를 A4 용지로 설정하고 슬라이드 순서에 맞게 작성한다.
(2) 슬라이드 마스터 : 2~6슬라이드의 제목, 하단 로고, 슬라이드 번호는 슬라이드 마스터를 이용하여 작성한다.
 - 제목 글꼴(굴림, 40pt, 흰색), 가운데 맞춤, 도형(선 없음)
 - 하단 로고(「내 PC₩문서₩ITQ₩Picture₩로고1.jpg」, 배경(회색) 투명색으로 설정)

[슬라이드 1] ≪표지 디자인≫   40점

(1) 표지 디자인 : 도형, 워드아트 및 그림을 이용하여 작성한다.

세부조건
① 도형 편집
 - 도형에 그림 채우기 :
   「내 PC₩문서₩ITQ₩Picture₩
   그림1.jpg」, 투명도 50%
 - 도형 효과 :
   부드러운 가장자리 5포인트
② 워드아트 삽입
 - 변환 : 삼각형, 위로
 - 글꼴 : 돋움, 굵게
 - 텍스트 반사 : 근접 반사, 터치
③ 그림 삽입
 - 「내 PC₩문서₩ITQ₩Picture₩
   로고1.jpg」
 - 배경(회색) 투명색으로 설정

[슬라이드 2] ≪목차 슬라이드≫   60점

(1) 출력형태와 같이 도형을 이용하여 목차를 작성한다(글꼴 : 돋움, 24pt).
(2) 도형 : 선 없음

세부조건
① 텍스트에 링크 적용
 → '슬라이드 6'
② 그림 삽입
 - 「내 PC₩문서₩ITQ₩Picture₩
   그림4.jpg」
 - 자르기 기능 이용

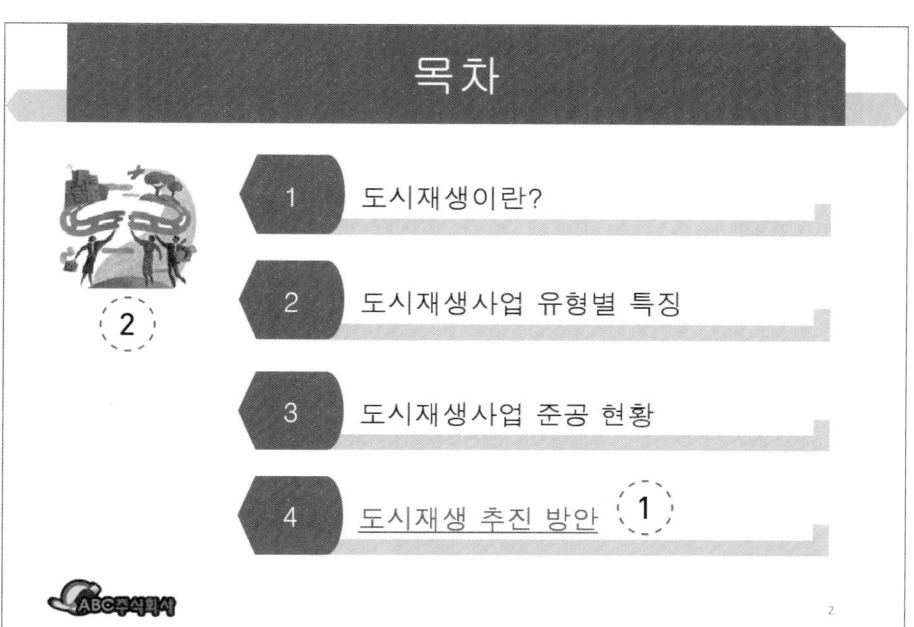

[슬라이드 3] ≪텍스트/동영상 슬라이드≫ 60점

(1) 텍스트 작성 : 글머리 기호 사용(❖, ✓)
  ❖문단(굴림, 24pt, 굵게, 줄간격 : 1.5줄), ✓문단(굴림, 20pt, 줄간격 : 1.5줄)

세부조건

① 동영상 삽입 :
  - 「내 PC₩문서₩ITQ₩Picture₩동영상.wmv」
  - 자동실행, 반복재생 설정

1. 도시재생이란?

❖ Urban Regeneration
  ✓ Urban regeneration is the attempt to reverse that decline by both improving the physical structure and more importantly and elusively, the economy of those areas

❖ 도시재생이란?
  ✓ 인구 감소, 산업구조 변화, 도시의 무분별한 확장, 주거환경 노후화 등으로 쇠퇴하는 도시를 활성화
  ✓ 기존의 자산과 역사, 문화를 보존하면서 가치 창출

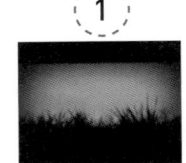

[슬라이드 4] ≪표 슬라이드≫ 80점

(1) 도형과 표 작성 기능을 이용하여 슬라이드를 작성한다(글꼴 : 돋움, 18pt).

세부조건

① 상단 도형 :
  2개 도형의 조합으로 작성

② 좌측 도형 :
  그라데이션 효과(선형 아래쪽)

③ 표 스타일 :
  테마 스타일 1 – 강조 5

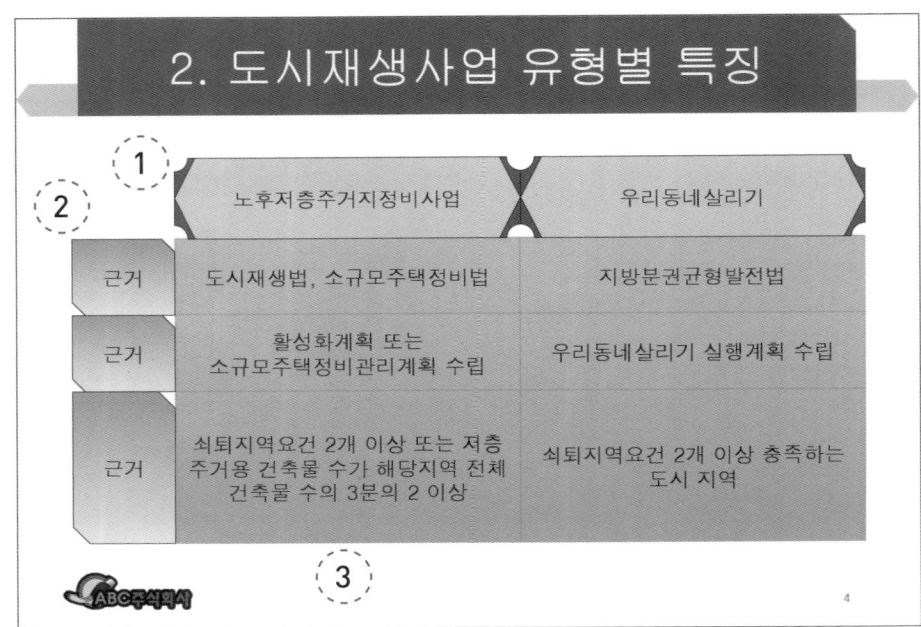

[슬라이드 5] ≪차트 슬라이드≫ 100점

(1) 차트 작성 기능을 이용하여 슬라이드를 작성한다.
(2) 차트 : 종류(묶은 세로 막대형), 글꼴(굴림, 16pt), 외곽선

세부조건

※ 차트설명
- 차트 제목 : 궁서, 24pt, 굵게, 채우기(흰색), 테두리, 그림자(오프셋 오른쪽)
- 차트 영역 : 채우기(노랑) 그림 영역 : 채우기(흰색)
- 데이터 서식 : 진행중 계열을 표식(◆)이 있는 꺾은선형으로 변경 후 보조 축으로 지정
- 값 표시 : 2020년의 진행중 계열만
① 도형 삽입
 - 스타일 : 미세 효과 - 파랑, 강조 1
 - 글꼴 : 돋움, 18pt

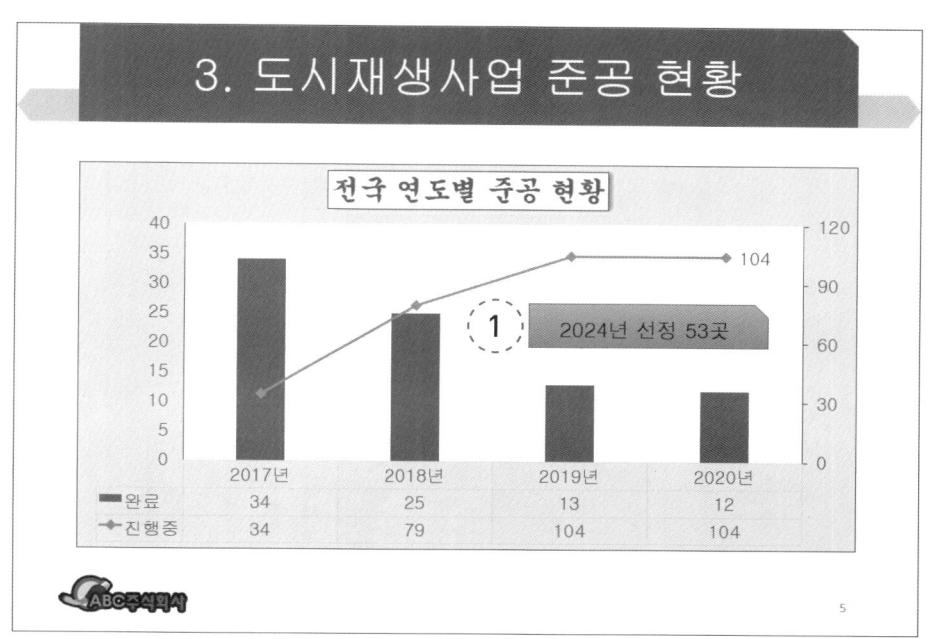

[슬라이드 6] ≪도형 슬라이드≫ 100점

(1) 슬라이드와 같이 도형 및 스마트아트를 배치한다(글꼴 : 돋움, 18pt).
(2) 애니메이션 순서 : ① ⇒ ②

세부조건

① 도형 및 스마트아트 편집
 - 스마트아트 디자인
  : 3차원 간화, 3차원 벽돌
 - 그룹화 후 애니메이션 효과
  : 올라오기(서서히 아래로)
② 도형 편집
 - 그룹화 후 애니메이션 효과
  : 회전

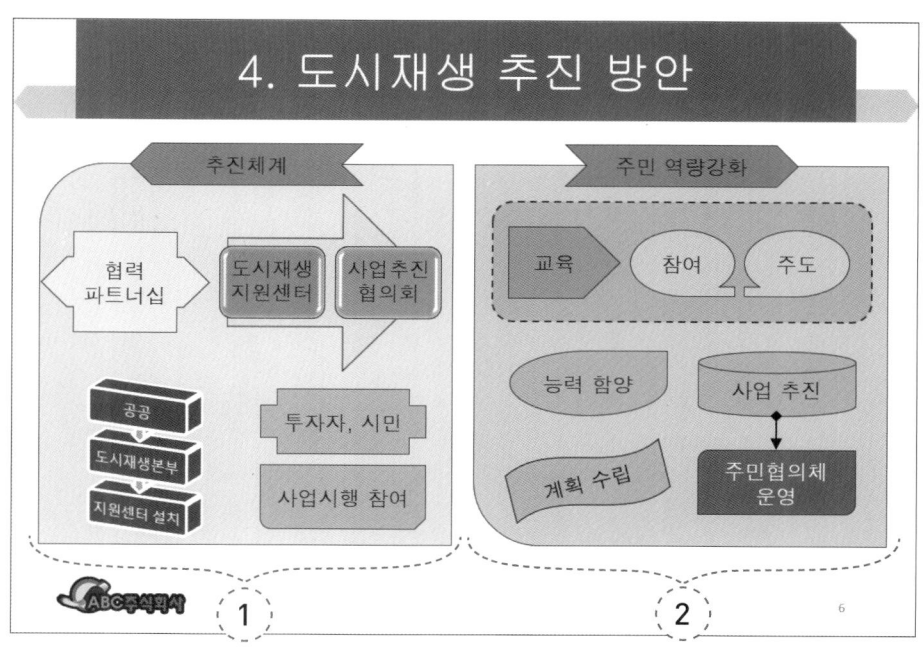

MEMO

01 수험자 유의사항 및 답안 작성 요령

- ☑ 수험자 등록하기
- ☑ 답안 저장하고 전송하기
- ☑ 답안 작성 준비하기

▶ 소스 파일 : 없음   ▶ 완성 파일 : Chapter 01₩Ch01_완성.xlsx

수험자 유의사항

- 수험자는 문제지를 받는 즉시 문제지와 **수험표상의 시험과목(프로그램)이 동일한지 반드시 확인**하여야 합니다.
- 파일명은 본인의 "수험번호-성명"으로 입력하여 답안 폴더(내 PC₩문서₩ITQ)에 하나의 파일로 저장해야하며, 답안 문서 파일명이 "수험번호-성명"과 일치하지 않거나, 답안 파일을 전송하지 않아 미제출로 처리될 경우 실격 처리합니다. (예 : 12345678-홍길동.xlsx).
- 답안 작성을 마치면 파일을 저장하고, '답안 전송' 버튼을 선택하여 감독위원 PC로 답안을 전송하십시오. 수험생 정보와 저장한 파일명이 다를 경우 전송되지 않으므로 주의하시기 바랍니다.
- 답안 작성 중에도 **주기적으로 저장하고, '답안 전송'**하여야 문제 발생을 줄일 수 있습니다. 작업한 내용을 저장하지 않고 전송할 경우 이전에 저장된 내용이 전송되오니 이점 유의하시기 바랍니다.
- 답안 문서는 지정된 경로 외의 다른 보조기억장치에 저장하는 경우, 지정된 시험 시간 외에 작성된 파일을 활용할 경우, 기타 통신수단(이메일, 메신저, 네트워크 등)을 이용하여 타인에게 전달 또는 외부 반출하는 경우는 부정 처리합니다.
- 시험 중 부주의 또는 고의로 시스템을 파손한 경우는 수험자가 변상해야 하며, 〈수험자 유의사항〉에 기재된 방법대로 이행하지 않아 생기는 불이익은 수험생 당사자의 책임임을 알려 드립니다.
- 문제의 조건은 MS오피스 2021 버전으로 설정되어 있으니 유의하시기 바랍니다.
- 시험을 완료한 수험자는 답안파일이 전송되었는지 확인한 후 감독위원의 지시에 따라 문제지를 제출하고 퇴실합니다.

답안 작성요령

- **온라인 답안 작성 절차**
  수험자 등록 ⇒ 시험 시작 ⇒ 답안파일 저장 ⇒ 답안 전송 ⇒ 시험 종료
- 문제는 총 4단계, 즉 제1작업부터 제4작업까지 구성되어 있으며 반드시 제1작업부터 순서대로 작성하고 조건대로 작업하시오.
- 모든 작업시트의 A열은 열 너비 '1'로, 나머지 열은 적당하게 조절하시오.
- 모든 작업시트의 테두리는 《출력형태》와 같이 작업하시오.
- 해당 작업란에서는 각각 제시된 조건에 따라 《출력형태》와 같이 작업하시오.
- 답안 시트 이름은 "제1작업", "제2작업", "제3작업", "제4작업"이어야 하며 답안 시트 이외의 것은 감점 처리됩니다.
- 각 시트를 파일로 나누어 작업해서 저장할 경우 실격 처리됩니다.

체크! 체크!

수험자 유의사항 및 답안 작성요령

■ **수험자 등록** : 수험번호를 입력한 후 수험 정보를 확인한 다음 감독위원의 지시사항에 따릅니다.

■ **〔전체 구성〕 시트 설정**
- 시트를 추가한 후 시트 이름("제1작업", "제2작업", "제3작업")을 변경합니다. 그런 다음 전체 시트를 선택한 후 A열의 너비를 '1'로 지정합니다.
- 모든 셀을 선택한 후 글꼴과 글꼴 크기, 가운데 정렬(≡)을 지정한 다음 시트 및 셀 선택을 해제합니다.

■ **답안 저장 및 전송**
- 저장 위치(내 PC\문서\ITQ)를 선택한 후 파일명(수험번호-성명)으로 저장한 다음 감독위원 PC로 답안을 전송합니다.
- 저장 위치 및 파일명을 잘못 지정할 경우 답안 전송이 되지 않으니 꼭! 확인해야 합니다.

STEP 01 수험자 등록하기

1 시험이 시작되면 감독위원의 지시사항에 따라 바탕화면에서 **〔KOAS 수험자용( )〕 아이콘을 더블클릭**합니다.

> 바탕화면에서 〔KOAS 수험자용( )〕 아이콘이 보이지 않을 경우 〔시작( )〕-〔모두〕-〔KOAS 수험자용〕을 클릭합니다.

2 〔수험자 로그인〕 대화상자가 나타나면 **수험번호를 입력**한 후 **〔조회〕 단추를 클릭**합니다. 그런다음 성 명, 수험과목, 좌석번호, 답안폴더 정보를 확인한 후 **〔확인〕 단추를 클릭**합니다.

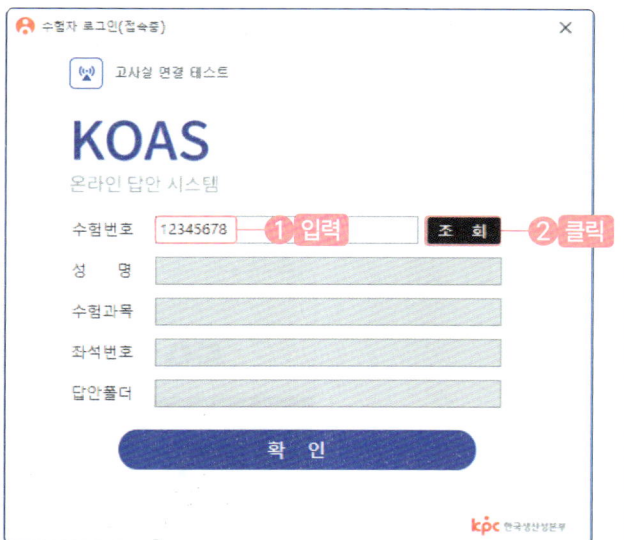
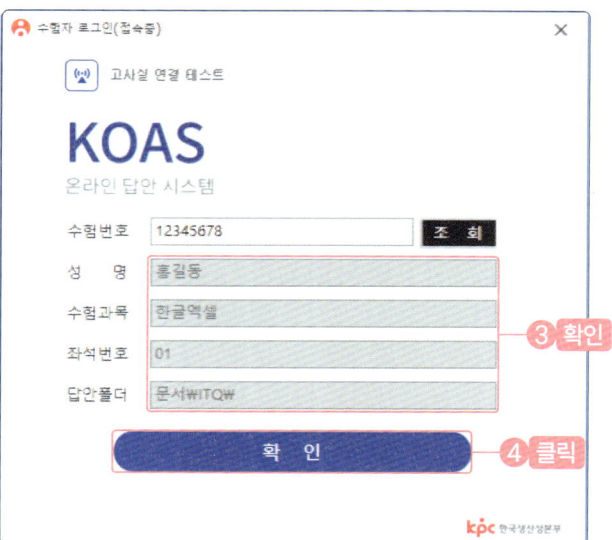

> 〔조회〕 단추를 클릭한 후 수험자 정보가 나타나지 않으면 수험번호를 다시 입력합니다.
> 수험번호를 정확히 입력하였는데도 수험자 정보가 표시되지 않으면 감독위원에게 문의합니다.

3 〔수험자 유의사항〕 대화상자가 나타나면 **내용을 숙지**한 후 〔동의합니다.〕를 선택(체크)한 다음 〔확인〕 단추를 클릭합니다.

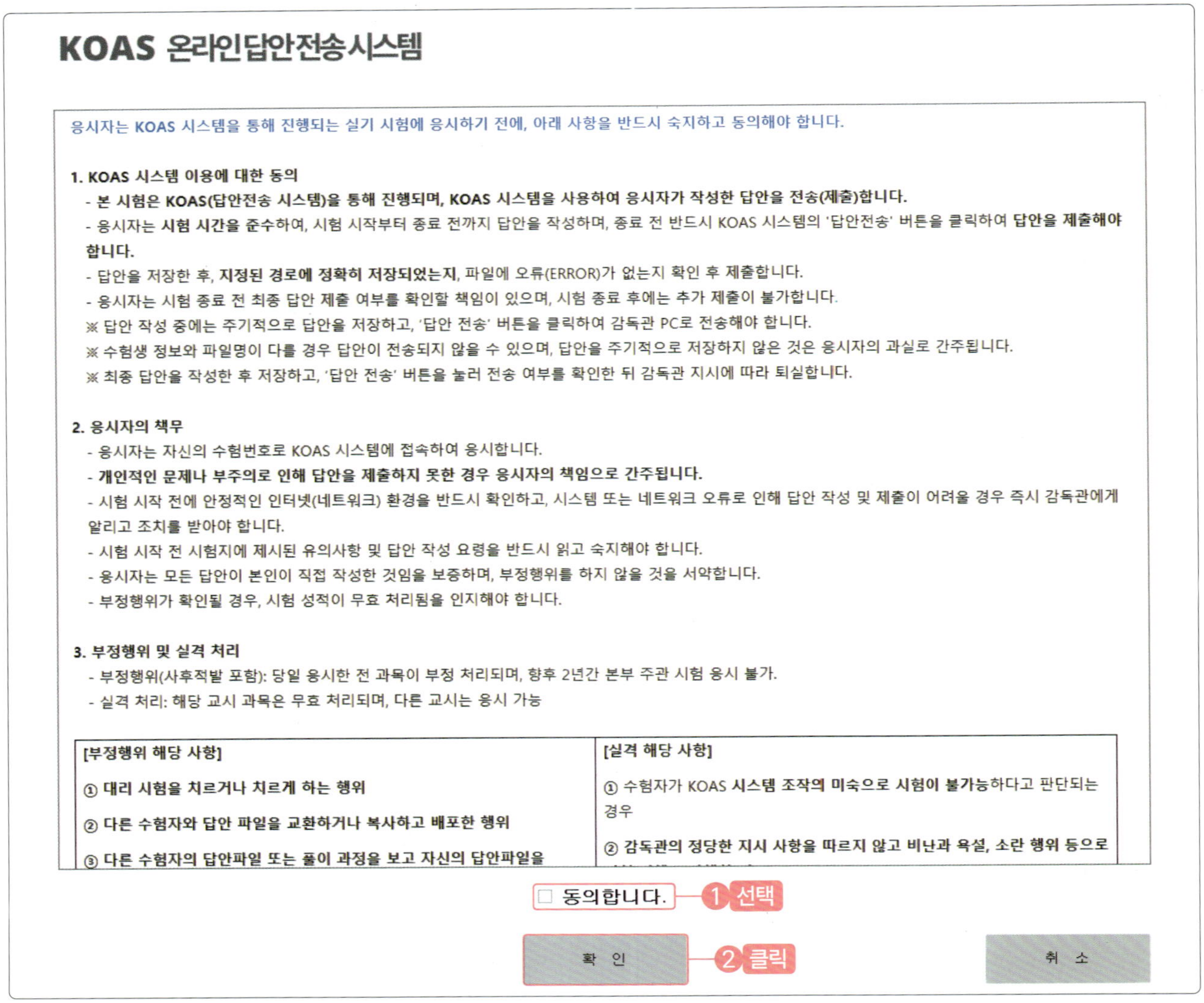

4 컴퓨터가 잠금 상태가 되면 감독위원이 시험을 시작할 때까지 대기합니다.

5 시험이 시작되면 〔KOAS 수험자용〕 프로그램에서 남은 시간을 확인할 수 있습니다.

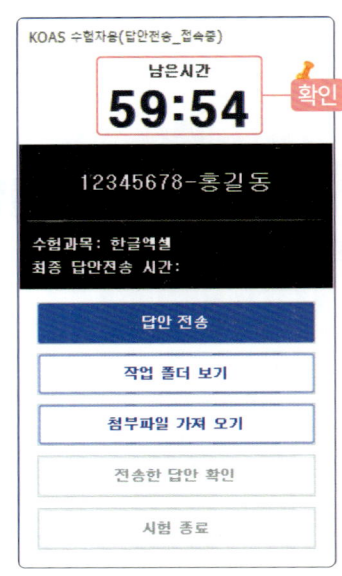

STEP 02 답안 작성 준비하기

《작성요령》
- 모든 작업시트의 A열은 열 너비 '1'로, 나머지 열은 적당하게 조절하시오.
- 답안 시트 이름은 "제1작업", "제2작업", "제3작업", "제4작업"이어야 하며 답안 시트 이외의 것은 감점처리됩니다.

《조건》
- 모든 데이터의 서식에는 글꼴(굴림, 11pt), 정렬은 숫자 및 회계 서식은 오른쪽 정렬, 나머지 서식은 가운데 정렬로 작성하며 예외적인 것은 ≪출력형태≫를 참조하시오.

1 엑셀을 실행하기 위해 [시작(⊞)]을 클릭한 후 [모두]-[엑셀 2021(▦)]을 클릭합니다.

2 엑셀 시작 화면이 나타나면 [새 통합 문서]를 클릭합니다.

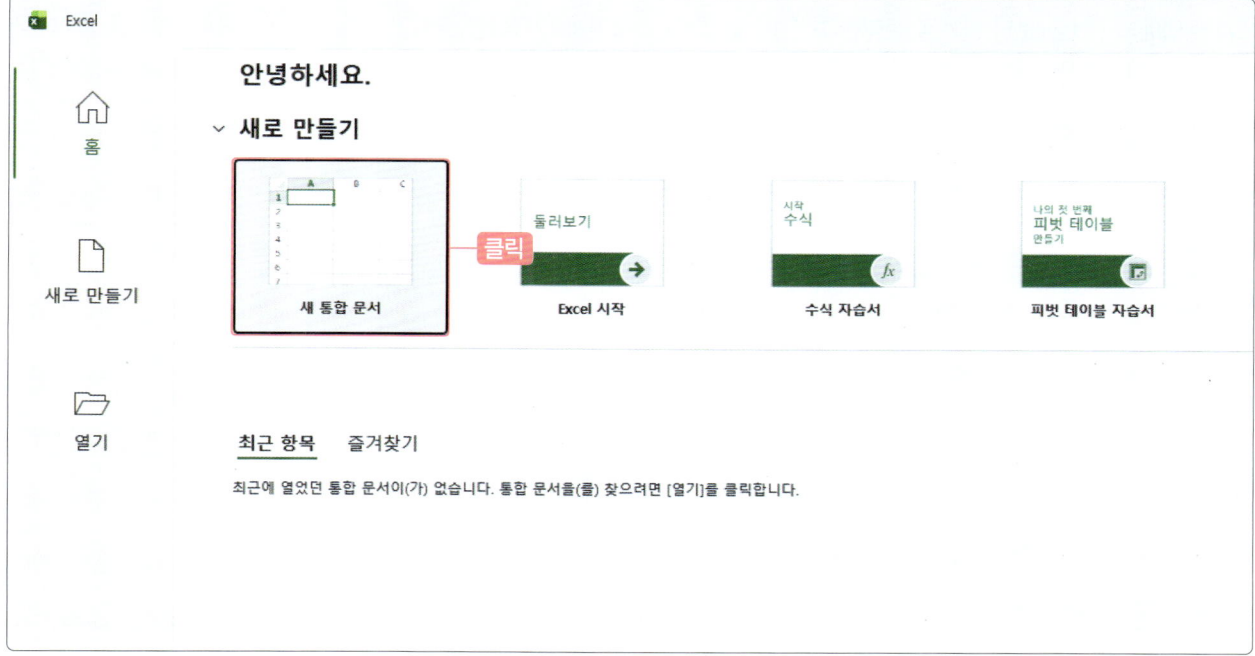

3 다음과 같이 엑셀 새 문서가 만들어집니다.

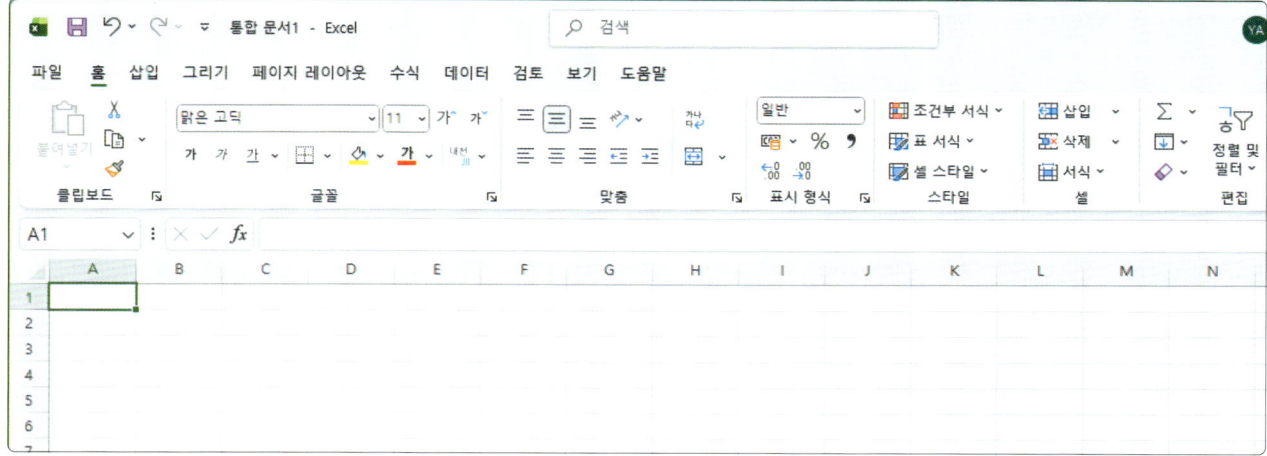

4 시트 이름을 바꾸기 위해 시트 탭에서 [Sheet1] 시트를 더블클릭한 후 '제1작업'을 입력한 다음 Enter 를 누릅니다.

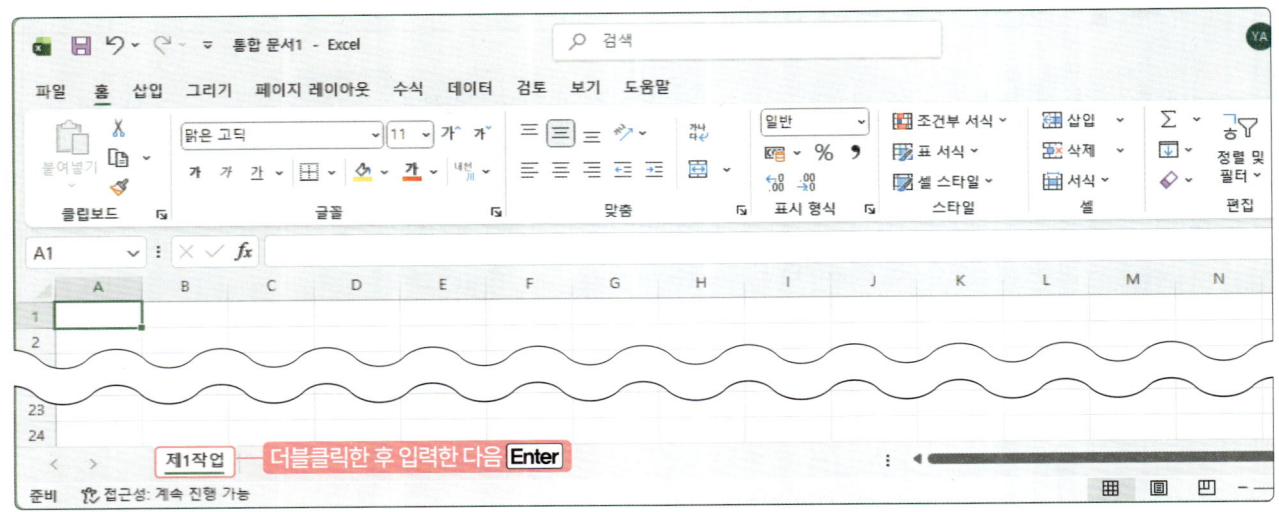

> 시트 탭에서 [Sheet1] 시트를 선택한 후 [홈] 탭-[셀] 그룹에서 [서식]을 클릭한 다음 [시트 이름 바꾸기]를 클릭하거나 [Sheet1] 시트의 바로 가기 메뉴에서 [이름 바꾸기]를 클릭하여 시트 이름을 바꿀 수도 있습니다.

5 시트를 삽입하기 위해 시트 탭에서 [새 시트(+)]를 클릭합니다.

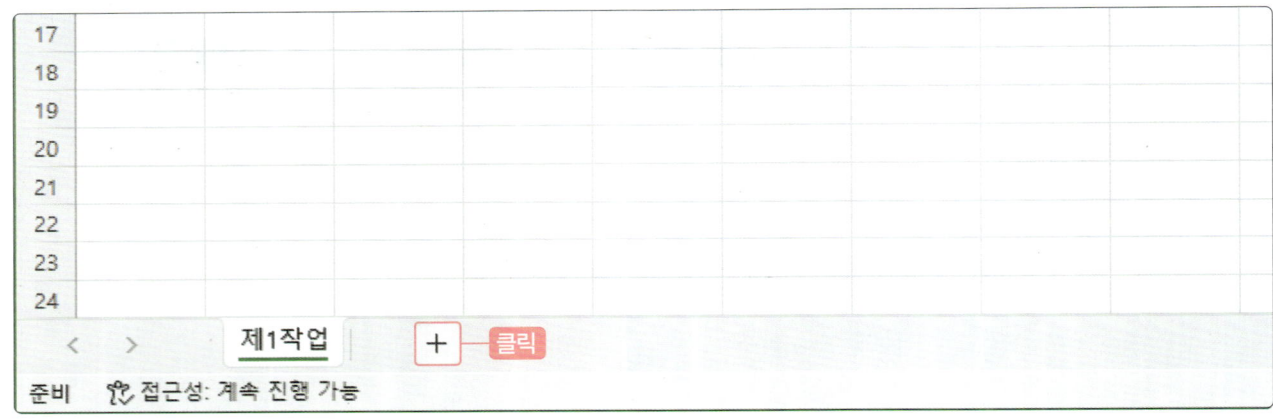

6 새 시트가 삽입되면 시트 이름을 바꾸기 위해 시트 탭에서 [Sheet2] 시트를 더블클릭한 후 '제2작업'을 입력한 다음 Enter 를 누릅니다.

7 같은 방법으로 다음과 같이 **시트를 1개 더 삽입**한 후 **시트 이름(제3작업)**을 바꿉니다.

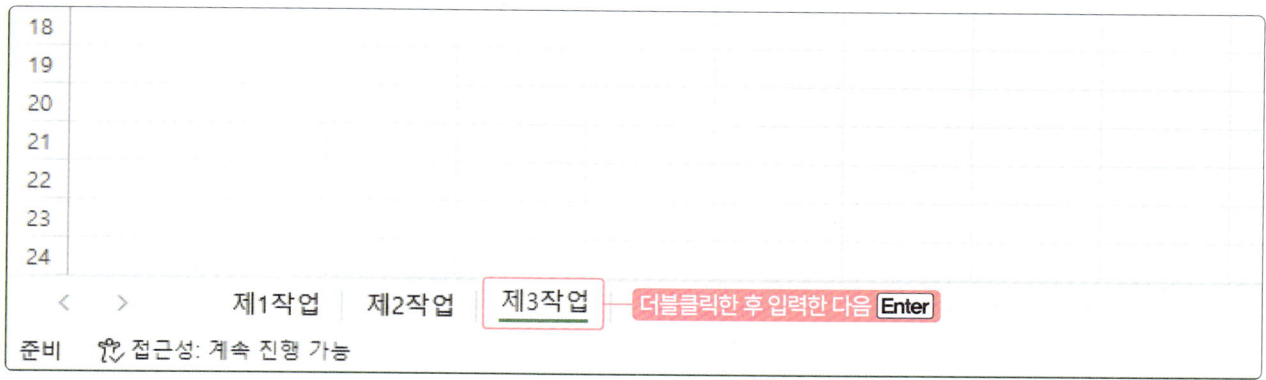

(제4작업) 시트는 시험의 '(제4작업) 그래프'에서 삽입합니다.

8 모든 시트의 A열 너비를 변경하기 위해 시트 탭에서 (제1작업) 시트를 클릭한 후 Shift 를 누른 상태에서 (제3작업) 시트를 클릭한 다음 A열 머리글의 바로 가기 메뉴에서 (열 너비)를 클릭합니다.

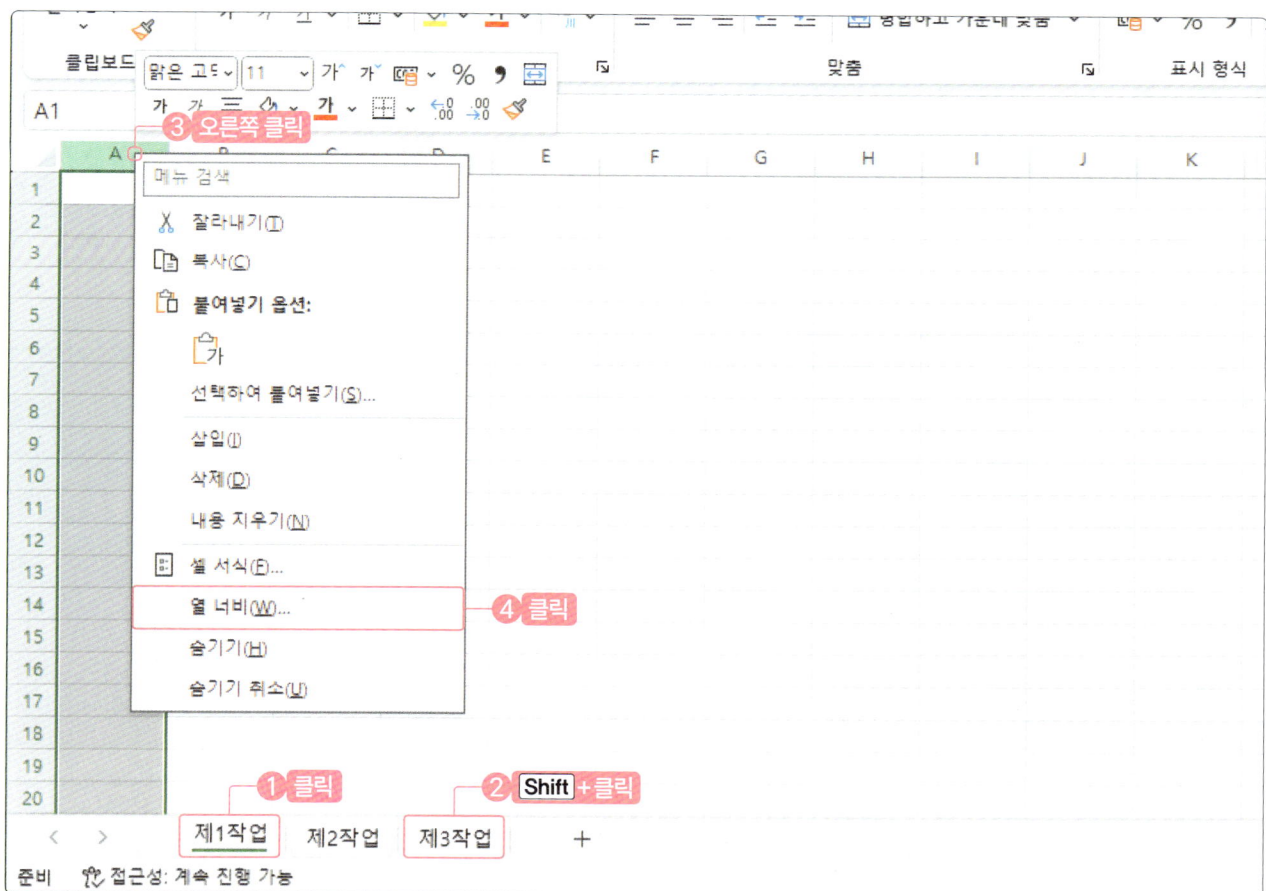

- (제1작업) 시트의 바로 가기 메뉴에서 (모든 시트 선택)을 클릭하여 모든 시트를 그룹화할 수도 있습니다.
- 시트를 그룹화한다는 것은 여러 시트를 선택한다는 것입니다. 시트를 그룹화하면 제목 표시줄에 '(그룹)'이라고 표시되며 모든 시트를 그룹화한 후 하나의 시트에서 작업하면 다른 모든 시트에도 똑같이 작업됩니다. 모든 시트의 A열 너비를 변경하기 위해 모든 시트를 그룹화한 것입니다.
- A열 머리글을 클릭한 후 (홈) 탭-(셀) 그룹에서 (서식)을 클릭한 다음 (열 너비)를 클릭하여 A열 너비를 변경할 수도 있습니다.

한가지 더!

시트 선택하기

- **하나의 시트 선택** : 시트 탭에서 시트를 클릭합니다.
- **연속적인 시트 선택** : 시트 탭에서 첫 번째 시트를 클릭한 후 Shift 를 누른 상태에서 마지막 시트를 클릭합니다.
- **비연속적인 시트 선택** : 시트 탭에서 첫 번째 시트를 클릭한 후 Ctrl 을 누른 상태에서 다른 시트를 클릭합니다.

9 〔열 너비〕대화상자가 나타나면 **열 너비(1)를 입력**한 후 〔확인〕 단추를 클릭합니다.

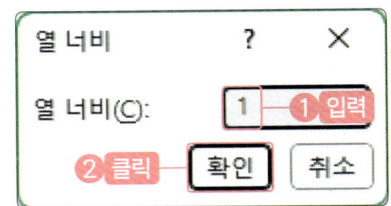

10 모든 시트의 모든 셀에 글꼴 서식과 맞춤 서식을 지정하기 위해 〔**모두 선택( )**〕 단추를 클릭한 후 〔홈〕 탭-〔글꼴〕 그룹에서 **글꼴(굴림)과 글꼴 크기(11)를 선택**한 다음 〔맞춤〕 그룹에서 〔**가운데 맞춤( )**〕을 클릭합니다.

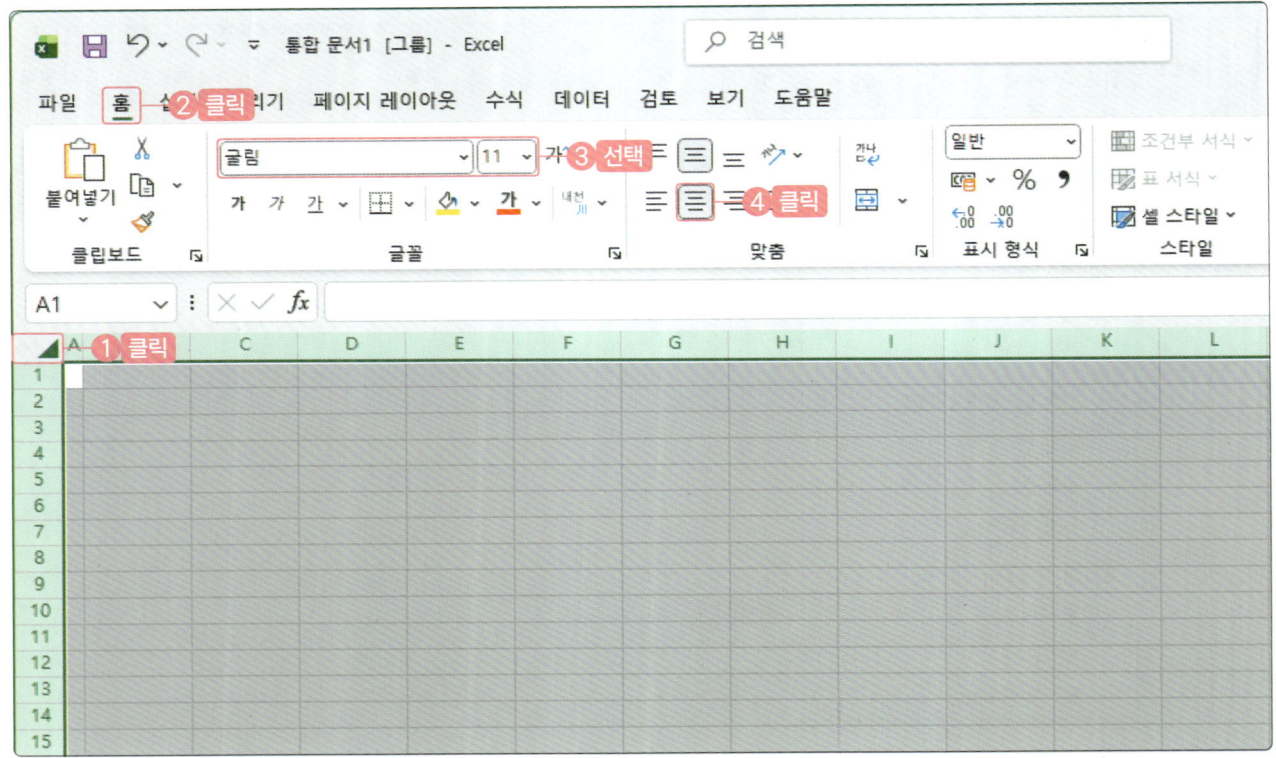

시험에서 〔제1작업〕의 첫 번째 조건을 보면 '모든 데이터의 서식에는 글꼴(굴림, 11pt), 정렬은 숫자 및 회계 서식은 오른쪽 정렬( ), 나머지 서식은 가운데 정렬( )로 작성하며 예외적인 것은 《출력형태》를 참조하시오.'와 같이 명시되어 있습니다.
맞춤 서식은 일반적으로 가운데 맞춤이 더 많으므로 먼저 가운데 맞춤을 지정한 후 가운데 맞춤이 아닌 셀은 따로 지정합니다.

한가지 더!

셀 선택하기

- **하나의 셀 선택** : 셀을 클릭합니다.
- **연속적인 셀 선택** : 셀 범위를 드래그하거나 첫 번째 셀을 클릭한 후 Shift 를 누른 상태에서 마지막 셀을 클릭합니다.
- **비연속적인 셀 선택** : 셀을 클릭한 후 Ctrl 을 누른 상태에서 다른 셀을 클릭합니다.
- **모든 셀 선택** : (모두 선택( )) 단추를 클릭하거나 Ctrl + A 를 누릅니다.

11 모든 시트의 모든 셀이 선택된 것을 해제하기 위해 **A1셀을 클릭**한 후 시트 탭에서 **(제3작업) 시트를 클릭**한 다음 **(제1작업) 시트를 클릭**합니다.

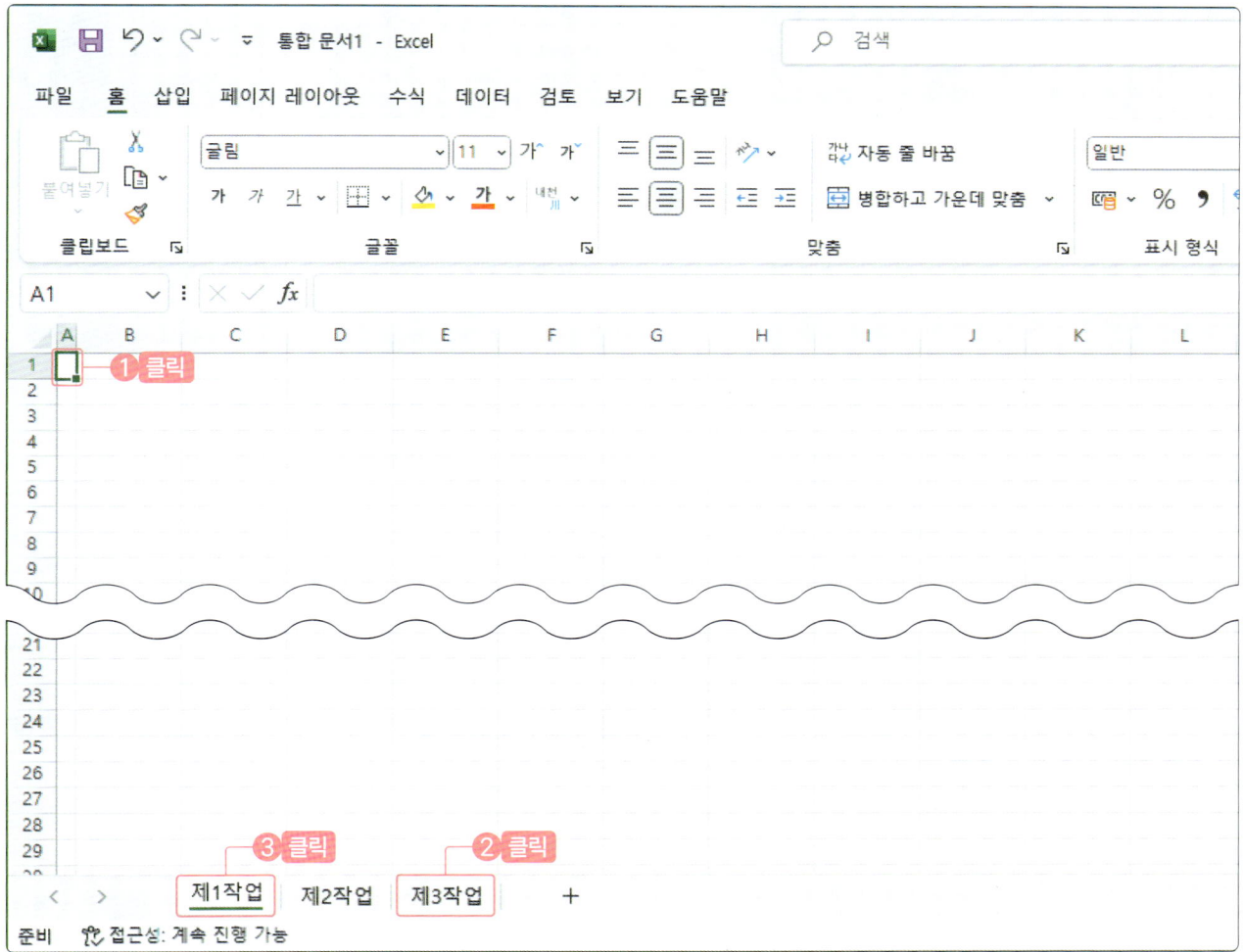

> (제1작업) 시트의 바로 가기 메뉴에서 (시트 그룹 해제)를 클릭하여 모든 시트가 그룹화된 것을 해제할 수도 있습니다.

STEP 03 답안 저장하고 전송하기

> **수험자 유의사항**
> 파일명은 본인의 "수험번호-성명"으로 입력하여 답안폴더(내 PC₩문서₩ITQ)에 하나의 파일로 저장해야하며, 답안 문서 파일명이 "수험번호-성명"과 일치하지 않거나, 답안파일을 전송하지 않아 미제출로 처리될 경우 실격 처리합니다. (예: 12345678-홍길동.xlsx).

1 답안을 저장하기 위해 [파일] 탭에서 [다른 이름으로 저장]을 클릭한 후 [찾아보기]를 클릭합니다.

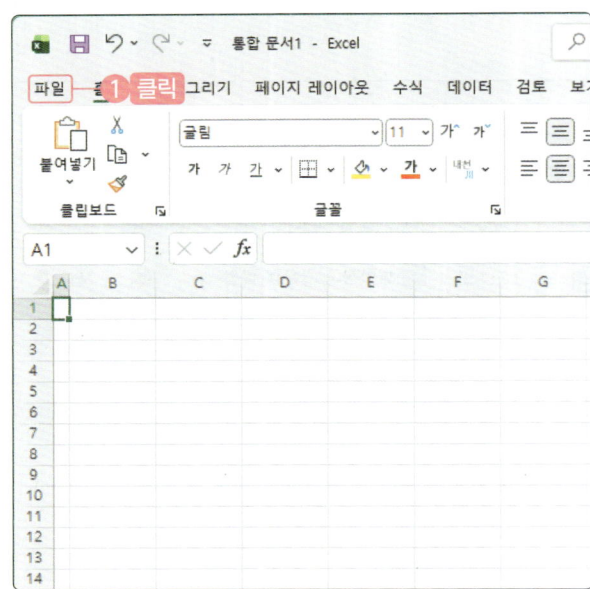
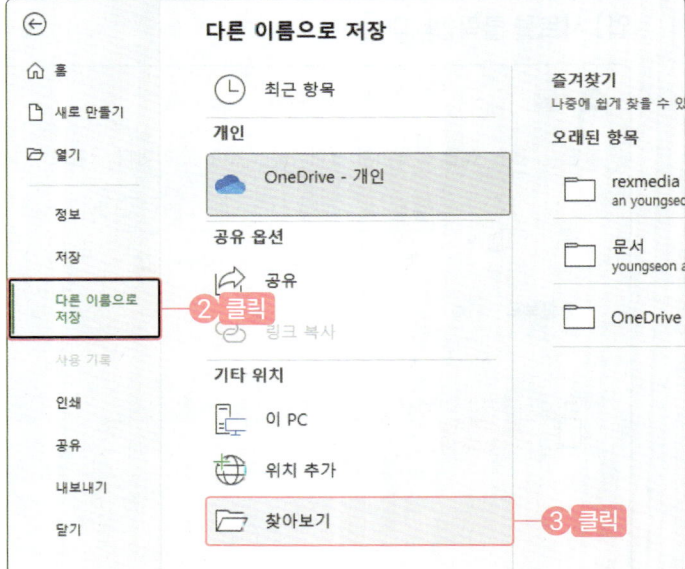

> 새 문서를 만든 후 답안을 작성한 경우에는 [파일] 탭에서 [다른 이름으로 저장]을 클릭한 후 [찾아보기]를 클릭하거나 Ctrl + S 를 누르면 답안을 저장할 수 있습니다.

2 [다른 이름으로 저장] 대화상자가 나타나면 **위치(내 PC₩문서₩ITQ)를 지정**한 후 **파일 이름(12345678-홍길동)을 입력**한 다음 **[저장] 단추를 클릭**합니다.

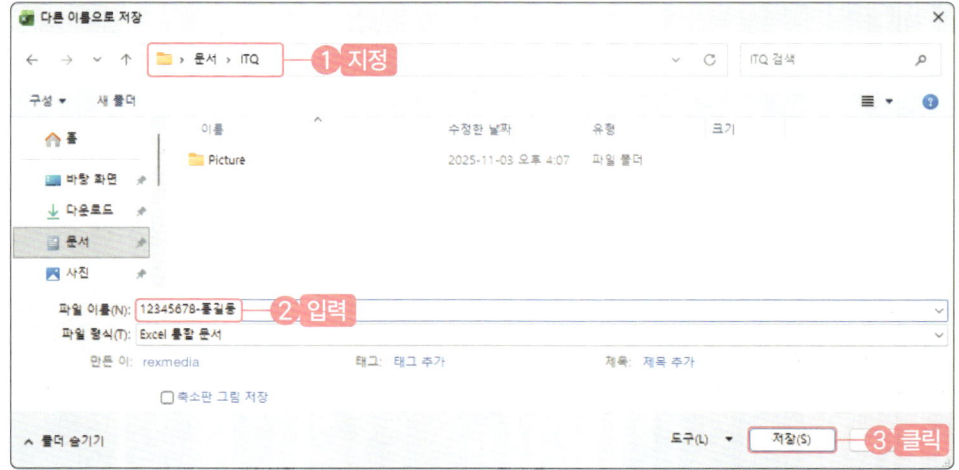

> 시험에서는 본인의 수험번호와 성명을 조합하여 '수험번호-성명' 형식의 파일 이름을 입력합니다.

3 다음과 같이 답안이 저장됩니다.

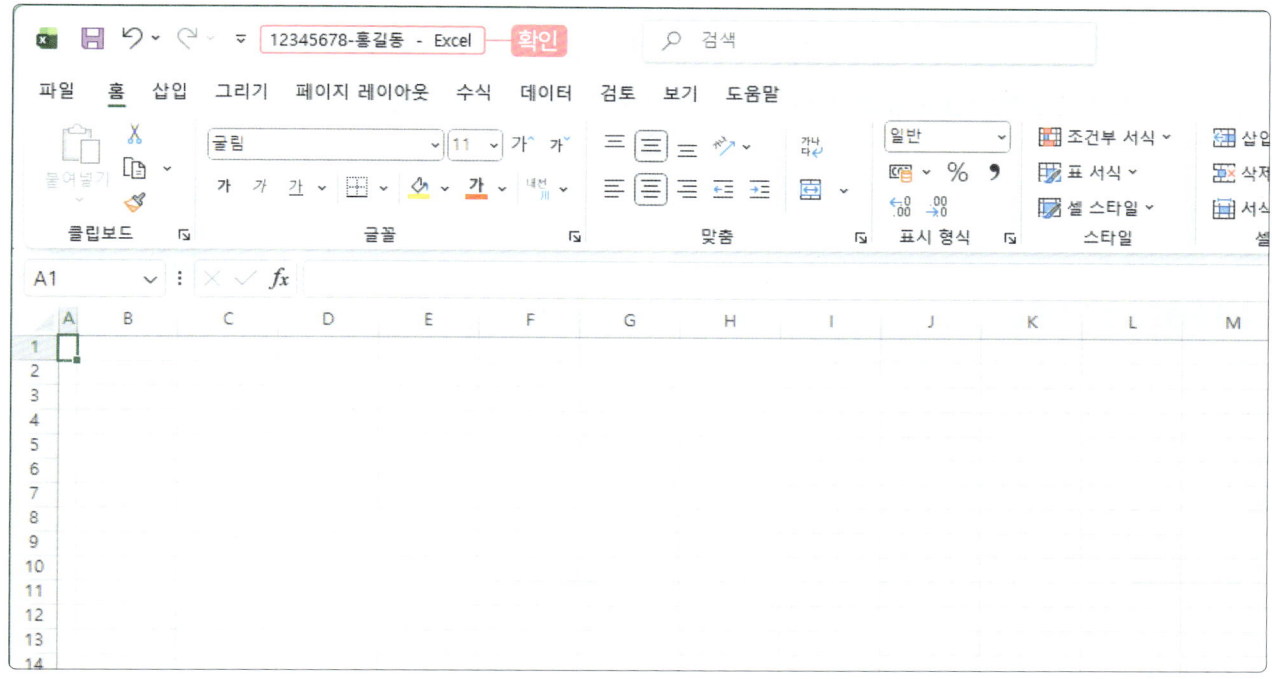

> 시험에서 저장 위치를 잘못 지정하거나 파일 이름을 잘못 입력하여 답안을 저장한 경우에는 [파일] 탭에서 [다른 이름으로 저장]을 클릭한 후 [찾아보기]를 클릭하여 답안을 다시 저장한 후 잘못 저장한 답안을 삭제합니다.

4 답안을 전송하기 위해 [KOAS 수험자용] 프로그램에서 **[답안 전송] 단추를 클릭**합니다.

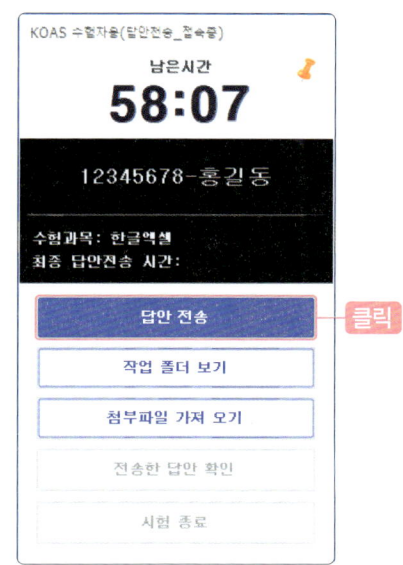

> - 답안을 작성하는 도중에 주기적으로 [파일] 탭에서 [저장]을 클릭하거나 Ctrl+S를 눌러 답안을 저장한 후 감독위원 PC로 전송해 두면 오류가 발생한 경우, 전송된 답안을 불러와서 복구할 수 있습니다. 전송된 답안은 KOAS 수험자용 프로그램에서 [답안 가져오기] 단추를 클릭하여 불러오므로 오류가 발생한 경우, 감독위원에게 문의합니다.
> - [첨부파일 폴더 보기] 단추를 클릭하면 답안을 작성할 때 사용할 그림이 있는지 확인할 수 있습니다.

5 (고사실용 PC로 답안 파일 보내기) 대화상자가 나타나면 **파일 목록(12345678-홍길동.xlsx)과 존재(있음)**를 확인한 후 (답안전송) 단추를 클릭합니다.

6 답안이 전송되면 (상태)에 '성공'이 표시되는지 확인한 후 (닫기) 단추를 클릭합니다.

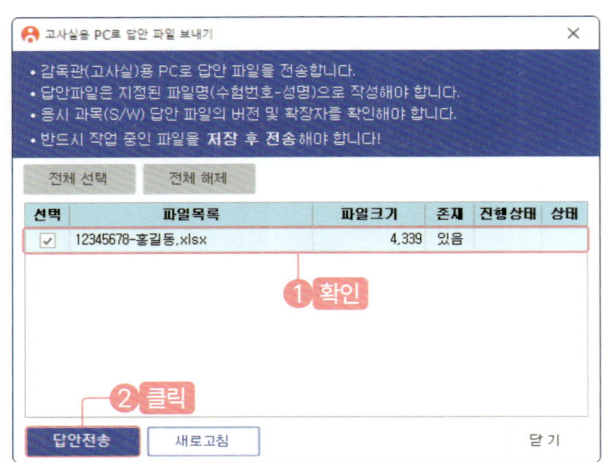
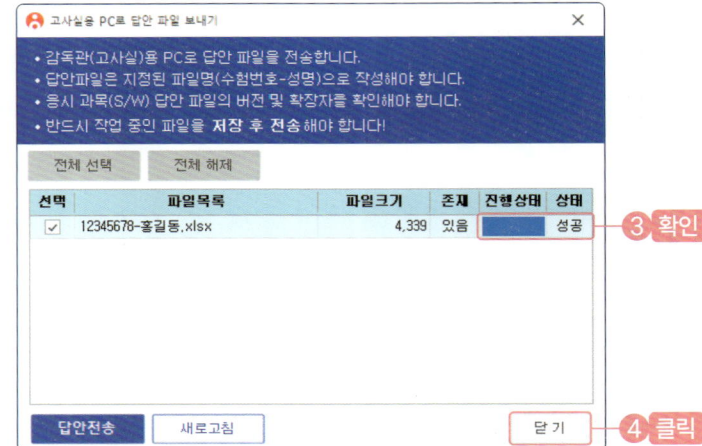

(존재)가 '없음'일 경우 파일 이름을 잘못 저장하거나 다른 위치에 저장한 경우입니다. 엑셀 2021의 (파일) 탭에서 (다른 이름으로 저장하기)를 클릭해 답안을 다시 저장한 후 (답안전송)을 다시 진행합니다.

7 (KOAS 수험자용) 프로그램에서 최종 답안전송 시간을 확인합니다.

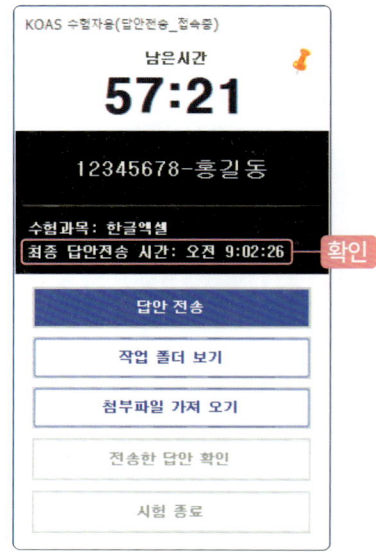

수험자 유의사항 및 답안 작성 요령

유형 01

다음과 같이 새 문서를 만든 후 답안 작성을 준비해 보세요.

▶ 소스파일 : 없음　　▶ 완성파일 : Chapter 01₩문제01-01_완성.xlsx

《조건》
- 파일명은 본인의 "수험번호-성명"으로 입력하여 답안폴더(내 PC₩문서₩ITQ)에 하나의 파일로 저장해야 하며, 답안 문서 파일명이 "수험번호-성명"과 일치하지 않거나, 답안파일을 전송하지 않아 미제출로 처리될 경우 실격 처리합니다 (예 : 12345678-홍길동.xlsx).
- 모든 작업시트의 A열은 열 너비 '1'로, 나머지 열은 적당하게 조절하시오.
- 답안 시트 이름은 "제1작업", "제2작업", "제3작업", "제4작업"이어야 하며 답안 시트 이외의 것은 감점 처리됩니다.
- 모든 데이터의 서식에는 글꼴(돋움, 11pt), 정렬은 숫자 및 회계 서식은 오른쪽 정렬, 나머지 서식은 가운데 정렬로 작성하며 예외적인 것은 《출력형태》를 참조하시오.

《출력형태》

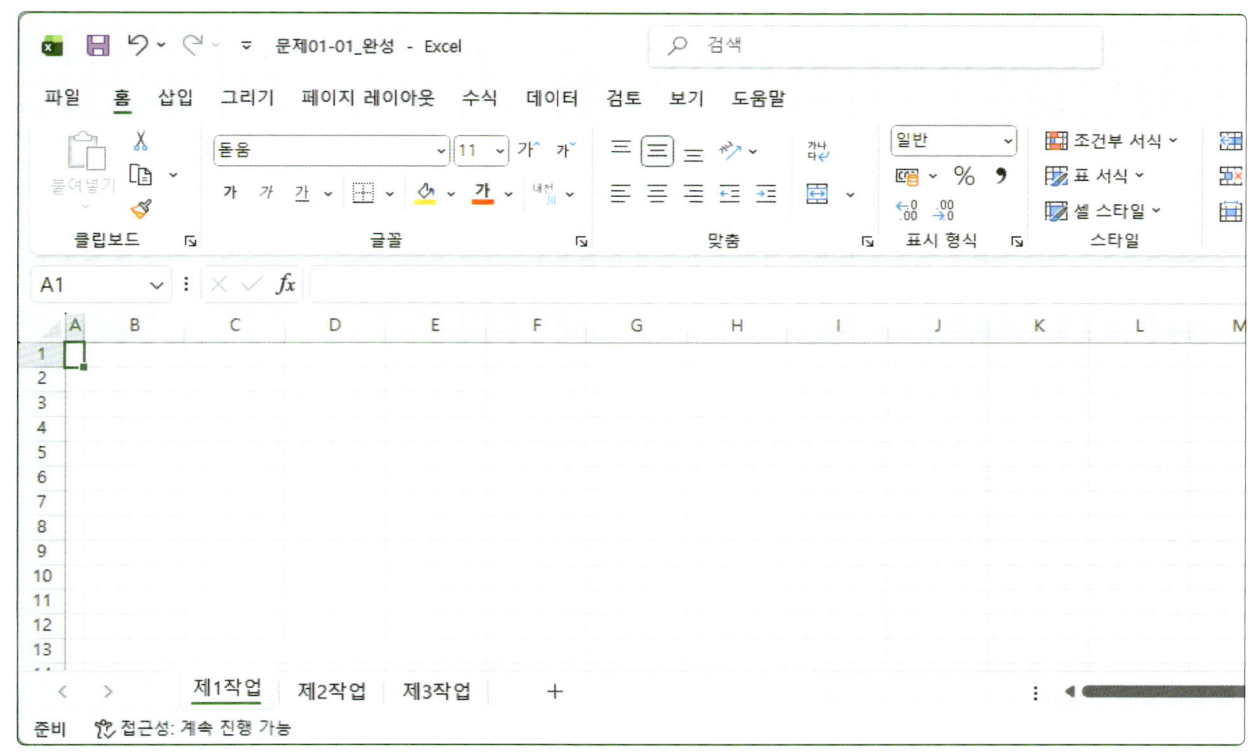

- 모든 데이터의 서식에는 글꼴(굴림, 11pt)로 출제되지만 다양한 글꼴을 연습하도록 합니다.
- [제4작업] 시트는 시험의 '[제4작업] 그래프'에서 삽입합니다.

02 표 서식 작성하기

☑ 데이터 입력하고 셀 병합하기   ☑ 열 너비 및 행 높이 지정하기   ☑ 셀 테두리 지정하기
☑ 셀 서식 지정하기   ☑ 제목 작성하기   ☑ 결재란 작성하기
☑ 데이터 유효성 검사 설정하기

▶ 소스 파일 : Chapter 02₩Ch02.xlsx   ▶ 완성 파일 : Chapter 02₩Ch02_완성.xlsx

☞ 다음은 '컵라면 가격 및 판매수량'에 대한 자료이다. 자료를 입력하고 조건에 맞도록 작업하시오.

출력 형태

제품코드	제품명	제조사	용기	판매가격	환산가격(1g)	판매수량(단위:개)	순위	뚜껑
NG43-411	너구리	농심	종이(외면)	1,240	6.8	1,562	(1)	(2)
NP96-451	신라면	농심	폴리스틸렌	800	7.7	2,465	(1)	(2)
PL11-542	롯데라면컵	팔도	종이(외면)	750	7.6	954	(1)	(2)
RT27-251	진라면순한맛	오뚜기	종이(외면)	950	7.0	2,056	(1)	(2)
DT49-211	참깨라면	오뚜기	종이(외면)	840	8.6	1,625	(1)	(2)
PL13-252	손짬뽕컵	팔도	폴리스틸렌수지	1,280	11.0	865	(1)	(2)
PL11-422	공화춘짬뽕	팔도	폴리스틸렌	1,280	11.1	1,245	(1)	(2)
NA21-451	육개장	농심	폴리스틸렌	850	11.0	1,432	(1)	(2)
종이(외면) 용기 제품의 개수			(3)		최저 판매수량(단위:개)			(5)
오뚜기 제품의 판매가격 평균			(4)		제품코드	NG43-411	판매가격	(6)

확인 | 담당 | 대리 | 과장

조건

○ 모든 데이터의 서식에는 글꼴(굴림, 11pt), 정렬은 숫자 및 회계 서식은 오른쪽 정렬, 나머지 서식은 가운데 정렬로 작성하며 예외적인 것은 《출력형태》를 참조하시오.
○ 제 목 ⇒ 도형(사다리꼴)과 그림자(오프셋 오른쪽)를 이용하여 작성하고 "컵라면 가격 및 판매수량"을 입력한 후 다음 서식을 적용하시오
(글꼴-굴림, 24pt, 검정, 굵게, 채우기-노랑).
○ 임의의 셀에 결재란을 작성하여 그림으로 복사 기능을 이용하여 붙이기 하시오(단, 원본 삭제).
○ 「B4:J4, G14, I14」영역은 '주황'으로 채우기 하시오.
○ 유효성 검사를 이용하여 「H14」셀에 제품코드(「B5:B12」영역)가 선택 표시되도록 하시오.
○ 셀 서식 ⇒ 「F5:F12」영역에 셀 서식을 이용하여 숫자 뒤에 '원'을 표시하시오(예 : 1,240원).
○ 「F5:F12」영역에 대해 '판매가격'으로 이름정의를 하시오.'

체크! 체크!

(표 서식 작성)

■ **데이터 입력 및 셀 서식 지정하기**
- 각 셀에 내용을 입력한 후 열 너비 및 행 높이를 지정하고 테두리를 지정합니다.
  (열 너비 및 행 높이, 테두리는 《출력형태》를 참고하여 지정합니다.)
- 셀 서식(표시 형식)을 지정합니다.

■ **제목 및 결재란 작성하기**
- 도형을 이용하여 제목을 작성하고 글꼴, 글꼴 크기, 속성, 맞춤 등을 지정한 후 결재란을 작성합니다.
  (결재란은 그림으로 복사한 후 원본을 삭제합니다.)

■ **데이터 유효성 검사 및 이름 정의하기**
- 데이터 유효성 검사 및 이름을 정의합니다.

STEP 01 데이터 입력하고 셀 병합하기

1 다음과 같이 B4셀부터 **데이터를 입력**합니다.

제품코드	제품명	제조사	용기	판매가격	환산가격 (1g)	판매수량 (단위:개)	순위	뚜껑
NG43-411	너구리	농심	종이(외면)	1240	6.8	1562		
NP96-451	신라면	농심	폴리스틸렌	800	7.7	2465		
PL11-542	롯데라면컵	팔도	종이(외면)	750	7.6	954		
RT27-251	진라면순한맛	오뚜기	종이(외면)	950	7.0	2056		
DT49-211	참깨라면	오뚜기	종이(외면)	840	8.6	1625		
PL13-252	손짬뽕컵	팔도	폴리스틸렌수지	1280	11.0	865		
PL11-422	공화춘짬뽕	팔도	폴리스틸렌	1280	11.1	1245		
NA21-451	육개장	농심	폴리스틸렌	850	11.0	1432		
종이(외면) 용기 제품의 개수					최저 판매수량(단위:개)			
오뚜기 제품의 판매가격 평균				제품코드		판매가격		

- 모든 셀에 글꼴(굴림), 글꼴 크기(11), 가운데 맞춤이 지정되어 있습니다.
- 《출력형태》에서 '(1)'~'(6)'이 입력되어 있는 셀은 함수를 사용하여 값을 구할 셀을 나타낸 것이고, H14셀의 데이터는 데이터 유효성 검사를 설정하여 입력하므로 여기서는 입력하지 않습니다.
- [Alt]+[Enter]를 사용하면 하나의 셀에 두 줄 이상 입력할 수 있습니다. G4셀의 데이터는 '환산가격'을 입력한 후 [Alt]+[Enter]를 눌러 줄을 바꾼 다음 '(1g)'을 입력한 것입니다. H4셀의 데이터도 같은 방법으로 입력합니다.
- '종이(외면) 용기 제품의 개수'는 B13셀, '오뚜기 제품의 판매가격 평균'은 B14셀, '최저 판매수량(단위:개)'는 G13셀에 입력합니다.
- 셀을 클릭한 후 [F2]를 누르거나 셀을 더블클릭하면 데이터를 수정할 수 있습니다.

2 맞춤 서식을 지정하기 위해 **B13:D13, B14:D14, F13:F14, G13:I13 셀을 드래그하여 선택**한 후 [홈] 탭-[맞춤] 그룹에서 **[병합하고 가운데 맞춤(圄)]을 클릭**합니다.

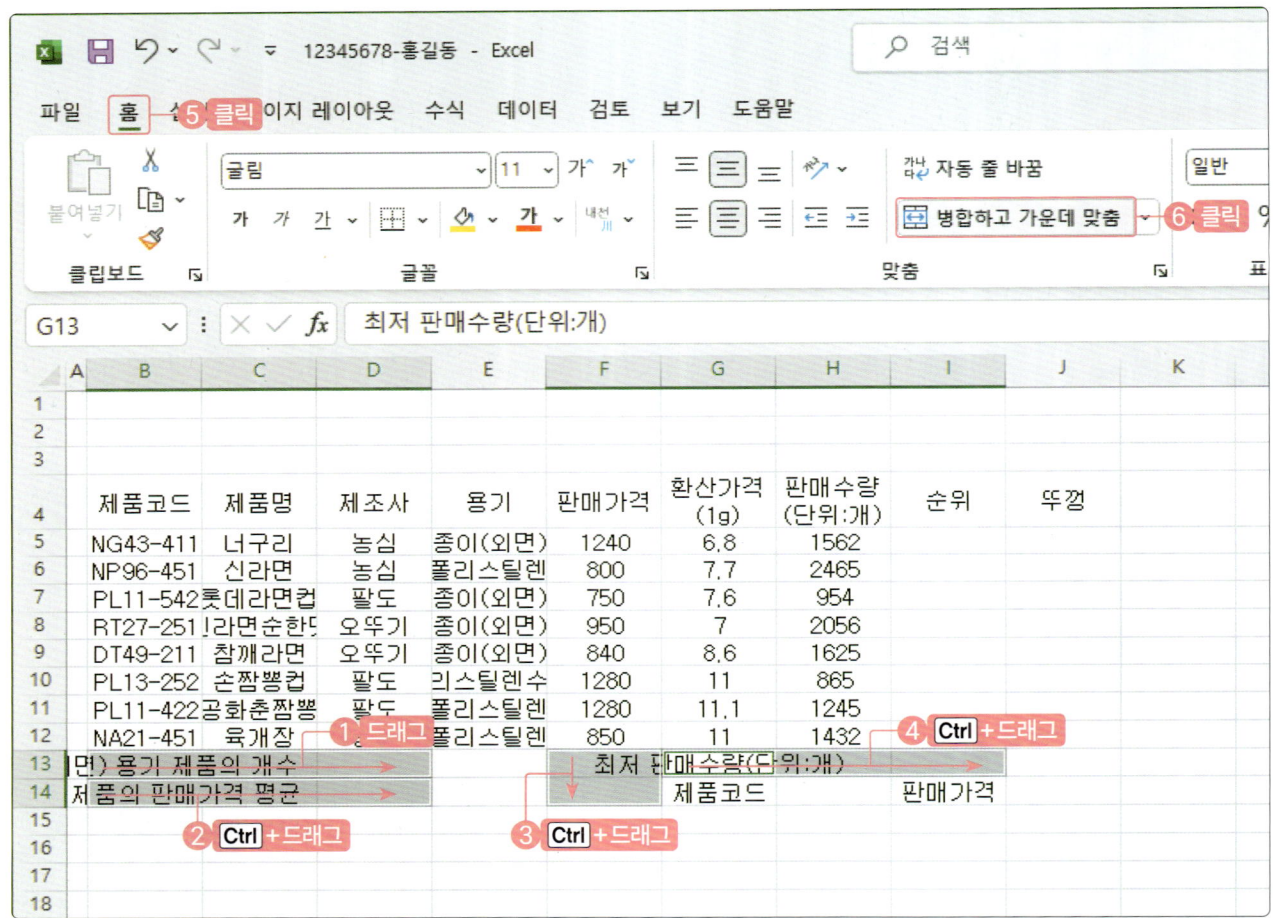

셀 서식은 셀과 데이터를 원하는 모양으로 변경할 수 있는 기능으로 글꼴 서식, 맞춤 서식, 테두리 서식, 채우기 서식, 표시 형식이 있습니다.

열 너비 및 행 높이 지정하기

《작성요령》 모든 작업시트의 A열은 열 너비 '1'로, 나머지 열은 적당하게 조절하시오.

1 B열의 열 너비를 조절하기 위해 B열과 C열 머리글 사이에 **마우스 포인터를 위치**시킨 후 **더블클릭**합니다.

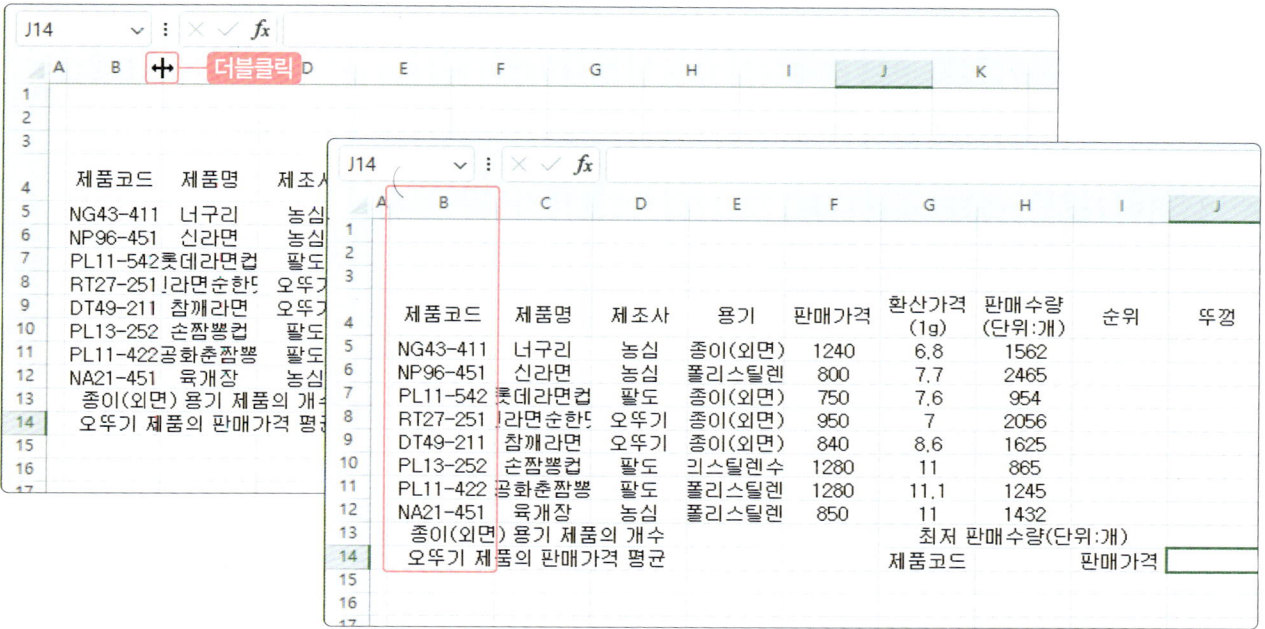

- 열의 너비는 《출력형태》를 참고하여 조절합니다.
- (머리글) 사이를 더블클릭하면 B열에 입력된 데이터 중 가장 긴 데이터의 길이에 맞추어 열 너비가 자동으로 조절됩니다.

2 같은 방법으로 《출력형태》를 참고하여 **다른 열들의 열 너비를 조절**합니다.

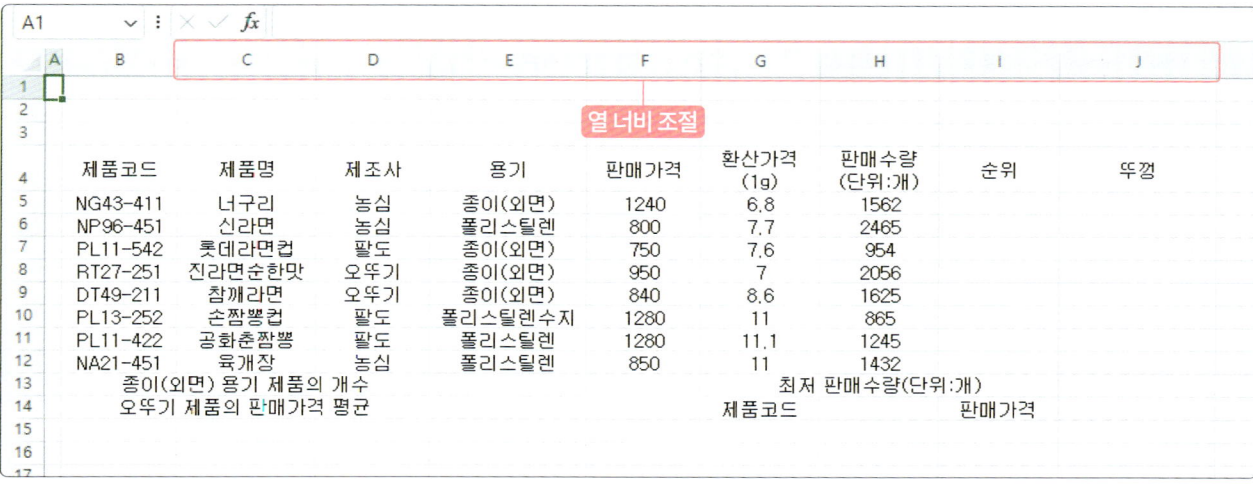

- C:J 열 머리글을 드래그한 후 머리글 사이를 더블클릭하면 한 번에 열의 너비를 조절할 수 있습니다.
- 열의 너비는 《출력형태》를 참고하여 조절합니다.

3 1:3행을 드래그하여 선택한 후 행 머리글의 바로 가기 메뉴에서 [행 높이]를 클릭합니다.

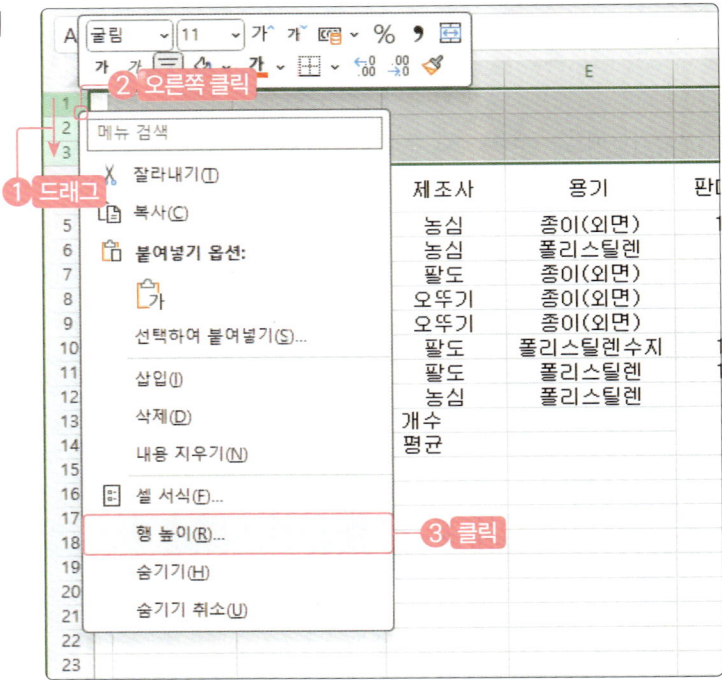

4 [행 높이] 대화상자가 나타나면 **행 높이(23)를 입력**한 후 [확인] 단추를 클릭합니다.

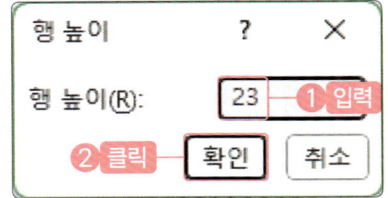

5 같은 방법으로 **4행의 행 높이를 '35', 5:14행의 행 높이를 '21'로 지정**합니다.

	A	B	C	D	E	F	G	H	I	J
1										
2										
3										
4		제품코드	품명	제조사	용기	판매가격	환산가격(1g)	판매수량(단위:개)	순위	뚜껑
5		NG43-411	너구리	농심	종이(외면)	1240	6.8	1562		
6		NP96-451	신라면	농심	폴리스틸렌	800	7.7	2465		
7		PL11-542	롯데라면컵	팔도	종이(외면)	750	7.6	954		
8		RT27-251	진라면순한맛	오뚜기	종이(외면)	950	7	2056		
9		DT49-211	참깨라면	오뚜기	종이(외면)	840	8.6	1625		
10		PL13-252	손짬뽕컵	팔도	폴리스틸렌수지	1280	11	865		
11		PL11-422	공화춘짬뽕	팔도	폴리스틸렌	1280	11.1	1245		
12		NA21-451	육개장	농심	폴리스틸렌	850	11	1432		
13		종이(외면) 용기 제품의 개수					최저 판매수량(단위:개)			
14		오뚜기 제품의 판매가격 평균					제품코드		판매가격	
15										
16										

> 행의 높이는 별도의 조건이 없기 때문에 《출력형태》를 참고하여 조절합니다.

STEP 03   셀 테두리 지정하기

《작성요령》 모든 작업시트의 테두리는 《출력형태》와 같이 작업하시오.

1 테두리 서식을 지정하기 위해 **B4:J14 셀을 드래그**한 후 **[홈] 탭-[글꼴] 그룹**에서 **(추가 옵션(⌐))**을 클릭합니다.

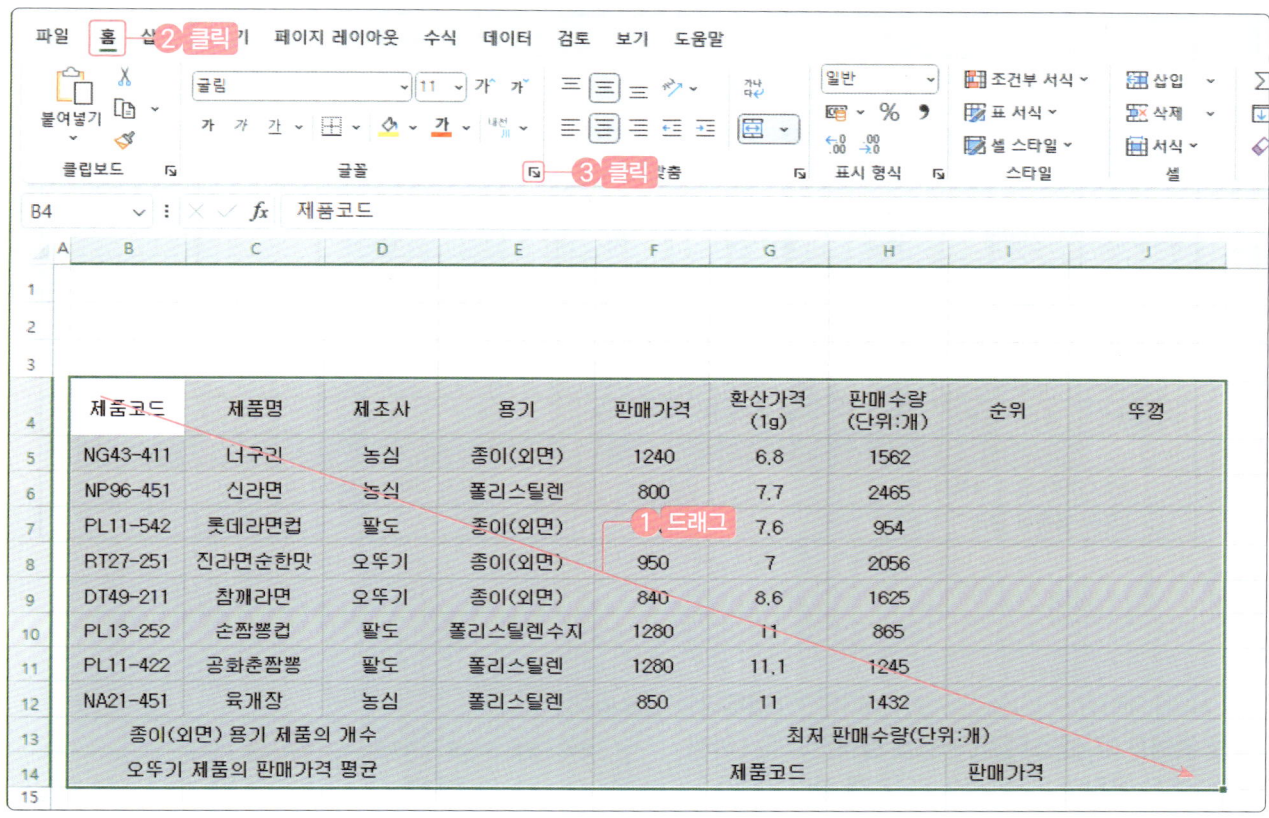

2 **[셀 서식] 대화상자**의 **[글꼴] 탭**이 나타나면 **[테두리] 탭을 클릭**한 후 **선 스타일(──)을 클릭**한 다음 **[안쪽(⊞)]을 클릭**합니다. 그런 다음 다시 **선 스타일(──)을 클릭**한 후 **[윤곽선(▥)])을 클릭**한 다음 **[확인] 단추를 클릭**합니다.

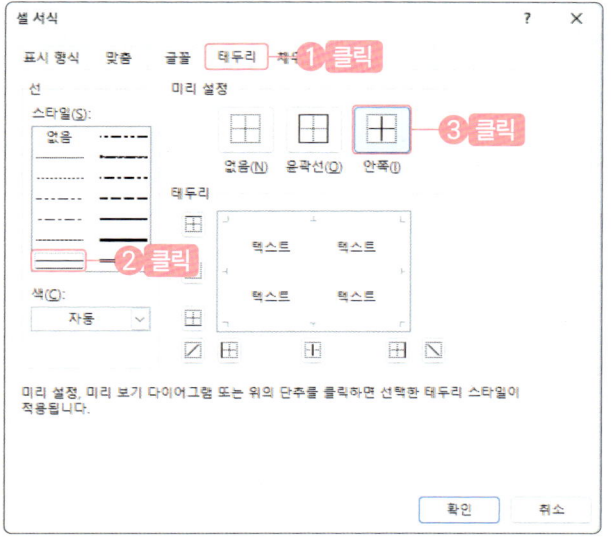 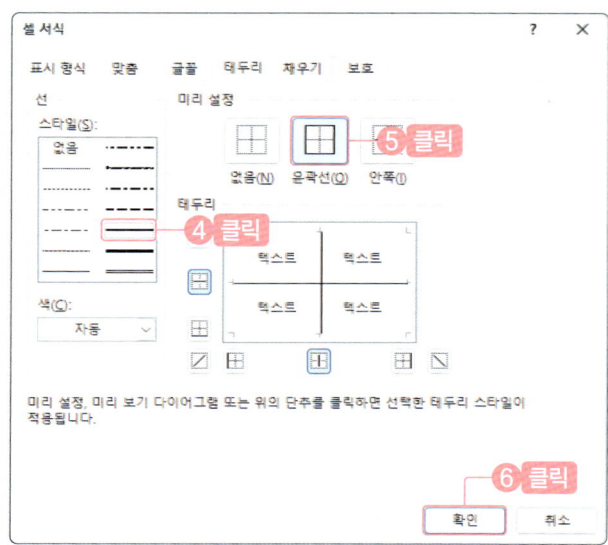

Chapter 02 · 표 서식 작성하기   **3-19**

3. B4:J4, B12:J12 셀을 드래그하여 선택한 후 [홈] 탭-[글꼴] 그룹에서 (추가 옵션(⌐))을 클릭합니다.

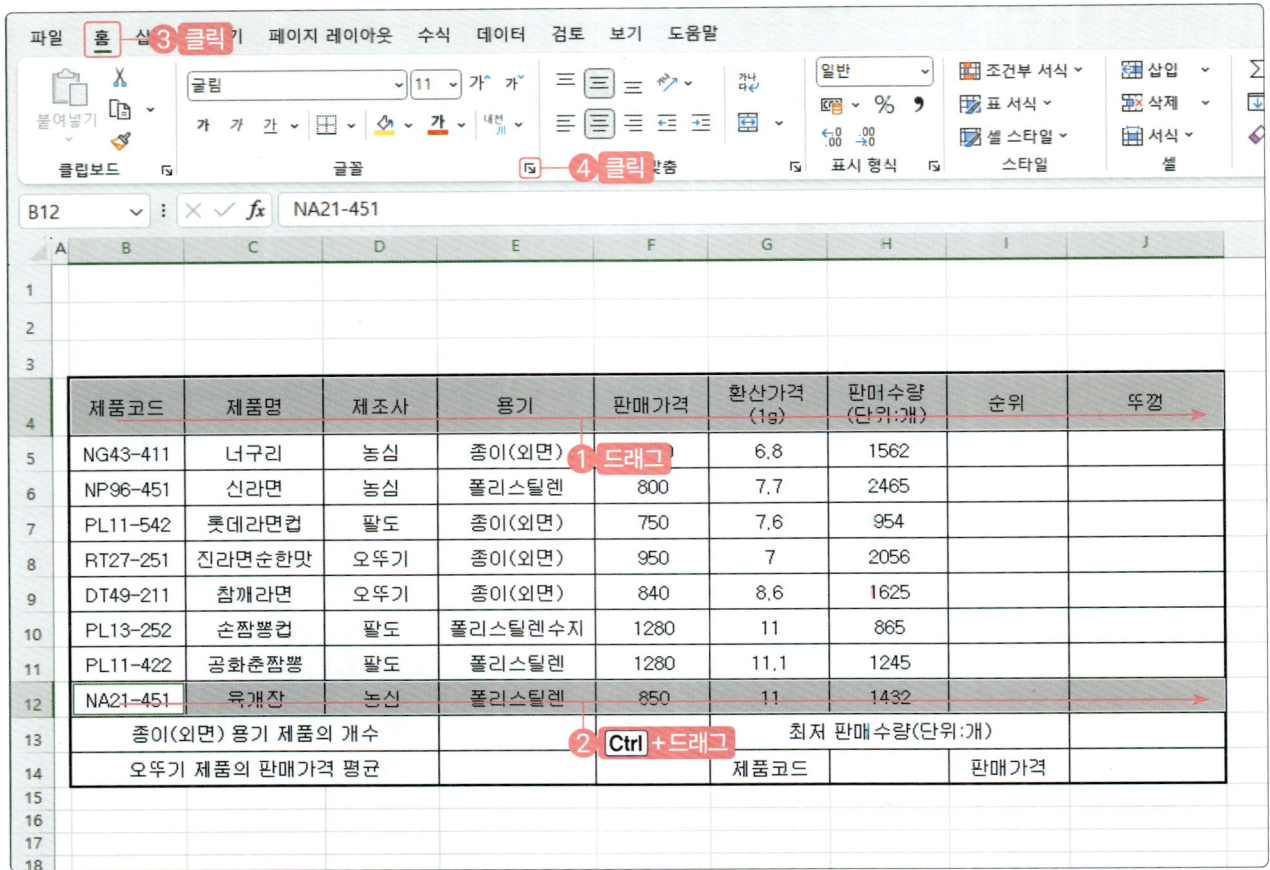

4. [셀 서식] 대화상자의 [글꼴] 탭이 나타나면 (테두리) 탭을 클릭한 후 선 스타일(━)을 클릭한 다음 (아래쪽(⊞))을 클릭한 다음 (확인) 단추를 클릭합니다.

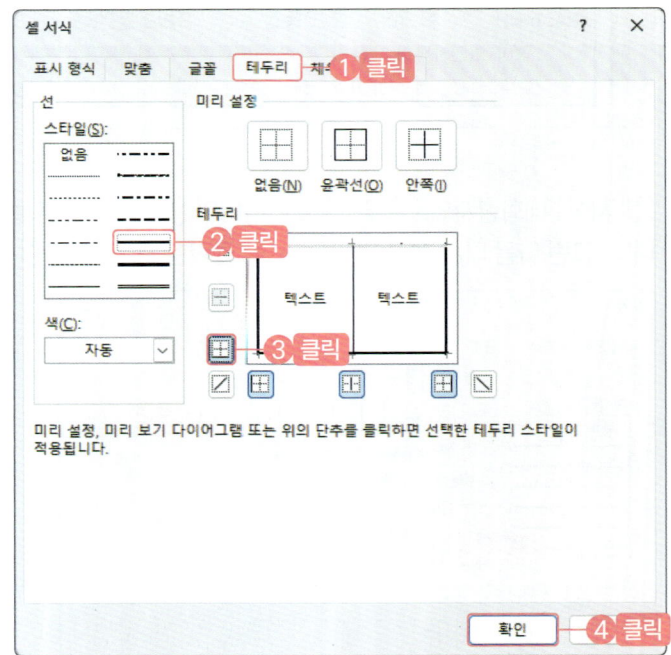

5 F13 셀을 클릭한 후 [홈] 탭-[글꼴] 그룹에서 (추가 옵션(□))을 클릭합니다.

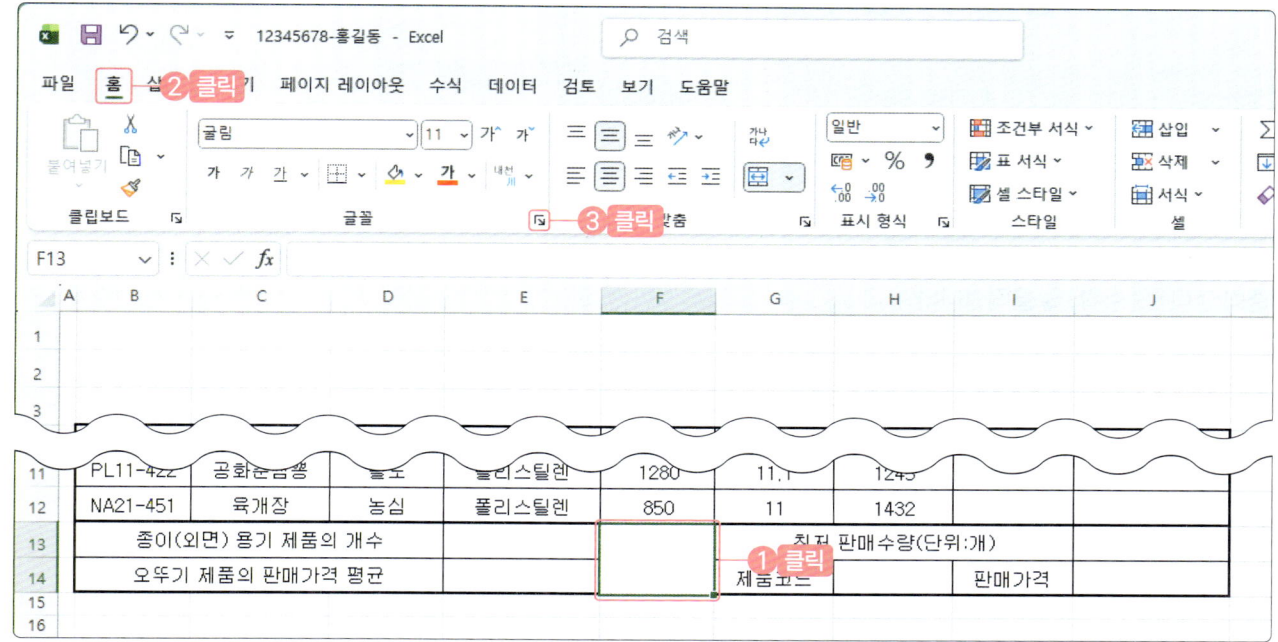

6 [셀 서식] 대화상자의 [글꼴] 탭이 나타나면 [테두리] 탭을 클릭한 후 선 스타일(—)을 클릭한 다음 □와 □를 클릭하고 [확인] 단추를 클릭합니다.

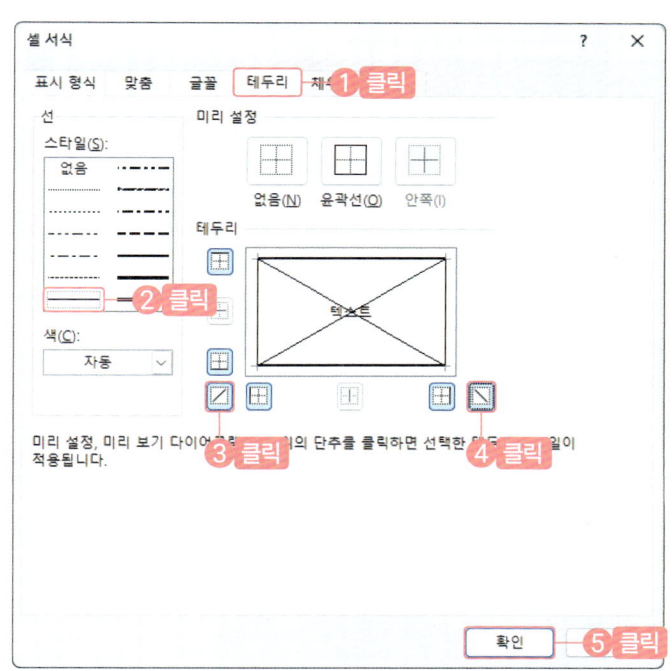

7 다음과 같이 대각선 셀 테두리가 지정됩니다.

STEP 04 셀 서식 지정하기

《조건》
- 「B4:J4, G14, I14」영역은 '주황'으로 채우기 하시오.
- 셀 서식 ⇒ 「F5:F12」영역에 셀 서식을 이용하여 숫자 뒤에 '원'을 표시하시오(예 : 1,240원).

1 채우기 서식을 지정하기 위해 **B4:J4, G14, I14셀을 선택**한 후 〔홈〕 탭-〔글꼴〕 그룹에서 **(채우기 색)의 (목록( ))** 단추를 클릭한 다음 **(주황)**을 클릭합니다.

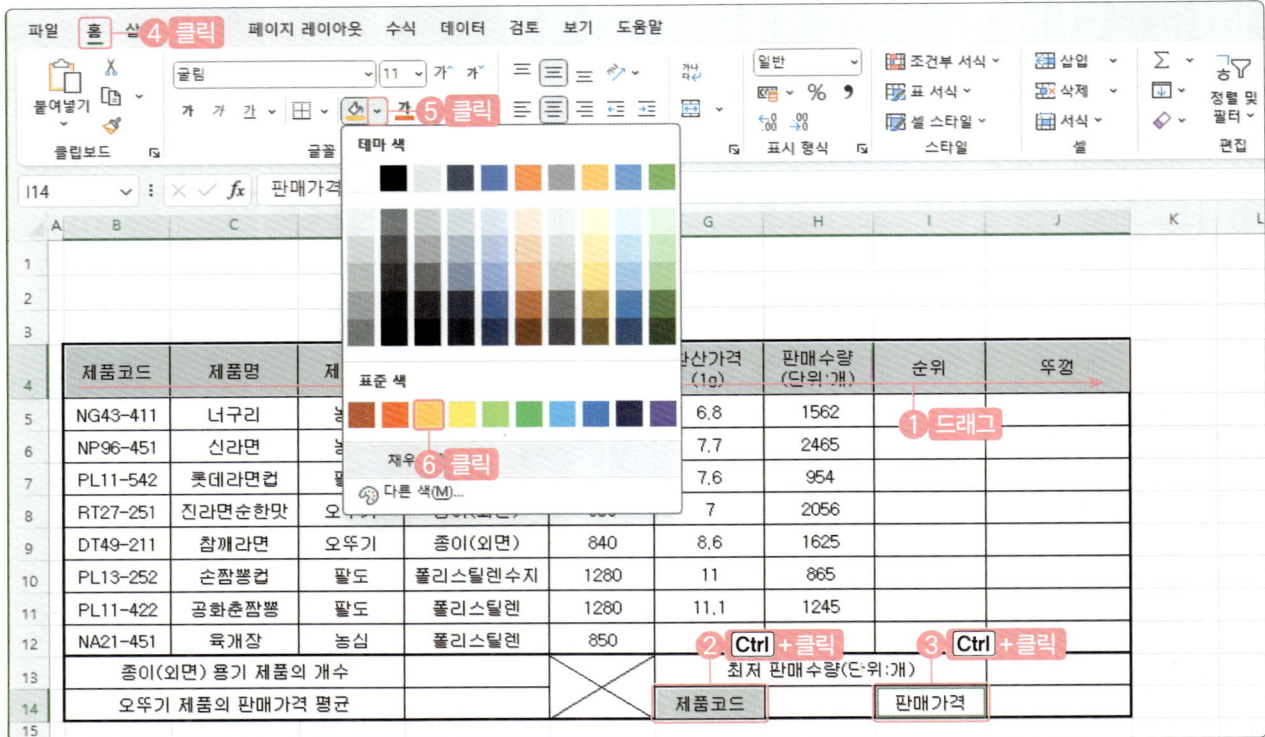

2 표시 형식을 지정하기 위해 **G5:G12셀을 드래그**한 후 〔홈〕 탭-〔표시 형식〕 그룹에서 **(추가 옵션( ))**을 클릭합니다.

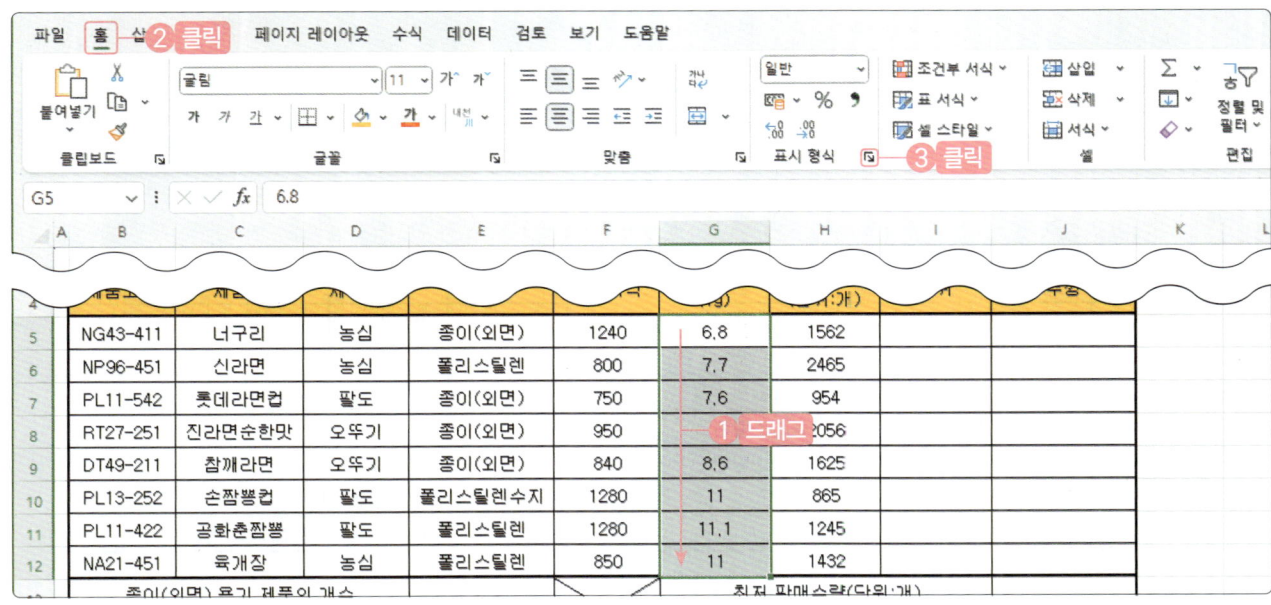

3 (셀 서식) 대화상자의 (표시 형식) 탭이 나타나면 **범주(숫자)를 클릭**한 후 **소수 자릿수(1)를 입력**한 다음 (확인) 단추를 클릭합니다.

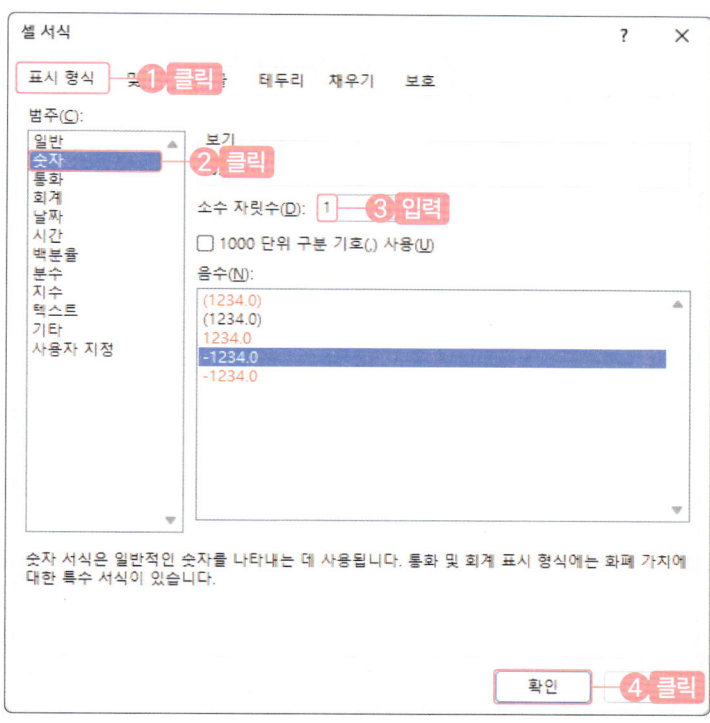

4 표시 형식을 지정하기 위해 F5:F12, H5:H12 셀을 드래그하여 **선택**한 후 (홈) 탭-(표시 형식) 그룹에서 **(쉼표 스타일(,))을 클릭**합니다.

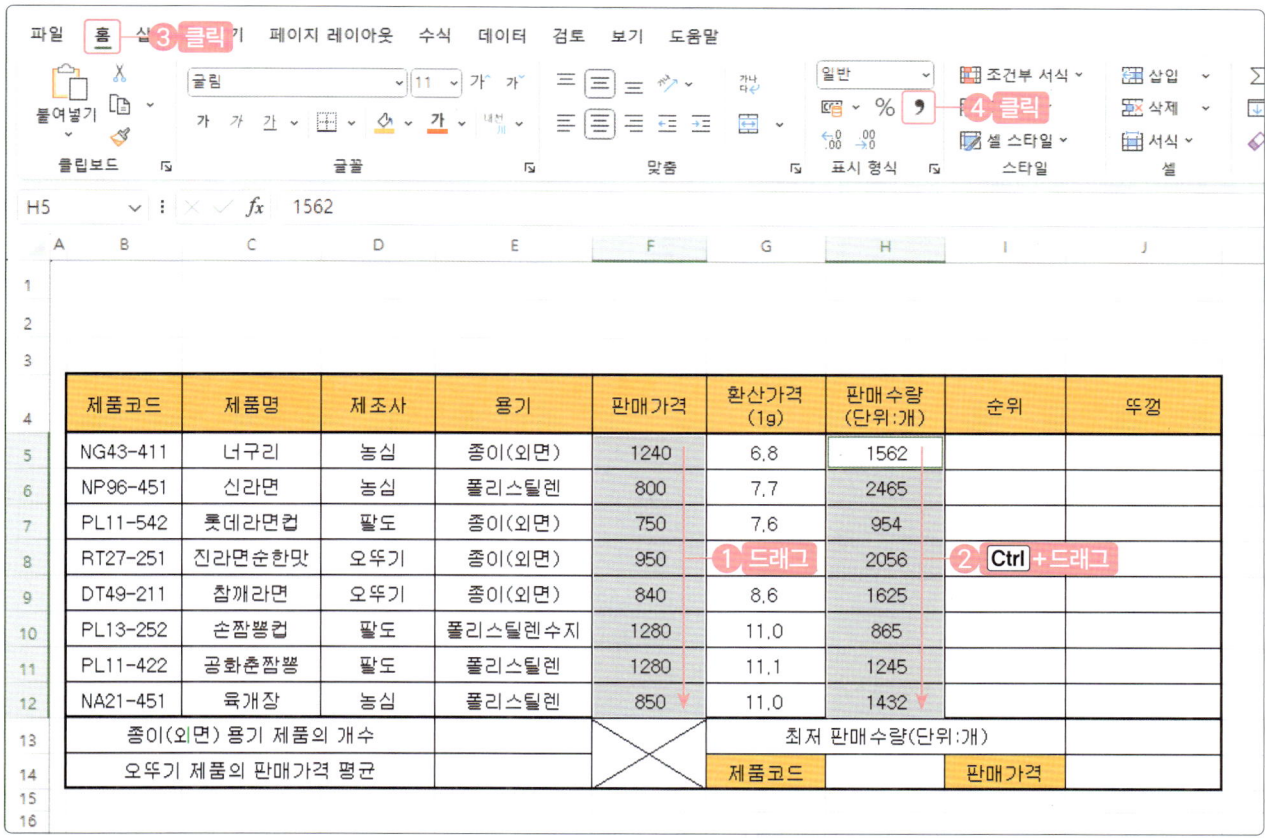

(쉼표 스타일(,))은 천 단위 구분 기호(,)를 사용하여 셀 값을 표시합니다.

Chapter 02 · 표 서식 작성하기   **3-23**

5 F5:F12셀을 드래그하여 선택한 후 (홈) 탭-(표시 형식) 그룹에서 (추가 옵션(🔽))을 클릭합니다.

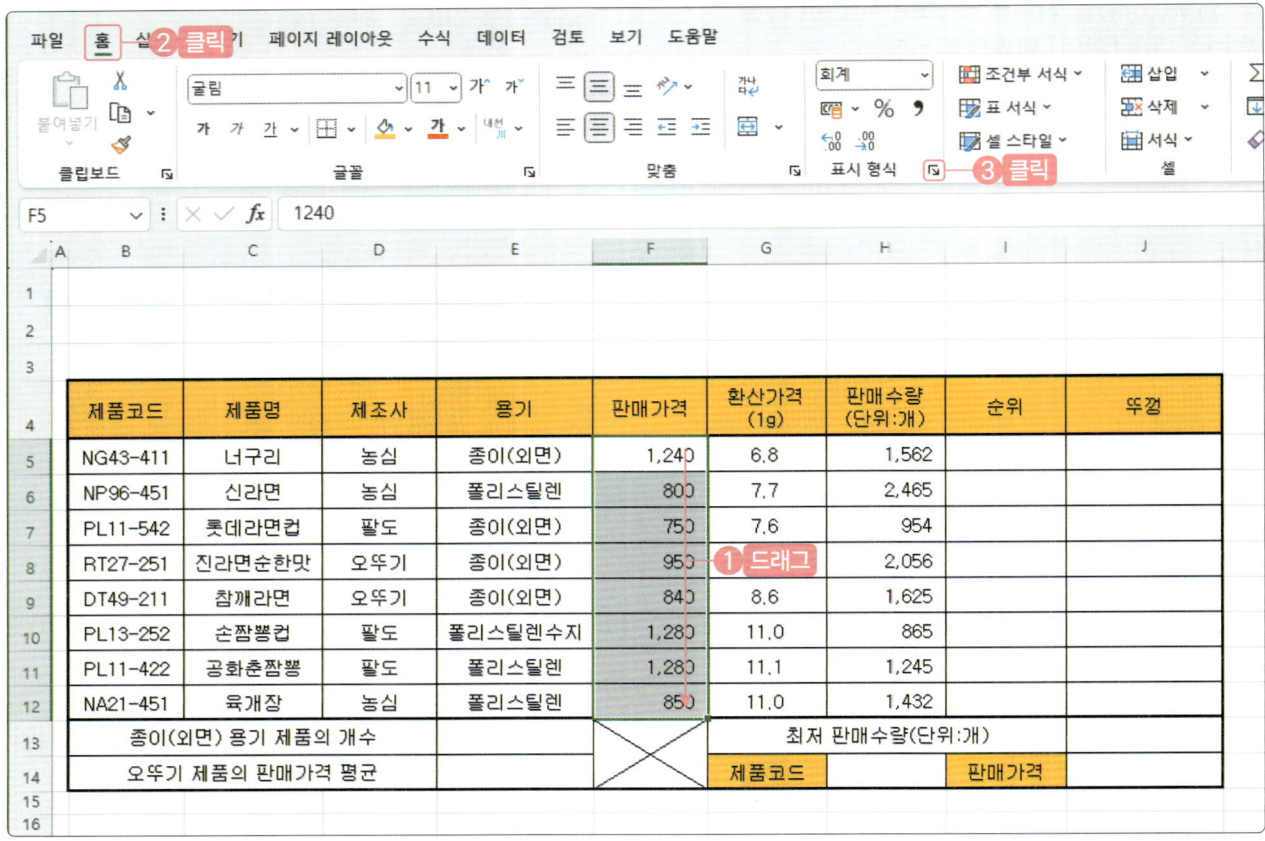

6 (셀 서식) 대화상자의 (표시 형식) 탭이 나타나면 범주(사용자 지정)를 클릭한 후 형식(#,##0"원")을 입력한 다음 (확인) 단추를 클릭합니다.

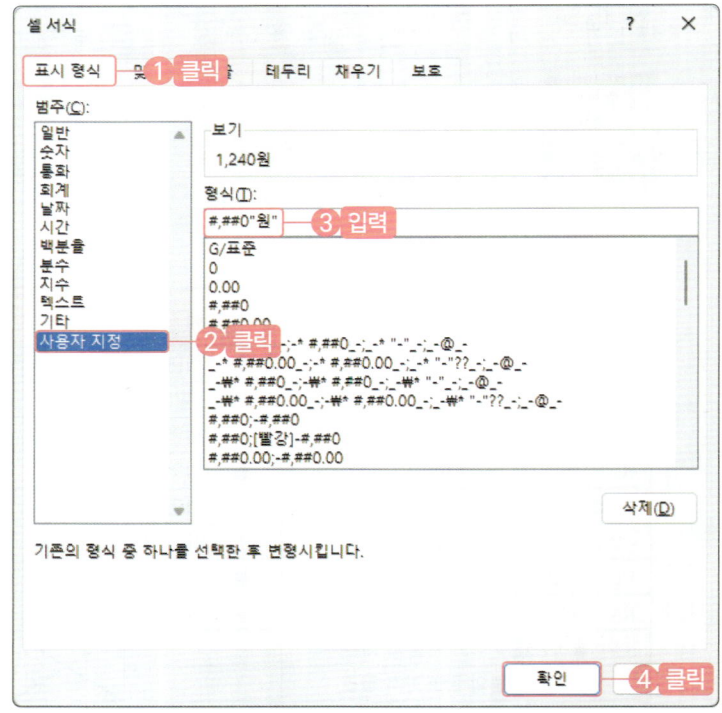

> 문자를 큰따옴표(" ")로 묶으면 그대로 표시합니다.

한가지 더!

사용자 지정 표시 형식

사용자 지정 표시 형식은 사용자가 직접 표시 형식을 지정하여 숫자, 날짜, 시간 등을 원하는 형식으로 표시할 수 있는 표시 형식으로 [셀 서식] 대화상자의 [표시 형식] 탭에서 범주를 '사용자 지정'으로 선택하면 지정할 수 있습니다. 다음은 사용자 지정 표시 형식에 사용되는 주요 서식 코드입니다.

서식 코드	설 명
#	• 숫자의 자릿수가 형식에 지정된 자릿수보다 많은 경우, 숫자를 반올림하여 형식에 지정된 소수 자릿수로 표시합니다. ❶ • 숫자의 자릿수가 형식에 지정된 자릿수보다 적은 경우, 숫자를 그대로 표시합니다. ❷
0	• 숫자의 자릿수가 형식에 지정된 자릿수보다 많은 경우, 숫자를 반올림하여 형식에 지정된 소수 자릿수로 표시합니다. ❸ • 숫자의 자릿수가 형식에 지정된 자릿수보다 적은 경우, 숫자를 형식에 지정된 자릿수만큼 0을 표시합니다. ❹
,	• 천 단위마다 천 단위 구분 기호(,)를 표시합니다. ❺ • 쉼표 서식 코드 다음에 다른 서식 코드가 없는 경우, 천 단위로 나눈 값을 반올림하여 표시합니다. ❻
@	• 문자의 표시 위치를 지정합니다. ❼

	A	B	C	D
2		데이터	형식	결과값
3	❶	12.56	#.#	12.6
4	❷	12.56	###.###	12.56
5	❸	12.56	0.00	12.56
6	❹	12.56	000.000	012.560
7	❺	456789	#,##0	456,789
8	❻	456789	#,	457
9	❼	아슬란	@" 주식회사"	아슬란 주식회사

7 맞춤 서식을 지정하기 위해 **F5:G12셀을 드래그**한 후 [홈] 탭-[맞춤] 그룹에서 **(오른쪽 맞춤(≡))을 클릭**합니다.

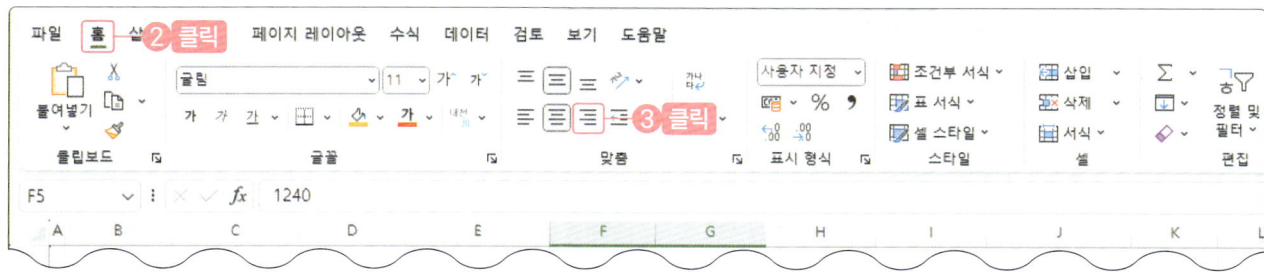

STEP 05 제목 작성하기

《조건》 ◦ 제목 ⇒ 도형(사다리꼴)과 그림자(오프셋 오른쪽)를 이용하여 작성하고 "컵라면 가격 및 판매수량"을 입력한 후 다음 서식을 적용하시오
(글꼴-굴림, 24pt, 검정, 굵게, 채우기-노랑).

1 도형을 삽입하기 위해 [삽입] 탭-[일러스트레이션] 그룹에서 [도형]을 클릭한 후 [사다리꼴(△)]을 클릭합니다.

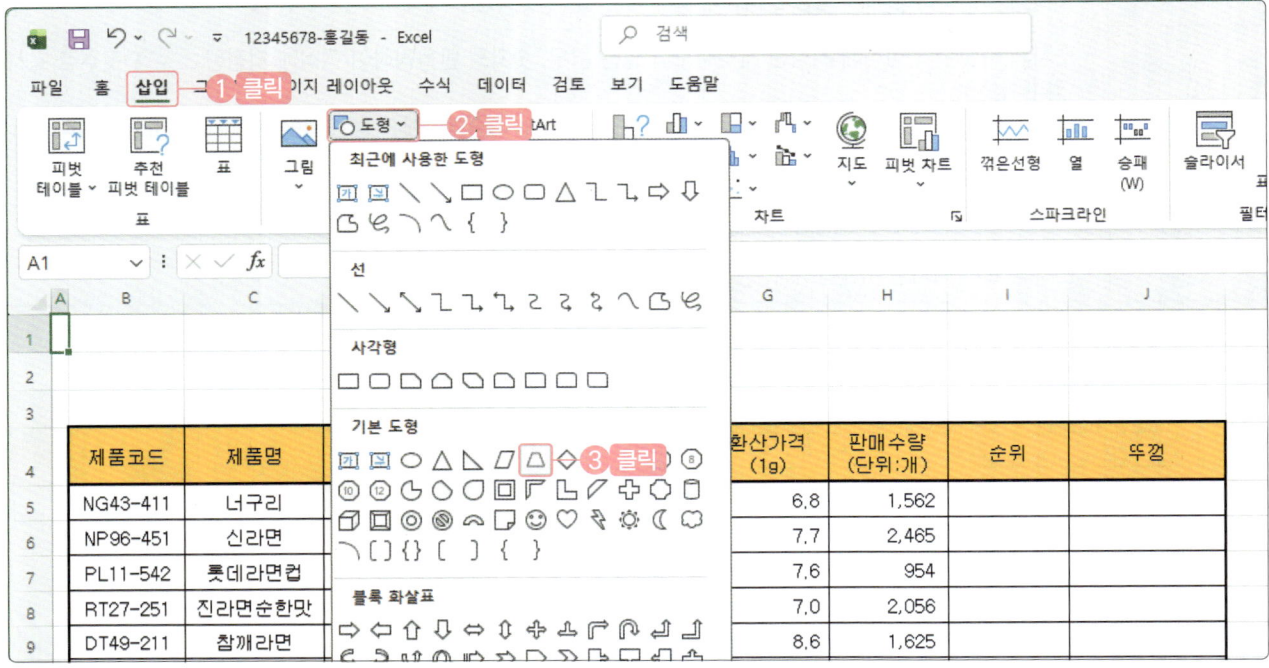

2 마우스 포인터가 + 모양으로 변경되면 다음과 같이 드래그하여 도형을 삽입합니다.

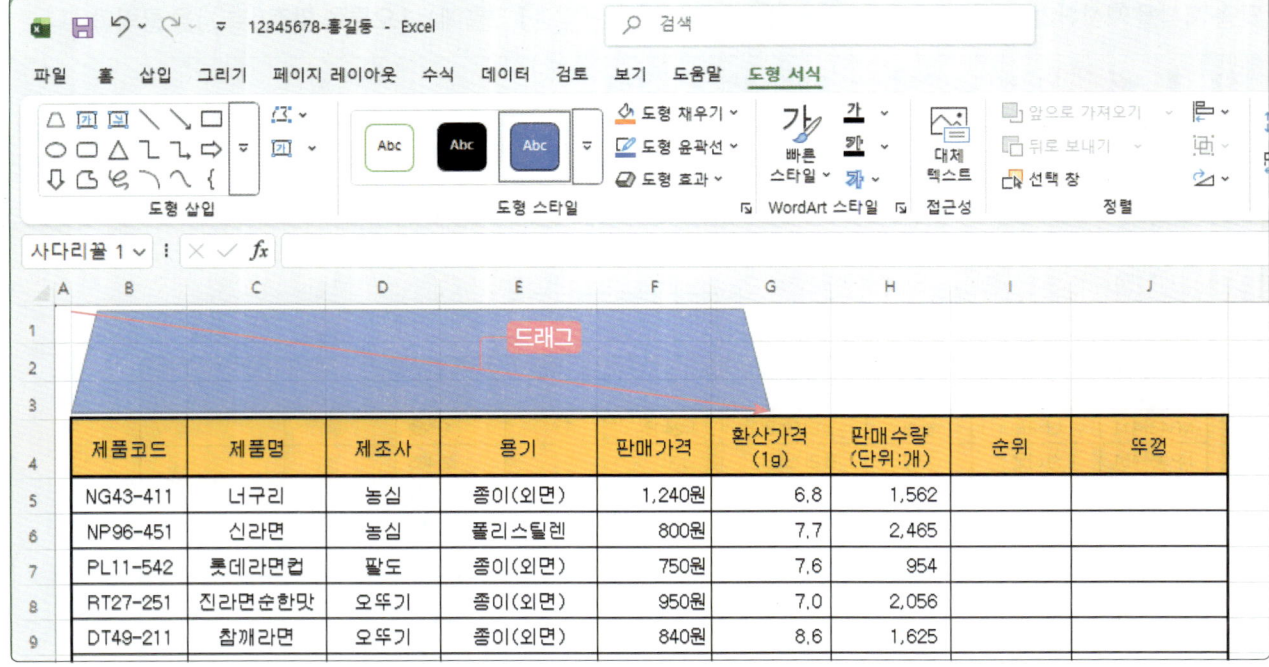

3 도형에 **텍스트(컵라면 가격 및 판매수량)**를 입력한 후 Esc를 눌러 **도형을 선택**한 다음 [홈] 탭-[글꼴] 그룹에서 **글꼴(굴림), 글꼴 크기(24), [굵게(가)], 글꼴 색(검정, 텍스트 1)을 지정**합니다.

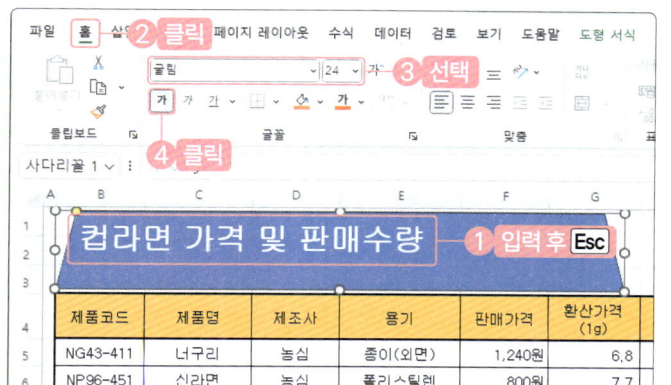 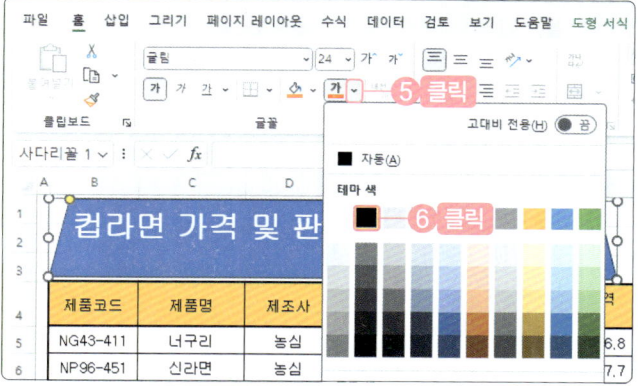

4 맞춤 서식을 지정하기 위해 [맞춤] 그룹에서 **[가운데 맞춤(세로)(≡)]과 [가운데 맞춤(가로)(≡)]을 클릭**합니다.

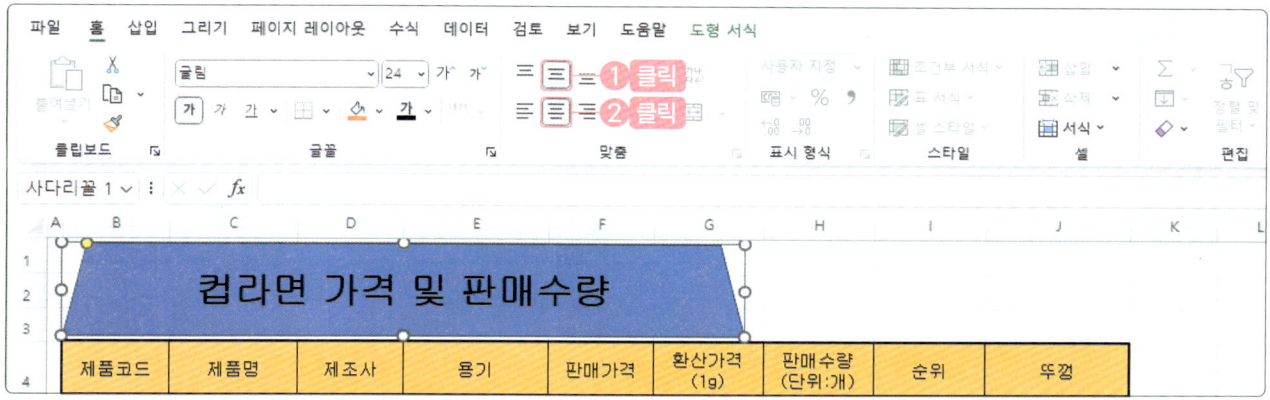

5 도형에 채우기 색을 지정하기 위해 [도형 서식] 정황 탭-[도형 스타일] 그룹에서 **[도형 채우기]의 [목록(▼)] 단추를 클릭**한 후 **[노랑]을 클릭**합니다.

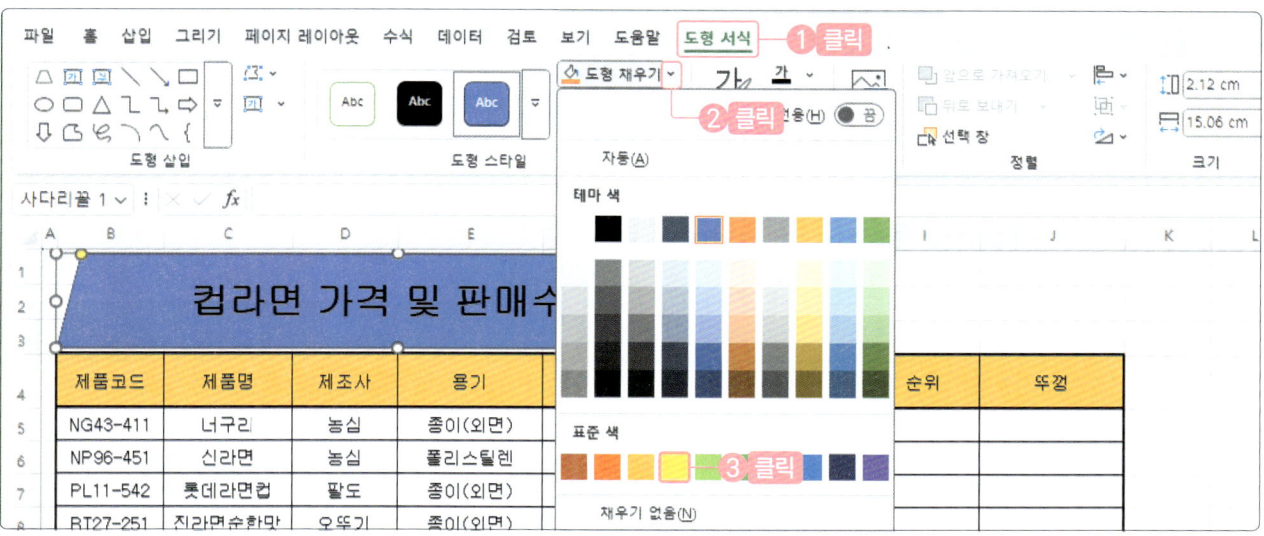

> 도형을 선택한 후 [홈] 탭-[글꼴] 그룹에서 [채우기 색]의 [목록(▼)] 단추를 클릭한 다음 [노랑]을 클릭하여 도형에 채우기 색을 지정할 수도 있습니다.

Chapter 02 · 표 서식 작성하기 **3-27**

6 도형에 도형 효과를 지정하기 위해 [도형 서식] 정황 탭-[도형 스타일] 그룹에서 **[도형 효과]**를 클릭한 후 [그림자]-**[오프셋 오른쪽(▢)]**을 클릭합니다.

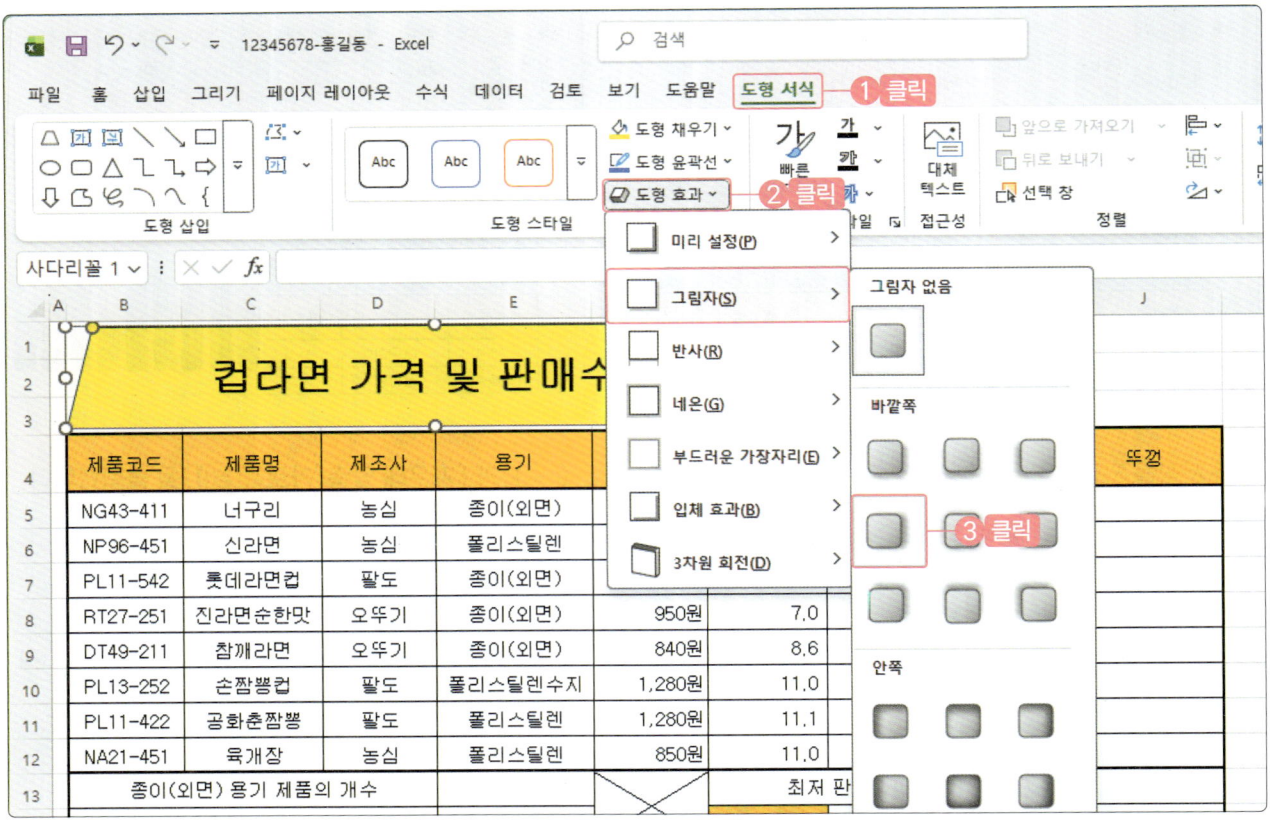

7 다음과 같이 도형에 도형 효과가 지정됩니다.

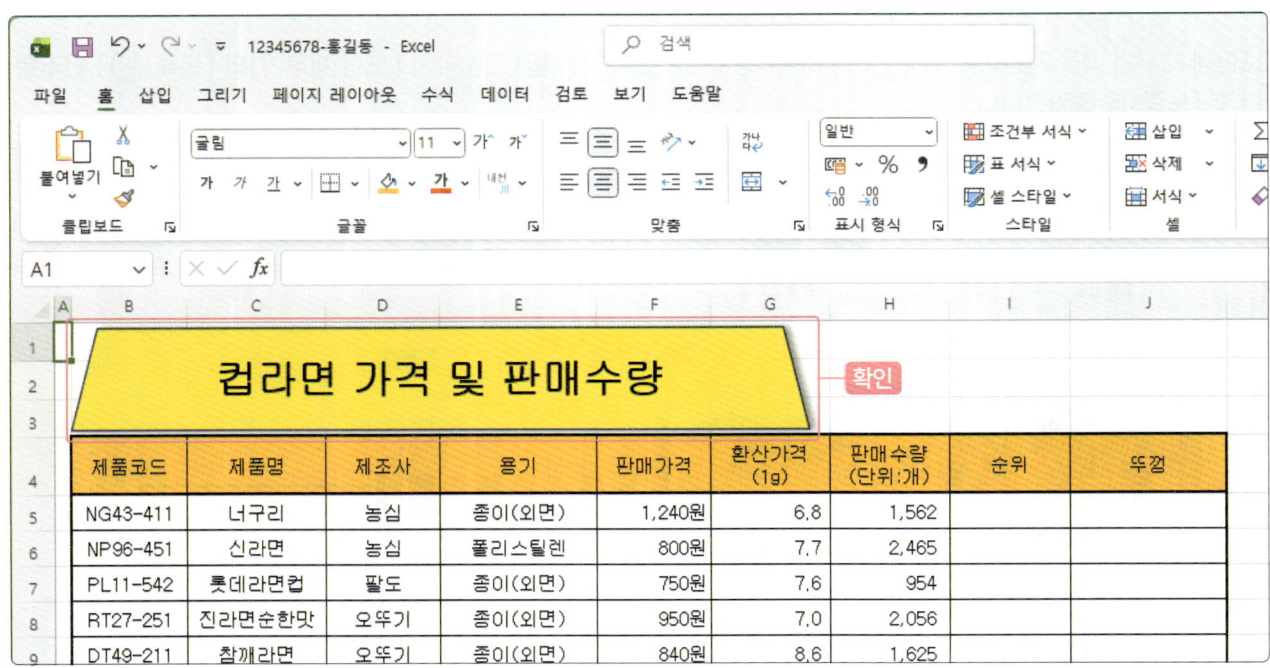

도형으로 마우스 포인터를 가져가서 마우스 포인터가 모양으로 변경되었을 때 드래그하면 도형의 위치를 조정할 수 있고, 도형을 선택한 후 도형의 크기 조정 핸들(O)을 드래그하면 도형의 크기를 조정할 수 있습니다.

STEP 06 결재란 작성하기

《조건》 임의의 셀에 결재란을 작성하여 그림으로 복사 기능을 이용하여 붙이기 하시오(단, 원본 삭제).

1 결재란을 작성하기 위해 **M3:O3셀에 내용(담당, 대리, 과장)을 입력**한 후 **L3:L4 셀을 드래그**한 다음 [홈] 탭-[맞춤] 그룹에서 [**병합하고 가운데 맞춤(國)**]을 클릭합니다.

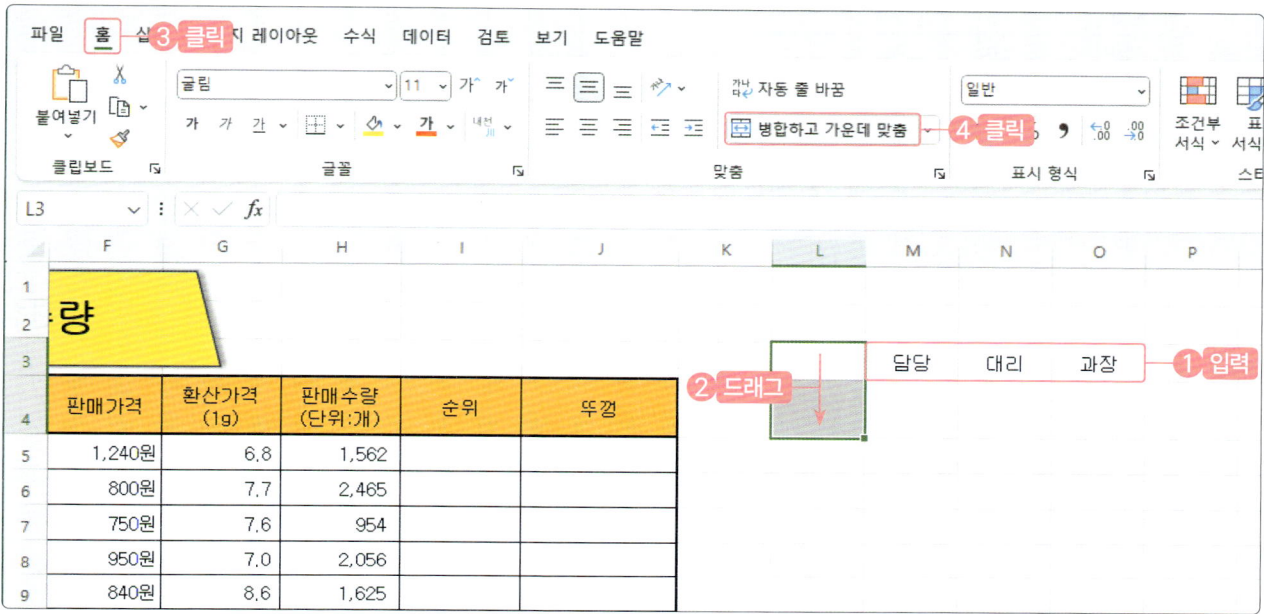

2 《출력형태》를 참고하여 **병합된 셀에 '확인'을 입력**합니다. 그런다음 **L3:O4 셀을 드래그**한 후 [홈] 탭-[글꼴] 그룹에서 [테두리]의 [목록(⌄)] 단추를 클릭한 다음 [**모든 테두리(⊞)**]를 클릭합니다.

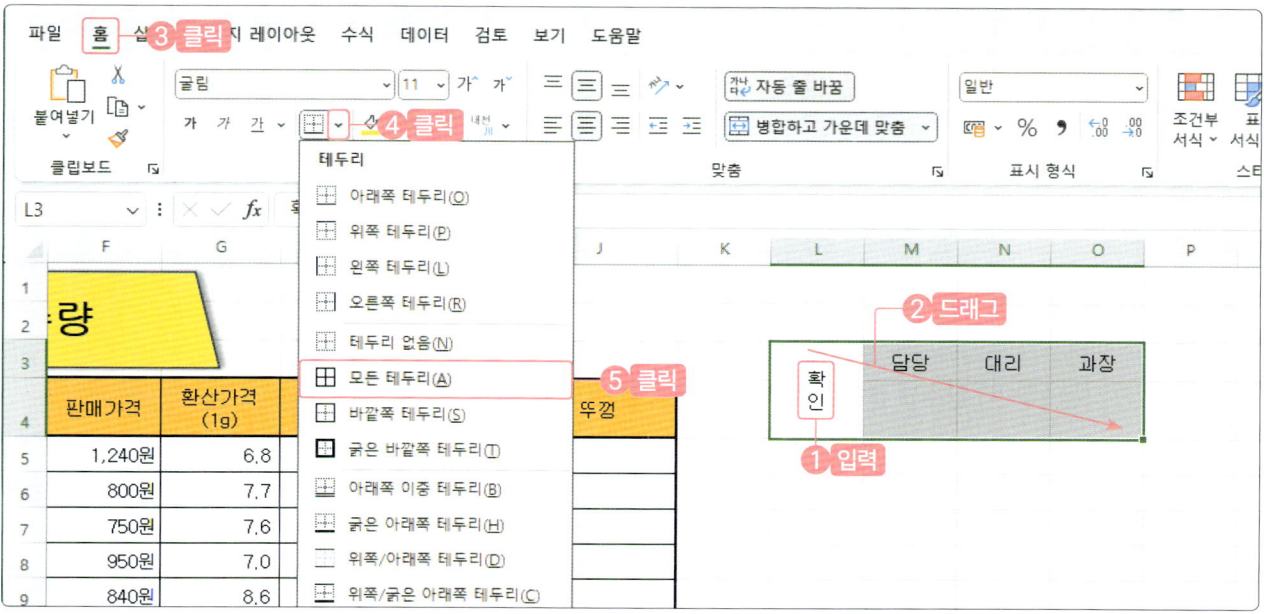

'확'을 입력한 후 Alt + Enter 를 눌러 줄을 바꾼 다음 '인'을 입력하고 Enter 를 누릅니다.

Chapter 02 · 표 서식 작성하기 **3-29**

3. 《출력형태》를 참고하여 **L열의 열 너비를 '4'**, **M:O열의 열 너비를 '10.5'로 지정**합니다.

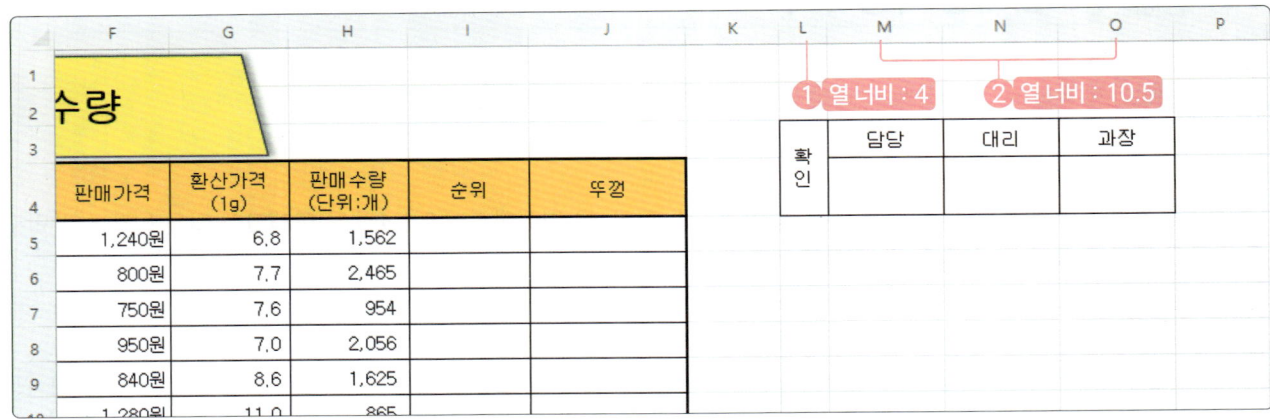

> 열의 너비는 별도의 조건이 없기 때문에 《출력형태》를 참고하여 조절합니다.

4. 결재란을 그림으로 복사하기 위해 **L3:O4 셀을 드래그**한 후 **[홈] 탭-[클립보드] 그룹**에서 **[복사]의 [목록(▼)] 단추를 클릭**한 다음 **[그림으로 복사]를 클릭**합니다.

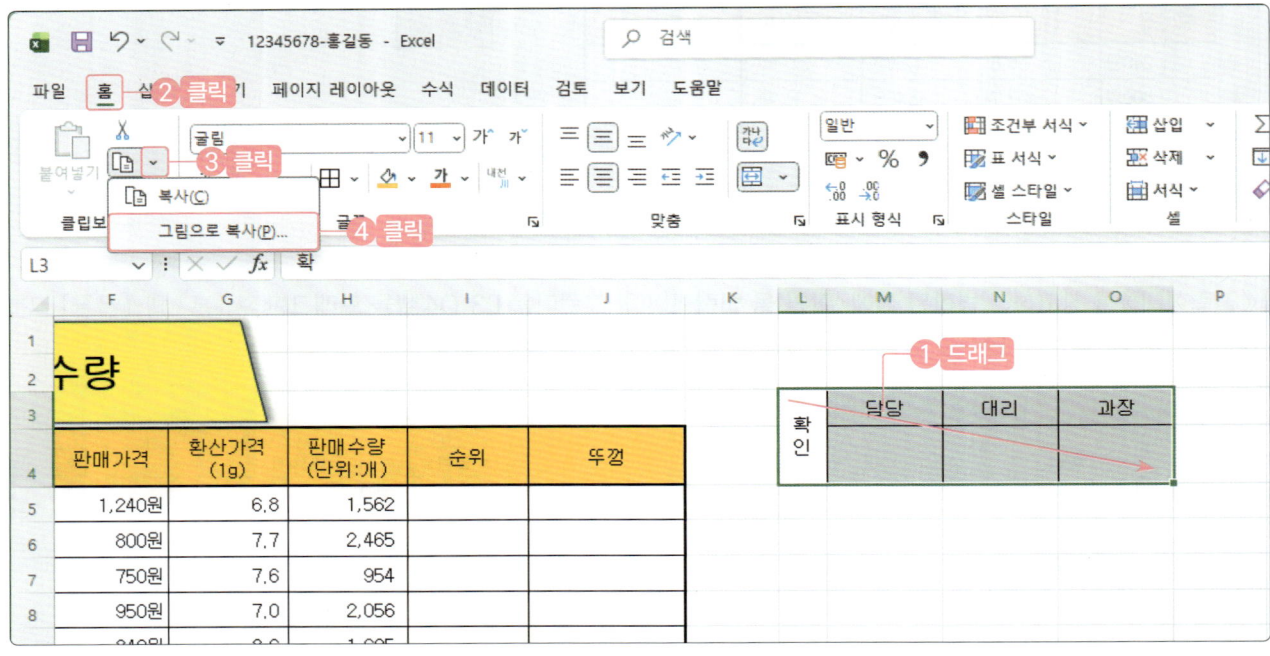

5. [그림 복사] 대화상자가 나타나면 **모양(화면에 표시된 대로)을 클릭**한 후 **형식(그림)을 클릭**한 다음 **[확인] 단추를 클릭**합니다.

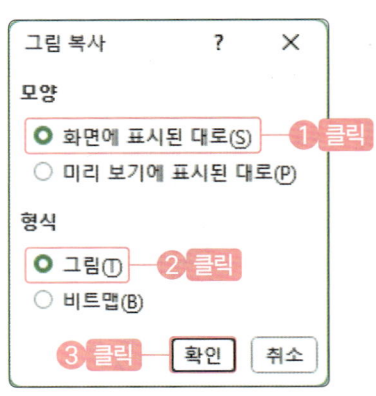

3-30 엑셀 2021 · 출제유형분석

6 H1 셀을 클릭한 후 [홈] 탭-[클립보드] 그룹에서 **[붙여넣기(📋)]를 클릭**합니다.

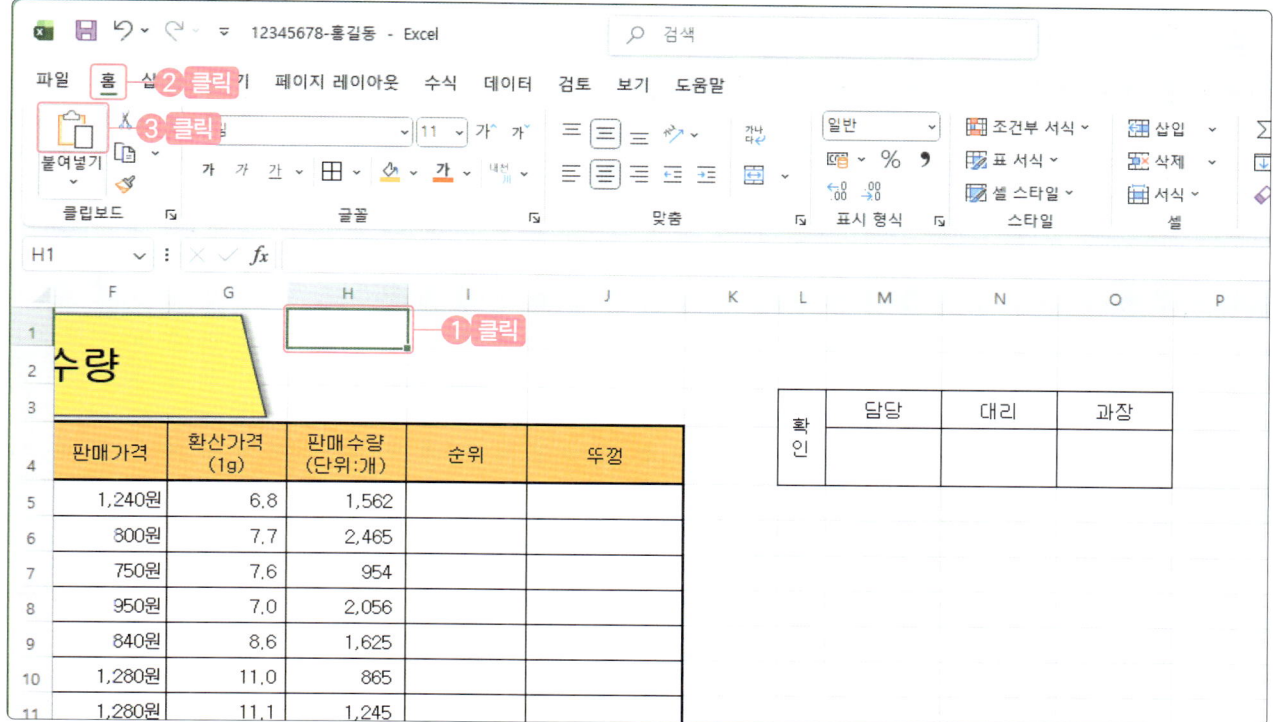

7 《출력형태》를 참고하여 방향키(←, →, ↑, ↓) 또는 마우스를 이용하여 **결재란의 위치를 조절**합니다.

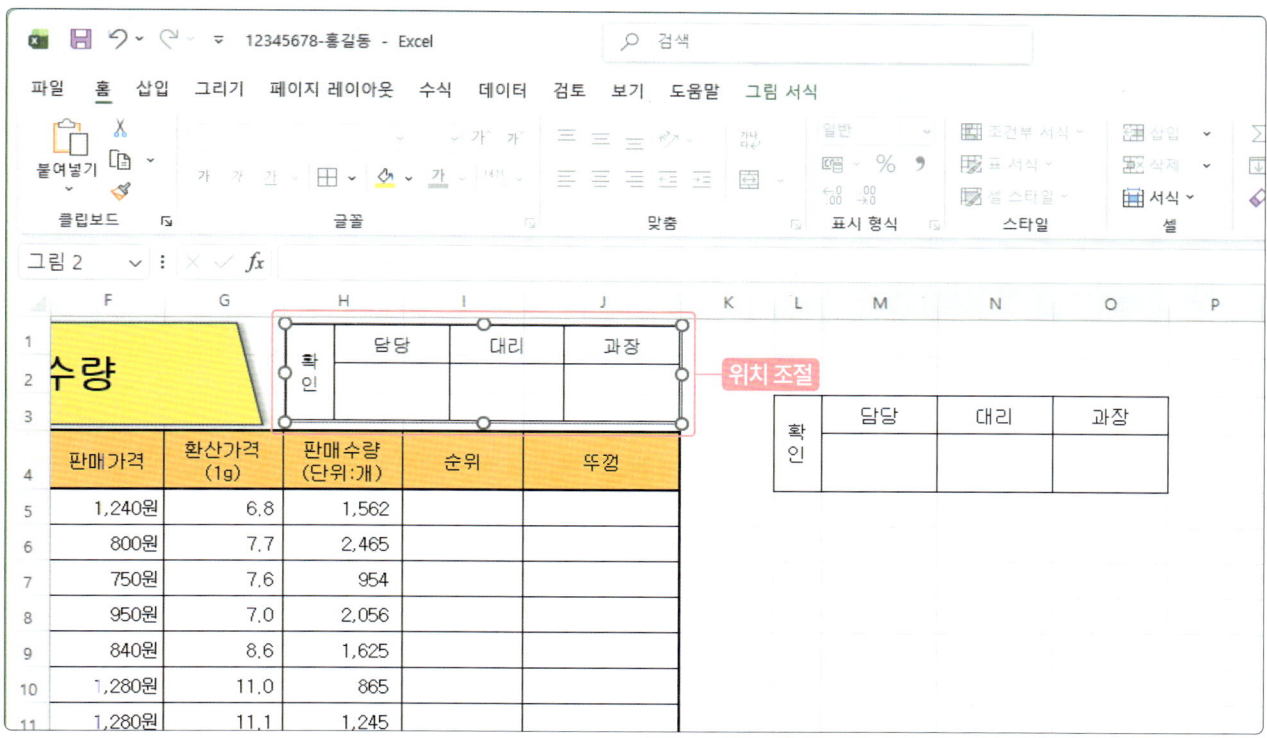

> 결재란은 H1:J3셀 범위 안에 들어갈 수 있도록 크기를 조절합니다.

8 L3:O4 셀 범위에 작성한 결재란을 삭제하기 위해 **L:O 열 머리글을 드래그**한 후 **바로 가기 메뉴의 [삭제]**를 클릭합니다.

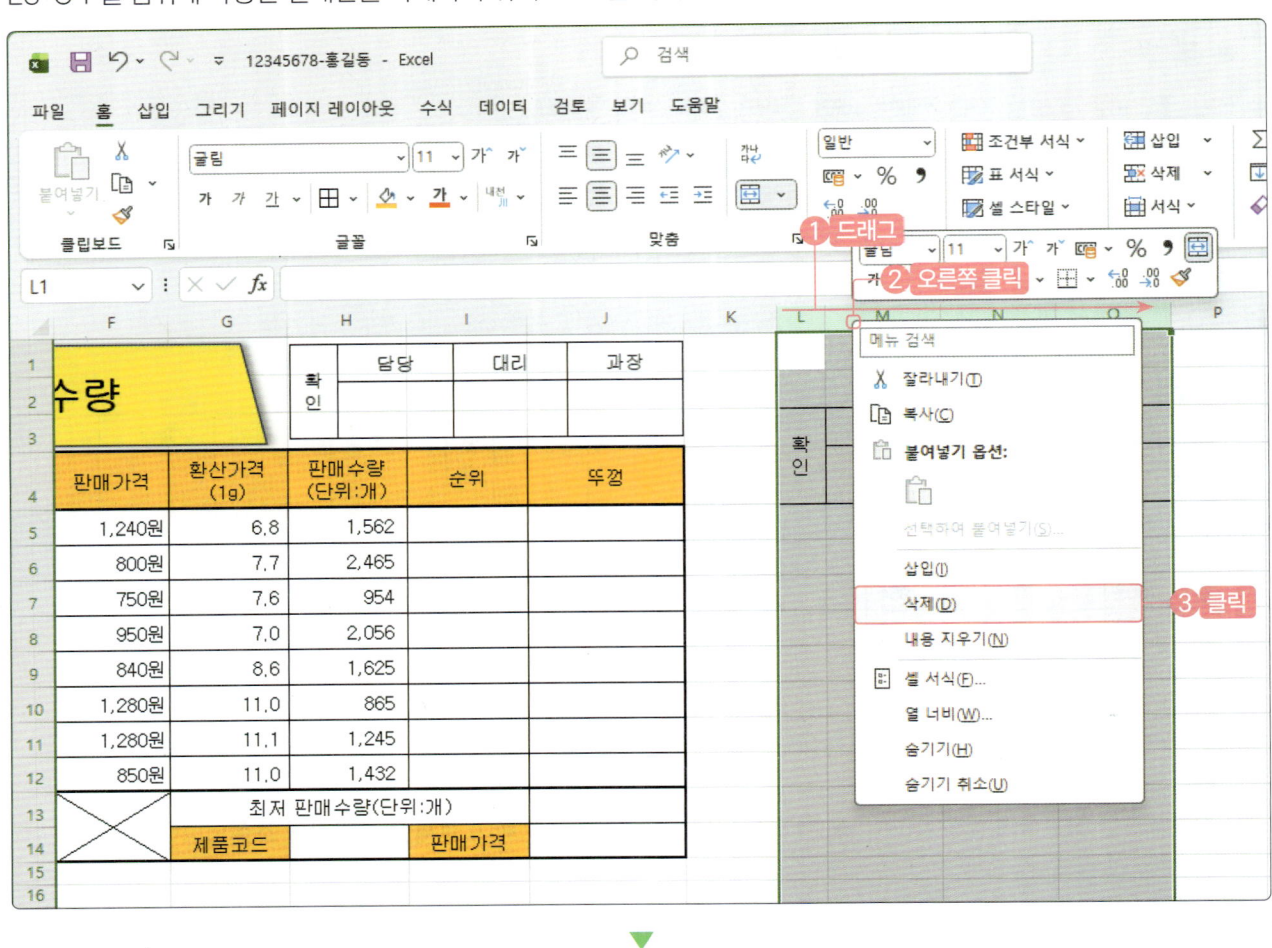

STEP 07 데이터 유효성 검사 설정하고 이름 정의하기

《조건》
- 유효성 검사를 이용하여 「H14」셀에 제품코드(「B5:B12」영역)가 선택 표시되도록 하시오.
- 「F5:F12」영역에 대해 '판매가격'으로 이름정의를 하시오.

1. 데이터 유효성 검사를 설정하기 위해 **H14 셀을 클릭**한 후 〔데이터〕 탭-〔데이터 도구〕 그룹에서 **〔데이터 유효성 검사〕**를 클릭합니다.

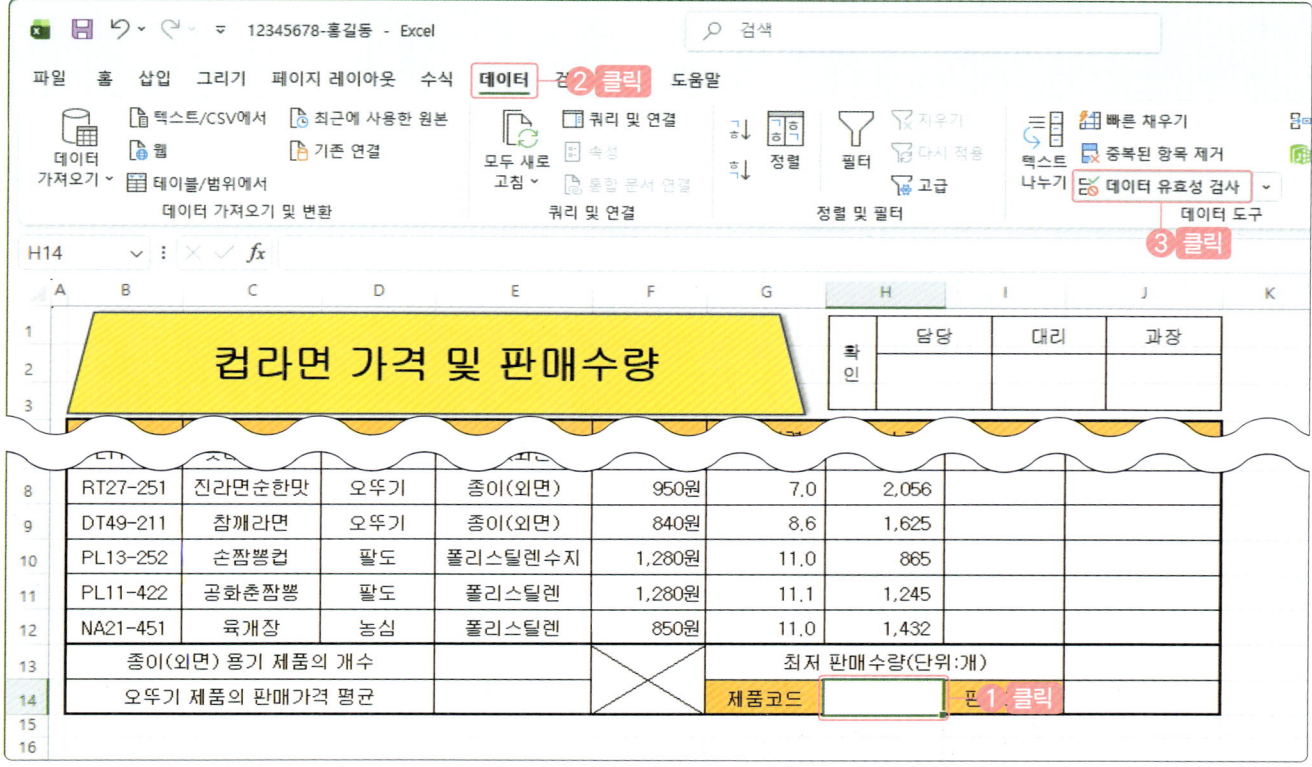

> 데이터 유효성 검사는 입력할 수 있는 데이터를 지정하여 데이터를 잘못 입력하면 입력할 수 없도록 제한하는 기능입니다.

2. 〔데이터 유효성〕 대화상자가 나타나면 〔설정〕 탭에서 **제한 대상(목록)을 선택**한 후 **원본(=$B$5:$B$12)을 입력**한 다음 〔확인〕 단추를 클릭합니다.

- 원본의 범위는 B5:B12셀을 드래그하여 지정할 수도 있습니다.
- 〔모두 지우기〕 단추를 클릭하면 설정된 데이터 유효성 검사가 제거됩니다.

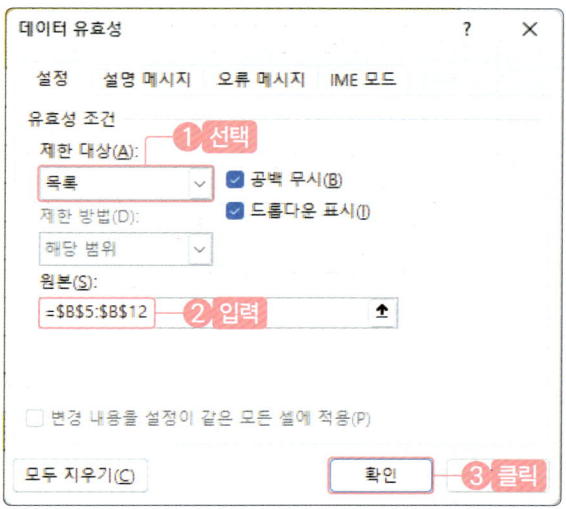

Chapter 02 · 표 서식 작성하기 **3-33**

3 데이터 유효성 검사가 설정되면 **H14셀을 클릭**한 후 데이터 유효성 검사의 (목록(▼)) 단추를 클릭한 다음 '**NG43-411**'을 클릭합니다.

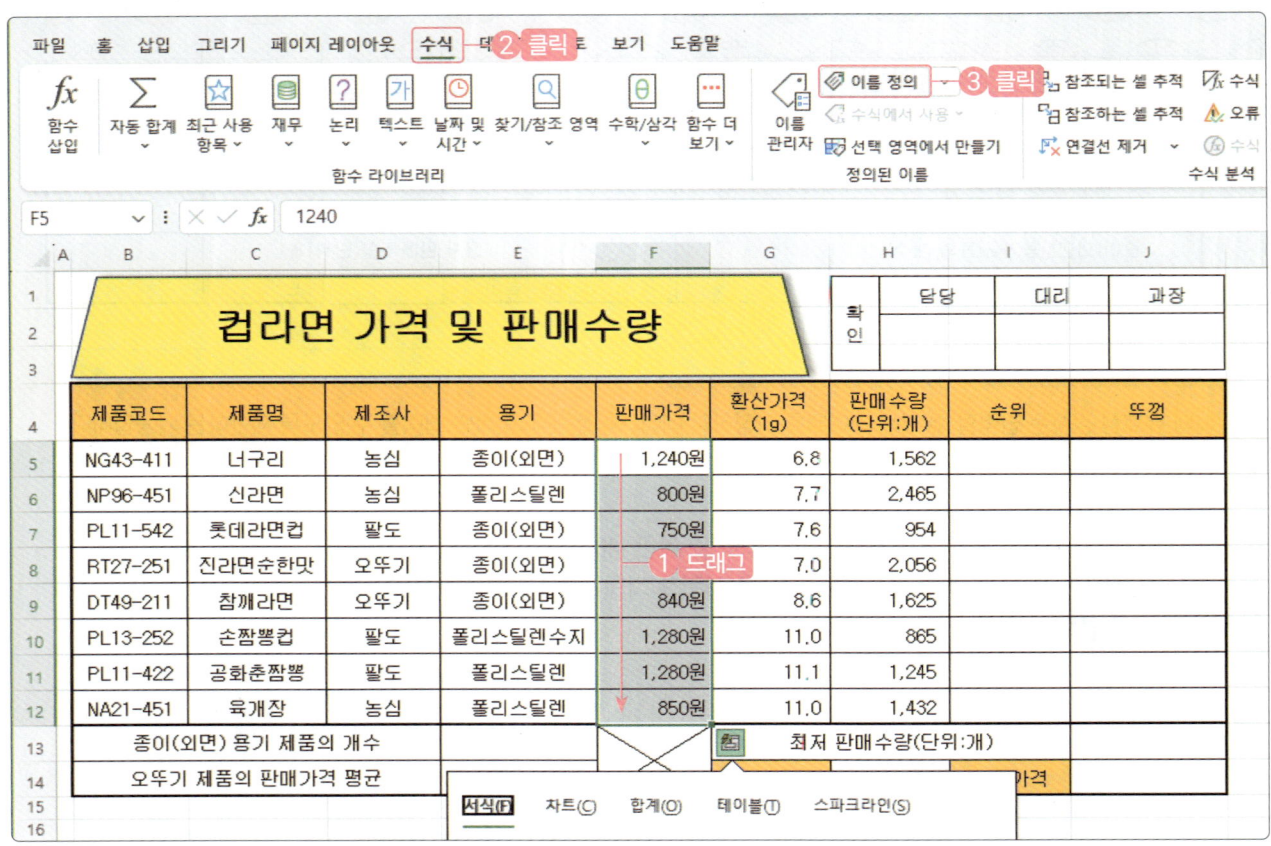

> H14 셀을 클릭하면 (데이터 유효성) 대화상자의 (설정) 탭에서 (드롭다운 표시)가 선택되어 있었기 때문에 데이터 유효성 검사의 (목록(▼)) 단추가 나타납니다. 데이터 유효성 검사의 (목록(▼)) 단추를 클릭하면 (제한 대상)을 '목록'으로 지정하고 (원본)에 '=$B$5:$B$12'를 입력했기 때문에 B5:B12 셀 범위에 있는 데이터가 나타납니다.

4 제품코드가 입력되면 이름을 정의하기 위해 **F5:F12 셀을 드래그**한 후 (수식) 탭-(정의된 이름) 그룹에서 **(이름 정의)를 클릭**합니다.

- 이름 정의는 셀이나 셀 범위에 이름을 지정하여 셀이나 셀 범위를 참조할 때 정의한 이름으로 참조할 수 있도록 하는 기능입니다.
- F5:F12 셀을 드래그한 후 이름 상자에 '판매가격'이라고 입력한 다음 Enter 를 눌러 이름을 정의할 수도 있습니다.

5 (새 이름) 대화상자가 나타나면 **이름(판매가격)을 입력**한 후 **(확인) 단추를 클릭**합니다.

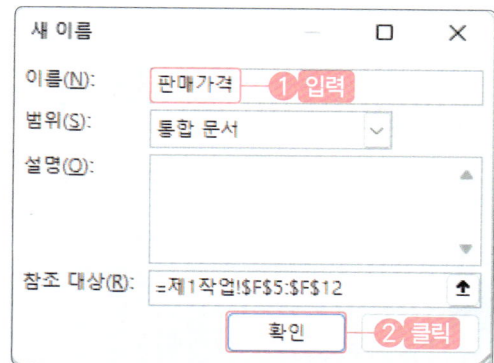

6 다음과 같이 **F5:F12셀을 드래그**하면 **이름이 정의된 것을 확인**할 수 있습니다.

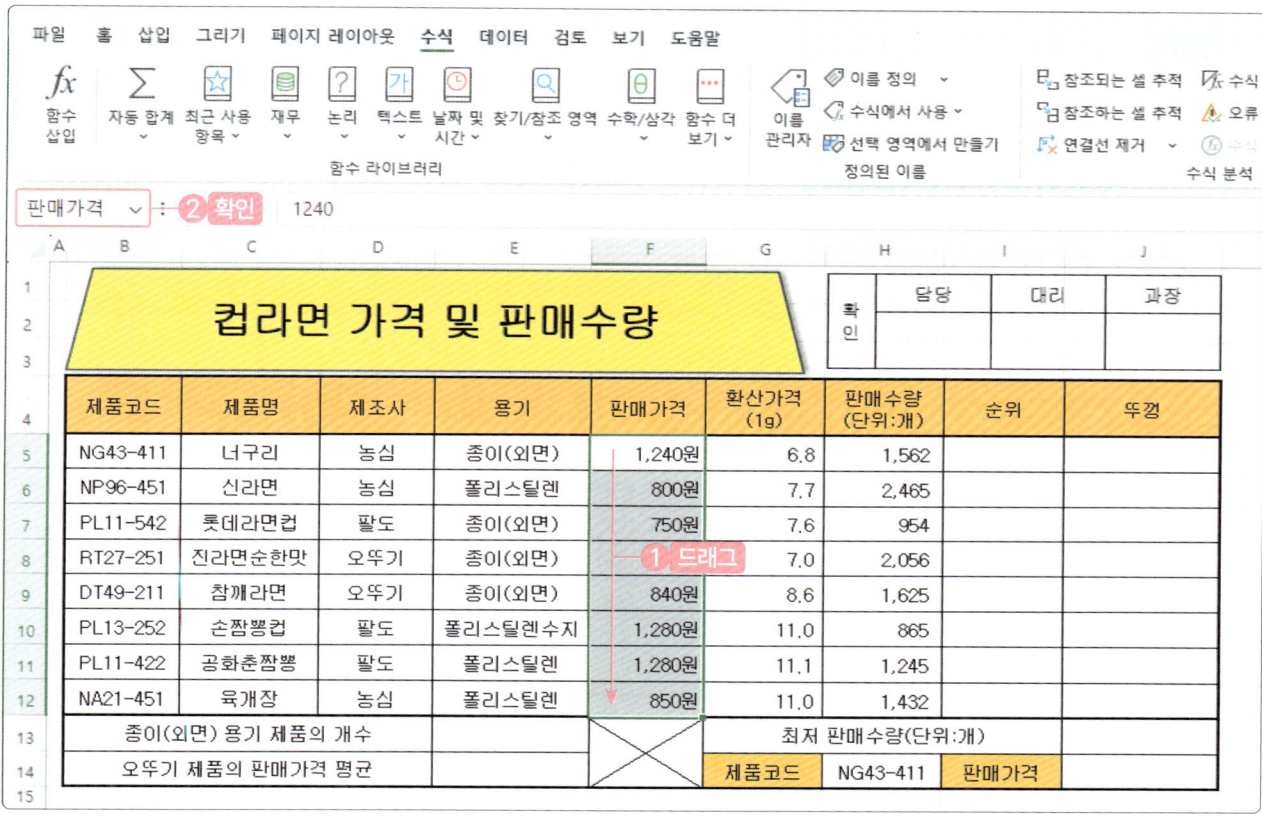

한가지 더!

정의된 이름 삭제하기

(수식) 탭-(정의된 이름) 그룹에서 (이름 관리자(📋))를 클릭하면 (이름 관리자) 대화상자가 나타납니다. (이름 관리자) 대화상자에서 정의된 이름을 클릭한 후 (삭제) 단추를 클릭하면 정의된 이름을 삭제할 수 있습니다.

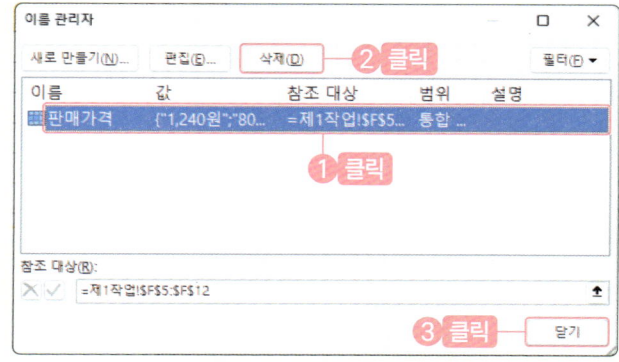

표 서식 작성하기

유형 01

다음은 '우리 인테리어 공사현황보고'에 대한 자료이다. 자료를 입력하고 조건에 맞도록 작업하시오.

▶ 소스파일 : Chapter 02₩문제02-01.xlsx   ▶ 완성파일 : Chapter 02₩문제02-01_완성.xlsx

《출력형태》

관리번호	주택명	지역	공사기간(일)	총공사비	공사시작일	공사내용	구분	선수금(단위:원)
B2-001	화이트빌	경기	5	8,558,000	2026-02-06	욕실	(1)	(2)
K1-001	푸르지오	서울	4	10,250,000	2026-03-20	주방	(1)	(2)
K3-002	시그마	경기	3	7,870,000	2026-01-30	주방	(1)	(2)
A1-001	아이파크	인천	13	28,850,000	2026-02-20	전체	(1)	(2)
B1-002	파크타운	서울	5	5,778,000	2026-03-06	욕실	(1)	(2)
B3-003	트레스벨	경기	6	9,560,000	2026-02-13	욕실	(1)	(2)
A2-002	그린빌	서울	17	32,170,000	2026-02-27	전체	(1)	(2)
K2-003	한솔마을	인천	4	6,768,000	2026-03-08	주방	(1)	(2)
서울지역 총 공사건수			(3)		가장 긴 공사기간(일)			(5)
욕실 총공사비 합계			(4)		관리번호	B2-001	총공사비	(6)

결재 / 점장 / 부장 / 대표

《조건》

- 모든 데이터의 서식에는 글꼴(돋움, 11pt), 정렬은 숫자 및 회계 서식은 오른쪽 정렬, 나머지 서식은 가운데 정렬로 작성하며 예외적인 것은 《출력형태》를 참조하시오.
- 제 목 ⇒ 도형(배지)과 그림자(오프셋 오른쪽)를 이용하여 작성하고 "우리 인테리어 공사현황보고"를 입력한 후 다음 서식을 적용하시오
  (글꼴-굴림, 24pt, 검정, 굵게, 채우기-노랑).
- 임의의 셀에 결재란을 작성하여 그림으로 복사 기능을 이용하여 붙이기 하시오(단, 원본 삭제).
- 「B4:J4, G14, I14」영역은 '주황'으로 채우기 하시오.
- 유효성 검사를 이용하여 「H14」셀에 관리번호(「B5:B12」영역)가 선택 표시되도록 하시오.
- 셀 서식 ⇒ 「F5:F12」영역에 셀 서식을 이용하여 숫자 뒤에 '원'을 표시하시오(예 : 8,558,000원).
- 「E5:E12」영역에 대해 '공사기간'으로 이름정의를 하시오.

유형 02

다음은 '1월 사원 출장 현황'에 대한 자료이다. 자료를 입력하고 조건에 맞도록 작업하시오.

▶ 소스파일 : Chapter 02₩문제02-02.xlsx   ▶ 완성파일 : Chapter 02₩문제02-02_완성.xlsx

《출력형태》

사원번호	사원명	직급	부서명	출장비 (단위:원)	출장일수	출발일자	출발요일	비고
C11-23	민시후	사원	영업부	520,000	6	2026-01-07	(1)	(2)
C10-25	한창훈	사원	인사부	128,000	2	2026-01-21	(1)	(2)
A07-01	윤정은	대리	영업부	225,000	2	2026-01-07	(1)	(2)
A07-45	조재은	사원	기획부	415,000	3	2026-01-03	(1)	(2)
E10-25	박금희	대리	인사부	280,000	2	2026-01-15	(1)	(2)
A08-23	한효빈	과장	기획부	546,000	5	2026-01-17	(1)	(2)
E09-53	김지은	과장	영업부	197,000	3	2026-01-06	(1)	(2)
E09-12	김지효	대리	기획부	150,000	2	2026-01-12	(1)	(2)
인사부의 출장일수 평균			(3)			최대 출장비(단위:원)		(5)
사원의 출장일수 합계			(4)			사원번호	C11-23	출장일수	(6)

결재 / 담당 / 팀장 / 부장

《조건》

○ 모든 데이터의 서식에는 글꼴(굴림, 11pt), 정렬은 숫자 및 회계 서식은 오른쪽 정렬, 나머지 서식은 가운데 정렬로 작성하며 예외적인 것은 《출력형태》를 참조하시오.
○ 제목 ⇒ 도형(평행 사변형)과 그림자(오프셋 오른쪽)를 이용하여 작성하고 "1월 사원 출장 현황"을 입력한 후 다음 서식을 적용하시오
 (글꼴-굴림, 24pt, 검정, 굵게, 채우기-노랑).
○ 임의의 셀에 결재란을 작성하여 그림으로 복사 기능을 이용하여 붙이기 하시오(단, 원본 삭제).
○ 「B4:J4, G14, I14」 영역은 '주황'으로 채우기 하시오.
○ 유효성 검사를 이용하여 「H14」 셀에 사원번호(「B5:B12」 영역)가 선택 표시되도록 하시오.
○ 셀 서식 ⇒ 「G5:G12」 영역에 셀 서식을 이용하여 숫자 뒤에 '일'을 표시하시오(예 : 6일).
○ 「F5:F12」 영역에 대해 '출장비'로 이름정의를 하시오.

유형 03

다음은 'JS렌터카 렌트 현황'에 대한 자료이다. 자료를 입력하고 조건에 맞도록 작업하시오.

▶ 소스파일 : Chapter 02₩문제02-03.xlsx   ▶ 완성파일 : Chapter 02₩문제02-03_완성.xlsx

《출력형태》

차량코드	렌트차종	출고일	제조사	렌트기간	렌트비용(단위:원)	연료	연식	차량구분
M-0571	SM3	2025-06-10	르노코리아	5	342,000	전기	(1)	(2)
R-0253	스타렉스	2023-05-10	현대자동차	3	325,000	LPG	(1)	(2)
L-9372	그랜저 TG	2021-02-20	현대자동차	2	175,000	가솔린	(1)	(2)
R-8133	뉴카니발	2022-12-20	기아자동차	4	215,000	디젤	(1)	(2)
L-4502	다이너스티	2020-09-30	현대자동차	1	85,000	가솔린	(1)	(2)
C-6362	에쿠스	2022-05-20	현대자동차	2	165,000	가솔린	(1)	(2)
M-7201	K5	2020-04-15	기아자동차	4	270,000	LPG	(1)	(2)
R-9353	QM3	2024-03-15	르노코리아	1	95,000	디젤	(1)	(2)
기아자동차 렌트기간의 평균				(3)		최대 렌트비용(단위:원)		(5)
르노코리아 렌트비용(단위:원)의 합계				(4)		차량코드	M-0571	렌트기간	(6)

결재 / 담당 / 과장 / 본부장

《조건》

○ 모든 데이터의 서식에는 글꼴(돋움, 11pt), 정렬은 숫자 및 회계 서식은 오른쪽 정렬, 나머지 서식은 가운데 정렬로 작성하며 예외적인 것은 《출력형태》를 참조하시오.
○ 제목 ⇒ 도형(사다리꼴)과 그림자(오프셋 오른쪽)를 이용하여 작성하고 "JS렌터카 렌트 현황"을 입력한 후 다음 서식을 적용하시오
  (글꼴-굴림, 24pt, 검정, 굵게, 채우기-노랑).
○ 임의의 셀에 결재란을 작성하여 그림으로 복사 기능을 이용하여 붙이기 하시오(단, 원본 삭제).
○ 「B4:J4, G14, I14」 영역은 '주황'으로 채우기 하시오.
○ 유효성 검사를 이용하여 「H14」 셀에 차량코드(「B5:B12」 영역)가 선택 표시되도록 하시오.
○ 셀 서식 ⇒ 「F5:F12」 영역에 셀 서식을 이용하여 숫자 뒤에 '일'을 표시하시오(예 : 5일).
○ 「G5:G12」 영역에 대해 '렌트비용'으로 이름정의를 하시오.

유형 04

다음은 '앱개발 경진대회 신청 현황'에 대한 자료이다. 자료를 입력하고 조건에 맞도록 작업하시오.

▶ 소스파일 : Chapter 02₩문제02-04.xlsx   ▶ 완성파일 : Chapter 02₩문제02-04_완성.xlsx

《출력형태》

코드	팀명	지도교수	지원분야	신청일	활동비 (단위:원)	활동시간	서류심사 담당자	문자 발송일
E1451	지혜의 샘	이지은	교육	2024-09-01	55,000	152	(1)	(2)
H2512	사물헬스케어	박순호	건강	2024-08-15	180,000	205	(1)	(2)
C3613	자연힐링	김경호	문화	2024-09-03	65,500	115	(1)	(2)
E1452	메타미래	정유미	교육	2024-09-15	195,500	235	(1)	(2)
H2513	건강자가진단	손기현	건강	2024-08-27	178,000	170	(1)	(2)
E1458	늘탐구	김철수	교육	2024-09-05	134,000	155	(1)	(2)
H2518	코로나19	서영희	건강	2024-09-10	85,000	88	(1)	(2)
C3615	시공담문화	장민호	문화	2024-08-25	195,000	190	(1)	(2)
교육분야 평균 활동시간			(3)		최대 활동비(단위:원)			(5)
문화분야 신청 건수			(4)		팀명	지혜의 샘	활동시간	(6)

확인: 담당 / 팀장 / 부장

《조건》

○ 모든 데이터의 서식에는 글꼴(굴림, 11pt), 정렬은 숫자 및 회계 서식은 오른쪽 정렬, 나머지 서식은 가운데 정렬로 작성하며 예외적인 것은 《출력형태》를 참조하시오.

○ 제 목 ⇒ 도형(육각형)과 그림자(오프셋 오른쪽)를 이용하여 작성하고 "앱개발 경진대회 신청 현황"을 입력한 후 다음 서식을 적용하시오
(글꼴-돋움, 24pt, 검정, 굵게, 채우기-노랑).

○ 임의의 셀에 결재란을 작성하여 그림으로 복사 기능을 이용하여 붙이기 하시오(단, 원본 삭제).

○ 「B4:J4, G14, I14」 영역은 '주황'으로 채우기 하시오.

○ 유효성 검사를 이용하여 「H14」 셀에 팀명(「C5:C12」 영역)이 선택 표시되도록 하시오.

○ 셀 서식 ⇒ 「H5:H12」 영역에 셀 서식을 이용하여 숫자 뒤에 '시간'을 표시하시오(예 : 100시간).

○ 「G5:G12」 영역에 대해 '활동비'로 이름정의를 하시오.

유형 05

다음은 '주요 국제 영화제 개최 현황'에 대한 자료이다. 자료를 입력하고 조건에 맞도록 작업하시오.

▶ 소스파일 : Chapter 02₩문제02-05.xlsx   ▶ 완성파일 : Chapter 02₩문제02-05_완성.xlsx

《출력형태》

관리코드	영화제 명칭	주최국	대륙	1회 개막일자	예상 관객수	개최 횟수 (단위:회)	개최 순위	비고
T6522	토론토 국제	캐나다	북미	1976-10-18	500,000	47	(1)	(2)
B8241	베를린 국제	독일	유럽	1951-06-06	500,000	72	(1)	(2)
B1543	베이징 국제	중국	아시아	2011-04-23	300,000	12	(1)	(2)
B1453	부산 국제	한국	아시아	1996-09-13	180,000	27	(1)	(2)
J6653	전주 국제	한국	아시아	2000-04-28	80,000	23	(1)	(2)
S6323	선댄스	미국	북미	1985-01-20	70,000	38	(1)	(2)
F7351	칸	프랑스	유럽	1946-09-20	650,000	75	(1)	(2)
V2411	베네치아 국제	이탈리아	유럽	1932-08-06	700,000	79	(1)	(2)
최대 개최 횟수(단위:회)			(3)	✕	북미 대륙 예상 관객수 평균			(5)
한국 영화제 개최 횟수(단위:회) 평균			(4)		관리코드	T6522	주최국	(6)

결재: 선임, 책임, 팀장

《조건》

○ 모든 데이터의 서식에는 글꼴(돋움, 11pt), 정렬은 숫자 및 회계 서식은 오른쪽 정렬, 나머지 서식은 가운데 정렬로 작성하며 예외적인 것은 《출력형태》를 참조하시오.
○ 제목 ⇒ 도형(평행 사변형)과 그림자(오프셋 오른쪽)를 이용하여 작성하고 '주요 국제 영화제 개최 현황"을 입력한 후 다음 서식을 적용하시오
(글꼴-굴림, 24pt, 검정, 굵게, 채우기-노랑).
○ 임의의 셀에 결재란을 작성하여 그림으로 복사 기능을 이용하여 붙이기 하시오(단, 원본 삭제).
○ 「B4:J4, G14, I14」 영역은 '주황'으로 채우기 하시오.
○ 유효성 검사를 이용하여 「H14」 셀에 관리코드(「B5:B12」 영역)가 선택 표시되도록 하시오.
○ 셀 서식 ⇒ 「G5:G12」 영역에 셀 서식을 이용하여 숫자 뒤에 '명'을 표시하시오(예 : 500,000명).
○ 「D5:D12」 영역에 대해 '주최국'으로 이름정의를 하시오.

유형 06

다음은 '현진대학특강 수강 현황'에 대한 자료이다. 자료를 입력하고 조건에 맞도록 작업하시오.

▶ 소스파일 : Chapter 02₩문제02-06.xlsx   ▶ 완성파일 : Chapter 02₩문제02-06_완성.xlsx

《출력형태》

강좌코드	강좌명	강사명	구분	수강인원	개강일	수강료 (단위:원)	강의실	개강 요일
A5641	영어회화	김은희	어학	26	2025-12-05	100,000	(1)	(2)
C6942	포토샵활용	정예인	컴퓨터	28	2025-12-06	110,000	(1)	(2)
B6541	비즈니스 일본어	장현오	어학	42	2025-12-05	120,000	(1)	(2)
V6312	엑셀과 파워포인트	박은빈	컴퓨터	31	2025-12-07	80,000	(1)	(2)
W2321	중국어회화	김찬호	어학	19	2025-12-09	110,000	(1)	(2)
F8923	ERP 1급	장서준	회계	36	2025-12-09	170,000	(1)	(2)
M4513	ERP 2급	배은주	회계	29	2025-12-05	150,000	(1)	(2)
E3942	인디자인 마스터	곽소형	컴퓨터	18	2025-12-06	90,000	(1)	(2)
어학 강좌의 수강인원 합계			(3)			최대 수강인원		(5)
어학 강좌의 평균 수강료(단위:원)			(4)		강좌코드	A5641	수강인원	(6)

제목: 현진대학특강 수강 현황

결재: 사원 / 팀장 / 사장

《조건》

○ 모든 데이터의 서식에는 글꼴(굴림, 11pt), 정렬은 숫자 및 회계 서식은 오른쪽 정렬, 나머지 서식은 가운데 정렬로 작성하며 예외적인 것은 《출력형태》를 참조하시오.
○ 제 목 ⇒ 도형(사다리꼴)과 그림자(오프셋 오른쪽)를 이용하여 작성하고 "현진대학특강 수강 현황"을 입력한 후 다음 서식을 적용하시오
(글꼴-굴림, 24pt, 검정, 굵게, 채우기-노랑).
○ 임의의 셀에 결재란을 작성하여 그림으로 복사 기능을 이용하여 붙이기 하시오(단, 원본 삭제).
○ 「B4:J4, G14, I14」 영역은 '주황'으로 채우기 하시오.
○ 유효성 검사를 이용하여 「H14」 셀에 강좌코드(「B5:B12」 영역)가 선택 표시되도록 하시오.
○ 셀 서식 ⇒ 「F5:F12」 영역에 셀 서식을 이용하여 숫자 뒤에 '명'을 표시하시오(예 : 26명).
○ 「F5:F12」 영역에 대해 '수강인원'으로 이름정의를 하시오.

03 값 계산

- ✓ 함수를 사용하여 값 구하기
- ✓ 출제 함수 정리
- ✓ 조건부 서식 지정하기

▶ 소스 파일 : Chapter 03₩Ch03.xlsx   ▶ 완성 파일 : Chapter 03₩Ch03_완성.xlsx

☞ 다음은 '컵라면 가격 및 판매수량'에 대한 자료이다. 자료를 입력하고 조건에 맞도록 작업하시오.

출력 형태

	컵라면 가격 및 판매수량							확인	담당	대리	과장
제품코드	제품명	제조사	용기	판매가격	환산가격(1g)	판매수량(단위:개)	순위	뚜껑
NG43-411	너구리	농심	종이(외면)	1,240	6.8	1,562	(1)	(2)
NP96-451	신라면	농심	폴리스틸렌	800	7.7	2,465	(1)	(2)
PL11-542	롯데라면컵	팔도	종이(외면)	750	7.6	954	(1)	(2)
RT27-251	진라면순한맛	오뚜기	종이(외면)	950	7.0	2,056	(1)	(2)
DT49-211	참깨라면	오뚜기	종이(외면)	840	8.6	1,625	(1)	(2)
PL13-252	손짬뽕컵	팔도	폴리스틸렌수지	1,280	11.0	865	(1)	(2)
PL11-422	공화춘짬뽕	팔도	폴리스틸렌	1,280	11.1	1,245	(1)	(2)
NA21-451	육개장	농심	폴리스틸렌	850	11.0	1,432	(1)	(2)
종이(외면) 용기 제품의 개수			(3)	✕		최저 판매수량(단위:개)		(5)
오뚜기 제품의 판매가격 평균			(4)		제품코드	NG43-411	판매가격	(6)

조건

☞ (1)~(6) 셀은 반드시 주어진 함수를 이용하여 값을 구하시오(결과값을 직접 입력하면 해당 셀은 0점 처리됨).

(1) 순위 ⇒ 판매수량의 내림차순 순위를 구한 결과값에 '위'를 붙이시오(RANK.EQ 함수, & 연산자)(예 : 1위).

(2) 뚜껑 ⇒ 제품코드의 마지막 글자가 1이면 '폴리에틸렌', 2이면 '에틸렌초산비닐'로 구하시오
    (CHOOSE, RIGHT 함수).

(3) 종이(외면) 용기 제품의 개수 ⇒ 결과값에 '개'를 붙이시오. 단, 조건은 입력데이터를 이용하시오
    (DCOUNTA 함수, & 연산자)(예 : 1개).

(4) 오뚜기 제품의 판매가격 평균 ⇒ 정의된 이름(판매가격)을 이용하여 구하시오(SUMIF, COUNTIF 함수).

(5) 최저 판매수량(단위:개) ⇒ (MIN 함수)

(6) 판매가격 ⇒ 「H14」셀에서 선택한 제품코드에 대한 판매가격을 구하시오(VLOOKUP 함수).

(7) 조건부 서식의 수식을 이용하여 판매가격이 '1,000' 이상인 행 전체에 다음의 서식을 적용하시오
    (글꼴 : 파랑, 굵게).

> **체크! 체크!**
>
> **〔값 계산〕**
>
> ■ **함수를 사용하여 값 구하기**
> - ITQ 엑셀 시험에서 가장 어렵고 중심이 되는 부분이 함수 문제입니다.
> - 출제 함수 목록에서 골고루 문제가 출제되고 있기 때문에 특정 부분만 학습해서는 안됩니다.
> - 단일 함수 및 중복 함수를 활용하는 문제를 반복 숙지합니다.
>
> ■ **조건부 서식 지정하기**
> - 조건부 서식은 수식을 이용하는 방법과 데이터 막대를 이용하는 방법이 출제되고 있습니다.
>   수식을 이용하여 조건부 서식을 작성할 때 참조($)와 비교 연산자(>, <, >=, <=)를 숙지합니다.
>
> ■ **출제함수 정리**
> - 출제 함수 목록의 함수들을 어떻게 사용하는지 숙지해야 합니다.

STEP 01 함수를 사용하여 값 구하기

《조건》 (1) 순위 ⇒ 판매수량의 내림차순 순위를 구한 결과값에 '위'를 붙이시오(RANK.EQ 함수, & 연산자)(예 : 1위).

1 〔순위〕를 구하기 위해 I5:I12 셀을 드래그한 후 '=RANK.EQ(H5,$H$5:$H$12,0)&"위"'를 입력한 다음 Ctrl + Enter 를 누릅니다.

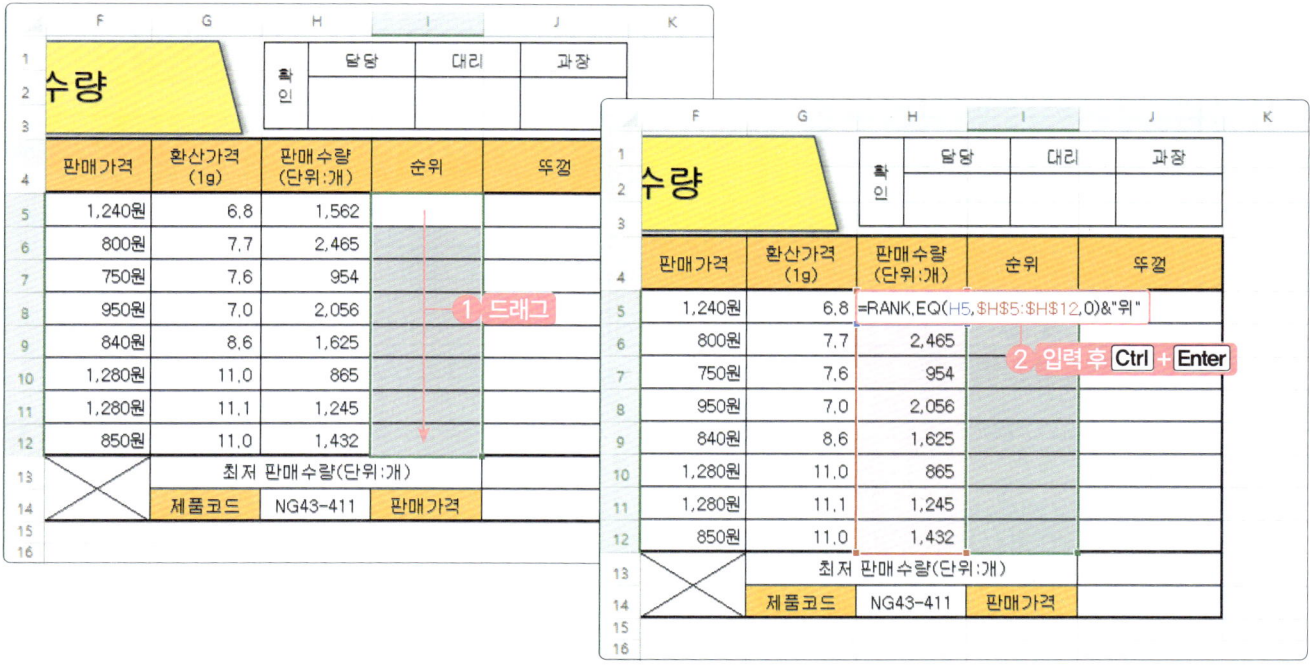

- 셀을 드래그한 후 수식을 입력한 다음 Ctrl + Enter 를 누르면 입력한 수식이 선택한 모든 셀에 셀 주소가 상대적으로 변경되어 한 번에 입력됩니다.
- 여기에서 다루는 함수 이외의 함수는 〔출제 함수 정리〕(P66~P75)를 참고합니다.

RANK.EQ 함수

- **구문** : RANK.EQ(number, ref, [order])
- **설명** : ref에서 number의 순위를 구합니다. order가 0이거나 생략되면 가장 큰 number가 1위가 되고, 0 이외의 숫자이면 가장 작은 number가 1위가 됩니다. number가 같은 경우에는 가장 높은 순위를 구합니다.

$$=\text{RANK.EQ}(H5, \$H\$5:\$H\$12, 0)\ \&\ \text{"위"}$$
　　　　　　❷　　　　　　　　❶

❶ ❷에서 구한 값과 '위'를 연결(&)하여 '1위'와 같이 표시합니다.
❷ 모든 제품의 판매수량(단위:개)($H$5:$H$12)에서 너구리의 판매수량(단위:개)(H5)가 몇 번째로 높은 판매수량(단위:개) 인지(0)를 구합니다. 모든 제품의 판매수량(단위:개)($H$5:$H$12)는 I5:I12셀 범위의 모든 셀에서 변경되지 않고 참조해야 하므로 절대 참조로 입력해야 합니다.

《조건》 (2) 뚜껑 ⇒ 제품코드의 마지막 글자가 1이면 '폴리에틸렌', 2이면 '에틸렌초산비닐'로 구하시오 (CHOOSE, RIGHT 함수).

2 [뚜껑]을 구하기 위해 J5:J12 셀을 드래그한 후 '=CHOOSE(RIGHT(B5,1),"폴리에틸렌","에틸렌초산비닐")'를 입력한 다음 Ctrl + Enter 를 누릅니다.

CHOOSE 함수

- **구문** : CHOOSE(index_num, value1, [value2], …)
- **설명** : value1, [value2], … 중 index_num 번째에 있는 값(index_num이 1이면 value1, index_num이 2면 value2, …)을 구합니다.

$$=\text{CHOOSE}(\text{RIGHT}(B5,1), \text{"폴리에틸렌"}, \text{"에틸렌초산비닐"})$$
　　　　　　　❷　　　　　　　　　　　　　　　　　　❶

❶ ❷에서 구한 값이 '1'이면 '폴리에틸렌'을 구하고, '2'이면 '에틸렌초산비닐'을 구합니다.
❷ 제품코드(B5)에서 오른쪽 첫 번째 문자(1)를 구합니다.

한가지 더!

수식 알아보기

엑셀에서 수식은 셀 값을 계산하기 위한 식으로 등호, 함수, 연산자, 참조, 상수로 구성되어 있습니다.

$$=\underset{\text{①}}{=}\underset{\text{②}}{SUM(A1:A3,A5)}*\underset{\text{③}}{}\underset{\text{④}}{A7}+\underset{\text{③}}{}\underset{\text{⑤}}{9}$$

① **등호** : 다음에 오는 내용이 수식이라는 것을 나타내는 기호입니다. 엑셀에서 수식을 입력할 때는 먼저 등호를 입력해야 합니다. 등호를 입력하지 않고 'SUM(A1:A3,A5)*A7+9'만 입력하면 수식이 아닌 문자 데이터로 인식하여 계산할 수 없습니다.

② **함수** : 수식을 쉽고 빠르게 입력할 수 있도록 미리 정의되어 있는 수식으로 '인수'라는 특정값을 사용하여 결과값을 구합니다. TODAY 함수처럼 인수가 필요 없는 함수도 있지만 거의 대부분의 함수는 인수를 필요로 합니다. 인수는 괄호 안에 입력하며 괄호 안에서 인수와 인수를 구분할 때는 쉼표(,)를 사용합니다.

$$=\underset{\text{함수 이름}}{SUM}(\underset{\text{인수 1}}{A1:A3},\underset{\text{인수 2}}{A5})$$

③ **연산자** : 계산의 종류를 나타내는 기호입니다. 연산자에는 산술 연산자, 비교 연산자, 텍스트 연결 연산자 등이 있습니다.
  • **산술 연산자** : 더하기, 빼기, 곱하기, 나누기 등과 같이 기본적인 계산을 하는 연산자입니다.

연산자	기능	사용 방법	연산자	기능	사용 방법
+	더하기	=A1+A2	-	음수	=-A1
-	빼기	=A1-A2	%	백분율	=A1%
*	곱하기	=A1*A2	^	거듭제곱	=A1^2
/	나누기	=A1/A2			

  • **비교 연산자** : 두 값을 비교하여 참이면 논리값 TRUE를 구하고, 거짓이면 논리값 FALSE를 구하는 연산자입니다.

연산자	기능	사용 방법	연산자	기능	사용 방법
=	같다	=A1=A2	>=	크거나 같다(이상)	=A1>=A2
>	크다(초과)	=A1>A2	<=	작거나 같다(이하)	=A1<=A2
<	작다(미만)	=A1<A2	<>	같지 않다	=A1<>A2

  • **텍스트 연산자** : 여러 값을 연결하여 하나의 텍스트로w 만드는 연산자입니다.

연산자	기능	사용 방법
&	여러 값을 연결	="엑셀"&A1

④ **참조** : A7셀 값이 2인 경우, 셀 주소인 '=A7'을 입력하면 A7셀 값인 2를 가져오는데, 이렇게 셀 주소를 사용하여 셀 값을 가져오는 것을 '참조'라고 합니다. 참조에는 상대 참조, 절대 참조, 혼합 참조가 있으며 셀 주소를 입력한 후 F4를 누르면 F4를 누를 때마다 다음과 같은 순서로 참조가 변경됩니다.

  • **상대 참조** : 수식을 복사하면 셀 주소가 상대적으로 변경됩니다(예 A1).
  • **절대 참조** : 수식을 복사해도 셀 주소가 변경되지 않습니다(예 $A$1).
  • **혼합 참조** : 상대 참조와 절대 참조의 혼합으로 수식을 복사하면 행과 열 중에서 $ 기호가 없는 행(또는 열)은 상대적으로 변경되고, $ 기호가 있는 행(또는 열)은 변경되지 않습니다(예 A$1, $A1).

⑤ **상수** : 수식에 직접 입력하는 문자나 숫자입니다.

《조건》 (3) 종이(외면) 용기 제품의 개수 ⇒ 결과값에 '개'를 붙이시오. 단, 조건은 입력데이터를 이용하시오
(DCOUNTA 함수, & 연산자)(예 : 1개).
(4) 오뚜기 제품의 판매가격 평균 ⇒ 정의된 이름(판매가격)을 이용하여 구하시오(SUMIF, COUNTIF 함수)

3 [종이(외면) 용기 제품의 개수]을 구하기 위해 E13셀에 '=DCOUNTA(B4:H12,2,E4:E5)&"개"'를 입력한 후 Enter를 누릅니다.

제품코드	제품명	제조사	용기	판매가격	환산가격(1g)	판매수량(단위:개)	순위	뚜껑
NG43-411	너구리	농심	종이(외면)	1,240원	6.8	1,562	4위	폴리에틸렌
NP96-451	신라면	농심	폴리스틸렌	800원	7.7	2,465	1위	폴리에틸렌
PL11-542	롯데라면컵	팔도	종이(외면)	750원	7.6	954	7위	에틸렌초산비닐
RT27-251	진라면순한맛	오뚜기	종이(외면)	950원	7.0	2,056	2위	폴리에틸렌
DT49-211	참깨라면	오뚜기	종이(외면)	840원	8.6	1,625	3위	폴리에틸렌
PL13-252	손짬뽕컵	팔도	폴리스틸렌수지	1,280원	11.0	865	8위	에틸렌초산비닐
PL11-422	공화춘짬뽕	팔도	폴리스틸렌	1,280원	11.1	1,245	6위	에틸렌초산비닐
NA21-451	육개장	농심	폴리스틸렌	850원	11.0	1,432	5위	폴리에틸렌

종이(외면) 용기 제품의 =DCOUNTA(B4:H12,2,E4:E5)&"개" 입력 후 Enter 저 판매수량(단위:개)
오뚜기 제품의 판매가격 평균   제품코드 NG43-411 판매가격

수식 꼼꼼히 보기

DCOUNTA 함수

- 구문 : DCOUNTA(database, field, criteria)
- 설명 : database에서 criteria를 만족하는 데이터의 field 중 비어 있지 않은 셀의 개수를 구합니다.

$$=DCOUNTA(B4:H12,2,E4:E5)\&"개"$$

데이터베이스(B4:H12)에서 용기가 종이(외면)(E4:E5)인 데이터의 제품명의 개수를 구합니다. 데이터베이스는 레코드(행)와 필드(열)로 이루어진 관련 데이터 목록을 말하며 각 필드(열)의 이름(여기서는 제품코드, 제품명, 제조사 등)을 '필드명'이라고 합니다.

4 [오뚜기 제품의 판매가격 평균]을 구하기 위해 E14셀에 '=SUMIF(D5:D12,"오뚜기",판매가격)/COUNTIF(D5:D12,"오뚜기")'를 입력한 후 Enter를 누릅니다.

제품코드	제품명	제조사	용기	판매가격	환산가격(1g)	판매수량(단위:개)	순위	뚜껑
NG43-411	너구리	농심	종이(외면)	1,240원	6.8	1,562	4위	폴리에틸렌
NP96-451	신라면	농심	폴리스틸렌	800원	7.7	2,465	1위	폴리에틸렌
PL11-542	롯데라면컵	팔도	종이(외면)	750원	7.6	954	7위	에틸렌초산비닐
RT27-251	진라면순한맛	오뚜기	종이(외면)	950원	7.0	2,056	2위	폴리에틸렌
DT49-211	참깨라면	오뚜기	종이(외면)	840원	8.6	1,625	3위	폴리에틸렌
PL13-252	손짬뽕컵	팔도	폴리스틸렌수지	1,280원	11.0	865	8위	에틸렌초산비닐
PL11-422	공화춘짬뽕	팔도	폴리스틸렌	1,280원	11.1	1,245	6위	에틸렌초산비닐
NA21-451	육개장	농심	폴리스틸렌	850원	11.0	1,432	5위	폴리에틸렌

종이(외면) 용기 제품의 개수 4개 최저 판매수량(단위:개)
오뚜기 제 =SUMIF(D5:D12,"오뚜기",판매가격)/COUNTIF(D5:D12,"오뚜기") 입력 후 Enter 판매가격

수식 꼼꼼히 보기

SUMIF 함수
- 구문 : SUMIF(range, criteria, (sum_range))
- 설명 : range에서 criteria를 만족하는 데이터를 검색한 후 sum_range에서 이와 대응하는 데이터의 합계를 구합니다.

COUNTIF 함수
- 구문 : COUNTIF(range, criteria)
- 설명 : range에서 criteria를 만족하는 셀의 개수를 구합니다.

$$=\underbrace{\underbrace{SUMIF(D5:D12,"오뚜기",판매가격)}_{❷}/\underbrace{COUNTIF(D5:D12,"오뚜기")}_{❸}}_{❶}$$

❶ '❷에서 구한 값/❸에서 구한 값'을 구합니다.
❷ 제조사(D5:D12)가 '오뚜기'인 데이터의 '판매가격'이라고 이름을 정의한 셀 범위(F5:F12)에서 합계를 구합니다.
❸ 제조사(D5:D12)에서 '오뚜기'인 셀의 개수를 구합니다.

《조건》 (5) 최저 판매수량(단위:개) ⇒ (MIN 함수)

5 [최저 판매수량(단위:개)]을 구하기 위해 J13셀에 '=MIN(H5:H12)'를 입력한 후 Enter를 누릅니다.

	A	B	C	D	E	F	G	H	I	J	K	L
3												
4		제품코드	제품명	제조사	용기	판매가격	환산가격(1g)	판매수량(단위:개)	순위	뚜껑		
5		NG43-411	너구리	농심	종이(외면)	1,240원	6.8	1,562	4위	폴리에틸렌		
6		NP96-451	신라면	농심	폴리스틸렌	800원	7.7	2,465	1위	폴리에틸렌		
7		PL11-542	롯데라면컵	팔도	종이(외면)	750원	7.6	954	7위	에틸렌초산비닐		
8		RT27-251	진라면순한맛	오뚜기	종이(외면)	950원	7.0	2,056	2위	폴리에틸렌		
9		DT49-211	참깨라면	오뚜기	종이(외면)	840원	8.6	1,625	3위	폴리에틸렌		
10		PL13-252	손짬뽕컵	팔도	폴리스틸렌수지	1,280원	11.0	865	8위	에틸렌초산비닐		
11		PL11-422	공화춘짬뽕	팔도	폴리스틸렌	1,280원	11.1	1,245	6위	에틸렌초산비닐		
12		NA21-451	육개장	농심	폴리스틸렌	850원	11.0	1,432	5위	폴리에틸렌		
13		종이(외면) 용기 제품의 개수			4개		최저 판매수량(단위:개)			=MIN(H5:H12)		
14		오뚜기 제품의 판매가격 평균			895		제품코드	NG43-411	판매가격	입력 후 Enter		

수식 꼼꼼히 보기

MIN 함수
- 구문 : MIN(number1, (number2), …)
- 설명 : number1, (number2), … 중 가장 작은 값을 구합니다.

$$=MIN(H5:H12)$$

판매수량(단위:개)(H4:H12)에서 가장 작은 값을 구합니다.

《조건》 (6) 판매가격 ⇒ 「H14」셀에서 선택한 제품코드에 대한 판매가격을 구하시오(VLOOKUP 함수).

6 〔판매가격〕을 구하기 위해 **J14셀**에 '**=VLOOKUP(H14,B5:F12,5,0)**'를 입력한 후 Enter 를 누릅니다.

VLOOKUP 함수

- **구문** : VLOOKUP(lookup_value, table_array, col_index_num, [range_lookup])
- **설명** : table_array의 첫 번째 열에서 lookup_value를 검색한 후 col_index_num에서 lookup_value와 같은 행에 있는 값을 구합니다.

$$=VLOOKUP(H14,B5:F12,5,0)$$

B5:F12셀 범위의 첫 번째 열(B5:F12셀 범위에서 첫 번째 열이므로 B5:B12셀 범위(제품코드))에서 NG43-411(H14)를 검색한 후 다섯 번째 열(B5:F12셀 범위에서 다섯 번째 열이므로 F5:F12셀 범위(판매가격))에서 NG43-411와 같은 행에 있는 판매가격을 구합니다.

7 E13:E14, J13:J14셀을 드래그하여 선택한 후 〔홈〕 탭-〔맞춤〕 그룹에서 **(오른쪽 맞춤())을 클릭**한 다음 〔표시형식〕 그룹에서 **(쉼표 스타일())을 클릭**합니다.

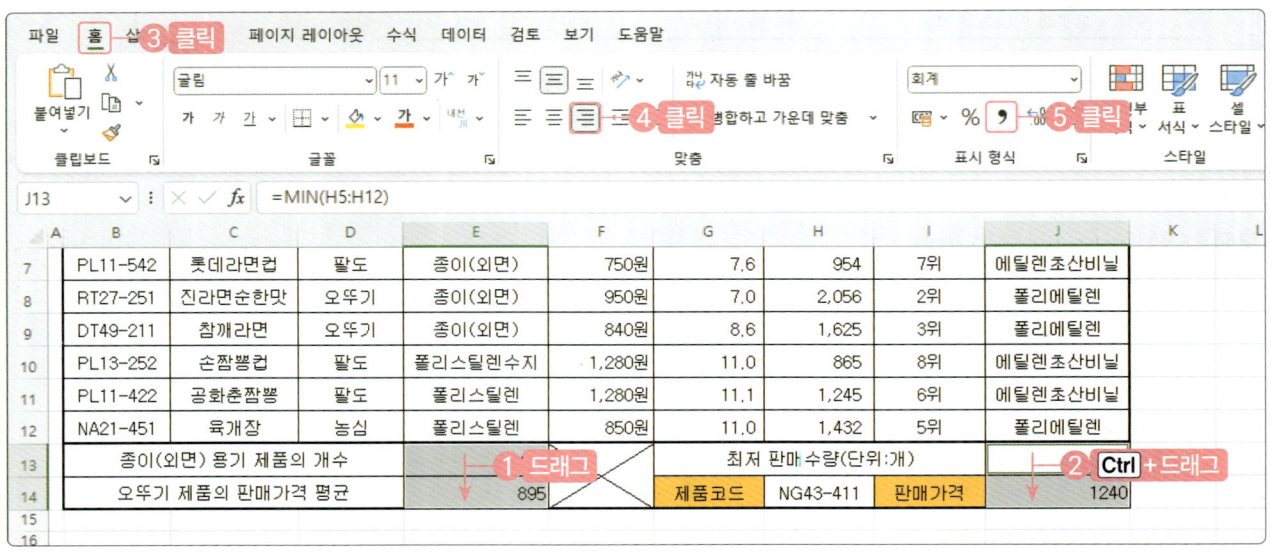

STEP 02 조건부 서식 지정하기

《조건》 (7) 조건부 서식의 수식을 이용하여 판매가격이 '1,000' 이상인 행 전체에 다음의 서식을 적용하시오(글꼴 : 파랑, 굵게).

1 수식을 사용하여 조건부 서식을 지정하기 위해 **B5:J12셀을 드래그**한 후 [홈] 탭-[스타일] 그룹에서 **[조건부 서식()]을 클릭**한 다음 **[새 규칙]을 클릭**합니다.

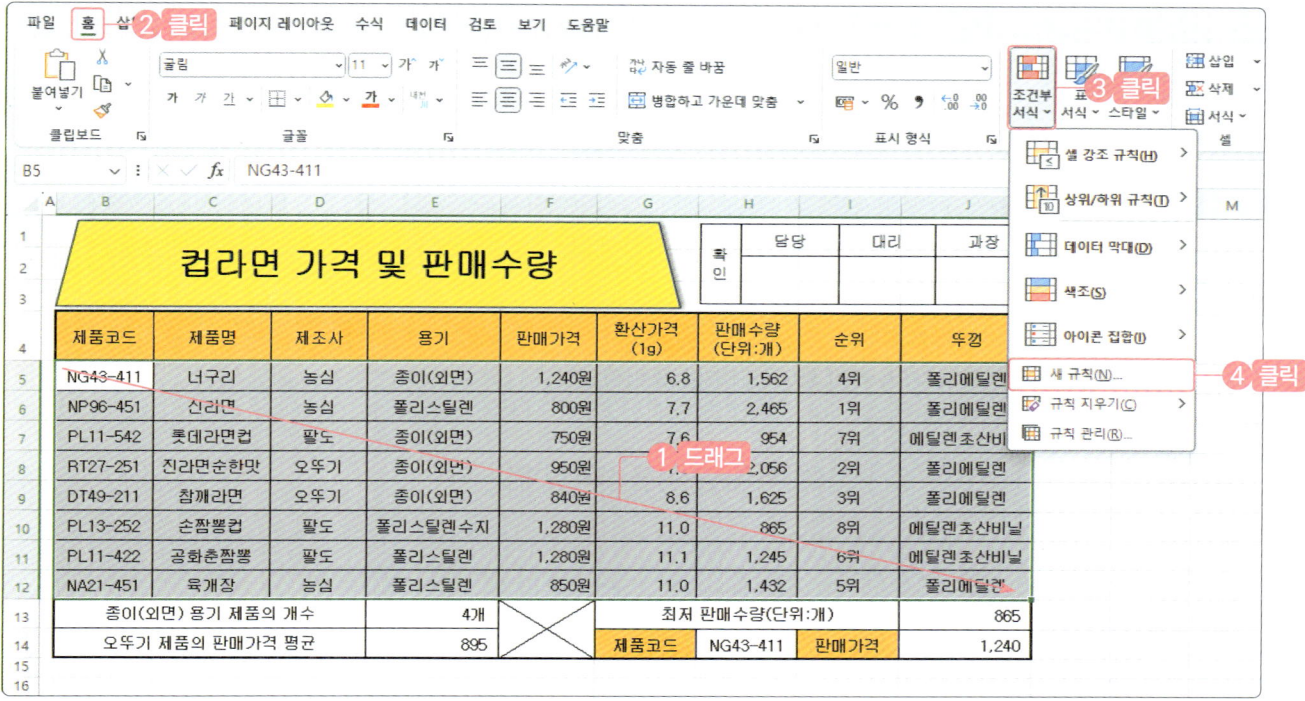

2 [새 서식 규칙] 대화상자가 나타나면 **규칙 유형(수식을 사용하여 서식을 지정할 셀 결정)을 클릭**한 후 **수식(=$F5>=1000)을 입력**한 다음 [서식] 단추를 클릭합니다.

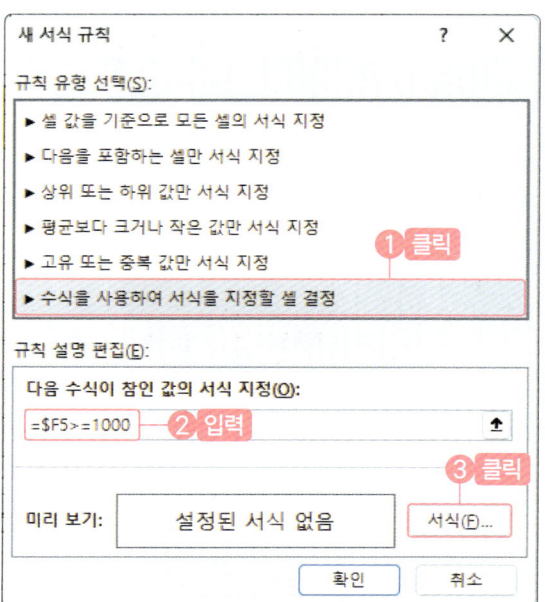

=$F5>=1000
B5:J12셀 범위에서 행별로 F열에 있는 값이 '1000' 이상(>=)이면 논리값 TRUE를 구하고, 그렇지 않으면 논리값 FALSE를 구합니다. 조건부 서식은 조건을 만족하는 경우에만 서식이 지정됩니다. 즉, 논리값 TRUE를 구한 행(F열에 있는 값이 '1000' 이상인 행)에만 서식이 지정됩니다.

3 (셀 서식) 대화상자가 나타나면 (글꼴) 탭에서 **글꼴 스타일 (굵게)**을 클릭한 후 **색(파랑, 강조 1)**을 선택한 다음 (확인) 단추를 클릭합니다.

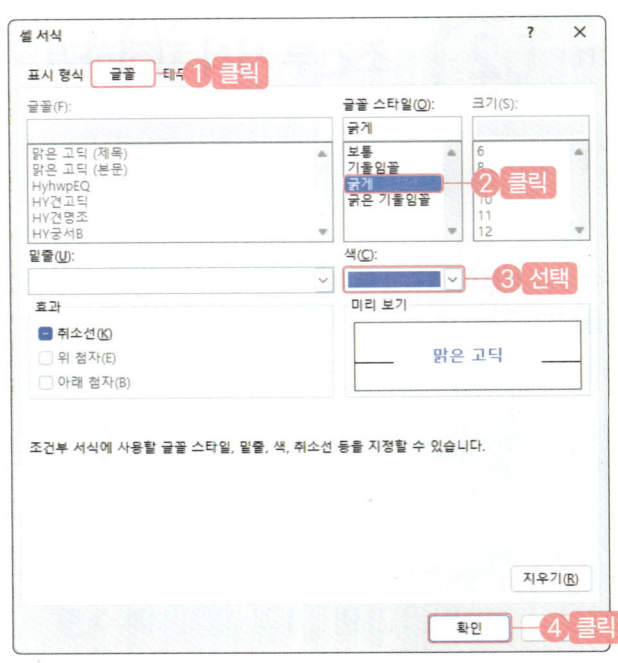

4 (새 서식 규칙) 대화상자가 다시 나타나면 **(확인)** 단추를 클릭합니다.

5 눈금선을 숨기기 위해 (보기) 탭-(표시) 그룹에서 **(눈금선)**을 선택 해제합니다.

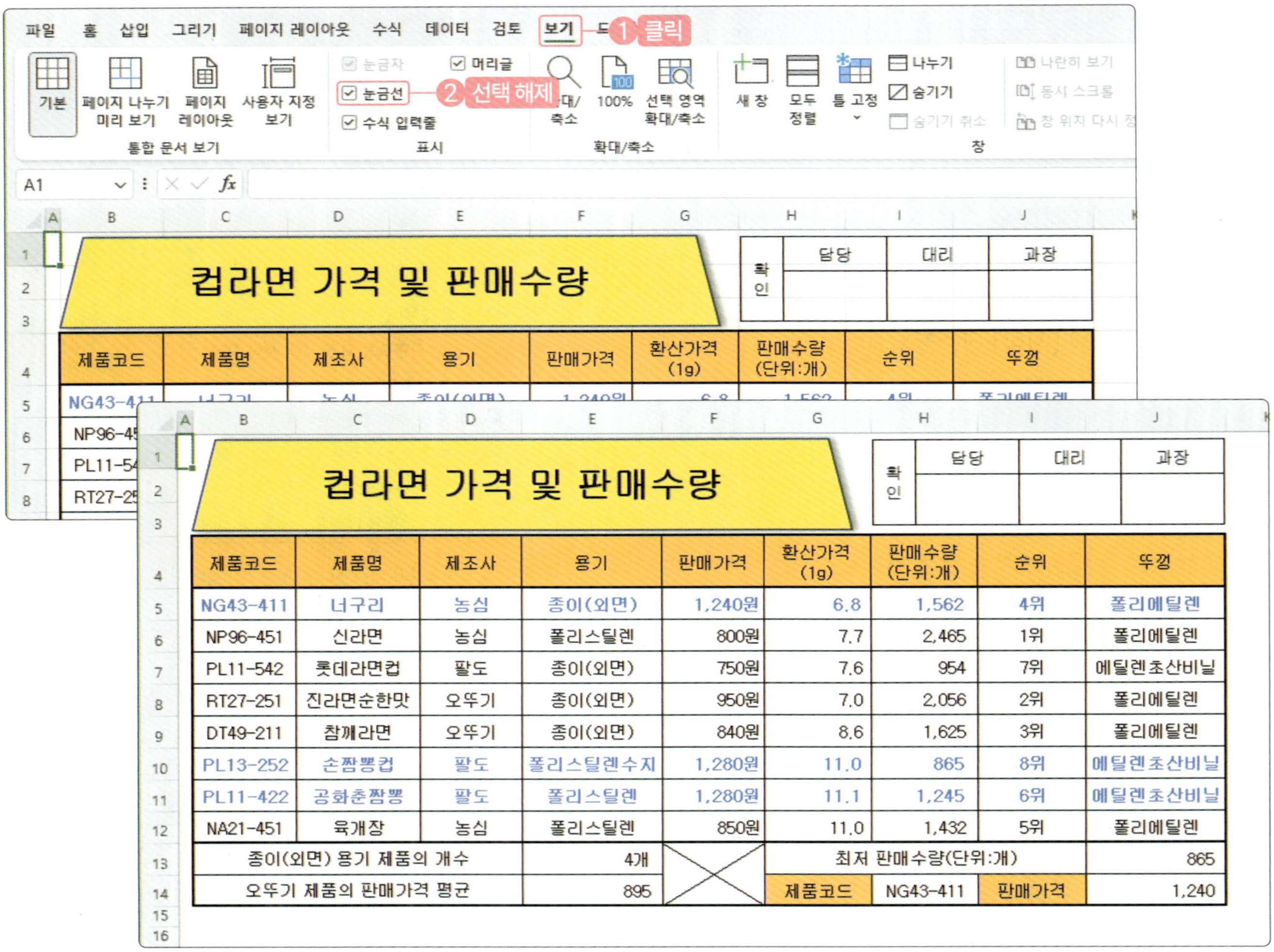

데이터 막대를 사용하여 조건부 서식 지정하기

셀 범위를 선택한 후 [홈] 탭-[스타일] 그룹에서 [조건부 서식]을 클릭한 다음 [새 규칙]을 클릭하면 [새 서식 규칙] 대화상자가 나타납니다. [새 서식 규칙] 대화상자에서 규칙 유형을 '셀 값을 기준으로 모든 셀의 서식 지정'으로 선택한 후 서식 스타일을 '데이터 막대'로 선택하면 데이터 막대를 사용하여 조건부 서식을 지정할 수 있습니다. 다음은 가장 높은 중고가는 가장 긴 빨간색 막대로 표시되고, 가장 낮은 중고가는 가장 짧은 빨간색 막대로 표시되도록 데이터 막대를 사용하여 조건부 서식을 지정한 경우입니다.

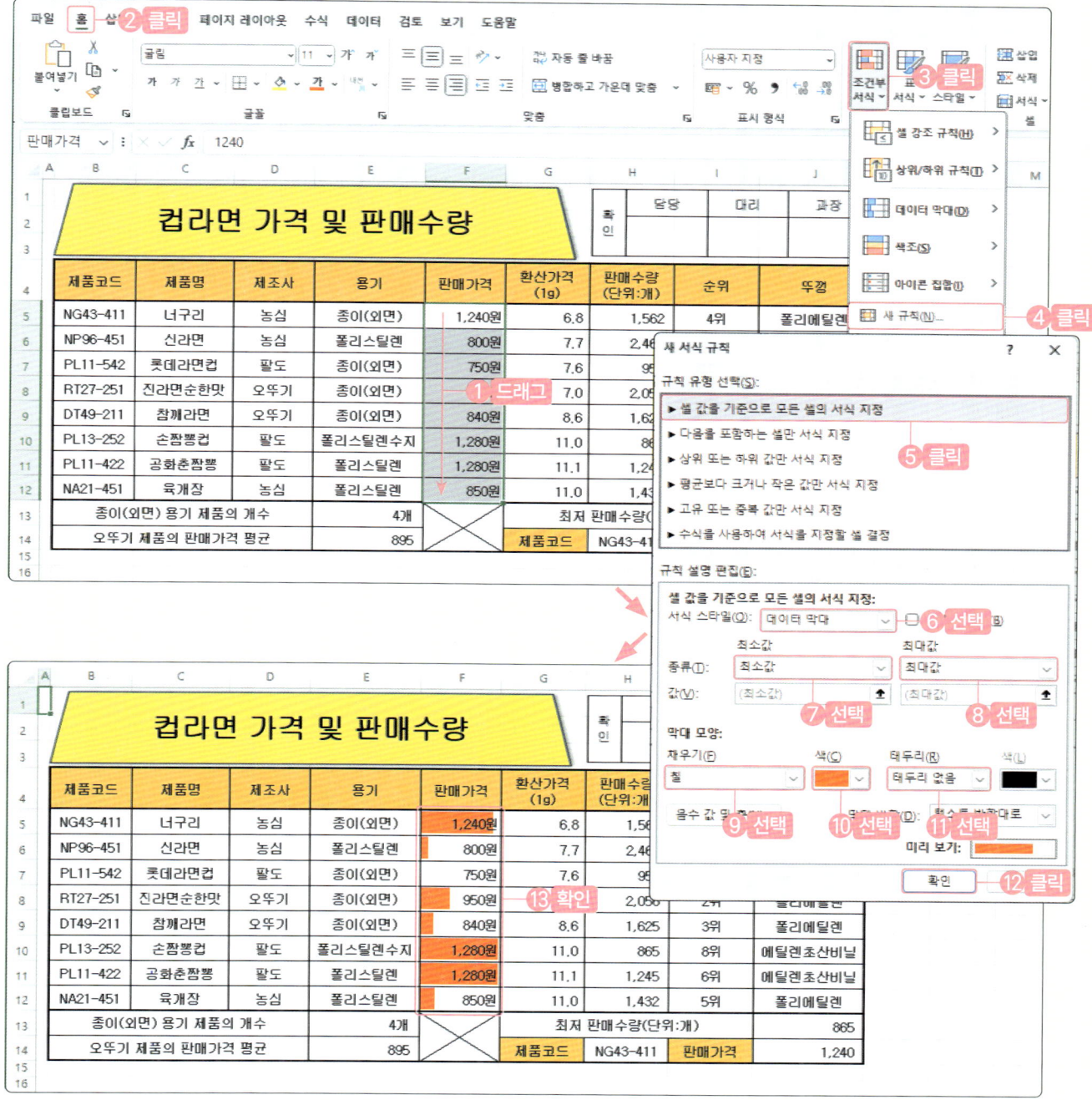

조건부 서식 지우기

조건부 서식이 지정된 셀 범위를 선택한 후 [홈] 탭-[스타일] 그룹에서 [조건부 서식]을 클릭한 다음 [규칙 지우기]-[선택한 셀의 규칙 지우기]를 클릭하면 선택한 셀 범위에 지정된 조건부 서식을 지울 수 있고, [규칙 지우기]-[시트 전체에서 규칙 지우기]를 클릭하면 시트에 지정된 모든 조건부 서식을 지울 수 있습니다.

출제 함수 정리

날짜 및 시간 함수

▶ YEAR 함수
- 구문 : YEAR(serial_number)
- 설명 : serial_number에서 연도를 구합니다.

▶ MONTH 함수
- 구문 : MONTH(serial_number)
- 설명 : serial_number에서 월을 구합니다.

▶ DAY 함수
- 구문 : DAY(serial_number)
- 설명 : serial_number에서 일을 구합니다.
- YEAR, MONTH, DAY 함수 사용 방법

	A	B	C	D	E	F
1						
2		날짜		함수	결과값	
3		2024-12-01	❶	=YEAR(B3)	2024	
4			❷	=MONTH(B3)	12	
5			❸	=DAY(B3)	1	
6						

❶ 2024-12-01(B3)에서 연도를 구합니다.
❷ 2024-12-01(B3)에서 월을 구합니다.
❸ 2024-12-01(B3)에서 일을 구합니다.

▶ HOUR 함수
- 구문 : HOUR(serial_number)
- 설명 : serial_number에서 시를 구합니다.

▶ MINUTE 함수
- 구문 : MINUTE(serial_number)
- 설명 : serial_number에서 분을 구합니다.

▶ SECOND 함수
- 구문 : SECOND(serial_number)
- 설명 : serial_number에서 초를 구합니다.
- HOUR, MINUTE, SECOND 함수 사용 방법

	A	B	C	D	E	F
1						
2		시간		함수	결과값	
3		13:20:35	❶	=HOUR(B3)	13	
4			❷	=MINUTE(B3)	20	
5			❸	=SECOND(B3)	35	
6						

❶ 13:20:35(B3)에서 시를 구합니다.
❷ 13:20:35(B3)에서 분을 구합니다.
❸ 13:20:35(B3)에서 초를 구합니다.

출제 함수 정리

▶ NOW 함수
- 구문 : NOW( )
- 설명 : 현재 시스템의 날짜와 시간을 표시합니다. NOW 함수에는 인수가 필요 없습니다.

▶ TODAY 함수
- 구문 : TODAY( )
- 설명 : 현재 시스템의 날짜를 표시합니다. TODAY 함수에는 인수가 필요 없습니다.
- NOW, TODAY 함수 사용 방법

	형식	결과값
❶	=NOW()	2023-12-01 13:44
❷	=TODAY()	2023-12-01

❶ 현재 시스템의 날짜와 시간을 표시합니다.
❷ 현재 시스템의 날짜를 표시합니다.

▶ WEEKDAY 함수
- 구문 : WEEKDAY(serial_number, (return_type))
- 설명 : serial_number의 요일을 나타내는 값을 구합니다. return_type은 결과값의 유형을 지정한 값으로 다음과 같이 1, 2, 3 중의 하나입니다. return_type을 생략하면 1로 간주합니다.

return_type	요일을 나타내는 값						
	일	월	화	수	목	금	토
1	1	2	3	4	5	6	7
2	7	1	2	3	4	5	6
3	6	0	1	2	3	4	5

- WEEKDAY 함수 사용 방법

날짜		함수	결과값
2024-12-08	❶	=WEEKDAY(B3,1)	1
	❷	=WEEKDAY(B3,2)	7
	❸	=WEEKDAY(B3,3)	6

❶ 2024-12-08(B3)의 요일을 나타내는 값을 구합니다. 2024년 12월 8일이 일요일이고 return_type이 1이므로 1을 구합니다.
❷ 2024-12-08(B3)의 요일을 나타내는 값을 구합니다. 2024년 12월 8일이 일요일이고 return_type이 2이므로 7을 구합니다.
❸ 2024-12-08(B3)의 요일을 나타내는 값을 구합니다. 2024년 12월 8일이 일요일이고 return_type이 3이므로 6을 구합니다.

▶ DATE 함수
- 구문 : DATE(year, month, day)
- 설명 : year, month, day를 조합하여 날짜를 구합니다.

출제 함수 정리

▶TIME 함수
- 구문 : TIME(hour, minute, second)
- 설명 : hour, minute, second를 조합하여 시간을 구합니다.
- DATE, TIME 함수 사용 방법

	연도	월	일		함수	결과값
	2024	1	20	❶	=DATE(B3,C3,D3)	2024-01-20
	시	분	초	❷	=TIME(B5,C5,D5)	3:17 AM
	3	17	59			

❶ 2024(B3), 1(C3), 20(D3)를 조합하여 날짜를 구합니다.
❷ 3(B5), 17(C5), 59(D5)를 조합하여 시간을 구합니다. G4셀의 데이터는 '3:17:59'이지만 사용자 지정 표시 형식으로 'h:mm AM/PM'이 지정되어 '3:17 AM'이 표시된 것입니다.

통계 함수

▶AVERAGE 함수
- 구문 : AVERAGE(number1, (number2), …)
- 설명 : number1, (number2), …의 평균을 구합니다.
- AVERAGE 함수 사용 방법

	날짜	지점	판매량		함수	결과값
	12월 01일	강북점	16	❶	=AVERAGE(D3:D5)	22
	12월 04일	강남점	30	❷	=AVERAGE(D3,D5)	18
	12월 07일	강북점	20			

❶ 판매량(D3:D5) 평균을 구합니다.
❷ 강북점의 판매량(D3,D5) 평균을 구합니다.

▶MAX 함수
- 구문 : MAX(number1, (number2), …)
- 설명 : number1, (number2), … 중 가장 큰 값을 구합니다.

▶MIN 함수
- 구문 : MIN(number1, (number2), …)
- 설명 : number1, (number2), … 중 가장 작은 값을 구합니다.
- MAX, MIN 함수 사용 방법

	지점	판매량		함수	결과값
	강동점	200	❶	=MAX(C3:C6)	210
	강서점	160	❷	=MIN(C3:C6)	160
	강남점	180			
	강북점	210			

❶ 판매량(C3:C6) 중 가장 많은 판매량을 구합니다.
❷ 판매량(C3:C6) 중 가장 적은 판매량을 구합니다.

출제 함수 정리

▶ LARGE 함수
- 구문 : LARGE(array, k)
- 설명 : array에서 k 번째로 큰 값을 구합니다.

▶ SMALL 함수
- 구문 : SMALL(array, k)
- 설명 : array에서 k 번째로 작은 값을 구합니다.

▶ MEDIAN 함수
- 구문 : MEDIAN(number1, [number2], …)
- 설명 : number1, [number2], …의 중간값을 구합니다.
- SMALL, MEDIAN 함수 사용 방법

부서	판매량		함수	결과값
영업1부	200	❶	=SMALL(C3:C7,2)	140
영업2부	160	❷	=MEDIAN(C3:C7)	160
영업3부	180	❸	=MEDIAN(C3:C6)	170
영업4부	130			
영업5부	140			

❶ 판매량(C3:C7)에서 두 번째(2)로 적은 판매량을 구합니다.
❷ 판매량(C3:C7)의 중간값을 구합니다. 판매량을 오름차순 정렬하면 130, 140, 160, 180, 200 순입니다. 판매량의 개수가 홀수 개인 경우, 중간에 있는 판매량(160)을 구합니다.
❸ 판매량(C3:C6)의 중간값을 구합니다. 판매량을 오름차순 정렬하면 130, 160, 180, 200 순입니다. 판매량의 개수가 짝수 개인 경우, 가운데에 있는 두 판매량(여기서는 160과 180)의 평균을 구합니다.

▶ RANK.AVG 함수
- 구문 : RANK.AVG(number, ref, [order])
- 설명 : ref에서 number의 순위를 구합니다. order가 0이거나 생략되면 가장 큰 number가 1위가 되고, 0 이외의 숫자이면 가장 작은 number가 1위가 됩니다. number가 같은 경우에는 순위의 평균을 구합니다.
- RANK.AVG 함수 사용 방법

부서	판매량		함수	결과값
영업1부	200	❶	=RANK.AVG(C3,C3:C7,0)	2.5
영업2부	200	❷	=RANK.AVG(C7,C3:C7,1)	2
영업3부	180			
영업4부	250			
영업5부	190			

❶ 모든 부서의 판매량(C3:C7)에서 영업1부의 판매량(C3)이 몇 번째로 많은 판매량인지(0)를 구합니다. 영업1부의 판매량은 영업4부의 판매량 다음으로 많고 영업2부의 판매량과 같으므로 2위와 3위의 평균인 2.5위입니다. 즉, 영업4부의 판매량은 1위, 영업1부와 영업2부의 판매량은 2.5위, 영업5부의 판매량은 4위입니다.
❷ 모든 부서의 판매량(C3:C7)에서 영업5부의 판매량(C7)이 몇 번째로 적은 판매량인지(1)를 구합니다.

출제 함수 정리

▶ COUNT 함수
- 구문 : COUNT(value1, [value2], …)
- 설명 : value1, [value2], …에서 숫자가 있는 셀의 개수를 구합니다.

▶ COUNTA 함수
- 구문 : COUNTA(value1, [value2], …)
- 설명 : value1, [value2], …에서 비어 있지 않은 셀의 개수를 구합니다.

- COUNT, COUNTA 함수 사용 방법

	A	B	C	D	E	F	G	H
1								
2		날짜	지점	판매량		함수	결과값	
3		12월 01일	강북점	15	❶	=COUNT(D3:D6)	2	
4			강남점		❷	=COUNTA(D3:D6)	3	
5		12월 04일	강북점	확인				
6			강남점	20				

❶ 판매량(D3:D6)에서 숫자가 있는 셀의 개수를 구합니다.
❷ 판매량(D3:D6)에서 비어 있지 않은 셀의 개수를 구합니다.

수학/삼각 함수

▶ SUM 함수
- 구문 : SUM(number1, [number2], …)
- 설명 : number1, [number2], …의 합계를 구합니다.

▶ PRODUCT 함수
- 구문 : PRODUCT(number1, [number2], …)
- 설명 : number1, [number2], …를 곱한 값을 구합니다.

▶ SUMPRODUCT 함수
- 구문 : SUMPRODUCT(array1, [array2], …)
- 설명 : array1, [array2], …에서 대응하는 데이터끼리 곱한 후 곱한 값의 합계를 구합니다.

- SUM, PRODUCT, SUMPRODUCT 함수 사용 방법

	A	B	C	D	E	F	G	H
1								
2		지점	단가	판매량		함수	결과값	
3		강동점	4,000	15	❶	=SUM(D3:D6)	75	
4		강서점	2,500	30	❷	=PRODUCT(C3,D3)	60,000	
5		강남점	3,000	20	❸	=SUMPRODUCT(C3:C6,D3:D6)	205,000	
6		강북점	1,000	10				

❶ 판매량(D3:D6) 합계를 구합니다.
❷ 강동점의 단가(C3)와 강동점의 판매량(D3)을 곱한 값을 구합니다.
❸ 단가(C3:C6)와 판매량(D3:D6)에서 대응하는 데이터끼리 곱한 후 곱한 값의 합계를 구합니다.
　즉, '4,000×15+2,500×30+3,000×20+1,000×10'을 구합니다

출제 함수 정리

▶ **ROUND 함수**
- 구문 : ROUND(number, num_digits)
- 설명 : number를 num_digits 아래에서 반올림하여 num_digits로 구합니다.

▶ **ROUNDUP 함수**
- 구문 : ROUNDUP(number, num_digits)
- 설명 : number를 num_digits 아래에서 올림하여 num_digits로 구합니다.

▶ **ROUNDDOWN 함수**
- 구문 : ROUNDDOWN(number, num_digits
- 설명 : number를 num_digits 아래에서 내림하여 num_digits로 구합니다.
- ROUND, ROUNDUP, ROUNDDOWN 함수 사용 방법

	A	B	C	D	E	F
2		데이터		함수	결과값	
3		456.654	❶	=ROUND(B3,2)	456.65	
4		123.321	❷	=ROUND(B3,0)	457	
5		789.987	❸	=ROUND(B3,-2)	500	
6			❹	=ROUNDUP(B4,1)	123.4	
7			❺	=ROUNDUP(B4,0)	124	
8			❻	=ROUNDUP(B4,-1)	130	
9			❼	=ROUNDDOWN(B5,2)	789.98	
10			❽	=ROUNDDOWN(B5,0)	789	
11			❾	=ROUNDDOWN(B5,-2)	700	

❶ 456.654(B3)를 소수 3자리에서 반올림하여 소수 2자리(2)로 구합니다.
❷ 456.654(B3)를 소수 1자리에서 반올림하여 일의 자리(0)로 구합니다.
❸ 456.654(B3)를 십의 자리에서 반올림하여 백의 자리(-2)로 구합니다.
❹ 123.321(B4)을 소수 2자리에서 올림하여 소수 1자리(1)로 구합니다.
❺ 123.321(B4)을 소수 1자리에서 올림하여 일의 자리(0)로 구합니다.
❻ 123.321(B4)을 일의 자리에서 올림하여 십의 자리(-1)로 구합니다.
❼ 789.987(B5)을 소수 3자리에서 내림하여 소수 2자리(2)로 구합니다.
❽ 789.987(B5)을 소수 1자리에서 내림하여 일의 자리(0)로 구합니다.
❾ 789.987(B5)을 십의 자리에서 내림하여 백의 자리(-2)로 구합니다.

▶ **INT 함수**
- 구문 : INT(number)
- 설명 : number보다 크지 않은 정수를 구합니다.

▶ **TRUNC 함수**
- 구문 : TRUNC(number, (num_digits))
- 설명 : number에서 num_digits만 남기고 나머지 자리는 버린 값을 구합니다. num_digits를 생략하면 0으로 간주합니다.

출제 함수 정리

▶ MOD 함수
- 구문 : MOD(number, divisor)
- 설명 : n-umber를 divisor로 나눈 나머지를 구합니다.
- INT, TRUNC, MOD 함수 사용 방법

	A	B	C	D	E	F
1						
2		데이터		함수	결과값	
3		8.48	❶	=INT(B3)	8	
4		-8.48	❷	=INT(B4)	-9	
5		24	❸	=TRUNC(B3,1)	8.4	
6			❹	=MOD(B5,5)	4	

❶ 8.48(B3)보다 크지 않은 정수를 구합니다.
❷ -8.48(B4)보다 크지 않은 정수를 구합니다. -8은 -8.48보다 큰 정수입니다. -9를 구합니다.
❸ 8.48(B3)에서 소수 1자리(1)만 남기고 나머지 자리는 버린 값을 구합니다.
❹ 24(B5)를 5로 나눈 나머지를 구합니다.

텍스트 함수

▶ LEFT 함수
- 구문 : LEFT(text, (num_chars))
- 설명 : text에서 왼쪽부터 num_chars만큼의 문자를 구합니다. num_chars를 생략하면 1로 간주합니다.

▶ RIGHT 함수
- 구문 : RIGHT(text, (num_chars))
- 설명 : text에서 오른쪽부터 num_chars만큼의 문자를 구합니다. num_chars를 생략하면 1로 간주합니다.

▶ MID 함수
- 구문 : MID(text, start_num, num_chars)
- 설명 : text에서 start_num 번째 문자부터 num_chars만큼의 문자를 구합니다.

▶ REPT 함수
- 구문 : REPT(text, number_times)
- 설명 : text를 number_times만큼 반복한 문자를 구합니다.
- LEFT, RIGHT, MID, REPT 함수 사용 방법

	A	B	C	D	E	F
1						
2		데이터		함수	결과값	
3		MS 엑셀 2021	❶	=LEFT(B3,2)	MS	
4		대한민국	❷	=RIGHT(B3,7)	엑셀 2021	
5			❸	=MID(B3,4,2)	엑셀	
6			❹	=REPT(B4,2)	대한민국대한민국	

❶ MS 엑셀 2016(B3)에서 왼쪽부터 두 문자(2)를 구합니다.
❷ MS 엑셀 2016(B3)에서 오른쪽부터 일곱 문자(7)를 구합니다. '엑셀'과 '2016' 사이에 있는 공백 문자열(" ")도 하나의 문자입니다.
❸ MS 엑셀 2016(B3)에서 왼쪽부터 네 번째(4) 문자부터 두 문자(2)를 구합니다.
❹ 대한민국(B4)을 두 번(2) 반복한 문자를 구합니다.

출제 함수 정리

논리 함수

▶ IF 함수
- 구문 : IF(logical_test, (value_if_true), (value_if_false))
- 설명 : logical_test가 참이면 value_if_true를 구하고, 거짓이면 value_if_false를 구합니다.
- IF 함수 사용 방법

	B	C	D	E
2	데이터		함수	결과값
3	40	❶	=IF(B3>B4,TRUE,FALSE)	FALSE
4	70	❷	=IF(B3<B4,TRUE,FALSE)	TRUE
5		❸	=IF(B4>=60,"합격","불합격")	합격

❶ 40(B3)이 70(B4) 보다 크면 참(TRUE), 그렇지 않으면 거짓(FALSE)을 구합니다.
❷ 40(B3)이 70(B4) 보다 작으면 참(TRUE), 그렇지 않으면 거짓(FALSE)을 구합니다.
❸ 70(B4)이 60 보다 크면 참(합격), 그렇지 않으면 거짓(불합격)을 구합니다.

▶ AND 함수
- 구문 : AND(logical1, (logical2), ⋯)
- 설명 : logical이 모두 참이면 논리값 TRUE를 구하고, 하나라도 거짓이면 논리값 FALSE를 구합니다.

▶ OR 함수
- 구문 : OR(logical1, (logical2), ⋯)
- 설명 : logical이 하나라도 참이면 논리값 TRUE를 구하고, 모두 거짓이면 논리값 FALSE를 구합니다.
- AND, OR 함수 사용 방법

	B	C	D	E
2	데이터		함수	결과값
3	3	❶	=AND(B3>=3,B4>=5)	TRUE
4	5	❷	=AND(B3>=3,B4>=10)	FALSE
5		❸	=OR(B3>=10,B4>=10)	FALSE
6		❹	=OR(B3>=10,B4>=5)	TRUE

❶ logical1(B3>=3)과 logical2(B4>=5)가 모두 참이므로 논리값 TRUE를 구합니다.
❷ logical2(B4>=10)가 거짓이므로 논리값 FALSE를 구합니다.
❸ logical1(B3>=10)과 logical2(B4>=10)가 모두 거짓이므로 논리값 FALSE를 구합니다.
❹ logical2(B4>=5)가 참이므로 논리값 TRUE를 구합니다.

데이터베이스 함수

▶ DSUM 함수
- 구문 : DSUM(database, field, criteria)
- 설명 : database에서 criteria를 만족하는 데이터의 field 합계를 구합니다.

▶ DAVERAGE 함수
- 구문 : DAVERAGE(database, field, criteria)
- 설명 : database에서 criteria를 만족하는 데이터의 field 평균을 구합니다.

출제 함수 정리

▶ DMAX 함수
- 구문 : DMAX(database, field, criteria)
- 설명 : database에서 criteria를 만족하는 데이터의 field 중 가장 큰 값을 구합니다.

▶ DMIN 함수
- 구문 : DMIN(database, field, criteria)
- 설명 : database에서 criteria를 만족하는 데이터의 field 중 가장 작은 값을 구합니다.

▶ DCOUNT 함수
- 구문 : DCOUNT(database, field, criteria)
- 설명 : database에서 criteria를 만족하는 데이터의 field 중 숫자가 있는 셀의 개수를 구합니다.

▶ DPRODUCT 함수
- 구문 : DPRODUCT(database, field, criteria)
- 설명 : database에서 criteria를 만족하는 데이터의 field를 모두 곱한 값을 구합니다.
- 데이터베이스 함수 사용 방법

	B	C	D	E	F	G	H
2	날짜	지점	입고량	출고량		함수	결과값
3	12월 01일	강북점	10		①	=DSUM(B2:E8,D2,C2:C3)	60
4	12월 05일	강북점		5	②	=DAVERAGE(B2:E8,D2,C2:C3)	20
5	12월 08일	강남점	15		③	=DMAX(B2:E8,D2,C2:C3)	30
6	12월 14일	강북점	20	확인	④	=DMIN(B2:E8,D2,C2:C3)	10
7	12월 19일	강북점	30	40	⑤	=DCOUNT(B2:E8,E2,C2:C3)	2
8	12월 21일	강남점	확인	확인	⑥	=DPRODUCT(B2:E8,E2,C2:C3)	200

① 데이터베이스(B2:E8)에서 지점이 강북점(C2:C3)인 데이터의 입고량(D2) 합계를 구합니다.
② 데이터베이스(B2:E8)에서 지점이 강북점(C2:C3)인 데이터의 입고량(D2) 평균을 구합니다.
③ 데이터베이스(B2:E8)에서 지점이 강북점(C2:C3)인 데이터의 입고량(D2) 중 가장 많은 입고량을 구합니다.
④ 데이터베이스(B2:E8)에서 지점이 강북점(C2:C3)인 데이터의 입고량(D2) 중 가장 적은 입고량을 구합니다.
⑤ 데이터베이스(B2:E8)에서 지점이 강북점(C2:C3)인 데이터의 출고량(E4) 중 숫자가 있는 셀의 개수를 구합니다.
⑥ 데이터베이스(B2:E8)에서 지점이 강북점(C2:C3)인 데이터의 출고량(E4)을 모두 곱한 값을 구합니다.

찾기/참조 함수

▶ VLOOKUP 함수
- 구문 : VLOOKUP(lookup_value, table_array, col_index_num, [range_lookup])
- 설명 : table_array의 첫 번째 열에서 lookup_value를 검색한 후 col_index_num에서 lookup_value와 같은 행에 있는 값을 구합니다.
- VLOOKUP 함수 사용 방법

	B	C	D	E	F	G
2	상품코드	상품명	생산량		함수	결과값
3	SC	스캐너	120	①	=VLOOKUP("PR",B3:D4,3,FALSE)	600
4	PR	프린터	600			

① B3:D4셀 범위의 첫 번째 열(B3:D4셀 범위에서 첫 번째 열이므로 B3:B4셀 범위(상품코드))에서 PR을 검색한 후 세 번째 열(B3:D4셀 범위에서 세 번째 행이므로 D3:D4셀 범위(생산량))에서 PR과 같은 행에 있는 생산량을 구합니다.

출제 함수 정리

▶ **HLOOKUP 함수**
- 구문: HLOOKUP(lookup_value, table_array, row_index_num, (range_lookup))
- 설명: table_array의 첫 번째 행에서 lookup_value를 검색한 후 row_index_num에서 lookup_value와 같은 열에 있는 값을 구합니다.
- HLOOKUP 함수 사용 방법

	A	B	C	D	E	F	G	H
1								
2		상품코드	SC	PR		함수	결과값	
3		상품명	스캐너	프린터	❶	=HLOOKUP("PR",C2:D4,3,FALSE)	600	
4		생산량	120	600				
5								

❶ C2:D4셀 범위의 첫 번째 행(C2:D4셀 범위에서 첫 번째 행이므로 C2:D2셀 범위(상품코드))에서 PR을 검색한 후 세 번째 행(C2:D4셀 범위에서 세 번째 행이므로 C4:D4셀 범위(생산량))에서 PR과 같은 열에 있는 생산량을 구합니다.

▶ **INDEX 함수**
- 구문: INDEX(array, row_num, (column_num))
- 설명: array에서 row_num행 column_num열에 있는 값을 구합니다.

▶ **MATCH 함수**
- 구문: MATCH(lookup_value, lookup_array, (match_type))
- 설명: lookup_array에서 lookup_value의 위치를 구합니다. match_type은 검색 방법을 지정한 값으로 1, 0, -1이 있으며 생략하면 1로 간주합니다. 다음은 match_type에 대한 설명입니다.

match_type	설명
1	lookup_array에서 lookup_value보다 작거나 같은 값 중 최대값을 구합니다. lookup_array는 반드시 오름차순으로 정렬되어 있어야 합니다.
0	lookup_array에서 lookup_value와 같은 첫 번째 값을 구합니다. lookup_array는 임의의 순서여도 됩니다.
-1	lookup_array에서 lookup_value보다 크거나 같은 값 중 최소값을 구합니다. lookup_array는 반드시 내림차순으로 정렬되어 있어야 합니다.

- INDEX, MATCH 함수 사용 방법

	A	B	C	D	E	F	G
1							
2		데이터			함수	결과값	
3		5	21	❶	=INDEX(B3:C5,3,2)	34	
4		7	9	❷	=MATCH(19,B3:B5,0)	3	
5		19	34				
6							

❶ 데이터(B3:C5)에서 3행 2열에 있는 값을 구합니다. 여기에서 3행 2열은 B3:C5셀 범위를 표로 보고 새로 부여한 행 번호와 열 번호입니다. 다음 표를 보면 3행 2열이 C5셀인 것을 확인할 수 있습니다.

	1열	2열
1행	B3셀	C3셀
2행	B4셀	C4셀
3행	B5셀	C5셀

❷ 데이터(B3:B5)에서 19의 위치를 구합니다.

Chapter 03 실전문제유형 값 계산

유형 01

다음은 '우리 인테리어 공사현황보고'에 대한 자료이다. 자료를 입력하고 조건에 맞도록 작업하시오.

▶ 소스파일 : Chapter 03\문제03-01.xlsx   ▶ 완성파일 : Chapter 03\문제03-01_완성.xlsx

《출력형태》

관리번호	주택명	지역	공사기간(일)	총공사비	공사시작일	공사내용	구분	선수금(단위:원)
B2-001	화이트빌	경기	5	8,558,000	2026-02-06	욕실	(1)	(2)
K1-001	푸르지오	서울	4	10,250,000	2026-03-20	주방	(1)	(2)
K3-002	시그마	경기	3	7,870,000	2026-01-30	주방	(1)	(2)
A1-001	아이파크	인천	13	28,850,000	2026-02-20	전체	(1)	(2)
B1-002	파크타운	서울	5	5,778,000	2026-03-06	욕실	(1)	(2)
B3-003	트레스벨	경기	6	9,560,000	2026-02-13	욕실	(1)	(2)
A2-002	그린빌	서울	17	32,170,000	2026-02-27	전체	(1)	(2)
K2-003	한솔마을	인천	4	6,768,000	2026-03-08	주방	(1)	(2)
서울지역 총 공사건수			(3)		가장 긴 공사기간(일)			(5)
욕실 총공사비 합계			(4)		관리번호	B2-001	총공사비	(6)

《조건》

☞ (1)~(6) 셀은 반드시 **주어진 함수를 이용**하여 값을 구하시오(결과값을 직접 입력하면 해당 셀은 0점 처리됨).

(1) 구분 ⇒ 관리번호 두 번째 글자가 1이면 '아파트', 2이면 '빌라' 3이면 '오피스텔'로 구하시오 (CHOOSE, MID 함수).

(2) 선수금(단위:원) ⇒ 공사내용이 전체이면 「총공사비×30%」, 그 외에는 「총공사비×20%」로 반올림하여 십만 단위까지 구하시오(ROUND, IF 함수)(예 : 1,456,273 → 1,500,000).

(3) 서울지역 총 공사건수 ⇒ 결과값에 '건'을 붙이시오(COUNTIF 함수, & 연산자)(예 : 1건).

(4) 욕실 총공사비 합계 ⇒ 공사내용이 욕실인 공사의 총공사비 합계를 구하시오. 단, 조건은 입력 데이터를 이용하시오(DSUM 함수).

(5) 가장 긴 공사기간(일) ⇒ 정의된 이름(공사기간)을 이용하여 구하시오(MAX 함수).

(6) 총공사비 ⇒ 「H14」셀에서 선택한 관리번호에 대한 총공사비를 구하시오(VLOOKUP 함수).

(7) 조건부 서식의 수식을 이용하여 총공사비가 '8,000,000' 이하인 행 전체에 다음의 서식을 적용하시오 (글꼴 : 파랑, 굵게).

유형 02

다음은 '1월 사원 출장 현황'에 대한 자료이다. 자료를 입력하고 조건에 맞도록 작업하시오.

▶ 소스파일 : Chapter 03₩문제03-02.xlsx   ▶ 완성파일 : Chapter 03₩문제03-02_완성.xlsx

《출력형태》

	A	B	C	D	E	F	G	H	I	J
1-3		1월 사원 출장 현황						결재	담당 / 팀장 / 부장		
4	사원번호	사원명	직급	부서명	출장비(단위:원)	출장일수	출발일자	출발요일	비고
5	C11-23	민시후	사원	영업부	520,000	6	2026-01-07	(1)	(2)
6	C10-25	한창훈	사원	인사부	128,000	2	2026-01-21	(1)	(2)
7	A07-01	윤정은	대리	영업부	225,000	2	2026-01-07	(1)	(2)
8	A07-45	조재은	사원	기획부	415,000	3	2026-01-03	(1)	(2)
9	E10-25	박금희	대리	인사부	280,000	2	2026-01-15	(1)	(2)
10	A08-23	한효빈	과장	기획부	546,000	5	2026-01-17	(1)	(2)
11	E09-53	김지은	과장	영업부	197,000	3	2026-01-06	(1)	(2)
12	E09-12	김지효	대리	기획부	150,000	2	2026-01-12	(1)	(2)
13	인사부의 출장일수 평균			(3)			최대 출장비(단위:원)			(5)
14	사원의 출장일수 합계			(4)			사원번호	C11-23	출장일수	(6)

《조건》

☞ (1)~(6) 셀은 반드시 **주어진 함수를 이용**하여 값을 구하시오(결과값을 직접 입력하면 해당 셀은 0점 처리됨).

(1) 출발요일 ⇒ 출발일자의 요일을 예와 같이 구하시오(CHOOSE, WEEKDAY 함수)(예 : 월요일).

(2) 비고 ⇒ 출장일수가 '5' 이상이면 '출장일수 많음', 그 외에는 공백으로 표시하시오(IF 함수).

(3) 인사부의 출장일수 평균 ⇒ (SUMIF, COUNTIF 함수)

(4) 사원의 출장일수 합계 ⇒ 결과값에 '일'을 붙이시오. 단, 조건은 입력데이터를 이용하시오
　　　　　　　　　　　　(DSUM 함수, & 연산자)(예 : 1일).

(5) 최대 출장비(단위:원) ⇒ 정의된 이름(출장비)을 이용하여 구하시오(MAX 함수).

(6) 출장일수 ⇒ 「H14」셀에서 선택한 사원번호에 대한 출장일수를 구하시오(VLOOKUP 함수).

(7) 조건부 서식의 수식을 이용하여 출장비(단위:원)가 '200,000' 이하인 행 전체에 다음의 서식을 적용 하시오
　　(글꼴 : 파랑, 굵게).

유형 03

다음은 'JS렌터카 렌트 현황'에 대한 자료이다. 자료를 입력하고 조건에 맞도록 작업하시오.

▶ 소스파일 : Chapter 03₩문제03-03.xlsx   ▶ 완성파일 : Chapter 03₩문제03-03_완성.xlsx

《출력형태》

차량코드	렌트차종	출고일	제조사	렌트기간	렌트비용(단위:원)	연료	연식	차량구분
M-0571	SM3	2025-06-10	르노코리아	5	342,000	전기	(1)	(2)
R-0253	스타렉스	2023-05-10	현대자동차	3	325,000	LPG	(1)	(2)
L-9372	그랜저 TG	2021-02-20	현대자동차	2	175,000	가솔린	(1)	(2)
R-8133	뉴카니발	2022-12-20	기아자동차	4	215,000	디젤	(1)	(2)
L-4502	다이너스티	2020-09-30	현대자동차	1	85,000	가솔린	(1)	(2)
C-6362	에쿠스	2022-05-20	현대자동차	2	165,000	가솔린	(1)	(2)
M-7201	K5	2020-04-15	기아자동차	4	270,000	LPG	(1)	(2)
R-9353	QM3	2024-03-15	르노코리아	1	95,000	디젤	(1)	(2)
기아자동차 렌트기간의 평균			(3)		최대 렌트비용(단위:원)			(5)
르노코리아 렌트비용(단위:원)의 합계			(4)		차량코드	M-0571	렌트기간	(6)

결재: 담당 / 과장 / 본부장

《조건》

☞ (1)~(6) 셀은 반드시 **주어진 함수를 이용**하여 값을 구하시오(결과값을 직접 입력하면 해당 셀은 0점 처리됨).

(1) 연식 ⇒ 출고일의 연도를 구한 결과값에 '년식'을 붙이시오(YEAR 함수, & 연산자)(예 : 2013년식).
(2) 차량구분 ⇒ 차량코드의 마지막 글자가 1이면 '중형', 2이면 '대형', 3이면 '승합'으로 구하시오 (CHOOSE, RIGHT 함수).
(3) 기아자동차 렌트기간의 평균 ⇒ (SUMIF, COUNTIF 함수)
(4) 르노코리아 렌트비용(단위:원)의 합계 ⇒ 조건은 입력데이터를 이용하시오(DSUM 함수).
(5) 최대 렌트비용(단위:원) ⇒ 정의된 이름(렌트비용)을 이용하여 구하시오(MAX 함수).
(6) 렌트기간 ⇒ 「H14」셀에서 선택한 차량코드에 대한 렌트기간을 구하시오(VLOOKUP 함수).
(7) 조건부 서식을 이용하여 렌트비용(단위:원) 셀에 데이터 막대 스타일(연한 녹색)을 최소값 및 최대값으로 적용하시오.

유형 04

다음은 '앱개발 경진대회 신청 현황'에 대한 자료이다. 자료를 입력하고 조건에 맞도록 작업하시오.

▶ 소스파일 : Chapter 03₩문제03-04.xlsx   ▶ 완성파일 : Chapter 03₩문제03-04_완성.xlsx

《출력형태》

코드	팀명	지도교수	지원분야	신청일	활동비(단위:원)	활동시간	서류심사 담당자	문자 발송일
E1451	지혜의 샘	이지은	교육	2024-09-01	55,000	152	(1)	(2)
H2512	사물헬스케어	박순호	건강	2024-08-15	180,000	205	(1)	(2)
C3613	자연힐링	김경호	문화	2024-09-03	65,500	115	(1)	(2)
E1452	메타미래	정유미	교육	2024-09-15	195,500	235	(1)	(2)
H2513	건강지킴이단	손기현	건강	2024-08-27	178,000	170	(1)	(2)
E1458	늘탐구	김철수	교육	2024-09-05	134,000	155	(1)	(2)
H2518	코로나19	서영희	건강	2024-09-10	85,000	88	(1)	(2)
C3615	시공담문화	장민호	문화	2024-08-25	195,000	190	(1)	(2)
교육분야 평균 활동시간			(3)		최대 활동비(단위:원)			(5)
문화분야 신청 건수			(4)		팀명	지혜의 샘	활동시간	(6)

확인 : 담당 / 팀장 / 부장

《조건》

☞ (1)~(6) 셀은 반드시 **주어진 함수를 이용**하여 값을 구하시오(결과값을 직접 입력하면 해당 셀은 0점 처리됨).

(1) 서류심사 담당자 ⇒ 지원분야가 교육이면 '민수진', 건강이면 '변정훈', 문화이면 '신동진'으로 구하시오(IF 함수).

(2) 문자 발송일 ⇒ 신청일의 요일이 평일이면 「신청일+3」, 주말이면 「신청일+5」로 구하시오
  (CHOOSE, WEEKDAY 함수).

(3) 교육분야 평균 활동시간 ⇒ 평균을 올림하여 정수로 구하시오. 단, 조건은 입력데이터를 이용하시오
  (ROUNDUP, DAVERAGE 함수).

(4) 문화분야 신청 건수 ⇒ 결과값에 '건'을 붙이시오(COUNTIF 함수, & 연산자)(예 : 1건).

(5) 최대 활동비(단위:원) ⇒ 정의된 이름(활동비)을 이용하여 구하시오(LARGE 함수).

(6) 활동시간 ⇒ 「H14」셀에서 선택한 팀명에 대한 활동시간을 구하시오(VLOOKUP 함수).

(7) 조건부 서식의 수식을 이용하여 활동시간이 '200' 이상인 행 전체에 다음의 서식을 적용하시오(글꼴 : 파랑, 굵게).

유형 05

다음은 '주요 국제 영화제 개최 현황'에 대한 자료이다. 자료를 입력하고 조건에 맞도록 작업하시오.

▶소스파일 : Chapter 03₩문제03-05.xlsx   ▶완성파일 : Chapter 03₩문제03-05_완성.xlsx

《출력형태》

관리코드	영화제 명칭	주최국	대륙	1회 개막일자	예상 관객수	개최 횟수 (단위:회)	개최 순위	비고
T6522	토론토 국제	캐나다	북미	1976-10-18	500,000	47	(1)	(2)
B8241	베를린 국제	독일	유럽	1951-06-06	500,000	72	(1)	(2)
B1543	베이징 국제	중국	아시아	2011-04-23	300,000	12	(1)	(2)
B1453	부산 국제	한국	아시아	1996-09-13	180,000	27	(1)	(2)
J6653	전주 국제	한국	아시아	2000-04-28	80,000	23	(1)	(2)
S6323	선댄스	미국	북미	1985-01-20	70,000	38	(1)	(2)
F7351	칸	프랑스	유럽	1946-09-20	650,000	75	(1)	(2)
V2411	베네치아 국제	이탈리아	유럽	1932-08-06	700,000	79	(1)	(2)
최대 개최 횟수(단위:회)			(3)		북미 대륙 예상 관객수 평균			(5)
한국 영화제 개최 횟수(단위:회) 평균			(4)		관리코드	T6522	주최국	(6)

《조건》

☞ (1)~(6) 셀은 반드시 **주어진 함수를 이용**하여 값을 구하시오(결과값을 직접 입력하면 해당 셀은 0점 처리됨).

(1) 개최 순위 ⇒ 1회 개막일자의 오름차순 순위를 구한 결과값에 '위'를 붙이시오
 (RANK.EQ 함수, & 연산자)(예 : 1위).
(2) 비고 ⇒ 관리코드의 마지막 글자가 1이면 '세계3대', 2이면 '세계4대', 그 외에는 공백으로 표시하시오
 (IF, RIGHT 함수).
(3) 최대 개최 횟수(단위:회) ⇒ (MAX 함수)
(4) 한국 영화제 개최 횟수(단위:회) 평균 ⇒ 정의된 이름(주최국)을 이용하여 구하시오
 (SUMIF, COUNTIF 함수).
(5) 북미 대륙 예상 관객수 평균 ⇒ 조건은 입력데이터를 이용하시오(DAVERAGE 함수).
(6) 주최국 ⇒ 「H14」셀에서 선택한 관리코드에 대한 주최국을 구하시오(VLOOKUP 함수).
(7) 조건부 서식의 수식을 이용하여 예상 관객수가 '100,000' 이하인 행 전체에 다음의 서식을 적용 하시오
 (글꼴 : 파랑, 굵게).

유형 06

다음은 '현진대학특강 수강 현황'에 대한 자료이다. 자료를 입력하고 조건에 맞도록 작업하시오.

▶ 소스파일 : Chapter 03₩문제03-06.xlsx   ▶ 완성파일 : Chapter 03₩문제03-06_완성.xlsx

《출력형태》

강좌코드	강좌명	강사명	구분	수강인원	개강일	수강료(단위:원)	강의실	개강요일
A5641	영어회화	김은희	어학	26	2025-12-05	100,000	(1)	(2)
C6942	포토샵활용	정예인	컴퓨터	28	2025-12-06	110,000	(1)	(2)
B6541	비즈니스 일본어	장현오	어학	42	2025-12-05	120,000	(1)	(2)
V6312	엑셀과 파워포인트	박은빈	컴퓨터	31	2025-12-07	80,000	(1)	(2)
W2321	중국어회화	김찬호	어학	19	2025-12-09	110,000	(1)	(2)
F8923	ERP 1급	장서준	회계	36	2025-12-09	170,000	(1)	(2)
M4513	ERP 2급	배은주	회계	29	2025-12-05	150,000	(1)	(2)
E3942	인디자인 마스터	곽소형	컴퓨터	18	2025-12-06	90,000	(1)	(2)
어학 강좌의 수강인원 합계			(3)			최대 수강인원		(5)
어학 강좌의 평균 수강료(단위:원)			(4)			강좌코드	A5641 수강인원	(6)

《조건》

☞ (1)~(6) 셀은 반드시 **주어진 함수를 이용**하여 값을 구하시오(결과값을 직접 입력하면 해당 셀은 0점 처리됨).

(1) 강의실 ⇒ 강좌코드의 마지막 글자가 1이면 '어학실', 그 외에는 '컴퓨터실'로 구하시오(IF, RIGHT 함수).
(2) 개강요일 ⇒ 개강일의 요일을 구하시오(CHOOSE, WEEKDAY 함수)(예 : 월요일).
(3) 어학 강좌의 수강인원 합계 ⇒ 조건은 입력데이터를 이용하시오(DSUM 함수).
(4) 어학 강좌의 평균 수강료(단위:원) ⇒ 조건은 입력데이터를 이용하시오(DAVERAGE 함수).
(5) 최대 수강인원 ⇒ 정의된 이름(수강인원)을 이용하여 구한 결과값에 '명'을 붙이오
　　　　　　　　 (MAX 함수, & 연산자)(예 : 1명).
(6) 수강인원 ⇒ 「H14」셀에서 선택한 강좌코드에 대한 수강인원을 구하시오(VLOOKUP 함수).
(7) 조건부 서식을 이용하여 수강료(단위:원) 셀에 데이터 막대 스타일(파랑)을 최소값 및 최대값으로 적용하시오.

04 필터 및 서식

☑ 고급필터 작성하기   ☑ 표 서식 지정하기

▶ 소스 파일 : Chapter 04₩Ch04.xlsx   ▶ 완성 파일 : Chapter 04₩Ch04_완성.xlsx

☞ "제1작업" 시트의 「B4:H12」 영역을 복사하여 "제2작업" 시트의 「B2」 셀부터 모두 붙여넣기를 한 후 다음의 조건과 같이 작업하시오.

출력 형태

	B	C	D	E	F	G	H
2	제품코드	제품명	제조사	용기	판매가격	환산가격(1g)	판매수량(단위:개)
3	NG43-411	너구리	농심	종이(외면)	1,240원	6.8	1,562
4	NP96-451	신라면	농심	폴리스틸렌	800원	7.7	2,465
5	PL11-542	롯데라면컵	팔도	종이(외면)	750원	7.6	954
6	RT27-251	진라면순한맛	오뚜기	종이(외면)	950원	7.0	2,056
7	DT49-211	참깨라면	오뚜기	종이(외면)	840원	8.6	1,625
8	PL13-252	손짬뽕컵	팔도	폴리스틸렌수지	1,280원	11.0	865
9	PL11-422	공화춘짬뽕	팔도	폴리스틸렌	1,280원	11.1	1,245
10	NA21-451	육개장	농심	폴리스틸렌	850원	11.0	1,432

	B	C
14	제품코드	환산가격(1g)
15	P*	>=11

	B	C	D	E
18	제품명	제조사	판매가격	환산가격(1g)
19	손짬뽕컵	팔도	1,280원	11.0
20	공화춘짬뽕	팔도	1,280원	11.1

▲ 실제 시험에서 필터 및 서식의 《출력형태》는 제공되지 않습니다.

조건

(1) 고급필터 – 제품코드가 'P'로 시작하면서 환산가격(1g)이 '11' 이상인 자료의 제품명, 제조사, 판매가격, 환산가격(1g) 데이터만 추출하시오.
 – 조건 범위 : 「B14」 셀부터 입력하시오.
 – 복사 위치 : 「B18」 셀부터 나타나도록 하시오.

(2) 표 서식 – 고급필터의 결과셀을 채우기 없음으로 설정한 후 '표 스타일 보통 6'의 서식을 적용하시오.
 – 머리글 행, 줄무늬 행을 적용하시오.

체크! 체크!

〔필터 및 서식〕

■ 고급 필터
- 고급 필터를 이용하여 데이터를 추출할 때 조건에 맞는 모든 데이터를 추출하는 형태와 특정 데이터만 추출하는 형태로 구분되어 출제되고 있습니다.
- AND 조건과 OR 조건에 따른 입력 위치를 숙지해야 합니다.

■ 표 서식
- 표 서식을 지정하기 전에 반드시 〔채우기 색〕-〔채우기 없음〕을 지정해야 합니다.

STEP 01 고급필터 작성하기

《조건》 ☞ "제1작업" 시트의 「B4:H12」 영역을 복사하여 "제2작업" 시트의 「B2」셀부터 모두 붙여넣기를 한 후 다음의 조건과 같이 작업하시오.

1 〔제1작업〕 시트의 B4:H12셀 범위를 복사하기 위해 **B4:H12 셀을 드래그**한 후 〔홈〕 탭-〔클립보드〕 그룹에서 **〔복사(📋)〕를 클릭**합니다.

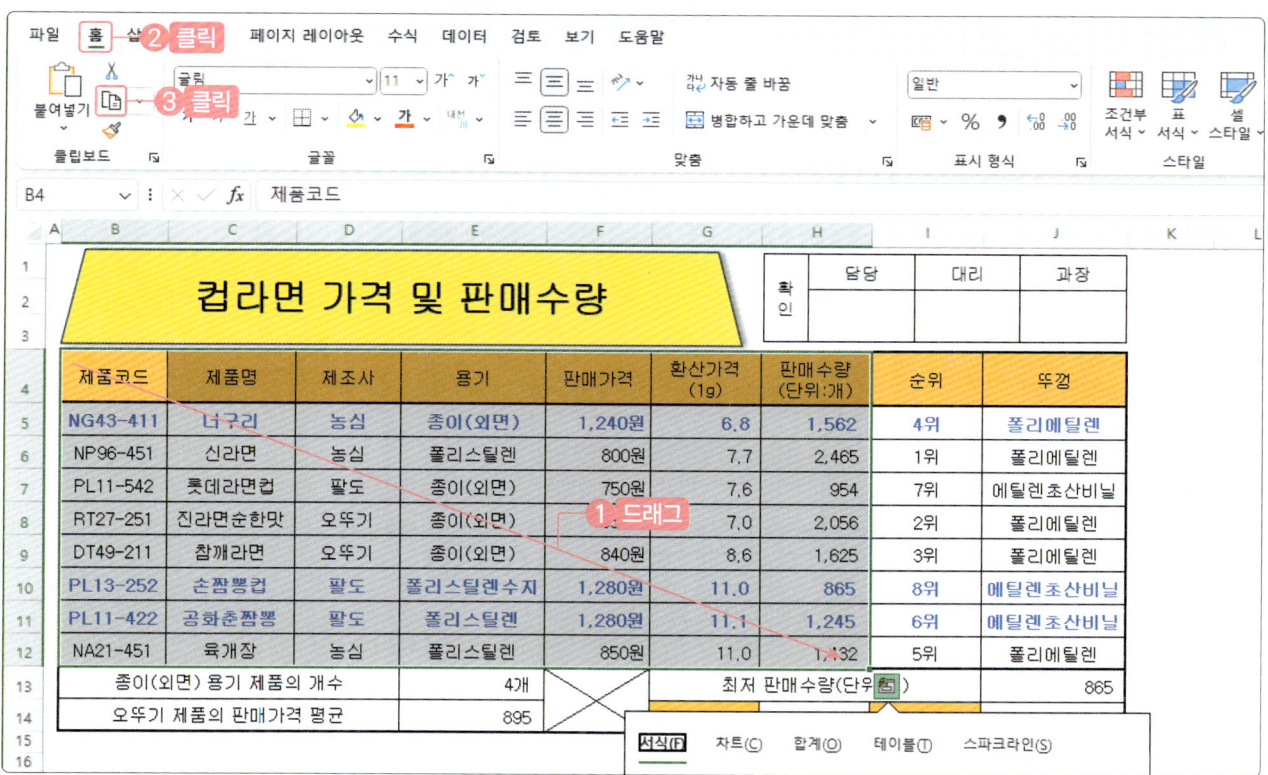

> Ctrl+C를 눌러 〔제1작업〕 시트의 B4:H12셀 범위를 복사할 수도 있습니다.

2. (제2작업) 시트의 B2 셀에 붙여넣기 위해 시트 탭에서 (제2작업) 시트를 클릭한 후 B2 셀을 클릭한 다음 (홈) 탭-(클립보드) 그룹에서 (붙여넣기(📋))를 클릭합니다.

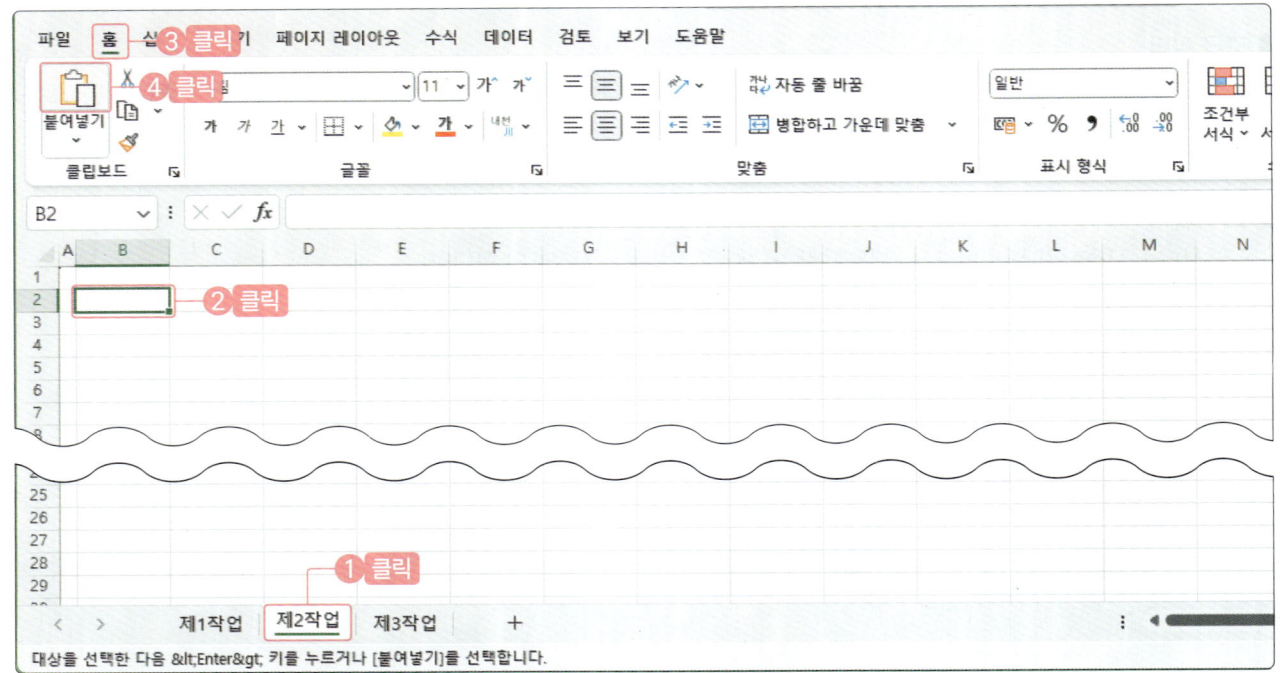

> Ctrl+V를 눌러 (제1작업) 시트의 B4:H12 셀 범위를 (제2작업) 시트의 B2셀에 붙여넣을 수도 있습니다.

3. (제1작업) 시트의 B:H열 너비를 그대로 적용하기 위해 (홈) 탭-(클립보드) 그룹에서 (붙여넣기)의 (목록(▼)) 단추를 클릭한 후 (원본 열 너비 유지(📋))를 클릭합니다.

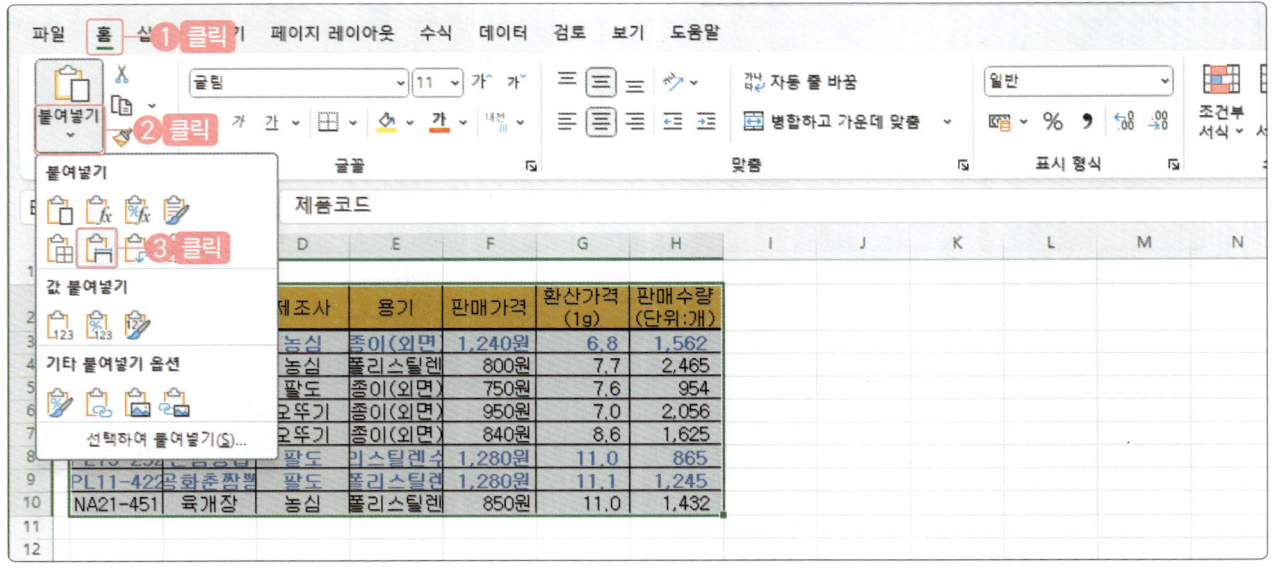

> - Ctrl+Alt+V를 눌러 (제1작업) 시트의 B:H열 너비를 그대로 적용할 수도 있습니다.
> - 선택하여 붙여넣기를 사용하면 수식, 값, 열 너비 등만 선택하여 붙여넣을 수 있습니다. (제1작업) 시트의 B4:H12셀 범위를 복사하여 (제2작업) 시트의 B2셀에 붙여넣은 후 (제1작업) 시트의 B:H열 너비를 그대로 적용하기 위해 선택하여 붙여넣기를 사용한 것입니다.

《조건》 (1) 고급필터 - 제품코드가 'P'로 시작하면서 환산가격(1g)이 '11' 이상인 자료의 제품명, 제조사, 판매가격, 환산가격(1g) 데이터만 추출하시오.
- 조건 범위 : 「B14」셀부터 입력하시오.
- 복사 위치 : 「B18」셀부터 나타나도록 하시오.

4 고급필터를 작성하기 위해 **B2셀과 G2셀을 선택**한 후 (홈) 탭-(클립보드) 그룹에서 **(복사( ))**를 클릭합니다.

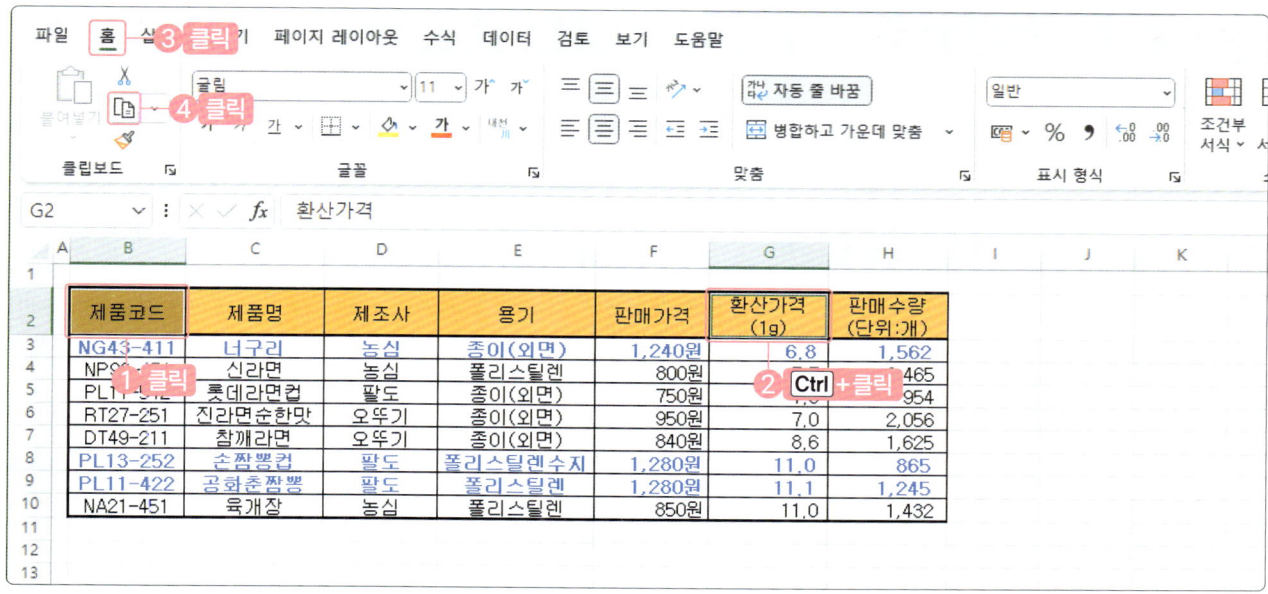

5 **B14셀을 클릭**한 후 (홈) 탭-(클립보드) 그룹에서 **(붙여넣기( ))**를 클릭합니다.

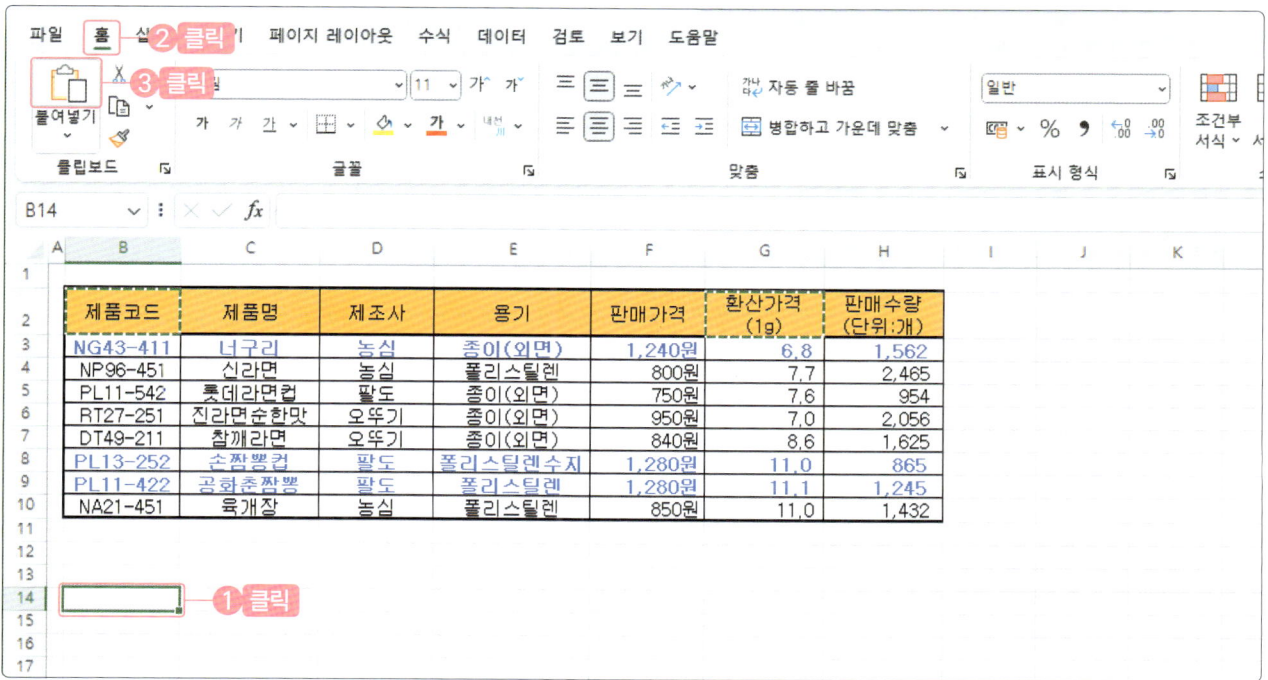

Chapter 04 · 필터 및 서식 **3-71**

6 고급필터의 조건을 입력하기 위해 **B15셀에 'P*', C15 셀에 '>=11'을 입력**합니다.

	A	B	C	D	E	F	G	H	I	J	K
1											
2		제품코드	제품명	제조사	용기	판매가격	환산가격(1g)	판매수량(단위:개)			
3		NG43-411	너구리	농심	종이(외면)	1,240원	6.8	1,562			
4		NP96-451	신라면	농심	폴리스틸렌	800원	7.7	2,465			
5		PL11-542	롯데라면컵	팔도	종이(외면)	750원	7.6	954			
6		RT27-251	진라면순한맛	오뚜기	종이(외면)	950원	7.0	2,056			
7		DT49-211	참깨라면	오뚜기	종이(외면)	840원	8.6	1,625			
8		PL13-252	손짬뽕컵	팔도	폴리스틸렌수지	1,280원	11.0	865			
9		PL11-422	공화춘짬뽕	팔도	폴리스틸렌	1,280원	11.1	1,245			
10		NA21-451	육개장	농심	폴리스틸렌	850원	11.0	1,432			
11											
12											
13											
14		제품코드	환산가격(1g)								
15		P*	>=11		입력						
16											
17											

- 많은 데이터 중에서 원하는 데이터(조건을 만족하는 데이터)만 표시하는 작업을 '필터링'이라고 합니다. 고급필터는 입력한 조건을 사용하여 필터링을 할 수 있는 기능입니다. 그러므로 고급필터를 사용하려면 먼저 조건을 해당하는 필드명과 함께 입력해야 합니다.
- 시험에서 《조건》에 '~ 자료의 제품명, 제조사, 판매가격, 환산가격(1g), 판매수량(단위:개) 데이터만 추출하시오.'와 같이 명시되어 있지 않고 '~ 자료의 데이터만 추출하시오.'와 같이 명시되어 있으면 조건을 만족하는 데이터의 모든 필드를 표시해야 하며 이런 경우에는 조건을 만족하는 데이터의 원하는 필드명을 복사하여 붙여넣는 작업(여기서는 C2:D2셀 범위와 F2:G2셀 범위를 복사하여 B18:E18셀 범위에 붙여넣는 작업)은 할 필요가 없습니다.

한가지 더!

조건 입력하기

다음과 같이 같은 행에 조건을 입력하면 AND 조건으로 입력한 조건을 모두 만족하는 데이터만 표시하고, 다른 행에 조건을 입력하면 OR 조건으로 입력한 조건 중에서 하나라도 만족하는 데이터만 표시합니다.

- **물음표(?)** : 임의의 한 문자를 의미합니다. 예를 들어 '??4'는 'NG43-411', 'DT49-211' 등과 같이 세 번째 문자가 '4'인 데이터를 의미합니다.
- **별표(*)** : 임의의 여러 문자를 의미합니다. 예를 들어 'P*'는 'PL11-542', 'PL13-252', 'PL11-422' 등과 같이 'P'로 시작하는 데이터를 의미합니다.

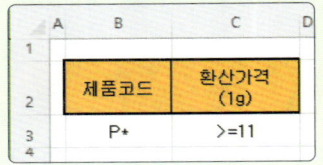 ◀ 제품코드가 'P'로 시작하면서 환산가격(1G)이 '11' 이상인 데이터(AND 조건)

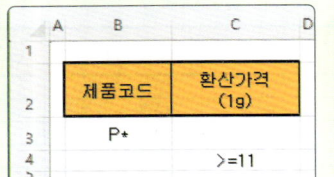 ◀ 제품코드가 'P'로 시작하거나 환산가격(1G)이 '11' 이상인 데이터(OR 조건)

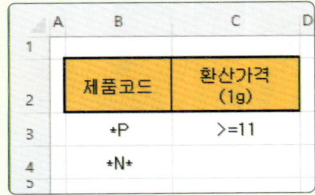 ◀ 제품코드가 'P'로 끝나면서 환산가격(1G)이 '11' 이상인 데이터 이거나 제품코드에 'N'이 포함된 데이터(AND 조건과 OR 조건)

7 고급필터의 결과를 작성하기 위해 **C2:D2, F2:G2 셀을 드래그하여 선택**한 후 〔홈〕 탭-〔클립보드〕 그룹에서 (**복사(🗐)**)**를 클릭**합니다.

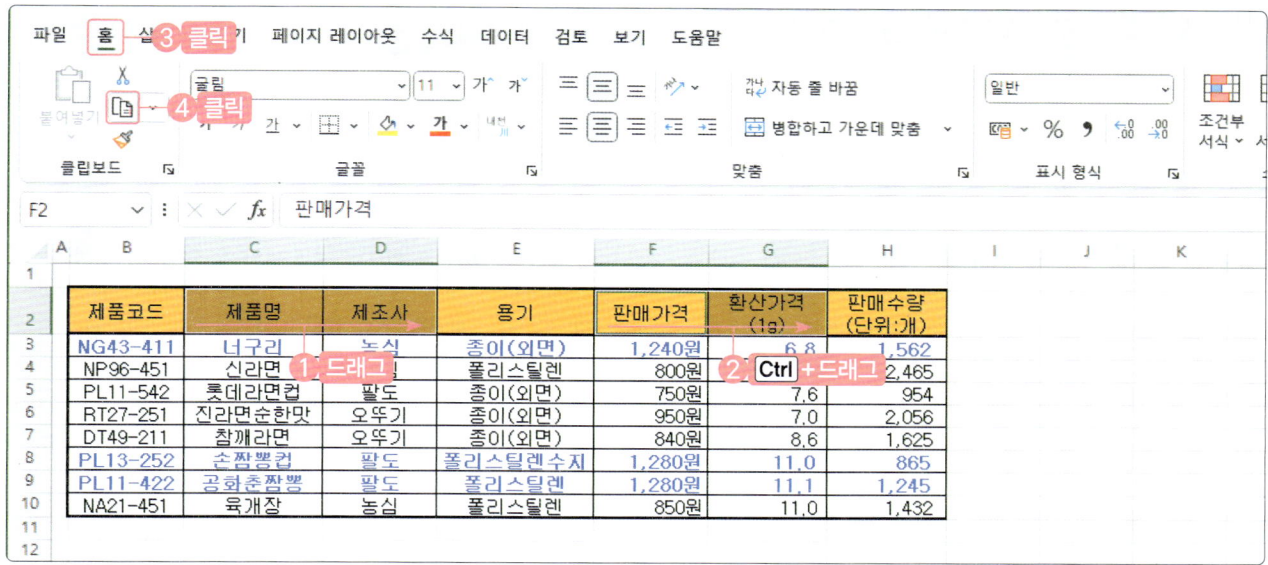

> 떨어져 있는 셀을 선택할 때는 셀을 클릭한 후 Ctrl 를 누른 상태에서 클릭합니다.

8 **B18 셀을 클릭**한 후 〔홈〕 탭-〔클립보드〕 그룹에서 (**붙여넣기(📋)**)**를 클릭**합니다.

9 고급필터를 작성하기 위해 **B2 셀을 클릭**한 후 〔데이터〕 탭-〔정렬 및 필터〕 그룹에서 (**고급(🔽)**)**을 클릭**합니다.

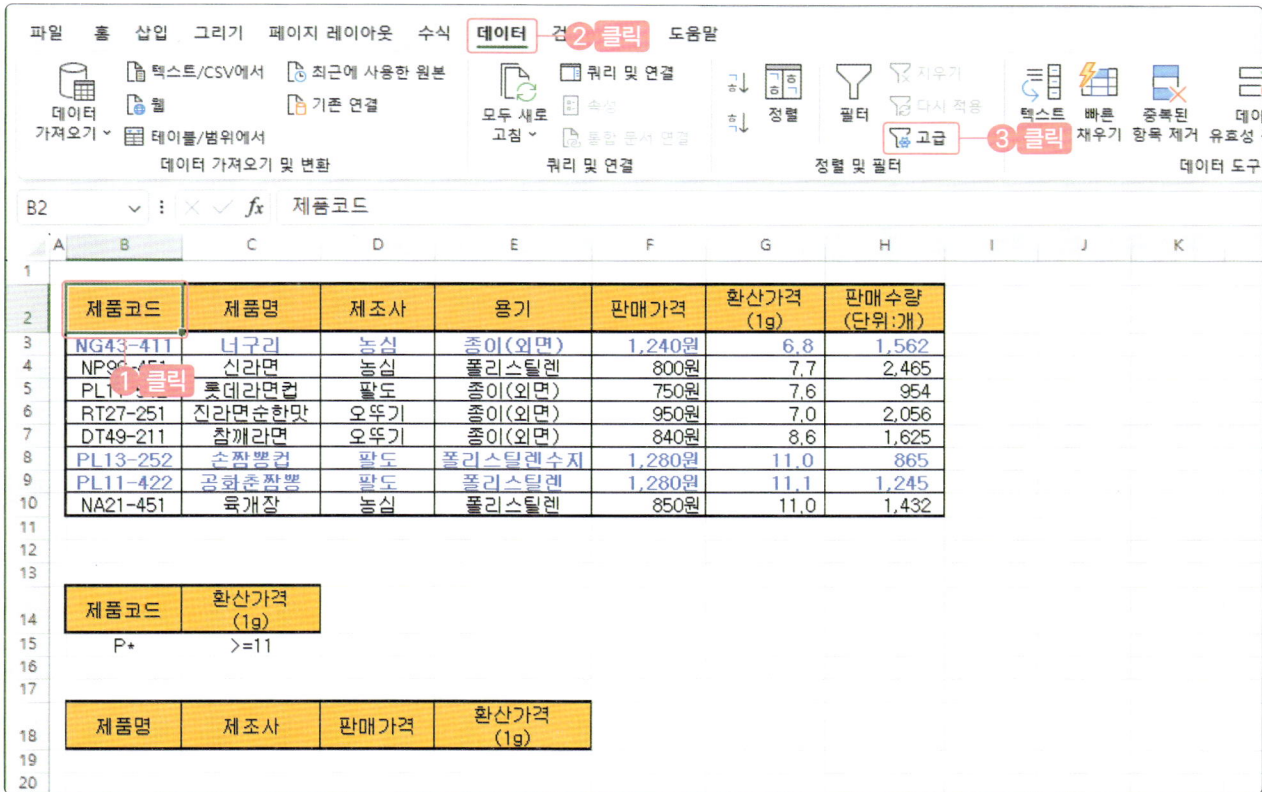

10 〔고급 필터〕 대화상자가 나타나면 **[다른 장소에 복사]를 클릭**한 후 **목록 범위($B$2:$H$10), 조건 범위($B$14:$C$15), 복사 위치($B$18:$E$18)를 입력**한 다음 **[확인] 단추를 클릭**합니다.

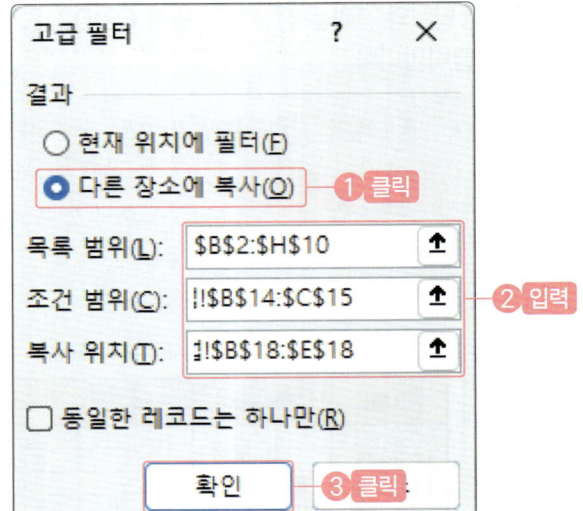

> 목록 범위는 데이터가 있는 셀 범위, 조건 범위는 조건이 있는 셀 범위, 복사 위치는 조건을 만족하는 데이터를 표시할 위치입니다.

11 다음과 같이 다른 위치에 제품코드가 'P'로 시작하고 환산가격(1g)이 '11' 이상인 데이터의 〔제품명〕, 〔제조사〕, 〔판매가격〕, 〔환산가격(1g)〕 필드만 표시됩니다.

	A	B	C	D	E	F	G	H
2		제품코드	제품명	제조사	용기	판매가격	환산가격(1g)	판매수량(단위:개)
3		NG43-411	너구리	농심	종이(외면)	1,240원	6.8	1,562
4		NP96-451	신라면	농심	폴리스틸렌	800원	7.7	2,465
5		PL11-542	롯데라면컵	팔도	종이(외면)	750원	7.6	954
6		RT27-251	진라면순한맛	오뚜기	종이(외면)	950원	7.0	2,056
7		DT49-211	참깨라면	오뚜기	종이(외면)	840원	8.6	1,625
8		PL13-252	손짬뽕컵	팔도	폴리스틸렌수지	1,280원	11.0	865
9		PL11-422	공화춘짬뽕	팔도	폴리스틸렌	1,280원	11.1	1,245
10		NA21-451	육개장	농심	폴리스틸렌	850원	11.0	1,432
14		제품코드	환산가격(1g)					
15		P*	>=11					
18		제품명	제조사	판매가격	환산가격(1g)			
19		손짬뽕컵	팔도	1,280원	11.0			
20		공화춘짬뽕	팔도	1,280원	11.1			

한가지 더!

필터링이 제대로 안 되는 경우

목록 범위에 있는 필드명과 조건 범위에 있는 필드명이 서로 달라 필터링이 제대로 안 되는 경우가 있습니다. 예를 들어 '제품코드'를 '제품코드'와 같이 잘못 입력하거나 '제품 코드'와 같이 공백을 입력한 경우입니다. 조건 범위에 있는 필드명을 직접 입력하지 않고 목록 범위에 있는 필드명을 복사하여 붙여넣으면 이런 실수를 미연에 방지할 수 있습니다.

STEP 02 표 서식 지정하기

《조건》 (2) 표 서식 - 고급필터의 결과셀을 채우기 없음으로 설정한 후 '표 스타일 보통 6'의 서식을 적용하시오.
- 머리글 행, 줄무늬 행을 적용하시오.

1 고급필터 결과에 채우기 색을 지정하기 위해 **B18:E20** 셀을 드래그한 후 [홈] 탭-[글꼴] 그룹에서 **(채우기 색)**의 **(목록(▼))** 단추를 클릭한 다음 **(채우기 없음)**을 클릭합니다.

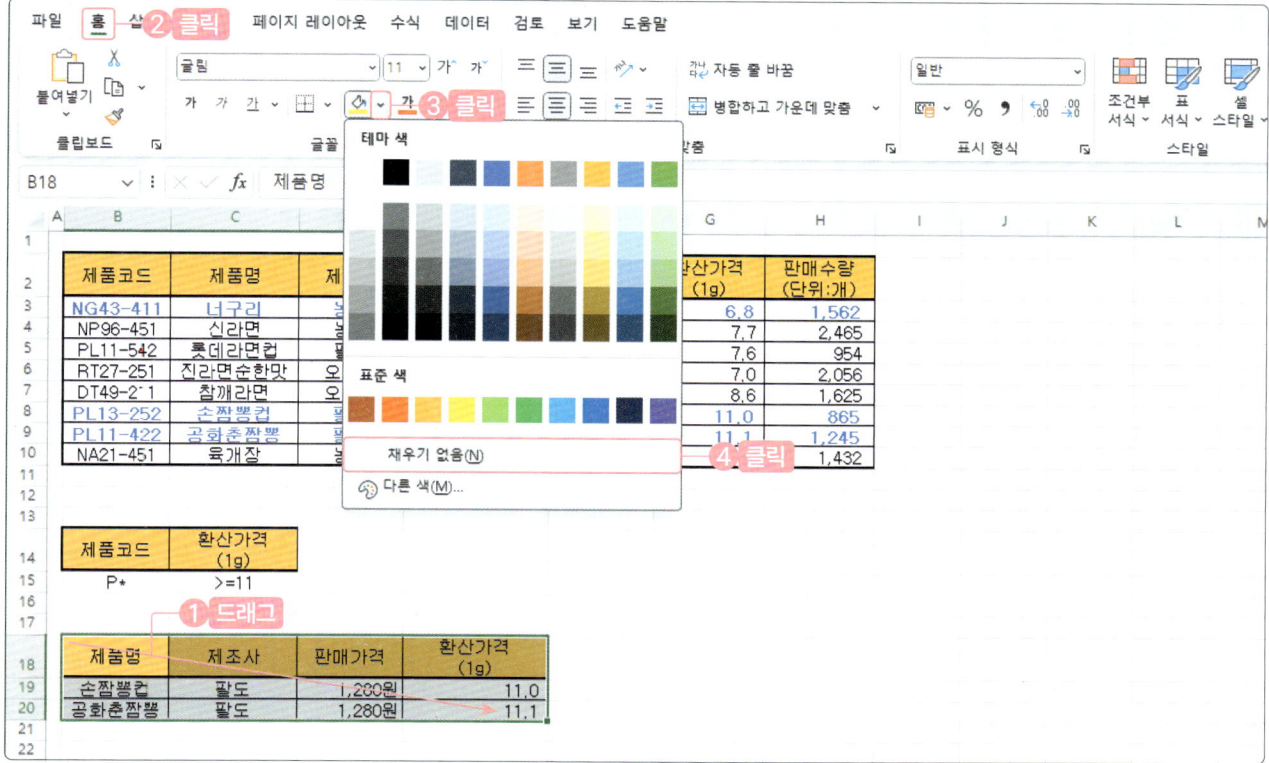

2 고급필터 결과에 표 서식을 지정하기 위해 [홈] 탭-[스타일] 그룹에서 **(표 서식)**을 클릭한 후 **(표 스타일 보통 6(▦))**을 클릭합니다.

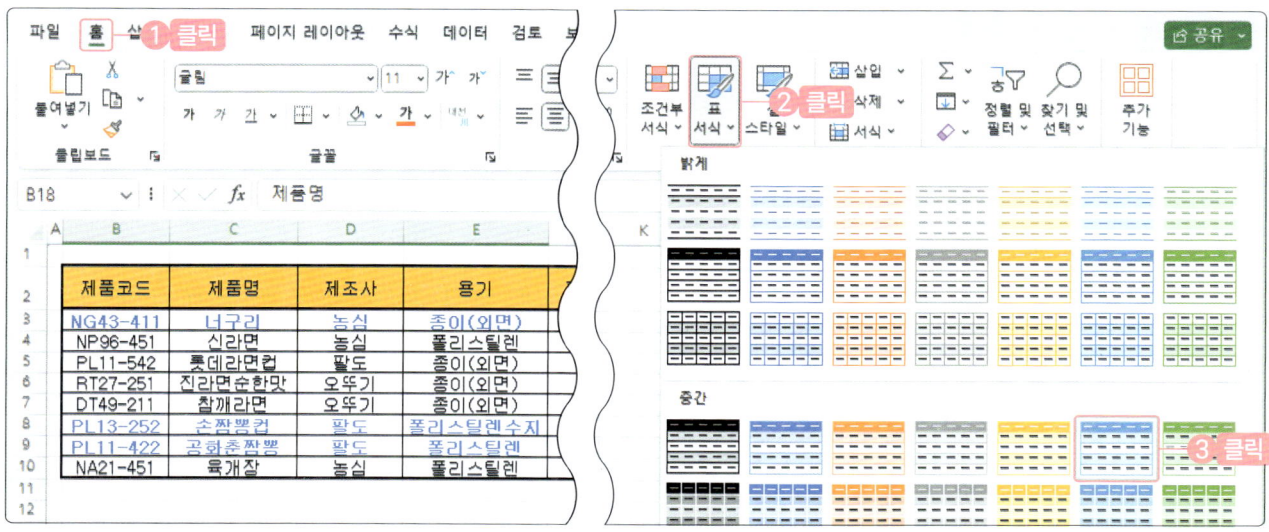

Chapter 04 · 필터 및 서식 **3-75**

3 〔표 만들기〕 대화상자가 나타나면 '**표에 사용할 데이터**'를 확인한 후 〔**확인**〕 단추를 클릭합니다.

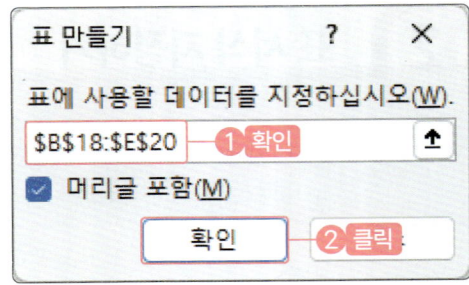

4 표 스타일 옵션을 지정하기 위해 〔테이블 디자인〕 정황 탭-〔표 스타일 옵션〕 그룹에서 〔**머리글 행**〕과 〔**줄무늬 행**〕을 선택합니다.

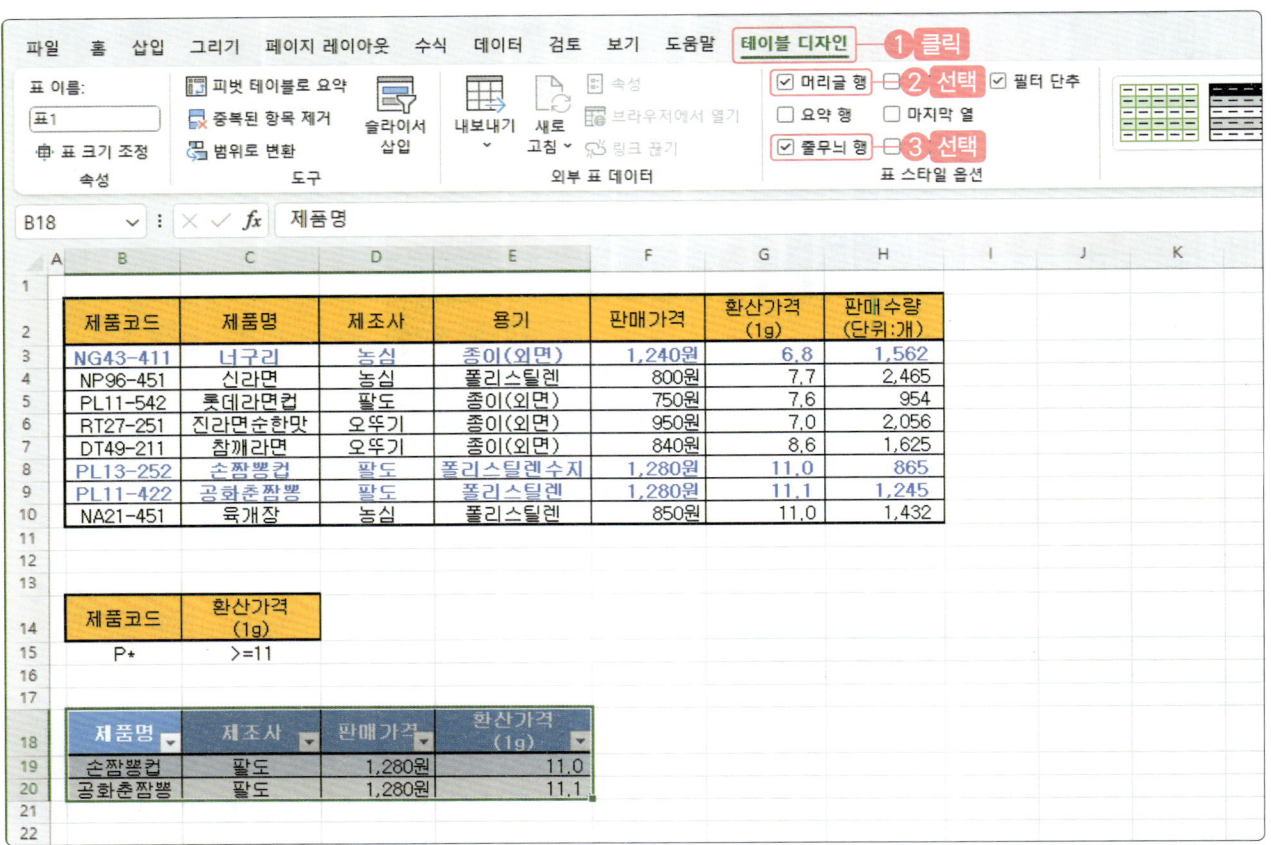

필터 및 서식

유형 01

"제1작업" 시트의 「B4:H12」 영역을 복사하여 **"제2작업"** 시트의 「B2」 셀부터 모두 붙여넣기를 한 후 다음의 조건과 같이 작업하시오.

▶ 소스파일 : Chapter 04₩문제04-01.xlsx   ▶ 완성파일 : Chapter 04₩문제04-01_완성.xlsx

《조건》

(1) 고급 필터 - 지역이 '서울'이 아니면서 공사기간(일)이 '5' 이상인 자료의 관리번호, 주택명, 공사시작일, 공사내용 데이터만 추출하시오.
- 조건 범위 : 「B14」 셀부터 입력하시오.
- 복사 위치 : 「B18」 셀부터 나타나도록 하시오.

(2) 표 서식 - 고급필터의 결과셀을 채우기 없음으로 설정한 후 '표 스타일 보통 6'의 서식을 적용하시오.
- 머리글 행, 줄무늬 행을 적용하시오.

유형 02

"제1작업" 시트의 「B4:H12」 영역을 복사하여 **"제2작업"** 시트의 「B2」 셀부터 모두 붙여넣기를 한 후 다음의 조건과 같이 작업하시오.

▶ 소스파일 : Chapter 04₩문제04-02.xlsx   ▶ 완성파일 : Chapter 04₩문제04-02_완성.xlsx

《조건》

(1) 고급 필터 - 부서명이 '영업부'가 아니면서 출장일수가 '4' 이하인 자료의 사원명, 직급, 출장일수, 출발일자 데이터만 추출하시오.
- 조건 범위 : 「B14」 셀부터 입력하시오.
- 복사 위치 : 「B18」 셀부터 나타나도록 하시오.

(2) 표 서식 - 고급필터의 결과셀을 채우기 없음으로 설정한 후 '표 스타일 보통 5'의 서식을 적용하시오.
- 머리글 행, 줄무늬 행을 적용하시오.

유형 03

"제1작업" 시트의 「B4:H12」 영역을 복사하여 "제2작업" 시트의 「B2」 셀부터 모두 붙여넣기를 한 후 다음의 조건과 같이 작업하시오.

▶ 소스파일 : Chapter 04₩문제04-03.xlsx　　▶ 완성파일 : Chapter 04₩문제04-03_완성.xlsx

《조건》

(1) 고급 필터 - 제조사가 '르노코리아'가 아니면서 렌트기간이 '2' 이하인 자료의 차량코드, 출고일, 렌트기간, 렌트비용(단위:원) 데이터만 추출하시오.
- 조건 범위 : 「B14」 셀부터 입력하시오.
- 복사 위치 : 「B18」 셀부터 나타나도록 하시오.

(2) 표 서식 - 고급필터의 결과셀을 채우기 없음으로 설정한 후 '표 스타일 보통 6'의 서식을 적용하시오.
- 머리글 행, 줄무늬 행을 적용하시오.

유형 04

"제1작업" 시트의 「B4:H12」 영역을 복사하여 "제2작업" 시트의 「B2」 셀부터 모두 붙여넣기를 한 후 다음의 조건과 같이 작업하시오.

▶ 소스파일 : Chapter 04₩문제04-04.xlsx　　▶ 완성파일 : Chapter 04₩문제04-04_완성.xlsx

《조건》

(1) 고급 필터 - 지원분야가 '교육'이거나, 활동비(단위:원)가 '190,000' 이상인 자료의 팀명, 지도교수, 활동비(단위:원), 활동시간 데이터만 추출하시오.
- 조건 범위 : 「B14」 셀부터 입력하시오.
- 복사 위치 : 「B18」 셀부터 나타나도록 하시오.

(2) 표 서식 - 고급필터의 결과셀을 채우기 없음으로 설정한 후 '표 스타일 보통 5'의 서식을 적용하시오.
- 머리글 행, 줄무늬 행을 적용하시오.

유형 05

"**제1작업**" 시트의 「B4:H12」영역을 복사하여 "**제2작업**" 시트의 「B2」셀부터 모두 붙여넣기를 한 후 다음의 조건과 같이 작업하시오.

▶ 소스파일 : Chapter 04₩문제04-05.xlsx   ▶ 완성파일 : Chapter 04₩문제04-05_완성.xlsx

《조건》

(1) 고급 필터 - 대륙이 '북미'이거나, 개최 횟수(단위:회)가 '20' 이하인 자료의 영화제 명칭, 주최국, 예상 관객수, 개최 횟수(단위:회) 데이터만 추출하시오.
- 조건 범위 : 「B14」셀부터 입력하시오.
- 복사 위치 : 「B18」셀부터 나타나도록 하시오.

(2) 표 서식 - 고급필터의 결과셀을 채우기 없음으로 설정한 후 '표 스타일 보통 6'의 서식을 적용하시오.
- 머리글 행, 줄무늬 행을 적용하시오.

유형 06

"**제1작업**" 시트의 「B4:H12」영역을 복사하여 "**제2작업**" 시트의 「B2」셀부터 모두 붙여넣기를 한 후 다음의 조건과 같이 작업하시오.

▶ 소스파일 : Chapter 04₩문제04-06.xlsx   ▶ 완성파일 : Chapter 04₩문제04-06_완성.xlsx

《조건》

(1) 고급 필터 - 구분이 '회계'이거나, 수강료(단위:원)가 '100,000' 이하인 자료의 강좌명, 강사명, 수강인원, 수강료(단위:원) 데이터만 추출하시오.
- 조건 범위 : 「B14」셀부터 입력하시오.
- 복사 위치 : 「B18」셀부터 나타나도록 하시오.

(2) 표 서식 - 고급필터의 결과셀을 채우기 없음으로 설정한 후 '표 스타일 보통 7'의 서식을 적용하시오.
- 머리글 행, 줄무늬 행을 적용하시오.

05 목표값 찾기

- ☑ 목표값 찾기의 수식 입력하기
- ☑ 목표값 찾기

▶ 소스 파일 : Chapter 05₩Ch05.xlsx   ▶ 완성 파일 : Chapter 05₩Ch05_완성.xlsx

☞ "제1작업" 시트의 「B4:H12」영역을 복사하여 "제2작업" 시트의 「B2」셀부터 모두 붙여넣기를 한 후 다음의 조건과 같이 작업하시오.

출력 형태

제품코드	제품명	제조사	용기	판매가격	환산가격(1g)	판매수량(단위:개)
NG43-411	너구리	농심	종이(외면)	1,260원	6.8	1,562
NP96-451	신라면	농심	폴리스틸렌	800원	7.7	2,465
PL11-542	롯데라면컵	팔도	종이(외면)	750원	7.6	954
RT27-251	진라면순한맛	오뚜기	종이(외면)	950원	7.0	2,056
DT49-211	참깨라면	오뚜기	종이(외면)	840원	8.6	1,625
PL13-252	손짬뽕컵	팔도	폴리스틸렌수지	1,280원	11.0	865
PL11-422	공화춘짬뽕	팔도	폴리스틸렌	1,280원	11.1	1,245
NA21-451	육개장	농심	폴리스틸렌	850원	11.0	1,432
농심의 판매가격 평균						970

▲ 실제 시험에서 목표값 찾기의 《출력형태》는 제공되지 않습니다.

조건

(1) 목표값 찾기 - 「B11:G11」셀을 병합하여 "농심의 판매가격 평균"을 입력한 후 「H11」셀에 농심의 판매가격 평균을 구하시오. 단, 조건은 입력데이터를 이용하시오
(DAVERAGE 함수, 테두리, 가운데 맞춤).
 - '농심의 판매가격 평균'이 '970'이 되려면 너구리의 판매가격이 얼마가 되어야 하는지 목표값을 구하시오.

체크! 체크!

(필터 및 서식)

■ **목표값 찾기의 수식 입력하기**
- B11:G11셀을 병합한 후 텍스트를 입력한 다음 B11:H11셀을 선택하고 테두리(모든 테두리(⊞))를 지정합니다.
- 목표값 찾기를 하기 위한 수식(함수)을 작성합니다.
  (함수를 잘못 작성할 경우 목표값 찾기가 되지 않습니다.)

■ **목표값 찾기**
- 목표값 찾기를 통해 찾는 값을 구합니다.
  수식 셀은 '찾고자 하는 결과 값을 반환해 주는 셀'을 지정, 찾는 값은 '목표값을 입력', 값을 바꿀 셀은 '목표값을 찾기 위해 값이 변경되어야 할 셀'

STEP 01 목표값 찾기의 수식 입력하기

《조건》 ☞ "제1작업" 시트의 「B4:H12」 영역을 복사하여 "제2작업" 시트의 「B2」셀부터 모두 붙여넣기를 한 후 다음의 조건과 같이 작업하시오.

1 (제1작업) 시트의 B4:H12셀 범위를 복사하기 위해 **B4:H12 셀을 드래그**한 후 (홈) 탭-(클립보드) 그룹에서 **(복사(📋))를 클릭**합니다.

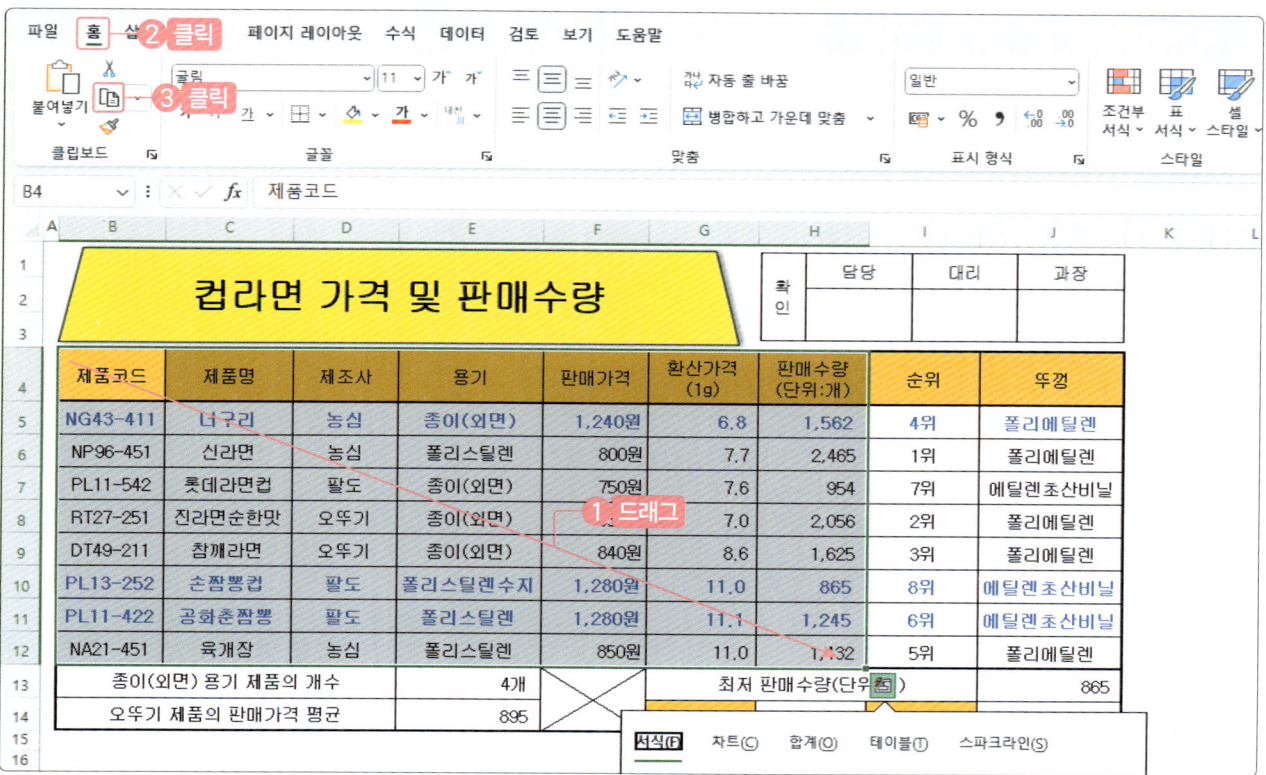

Ctrl + C를 눌러 (제1작업) 시트의 B4:H12셀 범위를 복사할 수도 있습니다.

2 〔제2작업〕 시트의 B2셀에 붙여넣기 위해 시트 탭에서 **〔제2작업〕 시트를 클릭**한 후 **B2셀을 클릭**한 다음 **〔홈〕** 탭-**〔클립보드〕** 그룹에서 **(붙여넣기( ))를 클릭**합니다.

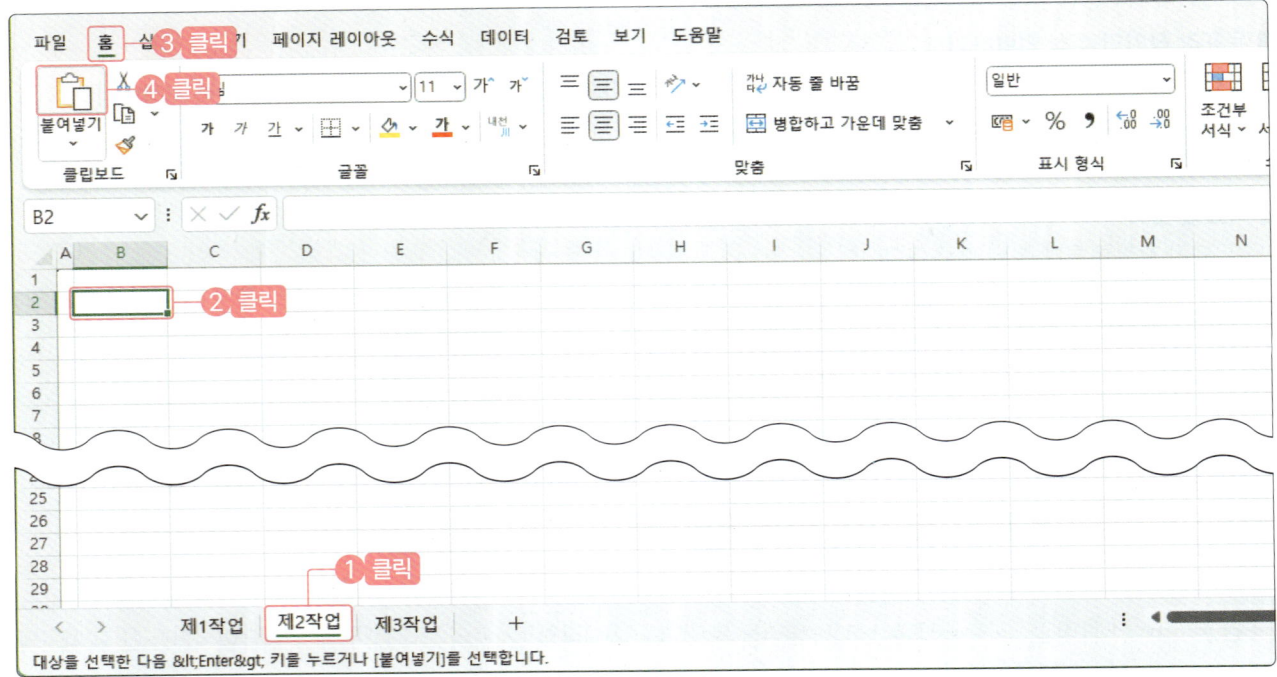

> Ctrl + V 를 눌러 〔제1작업〕 시트의 B4:H12셀 범위를 〔제2작업〕 시트의 B2셀에 붙여넣을 수도 있습니다.

3 〔제1작업〕 시트의 B:H열 너비를 그대로 적용하기 위해 〔홈〕 탭-〔클립보드〕 그룹에서 **(붙여넣기)의 (목록( ))** 단추를 클릭한 후 **(원본 열 너비 유지( ))를 클릭**합니다.

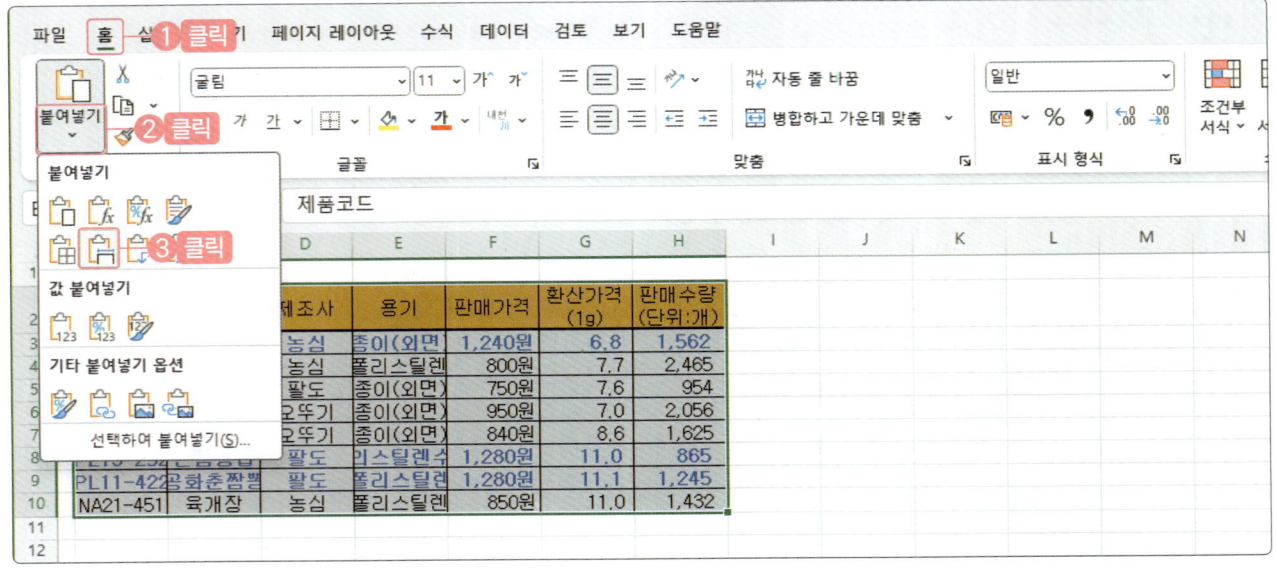

- Ctrl + Alt + V 를 눌러 〔제1작업〕 시트의 B:H열 너비를 그대로 적용할 수도 있습니다.
- 선택하여 붙여넣기를 사용하면 수식, 값, 열 너비 등만 선택하여 붙여넣을 수 있습니다. 〔제1작업〕 시트의 B4:H12셀 범위를 복사하여 〔제2작업〕 시트의 B2셀에 붙여넣은 후 〔제1작업〕 시트의 B:H열 너비를 그대로 적용하기 위해 선택하여 붙여넣기를 사용한 것입니다.

《조건》 (1) 목표값 찾기 - 「B11:G11」 셀을 병합하여 "농심의 판매가격 평균"을 입력한 후 「H11」 셀에 농심의 판매가격 평균을 구하시오. 단, 조건은 입력데이터를 이용하시오
(DAVERAGE 함수, 테두리, 가운데 맞춤).

4 맞춤 서식을 지정하기 위해 **B11:G11 셀을 드래그**한 후 [홈] 탭-[맞춤] 그룹에서 **(병합하고 가운데 맞춤(圖))을 클릭**합니다.

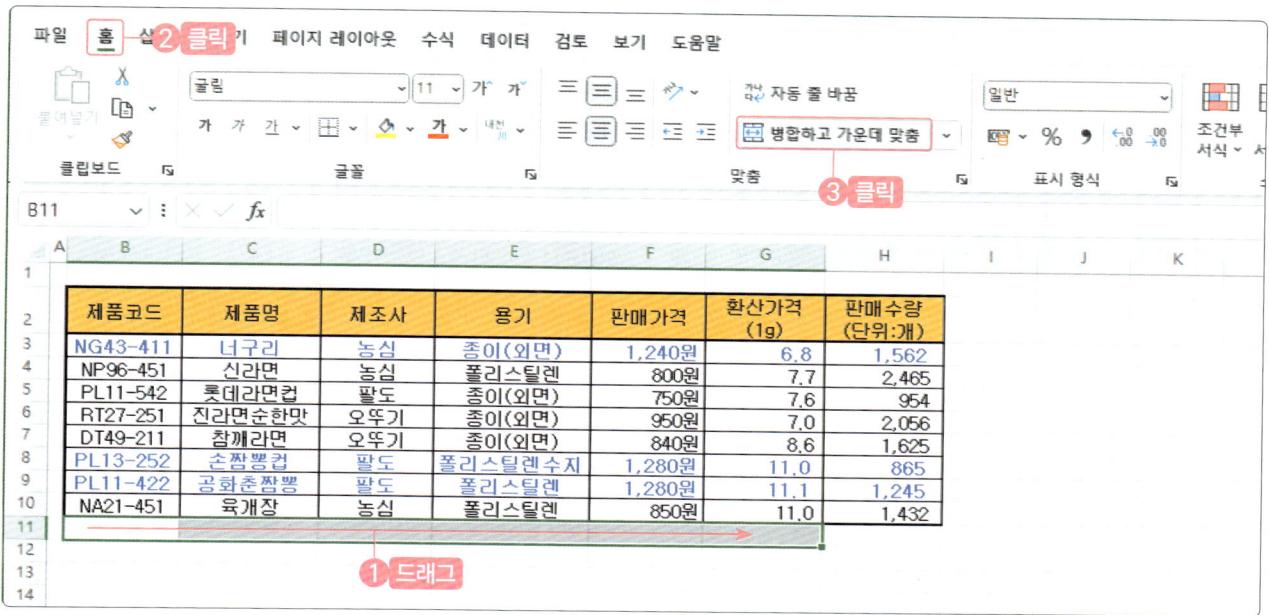

5 B11셀에 '농심의 판매가격 평균'을 입력한 후 H11셀에 '=DAVERAGE(B2:H10,5,D2:D3)'을 입력한 다음 Enter 를 누릅니다.

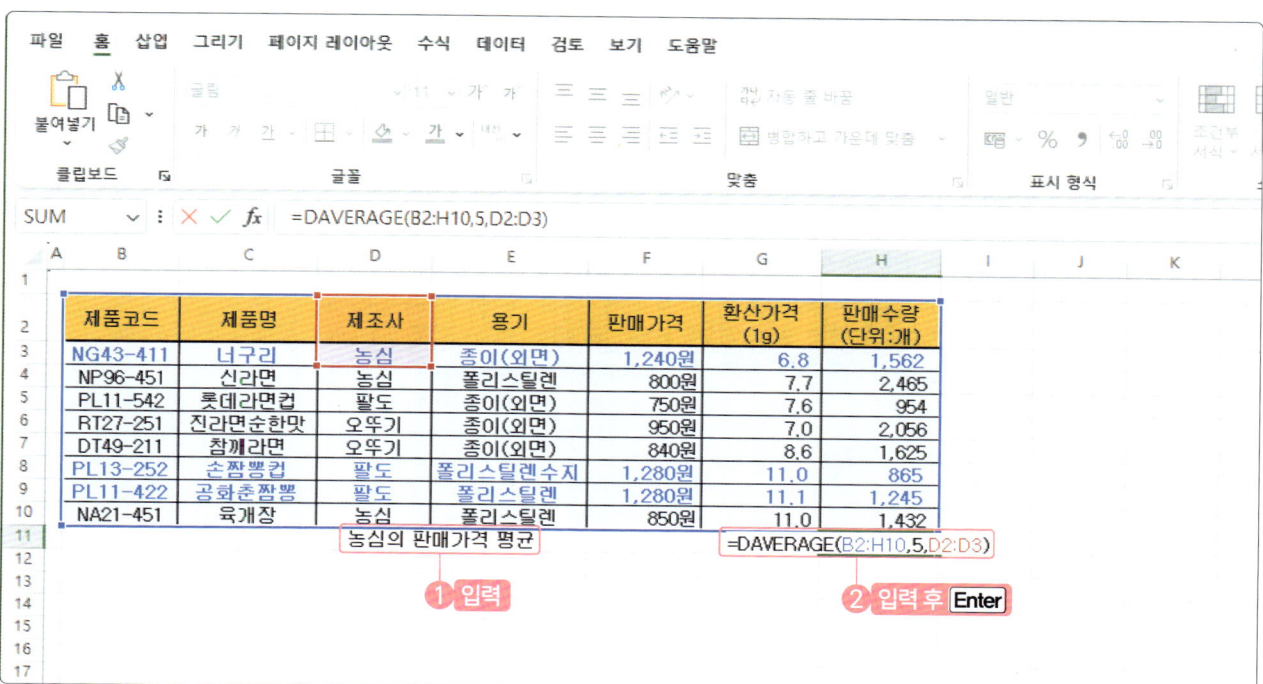

6 테두리 서식을 지정하기 위해 **B11:H11** 셀을 드래그한 후 **(홈) 탭-(글꼴) 그룹**에서 **(테두리)**의 **(목록(⌄))** 단추를 클릭한 다음 **(모든 테두리(⊞))**를 클릭합니다.

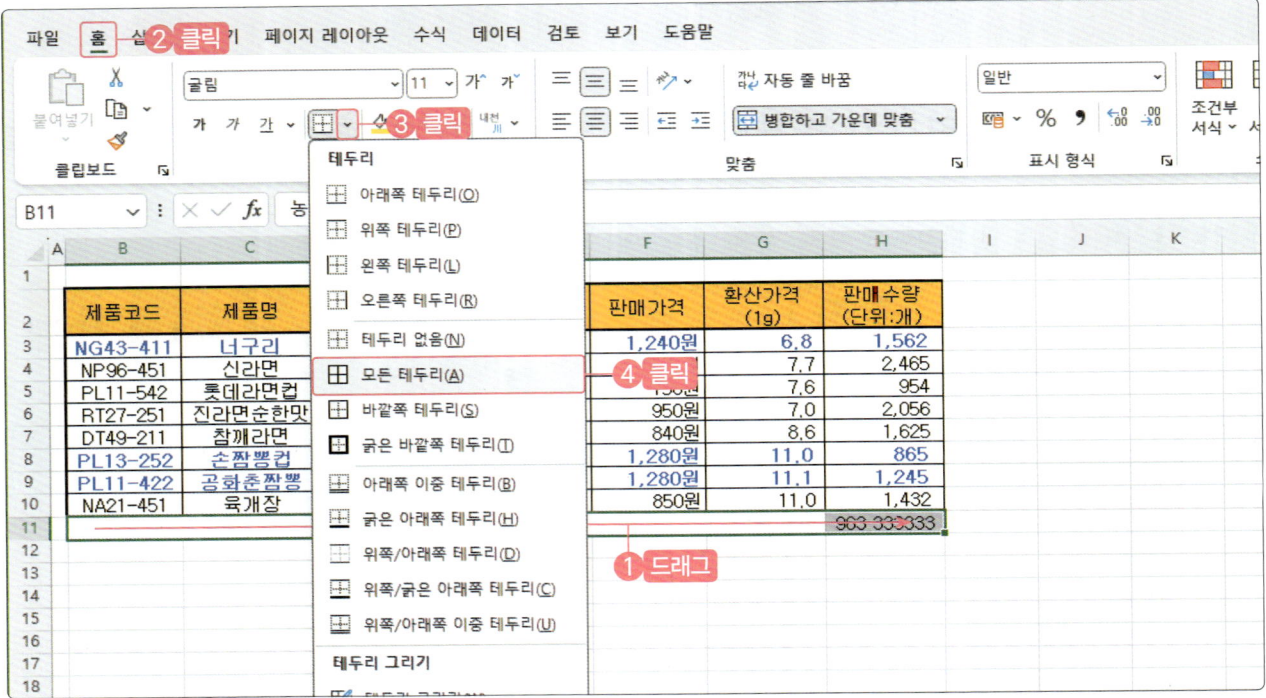

7 다음과 같이 테두리가 지정됩니다.

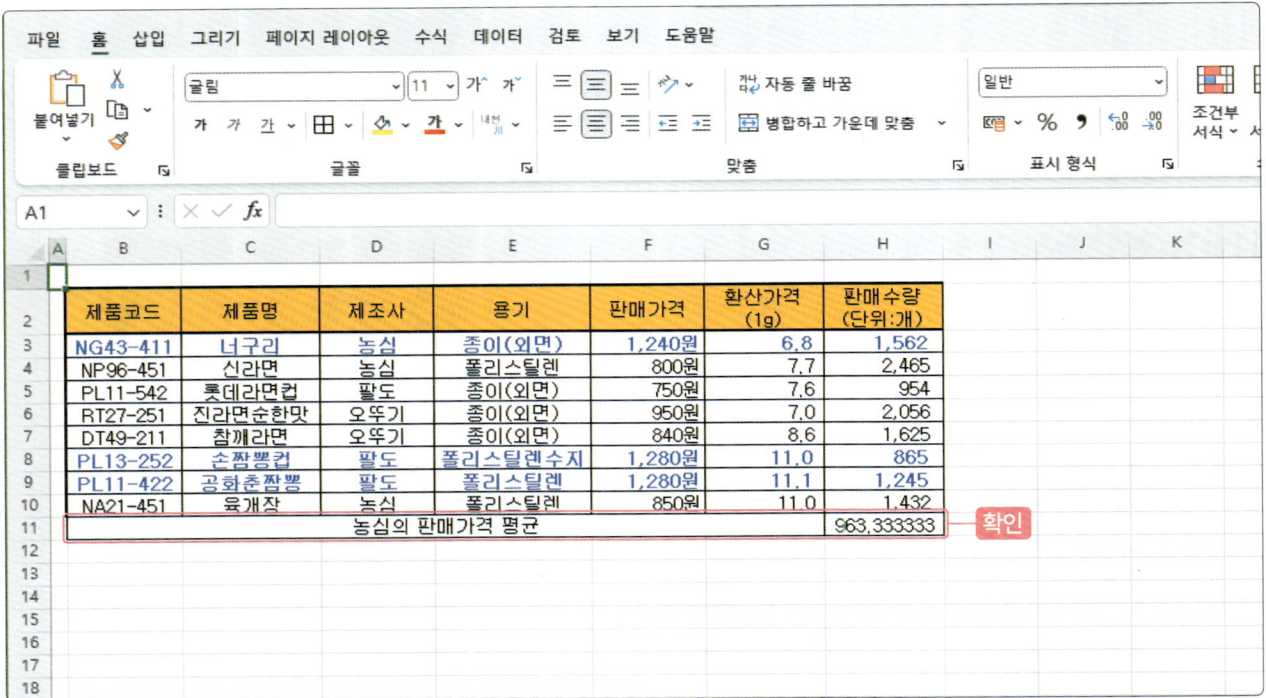

STEP 02 목표값 찾기

《조건》 (1) 목표값 찾기 - '농심의 판매가격 평균'이 '970'이 되려면 너구리의 판매가격이 얼마가 되어야 하는지 목표값을 구하시오.

1 목표값을 찾기 위해 [데이터] 탭-[예측] 그룹에서 **(가상 분석())**을 클릭한 후 [목표값 찾기]를 클릭합니다.

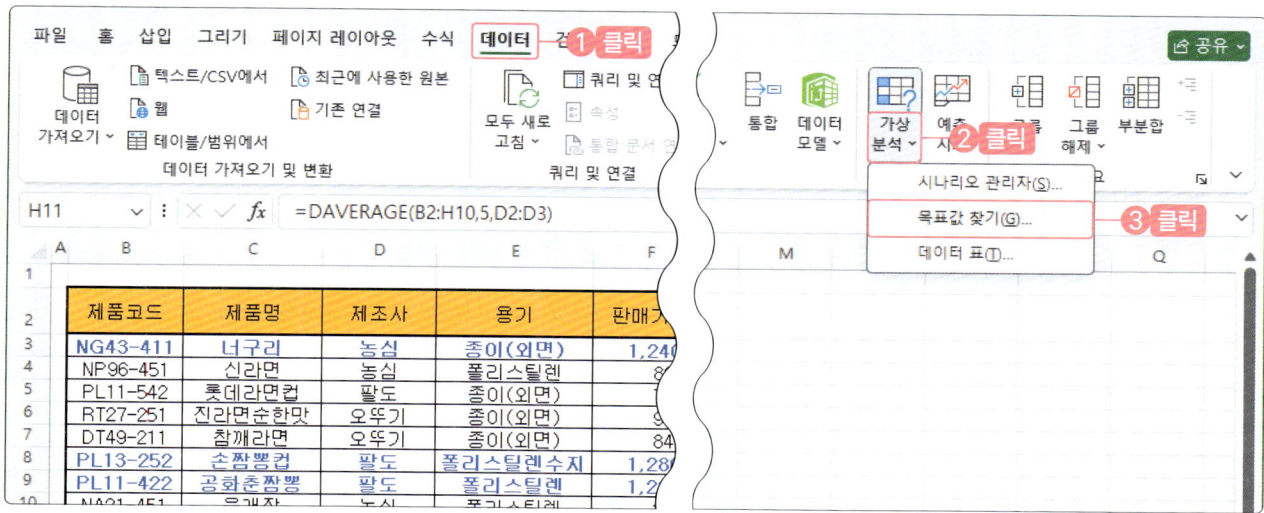

> 목표값 찾기는 결과값은 알지만 결과값을 구하는데 필요한 입력값을 모르는 경우에 사용하는 기능입니다.

2 [목표값 찾기] 대화상자가 나타나면 **수식 셀($H$11), 찾는 값(970), 값을 바꿀 셀($F$3)**을 입력한 후 [확인] 단추를 클릭합니다. 그런 다음 [목표값 찾기 상태] 대화상자가 나타나면 **[확인]** 단추를 클릭합니다.

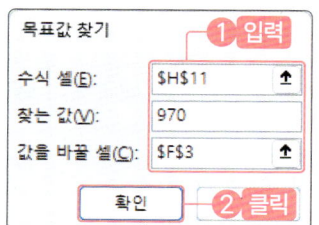 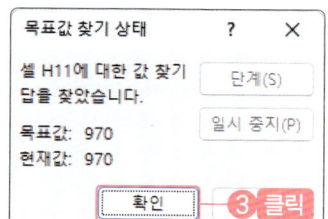

- **수식 셀** : 원하는 결과값이 표시되는 셀을 입력합니다. 수식 셀에는 반드시 수식이 입력되어 있어야 합니다.
- **찾는 값** : 원하는 결과값을 입력합니다.
- **값을 바꿀 셀** : 원하는 결과값을 구하기 위해 변경되는 값이 있는 셀을 입력합니다.

3 다음과 같이 너구리의 판매가격이 변경되어 목표값이 계산됩니다.

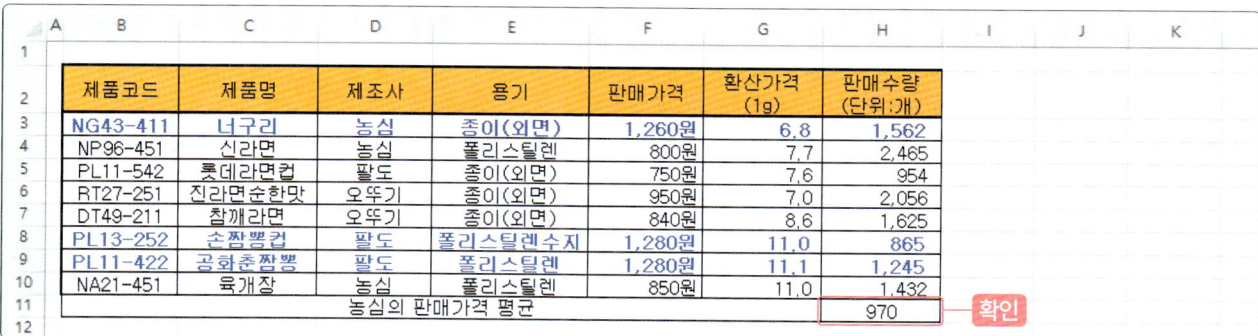

목표값 찾기

유형 01

"제1작업" 시트의 「B4:H12」 영역을 복사하여 "제2작업" 시트의 「B2」 셀부터 모두 붙여넣기를 한 후 다음의 조건과 같이 작업하시오.

▶ 소스파일 : Chapter 05₩문제05-01.xlsx   ▶ 완성파일 : Chapter 05₩문제05-01_완성.xlsx

《조건》

(1) 목표값 찾기 - 「B11:G11」 셀을 병합하여 "욕실의 총공사비 평균"을 입력한 후 「H11」 셀에 욕실의 총공사비 평균을 구하시오. 단, 조건은 입력데이터를 이용하시오
(DAVERAGE 함수, 테두리, 가운데 맞춤).
- '욕실의 총공사비 평균'이 '8,000,000'이 되려면 화이트빌의 총공사비가 얼마가 되어야 하는지 목표값을 구하시오.

유형 02

"제1작업" 시트의 「B4:H12」 영역을 복사하여 "제2작업" 시트의 「B2」 셀부터 모두 붙여넣기를 한 후 다음의 조건과 같이 작업하시오.

▶ 소스파일 : Chapter 05₩문제05-02.xlsx   ▶ 완성파일 : Chapter 05₩문제05-02_완성.xlsx

《조건》

(1) 목표값 찾기 - 「B11:G11」 셀을 병합하여 "영업부의 출장비(단위:원) 평균"을 입력한 후 「H11」 셀에 영업부의 출장비(단위:원) 평균을 구하시오. 단, 조건은 입력데이터를 이용하시오
(DAVERAGE 함수, 테두리, 가운데 맞춤).
- '영업부의 출장비(단위:원) 평균'이 '300,000'이 되려면 민시후의 출장비(단위:원)가 얼마가 되어야 하는지 목표값을 구하시오.

유형 03

"제1작업" 시트의 「B4:H12」 영역을 복사하여 "제2작업" 시트의 「B2」 셀부터 모두 붙여넣기를 한 후 다음의 조건과 같이 작업하시오.

▶ 소스파일 : Chapter 05₩문제05-03.xlsx   ▶ 완성파일 : Chapter 05₩문제05-03_완성.xlsx

《조건》

(1) 목표값 찾기 - 「B11:G11」 셀을 병합하여 "르노코리아의 렌트비용(단위:원) 평균"을 입력한 후 「H11」 셀에 르노코리아의 렌트비용(단위:원) 평균을 구하시오.
단, 조건은 입력데이터를 이용하시오(DAVERAGE 함수, 테두리, 가운데 맞춤).
- '르노코리아의 렌트비용(단위:원) 평균'이 '230,000'이 되려면 SM3의 렌트비용(단위:원)이 얼마가 되어야 하는지 목표값을 구하시오.

유형 04

"제1작업" 시트의 「B4:H12」 영역을 복사하여 "제2작업" 시트의 「B2」 셀부터 모두 붙여넣기를 한 후 다음의 조건과 같이 작업하시오.

▶ 소스파일 : Chapter 05₩문제05-04.xlsx   ▶ 완성파일 : Chapter 05₩문제05-04_완성.xlsx

《조건》

(1) 목표값 찾기
- 「B11:G11」 셀을 병합하여 "교육의 활동비(단위:원) 평균"을 입력한 후 「H11」 셀에 교육의 활동비(단위:원) 평균을 구하시오. 단, 조건은 입력데이터를 이용하시오
  (DAVERAGE 함수, 테두리, 가운데 맞춤).
- '교육의 활동비(단위:원)'이 '130,000'이 되려면 이지은의 활동비가 얼마가 되어야 하는지 목표값을 구하시오.

유형 05

"제1작업" 시트의 「B4:H12」 영역을 복사하여 "제2작업" 시트의 「B2」 셀부터 모두 붙여넣기를 한 후 다음의 조건과 같이 작업하시오.

▶ 소스파일 : Chapter 05₩문제05-05.xlsx   ▶ 완성파일 : Chapter 05₩문제05-05_완성.xlsx

《조건》

(1) 목표값 찾기
- 「B11:G11」 셀을 병합하여 "북미의 예상 관객수 평균"을 입력한 후 「H11」 셀에 북미의 예상 관객수 평균을 구하시오. 단, 조건은 입력데이터를 이용하시오
  (DAVERAGE 함수, 테두리, 가운데 맞춤).
- '북미의 예상 관객수 평균'이 '300,000'이 되려면 캐나다의 예상 관객수가 얼마가 되어야 하는지 목표값을 구하시오.

유형 06

"제1작업" 시트의 「B4:H12」 영역을 복사하여 "제2작업" 시트의 「B2」 셀부터 모두 붙여넣기를 한 후 다음의 조건과 같이 작업하시오.

▶ 소스파일 : Chapter 05₩문제05-06.xlsx   ▶ 완성파일 : Chapter 05₩문제05-06_완성.xlsx

《조건》

(1) 목표값 찾기
- 「B11:G11」 셀을 병합하여 "어학의 수강인원 평균"을 입력한 후 「H11」 셀에 어학의 수강인원 평균을 구하시오. 단, 조건은 입력데이터를 이용하시오
  (DAVERAGE 함수, 테두리, 가운데 맞춤).
- '어학의 수강인원 평균'이 '30'이 되려면 김은희의 수강인원이 얼마가 되어야 하는지 목표값을 구하시오.

06 정렬 및 부분합

- ☑ 데이터 정렬하기
- ☑ 부분합 구하기

▶ 소스 파일 : Chapter 06₩Ch06.xlsx   ▶ 완성 파일 : Chapter 06₩Ch06_완성.xlsx

☞ "제1작업" 시트의 「B4:H12」영역을 복사하여 "제3작업" 시트의 「B2」셀부터 모두 붙여넣기를 한 후 다음의 조건과 같이 작업하시오.

출력 형태

제품코드	제품명	제조사	용기	판매가격	환산가격(1g)	판매수량(단위:개)
PL11-542	롯데라면컵	팔도	종이(외면)	750원	7.6	954
PL13-252	손짬뽕컵	팔도	폴리스틸렌수지	1,280원	11.0	865
PL11-422	공화춘짬뽕	팔도	폴리스틸렌	1,280원	11.1	1,245
		팔도 평균				1,021
	3	팔도 개수				
RT27-251	진라면순한맛	오뚜기	종이(외면)	950원	7.0	2,056
DT49-211	참깨라면	오뚜기	종이(외면)	840원	8.6	1,625
		오뚜기 평균				1,841
	2	오뚜기 개수				
NG43-411	너구리	농심	종이(외면)	1,240원	6.8	1,562
NP96-451	신라면	농심	폴리스틸렌	800원	7.7	2,465
NA21-451	육개장	농심	폴리스틸렌	850원	11.0	1,432
		농심 평균				1,820
	3	농심 개수				
		전체 평균				1,526
	8	전체 개수				

조건

(1) 부분합 - 《출력형태》처럼 정렬하고, 제품명의 개수와 판매수량(단위:개)의 평균을 구하시오.
(2) 개요 - 지우시오.
(3) 나머지 사항은 《출력형태》에 맞게 작성하시오.

체크! 체크!

(정렬 및 부분합)

■ **데이터 정렬하기**
- 부분합을 하기 위해서는 부분합 할 항목으로 오름차순 또는 내림차순 정렬을 합니다.
- 2개 이상의 정렬을 지정하는 방법에 대해 숙지합니다.

■ **부분합 구하기**
- 부분합의 아래쪽 위치한 항목을 먼저 지정합니다.
- 두 번째 부분합을 지정할 때 (새로운 값으로 대치)를 선택 해제해야 합니다.
  (새로운 값으로 대치를 선택 해제하지 않을 경우 첫 번째 작성한 부분합이 두 번째 작성한 부분합 으로 대치됩니다.)

STEP 01 데이터 정렬하기

《조건》 ☞ "제1작업" 시트의 「B4:H12」 영역을 복사하여 "제3작업" 시트의 「B2」셀부터 모두 붙여넣기를 한 후 다음의 조건과 같이 작업하시오.

1 (제1작업) 시트의 B4:H12셀 범위를 복사하기 위해 **B4:H12 셀을 드래그**한 후 (홈) 탭-(클립보드) 그룹에서 **(복사( ))를 클릭**합니다.

2 (제3작업) 시트의 B2셀에 붙여넣기 위해 시트 탭에서 **(제3작업) 시트를 클릭**한 후 **B2셀을 클릭**한 다음 (홈) 탭-(클립보드) 그룹에서 **(붙여넣기( ))를 클릭**합니다.

3 (제1작업) 시트의 B:H열 너비를 그대로 적용하기 위해 (홈) 탭-(클립보드) 그룹에서 **(붙여넣기)의 (목록( )) 단추를 클릭**한 후 **(원본 열 너비 유지( ))를 클릭**합니다.

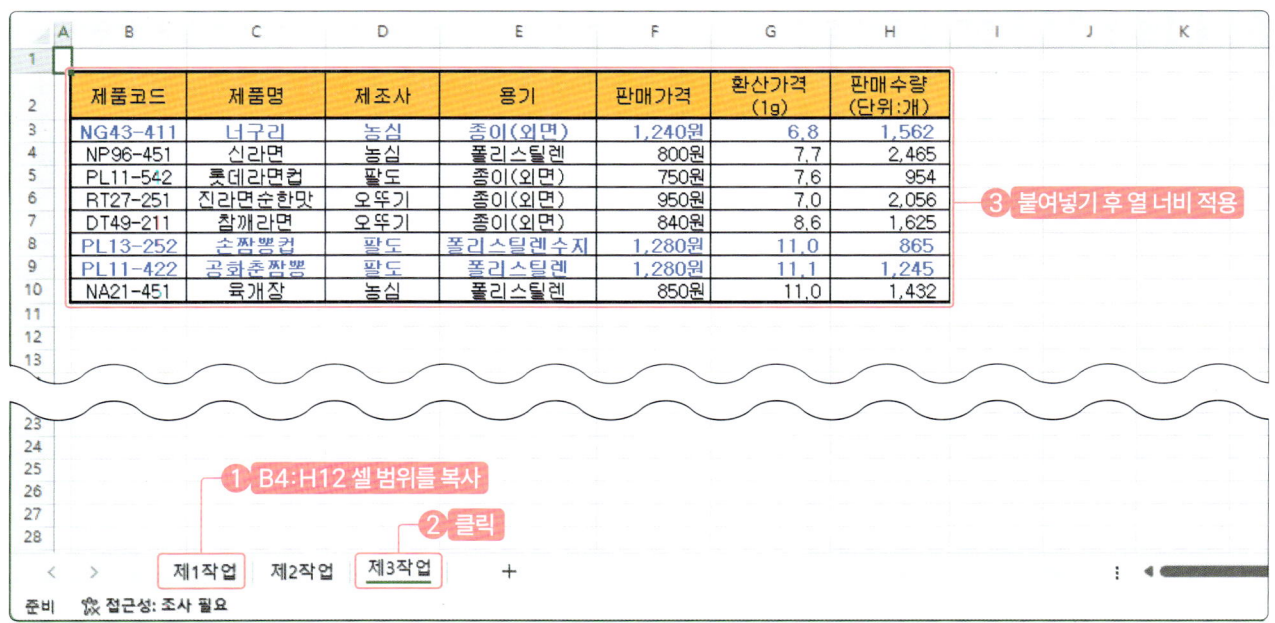

4 제조사를 기준으로 내림차순 정렬하기 위해 **D2 셀을 클릭**한 후 [데이터] 탭-[정렬 및 필터] 그룹에서 **[텍스트 내림차순 정렬(힣↓)]을 클릭**합니다.

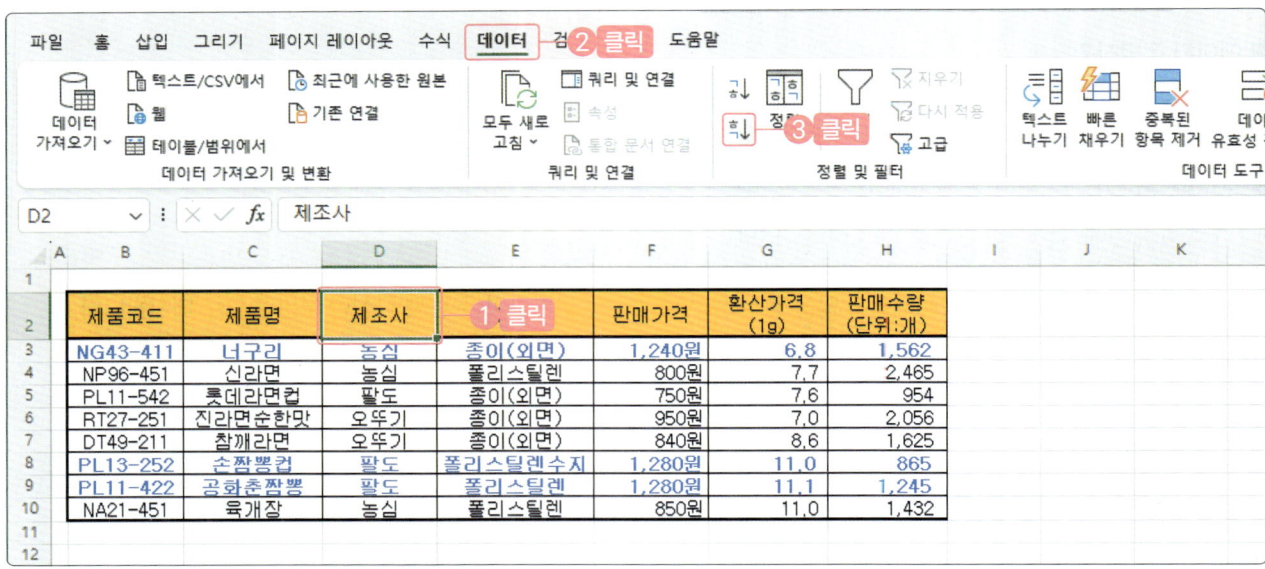

- 정렬은 데이터를 일정한 순서에 의해 차례대로 재배열하는 기능입니다.
- 《출력형태》를 보면 제조사 기준으로 내림차순 정렬(팔도, 오뚜기, 농심 순)된 것을 확인할 수 있습니다.
- D2 셀을 클릭한 후 [데이터] 탭-[정렬 및 필터] 그룹에서 [텍스트 오름차순 정렬(가↓)]을 클릭하면 제조사를 기준으로 오름차순 정렬을 할 수 있습니다.

한가지 더!

정렬 순서

정렬에는 작은 값에서 큰 값 순으로 재배열하는 오름차순 정렬과 큰 값에서 작은 값 순으로 재배열하는 내림차순 정렬이 있습니다.

- **오름차순 정렬** : 숫자(작은 숫자 → 큰 숫자) ➡ 문자(A → Z → ㄱ → ㅎ) ➡ 논리값(FALSE → TRUE) ➡ 오류값 ➡ 빈 셀(데이터가 없는 셀)
- **내림차순 정렬** : 오류값 ➡ 논리값(TRUE → FALSE) ➡ 문자(ㅎ → ㄱ → Z → A) ➡ 숫자(큰 숫자 → 작은 숫자) ➡ 빈 셀(데이터가 없는 셀)

5 다음과 같이 제조사를 기준으로 내림차순 정렬됩니다.

STEP 02 부분합 구하기

《조건》
(1) 부분합 - 《출력형태》처럼 정렬하고, 제품명의 개수와 판매수량(단위:개)의 평균을 구하시오.
(2) 개요 – 지우시오.
(3) 나머지 사항은 《출력형태》에 맞게 작성하시오.

1 제조사로 제품명의 개수를 구하기 위해 **B2셀을 클릭**한 후 [데이터] 탭-[개요] 그룹에서 **[부분합(圖)]을 클릭**합니다.

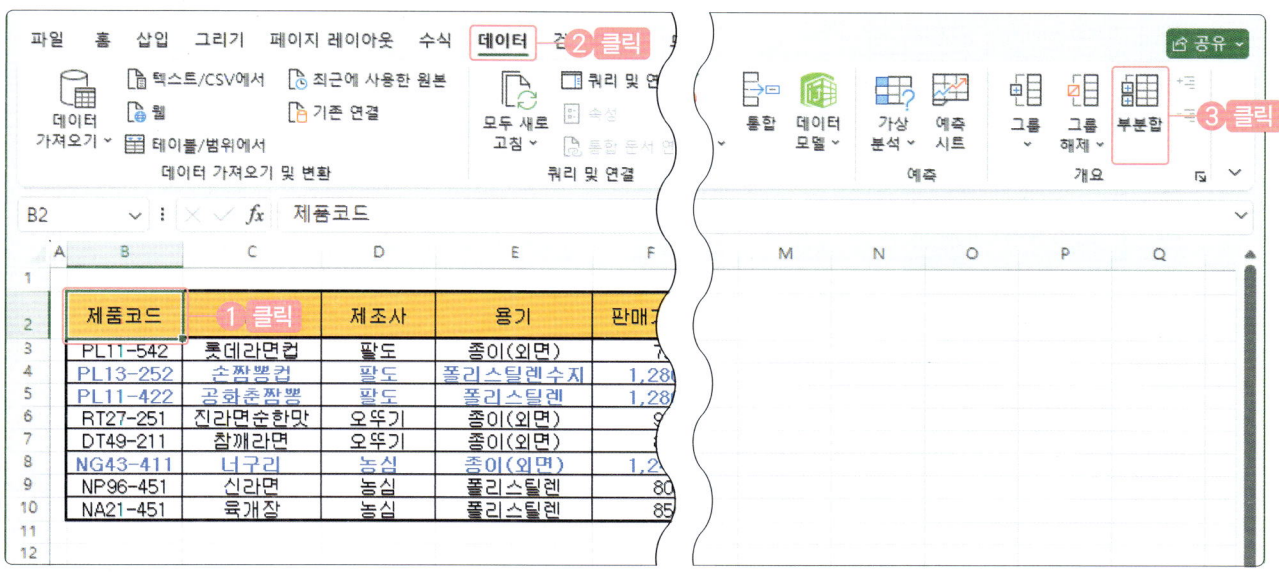

- 부분합은 데이터를 특정 항목별로 그룹화한 후 그룹별로 요약하는 기능입니다.
- 부분합을 제대로 구하려면 먼저 그룹화할 항목(여기서는 연료)을 기준으로 정렬해야 합니다.

2 [부분합] 대화상자가 나타나면 **그룹화할 항목(제조사), 사용할 함수(개수), 부분합 계산 항목(제품명)을 선택**한 후 [확인] 단추를 클릭합니다.

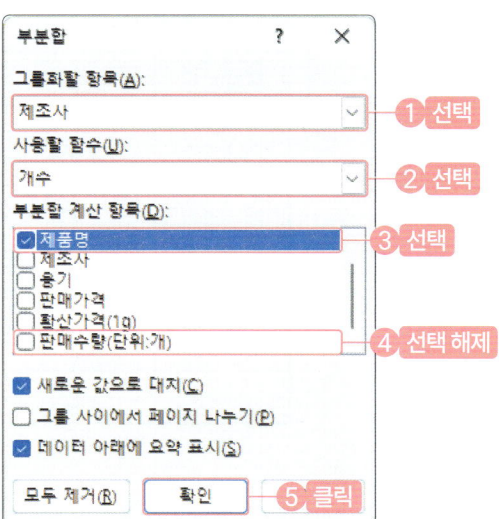

한가지 더!

[부분합] 대화상자의 항목

- **그룹화할 항목** : 데이터를 그룹화할 때 기준이 되는 항목입니다.
- **사용할 함수** : 그룹별로 계산할 때 사용할 함수입니다.
- **부분합 계산 항목** : 그룹별로 계산할 항목입니다.

《출력형태》에서 아래에 있는 부분합(여기서는 제품명의 개수)을 먼저 구해야 《출력형태》와 같이 부분합을 구할 수 있습니다.

3 제조사별로 제품명의 개수가 구해지면 제조사별로 판매수량(단위:개)의 평균을 구하기 위해 [데이터] 탭-[개요] 그룹에서 [부분합()]을 클릭합니다.

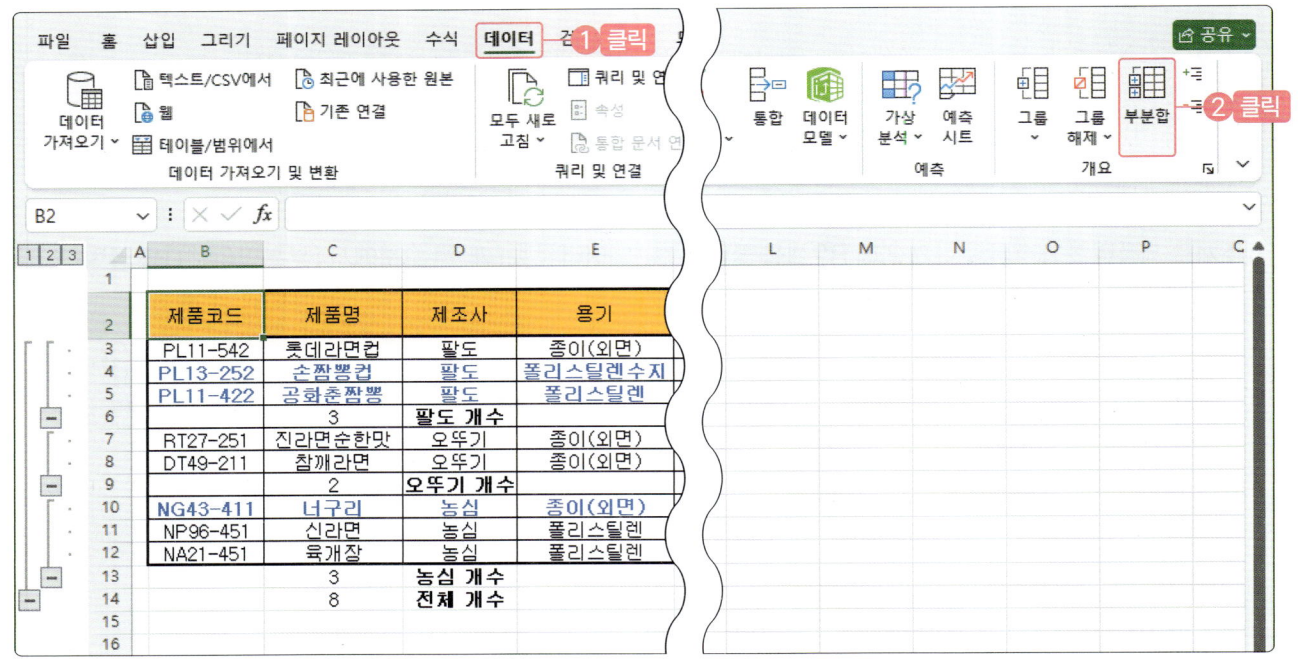

- 부분합을 구하면 워크시트 왼쪽에 하위 그룹을 숨기거나 나타나게 할 수 있는 ①, ②, ③ 등의 개요 기호가 나타납니다.
- 부분합을 잘못 구한 경우에는 [부분합] 대화상자에서 [모두 제거] 단추를 클릭하여 부분합을 제거한 후 다시 부분합을 구합니다.

한가지 더!

데이터를 그룹화할 항목을 기준으로 정렬하지 않고 부분합을 구한 경우

데이터를 그룹화할 항목인 제조사를 기준으로 정렬하지 않고 부분합을 구한 경우에는 다음과 같이 제조사가 다를 때마다 다른 그룹으로 인식하여 제조사의 개수가 구해집니다.

제품코드	제품명	제조사	용기	판매가격	환산가격(1g)	판매수량(단위:개)
NG43-411	너구리	농심	종이(외면)	1,240원	6.8	1,562
NP96-451	신라면	농심	폴리스틸렌	800원	7.7	2,465
	2	농심 개수				
PL11-542	롯데라면컵	팔도	종이(외면)	750원	7.6	954
	1	팔도 개수				
RT27-251	진라면순한맛	오뚜기	종이(외면)	950원	7.0	2,056
DT49-211	참깨라면	오뚜기	종이(외면)	840원	8.6	1,625
	2	오뚜기 개수				
PL13-252	손짬뽕컵	팔도	폴리스틸렌수지	1,280원	11.0	865
PL11-422	공화춘짬뽕	팔도	폴리스틸렌	1,280원	11.1	1,245
	2	팔도 개수				
NA21-451	육개장	농심	폴리스틸렌	850원	11.0	1,432
	1	농심 개수				
	8	전체 개수				

4 〔부분합〕 대화상자가 나타나면 **그룹화할 항목(제조사), 사용할 함수(평균), 부분합 계산 항목(제품명)을 선택 해제, 부분합 계산 항목(판매수량(단위:개))을 선택**한 후 〔새로운 값으로 대치〕를 선택 해제한 다음 〔확인〕 단추를 클릭합니다.

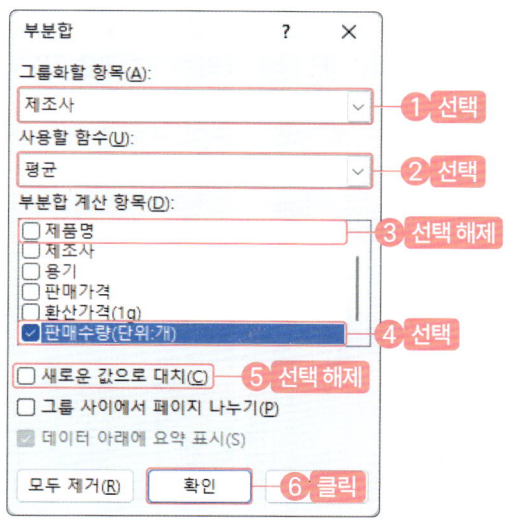

한가지 더!

〔부분합〕 대화상자에서 〔새로운 값으로 대치〕를 선택한 경우

〔부분합〕 대화상자에서 〔새로운 값으로 대치〕를 선택한 경우에는 다음과 같이 기존에 구한 부분합(여기서는 제품명의 개수)을 제거한 후 새로 구한 부분합(여기서는 판매수량(단위:개)의 평균)이 나타나므로 반드시 선택 해제해야 합니다.

	A	B	C	D	E	F	G	H	I
1									
2		제품코드	제품명	제조사	용기	판매가격	환산가격(1g)	판매수량(단위:개)	
3		PL11-542	롯데라면컵	팔도	종이(외면)	750원	7.6	954	
4		PL13-252	손짬뽕컵	팔도	폴리스틸렌수지	1,280원	11.0	865	
5		PL11-422	공화춘짬뽕	팔도	폴리스틸렌	1,280원	11.1	1,245	
6				팔도 평균				1,021	
7		RT27-251	진라면순한맛	오뚜기	종이(외면)	950원	7.0	2,056	
8		DT49-211	참깨라면	오뚜기	종이(외면)	840원	8.6	1,625	
9				오뚜기 평균				1,841	
10		NG43-411	너구리	농심	종이(외면)	1,240원	6.8	1,562	
11		NP96-451	신라면	농심	폴리스틸렌	800원	7.7	2,465	
12		NA21-451	육개장	농심	폴리스틸렌	850원	11.0	1,432	
13				농심 평균				1,820	
14				전체 평균				1,526	
15									

5 다음과 같이 제조사별 제품명의 개수와 판매수량(단위:개)의 평균을 구하는 부분합이 계산됩니다.

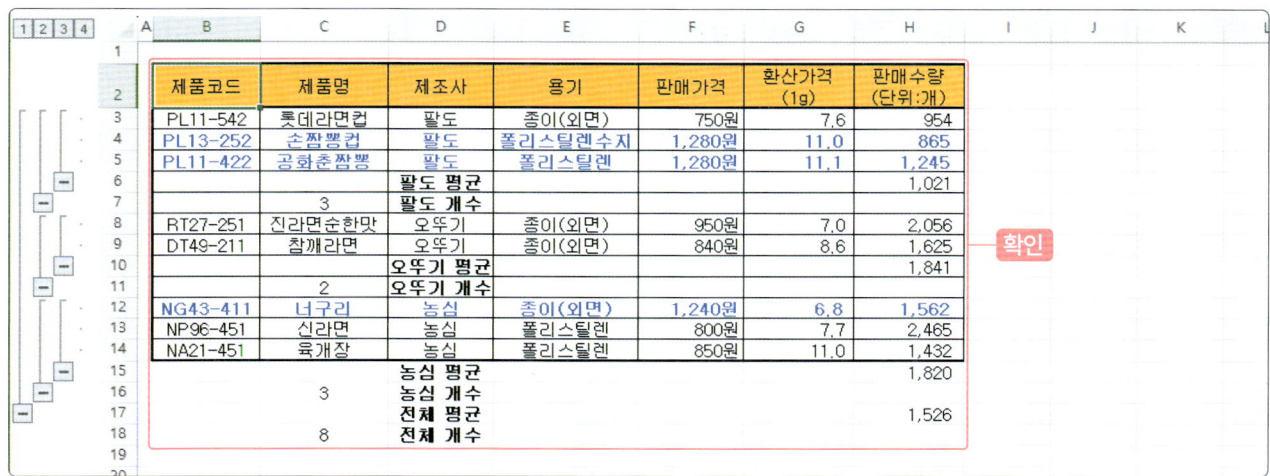

6 제조사별로 판매수량(단위:개)의 평균이 구해지면 윤곽을 지우기 위해 [데이터] 탭-[개요] 그룹에서 [그룹 해제(圖)]의 [목록(▼)] 단추 클릭한 후 [개요 지우기]를 클릭합니다.

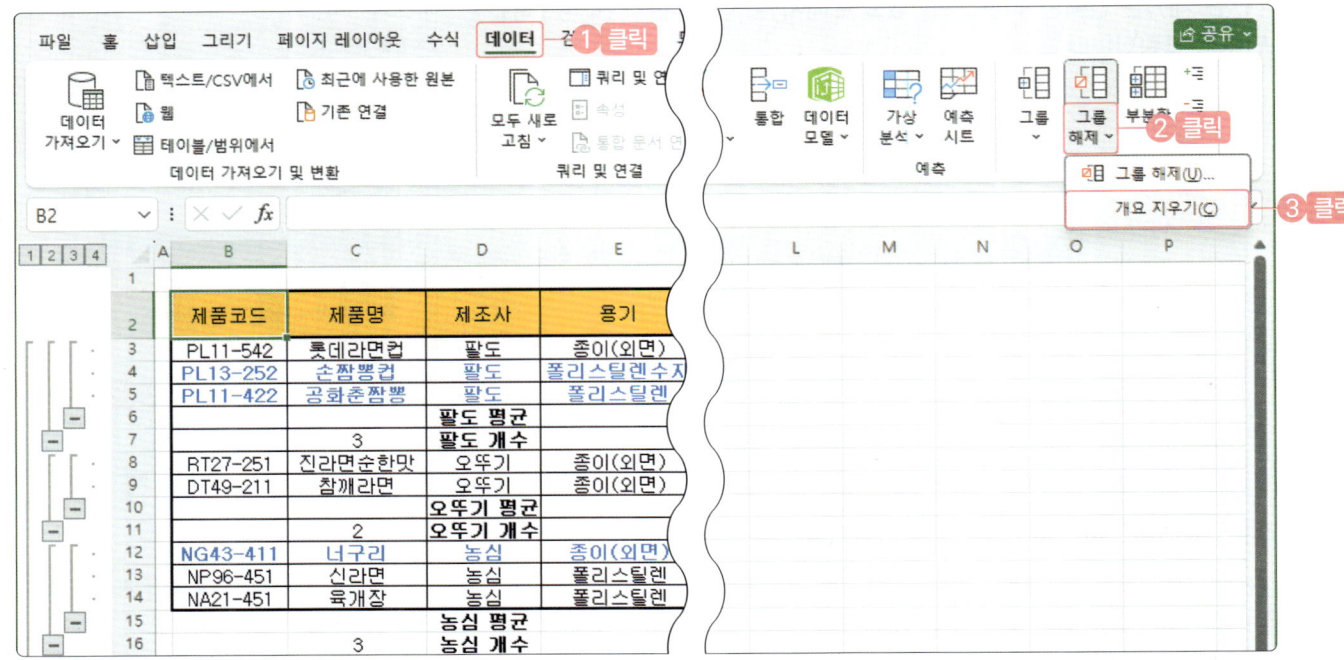

7 개요가 지워지면 D열 너비를 변경하기 위해 D열 머리글과 E열 머리글의 경계선을 더블클릭합니다.

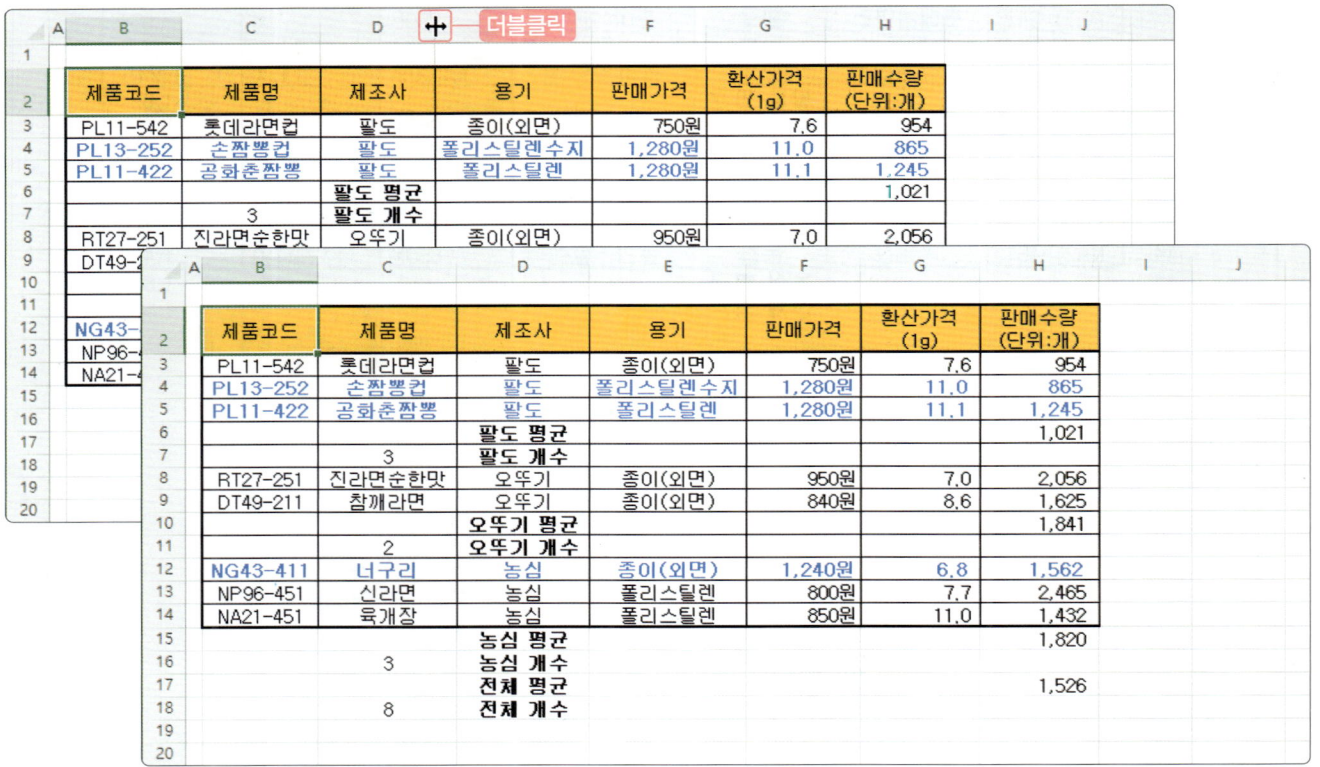

> 열 머리글의 경계선을 더블클릭하면 열 너비가 데이터에 맞게 변경됩니다.

정렬 및 부분합

유형 01

"제1작업" 시트의 「B4:H12」 영역을 복사하여 "제3작업" 시트의 「B2」 셀부터 모두 붙여넣기를 한 후 다음의 조건과 같이 작업하시오.

▶ 소스파일 : Chapter 06₩문제06-01.xlsx   ▶ 완성파일 : Chapter 06₩문제06-01_완성.xlsx

《조건》

(1) 부분합 - 《출력형태》처럼 정렬하고, 주택명의 개수와 총공사비의 평균을 구하시오.
(2) 개요 - 지우시오.
(3) 나머지 사항은 《출력형태》에 맞게 작성하시오.

《출력형태》

	A	B	C	D	E	F	G	H	I
1									
2		관리번호	주택명	지역	공사기간(일)	총공사비	공사시작일	공사내용	
3		A1-001	아이파크	인천	13	28,850,000원	2026-02-20	전체	
4		K2-003	한솔마을	인천	4	6,768,000원	2026-03-08	주방	
5				인천 평균		17,809,000원			
6			2	인천 개수					
7		K1-001	푸르지오	서울	4	10,250,000원	2026-03-20	주방	
8		B1-002	파크타운	서울	5	5,778,000원	2026-03-06	욕실	
9		A2-002	그린빌	서울	17	32,170,000원	2026-02-27	전체	
10				서울 평균		16,066,000원			
11			3	서울 개수					
12		B2-001	화이트빌	경기	5	8,558,000원	2026-02-06	욕실	
13		K3-002	시그마	경기	3	7,870,000원	2026-01-30	주방	
14		B3-003	트레스벨	경기	6	9,560,000원	2026-02-13	욕실	
15				경기 평균		8,662,667원			
16			3	경기 개수					
17				전체 평균		13,725,500원			
18			8	전체 개수					
19									
20									

유형 02

"제1작업" 시트의 「B4:H12」영역을 복사하여 "제3작업" 시트의 「B2」셀부터 모두 붙여넣기를 한 후 다음의 조건과 같이 작업하시오.

▶ 소스파일 : Chapter 06₩문제06-02.xlsx   ▶ 완성파일 : Chapter 06₩문제06-02_완성.xlsx

《조건》

(1) 부분합 - 《출력형태》처럼 정렬하고, 사원명의 개수와 출장비(단위:원)의 평균을 구하시오.
(2) 개요 - 지우시오.
(3) 나머지 사항은 《출력형태》에 맞게 작성하시오.

《출력형태》

사원번호	사원명	직급	부서명	출장비 (단위:원)	출장일수	출발일자
C10-25	한창훈	사원	인사부	128,000	2일	2026-01-21
E10-25	박금희	대리	인사부	280,000	2일	2026-01-15
			인사부 평균	204,000		
	2		인사부 개수			
C11-23	민시후	사원	영업부	520,000	6일	2026-01-07
A07-01	윤정은	대리	영업부	225,000	2일	2026-01-07
E09-53	김지은	과장	영업부	197,000	3일	2026-01-06
			영업부 평균	314,000		
	3		영업부 개수			
A07-45	조재은	사원	기획부	415,000	3일	2026-01-03
A08-23	한효빈	과장	기획부	546,000	5일	2026-01-17
E09-12	김지효	대리	기획부	150,000	2일	2026-01-12
			기획부 평균	370,333		
	3		기획부 개수			
			전체 평균	307,625		
	8		전체 개수			

유형 03

"제1작업" 시트의 「B4:H12」 영역을 복사하여 "제3작업" 시트의 「B2」 셀부터 모두 붙여넣기를 한 후 다음의 조건과 같이 작업하시오.

▶ 소스파일 : Chapter 06₩문제06-03.xlsx   ▶ 완성파일 : Chapter 06₩문제06-03_완성.xlsx

《조건》
(1) 부분합 - 《출력형태》처럼 정렬하고, 렌트차종의 개수와 렌트비용(단위:원)의 평균을 구하시오.
(2) 개요 – 지우시오.
(3) 나머지 사항은 《출력형태》에 맞게 작성하시오.

《출력형태》

차량코드	렌트차종	출고일	제조사	렌트기간	렌트비용 (단위:원)	연료
R-0253	스타렉스	2023-05-10	현대자동차	3일	325,000	LPG
L-9372	그랜저 TG	2021-02-20	현대자동차	2일	175,000	가솔린
L-4502	다이너스티	2020-09-30	현대자동차	1일	85,000	가솔린
C-6362	에쿠스	2022-05-20	현대자동차	2일	165,000	가솔린
			현대자동차 평균		187,500	
	4		현대자동차 개수			
M-0571	SM3	2025-06-10	르노코리아	5일	342,000	전기
R-9353	QM3	2024-03-15	르노코리아	1일	95,000	디젤
			르노코리아 평균		218,500	
	2		르노코리아 개수			
R-8133	뉴카니발	2022-12-20	기아자동차	4일	215,000	디젤
M-7201	K5	2020-04-15	기아자동차	4일	270,000	LPG
			기아자동차 평균		242,500	
	2		기아자동차 개수			
			전체 평균		209,000	
	8		전체 개수			

유형 04

"**제1작업**" 시트의 「B4:H12」영역을 복사하여 "**제3작업**" 시트의 「B2」셀부터 모두 붙여넣기를 한 후 다음의 조건과 같이 작업하시오.

▶ 소스파일 : Chapter 06₩문제06-04.xlsx   ▶ 완성파일 : Chapter 06₩문제06-04_완성.xlsx

《조건》

(1) 부분합 - 《출력형태》처럼 정렬하고, 팀명의 개수와 활동비(단위:원)의 평균을 구하시오.
(2) 개요 – 지우시오.
(3) 나머지 사항은 《출력형태》에 맞게 작성하시오.

《출력형태》

	B	C	D	E	F	G	H
2	코드	팀명	지도교수	지원분야	신청일	활동비 (단위:원)	활동시간
3	C3613	자연힐링	김경호	문화	2024-09-03	65,500	115시간
4	C3615	시공담문화	장민호	문화	2024-08-25	195,000	190시간
5				문화 평균		130,250	
6		2		문화 개수			
7	E1451	지혜의 샘	이지은	교육	2024-09-01	55,000	152시간
8	E1452	메타미래	정유미	교육	2024-09-15	195,500	235시간
9	E1458	늘탐구	김철수	교육	2024-09-05	134,000	155시간
10				교육 평균		128,167	
11		3		교육 개수			
12	H2512	사물헬스케어	박순호	건강	2024-08-15	180,000	205시간
13	H2513	건강자가진단	손기현	건강	2024-08-27	178,000	170시간
14	H2518	코로나19	서영희	건강	2024-09-10	85,000	88시간
15				건강 평균		147,667	
16		3		건강 개수			
17				전체 평균		136,000	
18		8		전체 개수			

유형 05

"**제1작업**" 시트의 「B4:H12」 영역을 복사하여 "**제3작업**" 시트의 「B2」 셀부터 모두 붙여넣기를 한 후 다음의 조건과 같이 작업하시오.

▶ 소스파일 : Chapter 06₩문제06-05.xlsx   ▶ 완성파일 : Chapter 06₩문제06-05_완성.xlsx

《조건》

(1) 부분합 - 《출력형태》처럼 정렬하고, 영화제 명칭의 개수와 예상 관객수의 합계를 구하시오.
(2) 개요 – 지우시오.
(3) 나머지 사항은 《출력형태》에 맞게 작성하시오.

《출력형태》

	B	C	D	E	F	G	H
2	관리코드	영화제 명칭	주최국	대륙	1회 개막일자	예상 관객수	개최 횟수 (단위:회)
3	B8241	베를린 국제	독일	유럽	1951-06-06	500,000명	72
4	F7351	칸	프랑스	유럽	1946-09-20	650,000명	75
5	V2411	베네치아 국제	이탈리아	유럽	1932-08-06	700,000명	79
6				유럽 요약		1,850,000명	
7		3		유럽 개수			
8	B1543	베이징 국제	중국	아시아	2011-04-23	300,000명	12
9	B1453	부산 국제	한국	아시아	1996-09-13	180,000명	27
10	J6653	전주 국제	한국	아시아	2000-04-28	80,000명	23
11				아시아 요약		560,000명	
12		3		아시아 개수			
13	T6522	토론토 국제	캐나다	북미	1976-10-18	500,000명	47
14	S6323	선댄스	미국	북미	1985-01-20	70,000명	38
15				북미 요약		570,000명	
16		2		북미 개수			
17				총합계		2,980,000명	
18		8		전체 개수			

07 피벗 테이블

☑ 피벗 테이블 삽입하기   ☑ 피벗 테이블 편집하기

▶ 소스 파일 : Chapter 07₩Ch07.xlsx   ▶ 완성 파일 : Chapter 07₩Ch07_완성.xlsx

☞ "제1작업" 시트를 이용하여 "제3작업" 시트에 조건에 따라 《출력형태》와 같이 작업하시오.

출력 형태

	제조사	팔도		오뚜기		농심	
판매가격	개수 : 제품코드	평균 : 판매수량(단위:개)	개수 : 제품코드	평균 : 판매수량(단위:개)	개수 : 제품코드	평균 : 판매수량(단위:개)
401-800	1	954	**	**	1	2,465
801-1200	**	**	2	1,841	1	1,432
1201-1600	2	1,055	**	**	1	1,562
총합계	3	1,021	2	1,841	3	1,820

조건

(1) 판매가격 및 제조사별 제품코드의 개수와 판매수량(단위:개)의 평균을 구하시오.
(2) 판매가격을 그룹화하고, 제조사를 《출력형태》와 같이 정렬하시오.
(3) 레이블이 있는 셀 병합 및 가운데 맞춤 적용 및 빈 셀은 '**'로 표시하시오.
(4) 행의 총합계는 지우고, 나머지 사항은 《출력형태》에 맞게 작성하시오.

체크! 체크!

(피벗 테이블)

■ **피벗 테이블 삽입하기**
- 피벗 테이블 작성은 '행' 필드, '열' 필드, '값' 필드 위치에 배치를 어떻게 해야 하는지 《출력형태》를 보고 판단해야 합니다.
- (값 필드 설정)을 통해 계산 형식을 변경하고 필드 레이블을 수정합니다.

■ **피벗 테이블 편집하기**
- 피벗 테이블의 그룹 지정은 다양한 형태로 출제되고 있습니다.
  (날짜를 그룹화 하는 방법과 값을 통해 '시작'과 '끝' 단위를 직접 입력하는 방법을 숙지합니다)

STEP 01 피벗 테이블 삽입하기

《조건》 (1) 판매가격 및 제조사별 제품코드의 개수와 판매수량(단위:개)의 평균을 구하시오.

1 피벗 테이블을 삽입하기 위해 시트 탭에서 **(제1작업) 시트를 클릭**한 후 B4:H12셀을 드래그한 다음 (삽입) 탭-(표) 그룹에서 **(피벗 테이블())을 클릭**합니다.

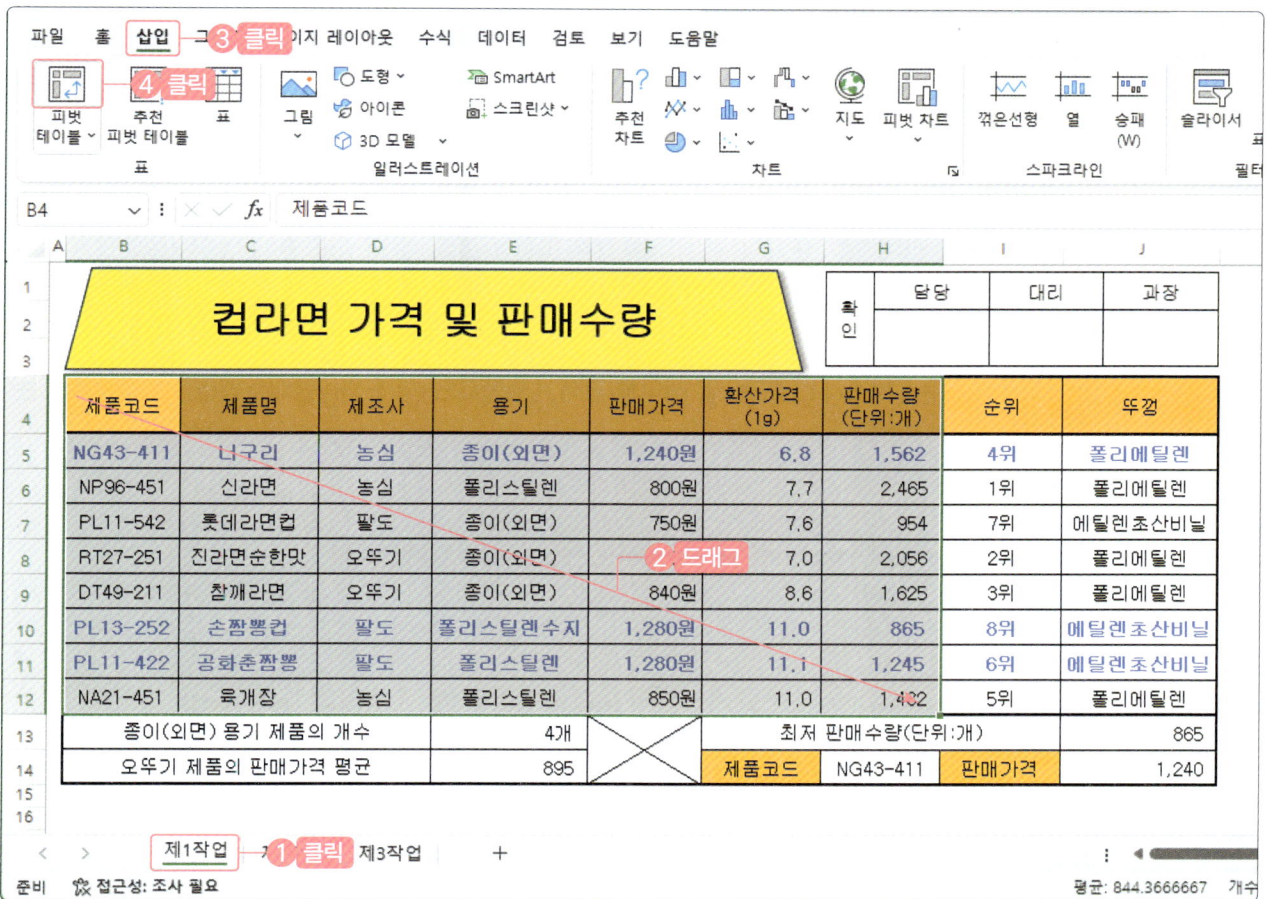

피벗 테이블은 데이터를 빠르게 요약하고 다각도로 분석하는데 사용하는 대화형 표입니다.

2 (표 또는 범위의 피벗 테이블) 대화상자가 나타나면 (기존 워크시트)를 클릭한 후 위치(제3작업!$B$2)를 입력한 다음 (확인) 단추를 클릭합니다.

> 다른 시트의 셀을 참조하는 경우에는 '다른 시트의 이름!셀 주소' 형식으로 입력합니다.

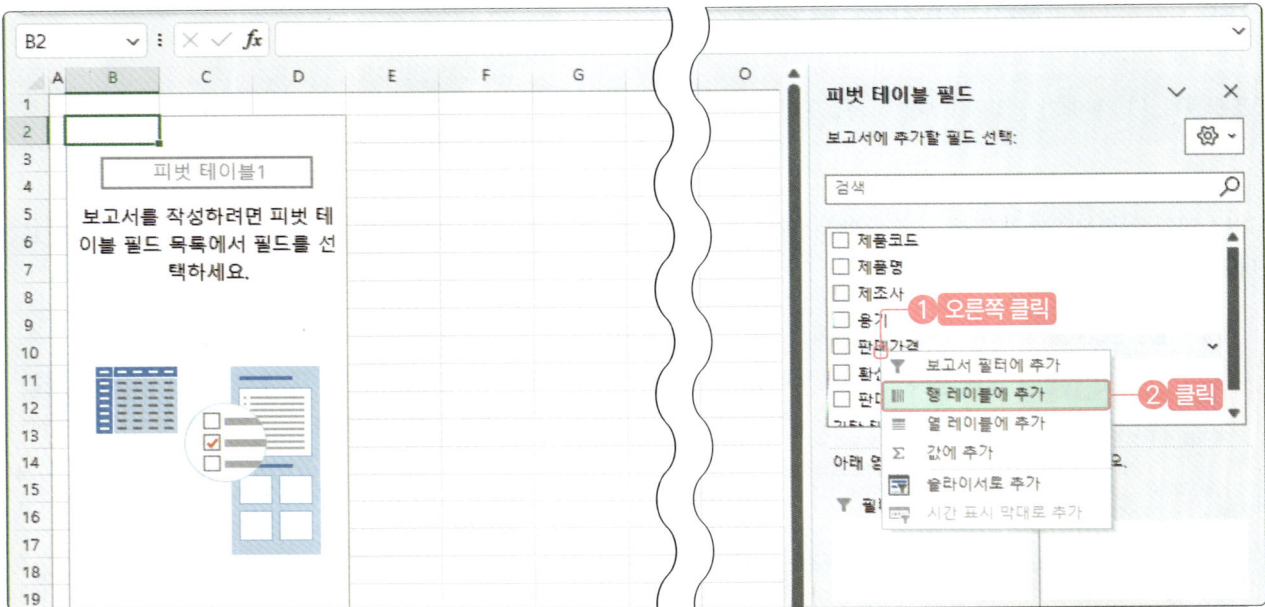

3 (제3작업) 시트가 나타나면 필드 구역에 있는 (판매가격) 필드의 바로 가기 메뉴에서 (행 레이블에 추가)를 클릭합니다.

4 같은 방법으로 필드 구역에 있는 (제조사) 필드는 열 레이블 영역, (제품코드) 필드와 (판매수량(단위:개)) 필드는 값 영역에 배치합니다.

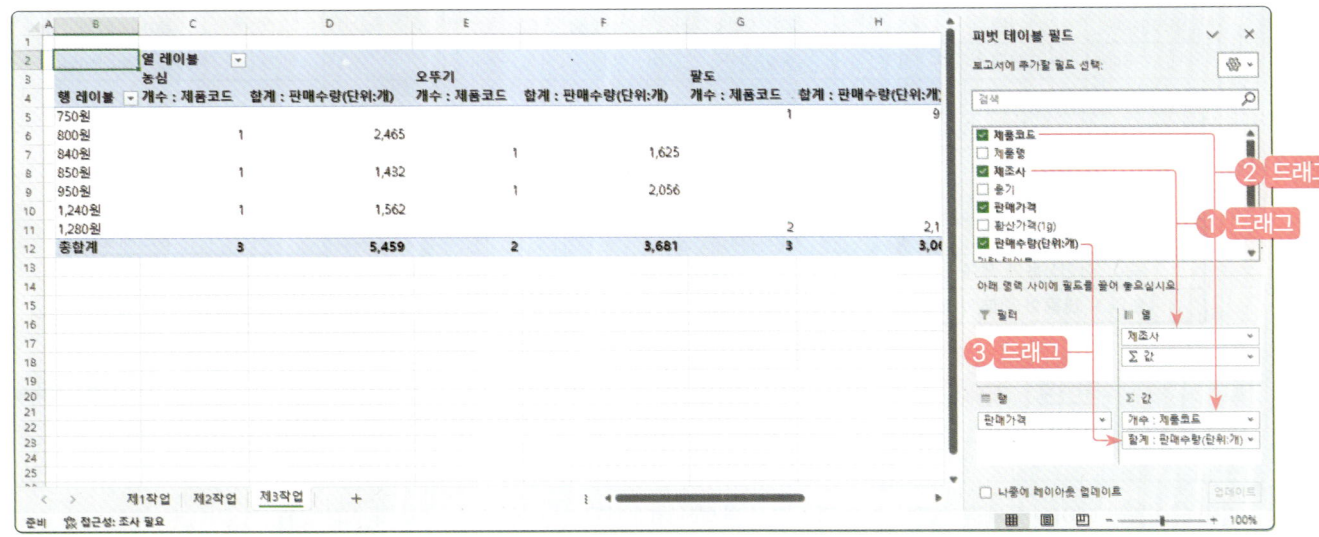

5 값 필드를 설정하기 위해 값 영역에 있는 **[합계 : 판매수량(단위:개)] 필드를 클릭**한 후 **[값 필드 설정]을 클릭**합니다.

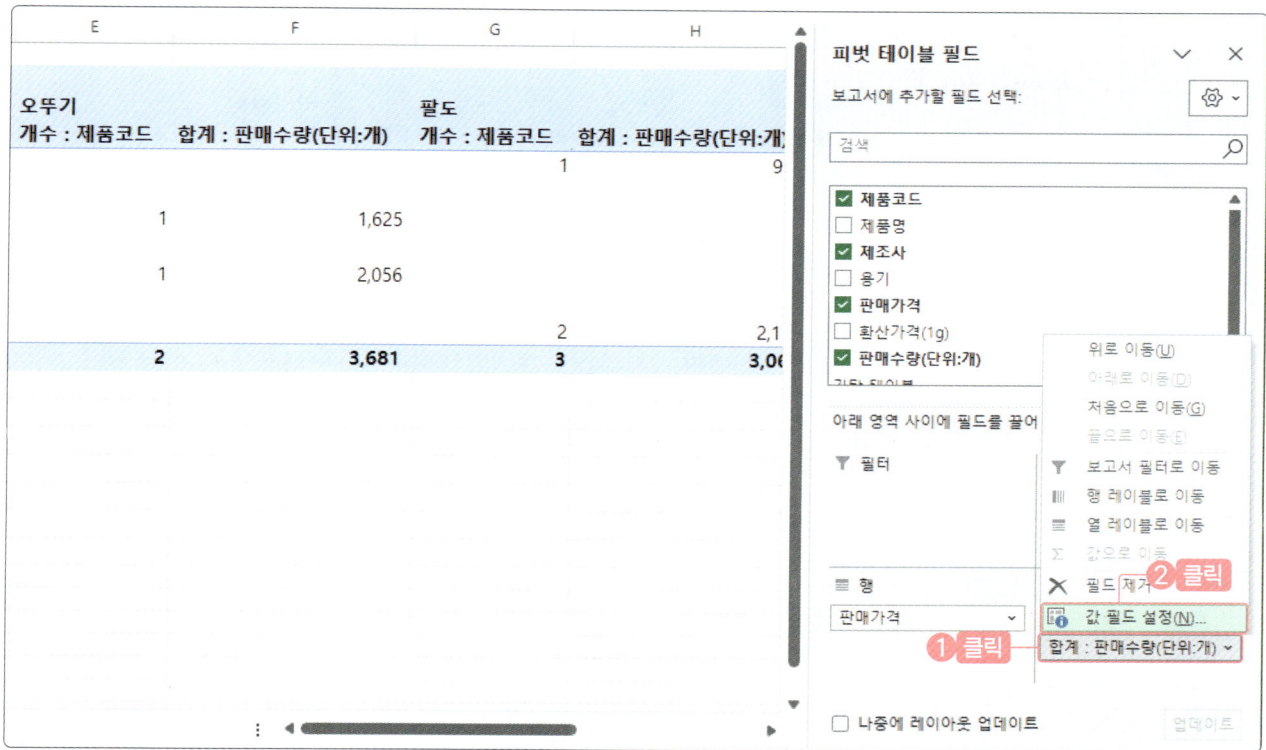

6 [값 필드 설정] 대화상자가 나타나면 [값 요약 기준] 탭에서 **요약에 사용할 계산 유형(평균)을 클릭**한 후 **사용자 지정 이름 (평균 : 판매수량(단위:개))을 입력**한 다음 [확인] 단추를 클릭합니다.

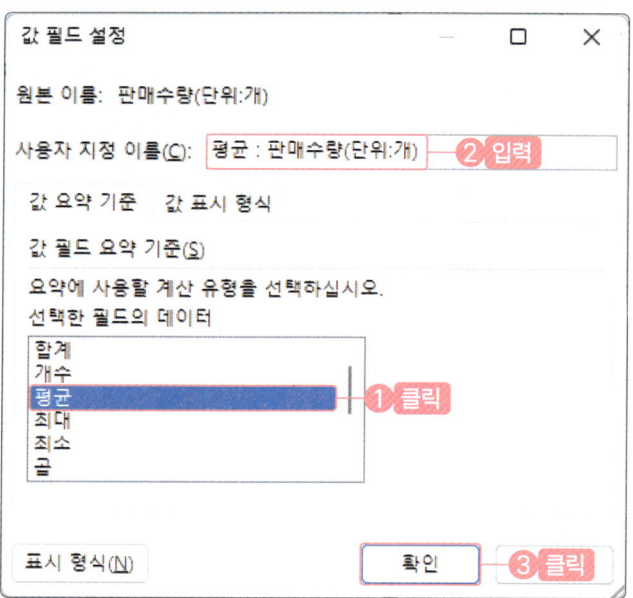

> 사용자 지정 이름을 입력한 후 요약에 사용할 계산 유형을 선택하면 입력한 사용자 지정 이름이 변경될 수 있으므로 먼저 요약에 사용할 계산 유형을 선택한 후 사용자 지정 이름을 입력합니다.

7 행 레이블을 변경하기 위해 **B4셀**에 '**판매가격**'을 **입력**한 후 열 레이블을 변경하기 위해 **C2셀**에 '**제조사**'를 **입력**합니다.

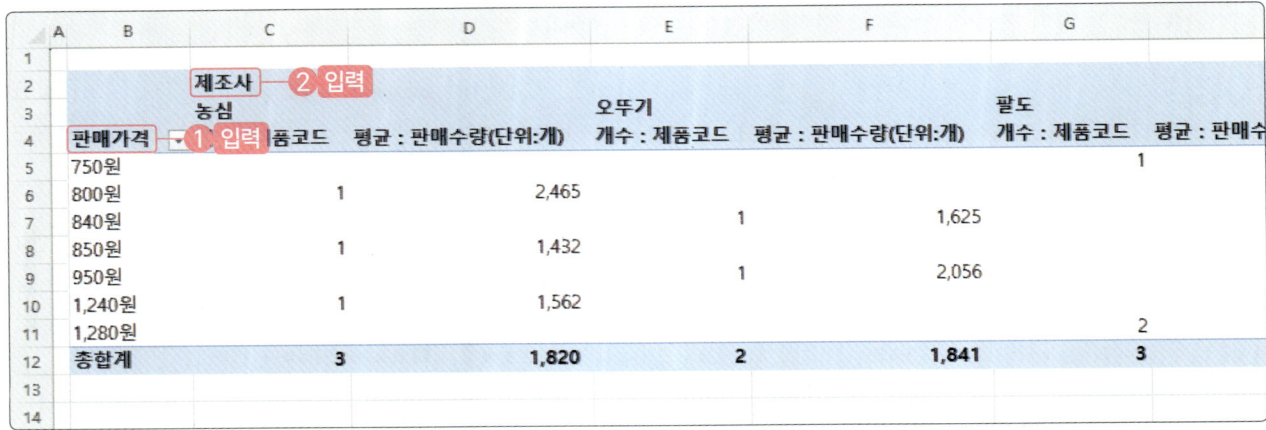

8 (피벗 테이블 필드) 작업 창을 닫기 위해 (피벗 테이블 분석) 정황 탭-(표시) 그룹에서 **(필드 목록)을 선택 해제**합니다.

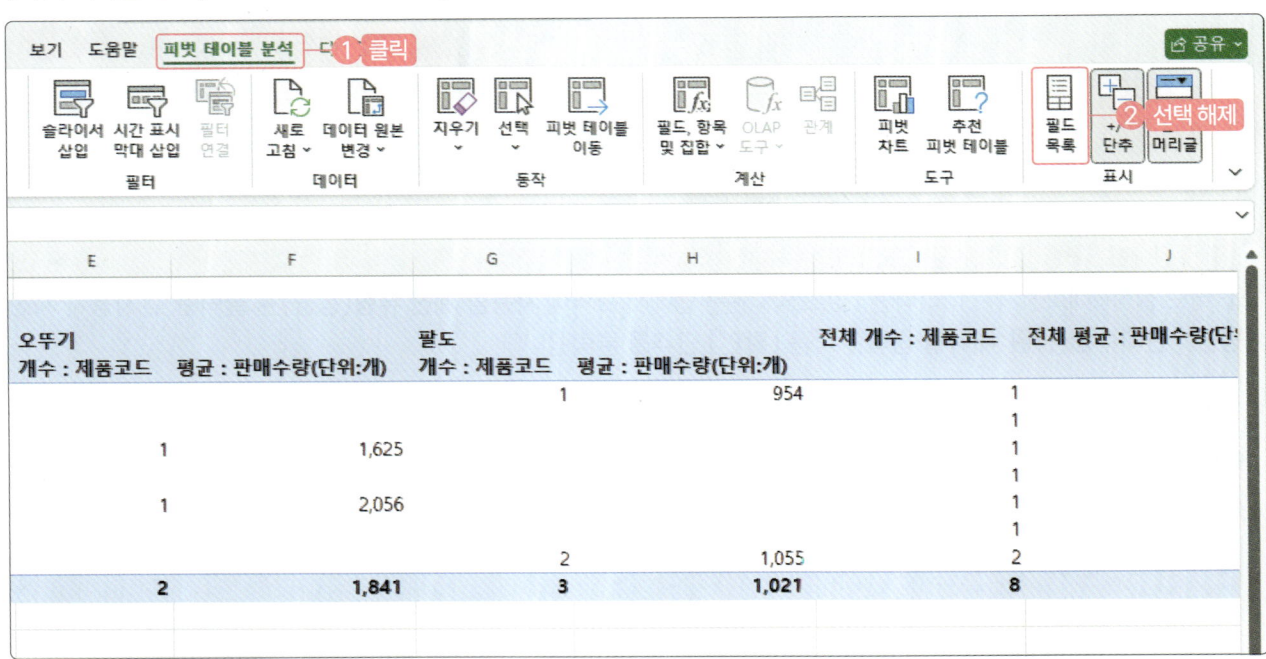

> 피벗 테이블에서 임의의 셀을 선택한 후 (피벗 테이블 도구) 정황 탭-(분석) 탭-(표시) 그룹에서 (필드 목록)을 선택하면 (피벗 테이블 필드) 작업 창을 다시 나타나게 할 수 있습니다.

STEP 02 피벗 테이블 편집하기

《조건》 (2) 판매가격을 그룹화하고, 제조사를 《출력형태》와 같이 정렬하시오.
(3) 레이블이 있는 셀 병합 및 가운데 맞춤 적용 및 빈 셀은 '**'로 표시하시오.
(4) 행의 총합계는 지우고, 나머지 사항은 《출력형태》에 맞게 작성하시오.

1 [판매가격] 필드를 그룹화하기 위해 '750원' 항목(B5셀)을 클릭한 후 [피벗 테이블 분석] 정황 탭-[그룹] 그룹에서 [필드 그룹화]를 클릭합니다.

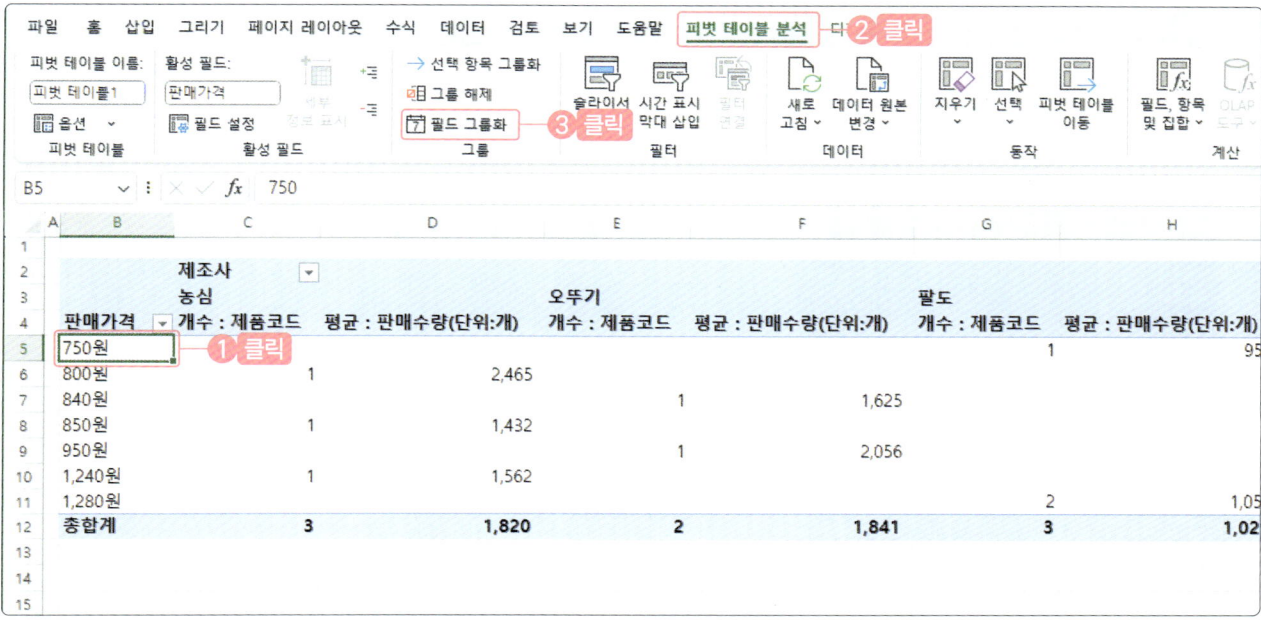

2 [그룹화] 대화상자가 나타나면 **시작(401), 끝(1600), 단위(400)**를 입력한 후 [확인] 단추를 클릭합니다.

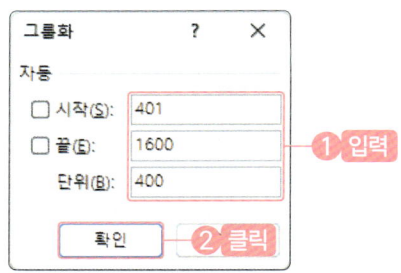

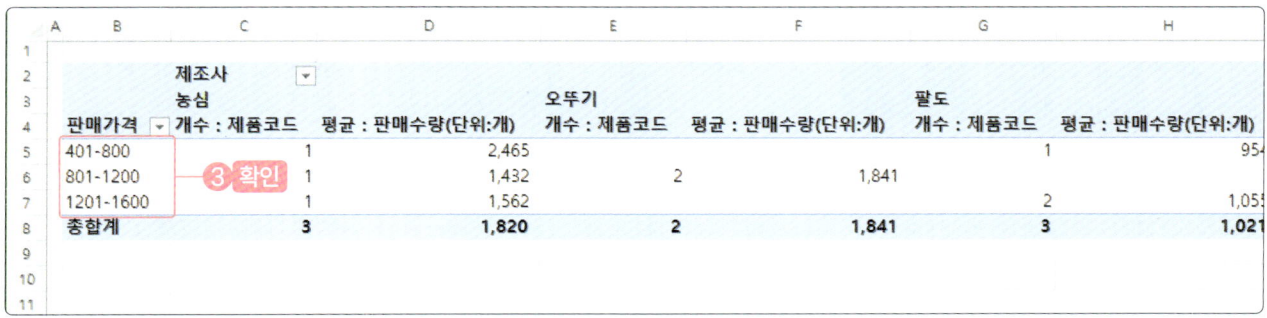

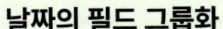

날짜의 필드 그룹화

필드의 값이 날짜일 경우 단위가 자동으로 초, 분, 시, 일, 월, 분기, 연이 표시되고 해당되는 부분만 선택하고 나머지는 선택해제하면 됩니다.

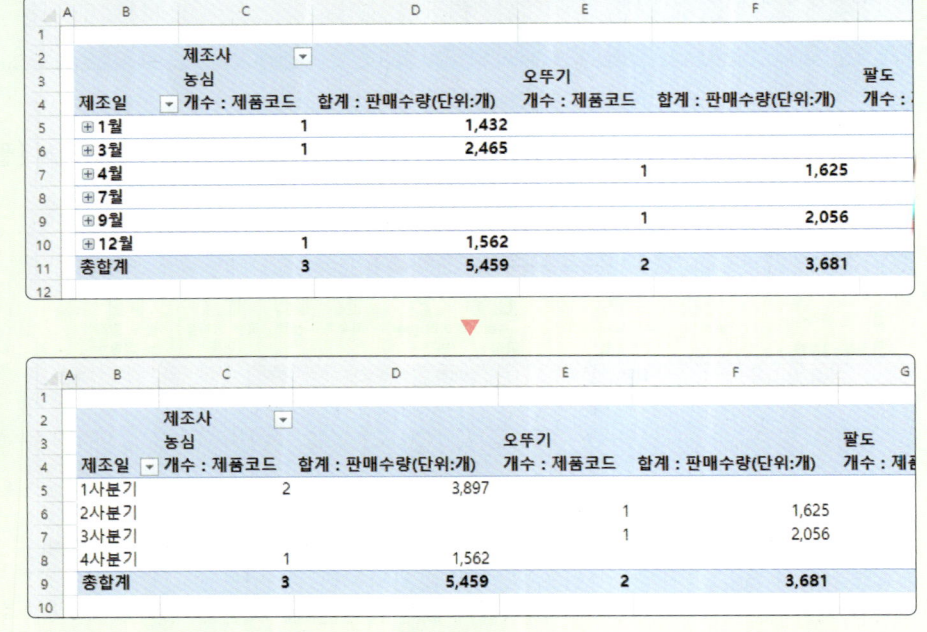

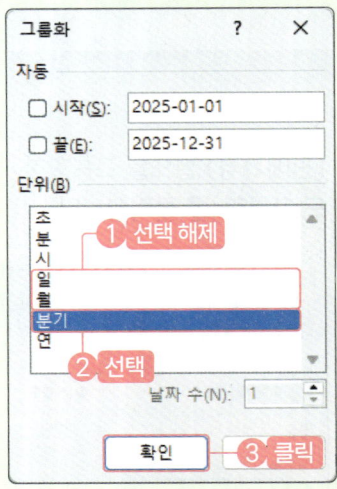

3 (제조사) 필드를 기준으로 내림차순 정렬하기 위해 **'농심' 항목(C3셀)을 클릭**한 후 (데이터) 탭-(정렬 및 필터) 그룹에서 **(텍스트 내림차순 정렬( ))을 클릭**합니다.

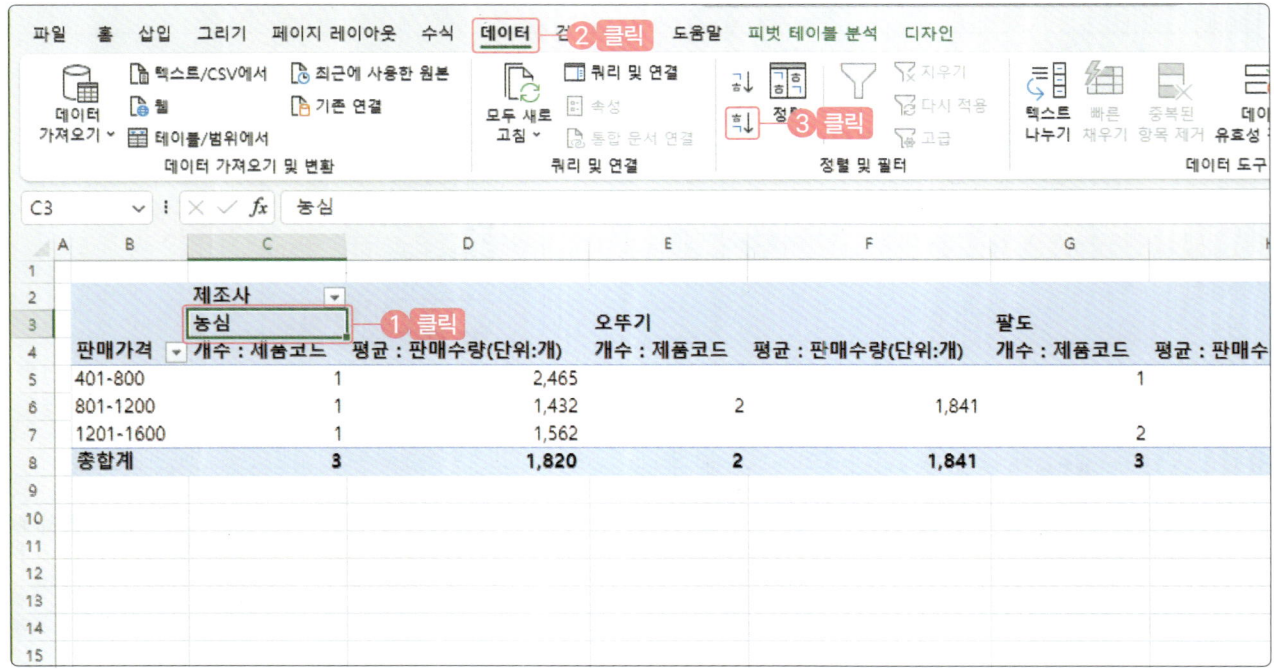

《출력형태》를 보면 제조사를 기준으로 내림차순 정렬(팔도, 오뚜기, 농심 순)된 것을 확인할 수 있습니다.

4 피벗 테이블 옵션을 지정하기 위해 (피벗 테이블 분석) 정황 탭-(피벗 테이블) 그룹에서 **(옵션)**을 클릭합니다.

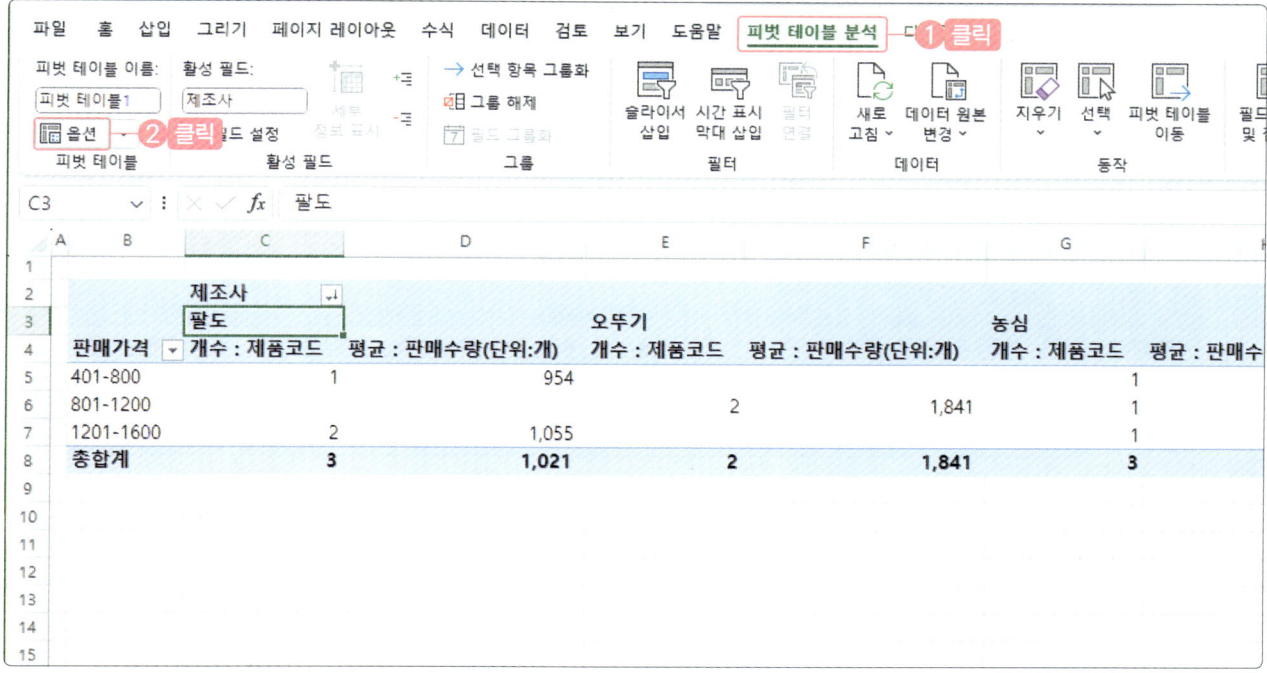

5 (피벗 테이블 옵션) 대화상자가 나타나면 (레이아웃 및 서식) 탭에서 **(레이블이 있는 셀 병합 및 가운데 맞춤)을 선택**한 후 **빈 셀 표시(**)를 입력**합니다. 그런 다음 (요약 및 필터) 탭을 클릭한 후 (행 총합계 표시)를 선택 해제한 다음 (확인) 단추를 클릭합니다.

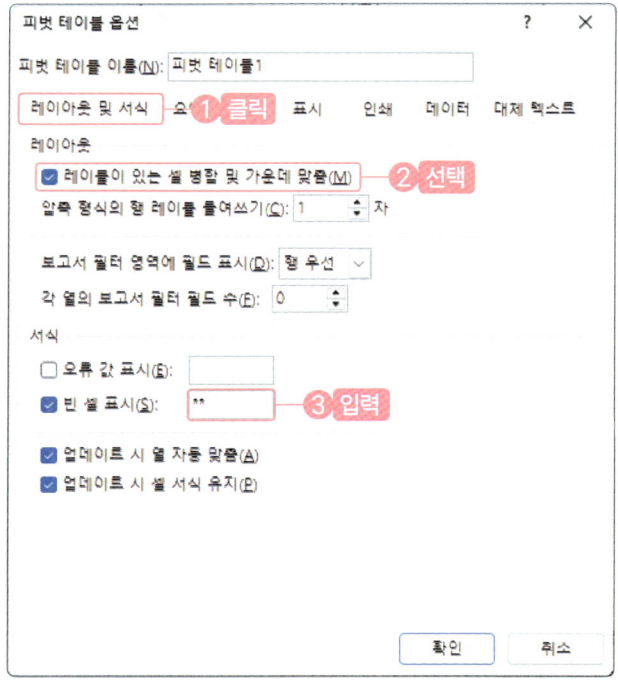 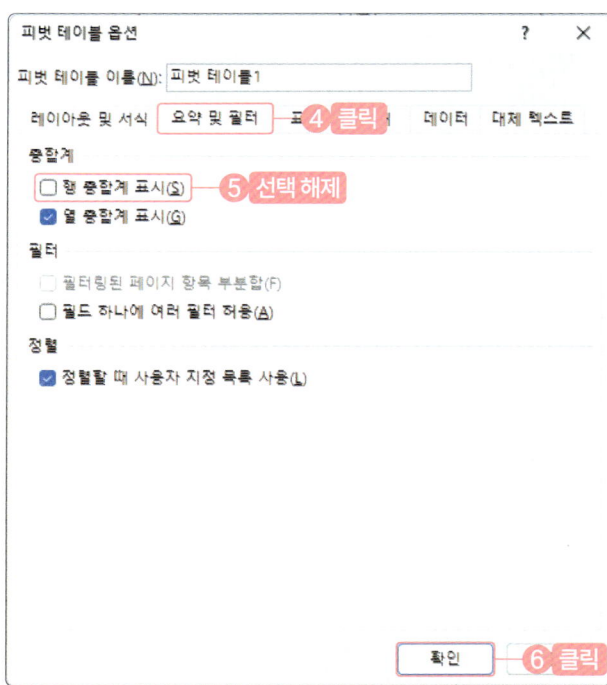

Chapter 07 · 피벗 테이블 **3-107**

6 피벗 테이블에 맞춤 서식과 표시 형식을 지정하기 위해 **C5:H8 셀을 드래그**한 후 [홈] 탭-[맞춤] 그룹에서 **(가운데 맞춤(≡))**을 클릭한 다음 [표시 형식] 그룹에서 **(쉼표 스타일(,))**을 클릭합니다.

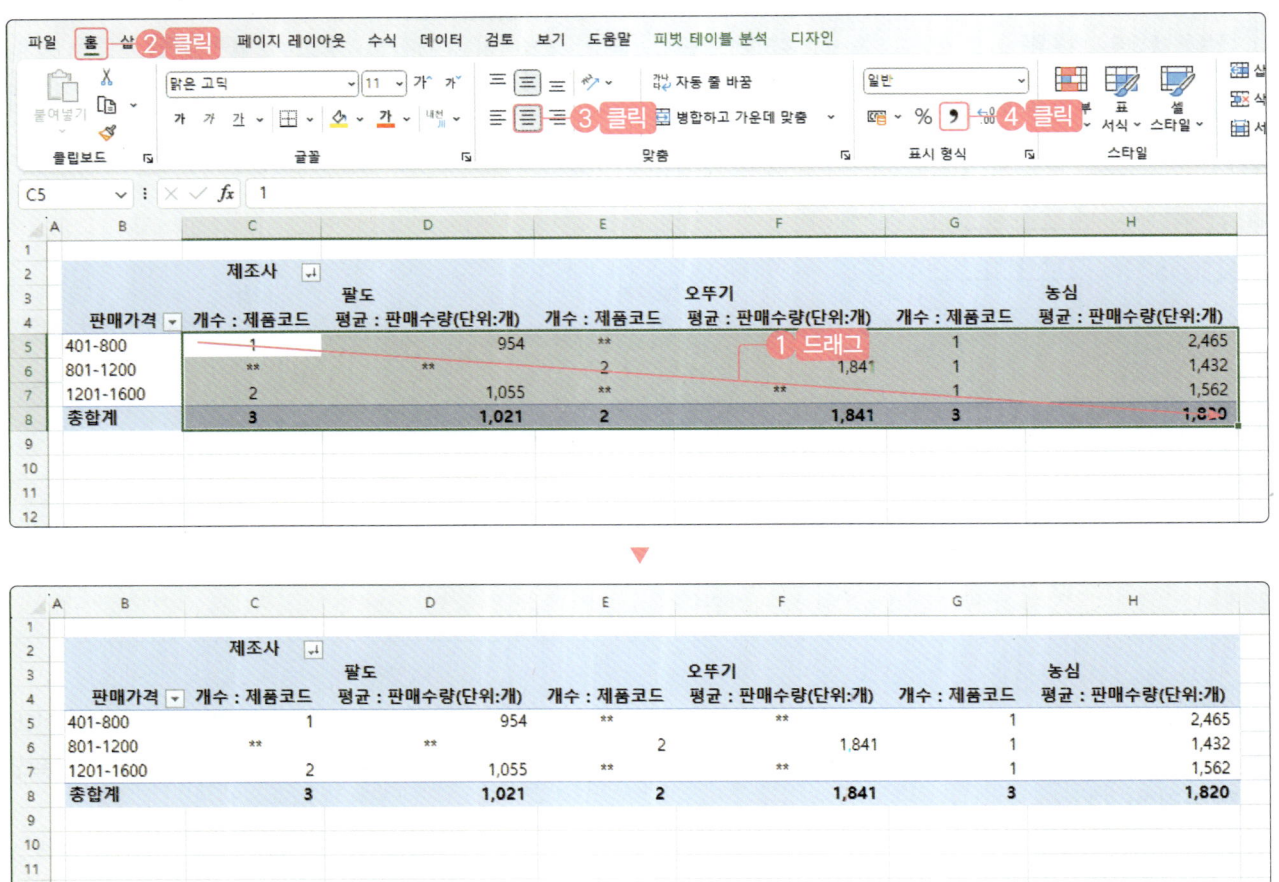

Chapter 07 피벗 테이블

유형 01

"**제1작업**" 시트를 이용하여 "**제3작업**" 시트에 조건에 따라 《출력형태》와 같이 작업하시오.

▶ 소스파일 : Chapter 07₩문제07-01.xlsx   ▶ 완성파일 : Chapter 07₩문제07-01_완성.xlsx

《조건》 (1) 공사시작일 및 지역별 주택명의 개수와 총공사비의 평균을 구하시오.
(2) 공사시작일을 그룹화하고, 지역을 《출력형태》와 같이 정렬하시오.
(3) 레이블이 있는 셀 병합 및 가운데 맞춤 적용 및 빈 셀은 '**'로 표시하시오.
(4) 행의 총합계는 지우고, 나머지 사항은 《출력형태》에 맞게 작성하시오.

《출력형태》

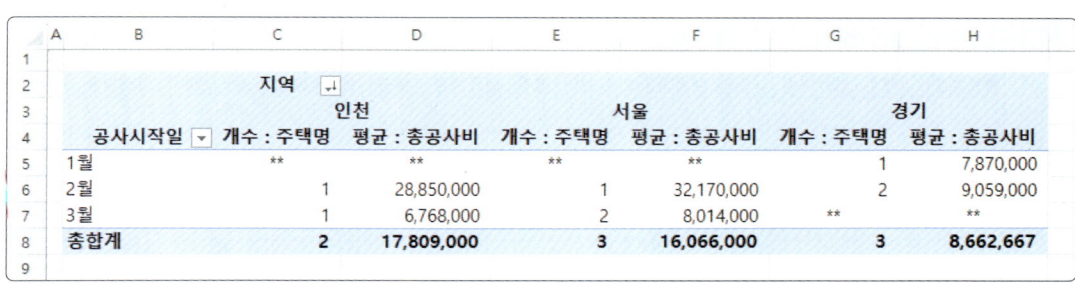

유형 02

"**제1작업**" 시트를 이용하여 "**제3작업**" 시트에 조건에 따라 《출력형태》와 같이 작업하시오.

▶ 소스파일 : Chapter 07₩문제07-02.xlsx   ▶ 완성파일 : Chapter 07₩문제07-02_완성.xlsx

《조건》 (1) 출발일자 및 직급별 부서명의 개수와 출장비(단위:원)의 평균을 구하시오.
(2) 출발일자를 그룹화하고, 직급을 《출력형태》와 같이 정렬하시오.
(3) 레이블이 있는 셀 병합 및 가운데 맞춤 적용 및 빈 셀은 '###'로 표시하시오.
(4) 행의 총합계는 지우고, 나머지 사항은 《출력형태》에 맞게 작성하시오.

《출력형태》

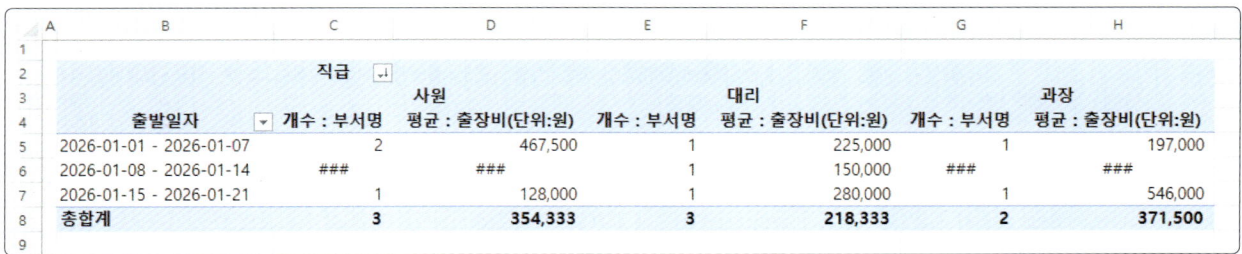

유형 03

"제1작업" 시트를 이용하여 "제3작업" 시트에 조건에 따라 《출력형태》와 같이 작업하시오.

▶ 소스파일 : Chapter 07₩문제07-03.xlsx　▶ 완성파일 : Chapter 07₩문제07-03_완성.xlsx

《조건》　(1) 렌트기간 및 제조사별 렌트차종의 개수와 렌트비용(단위:원)의 평균을 구하시오.
　　　　(2) 렌트기간을 그룹화하고, 제조사를 《출력형태》와 같이 정렬하시오.
　　　　(3) 레이블이 있는 셀 병합 및 가운데 맞춤 적용 및 빈 셀은 '**'로 표시하시오.
　　　　(4) 행의 총합계는 지우고, 나머지 사항은 《출력형태》에 맞게 작성하시오.

《출력형태》

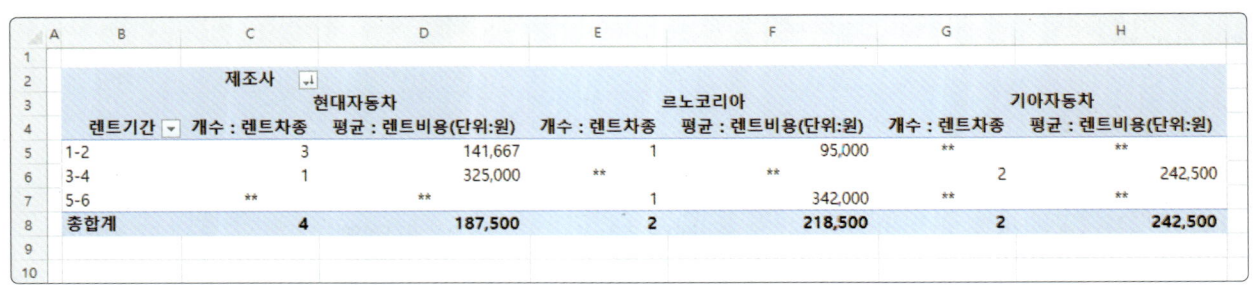

유형 04

"제1작업" 시트를 이용하여 "제3작업" 시트에 조건에 따라 《출력형태》와 같이 작업하시오.

▶ 소스파일 : Chapter 07₩문제07-04.xlsx　▶ 완성파일 : Chapter 07₩문제07-04_완성.xlsx

《조건》　(1) 활동시간 및 지원분야별 팀명의 개수와 활동비(단위:원)의 평균을 구하시오.
　　　　(2) 활동시간을 그룹화하고, 지원분야를 《출력형태》와 같이 정렬하시오.
　　　　(3) 레이블이 있는 셀 병합 및 가운데 맞춤 적용 및 빈 셀은 '***'로 표시하시오.
　　　　(4) 행의 총합계는 지우고, 나머지 사항은 《출력형태》에 맞게 작성하시오.

《출력형태》

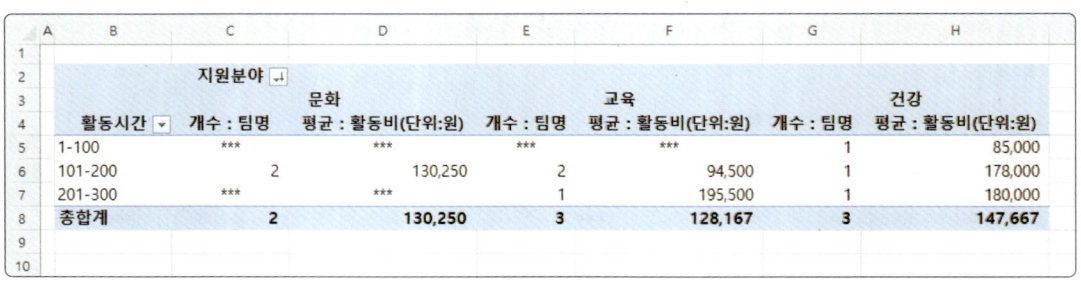

유형 05

"제1작업" 시트를 이용하여 **"제3작업"** 시트에 조건에 따라 《출력형태》와 같이 작업하시오.

▶ 소스파일 : Chapter 07₩문제07-05.xlsx   ▶ 완성파일 : Chapter 07₩문제07-05_완성.xlsx

《조건》 (1) 개최 횟수(단위:회) 및 대륙별 관리코드의 개수와 예상 관객수의 평균을 구하시오.
(2) 개최 횟수(단위:회)를 그룹화하고, 대륙을 《출력형태》와 같이 정렬하시오.
(3) 레이블이 있는 셀 병합 및 가운데 맞춤 적용 및 빈 셀은 '**'로 표시하시오.
(4) 행의 총합계는 지우고, 나머지 사항은 《출력형태》에 맞게 작성하시오.

《출력형태》

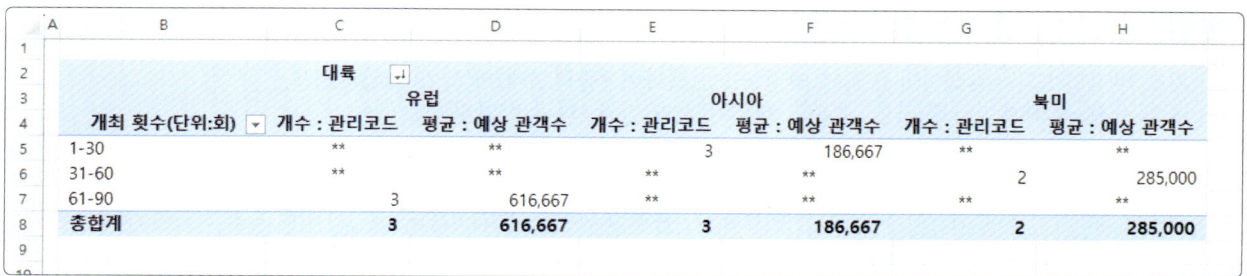

유형 06

"제1작업" 시트를 이용하여 **"제3작업"** 시트에 조건에 따라 《출력형태》와 같이 작업하시오.

▶ 소스파일 : Chapter 07₩문제07-06.xlsx   ▶ 완성파일 : Chapter 07₩문제07-06_완성.xlsx

《조건》 (1) 수강인원 및 구분별 강좌명의 개수와 수강료(단위:원)의 평균을 구하시오.
(2) 수강인원을 그룹화하고, 구분을 《출력형태》와 같이 정렬하시오.
(3) 레이블이 있는 셀 병합 및 가운데 맞춤 적용 및 빈 셀은 '**'로 표시하시오.
(4) 행의 총합계는 지우고, 나머지 사항은 《출력형태》에 맞게 작성하시오.

《출력형태》

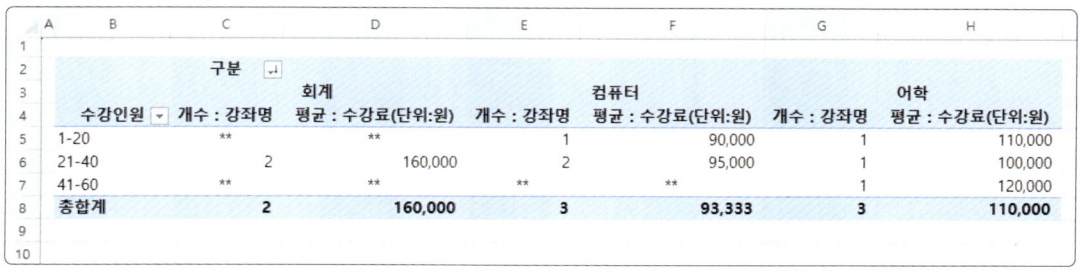

08 그래프

☑ 차트 삽입하기　　　　　　　☑ 차트영역 서식 지정하기
☑ 차트 제목 및 서식 지정하기　　☑ 차트에 도형 삽입하기

▶ 소스 파일 : Chapter 08₩Ch08.xlsx　　▶ 완성 파일 : Chapter 08₩Ch08_완성.xlsx

☞ "제1작업" 시트를 이용하여 조건에 따라《출력형태》와 같이 작업하시오.

조건

(1) 차트 종류 ⇒ 〈묶은 세로 막대형〉으로 작업하시오.
(2) 데이터 범위 ⇒ "제1작업" 시트의 내용을 이용하여 작업하시오.
(3) 위치 ⇒ "새 시트"로 이동하고, "제4작업"으로 시트 이름을 바꾸시오.
(4) 차트 디자인 도구 ⇒ 레이아웃 3, 스타일 1을 선택하여《출력형태》에 맞게 작업하시오.
(5) 영역 서식 ⇒ 차트 : 글꼴(굴림, 11pt), 채우기 효과(질감-파랑 박엽지)
　　　　　　　　그림 : 채우기(흰색, 배경1)
(6) 제목 서식 ⇒ 차트 제목 : 글꼴(굴림, 굵게, 20pt), 채우기(흰색, 배경1), 테두리
(7) 서식 ⇒ 판매수량(단위:개) 계열의 차트 종류를 〈표식이 있는 꺾은선형〉으로 변경한 후 보조 축으로 지정하시오.
　　　계열 :《출력형태》를 참조하여 표식(세모, 크기 10)과 레이블 값을 표시하시오.
　　　눈금선 : 선 스타일-파선
　　　축 :《출력형태》를 참조하시오.
(8) 범례 ⇒ 범례명을 변경하고《출력형태》를 참조하시오.
(9) 도형 ⇒ '말풍선: 모서리가 둥근 사각형'을 삽입한 후《출력형태》와 같이 내용을 입력하시오.
(10) 나머지 사항은《출력형태》에 맞게 작성하시오.

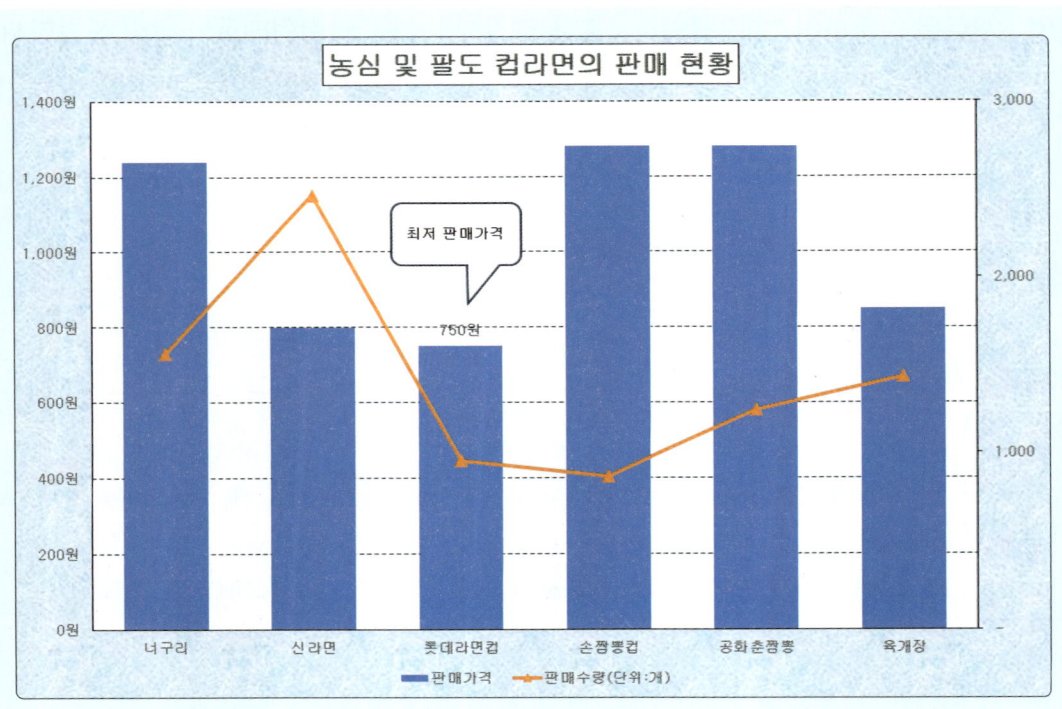

> **체크! 체크!**
>
> **(그래프)**
>
> ■ **차트 종류**
> - 차트 종류는 '묶은 세로 막대형'으로 출제되며, 특정 계열을 '표식이 있는 꺾은선형'으로 변경하여 보조 축으로 지정합니다.
>
> ■ **눈금선 및 축 변경**
> - 눈금선의 선 스타일(파선)을 지정하고 보조 세로 축의 '주 단위' 값을 변경합니다.
>
> ■ **범례**
> - 범례는 아래쪽에 고정되어 출제되고, 범례명(계열 이름)을 변경합니다.
>
> ■ **도형**
> - 차트를 선택한 후 도형을 삽입하고, 글꼴 및 글꼴 크기, 채우기 색, 글꼴 색, 맞춤 등을 지정합니다.

STEP 01 차트 삽입하기

《조건》　(1) 차트 종류 ⇒ 〈묶은 세로 막대형〉으로 작업하시오.
　　　　(2) 데이터 범위 ⇒ "제1작업" 시트의 내용을 이용하여 작업하시오.
　　　　(3) 위치 ⇒ "새 시트"로 이동하고, "제4작업"으로 시트 이름을 바꾸시오.
　　　　(4) 차트 디자인 도구 ⇒ 레이아웃 3, 스타일 1을 선택하여 《출력형태》에 맞게 작업하시오.

1 차트를 삽입하기 위해 시트 탭에서 **(제1작업) 시트를 클릭**한 후 **C4:C7, C10:C12, F4:F7, F10:F12, H4:H7, H10:H12 셀을 드래그하여 선택**한 다음 **(삽입) 탭-(차트) 그룹**에서 **(추천 차트())를 클릭**합니다.

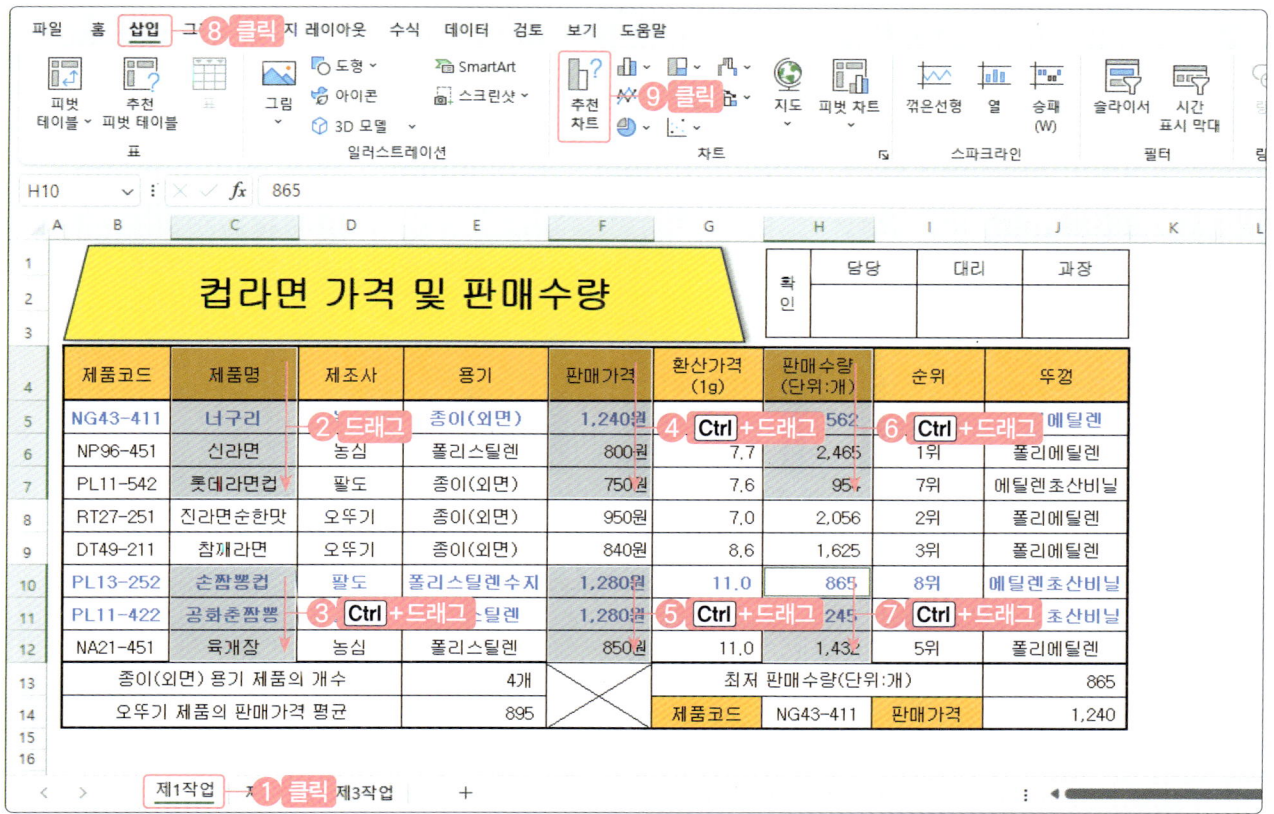

2. 〔차트 삽입〕 대화상자가 나타나면 [모든 차트] 탭을 클릭한 후 [혼합(📊)] 탭을 클릭한 다음 [사용자 지정 조합(📊)]을 클릭합니다. 그런 다음 **판매가격과 판매수량(단위:개) 계열의 차트 종류와 보조 축을 다음과 같이 지정**한 후 [확인] 단추를 클릭합니다.

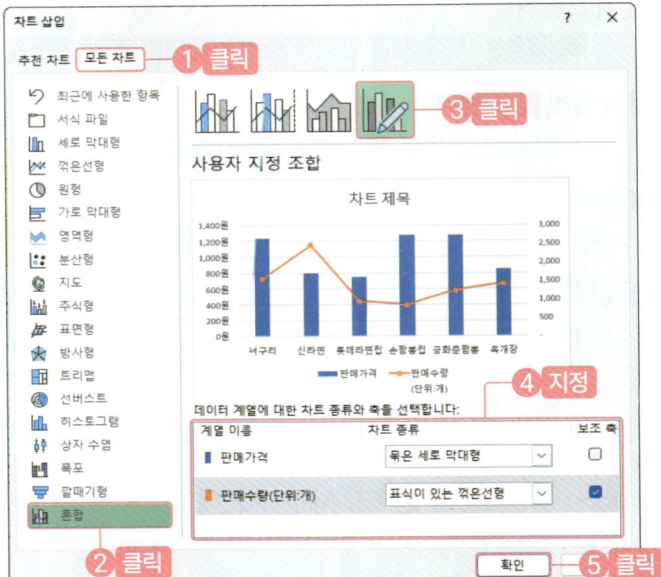

> [혼합(📊)] 탭-[사용자 지정 조합(📊)]을 이용하여 차트를 작성하면 각 계열의 차트 모양과 보조축을 미리 지정할 수 있습니다.

3. 차트가 삽입되면 [차트 디자인] 정황 탭-[위치] 그룹에서 **[차트 이동(📊)]을 클릭**합니다.

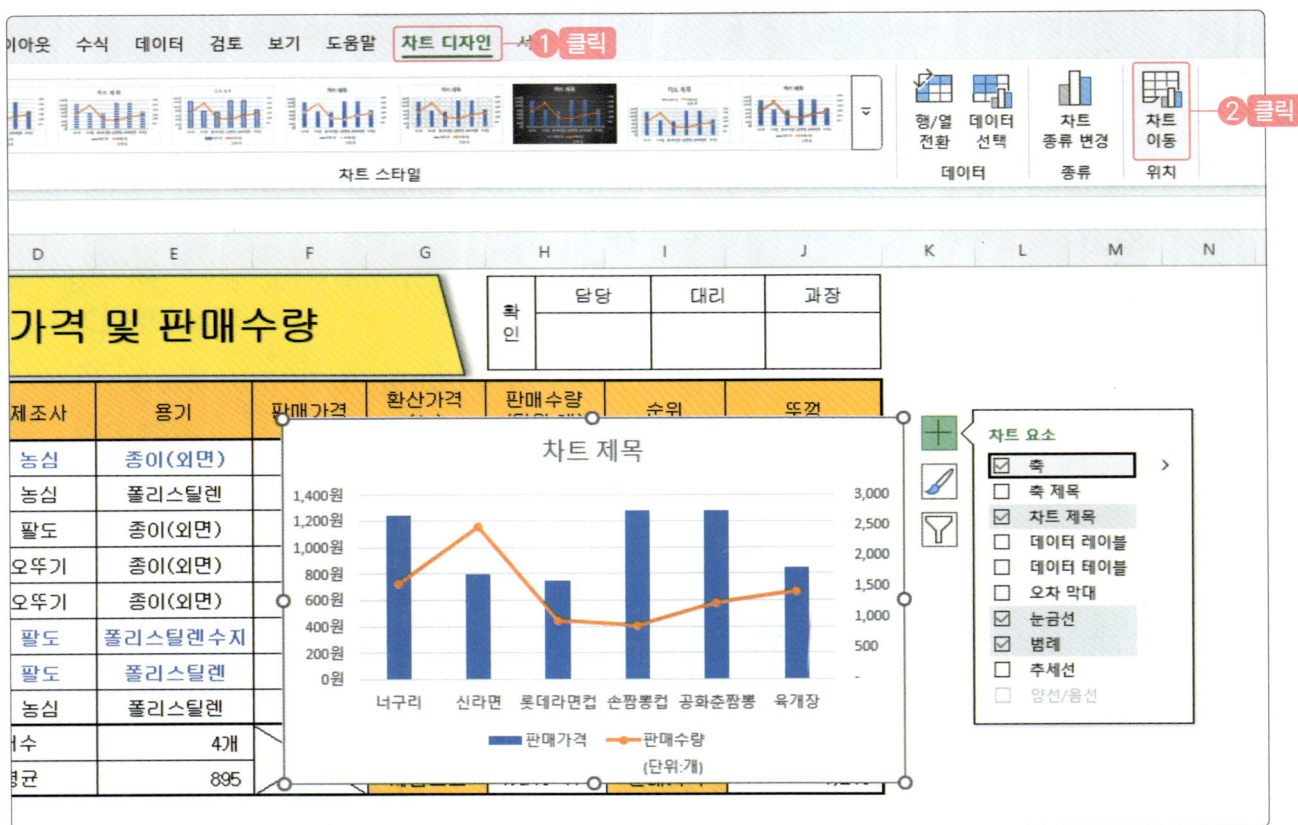

> 차트로 마우스 포인터를 가져가서 마우스 포인터가 📊 모양으로 변경되었을 때 클릭하면 차트를 선택할 수 있습니다.

4 (차트 이동) 대화상자가 나타나면 (새 시트)를 클릭한 후 새 시트의 이름(제4작업)을 입력한 다음 (확인) 단추를 클릭합니다.

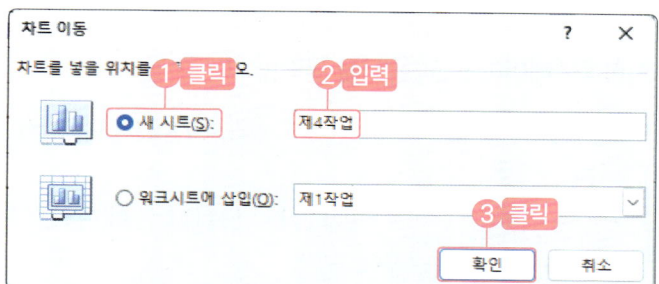

(새 시트)를 선택하면 워크시트가 아닌 차트시트가 삽입됩니다.

5 차트가 새 시트((제4작업) 시트)로 이동되면 다음과 같이 시트 탭에서 (제4작업) 시트를 드래그하여 (제3작업) 시트 뒤로 이동합니다.

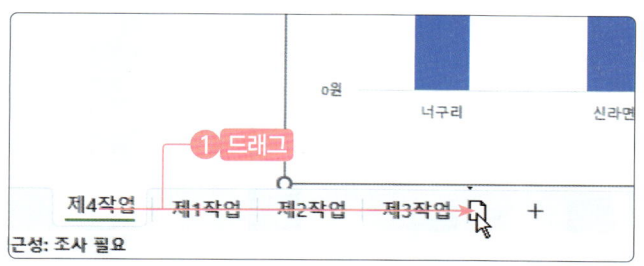 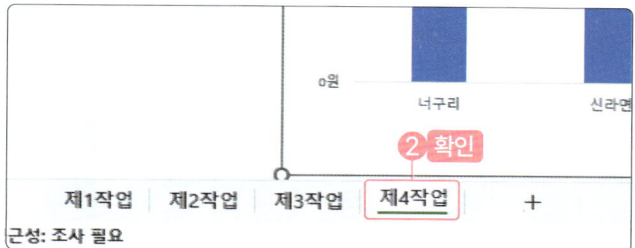

(홈) 탭-(셀) 그룹에서 (서식)을 클릭한 후 (시트 이동/복사)를 클릭하여 (제4작업) 시트를 (제3작업) 시트 뒤로 이동할 수도 있습니다.

한가지 더!

차트의 구성

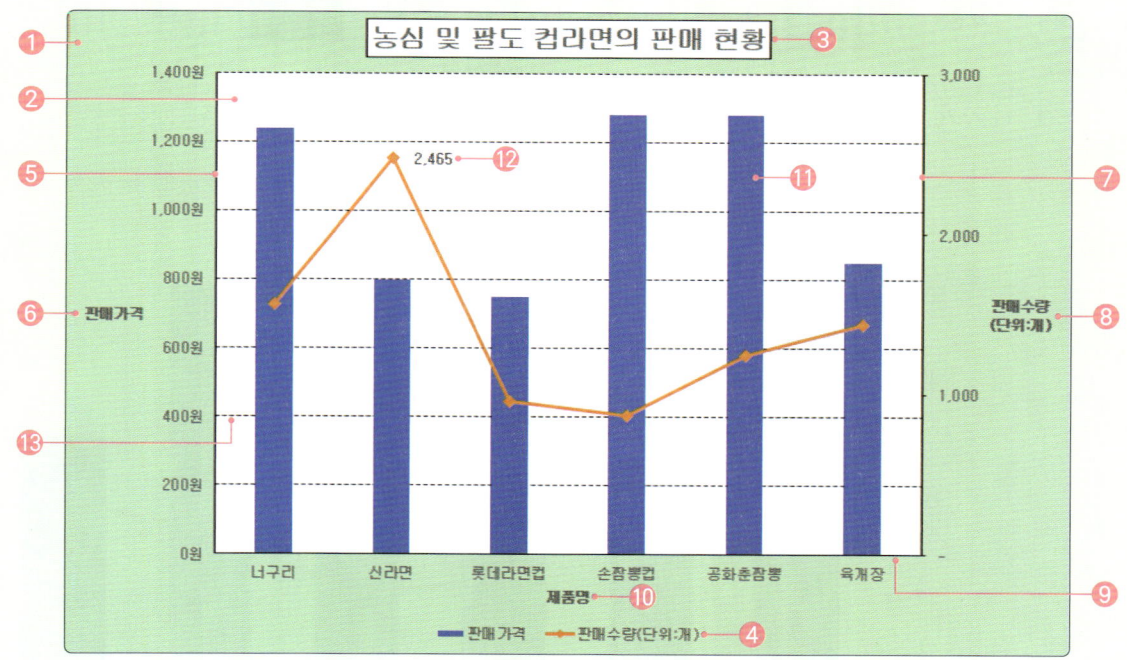

① 차트 영역 ② 그림 영역 ③ 차트 제목 ④ 범례 ⑤ 세로 축
⑥ 세로 축 제목 ⑦ 보조 세로 축 ⑧ 보조 세로 축 제목 ⑨ 가로 축 ⑩ 가로 축 제목
⑪ 데이터 계열 ⑫ 데이터 레이블 ⑬ 세로 축 주 눈금선

6 차트 레이아웃을 지정하기 위해 **차트를 클릭**한 후 (차트 디자인) 정황 탭-(차트 레이아웃) 그룹에서 **(빠른 레이아웃)**을 클릭한 후 **(레이아웃 3( ))**을 클릭합니다.

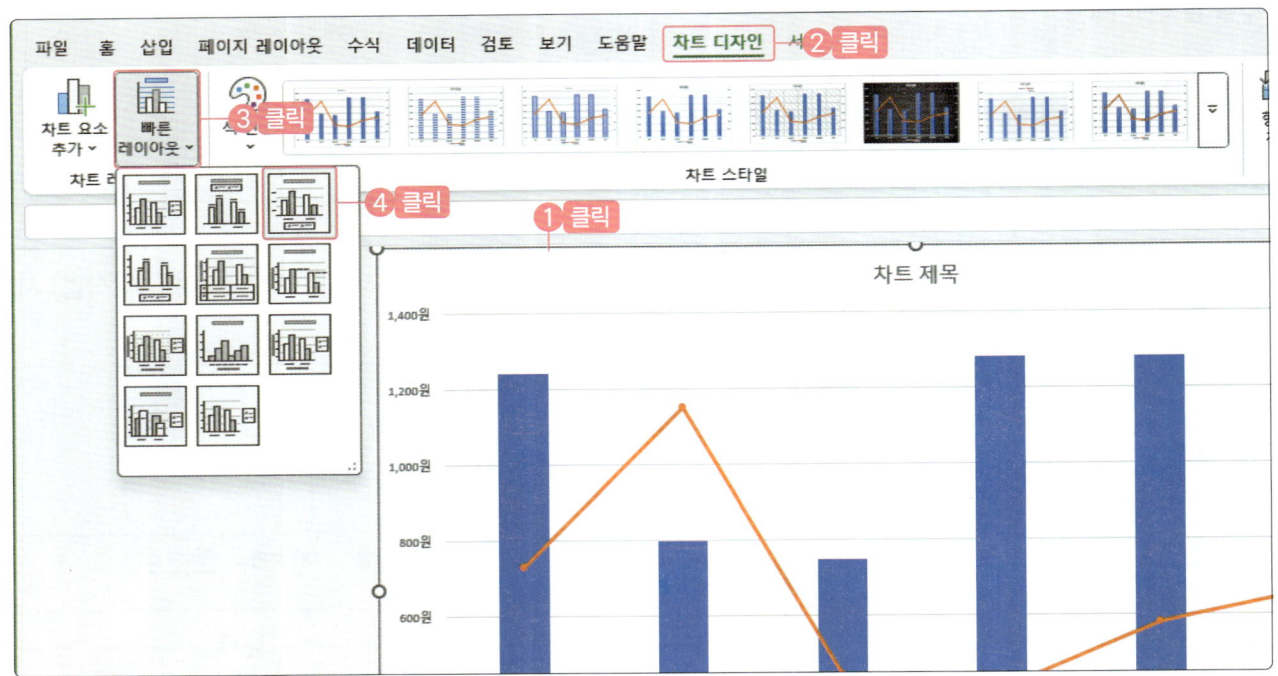

7 차트 스타일을 지정하기 위해 (차트 디자인) 정황 탭-(차트 스타일) 그룹에서 **(스타일 1( ))**을 클릭합니다.

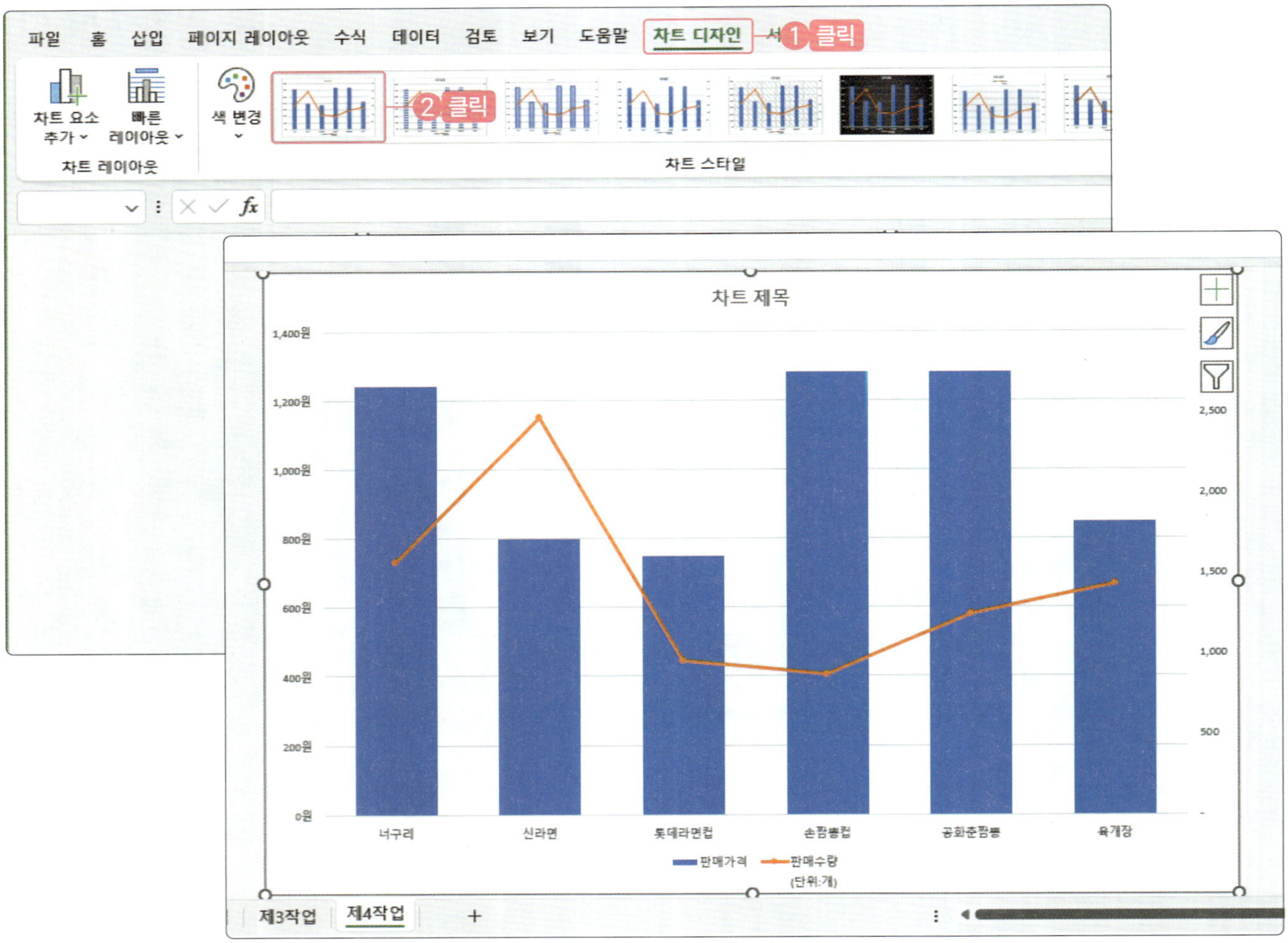

STEP 02 차트 영역 서식 지정하기

《조건》 (5) 영역 서식 ⇒ 차트 : 글꼴(굴림, 11pt), 채우기 효과(질감-파랑 박엽지)
그림 : 채우기(흰색, 배경1)

1. 차트 영역에 글꼴 서식을 지정하기 위해 **차트 영역을 클릭**한 후 [홈] 탭-[글꼴] 그룹에서 **글꼴(굴림)과 글꼴 크기(11)를 선택**합니다.

> 차트 제목에 글꼴 서식을 지정한 후 차트 영역에 글꼴 서식을 지정하면 차트 제목에 지정한 글꼴 서식이 차트 영역에 지정한 글꼴 서식으로 다시 지정되므로 먼저 차트 영역에 글꼴 서식을 지정한 후 차트 제목에 글꼴 서식을 지정합니다.

한가지 더!

차트 요소 선택하기

- **방법1** : 차트 요소(차트 영역, 그림 영역, 차트 제목 등)로 마우스 포인터를 가져가서 마우스 포인터가 모양이나 모양으로 변경되었을 때 클릭합니다.
- **방법2** : 차트를 선택한 후 [서식] 정황 탭-[현재 선택 영역] 그룹에서 [차트 요소]의 [목록( )] 단추를 클릭한 다음 차트 요소를 클릭합니다. 이 방법을 사용하면 지시사항에 명시되어 있는 차트 요소가 어떤 차트 요소인지 모르거나 한 번에 선택하기 힘든 차트 요소를 쉽고 빠르게 선택할 수 있습니다.

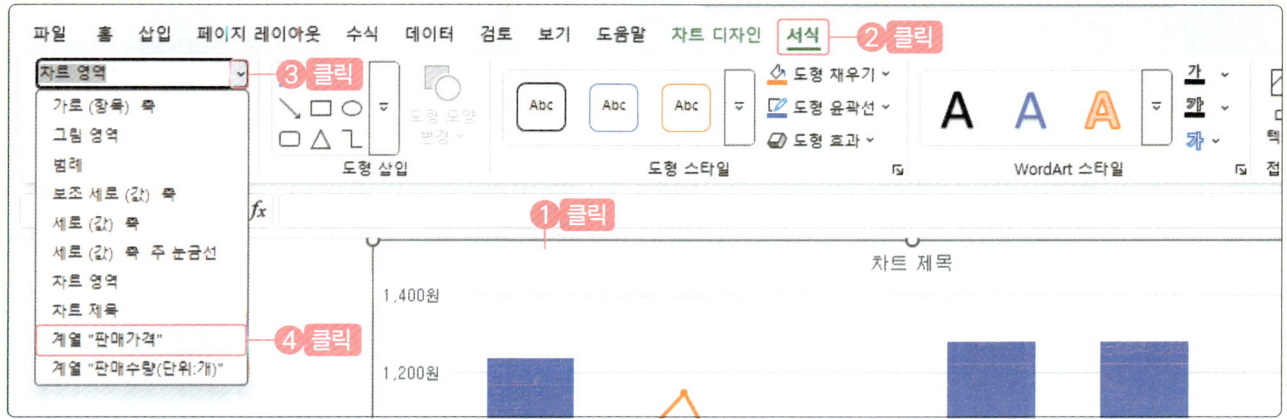

Chapter 08 · 그래프 **3-117**

2 차트 영역 서식을 지정하기 위해 (서식) 정황 탭-(현재 선택 영역) 그룹에서 **(선택 영역 서식)을 클릭**합니다.

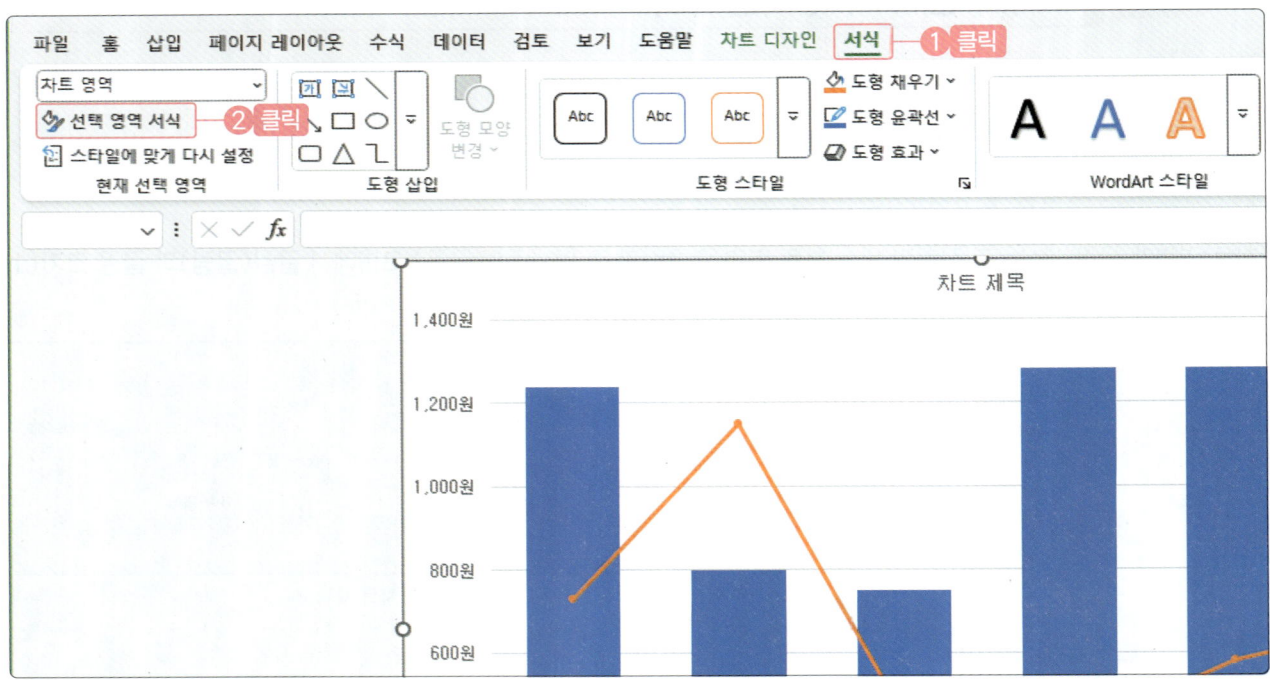

3 (차트 영역 서식) 작업 창이 나타나면 (차트 옵션)-(채우기 및 선(◇))-(채우기)에서 **(그림 또는 질감 채우기)를 클릭**한 후 **질감(파랑 박엽지)을 클릭**합니다.

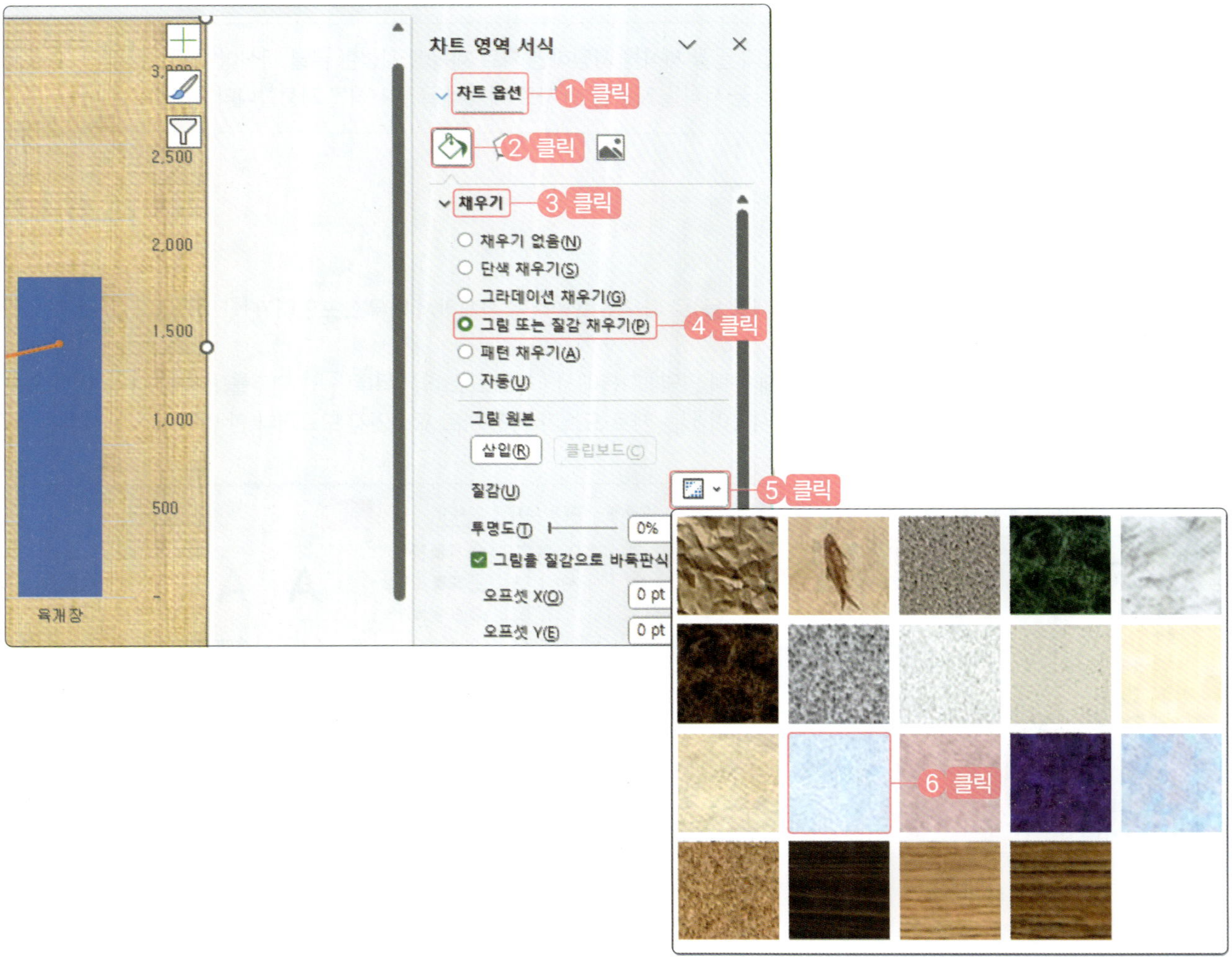

4 그림 영역 서식을 지정하기 위해 **그림 영역을 클릭**한 후 [그림 영역 서식] 작업 창의 [그림 영역 옵션]-[채우기 및 선(🎨)]-[채우기]에서 **[단색 채우기]를 클릭**한 다음 **색(흰색, 배경 1)을 클릭**합니다.

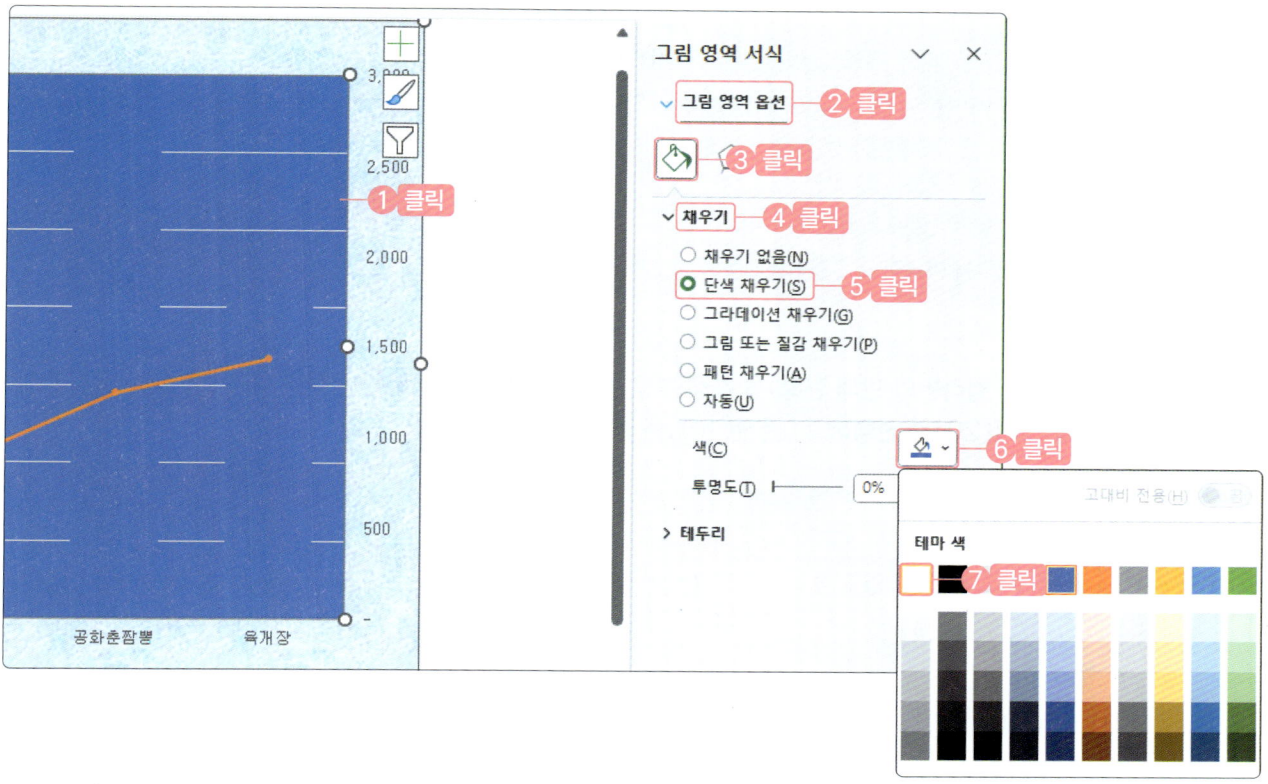

> 그림 영역을 선택하면 [차트 영역 서식] 작업 창이 [그림 영역 서식] 작업 창으로 변경됩니다.

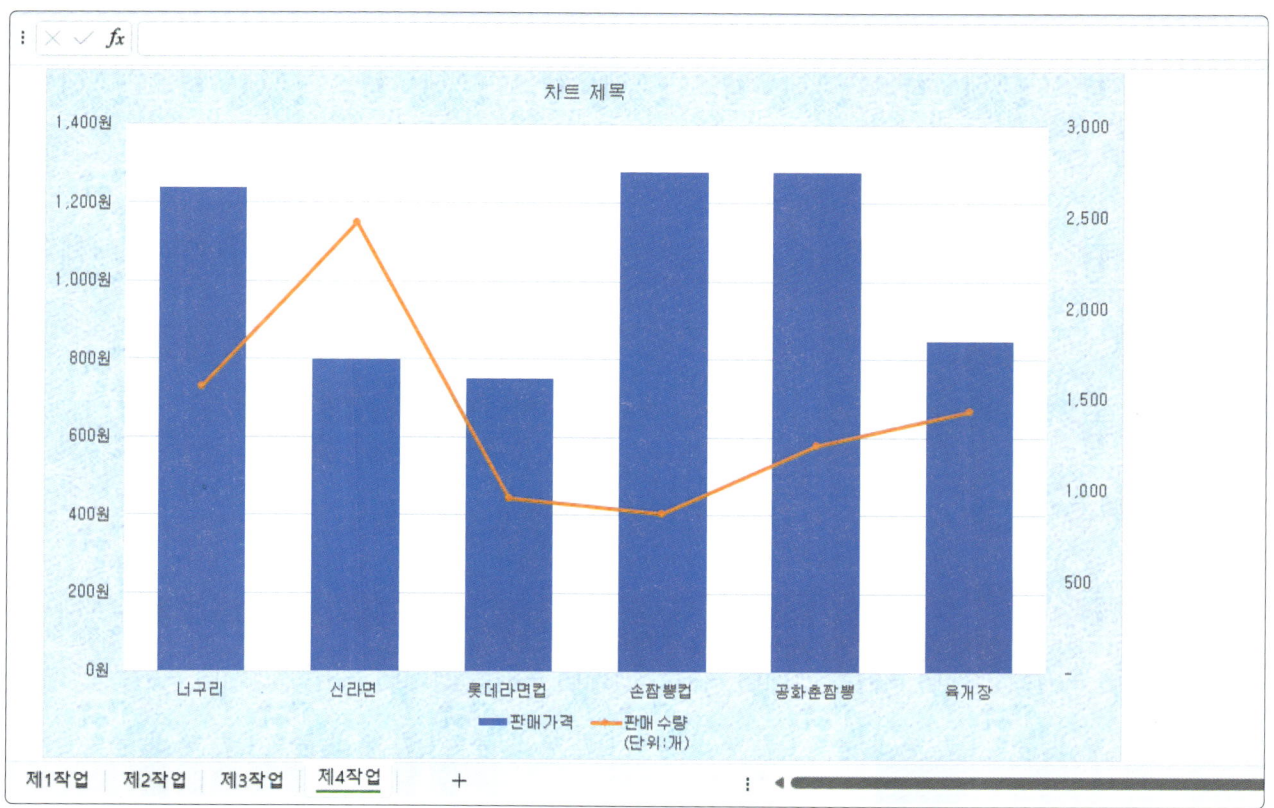

STEP 03 차트 제목 및 서식 지정하기

《조건》 (6) 제목 서식 ⇒ 차트 제목 : 글꼴(굴림, 굵게, 20pt), 채우기(흰색, 배경1), 테두리
(7) 서식 ⇒ 판매수량(단위:개) 계열의 차트 종류를 〈표식이 있는 꺾은선형〉으로 변경한 후 보조 축으로 지정하시오.
계열 : 《출력형태》를 참조하여 표식(세모, 크기 10)과 레이블 값을 표시하시오.
눈금선 : 선 스타일-파선
축 : 《출력형태》를 참조하시오.
(8) 범례 ⇒ 범례명을 변경하고 《출력형태》를 참조하시오.

1 차트 제목(농심 및 팔도 컵라면의 판매 현황)을 수정한 후 Esc를 눌러 **차트 제목을 선택**한 다음 [홈] 탭-[글꼴] 그룹에서 **글꼴(굴림)과 글꼴 크기(20)를 선택**하고 [굵게(가)]를 클릭합니다.

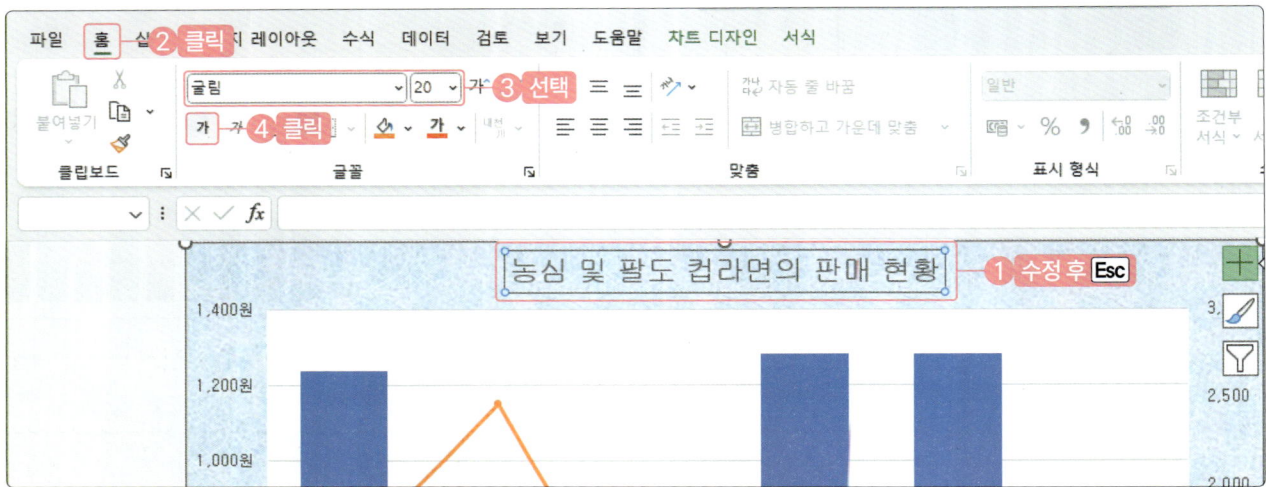

> 차트 제목을 클릭한 후 마우스 포인터를 차트 제목으로 가져가서 마우스 포인터가 Ⅰ 모양으로 변경되었을 때 클릭하면 차트 제목을 수정할 수 있습니다.

2 차트 제목에 채우기 색을 지정하기 위해 [서식] 정황 탭-[도형 스타일] 그룹에서 **[도형 채우기]의 [목록(˅)] 단추를 클릭**한 후 **[흰색, 배경 1]을 클릭**합니다.

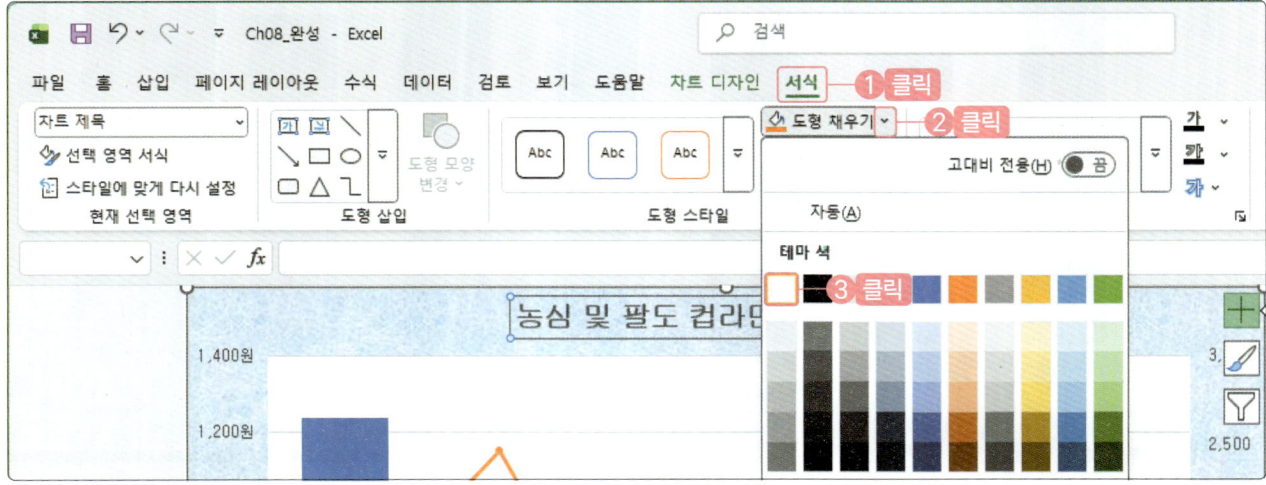

3 차트 제목에 윤곽선 색을 지정하기 위해 [서식] 정황 탭-[도형 스타일] 그룹에서 **[도형 윤곽선]**의 **[목록(˅)] 단추를 클릭**한 후 **[검정, 텍스트 1]을 클릭**합니다.

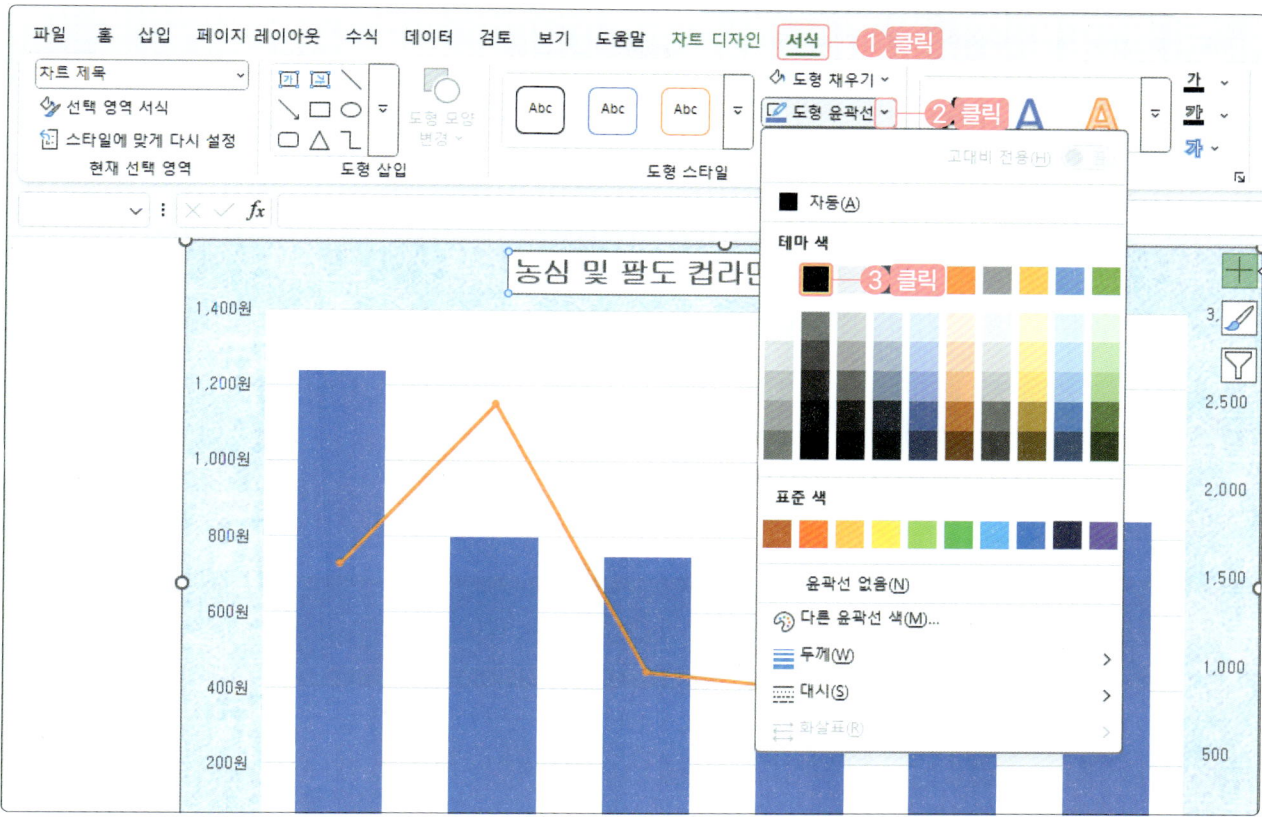

4 표식 옵션을 지정하기 위해 **'판매수량(단위:개)' 데이터 계열을 클릭**한 후 [데이터 계열 서식] 작업 창의 [계열 옵션]-[채우기 및 선(◇)]-[표식]-[표식 옵션]에서 **[기본 제공]을 클릭**한 다음 **형식(▲)을 선택**하고 **크기(10)를 입력**합니다.

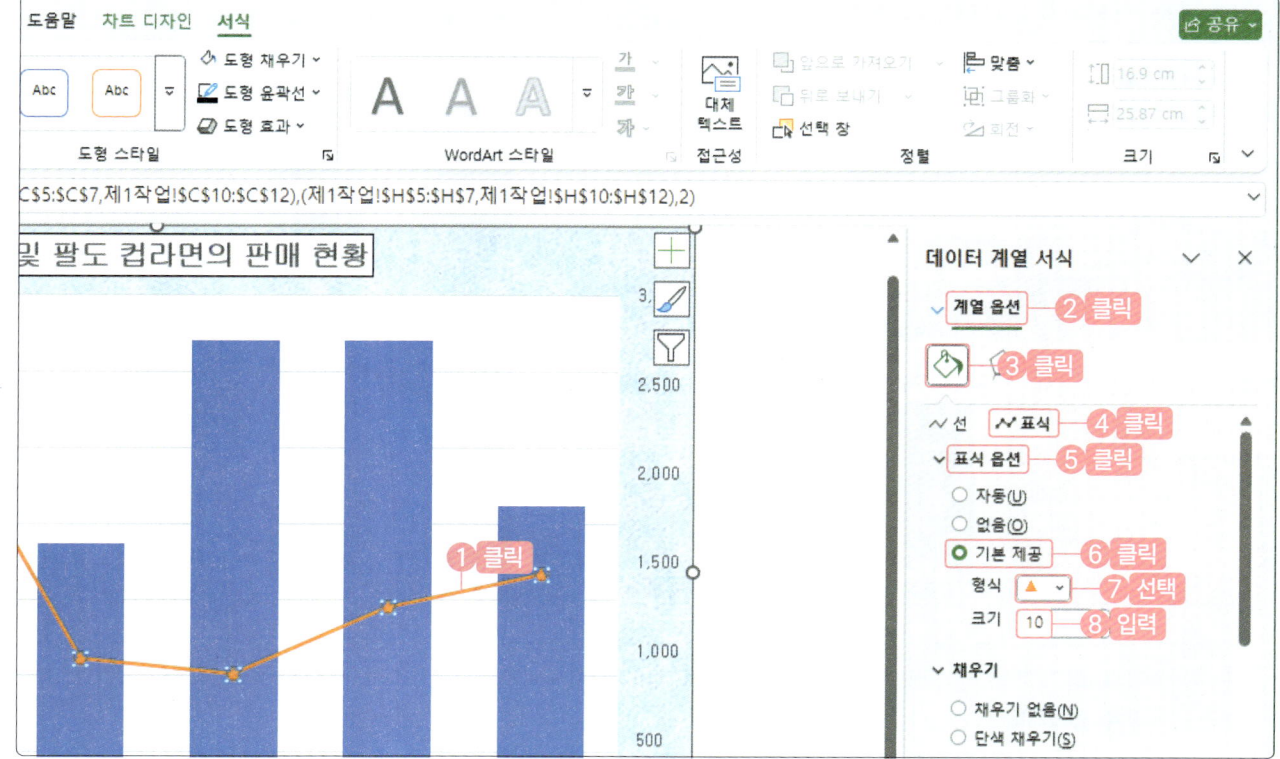

5 데이터 레이블을 표시하기 위해 '판매가격' 데이터 계열의 '롯데라면컵' 데이터 요소만 선택한 후 (차트 디자인) 정황 탭-(차트 레이아웃) 그룹에서 **(차트 요소 추가)**를 클릭한 다음 (데이터 레이블)-**(바깥쪽 끝에)**를 클릭합니다.

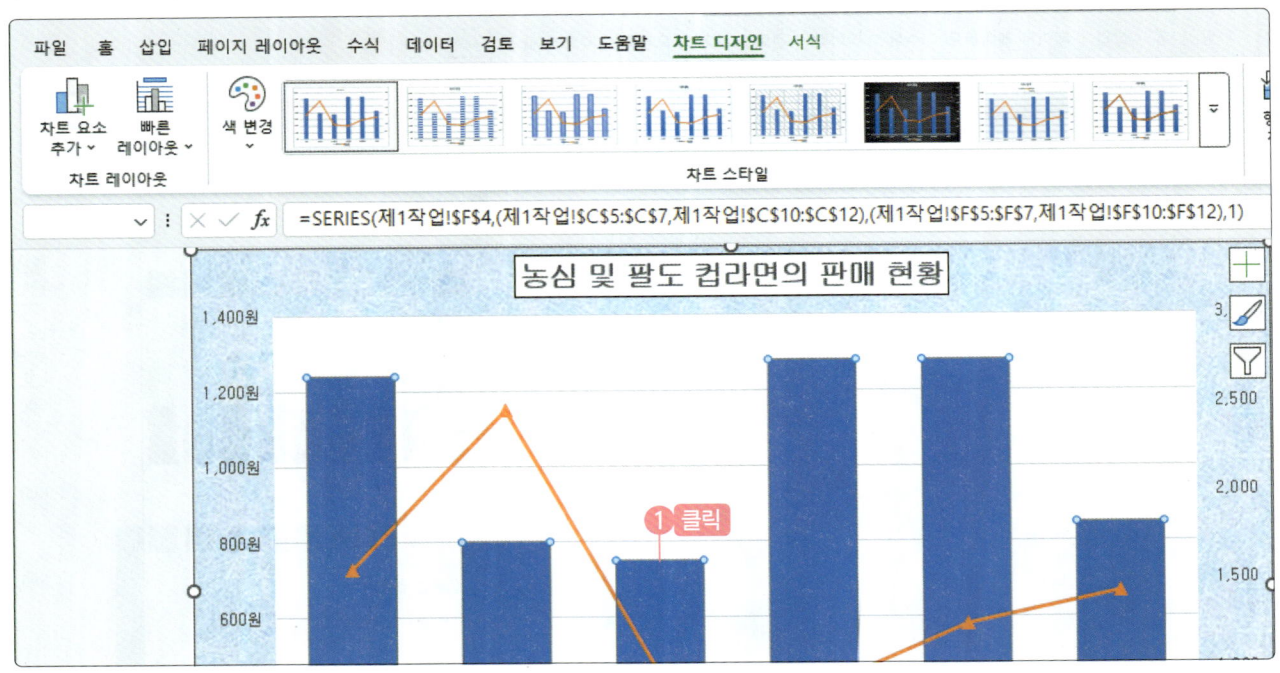

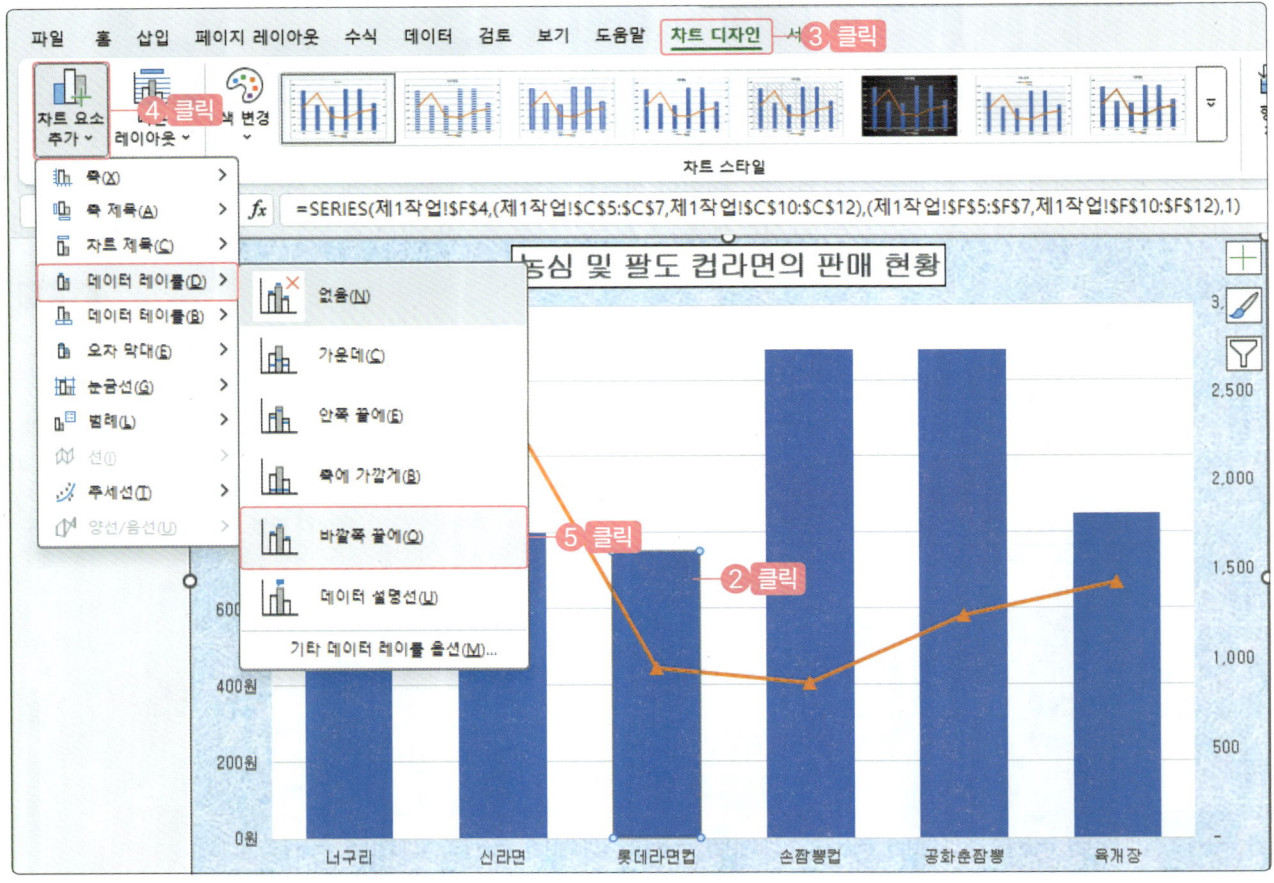

'판매가격' 데이터 계열의 '롯데라면컵' 데이터 요소를 클릭한 후 다시 클릭하면 '판매가격' 데이터 계열의 '롯데라면컵' 데이터 요소만 선택할 수 있습니다.

6 세로 축 주 눈금선에 선 스타일을 지정하기 위해 **세로 축 주 눈금선을 클릭**한 후 [주 눈금선 서식] 작업 창의 [주 눈금선 옵션]-[채우기 및 선([🎨])]-[선]에서 **[실선]을 클릭**한 다음 **색(검정, 텍스트 1)을 선택**하고 **대시 종류([파선(— — —)])를 클릭**합니다.

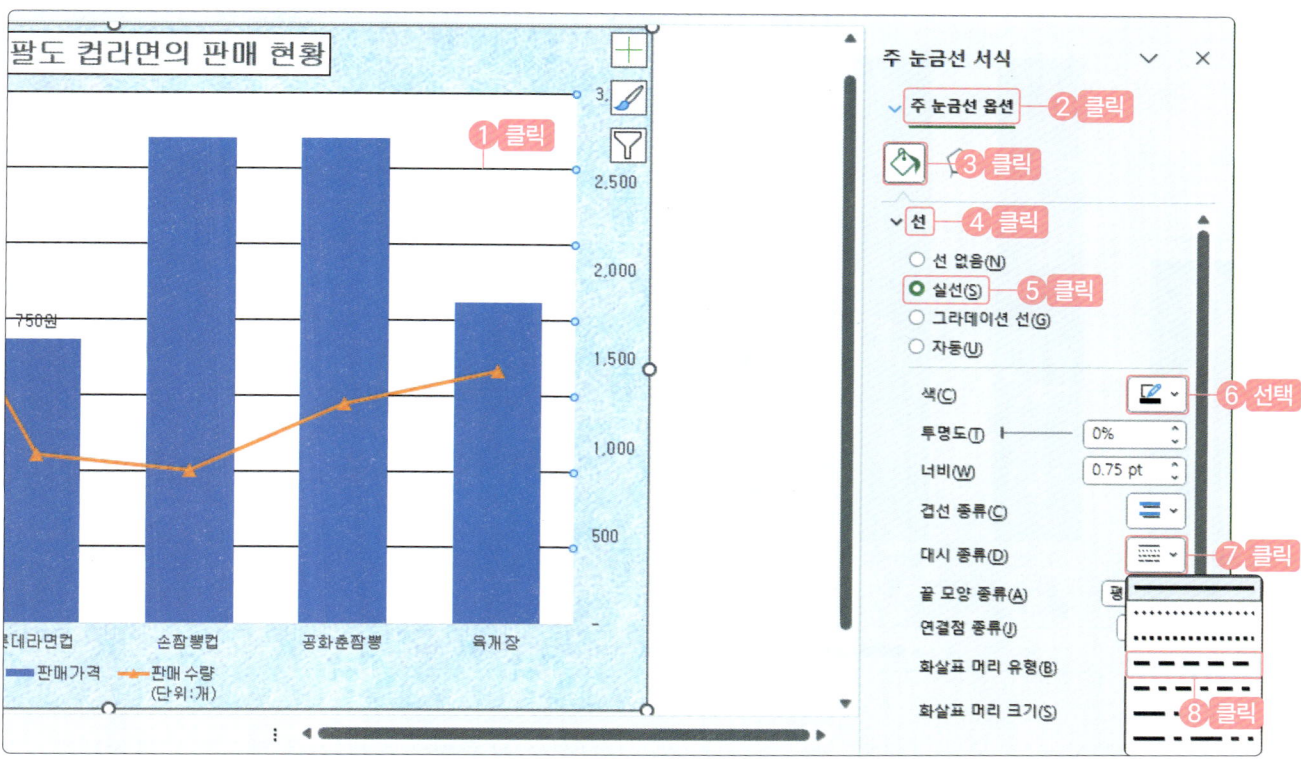

7 보조 세로 축 서식을 지정하기 위해 **보조 세로 축을 선택**한 후 [축 서식] 작업 창의 [축 옵션]-[축 옵션([📊])]-[축 옵션]에서 **기본 단위(1000)를 입력**합니다

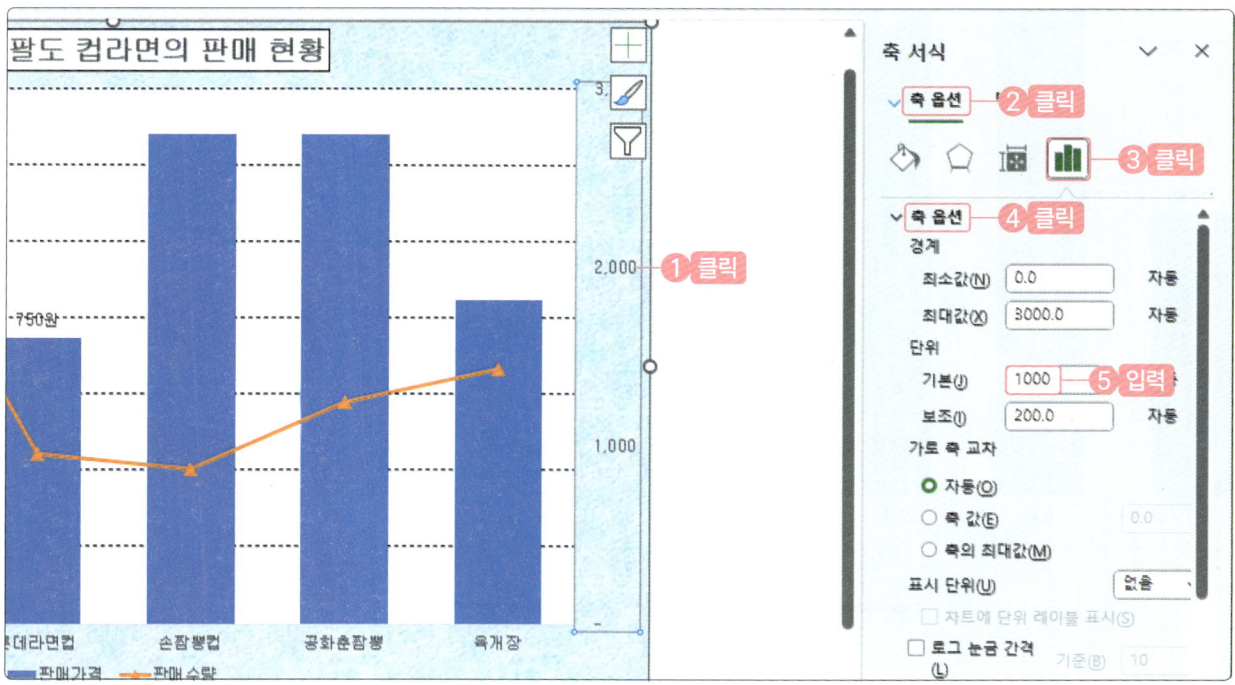

> 보조 세로 축을 선택하면 [주 눈금선 서식] 작업 창이 [축 서식] 작업 창으로 변경됩니다.

8 [축 서식] 작업 창의 [축 옵션]-[축 옵션(📊)]-[눈금]에서 **주 눈금(바깥쪽)을 선택**합니다.

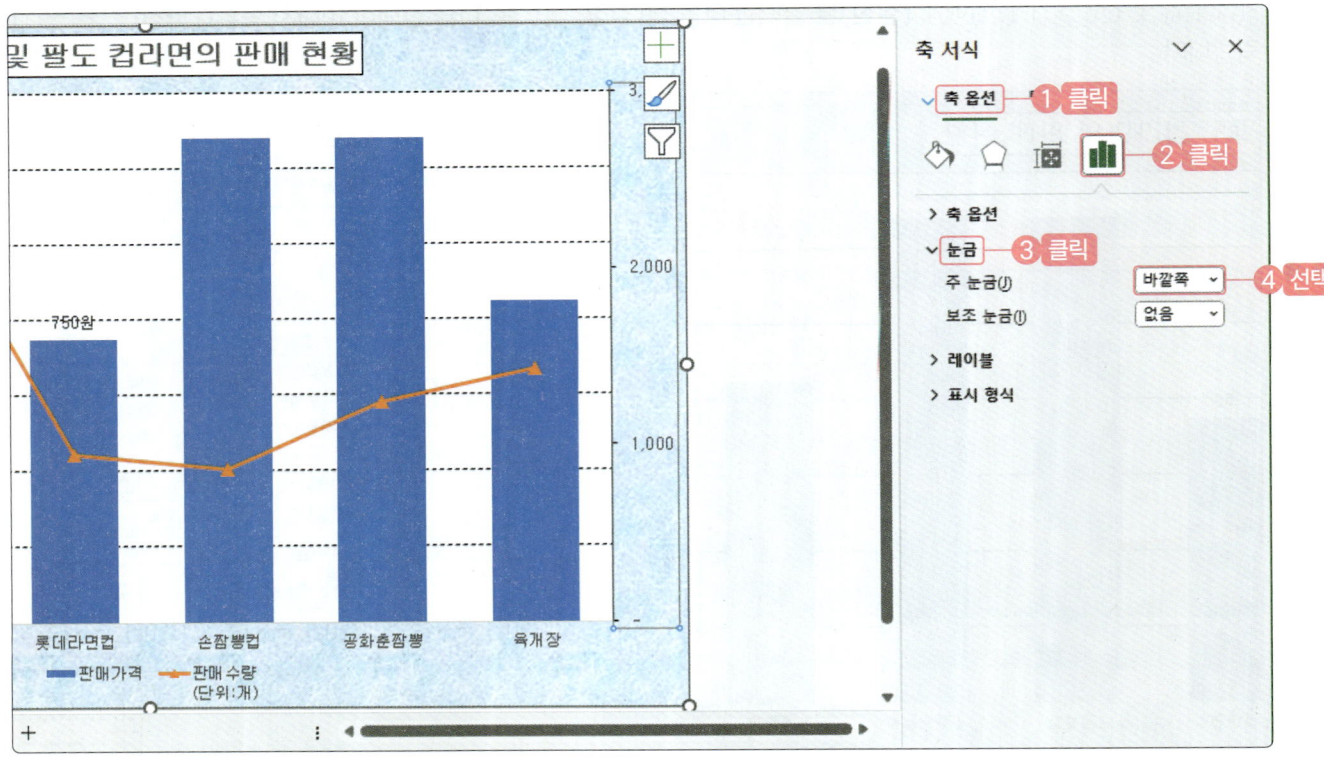

9 [축 서식] 작업 창의 [축 옵션]-[채우기 및 선(🎨)]-[선]에서 **(실선)을 클릭**한 후 **색(검정, 텍스트 1)을 선택**합니다.

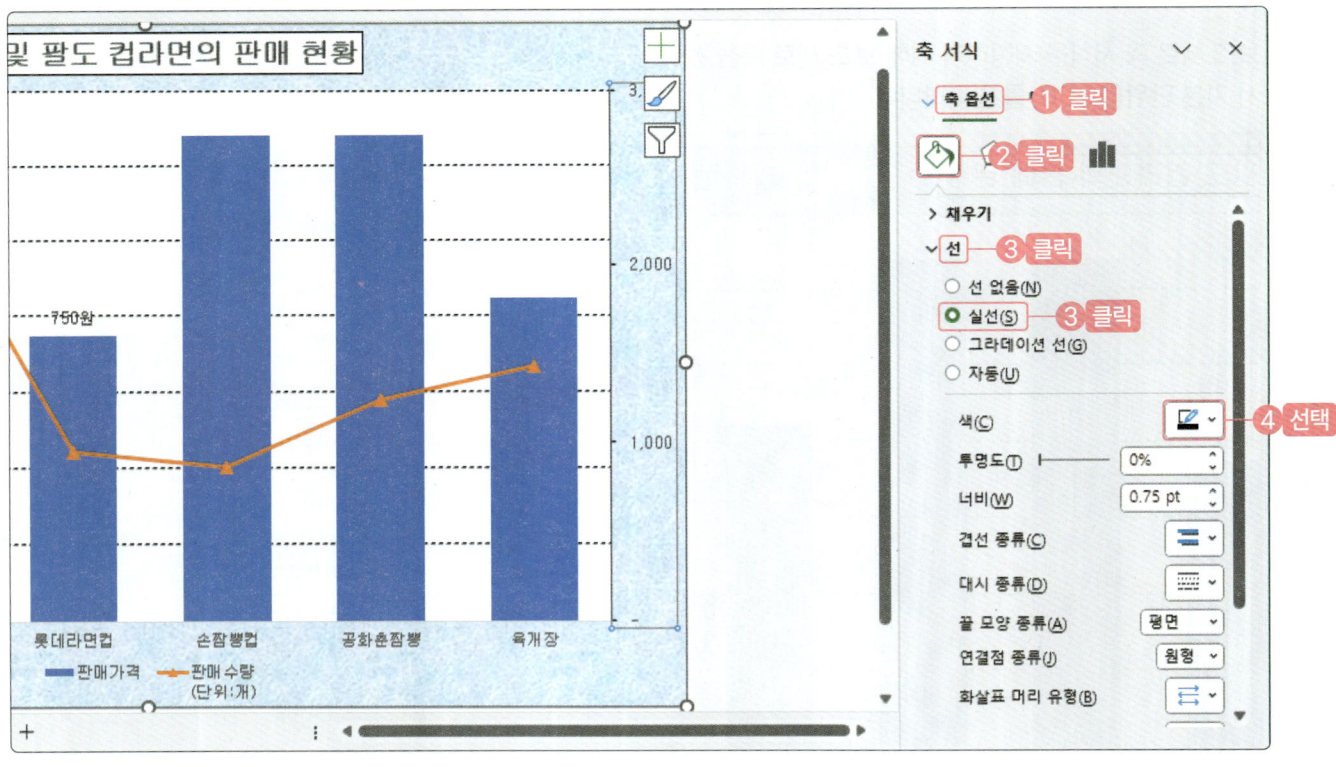

10 세로 축 서식을 지정하기 위해 **세로 축을 선택**한 후 [축 서식] 작업 창의 [축 옵션]-[채우기 및 선()]-[선]에서 **(실선)**을 클릭한 다음 **색(검정, 텍스트 1)을 선택**합니다.

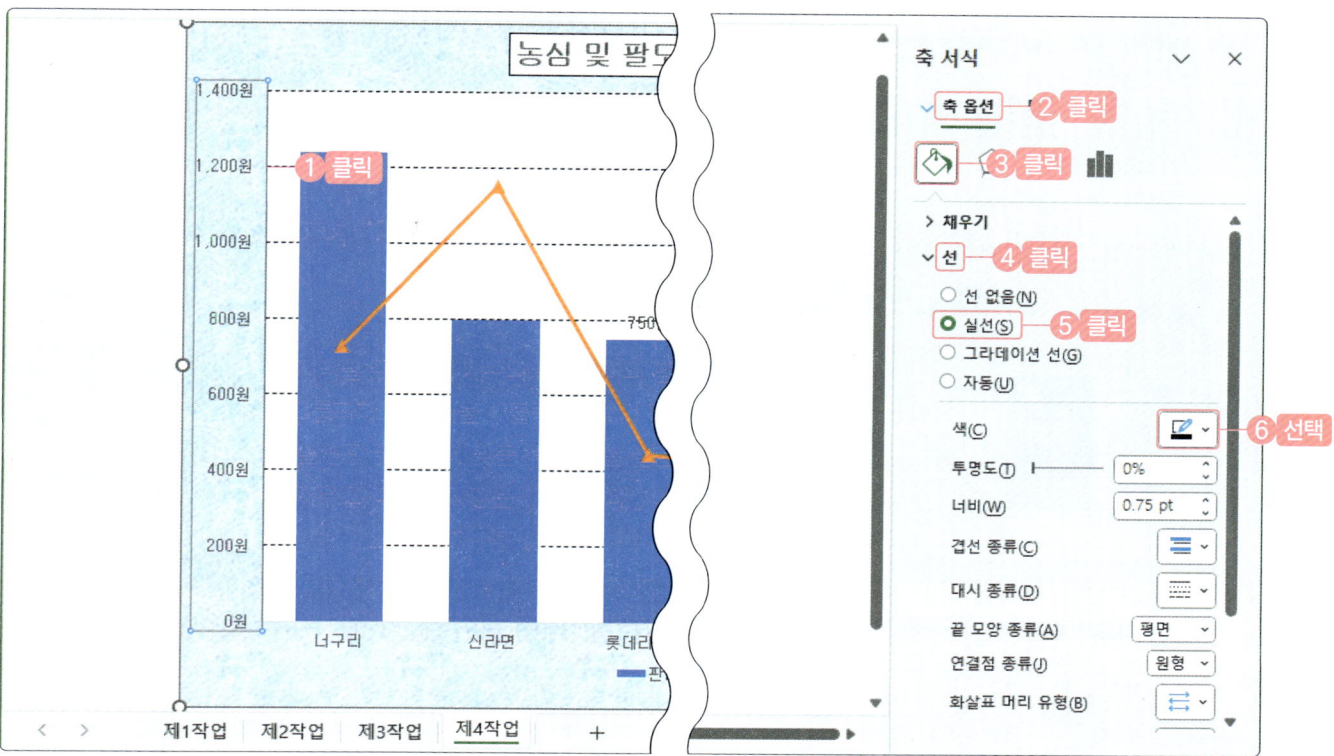

11 가로 축 서식을 지정하기 위해 **가로 축을 클릭**한 후 [축 서식] 작업 창의 [축 옵션]-[채우기 및 선()]-[선]에서 **(실선)**을 클릭한 다음 **색(검정, 텍스트 1)을 선택**하고 [닫기()]를 클릭합니다.

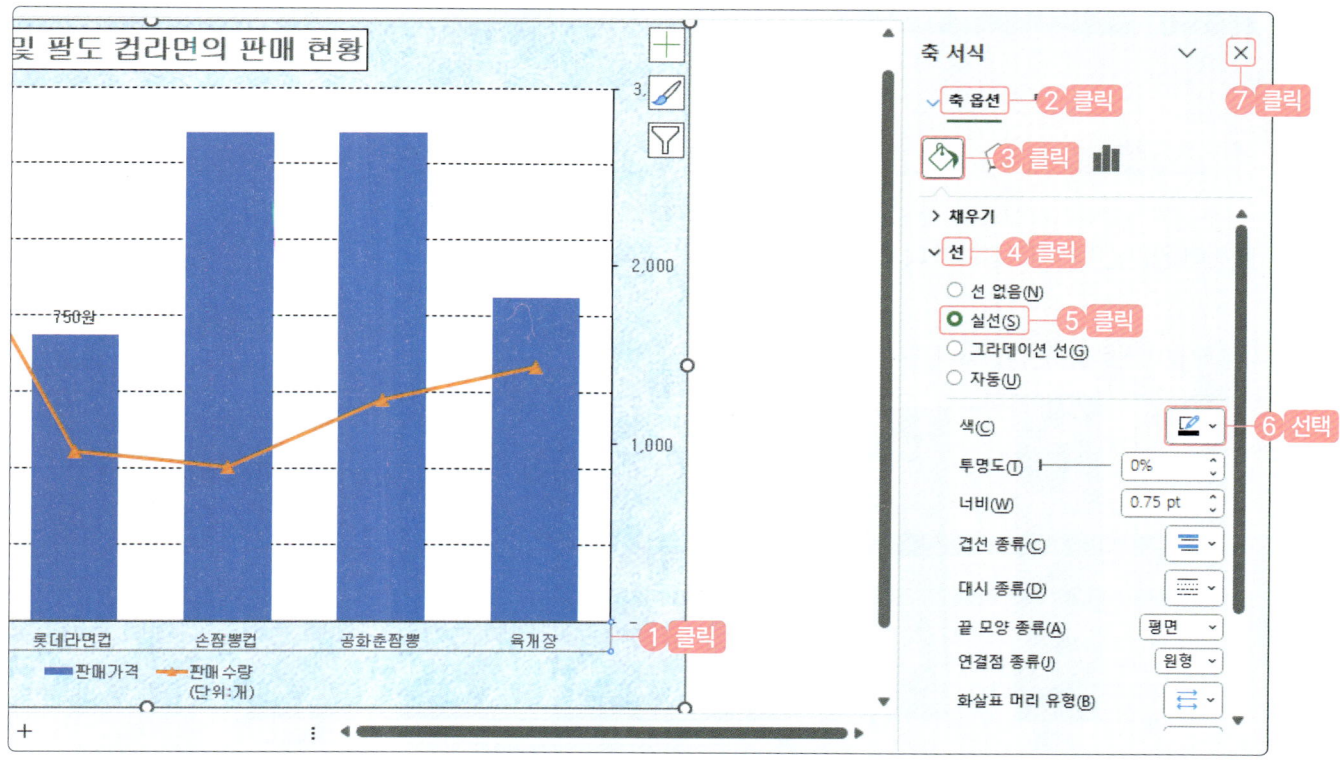

12 데이터 계열 이름을 변경하기 위해 **차트를 클릭**한 후 (차트 디자인) 정황 탭-(데이터) 그룹에서 **(데이터 선택())**을 클릭합니다.

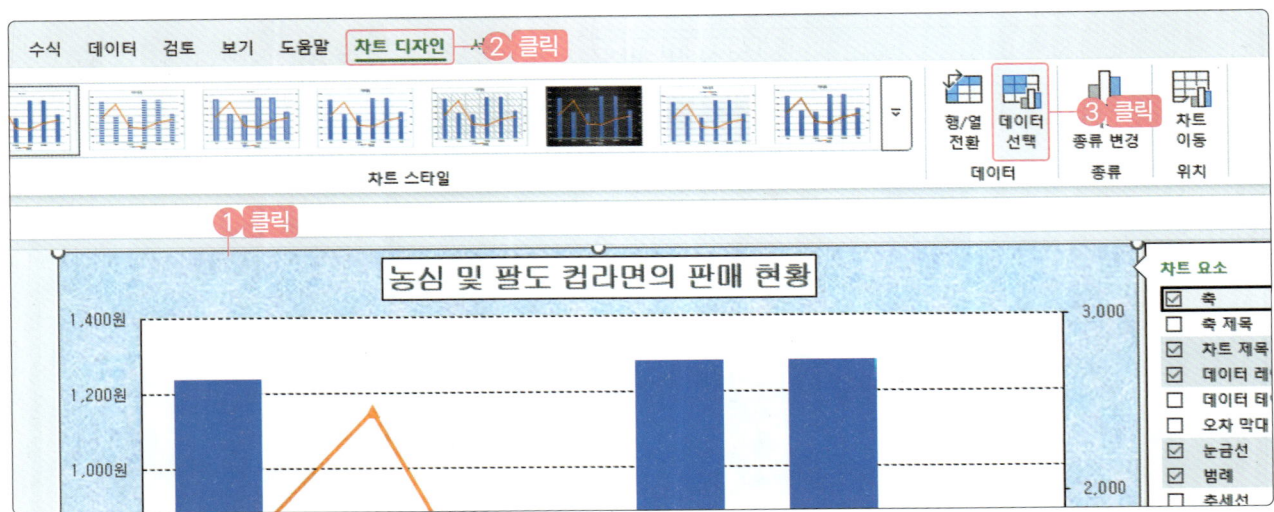

13 (데이터 원본 선택) 대화상자가 나타나면 (범례 항목(계열))에서 (판매수량(단위:개))를 클릭한 후 (편집) 단추를 클릭합니다. 그런 다음 (계열 편집) 대화상자가 나타나면 **계열 이름(판매수량(단위:개))을 입력**한 후 (확인) 단추를 클릭합니다.

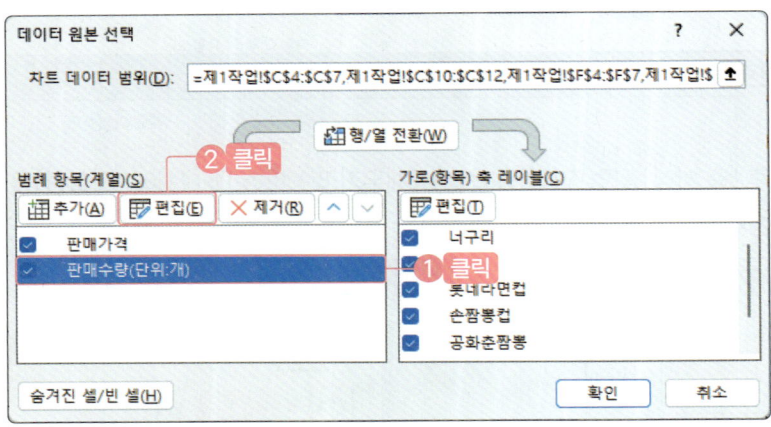
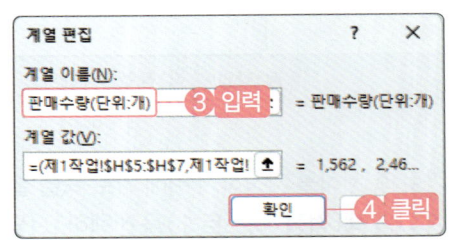

14 (데이터 원본 선택) 대화상자가 다시 나타나면 **(확인) 단추를 클릭**합니다.

15 다음과 같이 범례가 변경됩니다.

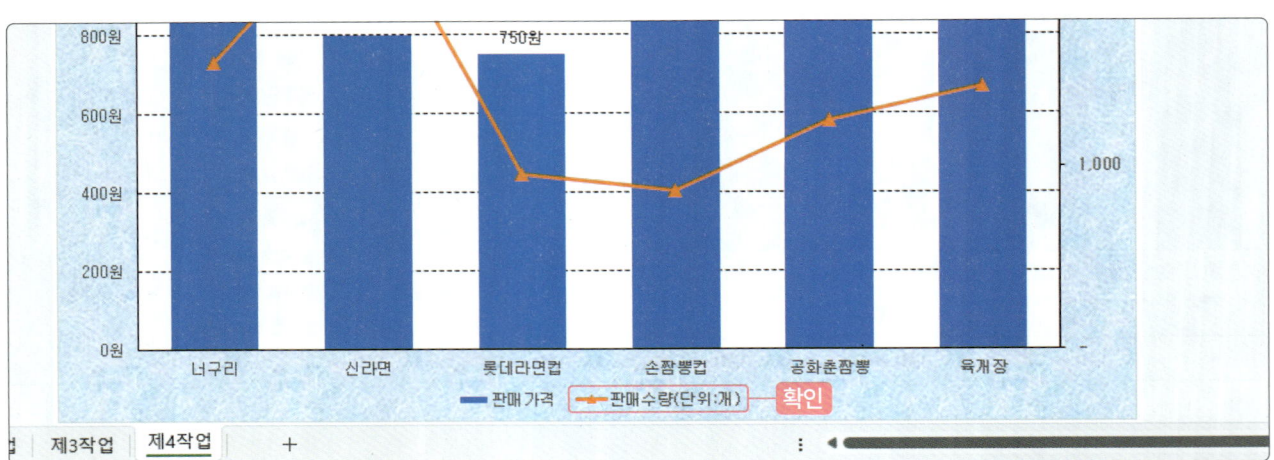

STEP 04 차트에 도형 삽입하기

《조건》 (9) 도형 ⇒ '말풍선: 모서리가 둥근 사각형 설명선'을 삽입한 후 《출력형태》와 같이 내용을 입력하시오.
(10) 나머지 사항은 《출력형태》에 맞게 작성하시오.

1 차트에 도형을 삽입하기 위해 **차트를 클릭**한 후 [삽입] 탭-[일러스트레이션] 그룹에서 **[도형]을 클릭**한 다음 **[말풍선: 모서리가 둥근 사각형(▭)]을 클릭**합니다.

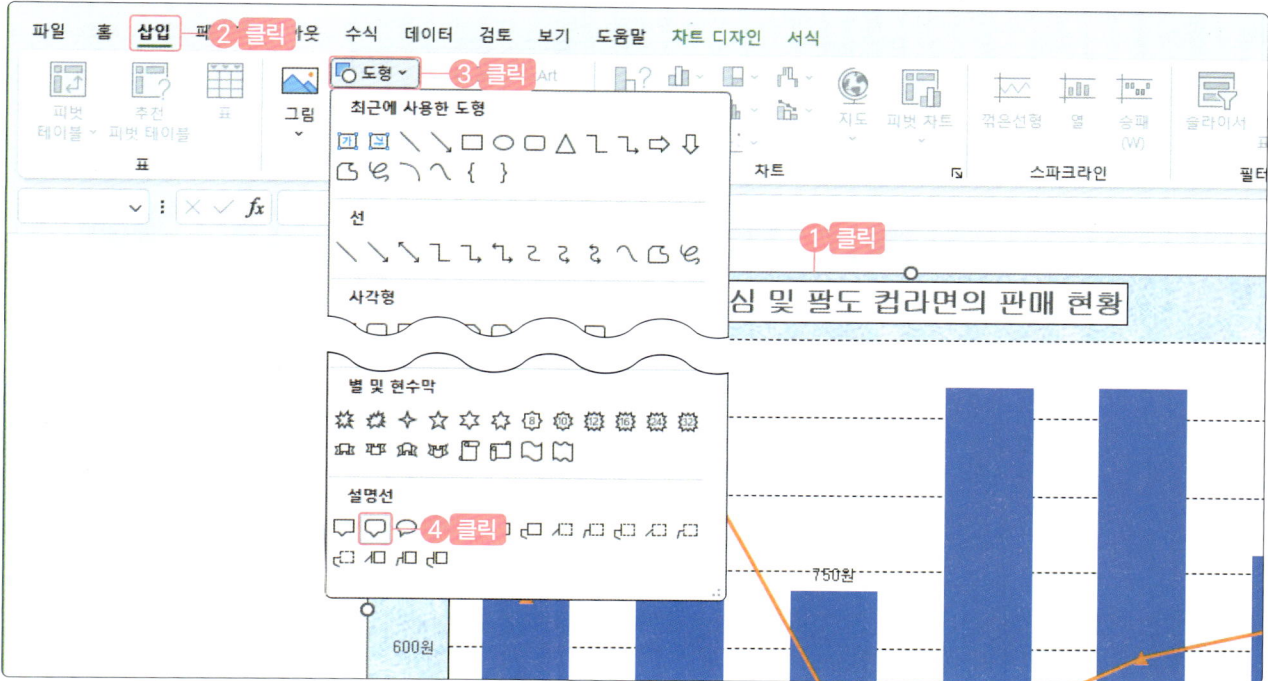

2 마우스 포인터가 + 모양으로 변경되면 다음과 같이 **드래그하여 차트에 도형을 삽입**합니다.

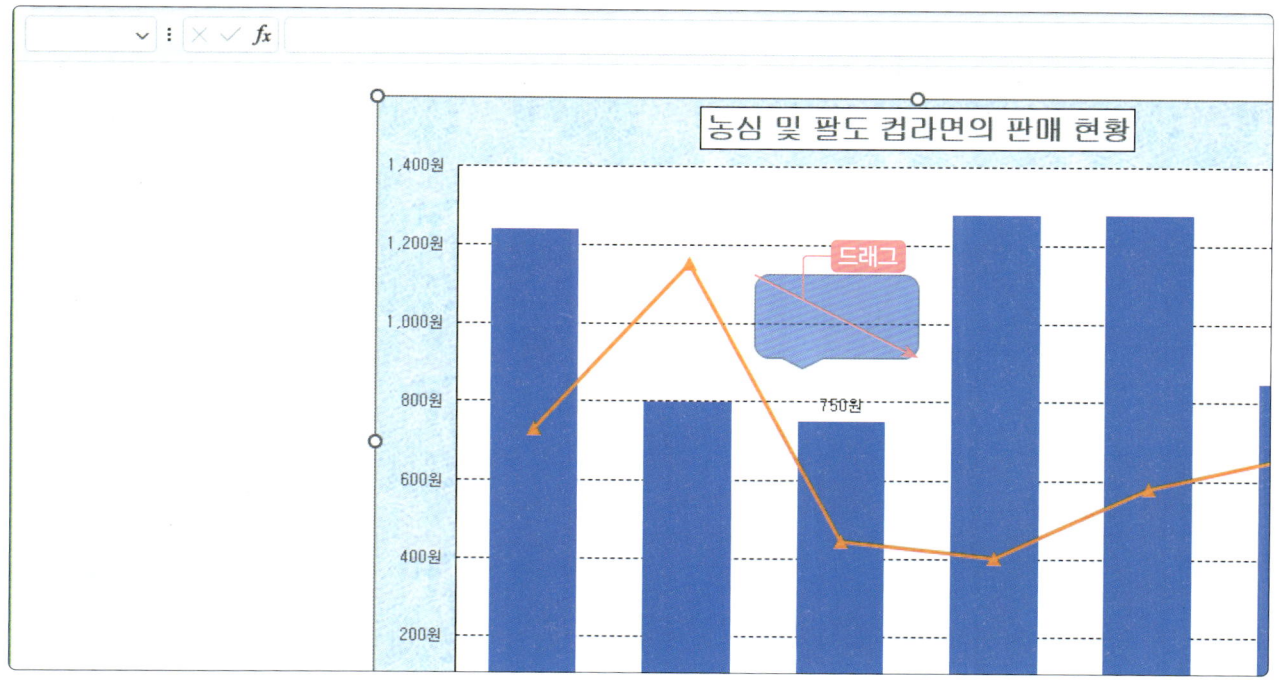

Chapter 08 · 그래프 **3-127**

3 차트에 도형이 삽입되면 **도형에 텍스트(최저 판매가격)를 입력**한 후 Esc를 눌러 **도형을 선택**합니다. 그런 다음 〔홈〕 탭-〔글꼴〕 그룹에서 **글꼴(굴림), 글꼴 크기(11), 채우기 색(흰색, 배경 1), 글꼴 색(검정, 텍스트 1)을 선택**한 다음 〔맞춤〕 그룹에서 〔**가운데 맞춤(세로)(≡)**〕과 〔**가운데 맞춤(가로)(≡)**〕을 클릭합니다.

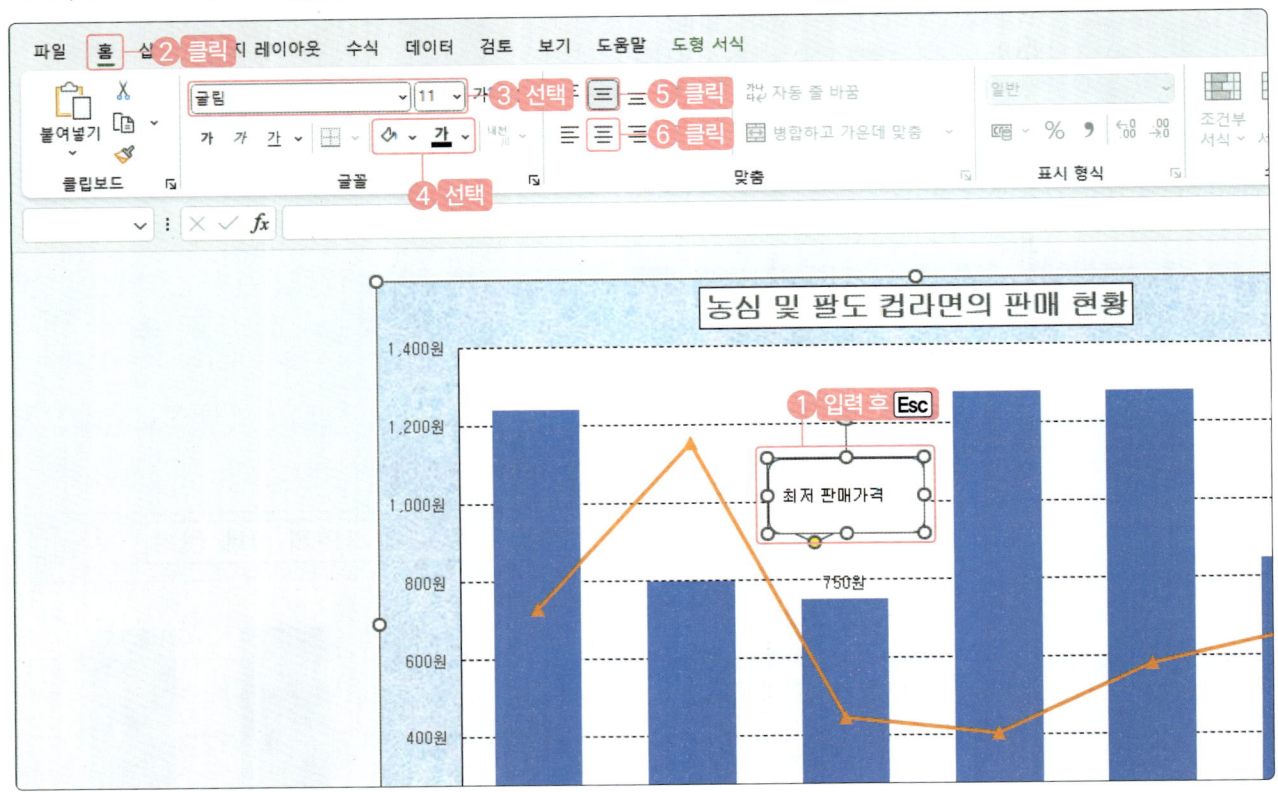

> 도형을 선택한 후 〔도형 서식〕 정황 탭-〔도형 스타일〕 그룹에서 〔도형 채우기〕의 〔목록(▼)〕 단추를 클릭한 다음 〔흰색, 배경 1〕을 클릭하여 도형에 채우기 색을 지정할 수도 있습니다.

4 도형의 모양을 조정하기 위해 다음과 같이 **도형의 모양 조절점(●)을 드래그**합니다.

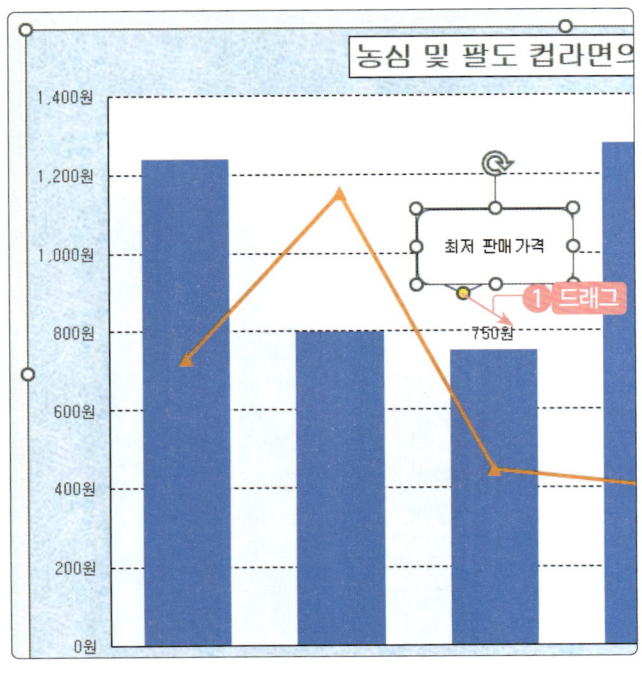 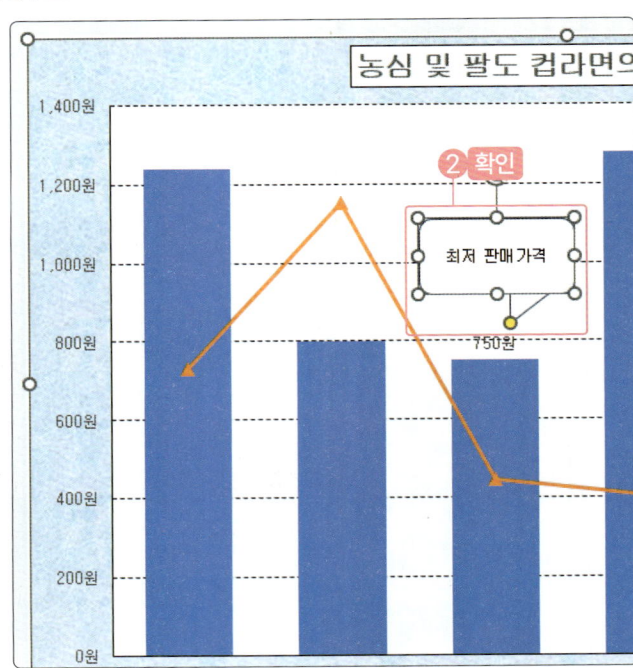

5 모든 작성이 완료되면 답안을 저장하기 위해 **(파일) 탭을 클릭**한 후 **(저장)을 클릭**합니다.

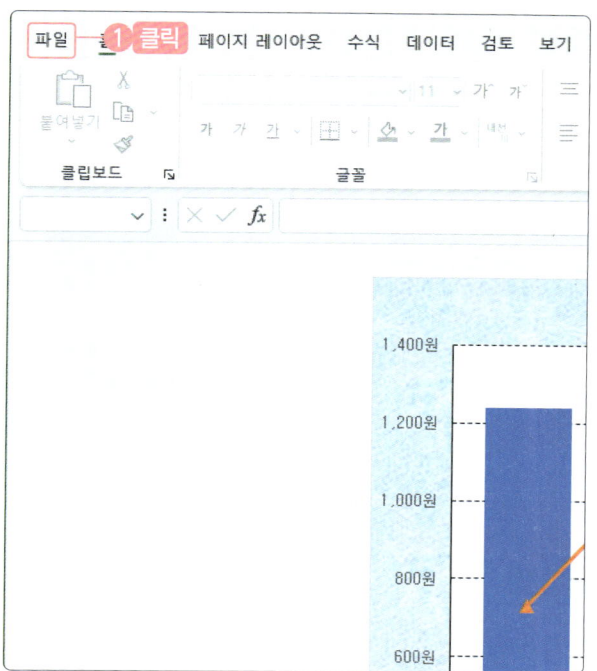
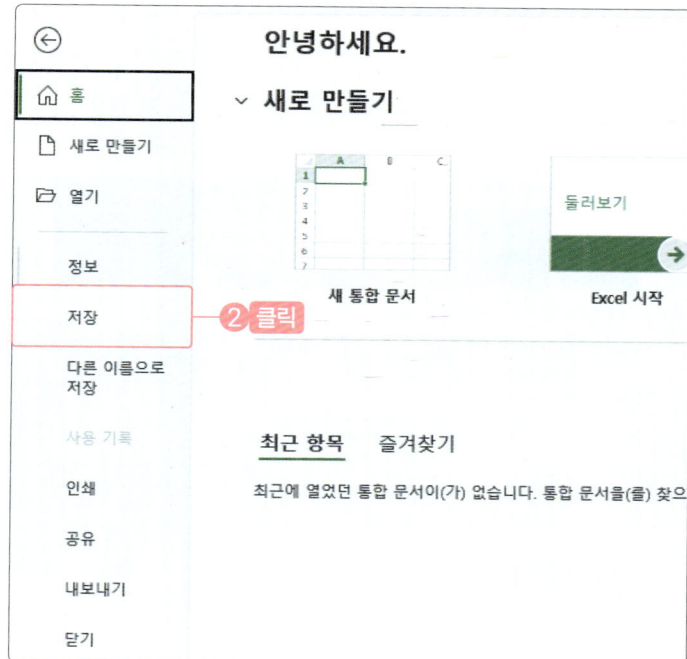

6 답안을 전송하기 위해 (KOAS 수험자용) 프로그램에서 **(답안 전송) 단추를 클릭**합니다.

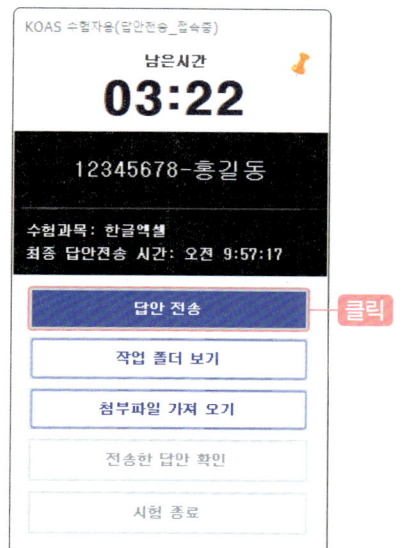

- 답안을 작성하는 도중에 주기적으로 (파일) 탭에서 (저장)을 클릭하거나 Ctrl + S 를 눌러 답안을 저장한 후 감독위원 PC로 전송해 두면 오류가 발생한 경우, 전송된 답안을 불러와서 복구할 수 있습니다. 전송된 답안은 KOAS 수험자용 프로그램에서 (답안 가져오기) 단추를 클릭하여 불러오므로 오류가 발생한 경우, 감독위원에게 문의합니다.
- (첨부파일 폴더 보기) 단추를 클릭하면 답안을 작성할 때 사용할 그림이 있는지 확인할 수 있습니다.

7 (고사실용 PC로 답안 파일 보내기) 대화상자가 나타나면 **파일 목록(12345678-홍길동.xlsx)과 존재(있음)를 확인**한 후 (답안전송) 단추를 클릭합니다.

8 답안이 전송되면 (상태)에 '성공'이 표시되는지 확인한 후 (닫기) 단추를 클릭합니다.

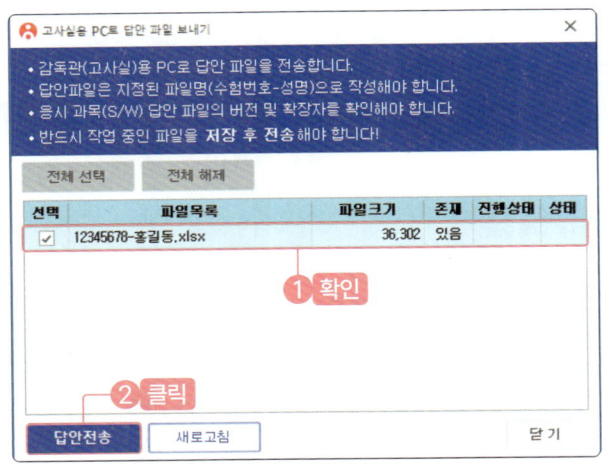
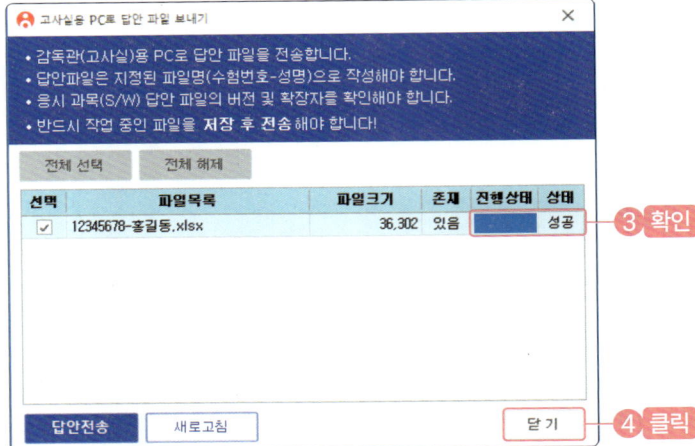

9 시험이 종료되면 (KOAS 수험자용) 프로그램에서 (전송한 답안 확인)을 클릭한 후 전송한 답안을 가져왔다는 알림창이 나타나면 (확인) 단추를 클릭합니다. 그런다음 파일 탐색기 창의 (Answer) 폴더가 나타나면 **전송한 답안 파일(수험번호-이름)을 더블클릭**하여 확인합니다.

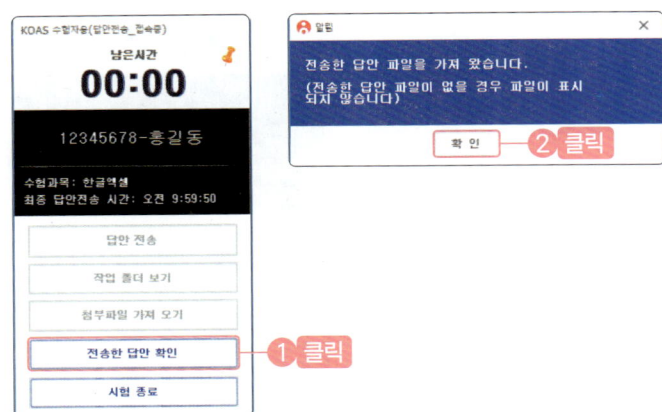
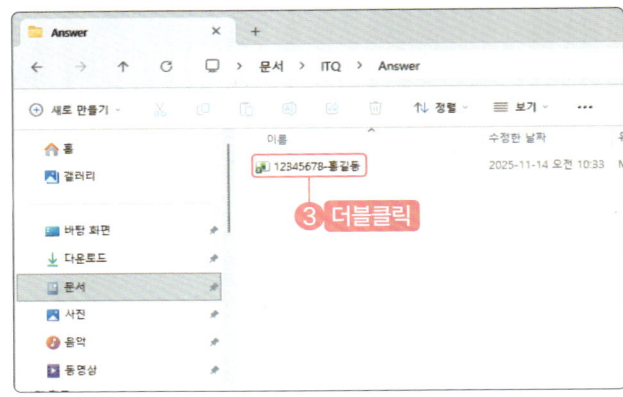

10 전송한 답안 파일이 이상이 없으면 (시험 종료) 단추를 클릭한 후 (답안 파일 전송 최종 확인 동의) 대화상자가 나타나면 (동의 합니다)를 선택한 다음 (확인) 단추를 클릭합니다.

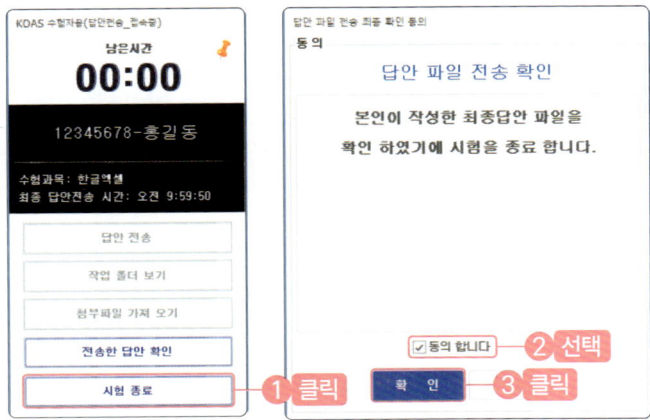

Chapter 08 그래프

유형 01

"제1작업" 시트를 이용하여 조건에 따라 《출력형태》와 같이 작업하시오.

▶ 소스파일 : Chapter 08₩문제08-01.xlsx   ▶ 완성파일 : Chapter 08₩문제08-01_완성.xlsx

《조건》

(1) 차트 종류 ⇒ 〈묶은 세로 막대형〉으로 작업하시오.
(2) 데이터 범위 ⇒ "제1작업" 시트의 내용을 이용하여 작업하시오.
(3) 위치 ⇒ "새 시트"로 이동하고, "제4작업"으로 시트 이름을 바꾸시오.
(4) 차트 디자인 도구 ⇒ 레이아웃 3, 스타일 1을 선택하여 《출력형태》에 맞게 작업하시오.
(5) 영역 서식 ⇒ 차트 : 글꼴(굴림, 11pt), 채우기 효과(질감-파랑 박엽지)
　　　　　　　　 그림 : 채우기(흰색, 배경1)
(6) 제목 서식 ⇒ 차트 제목 : 글꼴(굴림, 굵게, 20pt), 채우기(흰색, 배경1), 테두리
(7) 서식 ⇒ 공사기간(일) 계열의 차트 종류를 〈표식이 있는 꺾은선형〉으로 변경한 후 보조 축으로 지정하시오.
　　　계열 : 《출력형태》를 참조하여 표식(마름모, 크기 10)과 레이블 값을 표시하시오.
　　　눈금선 : 선 스타일-파선
　　　축 : 《출력형태》를 참조하시오.
(8) 범례 ⇒ 범례명을 변경하고 《출력형태》를 참조하시오.
(9) 도형 ⇒ '말풍선: 모서리가 둥근 사각형'을 삽입한 후 《출력형태》와 같이 내용을 입력하시오.
(10) 나머지 사항은 《출력형태》에 맞게 작성하시오.

《출력형태》

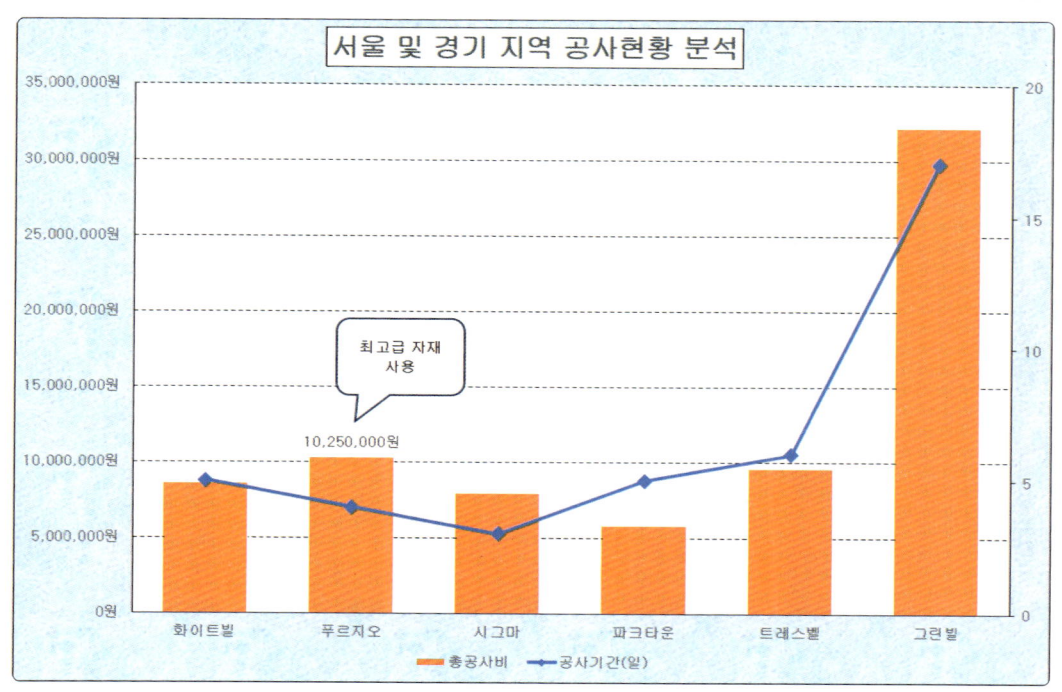

유형 02

"제1작업" 시트를 이용하여 조건에 따라 《출력형태》와 같이 작업하시오.

▶ 소스파일 : Chapter 08₩문제08-02.xlsx   ▶ 완성파일 : Chapter 08₩문제08-02_완성.xlsx

《조건》
(1) 차트 종류 ⇒ 〈묶은 세로 막대형〉으로 작업하시오.
(2) 데이터 범위 ⇒ "제1작업" 시트의 내용을 이용하여 작업하시오.
(3) 위치 ⇒ "새 시트"로 이동하고, "제4작업"으로 시트 이름을 바꾸시오.
(4) 차트 디자인 도구 ⇒ 레이아웃 3, 스타일 1을 선택하여 《출력형태》에 맞게 작업하시오.
(5) 영역 서식 ⇒ 차트 : 글꼴(굴림, 11pt), 채우기 효과(질감-파랑 박엽지)
　　　　　　　　그림 : 채우기(흰색, 배경1)
(6) 제목 서식 ⇒ 차트 제목 : 글꼴(굴림, 굵게, 20pt), 채우기(흰색, 배경1), 테두리
(7) 서식 ⇒ 출장일수 계열의 차트 종류를 〈표식이 있는 꺾은선형〉으로 변경한 후 보조 축으로 지정하시오.
　　　　계열 : 《출력형태》를 참조하여 표식(세모, 크기 10)과 레이블 값을 표시하시오.
　　　　눈금선 : 선 스타일-파선
　　　　축 : 《출력형태》를 참조하시오.
(8) 범례 ⇒ 범례명을 변경하고 《출력형태》를 참조하시오.
(9) 도형 ⇒ '말풍선: 모서리가 둥근 사각형'을 삽입한 후 《출력형태》와 같이 내용을 입력하시오.
(10) 나머지 사항은 《출력형태》에 맞게 작성하시오.

《출력형태》

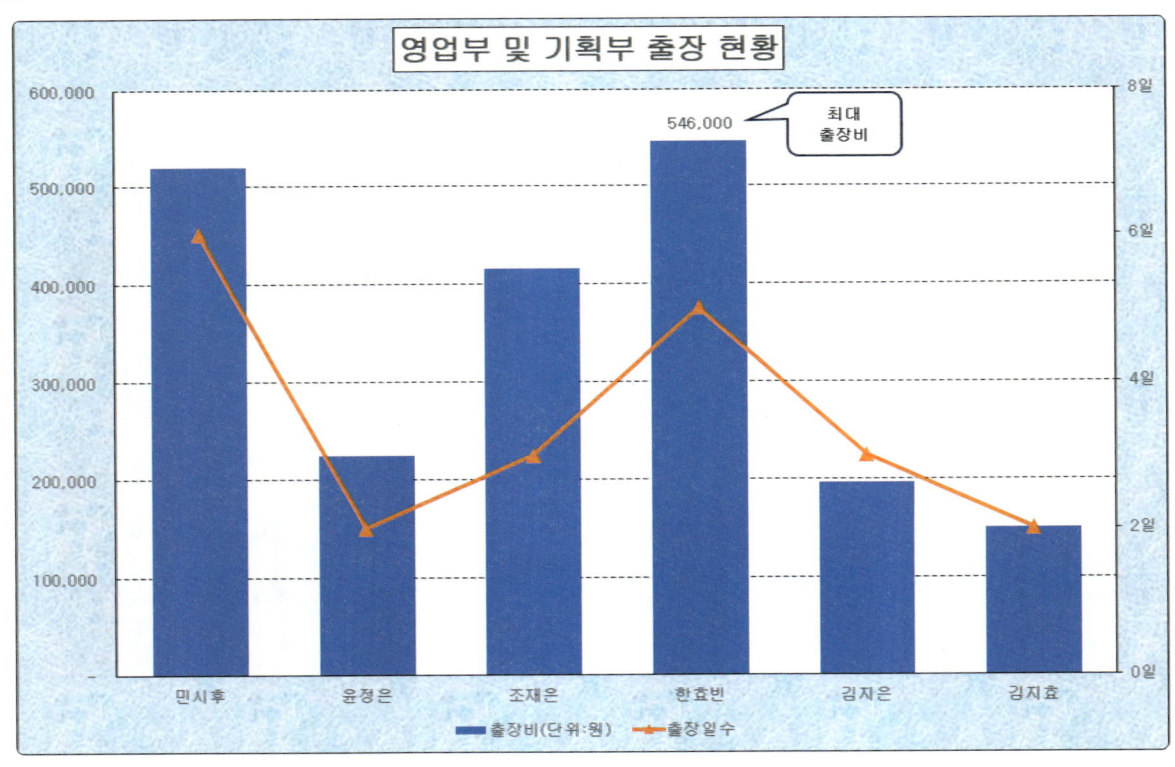

유형 03

"제1작업" 시트를 이용하여 조건에 따라 《출력형태》와 같이 작업하시오.

▶ 소스파일 : Chapter 08₩문제08-03.xlsx   ▶ 완성파일 : Chapter 08₩문제08-03_완성.xlsx

《조건》

(1) 차트 종류 ⇒ 〈묶은 세로 막대형〉으로 작업하시오.
(2) 데이터 범위 ⇒ "제1작업" 시트의 내용을 이용하여 작업하시오.
(3) 위치 ⇒ "새 시트"로 이동하고, "제4작업"으로 시트 이름을 바꾸시오.
(4) 차트 디자인 도구 ⇒ 레이아웃 3, 스타일 1을 선택하여 《출력형태》에 맞게 작업하시오.
(5) 영역 서식 ⇒ 차트 : 글꼴(굴림, 11pt), 채우기 효과(질감-분홍 박엽지)
　　　　　　　　그림 : 채우기(흰색, 배경1)
(6) 제목 서식 ⇒ 차트 제목 : 글꼴(굴림, 굵게, 20pt), 채우기(흰색, 배경1), 테두리
(7) 서식 ⇒ 렌트비용(단위:원) 계열의 차트 종류를 〈표식이 있는 꺾은선형〉으로 변경한 후 보조 축으로 지정하시오.
　　계열 : 《출력형태》를 참조하여 표식(세모, 크기 10)과 레이블 값을 표시하시오.
　　눈금선 : 선 스타일-파선
　　축 : 《출력형태》를 참조하시오.
(8) 범례 ⇒ 범례명을 변경하고 《출력형태》를 참조하시오.
(9) 도형 ⇒ '말풍선: 모서리가 둥근 사각형'을 삽입한 후 《출력형태》와 같이 내용을 입력하시오.
(10) 나머지 사항은 《출력형태》에 맞게 작성하시오.

《출력형태》

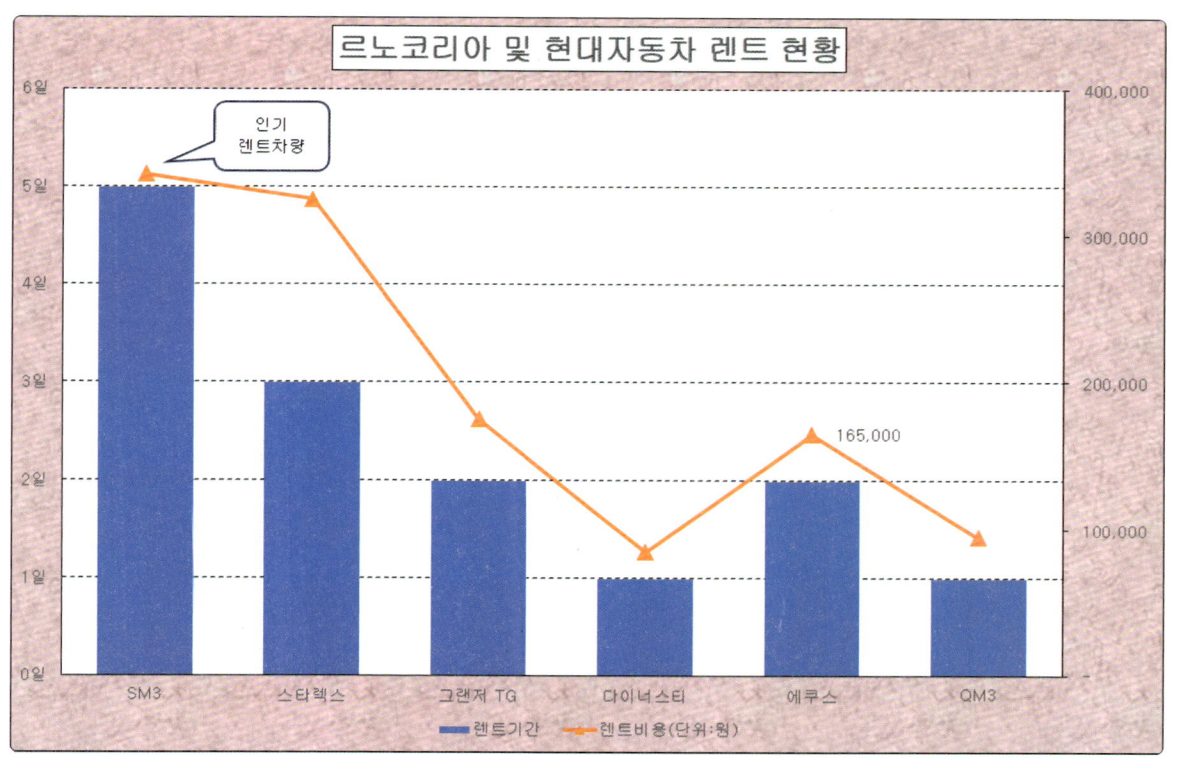

유형 04

"제1작업" 시트를 이용하여 조건에 따라 《출력형태》와 같이 작업하시오.

▶ 소스파일 : Chapter 08₩문제08-04.xlsx   ▶ 완성파일 : Chapter 08₩문제08-04_완성.xlsx

《조건》

(1) 차트 종류 ⇒ 〈묶은 세로 막대형〉으로 작업하시오.
(2) 데이터 범위 ⇒ "제1작업" 시트의 내용을 이용하여 작업하시오.
(3) 위치 ⇒ "새 시트"로 이동하고, "제4작업"으로 시트 이름을 바꾸시오.
(4) 차트 디자인 도구 ⇒ 레이아웃 3, 스타일 1을 선택하여 《출력형태》에 맞게 작업하시오.
(5) 영역 서식 ⇒ 차트 : 글꼴(굴림, 11pt), 채우기 효과(질감-파랑 박엽지)
　　　　　　　　　그림 : 채우기(흰색, 배경1)
(6) 제목 서식 ⇒ 차트 제목 : 글꼴(굴림, 굵게, 20pt), 채우기(흰색, 배경1), 테두리
(7) 서식 ⇒ 활동비(단위:원) 계열의 차트 종류를 〈표식이 있는 꺾은선형〉으로 변경한 후 보조 축으로 지정하시오.
　　　　　계열 : 《출력형태》를 참조하여 표식(세모, 크기 10)과 레이블 값을 표시하시오.
　　　　　눈금선 : 선 스타일-파선
　　　　　축 : 《출력형태》를 참조하시오.
(8) 범례 ⇒ 범례명을 변경하고 《출력형태》를 참조하시오.
(9) 도형 ⇒ '말풍선: 모서리가 둥근 사각형'을 삽입한 후 《출력형태》와 같이 내용을 입력하시오.
(10) 나머지 사항은 《출력형태》에 맞게 작성하시오.

《출력형태》

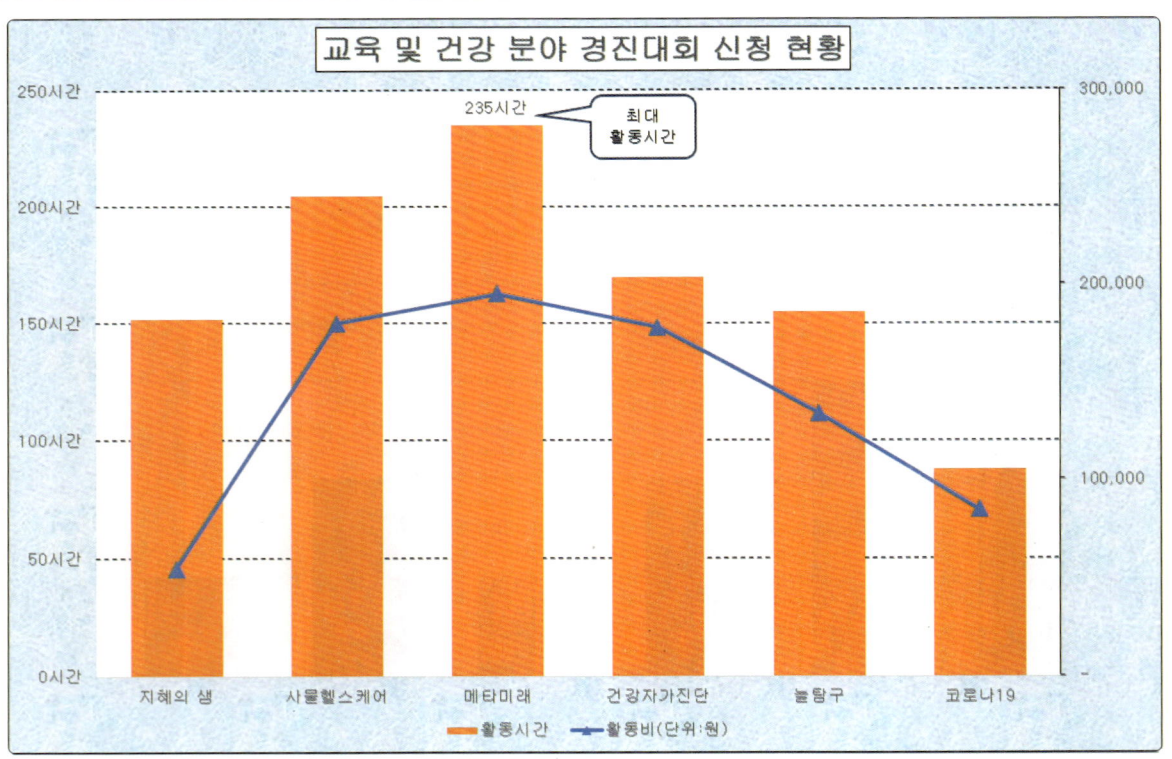

유형 05

"제1작업" 시트를 이용하여 조건에 따라 《출력형태》와 같이 작업하시오.

▶ 소스파일 : Chapter 08₩문제08-05.xlsx   ▶ 완성파일 : Chapter 08₩문제08-05_완성.xlsx

《조건》

(1) 차트 종류 ⇒ 〈묶은 세로 막대형〉으로 작업하시오.
(2) 데이터 범위 ⇒ "제1작업" 시트의 내용을 이용하여 작업하시오.
(3) 위치 ⇒ "새 시트"로 이동하고, "제4작업"으로 시트 이름을 바꾸시오.
(4) 차트 디자인 도구 ⇒ 레이아웃 3, 스타일 1을 선택하여 《출력형태》에 맞게 작업하시오.
(5) 영역 서식 ⇒ 차트 : 글꼴(돋움, 11pt), 채우기 효과(질감-파랑 박엽지)
                 그림 : 채우기(흰색, 배경1)
(6) 제목 서식 ⇒ 차트 제목 : 글꼴(돋움, 굵게, 20pt), 채우기(흰색, 배경1), 테두리
(7) 서식 ⇒ 개최 횟수(단위:회) 계열의 차트 종류를 〈표식이 있는 꺾은선형〉으로 변경한 후 보조 축으로 지정하시오.
         계열 : 《출력형태》를 참조하여 표식(세모, 크기 10)과 레이블 값을 표시하시오.
         눈금선 : 선 스타일-파선
         축 : 《출력형태》를 참조하시오.
(8) 범례 ⇒ 범례명을 변경하고 《출력형태》를 참조하시오.
(9) 도형 ⇒ '말풍선: 모서리가 둥근 사각형'을 삽입한 후 《출력형태》와 같이 내용을 입력하시오.
(10) 나머지 사항은 《출력형태》에 맞게 작성하시오.

《출력형태》

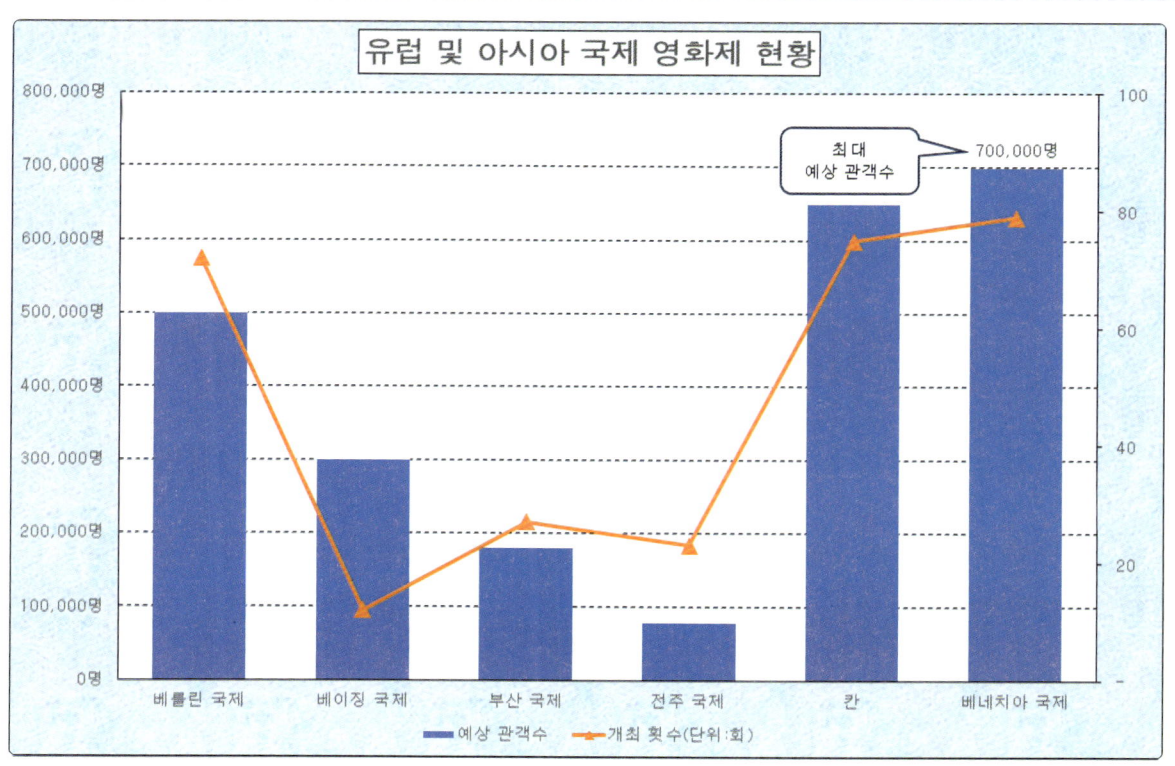

유형 06

"제1작업" 시트를 이용하여 조건에 따라 《출력형태》와 같이 작업하시오.

▶ 소스파일 : Chapter 08₩문제08-06.xlsx   ▶ 완성파일 : Chapter 08₩문제08-06_완성.xlsx

《조건》

(1) 차트 종류 ⇒ 〈묶은 세로 막대형〉으로 작업하시오.
(2) 데이터 범위 ⇒ "제1작업" 시트의 내용을 이용하여 작업하시오.
(3) 위치 ⇒ "새 시트"로 이동하고, "제4작업"으로 시트 이름을 바꾸시오.
(4) 차트 디자인 도구 ⇒ 레이아웃 3, 스타일 1을 선택하여 《출력형태》에 맞게 작업하시오.
(5) 영역 서식 ⇒ 차트 : 글꼴(굴림, 11pt), 채우기 효과(질감-파랑 박엽지)
　　　　　　　그림 : 채우기(흰색, 배경1)
(6) 제목 서식 ⇒ 차트 제목 : 글꼴(굴림, 굵게, 20pt), 채우기(흰색, 배경1), 테두리
(7) 서식 ⇒ 수강료(단위:원) 계열의 차트 종류를 〈표식이 있는 꺾은선형〉으로 변경한 후 보조 축으로 지정하시오.
　　　　　계열 : 《출력형태》를 참조하여 표식(마름모, 크기 10)과 레이블 값을 표시하시오.
　　　　　눈금선 : 선 스타일-파선
　　　　　축 : 《출력형태》를 참조하시오.
(8) 범례 ⇒ 범례명을 변경하고 《출력형태》를 참조하시오.
(9) 도형 ⇒ '말풍선: 모서리가 둥근 사각형'을 삽입한 후 《출력형태》와 같이 내용을 입력하시오.
(10) 나머지 사항은 《출력형태》에 맞게 작성하시오.

《출력형태》

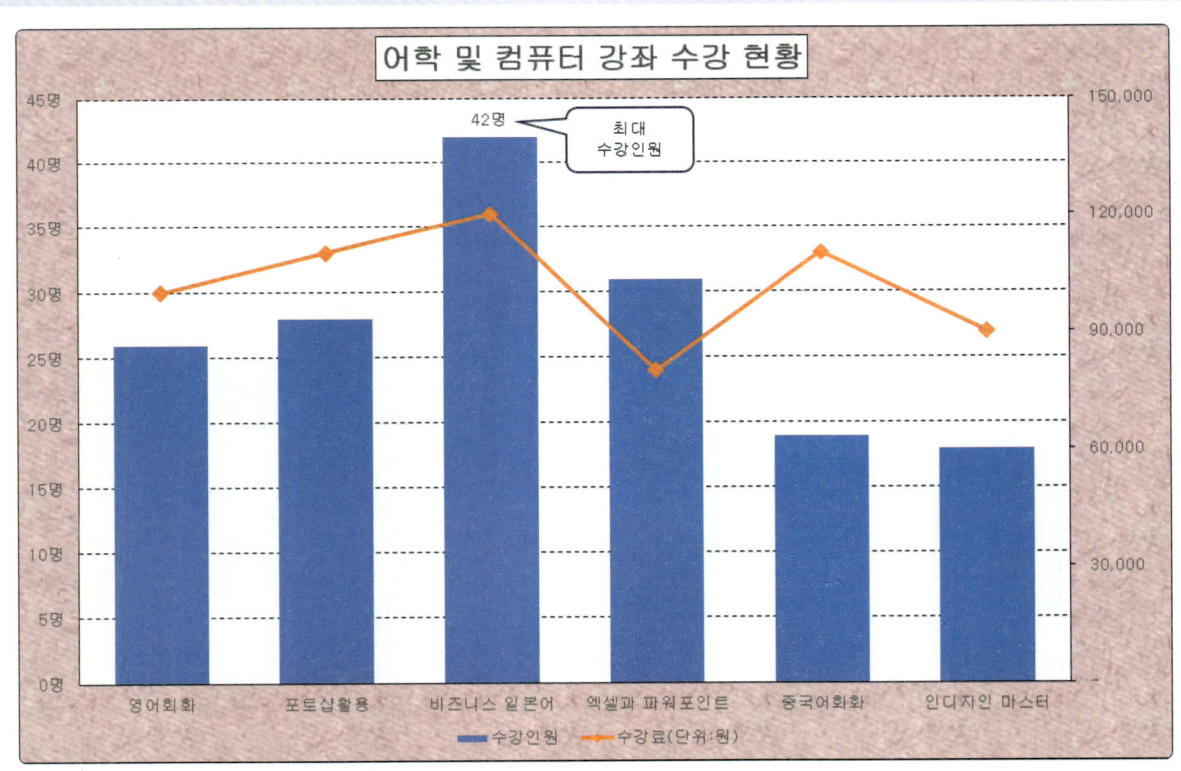

자주 틀리는 항목을 알면 A등급은 내 손안에...

자주 틀리는 항목 & 팁

| 수험자 유의사항 |

- 답안은 '내 PC₩문서₩ITQ' 폴더에 본인의 수험번호와 성명을 조합하여 '수험번호-성명' 형식의 파일 이름으로 저장합니다.
- 위치나 파일 이름을 잘못 저장하여 답안을 저장한 경우에는 (파일) 탭에서 (다른 이름으로 저장)를 클릭하거나 F12 를 눌러 (다른 이름으로 저장) 대화상자가 나타나면 답안을 다시 저장한 후 잘못 저장한 답안을 삭제합니다.

| 답안 작성요령 |

모든 시트의 A열 너비(1)를 지정한 후 나머지 열 너비는 데이터를 입력한 다음 지정합니다.

(제4작업) 시트는 시험의 '(제4작업) 그래프'에서 만듭니다.

| 제1작업 |

《출력형태》에서 '(1)'~'(6)'이 입력되어 있는 셀은 함수를 사용하여 값을 구할 셀을 나타낸 것이며, 《조건》에 어떤 함수를 사용하여 어떤 값을 구해야 하는지 명시되어 있습니다.

- 글꼴 서식은 변경될 수 있으며, 《조건》을 확인한 후 모든 시트의 모든 셀에 글꼴 서식을 지정합니다.
- 맞춤 서식은 일반적으로 가운데 맞춤이 더 많으므로 먼저 모든 시트의 모든 셀에 가운데 맞춤을 지정한 후 가운데 맞춤이 아닌 셀은 따로 지정합니다.

데이터 유효성 검사를 설정하여 입력하는 셀의 데이터는 직접 입력하지 않습니다.

- 주요 함수
WEEKDAY, RANK.EQ, AVERAGE, MAX, MIN, SUM, SUMIF, COUNTIF, VLOOKUP, CHOOSE, INDEX, MATCH, ROUND, ROUNDUP, ROUNDDOWN, LEFT, RIGHT, MID, DSUM, DAVERAGE, DMIN, DCOUNTA, IF, AND 함수입니다.

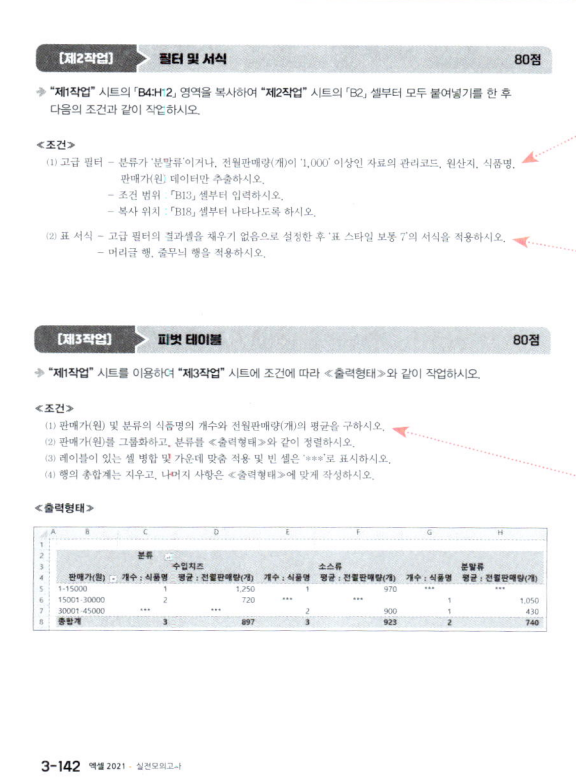

| 제2작업 |

- 고급 필터를 사용하려면 먼저 조건을 해당하는 필드명과 함께 입력해야 합니다. 같은 행에 조건을 입력하면 AND 조건으로 입력한 조건을 모두 만족하는 데이터만 표시하고, 다른 행에 조건을 입력하면 OR 조건으로 입력한 조건 중에서 하나라도 만족하는 데이터만 표시합니다.

- [제2작업]에서는 '고급 필터와 표 서식' 또는 '목표값 찾기와 고급 필터'가 출제됩니다.

| 제3작업 |

- 피벗 테이블의 열, 행, 값 위치에 해당하는 필드명을 배치합니다.
- [값 필드의 설정] 대화상자에서 [선택한 필드의 데이터(개수, 평균)]을 변경하고 이름을 입력합니다.
- 그룹화할 때 시작, 끝, 단위 값을 《출력형태》를 보고 입력합니다.

- [제3작업]에서는 '피벗 테이블' 또는 '부분합'이 출제됩니다.

- 부분합을 제대로 구하려면 먼저 그룹화할 항목을 기준으로 정렬해야 합니다.
- 《출력형태》에서 아래에 있는 부분합을 먼저 구해야 《출력형태》와 같이 부분합을 구할 수 있습니다.
- 부분합을 잘못 구할 경우에는 [부분합] 대화상자에서 [모두 제거] 단추를 클릭하여 부분합을 제거한 후 다시 부분합을 구합니다.

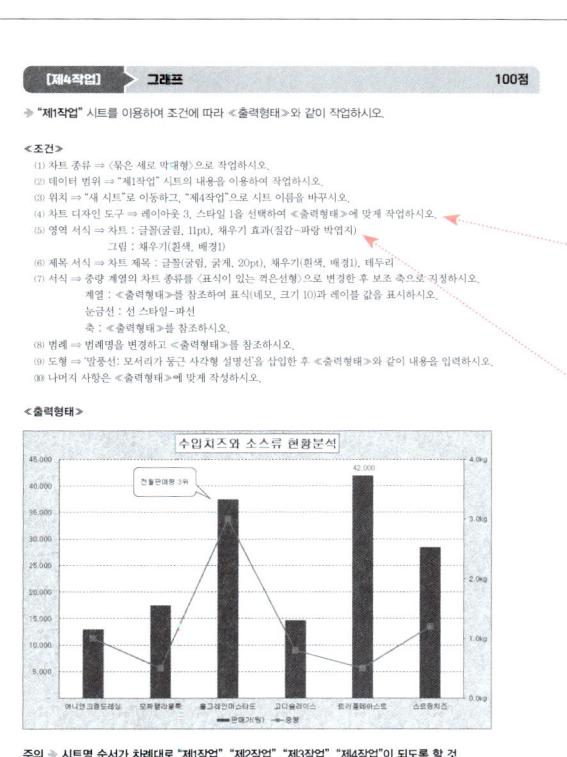

| 제4작업 |

차트 영역 서식이나 그림 영역 서식 등을 지정한 후 차트 스타일을 지정하면 지정한 차트 스타일과 관련 있는 차트 영역 서식이나 그림 영역 서식 등이 다시 지정되므로 먼저 차트 스타일을 먼저 지정한 후 차트 영역 서식이나 그림 영역 서식 등을 지정합니다.

차트 제목에 글꼴 서식을 지정한 후 차트 영역에 글꼴 서식을 지정하면 차트 제목에 지정한 글꼴 서식이 차트 영역에 지정한 글꼴 서식으로 다시 지정되므로 먼저 차트 영역에 글꼴 서식을 지정한 후 차트 제목에 글꼴 서식을 지정합니다.

제 01 회 ITQ 실전모의고사

과목	코드	문제유형	시험시간	수험번호	성명
한글엑셀	1122	A	60분		

MS오피스

· 수험자 유의사항 ·

- 수험자는 문제지를 받는 즉시 문제지와 **수험표상의 시험과목(프로그램)이 동일한지 반드시 확인**하여야 합니다.
- 파일명은 본인의 "수험번호-성명"으로 입력하여 답안 폴더(내 PC₩문서₩ITQ)에 하나의 파일로 저장해야 하며, 답안 문서 파일명이 "수험번호-성명"과 일치하지 않거나, 답안 파일을 전송하지 않아 미제출로 처리될 경우 실격 처리합니다. (예 : 12345678-홍길동.xlsx).
- 답안 작성을 마치면 파일을 저장하고, '답안 전송' 버튼을 선택하여 감독위원 PC로 답안을 전송하십시오. 수험생 정보와 저장한 파일명이 다를 경우 전송되지 않으므로 주의하시기 바랍니다.
- 답안 작성 중에도 **주기적으로 저장하고, '답안 전송'**하여야 문제 발생을 줄일 수 있습니다. 작업한 내용을 저장하지 않고 전송할 경우 이전에 저장된 내용이 전송되오니 이점 유의하시기 바랍니다.
- 답안 문서는 지정된 경로 외의 다른 보조기억장치에 저장하는 경우, 지정된 시험 시간 외에 작성된 파일을 활용할 경우, 기타 통신수단(이메일, 메신저, 네트워크 등)을 이용하여 타인에게 전달 또는 외부 반출하는 경우는 부정 처리합니다.
- 시험 중 부주의 또는 고의로 시스템을 파손한 경우는 수험자가 변상해야 하며, 〈수험자 유의사항〉에 기재된 방법대로 이행하지 않아 생기는 불이익은 수험생 당사자의 책임임을 알려 드립니다.
- 문제의 조건은 MS오피스 2021 버전으로 설정되어 있으니 유의하시기 바랍니다.
- 시험을 완료한 수험자는 답안 파일이 전송되었는지 확인한 후 감독위원의 지시에 따라 문제지를 제출하고 퇴실합니다.

· 답안 작성요령 ·

- 온라인 답안 작성 절차
  수험자 등록 ⇒ 시험 시작 ⇒ 답안 파일 저장 ⇒ 답안 전송 ⇒ 시험 종료
- 문제는 총 4단계, 즉 제1작업부터 제4작업까지 구성되어 있으며 반드시 제1작업부터 순서대로 작성하고 조건대로 작업하시오.
- 모든 작업 시트의 A열은 열 너비 '1'로, 나머지 열은 적당하게 조절하시오.
- 모든 작업 시트의 테두리는 ≪출력형태≫와 같이 작업하시오.
- 해당 작업란에서는 각각 제시된 조건에 따라 ≪출력형태≫와 같이 작업하시오.
- 답안 시트 이름은 "제1작업", "제2작업", "제3작업", "제4작업"이어야 하며 답안 시트 이외의 것은 감점 처리됩니다.
- 각 시트를 파일로 나누어 작업해서 저장할 경우 실격 처리됩니다.

kpc 한국생산성본부

[제1작업] 표 서식 작성 및 값 계산   240점

➡ 다음은 '**한마음 수입식자재 관리 현황**'에 대한 자료이다. 자료를 입력하고 조건에 맞도록 작업하시오.

≪출력형태≫

관리코드	분류	식품명	판매가(원)	원산지	중량	전월판매량(개)	구분	적립금
SA2-01	소스류	어니언크림드레싱	13,000	이탈리아	1.0	970	(1)	(2)
CH1-01	수입치즈	모짜렐라블록	17,500	이탈리아	0.5	850	(1)	(2)
SA3-02	소스류	홀그레인머스타드	37,500	프랑스	3.0	1,030	(1)	(2)
PD2-01	분말류	파스타밀가루	43,500	이탈리아	4.0	430	(1)	(2)
CH3-02	수입치즈	고다슬라이스	14,700	네덜란드	0.8	1,250	(1)	(2)
SA1-03	소스류	트러플페이스트	42,000	네덜란드	0.5	770	(1)	(2)
PD1-02	분말류	파마산치즈가루	21,000	프랑스	1.5	1,050	(1)	(2)
CH2-03	수입치즈	스트링치즈	28,500	프랑스	1.2	590	(1)	(2)
전월판매량(개) 1000 이상인 식품수			(3)		최대 전월판매량(개)			(5)
소스류 판매가(원) 평균			(4)		관리코드	SA2-01	원산지	(6)

결재: 팀장 / 과장 / 대표

≪조건≫

○ 모든 데이터의 서식에는 글꼴(굴림, 11pt), 정렬은 숫자 및 회계 서식은 오른쪽 정렬, 나머지 서식은 가운데 정렬로 작성하며 예외적인 것은 ≪출력형태≫를 참조하시오.
○ 제 목 ⇒ 도형(십자형)과 그림자(오프셋 오른쪽)를 이용하여 작성하고 "한마음 수입식자재 관리 현황"을 입력한 후 다음 서식을 적용하시오(글꼴-굴림, 24pt, 검정, 굵게, 채우기-노랑).
○ 임의의 셀에 결재란을 작성하여 그림으로 복사 기능을 이용하여 붙이기 하시오(단, 원본 삭제).
○ 「B4:J4, G14, I14」 영역은 '주황'으로 채우기 하시오.
○ 유효성 검사를 이용하여 「H14」 셀에 관리코드(「B5:B12」 영역)가 선택 표시되도록 하시오.
○ 셀 서식 ⇒ 「G5:G12」 영역에 셀 서식을 이용하여 숫자 뒤에 'kg'을 표시하시오(예 : 1.0kg).
○ 「H5:H12」 영역에 대해 '전월판매량'으로 이름정의를 하시오.

➡ (1)~(6) 셀은 반드시 **주어진 함수를 이용**하여 값을 구하시오(결과값을 직접 입력하면 해당 셀은 0점 처리됨).

(1) 구분 ⇒ 관리코드의 세 번째 값이 1이면 '특가상품', 2이면 '베스트상품', 3이면 '무배상품'으로 표시하시오 (CHOOSE, MID 함수).
(2) 적립금 ⇒ 분류가 수입치즈이면 판매가(원)의 3%, 아니면 판매가(원)의 2%로 계산하시오(IF 함수).
(3) 전월판매량(개) 1000 이상인 식품수 ⇒ 결과값에 '개'를 붙이시오(COUNTIF 함수, & 연산자)(예 : 1개).
(4) 소스류 판매가(원) 평균 ⇒ 반올림하여 천원 단위까지 구하시오. 단, 조건은 입력데이터를 이용하시오 (ROUND, DAVERAGE 함수)(예 : 20,630 → 21,000).
(5) 최대 전월판매량(개) ⇒ 정의된 이름(전월판매량)을 이용하여 구하시오(MAX 함수).
(6) 원산지 ⇒ 「H14」 셀에서 선택한 관리코드에 대한 원산지를 구하시오(VLOOKUP 함수).
(7) 조건부 서식의 수식을 이용하여 판매가(원)가 '30,000' 이상인 행 전체에 다음의 서식을 적용하시오 (글꼴 : 파랑, 굵게).

[제2작업] 필터 및 서식   80점

➡ "제1작업" 시트의 「B4:H12」 영역을 복사하여 "제2작업" 시트의 「B2」 셀부터 모두 붙여넣기를 한 후 다음의 조건과 같이 작업하시오.

≪조건≫
(1) 고급 필터 − 분류가 '분말류'이거나, 전월판매량(개)이 '1,000' 이상인 자료의 관리코드, 원산지, 식품명, 판매가(원) 데이터만 추출하시오.
　　　　　　　− 조건 범위 : 「B13」 셀부터 입력하시오.
　　　　　　　− 복사 위치 : 「B18」 셀부터 나타나도록 하시오.

(2) 표 서식 − 고급 필터의 결과셀을 채우기 없음으로 설정한 후 '표 스타일 보통 7'의 서식을 적용하시오.
　　　　　− 머리글 행, 줄무늬 행을 적용하시오.

[제3작업] 피벗 테이블   80점

➡ "제1작업" 시트를 이용하여 "제3작업" 시트에 조건에 따라 ≪출력형태≫와 같이 작업하시오.

≪조건≫
(1) 판매가(원) 및 분류의 식품명의 개수와 전월판매량(개)의 평균을 구하시오.
(2) 판매가(원)를 그룹화하고, 분류를 ≪출력형태≫와 같이 정렬하시오.
(3) 레이블이 있는 셀 병합 및 가운데 맞춤 적용 및 빈 셀은 '***'로 표시하시오.
(4) 행의 총합계는 지우고, 나머지 사항은 ≪출력형태≫에 맞게 작성하시오.

≪출력형태≫

A	B	C	D	E	F	G	H
		분류					
		수입치즈		소스류		분말류	
	판매가(원)	개수 : 식품명	평균 : 전월판매량(개)	개수 : 식품명	평균 : 전월판매량(개)	개수 : 식품명	평균 : 전월판매량(개)
	1-15000	1	1,250	1	970	***	***
	15001-30000	2	720	***	***	1	1,050
	30001-45000	***	***	2	900	1	430
	총합계	3	897	3	923	2	740

[제4작업] 그래프　　　　　　　　　　　　　　　　　　　　100점

➡ "**제1작업**" 시트를 이용하여 조건에 따라 ≪출력형태≫와 같이 작업하시오.

≪조건≫
(1) 차트 종류 ⇒ 〈묶은 세로 막대형〉으로 작업하시오.
(2) 데이터 범위 ⇒ "제1작업" 시트의 내용을 이용하여 작업하시오.
(3) 위치 ⇒ "새 시트"로 이동하고, "제4작업"으로 시트 이름을 바꾸시오.
(4) 차트 디자인 도구 ⇒ 레이아웃 3, 스타일 1을 선택하여 ≪출력형태≫에 맞게 작업하시오.
(5) 영역 서식 ⇒ 차트 : 글꼴(굴림, 11pt), 채우기 효과(질감-파랑 박엽지)
　　　　　　　　그림 : 채우기(흰색, 배경1)
(6) 제목 서식 ⇒ 차트 제목 : 글꼴(굴림, 굵게, 20pt), 채우기(흰색, 배경1), 테두리
(7) 서식 ⇒ 중량 계열의 차트 종류를 〈표식이 있는 꺾은선형〉으로 변경한 후 보조 축으로 지정하시오.
　　　계열 : ≪출력형태≫를 참조하여 표식(네모, 크기 10)과 레이블 값을 표시하시오.
　　　눈금선 : 선 스타일-파선
　　　축 : ≪출력형태≫를 참조하시오.
(8) 범례 ⇒ 범례명을 변경하고 ≪출력형태≫를 참조하시오.
(9) 도형 ⇒ '말풍선: 모서리가 둥근 사각형 설명선'을 삽입한 후 ≪출력형태≫와 같이 내용을 입력하시오.
(10) 나머지 사항은 ≪출력형태≫에 맞게 작성하시오.

≪출력형태≫

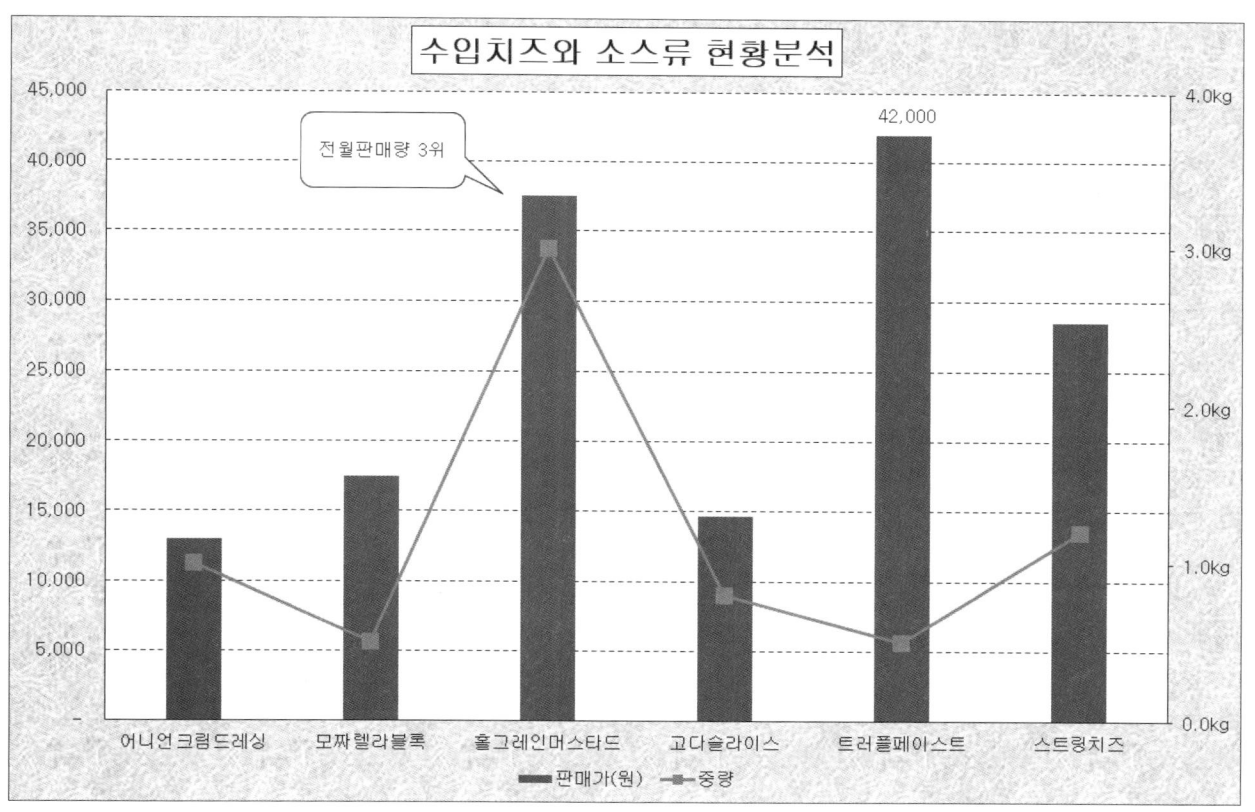

주의 ➡ 시트명 순서가 차례대로 "제1작업", "제2작업", "제3작업", "제4작업"이 되도록 할 것.

제02회 ITQ 실전모의고사

과목	코드	문제유형	시험시간	수험번호	성명
한글엑셀	1122	B	60분		

MS오피스

· 수험자 유의사항 ·

- 수험자는 문제지를 받는 즉시 문제지와 **수험표상의 시험과목(프로그램)이 동일한지 반드시 확인**하여야 합니다.
- 파일명은 본인의 "수험번호-성명"으로 입력하여 답안 폴더(내 PC₩문서₩ITQ)에 하나의 파일로 저장해야 하며, 답안 문서 파일명이 "수험번호-성명"과 일치하지 않거나, 답안 파일을 전송하지 않아 미제출로 처리될 경우 실격 처리합니다. (예 : 12345678-홍길동.xlsx).
- 답안 작성을 마치면 파일을 저장하고, '답안 전송' 버튼을 선택하여 감독위원 PC로 답안을 전송하십시오. 수험생 정보와 저장한 파일명이 다를 경우 전송되지 않으므로 주의하시기 바랍니다.
- 답안 작성 중에도 **주기적으로 저장하고, '답안 전송'**하여야 문제 발생을 줄일 수 있습니다. 작업한 내용을 저장하지 않고 전송할 경우 이전에 저장된 내용이 전송되오니 이점 유의하시기 바랍니다.
- 답안 문서는 지정된 경로 외의 다른 보조기억장치에 저장하는 경우, 지정된 시험 시간 외에 작성된 파일을 활용할 경우, 기타 통신수단(이메일, 메신저, 네트워크 등)을 이용하여 타인에게 전달 또는 외부 반출하는 경우는 부정 처리합니다.
- 시험 중 부주의 또는 고의로 시스템을 파손한 경우는 수험자가 변상해야 하며, 〈수험자 유의사항〉에 기재된 방법대로 이행하지 않아 생기는 불이익은 수험생 당사자의 책임임을 알려 드립니다.
- 문제의 조건은 MS오피스 2021 버전으로 설정되어 있으니 유의하시기 바랍니다.
- 시험을 완료한 수험자는 답안 파일이 전송되었는지 확인한 후 감독위원의 지시에 따라 문제지를 제출하고 퇴실합니다.

· 답안 작성요령 ·

- 온라인 답안 작성 절차
  수험자 등록 ⇒ 시험 시작 ⇒ 답안 파일 저장 ⇒ 답안 전송 ⇒ 시험 종료
- 문제는 총 4단계, 즉 제1작업부터 제4작업까지 구성되어 있으며 반드시 제1작업부터 순서대로 작성하고 조건대로 작업하시오.
- 모든 작업 시트의 A열은 열 너비 '1'로, 나머지 열은 적당하게 조절하시오.
- 모든 작업 시트의 테두리는 ≪출력형태≫와 같이 작업하시오.
- 해당 작업란에서는 각각 제시된 조건에 따라 ≪출력형태≫와 같이 작업하시오.
- 답안 시트 이름은 "제1작업", "제2작업", "제3작업", "제4작업"이어야 하며 답안 시트 이외의 것은 감점 처리됩니다.
- 각 시트를 파일로 나누어 작업해서 저장할 경우 실격 처리됩니다.

kpc 한국생산성본부

[제1작업] 표 서식 작성 및 값 계산 (240점)

다음은 '**명재활의학과 1분기 환자 관리 현황**'에 대한 자료이다. 자료를 입력하고 조건에 맞도록 작업하시오.

≪출력형태≫

관리번호	주민번호	환자명	치료구분	치료시작일	1회비용	치료횟수(1주)	성별	치료부위
SHD-01	541209-2******	박시선	도수치료	2024-03-11	87,000	3	(1)	(2)
KNE-01	671105-1******	이태호	통증치료	2024-01-19	55,000	2	(1)	(2)
SHD-02	020705-4******	홍규림	통증치료	2024-02-07	45,000	4	(1)	(2)
WAT-01	701210-1******	정상헌	운동치료	2024-02-23	102,000	3	(1)	(2)
KNE-02	910510-2******	김우윤	도수치료	2024-03-15	78,500	2	(1)	(2)
WAT-02	480731-2******	심명혜	통증치료	2024-01-15	57,500	2	(1)	(2)
SHD-03	851020-1******	최보근	도수치료	2024-02-13	83,000	4	(1)	(2)
WAT-03	030225-3******	정해림	운동치료	2024-03-05	98,500	3	(1)	(2)
도수치료 치료횟수(1주) 평균				(3)		운동치료 환자 수		(5)
가장 많은 치료횟수(1주)				(4)		관리번호	SHD-01	치료시작일	(6)

≪조건≫

- 모든 데이터의 서식에는 글꼴(굴림, 11pt), 정렬은 숫자 및 회계 서식은 오른쪽 정렬, 나머지 서식은 가운데 정렬로 작성하며 예외적인 것은 ≪출력형태≫를 참조하시오.
- 제 목 ⇒ 도형(배지)과 그림자(오프셋 오른쪽)를 이용하여 작성하고 "명재활의학과 1분기 환자 관리 현황"을 입력한 후 다음 서식을 적용하시오(글꼴-굴림, 24pt, 검정, 굵게, 채우기-노랑).
- 임의의 셀에 결재란을 작성하여 그림으로 복사 기능을 이용하여 붙이기 하시오(단, 원본 삭제).
- 「B4:J4, G14, I14」 영역은 '주황'으로 채우기 하시오.
- 유효성 검사를 이용하여 「H14」 셀에 관리번호(「B5:B12」 영역)가 선택 표시되도록 하시오.
- 셀 서식 ⇒ 「G5:G12」 영역에 셀 서식을 이용하여 숫자 뒤에 '원'을 표시하시오(예 : 87,000원).
- 「H5:H12」 영역에 대해 '치료횟수'로 이름정의를 하시오.

▶ (1)~(6) 셀은 반드시 **주어진 함수를 이용**하여 값을 구하시오(결과값을 직접 입력하면 해당 셀은 0점 처리됨).

(1) 성별 ⇒ 주민번호 8번째 값이 1이면 '남', 2이면 '여', 3이면 '남', 4이면 '여'로 구하시오 (CHOOSE, MID 함수).

(2) 치료부위 ⇒ 관리번호 첫 번째 글자가 S이면 '어깨', K이면 '무릎', 그 외에는 '허리'로 구하시오 (IF, LEFT 함수).

(3) 도수치료 치료횟수(1주) 평균 ⇒ 단, 조건은 입력데이터를 이용하시오(DAVERAGE 함수).

(4) 가장 많은 치료횟수(1주) ⇒ 정의된 이름(치료횟수)을 이용하여 구하시오(MAX 함수).

(5) 운동치료 환자 수 ⇒ 결과값에 '명'을 붙이시오(COUNTIF 함수, & 연산자)(예 : 1명).

(6) 치료시작일 ⇒ 「H14」 셀에서 선택한 관리번호에 대한 치료시작일을 구하시오 (VLOOKUP 함수)(예 : 2024-01-01).

(7) 조건부 서식의 수식을 이용하여 1회비용이 '85,000' 이상인 행 전체에 다음의 서식을 적용하시오 (글꼴 : 파랑, 굵게).

[제2작업] 목표값 찾기 및 필터   80점

➡ "제1작업" 시트의 「B4:H12」 영역을 복사하여 "제2작업" 시트의 「B2」 셀부터 모두 붙여넣기를 한 후 다음의 조건과 같이 작업하시오.

≪조건≫
- (1) 목표값 찾기 - 「B11:G11」 셀을 병합하고, 가운데 맞춤한 후 "1회비용 전체 평균"을 입력하고, 「H11」 셀에 1회비용의 전체 평균을 구하시오(AVERAGE 함수, 테두리).
  - '1회비용 전체 평균'이 '76,000'이 되려면 박시선의 1회비용이 얼마가 되어야 하는지 목표값을 구하시오.
- (2) 고급 필터 - 치료구분이 '도수치료'가 아니면서 치료횟수(1주)가 '3' 이상인 자료의 관리번호, 주민번호, 환자명, 치료시작일 데이터만 추출하시오.
  - 조건 범위 : 「B14」 셀부터 입력하시오.
  - 복사 위치 : 「B18」 셀부터 나타나도록 하시오.

[제3작업] 정렬 및 부분합   80점

➡ "제1작업" 시트의 「B4:H12」 영역을 복사하여 "제3작업" 시트의 「B2」 셀부터 모두 붙여넣기를 한 후 다음의 조건과 같이 작업하시오.

≪조건≫
- (1) 부분합 - ≪출력형태≫처럼 정렬하고, 환자명의 개수와 1회비용의 평균을 구하시오.
- (2) 개요 - 지우시오.
- (3) 나머지 사항은 ≪출력형태≫에 맞게 작성하시오.

≪출력형태≫

	A	B	C	D	E	F	G	H
1								
2		관리번호	주민번호	환자명	치료구분	치료시작일	1회비용	치료횟수(1주)
3		KNE-01	671105-1******	이태호	통증치료	2024-01-19	55,000원	2
4		SHD-02	020705-4******	홍규림	통증치료	2024-02-07	45,000원	4
5		WAT-02	480731-2******	심명혜	통증치료	2024-01-15	57,500원	2
6					통증치료 평균		52,500원	
7				3	통증치료 개수			
8		WAT-01	701210-1******	정상헌	운동치료	2024-02-23	102,000원	3
9		WAT-03	030225-3******	정해림	운동치료	2024-03-05	98,500원	3
10					운동치료 평균		100,250원	
11				2	운동치료 개수			
12		SHD-01	541209-2******	박시선	도수치료	2024-03-11	87,000원	3
13		KNE-02	910510-2******	김우윤	도수치료	2024-03-15	78,500원	2
14		SHD-03	851020-1******	최보근	도수치료	2024-02-13	83,000원	4
15					도수치료 평균		82,833원	
16				3	도수치료 개수			
17					전체 평균		75,813원	
18				8	전체 개수			

[제4작업] 그래프 100점

➡ "제1작업" 시트를 이용하여 조건에 따라 ≪출력형태≫와 같이 작업하시오.

≪조건≫

(1) 차트 종류 ⇒ 〈묶은 세로 막대형〉으로 작업하시오.
(2) 데이터 범위 ⇒ "제1작업" 시트의 내용을 이용하여 작업하시오.
(3) 위치 ⇒ "새 시트"로 이동하고, "제4작업"으로 시트 이름을 바꾸시오.
(4) 차트 디자인 도구 ⇒ 레이아웃 3, 스타일 1을 선택하여 ≪출력형태≫에 맞게 작업하시오.
(5) 영역 서식 ⇒ 차트 : 글꼴(굴림, 11pt), 채우기 효과(질감-파랑 박엽지)
             그림 : 채우기(흰색, 배경1)
(6) 제목 서식 ⇒ 차트 제목 : 글꼴(굴림, 굵게, 20pt), 채우기(흰색, 배경1), 테두리
(7) 서식 ⇒ 치료횟수(1주) 계열의 차트 종류를 〈표식이 있는 꺾은선형〉으로 변경한 후 보조 축으로 지정하시오.
         계열 : ≪출력형태≫를 참조하여 표식(마름모, 크기 10)과 레이블 값을 표시하시오.
         눈금선 : 선 스타일-파선
         축 : ≪출력형태≫를 참조하시오.
(8) 범례 ⇒ 범례명을 변경하고 ≪출력형태≫를 참조하시오.
(9) 도형 ⇒ '말풍선: 모서리가 둥근 사각형 설명선'을 삽입한 후 ≪출력형태≫와 같이 내용을 입력하시오.
(10) 나머지 사항은 ≪출력형태≫에 맞게 작성하시오.

≪출력형태≫

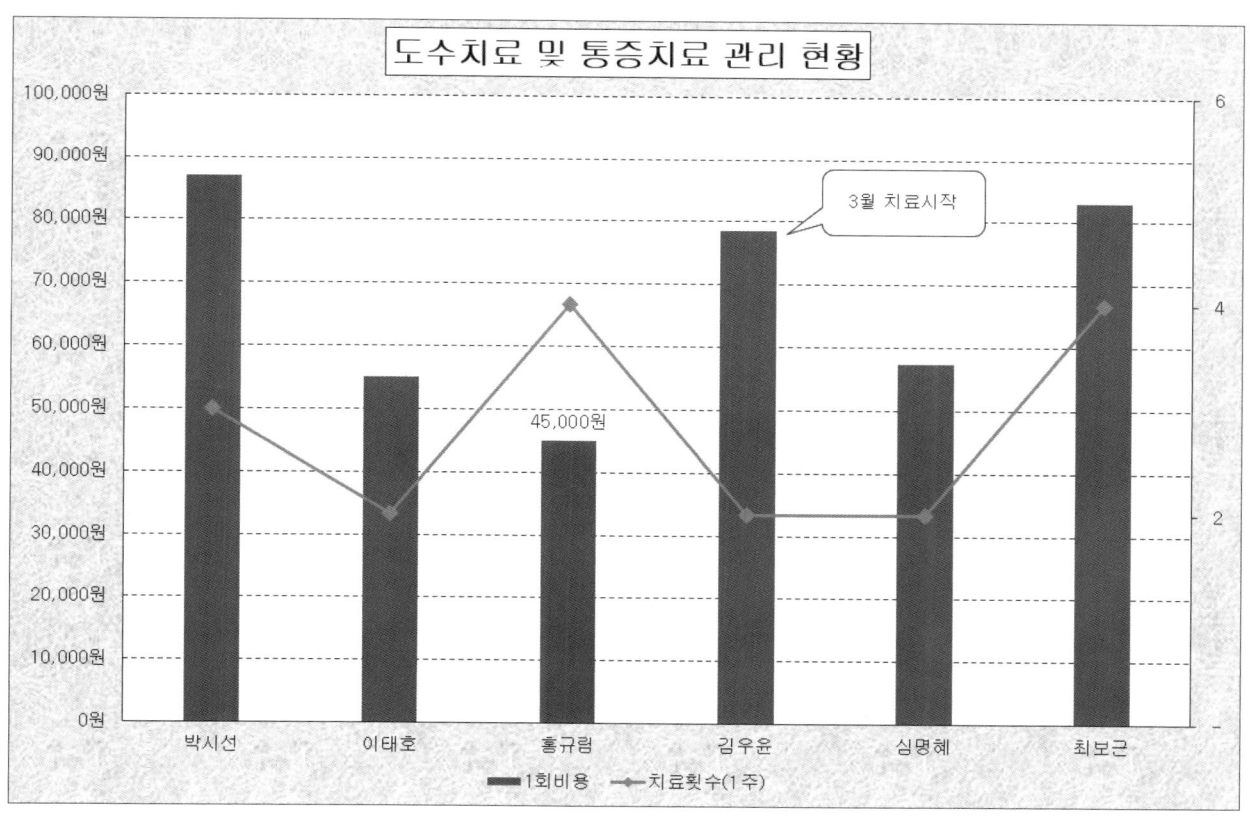

주의 ➡ 시트명 순서가 차례대로 "제1작업", "제2작업", "제3작업", "제4작업"이 되도록 할 것.

제 03 회 ITQ 실전모의고사

과목	코드	문제유형	시험시간	수험번호	성명
한글엑셀	1122	C	60분		

MS오피스

· 수험자 유의사항 ·

- 수험자는 문제지를 받는 즉시 문제지와 **수험표상의 시험과목(프로그램)이 동일한지 반드시 확인**하여야 합니다.
- 파일명은 본인의 "수험번호-성명"으로 입력하여 답안 폴더(내 PC\문서\ITQ)에 하나의 파일로 저장해야 하며, 답안 문서 파일명이 "수험번호-성명"과 일치하지 않거나, 답안 파일을 전송하지 않아 미제출로 처리될 경우 실격 처리합니다. (예 : 12345678-홍길동.xlsx).
- 답안 작성을 마치면 파일을 저장하고, '답안 전송' 버튼을 선택하여 감독위원 PC로 답안을 전송하십시오. 수험생 정보와 저장한 파일명이 다를 경우 전송되지 않으므로 주의하시기 바랍니다.
- 답안 작성 중에도 **주기적으로 저장하고, '답안 전송'**하여야 문제 발생을 줄일 수 있습니다. 작업한 내용을 저장하지 않고 전송할 경우 이전에 저장된 내용이 전송되오니 이점 유의하시기 바랍니다.
- 답안 문서는 지정된 경로 외의 다른 보조기억장치에 저장하는 경우, 지정된 시험 시간 외에 작성된 파일을 활용할 경우, 기타 통신수단(이메일, 메신저, 네트워크 등)을 이용하여 타인에게 전달 또는 외부 반출하는 경우는 부정 처리합니다.
- 시험 중 부주의 또는 고의로 시스템을 파손한 경우는 수험자가 변상해야 하며, 〈수험자 유의사항〉에 기재된 방법대로 이행하지 않아 생기는 불이익은 수험생 당사자의 책임임을 알려 드립니다.
- 문제의 조건은 MS오피스 2021 버전으로 설정되어 있으니 유의하시기 바랍니다.
- 시험을 완료한 수험자는 답안 파일이 전송되었는지 확인한 후 감독위원의 지시에 따라 문제지를 제출하고 퇴실합니다.

· 답안 작성요령 ·

- 온라인 답안 작성 절차
  수험자 등록 ⇒ 시험 시작 ⇒ 답안 파일 저장 ⇒ 답안 전송 ⇒ 시험 종료
- 문제는 총 4단계, 즉 제1작업부터 제4작업까지 구성되어 있으며 반드시 제1작업부터 순서대로 작성하고 조건대로 작업하시오.
- 모든 작업 시트의 A열은 열 너비 '1'로, 나머지 열은 적당하게 조절하시오.
- 모든 작업 시트의 테두리는 ≪출력형태≫와 같이 작업하시오.
- 해당 작업란에서는 각각 제시된 조건에 따라 ≪출력형태≫와 같이 작업하시오.
- 답안 시트 이름은 "제1작업", "제2작업", "제3작업", "제4작업"이어야 하며 답안 시트 이외의 것은 감점 처리됩니다.
- 각 시트를 파일로 나누어 작업해서 저장할 경우 실격 처리됩니다.

kpc 한국생산성본부

[제1작업] 표 서식 작성 및 값 계산 240점

다음은 '연구사업 진행 현황'에 대한 자료이다. 자료를 입력하고 조건에 맞도록 작업하시오.

≪출력형태≫

관리코드	사업명	관리팀	사업구분	진행인원수	시작일	기본예산(단위:원)	진행기간	예산순위
EA4-06	이러닝	교육관리	교육	7	2023-07-10	46,200,000	(1)	(2)
TA3-07	AR개발	개발1팀	기술	11	2023-07-01	83,700,000	(1)	(2)
TS1-12	홈네트워크	개발2팀	기술	13	2023-06-20	185,000,000	(1)	(2)
MA2-03	마케팅	개발1팀	영업	3	2023-10-05	22,700,000	(1)	(2)
TE1-10	네트워크보안	개발1팀	기술	10	2023-06-01	136,000,000	(1)	(2)
SA2-05	VR개발	개발2팀	기술	9	2023-08-10	34,700,000	(1)	(2)
EA4-04	연수원관리	교육관리	교육	6	2023-09-20	28,000,000	(1)	(2)
TE3-05	환경개선	개발2팀	기술	7	2023-09-01	103,000,000	(1)	(2)
개발1팀 기본예산(단위:원) 평균			(3)		교육 사업의 총 기본예산(단위:원)			(5)
최다 진행인원수			(4)		사업명	이러닝	사업구분	(6)

제목 위에는 결재란(담당, 팀장, 본부장)이 있음.

≪조건≫

○ 모든 데이터의 서식에는 글꼴(굴림, 11pt), 정렬은 숫자 및 회계 서식은 오른쪽 정렬, 나머지 서식은 가운데 정렬로 작성하며 예외적인 것은 ≪출력형태≫를 참조하시오.
○ 제 목 ⇒ 도형(십자형)과 그림자(오프셋 오른쪽)를 이용하여 작성하고
  "연구사업 진행 현황"을 입력한 후 다음 서식을 적용하시오
  (글꼴-굴림, 24pt, 검정, 굵게, 채우기-노랑).
○ 임의의 셀에 결재란을 작성하여 그림으로 복사 기능을 이용하여 붙이기 하시오(단, 원본 삭제).
○ 「B4:J4, G14, I14」영역은 '주황'으로 채우기 하시오.
○ 유효성 검사를 이용하여 「H14」셀에 사업명(「C5:C12」영역)이 선택 표시되도록 하시오.
○ 셀 서식 ⇒ 「F5:F12」영역에 셀 서식을 이용하여 숫자 뒤에 '명'을 표시하시오(예 : 7명).
○ 「F5:F12」영역에 대해 '진행인원수'로 이름정의를 하시오.

▶ (1)~(6) 셀은 반드시 **주어진 함수를 이용**하여 값을 구하시오(결과값을 직접 입력하면 해당 셀은 0점 처리됨).

(1) 진행기간 ⇒ 「14-시작일의 월」을 구한 값에 '개월'을 붙이시오(MONTH 함수, & 연산자)(예 : 1개월).
(2) 예산순위 ⇒ 기본예산(단위:원)의 내림차순 순위를 '1~3'만 표시하고 그 외에는 공백으로 구하시오
    (IF, RANK.EQ 함수).
(3) 개발1팀 기본예산(단위:원) 평균 ⇒ 개발1팀의 기본예산(단위:원) 평균을 구하시오(SUMIF, COUNTIF 함수).
(4) 최다 진행인원수 ⇒ 정의된 이름(진행인원수)을 이용하여 구하시오(MAX 함수).
(5) 교육 사업의 총 기본예산(단위:원) ⇒ 조건은 입력데이터를 이용하여 구하시오(DSUM 함수).
(6) 사업구분 ⇒ 「H14」셀에서 선택한 사업명의 사업구분을 구하시오(VLOOKUP 함수).
(7) 조건부 서식의 수식을 이용하여 진행인원수가 '10' 이상인 행 전체에 다음의 서식을 적용하시오
   (글꼴 : 파랑, 굵게).

[제2작업] 필터 및 서식   80점

➡ "제1작업" 시트의 「B4:H12」 영역을 복사하여 "제2작업" 시트의 「B2」 셀부터 모두 붙여넣기를 한 후 다음의 조건과 같이 작업하시오.

≪조건≫
(1) 고급 필터 – 사업구분이 '교육'이거나, 기본예산(단위:원)이 '130,000,000' 이상인 자료의 관리코드, 사업명, 진행인원수, 기본예산(단위:원) 데이터만 추출하시오.
    – 조건 범위 : 「B13」 셀부터 입력하시오.
    – 복사 위치 : 「B18」 셀부터 나타나도록 하시오.

(2) 표 서식 – 고급 필터의 결과셀을 채우기 없음으로 설정한 후 '표 스타일 보통 7'의 서식을 적용하시오.
    – 머리글 행, 줄무늬 행을 적용하시오.

[제3작업] 피벗 테이블   80점

➡ "제1작업" 시트를 이용하여 "제3작업" 시트에 조건에 따라 ≪출력형태≫와 같이 작업하시오.

≪조건≫
(1) 진행인원수 및 사업구분별 사업명의 개수와 기본예산(단위:원)의 평균을 구하시오.
(2) 진행인원수를 그룹화하고, 사업구분을 ≪출력형태≫와 같이 정렬하시오.
(3) 레이블이 있는 셀 병합 및 가운데 맞춤 적용 및 빈 셀은 '***'로 표시하시오.
(4) 행의 총합계는 지우고, 나머지 사항은 ≪출력형태≫에 맞게 작성하시오.

≪출력형태≫

	A	B	C	D	E	F	G	H
1								
2			사업구분					
3			영업		기술		교육	
4		진행인원수	개수 : 사업명	평균 : 기본예산(단위:원)	개수 : 사업명	평균 : 기본예산(단위:원)	개수 : 사업명	평균 : 기본예산(단위:원)
5		3-6	1	22,700,000	***	***	1	28,000,000
6		7-10	***	***	3	91,233,333	1	46,200,000
7		11-14	***	***	2	134,350,000	***	***
8		총합계	1	22,700,000	5	108,480,000	2	37,100,000

[제4작업] 그래프 (100점)

➡ "제1작업" 시트를 이용하여 조건에 따라 ≪출력형태≫와 같이 작업하시오.

≪조건≫

(1) 차트 종류 ⇒ 〈묶은 세로 막대형〉으로 작업하시오.
(2) 데이터 범위 ⇒ "제1작업" 시트의 내용을 이용하여 작업하시오.
(3) 위치 ⇒ "새 시트"로 이동하고, "제4작업"으로 시트 이름을 바꾸시오.
(4) 차트 디자인 도구 ⇒ 레이아웃 3, 스타일 1을 선택하여 ≪출력형태≫에 맞게 작업하시오.
(5) 영역 서식 ⇒ 차트 : 글꼴(굴림, 11pt), 채우기 효과(질감-파랑 박엽지)
　　　　　　　　그림 : 채우기(흰색, 배경1)
(6) 제목 서식 ⇒ 차트 제목 : 글꼴(굴림, 굵게, 20pt), 채우기(흰색, 배경1), 테두리
(7) 서식 ⇒ 기본예산(단위:원) 계열의 차트 종류를 〈표식이 있는 꺾은선형〉으로 변경한 후 보조 축으로 지정하시오.
　　　계열 : ≪출력형태≫를 참조하여 표식(네모, 크기 10)과 레이블 값을 표시하시오.
　　　눈금선 : 선 스타일-파선
　　　축 : ≪출력형태≫를 참조하시오.
(8) 범례 ⇒ 범례명을 변경하고 ≪출력형태≫를 참조하시오.
(9) 도형 ⇒ '말풍선: 모서리가 둥근 사각형 설명선'을 삽입한 후 ≪출력형태≫와 같이 내용을 입력하시오.
(10) 나머지 사항은 ≪출력형태≫에 맞게 작성하시오.

≪출력형태≫

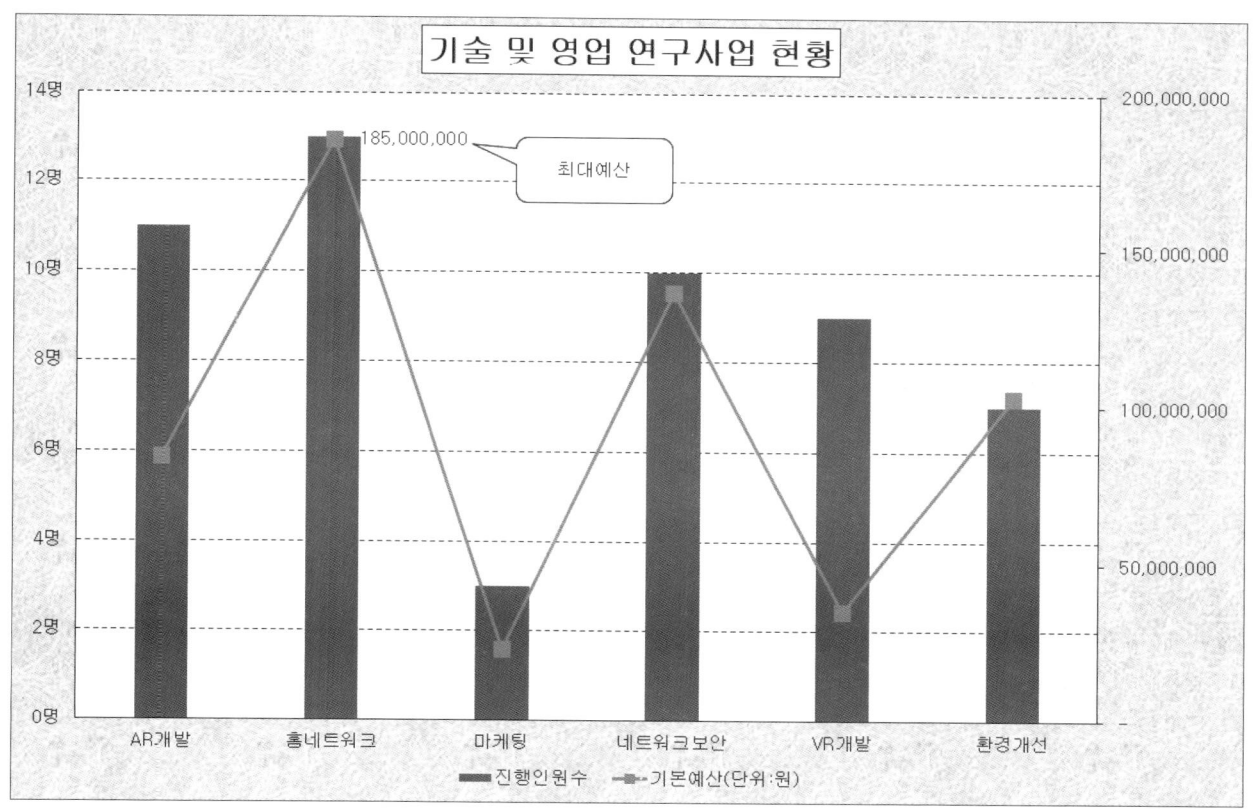

주의 ➡ 시트명 순서가 차례대로 "제1작업", "제2작업", "제3작업", "제4작업"이 되도록 할 것.

제 04 회 ITQ 실전모의고사

과목	코드	문제유형	시험시간	수험번호	성명
한글엑셀	1122	A	60분		

MS오피스

· 수험자 유의사항 ·

- 수험자는 문제지를 받는 즉시 문제지와 **수험표상의 시험과목(프로그램)이 동일한지 반드시 확인**하여야 합니다.
- 파일명은 본인의 "수험번호-성명"으로 입력하여 답안 폴더(내 PC₩문서₩ITQ)에 하나의 파일로 저장해야 하며, 답안 문서 파일명이 "수험번호-성명"과 일치하지 않거나, 답안 파일을 전송하지 않아 미제출로 처리될 경우 실격 처리합니다. (예 : 12345678-홍길동.xlsx).
- 답안 작성을 마치면 파일을 저장하고, '답안 전송' 버튼을 선택하여 감독위원 PC로 답안을 전송하십시오. 수험생 정보와 저장한 파일명이 다를 경우 전송되지 않으므로 주의하시기 바랍니다.
- 답안 작성 중에도 **주기적으로 저장하고, '답안 전송'**하여야 문제 발생을 줄일 수 있습니다. 작업한 내용을 저장하지 않고 전송할 경우 이전에 저장된 내용이 전송되오니 이점 유의하시기 바랍니다.
- 답안 문서는 지정된 경로 외의 다른 보조기억장치에 저장하는 경우, 지정된 시험 시간 외에 작성된 파일을 활용할 경우, 기타 통신수단(이메일, 메신저, 네트워크 등)을 이용하여 타인에게 전달 또는 외부 반출하는 경우는 부정 처리합니다.
- 시험 중 부주의 또는 고의로 시스템을 파손한 경우는 수험자가 변상해야 하며, 〈수험자 유의사항〉에 기재된 방법대로 이행하지 않아 생기는 불이익은 수험생 당사자의 책임임을 알려 드립니다.
- 문제의 조건은 MS오피스 2021 버전으로 설정되어 있으니 유의하시기 바랍니다.
- 시험을 완료한 수험자는 답안 파일이 전송되었는지 확인한 후 감독위원의 지시에 따라 문제지를 제출하고 퇴실합니다.

· 답안 작성요령 ·

- 온라인 답안 작성 절차
  수험자 등록 ⇒ 시험 시작 ⇒ 답안 파일 저장 ⇒ 답안 전송 ⇒ 시험 종료
- 문제는 총 4단계, 즉 제1작업부터 제4작업까지 구성되어 있으며 반드시 제1작업부터 순서대로 작성하고 조건대로 작업하시오.
- 모든 작업 시트의 A열은 열 너비 '1'로, 나머지 열은 적당하게 조절하시오.
- 모든 작업 시트의 테두리는 ≪출력형태≫와 같이 작업하시오.
- 해당 작업란에서는 각각 제시된 조건에 따라 ≪출력형태≫와 같이 작업하시오.
- 답안 시트 이름은 "제1작업", "제2작업", "제3작업", "제4작업"이어야 하며 답안 시트 이외의 것은 감점 처리됩니다.
- 각 시트를 파일로 나누어 작업해서 저장할 경우 실격 처리됩니다.

kpc 한국생산성본부

[제1작업] 표 서식 작성 및 값 계산   240점

▶ 다음은 '**소고기 부위별 판매 현황**'에 대한 자료이다. 자료를 입력하고 조건에 맞도록 작업하시오.

≪출력형태≫

품목코드	부위	생산일	구분	kg당 가격	판매량 (단위:kg)	납품한 시장 수	판매순위	비고
FVS-39	앞다리	2023-12-19	1+등급	75,600	1,294	39	(1)	(2)
SKR-86	앞다리	2023-12-29	2등급	52,000	4,188	73	(1)	(2)
ATE-38	안심	2023-12-24	1++등급	98,200	1,350	37	(1)	(2)
MYH-19	안심	2023-12-22	1등급	95,600	1,472	38	(1)	(2)
FEW-29	등심	2023-12-24	1등급	79,200	4,870	86	(1)	(2)
EUY-39	앞다리	2023-12-30	1++등급	73,000	3,765	71	(1)	(2)
TVE-68	등심	2023-12-27	2등급	66,400	5,760	98	(1)	(2)
MTT-92	등심	2023-12-24	1+등급	88,700	3,240	56	(1)	(2)
kg당 최고 가격			(3)		앞다리 부위 판매량(단위:kg) 합계			(5)
등심 부위 납품한 시장 수 평균			(4)		품목코드	FVS-39	생산일	(6)

결재란: 담당 / 팀장 / 부장

≪조건≫
○ 모든 데이터의 서식에는 글꼴(굴림, 11pt), 정렬은 숫자 및 회계 서식은 오른쪽 정렬, 나머지 서식은 가운데 정렬로 작성하며 예외적인 것은 ≪출력형태≫를 참조하시오.
○ 제 목 ⇒ 도형(배지)과 그림자(오프셋 오른쪽)를 이용하여 작성하고 "소고기 부위별 판매 현황"을 입력한 후 다음 서식을 적용하시오(글꼴-굴림, 24pt, 검정, 굵게, 채우기-노랑).
○ 임의의 셀에 결재란을 작성하여 그림으로 복사 기능을 이용하여 붙이기 하시오(단, 원본 삭제).
○ 「B4:J4, G14, I14」 영역은 '주황'으로 채우기 하시오.
○ 유효성 검사를 이용하여 「H14」 셀에 품목코드(「B5:B12」 영역)가 선택 표시되도록 하시오.
○ 셀 서식 ⇒ 「F5:F12」 영역에 셀 서식을 이용하여 숫자 뒤에 '원'을 표시하시오(예 : 75,600원).
○ 「F5:F12」 영역에 대해 '가격'으로 이름정의를 하시오.

▶ (1)~(6) 셀은 반드시 **주어진 함수를 이용**하여 값을 구하시오(결과값을 직접 입력하면 해당 셀은 0점 처리됨).
 (1) 판매순위 ⇒ 판매량(단위:kg)의 내림차순 순위를 구한 결과값에 '위'를 붙이시오
    (RANK.EQ 함수, & 연산자)(예 : 1위).
 (2) 비고 ⇒ kg당 가격이 90,000 이상이거나 판매량(단위:kg)이 5,000 이상이면 '★', 그 외에는 공백으로 구하시오(IF, OR 함수).
 (3) kg당 최고 가격 ⇒ 정의된 이름(가격)을 이용하여 구하시오(MAX 함수).
 (4) 등심 부위 납품한 시장 수 평균 ⇒ (SUMIF, COUNTIF 함수)
 (5) 앞다리 부위 판매량(단위:kg) 합계 ⇒ 조건은 입력데이터를 이용하시오(DSUM 함수).
 (6) 생산일 ⇒ 「H14」 셀에서 선택한 품목코드에 대한 생산일을 구하시오(VLOOKUP 함수)(예 : 2024-01-01).
 (7) 조건부 서식의 수식을 이용하여 납품한 시장 수가 '50' 이하인 행 전체에 다음의 서식을 적용하시오
    (글꼴 : 파랑, 굵게).

[제2작업] 목표값 찾기 및 필터　　80점

➡ "**제1작업**" 시트의 「**B4:H12**」 영역을 복사하여 "**제2작업**" 시트의 「**B2**」 셀부터 모두 붙여넣기를 한 후 다음의 조건과 같이 작업하시오.

≪조건≫
(1) 목표값 찾기 – 「B11:G11」 셀을 병합하고, 가운데 맞춤한 후 "판매량(단위:kg) 전체 평균"을 입력하고, 「H11」 셀에 판매량(단위:kg) 전체 평균을 구하시오(AVERAGE 함수, 테두리).
　　　　　　　 – '판매량(단위:kg) 전체 평균'이 '3,300'이 되려면 FVS-39의 판매량(단위:kg)이 얼마가 되어야 하는지 목표값을 구하시오.

(2) 고급 필터 – 부위가 '앞다리'가 아니면서 kg당 가격이 '90,000' 이하인 자료의 품목코드, 구분, kg당 가격, 판매량(단위:kg) 데이터만 추출하시오.
　　　　　　– 조건 범위 : 「B14」 셀부터 입력하시오.
　　　　　　– 복사 위치 : 「B18」 셀부터 나타나도록 하시오.

[제3작업] 정렬 및 부분합　　80점

➡ "**제1작업**" 시트의 「**B4:H12**」 영역을 복사하여 "**제3작업**" 시트의 「**B2**」 셀부터 모두 붙여넣기를 한 후 다음의 조건과 같이 작업하시오.

≪조건≫
(1) 부분합 – ≪출력형태≫처럼 정렬하고, 품목코드의 개수와 판매량(단위:kg)의 평균을 구하시오.
(2) 개요 – 지우시오.
(3) 나머지 사항은 ≪출력형태≫에 맞게 작성하시오.

≪출력형태≫

A	B	C	D	E	F	G	H
	품목코드	부위	생산일	구분	kg당 가격	판매량(단위:kg)	납품한 시장 수
	FVS-39	앞다리	2023-12-19	1+등급	75,600원	1,294	39
	SKR-86	앞다리	2023-12-29	2등급	52,000원	4,188	73
	EUY-39	앞다리	2023-12-30	1++등급	73,000원	3,765	71
		앞다리 평균				3,082	
	3	앞다리 개수					
	ATE-38	안심	2023-12-24	1++등급	98,200원	1,350	37
	MYH-19	안심	2023-12-22	1등급	95,600원	1,472	38
		안심 평균				1,411	
	2	안심 개수					
	FEW-29	등심	2023-12-24	1등급	79,200원	4,870	86
	TVE-68	등심	2023-12-27	2등급	66,400원	5,760	98
	MTT-92	등심	2023-12-24	1+등급	88,700원	3,240	56
		등심 평균				4,623	
	3	등심 개수					
		전체 평균				3,242	
	8	전체 개수					

[제4작업] 그래프 100점

➡ "제1작업" 시트를 이용하여 조건에 따라 ≪출력형태≫와 같이 작업하시오.

≪조건≫

(1) 차트 종류 ⇒ 〈묶은 세로 막대형〉으로 작업하시오.
(2) 데이터 범위 ⇒ "제1작업" 시트의 내용을 이용하여 작업하시오.
(3) 위치 ⇒ "새 시트"로 이동하고, "제4작업"으로 시트 이름을 바꾸시오.
(4) 차트 디자인 도구 ⇒ 레이아웃 3, 스타일 1을 선택하여 ≪출력형태≫에 맞게 작업하시오.
(5) 영역 서식 ⇒ 차트 : 글꼴(굴림, 11pt), 채우기 효과(질감-파랑 박엽지)
  그림 : 채우기(흰색, 배경1)
(6) 제목 서식 ⇒ 차트 제목 : 글꼴(굴림, 굵게, 20pt), 채우기(흰색, 배경1), 테두리
(7) 서식 ⇒ 판매량(단위:kg) 계열의 차트 종류를 〈표식이 있는 꺾은선형〉으로 변경한 후 보조 축으로 지정하시오.
  계열 : ≪출력형태≫를 참조하여 표식(마름모, 크기 10)과 레이블 값을 표시하시오.
  눈금선 : 선 스타일-파선
  축 : ≪출력형태≫를 참조하시오.
(8) 범례 ⇒ 범례명을 변경하고 ≪출력형태≫를 참조하시오.
(9) 도형 ⇒ '말풍선: 모서리가 둥근 사각형 설명선'을 삽입한 후 ≪출력형태≫와 같이 내용을 입력하시오.
(10) 나머지 사항은 ≪출력형태≫에 맞게 작성하시오.

≪출력형태≫

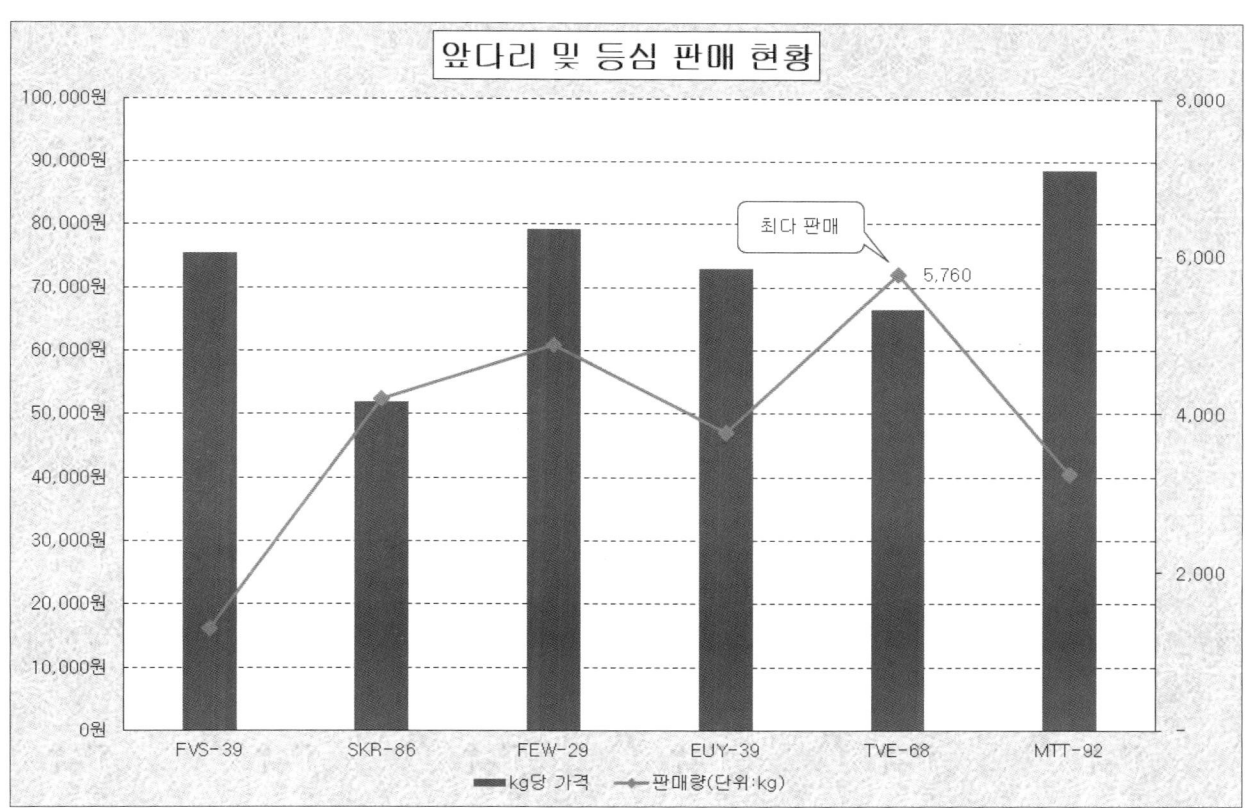

주의 ➡ 시트명 순서가 차례대로 "제1작업", "제2작업", "제3작업", "제4작업"이 되도록 할 것.

제 05 회 ITQ 실전모의고사

과목	코드	문제유형	시험시간	수험번호	성명
한글엑셀	1122	B	60분		

MS오피스

· 수험자 유의사항 ·

- 수험자는 문제지를 받는 즉시 문제지와 **수험표상의 시험과목(프로그램)이 동일한지 반드시 확인**하여야 합니다.
- 파일명은 본인의 "수험번호-성명"으로 입력하여 답안 폴더(내 PC\문서\ITQ)에 하나의 파일로 저장해야 하며, 답안 문서 파일명이 "수험번호-성명"과 일치하지 않거나, 답안 파일을 전송하지 않아 미제출로 처리될 경우 실격 처리합니다. (예 : 12345678-홍길동.xlsx).
- 답안 작성을 마치면 파일을 저장하고, '답안 전송' 버튼을 선택하여 감독위원 PC로 답안을 전송하십시오. 수험생 정보와 저장한 파일명이 다를 경우 전송되지 않으므로 주의하시기 바랍니다.
- 답안 작성 중에도 **주기적으로 저장하고, '답안 전송'**하여야 문제 발생을 줄일 수 있습니다. 작업한 내용을 저장하지 않고 전송할 경우 이전에 저장된 내용이 전송되오니 이점 유의하시기 바랍니다.
- 답안 문서는 지정된 경로 외의 다른 보조기억장치에 저장하는 경우, 지정된 시험 시간 외에 작성된 파일을 활용할 경우, 기타 통신수단(이메일, 메신저, 네트워크 등)을 이용하여 타인에게 전달 또는 외부 반출하는 경우는 부정 처리합니다.
- 시험 중 부주의 또는 고의로 시스템을 파손한 경우는 수험자가 변상해야 하며, 〈수험자 유의사항〉에 기재된 방법대로 이행하지 않아 생기는 불이익은 수험생 당사자의 책임임을 알려 드립니다.
- 문제의 조건은 MS오피스 2021 버전으로 설정되어 있으니 유의하시기 바랍니다.
- 시험을 완료한 수험자는 답안 파일이 전송되었는지 확인한 후 감독위원의 지시에 따라 문제지를 제출하고 퇴실합니다.

· 답안 작성요령 ·

- 온라인 답안 작성 절차
  수험자 등록 ⇒ 시험 시작 ⇒ 답안 파일 저장 ⇒ 답안 전송 ⇒ 시험 종료
- 문제는 총 4단계, 즉 제1작업부터 제4작업까지 구성되어 있으며 반드시 제1작업부터 순서대로 작성하고 조건대로 작업하시오.
- 모든 작업 시트의 A열은 열 너비 '1'로, 나머지 열은 적당하게 조절하시오.
- 모든 작업 시트의 테두리는 ≪출력형태≫와 같이 작업하시오.
- 해당 작업란에서는 각각 제시된 조건에 따라 ≪출력형태≫와 같이 작업하시오.
- 답안 시트 이름은 "제1작업", "제2작업", "제3작업", "제4작업"이어야 하며 답안 시트 이외의 것은 감점 처리됩니다.
- 각 시트를 파일로 나누어 작업해서 저장할 경우 실격 처리됩니다.

kpc 한국생산성본부

[제1작업] 표 서식 작성 및 값 계산 240점

다음은 '**진광 신규 아파트 입찰 현황**'에 대한 자료이다. 자료를 입력하고 조건에 맞도록 작업하시오.

≪출력형태≫

입찰코드	업체명	분류	근무인원	소장/반장 급여	입찰가격 (기간:월)	근무시간	순위	비고
CL-221	CLEAN 환경	청소	16	2,100,000	27,922,000	8H	(1)	(2)
SE-241	SMAT보안	경비	15	2,300,000	26,177,000	2교대 18H	(1)	(2)
AD-323	신대한	관리	7	3,300,000	23,200,000	9H	(1)	(2)
CL-211	미래 MNS	청소	10	2,000,000	18,900,000	7H	(1)	(2)
AD-322	21세기종합	관리	6	3,500,000	18,000,000	8H	(1)	(2)
SE-243	철통관리	경비	21	2,200,000	36,640,000	3교대 24H	(1)	(2)
AD-311	현대개발공사	관리	5	3,300,000	15,000,000	8H	(1)	(2)
SE-212	편한세상	경비	15	2,500,000	23,500,000	2교대 16H	(1)	(2)
관리업체의 평균 근무인원			(3)		청소업체의 총 근무인원			(5)
최저 입찰가격(기간:월)			(4)		업체명	CLEAN 환경	근무인원	(6)

결재: 담당 과장 차장

≪조건≫
 ○ 모든 데이터의 서식에는 글꼴(굴림, 11pt), 정렬은 숫자 및 회계 서식은 오른쪽 정렬, 나머지 서식은 가운데 정렬로 작성하며 예외적인 것은 ≪출력형태≫를 참조하시오.
 ○ 제 목 ⇒ 도형(십자형)과 그림자(오프셋 오른쪽)를 이용하여 작성하고 "진광 신규 아파트 입찰 현황"을 입력한 후 다음 서식을 적용하시오(글꼴-굴림, 24pt, 검정, 굵게, 채우기-노랑).
 ○ 임의의 셀에 결재란을 작성하여 그림으로 복사 기능을 이용하여 붙이기 하시오(단, 원본 삭제).
 ○ 「B4:J4, G14, I14」 영역은 '주황'으로 채우기 하시오.
 ○ 유효성 검사를 이용하여 「H14」 셀에 업체명(「C5:C12」 영역)이 선택 표시되도록 하시오.
 ○ 셀 서식 ⇒ 「E5:E12」 영역에 셀 서식을 이용하여 숫자 뒤에 '명'을 표시하시오(예 : 16명).
 ○ 「D5:D12」 영역에 대해 '분류'로 이름정의를 하시오.

▶ (1)~(6) 셀은 반드시 **주어진 함수를 이용**하여 값을 구하시오(결과값을 직접 입력하면 해당 셀은 0점 처리됨).
 (1) 순위 ⇒ 입찰가격(기간:월)의 내림차순 순위를 구하시오(RANK.EQ 함수).
 (2) 비고 ⇒ 입찰코드의 마지막 글자가 1이면 '접수1', 2이면 '접수2', 그 외에는 '접수3'으로 구하시오 (CHOOSE, RIGHT 함수).
 (3) 관리업체의 평균 근무인원 ⇒ 정의된 이름(분류)을 이용하여 구한 결과값에 '명'을 붙이시오 (SUMIF, COUNTIF 함수, & 연산자)(예 : 1명).
 (4) 최저 입찰가격(기간:월) ⇒ (MIN 함수)
 (5) 청소업체의 총 근무인원 ⇒ 단, 조건은 입력데이터를 이용하시오(DSUM 함수).
 (6) 근무인원 ⇒ 「H14」 셀에서 선택한 업체에 대한 근무인원을 구하시오(VLOOKUP 함수).
 (7) 조건부 서식의 수식을 이용하여 근무인원이 '10' 이하인 행 전체에 다음의 서식을 적용하시오 (글꼴 : 파랑, 굵게).

[제2작업] 필터 및 서식   80점

➤ "제1작업" 시트의 「B4:H12」 영역을 복사하여 "제2작업" 시트의 「B2」 셀부터 모두 붙여넣기를 한 후 다음의 조건과 같이 작업하시오.

≪조건≫
(1) 고급 필터 – 분류가 '청소'이거나, 소장/반장 급여가 '3,500,000' 이상인 자료의 입찰코드, 근무인원, 입찰가격(기간:월), 근무시간 데이터만 추출하시오.
– 조건 범위 : 「B13」 셀부터 입력하시오.
– 복사 위치 : 「B18」 셀부터 나타나도록 하시오.

(2) 표 서식 – 고급 필터의 결과셀을 채우기 없음으로 설정한 후 '표 스타일 보통 7'의 서식을 적용하시오.
– 머리글 행, 줄무늬 행을 적용하시오.

[제3작업] 피벗 테이블   80점

➤ "제1작업" 시트를 이용하여 "제3작업" 시트에 조건에 따라 ≪출력형태≫와 같이 작업하시오.

≪조건≫
(1) 근무인원 및 분류별 업체명의 개수와 입찰가격(기간:월)의 평균을 구하시오.
(2) 근무인원을 그룹화하고, 분류를 ≪출력형태≫와 같이 정렬하시오.
(3) 레이블이 있는 셀 병합 및 가운데 맞춤 적용 및 빈 셀은 '***'로 표시하시오.
(4) 행의 총합계는 지우고, 나머지 사항은 ≪출력형태≫에 맞게 작성하시오.

≪출력형태≫

	A	B	C	D	E	F	G	H
1								
2			분류					
3			청소		관리		경비	
4		근무인원	개수 : 업체명	평균 : 입찰가격(기간:월)	개수 : 업체명	평균 : 입찰가격(기간:월)	개수 : 업체명	평균 : 입찰가격(기간:월)
5		5-11	1	18,900,000	3	18,733,333	***	***
6		12-18	1	27,922,000	***	***	2	24,838,500
7		19-25	***	***	***	***	1	36,640,000
8		총합계	2	23,411,000	3	18,733,333	3	28,772,333

[제4작업] 그래프 100점

➡ "제1작업" 시트를 이용하여 조건에 따라 ≪출력형태≫와 같이 작업하시오.

≪조건≫

(1) 차트 종류 ⇒ 〈묶은 세로 막대형〉으로 작업하시오.
(2) 데이터 범위 ⇒ "제1작업" 시트의 내용을 이용하여 작업하시오.
(3) 위치 ⇒ "새 시트"로 이동하고, "제4작업"으로 시트 이름을 바꾸시오.
(4) 차트 디자인 도구 ⇒ 레이아웃 3, 스타일 1을 선택하여 ≪출력형태≫에 맞게 작업하시오.
(5) 영역 서식 ⇒ 차트 : 글꼴(굴림, 11pt), 채우기 효과(질감-파랑 박엽지)
             그림 : 채우기(흰색, 배경1)
(6) 제목 서식 ⇒ 차트 제목 : 글꼴(굴림, 굵게, 20pt), 채우기(흰색, 배경1), 테두리
(7) 서식 ⇒ 입찰가격(기간:월) 계열의 차트 종류를 〈표식이 있는 꺾은선형〉으로 변경한 후 보조 축으로 지정하시오.
         계열 : ≪출력형태≫를 참조하여 표식(네모, 크기 10)과 레이블 값을 표시하시오.
         눈금선 : 선 스타일-파선
         축 : ≪출력형태≫를 참조하시오.
(8) 범례 ⇒ 범례명을 변경하고 ≪출력형태≫를 참조하시오.
(9) 도형 ⇒ '말풍선: 모서리가 둥근 사각형 설명선'을 삽입한 후 ≪출력형태≫와 같이 내용을 입력하시오.
(10) 나머지 사항은 ≪출력형태≫에 맞게 작성하시오.

≪출력형태≫

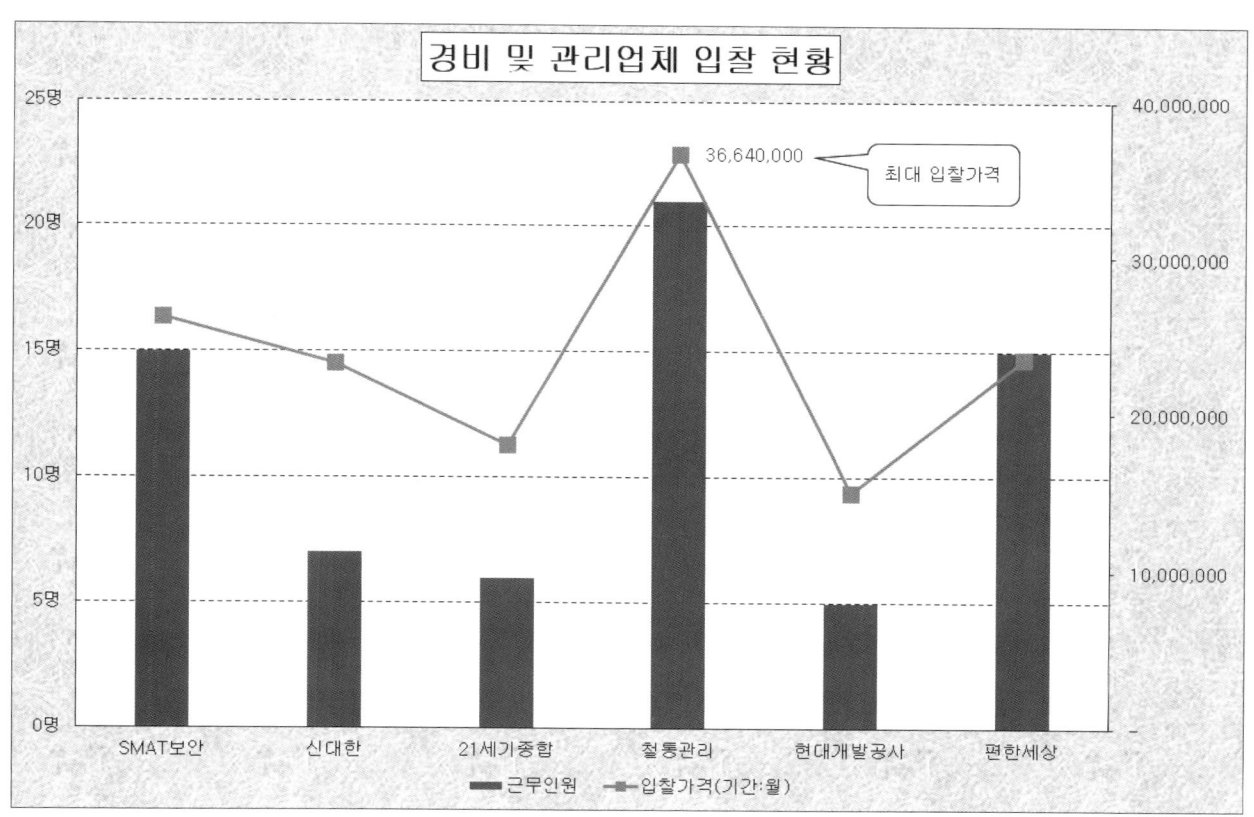

주의 ➡ 시트명 순서가 차례대로 "제1작업", "제2작업", "제3작업", "제4작업"이 되도록 할 것.

제 06 회 ITQ 실전모의고사

과목	코드	문제유형	시험시간	수험번호	성명
한글엑셀	1122	C	60분		

MS오피스

◆ 수험자 유의사항 ◆

- 수험자는 문제지를 받는 즉시 문제지와 **수험표상의 시험과목(프로그램)이 동일한지 반드시 확인**하여야 합니다.
- 파일명은 본인의 "수험번호-성명"으로 입력하여 답안 폴더(내 PC\문서\ITQ)에 하나의 파일로 저장해야 하며, 답안 문서 파일명이 "수험번호-성명"과 일치하지 않거나, 답안 파일을 전송하지 않아 미제출로 처리될 경우 실격 처리합니다 (예 : 12345678-홍길동.xlsx).
- 답안 작성을 마치면 파일을 저장하고, '답안 전송' 버튼을 선택하여 감독위원 PC로 답안을 전송하십시오. 수험생 정보와 저장한 파일명이 다를 경우 전송되지 않으므로 주의하시기 바랍니다.
- 답안 작성 중에도 **주기적으로 저장하고, '답안 전송'**하여야 문제 발생을 줄일 수 있습니다. 작업한 내용을 저장하지 않고 전송할 경우 이전에 저장된 내용이 전송되오니 이점 유의하시기 바랍니다.
- 답안 문서는 지정된 경로 외의 다른 보조기억장치에 저장하는 경우, 지정된 시험 시간 외에 작성된 파일을 활용할 경우, 기타 통신수단(이메일, 메신저, 네트워크 등)을 이용하여 타인에게 전달 또는 외부 반출하는 경우는 부정 처리합니다.
- 시험 중 부주의 또는 고의로 시스템을 파손한 경우는 수험자가 변상해야 하며, 〈수험자 유의사항〉에 기재된 방법대로 이행하지 않아 생기는 불이익은 수험생 당사자의 책임임을 알려 드립니다.
- 문제의 조건은 MS오피스 2021 버전으로 설정되어 있으니 유의하시기 바랍니다.
- 시험을 완료한 수험자는 답안 파일이 전송되었는지 확인한 후 감독위원의 지시에 따라 문제지를 제출하고 퇴실합니다.

◆ 답안 작성요령 ◆

- 온라인 답안 작성 절차
  수험자 등록 ⇒ 시험 시작 ⇒ 답안 파일 저장 ⇒ 답안 전송 ⇒ 시험 종료
- 문제는 총 4단계, 즉 제1작업부터 제4작업까지 구성되어 있으며 반드시 제1작업부터 순서대로 작성하고 조건대로 작업하시오.
- 모든 작업 시트의 A열은 열 너비 '1'로, 나머지 열은 적당하게 조절하시오.
- 모든 작업 시트의 테두리는 《출력형태》와 같이 작업하시오.
- 해당 작업란에서는 각각 제시된 조건에 따라 《출력형태》와 같이 작업하시오.
- 답안 시트 이름은 "제1작업", "제2작업", "제3작업", "제4작업"이어야 하며 답안 시트 이외의 것은 감점 처리됩니다.
- 각 시트를 파일로 나누어 작업해서 저장할 경우 실격 처리됩니다.

kpc 한국생산성본부

[제1작업] 표 서식 작성 및 값 계산   240점

다음은 '**미용기기 판매 현황**'에 대한 자료이다. 자료를 입력하고 조건에 맞도록 작업하시오.

≪출력형태≫

제품코드	제품명	구분	판매수량 (단위:대)	재고수량 (단위:대)	판매가	적합등록일	판매순위	비고
FSS-48	뉴페이스	고주파기	348	278	230	2023-05-22	(1)	(2)
SXT-13	벨라	초음파기	320	130	260	2023-06-03	(1)	(2)
DAS-13	헤르킨	복합기	132	144	70	2023-02-26	(1)	(2)
SES-11	플라덤	복합기	220	321	68	2023-02-09	(1)	(2)
SZT-97	헤라스킨	초음파기	422	273	350	2023-07-17	(1)	(2)
DVE-21	매직업	고주파기	137	143	440	2023-07-05	(1)	(2)
SEE-21	리얼스타	고주파기	176	320	240	2023-10-04	(1)	(2)
DZE-32	워터웰	초음파기	229	182	175	2023-09-16	(1)	(2)
복합기 제품 판매수량(단위:대) 평균			(3)		고주파기 제품의 판매수량(단위:대) 합계			(5)
최저 판매가			(4)		제품코드	FSS-48	적합등록일	(6)

(제목: 미용기기 판매 현황, 결재란: 담당/팀장/본부장)

≪조건≫

- 모든 데이터의 서식에는 글꼴(굴림, 11pt), 정렬은 숫자 및 회계 서식은 오른쪽 정렬, 나머지 서식은 가운데 정렬로 작성하며 예외적인 것은 ≪출력형태≫를 참조하시오.
- 제 목 ⇒ 도형(배지)과 그림자(오프셋 오른쪽)를 이용하여 작성하고 "미용기기 판매 현황"을 입력한 후 다음 서식을 적용하시오(글꼴-굴림, 24pt, 검정, 굵게, 채우기-노랑).
- 임의의 셀에 결재란을 작성하여 그림으로 복사 기능을 이용하여 붙이기 하시오(단, 원본 삭제).
- 「B4:J4, G14, I14」 영역은 '주황'으로 채우기 하시오.
- 유효성 검사를 이용하여 「H14」 셀에 제품코드(「B5:B12」 영역)가 선택 표시되도록 하시오.
- 셀 서식 ⇒ 「G5:G12」 영역에 셀 서식을 이용하여 숫자 뒤에 '만원'을 표시하시오(예 : 230만원).
- 「G5:G12」 영역에 대해 '판매가'로 이름정의를 하시오.

➡ (1)~(6) 셀은 반드시 **주어진 함수를 이용**하여 값을 구하시오(결과값을 직접 입력하면 해당 셀은 0점 처리됨).

(1) 판매순위 ⇒ 판매수량(단위:대)의 내림차순 순위를 구하시오(RANK.EQ 함수).
(2) 비고 ⇒ 재고수량(단위:대)이 200 이상이거나 판매가가 300 이상이면 '20% 할인', 그 외에는 공백으로 표시하시오(IF, OR 함수).
(3) 복합기 제품 판매수량(단위:대) 평균 ⇒ (SUMIF, COUNTIF 함수)
(4) 최저 판매가 ⇒ 정의된 이름(판매가)을 이용하여 구한 결과값에 '만원'을 붙이시오
   (MIN 함수, & 연산자)(예 : 230만원).
(5) 고주파기 제품의 판매수량(단위:대) 합계 ⇒ 조건은 입력데이터를 이용하시오(DSUM 함수).
(6) 적합등록일 ⇒ 「H14」 셀에서 선택한 제품코드에 대한 적합등록일을 구하시오
   (VLOOKUP 함수)(예 : 2023-01-01).
(7) 조건부 서식의 수식을 이용하여 판매수량(단위:대)이 '200' 이하인 행 전체에 다음의 서식을 적용하시오
   (글꼴 : 파랑, 굵게).

[제2작업] 목표값 찾기 및 필터   80점

➡ "제1작업" 시트의 「B4:H12」 영역을 복사하여 "제2작업" 시트의 「B2」 셀부터 모두 붙여넣기를 한 후 다음의 조건과 같이 작업하시오.

≪조건≫
(1) 목표값 찾기 – 「B11:G11」 셀을 병합하고, 가운데 맞춤한 후 "판매수량(단위:대) 전체 평균"을 입력하고, 「H11」 셀에 판매수량(단위:대) 전체 평균을 구하시오(AVERAGE 함수, 테두리).
  – '판매수량(단위:대) 전체 평균'이 '250'이 되려면 뉴페이스의 판매수량(단위:대)이 얼마가 되어야 하는지 목표값을 구하시오.

(2) 고급 필터 – 구분이 '고주파기'가 아니면서 판매가가 '300' 이하인 자료의 제품명, 구분, 판매수량(단위:대), 판매가 데이터만 추출하시오.
  – 조건 범위 : 「B14」 셀부터 입력하시오.
  – 복사 위치 : 「B18」 셀부터 나타나도록 하시오.

[제3작업] 정렬 및 부분합   80점

➡ "제1작업" 시트의 「B4:H12」 영역을 복사하여 "제3작업" 시트의 「B2」 셀부터 모두 붙여넣기를 한 후 다음의 조건과 같이 작업하시오.

≪조건≫
(1) 부분합 – ≪출력형태≫처럼 정렬하고, 제품명의 개수와 판매수량(단위:대)의 평균을 구하시오.
(2) 개요 – 지우시오.
(3) 나머지 사항은 ≪출력형태≫에 맞게 작성하시오.

≪출력형태≫

	A	B	C	D	E	F	G	H
1								
2		제품코드	제품명	구분	판매수량(단위:대)	재고수량(단위:대)	판매가	적합등록일
3		SXT-13	빌라	초음파기	320	130	260만원	2023-06-03
4		SZT-97	헤라스킨	초음파기	422	273	350만원	2023-07-17
5		DZE-32	워터웰	초음파기	229	182	175만원	2023-09-16
6				초음파기 평균	324			
7			3	초음파기 개수				
8		DAS-13	헤르킨	복합기	132	144	70만원	2023-02-26
9		SES-11	플라덤	복합기	220	321	68만원	2023-02-09
10				복합기 평균	176			
11			2	복합기 개수				
12		FSS-48	뉴페이스	고주파기	348	278	230만원	2023-05-22
13		DVE-21	매직업	고주파기	137	143	440만원	2023-07-05
14		SEE-21	리얼스타	고주파기	176	320	240만원	2023-10-04
15				고주파기 평균	220			
16			3	고주파기 개수				
17				전체 평균	248			
18			8	전체 개수				

[제4작업] 그래프   100점

➡ "제1작업" 시트를 이용하여 조건에 따라 ≪출력형태≫와 같이 작업하시오.

≪조건≫

(1) 차트 종류 ⇒ 〈묶은 세로 막대형〉으로 작업하시오.
(2) 데이터 범위 ⇒ "제1작업" 시트의 내용을 이용하여 작업하시오.
(3) 위치 ⇒ "새 시트"로 이동하고, "제4작업"으로 시트 이름을 바꾸시오.
(4) 차트 디자인 도구 ⇒ 레이아웃 3, 스타일 1을 선택하여 ≪출력형태≫에 맞게 작업하시오.
(5) 영역 서식 ⇒ 차트 : 글꼴(굴림, 11pt), 채우기 효과(질감-파랑 박엽지)
            그림 : 채우기(흰색, 배경1)
(6) 제목 서식 ⇒ 차트 제목 : 글꼴(굴림, 굵게, 20pt), 채우기(흰색, 배경1), 테두리
(7) 서식 ⇒ 판매가 계열의 차트 종류를 〈표식이 있는 꺾은선형〉으로 변경한 후 보조 축으로 지정하시오.
      계열 : ≪출력형태≫를 참조하여 표식(마름모, 크기 10)과 레이블 값을 표시하시오.
      눈금선 : 선 스타일-파선
      축 : ≪출력형태≫를 참조하시오.
(8) 범례 ⇒ 범례명을 변경하고 ≪출력형태≫를 참조하시오.
(9) 도형 ⇒ '말풍선: 모서리가 둥근 사각형 설명선'을 삽입한 후 ≪출력형태≫와 같이 내용을 입력하시오.
(10) 나머지 사항은 ≪출력형태≫에 맞게 작성하시오.

≪출력형태≫

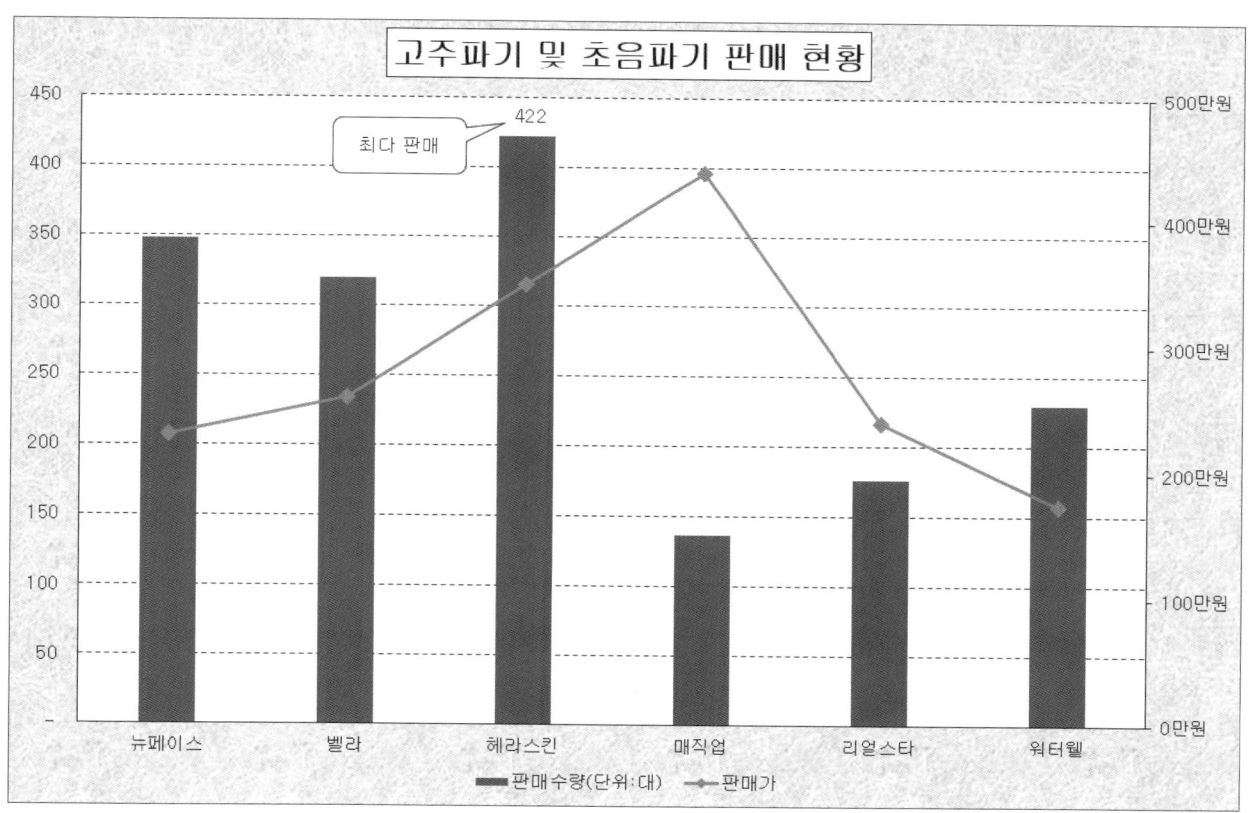

주의 ➡ 시트명 순서가 차례대로 "제1작업", "제2작업", "제3작업", "제4작업"이 되도록 할 것.

제 07 회 ITQ 실전모의고사

과목	코드	문제유형	시험시간	수험번호	성명
한글엑셀	1122	A	60분		

MS오피스

· 수험자 유의사항 ·

- 수험자는 문제지를 받는 즉시 문제지와 **수험표상의 시험과목(프로그램)이 동일한지 반드시 확인**하여야 합니다.
- 파일명은 본인의 "수험번호-성명"으로 입력하여 답안 폴더(내 PC₩문서₩ITQ)에 하나의 파일로 저장해야 하며, 답안 문서 파일명이 "수험번호-성명"과 일치하지 않거나, 답안 파일을 전송하지 않아 미제출로 처리될 경우 실격 처리합니다. (예 : 12345678-홍길동.xlsx).
- 답안 작성을 마치면 파일을 저장하고, '답안 전송' 버튼을 선택하여 감독위원 PC로 답안을 전송하십시오. 수험생 정보와 저장한 파일명이 다를 경우 전송되지 않으므로 주의하시기 바랍니다.
- 답안 작성 중에도 **주기적으로 저장하고, '답안 전송'**하여야 문제 발생을 줄일 수 있습니다. 작업한 내용을 저장하지 않고 전송할 경우 이전에 저장된 내용이 전송되오니 이점 유의하시기 바랍니다.
- 답안 문서는 지정된 경로 외의 다른 보조기억장치에 저장하는 경우, 지정된 시험 시간 외에 작성된 파일을 활용할 경우, 기타 통신수단(이메일, 메신저, 네트워크 등)을 이용하여 타인에게 전달 또는 외부 반출하는 경우는 부정 처리합니다.
- 시험 중 부주의 또는 고의로 시스템을 파손한 경우는 수험자가 변상해야 하며, 〈수험자 유의사항〉에 기재된 방법대로 이행하지 않아 생기는 불이익은 수험생 당사자의 책임임을 알려 드립니다.
- 문제의 조건은 MS오피스 2021 버전으로 설정되어 있으니 유의하시기 바랍니다.
- 시험을 완료한 수험자는 답안 파일이 전송되었는지 확인한 후 감독위원의 지시에 따라 문제지를 제출하고 퇴실합니다.

· 답안 작성요령 ·

- 온라인 답안 작성 절차
  수험자 등록 ⇒ 시험 시작 ⇒ 답안 파일 저장 ⇒ 답안 전송 ⇒ 시험 종료
- 문제는 총 4단계, 즉 제1작업부터 제4작업까지 구성되어 있으며 반드시 제1작업부터 순서대로 작성하고 조건대로 작업하시오.
- 모든 작업 시트의 A열은 열 너비 '1'로, 나머지 열은 적당하게 조절하시오.
- 모든 작업 시트의 테두리는 ≪출력형태≫와 같이 작업하시오.
- 해당 작업란에서는 각각 제시된 조건에 따라 ≪출력형태≫와 같이 작업하시오.
- 답안 시트 이름은 "제1작업", "제2작업", "제3작업", "제4작업"이어야 하며 답안 시트 이외의 것은 감점 처리됩니다.
- 각 시트를 파일로 나누어 작업해서 저장할 경우 실격 처리됩니다.

kpc 한국생산성본부

[제1작업] 표 서식 작성 및 값 계산 240점

다음은 'eBook 베스트 판매 현황'에 대한 자료이다. 자료를 입력하고 조건에 맞도록 작업하시오.

≪출력형태≫

분류코드	도서명	옮긴이	분야	출간일	판매가격	리뷰 (단위:개)	열람 기간	판매가격 순위
SE-312	코스모스	홍승수	과학/공학	2020-03-24	14,850	1,316	(1)	(2)
SD-121	1퍼센트 부자의 법칙	김진아	자기계발	2023-02-06	12,000	495	(1)	(2)
LA-212	인스타 브레인	김아영	인문	2020-11-03	9,450	604	(1)	(2)
SE-322	이기적 유전자	이상임	과학/공학	2022-12-25	12,600	867	(1)	(2)
LA-231	정리하는 뇌	김성훈	인문	2022-05-18	13,860	1,008	(1)	(2)
SE-332	건강의 뇌과학	박세연	과학/공학	2023-01-11	13,500	1,125	(1)	(2)
SD-124	부는 어디서 오는가	이상미	자기계발	2021-11-25	9,450	505	(1)	(2)
LA-241	사랑의 기술	황문수	인문	2021-08-30	7,560	924	(1)	(2)
자기계발 분야 도서 수			(3)		최대 리뷰(단위:개)			(5)
과학/공학 분야 도서 판매가격 평균			(4)		도서명	코스모스	판매가격	(6)

≪조건≫

- 모든 데이터의 서식에는 글꼴(굴림, 11pt), 정렬은 숫자 및 회계 서식은 오른쪽 정렬, 나머지 서식은 가운데 정렬로 작성하며 예외적인 것은 ≪출력형태≫를 참조하시오.
- 제 목 ⇒ 도형(평행 사변형)과 그림자(오프셋 오른쪽)를 이용하여 작성하고 "eBook 베스트 판매 현황"을 입력한 후 다음 서식을 적용하시오(글꼴-굴림, 24pt, 검정, 굵게, 채우기-노랑).
- 임의의 셀에 결재란을 작성하여 그림으로 복사 기능을 이용하여 붙이기 하시오(단, 원본 삭제).
- 「B4:J4, G14, I14」 영역은 '주황'으로 채우기 하시오.
- 유효성 검사를 이용하여 「H14」 셀에 도서명(「C5:C12」 영역)이 선택 표시되도록 하시오.
- 셀 서식 ⇒ 「G5:G12」 영역에 셀 서식을 이용하여 숫자 뒤에 '원'을 표시하시오(예 : 14,850원).
- 「H5:H12」 영역에 대해 '리뷰'로 이름정의를 하시오.

▶ (1)~(6) 셀은 반드시 **주어진 함수를 이용**하여 값을 구하시오(결과값을 직접 입력하면 해당 셀은 0점 처리됨).

(1) 열람 기간 ⇒ 코드의 네 번째 값이 1이면 '90일', 2이면 '60일', 3이면 '30일'로 표시하시오(CHOOSE, MID 함수).
(2) 판매가격 순위 ⇒ 판매가격의 내림차순 순위를 1~3까지 구한 결과값에 '위'를 붙이고, 그 외에는 공백으로 표시하시오(IF, RANK.EQ 함수, & 연산자)(예 : 1위).
(3) 자기계발 분야 도서 수 ⇒ (COUNTIF 함수)
(4) 과학/공학 분야 도서 판매가격 평균 ⇒ 단, 조건은 입력데이터를 이용하시오(DAVERAGE 함수).
(5) 최대 리뷰(단위:개) ⇒ 정의된 이름(리뷰)을 이용하여 구하시오(LARGE 함수).
(6) 판매가격 ⇒ 「H14」 셀에서 선택한 도서명에 대한 판매가격을 구하시오(VLOOKUP 함수).
(7) 조건부 서식의 수식을 이용하여 리뷰(단위:개)가 '1,000' 이상인 행 전체에 다음의 서식을 적용하시오(글꼴 : 파랑, 굵게).

[제2작업] 필터 및 서식   80점

➡ "제1작업" 시트의 「B4:H12」 영역을 복사하여 "제2작업" 시트의 「B2」 셀부터 모두 붙여넣기를 한 후 다음의 조건과 같이 작업하시오.

≪조건≫
(1) 고급 필터 - 분야가 '과학/공학'이거나, 출간일이 '2023-01-01' 이후(해당일 포함)인 자료의 도서명, 옮긴이, 판매가격, 리뷰(단위:개) 데이터만 추출하시오.
- 조건 범위 : 「B14」 셀부터 입력하시오.
- 복사 위치 : 「B18」 셀부터 나타나도록 하시오.

(2) 표 서식 - 고급 필터의 결과셀을 채우기 없음으로 설정한 후 '표 스타일 밝게 9'의 서식을 적용하시오.
- 머리글 행, 줄무늬 행을 적용하시오.

[제3작업] 피벗 테이블   80점

➡ "제1작업" 시트를 이용하여 "제3작업" 시트에 조건에 따라 ≪출력형태≫와 같이 작업하시오.

≪조건≫
(1) 출간일 및 분야별 도서명의 개수와 리뷰(단위:개)의 평균을 구하시오.
(2) 출간일을 그룹화하고, 분야를 ≪출력형태≫와 같이 정렬하시오.
(3) 레이블이 있는 셀 병합 및 가운데 맞춤 적용 및 빈 셀은 '**'로 표시하시오.
(4) 행의 총합계는 지우고, 나머지 사항은 ≪출력형태≫에 맞게 작성하시오.

≪출력형태≫

A	B	C	D	E	F	G	H
		분야					
		자기계발		인문		과학/공학	
	출간일	개수 : 도서명	평균 : 리뷰(단위:개)	개수 : 도서명	평균 : 리뷰(단위:개)	개수 : 도서명	평균 : 리뷰(단위:개)
	2020년	**	**	1	604	1	1,316
	2021년	1	505	1	924	**	**
	2022년	**	**	1	1,008	1	867
	2023년	1	495	**	**	1	1,125
	총합계	2	500	3	845	3	1,103

[제4작업] 그래프   100점

➡ "제1작업" 시트를 이용하여 조건에 따라 ≪출력형태≫와 같이 작업하시오.

≪조건≫

(1) 차트 종류 ⇒ 〈묶은 세로 막대형〉으로 작업하시오.
(2) 데이터 범위 ⇒ "제1작업" 시트의 내용을 이용하여 작업하시오.
(3) 위치 ⇒ "새 시트"로 이동하고, "제4작업"으로 시트 이름을 바꾸시오.
(4) 차트 디자인 도구 ⇒ 레이아웃 3, 스타일 1을 선택하여 ≪출력형태≫에 맞게 작업하시오.
(5) 영역 서식 ⇒ 차트 : 글꼴(굴림, 11pt), 채우기 효과(질감-분홍 박엽지)
　　　　　　　그림 : 채우기(흰색, 배경1)
(6) 제목 서식 ⇒ 차트 제목 : 글꼴(굴림, 굵게, 20pt), 채우기(흰색, 배경1), 테두리
(7) 서식 ⇒ 리뷰(단위:개) 계열의 차트 종류를 〈표식이 있는 꺾은선형〉으로 변경한 후 보조 축으로 지정하시오.
　　　　　계열 : ≪출력형태≫를 참조하여 표식(세모, 크기 10)과 레이블 값을 표시하시오.
　　　　　눈금선 : 선 스타일-파선
　　　　　축 : ≪출력형태≫를 참조하시오.
(8) 범례 ⇒ 범례명을 변경하고 ≪출력형태≫를 참조하시오.
(9) 도형 ⇒ '말풍선: 모서리가 둥근 사각형 설명선'을 삽입한 후 ≪출력형태≫와 같이 내용을 입력하시오.
(10) 나머지 사항은 ≪출력형태≫에 맞게 작성하시오.

≪출력형태≫

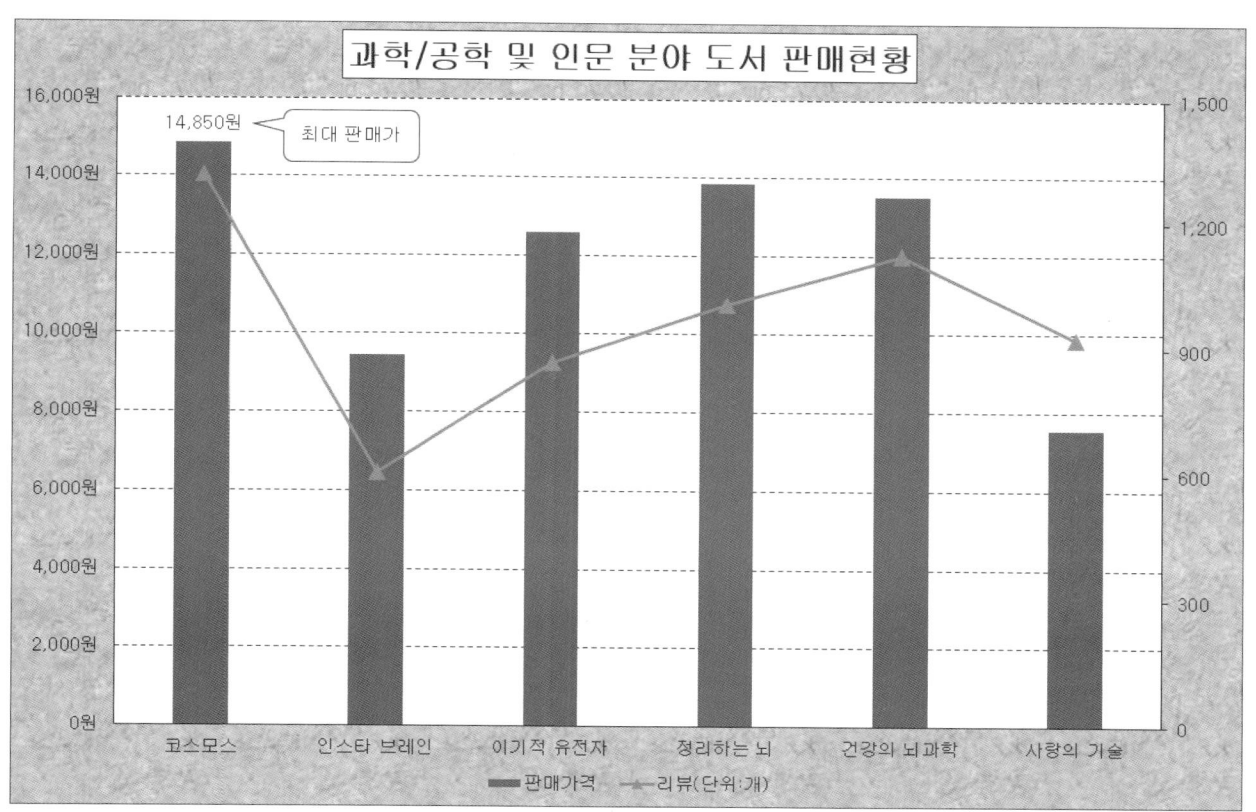

주의 ➡ 시트명 순서가 차례대로 "제1작업", "제2작업", "제3작업", "제4작업"이 되도록 할 것.

실전모의고사 함수

제 01 회 실전모의고사
① =CHOOSE(MID(B5,3,1),"특가상품","베스트상품","무배상품")
② =IF(C5="수입치즈",E5*3%,E5*2%)
③ =COUNTIF(전월판매량,">=1000")&"개"
④ =ROUND(DAVERAGE(B4:H12,E4,C4:C5),-3)
⑤ =MAX(전월판매량)
⑥ =VLOOKUP(H14,B5:H12,5,0)

제 02 회 실전모의고사
① =CHOOSE(MID(C5,8,1),"남","여","남","여")
② =IF(LEFT(B5,1)="S","어깨",IF(LEFT(B5,1)="K","무릎","허리"))
③ =DAVERAGE(B4:H12,H4,E4:E5)
④ =MAX(치료횟수)
⑤ =COUNTIF(E5:E12,"운동치료")&"명"
⑥ =VLOOKUP(H14,B5:H12,5,0)

제 03 회 실전모의고사
① =14-MONTH(G5)&"개월"
② =IF(RANK.EQ(H5,$H$5:$H$12)<=3,-RANK.EQ(H5,$H$5:$H$12),"")
③ =SUMIF(D5:D12,"개발1팀",H5:H12)/COUNTIF(D5:D12,"개발1팀")
④ =MAX(진행인원수)
⑤ =DSUM(B4:H12,H4,E4:E5)
⑥ =VLOOKUP(H14,C5:H12,3,0)

제 04회 실전모의고사
① =RANK.EQ(G5,$G$5:$G$12)&"위"
② =IF(OR(F5>=90000,G5>=5000),"★","")
③ =MAX(가격)
④ =SUMIF(C5:C12,"등심",H5:H12)/COUNTIF(C5:C12,"등심")
⑤ =DSUM(B4:H12,G4,C4:C5)
⑥ =VLOOKUP(H14,B5:H12,3,0)

실전모의고사 함수

제 05 회 실전모의고사

① =RANK.EQ(G5,$G$5:$G$12)
② =CHOOSE(RIGHT(B5,1),"접수1","접수2","접수3")
③ =SUMIF(분류,"관리",E5:E12)/COUNTIF(분류,"관리")
④ =MIN(G5:G12)
⑤ =DSUM(B4:H12,E4,D4:D5)
⑥ =VLOOKUP(H14,C5:H12,3,0)

제 06 회 실전모의고사

① =RANK.EQ(E5,$E$5:$E$12)
② =IF(OR(F5>=200,G5>=300),"20% 할인","")
③ =SUMIF(D5:D12,"복합기",E5:E12)/COUNTIF(D5:D12,"복합기")
④ =MIN(판매가)&"만원"
⑤ =DSUM(B4:H12,E4,D4:D5)
⑥ =VLOOKUP(H14,B5:H12,7,0)

제 07 회 실전모의고사

① =CHOOSE(MID(B5,4,1),"90일","60일","30일")
② =IF(RANK.EQ(G5,$G$5:$G$12)<=3,RANK.EQ(G5,$G$5:$G$12)&"위","")
③ =COUNTIF(E5:E12,"자기계발")
④ =DAVERAGE(B4:H12,G4,E4:E5)
⑤ =LARGE(리뷰,1)
⑥ =VLOOKUP(H14,C5:H12,5,0)

MEMO

ITQ 정보기술자격

엑셀 2021

PART 03
최신기출문제

제 01 회 정보기술자격(ITQ) 시험

과목	코드	문제유형	시험시간	수험번호	성명
한글엑셀	1122	A	60분		

MS오피스

· 수험자 유의사항 ·

- 수험자는 문제지를 받는 즉시 문제지와 **수험표상의 시험과목(프로그램)이 동일한지 반드시 확인**하여야 합니다.
- 파일명은 본인의 "수험번호-성명"으로 입력하여 답안 폴더(내 PC₩문서₩ITQ)에 하나의 파일로 저장해야 하며, 답안 문서 파일명이 "수험번호-성명"과 일치하지 않거나, 답안 파일을 전송하지 않아 미제출로 처리될 경우 실격 처리합니다. (예 : 12345678-홍길동.xlsx).
- 답안 작성을 마치면 파일을 저장하고, '답안 전송' 버튼을 선택하여 감독위원 PC로 답안을 전송하십시오. 수험생 정보와 저장한 파일명이 다를 경우 전송되지 않으므로 주의하시기 바랍니다.
- 답안 작성 중에도 **주기적으로 저장하고, '답안 전송'**하여야 문제 발생을 줄일 수 있습니다. 작업한 내용을 저장하지 않고 전송할 경우 이전에 저장된 내용이 전송되오니 이점 유의하시기 바랍니다.
- 답안 문서는 지정된 경로 외의 다른 보조기억장치에 저장하는 경우, 지정된 시험 시간 외에 작성된 파일을 활용할 경우, 기타 통신수단(이메일, 메신저, 네트워크 등)을 이용하여 타인에게 전달 또는 외부 반출하는 경우는 부정 처리합니다.
- 시험 중 부주의 또는 고의로 시스템을 파손한 경우는 수험자가 변상해야 하며, 〈수험자 유의사항〉에 기재된 방법대로 이행하지 않아 생기는 불이익은 수험생 당사자의 책임임을 알려 드립니다.
- 문제의 조건은 MS오피스 2021 버전으로 설정되어 있으니 유의하시기 바랍니다.
- 시험을 완료한 수험자는 답안 파일이 전송되었는지 확인한 후 감독위원의 지시에 따라 문제지를 제출하고 퇴실합니다.

· 답안 작성요령 ·

- 온라인 답안 작성 절차
  수험자 등록 ⇒ 시험 시작 ⇒ 답안 파일 저장 ⇒ 답안 전송 ⇒ 시험 종료
- 문제는 총 4단계, 즉 제1작업부터 제4작업까지 구성되어 있으며 반드시 제1작업부터 순서대로 작성하고 조건대로 작업하시오.
- 모든 작업 시트의 A열은 열 너비 '1'로, 나머지 열은 적당하게 조절하시오.
- 모든 작업 시트의 테두리는 《출력형태》와 같이 작업하시오.
- 해당 작업란에서는 각각 제시된 조건에 따라 《출력형태》와 같이 작업하시오.
- 답안 시트 이름은 "제1작업", "제2작업", "제3작업", "제4작업"이어야 하며 답안 시트 이외의 것은 감점 처리됩니다.
- 각 시트를 파일로 나누어 작업해서 저장할 경우 실격 처리됩니다.

kpc 한국생산성본부

[제1작업] 표 서식 작성 및 값 계산 240점

▶ 다음은 '**음식물 처리기 회원가 현황**'에 대한 자료이다. 자료를 입력하고 조건에 맞도록 작업하시오.

≪출력형태≫

제품코드	제품명	처리방식	등록일	소비전력(W)	무게(kg)	온라인 최저가	회원구매가	대리점
KC-182	키친슬리핏	분쇄건조형	2025-02-01	550	7.6	316,000	(1)	(2)
TS-301	싱크에스엠	싱크대내장형	2023-12-01	200	8.2	899,000	(1)	(2)
KJ-265	스마트블레드	분쇄건조형	2024-05-01	1,000	18.5	995,000	(1)	(2)
EK-177	이홉더그레블	미생물분해형	2024-10-01	60	18.0	839,000	(1)	(2)
TC-265	리쿡알이케이	분쇄건조형	2024-11-01	550	7.6	330,000	(1)	(2)
ES-120	젠풀코리아	싱크대내장형	2024-03-01	30	3.2	1,100,000	(1)	(2)
TS-320	쿠쿠씨에프디	미생물분해형	2023-07-01	130	13.5	549,900	(1)	(2)
KC-103	린클그래비티	미생물분해형	2025-01-01	95	11.3	798,000	(1)	(2)
온라인 최저가 평균			(3)			무게가 10kg 이하인 제품 개수		(5)
분쇄건조형 최대 소비전력(W)			(4)			제품명	키친슬리핏	무게(kg)	(6)

결재: MD | 팀장 | 본부장

≪조건≫

○ 모든 데이터의 서식에는 글꼴(굴림, 11pt), 정렬은 숫자 및 회계 서식은 오른쪽 정렬, 나머지 서식은 가운데 정렬로 작성하며 예외적인 것은 ≪출력형태≫를 참조하시오.
○ 제 목 ⇒ 도형(사다리꼴)과 그림자(오프셋 오른쪽)를 이용하여 작성하고
"음식물 처리기 회원가 현황"을 입력한 후 다음 서식을 적용하시오
(글꼴-굴림, 24pt, 검정, 굵게, 채우기-노랑).
○ 임의의 셀에 결재란을 작성하여 그림으로 복사 기능을 이용하여 붙이기 하시오(단, 원본 삭제).
○ 「B4:J4, G14, I14」 영역은 '주황'으로 채우기 하시오.
○ 유효성 검사를 이용하여 「H14」 셀에 제품명(「C5:C12」 영역)이 선택 표시되도록 하시오.
○ 셀 서식 ⇒ 「H5:H12」 영역에 셀 서식을 이용하여 숫자 뒤에 '원'을 표시하시오(예 : 316,000원).
○ 「G5:G12」 영역에 대해 '무게'로 이름정의를 하시오.

▶ (1)~(6) 셀은 반드시 **주어진 함수를 이용**하여 값을 구하시오(결과값을 직접 입력하면 해당 셀은 0점 처리됨).

(1) 회원구매가 ⇒ 「온라인 최저가 × 0.95」를 계산하고, 반올림하여 천원 단위까지 구하시오
(ROUND 함수)(예 : 323,600 → 324,000).
(2) 대리점 ⇒ 제품코드 두 번째 글자가 S이면 '수도권', C이면 '중부권', 그 외에는 '기타'로 구하시오(IF, MID 함수).
(3) 온라인 최저가 평균 ⇒ 내림하여 백원 단위까지 구하시오
(ROUNDDOWN, AVERAGE 함수)(예 : 728,362.5 → 728,300).
(4) 분쇄건조형 최대 소비전력(W) ⇒ 조건은 입력데이터를 이용하시오(DMAX 함수).
(5) 무게가 10kg 이하인 제품 개수 ⇒ 정의된 이름(무게)을 이용하여 구한 결과값에 '개'를 붙이시오
(COUNTIF 함수, & 연산자)(예 : 1개).
(6) 무게(kg) ⇒ 「H14」 셀에서 선택한 제품명에 대한 무게(kg)를 구하시오(VLOOKUP 함수).
(7) 조건부 서식의 수식을 이용하여 무게(kg)가 '10' 이상인 행 전체에 다음의 서식을 적용하시오
(글꼴 : 파랑, 굵게).

[제2작업] 목표값 찾기 및 필터 — 80점

➡ "제1작업" 시트의 「B4:H12」 영역을 복사하여 "제2작업" 시트의 「B2」 셀부터 모두 붙여넣기를 한 후 다음의 조건과 같이 작업하시오.

≪조건≫
(1) 목표값 찾기 – 「B11:G11」 셀을 병합하고, 가운데 맞춤한 후 "분쇄건조형 제품 무게(kg) 평균"을 입력하고, 「H11」 셀에 분쇄건조형 제품 무게(kg) 평균을 구하시오. 단, 조건은 입력데이터를 이용하시오 (DAVERAGE 함수, 테두리).
  – '분쇄건조형 제품 무게(kg) 평균'이 '10'이 되려면 키친슬리핏의 무게(kg)가 얼마가 되어야 하는지 목표값을 구하시오.

(2) 고급 필터 – 처리방식이 '분쇄건조형'이 아니면서 온라인 최저가가 '800,000' 이하인 자료의 제품명, 등록일, 소비전력(W), 온라인 최저가 데이터만 추출하시오.
  – 조건 범위 : 「B14」 셀부터 입력하시오.
  – 복사 위치 : 「B18」 셀부터 나타나도록 하시오.

[제3작업] 정렬 및 부분합 — 80점

➡ "제1작업" 시트의 「B4:H12」 영역을 복사하여 "제3작업" 시트의 「B2」 셀부터 모두 붙여넣기를 한 후 다음의 조건과 같이 작업하시오.

≪조건≫
(1) 부분합 – ≪출력형태≫처럼 정렬하고, 제품명의 개수와 온라인 최저가의 평균을 구하시오.
(2) 개요 – 지우시오.
(3) 나머지 사항은 ≪출력형태≫에 맞게 작성하시오.

≪출력형태≫

A	B	C	D	E	F	G	H
1							
2	제품코드	제품명	처리방식	등록일	소비전력(W)	무게(kg)	온라인 최저가
3	TS-301	싱크에스엠	싱크대내장형	2023-12-01	200	8.2	899,000원
4	ES-120	젠풀코리아	싱크대내장형	2024-03-01	30	3.2	1,100,000원
5			싱크대내장형 평균				939,500원
6		2	싱크대내장형 개수				
7	KC-182	키친슬리핏	분쇄건조형	2025-02-01	550	7.6	316,000원
8	KJ-265	스마트블레드	분쇄건조형	2024-05-01	1,000	18.5	995,000원
9	TC-265	리쿡알이케이	분쇄건조형	2024-11-01	550	7.6	330,000원
10			분쇄건조형 평균				547,000원
11		3	분쇄건조형 개수				
12	EK-177	이롭더그레블	미생물분해형	2024-10-01	60	18.0	839,000원
13	TS-320	쿠쿠씨에프디	미생물분해형	023-07-01	130	13.5	549,900원
14	KC-103	린클그래비티	미생물분해형	2025-01-01	95	11.3	798,000원
15			미생물분해형 평균				728,967원
16		3	미생물분해형 개수				
17			전체 평균				728,363원
18		8	전체 개수				

[제4작업] 그래프 100점

➡ "제1작업" 시트를 이용하여 조건에 따라 ≪출력형태≫와 같이 작업하시오.

≪조건≫

(1) 차트 종류 ⇒ 〈묶은 세로 막대형〉으로 작업하시오.
(2) 데이터 범위 ⇒ "제1작업" 시트의 내용을 이용하여 작업하시오.
(3) 위치 ⇒ "새 시트"로 이동하고, "제4작업"으로 시트 이름을 바꾸시오.
(4) 차트 디자인 도구 ⇒ 레이아웃 3, 스타일 1을 선택하여 《출력형태》에 맞게 작업하시오.
(5) 영역 서식 ⇒ 차트 : 글꼴(굴림, 11pt), 채우기 효과(질감-분홍 박엽지)
          그림 : 채우기(흰색, 배경1)
(6) 제목 서식 ⇒ 차트 제목 : 글꼴(굴림, 굵게, 20pt), 채우기(흰색, 배경1), 테두리
(7) 서식 ⇒ 온라인 최저가 계열의 차트 종류를 〈표식이 있는 꺾은선형〉으로 변경한 후 보조 축으로 지정하시오.
       계열 : 《출력형태》를 참조하여 표식(세모, 크기 10)과 레이블 값을 표시하시오.
       눈금선 : 선 스타일-파선
       축 : 《출력형태》를 참조하시오.
(8) 범례 ⇒ 범례명을 변경하고 《출력형태》를 참조하시오.
(9) 도형 ⇒ '말풍선: 모서리가 둥근 사각형 설명선'을 삽입한 후 《출력형태》와 같이 내용을 입력하시오.
(10) 나머지 사항은 《출력형태》에 맞게 작성하시오.

≪출력형태≫

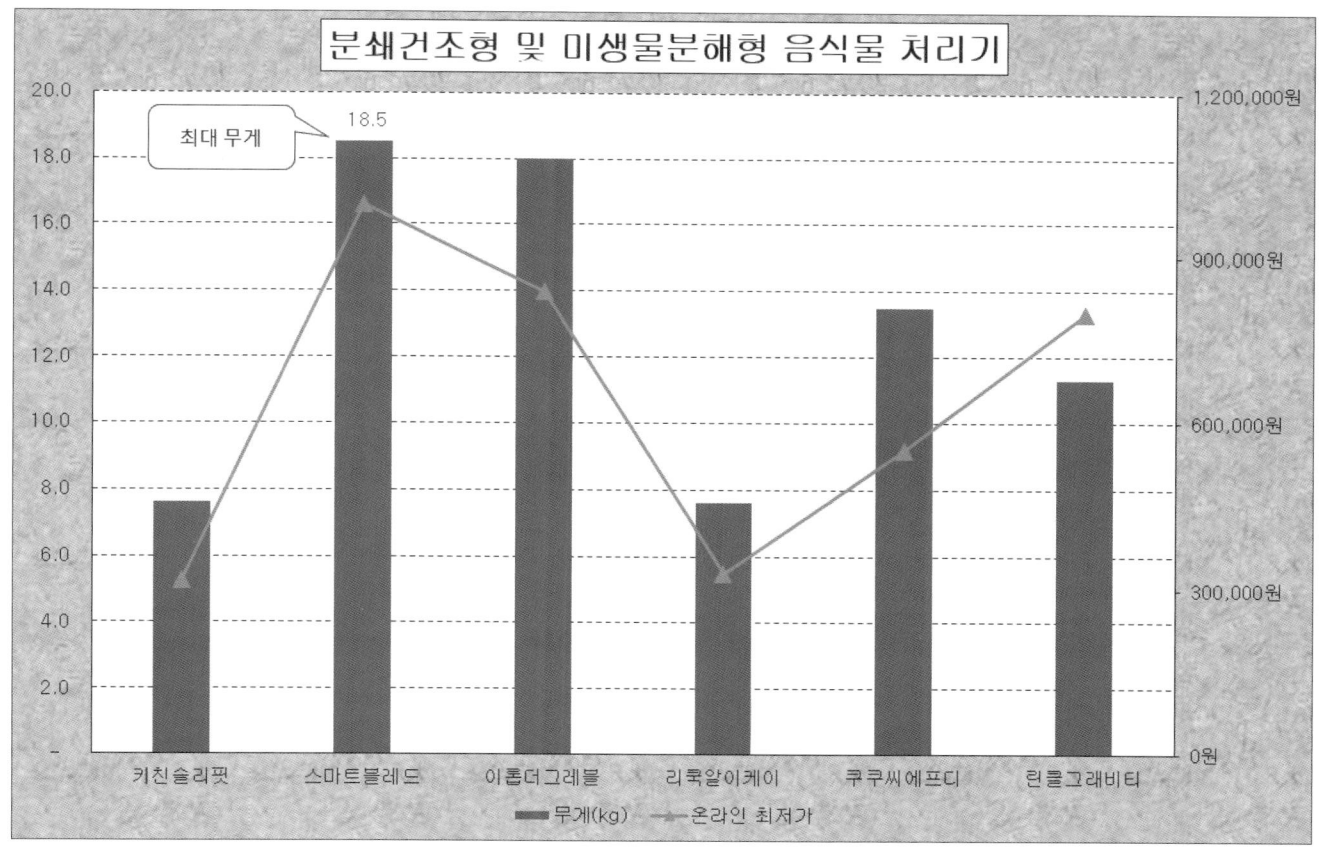

주의 ➡ 시트명 순서가 차례대로 "제1작업", "제2작업", "제3작업", "제4작업"이 되도록 할 것.

제 02 회 정보기술자격(ITQ) 시험

과목	코드	문제유형	시험시간	수험번호	성명
한글엑셀	1122	B	60분		

MS오피스

• 수험자 유의사항 •

- 수험자는 문제지를 받는 즉시 문제지와 **수험표상의 시험과목(프로그램)이 동일한지 반드시 확인**하여야 합니다.
- 파일명은 본인의 "수험번호-성명"으로 입력하여 답안 폴더(내 PC\문서\ITQ)에 하나의 파일로 저장해야 하며, 답안 문서 파일명이 "수험번호-성명"과 일치하지 않거나, 답안 파일을 전송하지 않아 미제출로 처리될 경우 실격 처리합니다. (예 : 12345678-홍길동.xlsx).
- 답안 작성을 마치면 파일을 저장하고, '답안 전송' 버튼을 선택하여 감독위원 PC로 답안을 전송하십시오. 수험생 정보와 저장한 파일명이 다를 경우 전송되지 않으므로 주의하시기 바랍니다.
- 답안 작성 중에도 **주기적으로 저장하고, '답안 전송'**하여야 문제 발생을 줄일 수 있습니다. 작업한 내용을 저장하지 않고 전송할 경우 이전에 저장된 내용이 전송되오니 이점 유의하시기 바랍니다.
- 답안 문서는 지정된 경로 외의 다른 보조기억장치에 저장하는 경우, 지정된 시험 시간 외에 작성된 파일을 활용할 경우, 기타 통신수단(이메일, 메신저, 네트워크 등)을 이용하여 타인에게 전달 또는 외부 반출하는 경우는 부정 처리합니다.
- 시험 중 부주의 또는 고의로 시스템을 파손한 경우는 수험자가 변상해야 하며, 〈수험자 유의사항〉에 기재된 방법대로 이행하지 않아 생기는 불이익은 수험생 당사자의 책임임을 알려 드립니다.
- 문제의 조건은 MS오피스 2021 버전으로 설정되어 있으니 유의하시기 바랍니다.
- 시험을 완료한 수험자는 답안 파일이 전송되었는지 확인한 후 감독위원의 지시에 따라 문제지를 제출하고 퇴실합니다.

• 답안 작성요령 •

- 온라인 답안 작성 절차
  수험자 등록 ⇒ 시험 시작 ⇒ 답안 파일 저장 ⇒ 답안 전송 ⇒ 시험 종료
- 문제는 총 4단계, 즉 제1작업부터 제4작업까지 구성되어 있으며 반드시 제1작업부터 순서대로 작성하고 조건대로 작업하시오.
- 모든 작업 시트의 A열은 열 너비 '1'로, 나머지 열은 적당하게 조절하시오.
- 모든 작업 시트의 테두리는 ≪출력형태≫와 같이 작업하시오.
- 해당 작업란에서는 각각 제시된 조건에 따라 ≪출력형태≫와 같이 작업하시오.
- 답안 시트 이름은 "제1작업", "제2작업", "제3작업", "제4작업"이어야 하며 답안 시트 이외의 것은 감점 처리됩니다.
- 각 시트를 파일로 나누어 작업해서 저장할 경우 실격 처리됩니다.

kpc 한국생산성본부

[제1작업] 표 서식 작성 및 값 계산
240점

➡ 다음은 '2025 게임 판매 현황'에 대한 자료이다. 자료를 입력하고 조건에 맞도록 작업하시오.

≪출력형태≫

	A	B	C	D	E	F	G	H	I	J
1								결재	담당	팀장	부장
2				2025 게임 판매 현황							
3											
4		제품코드	게임명	장르	판매일자	단가	판매수량(단위:개)	전년 판매수량	판매순위	제작사
5		BM-001	어새신	액션	2025-02-25	80,000	45	50	(1)	(2)
6		EM-002	배틀플레이	FPS	2025-01-09	100,000	35	30	(1)	(2)
7		DM-003	콜 오브 필드	FPS	2025-01-23	60,000	10	20	(1)	(2)
8		BM-004	문화 VI	액션	2025-01-22	70,000	3	20	(1)	(2)
9		DM-005	스타타이쿤	액션	2025-03-01	90,000	8	10	(1)	(2)
10		EM-006	리그오브	레이싱	2025-02-23	85,000	50	45	(1)	(2)
11		BM-007	마리오 전설	레이싱	2025-02-08	80,000	25	25	(1)	(2)
12		DM-008	젤다 카트	레이싱	2025-03-08	75,000	20	15	(1)	(2)
13		단가 전체평균				(3)		최다 판매수량(단위:개)			(5)
14		FPS 전년 판매 수량 합계				(4)		제품코드	BM-001	판매일자	(6)

≪조건≫

○ 모든 데이터의 서식에는 글꼴(굴림, 11pt), 정렬은 숫자 및 회계 서식은 오른쪽 정렬, 나머지 서식은 가운데 정렬로 작성하며 예외적인 것은 ≪출력형태≫를 참조하시오.
○ 제 목 ⇒ 도형(육각형)과 그림자(오프셋 오른쪽)를 이용하여 작성하고 "2025 게임 판매 현황"을 입력한 후 다음 서식을 적용하시오(글꼴-굴림, 24pt, 검정, 굵게, 채우기-노랑).
○ 임의의 셀에 결재란을 작성하여 그림으로 복사 기능을 이용하여 붙이기 하시오(단, 원본 삭제).
○ 「B4:J4, G14, I14」 영역은 '주황'으로 채우기 하시오.
○ 유효성 검사를 이용하여 「H14」 셀에 제품코드(「B5:B12」 영역)가 선택 표시되도록 하시오.
○ 셀 서식 ⇒ 「F5:F12」 영역에 셀 서식을 이용하여 숫자 뒤에 '원'을 표시하시오(예 : 80,000원).
○ 「H5:H12」 영역에 대해 '전년판매수량'으로 이름정의를 하시오.

➡ (1)~(6) 셀은 반드시 **주어진 함수를 이용**하여 값을 구하시오(결과값을 직접 입력하면 해당 셀은 0점 처리됨).

(1) 판매순위 ⇒ 판매수량(단위:개)의 내림차순 순위를 구한 결과값에 '위'를 붙이시오 (RANK.EQ 함수, & 연산자)(예 : 1위).
(2) 제작사 ⇒ 제품코드 첫 번째 글자가 B이면 '블레이드', D이면 '드림', 그 외에는 '이든'으로 구하시오(IF, MID 함수).
(3) 단가 전체평균 ⇒ 내림하여 천원 단위까지 구하시오 (ROUNDDOWN, AVERAGE 함수)(예 : 87,500 → 87,000).
(4) FPS 전년 판매수량 합계 ⇒ 정의된 이름(전년판매수량)을 이용하여 구하시오(SUMIF 함수).
(5) 최다 판매수량(단위:개) ⇒ (MAX 함수)
(6) 판매일자 ⇒ 「H14」 셀에서 선택한 제품코드에 대한 판매일자를 구하시오(VLOOKUP 함수)(예 : 2025-01-01).
(7) 조건부 서식의 수식을 이용하여 전년 판매수량이 '30' 이상인 행 전체에 다음의 서식을 적용하시오 (글꼴 : 파랑, 굵게).

[제2작업] 필터 및 서식   80점

➡ "**제1작업**" 시트의 「B4:H12」 영역을 복사하여 "**제2작업**" 시트의 「B2」 셀부터 모두 붙여넣기를 한 후 다음의 조건과 같이 작업하시오.

≪조건≫
(1) 고급 필터 – 장르가 'FPS'이거나, 판매수량(단위:개)이 '40' 이상인 자료의 제품코드, 게임명, 판매일자, 판매수량(단위:개) 데이터만 추출하시오.
  – 조건 범위 : 「B14」 셀부터 입력하시오.
  – 복사 위치 : 「B18」 셀부터 나타나도록 하시오.

(2) 표 서식 – 고급 필터의 결과셀을 채우기 없음으로 설정한 후 '표 스타일 보통 6'의 서식을 적용하시오.
  – 머리글 행, 줄무늬 행을 적용하시오.

[제3작업] 피벗 테이블   80점

➡ "**제1작업**" 시트를 이용하여 "**제3작업**" 시트에 조건에 따라 ≪출력형태≫와 같이 작업하시오.

≪조건≫
(1) 단가 및 장르별 게임명의 개수와 판매수량(단위:개)의 평균을 구하시오.
(2) 단가를 그룹화하고, 장르를 ≪출력형태≫와 같이 정렬하시오.
(3) 레이블이 있는 셀 병합 및 가운데 맞춤 적용 및 빈 셀은 '**'로 표시하시오.
(4) 행의 총합계는 지우고, 나머지 사항은 ≪출력형태≫에 맞게 작성하시오.

≪출력형태≫

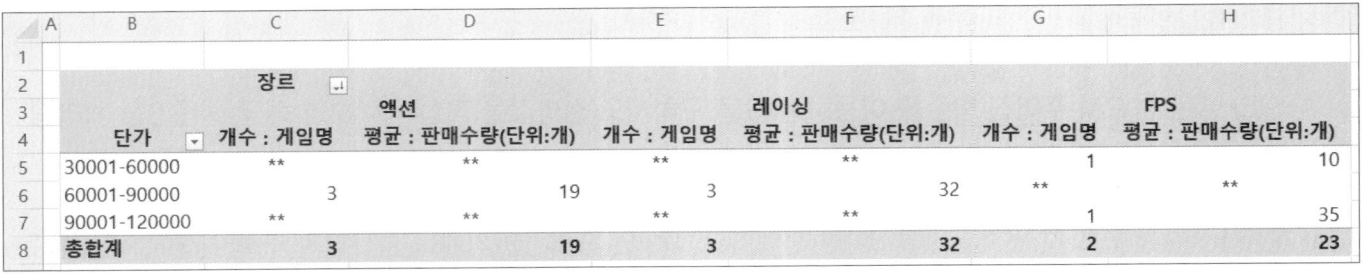

단가	액션		레이싱		FPS	
	개수 : 게임명	평균 : 판매수량(단위:개)	개수 : 게임명	평균 : 판매수량(단위:개)	개수 : 게임명	평균 : 판매수량(단위:개)
30001-60000	**	**	**	**	1	10
60001-90000	3	19	3	32	**	**
90001-120000	**	**	**	**	1	35
총합계	3	19	3	32	2	23

[제4작업] 그래프   100점

➡ "제1작업" 시트를 이용하여 조건에 따라 ≪출력형태≫와 같이 작업하시오.

≪조건≫

(1) 차트 종류 ⇒ 〈묶은 세로 막대형〉으로 작업하시오.
(2) 데이터 범위 ⇒ "제1작업" 시트의 내용을 이용하여 작업하시오.
(3) 위치 ⇒ "새 시트"로 이동하고, "제4작업"으로 시트 이름을 바꾸시오.
(4) 차트 디자인 도구 ⇒ 레이아웃 3, 스타일 1을 선택하여 ≪출력형태≫에 맞게 작업하시오.
(5) 영역 서식 ⇒ 차트 : 글꼴(굴림, 11pt), 채우기 효과(질감-파랑 박엽지)
　　　　　　　그림 : 채우기(흰색, 배경1)
(6) 제목 서식 ⇒ 차트 제목 : 글꼴(굴림, 굵게, 20pt), 채우기(흰색, 배경1), 테두리
(7) 서식 ⇒ 판매수량(단위:개) 계열의 차트 종류를 〈표식이 있는 꺾은선형〉으로 변경한 후 보조 축으로 지정하시오.
　　계열 : ≪출력형태≫를 참조하여 표식(마름모, 크기 10)과 레이블 값을 표시하시오.
　　눈금선 : 선 스타일-파선
　　축 : ≪출력형태≫를 참조하시오.
(8) 범례 ⇒ 범례명을 변경하고 ≪출력형태≫를 참조하시오.
(9) 도형 ⇒ '말풍선: 모서리가 둥근 사각형 설명선'을 삽입한 후 ≪출력형태≫와 같이 내용을 입력하시오.
(10) 나머지 사항은 ≪출력형태≫에 맞게 작성하시오.

≪출력형태≫

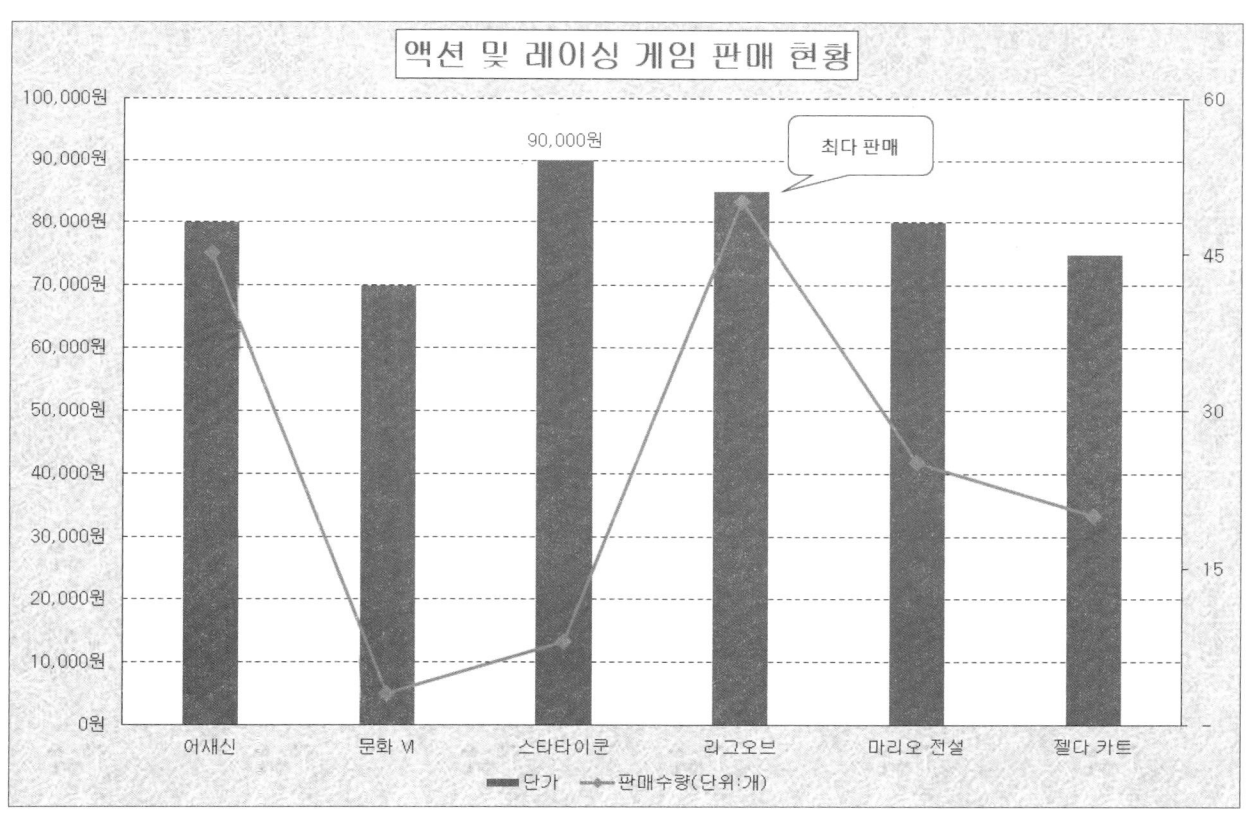

주의 ➡ 시트명 순서가 차례대로 "제1작업", "제2작업", "제3작업", "제4작업"이 되도록 할 것.

제 03 회 정보기술자격(ITQ) 시험

과목	코드	문제유형	시험시간	수험번호	성명
한글엑셀	1122	C	60분		

MS오피스

· 수험자 유의사항 ·

- 수험자는 문제지를 받는 즉시 문제지와 **수험표상의 시험과목(프로그램)이 동일한지 반드시 확인**하여야 합니다.
- 파일명은 본인의 "수험번호-성명"으로 입력하여 답안 폴더(내 PC\문서\ITQ)에 하나의 파일로 저장해야 하며, 답안 문서 파일명이 "수험번호-성명"과 일치하지 않거나, 답안 파일을 전송하지 않아 미제출로 처리될 경우 실격 처리합니다. (예 : 12345678-홍길동.xlsx).
- 답안 작성을 마치면 파일을 저장하고, '답안 전송' 버튼을 선택하여 감독위원 PC로 답안을 전송하십시오. 수험생 정보와 저장한 파일명이 다를 경우 전송되지 않으므로 주의하시기 바랍니다.
- 답안 작성 중에도 **주기적으로 저장하고, '답안 전송'**하여야 문제 발생을 줄일 수 있습니다. 작업한 내용을 저장하지 않고 전송할 경우 이전에 저장된 내용이 전송되오니 이점 유의하시기 바랍니다.
- 답안 문서는 지정된 경로 외의 다른 보조기억장치에 저장하는 경우, 지정된 시험 시간 외에 작성된 파일을 활용할 경우, 기타 통신수단(이메일, 메신저, 네트워크 등)을 이용하여 타인에게 전달 또는 외부 반출하는 경우는 부정 처리합니다.
- 시험 중 부주의 또는 고의로 시스템을 파손한 경우는 수험자가 변상해야 하며, 〈수험자 유의사항〉에 기재된 방법대로 이행하지 않아 생기는 불이익은 수험생 당사자의 책임임을 알려 드립니다.
- 문제의 조건은 MS오피스 2021 버전으로 설정되어 있으니 유의하시기 바랍니다.
- 시험을 완료한 수험자는 답안 파일이 전송되었는지 확인한 후 감독위원의 지시에 따라 문제지를 제출하고 퇴실합니다.

· 답안 작성요령 ·

- 온라인 답안 작성 절차
  수험자 등록 ⇒ 시험 시작 ⇒ 답안 파일 저장 ⇒ 답안 전송 ⇒ 시험 종료
- 문제는 총 4단계, 즉 제1작업부터 제4작업까지 구성되어 있으며 반드시 제1작업부터 순서대로 작성하고 조건대로 작업하시오.
- 모든 작업 시트의 A열은 열 너비 '1'로, 나머지 열은 적당하게 조절하시오.
- 모든 작업 시트의 테두리는 ≪출력형태≫와 같이 작업하시오.
- 해당 작업란에서는 각각 제시된 조건에 따라 ≪출력형태≫와 같이 작업하시오.
- 답안 시트 이름은 "제1작업", "제2작업", "제3작업", "제4작업"이어야 하며 답안 시트 이외의 것은 감점 처리됩니다.
- 각 시트를 파일로 나누어 작업해서 저장할 경우 실격 처리됩니다.

kpc 한국생산성본부

[제1작업] 표 서식 작성 및 값 계산 (240점)

다음은 '서준기업 연말정산 현황'에 대한 자료이다. 자료를 입력하고 조건에 맞도록 작업하시오.

≪출력형태≫

사원코드	사원명	부서	주민번호	소득금액	카드사용료 (단위:천원)	현금영수증 (단위:천원)	성별	소득세
AE-121	김가은	연구개발	691110-2	67,500	20,835	1,021	(1)	(2)
AC-201	신민영	연구개발	750811-2	68,500	12,500	4,500	(1)	(2)
SA-103	박성재	생산관리	770701-1	45,000	10,321	7,230	(1)	(2)
ME-103	손재석	생산관리	810910-1	38,500	10,000	5,800	(1)	(2)
AS-113	최지희	해외영업	810212-2	39,800	10,680	3,850	(1)	(2)
SA-232	유동원	연구개발	641210-1	72,500	20,320	1,500	(1)	(2)
SE-211	전영희	해외영업	780909-2	48,500	10,250	3,900	(1)	(2)
ME-102	정예원	해외영업	840512-2	35,000	7,855	5,500	(1)	(2)
해외영업부 사원 소득금액 평균			(3)		연구개발부 사원 수			(5)
최대 카드사용료(단위:천원)			(4)		사원명	김가은	부서	(6)

제목: 서준기업 연말정산 현황

결재 / 사원 / 팀장 / 사장

≪조건≫

○ 모든 데이터의 서식에는 글꼴(굴림, 11pt), 정렬은 숫자 및 회계 서식은 오른쪽 정렬, 나머지 서식은 가운데 정렬로 작성하며 예외적인 것은 ≪출력형태≫를 참조하시오.
○ 제 목 ⇒ 도형(사다리꼴)과 그림자(오프셋 오른쪽)를 이용하여 작성하고 "서준기업 연말정산 현황"을 입력한 후 다음 서식을 적용하시오(글꼴-굴림, 24pt, 검정, 굵게, 채우기-노랑).
○ 임의의 셀에 결재란을 작성하여 그림으로 복사 기능을 이용하여 붙이기 하시오(단, 원본 삭제).
○ 「B4:J4, G14, I14」 영역은 '주황'으로 채우기 하시오.
○ 유효성 검사를 이용하여 「H14」 셀에 사원명(「C5:C12」 영역)이 선택 표시되도록 하시오.
○ 셀 서식 ⇒ 「F5:F12」 영역에 셀 서식을 이용하여 숫자 뒤에 '천원'을 표시하시오(예 : 67,500천원).
○ 「F5:F12」 영역에 대해 '소득금액'으로 이름정의를 하시오.

▶ (1)~(6) 셀은 반드시 **주어진 함수를 이용**하여 값을 구하시오(결과값을 직접 입력하면 해당 셀은 0점 처리됨).

(1) 성별 ⇒ 주민번호의 마지막 글자가 1이면 '남자', 2이면 '여자'로 구하시오(CHOOSE, RIGHT 함수).
(2) 소득세 ⇒ 소득금액이 46,000 이상이면 소득금액의 24%, 그 외에는 소득금액의 15%로 구하시오(IF 함수).
(3) 해외영업부 사원 소득금액 평균 ⇒ 정의된 이름(소득금액)을 이용하여 구하시오(SUMIF, COUNTIF 함수).
(4) 최대 카드사용료(단위:천원) ⇒ (MAX 함수)
(5) 연구개발부 사원 수 ⇒ 결과값에 '명'을 붙이시오. 단, 조건은 입력데이터를 이용하시오 (DCOUNTA 함수, & 연산자)(예 : 1명).
(6) 부서 ⇒ 「H14」 셀에서 선택한 사원명에 대한 부서를 구하시오(VLOOKUP 함수).
(7) 조건부 서식의 수식을 이용하여 소득금액이 '40,000' 이하인 행 전체에 다음의 서식을 적용하시오 (글꼴 : 파랑, 굵게).

[제2작업] 목표값 찾기 및 필터 (80점)

➡ "제1작업" 시트의 「B4:H12」 영역을 복사하여 "제2작업" 시트의 「B2」 셀부터 모두 붙여넣기를 한 후 다음의 조건과 같이 작업하시오.

≪조건≫

(1) 목표값 찾기 - 「B11:G11」 셀을 병합하고, 가운데 맞춤한 후 "연구개발부 사원 소득금액 평균"을 입력하고, 「H11」 셀에 연구개발부 사원 소득금액 평균을 구하시오. 단, 조건은 입력데이터를 이용하시오 (DAVERAGE 함수, 테두리).
 - '연구개발부 사원 소득금액 평균'이 '70,000'이 되려면 김가은의 소득금액이 얼마가 되어야 하는지 목표값을 구하시오.

(2) 고급 필터 - 부서가 '연구개발'이 아니면서 현금영수증(단위:천원)이 '7,000' 이하인 자료의 사원코드, 사원명, 소득금액, 현금영수증(단위:천원) 데이터만 추출하시오.
 - 조건 범위 : 「B14」 셀부터 입력하시오.
 - 복사 위치 : 「B18」 셀부터 나타나도록 하시오.

[제3작업] 정렬 및 부분합 (80점)

➡ "제1작업" 시트의 「B4:H12」 영역을 복사하여 "제3작업" 시트의 「B2」 셀부터 모두 붙여넣기를 한 후 다음의 조건과 같이 작업하시오.

≪조건≫

(1) 부분합 - ≪출력형태≫처럼 정렬하고, 사원명의 개수와 카드사용료(단위:천원)의 평균을 구하시오.
(2) 개요 - 지우시오.
(3) 나머지 사항은 ≪출력형태≫에 맞게 작성하시오.

≪출력형태≫

	A	B	C	D	E	F	G	H
1								
2		사원코드	사원명	부서	주민번호	소득금액	카드사용료 (단위:천원)	현금영수증 (단위:천원)
3		AS-113	최지희	해외영업	810212-2	39,800천원	10,680	3,850
4		SE-211	전영희	해외영업	780909-2	48,500천원	10,250	3,900
5		ME-102	정예원	해외영업	840512-2	35,000천원	7,855	5,500
6				해외영업 평균			9,595	
7			3	해외영업 개수				
8		AE-121	김가은	연구개발	691110-2	67,500천원	20,835	1,021
9		AC-201	신민영	연구개발	750811-2	68,500천원	12,500	4,500
10		SA-232	유동원	연구개발	641210-1	72,500천원	20,320	1,500
11				연구개발 평균			17,885	
12			3	연구개발 개수				
13		SA-103	박성재	생산관리	770701-1	45,000천원	10,321	7,230
14		ME-103	손재석	생산관리	810910-1	38,500천원	10,000	5,800
15				생산관리 평균			10,161	
16			2	생산관리 개수				
17				전체 평균			12,845	
18			8	전체 개수				

[제4작업] 그래프 100점

➡ "제1작업" 시트를 이용하여 조건에 따라 ≪출력형태≫와 같이 작업하시오.

≪조건≫

(1) 차트 종류 ⇒ 〈묶은 세로 막대형〉으로 작업하시오.
(2) 데이터 범위 ⇒ "제1작업" 시트의 내용을 이용하여 작업하시오.
(3) 위치 ⇒ "새 시트"로 이동하고, "제4작업"으로 시트 이름을 바꾸시오.
(4) 차트 디자인 도구 ⇒ 레이아웃 3, 스타일 1을 선택하여 ≪출력형태≫에 맞게 작업하시오.
(5) 영역 서식 ⇒ 차트 : 글꼴(굴림, 11pt), 채우기 효과(질감-분홍 박엽지)
　　　　　　　　그림 : 채우기(흰색, 배경1)
(6) 제목 서식 ⇒ 차트 제목 : 글꼴(굴림, 굵게, 20pt), 채우기(흰색, 배경1), 테두리
(7) 서식 ⇒ 카드사용료(단위:천원) 계열의 차트 종류를 〈표식이 있는 꺾은선형〉으로 변경한 후 보조 축으로 지정하시오.
　　　　　계열 : ≪출력형태≫를 참조하여 표식(세모, 크기 10)과 레이블 값을 표시하시오.
　　　　　눈금선 : 선 스타일-파선
　　　　　축 : ≪출력형태≫를 참조하시오.
(8) 범례 ⇒ 범례명을 변경하고 ≪출력형태≫를 참조하시오.
(9) 도형 ⇒ '말풍선: 모서리가 둥근 사각형 설명선'을 삽입한 후 ≪출력형태≫와 같이 내용을 입력하시오.
(10) 나머지 사항은 ≪출력형태≫에 맞게 작성하시오.

≪출력형태≫

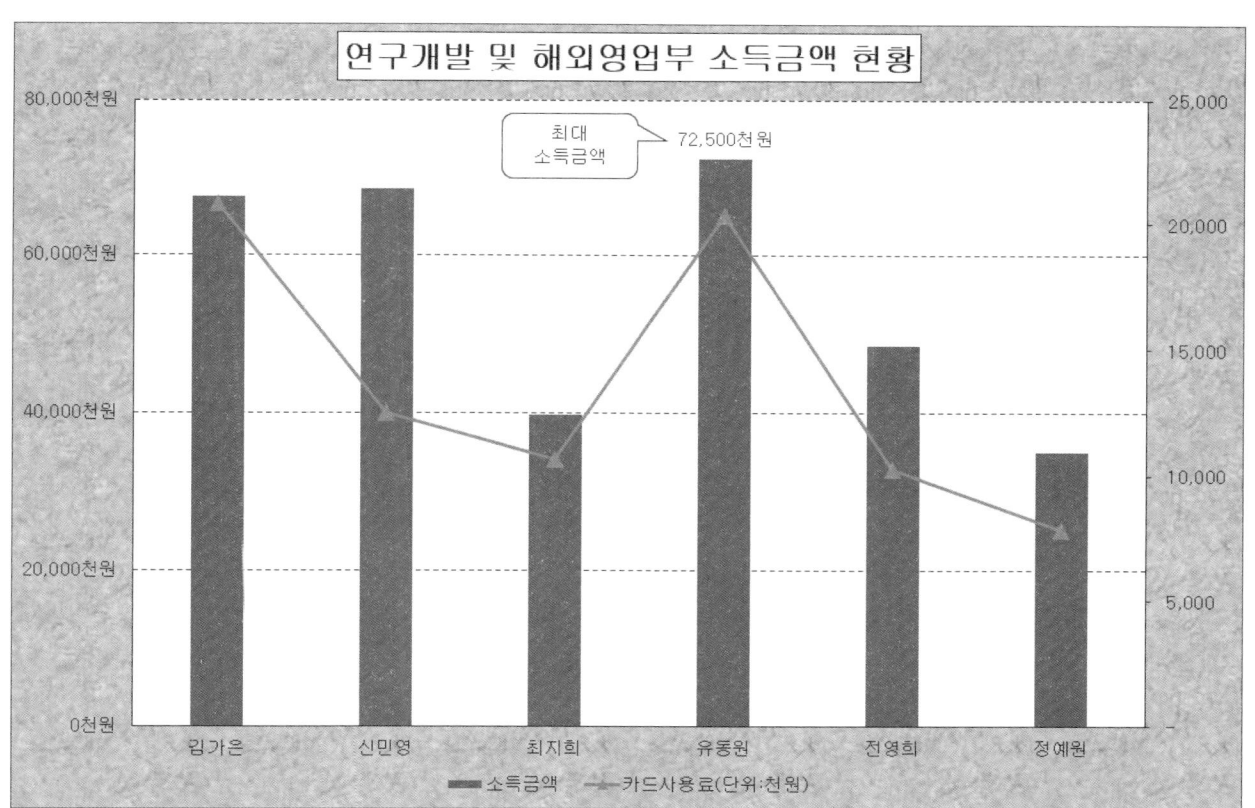

주의 ➡ 시트명 순서가 차례대로 "제1작업", "제2작업", "제3작업", "제4작업"이 되도록 할 것.

최신기출문제 함수

제 01 회 최신기출문제
① =ROUND(H5*0.95,-3)
② =IF(MID(B5,2,1)="S","수도권",IF(MID(B5,2,1)="C","중부권","기타"))
③ =ROUNDDOWN(AVERAGE(H5:H12),-2)
④ =DMAX(B4:H12,F4,D4:D5)
⑤ =COUNTIF(무게,"<=10")&"개"
⑥ =VLOOKUP(H14,C5:H12,5,0)

제 02 회 최신기출문제
① =RANK.EQ(G5,$G$5:$G$12)&"위"
② =IF(MID(B5,1,1)="B","블레이드",IF(MID(B5,1,1)="D","드림","이든"))
③ =ROUNDDOWN(AVERAGE(F5:F12),-3)
④ =SUMIF(D5:D12,"FPS",전년판매수량)
⑤ =MAX(G5:G12)
⑥ =VLOOKUP(H14,B5:H12,4,0)

제 03 회 최신기출문제
① =CHOOSE(RIGHT(E5,1),"남자","여자")
② =IF(F5>=46000,F5*24%,F5*15%)
③ =SUMIF(D5:D12,"해외영업",소득금액)/COUNTIF(D5:D12,"해외영업")
④ =MAX(G5:G12)
⑤ =DCOUNTA(B4:H12,D4,D4:D5)&"명"
⑥ =VLOOKUP(H14,C5:H12,2,0)